W0472613

Das Weiberlexikon

Hervé / Steinmann / Wurms (Hg.)

© 1995 by PapyRossa Verlags GmbH & Co. KG, Köln
Umschlag: Lux siebenzwo Gertrud Konjer, Köln
Satz: Fotosatz Klaußner GmbH, Köln
Druck: Interpress

Die Deutsche Bibliothek - CIP-Einheitsaufnahme
Das **Weiberlexikon** / hrsg. von Florence Hervé . . . Unter Mitarb. von Ingeborg Nödinger.-
4., verb. Aufl. - Köln : PapyRossa Verl., 1995
ISBN 3-89438-047-0
NE: Hervé, Florence [Hrsg.]

Das Weiberlexikon

Herausgegeben von
Florence Hervé
Elly Steinmann
Renate Wurms

Unter Mitarbeit von
Ingeborg Nödinger

PapyRossa Verlag

Die Herausgeberinnen

Florence Hervé, *1944, Dr. phil., lebt seit Mitte der 60er Jahre in der Bundesrepublik. Freie Wissenschaftlerin und Journalistin, Redakteurin der Zeitschrift und des Kalenders WIR FRAUEN, Autorin mehrerer Bücher zur Frauenbewegung.

Elly Steinmann, *1921, Chemotechnikerin, Journalistin, Rentnerin. Begründete 1952 die Westdeutsche Frauenfriedensbewegung mit und redigierte zwanzig Jahre lang die Zeitschrift Frau und Frieden. Redakteurin des Kalenders WIR FRAUEN.

Renate Wurms, *1941, Soziologin. Arbeitet als Gleichstellungsbeauftragte bei der Stadt Lünen. Redakteurin des Kalenders WIR FRAUEN. Buch- und Zeitschriftenveröffentlichungen zur Geschichte der Frauenbewegung und zur Frauenpolitik.

Die Autorinnen

Rosi Almanasreh, Karin Bergdoll, Eva Böller, Sylvia Brecht-Hanbi, Wiebke Buchholz-Will, Ursula Bücker, Jürgen Dörr, Annegret Ergenzinger, Anne Evers, Renate Fest, Uschi Flacke, Heike Fleßner, Alexa Franke, Ulla Funke, Ute Gerhard, Eva Gnaudschun, Margret Gottlieb, Karin Gruß, Hannelore Hauß, Florence Hervé, Lieselotte M. Hilbig, Mechtild Jansen, Lissi Klaus, Marianne Kolter, Emmi Kuhlmey, Annette Kuhn, Gudrun Lukasz-Aden, Christiane Möcker, Ingeborg Nödinger, Antje Olivier, Birgit Palzkill, Annette Püntmann, Uta Ranke-Heinemann, Brigitte Regler-Bellinger, Sigrid Reihs-Kirsch, Rosemarie Rübsamen, Heidi Schellhowe, Ingrid Schick-Sollmann, Monika Schierenberg, Anne Schlüter, Susanne Schunter-Kleemann, Gesine Spieß, Brigitta Steinmann, Elly Steinmann, Christel Strobel, Victoria Theuer, Margarete Tjaden-Steinhauer, Irmgard Vogt, Melitta Walter, Petra Wassner, Isabella Wilden, Ute Winkler, Renate Wurms.

Gestaltung, Layout und Karikaturen

Barbara Hömberg

Vorwort

Endlich! „Das Weiberlexikon", lange vergriffen, erscheint in der dritten Auflage, erheblich überarbeitet, aktualisiert, erweitert – in großen Teilen ein neues Buch und deshalb, wie die Erstauflage, „durch mancherlei Schwierigkeiten und → Imponderabilien verspätet". Zum Nachschlagen und Schmökern enthält es Rechtliches, Ethisches, Medizinisches, Geschichtliches, Soziales und Politisches. Was wir vorlegen, ist ein Versuch, mehr aus der verschwiegenen Frauenhistorie, dem Aufbruch von Frauen in Vergangenheit und Gegenwart, aus dem Frauenalltag heute, der Politik von, für, mit und solcher gegen Frauen, mehr aus Praxis und Theorie der Frauenbewegung zu vermitteln, neugierig auf eigene Entdeckungen zu machen. Die notwendigerweise zu treffende Auswahl ist an der Situation der Frauen in der Bundesrepublik in den alten und neuen Bundesländern orientiert. Die Autorinnen von Schwerpunktartikeln sind von unterschiedlichen Standpunkten aus an die Themen herangegangen; in manchen Artikeln sind die Sachverhalte lexikalisch dargestellt, in anderen Entwicklungen und Einschätzungen unter einem leitenden Gesichtspunkt behandelt worden. Auf eine Vereinheitlichung haben wir verzichtet, um auch auf diese Weise die Vielfalt der Ansätze in der Frauenbewegung zu belegen.

*Wir haben aus gutem Grund ein eigenwilliges Buch gemacht. Bemerkenswert, was in vielbändigen Lexika fehlt bzw. unterbelichtet ist, wie oft Fraueninteressen unberücksichtigt gelassen werden, mit welcher Selbstverständlichkeit von der Situation des Mannes als gültig fürs Ganze ausgegangen wird. Im kürzlich von zwei Männern herausgegebenen Lexikon „Klassiker deutschen Denkens" hat auf 760 Seiten eine einsame Denker*in *Platz – Hildegard von Bingen. Das ist bei der Vielzahl von Denkerinnen nicht nur mager, das ist schon infam.*

Bei unserer Suche nach Informationen sind wir nicht selten auf Diskrepanzen, unterschiedliche Schilderungen und widersprüchliche Zahlen und Fakten gestoßen. Es war nicht immer leicht, Richtiges von Falschem zu unterscheiden. Unser Projekt wäre nicht zustande gekommen ohne die umfangreiche und vielfältige Arbeit von Frauen, ihre Bestandsaufnahmen, feministischen Forschungen, Analysen und Einschätzungen, ihr Suchen nach neuen Wegen, einzeln und in Gruppen.

Wir danken allen Autorinnen und Freundinnen für die gute Zusammenarbeit, in erster Linie Margret Gottlieb und Brigitte Regler-Bellinger, Ingeborg Nödinger danken wir für ihre Mitarbeit bei der Herausgabe der dritten Auflage, der Grafikerin und Karikaturistin Barbara Hömberg für das Gestaltungskonzept von 1985, das von Jürgen Hartmann bei der mühsamen Zusammenstellung der Neuausgabe weitgehend erhalten wurde. Und wir danken Unseren zu Hause, die uns ertragen, unterstützt und ermutigt haben.

Florence Hervé *Elly Steinmann* *Renate Wurms*

A

Abenteuerin, Abenteurerin; von mhdt. „aventiure“ = Begebenheit, Erlebnis, Wagnis, stammt das Wort Abenteuer für außergewöhnliches Geschehnis, gewagtes Unternehmen, prickelndes Ereignis, auch auf Liebe und Sexualität bezogen.
Während in den meisten Lexika und Hirnen mit dem männlichen Gegenstück ein Flair von Eroberung der großen, weiten Welt verbunden wird, hat man bei *ihr* eher den Ruch von Halbwelt parat. Sie ist auf unstatthafte (in erster Linie sexuelle) Freizügigkeit aus. Schnell wurden in der Vergangenheit jene Frauen zu A.nen gemacht, die aus gesellschaftlichen, von Männern vorgeschriebenen Bahnen, aus bürgerlicher Wohlanständigkeit ausbrachen; z. B. auch Frauen aus dem Vormärz, wie Emma Herwegh (1817–1904), Mathilde Franziska Anneke (1817–1884), Amalie Struve (um 1820/25–1862) und andere, die 1848/49 für die Revolution auf die Barrikaden gingen.

Schriftstellerinnen wie George Sand (1804–1876) oder Louise Aston (1818–1871), die im 19. Jh. Männerkleidung trugen, auch mal eine Zigarre rauchten oder solche, die (Forschungs-)Reisen unternahmen wie Sybilla Merian (1647–1717) oder Flora Tristan (1803–1844), wurden ähnlich be(ver)urteilt. Später waren es dann Bergsteigerinnen, Fliegerinnen, Autofahrerinnen, Alleinreisende – kurz: all jene, die sich als erste an vorgeblich natur- und wesensbedingte männliche Geschäfte wagten und damit gegen gesellschaftliche Schranken, Vorurteile und Borniertheit angingen. Viele solcher Frauen gehören zu den Wegbereiterinnen der → Frauenbewegung.

Lit.: Bad Women, Luder, Schlampen und Xanthippen, hrsg. v. Baerbel Becker, Berlin 1989; Renate Feyl, Der lautlose Aufbruch. Frauen in der Wissenschaft, Berlin/DDR 1982; dies., „Sein ist das Weib, Denken der Mann.“ Ansichten und Äußerungen für und wider den Intellekt der Frau von Luther bis Weininger, Darmstadt 1984; Helga Hesper, Abenteuer auf See. Über Piratinnen und andere Seefrauen, Dortmund 1991; Gerlinde Hummel-Haasis (Hrsg.), Schwestern, zerreißt eure Ketten, München 1982; Julia Heay, Mehr Mut als Kleider im Gepäck. Geschichten von weiblicher Entdeckerfreude und Abenteuerlust jenseits aller Konventionen, Bern/München/Wien 1991; Ulrike Klausmann/Marion Meinzerin, Piratinnen, München 1992; Gudrun Maierhof/Katinka Schröder, Sie radeln wie ein Mann, Madame. Als die Frauen das Rad eroberten, Dortmund 1992; Gertrud Pfister, Fliegen – ihr Leben. Die ersten Pilotinnen, Berlin 1989; Lydia Potts (Hrsg.), Aufbruch und Abenteuer. Frauen-Reisen um die Welt ab 1885, Berlin 1988.

Abgeordnete; von lat. „ordo“ = Reihe; Ordnung, Rang, Stand; mhdt. „ordnen“ und ahdt. „ordinon“ = in Ordnung bringen, gehörig einrichten.
Die A. ist gewähltes Mitglied einer Volksvertretung oder öffentlich-rechtlichen Körperschaft. Ihre Rechte sind meist in Verfassungen und/oder Geschäftsordnungen festgelegt. In der Bundesrepublik sind das aktive (ab 18 Jahren) und das passive Wahlrecht (ab 21 Jahren) Voraussetzung. Noch immer kommt in den Lexika A. – „der Abgeordnete, m.“ – oder A.r. ganz selbstverständlich männlich daher, obwohl es in Deutschland seit 1919 weibliche A. gibt. (→ Politik).
„Die Haltung des Hauses im Verlauf der Verhandlungen erinnerte aber in fataler Weise an die Zeiten, wo die deutschen Volksvertreter von den Frauen nicht anders als unter Lachsalven reden konnten.“ Helene Lange 1908 über die erste Lesung des Reichsvereinsgesetzes – es ging um die politische Vereinsfreiheit für Frauen – im Deutschen Reichstag.
1984 im Deutschen Bundestag: „Zur Sache Schätzchen“, „Sie sehen besser aus als Sie reden“, „Küßchen, Küßchen“ – Während ihrer Rede zählte die SPD-Abgeordnete Renate Schmidt 51 (in Worten: einundfünfzig) solcher Zwischenrufe; erst nach dem 34. ertönte die Glocke des Bundestagspräsidenten für eine Rüge.
Seither: Im Hohen Haus nichts Neues.

Man muß sich erinnern, daß das Volk geschlechtslos ist, das heißt, daß alle verschiedenen Geschlechter im Volk vorhanden sind und daß die deutsche Frau an jeden deutschen Abgeordneten genau dasselbe Recht hat wie der deutsche Mann.

Abg. Traeger am 18. 3. 1892 im Deutschen Reichstag

„Als Einzelne wirkt die Frau wie eine Blume im Parlament, aber in der Masse wie Unkraut.“

Dr. Michael Horlacher
Staatskommissar a. D.

„. . . und als das drittemal die Gelegenheit einer Meinungsäußerung an mich herantrat, erklärte ich mich unumwunden, rückhaltlos für Abschaffung von § 218.“

Camilla Jellinek, Juristin, 1905

Abhängigkeit; → Sucht

Abtreibung; → Schwangerschaftsabbruch. Von abtreiben (mhdt. „abetriben“) im Sinn von entfernen; Beseitigung einer Schwangerschaft, Fehlgeburt.
Im Begriff A. wird das bewußte Moment betont, der Eingriff von außen. Der medizinische, aus dem Lateinischen („abortus“) entlehnte Begriff Abort wurde im Alltagsgebrauch auch vermischt mit dem seit dem 18. Jh. bezeugten, gleichnamigen Wort für Toilette, Abtritt. Zunächst war Abort im Sinn von „abgelegener Ort“ gebräuchlich. Die Vermischung der beiden Wörter dürfte ein Hinweis darauf sein, daß Abtreibungen heimlich zu geschehen hatten und die Frucht so natürlich und unauffällig beseitigt werden konnte.

Adoption; adoptieren; lat. an Kindes Statt annehmen, hinzuerwählen, „Annahme an Kindes Statt“.
A. hat eine lange geschichtliche Tradition, war unter den jeweiligen kulturellen und gesellschaftlichen Bedingungen unterschiedlich in Form und Auswirkung. Erste Hinweise auf die Praxis von A. gab es bereits lange vor Christus, bekannt wurde A. in der griechischen und römischen Geschichte; damals in erster Linie, um Erben zu gewinnen; die Einwilligung des zu Adoptierenden mußte vorliegen (dies setzte Volljährigkeit voraus).
A.en konnten nur von Männern abgeschlossen werden. Während bei den sog. „Naturvölkern“ die Aufnahme von Kindern oder Erwachsenen in den Stamm (z. B. bei Indianern) dazu führte, daß die „Adoptierten“ gleichberechtigte Mitglieder wurden, hatte die A. im europäischen Raum individuelle Gründe; das ausschließliche und uneingeschränkte Interesse des Adoptierenden stand im Vordergrund.
Heute soll das „Kindeswohl“ ausschlaggebend sein. Jugendfürsorgerische Gesichtspunkte entwickelten sich spät, A. war bei uns schon im 15. Jahrhundert bekannt, praktisch aber bedeutungslos. Über die Entwicklung von Findel- und Waisenhäusern, von Armenanstalten und Pflegestellen, von „Werk- und Zuchthäusern“, im Zusammenhang mit den Problemen alleinstehender Mütter und ihrer Kinder entwickelten sich Reformbestrebungen:
1788: Hamburger Reform des Armenwesens (mit dem Bestreben, die Kinder- und Jugendfürsorge aus der allgemeinen Armenpflege zu lösen). Es gab Bestrebungen, sich unverheirateter Mütter anzunehmen (Entbindungsanstalten), da hohe Sterbeziffern der nichtehelich Geborenen, Kindesaussetzungen und Kindesmord zunehmend Aufmerksamkeit erlangten. Im Verlauf der „napoleonischen Kriege“ nahmen diese ersten Bestrebungen ein Ende. Im 19. Jahrhundert (Kinderarbeit in Fabriken, Unterbringung alleinstehender Kinder vor allem in Koststätten auf dem Land, wo sie als billige Arbeitskräfte mißbraucht wurden, hohe Sterblichkeit bei Säuglingen und Kleinkindern in den Anstalten) waren es vor allem Einzelpersonen, später Vereinigungen, die sich für die Verbesserung der Lebenssituation der Kinder (und ihrer unverheirateten Mütter) einsetzten. Zu erwähnen u. a.: Pestalozzi („Rettungshäuser“, familienähnliche Erziehung mit Arbeit und Unterricht), Oberlin (Gründung erster Kleinkinderschulen) und Fröbel (Kindergartenbewegung). Private Initiativen (gestützt auf Spenden und Beiträge von Eltern) entwickelten sich bis hin zu „überwachten Familienpflegestellen“. Um 1900 gab es erste Ansätze, systematisch Kinder zur A. zu vermitteln (meist durch konfessionelle Vereine); jedoch erst im Zusammenhang mit der Not des 1. Weltkrieges veränderte sich ansatzweise das Bewußtsein und die Bereitschaft wuchs, Verständnis vor allem für die Not der nichtehelich geborenen Kinder und deren Mütter zu haben.
1896: Einheitliche Regelung über A. im BGB (§§ 1741–1772), im Anschluß daran zahlreiche Gesetzesreformen, u. a. 1973 und KJHG 1990 (Herabsetzung des Mindestalters für Annehmende auf 25 Jahre, Neuregelung der Voraussetzungen, unter denen die Einwilligung der Eltern in die A. ihres Kindes ersetzt werden kann) und 1976 (Neuregelung des

Adoptionsrechts, dazu die Neufassung von 1989), im wesentlichen: Gleichberechtigung des adoptierten Kindes in der Adoptionsfamilie, Herauslösen aus der Ursprungsfamilie, Unauflösbarkeit der A., d. h., die Aufhebung ist nur noch in Ausnahmefällen möglich, wenn sie im Einklang mit dem Wohl des Kindes steht.

Heute gibt es anerkannte Vermittlungsstellen (Jugendämter, Verbände), denen es vorbehalten ist, Kinder zur A. zu vermitteln. Seit 1965 ist die Zahl der zur A. vorgemerkten Kinder stark rückläufig, die Zahl der Bewerber steigt. Ursache für die Verringerung der Kinderzahl ist sicherlich auch das gestiegene Selbstbewußtsien junger unverheirateter Frauen und die Tatsache, daß es weniger „unerwünschte" Kinder gibt. So wichtig und notwendig im Einzelfall auch die Vermittlung in eine Adoptiv-Familie sein mag, sollte die Situation der „abgebenden Mütter" berücksichtigt werden. Noch immer sind es fast ausschließlich Frauen (nicht Eltern), die sich, alleingelassen mit dem Problem, auseinandersetzen müssen und sich nicht in der Lage sehen, ihr Kind zu behalten und großzuziehen.

Die Beratung, die den Adoptionsvermittlungsstellen vorgeschrieben ist, nämlich den Müttern alle Hilfsmöglichkeiten aufzuzeigen, die es erlauben sollen, ihr Kind selbst großzuziehen, wird sicherlich bei den meisten Vermittlungsstellen gewissenhaft erfolgen – die Hilfsmöglichkeiten selbst aber sind mehr als unzureichend (zu niedrige Sozialhilfesätze, Arbeitsplatzsituation, Mangel an Kindertagesstätten mit vernünftigen Öffnungszeiten – von Kinderkrippen ganz zu schweigen –, das „Tagesmütter-Modell" ist unzureichend und verdient, kritisch untersucht zu werden).

Die auf der einen Seite positive Entwicklung im Sinne der betroffenen Kinder – nämlich völlige Integration mit allen Rechten in die Adoptiv-Familie – darf nicht darüber hinwegtäuschen, daß für die betroffenen Mütter der Kinder diese Lösung selten befriedigend ist und auf alle Fälle keine „Alternative zum Schwangerschaftsabbruch" sein kann. In der Regel wissen die Mütter nicht, wo ihre Kinder bleiben und wie sie sich entwickeln; sie müssen sich auf die Vermittlungsstellen verlassen. Es wäre notwendig, mehr über die sog. „offene Adoption" zu diskutieren und sie ins Blickfeld zu rücken (in diesen Fällen besteht trotz abgeschlossener A. mit den rechtlichen Vorteilen für das Kind Kontakt zwischen Adoptiv-Familie und leiblicher Mutter).

„Auslands-Adoption": Die Praxis, sich mit Hilfe meist dubioser „Vermittlungsstellen" ein Kind aus den sog. „Entwicklungsländern" zu holen (in der BRD sind diese Vermittlungsstellen verboten), ist in der Regel Menschenhandel (auch wenn die ehrenwerte Absicht, ein Kind zu „retten", bei Adoptiveltern da sein mag). Es ist häufig weder sichergestellt, daß die leiblichen Eltern ihr Einverständnis gegeben haben (und wenn, ist die Frage, in welch auswegloser Situation sie waren!), noch werden die Adoptiveltern beraten und überprüft – entscheidend ist meist die Höhe der Summe, die sie zahlen. Seriöse Vermittlungsstellen wie „terre des hommes", die in Ausnahmefällen auch ausländische Kinder zu deutschen Eltern vermitteln, schränken die Zahl der A.en zunehmend ein. Die Notwendigkeit wurde erkannt, vermehrt Ursachen des Kinderelends in der „3. Welt" zu erforschen und die Ergebnisse öffentlich zu machen. Auslandsadoptionen wurden auf ein Mindestmaß reduziert, die Hilfe (auch A.) im Land selbst verstärkt. Die zunehmende Ausländerfeindlichkeit in unserem Land sollte bei der Frage, ein ausländisches Kind zu adoptieren, nicht unberücksichtigt bleiben.

Besondere Bedeutung wird in den letzten Jahren der Aufklärung der Kinder über ihren Status als A.-Kind bereits in früher Jugend beigemessen. Sie gilt als wesentlich für die Identitätsfindung der A.-Kinder, damit für das Gelingen der A. überhaupt.

Beratungs- und Vermittlungsstellen: in allen Städten die Jugendämter und die freien Verbände; „terre des hommes": Postfach 4126, 49031 Osnabrück.

Ich habe mein Kind fortgegeben – die dunkle Seite der Adoption

Buchtitel

Lit.: Ingrid Baer/Helga Gross, Adoption und Adoptionsvermittlung, Neuregelung ab 1. 1. 1977, Schriften des Deutschen Vereins für öffentliche und private Fürsorge, Bd. 59, Stuttgart 1976; Jürgen Blandow/ Josef Faltermeier/Peter Widemann, Fremdplazierung und präventive Jugendhilfe. Darstellungen und Analysen neuer Versuche, Heft 18, Deutscher Verein für öffentliche und private Fürsorge, Frankfurt 1978; Annecke Napp-Peters, Adoption – Das alleinstehende Kind und seine Familie, Darmstadt 1978; Holger Rosenberg und Marianne Steiner, Paragraphenkinder. Erfahrungen mit Pflege- und Adoptivkindern, Rowohlt Taschenbuchverlag; Christine Swientek, Ich habe mein Kind fortgegeben – Die dunkle Seite der Adoption – rororo/Frauen aktuell; Gabriele Wohmann, Paulinchen war allein zu Haus, Darmstadt 1976.

Renate Fest

AIDS = „Acquired Immune Deficiency Syndrome"; erworbenes Immundefektsyndrom, das durch einen Virus ausgelöst wird. Seit 1986 international verbindlich mit dem Kürzel HIV = „Human Immunedeficiency Virus" bezeichnet. Epidemiologisch gesichert ist die Übertragung durch Sperma, Blut und Vaginalsekret. Infektion insbesondere bei ungeschütztem Sexualverkehr (Penetration) und der Benutzung unsteriler Spritzkanülen.

Schutzmöglichkeiten sind Kondome und steriles Einweg-Spritzbesteck.

Die Krankheit AIDS, die 1979 erstmals in San Franzisko und New York an homosexuellen Männern beobachtet wurde, verbreitete sich innerhalb kurzer Zeit über die meisten Länder der Welt. Frauen in Ländern mit mangelnden finanziellen, medizinischen und hygienischen Hilfen sind am schwersten betroffen. Nach Schätzungen der World Health Organization (Weltgesundheitsorganisation = WHO) gab es 1991 weltweit eine halbe Million AIDS-kranke Frauen; im Jahr 2000, so die Schätzungen, werden 40 Millionen Frauen, Männer und Kinder HIV-infiziert sein (→ Sex-Tourismus). Unterschieden werden muß zwischen HIV-positiv (= erfolgte Infektion) und AIDS-Erkrankung. Zwischen Infektion und Ausbruch der Krankheit können Jahre liegen. Festgestellt werden kann eine Infektion durch einen HIV-Antikörpertest (im Volksmund = AIDS-Test), der durch Gesundheitsämter, Krankenhäuser und niedergelassene ÄrztInnen durchgeführt wird. Bisher gibt es keinen Impfstoff, der eine Infektion verhindern oder zum Stillstand bringen kann.

Im Jahr 2000, so die Schätzungen, werden 40 Millionen Frauen, Männer und Kinder HIV-infiziert sein

Seit Jan. 1987 besteht in der BRD eine Laborberichtsverordnung, die eine anonyme Meldung der erhobenen positiven HIV-Antikörpertests an das Bundesgesundheitsamt (= BGA) vorschreibt. Ende 1991 waren aufgrund dieser Meldungen 49 079 Personen HIV-infiziert, davon 7 422 Frauen; 7 533 Menschen waren an AIDS erkrankt, davon wurden 588 Frauen statistisch erfaßt.[1] Die größte weibliche Gruppe sind Drogenabhängige, die über nichtsteriles Spritzbesteck infiziert wurden (→ Drogenabhängigkeit). Über die Zahl der betroffenen Frauen und Männer, die nichts vom Virus in ihrem Körper wissen und die noch keine deutlichen Krankheitszeichen aufweisen, gehen die Schätzungen zu weit auseinander, um eine sinnvolle Angabe machen zu können.

Anfänglich richteten sich alle öffentlichen Aktivitäten auf homosexuelle Männer, Bluter und dann männliche Drogenabhängige. 1983 wurden von schwulen Männern die ersten AIDS-Hilfen gegründet, die bundesweit Beratungsstellen unterhalten und auch Frauenberatung anbieten.

Ende 1985 begann die Bundeszentrale für gesundheitliche Aufklärung (BZgA) mit Informationen über die Massenmedien. Frauen tauchten überwiegend als Helfende, Pflegende, Gefahrabwendende auf. Im Zusammenhang mit dieser Krankheit wurde die Diskussion um das Ausleben weiblicher Sexualität, die Aufteilung in treu = heilig / untreu = Hure wieder aktuell. Die anfänglich propagierte Aussage „Treue ist der beste Schutz vor AIDS" wurde von Frauen über Parteigrenzen hinweg so heftig kritisiert, daß sie bald differenzierten Aussagen zur Ansteckungsvermeidung wich.

Die landesweite Aufklärungsplakat-Stigmatisierung der Prostituierten als „Gefahrenquelle" veranlaßte mehrere Prostituierten-Selbsthilfeorganisationen zu einer Gegenkampagne. Sie veröffentlichten die Zahl der täglichen Freierbesuche und forderten zur Kondombenutzung auf.

Bald konnte von einer sog. „Männerkrankheit" nicht mehr die Rede sein. Mütter, Ehefrauen, Alleinle-

bende fühlten sich verantwortlich und hatten Angst vor einer Infektion. Doch spezielle Frauengesichtspunkte innerhalb der AIDS-Beratung blieben vernachlässigt.
Im Oktober 1987 erschien das erste deutsche Buch zur Frauenproblematik.[2] Im Nov. 1987 fand in Bonn ein „Frauen & AIDS"-Kongreß statt[3], gefolgt von einer Tagung der Schweizer AIDS-Hilfe Anfang 1988.[4] Referentinnen und Teilnehmerinnen forderten energisch eine Bestandsaufnahme weiblicher Problemstellungen und die Einrichtung frauenspezifischer Beratungsangebote. Ende 1988 wurde durch die BZgA mit dem Modellprogramm „Frauen und AIDS" für eine Laufzeit bis 1991 begonnen.[5] Auch die sozialen und kirchlichen Beratungsstellen qualifizierten Mitarbeiterinnen speziell für frauenspezifische Gesichtspunkte der Präventionsberatung und HIV-Betreuung. Bezeichnend für die Kompetenz- und Karriereverteilung im Bereich der AIDS-Betreuung und -Forschung ist, daß die öffentliche Profilierung überwiegend von Männern, die Pflege hauptsächlich durch Frauen ausgeübt wird.
Als Stichwörter zur speziellen Frauenproblematik seien genannt: Heterosexuelle Aktivitäten, Konfliktunfähigkeit, Wahl der Schwangerschaftsverhütung, Vergewaltigung, infizierte Partner, Überlastung durch Pflege, eigene Infektion, Kinderwunsch, Schwangerschaftsabbruch, Armut, Drogenabhängigkeit, Einsamkeit, Hilflosigkeit, schlechtes Gewissen, Verlust von Partner und/oder Kind, Krankheit, Tod.[6]
Mittlerweile werden die in der AIDS-Grundlagenforschung vernachlässigten Aspekte der psychologischen und sozialen Hintergründe und Risikofaktoren in bezug auf die Infektion und deren Verlauf publizistisch stärker hervorgehoben und in die Praxis integriert.[7]
Soziale, krankenversicherungs-, verwaltungstechnische und juristische Unsicherheiten erschweren die Alltagsbewältigung. 1987 wurde die „Deutsche AIDS-Stiftung ‚Positiv leben'" gegründet, um finanzielle und organisatorische Hilfen aufzubauen. Inzwischen sind auch einige private Stiftungen entstanden.[8]

Lit. u. Anm.: 1) Bericht des AIDS-Zentrums des Bundesgesundheitsamtes über aktuelle epidemiologische Daten 12/91; 2) Melitta Walter, Ach, wärs doch nur ein böser Traum. Frauen und AIDS, Freiburg 1987; 3) Fraueninitiative 6. Oktober, Dokumentation des Kongresses vom 12. Nov. 1987, Bonner Beethovenhalle; 4) Dokumentation der Tagungen vom 29. Januar und 30. März 1988 in der Paulus-Akademie, Zürich, AIDS-Hilfe Schweiz, 1988; 5) Die bundeseinheitliche Telefon-Nr. 19411 gibt Auskunft über regionale AIDS-Frauenberatungsstellen; 6) Infos im Detail in: Zur Sache, Themen parlamentarischer Beratung, AIDS: Fakten und Konsequenzen 13/90; 7) Hans Jäger (Hrsg.), Frauen und AIDS, Somatische und psychosoziale Aspekte, Berlin 1989; 8) Anschriften der bundesweiten Stiftungen sind z. B. über die regionalen AIDS-Beratungsstellen zu erfahren. Ferner: Helga Exner-Freisfeld, AIDS – Herausforderung an das Sozialsystem, Frankfurt/M. 1992.

Melitta Walter

Akademikerin; von lat. „academia", griech. „akademeia". Frau mit einer Hochschul-, Universitätsausbildung. Seit dem 16. Jh. wurden Forschungsstätten, Bildungseinrichtungen, Fachschulen nach dem Namen der Lehrstätte Platons Akademien genannt. Seit dem 18. Jh. gibt es den Akademiker, seit dem Ende des 19. und dem Beginn des 20. Jhs., als sich Frauen in Europa (zum Teil wieder) den Zugang zur höheren → Bildung und zu den Universitäten erkämpften, auch *die* A. (→ Forschung, → Wissenschaft, → Naturwissenschaft und Technik).

Dr. med. Elisabeth Winterhalter (1856–1952), Vorsitzende des Vereins Frauenbildung – Frauenstudium, Ortsgruppe Frankfurt.

Akne; griech.-neulat.; eine von den Talgdrüsen ausgehende Hautkrankheit. Im Gesicht, zwischen den Schulterblättern, über dem Brustbein entstehen oft schubweise kleine rote Knötchen, in deren Mitte sich Eiterbläschen bilden. A. tritt häufig in der Pubertät auf; A. ist auch eine Berufskrankheit, z. B. Ölakne. Die Behandlung ist meist langwierig und schwierig, da neben körperlichen auch seelische Ursachen bzw. Folgen (Reaktion der Umwelt) eine Rolle spielen.

Akt; (Mehrfachbedeutung) von lat. „actus“ = (feierliche) Handlung, Tat. (1) Teil eines Bühnen-, Theaterstücks; ein Aufzug; (2) im Sinne von bewußtem Erlebnisvollzug, z. B. das Hören eines Tones. Im allgemeinen werden an A.arten unterschieden: Wahrnehmen, Fühlen, Denken, Wollen; (3) für miteinander schlafen, sich lieben, → Koitus; (4) Darstellung des nackten menschlichen Körpers in der Malerei, Fotografie, → Bildenden Kunst; (5) in der Verwaltungssprache bezeichnet A. einen Vorgang, auch ein Aktenstück.

Alimente; von lat. „alimenta“ = Nahrung(smittel) wurde das Wort im 18. Jh. für die Rechtssprache entlehnt. A. sind Unterhaltsbeiträge – bes. für nichteheliche Kinder. Das Kind hat gegenüber dem Vater, Erzeuger (mit dem es nach geltendem Recht nicht verwandt ist) einen Rechtsanspruch auf Unterhalt. Der Anspruch wird von der Mutter oder dem Jugendamt als Pfleger stellvertretend für das Kind angemeldet und notfalls durchgesetzt. Die Regelsätze richten sich nach dem Alter des Kindes; der niedrigste A.satz (für Kleinkinder) liegt bei 157,– DM (+ 50,– DM Kindergeld). Auf Antrag des Vaters kann der Unterhaltsbetrag gesenkt werden bei einem Einkommen unter 1200,– DM monatlich; auf Antrag der Mutter oder des Jugendamtes kann der Betrag erhöht werden, wenn der Vater gut verdient.

Alleinerziehende (Mütter). Unter A.n versteht man jene Mütter oder Väter, die das alleinige elterliche Sorgerecht für ihre Kinder ausüben bzw. die ohne den zweiten Elternteil des Kindes leben und die Erziehung und Versorgung des Kindes alleinverantwortlich tragen. Dieses „allein“ muß insofern eingeschränkt werden, als de facto das gesamte gesellschaftliche Umfeld, von Bezugspersonen über öffentliche Instanzen wie Schulen, Kindergärten, Krippen, Horte bis hin zu Medien, an der Erziehung mitwirkt.
A. hat es schon immer gegeben, und es waren auch schon immer vorwiegend Frauen, die als solche fungierten. Stellten jedoch früher die Witwen den Hauptanteil derer, die ohne Partner für ihre minderjährigen Kinder verantwortlich waren (1961 noch 48%), so sind es heute ca. 40% Geschiedene, 12% getrennt Lebende und 22% Ledige, also insgesamt 74% der 86% alleinerziehenden Frauen gegenüber 14% alleinerziehenden Vätern.
Nach einer geschichtlichen Untersuchung von M. Mitterauer gab es immer schon mehr A. in den Städten als auf dem Lande. Die Gründe dafür werden gesehen in einem seit dem Mittelalter nachweislichen Frauenüberschuß in größeren Städten, der wohl vor allem auf die Zuwanderung weiblicher Dienstboten zurückzuführen ist, die im Falle einer Verwitwung nur sehr geringe Chancen auf eine Wiederverehelichung hatten. Die Ursache für die geringe Zahl von A.n auf dem Land wird aus der agrarischen Struktur erklärt, die zur Bewirtschaftung eines Hofes zumindest eine erwachsene Frau und einen erwachsenen Mann erforderte.
Obgleich nach dem Zweiten Weltkrieg ein Drittel aller Kinder in den damaligen westlichen Besatzungszonen und der späteren Bundesrepublik mit (Krieger-)Witwen aufwuchs, wurde diese Familienform nicht untersucht. Dies liegt u. a. daran, daß „unvollständige“ Familien als „Ausnahmesituation“ oder „Übergang“ gelten. Es gibt ihnen gegenüber ein „Meidungsverhalten“ (Behr/Häsing). Erst in den letzten Jahren wird diese Familienform humanisiert, nicht zuletzt aufgrund der steigenden Zahl der Scheidungswaisen. Ordnungspolitische Vorstellun-

gen spielen hier eher eine Rolle als der Wunsch nach einer Analyse des Hinfälligwerdens von vertrauten Familienstrukturen.
1983 hatten wir in der Bundesrepublik 927000 A., das sind 11% der Haushalte mit Kindern unter 18 Jahren, und die Tendenz ist mit der zunehmenden Zahl von Scheidungen steigend; in den Großstädten sind bereits 20% der Familien mit Kindern Einelternfamilien. Von den 927000 A.n handelte es sich bei 86%, also 782000, um Frauen mit 1,13 Mio. Kindern.
Bereits 1989 waren ca. 14% der Haushalte mit Kindern Einelternfamilien. Die statistischen Jahrbücher der BRD belegen zum einen die sinkende Zahl von Eheschließungen und die wachsende Zahl der Scheidungen, zum anderen den zunehmenden Anteil nichtehelich geborener Kinder. Da man beim heutigen Entwicklungsstand und Verbreitungsgrad der Verhütungsmittel davon ausgehen kann, daß die außerehelichen Schwangerschaften zum geringeren Teil ungewollt sind, entscheiden sich wohl immer mehr Frauen bewußt für ein Kind ohne Ehe/Partner. Auch die Scheidungen werden in drei Vierteln der Fälle von Frauen eingereicht.
Für die alleinerziehende Frau ergibt sich eine Reihe von Problemen. Als erstes und grundlegendes ist die materielle Situation zu nennen. Dabei spielt sowohl die unzureichende Unterhaltsbemessung eine Rolle als auch vor allem die Schwierigkeit, als Alleinlebende mit einem oder mehreren Kindern eine volle Berufstätigkeit zu finden und auszuüben. Von 193000 Familien mit Kindern, die 1977 nach dem Sozialhilfebericht des Staatlichen Bundesamtes Sozialhilfe erhielten, waren fast drei Viertel Einelternfamilien. Nach Erhebungen des Emnid-Institutes von 1978 bekommen nur sechs von zehn alleinstehenden Müttern (ohne Witwen) den Kindesunterhalt regelmäßig, pünktlich und in voller Höhe. In absoluten Zahlen heißt das: Für ca. 370000 Minderjährige in Ein-Eltern-Familien gehen Unterhaltsrenten schleppend, unzureichend oder gar nicht ein.
Insgesamt ist die materielle Situation der A.n durch ein ständiges, aufreibendes Hin und Her zwischen Aufgaben von Kind und Beruf und einem vergleichsweise erheblich niedrigeren Lebensstandard gekennzeichnet. Behr und Häsing nennen als Beispiele: Während von allen Ehepaaren mit zwei Kindern 81% einen PKW besitzen, haben von alleinstehenden Müttern mit Kindern nur 30% ein Auto zur Verfügung. Von den „Standardfamilien" verfügen 57% über ein Telefon, von den Ein-Eltern-Familien nur 50%. Dazu kommt, daß das Einkommenssteuerrecht der Bundesrepublik die Ehe sehr deutlich gegenüber der sogenannten Halbfamilie begünstigt.
Die beiden anderen wesentlichen Problemkreise sind die psychische Situation und die pädagogischen Aufgaben, die sich der alleinerziehenden Mutter stellen. Zum einen muß sie die Folgen einer Trennung und Scheidung selbst verarbeiten und gleichzeitig versuchen, sie bei ihren Kindern aufzufangen. A. fühlen sich isoliert, werden diskriminiert und leiden häufig unter Versagensangst gegenüber ihren Kindern sowie unter Schuldgefühlen wegen des Scheiterns ihrer Partnerbeziehung (Behr/Häsing). Zu dieser Stigmatisierung kommt die Tendenz von öffentlichen Erziehungsinstanzen, auftretende Schwierigkeiten bei Kindern aus Ein-Eltern-Familien auf eben die familiäre Konstellation zurückzuführen.
Doch diese Fakten sind nur ein Teil der Wahrheit. Tatsache ist auch – und dafür sprechen die statistischen Daten –, daß immer mehr Frauen frei von staatlichen und gesellschaft-

lichen Zwängen ihre Lebensform selbst bestimmen, nein zur Ehe sagen und die genannten Beschwernisse dafür bewußt auf sich nehmen. Tatsache ist auch, daß Frauen heute nicht immer wirtschaftlich abhängig, also unbedingt auf einen berufstätigen Mann angewiesen sind, und andererseits die klassische Rollenverteilung mit der Beschränkung der Frau auf den Haushalt häufig lebenslange Abhängigkeit und zunehmende Verarmung bedeutet; das gegenwärtige Familienrecht sichert Familientätigkeit heute nicht unterhaltsrechtlich ab.

Frauen sind heute auf eine eigenständige Existenzsicherung und eine möglichst hohe schulische und berufliche Qualifikation verwiesen. In diese Lebensplanung paßt ein Kind nicht immer (schlechterer Lohn für Frauenerwerbstätigkeit, „Wettbewerbsnachteile" für Frauen mit Kindern), doch wo Frauen sich für ein Kind entscheiden, muß dies nicht mehr zwangsläufig auch eine Entscheidung für die Ehe sein. Auch hier beginnen Frauen, ihre Rolle neu zu definieren.

Die Gesamtlage der A.n wird sich freilich erst mit der materiell-rechtlichen Gleichstellung der Ein-Eltern-Familie und ihrer gesellschaftlichen Anerkennung als gleichwertiger Lebensform verbessern.

Adresse für Literatur, Informationen, Beratung und Hilfen aller Art: Verband Alleinerziehender Mütter und Väter e.V. (VAMV), Sitz des Bundesverbandes: Von-Groote-Platz 20, 53173 Bonn, Tel. 0228/352995. Dort sind alle örtlichen Adressen des VAMV zu erfragen.

Lit.: Sophie Behr/Helga Häsing, Ich erziehe allein. Problemlösungen und Ermunterungen für die Erziehung ohne Partner, Reinbek bei Hamburg 1980; Maria Frisé/Jürgen Stahlberg, Allein mit Kind, München 1992; Helga Häsing/Gunhild Gutschmidt, Handbuch Alleinerziehen. Mit Rechtsratgeber, Hamburg 1992; Kind und Kegel. Ein Rechtsratgeber für Mütter nichtehelicher Kinder, Hamburg 1992; Michael Mitterauer, Faktoren des Wandels historischer Familienformen, in: Helge Pross, Familie wohin?, Reinbek bei Hamburg 1979; Ina Fritsch, Eltern trennen sich, Reinbek bei Hamburg 1980; Barbara Bronnen, Mütter ohne Männer, Reinbek bei Hamburg 1980.

Sylvia Brecht-Hanbi

Alter; (1) altgermanisches Wort für Lebensalter, Lebenszeit, Zeit (mhdt. alter, ahdt. altar); gehört zu der Wortgruppe von -alt. Im heutigen Sprachgebrauch wird „Alter" gewöhnlich im Sinne von Lebensjahren, Lebensabschnitt und als Gegenwort zu → Jugend verwendet. (2) Der Zeitabschnitt, der seit der Geburt eines Individuums vergangen ist.

Auf der Spurensuche nach dem Bild der älteren und alten Frau in Film, Fernsehen, Rundfunk, Literatur, Märchen, Sagen, Lesebüchern, Illustrierten, Zeitungen, Werbung findet frau die unterschiedlichsten Darstellungen: in Sagen und Märchen wird die alte Frau als Sozial-Leiche abgestempelt, als Xanthippe, bösartig und männerhassend, als Hexe, abgesondert im Wald lebend, durch Heimtücke, Häßlichkeit und Wertlosigkeit gebrandmarkt. In Lesebüchern ist sie gebrechlich, hilflos, mitleiderregend; in Film und Fernsehen ist sie entweder die gepflegte, kosmetikbewußte, mit Silberlöckchen und Rüschenkleid strahlende Oma, die ihren liebreizenden Enkelchen Märchen erzählt, sie mit Süßigkeiten aus Liebe (!) vollstopft oder sich um deren Gesundheit besorgt zeigt oder – ganz anders – die Arme im Altenheim, von den Kindern abgeschoben, einsam und verlassen, in Not und Elend lebend; in der Werbung ist sie auf Medikamente angewiesen, wirbt für Zahnprothesen und deren Reinigung oder sie macht Reklame als Frau Saubermann für das gepflegte Zuhause, besserwisserisch und der Schwiegertochter ein schlechtes Gewissen verursachend. Die normale ältere Frau ist – abgesehen von guten Reportagen oder

GRAUE PANTHER HAMBURG E. V.

Dokumentationen – unsichtbar. Die Überbewertung der traditionellen Rolle als „Frau und Mutter“ trägt dazu bei, nur die Frau zwischen 20 und 45 Jahren als vollgültigen Menschen anzuerkennen. Im Bewußtsein der jüngeren Generation wird Altwerden und die damit verbundene Problematik verdrängt – ganz im Gegensatz zur Antike, wo das Ansehen und Prestige eines Menschen mit fortgeschrittenem Alter zunahmen. Heutzutage alt werden heißt oft: Hineinwachsen in eine Problemgruppe, Statusverlust, Isolation, Ausgrenzung, auch Entmündigung! Frausein und Altsein bedeutet in der Regel eine Verstärkung von sozialen Benachteiligungen. Ältere und alte Frauen verlieren ihre Funktion als Frau und Mutter, sie vereinsamen zunehmend, haben oft keinen Anspruch auf eine eigene Rente.

Frauen bilden die Mehrheit der Bevölkerung; 1990 lebten in der neuen Bundesrepublik gut 79 Millionen Menschen, davon knapp 52% Frauen und gut 48% Männer. Von den über 65jährigen sind zwei Drittel weiblich und ein Drittel männlich. Der große Frauenüberschuß wird durch die höhere Lebenserwartung der Frau und durch die Verluste bei den Männern im Zweiten Weltkrieg erklärt.

Seltener als Männer leben Frauen mit ihren Kindern oder anderen Verwandten zusammen. Viele alte Frauen führen einen Ein-Personen-Haushalt. Von allen über 65 Jahre alten Menschen leben nur etwa 3–4% in Alten- und Pflegeheimen, aber der Anteil der Frauen liegt bei gut 75%.

Gerade unter Frauen gibt es viel Altersarmut. Anfang der 90er Jahre sind gut 14% der Sozialhilfeempfänger/innen über 60 Jahre alt, darunter drei Viertel Frauen, weil deren A.seinkommen nicht zum Leben reicht. Viele Frauen konnten keinen kontinuierlichen Berufsweg einschlagen und haben folglich auch nur geringe eigene Rentenansprüche. In den alten Bundesländern hatten 1991 25% der Rentnerinnen eine Rente unter 300 DM (Männer 5%) und 74% eine Rente bis 1000 DM (Männer 21%). In den neuen Bundesländern liegt das Rentenniveau niedriger, die Rentenunterschiede – auch zwischen Frauen und Männern – sind geringer: Hier hatten 1991 99% der Frauen und 80% der Männer eine Rente zwischen 300 und 1000 DM. Die Unterschiede sind in Ost und West immer weniger mit geringerer Qualifikation, sondern durch kürzere Lebensarbeitszeiten und v. a. niedrigere Frauenlöhne und -gehälter zu erklären. So kommen nur sogenannte Doppelrentnerinnen mit eigenem Rentenanspruch und einer Hinterbliebenenrente auf das durchschnittliche Einkommen eines alleinlebenden Rentners. (→ Arbeit, → Beruf, → Erwerbstätigkeit, → Hausarbeit, → Rente). Alte Frauen sind so zu gut 40% in viel höherem Maß als alte Männer (ca. 1%) auf die Unterstützung durch Angehörige angewiesen. Aus diesen Gründen haben alte Frauen

auch wenig Mittel zur Verfügung, um Kontakte zu pflegen, zu erneuern oder längere Fahrten und Reisen zu unternehmen. Konzerte, Vorträge oder andere Veranstaltungen zu besuchen, ist oft unerschwinglich.

Frauen, die Zeit ihres Lebens an dem traditionellen Frauenbild orientiert waren, empfinden nach dem Weggang der Kinder, nach dem Tod des Ehemanns oft eine große Leere. Sie sind nicht auf mehr Freizeit zu ihrer eigenen Verfügung vorbereitet. Da sie ihre Befriedigung durch das „Dasein für andere" bezogen haben, finden sie nur selten neue Beschäftigungsmöglichkeiten, Hobbys und Kontakte. Sie vereinsamen zunehmend oder flüchten in Krankheiten und Depressionen (Empty-Nest-Syndrom = Leeres-Nest-Syndrom = Depressionen, die nach Verlust der weiblichen Rolle und dem daraus folgenden Verlust des Selbstwertgefühls eintreten). Davon betroffen sind meist die Frauen aus den unteren Sozialschichten und „Nur"-Hausfrauen, da ihnen während des ganzen Lebens Kompensationsmöglichkeiten fehlten.

Es gibt Tendenzen, die auf eine Veränderung dieser depressiven Haltung hinweisen. Frauen beginnen, die Freiheit, die ihnen aus der vollständigen oder teilweisen Entlastung von ihren Pflichten erwächst, als etwas Positives wahrzunehmen. Je nach Veranlagung oder Anregungen von außen beginnen sie, sich zu engagieren, etwa in sozialen Bereichen bei den Grauen Panthern, ja, es gibt auch Streuungen in frauenpolitische oder politische Bereiche, die lange Zeit für sie tabuisiert waren. Ein Teil aber genießt einfach das Leben (soweit der Inhalt des oben beschriebenen Geldbeutels das erlaubt) und lebt bis dahin unterdrückte Neigungen aus. Auch die → Sexualität, die ja im allgemeinen an Lebensfreude und -bejahung gebunden ist, kann durch die wiedererwachende Vitalität neu belebt werden. Sexualität im A. aber gilt allgemein (noch) als anstößig, zumindest befremdlich, insbesondere bei Frauen. Sie laufen Gefahr, als unnormal, lächerlich, unästhetisch bloßgestellt zu werden. Sexualität, durch → Kirche und Gesellschaft weitgehend zweckgebunden definiert, wird jedoch von den Jungen nicht mehr mit dieser Bindung akzeptiert, sondern weitgehend um ihrer selbst willen erlebt. Das beginnen auch zunehmend alte Frauen zu akzeptieren und für sich zu reklamieren; auch, wenn es die Gesellschaft noch weitgehend tabuisiert.

Im Verlauf des Alterungsprozesses gibt es keine biologischen und physiologischen Veränderungen, die als Zäsur zu betrachten sind, welche die Sexualität zum Verlöschen bringt. Eine mögliche Schwierigkeit beim Sexualverkehr könnte das zunehmende Austrocknen der Vagina werden, bedingt durch die Abnahme der weiblichen Hormone. In ihrem Blut kreisen zunehmend männliche Hormone, die Orgasmusfähigkeit und sexuellen Genuß weiterhin ermöglichen. Angst vor unerwünschter Schwangerschaft besteht nicht mehr. Menstruationsbeschwerden, die sie beeinträchtigen, sind ausgestanden. Kinder, die viele ihrer Kräfte gebunden haben, sind aus dem Haus.

Aber die Wirklichkeit sieht anders aus: Was nützt einer Frau die Einsicht, daß ihr Sexualleben theoretisch so weitergehen kann wie bisher, wenn sie sich praktisch als nicht mehr begehrenswert erlebt? Wegen des hohen Frauenüberschusses dürften es ältere Frauen sehr schwer haben, einen Sexualpartner zu fin-

Das Recht, zu leben, hat das Kind wie die Greisin. Werde immerhin alt für die anderen: nicht aber für dich.

Hedwig Dohm, 1903

den. Und sollten sie „eines solchen Glückes“ teilhaftig werden, werden sie damit konfrontiert, daß sie sich den sexuellen Möglichkeiten der Männer anzupassen haben. Ob es in höherem Alter überhaupt noch zum Geschlechtsverkehr kommt, entscheidet letztlich die Bereitschaft und Fähigkeit des Mannes. Von Frauen wird erwartet, daß sie sich klaglos den Gelegenheiten anpassen. Was bleibt ihnen dann noch? Masturbation (Selbstbefriedigung) oder lesbische Liebe? Beides jedoch erscheint vielen Frauen undenkbar. Frauen, die ihr Leben lang an einen Sexualpartner gewöhnt waren, verzichten lieber auf die Praktiken der Selbstbefriedigung. Für sie bedeutet der Intimkontakt mit einem Mann Zuwendung, Zärtlichkeit, körperliche Nähe und Anerkennung. Wenn ihnen dies versagt wird, töten sie lieber resignativ ihre sexuellen Wünsche ab! Und die Hinwendung zur Frauenliebe? Allein schon das Wort „lesbisch“ erregt bei vielen Angst und Abwehr. Trotzdem erleben einige solche Beziehungen und erfahren noch einmal völlig neue Lebensperspektiven.

Frau findet ein gemischtes Bild vor, wenn sie sich mit dem Altwerden und Altsein von Frauen auseinandersetzt. Am Ende steht der Tod, das große Tabu unserer Gesellschaft. Wir haben verlernt, uns mit dem Sterben auseinanderzusetzen. Und das macht → Angst; sie läßt sich nicht bewältigen, wenn wir die Augen vor dem Problem verschließen.

Eine Hilfe kann sein, frühzeitig das Alter zu planen, Kontakte zu knüpfen, Freundschaften zu pflegen. Frau kann in Selbsthilfegruppen gehen, selber Gruppen anregen und gründen. Es gibt auch Beispiele von Wohngemeinschaften alter Menschen, die sich wohlfühlen und dem tristen, entmündigten Leben im Altersheim entgangen sind. Politische Aktivität ist für manche wesentlich, in eigener Sache und für andere: für den Frieden, gegen Hunger in der Dritten Welt, für Fragen der Umwelt und Lebensqualität – wie es die Grauen Panther tun. Weiterbildungsmöglichkeiten in Volkshochschulen, in staatlichen, kommunalen und kirchlichen Einrichtungen können wahrgenommen werden. Geistig und körperlich beweglich bleiben. Dies sind Ausblicke auf ein offensives Altern.

Lit.: Gertrud Backes, Frauen im Alter, Bielefeld 1981; Simone de Beauvoir, Das Alter, Reinbek bei Hamburg 1977; Paula Brown Doress u. a. (Hrsg.), Unser Körper – unser Leben. Über das Älterwerden, Reinbek bei Hamburg 1991; Doritt Cadura-Saf, Das unsichtbare Geschlecht. Frauen, Wechseljahre und Älterwerden, Reinbek bei Hamburg 1990; Ilona Kickbusch/Barbara Riedmüller (Hrsg.), Die armen Frauen, Frankfurt a.M. 1984; Statistisches Bundesamt (Hrsg.), Datenreport 1992, Bonn-München 1992.

Lieselotte M. Hilbig

Altweibersommer; „Witwensömmerli“ auf Schweizerisch, „Indian summer“ in Nordamerika (der Indian summer, in dem sich das Laub der Bäume rötlich färbt, soll nach indianischer Legende dann kommen, wenn das Blut des von himmlischen Jägern erlegten Großen Bären auf die Wälder herabregnet); der Begriff soll aus der Goethezeit stammen. (1) A. für warme Spätsommertage, Frühherbst; auch Nachsommer; (2) A. sind Spinnfäden, die im Herbst von jungen Spinnen erzeugt und zusammen mit der Spinne vom Wind weitergetragen werden. Der poetischen, häufig weiblichen Namen für die Spinnfäden gibt's noch mehr: fliegender Sommer, Flugsommer, Frauen-, Mädchensommer, Marienfaden und Mariengarn. 1989 gab es einen Mordsprozeß um den Begriff. Er sei diskriminierend und für die Meteorologen wettermäßig nicht fachrelevant (→ Weib).

Amazonen; aus dem Griechischen; die Wortherkunft ist nicht geklärt (s. u.); (1) eine Gattung farbenprächtiger Stumpfschwanzpapageien in Westindien und Brasilien; (2) A. für „kriegerisches Weib“ kommt schon im Mhdt. als Fremdwort vor, wird dann in der franz. Ritterpoesie in der Bedeutung „kühne Reiterin“ verwendet und ist heute die Bezeichnung für Reiterinnen bei Spring- und Jagdturnieren; die ur-

Was habt ihr Alten denn nach der Gesellschaft – die längst über euch hinweggegangen ist – zu fragen? Wer von der Gesellschaft nichts mehr will, hat nichts mehr von ihr zu fürchten. Das Grab gönnt jeder uns. Duckmäuser ihr! Was horcht ihr noch immer auf Beifall und Zischen dieser Gesellschaft?

Hedwig Dohm, Die alte Frau, 1903

Speerschleudernde Amazone, 1897.

sprüngliche Bedeutung geht zurück auf (3) die A., die nicht nur nach der griechischen Sage ein kriegerisches und/oder Reiterinnen-Frauenvolk in Asien gewesen sein sollen. Die Existenz eines Amazonenvolkes wird auf etwa 1200 v. u. Z. datiert. Seine Heimat soll an der Nordküste Anatoliens oder noch weiter östlich im Kaukasus gewesen sein. In Kleinasien (heute: der größte Teil der Türkei) gab es noch lange mutterrechtliche Verfassungen bzw. → matriarchale gesellschaftliche Strukturen. Neben einer Vielzahl sagenhafter Überlieferungen (u. a. von dem ersten griech. Historiker Herodot von 490–425/20 v. u. Z.) gibt es für die Existenz von Amazonen einige Belege: lokale Denkmäler „Amazonen" im ägäischen Gebiet; die Stadt Ephesos sowie weitere Städtegründungen im Gebiet um Ephesos an der Westküste Kleinasiens. Daß das alte Heiligtum der Artemis in Ephesos von Amazonen errichtet wurde, ist durch Ausgrabungen – Statuenfunde von Jägerinnen und/oder Kriegerinnen – belegt. Neben kaukasischen Gräberfunden (Belege für Amazonentum in nachchristlicher Zeit) wurde 1976 an der Wolga ein Amazonengrab aus vorchristlicher Zeit entdeckt. Grabfunde waren: Dolch, Pfeilspitzen, Werkzeug zum Schärfen der Waffen, ein steinerner Minilöffel für kosmetische Zwecke, ein Bronzespiegel sowie ein kleines Alabastergefäß für aromatische Öle – keine Haushaltsgegenstände. Damit werden möglicherweise Angaben Herodots bestätigt, wonach die A. auf der Flucht vor den Griechen auf die Krim entkamen und daß die Sarmaten (→ Sport) aus der Verbindung griechischer Skythen mit A. hervorgegangen seien. Namenserklärungen: a) von griech. „ámazoi" = die Busenlosen; da die Brüste beim Kampf hinderlich gewesen seien, hätten die A. eine oder beide schon in der Kindheit ausgebrannt. b) Entsprechend weiblicher Arbeit – Ackerbau und Pferdezucht – bei einigen kaukasischen Stämmen hätten auch die A. Ackerbau und Kriegsführung betrieben und beim Mähen (amáo – mähen) einen Gürtel (zonai) um die Hüften getragen. c) Die unverhüllte Brust war ein Zeichen der Fruchtbarkeit und in matriarchal geprägten Gesellschaften ein Zeichen der Macht. Es mag sein, daß erst später aus den „Unverhüllten" die „Busenlosen" wurden. Sicher ist, daß die A. in alter und neuer Zeit die Gemüter beschäftigten, manch männliches beunruhigten. *A.axt* ist eine Axt aus der Jungsteinzeit mit doppelter Schneide. *A.strom, Amazonas*; auch die Herkunft des Namens des südamerikanischen Stromes ist unklar: a) aus dem Indianischen „amacunu" = Wasserwolkenlärm; b) 1542 berichtete der Spanier Francisco de Orellana, der zweite Entdecker des Stroms von Peru her (1541), sie seien von „großen Weibern" (conia puyara) am Strom mit Pfeil und Bogen überfallen worden und hätten danach den Fluß A.strom benannt. *A.stein,* grüner Feldspat vom Amazonas, der zu Schmuck verarbeitet wird.

Lit.: Richard Fester/Marie E. P. König/Doris F. Jonas/H. David Jonas, Weib und Macht. Fünf Millionen Jahre Urgeschichte der Frau. Frankfurt 1983; Heide Göttner-Abendroth, Die Göttin und ihr Heros, München 1984; R. von Ranke-Graves, Griechische Mythologie, Hamburg 1961; Sir Galahad, Mütter und Amazonen, München 1987.

Amme; mhdt. amme, ahdt. amma, ist ein Lallwort aus der Kindersprache; Mutter, die ein fremdes Kind stillt, auch Ziehmutter, Pflegemutter, Kinderfrau. A. gegen Bezahlung, als Dienstleistende, gab es schon in Altägypten (um 2800 v. u. Z.), in Griechenland, im Mittelalter vor allem für Säuglinge aus den herrschenden Schichten. Als Hilfe, wenn eine Mutter ihr Kind nicht selbst stillen konnte, waren A.ndienste wohl sehr viel weiter verbreitet. In Deutschland war Selbststillen bis zum Beginn des 19. Jhs. üblich (Ausnahme: der Adel). Bis zur Mitte des letzten Jhs. geht der Trend zur A.nnahrung (vor allem in den Städten und bei den Oberschichten), zur künstlichen Ernährung und zur Verkürzung der Stillzeiten. Anders als in Frankreich, speziell in Paris, wurden in Deutschland Säuglinge selten gleich nach der Geburt zu A.n, Ziehmüttern, aufs Land gegeben. Ab der Mitte des 19. Jhs. taten dies vor allem Mütter nichtehelicher Kinder, um die „Schande“ vergessen zu machen und weil sie auf Erwerbsarbeit in der Stadt angewiesen waren. In dieser Entwicklung spiegeln sich sowohl Veränderungen der Familienstruktur, die enge bürgerlich-patriarchalische Moral als auch Folgen der industriell-kapitalistischen Entwicklung. Frauen aus den ländlichen sozialen Unterschichten – diese Gruppe stillte noch am längsten selbst – hatten durch A.ndienste einen oft notwendigen Zusatzverdienst. Im Vergleich zu den romanischen Ländern hat das A.nwesen in Deutschland eine geringe Rolle gespielt. A.n hatten – anders als in Frankreich und Italien z. B. – einen eher schlechten Ruf: von „traurigen Erfahrungen“, „liederlichem Lebenswandel“, „verdorbenen Sitten“ wird in Quellen berichtet. Da bis zum 20. Jh. nur ungeeignete Zusatz- und Ersatznahrung für Säuglinge bekannt und/oder verfügbar waren – mit Ausnahme von zu fetter Tiermilch –, waren A.n vor allem wichtig in den zahlreichen Findel- und Waisenhäusern des 18. und 19. Jhs. Heute gibt es so gut wie keine A.n mehr; in Krankenhäusern und z. T. auch über Gesundheitsämter ist eine Hilfe für die ersten Lebenstage und -wochen der Säuglinge institutionalisiert, wenn eine Mutter nicht stillen kann.

Lit.: Elisabeth Badinter, Mutterliebe, München 1983; Hans Jürgen Teuteberg/Annegret Bernhard, Wandel der Kindernahrung in der Zeit der Industrialisierung; in: Jürgen Reulecke/Wolfhard Weber (Hrsg.), Fabrik – Familie – Feierabend, Wuppertal 1978, S. 177–215.

Anachronismus; von griech. „ana chronon“ = wider die Zeit; im 17. Jh. als Fremdwort übernommen. (1) Falsche zeitliche Einordnung von Vorstellungen, Sachen, Personen, Ereignissen. (2) Eine durch die gesellschaftliche Entwicklung, Veränderung von Vorstellungen, Sitten usw. überholte und nicht mehr übliche Erscheinung oder Anschauung wie „Die Frau gehört ins Haus!“.

Androgynie; von griech. „andropos“ = Mann und „gynaika“ = Frau; (1) Beidgeschlechtlichkeit; A. bezieht sich im engeren Sinn auf die körperliche, äußere Erscheinung und bezeichnet das Auftreten *sekundärer* männlicher Geschlechtsmerkmale bei der Frau – breite Schultern, schmale Hüften, „knabenhafte“ Frauen. (2) A. wird auch für Zwittertum oder Hermaphroditismus gebraucht – das Auftreten *primärer* weiblicher und männlicher Geschlechtsmerkmale bei einem Menschen (kommt sehr selten vor). Dieser Gebrauch geht zurück auf A. als Mythos. Der griechische Mythos von Hermaphrodit ist der bekannteste von sehr viel älteren aus dem Nahen Osten und wahrscheinlich China stammenden Mythen über den androgynen Ursprung des Menschen. So wurden in Phönizien und Syrien (die bärtige Astarte) sowie Mesopotamien (Ischtar) androgyne Göttinen verehrt. Hermaphrodit galt vielfach im frühen Denken als das ursprüngliche Modell vom Menschen. Nach der Sage verliebte sich die Nymphe Salmacis in den schönen von Hermes und Aphrodite gezeugten Sohn: die Götter erhörten das Gebet der Verliebten, nie von ihm getrennt zu werden, und vereinigten beide Geschlechter zu Hermaphrodit. Dieser Traum von der Vereinigung, der Aufhebung (verändern *und* aufbewahren) der Geschlechter im Menschen hielt sich durch die Jahrhunderte. (3) Damit verbunden, aber auf der Basis von wissenschaftlichen Erkenntnissen und sehr viel realistischer, ist Androgynie als (feministische) Zukunftsvorstellung von der Aufhebung der geschlechtsspezifischen Arbeitsteilung und der Geschlechtsrollen. (→ Feminismus)

Lit.: Charlotte Wolf, Bisexualität, Frankfurt 1981; Elisabeth Badinter, Ich bin Du. Die neue Beziehung zwischen Mann und Frau oder die androgyne Revolution, München 1991.

Andromanie; von griech.-lat. „Mann“ und „Besessenheit“; Mannstollheit; „an Geisteskrankheit grenzende Steigerung des Geschlechtstriebes der Frau“. Diese Erklärung wird unkritisch auch in dem „Lexikon der Frau“ (2 Bde., Zürich 1953 und 1954) gegeben. A. ist ein von den gesellschaftlichen Normen abhängiger Begriff; wenn → Sexualität für Frauen allein den ehelichen Beischlaf zum Zwecke der Kinderzeugung gestattet, ist al-

links: Androgyne Figurine, 4 cm große Steatitfigur. Gefunden am Trasimenischen See in Italien, Jungpaläothikum.
rechts: Androgyne Figur aus Calzit. Gefunden 1959 von Mr. Delporte im Abri Tursac. Dordogne. Alter ungefähr 25 000 Jahre (Altsteinzeit, Périgordien sup.) 8 cm groß. Jungpaläolithikum.

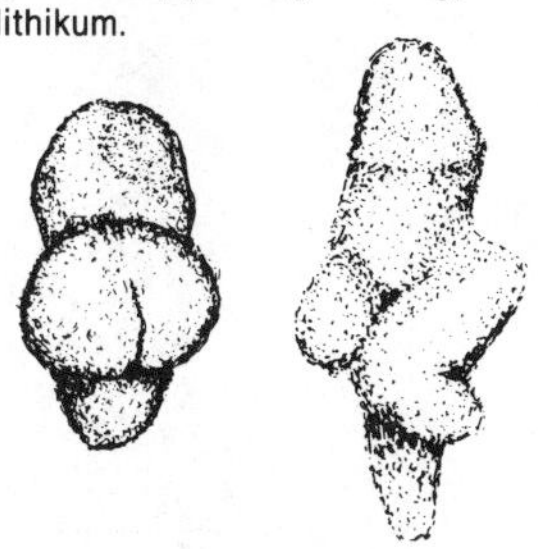

les darüber hinausgehende schnell A. und an Geistesgestörtheit grenzend. Ähnliches haben Mediziner für den selben Zustand parat: „Furor uterinus“, was in etwa heißt: „Wut, Raserei des Uterus“.

Angestellte; von stellen, anstellen; mit der Entwicklung der Industrie und der Großbetriebe seit dem 19. Jh. gebräuchlich. Mit A. werden Lohnabhängige bezeichnet, die außerhalb der unmittelbaren Produktion in der Leitung, Organisation, Konstruktion, Verwaltung, Abrechnung arbeiten. Unterschieden wird nach technischen und kaufmännischen A.n. Die Kategorie A. umfaßt sowohl den Manager und (seltener vorkommend) die Managerin als auch die vielen Frauen in Schreibbüros, im Handel und in der Verwaltung, die überwiegend untergeordnete und fremd bestimmte Arbeit leisten. Gegenüber der Kategorie Arbeiterin hat die berufsstatistische der A.n in den letzten 100 Jahren zunehmend an Trennschärfe verloren, insbesondere, was die wirtschaftliche und soziale Lage der vielen unteren A.n betrifft. In der DDR wurden nur bis 1981 die A.n getrennt von den → Arbeiterinnen erfaßt.

Entwicklungstendenzen in östlichen und westlichen Industriestaaten seit 1945: Mit der Ausweitung des privaten und öffentlichen Dienstleistungssektors ist der Anteil der A.n an den Erwerbstätigen stetig gestiegen, im früheren Bundesgebiet von 16% (1950) über 30% (1970) auf 42% (1989). In Ost und West gibt es signifikante Unterschiede in der Erwerbstätigenstruktur zwischen Frauen und Männern. Etwa 55% der A.n sind weiblich; zu Beginn der 90er Jahre waren in den alten Bundesländern knapp 58% und in den neuen 65% der erwerbstätigen Frauen A. Bei den Männern liegt der Anteil je bei einem Drittel. Ebenso deutlich sind die Unterschiede in der Einstufung nach Leistungsgruppen, bei Gehältern und entsprechend im Renteneinkommen. Frauen befinden sich mehrheitlich in den unteren Leistungsgruppen und Qualifikationsstufen. Sie arbeiten überwiegend als Bürohilfskräfte, Bürofachkräfte, Warenkaufleute und im Gesundheits- und Erziehungswesen. Viele dieser Arbeitsplätze sind von → Rationalisierung und/oder den Sparmaßnahmen der öffentlichen Hand bedroht.

Die Frauen in der DDR hatten allerdings bis zum Frühjahr 1990 einen erheblich höheren Anteil als ihre westlichen Schwestern an gehobenen A.npositionen mit 43% und in Leitungsfunktionen mit 33%. Mit dem Umbruch war auch hier ein Einbruch verbunden: 83% der Frauen (und 61% der Männer) verloren ihre leitende Stellung, darunter alle Teilzeitbeschäftigten.

(→ Arbeit, → Beruf, → Lohn, → Rente)

Lit.: Ellen Lorentz, Aufbruch oder Rückschritt? Arbeit, Alltag und Organisation weiblicher Angestellter in der Kaiserzeit und Weimarer Republik, Bielefeld 1988; Stat. Bundesamt (Hrsg.), Datenreport 1991/92, Bonn 1992.

Angst; von lat. angustus = eng, lat. anxietas = Angst. Mit dem Begriff anxietas war auch die Vorstellung von Strangulation verbunden (vgl. dazu die Redewendung, jemandem sei „vor Angst die Kehle wie zugeschnürt“).

A. ist ein Gefühl. D. h., sie ist eine Bewertung eines Sachverhaltes und seiner Wirkungen auf die Person. Sie ist zugleich ein Signal, das aktivierend wirkt und entsprechende körperliche Reaktionen unterschiedlicher Intensität hervorzurufen vermag, wie Herzklopfen, Schweißausbruch, Unruhe, Zittern, Atemnot.

A. kann auftreten, wenn sich der/dem Betroffenen eine Veränderung oder die Möglichkeit einer Veränderung ihrer/seiner bisherigen Umstände und damit ihrer/seiner bisherigen relativen Sicherheit ankündigt – und zwar dann, wenn er/sie keine vollständige Kontrolle über die Veränderung und die darauf folgende neue Situation zu haben glaubt. Außerdem muß die Veränderung als persönlich bedeutsam empfunden werden.

Indem die empfundene Gefahr vor der drohenden Beeinflussung und Veränderung warnt, ist sie zugleich Handlungsaufforderung: „Tue etwas, um die Kontrolle nicht zu verlieren!" Damit ist die A. etwas durchaus Sinnvolles, sie kann sogar lebensrettend sein und die persönlichen Fähigkeiten mobilisieren. Sie ist damit auch eine Voraussetzung von Entwicklung.

In welche Richtung das Tun geht, das der Aufforderung folgt, hängt ab von einer mehr oder weniger bewußten Abwägung anhand bisheriger Erfahrungen und der Einschätzung eigener Handlungsfähigkeit und -möglichkeiten. So kann z. B. die A. vor atomarer Zerstörung zum Auswandern, zum politischen Engagement in der Friedensbewegung oder auch zur Verdrängung und Verleugnung führen. Es kann auch bereits die Vorstellung, sich mit der Kriegsgefahr zu beschäftigen, angstauslösend sein, da in ihrer Folge tiefgreifende Konsequenzen für die bisherige Lebensweise befürchtet werden müssen (z. B. im Falle der Mitarbeit in einer Friedensinitiative das Unverständnis der Familie, Ablehnung durch die Nachbarn, Schwierigkeiten mit dem Arbeitgeber, Zusammenstöße mit der Staatsgewalt). So kann die A. vor der Beschäftigung mit den Zielen der Friedensbewegung – quasi als A. vor dem Bewußtwerden eigener (Atomkriegs-)A. – eine Erklärung für die pauschale Ablehnung der Friedensbewegung sein. Andererseits kann die A. vor Kriegsgefahr auch dazu führen, „nach draußen" zu gehen, auf die Straße, sich mit anderen zusammenzutun. So geschehen anläßlich des Golfkrieges (1991) in einer Situation der Schwäche der organisierten und spontanen → Friedensbewegung, als in kürzester Zeit – angefangen von Kindern und Jugendlichen – vor Ort und zentral vielfältige Formen des kleinen und großen Protestes und des Öffentlich-machens der A. stattfanden.

Verallgemeinert heißt dies, daß die A. progressiv, d. h. durch die Ausweitung eigener Fähigkeiten und eigenen Einflusses oder regressiv, d. h. durch Flucht, Rückzug, Verleugnung wirken kann – je nachdem, wie die eigenen Handlungsmöglichkeiten subjektiv eingeschätzt werden. D. h., daß es keinesfalls nur richtige (= progressive) und falsche (= regressive) Reaktionen auf die A. gibt, sondern es von den persönlichen Voraussetzungen der Betroffenen abhängt, welche Reaktion möglich ist. Zu den persönlichen Voraussetzungen gehört auch die Frage, welche Handlungsweisen gesellschaftlich akzeptiert werden.

Wo gesellschaftliche Bedingungen A. erzeugen (z. B. Arbeitslosigkeit, Gewalt, Isolierung), erzeugen sie ebenfalls den Druck, diese A. durch eigenes Tun zu reduzieren. Die Folge dessen kann sein – als regressive Lösung –, daß jemand aus A. nicht mehr sagt, was er/sie denkt, was wiederum allmählich dazu führen kann, daß er/sie beginnt zu denken, was er/sie sagt. Diese Art der A.reduzierung führt also nicht in

Edvard Munch 1895, Der Schrei. Lithografie

eine Ausweitung der Handlungsfähigkeit, sondern in eine Einschränkung. Weitere Einschränkungen resultieren aus ihr, denn alles, was den mühsam erreichten Zustand der A.reduzierung wiederum gefährden kann, ist mit A. besetzt: Freunden und Bekannten, die die alte Wunde wieder aufreißen könnten, wird aus dem Weg gegangen etc.

So sehr A. ein alltägliches Phänomen ist, so sehr wird sie doch tabuisiert. Dabei wird allerdings ein wesentlicher geschlechtsspezifischer Unterschied gemacht: Männer und Jungen haben möglichst keine A. zu haben und wenn, dann zeigen sie sie nicht. Alles andere wäre ihrem Prestige, Erfolg und Anerkennung im Beruf und bei Frauen abträglich, denn sie zeigen damit ja Schwäche, bekennen, daß sie etwas nicht „im Griff" haben. So wird selbst das Wahrnehmen von A. mit A. besetzt. Würden Männer über ihre Ängste sprechen – z. B. über die A. zu versagen – so könnten sie die Erfahrung machen, daß diese nicht ihr individuelles Problem, ihr persönlicher Fehler sind, sondern eine gesellschaftliche Erscheinung, die auch gesellschaftliche Ursachen hat. Durch die Solidarität der „Angsthabenden" wäre sowohl die Möglichkeit (durch gemeinsames Handeln) als auch die Notwendigkeit (durch Einsicht in Ursachen) von gesellschaftlichen Veränderungen gegeben, und es könnte dem mörderischen Konkurrenz- und Leistungsdenken ein menschlicheres Miteinander entgegengesetzt werden. Daß dies noch nicht geschehen ist, hat viel zu tun mit der sehr begründeten A. vieler Männer vor dem Verlust an Ansehen und Achtung, der mit dem Eingeständnis ihrer A. verbunden ist.

Mädchen und Frauen wird ein wesentlich größeres Maß an A. zugestanden. Auch wird es weitaus weniger negativ beurteilt, wenn sie darüber sprechen. Allerdings wird ihnen auch ein weit geringeres Maß an Handlungsfähigkeit zugestanden: Das weibliche Ideal ist nicht übermäßig mutig, offensiv und risikobereit (auch wenn viele Frauen sehr viel Mut beweisen im Ertragen und Aushalten, z. B. in Kriegen oder im alltäglichen Elend, doch auch da sind sie stark im Dulden, nicht im Auflehnen). Als wirklich weiblich gilt eine Frau, die sich helfen läßt, anstatt sich selbst zu helfen, die sich ziert, sich körperlich ungeschickt anstellt, anlehnungsbedürftig ist, Technik nicht begreift oder vielleicht auch noch A. vor Mäusen, Spinnen und harmlosen Schlangen hat.

Auffallend dabei ist, daß die Übergänge zwischen dem weiblichen Ideal und der sog. neurotischen Persönlichkeit fließend sind: Zwischen zuviel und zu wenig Angst, zuviel und zu wenig Handlungsfähigkeit bleibt nur ein schmaler Grat sozial akzeptierten Verhaltens. Damit ist einfach durch die enge Definition dessen, was „gesund weiblich" ist, ein hoher Prozentsatz psychisch nicht gesunder Frauen geschaffen. So gelten Frauen, nachdem sie das getan haben, was von ihnen verlangt wird, als „krankheitsanfällig". Dies verdeutlicht die Fragwürdigkeit der auf S. Freud zurückgehenden Unterscheidung zwischen Real-a. und neurotischer A.: Wenn die reale A. vor gesellschaftlicher Nichtanerkennung als Frau zur Folge hat, daß Frauen ihre Ängste nicht durch Entwicklung ihrer Handlungsfähigkeit abbauen können, wenn sog. „neurotische Ängste" (Phobien u. a.) z. B. vor Mäusen als Merkmal von Weiblichkeit gelten, dann ist nicht die A. und letztlich auch nicht die Frau neurotisch, sondern die A. vor der Ablehnung als Frau erfordert das Zeigen neurotischer Merkmale. Und diese

A. ist sehr real (= begründet). So hat ein angstfreier, d. h. aktiver Umgang einer Frau mit ihrem Leben für ihre Partnerschaft weitgehende Folgen, mobilisiert z. B. Ängste beim Partner, der sich einer stärker werdenden Frau gegenübersieht etc.
A., so bizarr, übertrieben und unbegründet sie auf den ersten Blick aussehen mag, ist nicht einfach nur „neurotisch", schon gar nicht grundlos. Auch dann nicht, wenn die Betroffene selbst keinen Grund weiß. Sie ist ein soziales Phänomen der Beziehungen zwischen Menschen und zwischen Mensch und Umwelt.
Die Folge großer A. kann auch eine völlige Lähmung sein, wodurch der A. und der in ihr liegenden Handlungsaufforderung durch ein „so tun, als ob ich nicht bin" begegnet wird. Antriebsverlust bzw. Handlungsunfähigkeit, Fühllosigkeit und der Wunsch, sich zu entziehen (durch Selbstmord), sind bezeichnenderweise Merkmale der Depression, einer schwerwiegenden Erkrankung, die fast nur Frauen betrifft. (→ Psychische Störung).
Die größere Toleranz gegenüber Ängstlichkeit bei Frauen ist nicht nur ein Nachteil. Sie ermöglicht ihnen auch – mehr als den Männern – darüber zu sprechen, sich auf Nähe und emotionale Beziehungen einzulassen. Allerdings hat die Erfahrung, daß es anderen Frauen ähnlich geht, auch die Wirkung, daß Frauen nun erst recht als „ängstliche Wesen" erscheinen – denn es geht fast allen mehr oder weniger ähnlich. In gewisser Weise schafft und bestätigt der Austausch den Status quo: Frauen sind eben anders als Männer. Erst die Frage, was Frauen zwingt, so zu sein (sich so zu benehmen), kann da heraushelfen – in einem sehr langfristigen Prozeß. Bestärkt wird der gegenwärtige Zustand auch dadurch, daß Frauen, die über ihre A. sprechen, durch das Erlebnis von Gemeinsamkeit eine gewisse Entlastung von ihrer A. erfahren und sie so eher ertragen können.
Es ist sogar möglich, in der Fähigkeit zur Aussprache die größere weibliche Einfühlungs- und Empfindungsfähigkeit der Frauen zu erkennen und damit auch „das Positive an der A." zu sehen.
In gewissem Sinne läßt sich sagen, daß die Tabuisierung der A. für Männer und die Verpflichtung auf Ängstlichkeit für Frauen dieselbe Wirkung haben: nichts wirklich an der A. zu ändern. Männer dürfen ihre A. nicht merken, Frauen dürfen nicht nach Ursachen forschen und auch nicht danach handeln.
Hier zeichnen sich Veränderungen ab, wie Befragungen in den Jahren 1975 und 1989 zum Selbstbild der Bürgerinnen und Bürger in der (alten) Bundesrepublik belegen (H. E. Richter, 1992). Auch 1989 beschreiben sich Frauen im Vergleich zu Männern immer noch als ängstlicher, aber sie fühlen sich inzwischen stärker und selbstsicherer als früher. Dazu haben u. a. die zunehmende → Erwerbstätigkeit und Eigenständigkeit, ein gestiegenes Selbstwertgefühl und die Enttabuisierung von A. beigetragen.
Daß zu Beginn der 90er Jahre das Thema A. am Arbeitsplatz öffentlich thematisiert wird, dürfte mit der Enttabuisierung von A. zusammenhängen, aber auch mit der anhaltend hohen → Erwerbslosigkeit und dem Schock insbesondere für die Frauen in der früheren DDR, daß ihr sicherer Arbeitsplatz weg war. A. um den Arbeitsplatz ist einer der Gründe für A. am Arbeitsplatz. Und je selbstverständlicher die Berufstätigkeit zum Lebensplan gehört und je bedrohter diese ist, um so größer müssen Verunsicherung und A. sein. Starre Hierarchien, wenig Aufstiegsmöglichkeiten und entsprechend große → Konkurrenz (z. B. in Verwaltungen und Krankenhäusern) sind eine zweite wesentliche Quelle

Ich habe Angst
vor mir

Wo sind Worte
die mir helfen
den Krieg gegen mich
zu gewinnen

Rose Ausländer,
Ein Stück weiter,
Gedichte

für A. am Arbeitsplatz. Es ist v. a. die A., in einer Leistungsgesellschaft, die Stärke erwartet und honoriert, zu versagen und Schwäche zu zeigen. So sind Leistungsdruck von oben, Kontrollen und Prüfungen, Unsicherheit in neuen Situationen, hohe Erwartungen und Erwartungsdruck, aber auch der eigene verinnerlichte Perfektionsanspruch und Selbstüberschätzung Quellen für die A. zu versagen. Die individuell verinnerlichte gesellschaftliche Verachtung von Schwäche und Schwachen, eigene Unsicherheiten und Ängste toben sich auch in Büros und Betrieben in Form von „Mobbing“ aus. Aus dem englischen „mob“ abgeleitet: die Meute, die Schwächere jagt. Dieser Kleinkrieg im Büro wird von Chefs und Chefinnen, von Kollegen und Kolleginnen betrieben durch Vermeiden von Blickkontakt, nicht anreden, die Person „schneiden“ (eher männliche und zugleich passive Methoden) oder offen lächerlich machen und hinterm Rücken reden (eher weibliche und zugleich aktive Methoden).
Nach den bislang vorliegenden Untersuchungen gibt es – in Verbindung mit der unterschiedlichen Stellung von Frauen und Männern im Beruf – geschlechtsspezifische Unterschiede, insbesondere wo es um Konkurrenz- und Aufstiegsängste, Schwäche und Stärke geht. Wo Frauen immer noch als einzelne vor allem gegen Männer konkurrieren und sich in Aufstiegspositionen durchsetzen müssen, haben sie es durchschnittlich mit sehr viel größerem Leistungs- und Erwartungsdruck, entsprechend auch mit A., zu versagen, zu tun. Andererseits führen die durchschnittlich geringeren Möglichkeiten, → Karriere zu machen, auch dazu, sich gegen angstmachende Vorgesetzte und Kollegen/Kolleginnen zu wehren und sich zu solidarisieren.
A. vor → sexueller Belästigung am Arbeitsplatz in Verbindung mit Abhängigkeitsverhältnissen ist fast ausschließlich ein Problem, mit dem Frauen fertig werden müssen. Die A. vor Gewalt, zuhause und im Betrieb, war und ist ein wesentliches Problem für Frauen. Gerade auf diesem Gebiet haben viele begonnen zu handeln, um ihre A. zu meistern, die (sexuelle) Gewalt zu ächten und die Ursachen zu beseitigen. Gegen die Hilflosigkeit halfen und helfen das Öffentlich-machen, Solidarität, materielle Hilfen, Frauenhäuser, eine eigene Wohnung, ein Arbeitsplatz oder ein Arbeitsplatzwechsel und Strafanzeigen gegen die häuslichen oder betrieblichen Täter. Der Kampf um größere Offenheit und Unabhängigkeit mobilisiert neue Ängste, die real sind und so groß sein können, daß Frauen doch lieber schweigen, in die alten Verhältnisse zurückgehen oder darin verbleiben. In dem Maße, wie die verschiedenen angstmachenden Gewaltsituationen und -verhältnisse öffentlich gemacht werden, das Unrechtsbewußtsein geschärft wird, werden Auswege sichtbar von der Informations- und Beratungsstelle bis zu Frauen-Notrufen und → Frauenhäusern. Die Hilflosigkeit wird geringer, die A. ist nicht mehr so überwältigend, was für einzelne und viele Ergebnis und Ausgangspunkt für Entwicklung ist und sein kann.

Lit.: Colette Dowling, Der Cinderella Komplex. Die heimliche Angst der Frauen vor der Unabhängigkeit, Frankfurt 1984; Gerd Hennenhöfer/Klaus D. Heil, Angst überwinden, Hamburg ³1976; Horst Eberhard Richter, Umgang mit Angst, Hamburg 1992; Annelie Runge, Angst am Arbeitsplatz, Stuttgart 1992.

Eva Gnaudschun/Renate Wurms

Antidiskriminierungsgesetz; → Diskriminierung

Antifeminismus; „anti“ = eine aus dem Griech. stammende Vorsilbe, verwandt mit germ. „ant“, mit der Bedeutung gegen, entgegen, wider. Gegen die Freiheits- und Gleichheitsbestrebungen der Frauen gerichtet. Entsprechend der Entwicklung feministischer Bewegungen seit der Französischen Revolution ist A. als Reaktion darauf (und Vorbeugungsmaßnahme!) historisch auf die Neuzeit einzugrenzen. Grundlagen des A.: 1. die industriell-kapitalistische Produktionsweise; für Deutschland im Besonderen auch die Verspätung in der Industrialisierung im 19. Jh. bei einem Überangebot an Arbeitskräften und entsprechend scharfer Konkurrenz zwischen Frauen und Männern. 2. Damit verbunden ist die Entwicklung eines spezifisch bürgerlichen Patriarchalismus (→ Patriarchat) zur Sicherung des brüchig gewordenen männlichen Herrschaftsanspruchs. Mit juristischen Mitteln und einem enormen ideologischen Aufwand wurde die Konkurrenz von Frauen ausgeschaltet, ihre familiale Anbindung durchgesetzt und der öffentliche Bereich, die Politik, den Männern (klassenmäßig abgestuft) gesichert. *Nach* Verkündung der allgemeinen Gewerbefreiheit und der Entlassung aus feudaler Abhängigkeit (1810) erfolgten: die gesetzliche Einschränkung der Gewerbefreiheit für Frauen und die Verabschiedung patriarchaler Innungsrechte; die Einführung einer feudalen Gesindeordnung für Landarbeiter/innen, Dienstmädchen und -boten; Pressegesetze, wonach Frauen die Herausgabe von Zeitungen verboten war; die Verabschiedung eines Ehe- und Familienrechts, das Frauen gleichsam einer feudalen Abhängigkeit vom Ehemann unterstellte; das Verbot der politischen Vereinigung und Betätigung für Frauen – dies alles sind Beispiele aus Preußen, dem größten deutschen Staat im 19. Jh. In kleineren Staaten sah es ähnlich, zuweilen noch schlimmer aus.

In Fortführung und Veränderung der christlichen Lehre von der Minderwertigkeit der Frau taten sich gerade Aufklärungsphilosophen wie z. B. Johann Gottlieb Fichte als Rechtfertigungsideologen hervor. In unzähligen Traktaten wurde eine Familienideologie entwickelt und in den Köpfen verankert, die „Bestimmung des weiblichen Geschlechts" als häuslich und familiär definiert, prägten Pädagogik, Soziologie u. Volkswirtschaft die Lage der Frauen. Neue Blüten trieb der A., als Frauen aus dem Bürgertum Ende des 19. und zu Beginn des 20. Jhs. versuchten, sich den Zugang zu höherer → Bildung und qualifizierten → Berufen zu erobern. Möbius' Auslassungen „Über den physiologischen Schwachsinn des Weibes" erreichten zwischen 1900 und 1908 neun Auflagen. Noch 1912 gründeten die Oberlehrer und die hinter ihnen stehenden Konservativen den „Bund zur Bekämpfung der Emanzipation", verfaßten eine Flut von Pamphleten gegen die → Blaustrümpfe und machten gar für die sittlichen Verfehlungen eines Rektors die „vermehrte Anstellung von Lehrerinnen" verantwortlich.

A. blieb nicht auf die Männer beschränkt. Schriften wie die von Käthe Sturmfels „Krank am Weibe", wonach „Einziger Sinn weiblichen Seins die Mutterschaft" ist, kamen innerhalb von fünf Jahren auf 20 und mehr Auflagen, wurden in 30 000 (und mehr) Exemplaren vertrieben.

A. war und ist nicht nur eine bürgerliche Erscheinung. Der Widerstand in der Arbeiterklasse und der Arbeiterbewegung hatte seine wesentliche Grundlage in der Konkurrenz. Die häufigste Begründung besagte, die Frauenerwerbsarbeit zerstöre die Familie. Und doch waren es auch hier der Mangel an Erwerbsmöglichkeiten und die unzumutbaren → Arbeitsbedingungen, die zerstörerisch wirkten. Neben der Konkurrenz spielten in der Arbeiterklasse für den A. eine wichtige Rolle: 1. Der Ausschluß der Frauen aus der Politik und dem öffentlichen Leben. Die, wenn auch minderberechtigte, Teilhabe der Arbeiter an der Politik hatte auch bei ihnen die Auffassung verankert, daß Politik Männersache sei. 2. Die Übernahme der bürgerlichen Familienideologie. Nur in der die Arbeiterbewegung dominierenden Industrie- und Facharbeiterschaft hatte sich die der kapitalistischen Produk-

Ein Aphorismus ist der letzte Ring einer langen Gedankenkette.

Marie v. Ebner-Eschenbach (1830–1916)

„Ich kann mich nicht dazu entschließen, daß mehr Frauen in der Politik tätig sein sollen."

F. J. Strauß

tionsweise entsprechende bürgerliche Familienstruktur durchsetzen können: Trennen von Wohnen und Arbeiten, Ernährerfunktion des Mannes und Arbeit der Frau in Haushalt und Familie. Für die meisten blieb es ein Traum, der durch die Phase wirtschaftlichen Aufschwungs nach 1895 und im 20. Jh. immer mal wieder bestärkt wurde.
3. Gerade bei fortschrittlichen Frauen und Männern in der Arbeiterbewegung herrschte die Anschauung vor, es gebe keine besondere Frauenfrage im Proletariat. Mit dieser Meinung war die Tendenz verbunden, geschlechtsspezifische Unterschiede zu übersehen oder geringzuschätzen, den Kampf um gleiche Rechte und wirtschaftliche Gleichstellung der Frau zu vernachlässigen.
In den früher sozialistischen Ländern hatten diese Traditionen ihre Wirkung. Dennoch stand im Gegensatz zur Bundesrepublik und mehr als in Polen, Ungarn oder auch der Sowjetunion in der DDR die → Gleichberechtigung der Frau auf der Tagesordnung, wurden in den 50er und 60er Jahren wichtige Rechtsgrundlagen und materielle Bedingungen für eine Gleichstellung geschaffen. Aber männlich dominierte Normen, Denk- und Verhaltensmuster setzten den Maßstab, patriarchalische Strukturen in Staat, Politik und Wirtschaft wurden nicht in Frage gestellt; die → Emanzipation des Mannes und die „natürliche soziale" Mutterrolle wurden erst spät und zögernd thematisiert. Dies war auch Ausdruck einer zeitweilig massiven staatlich-offiziellen und teilweise diffamierenden Abwehrhaltung gegen die westliche, bürgerliche Bewegung des → Feminismus.
Als Re-Aktion auf die → Frauenbewegung und die kleine emanzipatorische → Männerbewegung ist in vielen Ländern der A. in unterschiedlichen Formen wiedererstarkt. Dazu gehören die Betonung von Männlichkeit, die Propagierung von Männerbünden und -riten und der neue Hollywood-Trend zur Diffamierung von starken, auch sexuell emanzipierten Frauen, wie in „Basic Instinct" (1992) die Figur der lesbischen, mit dem Eispickel mordenden Psychopathin. „Zum Schutze von Kindern und Familie" werden fortschrittliche Abtreibungsgesetze rückgängig gemacht; im Namen des → Fundamentalismus werden Frauen auf ihren „natürlichen" oder „göttlich gebotenen" zweiten Platz verwiesen. Von der Stützung der Ideologie männlicher Überlegenheit über Feindseligkeit gegen Frauen bis hin zu → Gewalt reichen die Folgen.

Lit.: Hedwig Dohm, Die Antifeministen, Berlin 1902; Marilyn French, Der Krieg gegen die Frauen, München 1992; Marielouise Janssen-Jurreit, Sexismus, München/Wien 1976; Cordula Kahlau (Hrsg.), Aufbruch! Frauenbewegung in der DDR, München 1990; Sabine Richebächer, Uns fehlt nur eine Kleinigkeit. Deutsche proletarische Frauenbewegung 1890–1914, Frankfurt/M. 1982.

Renate Wurms

Apartheid; aus dem Französischen „à part" (ausgenommen), auf Afrikaans: Rassentrennung. Im weiteren Sinne Diskriminierung aufgrund der Rasse. Heute wird auch von einer „Apartheid der Geschlechter" gesprochen (UNICEF).
Die A. wurde Anfang des Jahrhunderts während des → Kolonialismus eingeführt, zunächst in „Südwestafrika" (heute Namibia) durch das deutsche Kaiserreich („Eingeborenen-Verordnungen", Einführung von Reservaten), später in Südafrika (1909: South African Act, wonach Schwarze kein Wahlrecht haben, und Paßgesetze von 1952). Die A. beinhaltet Gesetze wie Verbot gemischter Vereinigungen; Verpflichtung für die schwarze Bevölkerung, in Reservaten zu wohnen; Paßgesetze; Verbot von Ehen zwischen Weißen und Schwarzen; Verbot des Besuchs weißer Bildungseinrichtungen und der Benutzung öffentlicher Verkehrsmittel. Die A. stellt ein besonderes Herrschafts- und Ausbeutungsverhältnis dar. Grundlage ihrer Politik ist die Aufrechterhaltung der Herrschaft der weißen Minderheit. A. wurde 1948 in der noch immer gültigen südafrikanischen Verfassung gesetzlich verankert: „Das Volk (weiße Bevölkerung) wünscht sich keine Gleichberechtigung zwischen Schwarz und Weiß, weder in Kirche noch im Staat" (Art. 9). Die UNO bezeichnete 1973 die A. als „ein Verbrechen

gegen die Menschlichkeit" und stellte sie auf eine Stufe mit dem Faschismus in Deutschland. Die A. wurzelt im → Rassismus, im → Faschismus und im → Kolonialismus. Von der A. sind Frauen besonders betroffen: Sie werden als Schwarze diskriminiert und erniedrigt, als Frau unterdrückt, als Arbeitskraft ausgebeutet, als überflüssiges Anhängsel der A. in den Bantustans (homelands = unfruchtbare Gegenden) betrachtet und als Gebärerin billiger Arbeitskräfte. Sie sind die ersten Opfer der Gewaltverhältnisse, insbesondere von Vergewaltigungen. Nach den Schätzungen der Soziologin Diana Russell werden über 1000 Frauen in Südafrika täglich vergewaltigt – die höchste Vergewaltigungsquote in der Welt (1991).
An dem Befreiungskampf und dem Kampf gegen die A. waren und sind schwarze Frauen entscheidend beteiligt. So protestierten schon 1956 20000 Frauen in Pretoria gegen die Ausdehnung der Paßgesetze auf Frauen.
Inzwischen wurden unter dem Druck der UNO, der internationalen Gemeinschaft und des Widerstands der schwarzen Bevölkerung die meisten A.-Gesetze abgeschafft. Aber die soziale und wirtschaftliche A. bleibt bestehen.
Ebenfalls die A. der Geschlechter. In ihrem „Bericht zur Situation der Kinder in der Welt 1992" schreibt die UNICEF dazu: „Die Größenordnung dieses Unrechts übertrifft z. B. bei weitem die des A.systems . . . Ob am Arbeitsplatz, bei den sozialen Leistungen, vor dem Gesetz, in Eigentumsfragen oder sogar bei Bürgerrechten und politischen Freiheiten – stets hängen die Rechte und Freiheiten von Menschen von der Zufälligkeit eines Chromosoms ab." Sie schlägt vor: „Die neue Weltordnung sollte die A. der Geschlechter ebenso energisch verurteilen wie die A. der Rassen."

Lit.: Zum Beispiel Apartheid, Bornheim 1987; Frauen in Südafrika, Köln 1986; Ruth Weiss (Hrsg.), Frauen gegen Apartheid. Zur Geschichte des politischen Widerstands von Frauen, Hamburg 1986. Kontaktadressen: AntiApartheid-Bewegung, Blücherstraße 14, 53115 Bonn 1; Evangelische Frauenarbeit in Deutschland, Unterlindau 80, 60323 Frankfurt am Main.

Arbeit; ahdt. „ar(a)beit", mhdt. „ar(e)beit"; das Wort geht vermutlich zurück auf ein im German. untergegangenes Verb mit der Bedeutung „verwaist sein, ein zu schwerer körperlicher Tätigkeit verdingtes Kind sein". Bis in die Neuzeit wurde das Wort A. in der Bedeutung von „unwürdige, mühselige Tätigkeit", Mühsal, Plage und allein für (schwere) körperliche A. gebraucht. Mit der Entwicklung und Differenzierung der A., der Veränderung ihrer gesellschaftlichen Bedeutung und Wertung wurde der Begriff A. ausgedehnt auf handwerkliche, technisch-wissenschaftliche, künstlerische A. und umfaßt heute körperliche wie geistige A. Entsprechend der gesellschaftlich vorherrschenden Form der Lohn-/Berufsa., die in zunehmendem Maße Voraussetzung individueller/familiärer Existenzsicherung geworden ist, wird der Begriff A. eingegrenzt auf diese gebraucht. Damit ist nur eine, der für Frauen nach wie vor typischen Formen der Verausgabung vorn A.skraft erfaßt. (→ Beruf, → Erwerbstätigkeit) Ausgeklammert bleibt die nur teilweise, vermittelt über den Lohn des Ernährers, entgoltene → Hausa. Mit dem Begriff A. werden der Prozeß, die Tätigkeit und sein Produkt, das Ergebnis bezeichnet. Neben der A. als wirtschaftlicher und sozialer Kategorie ist A. auch eine physikalische Meßgröße; zudem wird A. im Alltagssprachgebrauch für eine Fülle von Tätigkeiten in der Freizeit wie Hobbies, Sport usw. benutzt.

Magd aus Nürnberg. Holzstich, 1577.

Bäuerinnen beim Brotbacken, Holzschnitt 1567.

Dienstmädchen um 1900

Kokereiarbeiterinnen in der Zeche Math. Stinnes, Essen 1917.

Schaffnerin, 1915.

Die Kennzeichnung von A. als Mühsal entspricht der in früheren Zeiten in der Regel schweren, naturgebundenen und -abhängigen (landwirtschaftlichen) A. sowie der Bewertung durch diejenigen, die von dieser A. freigesetzt waren, sie von Sklaven/Sklavinnen, Leibeigenen, Hörigen, Mägden und Knechten, Bäuerinnen und Bauern tun ließen. Den antiken Philosophen galt als frei und Mensch, wer frei von körperlicher A. war. Daß zu ihrer Zeit auch andere Vorstellungen von A. und Menschsein – zumindest als Träume – entwickelt wurden, belegt Jambulos' Utopie von der „Sonneninsel“ (um 300 v. u. Z.): A. unter der Bedingung, daß alle arbeiten, die Natur reich ist und Fülle liefert, die A.szeit kurz und für alle gleich ist, die Produkte gemeinsam erarbeitet und verbraucht werden, alle auch frei sind zu geistiger A. und lustvoller Tätigkeit.

Eine andere, sehr widersprüchliche Wertung von A. zeichnet sich mit dem Übergang zur Neuzeit ab. Anknüpfend an jüdische und christliche Auffassungen (mit dem Sündenfall war A. Fluch und Gotteswerk; mühsam, göttliche Forderung und Verheiß auf Erlösung – im Jenseits) bestimmte Luther mit seiner Lehre vom allgemeinen Priestertum A. als „Beruf des Menschen in der Welt“. An dem diesseitigen Erfolg der A. zeigte sich Gottes Gnade, was den raffenden, schaffenden Kaufleuten seiner Zeit und in den nächsten Jahrhunderten, denen die A. als Quelle allen Reichtums galt, Rechtfertigung und Antrieb für privates Gewinnstreben war.
Ausgehend von der historisch-materialistischen Analyse der Gesellschaft hat Karl Marx seinen A.sbegriff entwickelt, die zentrale Bedeutung von A. für die Menschen, ihre Geschichte und Gegenwart herausgearbeitet. Die A. ist das, was die Menschen wesentlich von Tieren scheidet. Durch Arbeit und ihre gesellschaftliche Organisation sichern die Menschen ihre Existenz und schaffen damit zugleich ihre sozialen Lebensbedingungen. In dem Maße, wie die Menschen – zunächst der Sicherung der unmittelbaren Existenz verhaftet, den undurchschauten Naturgesetzen unterworfen – sich im Entwicklungsprozeß davon befreien können, sich Natur aneignen, sind sie in der Lage, ihre A. und ihre gesellschaftlichen Lebensprozesse bewußt und ihren Bedürfnissen entsprechend zu gestalten.

Arbeiterinnen beim Gasleitungsbau, Wien um 1897.

Unter kapitalistischen Produktionsbedingungen wird die bewußte Gestaltung der gesellschaftlichen A. und der gesellschaftlichen Verhältnisse Perspektive und bleibt den Gesetzen kapitalistischen Wirtschaftens unterworfen, denn Ziel der Produktion ist der private Gewinn (Profitmaximierung), die Anwendung und Verwertung von Kapital. Die von allen Produktionsmitteln „freien" Lohnarbeiter/innen sind gezwungen, ihre Arbeits*kraft* zu verkaufen und in höherem Maß zu verausgaben, als für den eigenen/familiären Lebensunterhalt erforderlich ist: den *Mehrwert* eignet sich der Kapitalist an. Die Ergebnisse der A. (die Produkte) gehören nicht den A.enden (Produzierenden), sie entscheiden nicht über Ziel und Zweck der A. (der Produktion). Wenn auch in den Gesellschaftswissenschaften nicht allgemein die gesellschaftlichen Konsequenzen der Marxschen Kapitalismusanalyse – Aufhebung dieser Wirtschafts- und Gesellschaftsordnung durch die Produzenten/die Lohnabhängigen – geteilt werden, so doch der Ansatz der zentralen Bedeutung der A.; die Notwendigkeit, für historische und aktuelle Analysen die Prozesse der gesellschaftlichen A.sorganisation, der A.steilung zu erfassen und zu berücksichtigen, für welche Zwecke und wessen Zwecke gearbeitet (produziert) wird.

Im Verlauf der historischen Entwicklung, der Ausbildung und Veränderung von gesellschaftlicher und geschlechtsspezifischer A.steilung, sich verändernden Aneignungsverhältnissen, hat sich die A.ssituation für Frauen wesentlich verändert. Die widersprüchliche Entwicklung, Fortschritt und Rückschritt, ist für die Entwicklung seit dem Mittelalter und im Übergang zur Neuzeit, zur kapitalistischen Wirtschaft und Gesellschaft für Deutschland und Europa inzwischen relativ gut belegbar. (→ Geschichte, → Beruf, → Hexen).

Die wichtigsten Strukturen und Strukturveränderungen. Die Grundstruktur der gesellschaftlichen Organisation der A. in der (früh)mittelalterlichen Agrargesellschaft ist kleinteilig, zersplittert. Produktion für den eigenen Bedarf herrscht vor, einfache Warenproduktion; an die Feudalherren haben Bäuerinnen und Bauern (meist geschlechtsspezifisch festgelegt) Abgaben zu leisten. (Die Aneignung des Mehrprodukts wird durch außerökonomischen Zwang/Gewalt gesichert.) In der bäuerlichen Wirtschaft (70–95% der Bevölkerung leben während des Mittelalters auf dem Land) ist die Frau vor allem für die Binnenwirtschaft zuständig; die A. aller Haushaltsmitglieder ist erforderlich; Männer- und Frauenarbeit sind verschränkte Tätigkeiten, die Übergänge in der geschlechtsspezifischen A.steilung sind fließend. HausA. in unserem Sinn, wie Kochen, Putzen, Waschen, spielen keine oder eine untergeordnete Rolle. Auch der Kindererziehung und -versorgung kommt im Vergleich zu heute eine untergeordnete Rolle zu. Die Kinder sind „kleine Erwachsene", müssen in den bäuerlichen Schichten früh arbeiten (ab 5–7 Jahren); von einer Trennung nach produktiven und reproduktiven Tätigkeiten kann im landwirtschaftlichen Bereich nicht ausgegangen werden. In der bäuerlichen Wirtschaft haben Frauen vermutlich mehr Zeit/A. für Handwerk aufgewandt als Männer. Eine Spezialisierung nach Tätigkeiten bestand auf den Feudalhöfen, in Klöstern und Großbauernhaushalten.

Erste wichtige Veränderungen stehen im Zusammenhang mit der Ent-

Botenfrauen um 1920 beim Ausliefern der Glaswaren an die Verleger.

Arbeiterinnen in einer englischen Werft, um 1914.

Heimarbeit-Plakat 1906, Käthe Kollwitz.

wicklung der Städte, der Trennung von Landwirtschaft und Handwerk. Mit der stärkeren Trennung von Gewerbebetrieb und Haushalt in den städtischen Handwerkerhaushalten liegen erste Anfänge zur heutigen Hausa., die zum damaligen Zeitpunkt als Hauswirtschaft zu kennzeichnen ist. Mit dem Übergang zur Dreifelderwirtschaft, den entsprechenden Produktivitätssteigerungen im männlichen A.sbereich, wird die Intensivierung männlicher Handwerksbereiche (Schmied z. B.) erklärt und generell mit der damit verbundenen partiellen Freisetzung von Männern auch die Vermännlichung ehemals weiblicher A.sbereiche. Diese Tendenz ist verbunden mit der Trennung von Landwirtschaft/Hauswirtschaft und Handwerk; zudem setzte sich Männera. in gewinnversprechenden Bereichen durch. Besonders war das später im Groß- und Fernhandel der Fall. Gewerbe (als nicht-zünftiges), Kleinhandel waren Frauen- und Männera. Die überwiegend bäuerliche, umfangreiche, schwere, wenig spezialisierte wie dann auch die spezialisierte A. im Gewerbe, Handel, später im Textil-Verlagswesen (Hausgewerbe/Heimarbeit), Lohna. von Frauen in Städten war allgemein wenig angesehene A. Die A. der adligen Frauen (Verwaltung der Güter, Erziehung der Kinder) hatte gesellschaftliches Ansehen. In der städtischen, gewerblichen, handwerklichen, amtlichen (Frauena., Erziehung, Gesundheitswesen) gibt es durchaus geachtete Tätigkeiten. Einschneidend ist hier die bis zum 16./17. Jh. vollzogene, gewaltsame, Verdrängung von Frauen aus qualifizierter A.; (→ Beruf, → Hexen). Für die Masse der Frauen bedeutet ihre umfangreiche, notwendige, produktive A. – bei der allgemein niedrig bewerteten körperlichen A. des Bauernstandes – in dieser Zeit keine besondere gesellschaftliche Achtung. Die Gebärfähigkeit der Frau war kein Hinderungsgrund für ihre Beteiligung an der gesellschaftlichen A. Die entscheidenden Strukturveränderungen in der gesellschaftlichen Organisation der A. und, damit verbunden, besondere Bedingungen für Frauen entwickeln sich in Deutschland in einem jahrhundertelang dauernden Prozeß bis zum 19. Jh.: Die Trennung von Produktion und Reproduktion, von Erwerbsarbeit und Hausarbeit, von Wohnen und Fabrik/Betrieb; bis zum 20. Jh. bleibt für die Mehrzahl der Frauen Erwerbsa. selbstverständlich. Die neuen Anforderungen an Kindererziehung und damit an die Frauen ebenso wie die Veränderung von Hausa., die in der Tendenz die Entwicklung von der wirtschaftlichen zur emotionalen erzieherischen A. bedeutet, wird zunächst und tiefgreifend im Bürgertum durchgesetzt.
Die meisten Frauen arbeiten nach

In Heimarbeit werden Holzschachteln hergestellt. Der Arbeitsraum ist zugleich Wohnraum und Küche. 19. Jh.

wie vor im landwirtschaftlichen Bereich, dazu (z. T. mit Arbeitszwang) in den staatlichen Manufakturen, Arbeitshäusern, als Heimgewerbetreibende, Dienstmädchen. (→ Erwerbstätigkeit) Die sog. Bauernbefreiung (Preußen 1810), die in Deutschland besonders spät erfolgt, sich bis zur Mitte des 19. Jhs. hinzieht (erst 1867 Freizügigkeit zwischen den einzelnen Klein-Staaten, um z. B. Lohna. woanders zu suchen), in Verbindung mit der späten Industrialisierung haben für die Frauen der bäuerlichen Unterschichten besonders gravierende Folgen. Mit der „Regulierung der Eigentumsverhältnisse", auf deutsch Enteignung von Bauernstellen, Gemeindeland, Nebenerwerbsstellen, verlieren viele Frauen ihre ehemaligen A.smöglichkeiten, ihre Hauswirtschaft; und dies in Zeiten, wo die Arbeiterfrauen/die Arbeiterinnen (verstärkt seit Mitte des 19. Jhs.) mit Erziehung zur Hauswirtschaft, Anleitungen zum „häuslichen Glück", zum sparsamen Wirtschaften, zur Kinderpflege staatlicher- und kirchlicherseits angehalten werden. Die Erziehung zur proletarischen Hausfrau erfolgt lange vor den Möglichkeiten, Hausfrau zu sein. Sie ist ein Moment der Orientierung der Frau auf ihre Doppela. in der Industrie und im Haus. (→ Hausarbeit, → Erwerbstätigkeit) Ausgehend von den realhistorischen Entwicklungsprozessen kann für die Mehrzahl der Frauen davon ausgegangen werden, daß erst mit der Entwicklung und vollen Ausbildung des kapitalistischen Systems – in Deutschland im 19./20. Jh. – nichtentlohnte Hausa. Bedeutung hat und für die meisten von ihnen die zeitweise, nebenbei, ein Leben lang zu leistende Erwerbsa. Realität blieb, die aber nicht ausreichte, um eine selbständige Existenz zu sichern.

Innerhalb der Frauenbewegung sind im Zusammenhang mit der derzeitigen Struktur der Frauena., der Lage der Frauen, der Prägung ihrer Situation und Erfahrungen eine Reihe von Problemen, Strategien zur Veränderung der Situation diskutiert worden, liegt eine Reihe von Analysen vor.

1. Frauena. ist durch das Nebeneinander, den Wechsel von Erwerbsa., Hausa., Heima., ehrenamtl. A. gekennzeichnet. Unsicherheit in der Existenz, Angewiesensein auf einen Ernährer sind die Folgen. Wirtschaft und Staat setzen die familiäre Anbindung der Frau voraus. Frauen werden nicht nur als „Reserve" unmittelbar zwischen Betrieb und Haushalt genutzt (Wechsel zwischen dem Produktions- und Reproduktionsbereich), sondern im Rahmen des staatlich-privat organisierten Reproduktionsbereichs. Frauenhausa. erfüllt hier die wichtige Funktion des „Krisenpuffers" im Bereich der gesellschaftlich notwendigen Reproduktionsbedingungen, wobei es mit der Teilzeita. und insbes. der ehrenamtlichen A. Zwischenstufen gibt.

2. Aus den gesellschaftlich für Frauen vorgesehenen A.sbereichen erwachsen sehr unterschiedliche, widersprüchliche Anforderungen an das A.svermögen von Frauen. Der Lohna.sbereich erfordert eine „Tauschwertorientierung", bedeutet Spezialisierung und Reduzierung in der Tätigkeit; notwendig ist es, ein gewisses Eigeninteresse zu entwikkeln und durchzusetzen, sich konkurrenzhaft zu orientieren; im A.sprozeß besteht oft Anonymität sowohl gegenüber dem Produkt (für das z. B. tagein, tagaus in der Elektroindustrie Steckerteilchen hergestellt werden) als auch gegenüber

A.skolleginnen/kollegen (bzw. diese wird erst über einen längeren Zeitraum hin aufgehoben) und gegenüber Vorgesetzten.

Hausa. und Kindera. verlangen die „Gebrauchswertorientierung“, bieten einen überschaubaren sozialen Zusammenhang, sind personenbezogen; die „Entlohnung“ ist neben dem Haushaltsgeld vor allem emotionale Zuwendung, was die Personenbezogenheit verstärkt. Zudem sind in den verschiedenen Bereichen weitere widersprüchliche Qualitäten erforderlich. Bei Frauen wird aufgrund der Erziehung, aber auch des aktuellen Wechsels zwischen den Bereichen ein spezifisches A.svermögen ausgebildet, das auch von Unternehmern genutzt wird: Dazu gehören Geduld und Fingerfertigkeit ebenso wie größere Personenbezogenheit, Suche nach persönlicher Bestätigung, sozialen Kontakten, weniger Durchsetzungsfähigkeit. Dies bedeutet eindeutig eine Benachteiligung von Frauen im Erwerbsleben, ist geeignet, die Orientierung auf Haushalt und Familie zu bestärken. Für Frauen sind diese widersprüchlichen Anforderungen aber auch Anlaß, weitere Widersprüche wahrzunehmen, Forderungen nach anderen A.sbedingungen zu stellen.

3. Die Ökonomie der Hausa. Dazu gibt es eine umfangreiche, z. T. international sehr kontrovers geführte Debatte. Ursprünglich verknüpft mit der Forderung nach Bezahlung von Hausa. geht es inzwischen mehr darum, inwieweit der Reproduktionsbereich den Ansatzpunkt für Veränderungen der Situation der Frau bietet. Diese Debatte hat die gesellschaftliche Bedeutung der Haus-/Erziehungsa. deutlich gemacht, gezeigt, wie sehr Frauen dadurch geprägt werden und ein Bewußtsein dafür geschaffen, daß Forderungen, Veränderungen grundsätzlich die Situation in den verschiedenen A.sbereichen von Frauen berücksichtigen müssen.

4. Die geschlechtsspezifische A.steilung, die ungesicherte Erwerbsarbeitssituation vieler Frauen hat weitreichende Konsequenzen für die Frau-Mann-Beziehungen. Unterschiedliche A.sinhalte, -zusammenhänge, -formen bedeuten Trennendes, wechselweise Verständnislosigkeit. In Familien stellen die Geld-Machtverhältnisse ein besonderes Problem dar. Sowohl der Lohn als auch die soziale Sicherung des Mannes/Ernährers machen Frauen abhängig, vor allem aber sind sie auch Quelle (über Trennung und Scheidung hinaus) für Patriarchalismus; in der Ehe, Familie finden im privaten Bereich noch einmal Verteilungsauseinandersetzungen statt. Neben der Forderung nach eigenständiger sozialer Sicherung hat dies in der Frauenbewegung auch zur Diskussion um den Familienlohn geführt. Bei Frauen ist die ökonomische Unabhängigkeit nach wie vor ein entscheidender Antrieb, erwerbstätig zu werden bzw. es zu sein.

5. In der mittleren und jungen Frauengeneration wird die Alternative Berufs- *oder* Familienarbeit zunehmend abgelehnt. Durchschnittlich besser qualifiziert als frühere Frauengenerationen, ist die Berufsorientierung stärker geworden. Sinkende Heiratsneigung, abnehmende Kinderzahlen und steigende Scheidungsziffern belegen, daß sich Lebensentwürfe und Lebensplanung von Frauen verändert haben. Diese Tendenzen sind in allen Industriestaaten zu beobachten, besonders stark da, wo, wie in den skandinavischen Ländern oder den früheren patriarchal-sozialistischen, die Berufstätigkeit von Frauen intensiv gefördert und in unterschiedlichem Maß die Vereinbarkeit von Beruf und Familie ermöglicht wird bzw. wurde. Diese Entwicklungen, die Wünsche nach Selbständigkeit und Gleichheit sind verbunden mit wirtschaftlichen und gesellschaftlichen Strukturveränderungen hin zur „Individualisierung durch Erwerbstätigkeit“ bei gleichzeitigem Fortbestehen der vorrangigen Zuständigkeit von Frauen für Kinder, Kranke, Alte und die Hausarbeit. Die häufigsten Lösungsmuster sind eine mühsame Balance zwischen beruflichen und häuslichen A.sanforderungen, Abstriche im → Beruf und Teilzeitarbeit. Studien aus den USA, west- und nordeuropäischen Ländern belegen aber auch die Tendenz zur Ver-

weigerung der unbezahlten Frauenarbeit in der → Familie und damit zu „Solidaritätslücken", die in den 80er Jahren zum Gegenstand gesellschaftspolitischer Diskussionen, der → Frauenforschung und → Frauenbewegung wurden. Trotz teilweise offensiver Propagierung (auch in der alten Bundesrepublik) funktioniert das traditionelle „Frauen zurück in die Familie" immer weniger. Die Auslagerung und Verberuflichung von Erziehungs-, Betreuungs-, Versorgungs- und Pflegeaufgaben ist daher wichtiger denn je, auch wenn (oder weil) im Zuge des Systemumbruchs in der früheren DDR und den anderen osteuropäischen Ländern dieser Prozeß gestoppt und unter Hinweis auf Finanzierbarkeit und Wirtschaftlichkeit rückgängig gemacht wurde mit weitreichenden negativen sozialen und psychischen Folgen für Kinder, Jugendliche und Erwachsene, insbesondere Frauen. Thematisiert werden aber auch in dieser Debatte um „Solidaritätslükken" die Grenzen von Auslagerung und Verberuflichung dieser Arbeit und die damit verbundene gesellschaftliche Tendenz, alle Abweichenden, im Sinne einer Tausch- und Verwertungslogik nicht Funktionstüchtigen, die Kinder, Behinderten, Kranken und Alten auszugrenzen, damit die anderen um so besser und reibungsloser funktionieren können. Zum Gegenmodell gehören eine menschen- und familiengerechte Umstrukturierung der Berufsarbeit, die notwendige Veränderung der männlichen Arbeits- und Lebenszusammenhänge, der Abbau geschlechtsspezifischer A.steilung und die gleichgewichtige Zuständigkeit von Frauen *und* Männern in der „Sorge für andere". (→ Beziehungsarbeit, → Familie, → Hausarbeit)

6. Frauenarbeit und → Informationstechnologien. Die Einführung und schnelle Ausbreitung der Neuen Technologien in Büros und Verwaltungen führte in den 80er Jahren zu einer umfangreichen, teils in → Frauenforschung, → Frauenbewegung und → Gewerkschaften sehr kontrovers geführten Debatte um Risiken und Chancen, Verhinderung und Gestaltung von → Informationstechnologien. Ging es in einer ersten Phase der Diskussion um allgemeine Fragen wie Kommunikationsveränderung in Arbeit und Freizeit, Vernetzung und Datenschutz, Wegrationalisierung von Frauenarbeitsplätzen und Ausbreitung isolierter Teleheimarbeit, so standen in einer zweiten Phase Fallstudien und Untersuchungen zu den quantitativen und qualitativen Auswirkungen der Neuen Technologien auf die Frauenerwerbsarbeit im Büro- und Verwaltungsbereich im Vordergrund. Mit der Herausarbeitung der allgemeinen Tendenzen a) zur → Rationalisierung und Vernichtung vieler Frauenarbeitsplätze auf niedrigem Qualifikationsniveau und b) zur Integration von Funktionen und Funktionsabläufen auf einer mittleren Sachbearbeitungsebene und einer Verschärfung der → Konkurrenz um diese Arbeitsplätze zwischen Männern und Frauen gewinnen die Fragen der Sicherung von Beschäftigungschancen, der Qualität von A., der Gestaltung der A.sorganisation und A.sbedingungen zunehmend an Bedeutung. Möglichkeiten der Einflußnahme, betrieblich-gewerkschaftliche Vertretung von Arbeitnehmerinneninteressen, Rationalisierungsschutzabkommen und Betriebsvereinbarungen zur Gestaltung von A.splätzen und A.sabläufen gegen die Rationalisierungsstrategien und Rentabilitätskalküle der Unternehmer/innen werden in diesem Zusammenhang entwickelt und zum Teil auch erprobt. Die be-

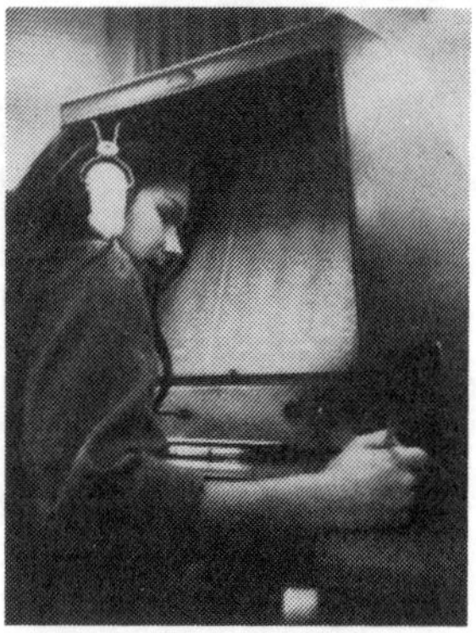

In der „Auskunft" arbeiten die Frauen rund um die Uhr in abgedunkelten Räumen an Bildschirmgeräten.

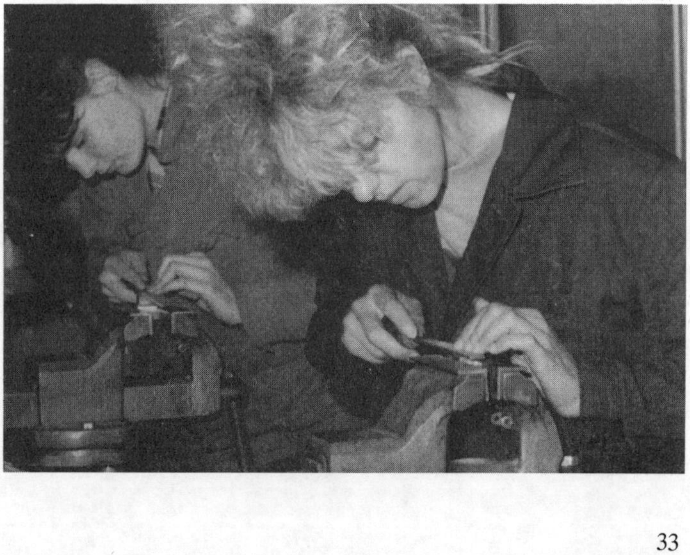

Der Küchen- und Reinigungsdienst – eine Domäne der Frauen.

sondere Betroffenheit von Frauen und die Schwierigkeiten entsprechend auch bei Gegenstrategien resultieren aus der Verbindung von ökonomischen und sozialen Benachteiligungen auf dem A.smarkt mit den technologischen Veränderungen, so daß Negativeffekte kumulieren: Die Konzentration auf rationalisierungsanfällige, frauentypische → Berufe und Wirtschaftsbereiche, geringere Mobilität und Flexibilität aufgrund familiärer Verpflichtungen, hoher Anteil an Teilzeita. und eine traditionelle betriebliche Personalrekrutierungs- und Förderungspraxis, die in der Regel immer noch Frauen benachteiligt. So wird eine Verbesserung der Arbeitsmarktposition von Frauen aktuell und zukünftig nur zu erreichen sein, wenn betrieblich-gewerkschaftliche Gegenstrategien gestützt und ergänzt werden durch verbindliche betriebliche Frauenfördermaßnahmen und gesetzliche Grundlagen zur Verankerung von Frauenerwerbsarbeit als Normalfall, wie es z. B. das Scheidungsrecht von 1977 seit nunmehr 15 Jahren vorsieht. (→ Recht, → Frauenförderung)

7. Umbruch oder: Statt Recht auf Arbeit . . .? Mit der Systemveränderung waren in der früheren DDR erhebliche Strukturveränderungen zwischen den Wirtschaftssektoren und der Umbruch des Systems der gesellschaftlichen Organisation der A. verbunden. Mit der Öffnung der Grenzen und Märkte erfolgte der Einbruch in der Landwirtschaft; Betriebe wurden geschlossen, viele weibliche A.skräfte entlassen, die in

den ländlichen Regionen keine alternativen Erwerbsmöglichkeiten haben. Im industriellen, verarbeitenden Gewerbe wurde und wird abgebaut. Nur langsam setzt sich die Tendenz zum Ausbau des privaten Dienstleistungssektors durch. Dem steht gegenüber die enorme Reduzierung der staatlichen Dienstleistungen mit vielen qualifizierten und hochqualifizierten Frauenarbeitsplätzen im Erziehungs-, Bildungs- und Gesundheitswesen. Damit sind überproportional viele Frauen erwerbslos und dequalifiziert worden. Sie wurden in weit höherem Maß als Männer aus Leitungsfunktionen verdrängt; dies gilt für alle, die diese in Teilzeit ausübten.

Mit der weitgehenden Angleichung des Arbeits-, Sozial- und Familienrechts an die bundesrepublikanischen Gesetze wurden schrittweise erreichte Möglichkeiten zur Vereinbarkeit von (Mütter-)Erwerbstätigkeit und Kindern gekappt und die gesellschaftliche A. und Aufgabe der Kindererziehung wieder tendenziell zur fraulichen Privatarbeit gemacht. Dazu gehören die Überführung betrieblicher Kinderkrippen und -gärten in kommunale Zuständigkeit bei leeren Gemeindekassen mit der Folge der Schließung oder zumindest eines starken Abbaus von Plätzen und Reduzierung von Öffnungszeiten. Schulhorte, obligatorisch einschließlich der 4. Klasse, sind abgebaut, das Schulessen ist gestrichen. Die Regelungen zum Mutterschafts- bzw. → Elternurlaub hielten sich in der BRD und der DDR in etwa die Waage. Wesentliche Verschlechterungen gibt es für die Freistellung bei Krankheit eines Kindes: Reduziert wurde von bis zu 4 Wochen für Alleinerziehende mit einem Kind, bis zu 6 Wochen für alle Mütter bei 2 Kindern auf 20 Tage für Alleinerziehende und je 10 Tage für Mutter und Vater bei Verheirateten; die Altersgrenze der Kinder wurde von 14 auf 8 Jahre herabgesetzt.

Wenig bekannt in Westdeutschland ist, daß es in der DDR gesetzlich verankerte betriebliche Frauenförderung gab, die die Betriebe verpflichtete, Frauen zur Ausbildung, zur Qualifizierung (→ Arbeiterin) und zum Studium freizustellen,

wovon (sicher nicht unter leichten Bedingungen allein aufgrund der längeren Arbeitszeiten) jährlich Tausende von Frauen Gebrauch machten. Mit der Angleichung an bundesrepublikanische Verhältnisse wurde diese Verpflichtung zur Qualifizierung Beschäftigter auf die Praxis der Fortbildung und Umschulung arbeitsloser Frauen nach dem Arbeitsförderungsgesetz (AFG) reduziert.
Die weitreichenden Folgen dieser Umbrüche in der A. sind erhebliche materielle Einbußen für Frauen und ihre Familien, lag doch durchschnittlich der Beitrag der Frauen zum Familieneinkommen mit 40–45% um gut 10–15% über dem in den alten Bundesländern. Besonders gravierend sind diese Folgen für → Alleinerziehende. Die Chancen für ein eigenständiges Leben sind erheblich gemindert, eine über Jahre gewachsene Berufsorientierung kann sehr viel schlechter realisiert werden. Kaum absehbar sind die psychischen (Langzeit-)Folgen wie Verlust der Identität, von Selbstwertgefühl beim Umbruch des alten Wertesystems, in dem der A. außer Haus eine zentrale Bedeutung zukam. Isolation ist besonders für Frauen auf dem Land ein großes Problem, deren Männer als Wochenpendler in Westdeutschland arbeiten.
Dennoch: Neue Umfragen, Erhebungen und Untersuchungen belegen, daß für die junge und mittlere Generation → Haus- und Familienarbeit keine Alternative zur Erwerbsarbeit ist. Die Berufsorientierung ist verankert und angesichts der Einbrüche erstaunlich ungebrochen. Trotz aller Schwierigkeiten werden von den Frauen in den neuen Bundesländern die Chancen zur Vereinbarkeit von Berufstätigkeit und → Familie durchschnittlich besser beurteilt als von ihren Schwestern im Westen. Der Prozentsatz von Frauen und Männern, die für eine gleiche Arbeitsteilung draußen und drinnen votieren, ist mit 89% in den neuen Bundesländern erheblich höher als in den alten (59%). (Dies heißt nicht, daß sie diese A.steilung auch so praktizieren, aber . . .) Die Frage bleibt, ob diese über Jahrzehnte gewachsenen Einstellungen angesichts einer sich verändernden und verschlechternden Realität erhalten bleiben. Eine Perspektive zur Veränderung der Gesamtsituation von A. für Frauen und Männer bieten sie in Verbindung mit den oben skizzierten veränderten Einstellungen und Verhaltensweisen von Frauen in den alten Bundesländern.
(→ Beruf, → Erwerbslosigkeit, → Erwerbstätigkeit, → Hausarbeit)

Lit.: Elisabeth Beck-Gernsheim, Die Kinderfrage. Frauen zwischen Kinderwunsch und Unabhängigkeit, München 1988; Frauenreport 90, hrsg. von Gunnar Winkler, Berlin 1990 (DDR – vor der Einheit); Barbara Geiling-Maul u. a., Frauenalltag. Weibliche Lebenskultur in beiden Teilen Deutschlands, Köln 1992; Ute Gerhard, Verhältnisse und Verhinderungen. Frauenarbeit, Familie und Rechte der Frauen im 19. Jh., Frankfurt/M. 1978; Peter Ketsch, Frauenarbeit im Mittelalter (Quellen), Bd. 2, Düsseldorf 1983; Doris Lucke/Sabine Berghahn (Hrsg.), Rechtsratgeber Frauen, Reinbek bei Hamburg 1991; Doris Richelmann, Frauen und neue Technologien. Teil I: Erwerbsarbeit u. berufliche Aus- und Weiterbildung, Bielefeld 1989 (Eine Auswahlbibliographie); Barbara Sichtermann, Frauenarbeit. Über wechselnde Tätigkeiten und die Ökonomie der Emanzipation, Berlin 1987; Statistisches Bundesamt (Hrsg.), Datenreport 1992. Zahlen und Fakten über die Bundesrepublik Deutschland, Bonn/München 1992.

Renate Wurms

Arbeiterin; von mhdt. „arbeiter" = Tagelöhner, Handwerker oder allgemein jemand, der/die „sich plagen", „angestrengt tätig sein" muß, wurde A. im 19. Jh. vor allem zur Bezeichnung für die Lohna. in der Industrie und der Landwirtschaft.
Mit der berufsstatistischen Kategorie A. werden vor allem körperlich, in der Industrie, der Produktion Arbeitende zum Unterschied von → Angestellten gefaßt. Trotz Angleichung in der wirtschaftlichen Lage von A.nen und weiblichen Angestellten in den unteren Gruppen, trotz Annäherung in manchen Ar-

Frauen vor dem Chrysler-Werk, USA, 1937.

beitsbedingungen, vor allem durch Technisierung, bestehen nicht nur in der gesellschaftlichen Fremd- und Selbsteinschätzung, sondern auch im Arbeits- und Sozialrecht, im Betriebsverfassungs- und Personalvertretungsrecht, in der Sozialversicherung und in Tarifverträgen noch Unterschiede zu Lasten der A. So haben A.nen einen wesentlich schlechteren Kündigungsschutz mit der 14-Tage-Frist gegenüber der 6-Wochen-Frist (zum Quartalsende) bei Angestellten. 1990 erklärte das Bundesverfassungsgericht diese Ungleichbehandlung für verfassungswidrig und forderte die Bundesregierung auf, bis zum 30. 6. 1993 die Fristen einheitlich festzulegen. In den neuen Bundesländern gelten für die Übergangszeit die alten DDR-Regelungen von mindestens 14 Tagen bis höchstens 3 Monaten für alle Arbeitnehmer/innen. Obwohl seit 1969 auch A.nen wie Angestellte einen Anspruch auf 6 Wochen Lohnfortzahlung im Krankheitsfall haben, gibt es hinsichtlich der Dauer des Arbeitsverhältnisses und der Arbeitszeit für A.nen Beschränkungen; ausgenommen sind geringfügig Beschäftigte, die unter 10 Stunden in der Woche oder weniger als 45 Stunden im Monat arbeiten, wie z. B. Putzfrauen. Waren 1925 noch 43% der weiblichen Erwerbstätigen als A.nen beschäftigt, so betrug ihr Anteil 1990 nur noch 28% im Westen und 32% im Osten. Die meisten von ihnen arbeiten im produzierenden und verarbeitenden Gewerbe, in der Elektroindustrie, im Maschinenbau, der Textil-, Bekleidungs-, Nahrungs- und Genußmittelindustrie. Relativ viele sind es auch noch im Gaststätten- und Hotelbetrieb und im Groß- und Einzelhandel.

Typisch insbesondere für die industriellen Arbeitsplätze und zunehmend für den technisierten Handelsbereich sind: hohes Arbeitstempo; eine monotone, qualitativ unterfordernde, Augen und Nerven anspannende (feinmotorische) Arbeit; kein oder nur ein geringer Entscheidungsspielraum; wenig Kommunikationsmöglichkeiten, fehlende Qualifizierungs- und Aufstiegsmöglichkeiten. Bevorzugt werden Frauen mit dem typisch weiblichen, „nebenbei" erworbenen Arbeitsvermögen eingestellt: gewöhnt an Nähmaschine, Nadel, Faden, technische Haushaltsgeräte, sich wiederholende Arbeit. Sie werden durch junge Arbeitskräfte ersetzt, wenn sie mit 30 (40) Jahren den → Akkord nicht mehr schaffen. Wie Experimente bewiesen haben, konnten Männer nicht in gleich kurzer Zeit und mit entsprechenden Arbeitsleistungen wie Frauen angelernt werden, da ihnen die entsprechende langjährige Erziehung und Einübung fehlt. (Karin Roth, 1984)

Unter den Industriea.nen sind zunehmend Frauen mit mittlerer bis hoher schulischer (mittlere Reife, Abitur) und vielseitiger industriell-gewerblicher Qualifikation; ohne entsprechenden fachlichen Abschluß können auch sie nie mehr als „Angelernte" werden. Hinzu kommen die geringen Chancen von Mädchen in der technischen betrieblichen und überbetrieblichen Ausbildung, fehlende Weiterbildungs- und Qualifikationsangebote, eine falsche, immer noch vorwiegend an Körperkraft orientierte Arbeitsplatzbewertung.

Gegenüber diesen westlichen Verhältnissen ergeben sich erhebliche Unterschiede hinsichtlich Qualifikation und Förderung im Osten. In der DDR waren 1990 (nach westlichen Kriterien) 63% Facha.nen (Männer: 73%) gegenüber 17% in der Bundesrepublik (Männer: 60%). Der Anteil der un- und angelernten A.nen betrug in Ost 33% und in West 82%. Meisterinnenpositionen hatten in der DDR 4%, in der Bundesrepublik knapp 1%. In der DDR wurde sehr viel früher und intensiver der Zugang von Frauen in gewerblich-technischen Berufen aufgrund des Arbeitskräftemangels gefördert. Die gesetzlich verankerten betrieblichen Frauenförderpläne ermöglichten Fortbildung und Qualifizierung durch bezahlte Freistellung der A.nen. Gleichwohl gab und gibt es je nach Branche erhebliche Lohnunterschiede um die 20% zwischen Frauen und Männern.

Die Arbeitsanforderungen und -bedingungen, der Streß und häufig genug auch noch Lärm, Schmutz

Putzfrau
mit EDV-Kenntnissen
gesucht, die halbtags ein kleines Architekturbüro betreut, Telefon und Ablage versieht und Briefe auf Maschine oder Computer schreibt.
Zuschriften unter V 4986

Aus dem „Darmstädter Echo"

und Zugluft am Arbeitsplatz führen bei Industrie-/Akkorda.nen zu frühem gesundheitlichen Verschleiß, auch – soweit möglich – zu Arbeitsplatzwechsel und oft notgedrungen zur Aufgabe des Arbeitsplatzes. Andererseits wechseln Frauen aus frauentypischen Berufen (Friseurinnen, Verkäuferinnen, auch Krankenschwestern) in sog. Hausfrauenschichten in Industriebetrieben, um mehr zu verdienen und Kinder und Erwerbstätigkeit miteinander zu vereinbaren, was aufgrund der niedrigen Löhne/Gehälter und/oder der ungünstigen Arbeitszeiten und des Schichtbetriebes in ihren erlernten Berufen schlecht oder gar nicht möglich ist. Und obwohl vor allem Vollzeit-Industriea.nen mit Kind(ern) häufig überfordert sind, haben sie neben dem wirtschaftlichen Motiv, zum Familieneinkommen beizutragen oder allein dafür aufkommen zu müssen, auch andere Motive, erwerbstätig zu bleiben oder es nach dem → Elternurlaub wieder zu werden: In erster Linie werden Abwechslung, soziale Kontakte und das *eigene* Einkommen genannt. (→ Arbeit, → Hausarbeit, → Erwerbstätigkeit)

Lit.: Arbeiterinnen kämpfen um ihr Recht, hrsg. v. Richard Klucsarits u. Friedrich G. Kürbisch, Wuppertal o. J. (1975); Ursula Köbl, Meine Rechte und Pflichten als berufstätige Frau, München 1993, 3. Aufl. in Vorb.; Karin Roth u. a. (Hrsg.), Träumen verboten, Hamburg 1984; Statistisches Bundesamt (Hrsg.), Datenreport 1992, München 1992.

Renate Wurms

Frauendemonstration während eines Bergarbeiterstreiks in Creusot/ Frankreich, 1899

Arbeitskampf; Streik; Das Wort S. wurde im 19. Jh. aus engl. „to strike work“ = die Arbeit streichen/einstellen, übernommen und bezeichnet im arbeitsrechtlichen Sinn eine Form des A.es; die zeitweilige gemeinsame, meist gewerkschaftlich geführte und grundgesetzlich garantierte (GG Art. 9) Arbeitsniederlegung von Lohnabhängigen, um Arbeitszeitverkürzungen, Lohnforderungen, Verbesserung der Arbeits- und Lebensbedingungen durchzusetzen. Sog. „wilde S.s“, spontane Arbeitsniederlegungen, sind für die Arbeiter/innen vor allem wirtschaftlich riskant, da kein Anspruch auf gewerkschaftliche S.gelder besteht; sie können aber von den → Gewerkschaften übernommen und damit abgesichert werden. Nach vorherrschender, aber umstrittener Rechtsauffassung haben Richter/innen, Beamte und Beamtinnen kein S.recht. Ein politischer S. (Massens., Generals.) ist in der Bundesrepublik im Rahmen des Widerstandsrechts (GG) bei drohenden Verstößen gegen die Verfassung zulässig; die Diskussion um den politischen S. ist im Zusammenhang mit Rüstung, Kriegsgefahr und der Raketenstationierung in den 80er Jahren geführt und im Zuge der rechtsextremistischen und mörderischen Ausschreitungen gegen → Migrantinnen wiederaufgenommen worden.

Frauenstreik, 1932

Streikposten. USA, 1915.

New Yorker Mai-Demonstration, 1916.

Hausfrauen demonstrieren gegen Mieterhöhungen und schlechte Wohnverhältnisse, Liverpool 1975.

In der früheren DDR gab es seit der Konstituierung des Staates (1949) bis 1968 ein Streikrecht, Arbeitsniederlegungen und -kämpfe; ein Feld, das noch aufzuarbeiten ist.
Arbeitsniederlegungen als gemeinsames solidarisches Handeln, als soziales Kampfmittel der Lohnabhängigen, wurden seit dem Mittelalter, mit der Entstehung von Manufakturen (16./17. Jh.) und Industriebetrieben (18./19. Jh.) entwickelt. Mit Lohnkämpfen eng verbunden waren die Kämpfe um Koalitionsfreiheit, um das Recht zu gewerkschaftlicher Organisierung. Trotz Koalitionsrecht für gewerbliche Arbeiter/innen (1869), umfassender erst nach dem Fall des Sozialistengesetzes (1890) blieben die Frauenbereiche Landwirtschaft und häuslicher Dienst bis 1918 davon ausgenommen, waren S.s in Deutschland verbotene und strafbare, in der Praxis allenfalls geduldete, Kampfmittel. Mit Polizei und Militäreinsatz wurden Arbeitskämpfe im deutschen Kaiserreich wie auch in den 20er Jahren niedergeschlagen. In der Weimarer Verfassung war die Koalitionsfreiheit garantiert; der S. blieb ein geduldetes, für lebenswichtige Bereiche verbotenes, Mittel und wurde während des → Faschismus generell gesetzwidrig. Die Rechts- wie die übrige Geschichte erfolgreicher Aktionen wie des Generals.s 1920 gegen den Kapp-Putsch und Niederlagen in kleinen wie großen Arbeitskämpfen belegen die Labilität jeden S.rechts und seine Abhängigkeit von der Stärke der Arbeiterbewegung und den politischen Kräfteverhältnissen.
Arbeitskämpfe von Frauen umfassen (a) S.s in Frauenbetrieben, (b) Beteiligung von Lohnarbeiterinnen an S.s und (c) Unterstützung von (Männer-)S.s durch Haus- und Ehefrauen. Alle Arten von Frauens.s und S.unterstützung sind immer noch unzureichend untersucht bzw. vorliegende Untersuchungen wenig bekannt. So ist es immer wieder und noch notwendig, darauf hinzuweisen, daß Frauen ebenso wie Männer zu Arbeitskämpfen bereit waren und sind, wenn sie im Betrieb zusammenarbeiten, die Möglichkeit zur Organisierung haben, sich einen S. wirtschaftlich leisten können oder aufgrund von Erfahrung wissen, daß sie sich ihn leisten müssen. Wenn von S.behinderungen durch Frauen, von mangelnder S.bereitschaft gesprochen wird, handelt es sich zum einen um ein Vorurteil, zum anderen liegt der Grund in der stärkeren Familiengebundenheit der Frauen. Diese ist in ihren widersprüchlichen Wirkungen, nach Förderung und Hemmung, erst ansatzweise untersucht. Frauen sind aus wirtschaftli-

Streikende Lebensmittelverkäuferinnen, Düsseldorf 1953.

cher Not, aus begründeter Angst und Sorge um Mann und Kinder streikfeindlich aufgetreten und haben umgekehrt aus diesen Motiven heraus S.s unterstützt.
Mit der Zunahme und Strukturveränderung der Frauenerwerbsarbeit seit 1945, den national sehr unterschiedlichen Veränderungen im Familienbereich (generell Abnahme der Zahl der Kinder) und der krisenhaften Entwicklung haben in den hochentwickelten kapitalistischen Ländern Frauenkämpfe zugenommen und sich über den traditionellen Industriebereich auf den Handels- und Bürobereich wie in den Hausarbeitsbereich hinein ausgeweitet. Beispiele sind die Bürofrauenbewegung in den USA; Arbeiterfraueninitiativen in England wie in der Bundesrepublik, die, ausgehend von der S.unterstützung, zum Teil eigenständige Aktionen gegen Arbeitslosigkeit, Miet- und Lebensmittelpreissteigerungen entwickelten. Der Schwerpunkt auch für Frauens.s liegt aufgrund der besonderen Betroffenheit durch Erwerbslosigkeit, Leichtlohngruppen, schlechte Arbeitsbedingungen nach wie vor im produzierenden Sektor. Nach wie vor auch entschließen sich Frauen schwerer zum S., sind in Arbeitskämpfen dann aber häufig besonders ausdauernd, militant und in ihren Aktionsformen phantasievoll: Hungerstreiks, Büro- und Rathausbesetzungen, spontane Demonstrationen mit Kindern durch die Stadt. Aufgrund der Zuständigkeit der Frauen für die häusliche Arbeit greifen Frauens.s. weit

mehr als die von Männern sichtbar beide Frauenarbeitsbereiche auf und haben in der Regel mehr private Konsequenzen. Kinder werden mit zum Postenstehen gebracht, gemeinsam in/vor Betrieben versorgt oder es wird – verbunden meist mit vielen Auseinandersetzungen – durchgesetzt, daß die Männer die Kinder versorgen. Neben den spezifischen Frauenforderungen nach Abschaffung von Leichtlohngruppen, sauberen Arbeitsplätzen, Hausarbeitstagen scheinen Gleichheitsforderungen typisch für Frauen zu sein: „Für alle 1,– DM mehr pro Stunde!“
In vielen Arbeitskämpfen haben Frauen vor allem mehr Selbstbewußtsein entwickelt, mehr Sensibilität für (Frauen-)Unterdrückung auch in anderen Bereichen, mehr Durchsetzungsfähigkeit gegenüber Kollegen und in der Gewerkschaft. Herausgebildet hat sich – oft mühsam – in den 70er und 80er Jahren auch ein wechselseitiges Lernen und Unterstützen zwischen gewerkschaftlicher und autonomer Frauenbewegung, so im Zusammenhang der Aktionen der Hoesch-Fraueninitiative in Dortmund oder der Frauen in Duisburg-Rheinhausen. Der „Liebesstreik“, ein betrieblicher und häuslicher S. aller Frauen, hat seit Aristophanes' Lysistrata (411 v. u. Z.) vor allem in der Literatur, aber auch im Leben zu ähnlichen

Allen Frauen, die sich zutrauen, aufzustehen, wenn andere sitzen bleiben . . .

. . . die ihren Mund aufmachen, wenn andere schweigen

. . . die gegen Ungerechtigkeiten kämpfen

. . . die Diskriminierung nicht hinnehmen

. . . die stark sind, aber Gewalt hassen

. . . die Liebe spüren und Liebe geben können

. . . die singen und kämpfen können

. . . die sich ihrer „Rolle“ als Frauen bewußt sind

. . . die unter Demokratie auch Demokratie verstehen

. . . die spüren, daß man selbst etwas tun muß, nicht nur die „anderen“

. . . die lachen können, auch wenn es manchmal zum Weinen ist

und den Männern, die diese Frauen darin unterstützen.

Widmung aus der Broschüre „Diesmal zeigen wir die Zähne“ der Aktionsgemeinschaft Frauen für VFW (Vereinigte Flugtechnische Werke Lemwerder bei Bremen), 1984

Träumen und Versuchen angeregt. Mit der Verquickung von Arbeit, Liebe, wirtschaftlicher Abhängigkeit, mit der Tatsache, daß der Dienst vor allem Kindern nur kurzzeitig verweigert werden kann, sind dem enge Grenzen gesetzt. Die Isländerinnen haben 1975 und 1985, die Zürcherinnen 1991 gezeigt, daß eine öffentlichkeitswirksame Aktion dieser Art möglich ist, wenn Frauen aus dem Haus- wie dem Lohnarbeitsbereich sie gemeinsam planen, organisieren und durchführen.

Lit.: Autorinnenkollektiv, Nichts fällt vom Himmel. – Frauen streiken, München 1977; Die Frauen von Rheinhausen – Der Hochofen vor unserem Ofen, Köln 1989; Jürgen Kuczynski, Geschichte des Alltags des deutschen Volkes, 1650–1945, 5 Bde., Köln 1982; Gisela Losseff-Tillmanns, Frauenemanzipation und Gewerkschaften, Wuppertal 1978; Karin Roth u. a. (Hrsg.), Träumen verboten, Gewerkschaftliche Frauenpolitik für die 90er Jahre, Hamburg 1984; Maja Wicki (Hrsg.), Wenn Frauen wollen, kommt alles ins Rollen. Der Frauenstreiktag vom 14. Juni 1991, Zürich 1992.

Renate Wurms

Arbeitslosigkeit; → Erwerbslosigkeit.

Arbeitsrecht; → Recht.

Arbeitsschutz; der A. umfaßt die Maßnahmen zum Schutz der Arbeitskraft, von Gesundheit und Leben der Lohnabhängigen vor den unmittelbaren Gefahren in der Erwerbsarbeit z. B. durch lange Arbeitszeiten, durch den Umgang mit Schadstoffen, Giften, gefährlichen Arbeitsgeräten und Maschinen. Die wesentlichen Bestandteile des A.es sind: 1. der *Arbeitszeitschutz,* der in der Arbeitszeitordnung (AZO) von 1938, in der Gewerbeordnung, im Jugenda.G. dem → MutterschutzG, dem LadenschlußG. und einer Reihe von Verordnungen geregelt ist; 2. der *Betriebs- und Unfallschutz,* gesetzlich geregelt vor allem in der Gewerbeordnung, den Unfallverhütungsvorschriften der Berufsgenossenschaften, in der Arbeitsstättenverordnung von 1975 (geändert 1980), in Betriebs- und Tarifvereinbarungen. Schwere Muskelarbeit, die Grenzen körperlicher Belastbarkeit, der unmittelbare Gefahrenschutz standen lange im Mittelpunkt des A.es; mit der technisch-wissenschaftlichen Entwicklung, den Veränderungen in den Arbeitsprozessen wurde zunehmend auch die nervlich-seelische Belastung berücksichtigt. Dennoch finden die Auswirkungen monotoner, Nerven und Sinne belastender feinmechanischer Arbeit, wie sie vielfach von Frauen geleistet wird, und die allgemeine Arbeitsintensivierung noch zu wenig Beachtung. Den Gewerkschaften geht es – über einen engen physischen und psychischen Gesundheits- und Unfallschutz hinaus – vor allem um eine menschengerechte Gestaltung von Arbeitsabläufen und -bedingungen im Rahmen des A.es.

Neben allgemeinen, für Frauen und Männer geltenden, arbeitsplatzbezogenen A.bestimmungen, Arbeitszeitregelungen, Unfallverhütungsvorschriften gibt es – verstreut in einer Vielzahl von Gesetzen, Erlassen, Verordnungen – einen besonderen Frauena. Der → Mutterschutz und die Arbeitszeitverordnung von 1938, 3. Abschnitt, §§ 16–20, sind seine wichtigsten Rechtsgrundlagen. Begründet mit den durchschnittlich geringeren Körperkräften der Frau, ihrer Gebärfähigkeit und ihren Familienaufgaben, soll der Frauena. (1) einen besonderen Gesundheitsschutz, (2) den Schutz der Frauen im gebärfähigen Alter (bis 45 J.), der Schwangeren und Wöchnerinnen gewährleisten sowie (3) der Überforderung durch Erwerbs- und Hausarbeit gegensteuern.

Mit der Novelle zur Gewerbeordnung 1878 wurde erstmals für das Deutsche Reich ein besonderer Frauena. gesetzlich verankert: Nachtarbeitsverbot für Arbeiterinnen in der Industrie; Verbot der Beschäftigung von Frauen unter Tage und in Steinbrüchen sowie von Industriearbeiterinnen in den ersten drei Wochen nach Geburt eines Kindes (ohne Kündigungsschutz und Lohnfortzahlung). 1891 wurde für Arbeiterinnen in der gewerblichen Wirtschaft die tägliche Höchstarbeitszeit auf 11 Stunden (1908 auf 10) begrenzt. Die 1½stündige Mittagspause (1891) wie der Frühschluß um 17.00 Uhr vor Sonn- und Feiertagen (1908) sollten der Arbeiterin die Erledigung ihrer häuslichen Pflichten ermöglichen. Das

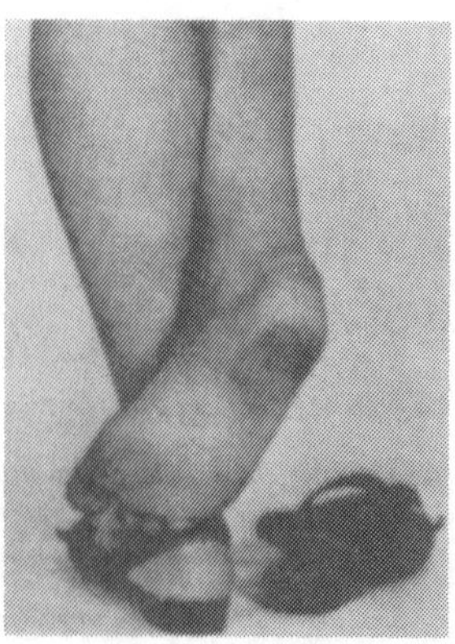

Gros der erwerbstätigen Frauen – Dienstmädchen, Land- und Heimarbeiterinnen, Verkäuferinnen, Kellnerinnen – blieb von diesen Schutzbestimmungen ausgeschlossen. Weitere Stationen waren: 1918/19 der 8-Stunden-Tag für Frauen und Männer (mit vielen Ausnahmen und Verstößen in der Praxis); die Mutterschutzgesetze von 1927, 1952 und 1965, mit denen u. a. die Schutzfristen erweitert, ein Kündigungsschutz verankert, besondere Vorschriften für Arbeitsplatzgestaltung und Arbeitsbedingungen Gesetz wurden; 1979 die Einführung des Mutterschaftsurlaubs (→ Mutterschutz); der Ausbau des technischen Gefahrenschutzes (u. a. in der AZO von 1938), insbesondere des Blei- und Strahlenschutzes.

Die wichtigsten gültigen Bestimmungen: 1. *Zeitliche Arbeitsbeschränkungen und -verbote.* Nur ausnahmsweise darf der 8-Stunden-Tag für Frauen aus betriebstechnischen / allgemeinwirtschaftlichen Gründen auf maximal 10 Stunden verlängert werden. Für Vor- und Abschlußarbeiten ist nur eine Stunde Verlängerung über die tägliche Arbeitszeit hinaus erlaubt; vor Sonn- und Feiertagen gilt der „Frühschluß" um 17.00 Uhr. Besondere Pausenregelungen schreiben spätestens nach 4½ Stunden für Frauen eine Pause vor.

Noch für 1993 wird die Vorlage eines neuen Arbeitszeitgesetzes erwartet, in dem wie in den Regierungsentwürfen von 1985 und 1987 vorgesehen ist, die 48-Stunden-Woche festzuschreiben, eine einheitliche tägliche Höchstarbeitszeit für Frauen und Männer von 8 Stunden (mit Vor- und Abschlußarbeiten 9 Stunden) festzulegen, wobei aber über Ausgleich durch Freischichten innerhalb von 3 Monaten die tägliche Arbeitszeit auch auf 10 Stunden erhöht werden kann; Samstags- und Sonntagsarbeit auszuweiten und das Nachtarbeitsverbot für Arbeiterinnen aufzuheben.

Bisher gilt: Arbeiterinnen dürfen in einschichtigen Betrieben zwischen 20 und 6 Uhr, in Mehrschichtbetrieben zwischen 23 (in Ausnahmefällen 24 Uhr) und 5 Uhr nicht arbeiten. In der DDR gab es kein Nachtarbeitsverbot für gewerbliche Arbeiterinnen, aber einen dem bundesrepublikanischen vergleichbaren Mutter- und besonderen Gefahrenschutz.

Mit Urteil des Bundesverfassungsgerichts (BVerfG) vom 28. 1. 1992 wurde das Nachtarbeitsverbot (§ 19 der AZO von 1938) für verfassungswidrig erklärt, da es gegen die Gleichheit vor dem Gesetz und gegen das Diskriminierungsverbot verstoße. Im Urteil wird ausdrücklich festgestellt, daß Nachtarbeit „für alle Menschen schädlich ist", und so der Gesetzgeber aufgefordert, entsprechende Schutzregelungen für alle Frauen und Männer zu erlassen.

Vom Höchstarbeitstag (und dem Nachtarbeitsverbot) gibt es zahlreiche Ausnahmeregelungen, so für das sog. Feiertagsgewerbe wie Gaststätten, Hotels, Theater, Kinos, für

Krankenanstalten, aber auch für Gärtnereien, Friseurbetriebe, offene Verkaufsstellen, Badeanstalten und Filmaufnahmen. Da weitere Ausnahmen bei „Nachweis eines dringenden Bedürfnisses" vom Gewerbeaufsichtsamt genehmigt werden können, wenn zwischendurch eine mindestens 10stündige Ruhezeit gewährt wird, sind Ausnahmen schon vielfach zur Regel geworden. Arbeitsmedizinische Begründungen für die zeitlichen Beschränkungen allein für Frauen fehlen. Allgemeine Hinweise auf die Schutzbedürftigkeit der Frau, auf ihre Doppelbelastung ersetzen sie. Bestimmungen wie Begründungen sind geeignet, Benachteiligungen von Frauen im Erwerbsleben und die geschlechtstypische Arbeitsteilung festzuschreiben.

2. *Beschäftigungsbeschränkungen und -verbote.* Frauen dürfen besonders schwere und gefährliche Arbeiten nicht ausführen. Verboten sind die Beschäftigung in Bergwerken, Salinen, unterirdischen Brüchen, Gruben, in Kokereien sowie Förderung, Transport, Verladung über Tage; verboten sind auch die eigentlichen Betriebsarbeiten in Stahlwerken, Metallhütten, Walz-, Preß- und Hammerwerken, an Hochöfen. Eine Reihe von Bauberufen ist Frauen inzwischen zugänglich; Ausnahmeregelungen erlauben seit 1960, erforderliche Praktika auf dem Bau zu absolvieren; 1980 wurden Baunebenberufe wie Elektroinstallateurin, Malerin und Lackiererin, Gas- und Wasserinstallateurin für Frauen geöffnet; 1988 kamen u. a. Fliesenlegerin, Heizungs- und Lüftungsbauerin dazu. Verboten sind nach wie vor klassische Bauberufe im Bereich des Hoch- und Tiefbaus, der Abbruch- und Aufräumarbeiten. Auch die Einschränkungen durch Festsetzung von Höchstgrenzen für regelmäßig anfallendes Heben und Tragen von Lasten (10 kg ohne mechanische Hilfsmittel) werden mit der durchschnittlich geringeren Körperkraft von Frauen begründet. Dieser Schutz gilt nicht für alle weiblichen Erwerbstätigen, berücksichtigt nicht die Gesundheitsschädigung von Männern durch regelmäßiges Lastentragen und -heben.

Der Ausschluß von Frauen von Tätigkeiten (z. B. Schweißen unter bestimmten Bedingungen) oder das Arbeitsverbot an gefährlichen Maschinen (z. B. im Tabakgewerbe) hat in vielen Fällen dazu geführt, Arbeitsgeräte und Maschinen nicht zu entschärfen, als seien sie für Männer weniger gefährlich. Es ist zu vermuten, daß hierbei auch Vorurteile eine Rolle spielen: „Frauen haben keinen technischen Verstand." Derartige Bestimmungen sind ebenso überprüfungsbedürftig wie auch solche, die durch die technische Entwicklung überholt sind.

Nach der Arbeitsstoffverordnung von 1980 dürfen Frauen grundsätzlich mit allen, auch giftigen Arbeitsstoffen beschäftigt werden, und zugleich wurden arbeitsplatzbezogene, individuelle Schutzvorschriften und Belastungsgrenzen Gesetz. Der besondere Blei- und Strahlenschutz für Frauen bis 45 Jahre gilt dem Schutz ihrer Gebärfähigkeit und dem Menschenkeim. Gerade im Bereich des Schadstoffschutzes für alle Arbeitnehmer/innen gibt es u. a., bedingt durch die technische Entwicklung, eine Menge Lücken; ein Beispiel ist das Formaldehyd.

3. Der Mutterschutz. Schwangeren- und Gebärfähigkeitsschutz ist als grundsätzlich notwendiger außerhalb der Diskussion. Problematisiert wird er im wesentlichen unter folgenden Gesichtspunkten: a) insbesondere der Schwangerenschutz scheint unzureichend, da aufgrund

Einzige Sitzgelegenheit: Papierkörbe

des Zusammenhangs zwischen Fehl- und Frühgeburten, der Säuglingssterblichkeit und Arbeitsbedingungen der Schutz während der Schwangerschaft weiter ausgebaut werden müßte; b) die Vermischung von biologischer und sozialer Mutterschaft, die Regelung der Finanzierung etwa des Elternurlaubs gereichen Frauen auf dem Arbeitsmarkt, bei Einstellungen zum Nachteil, schließen Väter von Urlaubsmaßnahmen tendenziell aus materiellen Gründen immer noch aus und bestärken ihre Nichtzuständigkeit für Haus- wie für Erziehungsarbeit; c) wenig in den Blick gerät die Frage nach der Beeinträchtigung der Zeugungsfähigkeit des Mannes.

Die Einschätzung des Frauena.es ist ambivalent (doppelwertig), wie seine Motive, Funktionen und Wirkungen widersprüchlich waren und sind. Der Frauena. wurde von der Arbeiter-, später auch der Frauenbewegung erkämpft und ausgebaut. Er bedeutete einen lebensnotwendigen Schutz vor Ausbeutung und Überarbeit für Arbeiterinnen, ihre Kinder und Familien. Durchsetzbar waren die ersten Schutzbestimmungen nur, weil ein staatliches/gesamtkapitalistisches Interesse bestand, gesellschaftsverändernde Bestrebungen einzudämmen (Bismarcks Sozialgesetzgebung in den 80er Jahren des 19. Jh.) und die Gebärfähigkeit der Frau (Arbeitskräfte, Militär) zu erhalten. In wirtschaftlichen Krisenzeiten, in den 20er Jahren wie heute, ist der Frauena., wie alle übrigen sozialen Schutzrechte, gefährdet (→ Arbeitslosenunterstützung, Beschäftigungsförderungsgesetz, Arbeitszeitgesetz-Vorlage). Die gesetzliche Aufhebung des Frauena.es im Ersten Weltkrieg wie seine faktische im Zweiten hatte verheerende Wirkungen. Die Verbesserung des Schwangeren- und Mutterschutzes in den 50er Jahren ist in erster Linie im Zusammenhang mit der konservativen Familienpolitik, in den 60er Jahren im Rahmen ökonomischer Expansion, der Sozialstaats- und Integrationspolitik sowie dem Bestreben zu sehen, die Säuglingssterblichkeit zu verringern.

Die Kritik am Frauena. richtet sich gegen seine „Grundsätze zwischen Gesundheitssicherung und Hausfrauenideologie“ (Marliese Dobberthien), seine mangelhafte (arbeits)medizinische Begründung und nachteiligen Wirkungen: der Ausschluß von Frauen von einigen gutbezahlten Arbeiten; die Befestigung geschlechtstypischer Arbeitsteilung; die Entlastung von und Ausgrenzung aus bezahlter Erwerbsarbeit zugunsten der Erledigung unbezahlter Hausarbeit, was die Abhängigkeit der Frauen von Männern bestärkt. Die gesetzliche Verankerung von besonderen Schutzrechten diente auch dazu, allgemeine, für alle Arbeitnehmer/innen geltende Gesundheitsschutzrechte nicht durchzusetzen und zu verweigern.

So lehnen denn auch Kritikerinnen aus der Frauenbewegung, Politikerinnen, vereinzelt auch Gewerkschafterinnen einen besonderen Frauena. mit Ausnahme des Mutterschutzes und der speziellen Bleischutzbestimmungen ab. Allgemein plädieren sie für einen individuellen A. für Frauen und Männer.

Betroffene, Verteidigerinnen des Frauena.es, vor allem aus den Gewerkschaften, teilen die genannten praktischen Forderungen. Einen individuellen Schutz halten sie für unzureichend; sie fordern eine Überprüfung unter dem Gesichtspunkt, den Gesundheitsschutz zu erhalten, auszubauen und – zunächst über die Einbeziehung der weiblichen Angestellten – auf alle Arbeitnehmer auszudehnen.

Vertreterinnen beider Positionen können sich auf internationale Rege-

SIRENEN-GEHEUL

„Was bedeutet das **Sirenengeheul** für die Bürger? Der **Heulton** warnt vor der Illusion, die von der Regierung genährt wird, es könne im Kriegsfall für die Bevölkerung noch irgendeinen Schutz geben. Der **ABC-Ton** mahnt: Es gehört zum ABC der Demokratie, daß jeder Bürger Verantwortung für das Ganze mitträgt und diese niemals an gewählte Vertreter völlig abgeben kann. Der **Dauerton** erinnert daran, daß wir dauernd für die Abrüstung der Welt arbeiten müssen und uns nicht durch irreführende Sirenenklänge der Obrigkeit entwarnen lassen dürfen. Heul-, ABC- und Dauerton fordern jedermann auf, sich gegen die gezielte Gewöhnung an Kriegsvorbereitungen zur Wehr zu setzen."

Anzeige der Friedensgruppe Gustav Heinemann im „Schwäbischen Tagblatt"

lungen und Erfahrungen berufen. In den meisten US-Staaten sowie in den skandinavischen Ländern wird auf einen besonderen Frauena. verzichtet, in den sozialistischen Ländern wurde er in unterschiedlichem Umfang für notwendig erachtet. Bei allen Kontroversen besteht Einigkeit, daß im Zweifelsfall der bessere Gesundheitsschutz für Frauen die Norm sein muß.
In der Praxis geht die Entwicklung seit den 70er Jahren in Richtung einer Ablösung des Personengruppenschutzes zugunsten eines arbeitsplatzbezogenen, individuellen A.es für Frauen und Männer. Mit der krisenhaften Entwicklung in den letzten Jahren ist eine Verschlechterung der gesetzlich garantierten Arbeitsbedingungen einhergegangen, was zur Verteidigung erkämpfter Schutzrechte zwang und zwingt. Mit der Novelle zum Jugenda.gesetz (1984) und dem Beschäftigungsförderungsgesetz (1985) sind Angleichungen nach unten schon durchgesetzt. Weitere sind geplant, insbesondere durch die Verschlechterung der Arbeitszeitbedingungen, die Festschreibung von ungesicherten Beschäftigungsverhältnissen und überholte Regelarbeitszeiten von 40/45/48-Stunden-Wochen. Daß Proteste und Widerstand nützen, haben die geänderten Vorlagen (seit 1983/84) zum Arbeitszeitgesetz bewiesen, bei dem geplante weitere Verschlechterungen in den Pausen-, Nachtarbeits-, Sonntagsarbeitsregelungen (vor allem für Frauen) zurückgestellt wurden.

Lit.: Marliese Dobberthien, Schutz der oder Schutz vor weiblicher Arbeitskraft?, in: WSI-Mitt., H. 4/1981; Michael Kittner (Hrsg.), Gewerkschaftsjahrbuch 1992, Daten – Fakten – Analysen, Köln 1992; Ursula Köbl, Meine Rechte und Pflichten als berufstätige Frau, München 1993; Doris Lucke/Sabine Berghahn (Hrsg.), Rechtsratgeber Frauen, Reinbek bei Hamburg 1991.

Renate Wurms

Arbeitssicherstellungsgesetz; – „Gesetz zur Sicherstellung von Arbeitsleistungen für Zwecke der Verteidigung einschließlich des Schutzes der Zivilbevölkerung" vom 9. 7. 1968. Das A. ist eins der Ausführungsgesetze zur Notstandsverfassung (zu Art. 12a, Abs. 3–6 GG). Danach können, wenn nicht genügend Wehrpflichtige und Freiwillige zur Verfügung stehen, Frauen (zwischen 18 und 55 Jahren) und Männer (zwischen 18 und 65 Jahren) im Spannungs- und Verteidigungsfall an ihren Arbeitsplatz dienstverpflichtet werden. Damit soll verhindert werden, daß die weiblichen Zivilangestellten ihren Dienst bei der Bundeswehr quittieren und im Kriegsfall in Versorgungsbereichen Massenkündigungen erfolgen. Wie aus der Diskussion um die vormalige Gesetzesvorlage hervorgeht, wurde das A. in erster Linie wegen der Frauen verabschiedet. „Damit wird dem Umstand Rechnung getragen, daß der Anteil weiblicher Arbeitnehmer – . . . – in einigen Berufszweigen, die für die Verteidigung besonders wichtig sind, noch weit über dem Durchschnitt liegt; dies gilt z. B. für das Fernmeldewesen und für die Krankenpflege . . ."
Die Arbeitsbereiche und Einrichtungen, in denen Verpflichtungen und Beschränkungen zulässig sind: Bundeswehr und verbündete Streitkräfte (letzteres ist rechtlich umstritten), Dienststellen des Bundes (einschließlich Bundesbahn und Bundespost), der Länder und Gemeinden, Zivilschutz, Versorgungsbetriebe (Wasser, Gas, Strom, Abwasser, Müll), Gesundheitswesen, Betriebe der Mineralölversorgung, See- und Binnenschiffahrt sowie sonstige Verkehrsunternehmen. Eine Ausweitung dieser breiten Palette ist möglich, und damit ist auch juristisch die Voraussetzung geschaffen, das Grundrecht der freien Wahl des Arbeitsplatzes auch für Rüstungsbetriebe einzuschränken, ohne daß diese im Gesetz eigens erwähnt werden müssen.
Das Kündigungsverbot wirkt wie eine Dienstverpflichtung und gilt „ipso jure", d. h. durch Feststellung des Spannungs- und Verteidigungsfalles. Eines Verpflichtungsbescheides bedarf es nicht. Der Beendigung eines Arbeitsverhältnisses durch *private* Arbeitgeber und -nehmer muß das Arbeitsamt (übernimmt hoheitliche Funktionen) zustimmen. Abgesehen davon, daß hier die Illusion genährt wird, es

gebe in zukünftigen Kriegszeiten „friedensmäßiges“ Funktionieren von Wirtschaft und Verwaltung, ist besonders problematisch: Zum Unterschied vom Verteidigungsfall ist der Spannungsfall auslegungsfähig. Von „zugespitzter Krisenlage“, „Zeit erhöhter internationaler Spannungen“, „erheblicher Gefahr eines Angriffs auf die Bundesrepublik“ war 1967/68 im Rechtsausschuß und später in den juristischen Kommentaren die Rede. Es ist keine Frage, daß der Spannungsfall auch bei innergesellschaftlichen Krisen (nach Art. 80 a GG) festgestellt werden kann (→ Dienstjahr, → Militarisierung). Dies ist einer von mehreren Gründen, warum Frauen jede zivil-militärische Verplanung ablehnen.

Lit.: Renate Janßen, Frauen ans Gewehr? Köln 1983[2].

Armut der Frau; der Begriff „weibliche Armut“ ist, obgleich sehr jungen Datums, schon zu einem Terminus der politischen Alltagssprache geworden. Im fachwissenschaftlichen Sprachgebrauch teilt er seine Verwendung mit weiteren Termini wie Feminisierung der Armut, Weiblichkeit der Armut und A.d.F. Vom Gegenstand her handelt es sich um sozialwissenschaftliche Begriffe. Alle Begriffsvarianten zielen auf Erfassung, Erklärung und Präsentation des gesellschaftlichen Sachverhalts, daß → Frauen in besonderem Ausmaß unter öffentlicher Unterstützungsbedürftigkeit oder akutem Pauperismus leiden. (→ Alter, → Erwerbslosigkeit, → Rente)

Asyl; von lat. asylum = Freistätte, Zufluchtsort (wörtlich: Unverletzliches).

Das A.recht gewann in den modernen Staaten Europas nach 1648 als Schutz vor religiöser Verfolgung Kontur. Im 18. Jh. waren es zunächst meist Adelige, die als politische Flüchtlinge Schutz vor den bürgerlichen Revolutionen suchten, bevor im 19. Jh. die Revolutionärinnen und Revolutionäre selbst zu Verfolgten wurden. Seit dem Vormärz (1815–1848) ist ein von der Verfassung gesichertes A.recht Forderung der politischen Opposition. In der Nazizeit flüchteten ca. 500000 Deutsche, unter ihnen etwa 350000 Juden, Frauen, Männer und Kinder, aus Deutschland vor allem in andere westeuropäische Staaten und in die Vereinigten Staaten von Amerika.

Am 19. 1. 1949 wurde auf der 44. Sitzung des Hauptausschusses des Parlamentarischen Rates mit großer, parteienübergreifender Mehrheit der Art. 16,2 „Politisch Verfolgte genießen Asylrecht“ beschlossen. Das Problem, das sich von Anfang an stellte, war allerdings, daß frauenspezifische Verfolgungen nicht als individuelle Fluchtgründe angesehen werden. Dazu gehören z. B. Flucht vor Zwangsverheiratungen, Lebensbedrohung bei sog. „sexuellen Verfehlungen“, Flucht vor sexueller Gewalt usw.

15 Mill. Menschen sind laut offizieller UNO-Statistik von 1991 weltweit auf der Flucht. Nur etwa 5,5% von ihnen (gut 800000) leben in Europa; ein Drittel dieser Flüchtlinge, ca. 270000, sind Frauen. Zusammenhängende Untersuchungen über die Motive ihrer Flucht, die systematische Erfassung ihrer genauen Zahl und Herkunft oder die Beschreibung ihrer sozialen und rechtlichen Lage gibt es auf europäischer Ebene nicht. Es scheint, als seien diese Frauen überhaupt nicht existent. Eine wissenschaftliche Bearbeitung mag verzichtbar sein, aber das Fehlen dieser Daten führt zur Verleugnung der vielen sozialen, psychischen und kulturellen Probleme, des Rassismus und der generellen Diskriminierung von a.suchenden Frauen durch die Politik in den Aufnahmeländern. Sie ist Ursache weiterer frauenspezifischer Probleme und Leiden, manchmal sogar ein Grund für die Fortsetzung der Flucht.

Die öffentliche Diskussion in Europa dreht sich immer wieder um die Frage, was unter politischer Verfolgung zu verstehen sei. In der Bundesrepublik obliegt es dem Opfer (dem/der sog. Antragsteller/in), seine bzw. ihre persönliche politische Verfolgung nachzuweisen. Verfolger können der Staat oder vom Staat geduldete Verfolgergruppen

Einer Negerin im Harlem-Express

Dunkles Mädchen eines fremden Stammes,
Tief im Dschungel dieser fremden Stadt,
Deiner Augen schwarzverhangne Trauer
Sagt mir, was dein Herz gelitten hat.

Immer möchte ich dich leise fragen:
Weißt du, daß wir heimlich Schwestern sind?
Du, des Kongo dunkelbraune Tochter,
Ich, Europas blasses Judenkind.

Vor der Schmach, die Abkunft zu verstecken,
Schützt dich, allein sichtbar, deine Haut.
– Vor der andern Haß, da sie entdecken,
Daß sie dir „versehentlich“ vertraut.

Mascha Kaléko

sein. Persönliche Verfolgungsgründe können die Zugehörigkeit zu einer (verbotenen) politischen Opposition, die Zugehörigkeit zu einer verfolgten ethnischen, religiösen oder nationalen Minderheit sein. Freilich werden diese Kriterien nicht immer akzeptiert. So werden Mitglieder von Befreiungsbewegungen, die sich gegen „befreundete Regierungen" richten, oft nicht als Verfolgte anerkannt. Dasselbe gilt für Teilnehmer/innen am bewaffneten Widerstand gegen anerkannte Regimes. Kollektive Verfolgung ist in Deutschland kein A.grund, was z. B. dazu führt, daß Menschen, die aus dem Bürgerkrieg in Sri Lanka, dem Libanon oder dem Punjab fliehen, aufgrund fehlender „individueller" politischer Verfolgung wieder zurückgeschickt werden können. Manchmal erhalten diese Flüchtlinge gem. der Genfer Konvention eine Duldung; ein vorläufiger Abschiebestopp, der jederzeit aufgehoben werden kann, hält sie in ständiger aufenthaltsrechtlicher und arbeitsrechtlicher Unsicherheit. Ihre Unterbringung ist vorläufig, die Beschulung der Kinder häufig provisorisch und nicht auf Dauer angelegt. Hiervon sind die Frauen, die das tägliche Leben zu organisieren haben, besonders hart betroffen.

Es ist evident, daß die Diskussion um Definitionen des A.rechts, die mehr oder weniger ähnlich in allen reichen europäischen Ländern geführt wird, nur das Ziel hat, die Ausgrenzung der Flüchtlinge zu legitimieren. Dabei ist längst klar, daß selbst die Abschaffung des A.rechts bis hin zur offiziellen Nichteinhaltung der Genfer Flüchtlingskonvention nichts an der Tatsache ändern würde, daß auf nicht absehbare Zeit direkt oder indirekt politisch Verfolgte an unsere Türen klopfen werden. Ebenso wird es in den nächsten Jahrzehnten immer Menschen geben, die auf der Suche nach Überlebensmöglichkeiten und Arbeit einwandern wollen. Auch der Mangel an Arbeitsmöglichkeiten, Hungersnöte und Umweltkatastrophen sind letztendlich Ergebnisse oder Ausdruck politischer Verfolgung und Verletzung der elementarsten Menschenrechte. Sie sind nicht den Opfern anzulasten, sondern den Verursachern. Auch hier sind Frauen in ganz besonderem Maße betroffen.

In allen europäischen Ländern wird die gechlechtsspezifische Verfolgung von Frauen generell nicht anerkannt, in Einzelfällen hin und wieder berücksichtigt.

Die derzeitige A.politik der europäischen Länder und der USA ist allein darauf gerichtet, Flüchtlinge – Männer wie Frauen – fernzuhalten, obwohl gerade diese Staaten entscheidend zu den Fluchtursachen beitragen. Dies tun sie z. B. durch Waffenlieferungen in Milliardenhöhe; Förderprogramme, die den Geberländern zugute kommen; Umweltzerstörung durch Ausplünderung der Ressourcen der sog. Dritten Welt und durch die Politik von Weltbank und Internationalem Währungsfonds, die jene Länder systematisch auslaugt und benachteiligt.

Die rechtliche und soziale Lage von Flüchtlingsfrauen in den Staaten Europas: Soweit auf regionale Untersuchungen zurückgegriffen werden kann, wird deutlich, daß es sehr große Unterschiede hinsichtlich der konkreten Lebensumstände von Flüchtlingsfrauen in den verschiedenen Staaten Europas gibt. In Deutschland ist der Aufenthalt besonders stark geprägt von strikt vorgegebenen rechtlichen Regelungen, Einschränkungen und Gängeleien. Die Anerkennungsverfahren dauern von der Antragstellung bis zur Entscheidung nicht selten viele Jahre.

In allen europäischen Ländern wird die geschlechtsspezifische Verfolgung von Frauen generell nicht anerkannt, in Einzelfällen hin und wieder berücksichtigt. Der Versuch, auf der Flucht vor dem Hunger im Herkunftsland in Europa Arbeit zu finden, führt i. d. R. zur Ausweisung oder zur sog. „Illegalität". Überall leben solche nicht registrierten Frauen als Flüchtlinge, als politisch Verfolgte, als Ehefrauen von Arbeitsmigranten oder als Arbeitsuchende. Sie sind weiterhin auf der Flucht vor Entdeckung, vor der Polizei, vor Arbeitslosigkeit, vor Männern. Die Ausbeutung von Frauen als Putzfrauen, Haushälterinnen, Kinderfrauen, als Küchenhilfen, aber auch als Prostituierte ist deshalb vorgezeichnet. So hat sich eine spezifische Form der „Schutzsuche" von Frauen durch den internationalen Sextourismus und den → Frau-

enhandel herausgebildet. Um Hunger, Armut und Gewalt zu entfliehen, lassen sich Frauen aus Ländern Asiens, Afrikas und Lateinamerikas auf Frauenhändler ein, die ihnen ein besseres Leben in reichen Industrieländern Europas versprechen. Ein guter Ehemann und/oder ein Arbeitsplatz wird ihnen versprochen. Tatsächlich werden sie an Bordelle oder nicht selten fragwürdige „Ehemänner" verkauft. Sexismus, Rassismus und Gewalt werden auf diese Weise fortgeführt. Wie viele Frauen in Europa auf diese Weise leben müssen, ist unbekannt.
Die aktuellen Diskussionen über die Änderung der BRD-Verfassung im Hinblick auf das Individualrecht auf politisches A. lassen befürchten, daß die Bedürfnisse und Anliegen von schutzsuchenden Frauen nicht aufgegriffen, sondern eher eingeschränkt werden. Auch die europäischen Abkommen (wie das „Schengener Abkommen" oder die Verträge von Maastricht) werden dazu beitragen, die Flucht von Frauen weiter einzuschränken.

Rosi Wolf-Almanasreh

Ausbildung; → Bildung. Ausbilden, A. kommt vom mhdt. „uzbilden" = zu einem Bild ausprägen; neuhdt. steht es in Verbindung mit bilden = durch Unterricht sich wissensmäßig, technisch, künstlerisch oder auch körperlich/sportlich vervollkommnen. Heute wird es in der Regel mit schulischer, betrieblicher, beruflicher A. gebraucht, aber auch im Sinn von entwickeln und trainieren eines Talents für nicht-professionelle Zwecke.

Automation; von griech. „autó-matos" = sich selbst bewegend, aus eigenem Antrieb, von selbst. Umstellung von Produktionsabläufen, von ganzen Betrieben auf sich selbst steuernde Fabrikation.
A. ist kein automatischer, aus sog. technischen Sachgesetzlichkeiten notwendig folgender Prozeß, sondern abhängig von einem hohen Entwicklungsstand in den technischen und naturwissenschaftlichen Disziplinen und bedarf der Entscheidungen über Entwicklungsrichtungen und den Einsatz technischer Möglichkeiten. Unter gegebenen gesellschaftlichen und wirtschaftlichen Bedingungen wird A. vor allem als Rationalisierungsstrategie von den Unternehmern benutzt, um die Erhöhung der Arbeitsproduktivität für die Einsparung von Arbeitskräften und zur Intensivierung der Arbeit zu nutzen. (→ Rationalisierung). Als wichtigste Formen der A. sind heute zu unterscheiden: 1. Der Einsatz von Robotern und Selbststeuerung in Produktions- und Fertigungsabläufen, aber auch in der Konstruktion und Arbeitsvorbereitung in der Industrie. 2. Weiterentwicklung und Einsatz von Informations- und Kommunikationstechnologien im Büro-, Verwaltungs- und Dienstleistungsbereich. 3. Die Vernetzung beider Formen.

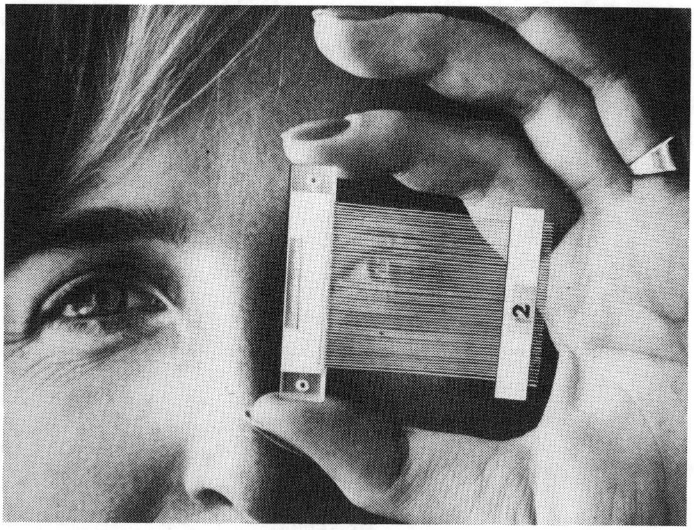

Der traditionelle Ausschluß von Frauen aus dem technisch-naturwissenschaftlichen Bereich (→ Naturwissenschaft und Technik), dazu die Erfahrung, daß Technik und Naturwissenschaften vielfach für Kriegsproduktion eingesetzt werden und Umweltzerstörung bedingen sowie der drohende Verlust von Millionen Frauenarbeitsplätzen durch Einführung neuer Technologien, haben gerade unter Frauen in den letzten Jahren die Angst vor der Technik verstärkt. Andererseits haben praktische Erfahrungen mit der Computerisierung des Arbeitsplatzes im Büro, Entlastung von

Volldampf voraus! England, um 1914.

Schwerstarbeit und saubere Arbeitsplätze in der Industrie oder der Spaß an der EDV-Fortbildung positive Einstellungen bewirkt und auch vielfach die allgemeine Technikdistanz verringert und die Angst vor → Rationalisierung verdrängt.

Neue Technologien. A. *könnte* von Fließbandarbeit, von abwechslungsarmen, inhaltsleeren, sich ständig wiederholenden Arbeiten entlasten; eine allgemeine Arbeitszeitverkürzung unter die 35-Stunden-Woche ermöglichen; für den Ausbau und die Verbesserung der Qualität anderer gesellschaftlicher Arbeit wie Bildung, Erziehung, Wissenschaft, Kunst genutzt werden; Wohnen, Umwelt, menschliches Zusammenleben verbessern helfen. Aber die Entscheidungsmacht über A. und den Einsatz von → Informationstechnologien liegt weitgehend bei der Kapitalseite, die unter Wirtschaftlichkeitsgesichtspunkten, zur → Rationalisierung und als Konsumstrategie davon Gebrauch macht. Um urteilen, mitbestimmen, Gegenstrategien entwickeln und ihre Interessen bezüglich Entwicklungsrichtung, Anwendung und auch Stopp von A. und Neuen Technologien vertreten zu können, müssen Frauen sich kundig machen und mit positiven und negativen Möglichkeiten und Folgen auseinandersetzen. (→ Arbeit, → Informationstechnologien)

autonom, Autonomie; von griech. „autonomos“ = nach eigenen Gesetzen lebend; selbständig, unabhängig. Gegensatz: – heteronom. Das Wort „Autonomia“ = Recht auf Unabhängigkeit, Selbstgesetzlichkeit wird schon Ende des 16. Jhs. in Deutschland gebräuchlich. Das Recht einer Gemeinschaft, Rechte und Pflichten der Mitglieder selbst festzulegen und ihre Einhaltung zu überwachen, hatten bis 1806 in Deutschland neben Adelsgesellschaften und kirchlichen Gemeinschaften die Universitäten. Bis heute sind im Staats- und Völkerrecht vieler Länder a.e Strukturen (begrenzte Selbstverwaltung, rechtliche Selbständigkeit) meist zum Schutz von Minderheiten und ihrer besonderen Anschauungen und Sitten gesetzlich verankert. Ein frühes Beispiel für A.bestrebungen von Frauen ist die laienreligiöse Bewegung der → Beginen, die sich im 12. und 13. Jh. in Belgien, Deutschland und Holland entwikkelte. Wesentliche Momente des heute in der Frauenbewegung vielfältig gebrauchten Begriffs a. sind schon im Konzept der Beginen enthalten. So das Arbeiten und Zusammenleben von Frauen als gemeinschaftliches, auch emanzipatorisches Konzept. Weitere wichtige Momente wurden in der frühen → Frauenbewegung im 19. und zu Beginn des 20. Jhs. entwickelt.

Setzte die sozialistische Frauenbewegung allen Widerständen und mancher Erfahrung zum Trotz auf die Einbindung von Frauen in die gemeinsamen Organisationen der Arbeiterbewegung, so mußte sie – wie Clara Zetkin 1913 – erkennen, daß aufgrund der unterschiedlichen gesellschaftlichen Stellung und Lage der Geschlechter in allen Schichten und Klassen ein gewisses „Maß an Selbständigkeit und Bewegungsfreiheit ein solches Lebensbedürfnis für die sozialistische Frauenbewegung (ist), daß seine Verwirklichung sich unbedingt durchsetzen muß"; werde „diese Lebensnotwendigkeit" nicht gewährt, „so wird sie erkämpft werden müssen". Die „Gemäßigten" innerhalb der Frauenbewegung setzten in erster Linie auf den Zusammenschluß der Frauen, um gegen die Vorurteile und die Privilegien der (bürgerlichen) Männer die Gleichberechtigung der Frauen und ihre Eigenart im Bildungswesen, in Politik und Gesellschaft durchzusetzen, „sich durch die Übernahme von Pflichten" zu schulen und „reif" zu werden für Bürgerrechte. – Wer fühlt sich da heute nicht erinnert an die Auffassung, Frauengruppen seien „Durchlauferhitzer", Fitmacher für gemischte Organisationen, für die „große Politik"? – Für die „Radikalen" war hingegen die Auffassung bestimmend, das weibliche Geschlecht müsse die Menschenrechte vor allem gegen die Männer durchsetzen; gegen die Rückständigkeit und den Egoismus der Männer ihrer Klasse, gegen verkrustete Parteistrukturen und Männerdominanz in den bestehenden Organisationen müsse die Kraft des Zusammenschlusses von Frauen in unabhängigen Gruppen gesetzt werden.

Für alle Richtungen ist zu berücksichtigen: Damals war die Frage Eigenständigkeit oder Einbindung nicht in erster Linie oder gar allein eine der bewußten Entscheidung für oder gegen die (politische) Organisierung mit Männern. Bis 1908 bestand in Preußen wie in vielen anderen deutschen Staaten das politische Organisierungsverbot für Frauen. Noch nach 1910 vertraten nur die Sozialdemokratie und die kleine „Demokratische Vereinigung" ein Gleichberechtigungsprogramm. In den → Gewerkschaften gab es lange Widerstände von Männern gegen

die Aufnahme von Kolleginnen; in vielen berufsständischen Organisationen (z. B. der Angestellten) war Bedingung für die Mitgliedschaft, männlichen Geschlechts zu sein.

In Bezug auf Frauen und die Frauenbewegung *heute* sind in der Verwendung des Begriffs a. verschiedene Bedeutungen zu unterscheiden. (1) a. = persönlich unabhängig (vom Mann); das Streben nach wirtschaftlicher und rechtlicher Unabhängigkeit, nach Selbständigkeit im Denken, Fühlen und Handeln ist heute offiziell bis in die konservativen Parteien hinein am wenigsten umstritten. Freilich erweist sich in der Praxis das Menschenrecht auf Persönlichkeitsentwicklung und Selbständigkeit für viele Konservative immer noch als Männerrecht; auf viele Männer wirkt bedrohlich, wenn Frauen unabhängig leben wollen. (2) a. = unabhängig von bestehenden Institutionen, Organisationen und Gruppen, die von Männern dominiert sind; a.e Frauengruppen sollen dazu dienen, die gemeinsame Diskriminierung zu erkennen, Rivalitäten zwischen Frauen abzubauen, ein eigenständiger politischer Machtfaktor in einer männerdominierten Gesellschaft zu werden. Ende der 60er/Anfang der 70er Jahre lösten die A.bestrebungen der Frauen endlose, hitzige, heute kaum mehr vorstellbare Debatten aus. Heute reicht die Skala der Einstellung zu a.en Frauengruppen vom Mißtrauen über Duldung und Stützung bis hin zur Vereinnahmung und Vermarktung durch politische

Organisationen und Medien. Umstritten auch innerhalb der Frauenbewegung ist der mögliche und wünschenswerte *Grad an A.* von den bestehenden gesellschaftlichen Bedingungen und anderen sozialen Bewegungen. Die Vorstellungen und die Praxis in der Frauenbewegung reichen von der Eigenständigkeit und Bereitschaft zur Zusammenarbeit mit männerdominierten Organisationen bis zur Ablehnung jeder gemeinsamen Arbeit mit Männern. Vielfach hat sich in der Bundesrepublik wie in anderen europäischen Ländern eine Praxis entwickelt, neben der Arbeit in einer Frauengruppe in einer gemischten Organisation (Partei, Gewerkschaft, Friedensbewegung) zu arbeiten. (3) a.e → Frauenbewegung; dieser Begriff hat sich zur Kennzeichnung der feministischen (→ Feminismus) Richtung eingebürgert. In der Praxis fällt darunter eine Vielzahl von sehr unterschiedlich arbeitenden Frauengruppen und Positionen (Selbsterfahrungsgruppen, Frauenhausinitiativen, Berufsgruppen wie Sozialarbeiterinnen, Planerinnen). (4) A. im Sinne von Unabhängigkeit der Gruppen und Projekte *innerhalb* der Frauenbewegung. Dies hängt eng zusammen mit dem Problem von → Organisation und Organisationsstrukturen.

Wie schillernd auch immer der Begriff a., wie vielfältig sein Gebrauch: die zentrale Frage ist, und endgültige Antworten sind noch nicht gefunden, daß A. Stärke und Schwäche zugleich beinhaltet. Stärke kann entwickelt werden, weil Selbstverantwortlichkeit aller gefordert und gefördert sowie Bevormundung abgelehnt werden, weil in der Absonderung und in kleinen Gruppen Entscheidungen schneller getroffen und Zusammengehörigkeitsgefühl besser entwickelt werden können. Die Schwäche liegt in der Gefahr der Absonderung, des Rückzugs aus der politischen Arena, in fehlender Koordination und Zusammenarbeit innerhalb der Frauenbewegung sowie zwischen dieser und anderen Gruppierungen und damit verbunden der mangelnden Durchsetzungsfähigkeit und fehlendem politischem Einfluß.

Lit.: Ann Anders (Hrsg.), Autonomie-Frauen. Schlüsseltexte der Neuen Frauenbewegung seit 1968, Frankfurt 1988; Hilke Schlaeger, Die autonome Frauenbewegung, in: Anna Tüne, Rina Olfe-Schlothauer (Hrsg.), FrauenBilderLeseBuch, Berlin 1980, S. 73–78; Anja Meulenbelt, Weiter als die Wut. Aufsätze, München 1983; dies., Feminismus. Aufsätze zur Frauenbefreiung, München 1982; Alice Schwarzer, So fing es an – Die neue Frauenbewegung, München 1983.

Renate Wurms

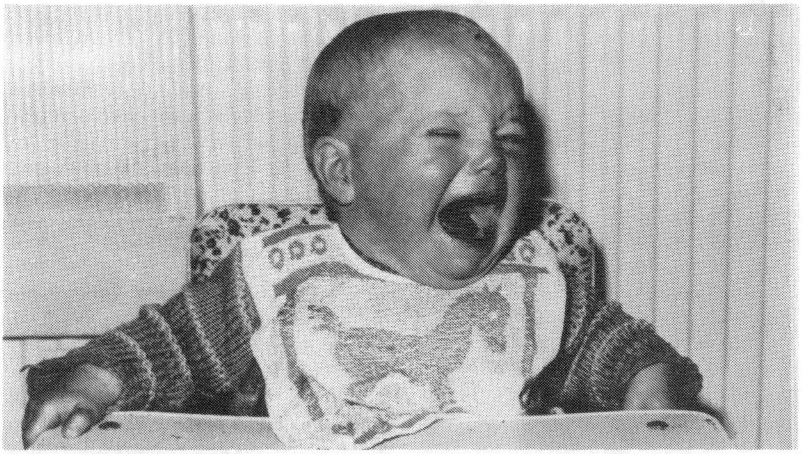

B

Baby; aus dem Engl. „baby“ = Säugling; um 1870 in Deutschland üblich gewordene Bezeichnung für den → Säugling; auch mißbräuchlich für Frauen, für Liebling, Darling; vor allem in Songs und Schlagern.

Babyjahr; seit 1986 wird Frauen pro Kind ein Jahr „Erziehungszeit“ mit 75% des Bruttodurchschnittsverdienstes (ca. 30 DM) in der → Rente angerechnet. Dies gilt nicht für Mütter, die während des ersten Jahres ihres Kindes berufstätig waren (!), und nicht für Frauen, die vor 1917 geboren sind.
Für Kinder, die ab 1992 geboren sind, werden bis zu drei Jahre Erziehungszeit pro Kind rentensteigernd angerechnet. Auch hier gilt die 75-%-Regelung. Darüber hinaus können bis zu 10 Jahre „Kinderberücksichtigungszeiten“ rentenbegründend, z. B. bei der Erfüllung der Wartezeiten, jedoch nicht rentensteigernd in Anrechnung kommen.

Bäuerin; auch Bauersfrau, Landfrau. Abgeleitet von Bauer, ahdt. „giburo“ = Mitbewohner, Nachbar. Erst im Mittelalter setzt sich Bauer als Standesbezeichnung durch in Abgrenzung vom weltlichen und kirchlichen Adel, im Hochmittelalter auch von Bürger. Die B., sie kommt in vielen Lexika nicht vor, ist „des Bauers Frau“. Nicht nur in der Sprache, auch in vielen (historischen) Darstellungen wurde die B. als sein Anhängsel betrachtet, ungeachtet der Tatsache, daß die Arbeit der B. (im Haus, auf dem Feld, im Stall, im Kleinhandel) für den Bestand eines landwirtschaftlichen Betriebes ebenso wichtig war (und ist) wie die des Bauern. Im diskriminierenden Sprachgebrauch der amtlichen Statistik wird die B. – unbekümmert um die Realität – als „Mithelfende Familienangehörige“ geführt. Heute haben die meisten B.nen eine der des Mannes entsprechende oder gar bessere Ausbildung. Von den in der ehemaligen DDR-Landwirtschaft beschäftigten Frauen besaßen fast 90% eine abgeschlossene Berufsausbildung. Auch wenn er offiziell Betriebsinhaber ist (nur 8% der Betriebe gehören Frauen), ist es doch häufig sie, die den Betrieb leitet. Über drei Viertel der in der Landwirtschaft (und der Tierpflege) Tätigen sind Frauen. In der sogenannten Dritten Welt sind es zwischen 60 und 80%.
In der Bundesrepublik hat der Rückgang der Bedeutung des Agrarsektors, haben Konzentrationsprozesse in der Landwirtschaft, damit verbundene Pleiten und Umwandlungen von bäuerlichen Betrieben in Nebenerwerbsbetriebe im wesentlichen zu dem hohen Frauenanteil in der landwirtschaftlichen Arbeit geführt. Zentrale Probleme für Frauen in der Landwirtschaft sind heute die Existenzsicherung auf kleinen und mittleren Betrieben, fehlende Freizeit bei Arbeitszeiten zwischen 60 und 80 Wochenstunden, fehlender Urlaub, v. a. in Betrieben mit Viehhaltung, Isolierung auf dem Land, die meist fehlende eigenständige

Bäuerin auf dem Weg zum Markt, im Jahre 1806

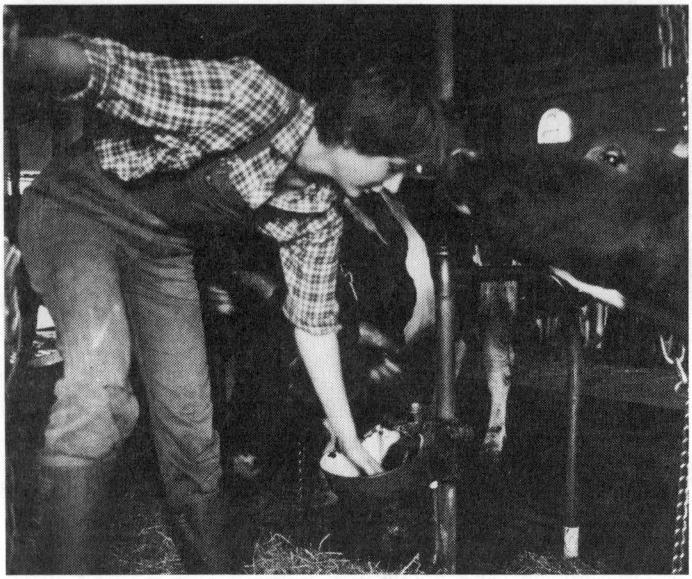

Rentensicherung – und in den neuen Bundesländern eine überdurchschnittlich hohe Arbeitslosigkeit bei den Landfrauen.

Beamtin; „Beamte m. – Inhaber eines öffentlichen Amtes" (Duden, Herkunftswörterbuch); seit dem 17. Jh. gebräuchlich und bis heute in Sprach- und anderen Lexika meist nur in männlicher Form zu finden. Gleichwohl ist die B. heute (wieder) üblich. Die B. steht in einem öffentlich-rechtlichen Dienstverhältnis; ihre Rechte und Pflichten sind im Beamtenrecht des Bundes, der Länder sowie dem Deutschen Richtergesetz geregelt. Juristisch ist die B. keine Arbeitnehmerin, obwohl inhaltlich inzwischen viele Gemeinsamkeiten zwischen öffentlich-rechtlichen (Beamte/B.) und privatrechtlichen Arbeitsverhältnissen (Angestellte, Arbeiter/innen) insbesondere im öffentlichen Dienst bestehen. Besonderheit: B.nen/Beamte haben kein Streikrecht und sind zur Verfassungstreue verpflichtet. Letzteres wird häufig, zuweilen systematisch, von den Inhabern der politischen Macht mit Treue zu ihnen und ihren wirtschaftlichen, politischen, gesellschaftlichen Interessen sowie Gehorsam gegenüber „dem Staat" verwechselt. So gibt es in unserer Verfassung, dem Grundgesetz, nicht das auslegungsfähige Phantom „freiheitlich demokratische Grundordnung", für das einzutreten jede B. und jeder Beamte „jederzeit die Gewähr bieten muß" (→ Berufsverbote).

Seit es Ansätze zu Staatsbildung, einer übergreifenden verwaltungsmäßigen und militärischen Ordnung gibt, gibt es Beamte, seltener B.nen: im alten Ägypten; auch bei Kelten und Germanen gab es die Dienerin, die Botin als Vorläuferin der B. Mit der Herausbildung der neuzeitlichen absolutistischen Fürsten- und später Nationalstaaten wurde ein männliches Berufsbeamtentum entwickelt. (Vorläufer: das hellenistische Griechenland, der spätrömische Staat, das mittelalterliche Stauferreich in Sizilien). Seit dem 19. Jh. gibt es in Deutschland den Beamten auf Lebenszeit. Die B. gab es Ende des 19. Jhs. zuerst im niederen, schlechtbezahlten Dienst: Post- und Telegrafenb.nen. Erst mit der zäh erkämpften Öffnung der Universitäten und Hochschulen (1902 – Baden/1908 – Preußen) konnten Frauen die Grundvoraussetzungen akademischer, vor allem juristischer und technischer → Bildung für die gehobene und höhere Beamtenlaufbahn erfüllen. Staatlicher Schuldienst, staatliches Gesundheitswesen und erst 1922 die juristische Verwaltungslaufbahn waren die Stationen. Im Deutschen Kaiserreich, in der Weimarer Republik, während des → Faschismus und bis 1953 in der Bundesrepublik galt teils als ungeschriebenes, teils als geschriebenes diskriminierendes Sonderrecht für B.nen die sog. Zölibatsklausel, wonach B.nen bei Heirat aus dem Dienst entfernt werden konnten oder mußten. (→ Doppelverdienerin).

In der DDR gab es keinen Beamtenstatus. Mit der Vereinigung wurden Übergangsregelungen getroffen und die Rechtsverhältnisse an die bundesrepublikanischen angepaßt. Unklarheiten, Schwierigkeiten und auch Härten gab es bei Übernahme bzw. Nichtübernahme von → Angestellten und → Arbeiterinnen des dort relativ größeren staatlichen Sektors. Entsprechend dem Einigungsvertrag werden Dienstzeiten im Ministerium für Staatssicherheit und im Amt für Nationale Sicherheit nicht angerechnet. Gesetzlich noch nicht geregelt und umstritten ist, inwieweit diese Nichtanrechnung von Dienstzeiten auch für „exponierte" haupt- und ehrenamtliche Mitarbeiter/innen in Parteien und Gewerkschaften, in staatlichen Bildungseinrichtungen und Hochschulen gelten soll (Stand: November 1992). Waren 1950 nur 1% der erwerbstätigen Frauen B.nen, so stieg ihr Anteil bis 1990 auf knapp 5% = 550000. Damit gehören B.nen wie Selbständige (5,3%) und sogenannte Mithelfende (4,2%) zu den kleinen Berufsstatusgruppen. Trotz hoher Zunahme des Lehrerinnenanteils, von Verwaltungsb.nen und Richterinnen ist der Anteil der Frauen an der Beamtenschaft im Verlauf von 40 Jahren nur von 9% (1950) auf 22% (1990) gestiegen – immer noch eine Männerdomäne. Dabei gibt es im Unterschied zur Privatwirtschaft im Staatsdienst für B.nen, Richterinnen sowie Beamte, Richter die Möglichkeit des „Halbzeit"-Dienstes, wenn sie mindestens ein Kind unter 18 Jahren haben. Diese Regelung ermöglicht Frauen, die Verbindung zu einem qualifizierten Beruf zu erhalten, und Männern, die Verbindung zur Familie aufzunehmen, setzt freilich in der Regel voraus, daß Frau und Mann für eine Familie erwerbstätig sind. Zudem gibt es die Möglichkeit des Sonderurlaubs für die Dauer von 6 Jahren ohne Bezüge, aber mit Arbeitsplatzgarantie und der Möglichkeit, die Versorgungsanwartschaft aufrechtzuerhalten. Entsprechend, aber enger gehalten, gibt es die Regelung für Angestellte im öffentlichen Dienst: „Der Angestellte (und die Angestellte, d. Verf.) kann bei Vorliegen eines wichtigen Grundes unter Verzicht auf die Bezüge Sonderurlaub erhalten, wenn die dienstlichen oder betrieblichen Verhältnisse es gestatten. Diese Zeit gilt nicht als Beschäftigungszeit . . ." für die Rente (§ 50 Abs. 2 BAT).

Das Problem des Streikrechts im öffentlichen Dienst, die gewerkschaftspolitische Forderung nach einer Vereinheitlichung des öffentlichen Dienstrechts und die Erfordernisse einer modernen, zunehmend mit Querschnittsaufgaben betrauten Verwaltung (Wirtschafts-, Sozial-, Jugend-, Gleichstellungs- und Planungsbereich) haben in den letzten Jahren die Forderungen nach Enthierarchisierung und demokratischen Strukturen verstärkt und immer wieder zu kontroversen Diskussionen um Funktion und Stellung des Berufsbeamtentums geführt.

Lit.: Ursula Köbl, Meine Rechte und Pflichten als berufstätige Frau, München 1993, 3. Aufl., in Vorb.; Statistisches Bundesamt (Hrsg.), Datenreport 1992, Bonn/München 1992; Agnes von Zahn-Harnack, Die Frauenbewegung, Berlin 1928.

Elly Steinmann

Befreiung; von mhdt. „bevrien" = frei, unbelastet, ungebunden machen. Innerhalb der Frauenbewegung wird Befreiung meist in zwei eng miteinander verwandten Bedeutungen gebraucht. (1) B. als angemessenes deutsches Wort für → Emanzipation, analog zu Völker-, Klassenbefreiung. Um das aktive Moment deutlich zu machen, wird B. zunehmend im Sinne von Selbstbefreiung und als Verb reflexiv (sich befreien) benutzt. (2) B. als Erweiterung des Begriffs → Emanzipation; mit B. soll gefaßt werden, daß es neben politischen Rechten und politischem Einfluß, der Berufstätigkeit und ökonomischer Unabhängigkeit (= Emanzipation) für die Frauen auch darum geht, sich aus der seelischen Abhängigkeit im Fühlen, Denken und Handeln vom Mann zu befreien und die → Beziehungen zwischen Frauen zu ändern. (→ Feminismus).

Begabung; von mhdt. „gabe" = Gabe abgeleitet. Bis zum 18. Jh. wurde B. im Sinne von Schenkung, Stiftung, Vorrechte verwendet; erst danach wurde die heutige Bedeutung gebräuchlich: Fähigkeit, Talent zu bestimmten Leistungen.

Seit dem 19. Jh. wurde eine umfangreiche B.sforschung entwickelt v. a. mit dem Ziel der schulischen Begabtenauslese und der beruflichen Orientierung. Vielfach ging es darum, die Minderb. sozialer Unterschichten, von Rassen und insbe-

Rezepte

1.
Nicht abkochen lassen
kochen vor Wut.
Nicht Mahlzeit sagen
sagen
mal ist es Zeit
den Hausherrn zu richten
nicht den Tisch

2.
Nicht weggeputzt werden
Putz machen
nicht mehr putzig sein
aufräumen
mit dem Putzen

3.
Nicht Mann nehme
ich nehme mir die
Freiheit

Margot Schroeder

Superhirn

Hundertfünfzig Gramm Gehirn
hat „Er" mehr hinter der Stirn.
Deshalb steht in der Tabelle
„Sie" immer an zweiter Stelle.
Da wird doch der Elefant
diesbezüglich glatt verkannt.
Er bringt auf der Waage stramm
an Gehirn fünftausend Gramm.
Daraus ist zu seh'n, daß Masse
kein Verhältnis hat zur Klasse.

Josefine Konietzko

sondere des weiblichen Geschlechts nachzuweisen sowie Bildungsprivilegien für Wenige aufrechtzuerhalten. So wurde Frauen im 18. und 19. Jh. (kommt bis heute vor) jede besondere B. auf künstlerischem und wissenschaftlichem Gebiet abgesprochen. Bis in unser Jahrhundert hinein wurde mit Hilfe von Schädelmessungen, Gehirngrößen- und Hormonuntersuchungen versucht, die naturgegebene Mittelmäßigkeit der Frau nachzuweisen. Demgegenüber stellten solche Forscher fest, wie effizient und geschickt Frauen doch langweilige Arbeiten erledigen können. Unbekümmert um neue wissenschaftliche Erkenntnisse und praktische Widerlegungen, versuchten die meisten Herren Wissenschaftler, sich – nicht ohne Tricks – in ihrem Bereich die weibliche Konkurrenz vom Halse zu halten bzw. sie gar nicht erst zu einer solchen werden zu lassen. So lösten sie beispielsweise das Problem überdurchschnittlicher Testergebnisse britischer Schülerinnen und Studentinnen, indem sie kurzerhand die Schwierigkeitsgrade für dieselben erhöhten.

Welche Rolle Erbfaktoren bei B. spielen, ist bis heute umstritten. Bei künstlerischer, sportlicher, auch wissenschaftlicher Hochb. wird eine Dominanz von Erbfaktoren angenommen. Aber auch diese wie andere spezielle B.en für Technik, Mathematik entwickeln sich auf der Grundlage bestimmter Anlagen (z. B. Körperbau; Nervensystem; Stärke, Ausgeglichenheit und Beweglichkeit der Nervenprozesse) nur in unmittelbarer Abhängigkeit von gesellschaftlichen Erfordernissen und Einstellungen sowie entsprechenden Entwicklungsmöglichkeiten im Elternhaus, in Kindergruppen, in der Schule. Wissenschaftlich-fortschrittlich liest sich das so: B. ist ein „System der auf den angeborenen Anlagen fußenden, im Leben entwickelten inneren Dispositionen (Eigenschaften, Verhalten – die Verf.), demzufolge ein Mensch bestimmte Leistungen auszuführen in der Lage ist, sofern ihn nicht andere Persönlichkeitseigenschaften daran hindern." (Hiebsch). Oder kurz: B. ist ein Produkt von Anlagen, Förderung, Lernen.

Geschlechtsspezifische B.sunterschiede interessieren insbesondere auch die moderne Gehirn-, Hormon- und Genforschung (→ Gentechnologie). Als *relative* Unterschiede sind nachweisbar: 1. höhere verbale und soziale Fähigkeiten/Anlagen bei Mädchen; 2. eine hormonell bedingte, vorgeburtlich ausgebildete bessere Verbindung der beiden Gehirnhälften bei Frauen, die bei Schädigung z. B. des Sprechzentrums das Wiedererlernen des Sprechens erleichtern; 3. ein größeres räumliches Sehvermögen und höhere mathematische Fähigkeiten/Anlagen bei Jungen; 4. eine durchschnittlich größere Aggressivität bei Jungen. Neuere Forschungen haben weitere Belege beigebracht, daß es sich bei diesen Verhaltensweisen bzw. Eigenschaften um biologisch bedingte Unterschiede handeln dürfte. Andererseits haben die Sozialisationsforschung und die neue Koedukationsdebatte (→ Koedukation) auf die zentrale Bedeutung von Lernprozessen, Sozialisation, bewußten und unbewußten Erwartungen der Umwelt und gelebten Rollen und Rollenbildern für die Ausbildung und Förderung von B. verwiesen. Mädchen geht es dabei auch heute oft noch so wie Else vor 100 Jahren: „Else ist klug wie der Tag. ‚Schade', seufzt der Vater, ‚daß sie nicht ein Junge ist!' – und räumt sorglich alle Gegenstände fort, die der Entwicklung dieses Luxus-Verstandes dienen könnten." (Hedwig Dohm, 1874)

Lit.: Günter Clauß u. a. (Hrsg.), Wörterbuch der Psychologie, Köln 1976; Hedwig Dohm, Die wissenschaftliche Emanzipation der Frau, Berlin 1874 (Nachdruck: Zürich 1977); Diane F. Halpern, Sex Differences in Cognitive Abilities, London-Hillsdale/New Jersey 1986; Anja Meulenbelt, Wie Schalen einer Zwiebel oder Wie wir zu Frauen und Männern gemacht werden, Amsterdam/München 1985; Inge Stephan, Das Drama der begabten Frau – Im Schatten großer Männer, Stuttgart 1990.

Elly Steinmann

Begine, Beginen; Die Wortherkunft ist ungeklärt. (1) B. – gesticktes Häubchen. (2) Die B. – eine laienreligiöse Bewegung von Frauen, die im 13. Jh. im mittel- und nordeuropäischen Raum entstand und sich schnell ausbreitete. Zentren waren im belgisch-französischen und deutschen Raum. Der erste B.konvent wird urkundlich 1230 in Köln erwähnt. 1216 hatte Papst Honorius III. das Zusammenleben der B. erlaubt; da sie keinem Orden angehörten, blieb ihre Rechtsstellung unsicher. Die Haltung der Kirche schwankte zwischen Wohlwollen, Duldung und Verfolgung.

Im Zuge der mittelalterlichen Armutsbewegung, als die neuen Bettelorden (Franziskaner, Dominikaner) entstanden, gehörte zu den Grundzügen des B.wesens: Leben einzeln oder in einer religiösen Gemeinschaft, oft in der Nähe von Klöstern, mit Gebet, Kontemplation und Askese, ohne ein dauerndes Gelübde abzulegen. Die Übersetzung lateinischer Schriften in die Volkssprache, die Kritik an Habgier und Sittenlosigkeit der Geistlichkeit gehörten ebenso dazu wie die Suche nach Wegen zu Gott außerhalb starrer kirchlicher Regeln. Kennzeichnend war eine spezifische Spiritualität (= Geistigkeit im Gegensatz zu Materialität) mit mystischem Erleben, Trance und Ekstase, Visionen und hoher Leidensfähigkeit. Keuschheit, Bescheidenheit, ein gottgefälliges Leben, wirtschaftliche Selbständigkeit (durch Vermögen bzw. für die meisten durch Arbeit) und Selbstverwaltung der Gemeinschaften waren Prinzipien der B. Es gab auch umherziehende B., die vom damals lichen Betteln lebten. Die Frauen lebten einzeln, häufiger in kleinen (4–5) und großen Gruppen (bis zu 100–150) auf z. T. großen B.höfen. Die ersten B.höfe entstanden durch Stiftungen wohlhabender Frauen und Männer und waren Wirtschafts- und Wohneinheiten. Ein Anstoß zum B.wesen war, daß in vielen Klöstern nur Adelige aufgenommen wurden und im 13. Jh. die Gründung neuer Frauenklöster gestoppt wurde. Begarden, den B. entsprechende Männergemeinschaften, waren seltener. Neben Armenfürsorge, Kranken- und Totenpflege (z. T. als städtische Angestellte) arbeiteten die B. in vielen freien Gewerben (Spinnerei, Stickerei, Klöppelei, Wäscherei und vor allem Weberei). Die Blütezeit der B.bewegung lag im 13./14. Jh., als es in Belgien, Deutschland, Frankreich, den Niederlanden, Oberitalien, der Schweiz B.gemeinschaften gab. In Köln z. B. existierten zwischen 1200 und 1600 nachweislich 169 Konvente, davon 74 während der gesamten 4 Jahrhunderte. Zwischen 4 und 6% der erwachsenen Bevölkerung Kölns sollen im 13./14. Jh. B. gewesen sein, in Straßburg 2,5%. Bekannte B.höfe gab es im Mittelalter außerdem in Frankfurt/M., Hildesheim, Münster/Westf. und Worms.

Im 13. Jh. kommen die meisten B. aus reichen Bürger- oder ländlichen Adelsfamilien, im 14. Jh. sind es vor

Bildnis der Anna Laminit, Hans Holbein d. Äl., Zeichnung um 1503. „Das Laminitlein" faszinierte um 1500 das Volk und die Herrscher durch Hungerkünste und Streiche jeder Art. Für die einen war sie eine Sendbotin Gottes, für die anderen eine schlichte Betrügerin. Um 1515 wurde sie zum Flammentod verurteilt, dann aber zum Tod durch Ersäufen „begnadigt".

Beginen, Holzschnitt 15. Jh.

allem junge Frauen und Witwen aus einfachen Bauern- und Handwerkerfamilien. Das Zusammenleben in Frauengemeinschaften war zur damaligen Zeit nicht ungewöhnlich und hatte Tradition. Auf den Feudalhöfen (Villikationen) des 9.–11. Jh. gab es als eigenen Arbeits- und Wohnbezirk → Frauenhäuser (und entsprechend Männerhäuser) für die Mägde, Aufseherinnen. Möglicherweise besteht auch ein Zusammenhang zwischen dem Niedergang dieser Villikationen, folgender Erwerbslosigkeit und B.bewegung.

Im Hochmittelalter (11.–14. Jh.) gab es allein 740 selbständige Frauenklöster im deutschsprachigen Raum. Wie die Klöster, boten die B.gemeinschaften nicht nur ein Leben für „leider" unverheiratet gebliebene Frauen, die „zu ihrer Versorgung ins Kloster gesteckt wurden", sondern sie waren auch eine Möglichkeit, einer ungewollten Ehe, einem tyrannischen Ehemann zu entgehen sowie sich zu bilden, Wissenschaft zu treiben „und sich von der eigenen Hände Arbeit" zu erhalten.

Aufgrund der Vorwürfe und Anklagen, von der christlichen Kirche abzuweichen, die Dogmen und Sakramente nicht anzuerkennen, wurden die B. zeitweilig politisch-kirchlich verfolgt, auch als → Hexen ermordet. Schon 1311 hebt das Konzil von Vienne wegen Häresie und Ketzerei den Stand der B. als untersten geistlichen auf, B.konvente werden geschlossen oder zerstört. Viele Gemeinschaften schließen sich dem um 1250 gegründeten Klarissenorden an, um der Verfolgung zu entgehen.

Dazu kam in der ökonomischen Krise des 15./16. Jh. der wirtschaftliche Kampf der Zünfte. Als religiöse Gemeinschaft von Steuern befreit, waren die B. eine starke Konkurrenz, insbesondere in der Weberei (Anfänge von Verlagswesen, Kapitalisierung). Der Schlußpunkt wurde in der Reformation mit der Schließung, z. T. auch Zerstörung der B.höfe gesetzt. Neben wirtschaftlichen Interessen – der z. T. beträchtliche Besitz fiel an die kirchliche/weltliche Obrigkeit – spielten bevölkerungspolitische und ideologische Motive eine Rolle im Zusammenhang mit der Herausbildung der kapitalistischen Produktionsweise und der familialen Anbindung der Frauen. So war Luther einer der eifrigsten Verbreiter der Auffassung, Frauen seien zur Mutter und Hausfrau geboren. Mag er auch gesagt haben, es schade Männern nicht, Windeln zu waschen – das hatte keine gesellschaftlichen Folgen. Schwerer wiegt, für die Frauen folgenreicher war: „Denn eyn weibsbild ist nicht geschaffen jungfrau tzu seyn, sondern kinder zu tragen . . . Ob sie sich aber auch müde und zuletzt todt tragen, das schadt nicht, laß nur todt tragen, sie sind darum da."

In Amsterdam, Breda, Brügge und Gent sind noch mittelalterliche B.höfe erhalten. Von der katholischen Kirche als Angehörige einer halbklösterlichen Frauenvereinigung anerkannte B. leben in Belgien und den Niederlanden.

Lit.: Peter Ketsch/Annette Kuhn, Frauen im Mittelalter, Bd. 1, Köln 1983; Annette Kuhn (Hrsg.), Die Chronik der Frauen, Dortmund 1992, S. 163ff.; Hubert Treiber, Geschlechtsspezifische und andere Spannungsverhältnisse innerhalb der Kirche . . ., in: Gisela Völker/Karin v. Welck (Hrsg.), Männerbande – Männerbünde, Bd. 1, Köln 1990, S. 149–162; Anke Wolf-Graaf, Die verborgene Geschichte der Frauenarbeit. Eine Bildchronik, Weinheim und Basel 1983.

Renate Wurms

Beratungsstellen; in der Umgangssprache bedeutet „Beratung", jemandem einen Rat geben, ihr/ihm zu sagen, was zu tun ist. Im Selbstverständnis der heutigen Beratungsorganisationen hat Beratung einen anderen Sinn: ratsuchende Frauen und Männer erhalten Unterstützung durch Gespräche, mit dem Ziel, über Information, Erkenntnisse und Einsichten selbstbestimmte Entscheidungen treffen zu können. Beratung ist nur dann sinnvoll, wenn sie auf Freiwilligkeit beruht.

Die Mitarbeiterinnen und Mitarbeiter der B. unterliegen der Schweigepflicht. Die Beratung erfolgt kostenlos.

Institutionalisierte Beratungstätigkeit entstand nach dem 1. Weltkrieg. Auf Betreiben von Ärztinnen, Juristinnen und Frauenverbandsvertreterinnen entstanden Eheberatungsstellen. Aufgaben waren eugenische Beratung, Familien-

planungsberatung und Sexualberatung. Vorträge über Partnerschaft, Verhütung und Geschlechtskrankheiten sollten der Bevölkerung helfen, eigene Lebensentwürfe zu verwirklichen.
Auseinandersetzungen gab es mit den christlichen Kirchen über den Sinn und Zweck von Sexualberatung und Schwangerschaftskonfliktberatung.
1933 verboten die Nationalsozialisten diese Beratungstätigkeit, erließen ein „Gesetz zur Verhütung erbkranken Nachwuchses“ und 1935 das „Ehegesundheitsgesetz“. Gesundheitliche Aufgaben durften ab sofort nur noch von Gesundheitsämtern, deren Schwerpunkt erbbiologische Gesichtspunkte waren, übernommen werden.
Nach 1945 entstanden auf Einzelinitiativen hin erneut B. mit unterschiedlichen Schwerpunkten.
Beratungsverbände in der BRD heute sind: DAJEB – Deutsche Arbeitsgemeinschaft für Jugend- und Eheberatung e.V.; BAG – Katholische Bundesarbeitsgemeinschaft für Beratung e.V.; EKFuL – Bundeskonferenz für Erziehungsberatung e.V.; PRO FAMILIA, Deutsche Gesellschaft für Sexualberatung und Familienplanung e.V.
Das Beratungsbedürfnis in Fragen der Partnerschaft und Familienplanung war groß, und die Zahl der Beratungsstellen der Verbände nahm stetig zu.
PRO FAMILIA übernahm nach der Reform des § 218 die gesetzlich vorgeschriebene Schwangerschaftskonfliktberatung. Der Verband kritisiert in diesem Zusammenhang die „Zwangsberatung“ und fordert das Recht der Frauen auf eigene Entscheidung.
Zunehmend wird in den letzten Jahren die traditionelle Einzelberatung durch Gruppenberatung ergänzt. Gruppenberatung ermöglicht den ratsuchenden Frauen und Männern Kontakt zu Personen mit ähnlichen Fragen und Problemen.
In den 70er Jahren entwickelte die Frauenbewegung eigene Beratungsvorstellungen. Während die Mitarbeiter/innen der B. zunehmend professionalisiert arbeiteten, entstanden in Frauengesundheitszentren

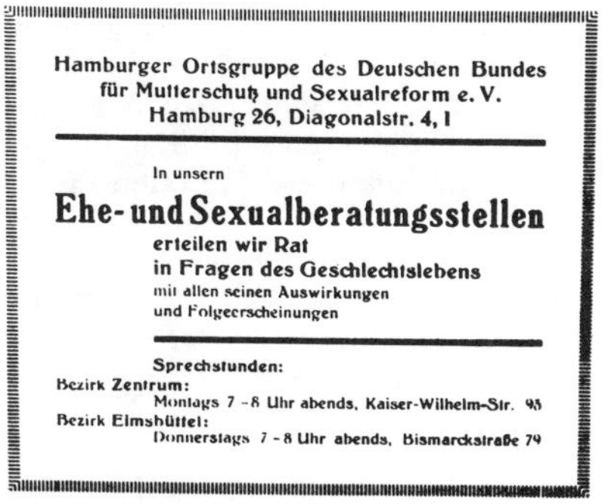
Hamburger Ortsgruppe des Deutschen Bundes für Mutterschutz und Sexualreform e. V.
Hamburg 26, Diagonalstr. 4, I

In unsern
Ehe- und Sexualberatungsstellen
erteilen wir Rat
in Fragen des Geschlechtslebens
mit allen seinen Auswirkungen
und Folgeerscheinungen

Sprechstunden:
Bezirk Zentrum:
Montags 7–8 Uhr abends, Kaiser-Wilhelm-Str. 93
Bezirk Elmsbüttel:
Donnerstags 7–8 Uhr abends, Bismarckstraße 79

Aus dem Buch „Jugendweihetage 1928“

feministische Beratungskonzepte, auf deren emanzipatorischem Hintergrund Frauen auf ehrenamtlicher Basis Frauen beraten.
Problem aller B. ist die Schwellenangst der Bevölkerung. Persönliche Sorgen und Unsicherheiten nach außen zu tragen, fremden Leuten über sich zu erzählen, fällt vielen Leuten schwer.
Nach wie vor nehmen bedeutend mehr Frauen als Männer professionelle Beratung in Anspruch.
War es in der Nachkriegs-Aufbauzeit möglich, verschiedene Beratungskonzepte zu entwickeln und in die Praxis umzusetzen, ist in jüngster Zeit eine deutliche Tendenz von staatlicher und katholischer Seite zu spüren, Einfluß auf Beratungskonzepte zu nehmen. Das zeigt sich am deutlichsten in den Bereichen der Familienplanungsberatung, Abbruchberatung und in sexualpädagogischer Beratungsarbeit der PRO FAMILIA, die verstärkt an-

gegriffen wird. In jeder größeren Stadt gibt es heute Beratungsangebote zu einer Vielzahl von Themen und Problemen (Adressen und Informationen z. B. bei den Frauenbüros).
Wichtig: Jede Frau, jeder Mann hat das Recht, selbst zu bestimmen, welche Beratungsstelle sie/er in Anspruch nehmen will.

Melitta Walter

Beruf; von mhdt. „Beruof" = Leumund. Die neuhochdeutsche Bedeutung prägte Luther zunächst als „Berufung" durch und zu Gott, dann auch als Berufung zu Stand und Amt im weltlichen Leben.
Diese ethische Seite im B.sbegriff blieb erhalten; somit ist der B. etwas anderes als → Erwerbstätigkeit, als → Job. Dennoch wird B. im Alltag oft im Sinne von Erwerbsarbeit gebraucht, ist aber für diese keine Voraussetzung.
B. bezeichnet (meist) durch kürzere oder längere Ausbildung (→ Bildung) erworbene und durch Prüfung(en) bestätigte Kenntnisse, Fähigkeiten und Fertigkeiten, die für die Ausübung bestimmter gesellschaftlicher Tätigkeiten auf einem Arbeitsgebiet (→ Arbeit) erforderlich sind. B.e entwickelten sich im Zuge der gesellschaftlichen → Arbeitsteilung. Wenig bekannt ist, daß auch Frauen eine lange „berufliche" → Geschichte haben.

In matriarchalen Gesellschaften (→ Matriarchat), auf der ökonomischen Basis des Ackerbaus haben Frauen bei der Entwicklung und Verselbständigung von Tätigkeiten eine entscheidende Rolle gespielt: Veredelung von Pflanzen, Zähmung und Zucht von Haustieren, Entwicklung des Hausbaus, Töpferei, Spinnerei, Weberei, Näherei sowie Entwicklung und Herstellung von Ackerbaugeräten. Aus Babylonien, Altägypten, Griechenland ist bekannt, daß Frauen Priesterinnen, Richterinnen, Rechtsanwältinnen, Ärztinnen, Philosophinnen, Mathematikerinnen, Künstlerinnen waren, Gewerbe und Handel betrieben. Ähnlich war die Situation im mittelalterlichen Deutschland und Europa. Zu berücksichtigen ist: 1. In Deutschland lebten bis zum 19. Jh. etwa 80% der Bevölkerung auf dem Land, arbeiteten auf bäuerlichen (Klein-)Betrieben, auf Gutswirtschaften. Hinzu kamen aus den Städten „Ackerbürger", die vorwiegend von der Landwirtschaft lebten. 2. Frau und Mann wurden in Beruf und Stand hineingeboren, auch wenn im mittelalterlichen Gewerbe, das sich in und mit den Städten entwickelte („Stadtluft macht frei") und durch die Klöster zumindest zeitweise begrenzte Aufstiegschancen bestanden. Geistliche und künstlerische Tätigkeit blieben weitgehend dem kirchlichen und weiblichen weltlichen Adel vorbehalten; Lesen und Schreiben galten lange als „pfäffisch und weibisch".
In den genannten Grenzen standen Frauen, zumindest zwischen dem 13. und 15. Jh., in manchen Gegenden bis zum 16./17. Jh., viele Gewerbe und der Handel offen. Sie konnten Lehrlinge, Gesellinnen, Meisterinnen werden. Charakteristisch waren lange Lehr- und Lernzeiten (etwa 4–5 Jahre), in denen die traditionellen Kenntnisse und Verfahren für die Herstellung eines Produkts (Handwerk) oder die Ausübung einer anderen gesellschaftlichen Tätigkeit (Hebamme, Ärztin, Schreiberin, Lehrerin, Postmeisterin usw.) weitergegeben wurden.
Dennoch kann nicht von einer gleichberechtigten Teilhabe von Frauen an der sich herausbildenden spezialisierten Berufstätigkeit im Handwerk ausgegangen werden. Frauen waren besonders stark in frauentypischen Gewerben wie Weberei, Spinnerei, Näherei vertreten. Auch für die männlichen Domänen wie Schmied, Dachdecker, Maurer gibt es Beispiele einzelner Gesellinnen. Die Existenz selbständiger Meisterinnen in diesen männlichen Handwerken ist umstritten. Meist handelte es sich um ein Betriebsfortführungsrecht von Meisterwitwen, wobei die Quellenlage keine Aussagen darüber zuläßt, inwieweit davon Gebrauch gemacht wurde. Wie in vielen alten Kulturen, war die Frauenheilkunde, die Geburtshilfe (→ Hebammen) in Frauenhand.
Trotz aller Einschränkungen kann davon ausgegangen werden, daß auch in beruflicher Hinsicht das 15./

16. Jh., die Zeit der politischen und wirtschaftlichen Krisen, einen bis heute nachwirkenden Umbruch markiert. Mit der Abschließung der Zünfte wurden Frauen zunehmend aus gelernten B.en verdrängt und dequalifiziert (→ Arbeit, → Geschichte, → Hexen). In der harten wirtschaftlichen → Konkurrenz erwies sich als entscheidender Nachteil, daß die Frauen (die Bürgerinnen, die Handwerkerinnen) keine politischen Rechte und entsprechend keine Interessenvertretung besaßen. Auch in reinen Frauenzünften konnten Frauen sich nicht selbst nach außen vertreten, und in den Räten der Städte saßen ausschließlich Männer.
Mit der vergleichsweise (etwa gegenüber England) späten Industrialisierung in Deutschland in der zweiten Hälfte des 19. Jh. erhielten Frauen Zugang zu gering qualifizierten und schlechtbezahlten B.en im Post- und Fernmeldewesen, in Handel und Verwaltung. Erbitterte Auseinandersetzungen gab es um qualifizierte Arbeit im Handwerk, in der Industrie, im akademischen Bereich (→ Berufsverbote/3). Während es der bürgerlichen Frauenbewegung gelang, den Zugang zum Studium und zu akademischen B.en zu erkämpfen, war den Anstrengungen großer Teile der Frauenbewegung wie auch dann der → Gewerkschaften wenig Erfolg beschieden, den Anteil der Frauen im Handwerk und an der Industrie-Facharbeiterschaft wesentlich zu steigern.
Entscheidend beigetragen hat die frühe Frauenbewegung zur Feminisierung der Lehr- und Gesundheitsdienstb.e. Die sozialen B.e als Frauenb.e sind vor allem das Werk der Frauen vom großen gemäßigten Flügel, wobei die Mitbegründerin und Leiterin der ersten Sozialen Frauenschule (1908 in Berlin), Alice Salomon (1872–1948), eine treibende Kraft war. Die Gemäßigten beanspruchten zwar den Zugang zu allen B.en, aber vorrangig den zu typisch weiblichen Tätigkeitsfeldern. Ausgangspunkt war für sie die herrschende geschlechtsspezifische Arbeitsteilung ebenso wie die „Mutterschaftsbestimmung der Frau". Gegen die traditionelle bürgerliche

→ Weiblichkeitsideologie von der „Frau im Haus" setzten sie die von der „öffentlich verantwortlichen Mutter", der „Neuen Mütterlichkeit". „Organized motherhood, gestaltete und gestaltende Mütterlichkeit, ist die letzte Triebfeder, die die Frauen nicht nur in die Krippen, die Kindergärten und Schulen sendet, sondern auch in die Ministerien und Parlamente" (Agnes von Zahn-Harnack, 1928).
Die 12jährige Naziherrschaft bedeutete für berufliche Bildung, B.sorientierung und qualifizierte B.stätigkeit von Frauen einerseits Kontinuität mit der Orientierung auf erzieherische, pflegende und dienende B.e, auf Landwirtschaft, Büro, Hilfs- und Fabrikarbeit. Andererseits brachten die Jahre 1933–1945 Brüche mit verheerenden Folgen und Langzeitwirkungen. Aus mühsam eroberten B.sfeldern und qualifizierten B.en wie Ärztin, Rechtsanwältin, Richterin, Wissenschaftlerin, Ingenieurin, Lehrerin an Gymnasien, aus Politik und Verwaltung wurden Frauen aus sexistischen, rassistischen und politischen Gründen verdrängt – bis zur kriegswirtschaftlich bedingten Wiedereinbeziehung der „arischen" Frauen,

> *Es gibt zirka zweitausend Berufe*
> *für Mädchen nicht ganz so viele*
> *also was willst Du werden*
> *Friseuse oder Verkäuferin?*
>
> Liselotte Rauner

denn: „Frauen helfen siegen." Die anderen wurden verfolgt, ins Exil vertrieben, ausgebeutet und vernichtet. Damit wurden auch lebendige, alternative Traditionen von Frauenleben, von B.sausbildung und B.stätigkeit – im wahren Wortsinn – ausgelöscht, die nach 1945 fehlten. (→ Faschismus, → Rassismus, → Widerstand)
In den Zusammenbruchs- und Mangelgesellschaften der Nachkriegszeit waren die Sicherung der alltäglichen Reproduktion und der Neuaufbau in Ost und West unabhängig vom erlernten B. am wichtigsten. Da Not am Mann, wurden auch Mädchen für eine kurze Zeit in den Westzonen auf traditionelle Männerb.e in Handwerk und Industrie orientiert (→ Erwerbstätigkeit). Mit Konstituierung der beiden deutschen Staaten wurden seit 1949/50 die Weichen zur Entwicklung der B.stätigkeit von Frauen sehr unterschiedlich gestellt.
Schon in der sowjetisch besetzten Zone, dann in der jungen DDR wurde aus wirtschaftlichen und gesellschaftspolitischen Gründen die B.stätigkeit von Frauen propagiert und u. a. durch Schaffung von Kinderbetreuungseinrichtungen gefördert. Bis zum Beginn der 60er Jahre ging es in erster Linie um die Erhöhung des Beschäftigungsgrades. So stieg der Frauenanteil an den Beschäftigten von 40% (1950) auf 46% (1962), die weibliche Ausbildungs- und Erwerbsquote von 60% (1953) auf gut 70% (1962). (→ Erwerbstätigkeit). Der quantitativen Entwicklung folgte die qualitative: Abbau des allgemeinen und beruflichen Bildungsrückstandes von Frauen, Facharbeiterinnenqualifizierung, Förderung von Frauen in technischen B.en, von Fach- und Hochschulausbildung im Direkt- und Fernstudium u. a. durch betriebliche → Frauenförderpläne. Diese „Qualifizierungsoffensive" führte zu einem stetig steigenden B.sbildungsniveau und trug mit dazu bei, die auch dort traditionell geschlechtsspezifisch geteilten Arbeitsmärkte (nach Branchen und Qualifikation) aufzubrechen. 1949/50 hatten nur 5% der Industriearbeiterinnen eine Facharbeiterqualifikation, 1962 waren es 18 und 1970/71 dann 27%. Im Verlauf der DDR-Entwicklung näherte sich das Qualifikationsniveau berufstätiger Frauen und Männer stark an. Hatten noch 1971 44% der weiblichen gegenüber 23% der männlichen B.stätigen keine abgeschlossene B.sausbildung, so galt das im Jahr 1989 nur noch für 12% der Frauen und 7% der Männer. Zum Zeitpunkt der Vereinigung (1990) hatten gut 58% der Frauen und 63% der Männer einen Facharbeiter/innenabschluß.
Stagnation und Rückschläge brachten seit Mitte der 70er Jahre → Quotierungen zugunsten von Jungen (!) in begehrten, zukunftsträchtigen gewerblich-technischen Ausbildungsberufen, beim Zugang zur Hochschulreife und zum Studium. So wurde gegen durchschnittlich bessere Schulleistungen der Mädchen die Geschlechterparität gewahrt, wurden Jungenprivilegien gesichert. Dennoch stieg in den technischen Wissenschaften der Anteil der Fachschülerinnen von 21% (1971) auf 27% (1989), der Anteil von Studentinnen von 16% (1971) auf 25% (1989). In Mathematik und Naturwissenschaften erhöhte sich der Studentinnenanteil von 33% (1971) auf 46% (1989). Gegenüber der Entwicklung in der Bundesrepublik sind das entscheidende Vorsprünge (gewesen), denn hier betrug der Studentinnenanteil Ende der 80er Jahre in den Ingenieurwissenschaften knapp 12%, in mathematischen und naturwissenschaftlichen Disziplinen gut 31%. Zu den Quotenregelungen in Ausbildung und B. kam in der zweiten Hälfte der 70er Jahre die Ablösung der „Frauenpolitik" durch eine „Bevölkerungs- und Mütterpolitik" als Reaktion auf Geburtentief und Überlastung von Müttern. Die Gestaltung von Rahmenbedingungen zur Vereinbarkeit von B. und Kind(ern) allein für Frauen, die nicht erfolgte Verpflichtung der Väter auf ihre soziale Rolle drängte Frauen tendenziell auf traditionelle weibliche B.e zurück, polarisierte in den 80er Jahren das B.swahlverhalten wieder stärker geschlechtsspezifisch und ließ Frauen in Sparten und Tätigkeiten auch unter ihrer B.squalifikation wechseln. So standen am Ende der DDR-Entwicklung

trotz starker B.sorientierung, selbstverständlicher B.sausbildung und hoher B.stätigenquote (78% ohne Auszubildende, mit ihnen 91%) und zeitweilig wichtiger Um- und Durchbrüche in geschlechtstypischen B.en ähnliche Strukturen und geschlechtsspezifische B.sfelder wie in den alten Bundesländern. Frauen konzentrieren sich hie wie da in (qualifizierten) sozialen B.en, im Gesundheitsdienst, dem Erziehungs- und Bildungswesen sowie in den eher schlecht bezahlten Dienstleistungsberufen im Handel, in Büros und Verwaltungen. Dazu kamen mit dem Zusammenbruch des DDR-Staates und der Wirtschaft enorme Dequalifizierungen, herbe Verluste von Arbeitsplätzen in Landwirtschaft und Industrie sowie im öffentlichen Sektor gerade auch für Mittel- und Hochqualifizierte.

Kennzeichnend für die bundesrepublikanische Entwicklung waren in den 50er Jahren hohe Arbeitslosigkeit, fehlende Lehrstellen (für Mädchen), die Verdrängung von Frauen aus B.stätigkeit und ihre Orientierung auf die traditionelle Rolle. Erst Ende der 60er/Anfang der 70er Jahre griff auch für Mädchen die Bildungsoffensive als Voraussetzung für qualifizierte B.sausbildung und B.stätigkeit. Zwei wichtige Folgen waren: 1. Seit 1970 ist das Qualifikationsniveau der Erwerbstätigen, der Bevölkerung und darunter vor allem der Frauen gestiegen. Der Anteil der beruflich Ausgebildeten an den Erwerbstätigen lag 1970 für Frauen bei 38%, 1982 bei 55% und 1989 bei 69%. Die Vergleichszahlen für Männer sind 1970 65%, 1982 70% und 1989 79 % (Grund- und Strukturdaten; anders als bei den DDR-Angaben sind hier Anlernausbildungen eingeschlossen). 2. Mit der Ausweitung des Bildungssektors in den 70er Jahren konnten Frauen insbes. im öffentlichen Dienst, in den Bereichen Erziehung und Bildung, aber auch Gesundheitswesen und Sozialarbeit/Sozialpädagogik ihre Position in diesen B.en behaupten und ausbauen. Immer noch relativ privilegiert, da diese Tätigkeiten interessant, abwechslungsreich und tariflich abgesichert sind, sind die B.schancen hier aber besonders von staatlicher Sozial- und Arbeitsmarktpolitik abhängig. Das belegen u. a. der Einstellungsstopp in den 80er Jahren und die Sparhaushalte in Bund, Ländern und Gemeinden 1992 ff. Dazu kommen widersprüchliche, diskontinuierliche Entwicklungen wie die Lehrer/innen-„Schwemme" Ende der 50er/Anfang der 60er Jahre, der mit Ausrufung des „Bildungsnotstands" der Mangel folgte, dann die neue „Schwemme"; und jetzt zeichnen sich aufgrund des notwendigen Generationswechsels die nächsten Engpässe bis zum Jahr 2000 ab. Oder: In den 80er Jahren waren viele Erzieher/innen erwerbslos, heute sind sie gesuchte Kräfte.

Im Zuge struktureller Veränderungen und der Ausbreitung von → Informationstechnologien hat die Bedeutung des gesamten Dienstleistungssektors zugenommen. Damit sind Beschäftigungszuwachs und B.schancen für Frauen verbunden, aber auch rationalisierungsbedingte Dequalifizierung und Abbau von Arbeitsplätzen im Handel, in Büros und Verwaltungen. Ältere, unqualifizierte Arbeitskräfte, v. a. Frauen, werden aus der B.sarbeit oder in ungeschützte Beschäftigungsverhältnisse verdrängt (→ Arbeit, → Automation, → Erwerbstätigkeit, → Rationalisierung). Eine weitere Tendenz in den genannten B.sbereichen ist, daß Frauen auf einem insgesamt höheren Qualifikationsniveau wieder die ausführenden und untergeordneten Tätigkeiten übernehmen.

Der gewerblich-technische Bereich, die Fertigungsb.e, in denen nur 14% der weiblichen B.stätigen arbeiten, ist eine Männerdomäne geblieben. Dabei ist die Zahl der Erwerbstätigen in Fertigungsb.en seit Jahren rückläufig, der Frauenanteil mit 19% im letzten Jahrzehnt konstant. Eine Verbesserung des Frauenanteils und Erhöhung der Qualifikation erfolgte insbes. im Handwerk, u. a. aufgrund des Ausbildungsstellenüberhangs (nach Jahren überproportional hoher Mädchenarbeitslosigkeit) und als Folge der Förderprogramme „Mädchen in Männerberufe". In den gewerblich-technischen Schlüsselb.en wie Elektro und Metall geht es nur langsam, aber

gleichwohl seit Mitte der 80er Jahre stetig voran mit Mädchenanteilen in 1990 bei den Auszubildenden in der Kommunikationselektronik, mit je 7–8% im öffentlichen Dienst und in Industrie und Handel, mit 5–6% in den B.en Werkzeug- und Zerspanungsmechaniker/in oder mit gut 9% bei den Industriemechaniker/innen (Grund- und Strukturdaten 1991/92). Ähnlich sieht es in den technischen B.en mittlerer und hoher Qualifikation aus, in denen der Frauenanteil an den Beschäftigten von 8% (1950) über 11% (1982) auf 13% (1989) gestiegen ist.
Heute gibt es in der Bundesrepublik über 660 Ausbildungsb.e und über 200 weitere Fachhochschul- und Studienb.e. Nur in wenigen sind Frauen aufgrund von → Arbeitsschutzbestimmungen nicht zugelassen. Wenn sich dennoch 55% aller weiblichen Auszubildenden auch 1990/91 in nur 10 Ausbildungsb.en drängen (bei Jungen 35% in 10 B.en), ist das

„Ein neuer Frauenberuf: Damen als Herrenschneider. Die erste deutsche Herrenschneidermeisterin, Fräulein Meta Klein, die sich jetzt in Berlin, Unter den Linden, etabliert hat."

ebensowenig Naturgesetz wie das Hängenbleiben von Frauen auf unteren und mittleren B.spositionen. Dies zeigen u. a. die positiven Erfahrungen in der DDR, die Ansätze in der alten Bundesrepublik und in anderen industriell hochentwickelten Ländern. Entsprechend werden in der → Frauenbewegung, von Wissenschaftlerinnen und Wissenschaftlern, von Gewerkschafterinnen und Politikerinnen die Forderungen nach → Quotierung in Ausbildung und B., nach betrieblicher und überbetrieblicher → Frauenförderung, nach Aufstiegsförderung und Orientierung in zukunftsträchtige technische B.e gestellt. Nur so hat diese so gut wie nie zuvor beruflich qualifizierte junge Frauengeneration die Chance, weiteres Terrain zu gewinnen.

Lit.: Gisela Brinker-Gabler, Frauenarbeit und Beruf. Frühe Texte, Frankfurt/M. 1979; Frauenreport '90, hrsg. v. Gunnar Winkler, Berlin 1990 (DDR – vor der Einheit); Grund- und Strukturdaten 1991/92, hrsg. v. Bundesmin. f. Bildung und Wissenschaft, Bonn 1991; Ulrike Hellmann/Volker Volkholz, Mädchen in Männerberufen. Eine empirische Streitschrift, Hamburg 1985; Peter Ketsch, Frauenarbeit im Mittelalter (Quellen), Bd. 2, Düsseldorf 1983; Christina Klenner, Frauen im Erwerbsleben der DDR, in: Barbara Geiling-Maul u. a. (Hrsg.), Frauenalltag. Weibliche Lebenskultur in beiden Teilen Deutschlands, Köln 1992, S. 97–104; Herta Kuhrig/Wulfram Speigner (Hrsg.), Wie emanzipiert sind die Frauen in der DDR? Beruf – Bildung – Familie, Köln 1979; Siegfried Scholze/Hans-Jürgen Arendt (Hrsg.), Zur Rolle der Frau in der Geschichte der DDR. Eine Chronik (1945 bis 1981), Leipzig 1987; Gislinde Schwarz, Aufbruch der Hexen, in: Cordula Kahlau (Hrsg.), Aufbruch! Frauenbewegung in der DDR. Dokumentation, München 1990, S. 8–24; Statistisches Bundesamt (Hrsg.), Datenreport 1992. Zahlen und Fakten über die Bundesrepublik Deutschland, Bonn/München 1992.

Renate Wurms

Berufsverbot; (1) das gesetzlich geregelte, gerichtliche Verbot der Berufsausübung gibt es in vielen Ländern. Es wird verhängt, wenn berufliche Möglichkeiten ausgenutzt werden, um Straftaten zu begehen oder Straftaten unter grober Verletzung beruflicher Pflichten begangen werden.
(2) Volkstümlich werden als Berufsverbote auch behördliche Maßnahmen bezeichnet, die den Ausschluß von Berufstätigkeit zur Folge haben, die ausschließlich oder weitgehend nur im öffentlichen Dienst ausgeübt werden kann. In dieser Bedeutung

gibt es das Wort nur im Deutschen. Es ist wie „Kindergarten" oder „Gemütlichkeit" in andere Sprachen mit „the berufsverbot" oder „le berufsverbot" übernommen worden.
Am 28. Januar 1972 wurde von der Bundesregierung und den Ministerpräsidenten der damaligen Bundesländer der sog. Radikalenerlaß beschlossen. Er ordnet an, daß bestimmte Staatsbürger nicht zum öffentlichen Dienst zugelassen werden oder aus demselben zu entfernen sind. Von Berufsverboten betroffen wurden besonders Mitglieder der DKP, Linke anderer Parteien und Gruppen und Teilnehmer der Friedensbewegung, die LehrerIn, RichterIn, BriefträgerIn, LokomotivführerIn, SozialarbeiterIn werden wollten oder waren.
An den Berufsverboten der früheren Bundesrepublik wurde im In- und Ausland heftige Kritik geübt. Die internationale Arbeitsorganisation der Vereinten Nationen (ILO) hat B.e nach gründlicher Untersuchung förmlich als Verstoß gegen internationale Normen und Übereinkommen verurteilt. Der ehemalige SPD-Bundeskanzler Willy Brandt († Okt. 1992), unter dessen Regie der Radikalenerlaß ausgedacht und tausendfach angewandt worden ist, hat denselben später als Irrtum bezeichnet.
In der Folgezeit ist in den Ländern der früheren Bundesrepublik die Zahl der B.e stark zurückgegangen. Ein Teil der Betroffenen wurde in den öffentlichen Dienst eingestellt oder wieder eingestellt. Nach wie vor vertreten Bundesregierung und einige Länderregierungen den Standpunkt, daß Berufsverbote zulässig seien.
(3) Nach der Vereinigung der beiden deutschen Staaten wird in den neuen Ländern der Bundesrepublik in großer Zahl eine neue Art von Berufsverboten praktiziert. Im Rahmen der sog. Abwicklung von Einrichtungen der ehemaligen DDR werden Arbeitsverhältnisse im öffentlichen Dienst generell beendet, ein Teil der Betroffenen wird von den neuen Einrichtungen und Behörden nicht wieder eingestellt. Auch aus denjenigen Behörden und Einrichtungen die bestehen bleiben, werden viele Angestellte bzw. Beamte wegen besonderer „Systemnähe" entlassen. Die Kritik wird dadurch erschwert, daß es zum Teil für die Neuformierung von Einrichtungen und Behörden sachliche Gründe gibt und daß in einigen Behörden der DDR, etwa im Bereich der Staatssicherheit, durch unbeschränkte Kompetenzen Willkür und Mißbrauch staatlicher Macht gefördert wurden.
So bleibt es im Einzelfall oft unklar, ob es sachliche Gründe für eine Entlassung gibt oder ob Entlassungen wegen der vermuteten politischen Überzeugung vorgenommen werden. Die Entscheidungsträger aus der früheren Bundesrepublik und die neuen Inhaber staatlicher Macht versäumten es bisher, nachprüfbare Kriterien zu entwickeln bzw. ihre Maßstäbe offenzulegen. So kommt es zu pauschalen Verurteilungen des öffentlichen Dienstes in der früheren DDR. Die Willkür und Willkürlichkeit bei Entlassungen werden durch die Tatsache verschärft, daß die Verantwortlichen dazu neigen, rechtliche Maßstäbe der früheren Bundesrepublik an gänzlich andere Verhältnisse der früheren DDR anzulegen.
Politisch begründete B.e haben eine lange Tradition als ein Instrument zur Unterdrückung von Ideen, Freiheits- und Gleichheitsbestrebungen, fortschrittlichen Bewegungen. Sie gehören zu dem umfangreichen Arsenal politischer, wirtschaftlicher, militärischer und ideologischer Machtmittel, Herrschaft zu behaupten. Die allgemeine Funktion von B.n ist, einzelnen die wirtschaftliche Existenz zu nehmen, die Verbreitung neuer Ideen zu verhindern und zugleich durch Gesinnungsschnüffelei und Förderung von Denunziantentum bei vielen Mitmenschen Mißtrauen und Angst hervorzurufen.
(3) B. aufgrund von Stand, Klasse, Rasse, Geschlecht. Für Frauen und Männer gab es im Mittelalter aufgrund der Standes-, bzw. Klassenzugehörigkeit B.e (→ Beruf). In der bürgerlich-kapitalistischen Gesellschaft wirkte dies zum einen fort und zum anderen erfüllten (erfüllen zum Teil bis heute) Bildungsschranken in Form von Zugangsverboten,

»Was ich beweisen kann, interessiert die Behörde nicht; was ich versichere, wird nicht geglaubt.«

10 Gebote für alle, die mit dem „Berufsverbot“ gar nicht erst etwas zu tun haben wollen

1. Du sollst die Politik den Politikern überlassen.
2. Du sollst (dennoch) das richtige Parteibuch in der Tasche haben.
3. Du sollst nicht in einer Wohngemeinschaft leben, gelebt haben oder zu leben begehren.
4. Du sollst dich nicht um deines Nächsten politische Schwierigkeiten kümmern.
5. Du sollst deinen Kindern nicht die Internationale beibringen noch sie in Kinderläden schicken.
6. Du sollst nicht zweifeln.
7. Du sollst keine Flugblätter lesen oder gar sammeln.
8. Du sollst den Artikel 15 des Grundgesetzes vergessen.
9. Du sollst einige Wörter wie Kommunismus, Sozialismus, Anarchismus meiden.
10. Du sollst (am besten) deinen Ausbildern, Vorgesetzten und ähnlichen Personen gehorsam sein.

Ingeborg Drewitz

hohen Kosten und späten Verdienstmöglichkeiten in offener und verschleierter Form diese Funktion (→ Bildung). Darüber hinaus sind die rassischen B.e gegen Juden in Deutschland und anderen europäischen Ländern zu Recht am bekanntesten. Gerade für Jüdinnen und Juden läßt sich historisch eine Fülle unterschiedlich begründeter B.e nachweisen. Häufig finden sich wirtschaftliche, rassische und geschlechtsspezifische Motive gleichzeitig. So praktizierten beispielsweise in Frankfurt/Main noch im 15. Jh. viele jüdische Ärztinnen – im 16. Jh. nicht eine mehr. Belegt ist, daß sie sich von Berufsbehinderungen, ersten Schritten zu B.n, freikaufen konnten: vom Wohnen im Ghetto, von Einschränkungen in der Praxis. 1933 wird das von den Nazis verabschiedete Gesetz zur „Wiederherstellung des Berufsbeamtentums“ Grundlage für die Vertreibung vieler Jüdinnen und Juden aus dem Staatsdienst und der Anfang zu den faschistischen Pogromen (Hetze, Verfolgung) gegen jüdische Menschen und für den späteren Massenmord in den Konzentrationslagern.

Eine notwendigerweise unvollständige Liste mit Beispielen aus den vergangenen 1500 Jahren soll dazu dienen, den Blick auf einen Aspekt des Berufsverbotsproblems zu lenken, der bislang kaum beachtet wurde. Als gegen „Radikale im öffentlichen Dienst“ im 18. Jh. und nach den Karlsbader Beschlüssen (1819 – Demagogenverfolgungen) gegen Studenten, Hochschullehrer, Nationalisten und Demokraten auch in freien Berufen mit B.n vorgegangen wurde, konnte darunter in Deutschland kaum eine Frau sein. Frauen war zu diesem Zeitpunkt schon und noch der Zugang zum vorausgesetzten Bereich der Bildung und Ausbildung verwehrt. Opfer von politischen B.n konnten Frauen nicht werden; sie waren bereits Opfer geschlechtsspezifischer B.e.

Ausgrenzung und Verdrängung – B. für Frauen:

1. Der Ausschluß aus der kirchlichen Hierarchie, von Priesterinnenfunktionen, Lehraufgaben usw. erfolgte in der katholischen Kirche allgemein im 5./6. Jh. Eine Ausnahme bildete die Äbtissin, ein Amt in der mittleren kirchlichen Hierarchie mit zeitweise großem politischen Einfluß. Das B. wurde später von den Protestanten übernommen und bis ins 20. Jh. aufrechterhalten – in der katholischen Kirche besteht es noch (→ Kirche).

2. Ausschluß von Frauen aus Zünften, Gewerben, qualifizierten Berufen im 16. (und 17.) Jh. durch Beschlüsse in den → Zünften und der Räte der Städte. Etappen waren: Höhere Eintrittsgelder, Beschränkung auf bestimmte Arbeiten, Begrenzung der Zahl von Lehrlingen, Gesellen/Gesellinnen und B. Dazu kamen Verordnungen für Gesellen (bei Strafandrohung wurde ihnen verboten, neben und unter Frauen zu arbeiten) und Ordnungen von Gesellen. Nachweislich gehörten → Hebammen, → „weise Frauen“, Ärztinnen zu den von B.n und → Hexenverfolgung am meisten bedrohten Frauen.

3. Universitäten waren in Deutschland und den meisten europäischen Ländern von Beginn an männliche Institutionen. Ausnahmen: die Universität von Montpellier (Frankreich), die um 900 gegründete medizinische Schule von Salerno und weitere italienische Universitäten, an denen zwischen 1400 und 1600 viele adelige Frauen studierten und lehrten. Auch in Italien gab es seit dem 17. Jh. zeitweise die Schließung von Universitäten für Frauen, aber nie war Frauen wie z. B. in Deutschland der Zugang zu allen Universitäten über Jahrhunderte prinzipiell verwehrt (→ Forschung, → Wissenschaft).

4. 1810 wurden in Preußen, dem größten deutschen Staat, die → Zünfte aufgelöst und allgemeine Gewerbefreiheit verfügt. Zu den Nachfolgeorganisationen der Zünfte, den Innungen, waren Frauen in der Regel nicht zugelassen. Auf Gemeindeebene gab es eine Vielzahl von Bestimmungen zur Einschränkung der Berufs- und Gewerbefreiheit von Frauen, und mit Verordnungen von 1845 und 1849 wurde für eine Vielzahl von Gewerben in Preußen die Ausübung an Befähi-

gungsnachweise und Zugehörigkeit zur Innung gebunden. Im Schneiderhandwerk z. B. durften zwar Schneiderinnen ausgebildet werden, aber auch als Gelernte durften sie nur Tagelohnarbeit außer Haus übernehmen, keinen eigenen Betrieb eröffnen. In den 37 anderen deutschen Kleinstaaten gab es ähnliche Regelungen, oder die Gewerbefreiheit galt, wie in Bremen, nur für Männer.

5. 1850 – u. a. in Sachsen wurden Pressegesetze erlassen, wonach Frauen die Herausgabe von Zeitschriften verboten war (→ Zeitschriften).

6. 19./20. Jh. – zeitweilig als Muß-, zeitweilig als Kann-Bestimmung bestand für → Beamtinnen die Zölibatsklausel, in Deutschland und in der Bundesrepublik noch bis 1953. Demzufolge konnten oder mußten verheiratete Beamtinnen aus dem Dienst entlassen werden (→ Doppelverdienst).

Hinzukamen starke Berufsbehinderungen durch die (Un-)Rechtsstellung der Frau im Arbeitsrecht, z. T. auch Arbeitsschutz, im Ehe- und Familienrecht (→ Recht). Die Frage, ob sich Frauen durch die Jahrhunderte hin widerstandslos aus den verschiedenen Bereichen der Produktion und des öffentlichen Lebens haben verdrängen lassen, ist noch nicht ausreichend untersucht. Immerhin ist festzuhalten, daß für alle genannten Beispiele Zuwiderhandlungen und, teils organisiert, teils einzeln, Widerstand und erbitterte Auseinandersetzungen nachgewiesen sind.

Lit.: Joachim Kahl, Guiseppe Caizzone, Pierre Kaldor, Han Wielek (Hrsg.), Etty, Peter und Sylvia Gingold. Porträt einer Familie, Köln 1978; Peter Ketsch, Frauen im Mittelalter, 2 Bde., Frauenarbeit im Mittelalter/Frauenbild und Frauenrechte in Kirche und Gesellschaft, hrsg. von Annette Kuhn, Düsseldorf 1983/84; Ute Gerhard, Verhältnisse und Verhinderungen. Frauenarbeit, Familie und Rechte der Frauen im 19. Jh. Mit Dokumenten, Frankfurt 1981[2].

Elly Steinmann

Besen; von mhdt. bes(e)me, besem und ahdt. bes(a)mo; die Herkunft des westgermanischen Wortes ist unklar. (1) Der B., ein Gerät zum Fegen und Kehren, spielte im (heidnischen) Volksglauben als (weibliches) Arbeitsgerät und weibliches Symbol eine wichtige Rolle. In der germanischen Mythologie galt der B. als (reinigender) Fächerblitz oder wurde als „Donnerb." vom „Blitzhammer" des Gottes Donar begleitet. Eine Reihe alter Bräuche – das Verbrennen alter B. in der → Walpurgis- oder Johannisnacht, das in Gebrauch nehmen neuer B. zur Zeit des Osterfeuers – gingen auf alte Fruchtbarkeits- und Reinigungsfeste, auf Rituale gegen Dämonen zurück. Bei diesen Festen waren Mädchen und Frauen die Hauptpersonen. Der B. galt auch als ein Instrument zur Wahrsagerei und Zauberei (→ Hexen). (2) Seit dem 16. Jh. wird B. zunächst übertragen für → Magd gebraucht, dann für einfaches Mädchen und für zänkisches, boshaftes → Weib. Ist es Zufall, daß sich diese Wortbedeutung im 16. Jh. entwickelte? (→ Geschichte). (3) B. wird auch umgangssprachlich, salopp für das männliche Glied, den Penis, verwendet. (4) „Befreite B." nennt sich eine Frauengenossenschaft in Berlin. Da die Frauen in ihren erlernten Berufen (z. T. akademischen) keine Stelle fanden, ließen sie sich umschulen und betreiben jetzt mit Erfolg einen Essens-Dienst (auch Party-Service genannt) mit gesunder, abwechslungsreicher Kost.

Lit.: Das Lexikon der Frau, 2 Bde., Zürich 1953/54 – die Stichworte Besen, Walpurgisnacht, Johannisnacht.

Beziehung, Beziehungen; von mhdt. „beziehen" = zu etwas kommen, erreichen; überziehen, an sich nehmen, einziehen. Das Wort B. ist seit dem 17. Jh. gebräuchlich. (1) B. im Sinn von Verbindung. Hierzu gehören diplomatische B. und Kontakte zu Menschen, die beruflich, politisch etwas für einen tun können; umgangssprachlich: Vitamin B. (2) B. in der Bedeutung von „innerer Zusammenhang", „wechselseitiges Verhältnis". Hierzu gehören die B. zur Musik, Literatur, Kunst, der philosophische und soziologische Begriff B., die Freundschaftsb. und (3) die Liebesb., früher auch freie Liebe genannt. B. hat sich vor allem in den letzten Jahren eingebürgert für freie, auf Zeit eingegangene Liebesverbindungen. Im

Wenn eine Frau einem Mann das Essen bezahlt, muß sie wenigstens nicht über seine Witze lachen.

Gegensatz zu den traditionellen Formen des Zusammenlebens wie Ehe oder auch Verhältnis soll mit B. ausgedrückt werden: Grundlage ist die freie Entscheidung gleichberechtigter Menschen; die sexuelle und emotionale Bindung ist ausschlaggebend für die Dauer. Wenn lebenslange Bindung, Treue und das heterosexuelle Paar nicht die allein mögliche Norm und Form sind, werden für alle Menschen Phasen des Alleinlebens und damit eine Entwicklung zur Selbständigkeit selbstverständlicher. Dies ist insbesondere für Frauen wichtig, da sie in der Vergangenheit häufig eine Ehe eingingen, um versorgt zu sein und als verheiratete Frau, über den Beruf des Mannes, in der Gesellschaft etwas zu gelten.
Im Begriff B. ist die Gleichwertigkeit homosexueller (gleichgeschlechtlicher) B. eingeschlossen. In den Formen des Zusammenlebens wurde in den letzten Jahren und Jahrzehnten eine Erweiterung und Liberalisierung erreicht. Aber im Alltag werden die Grenzen der Liberalität spürbar. Ob Frauen- oder Männerb., allein eine gemeinsame Wohnung zu finden, ist für sie ungleich schwerer als für heterosexuelle Paare. Um in der Nachbarschaft, im Erwerbsleben, auf der Straße nicht mehr als bunte Vögel angestaunt, diskriminiert zu werden, wird noch viel Durchsetzungsvermögen von → Lesben, → Homosexuellen notwendig sein.
Ebenso gibt es mit anderen gesellschaftlichen Ansprüchen an B. sowie dem Zwang zu B. eine Menge Probleme. Für Mädchen ist die Regel, in einem bestimmten Alter durch eine B. zu einem Jungen zu „beweisen", daß „es" eine → Frau ist. Häufig werden von Frauen wie Männern aus Furcht vor Einsamkeit (→ Angst) und dem Alleinleben B.en eingegangen. Sehr ähnlich wie → Ehe und → Familie sollen auch B. Ausgleich schaffen zum Ärger und Streß in der unwirtlichen Arbeitswelt, zur Perspektivlosigkeit in Ausbildung und → Beruf. Gerade für Frauen, die immer noch in erster Linie für emotionalen Ausgleich zuständig sind (→ Beziehungsarbeit), bedeuten diese Ansprüche an B. oft Überforderung. Ein weiteres Problem: Vor allem Kinder, aber auch Alte und Kranke stellen Anforderungen an eine gewisse Dauerhaftigkeit und Verantwortlichkeit im Zusammenleben. Dies verträgt sich oft schwer mit dem → Ideal freier, vorrangig an der Dauer sexueller Anziehungskraft und Zuneigung orientierter B. „Natürlicherweise" sowie bedingt durch gesellschaftliche Verhältnisse und Erwartungen, ist die Verantwortlichkeit für Kinder immer noch stärker bei Frauen als bei Männern ausgeprägt. Traditionsgemäß ist die Frau zuständig für die Versorgung und Pflege Alter und Kranker in der Familie. So sind B., damit verbundener Wechsel und Offenheit, sehr viel eher für (junge) Männer als für Frauen möglich. Individuelle Versuche, unabhängig von oder zusätzlich zu Zweier-B. die etwa für Kinder notwendige Dauerhaftigkeit und Sicherheit im Zusammenleben zu gewährleisten, sind Wohn- und Hausgemeinschaften. Soll der Weg nicht wieder zurück zur starren Form der (Versorgungs-)Ehe gehen, sind gemeinschaftliche und gesellschaftliche Lösungen zu entwickeln und durchzusetzen. Allein die Tatsache, daß wirtschaftliche Unabhängigkeit aller Erwachsenen eine Voraussetzung für B. ist, verweist wie die Kinderfrage auf die Bedeutung gesellschaftlicher Problemlösungen.

Lit.: Colette Dowling, Der Ehekomplex oder die Sucht nach Beziehungen, Frankfurt 1991; Heide Göttner-Abendroth/Lising Pagenstecher, Stichwort „Beziehungen", in: Johanna Beyer/Franziska La-

mott/Birgit Meyer (Hrsg.), Frauenhandlexikon, München 1983; Harriett Goldhor Lerner, Wohin mit meiner Wut? Neue Beziehungsmuster für Frauen, Frankfurt 1990; dies., Zärtliches Tempo. Wie Frauen ihre Beziehungen verändern, ohne sie zu zerstören, Frankfurt 1992; Lising Pagenstecher/Monika Jaekkel/Jutta Brauckmann, Mädchen und Frauen unter sich: Ihre Freundschaften und ihre Liebesbeziehungen im Schatten der Geschlechterhierarchie, Deutsches Jugendinstitut, München 1982.

Beziehungsarbeit; in der neuen → Frauenbewegung entwickelter Begriff zur Kennzeichnung der vorzugsweise von Frauen erwarteten und geleisteten Arbeit für das (seelische) Wohlbefinden anderer, für Mann und Kinder in der Familie, für Arme, Kranke, Alte in sozialen und pflegerischen → Berufen. B. erfordert und soll sorgen für Einfühlungsvermögen, Wärme, Menschlichkeit im Zusammenleben. Insbesondere soll die B. der Frau in der → Familie für Harmonie, für Verständnis der Familienmitglieder untereinander sorgen. B. soll Ausgleich schaffen für Überforderung und Konkurrenz in der „Arbeitswelt", für Ärgernisse und Mängel in Schule und Beruf. Diese Anforderungen an Frauen entsprechen einer Auffassung von Familie als Schonraum und Insel, abseits gesellschaftlicher Wirrnisse. Im Blüm-Papier „Die sanfte Macht der Familie" (1981), in Programmen konservativer Parteien und weit darüber hinaus in der Bevölkerung wird an einem solchem Familienbild festgehalten entgegen vielen Untersuchungsergebnissen und eigenen Erfahrungen. B. überfordert viele Frauen psychisch, denn sie werden für gesellschaftlich bedingte Mängel verantwortlich gemacht und halten bei Versagen sich für unfähig und schuldig. Zwei Absichten werden mit dem Begriff B. in der Frauenbewegung verfolgt: 1. Die unsichtbare → Hausarbeit (→ Arbeit) soll sichtbar gemacht und analysiert werden. 2. Es soll deutlich werden, was Frauen zugemutet wird und wie sehr eine Gesellschaft verkrüppelt sein muß (ist), in der vorzugsweise nur ein Geschlecht zuständig, nur ein Bereich zugelassen ist für menschliche Eigenschaften, Verhaltensweisen, Tätigkeiten, die Möglichkeit und Aufgaben aller sein müßten.

Beziehungsfalle; auch dieser Begriff wurde in der Frauenbewegung geprägt und soll ausdrücken: Die Orientierung von Frauen auf ihre angebliche weibliche Bestimmung, „für andere da zu sein", erweist sich häufig als Falle für ihr Leben, für Selbständigkeit, Selbstbewußtsein, eine eigenständige Existenz. Mann, Kinder, die Gesellschaft danken und lohnen ihre Beziehungsarbeit wenig bis gar nicht.

Bikini; zweiteiliger Damen-Badeanzug „mit geringem Stoffaufwand" (dtv-Lexikon, 1967). Der Zweiteiler wurde schon im Altertum getragen. Der moderne B. wurde nach dem Bikini-Atoll benannt, einer ringförmigen Koralleninsel in der Südsee, die durch die Atombombenversuche der USA (seit 1946) in den frühen 50er Jahren weltbekannt wurde und damit Werbewirksamkeit versprach. „Atom-Eis", „Atom-Café", „Atom-Regenschirme" sind weitere Beispiele für Werbung aus der damaligen Zeit. Der Name für B. reiht sich hier ein.

Bildende Kunst; zusammenfassender Begriff für Architektur – Bildhauerei – Malerei zur Unterscheidung von →Literatur und →Musik. In der Geschichte der bildenden Künstlerinnen sind zahlreiche Behinderungen wirksam geworden, die oftmals einer soliden, handwerklichen Ausbildung im Wege standen, u. a. der erschwerte Zugang zu den öffentlichen Kunstakademien, die im Vergleich zu den Kollegen eingeengten Möglichkeiten für Bildungsreisen oder der lange verweigerte Zugang zum Aktstudium. Als dann endlich auch männliche Modelle zugelassen waren, hatten diese zunächst (Bade-)Hosen oder Lendenschurze zu tragen, während weibliche Modelle den Malern oder Bildhauern selbstverständlich nackt posierten, sich häufig sexuelle Kontakte gefallen lassen mußten und als „Exemplare", „ordinäre Ware" der Verachtung und demütigenden Witzen oder Karikaturen preisgegeben waren. Renoirs Äußerung ist bezeichnend: „Ich komme mit dem erstbesten Hintern zurecht."

Römerin bei Körperübungen. Wandmosaik, Sizilien, 3. Jh., Ausschnitt

Aber weder offen sexistisch noch historisch oder beruflich motivierte Diskriminierungen konnten Begabung und Erfolge der oftmals als Konkurrenz empfundenen „Malweiber" oder Bildhauerinnen gänzlich unterdrücken. Aus der Antike sind die Namen der Malerinnen Helena und Kora überliefert. Plinius d. Ä. nennt Timarete, Eirene, Kalypso, Aristarete und vor allem Jaia (um 100 v. u. Z.), die es als Porträtistin zu höchstem Ansehen brachte.
Im Mittelalter erlaubten vor allem die gesellschaftlichen Nischen der Frauenklöster eine künstlerische Entfaltung auf den Gebieten der Kunststickerei (die Nonnen Herbinde und Relinde, 8. Jh.; auch Frauen des Hochadels wie Adelaide von Frankreich, Aegilva oder Gisela von Bayern, alle um 1000), der Teppichweberei (z. B. die Arbeiten der Zisterzienserinnen aus dem Kloster Wienhausen, 13. und 14. Jh.) und der Buchmalerei (die spanische Nonne Ende und ihre Illuminationen von „Beatus Apocalypse", um 975; Hidda von Meschede, um 1020; Hildegard von Bingen mit den kühnen Illustrationen ihres schriftstellerischen Hauptwerks „Scivias", 11. Jh.; die Wessobrunner Klosterfrau Diemudis, 11./12. Jh.; die Äbtissin Herrade von Landsperg mit dem „Hortus deliciarum", 12. Jh.; die Zisterzienserin Gisela von Kerssenbrock, 13. Jh.). Die berühmten Skulpturen der „Ecclesia" und der „Synagoge" am Straßburger Münster sind mit großer Wahrscheinlichkeit der Bildhauerin Sabine von Steinbach zuzuschreiben.

Suzanne Valadon, Selbstporträt, 1915

Durch die verbesserten Ausbildungsmöglichkeiten seit der Renaissance begannen Frauen als bildende Künstlerinnen jetzt mehr an die Öffentlichkeit zu treten: in Italien vor allem Lavinia Fontana, Sophonisba Anguissola, Properzia de Rossi als Bildhauerin, Artemisia Gentileschi, deren grausame Darstellung „Judith enthauptet Holofernes" oft mit der ihr angetanen Vergewaltigung in Zusammenhang gebracht wird, und in den Niederlanden die Kupferstecherin Marie Bessemers, Maria Sibylla Merian und Judith Leyster, dann die spanische Bildhauerin Maria Luise Roldan, Elisabetta Sirani,

Paula Modersohn-Becker (1876 – 1907), Selbstbildnis mit Hand am Kinn, 1906/07

Rosalba Carriera, Angelika Kauffmann mit einem umfangreichen Oeuvre oder Elisabeth Vigée-Lebrun mit über 800 Bildwerken.
Viele international bedeutende Künstlerinnen können seit der 2. Hälfte des 19. Jhs. genannt werden, welche freilich immer noch zeit- und kraftraubende Widerstände zu überwinden hatten, die männlichen Kunstschaffenden erspart blieben: Rosa Bonheur – sie setzte die Erlaubnis für das Tragen von Männerkleidung durch, um ohne Belästigung auf Schlachthöfen oder Pferdemärkten Tierstudien betreiben zu können; Berthe Morisot, die so vielseitig begabte Sarah Bernhardt, Suzanne Valadon, Marie Laurencin, Sonia Delaunay, Sophie Täuber-Arp, die Bildhauerinnen Camille Claudel und Germaine Richier, Natalia Gontscharova, Olga Rosanova, Marie Vassilieff, die surrealistischen Malerinnen Meret Oppenheim, Dorothea Tanning, Leonor Fini und die tschechische Avantgardistin Toyen, Mary Cassatt, Grandma Moses, Georgia O'Keeffe, die Bildhauerinnen Louise Nevelssohn und Barbara Hepworth, Charley Toorop – und selbstverständlich Gabriele Münter, Marianne von Werefkin, Paula Modersohn-Becker, Grethe Jürgens, Gerta Overbeck.
Das 20. Jh. forderte auch eine Konfrontierung von Künstlerinnen mit

den Auswirkungen verheerender Kriege. Die Schrecken des 1. und 2. Weltkriegs haben das Werk von Käthe Kollwitz geprägt. Dem 2. Weltkrieg und der Sorge vor einer dritten Menschenschlacht gelten viele eindringliche Arbeiten von Lea Grundig. Zahlreiche Zeichnungen der Malerin und heutigen Ordensfrau Tisa von der Schulenburg, deren Bruder Fritz-Dietloff 1944 als Widerstandskämpfer hingerichtet wurde, „sprechen" von den schrecklichen Erfahrungen im Dritten Reich. Hannelore Barons Collagen, aus denen die erlittenen Qualen durch das Naziregime nicht fortzudenken sind, lassen ihren zwar stillen, aber permanenten Protest gegen jede Form von Krieg und Gewalt erkennen.

Hannah Höch, aus der Dada-Bewegung kommend, Hanna Nagel, Leonor Fini, in deren Werk Männer kaum vorkommen, setzten Themen ins Bild, die sich mit ungewohnten weiblichen Zusammenhängen befassen. Der Blick auf das andere Geschlecht wird zunehmend kritischer, skeptischer, ja zornig, wie in den Schießbildern der Niki de Saint Phalle (d. h. „vom heiligen Phallus"). Diese Künstlerin hat auf humorvoller Ebene auch das „Bild der Frau" verändert durch ihre bunten riesigen „Nanas". Schonungslos malte die Mexikanerin Frida Kahlo die eingeengten weiblichen Lebensbedingungen. Eine erklärte Vertreterin feministischer Malerei in Amerika ist Judy Chicago. Sie hat in jahrelanger Arbeit bzw. Zusammenarbeit mit vielen Frauen (1974–79) ihr beeindruckendes Hauptwerk „The Dinner Party" geschaffen. Die für 39 berühmte, mythologische und historische Frauengestalten gedeckte Festtafel – ein weibliches Gegenstück zur männlichen Abendmahlsszene – steht auf einem mit den Namen von 999 bedeutenden Frauen beschrifteten Porzellanfußboden. Wie kein anderes Kunstwerk vermag „The Dinner Party" Frauen ein intensives, eigenes Geschichtsbewußtsein zu vermitteln und künstlerische Neuansätze zu zeigen sowohl durch Verwendung von Techniken, die traditionell von Frauen ausgeübt wurden (Porzellanmalerei, Sticken, Weben) wie durch den offenen Bezug auf eine weibliche Bildsymbolik. – Bekannt wurden in der deutschsprachigen Kunstszene die Werke der Malerin und Graphikerin Gertrude Degenhardt – u. a. ihre Folge von Radierungen „Neothenie oder Das neue Genie" und ihr auch international vielbeachteter Bilderzyklus „Musikfrauen – Women in Music" –, die eindringlichen Arbeiten Gisela Breitlings oder die magischen Chiffren von Isolde Wawrin, die – ebenso wie die Österreicherin Marie Lassnig – auch die eigene Körperlichkeit erforscht, und die Werke einer Rosemarie Trockel oder einer Tremezza von Brentano, in denen feministische Ideen rezipiert werden.

Hier ist die weitgehend von Frauen geprägte, seit dem Beginn der 70er Jahre entstandene Performance-Kunst zu nennen, welche die sonst übliche Trennung der künstlerischen Bereiche (Malerei, → Literatur, → Musik, → Foto, → Film, → Tanz, Pantomime) außer Kraft setzt. Feministische Ideen entwickelten z. B. die (Verletzung demonstrierenden) Körperpräsentationen von Gina Pane, die Aktionen von Ulrike Rosenbach oder Rebecca Horn, Hanna Frenzels Verpakkungsaktionen oder Valie Exports Körperfigurationen, mit denen sie weibliche Konditionierung, besonders durch die lebendige Nachstellung berühmter Bildwerke unter Verwendung von Requisiten des weiblichen Alltags – Bügeleisen, Staubsauger, Strickmaschine etc. –, ironisch zum Bewußtsein bringt. Humor lassen die sinnlichen Aktionen von Carolee Schneemann erkennen. Solcher ist auch den Karikaturen – eine Disziplin, die von Künstlerinnen eher gemieden wurde – von Marie Marcks, Franziska Becker, Renate Alf, Barbara Hömberg und Claire Bretécher eigen. Mit Witz und bestechend scharfem Blick sind sie den Zusammenhängen zwischen Politik, Gesellschaft und weiblicher Existenz zeichnerisch auf der Spur. – Auch in den bisher allein von Männern geführten Bereich der Architektur haben sich Frauen eingemischt (z. B. die Gruppe „Frauen, Steine, Erde") und Probleme offen-

Käthe Kollwitz

Frida Kahlo: Die gebrochene Säule, 1944, Öl auf Hartfaser

Valie Export, Tapp und Tast, 1968.

Herbstzeitlose. Farbige Aquatinta-Radierung von Gertrude Degenhardt.

gelegt wie: Kann die Frau durch die Wohnung unterdrückt werden?, Trautes Heim, Glück allein!, Privatküche als Ort lebenslanger Domestizierung von Frauen oder küchenlose Häuser, Stadtplanung und Bedürfnisse von Frauen (z. B. nächtliche Sicherheit auf den Straßen) usw.

Mit der neuen Frauenbewegung wuchs das Interesse an individuellen und Gruppen-Ausstellungen bildender Künstlerinnen. Zu den bedeutendsten zählen die großen Frauenausstellung in Kopenhagen, die Ausstellungen in Innsbruck „Frauen – Kunst – Neue Tendenzen" und Linz „Magna-Feminismus-Kunst" (alle 1975); 1977 erfolgte eine vielzitierte Ausstellung in Berlin „Künstlerinnen international", die GEDOK organisierte 1982 ihre Bundesausstellung unter dem Titel „Die Welt ist schön – Ist die Welt schön?". Von besonderem Interesse war das internationale Performance-Festival „Andere Avant-Garde" (1983) in Linz. Wie schwierig es jedoch für Frauen immer noch ist, sich im männlich besetzten Kunstbetrieb durchzusetzen, offenbarte die Münchner Ausstellung „Aktuell '83", die kein einziges Werk einer Frau präsentierte und deren mangelnde Aktualität erst durch eine von Künstlerinnen veranstaltete Gegenausstellung korrigiert werden mußte.

Lit.: Edith Almhofer, Performance Art, Wien/Köln/Graz 1986; Arbeitsgemeinschaft Interdisziplinäre Frauenforschung und -studien/Margarethe Jochimsen u. a. (Hrsg.), Feministische Beiträge zu einer Erneuerung von Wissenschaft und Kunst (2 Bde.), Pfaffenweiler 1989 und 1990; Ilsebill Barta/Zita Bren u. a., Frauen Bilder Männer Mythen. Kunsthistorische Beiträge, Berlin 1987; Renate Berger (Hrsg.), „Und ich sehe nichts, nichts als die Malerei". Autobiographische Texte von Künstlerinnen des 18.–20. Jh., Frankfurt/M. 1987; Renate Berger, Malerinnen auf dem Weg ins 20. Jh. Kunstgeschichte als Sozialgeschichte, Köln 1982; Gisela Breitling, Die Spuren des Schiffs in den Wellen. Eine autobiographische Suche nach den Frauen in der Kunstgeschichte, Frankfurt/M. 1986; dies., Der verborgene Eros. Weiblichkeit und Männlichkeit im Zerrspiegel der Künste, Frankfurt/M. 1990; Tremezza von Brentano, Die Geschichtlichkeit der Bilder, Berlin 1990; Jula Dech/Ellen Maurer (Hrsg.), Da-da-zwischen-Reden zu Hannah Höch, Berlin 1990; Kerstin Dörhöfer/Ulla Terlinden, Frei-Räume. Streitschrift der Feministischen Organisation von Planerinnen und Architektinnen, FOPA e.V., Berlin 1983; Aulikki Eromäki/Renate Herter/Ingrid Wagner-Kantuser (Hrsg.), Zur Situation von Frauen im Kunstbetrieb. Dokumentation eines Seminar- und Forschungsprojektes an der Hochschule der Künste Berlin 1983–1989, Berlin 1989; Germaine Greer, Das unterdrückte Talent. Die Rolle der Frau in der bildenden Kunst, Frankfurt 1980; Grote/Piana/Sribba, Frauen planen, bauen, wohnen, Dortmund 1991; Silvia Henke/Sabine Mohler (Hrsg.), Wie es euch gefällt. Künste, Wissenschaft & alles andere, Berlin 1992; Hayden Herrera, Frida Kahlo – Malerin der Schmerzen – Rebellin gegen das Unabänderliche, Frankfurt 1987; Annegret Hoberg/Helmut Friedel (Hrsg.), Gabriele Münter 1877–1962, München 1992; Margarete Jochimsen, Elvira Bach, München 1991; Barbara Krause, Camille Claudel – ein Leben in Stein, Berlin 1992; dies., Diego ist der Name der Liebe (über Frieda Kahlo), Berlin 1992; Christa Murken-Altroppe, Paula Modersohn-Bekker, Köln 1991; Gislind Nabakowski/Heike Sander/Peter Gorsen, Frauen in der Kunst, 2 Bde., Frankfurt 1980; Chris Petteys, Dictionary of Women Artists, Boston 1985; Marianne Pitzen (Bearb.), Tanzplatz der Musen. 10 Jahre Frauen-Museum – Eine Zukunftswerkstatt. Ausstellungskatalog, Bonn 1991; Gabriele Presber, Die Kunst ist weiblich. 14 Gespräche mit Künstlerinnen, München 1990; Adelheid Staudte/Barbara Vogt (Hrsg.), FrauenKunstPädagogik. Theorien – Analysen – Perspektiven, Frankfurt/M. 1991; Sidra Stich (Hrsg.), Rosemarie Trockel, München 1991; Susanne Stolzenwald, Artemisia Gentileschi, Stuttgart/Zürich 1991; Evelyn Weiss (Hrsg.), Ljubow Popowa, München 1991; Angelika Wenzel/Wolfgang Mentrup (Hrsg.), Malende Frauen. Schreibende Frauen. Künstlerinnen in unserer Gesellschaft, Karlsruhe 1990.

Brigitte Regler-Bellinger

Bildung; mhdt. bildunge, ahdt. bildunga, Schöpfung, Verfestigung, auch Bildnis, Gestalt. Im 18. Jh. wird B. zum pädagogischen Begriff. Zu den Leitlinien von B. und Erziehung in allen historischen Epochen gehört die Frage nach den Inhalten und Werten, nach dem Umfang des zu vermittelnden Wissens und nach dem Anteil der charakterlichen B. So ist B. als ein Teil dieses pädagogischen Prozesses in der Aneignung von B.sgut im kognitiven (erkenntnismäßigen) Bereich zu verstehen. Erst mit dem Namen Jan Amos Comenius (1592–1670) und Wolfgang Radtke (1570–1635) verbindet sich der B.sanspruch nicht mehr nur mit einer Minderheit, sondern mit dem Anspruch allgemeiner und umfassender Bildung für alle Menschen. Diese Ergebnisse des „klassischen" pädagogischen Denkens gehören leider bis heute noch nicht zu den angestrebten Zielen unserer Gesellschaft.

Der Ursprung für die unterschiedliche B. von Schichten und Geschlechtern ist in der vorindustriellen Lehre vom „Haus" begründet. (→ Erziehung, → Familie). Danach nahmen die Hausmütter eine untergeordnete Stellung ein; sie waren gehorsamspflichtig gegenüber den „Hausvätern". Die Lebenswelt der Frau beschränkte sich auf das Haus, und da sie für die Erziehung des männlichen Geschlechts als unzulänglich galt, übernahmen diese Funktion Ammen und Kindermägde. Geschlechtsspezifische Erziehung wurde ihr jedoch zugesprochen. Trotz dieser „Unzulänglichkeiten" der Frau findet man Anerkennung der weiblichen Arbeit, denn der wirtschaftliche Erfolg hing von der Erfüllung der Pflicht durch Mann und Frau ab.

Bedingt durch die Industrialisierung, die einen Großteil der Erwerbstätigen in die Städte zog, kristallisierte sich die Hauswirtschaft als der zuständige Bereich für die Frau heraus (→ Arbeit, → Hausarbeit).

Philantropische Theorie der Mädchenbildung: Ende des 18. Jahrhunderts entwickelte sich mit dem aufstrebenden Bürgertum eine erste Mädchenbildungstheorie. Ausgangspunkt ist die „weibliche Bestimmung" und das „Wesen der Frau", was zu einer „Anthropologie der Geschlechter" führt, von Kant 1798 in seiner „Anthropologie" entwickelt zu dem Modell eines Geschlechterdualismus, das davon ausgeht, daß Mann und Frau sich mit ihren Eigenschaften erst in der Ehe optimal ergänzen. Kant schreibt dem Mann den Verstand, die Kühnheit, die Wahrhaftigkeit und die Redlichkeit zu; die Frau ist gekennzeichnet durch Witz, Listigkeit, Scherz und gefällige Schmeichelei. Der männlichen Stärke stellt er die weibliche Schwäche gegenüber, und

Mädchenarbeitssaal im „Rauhen Haus", einer Erziehungsanstalt im 19. Jahrhundert, aus „(Leipziger) Illustrierte Zeitung", 1846

die wissenschaftlichen Interessen des Mannes kontrastiert er mit den sozialen Interessen der Frau. Zur Grundlage einer B.s- und Erziehungstheorie für Mädchen wird der „weibliche Geschlechtscharakter". Diese Idee wird unterstützt u. a. von Rousseau, Pestalozzi, Campe und Fröbel, die der *Ausbildung zur Hausfrau* eine zentrale Stellung innerhalb der Mädchenbildung zuweisen.

In Anlehnung an Kants „Geschlechteranthropologie" entwickelte Campe eine Theorie der Mädchenbildung, die er in seinem Werk „Väterlicher Rath für meine Tochter" (1791/Erscheinungsjahr 1789) darlegte.

Da Campe in seiner B.stheorie auch Mädchen der unteren Schicht berücksichtigt und davon ausgeht, daß sich das Leben der bürgerlichen Frauen von dem der Arbeiterinnen unterscheidet, entwickelt er zwei Modelle. Die Mädchen der unteren Schichten sollten wie die Jungen Industrieschulen besuchen, mit dem Ziel der Erwerbstüchtigkeit der Frau. Die eigentliche Mädchenbildung zielt auf die bürgerliche Schicht und bildet die Frau für ihre zukünftige Rolle aus: Mutter, Hausfrau, Gattin. Obwohl sich die Mädchenerziehung zunächst auf den familiären Bereich erstreckte, sah Campe die Notwendigkeit einer Institutionalisierung in Schulen, da in den meisten Fällen die Eltern nicht fähig waren, eine entsprechende

„... Ach, Männer, Männer, welch ein Geschlecht! Weshalb protestiert ihr so gegen alle Bestrebungen, die Frauen zu einer höheren Bildungsstufe zu erheben? Nun gut, wenn es nicht mit euch sein kann, so wird es ohne euch und trotz euch geschehen ..."

Malvida von Meysenbug (1816–1903)

Besuch in der „Höheren Töchterschule". Handarbeiten sollten Geschicklichkeit, Geduld, Schönheitssinn entwickeln und aufs traute Heim orientieren.

» Aber Gott bewahre uns vor einer Gehülfin ohne alle Bildung. Es ist für einen gebildeten Mann keine größere Strafe und Pein auf Gottes Erdboden, als – mit Ehren zu melden – ein Klotz von Weibe. Und wenn die Frau noch so wohlschmeckend kocht, und noch so fleißig spinnt, und sie hat kein Gefühl für Wahres, Großes und Schönes, und sie kann mit uns darüber nicht sympathisieren... und wir können über nichts als küchliches und über spinnrockiges mit ihr reden; so ist sie den ganzen Tag für uns nichts mehr, als eine Wanduhr, die wir bisweilen schlagen, oder singen hören, und diese Vorstellung macht uns sogar ihres nächtlichen Nießbrauchs bald überdrüssig. »

G.W.F. Pockels,
Braunschweigischer Hofrat
in „Versuch einer Charakteristik",
Bd. 2, Hannover 1797–1802

Bildung ihrer Töchter zu übernehmen.
Zu *Beginn des 19. Jhs.* wurden in verschiedenen Städten Deutschlands Mädchenschulen gegründet. Ihr Ziel war die Einübung und das Erlernen häuslicher Fertigkeiten und Tugenden entsprechend der „Bestimmung der Frau". Gegenstand des Unterrichts waren überwiegend Handarbeiten wie Stricken, Nähen, Zuschneiden. Ziegenbein, ein Mädchenschuldirektor, weist darauf hin, daß die Mädchen durch die im Unterricht angefertigten Arbeiten zu „nützlicher Geschäftigkeit, häuslichem Fleiß, weiblicher Demuth, Bescheidenheit und einfachem guten Geschmack" gebildet werden sollten. Unterricht in Hauswirtschaft entfiel in den meisten Schulen wegen der fehlenden Räumlichkeiten.
Gegenüber dieser Praxis machte Salzmann darauf aufmerksam, auch die geistige Bildung der Mädchen zu fördern. Er forderte eine theoretische Ausbildung in Chemie, Physik, Naturkunde, Geldwesen und Menschenführung. Im Zusammenhang mit der technischen Entwicklung wollte er „denkende Hausfrauen".
Ende des 19. und zu Beginn des 20. Jahrhunderts fanden entsprechende Mädchenschulen für hauswirtschaftliche Unterweisung eine weite Verbreitung. Besucht wurden diese Schulen zum größten Teil von Mädchen der unteren Schicht, wogegen der weibliche Nachwuchs des Bürgertums vornehmlich in Privatschulen oder in Mädchenpensionaten ausgebildet wurde. Die zweijährige Ausbildung beschränkte sich hier zum größten Teil darauf, die Mädchen so auszubilden, daß sie bei Verheiratung in der Lage waren, ihr Hauspersonal entsprechend anleiten zu können. Mit Kerschensteiner, einem Schulrat in München, wird die Erziehung und Bildung der Mädchen für den „natürlichen Beruf der Frau" zum Erziehungsideal des gesamten staatsbürgerlichen Mädchenbildungswesens erhoben. Dieser „natürliche Beruf", in dem die Frau herangebildet werden sollte, bezog sich auf die Ausbildung der Kinder in „Ordnungsliebe", „Wirtschaftlichkeit" und „Familiensinn" und sollte familienstabilisierende Funktion haben (Paulsen, 1930).
Als bedeutende Vertreterinnen in der Entwicklung und Weiterführung von Mädchenbildungstheorien sind Helene Lange (1848–1930) und Gertrud Bäumer (1873–1954) zu nennen. Auch sie benennen ihre Zielsetzung der Mädchenbildung als eine hauswirtschaftliche Ausbildung, die die Voraussetzung für alle Lebensbereiche der Frau sein sollte. Verstanden wurden darunter neben Aufgaben im häuslichen Bereich auch soziale und kulturelle Bereiche des öffentlichen Lebens. G. Bäumer sieht die Frauen in ihrer Bildung und Ausbildung insofern als benachteiligt, als die Bildungsideen von Männern erdacht worden sind. „Und deshalb erscheinen in den Theorien der Frauenbildung die seelischen Geschlechtsmerkmale als hauptsächliche, fast als einzige Inhalte der Bildungsidee." Bäumer meint, daß Weiblichkeit keine Bildungsidee werden darf und sieht darin „einen höchst unsicheren Boden für pädagogische Theorien" (in: Dautzenroth, 1964).
Um die *Jahrhundertwende* begann die Reichsregierung, Schulen und Jugendverbände für ihre außenpolitischen Ziele zu nutzen. In den Schulbüchern wurden Deutschlands „Erbfeinde" dargestellt, die Kinder lernten, andere Rassen und Völker zu mißachten, Aufsatzthemen wie „Unsere Artilleriegeschosse" wurden gestellt. Nach wie vor herrschte die B. und Erziehung zum Untertanengeist. Gefragt war der „tapfere Krieger und die fleißige Arbeiterin" beim Verlassen der Schule. 1907 forderte der deutsche Reichskanzler von Bülow, die Kinder in den Schulen zu Fleiß, Gottesfurcht und Zufriedenheit zu erziehen. Hauptaufgabe der Lehrer sollte es sein, Vaterlandsliebe und Königstreue zu entwickeln. Wie sich diese Ausrichtung auf den Geschichtsunterricht auswirkte, schilderte der sozialdemokratische B.spolitiker Otto Rühle (1907): Der Geschichtsunterricht sei ein Sammelsurium von Regentennamen, Schlachtentagen und Anekdoten. Man färbe Tatsachen und Zustände mit dem Ausdruck

Helene Lange

Gertrud Bäumer

nationaler, konfessioneller und politischer Tendenzen und schrecke selbst vor offenkundigen Fälschungen nicht zurück. Vor allem werde die Lüge verbreitet, daß die gesamte Geschichte Könige und Kriege zu Angelpunkten habe.

Das deutsche Volksschulwesen war auf ausgesprochen niedrigem Niveau. Konfessionell zersplittert und in starker kirchlicher Abhängigkeit, war nicht nur pädagogischer Fortschritt unmöglich, sondern auch der Aufbau eines einheitlichen Schulsystems. Der Staat war nicht bereit, für die Bildung des Volkes mehr auszugeben als unbedingt erforderlich, zumal gerade den auf das Volksschulwesen großen Einfluß ausübenden junkerlichen und klerikalen Kräften eine höhere Bildung ohnehin verdächtig war. So kennzeichneten überfüllte Klassen und die Überforderung der unterbezahlten Lehrer die Situation.

Dem wenig ausgebauten Volksschulwesen stand ein gut organisiertes höheres Schulwesen gegenüber, das aber den bürgerlichen Schichten vorbehalten blieb. Hartmut Titze weist (1973) anhand von statistischem Material unmittelbar die Koppelung von Besitz und B. nach. Die schlechte schulpolitische Situation und die Krise des B.swesens erwachsen aus dem Widerspruch zwischen den gestiegenen Anforderungen der Industrie an die B. einerseits und dem Wunsch auf seiten der herrschenden Kreise nach Verhinderung eines allzu hohen B.sniveaus für das Volk andererseits. Die deutsche Reformpädagogik entwickelte sich als Gegenströmung zum erstarrten, die Individualität nicht achtenden preußisch-deutschen Unterrichtsbetrieb.

1904 legte Clara Zetkin auf der sozialdemokratischen Frauenkonferenz in Bremen erstmalig ein Schulprogramm vor, unter dem Titel „Die Schulfrage“ weit verbreitet, das Schulforderungen und Grundsätze zu einem B.ssystem enthielt. Gegen die deutsche Volksschule, eine „Arme-Leuteschule“, erläuterte C. Zetkin die schulpolitischen Grundsätze der Sozialdemokratie mit folgenden Forderungen für beide Geschlechter: 1. Einheitlichkeit und Unentgeltlichkeit des Schulwesens vom Kindergarten bis zur Hochschule. 2. Weltlichkeit des Schulwesens. 3. Wissenschaftlichkeit des Unterrichts und dessen Verbindung mit der Arbeit. Einiges von den reformerischen Vorstellungen wurde in den 20er Jahren umgesetzt in Volksschulen, im beruflichen Schulwesen, Mädchenausbildung eingeschlossen.

Mit der Ernennung Hitlers zum deutschen Reichskanzler am *30. Jan. 1933* fand auch eine umfassende „Kritik“ des deutschen Bildungssystems statt. „Die individualistische Bildungsvorstellung hat wesentlich zu der Zerstörung des nationalen Lebens in Volk und Staat beigetragen und vor allem in ihrer hemmungslosen Anwendung in der Nachkriegszeit ihre völlige Unfähigkeit erwiesen, die Richtschnur der deutschen Bildung zu

Clara Zetkin

„Wie Jesus die Menschen von der Sünde und Hölle befreite, so rettete Hitler das deutsche Volk vor dem Verderben. Jesus und Hitler wurden verfolgt, aber während Jesus gekreuzigt wurde, wurde Hitler zum Kanzler erhoben."
So wurde es Kindern einer 3. Volksschulklasse ins Schreibheft diktiert.

Quelle: Dieter Rossmeisl: „Ganz Deutschland wird zum Führer halten", Zur politischen Erziehung in den Schulen des Dritten Reiches, Fischer Taschenbuch Verlag
WAZ, 8. 3. 85

sein". (Innenminister Frick, 9. 5. 1933) Als leitenden Gesichtspunkt für die Volkserziehung und Bildung nannte Hitler 1933 in Potsdam die „Reinerhaltung der Rasse". Die Unterrichtsgebiete bezeichnete Frick mit „Volk und Vaterland". Fächer wie Heimatkunde, Erdkunde, Deutsch, Geschichte, Biologie sollten in den Mittelpunkt des Unterrichts rücken. Ziel des Unterrichts in allen Fächern wurde die „Steigerung des deutsch-völkischen Selbstbewußtseins". Die Aufgabe der Volksschule bestand darin, in Heimatkunde ein starkes, völkisches Selbstbewußtsein zu entwikkeln; in weiterführenden Schulen sollte der Erdkundeunterricht dazu beitragen, die Leistung der Deutschen zur „Europäisierung der Erde" zu verdeutlichen. Die Fremdsprachen hatten für Hitler bislang einen zu großen Stellenwert im Unterricht gehabt. Diese sollten nun nur noch dazu dienen, den Schülern Vergleichswerte zu liefern, um das eigene Volk und die eigene Kultur besser verstehen zu können. Der Biologieunterricht erfüllte dann seine Aufgabe, „wenn er sich innerlich zu einer im Rassegedanken begründeten Kunde vom Menschen erweitert; er vor allem ist dazu geeignet, allen bloß intellektualistischen Vorstellungen vom Menschen den Boden zu entziehen" (nach Th. Wilhelm, 1967). Die Politisierung des Unterrichts im Sinne des Nationalsozialismus läßt sich an solchen Beispielen eindeutig festmachen.

Seit 1945 ist in der Bundesrepublik eine Fülle von bildungstheoretischen Modellen entwickelt worden, die sich, abgesehen von Nuancen, in zwei kontrahierende Konzeptionen einteilen lassen. Diese Ansätze unterscheiden sich im wesentlichen dadurch, daß sie sich entweder vorwiegend mit den Zielen und Inhalten von Bildung oder mit der Gestaltung des Unterrichtsprozesses auseinandersetzen. Stellvertretend für den inhaltlichen Aspekt können die Arbeiten von Wolfgang Klafki benannt werden, für den prozessualen Aspekt die Überlegungen des Berliner Arbeitskreises. Ein entscheidendes Datum für den Verlauf der Bildungsdiskussion in der BRD war der pädagogische Hochschultag 1951 in Tübingen. Fragestellungen, die hier von Bildungstheoretikern wie Weniger, Derbolav, Wagenschein und Scheuerl entwickelt worden sind, werden in den folgenden Jahren von Klafki aufgegriffen und weiterentwickelt. Klafki, dessen Konzeption bis weit in die 60er Jahre für unterrichtliche Praxis relevant war, stellte die Frage nach den Bildungsinhalten in den Vordergrund seiner Konzeption. Grundlage für diesen Ansatz ist die Idee einer universalen Allgemeinbildung für alle Menschen ohne Rücksichtnahme auf soziale Herkunft, Vermögen oder Geschlecht.

Trotz dieser Ziele zur Allgemeinb. für beide Geschlechter bringen die Mädchenb. und die → Koedukation, wie die neuere Debatte darum belegt, weitere Probleme mit sich.

In den letzten Jahren wurden erste, eher zaghafte, dennoch wichtige Ansätze für eine antisexistische Jugendarbeit entwickelt. Durch die Auseinandersetzung mit der Männerrolle und Männlichkeitsbildern und über positive männliche Vorbilder soll eine Jungenb. zur Verwirklichung der Gleichheit der Geschlechter entwickelt und umgesetzt werden (→ Gleichberechtigung, → Geschlechterverhältnis). Sozialisationsbedingte männliche Defizite und Einseitigkeiten sollen abgebaut und ebenso erziehungsbedingte weibliche Eigenschaften und Verhaltensweisen aufgebaut, über eine kritische Auseinandersetzung mit den „Vätern" soll eine andere, neue männliche Identifikationsmöglichkeit und → Rolle gewonnen werden.

Umstritten sind unter Feministinnen Weg und Vorgehensweise nach dem Vorbild der → Frauenbewegung: Aufarbeitung und Veränderung in Jungen-/Männergruppen. Während die einen sich weigern, „Nachhilfe- und Entwicklungsunterricht" zu geben, verweisen die anderen auf die unterschiedlichen Ausgangspositionen: Die Verweigerung, der Ausschluß von Männern, die Abschottung in Frauengruppen war (und ist) für Frauen ein notwendiger Schritt im Prozeß, um aus der Funktionalisierung, Unterordnung und Vereinnahmung durch andere herauszukommen. Die Verweigerung ist so Bestandteil privater und politischer Befreiung mit dem Ziel, sich ins öffentliche, politische (Männer-)Leben einzumischen. Umgekehrt steht für Männer die Aufgabe der Verweigerung an und die Übernahme von Verantwortung im sogenannten privaten Reproduktionsbereich. Dies, so die Position, erfordert in der pädagogischen Praxis die Einbeziehung von Frauen, von weiblichen Vorbildern und die Auseinandersetzung mit ihnen. Sie setzen auf eine B., die Frauen und Männer als Defizit- und Vorbildwesen begreift, die von ihren historisch gewordenen und aktuell sozialisationsbedingten „weiblichen" und „männlichen" Eigenschaften wechselseitig lernen und sich bilden können. (→ Beruf, → Erziehung, → Koedukation)

Lit.: J. H. Campe, Väterlicher Rath für meine Tochter, Braunschweig 1791; Friederike Höher, Professionelle Frauen und mütterliche Väter, in: Anne Schlüter/Christine Roloff/Maria Anna Kreienbaum (Hrsg.), Was eine Frau umtreibt. Frauenbewegung – Frauenforschung – Frauenpolitik, Pfaffenweiler 1990 S. 177–190; G. Kerschensteiner, Staatsbürgerliche Erziehung der deutschen Jugend. Gekrönte Preisarbeit, o.O. 1901; W. Klafki, Studien zur Bildungstheorie und Didaktik, Weinheim 1964; F. Paulsen, System der Ethik. Mit einem Umriß der Staats- und Gesellschaftslehre, 2. Bd., Stuttgart und Berlin 1903; Otto Rühle, Die Volksschule wie sie ist, o.O. 1907; C. G. Salzmann, Conrad Kiefer oder Anweisung zu einer vernünftigen Erziehung der Kinder, Stuttgart 1845; Dale Spender, Frauen kommen nicht vor. Sexismus im Bildungswesen, Frankfurt/M. 1985; Franziska Stalmann, Die Schule macht die Mädchen dumm. Die Probleme mit der Koedukation, München 1990; H. Titze, Die Politisierung der Erziehung, Berlin 1976; G. Tornieporth, Studien zur Frauenbildung, Weinheim und Basel 1979; Th. Wilhelm, Pädagogik der Gegenwart, o.O. 1967; Renate Wurms, „Von heute an gibt's mein Programm" – Zur Entwicklung der politischen Frauenbildungsarbeit, in: AG Frauenbildung und Politik (Hrsg.in), Von Frauen für Frauen. Ein Handbuch zur politischen Frauenbildungsarbeit, Zürich/Dortmund 1992, S. 9–40; J. W. H. Ziegenbein, Über einige wichtige Gebiete der weiblichen Erziehung und Bildung, in: W. Türk, Beiträge zur Kenntnis einiger deutscher Elementarschulanstalten, Leipzig 1906.

Brigitta Steinmann

Bisexualität, bisexuell; von lat. „bi" . . . = zwei, doppelt und „sexus" = (männliches oder weibliches) Geschlecht. (1) B. in der Natur (bei Pflanzen, Tieren, Menschen) bezeichnet die Doppelgeschlechtlichkeit. (2) B., b. werden bei uns meist gebraucht zur Kennzeichnung des sexuellen Verhaltens von Menschen, die Bedürfnisse und Wünsche sowohl nach gleich- als auch andersgeschlechtlichen → Beziehungen haben. (→ Sexualität). Unter Berücksichtigung der biologischen Forschung wird in der Psychologie heute weithin davon ausgegangen, daß die natürliche Geschlechtsidentität männlich/weiblich bzw. weiblich/männlich ist. B. bezeichnet in diesem Sinn die angeborene Disposition (Anlage, angelegte Möglichkeit) von Frauen und Männern, seelische (und manchmal auch sekundäre körperliche) Merkmale des anderen Geschlechts zu entwikkeln. Inwieweit Menschen diese natürliche Geschlechtsidentität bewußt wird, sie eine entsprechende Lebensweise entwickeln, hängt ab von der Umgebung, von Tradition, Sitten, von der Ausprägung geschlechtsspezifischer Tätigkeiten, von dem Grad der Unterschiede zwischen dem gesellschaftlichen Bild von → Weiblichkeit und Männlichkeit. Entsprechend kann B. die Betreffenden veranlassen, muß aber nicht, Männer und Frauen als Liebespartner/innen zu wählen.

Lit.: Charlotte Wolff, Bisexualität, Frankfurt/M. 1981.

Blaustrumpf; (1) B. war als Bezeichnung für Polizeidiener, Verleumder in Deutschland bis ins 17./18. Jh. gebräuchlich. (2) B. von engl. „bluestocking", dem Spottnamen für die Teilnehmerinnen eines schöngeistigen Zirkels um 1750 in London. Zu den Treffen erschien der Botaniker B. Stillingfleet in blauen Garnstrümpfen statt der üblichen schwarzseidenen. In Deutschland wurde der Spottname um 1830 von den Schriftstellern des Jungen Deutschland populär gemacht. B., zuweilen charakterisiert als „scherzhaft für gelehrtes Frauenzimmer", war gleichwohl spöttisch und abwertend, zuweilen giftig und böse gemeint für gebildete Frauen, später für alle Akademikerinnen und frauenbewegte Frauen. Ganze Witzseiten lebten von der Spottfigur der Flachbrüstigen, Häßlichen, Bebrillten.

„Eine Frau wie ich . . . einen Knopf annähen? . . . Sie sind verrückt! . . ." „Das wird ja immer schöner! . . . es genügt ihr nicht, daß sie die Hosen anhat . . . sie muß sie mir auch noch an den Kopf werfen! . . ."

Honoré Daumier, „Die Blaustrümpfe", 1844.

Bordell; auch Dirnenhaus, → Frauenhaus, Freudenhaus, → Puff, Eros-Center. Das Wort B. wurde

Die Kurtisanen. Gemälde von Vittore Carpaccio (um 1455–1525). Venedig, Museum Correr.

im 15./16. Jh. aus dem Franz. und Ital. übernommen. In den romanischen Sprachen wie im Deutschen geht B. auf eine Verkleinerungsform von Hütte, Bauernhof zurück, ein „Bretterhüttchen" . Ein B. ist ein Haus, in dem Frauen untergebracht sind, deren Sex und Körper stundenweise oder länger von Männern gekauft werden können. Gekauft und verkauft werden damit zugleich Macht und Verfügung einerseits, Unterwerfung, Gehorsam andererseits. (→ Prostitution). B.e entstanden in patriarchalischen Gesellschaften im Zusammenhang mit Monogamie, einer (strengen) Ehegesetzgebung und der Reglementierung = Unterstellung von Prostituierten unter behördliche Aufsicht. B.e bedeuten die Kasernierung von Prostituierten; mit Gesetzen, Ge- und Verboten, Geldstrafen und körperlicher Gewalt wurde und wird die Unterbringung in einem Gebäude (auch ganzen Vierteln) verfügt und durchgesetzt, um das Gewerbe überwachen zu können (→ Prostitution).

bürgerliche Frauenbewegung; → Frauenbewegung.

Bulimie (Eß-Brech-Sucht); → Eßstörungen.

bumsen; (1) umgangssprachlich für „dröhnend aufgeschlagen". (2) Verwandt mit der Bedeutung unter eins, ist b. eine von vielen männlich geprägten Redewendungen für Geschlechtsverkehr, die sich in den letzten Jahren mehr und mehr durchgesetzt hat (→ Koitus). Im Duden „Die sinn- und sachverwandten Wörter" sind 70 Redewendungen für miteinander schlafen, sich körperlich lieben aufgeführt, wobei eine Reihe mehr oder weniger üblicher wie „anbuffen", „knakken" fehlen. Von den 70 genannten weisen nur 20 darauf hin, daß zwei Personen miteinander etwas tun, beide Subjekte sind und → Sexualität sowohl gleich- als auch verschiedengeschlechtlich orientiert sein kann. Die meisten Ausdrücke (bei strengem Maßstab sind es die restlichen 50) spiegeln wider, daß der Mann etwas an der Frau tut und (seltener) die Frau das geschehen läßt. Die → Sprache verdeutlicht, daß die übliche Form des → heterosexuellen Geschlechtsverkehrs Bestätigung von Männlichkeit zu sein hat und wie sehr Sexualität mit → Gewalt verbunden ist. Das Beispiel „eine Frau beschlafen" ist in diesem Zusammenhang harmlos. Die Ausdrücke reichen von „maßnehmen", „sich jemanden hernehmen"/„vornehmen" über „knallen", „einen in die Muschel rotzen" bis „umbiegen", „aufs Kreuz legen" und „umlegen", was auch die Bedeutung von töten hat.

Bundeswehr; → Militarismus/Militarisierung.

Busen; eine ursprünglich als vornehm geltende Bezeichnung für die Brüste. Genaugenommen ist B. das Tal zwischen den Brüsten. In der dichterischen, bildlichen und gehobenen Sprache wurde B. sehr viel weitergefaßt gebraucht: am B. der Natur, B.freundin und B.freund sowie im B. bewahren. In diesen Ausdrücken hat B. eher die Bedeutung von Herz, von enger seelischer, erotischer, geistiger Verwandtschaft und Freundschaft.

Von 70 Wörtern für bumsen weisen nur 20 darauf hin, daß es sich um 2 Personen handelt.

Cartoon; aus dem Engl. für Karikatur, parodistische Zeichnung; ein gezeichnetes oder gemaltes (satirisches) Gedicht in Bildern. Im Plural sind C.s eine andere Bezeichnung für Comics, Comic strips (aus dem Amerikan.) = „drollige Streifen", Bild-(Fortsetzungs-)Geschichten mit kurzen Texten und meist abenteuerlichem, groteskem, utopischem, oft frauenfeindlichem und inzwischen auch politischem und frauenfreundlichem Inhalt. (→ Bildende Kunst)

Chancengleichheit; der Begriff stammt aus der Bildungspolitik und bezeichnet den Anspruch von Kindern und Jugendlichen, eine ihren Anlagen und Fähigkeiten entsprechende allgemeine Schulbildung zu erhalten, unabhängig von ihrer Herkunft und ihrem Geschlecht. Im weiteren Sinne bezieht sich C. auf den Zugang zu → Beruf, Entwicklung und Aufstieg, Weiterbildung im Beruf und auch im politischen Leben.
In der bundesrepublikanischen Bildungsdiskussion und den Anfängen der Bildungsreform (→ Bildung) in den 60er Jahren spielte die Frage der Herkunft, der Schicht- und Klassenzugehörigkeit die zentrale Rolle. Die Benachteiligung von Mädchen sowie besonders von Töchtern aus Arbeiter/innen- und unteren Angestelltenfamilien machten vor allem Wissenschaftlerinnen und Studentinnen sowie einzelne Soziologen zum Gegenstand bildungssoziologischer Untersuchungen und bildungspolitischer Forderungen. Eindeutig die geringsten Bildungschancen hatte in den 50er und 60er Jahren das katholische Arbeitermädchen vom Land; heute gilt dies für das türkische Arbeitermädchen in der Stadt. (→ Migrantinnen)

C

Chance; von franz. „chance" Ende des 19. Jhs. übernommen für glücklicher Umstand, Möglichkeit, günstige Gelegenheit und Aussicht auf Erfolg. Von C. wird vor allem in der → Bildung, im → Beruf, im → Sport und beim Spiel gesprochen. Umgangssprachlich bezieht sich C. auch auf → Beziehungen: sie/er hat Chancen bei ihm/ihr. Ursprünglich bezeichnet das franz. Wort „chance", wie das nicht mehr gebräuchliche deutsche „Schanze", den glücklichen Fall der Würfel beim Glücksspiel. An diese ursprüngliche Bedeutung müssen sich immer noch viele Frauen erinnert fühlen, wenn es um ihre C. in der → Ausbildung, im → Beruf, bei der Bewerbung um einen bezahlten Arbeitsplatz geht.

Wie's die Kollegin macht – ist's falsch

Gibt sie ihre Kinder in die Kinderkrippe –
ist sie eine Rabenmutter,
bleibt sie zu Hause –
verkommt sie hinter dem Kochtopf.

Leistet sie viel –
verliert sie ihren Charme,
leistet sie wenig –
ihre Stellung.

Verwendet sie Make up –
trägt sie „Kriegsbemalung",
verwendet sie keines –
vernachlässigt sie ihr Äußeres.

Verrichtet sie anspruchslose Arbeit –
hat sie keinen Ehrgeiz,
erfüllt sie qualifizierte Aufgaben –
ist sie mit ihrem Beruf verheiratet.

Hat sie studiert –
ist sie ein Blaustrumpf,
hat sie promoviert –
mußte sie ihren Doktor selber machen.

Zeigt sie ihre Gefühle –
ist sie eine Heulsuse,
beherrscht sie sich –
ist sie ein Eisberg.

Ist sie mit 25 noch ledig –
kriegt sie keinen mehr mit,
ist sie mit 19 schon verheiratet –
mußte sie wohl.

Ist sie hilfsbereit –
wird sie ausgenutzt,
kümmert sie sich nur um ihre eigene Arbeit –
ist sie unkollegial.

Ist sie sehr attraktiv –
hält sie die Kollegen von der Arbeit ab,
ist sie es nicht –
kümmert sich keiner um sie.

Wirkt sie temperamentvoll –
„ist sie nicht zu halten“,
wirkt sie ruhig und besonnen –
fehlt ihr der „Pfeffer“.

Ist sie intelligent –
darf sie das nicht zeigen,
ist sie es nicht –
muß sie wenigstens hübsch sein.

Kommt sie mit Grippe ins Büro –
steckt sie die anderen an,
bleibt sie zu Hause –
legt sie sich mit jeder Kleinigkeit ins Bett.

Trägt sie „mini“ –
stört sie den Arbeitsfrieden,
trägt sie „maxi“ –
hat sie wohl krumme Beine.

Ist sie montags müde –
lästert man,
ist sie taufrisch –
lästert man auch.

Geht sie gerne aus –
ist sie ein Playgirl,
bleibt sie zu Hause –
gilt sie als Mauerblümchen.

Ist sie trinkfest –
„säuft sie alle Männer unter den Tisch“,
verträgt sie nichts –
ist nichts mit ihr anzufangen.

(Verfasser oder -in leider unbekannt)

Schon in den ersten Untersuchungen wurde herausgearbeitet, daß die größten Widerstände gegen C. in der → Bildung aus der bestehenden geschlechtsspezifischen Arbeitsteilung und der Ideologie von der „Natur der Frau“ und der → Familie erwachsen. So wurden in den Arbeiten zur C. in der Bildung und im Schulsystem zugleich mitreflektiert: die notwendigen Veränderungen in der Wirtschafts- und Arbeitsstruktur, eine andere Berufsperspektive für Frauen und eine notwendige Familienorientierung für Männer sowie begleitende Aufklärungsmaßnahmen gegen die traditionellen Geschlechterrollen.

Was mit gezielten Investitionen, Änderung von Erziehungs- und Bildungskonzepten und entsprechender Aufklärung erreicht werden kann, zeigte die Bildungsreform in den 60er und 70er Jahren. Traditionell Unterprivilegierte wie Mädchen, Arbeiterkinder konnten in den Bildungsabschlüssen enorm aufholen; Schritte zur C. wurden vor allem durch die Einrichtung von Ganztags- und Gesamtschulen getan. Entsprechend verschlechtern sich die Chancen, wenn diese Reformen gestoppt und rückgängig gemacht werden. Es zeigten sich aber auch Grenzen jeder Bildungsreform: Gleiche Bildungschancen und gleich gute bis bessere Bildungsabschlüsse der Mädchen führen nicht automatisch zu C. in der beruflichen Ausbildung und im Beruf. (→ Bildung, → Beruf).

Die Frauenbewegung übernahm den Begriff C. vorzugsweise, um die Ungleichheit in allen gesellschaftlichen Bereichen, von der frühkindlichen → Erziehung über Schule, Ausbildung und Situation im Erwerbsleben bis hin zur → Politik und dem öffentlichen Leben, im → Sport und in den Medien nachzuweisen und für Frauen gleiche Chancen zu fordern. Daß wir von einer wirklichen Gleichheit der Chancen weit entfernt sind, zeigt die Entwicklung in den ehemaligen sozialistischen Ländern. Dort sind die Frauen überproportional betroffen von den Verschlechterungen durch die Umstellung auf kapitalistische Verhältnisse.

Chanson; aus dem Lat. („canere“ = singen) und Franz. „chanson“ im 18. Jh. in Deutschland übernommen für (Volks-)Lied, auch für Liebeslied und allgemein für besinnliches Lied. (1) In der Musikgeschichte ist das C. das französische mehrstimmige Lied, meist Liebes- oder Trinklied des 15.–17. Jhs. (2) Unter dem Einfluß des → Kabaretts seit dem Beginn des 20. Jhs. bezeichnet C. einen frechen, geistreichen, die Zeit und die Umstände kritisierenden Sprechgesang. *Chanson de geste* war ein altes französisches Heldenlied, im 12./13. Jh. verbreitet. In den frühesten Liedern dieser Art spielen Frauen keine Rolle. In den späteren Epen sind zwei Frauenrollen typisch. Erstens das Heidenmädchen, das in Liebe und voller Sinnlichkeit um den (Kreuz-)Ritter wirbt. Zweitens die Frau als Gattin und Mutter, besonnen und vernünftig, die für den Helden lebt und Gutes in ihm bewirkt. Weniger bekannt sind die *Chansons de toile* des 12. oder 13. Jhs., volksliedähnliche Liebes- und Frauenlieder. Mädchen und junge Frauen werden als leidenschaftlich Liebende dargestellt. Die Männer sind meist passiv in diesen Liedberichten aus den Zimmern der Frauen beim Nähen (daher stammt der Name). Umstritten ist, ob diese Lieder von Frauen geschrieben und mündlich überliefert wurden. Für die Urheberschaft der Frauen spricht die gute Kenntnis der Lebensumstände, der Empfindungen der Frauen, die geschildert

Trude Hesterberg

Lotte Lenya

werden. Auch in der portugiesischen und deutschen mittelalterlichen Dichtung gibt es ähnliche Beispiele. Auch in Deutschland sollen die ersten Minnelieder von Frauen gemacht worden sein.

Charta; von lat. „charta“ = Papier, Brief, Urkunde. Der moderne Sprachgebrauch: Verfassungsurkunde, Staatsgrundgesetz ist abgeleitet von Magna Charta, dem englischen Gesetz von 1215, in dem der König dem Adel grundlegende Freiheitsrechte garantieren mußte. Im modernen Staats- und Völkerrecht wird Ch. für grundlegende rechtliche und politische Urkunden und Abkommen benutzt; z. B. die Atlantik-Ch., die Ch. der Vereinten Nationen. In der Ch. der Vereinten Nationen, der 1945 gegründeten Nachfolgeorganisation des Völkerbundes zur Sicherung des Weltfriedens und der internationalen Zusammenarbeit, sind → Menschenrechte und Grundfreiheiten für alle unabhängig von Rasse, → Geschlecht, → Sprache, Religion vereinbart. Auf dieser Basis wurden von den Vereinten Nationen Forderungen zur → Gleichberechtigung und → Emanzipation der Frau aufgestellt und Programme zur Umsetzung in verschiedenen Ländern entwickelt und durchgeführt. Das Internationale Jahr der Frau 1975 und die anschließende Dekade der Frau waren solche Initiativen.

Chauvinismus; aus dem Franz. in der Bismarckzeit (Ende 19. Jh.) in Deutschland übernommener Begriff für eroberungssüchtigen Nationalismus, übersteigerten Vaterlandsstolz. Der Begriff C. soll zurückgehen auf Nicolas Chauvin, einen Soldaten der französischen Republik und des Empire, der für seine übersteigerten patriotischen Gefühle bekannt und das Vorbild war für die Figur des Chauvin, des prahlerischen Rekruten in dem Lustspiel „La cocarde tricolore“ (1831) der Brüder Cogniard. Das Lustspiel trug zur Verfestigung des Begriffs und der Popularisierung Chauvins bei. Nicht zu verwechseln mit Jeanne Chauvin (1862–1926), einer der ersten Rechtsanwältinnen Frankreichs, führend in der Frauenbewegung, Verfechterin einer fortschrittlichen → Erziehung für Mädchen. In der neuen → Frauenbewegung wird C. auch für → Antifeminismus gebraucht, in Amerika und England mit dem Zusatz „male“ = männlich. „Male chauvinism“ bez. männlichen, übersteigerten Geschlechtsstolz, Ignoranz gegenüber den Frauen, Vertreter des → Männlichkeitswahns. Umgangssprachlich wurde Ch. zum Chauvi entwickelt, auch Schowie geschrieben.

cherchez la femme; (franz.) = Suchet die Frau! (die bestimmt dahintersteckt!) Ausdruck der weitverbreiteten Anschauung von der Frau als der geheimen Herrscherin.

Chronik; von griech. „chronos“ = Zeit, ein Zeitbuch. Die C. ist eine Form der Geschichtsschreibung, die vor allem im Mittelalter verbreitet war, in der die Ereignisse in zeitlicher Abfolge und für bestimmte Zeitabschnitte berichtet werden.

Courage; aus dem Franz. von „cœur“ = Herz abgeleitet. (1) C. wurde im 16. Jh. in die deutsche Soldatensprache für Beherztheit, Mut übernommen; abgeleitet davon: couragiert = beherzt, mutig. In Abhebung von der Soldatensprache wurde der Begriff Zivilc. gebildet, was wörtlich die Beherztheit und den Mut des Bürgers/der Bürgerin bedeutet. In unserem Sprachgebrauch heute steht Zivilc. für den Mut, überall unerschrocken (auch bei üblen Folgen) die eigene Überzeugung zu vertreten. (2) Frauenzeitschrift, erschien in West-Berlin, 1976–1984.

Rosa Valetti

Yvette Guilbert, 1866–1944.

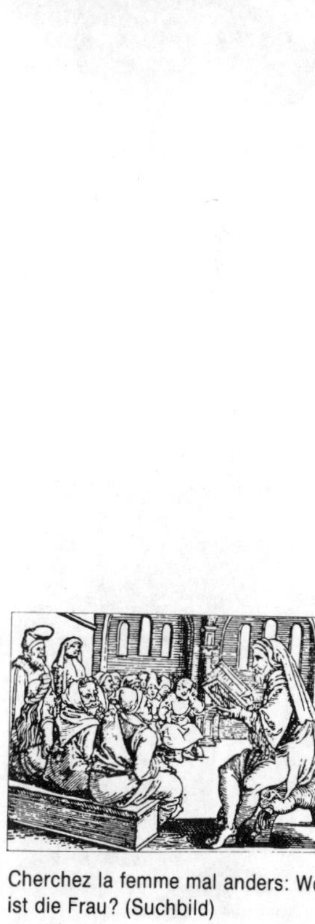

Cherchez la femme mal anders: Wo ist die Frau? (Suchbild)

D

dämlich; umgangssprachlich für dumm, albern. D. von Dame und herrlich von Herr? So einfach ist es mit der Sprache denn doch nicht. D. kommt von niederdeutsch „dämelen" = nicht recht bei Sinnen sein. Herrlich, mhdt. und ahdt. „herlich", geht zurück auf hehr = erhaben, vornehm, altehrwürdig. Diese Verbindung zu hehr und darüber zu alt und grau ging allerdings schon früh verloren, und herrlich wurde schon im frühen Mittelalter als zu Herr gehörig empfunden.

Dame; von lat. „domina" = (Haus-) Herrin. (1) Altfranz. Titel für die Frau des Ritters; sie hatte Erlaubnis, Schild und Banner zu führen; die Frau des Knappen hieß Damoiselle. D. wurde um 1600 aus dem Franz. „dame" übernommen für Herrin, Frau oder Tochter „aus gutem Hause", wie es heißt. Im 17. Jh. entsprach D. dem Kavalier, war die gebildete Geliebte, die Herzensdame. Wenig später erhielt D. die allgemeine Bedeutung eines Titels für adelige Frauen, und seit Ende des 18. Jhs., mit dem Aufstieg des Bürgertums, ersetzte D. zum Teil die Anreden → Frau und → Frauenzimmer. Kaum in Deutschland bekanntgeworden, sank D. alsbald (in der 2. Hälfte des 17. Jhs.) herab zur →Mätresse, →Dirne – häufig auch in der Verkleinerungsform Dämchen. In England hat sich außer der entsprechenden Bezeichnung „Lady" als Titel für adlige Frauen auch „dame" als Anrede für die Frau eines Barons und als Ehrentitel gehalten: „Dame of the British Empire." Die Vorkämpferin für die Zulassung von Frauen zu technischen Berufen, Caroline Haslett (1895–1956) – von den englischen Elektrizitätsarbeitern „Lady Dynamo" genannt –, wurde 1947 so ausgezeichnet, und Agatha Christie (1890–1976), die Verfasserin von Kriminalromanen und Schöpferin von „Miss Marple", erhielt die Auszeichnung 1956. (2) D. ist auch der Name für ein Brettspiel, für die Königin im Schach und für eine Spielkarte. (3) Unsere Dame, franz. „Notre Dame", ist eine Bezeichnung für Maria, die Mutter Gottes. (4) Dame Jeanne (franz.) ist eine 20–50-Liter-Flasche aus Ton oder Glas.
Unter D. gefunden: *Damenfrieden,* der Friedensschluß von 1529 zwischen Frankreich und Österreich in Cambrai, der auf Initiative von Louise von Savoyen, der Regentin für Franz I. und Margarete von Österreich, der Regentin für Karl V., zustandekam.

Debütantin; von franz. debut = Anfang; wurde ursprünglich allein in der Theatersprache gebraucht. D. ist die Anfängerin; eine Schauspielerin, Sängerin, die zum ersten Mal auftritt. Übernommen wurde das Wort D. für das Mädchen aus dem Adel, später aus dem Bürgertum, das in die Gesellschaft eingeführt wird, um auf Bällen den Ehemann kennenzulernen. Drei bis vier „Saisons" höchstens hatten die Mädchen Zeit, ihr Ziel zu erreichen. Dann wurde aus der D. die „alte Jungfer". Um auf dem Heiratsmarkt zu glänzen, die aufwendigen Balltoiletten zahlen zu können, sparten zahlreiche bürgerliche und verarmte adlige Familien, stichelten die Kleider selbst, liehen sie auch aus. Wurde das Ziel, Versorgung der Tochter, nicht erreicht, war das für das Mädchen häufig eine sehr demütigende Situation in der Familie, mit versteckten und offenen Vorwürfen. Clara Viebig hat u. a. die Lage der unverheirateten jungen Frauen in ihrem Roman „Die Rheinlandstöchter" geschildert. An Theater, Spektakel und vergangene Zeiten erinnert alljährlich der Wiener Hofopernball mit der Einführung der D.nen, der mit Vorliebe von Politikern, Alt- und Neureichen besucht wird.

Defloration; lat. „deflorere" = abblühen (Flora war der Name einer altrömischen Frühlingsgöttin der „Blumen und Blüten"); Entjungferung; bezeichnet den ersten Beischlaf, bei dem gewöhnlich das Jungfernhäutchen (Hymen), das den Scheideneingang umsäumt, verletzt wird. Das gräßliche Wort, das wörtlich übersetzt bedeutet: Die Frau wird vom Mann defloriert, entjungfert, abgeblüht, verweist wieder einmal auf eine einseitig

männlich geprägte → Sexualität und auf die Bedeutung von Jungfräulichkeit vor der Ehe in frühen, nicht allzu fernen Zeiten und daß der Körper der Frau in den Besitz des Ehemannes überging. Er beanspruchte die Unberührtheit, während er natürlich auch auf diesem Gebiet seine Erfahrung sammeln mußte.
Der D.sanspruch besagt nach § 1300 BGB Abs. 1 im Familienrecht unter dem Abschnitt: Bürgerliche Ehe: „Hat eine unbescholtene Verlobte ihrem Verlobten die Beiwohnung gestattet, so kann sie . . . auch wegen des Schadens, der nicht Vermögensschaden ist, eine billige Entschädigung verlangen." Im Kommentar heißt es dazu: „Gesetzgeberischer Grund: Die Hoffnung der Braut, die Beiwohnung werde ihr keinen Schaden bringen, wird durch den Rücktritt des Bräutigams vereitelt, ihre Versorgungsaussichten dadurch zerstört, mindestens beeinträchtigt." Dieser Paragraph gilt noch, obwohl mit der Ehe- und Familienrechtsreform 1977 grundsätzlich von der Gleichheit in der Ehe ausgegangen wird, und unbeschadet der Tatsache, daß die D. in früheren Zeiten, als sie weit wichtiger war, die Rechte der Frau nicht sichern konnte. Der Stolperstein steckt in dem Adjektiv „unbescholten".

Deklaration; von lat. „declaratio" = Erklärung; auch Steuer- und Zollinhaltserklärung. Hier geht es um D. in der Bedeutung einer offiziellen Erklärung zu Menschenrechten, Verfassungsgrundsätzen. Die berühmteste ist die der französischen Revolution, Erklärung der Menschen- und Bürgerrechte – déclaration des droits de l'homme et du citoyen – von 1789. In Ergänzung verfaßte 1791 Olympe de Gouges „Die Erklärung der Rechte der Frau und der Bürgerin" – déclaration des droits de la femme et de la citoyenne. Im Artikel 10 dieser berühmten Frauenerklärung heißt es: „Die Frauen haben ein unbedingtes Recht auf die Tribüne, denn sie haben ja auch ein Recht aufs Schafott." Olympe de Gouges bestieg die Tribüne und mußte aufs Schafott.
Auch die „Erklärung der Gefühle" – Declaration of Sentiments – der Versammlung amerikanischer Frauen in Seneca Falls (New York) vom 19./20. Juli 1848 ist eine notwendige Ergänzung der amerikanischen Unabhängigkeitserklärung von 1776. In der Frauenerklärung heißt es u. a.: „Angesichts dieser gänzlichen Knechtung der einen Hälfte unseres Volkes, ihrer sozialen und religiösen Erniedrigung, angesichts der oben erwähnten ungerechten Gesetze, und weil die Frauen sich beleidigt, unterdrückt und in betrügerischer Weise ihrer heiligsten Rechte beraubt fühlen, bestehen wir darauf, daß sie sofort zu allen Rechten und Privilegien zugelassen werden, die ihnen als Bürger der Vereinigten Staaten gehören."
Weder diese bekannten noch die weniger bekannten zahlreichen Erklärungen von Frauen kommen in unseren Lexika vor. Wir müssen wohl erst eine Frauenrevolution machen.

Demokratie; von griech. „demos" = Volk und „kratos" = Kraft, Macht wurde das Wort D. im 17. Jh. aus dem griechischen „demokratia" = Volksherrschaft übernommen. D. ist ein vieldeutiger, sehr unterschiedlich interpretierter Begriff, bezeichnet eine Form von Herrschaft, enthält aber die Utopie, daß die Menschen ihre Geschicke in die eigenen Hände nehmen und Herrschaft und Staatsgewalt überflüssig machen.
Werfen wir einen Blick zurück. „Volksherrschaft" hieß in unserem Kulturkreis der Aufruf, wenn es darum ging, die Herrschaft von Wenigen abzulösen. Freiheit und Gleichheit wurden verheißen. Für alle? Die klassische, antike Form der D. war die Athens. Sie beruhte auf der → Gleichheit der Staatsbürger – doch nicht alle Einwohner waren Staatsbürger. Die Bürgerinnen kamen ebensowenig vor wie Sklaven und Sklavinnen und Zugewanderte. Volksherrschaft vertrug sich mit der Sklavenarbeit der Mehrheit. In den folgenden Jahrhunderten war die Utopie in sozialen Bewegungen lebendig, wie im Urchristentum, in der Ketzer/innen-

„. . . Er (der Mann) hat sie (die Frau) gezwungen, sich Gesetzen zu unterwerfen, bei deren Abfassung sie keine Stimme hatte. (. . .) Indem er sie des vornehmsten Rechts eines Bürgers, des Wahlrechts beraubte, und sie so ohne Vertretung in den gesetzgebenden Körperschaften ließ, hat er sie auf allen Seiten unterdrückt. (. . .) Er hat ihr alles Eigentumsrecht genommen, sogar auf den selbstverdienten Lohn. Er hat fast alle einträglichen Berufe monopolisiert, und in denen, die sie ausüben darf, erhält sie nur eine kärgliche Bezahlung. (. . .) Er hat ihr die Gelegenheit versagt, sich eine gründliche Bildung anzueignen, indem er ihr alle höheren Schulen verschloß."

Aus: „Declaration of sentiments", aufgestellt von der Versammlung amerikanischer Frauen in Seneca Falls (N.Y.) am 19./20. Juli 1848

„Das Gesetz in seiner majestätischen Gleichheit verbietet es, den Reichen wie den Armen, auf den Straßen zu betteln, unter den Brücken zu schlafen und Brot zu stehlen."
Anatole France

bewegung des Mittelalters, aber „Volksherrschaft" hieß es dann erst wieder in der englischen Revolution von 1648 und fast 150 Jahre später in der Französischen Revolution von 1789.
„Seitdem ist die Demokratie, (. . .), als Regierungsform ebenso wie als Idee, daß die Macht den Massen gehört (was nicht dasselbe ist), das gesellschaftlich und politisch inspirierende Projekt (und steht im Mittelpunkt der politischen Auseinandersetzungen)." (Rossana Rossanda, 1980). Denn die versprochene Freiheit und Gleichheit war im vergangenen Jahrhundert im besten Falle eine der Bürger; im schlechteren, wie in Deutschland, eine der Nachfahren der Feudalherren, der Junker, und der neuen Kapitalbesitzer. Bürger*innen* wurden die demokratischen Rechte ebenso verwehrt wie dem „4. Stand", den Arbeitern und Arbeiterinnen. Es sollte in Deutschland sieben Jahrzehnte dauern seit dem Scheitern der Revolution von 1848, vieler Petitionen, Schriften, Demonstrationen bedürfen, Auseinandersetzungen und Verfolgung kosten, bis das Dreiklassenwahlrecht für Männer abgeschafft, das → Wahlrecht für Frauen durchgesetzt und damit der Fortschritt errungen war, daß alle Bürger und Bürgerinnen die gleichen Rechte hatten, die Staatsverfassung mitzubestimmen, den Staat zu verwalten.
In der alten → Frauenbewegung schieden sich die Flügel auch nach dem Einsatz für die Erringung dieses Rechts und in der Einschätzung seiner Bedeutung. Die gemäßigte Mehrheit sah das Wahlrecht als Indiz für D. und als „Krönung" der Bewegung zur Integration der Frauen in Staat und Gesellschaft. Für die aktiven Frauen vom linken Flügel sollte es ein Anfang sein, Veränderungen in Staat und Gesellschaft zugunsten der Frau zu ermöglichen, wobei sie zum Unterschied von Liberalen und Sozialdemokratinnen nicht in erster Linie auf männerdominierte Parteien und Parlament setzten. Sozialistinnen, Kommunistinnen sahen in der politischen → Gleichberechtigung eine wichtige Station auf dem Weg zu einer grundlegenden Umgestaltung der Gesellschaft und einer sozialistischen D.
Mit der Durchsetzung der *bürgerlichen D.* stand (und steht) die alte Frage auf neuer Stufe zur Debatte. In dieser Form von D. wird abgehoben auf einen politischen, von den übrigen gesellschaftlichen Bereichen relativ getrennten Sektor und die Regierungsform der repräsentativen D. Dem Anspruch nach soll mit dieser Regierungsform die Auseinandersetzung zwischen Interessengruppen auf der Basis gleicher Chancen und Teilhabe aller zwecks Herausbildung einer politischen Mehrheit gewährleistet werden. Diese ist dann bis zur nächsten Wahl (4–5 Jahre) zu akzeptieren und hat ihrerseits den Anspruch der Minderheit auf Opposition zu schützen. In der Praxis sind *Wenige gleicher,* bestehen doch wirtschaftliche und soziale Ungleichheiten fort, die im Kern in den kapitalistischen Eigentums- und Produktionsverhältnissen, aber auch in der patriarchalischen Organisiertheit der Gesellschaft wurzeln. Auf der politischen Ebene können Benachteiligungen für Minderheiten die Wahlverfahren sein (indirektes Wahlrecht, reines Mehrheitswahlrecht, %-Klauseln) sowie → Diskriminierungen und das Verbot von Parteien. Von grundlegender Bedeutung ist, daß im gesellschaftlich zentralen Wirtschaftsbereich die wichtigen Weichenstellungen demokratischer Kontrolle entzogen sind. Zudem bietet Wirtschaftsmacht umfassende Einflußmöglichkeiten; von unerlaubten Schmiergeldern bis zur legalen Prägung von Wähler/innen – Meinungen durch Medien. Auch mittels Parlament, Parteien, freier, gleicher und geheimer Wahlen – die zugleich Symbole politischer Gleichheit sind –, kann dafür gesorgt werden, daß sich zwar nicht immer dieselben Personen, wohl aber dieselben Klassen und Gruppen (und unter diesen vorzugsweise die Männer) immer wieder die reale politische Macht aneignen. (Rossana Rossanda, 1980)
Entworfen und praktiziert als Stadium auf dem Weg zur Verwirklichung der alten Idee der Gleichheit

aller, ist *sozialistische D.*, so die klassische Kurzformel Lenins, „auf neue Art demokratisch (für die Proletarier und überhaupt die Besitzlosen) und auf neue Art diktatorisch (gegen die Bourgeoisie)“. Wo anderwärts versucht wird, den Zusammenhang von Ökonomie und Politik, von Herrschaft und D. zu verschleiern, macht allein solche Offenheit diese Form der D. direkt angreifbar und verletzbar. Die schwierigen zu lösenden Aufgaben und damit auch Verkrustungen, Stagnation und Rückschläge ergeben sich aus dem grundlegend neuen Projekt, D. nicht nur als eine Form der Organisation der staatlichen Leitung, sondern als ein Prinzip der gesellschaftlichen Praxis vor allem in dem zentralen Bereich Wirtschaft zu verwirklichen. Eine Fülle von Problemen bringt der neue Anspruch, die technisch-ökonomische Entwicklung an die soziale und kulturelle zu binden, staatliche Leitung und zunehmende Teilhabe an der Planung ebenso zu verwirklichen wie soziale Gleichheit. Gradmesser für den Stand der D. werden damit u. a.: die Entwicklung betrieblicher Rechte wie Teilhabe an der Arbeitsorganisation, an der Bestimmung der Arbeitsbedingungen und an den verschiedenen Stufen ökonomischer Planung als Teil gesellschaftlicher; die Gleichstellung ehemals benachteiligter Gruppen in der Bildung und Ausbildung wie insgesamt das Niveau der Qualifikation der Bevölkerung. So kann etwa an der Entwicklung der Situation der Frauen gezeigt werden, wo zum Teil in einem rasanten Tempo Gleichheit hergestellt bzw. der Grad der Ungleichheit verringert wurde: Dies betrifft die Entwicklung in Bildung, Ausbildung, Beruf, auch die der gemeinschaftlichen Betreuungseinrichtungen für Kinder und die Teilhabe der Frauen auf der unteren und mittleren sowie zunehmend der oberen Ebenen demokratischer Planungs-, Entscheidungs- und Kontrollgremien. Die häusliche Arbeitsteilung zwischen Mann und Frau ist ebenso noch ein Problem wie die unzureichende bis fehlende Repräsentanz von Frauen in den obersten gesellschaftlichen Gremien. Ein wesentlicher Programmpunkt in den Wirtschaftsplänen z. B. der Sowjetunion der 80er Jahre ist die schrittweise Anhebung der niedrigeren Löhne in den Frauenarbeitsbereichen Leichtindustrie und Dienstleistungen bei gleichzeitigem Stopp in anderen Wirtschaftsbereichen.

Das Projekt einer sozialistischen D. ist gescheitert. Das hat viele äußere wirtschaftliche und politische Gründe wie Weltmarktkonkurrenz und weltweite Kapitalmacht, Kalter Krieg und Wettrüsten. Einer der wichtigsten Binnenfaktoren aber war der Mangel an D. Nach Stalinismus und (unabgeschlossener) Entstalinisierung wurde seit „Glasnost“ (Offenheit, Durchschaubarkeit) und „Perestroika“ (Umgestaltung durch Demokratisierung) und nach dem Zusammenbruch der östlichen Gesellschaften deutlich, wie sehr gegen die Werte und Normen einer sozialistischen D. verstoßen wurde.

In „Einmischung“ (1980) hat die Italienerin Rossana Rossanda in Gesprächen mit Frauen über ihr Verhältnis zur → Politik die wichtigsten Punkte für die Notwendigkeit und Schwierigkeit von D., die Wege zur Realisierung und die Gründe für das Scheitern auch einer sozialistischen D. herausgearbeitet.

(1) Am Beginn grundlegender gesellschaftlicher Umgestaltungen (→ Revolution) steht der Kampf gegen das bestehende Produktions-, Macht- und Kultursystem und die Sicherung des Neuen gegen die alten Mächte nach außen und innen. Das hat bislang niemals ohne Brüche, Übergriffe und Gewalt funktioniert und geht möglicherweise auch nicht ohne undemokratische Mittel; so auch in der Sowjetunion 1917/18 / 20er Jahre und in den osteuropäischen Ländern nach 1945. Das Problem ist das Entwickeln und Schaffen von Übergängen zur D. aus der Situation des Kampfes und der Umwälzungen heraus.

(2) Mit der Klärung der Machtfrage, mit dem Aufbau eines neuen gesellschaftlichen Systems entwickelt die neu gebildete Macht die Tendenz, sich zu verfestigen. Die Regierenden agieren, wenn nicht in ihrem egoistischen Interesse, so doch nach

Plakat der SPD zur Wahl der Nationalversammlung, 1919.

Ja, nur ein alberner und stupider Mensch konnte die Worte „Republik“, „Monarchie“, und Königsherrschaft und Herrschaft aller in einem Atemzug brüllen!

Claire Démar, 1833

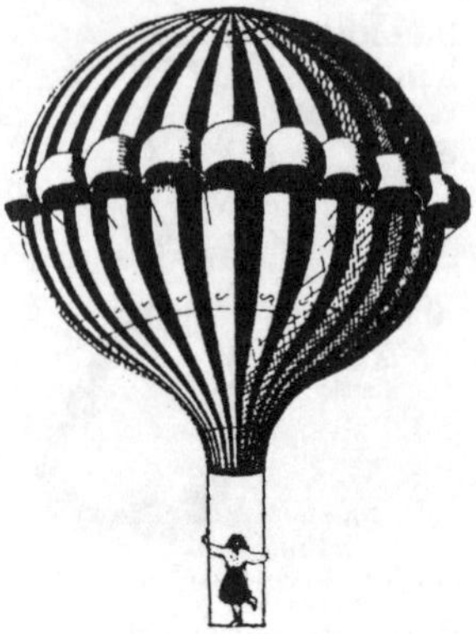

ihrem Bild von der Gesellschaft, das durchaus das Idealbild einer demokratischen Gesellschaft sein kann. Sie definieren tendenziell alle, die keine Macht haben, als Gegner/innen, die diese Macht erschüttern wollen und begehren.

(3) Auch zur sozialistischen D. gehört als konstitutives Element, daß politische Macht delegiert ist, kontrolliert wird und zurückgenommen werden kann. Wo das Bewußtsein davon verlorengeht, werden Wahlen nurmehr zum Schein durchgeführt, werden Ergebnisse gefälscht. Ein Gesellschaftssystem kann dann u. a. an einem in doppelter Weise „zum Verfolgungswahn (. . .) entarteten Sicherheitsbedürfnis" zugrundegehen (Günter Kunert, Aktenkundig, 1992). Machtapparate, Sicherheitsdienste, die ins Private kriechen, Spitzeldienste fordern, Denunziantentum und Doppelleben zum Normalen machen, wie etwa die Berge von Stasi-Akten belegen, prägen und zerstören Zusammenleben, Menschen und ihre Gefühle, verschütten D.

(4) D. ist Bewegung, sie macht Konflikte, Spannungen, unterschiedliche Werte, Bewußtseinslagen, Wünsche und Bedürfnisse von Subjekten, Gruppen, Geschlechtern, Klassen sichtbar. „Demokratie ist der Rahmen, in dem divergierende Interessen aufeinanderprallen und das Prinzip, das (. . .) diesen Interessenkonflikt legitimiert" (Rossana Rossanda, 1980). Damit sind zwei fundamentale Probleme östlicher Gesellschaften verbunden. Lange, z. T. bis zum Ende, hielt sich die revolutionstheoretische Annahme, daß mit der Abschaffung kapitalistischer Eigentums- und Produktionsverhältnisse der gesellschaftliche Grundwiderspruch (Antagonismus) überwunden sei. Wie im Staat trat auch in der Wirtschaft die Bürokratie an die Stelle privater Eigentumsmacht und Verfügungsgewalt und breitete sich in der Gesellschaft aus. Mit ihrem hierarchischen Prinzip der Über- und Unterordnung, ihren Abgrenzungen und Zuständigkeiten, formalisierten Verfahrensregeln und Befehlsgewalten steht sie auf dieser gesellschaftlichen Entwicklungsstufe in einem neuen Widerspruch zu D. Nach den schon früh entwickelten Vorstellungen und Modellen direkter D. (Räted.) besteht die Gefahr in der Ersetzung bzw. der Beherrschung der Politik durch Partei-, Staats- und Wirtschaftsbürokratie.

Das zweite Problem ist das → Geschlechterverhältnis. Das notwendige, zeitweilig energisch umgesetzte, aber begrenzte Emanzipationsmodell und Gleichberechtigungsprogramm ließ den Kern, die geschlechtsspezifische Arbeitsteilung, weitgehend unangetastet. Damit wurde den Frauen → „Gleichheit als Angleichung" an das männlich geprägte Recht, an die männlich geprägte → Politik möglich und darauf beschränkt. Zur alten Mutter- und Familienfunktion kam die neue im → Beruf; allein diese Doppelrolle und -belastung begrenzt die nun politisch-rechtlich mögliche und notwendige Einmischung von Frauen in → Politik und damit Demokratisierung. Patriarchalische (= undemokratische) Gesellschaftsstrukturen und männliche Vorherrschaft blieben erhalten. Gehalten hat sich so auch die bei Frauen und Männern durch Geschichte und Tradition tief verwurzelte, ins Ich eingegrabene Vorstellung von der gleichsam natürlichen männlichen Zuständigkeit, Führungsfähigkeit und Verantwortung in → Politik und → Öffentlichkeit. Die schon lange vor der „Wende" entstandenen Frauengruppen und der Aufbruch der Frauen 1989/90 in der DDR belegen, daß auch hier der alte Widerspruch auf neuen Stufen fortbestand und nach Lösung drängte. (→ Emanzipation, → Feminismus)

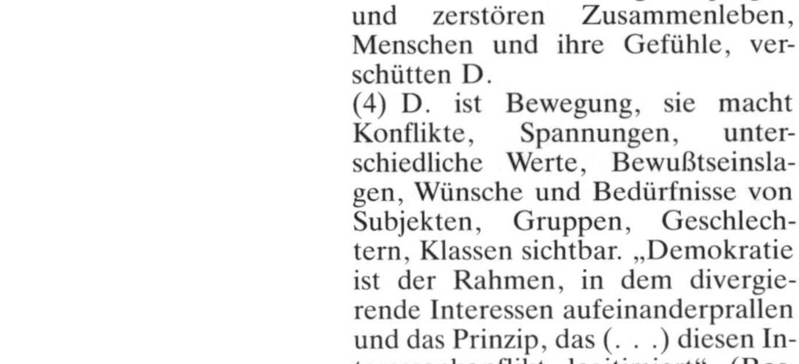

Hamburger Frauengruppen treffen sich zur „Gegenwende".

Daß D. mehr braucht als eine formal demokratische Organisationsstruktur der → Politik, war nach 1945 für viele Menschen in Deutschland eine Erkenntnis aus leidvoller Erfahrung (→ Faschismus, → Widerstand). Die Notwendigkeit der Demokratisierung der Wirtschaft belegen Programme und Leitsätze der Gewerkschaften, der wieder zugelassenen Parteien in den Westzonen von der KPD über die SPD bis zum Ahlener Programm der CDU vom Februar 1947: „Inhalt und Ziel dieser sozialen und wirtschaftlichen Neuordnung kann nicht mehr das kapitalistische Gewinn- und Machtstreben, sondern nur das Wohlergehen unseres Volkes sein." (nach Lorenz Knorr, 1983) Dafür u. a. setzten sich Kommunistinnen in ihrer Partei, in überparteilichen Organisationen, im DFD ein und waren nach dem Verbot der KPD (1956), kaum elf Jahre später, wieder unter den Illegalen (→ Diskriminierung). Daß D. Menschen braucht, die sie tun, bewiesen auch Sozialdemokratinnen und Gewerkschafterinnen, bewies u. a. Elisabeth Selbert (SPD), eine der vier Mütter des Grundgesetzes, als sie die Frauen alarmierte zur Sicherung des Gleichberechtigungsgrundsatzes. Daß D. heißt, sich einzumischen für den Frieden und zugleich außerparlamentarische Formen braucht, zeigten u. a. die Frauen und Mütter, die sich in der WFFB zusammenschlossen. (→ Friedensbewegung der Frauen, → Frauenbewegung, → Anhang) Dies sind nur wenige Beispiele für das Engagement von Frauen in der Nachkriegszeit und in den ersten Jahren der Bundesrepublik, das sich aus der Überzeugung ergab, daß Frauen so gut wie Männer als Staatsbürger/innen, als Erwerbstätige und Hausfrauen verpflichtet sind, D. zu gestalten. Mit der Restauration der alten Eigentums- und Machtverhältnisse in Staat, Wirtschaft und Gesellschaft bis hin zur → Familie unter den Bedingungen von „Wirtschaftswunder" und kaltem Krieg wurde dieses Engagement teils verboten, teils behindert und mittels konservativer Mehrheiten in den institutionalisierten Formen der D. wie Parteien, Gewerkschaften, Verbänden gebunden.

In der neuen Frauenbewegung waren es die ersten aus der Studentenbewegung entstandenen, dann die sozialistisch-feministischen sowie später die DFI-Gruppen, die neben eigenständiger Frauenaktion und -politik die Notwendigkeit der „Einmischung" (Rossana Rossanda) in alle Politik betonten zugunsten der Demokratisierung der Gesellschaft.

In der Frauenbewegung insgesamt stand, neben der Ausweitung traditioneller Politikfragen um die „privaten" Probleme (Sexualität, Gewalt, Beziehungen), D. vor allem als Teilhabe- und Organisationsproblem im Mittelpunkt von Diskussionen und Auseinandersetzungen. Sehr praktische Probleme von Frauen wie Mangel an Zeit, fehlende Kinderbetreuung, Sitzungszeiten und -dauer in demokratischen Gremien, die die Teilhabe von Frauen teils unmöglich machen, teils erschweren, wurden diskutiert. Wie im Erwerbsleben wird auch in der „Demokratie als Beruf", sei es in Parteien, Parlament oder Gewerkschaften, die volle Verfügbarkeit, die „männliche Normalbiographie" ohne hinderliche familiäre Verpflichtungen vorausgesetzt. Geprägt zum Teil von negativen Erfahrungen in männerdominierten hierarchischen, auf dem Prinzip von Führung, Delegation aufgebauten Organisationen und auf der Suche nach Formen, die den Bedürfnissen von Frauen entsprechen (→ Feminismus, → Emanzipation), entbrannte der Schwesternstreit um D. als Form der Artikulierung, Organisierung und Durchsetzung von Fraueninteressen. Vor allem zur Artikulation, auch teilweise zur Organisierung eignen sich die insbesondere von der autonomen Frauenbewegung ursprünglich vertretenen, heute aber darüber hinaus in vielen Gruppen praktizierten, basisdemokratischen Formen der Gleichheit aller in der Gruppenarbeit, in der Teilhabe an Diskussions-, Planungs- und Entscheidungsprozessen mit dem Ziel der Konsensfindung (Übereinstimmungsentscheidung statt Mehrheitsentscheidung). Vor allem für die Durchsetzung von Interessen

... tanzt aus der Reihe!

eignen sich straffere Organisationsformen und Mehrheitsentscheidungen besser. In der Praxis wird nach vielen Wegen gesucht, politisch Einfluß zu nehmen. Die neuen Organisations- und Arbeitsformen haben viele Frauen dazu ermutigt, eigene Gruppen zu bilden, Projekte zu machen. Viele arbeiten gleichzeitig in einer dieser Gruppen und in Parteien oder Gewerkschaften (Doppelstrategie). Die Frauenbewegung hat vor allem mit dazu beigetragen, in bestehenden Organisationen private Probleme als gesellschaftliche zu sehen und unter dem Stichwort „mehr Demokratie" (Gleichheitsforderungen) anzugehen. In der Zusammenfassung der vielfältigen Anstrengungen, im gemeinsamen Vorgehen zur Durchsetzung frauenpolitischer Forderungen stehen wir eher noch am Anfang. Ansätze dazu waren in den 80er Jahren Frauenforen in Städten, vereinzelt Frauenlisten zu Kommunalwahlen, die Gründung einer Frauenpartei und bundesweite Aktionsbündnisse wie die „Aktion Muttertag". Im Februar 1990 wurde in der DDR der Unabhängige Frauenverband (UFV) als Dachorganisation u. a. mit dem Ziel „gemeinsamer Aktion" zur „Veränderung politischer Kultur" gegründet. Die weitere Entwicklung des Verbandes im vereinten Deutschland bestätigt die Schwierigkeiten, über weltanschauliche, politische und soziale Schranken hinweg, frauenpolitisch kontinuierlich, basisdemokratisch und zugleich zentral zu arbeiten und sich politisch einzumischen. Langfristig wichtig waren die Erfahrungen in der Endphase der DDR mit einer Politik der „Runden Tische", die sich u. a. in den verschiedenen Initiativen von „Frauen für eine neue Verfassung" fortgesetzt haben. (→ (→ Frauenbewegung, → Politik).

Quotenregelungen in Parteien und → Gewerkschaften haben seit den 80er Jahren die Partizipation von Frauen an D. und → Politik verstärkt und gestützt (→ Quotierung). Mit der Einrichtung von → Gleichstellungsstellen in der Verwaltung auf Kommunal-, Landes- und Bundesebene (seit 1980 in der BRD, seit 1989/90 in der DDR) nach skandinavischem Vorbild wurde Frauenpolitik als eigenes Tätigkeitsfeld etabliert. Zugleich erfordert die Querschnittsaufgabe „Gleichstellung" gegen die Verwaltungs- und Ämterhierarchie demokratische Strukturen und Einschreibung der Frauensache in die verschiedenen Politikfelder wie → Arbeit, → Jugend, → Kultur, Soziales und Wirtschaft. Hier geht es im Bereich der institutionalisierten → Frauenförderung und -politik darum, diesen doppelten Einfluß, Macht und Kompetenzen zu erringen und zu sichern.

Das geht nicht ohne eine breite, demokratische, innerparteiliche, innergewerkschaftliche und autonome → Frauenbewegung. Diese hat zwei weitere Funktionen: (1) Institutionalisierte frauenpolitische Wege und Ziele sind in und an der Praxis kritisch zu überprüfen und im Austausch mit den Frauenpolitikerinnen zu korrigieren und weiterzuentwikkeln. (2) Gegen die Tendenz zur Verfestigung und Verselbständigung von Macht sind auch hier die Widersprüche sichtbar zu machen und auszutragen, ist das Bewußtsein wachzuhalten, daß (demokratische) Macht delegiert ist, kontrolliert wird und zurückgenommen werden kann. Fraglich ist, ob die → Frauenbewegung, die sich vor allem auf Projekte, → Frauenforschung, → Bildung, → Wissenschaft und Institutionen konzentriert, stark genug ist, diese Aufgaben zu leisten. Die poli-

Friedensmarsch Dortmund–Brüssel 1983

tische Entwicklung in den 80er Jahren und zu Beginn der 90er hat international wie national (durch die „Vereinigung" der beiden deutschen Staaten) in Sachen D. widersprüchliche Wirkungen. Dazu gehören Resignation, der bewußte Rückzug ins Private, die Entwicklung separater Strategien außerhalb männlich dominierter Öffentlichkeit (→ Emanzipation, → Feminismus) und ein gestiegenes Interesse an D. als fortschrittlicher (Frauen-)Politik.

Wie auch immer die individuellen oder kollektiven Entscheidungen ausgefallen sind, weiter verbreitet hat sich die Überzeugung, daß D. soziale Grundlagen braucht, daß – in Abwandlung eines Wortes der französischen Saint-Simonistinnen des frühen 19. Jhs. – D. als Freiheit und Gleichheit für die Frauen, als Freiheit und Gleichheit für das Volk noch verwirklicht werden muß.

Lit.: Ute Gerhard u. a. (Hrsg.), Differenz und Gleichheit. Menschenrechte haben (k)ein Geschlecht, Frankfurt/M. 1990; Cordula Kahlau (Hrsg.), Aufbruch! Frauenbewegung in der DDR, München 1990; Lorenz Knorr, Geschichte der Friedensbewegung in der Bundesrepublik, Köln 1983; Herta Kuhrig / Wulfram Speigner (Hrsg.), Zur gesellschaftlichen Stellung der Frau in der DDR, Köln 1979; Anja Meulenbelt, Feminismus. Aufsätze zur Frauenbefreiung, München 1982; dies., Weiter als die Wut, München 1983; Rossana Rossanda, Einmischung. Gespräche mit Frauen über ihr Verhältnis zu Politik, Freiheit, Gleichheit, Brüderlichkeit, Demokratie, Faschismus, Widerstand, Staat, Partei, Revolution, Feminismus, Frankfurt/M. 1980; Hans Joachim Schädlich (Hrsg.), Aktenkundig, Berlin 1992; Marianne Weg / Otti Stein (Hrsg.), Macht macht Frauen stark. Frauenpolitik für die 90er Jahre, Hamburg 1988.

Renate Wurms

demonstrieren; von lat. demonstrare = darauf hinweisen. (1) D. wird allgemein im Sinne von etwas vorführen, etwas veranschaulichen, einen Beweis führen gebraucht. (2) Im 19. Jh. wurde d. auch für das Veranstalten und Teilnehmen an Protesten, (Massen-)Versammlungen und Kundgebungen übernommen. Demonstriert wird meist gegen politische Entscheidungen von Regierungen, politischen Gegner/innen und um den Menschen die eigenen Forderungen und Ziele zu veranschaulichen. Häufigster Anlaß zu Frauendemonstrationen war in der Bundesrepublik seit den 70er Jahren der § 218, die Rüstungspolitik und die militärische Verplanung von Frauen sowie Sozialabbau und frauenfeindliche Regierungspolitik. Nach Art. 5 und 8 GG (Meinungsäußerungs- und Versammlungsfreiheit) ist d. als Grundrecht verankert und zugleich durch Bestimmungen begrenzt. D. unter freiem Himmel muß spätestens 48 Stunden vorher bei den Ordnungsbehörden angemeldet sein (wichtige Ausnahme: spontane Proteste). Bei „Störungen der öffentlichen Sicherheit und Ordnung" – eine Bestimmung, die auslegungsfähig ist – kann die Polizei eingreifen. Bei „Gewalt gegen Sachen und/oder Personen" machen sich Demonstrantinnen/Demonstranten des Landfriedensbruchs schuldig. Nach dem geltenden Demonstrationsstrafrecht empfiehlt es sich, ausschließlich während des Karnevals zu d., um nicht gegen das „Vermummungsverbot" zu verstoßen.

Depression; → psychische Störungen.

Diät; (→ Ernährung, → Eßstörungen)

Dienstjahr; weibliches D. bezeichnet eine Verpflichtung der Frauen zu einem (haus-)wirtschaftlichen, sozialen oder auch militärunterstützenden Dienst entsprechend der Wehrpflicht für Männer.

Die Idee zu einem D. stammt wohl aus der Französischen Revolution (als ein Indiz für die Gleichheit der

Bürger und Bürgerinnen). In Deutschland spielte der D.gedanke kaum eine Rolle. Allerdings diente der Hinweis auf die „ungleichen Pflichten" im letzten Jahrhundert (und bis heute!) immer wieder dazu, die Verweigerung der politischen → Gleichberechtigung zu rechtfertigen.

Erst im Zuge der Aufrüstung im ersten Jahrzehnt unseres Jhs. und im Zusammenhang mit einer staatlichen Jugendpolitik, die mit Hilfe von Jugendwehr und Pfadfindergruppen „die Abwanderung der Jugend nach links verhindern" (Agnes von Zahn-Harnack, 1928) und in die nationale und militärische Erziehung auch die Mädchen einbeziehen sollte, wurde 1912/13 die „Dienstpflichtdebatte" in der Frauenbewegung und der gesamten Öffentlichkeit kontrovers und zum Teil sehr hitzig geführt.

Zu den Befürworterinnen einer gesetzlichen Dienstpflicht für Frauen gehörten die „Vaterländischen Frauenvereine" und die Gruppen des um diese Zeit in der Frauenbewegung schon starken rechten Flügels, so der „Deutsch-Evangelische-Frauenbund". Das D. sollte neben der „hauswirtschaftlichen Durchbildung" der „Erziehung zu nationaler Gesinnung" und der „Ausbildung von Schwestern-Korps für den Kriegsfall" dienen.

In der übrigen Frauenbewegung reichten die Positionen von der antimilitaristisch begründeten scharfen Ablehnung der Linken („Nicht für diesen imperialistischen Staat und seine koloniale Politik") über die der Radikalen, die Wehr- und Kriegsdienst generell ablehnten, bis zu den unterschiedlichen Motiven und Vorstellungen vorsichtiger Befürworterinnen. In ihrer Schrift „Das weibliche Dienstjahr" (1913) erklärte Helene Lange (1848–1930), die Einführung eines „Zwangsfreiwilligenjahres" – die Einsatzbereiche Krankenpflege, Sozialarbeit, Haus- oder Landwirtschaft sollten nach ihrer Auffassung gewählt werden können – sei „erst unter der Bedingung der vollen bürgerlichen Gleichberechtigung . . . wünschenswert".

Während des Ersten Weltkrieges gab es für Frauen keine gesetzliche Dienstverpflichtung, aber den wirtschaftlichen Arbeitszwang (so wurde u. a. Bergarbeiterfrauen mit der Kündigung der werkseigenen Wohnung gedroht, wenn sie nicht den Arbeitsplatz des Mannes unter Tage einnahmen) und den im August 1914 von Gertrud Bäumer (1873–1954), der Vorsitzenden des BdF, und Hedwig Heyl gegründeten freiwilligen „Nationalen Frauendienst". Die Auseinandersetzungen um das D. gingen während des Krieges weiter; unzählige Schriften und Zeitungsartikel erschienen dazu, ein „Bund für Frauendienstpflicht" wurde gegründet, und noch in den letzten Kriegsmonaten vertrat u. a. Gertrud Bäumer die Aufstellung eines Frauenkorps; von anderen führenden Frauen im BdF, auch ihrer Freundin Helene Lange, wurde dies allerdings abgelehnt. (→ Krieg)

Ausgerechnet 1920, bei der Abschaffung der Wehrpflicht, wurde im Reichstag über die Einführung eines D.es für Jungen und Mädchen debattiert. Unter arbeitsmarkt-, so-

Merksätze des Wehrmachtshelferinnenkorps

Deutsche Frauen und Mädel!

Die Geschichte lehrt, daß in allen schicksalhaften Notzeiten unseres Volkes die Frauen und Mädel der kämpfenden Front Wehrhilfe geleistet haben. Weil es jetzt um Sein und Nichtsein unseres Volkes und damit um die Zukunft unserer Familien und unserer Kinder geht, seid ihr, Frauen und Mädel aufgerufen, im Wehrmachtshelferinnenkorps Dienst zu tun.

1. Wehrhilfe macht Soldaten für die Front frei. Auch Du hilfst mit, daß neue Divisionen an die Front abgehen können.
2. Wehrhilfe bringt rascheren Sieg. Nur im Endsieg können alle Wunden dieses Krieges geheilt werden.
3. Wehrhilfe der Frauen, Mädel sowie Wehrmacht und Volkssturm der Männer machen unser Volk unüberwindlich stark. Weil wir dadurch zur wahrhaften Volksgemeinschaft werden, muß der Sieg unser sein.
4. Wehrhilfe ist auch eine neue Waffe in der Hand des Führers, weil sie eine Ablöse von Zehntausenden von Männern für den Fronteinsatz bedeutet. Auch Du hilfst dem Führer.
5. Wehrhilfe ist ein Volksgesetz des totalen Krieges. Auch Du wirst einmal sagen können, Du hast am Endsieg unmittelbar mitgeholfen.
6. Wehrhilfe ist der höchste Ehrendienst der Frauen und Mädel im Freiheitskampf unseres Volkes. Kinder und Kindeskinder werden Deiner dankbar gedenken.
7. Wehrhilfe ist Dienst im Wehrmachtshelferinnenkorps. Fürsorge, Versorgung, Ausrüstung und gesundheitliche Betreuung sichert die Wehrmacht.

Deutsche Frau! Deutsches Mädel!

Was die Not der Zeit heute von Dir verlangt, soll Dir einmal im Glück des deutschen Friedens vergolten werden. Das Wort ist wieder wahr geworden: Den Deutschen kann nur durch Deutsche geholfen werden. Auch Du hilfst mit: Mit Adolf Hitler wird der Sieg sein!

Melde Dich freiwillig zum Wehrmachtshelferinnenkorps!

zial- und auch bevölkerungspolitischen Gesichtspunkten wurde von der Mehrheit im BdF in den 20er Jahren die Konzeption eines hauswirtschaftlichen und sozialen D.es vertreten. Die Mädchen sollten auf den Mutterberuf vorbereitet werden, Kenntnisse und Fertigkeiten auch in der Krankenpflege, im Organisieren und in der Sozialarbeit erwerben (die dann auch im Krieg nutzbar wären).
Im Februar 1931 wurde gegen den Widerstand der Gewerkschaften und der Arbeiter/innenparteien der 5–10monatige „Freiwillige Arbeitsdienst" eingeführt, um die Massenarbeitslosigkeit zu verdecken. Ab Januar 1934 war der sechsmonatige Arbeitsdienst für Abiturientinnen Voraussetzung für einen Studienplatz. Im Juni 1935 wurde die Arbeitsdienst*pflicht* für Männer und Frauen eingeführt, für Frauen aber bis 1939 (und darüber hinaus) nicht angewandt. 1938 waren ca. 25000 Frauen und 300000 Männer im Arbeitsdienst. Im gleichen Jahr wurde das „Pflichtjahr" für junge Frauen zwischen 14 und 25 Jahren verordnet – das D. entsprechend zum Wehrdienst –; der Arbeitsdienst konnte auf das Pflichtjahr angerechnet werden. Die „Arbeitsmaiden" arbeiteten in der Haus- und Landwirtschaft, lebten in Lagern, mit striktem Tagesablauf, Appellen, Sauberkeits- und Ordnungskontrollen.
Am 4.9.1939, drei Tage nach Kriegsbeginn, wurde die Dienstpflicht (jetzt: Reichsarbeitsdienst/RAD) auf alle ledigen jungen Frauen ausgedehnt, die nicht in einer schulischen oder beruflichen Ausbildung standen. Ab 1941 gab es den halbjährigen Kriegshilfsdienst, zunächst vor allem mit Einsatz in der Rüstungsproduktion im Anschluß an das Pflichtjahr; ab 1943 wurden die Frauen zunehmend als Luftwaffen- und Flakhelferinnen eingesetzt. 1944 wurde die zeitliche Begrenzung des Arbeitsdienstes aufgehoben. (→ Faschismus)
Diese Entwicklung vom freiwilligen Dienst zum Zwangsdienst während der Nazizeit war neben überwiegend konservativen Auffassungen über Frauen- und Männeraufgaben für die Mitglieder des Parlamentarischen Rates der Hauptgrund, jeglichen Dienst von Frauen im Militär grundgesetzlich auszuschließen. In der Bundesrepublik begannen die Diskussionen um ein D. mit denen über die allgemeine Wehrpflicht. Möglich wurde dann die Arbeit von Frauen bei der Bundeswehr als Zivilangestellte. Mit der Verabschiedung der Notstandsgesetze, nach entsprechender Änderung des Grundgesetzes, wurden die rechtlichen Grundlagen für den Einsatz von Frauen im Sanitätsdienst (im Kriegsfall) sowie für „zivile" Arbeit (im Spannungs- und Kriegsfall) geschaffen (→ Arbeitssicherstellungsgesetz). Mit dem Zivilschutzgesetz ist die umfassende militärisch-zivile Verplanung von Frauen angelegt (→ Militarisierung).

„Die Frauenarbeit im Krieg ist mehr als wirtschaftlicher Natur. Sie hat völkischen Sinn und damit höchste Bedeutung . . . Das Kind ist der Sinn des Frauenlebens, und weil die Frauenarbeit jetzt im Krieg für die kommende Generation geleistet wird, hat die Kriegsarbeit der Frau einen fraulichen Sinn."

Völkischer Beobachter, 1940

Lit.: Elefanten Press (Hrsg.), Frauen unterm Hakenkreuz. Berlin (West) 1983; Renate Janßen, Frauen ans Gewehr?, Köln 1983; Agnes von Zahn-Harnack, Die Frauenbewegung, Berlin 1928.

Renate Wurms

Dienstmädchen; gibt es heute in der seltenen Form der Hausangestellten, in der häufigen Form der Putzfrauen, die, überwiegend sozial ungesichert, stundenweise privat putzen gehen oder, bei einer Reinigungsfirma angestellt, unter der Sozialversicherungsfreigrenze von bislang 520 DM erwerbstätig sind, sowie in der noch häufigeren Form der Hausfrau bzw. der für die Hausarbeit zuständigen erwerbstätigen Frau und Mutter.
Die Vorläuferin des D.s war die → Magd. Im Verlauf des 19. Jhs. wurde der Dienstbotenberuf weiblich. Während um 1830 etwa 70% der Dienstboten weiblich waren, waren es gegen Ende des Jhs. 98%. Zu dieser Zeit waren in Deutschland,

„Die Stütze“, Heinrich Zille

wie in anderen industrialisierten Ländern, etwa 20% und noch 1907 1,5 Mio. = 15% der erwerbstätigen Frauen beschäftigt. D. war ein typischer Durchgangsberuf für Frauen bis zur Heirat. Selten arbeiteten Frauen als Köchinnen etwa in einer gelernten und angeseheneren Position im Haushalt und taten dies auch während der Ehe. D. kamen meistens vom Land, aus Arbeiter-, unteren Angestellten- und kleinen Handwerksfamilien, meist mit 12/13 Jahren (zuweilen auch noch jünger), in die städtischen, bürgerlichen Haushalte, um dort – auf jeden Verdienst angewiesen – häufig für Unterkunft und Verpflegung und ein geringes Taschengeld zwischen 11 und 14 Stunden zu arbeiten und zugleich die Hausfrauenarbeiten für ihr späteres Leben zu lernen. Die schlechten Arbeitsbedingungen der D. – unzureichendes Essen, kaum Freizeit (und diese ungeregelt, wie es den Herrschaften paßte), miese Unterkünfte wie Hängeböden, zugige Kammern und Dachböden – hat u. a. Lily Braun (1901) eindringlich geschildert. D. unterstanden nicht nur durch das Eingebundensein in den Privathaushalt, sondern auch im Rechtssinne mit ihrer ganzen Person der Dienstherrin, dem Dienstherrn. Denn frei im juristischen Sinn war nach der bis 1918 gültigen Gesindeordnung allein der *Abschluß* des Arbeitsvertrages. Weglaufen wurde durch die Einführung von Gesindebüchern verhindert, ohne die keine neue Stelle zu haben war und die in der Regel bei der Herrschaft verwahrt wurden bzw. bei Antritt einer neuen Arbeit abgezeichnet sein mußten und die Zeugnisse enthielten.

Berliner Gesindevermietungskontor 1883, Holzstich nach W. Busch (Ausschnitt)

Dienstmädchenbewegung; auch Dienstbotenbewegung – es handelte sich fast 100%ig um einen un- und angelernten Frauenberuf. Nachdem die Dienstmädchen und Dienstboten sich schon einmal in Gruppen, Versammlungen und Kundgebungen 1848/49 an die Öffentlichkeit gewandt hatten, kam es im Sommer 1899, vor allem in Berlin und anderen Großstädten, zu Dienstmädchenversammlungen, die während des Sommers meist in wöchentlichem Abstand stattfanden und an denen zeitweise 500–600 Dienstmädchen teilnahmen. Ein Grund für die Proteste und aktueller Anlaß war die Praxis, vor der Sommerferienzeit die Dienstmädchen zu entlassen, um Geld, Kost und Logis zu sparen. Dies war der Anfang mühsamer Organisierung in oft christlich geprägten und die Interessen der Dienstmädchen wenig vertretenden „Dienstbotenvereinen“ (die aber „Geselligkeit“ boten) und 1906 dann auch in dem ersten freigewerkschaftlichen Dienstbotenverein (Nürnberg); nachdem sich vor allem die Frauen in der Sozialdemokratie über Jahre hin für die Organisierung in Gewerkschaften und die Einführung eines „freien Arbeitsvertrages“ (Regelung der Arbeits- und Freizeit, der Unterbringung und Kündigungsschutz) engagiert hatten, wurde 1909 der „Zentralverband der Hausangestellten Deutschlands“ gegründet, der 1912 etwa 5500 Mitglieder hatte. Unterstützt von einem Teil der Gemäßigten und von den Radikalen, in dem Bemühen um die Verbesserung der Lage der Dienstmädchen, kam massiver Widerstand von der konservativen Mehrheit im BdF und den bürgerlichen Hausfrauenvereinen, die noch 1914 gegen die Übernahme der Dienstmädchen, damals schon Hausangestellte genannt, in die gesetzliche Krankenversicherung protestierten. Mit der Aufhebung der Gesindeordnung 1918 waren die rechtlichen Mißstände, und damit verbunden auch die gröbsten Mißstände der arbeitsrechtlichen Lage der Hausangestellten, aufgehoben; an der immer noch schlechten materiellen Lage hatte sich aber wenig geändert. Die nach wie vor bestehende persönliche Abhängigkeit und Eingebundenheit in die Arbeitgeberinnenfamilie blieb auch in den 20er Jahren und besonders während der Zeit des → Faschismus erhalten. Nach 1945 hat sich das Problem in der alten Form durch den wirtschaftlichen Strukturwandel erledigt.

Lit.: Uta Ottmüller, Die Dienstbotenfrage, Münster 1978; Lily Braun, Die Frauenfrage, 1901 (Nachdruck 1979) Berlin – Bonn/Bad Godesberg 1979; Agnes von Zahn-Harnack, Die Frauenbewegung, Berlin 1928.

Die erste Sitzung des Dienstmädchenvereins zu Leipzig 1848

Dirne; ahdt. „thiorna", mhdt. „dierne" = Jungfrau, Mädchen, wurde in mittelhochdeutscher Zeit (12.–15. Jh.) auch als Bezeichnung für → Magd, Dienerin gebraucht. Im Verlauf des 16. Jhs. wird D. zur Bezeichnung für Prostituierte und so heute besonders in der Gerichtssprache benutzt. Mundartlich hat sich die ursprüngliche Bedeutung als Bezeichnung für „junges Mädchen" im Norden und Süden des deutschen Sprachgebietes als Deern und Dirndl erhalten.

Dirnensteuer; D. ist die Einkommenssteuer für Einkünfte aus → Prostitution. Schon im 13. Jh. gab es Pläne zu einer allgemeinen „Minnesteuer". Im Mittelalter haben weltliche und kirchliche Behörden von den Minnehäusern (auch Frauenhäuser genannt) kassiert. Die Grundlage waren Frauenhäuser als fürstliche, bischöfliche und Reichslehen. Die päpstlichen Einnahmen in Rom sollen während des 16. Jhs. zeitweilig bis zu 20000 Dukaten jährlich betragen haben; der Erzbischof von Mainz bezog bis Mitte des 15. Jhs. D. (Mit-)Kassiert haben dann später → Zuhälter, auch ehrbare Haus- und Stadtväter. Für die Bundesrepublik hat der Bundesfinanzhof 1964 entschieden – und damit die lange bestehenden „ethischen Bedenken" ausgeräumt –, daß der Staat auch kassieren darf und muß. Gemäß § 22, Ziff. 3 Eink.StGes. sind Prostituierte einkommenssteuerpflichtig. Sie haben *keinen* Rechtsanspruch auf Bezahlung, womit eine entscheidende Voraussetzung für → Zuhälterei überhaupt erst gegeben ist. (→ Diskriminierung)

Diskriminierung; von lat. „discriminare" = trennen, absondern, wurde diskriminieren im 19. Jh. für herabsetzen, herabwürdigen übernommen. D. bedeutet, Personen oder Gruppen wegen ihrer Nationalität, Rassen-, Klassen-, Geschlechts- oder Parteizugehörigkeit, aufgrund von körperlichen Merkmalen (Behinderte) oder bestimmter Verhaltensweisen (Lesbischsein, Homosexualität) abzuwerten, ihnen damit Chancen und Rechte zu nehmen, die anderen aufgrund von Gewohnheit, Sitten, Gesetzen zustehen. Das Abwerten geschieht meist, um zugleich sich/die eigene Gruppe aufzuwerten. Zur D. gehören gesellschaftliche Vorurteile, herabsetzende Verhaltensweisen im Alltag, Maßnahmen und Gesetze, die gegen das gesetzliche Gebot der Gleichbehandlung verstoßen. Im Zusammenleben reicht D. vom Lächerlichmachen über Ausländer/innenfeindlichkeit, Antisemitismus, Antikommunismus, → Rassismus bis zur Verfolgungs- und Ausrottungspolitik (Hexen im späten Mittelalter, Indianer in der Kolonialzeit und z. T. noch heute, Juden, Polen, Kommunisten während der Zeit des

„In den in Tz. 2.1.2.1. bis 2.1.2.4. genannten Fällen ist jedem der Ehegatten eine Ausfertigung des Steuerbescheids zuzustellen. Der jeweilige Zustellungsempfänger ist genau zu bezeichnen, wobei es im allgemeinen ausreichend ist, wenn bei der Zustellung an die Ehefrau der Vorname des Ehemannes angegeben wird."

Aus einer Verwaltungsanweisung der Oberfinanzdirektion Stuttgart

Hexenverbrennung, Flugblatt mit Bericht über einen Hexenprozeß, 1555

Hitlerfaschismus; Juden, Minderheiten während der Stalinzeit und danach in der Sowjetunion).
Nach geltendem Völkerrecht gibt es ein D.sverbot gegenüber Staaten (Gleichheit der Staaten) und Angehörigen fremder Staaten (Fremdenrecht). In der „Allgemeinen Erklärung der Menschenrechte" der Vereinten Nationen (UN) vom 10. 12. 1948 wurde in Art. 7 der Grundsatz der Nichtd. erklärt: „Alle Menschen sind vor dem Gesetz gleich und haben ohne Unterschied (without any discrimination) Anspruch auf gleichen Schutz durch das Gesetz." (→ Demokratie, → Recht). Die →Deklaration wurde nicht geltendes Völkerrecht, aber aufgrund internationaler Vereinbarungen ist die D. von Minderheiten, insbesondere von Rassen, Volks- und Sprachgruppen verboten (→ Faschismus, → Rassismus).
Frauend. trifft eine Mehrheit. Vieles gehört schon so zum Alltag, ist auch in Verhaltensweisen von Frauen eingegangen, daß es gar nicht mehr als etwas Besonderes wahrgenommen wird. *Soziale D.en* finden sich vom → Witz über die → Sprache bis zur → Lohnungleicheit und der → Gewalt gegen Frauen in allen Abstufungen. Bei *rechtlicher D.* ist zu unterscheiden nach direkter und indirekter D. *Direkte D.* liegt vor, wenn in gesetzlichen Regelungen gegen das Gleichheitsgebot des Grundgesetzes (Art. 3 GG) verstoßen wird. In dieser Form gibt es immer noch Relikte, die sich auch auf die Ungleichbehandlung von Frauen beziehen. So ist → Vergewaltigung nur außerhalb, nicht innerhalb der → Ehe strafbar. Vor allem aber findet sich unmittelbare D. z. B. in der alltäglichen Einstellungs- und Beförderungspraxis in Unternehmen. Nur muß dieser Verstoß willkürlich erfolgt sein, muß eine ausdrückliche Schlechterstellung der Frau aufgrund ihres Geschlechts gewollt oder in Kauf genommen sein. Dies nachzuweisen, ist so gut wie ausgeschlossen. Anders steht es um die *indirekte, mittelbare* D., die sich in arbeitsrechtlichen Bestimmungen und in der Praxis findet. Es bedeutet, daß neutral abgefaßte Regelungen, Stellenausschreibungen usw. in ihren Voraussetzungen und Folgen Frauen benachteiligen. Beispiele: Ein bestimmtes Höchstalter, Dauer der Betriebszugehörigkeit, erforderliche berufliche Mobilität als Einstellungsvoraussetzungen benachteiligen Frauen, gerade weil der Gleichheitsgrundsatz konsequent angewendet wird. Aufgrund der immer noch weithin bestehenden Zuständigkeit der Frauen für Familie, Kinder, Hausarbeit unterbrechen sie ihre Erwerbstätigkeit häufiger, sind beruflich wenig bis gar nicht mobil, haben Höchstaltersgrenzen überschritten, wenn sie wieder erwerbstätig werden wollen. Indirekte D. bezieht sich also auf die tatsächliche *Wirkung* von geschlechtsneutralen Bedingungen und Bestimmungen als Benachteiligung. Ein Verbot dieser Form der D. gibt es bei uns in der Bundesrepublik nicht als eigenes Gesetz und → Recht. Wege, gegen indirekte, mittelbare D. vorzugehen, bietet die Ausgestaltung des europäischen Rechts entsprechend dem Gleichheitsgebot des EWG-Vertrages. Der Rechtsweg führt über den Europäischen Gerichtshof; entsprechend dem Vorrang des europäischen Gemeinschaftsrechts muß nach diesem auch ohne nationale Tarifvereinbarungen und Gesetze verfahren werden. Erfolge wurden 1990/91 v. a. bei der Gleichstellung von Teilzeit- mit Vollzeitbeschäftigten bezüglich Aufstieg, Beförderung, Übergangsgeld in den Ruhestand und Betriebsrenten erzielt.

In ihrer umfangreichen juristischen Studie zur „Diskriminierung im Erwerbsleben" (1989) haben Heide M. Pfarr und Klaus Bertelsmann u. a. eine detaillierte Übersicht zum Ausmaß der D. geliefert, die rechtlichen Grundlagen zur Gleichbehandlung und die widersprüchliche Rechtsauffassung und Rechtsprechung dargestellt, die Grenzen individualrechtlicher Verbote und Klagemöglichkeiten aufgezeigt und notwendige Maßnahmen wie ein Gleichstellungsgesetz, Frauenförderung in der Privatwirtschaft und im öffentlichen Dienst zusammengestellt (s. u.).

Vergleichende Untersuchungen zum unterschiedlichen Grad der D. von Frauen in den westlichen Industrieländern (OECD), ihren Ursachen und den Bedingungen für ihren Abbau kommen grob zu folgenden Ergebnissen: 1. Die Benachteiligungen liegen nach wie vor in den gesellschaftlichen Kernbereichen Bildung und Ausbildung, im Erwerbsleben und damit eng verbunden in der geschlechtsspezifischen Arbeitsteilung mit der Zuweisung der familialen Aufgaben an die Frau. Auch wenn die Frauen in Bildung und Ausbildung generell am stärksten aufgeholt haben in den letzten 20 Jahren, so ist es für sie immer noch bei geringeren Bildungs-, vor allem aber Berufsbildungschancen geblieben. Nach wie vor gibt es auch erhebliche Unterschiede in der Entlohnung, die u. a. aus der diskriminierenden Bewertung „leichter Frauenarbeit" resultieren; eine starke Gliederung des Arbeitsmarktes nach Branchen wie nach Positionen geht tendenziell immer noch stark zu Lasten der Frauen; und das Erwerbslosigkeitsrisiko ist für Frauen erheblich höher. 2. Der Abbau bzw. die Zementierung von D. und sozialer Ungleichheit hängen a) von dem Entwicklungsstand der kapitalistischen Ökonomie, ihrer Expansion bzw. Stagnation ab; b) von der politischen und sozialen Kultur eines Landes: je demokratischer und je mehr sie auf sozialen Ausgleich bedacht ist, um so mehr kann sie zum Abbau beitragen und die ökonomischen Tendenzen verstärken (bei Stagnation) – Beispiel: Skandinavien; c) kirchlich-patriarchalische (z. B. romanische Länder, Irland) und traditional-autoritär (z. B. Japan) geprägte Strukturen und Barrieren gegen die Veränderung der geschlechtsspezifischen Arbeitsteilung und die Eingliederung der Frauen ins Erwerbsleben bewirken die Zementierung der bestehenden D.en, werden politisch getragen und umgesetzt, meist durch christdemokratische und konservative Parteien. Die Frauenbewegung ist stark abhängig von diesen Entwicklungen und Gesellschaftsstrukturen, sie kann besonders in den Ländern mit stetigen demokratischen Traditionen gedeihen und zur Beschleunigung des Abbaus von D.en beitragen (Manfred G. Schmidt, 1984).

Staatlich-politische *Antid.smaßnahmen,* die wirkungsvoll sein sollen zugunsten der Gleichstellung der Frau, müssen ein Bündel von Maßnahmen umfassen, die aufeinander abgestimmt sind. 1. *Antid.sgesetze,* die sowohl die direkte als auch die indirekte D. verbieten. Einen solchen Vorschlag machte 1978 die Humanistische Union (HU) für die Bereiche Arbeit und Erziehung, Dienstleistungen und Geschäftsverkehr, Justiz und Strafvollzug, Werbung und Medien. Verstöße sollten mit Sanktionen belegt werden, eine Überwachungsstelle in Form einer klageberechtigten Gleichberechtigungskommission / Bundes-Ombudsfraubehörde (nach skandinavischem Vorbild) eingerichtet werden.

Mit ihrem Entwurf zu einem Antid.sgesetz (ADGE, 1985) griffen die GRÜNEN diese Vorschläge auf und schrieben sie fort. Langfristige Ziele sind die Besetzung der Hälfte aller Ausbildungs- und Erwerbsarbeitsplätze, öffentlichen Funktionen und Ämter mit Frauen und eine paritätische Umverteilung der Haus- und Erziehungsarbeit auf beide Geschlechter. Zur Erreichung werden vorgeschlagen: unterschiedliche, z.T. zeitlich befristete, starre oder an Qualifikation gebundene Quoten; verbindliche → Frauenförderung in der Privatwirtschaft und im öffentlichen Dienst; die Einrichtung eigenständiger, von Verwaltungen unabhängiger und mit weitreichen-

Schadensersatz wegen Frauendiskriminierung

Am 6. September 1984 hat das Arbeitsgericht Hamm (4 Ca 1076/82) als erstes bundesdeutsches Gericht die Konsequenzen aus dem Urteil des Europäischen Gerichtshofs zu den Rechtsfolgen einer geschlechtsbezogenen Einstellungsdiskriminierung gezogen. Zwei offensichtlich diskriminierten Frauen wurde ein Schadensersatzanspruch in Höhe von jeweils 21 000 DM netto, das entspricht 6 Monatsgehältern, zugesprochen. Das inzwischen rechtskräftige Urteil gibt erste Hinweise, in welche Richtung sich eine Antidiskriminierungsrechtsprechung in unserem Land entwickeln könnte.

aus: Der Personalrat 2/85

D ie
O beren
P ressen
P ausenlos
E ine
L eistung
V on
E uch
R aus
D ass
I hr
E ure
N erven
E cht
R uiniert

Aus einem Flugblatt des IGM-Frauenausschusses Dortmund.

den Kompetenzen ausgestatteter → Gleichstellungsstellen, in denen gewählte Ombudsfrauen arbeiten, die Personal- und Betriebsräten gleichgestellt sind; empfindliche Sanktionen bei Verstößen gegen D.sverbote; verschiedene Arbeitszeitregelungen für Eltern. Heftig umstritten, haben die Vorschläge die Einführung von → Quotierungen in Parteien und → Gewerkschaften beschleunigt, Frauenförderpläne und -gesetze auf Kommunal- und Landesebene mitbewirkt. Innerhalb der SPD gibt es seit Mitte der 80er Jahre Bestrebungen und Entwürfe für ein Gleichstellungsgesetz. Dafür fehlen wie für ein Antid.sgesetz die erforderlichen Mehrheiten. – Zwischenbemerkung: Die von den GRÜNEN praktizierte 50%-Quote zugunsten von Frauen wurde im November 1992 im Zuge der Vereinigung mit dem Bündnis 90 teilweise aufgegeben. – Ein solches Gesetz wird vor allem in der Frauenbewegung favorisiert und auch von Expertinnen und Experten als mit dem Grundgesetz vereinbar eingeschätzt. Die Mehrheit der Juristen und Juristinnen, der Unternehmer/innen, in konservativen Parteien und Kirchen sperrt sich. Die häufigsten Begründungen sind unzulässige Benachteiligung von Männern und die Einschränkung anderer grundgesetzlich garantierter Freiheitsbereiche wie Berufsfreiheit, Tarifautonomie, Eigentum, Ehe- und Familienschutz. 2. *Positive D.* der Frauen durch Einführung von → Quoten (bestimmten festgelegten Anteilen) etwa in der Berufsausbildung, betrieblicher und überbetrieblicher Weiterbildung, beim Zugang zur Hochschule, zu Arbeitsplätzen. 3. *Indirekte Anreize* zum Abbau von D., z. B. durch die Subventionierung der Beschäftigung von Frauen in Männerberufen (und auch umgekehrt!). Ein eher bescheidenes Beispiel aus der Bundesrepublik sind die Projekte zur Ausbildung von Mädchen in Männerberufen (→ Beruf). 4. *Staatliche Beschäftigungsprogramme.* 5. *Infrastrukturelle Maßnahmen* im Bereich der öffentlichen, gemeinschaftlichen Kinderbetreuung und -erziehung und der privaten Familienerziehung. Bei diesem Kernpunkt ist insbesondere zu berücksichtigen, daß dies Qualitäten und Quantitäten braucht. (→ Arbeit, → Elternurlaub, → Kind)

Lit.: Die GRÜNEN (Hrsg.), Entwurf eines Antidiskriminierungsgesetzes, 3. Aufl., Bonn 1986; Marielouise Janssen-Jurreit (Hrsg.), Frauenprogramm gegen Diskriminierung, Reinbek b. Hamburg 1980; Heide M. Pfarr/Klaus Bertelsmann, Diskriminierung im Erwerbsleben. Ungleichbehandlungen von Frauen und Männern in der Bundesrepublik Deutschland, Baden-Baden 1989; Sibylle Raasch, Gleichstellung per Gesetz?, in: Marianne Weg/Otti Stein (Hrsg.), Macht macht Frauen stark, Hamburg, 1988, S. 154–165; Manfred G. Schmidt, Zur sozialen, wirtschaftlichen und politischen Benachteiligung der Frauen im internationalen Vergleich, in: Ilona Kickbusch/Barbara Riedmüller, Die armen Frauen. Frauen und Sozialpolitik, Frankfurt/Main 1984.

Renate Wurms

Doppelverdienst; unter D. werden verschiedene Sachverhalte gefaßt. (1) Einkommen aus zwei (oder auch mehr) Arbeitsverhältnissen oder aus Erwerbseinkommen und Rente/Pension. Hierher gehören auch teil- und zeitweise, je nach wirtschaftlicher Konjunktur- und Krisenlage, Bestimmungen über Nebeneinkünfte von Beschäftigten des Öffentlichen Dienstes. Während es in den zurückliegenden Jahrzehnten völlig üblich war, daß Lehrer/innen etwa nebenamtlich an Volkshochschulen arbeiteten, brauchen sie heute in einer Reihe von Bundesländern entsprechende Genehmigungen, die zunehmend verweigert werden. Solange *kontrollierbar* dafür erwerbslose Lehrkräfte eingestellt werden, ist das vertretbar; vielfach werden solche Maßnahmen aber zur Streichung von Arbeitsmöglichkeiten, Stellen (im Schuldienst) und Geldern genutzt. (2) Das Erwerbseinkommen mehrerer Personen in einer Familie, besonders das von Mann und Frau. Auch wenn seit den 50er Jahren in der Bundesrepublik für die Rechtsprechung und Gesetzgebung der Begriff des D.es gegen das Gleichberechtigungsgebot steht und das Individualeinkommen maßgeblich sein soll, taucht er regelmäßig in Krisenzeiten auf, so auch gegenwärtig als *Doppelverdiener(in);* mit Vorliebe weiblich, was impliziert, daß sie verheiratet und er auch erwerbstätig ist und eine SIE einem IHM den Arbeitsplatz stiehlt. Kampagnen gegen Doppelverdienerinnen haben in Deutsch-

land Tradition. Im Kaiserreich galt die sog. „Zölibatsklausel“ für den Staatsdienst als teils ungeschriebenes, teils geschriebenes Recht. Danach schieden Beamtinnen aus dem Dienst aus, wenn sie heirateten. Mit der Weimarer Verfassung wurden 1919 alle Sonderbestimmungen gegen → Beamtinnen beseitigt. 1923 im Zuge der „Personalabbauverordnung“ wieder als Kann-Bestimmung eingeführt, galt sie so bis 1929, wurde 1932 wieder mit verfassungsändernder Mehrheit eingeführt und während der Nazi-Herrschaft in eine Muß-Vorschrift verschärft – bis zum Beginn des Zweiten Weltkrieges. Als Not am Mann, war'n Frauen dran! Die dann bestehende Kann-Vorschrift wurde auch nach 1945 und in der Bundesrepublik bis 1953 angewandt; in den frühen 50er Jahren z. B. rigoros bei der Bundespost. Ein besonders bekanntes Beispiel sind die Demobilmachungsverordnungen von 1919 und 1920, die auch für den Bereich der privaten Wirtschaft galten.
Auch ohne gesetzliche Grundlagen gab es vor allem in der Zeit der Weltwirtschaftskrise (1929–1933) Kampagnen gegen die Doppelverdienerinnen. Dabei kam es nicht selten vor, daß Unternehmer sich an dem Getöne gegen D. beteiligten und gleichzeitig wegen der niedrigeren Löhne Frauen statt Männer einstellten. (Arbeitslosen- und Kurzarbeiter/innenzahlen aus dieser Zeit u. a. zeigen dies.)
Ein großes Problem bereitet heute in der Bundesrepublik unter den Bedingungen der Krise, → von Rationalisierungsmaßnahmen, Betriebsstillegungen, die Zulässigkeit sozialer Auswahl bei betriebsbedingten Kündigungen (Kündigungsschutzgesetz, → Recht). Bei der „Notwendigkeit sozialer Auswahl“ spielen Alter, Betriebzugehörigkeit, Gesundheitszustand, Familienstand und Kinderzahl sowie Unterhaltsansprüche und weiteres Einkommen eine Rolle, und damit auch oft in erheblichem Maß der „Doppelverdienst“. In der Wirkung führt das zu einem geringeren Schutz des Arbeitsplatzes der Ehefrau, wenn sie nicht die „Hauptverdienerin“ ist. Und umgekehrt hat dieser soziale Aspekt zweifellos auch bei Einstellungen seine Wirkung: erwerbslose Männer werden dann vor verheirateten Frauen mit verdienenden Ehemännern eingestellt. Mögen Betriebsräte, Männer und Frauen, oft allzu schnell ihren traditionellen Einstellungen folgen und ohne ausreichende Prüfung gegen die Frau entscheiden, so ist doch vielen inzwischen der zentrale Konflikt bewußt: Auf der betrieblichen Ebene muß der Einzelfall entschieden werden, müssen Folgen einer unsozialen, frauenfeindlichen Politik ausgebadet werden.
In der Krise, mit zunehmendem Abbau des sozialen Sicherungssystems, zeigt sich, daß von der Durchsetzung einer Selbstverständlichkeit, nämlich des Anspruchs eines jeden Erwachsenen auf ein eigenes, unabhängiges Einkommen, nicht die Rede sein kann. Die moderne Version der Doppelverdiener(innen)-Kampagne ist die des ehemaligen Arbeitsministers Norbert Blüm: „Ein Erwerbseinkommen muß für die Familie ausreichen.“

Dritte Welt; Länder mit kolonialer und halbkolonialer Vergangenheit (→ Kolonialismus) und mit geringem Entwicklungsstand der Produktivkräfte im Vergleich zu den westlichen Industrienationen. Der Begriff D.W. wurde 1949 erstmals in Frankreich verwendet; er war ursprünglich verbunden mit der Vorstellung eines blockfreien dritten Weges zur Sicherung einer eigenständigen politischen und wirtschaftlichen Entwicklung zwischen den damaligen Machtblöcken West (Erste Welt) und Ost (Zweite Welt).
Zur D.W. gehören heute vier Fünftel der Menschheit; rund 150 Staaten mit 3,5 Milliarden Menschen in Asien, Lateinamerika, Afrika und Ozeanien. Aus der Expansion des europäischen und amerikanischen Kapitalismus ist das System der internationalen Arbeitsteilung hervorgegangen. Diese wurde den Kolonien übergestülpt; sie ist gekennzeichnet durch die Beherrschung der Weltmärkte durch die ökonomische und militärische Überlegenheit des Kapitalismus. Das heutige Nord-Süd-Gefälle zwischen den reichen

und den meist unterentwickelten D.W.-Ländern ist das Ergebnis gewaltsamer Kolonialisierung, Ausbeutung und Unterdrückung durch die weiße Herrschaft. In den letzten Jahrzehnten hat sich die wirtschaftliche und soziale Lage der D.W. durch neue Formen der Abhängigkeit und die brutale Ausbeutung ihres natürlichen Reichtums (u. a. Raub an der Natur, Monokulturen, Verbrauch an Rohstoffen) sowie die wachsende Verschuldung noch verschlechtert. Katastrophale Verarmung ist das Ergebnis.

Zur Lage der Frauen: 70% aller Frauen leben heute in der D.W. Ihre Situation ist eng verbunden mit der kapitalistischen Entwicklung und Ausbeutung. Deren Auswirkungen in Gestalt von verheerender Zerstörung von Umwelt und Natur, weiterer Aufrüstung und Militarisierung, Erwerbslosigkeit und Massenelend treffen Frauen und Kinder in ganz besonderem Maße. Dazu kommen noch die patriarchalischen Gewaltverhältnisse. Alte matriarchalische Traditionen wurden durch die Kolonialisierung zerstört. Frauen verloren ihre frühere Kontrolle über Produktion und Verteilung. Die Subsistenzwirtschaft (landwirtschaftliche und handwerkliche Produktion, die vorwiegend der Eigenversorgung dient und eine Überlebensbasis sichert) wurde zerstört, Frauenarbeit abgewertet. Trotzdem stellen Frauen 50% der Arbeitskräfte und sind die Hauptemährer ihrer Familien. Hunderte Millionen Menschen in den „Entwicklungsländern" sind erwerbslos, die meisten davon sind Frauen. Aber 200 Millionen Kinder müssen arbeiten, trotz des internationalen Verbots von Kinderarbeit! 80% der Frauen in den D.W.-Ländern arbeiten in der Landwirtschaft. Sie sind es, die Holz fürs Feuer und Wasser für den täglichen Bedarf besorgen.

963 Millionen Analphabeten gibt es weltweit, wiederum vor allem Frauen. In der D.W. kann die Hälfte der Frauen weder lesen noch schreiben. Rund 100 Millionen Kinder besuchen keine Schule, zwei Drittel davon sind Mädchen. Eine Milliarde Menschen lebt unter dem Existenzminimum, vor allem Frauen und Kinder der D.W.; 800 Millionen sind unterernährt, während fast die Hälfte der Bevölkerung der Industrieländer Übergewicht hat. Vier von fünf Menschen, die vorzeitig sterben, leben in der D.W. 185 Millionen Kinder leiden an Unterernährung, 15 Millionen sterben jährlich daran. Jedes 12. Baby stirbt in der D.W. an Hunger. Und in fast allen Ländern der D.W. müssen Mädchen mit weniger Nahrung auskommen und werden seltener zum Arzt gebracht als Jungen. Fast die Hälfte der Menschen in der D.W. verfügt über kein sauberes Wasser. Zwei Drittel der Frauen in Asien, die Hälfte in Afrika und ein Sechstel in Lateinamerika leiden an Blutarmut. 500000 Frauen sterben jährlich in der D.W. wegen Komplikationen bei Schwangerschaft und Geburt und wegen unsachgemäß durchgeführter → Schwangerschaftsabbrüche. Der überwiegende Anteil der HIV-infizierten Frauen lebt derzeit in Ländern der D.W., vor allem in Afrika. Dort sind in einigen Gebieten bereits bis zu 25% aller Frauen im gebärfähigen Alter infiziert.

Selbstbestimmung ist meist ein Fremdwort, Frauen sind oft Opfer überkommener patriarchalischer Strukturen (Witwenverbrennungen, Mitgiftmorde, → Klitorisbeschneidungen) und der sexistischen und kapitalistischen Gewaltverhältnisse. → Frauenhandel und Sextourismus sind geläufig in der D.W. Mehr als eine Million Kinder aus der D.W., in erster Linie Mädchen, werden

jährlich zur Prostitution und zur Herstellung pornographischer Bücher und Filme gezwungen, in Thailand sind z. B. 40000 Kinder zwischen sechs und 16 Jahren als Prostituierte tätig. Europäische Männer können sich per Katalog Frauen einkaufen. Außerdem werden Frauen als Versuchskaninchen für die Pharmaindustrie benutzt, als sicherer Arbeitsmarkt (z. B. für Milchpulver von Nestle) und Experimentierfeld (z. B. für die sog. Dreimonatsspritze Depo-Provera, für die Einlagerung von langfristig wirkenden Hormonen unter die Haut etc.). Aber 300 Millionen Frauen haben einen „unbefriedigten Bedarf an Verhütungsmitteln" (Weltbevölkerungsbericht 1991).

Besonders in Kriegen nimmt sexistische (z. T. auch rassistische) Gewalt gegen Frauen zu (wie z. B. in Mosambik oder während des Golfkriegs 1991). 80 Prozent der Opfer in bewaffneten Auseinandersetzungen sind zivile Personen, in erster Linie Frauen und Kinder.

Die Hauptverantwortung für Volkswirtschaft und Elend in der D.W. tragen die Industrienationen. Dringend notwendig ist ein neues System der Weltwirtschaft und ihrer Austauschrelationen. Es geht ferner um eine Regelung der Auslandsverschuldung (jedes Kind, das in „Entwicklungsländern" geboren wird, „erbt" eine Schuld in Höhe von 3000 Dollar), die endlich die D.W. von ihrer Zins- und Schuldlast befreit.

Weltweit wurde die Diskussion um Anerkennung der entscheidenden Rolle der Frauen im Entwicklungsprozeß durch die UNO-Dekade der Frauen, die Weltkonferenzen von Mexiko (1975), Kopenhagen (1980) und vor allem Nairobi (1985) und die entsprechenden Resolutionen (so die Vorwärtsstrategien zum Jahr 2000) in Gang gebracht. Im 4. Abkommen von Lomé zwischen der EG und den AKP-Staaten (Afrika-Karibik-Pazifik) 1990 wurde erstmalig die Rolle der Frauen im Entwicklungsprozeß gewürdigt und deren Aufwertung sowie die Verbesserung ihrer Lebensbedingungen zum Ziel erklärt. Nicht zuletzt das Engagement einzelner weiblicher Regierungschefs wie Indira Ghandi oder Sirimawo Bandaranaike sowie die mutigen Aktivitäten vieler unbekannter Kämpferinnen aus der Dritten Welt (z.B. Madres de la Plaza de Mayo in Argentinien, Guerilleras in Kuba oder Nicaragua, die Chipko-Frauen in Pakistan, Schutz der Umwelt oder die Palästinenserinnen der Intifada) haben dazu beigetragen, daß die Bedeutung der Frauen wahrgenommen wird.

Lit.: Aktionshandbuch Dritte Welt, Hrsg.: Bundeskongreß entwicklungspolitischer Aktionsgruppen, Wuppertal 1986, 6. Aufl.; Dieter Nohlen (Hg.), Lexikon Dritte Welt, Hamburg 1989; Dieter Boris (Hg.), Schuldenkrise und Dritte Welt. Stimmen aus der Peripherie, Köln 1987; „Dritte Welt", Frauenbewegungen in der Welt, Bd. 2, Hamburg 1989; Kai-Michael Schreiner/J. Skrodzki (Hg.), Frauen in der Dritten Welt, Wuppertal, 2. Aufl., Christa Wichterich, Frauen in der Dritten Welt, Bonn 1984; Claudia von Werlhof/Maria Mies/Veronika Bennholdt-Thomsen, Frauen - die letzte Kolonie, Hamburg 1983; Frauen - ein Weltbericht, Hrsg.: New Internationalist, Berlin (West) 1986; Joan Davidson/Irene Dankelman, Frauen und Umwelt in den südlichen Kontinenten, Wuppertal 1990; Christa Randzio-Plath/Sigrid Mangold-Wegner (Hg.), Frauen im Süden. Unser Reichtum, ihre Armut, Bonn 1995; Edith Laudowicz (Hg.), Befreites Land, befreites Leben? Frauen in Befreiungsbewegungen und Revolutionen, Köln 1987; Edith Laudowicz (Hg.), Fatimas Töchter. Frauen im Islam, Köln 1992.

Adressen: Terre des Femmes, Menschenrechte für die Frau, Postfach 25 31, 72015 Tübingen; Frauen der Einen Welt, Zentrum für interkulturelle Frauenalltagsforschung und internationalen Austausch, Postfach 21 04 21, 90122 Nürnberg; NRO-Frauenforum (Nichtregierungs-Organisationen), c/o WUS, Goebenstr. 35, 66195 Wiesbaden; Agisra, AG gegen internationale sexuelle und rassistische Ausbeutung, Mainzer Landstr. 147, 60327 Frankfurt/M.; BUKO, Bundeskongreß entwicklungspolitischer Aktionsgruppen, Nernstweg 32-34, 22765 Hamburg; UNIFEM, UN-Frauenentwicklungsfonds, 304 East 45th Street, Room 1106, New York, N.Y. 10017, USA.

Florence Hervé

E

Ehen werden im Himmel geschlossen; aber daß sie gut geraten, darauf wird dort nicht gesehen.

Marie v. Ebner-Eschenbach

Illustration zu den zehn Geboten. Das 6. Gebot untersagt Ehebruch: „Du sollst nicht unkeusch sein." Aus dem „Seelentrost" von Anton Sorg. Augsburg 1478.

Ehe; von ahdt. „afries", „ewa" und mhdt. „e", „ewe" = Recht, Gesetz. Aus dem umfassenden Sinn des westgermanischen Wortes hat sich im Althochdeutschen die Bedeutung „Ehe(Vertrag)" abgesondert. Unklar ist, ob das westgermanische Wort verbunden war mit ahdt. „ewa", mhdt. „ewe" = Ewigkeit oder ob es als „Gewohnheitsrecht" zu „evah-" = Lauf, Gang, Sitte, Gewohnheit gehört.

E. ist die „durch Sitte oder Gesetz anerkannte Vereinigung von Mann und Frau zur dauernden Gemeinschaft aller Lebensverhältnisse". Solche allgemeine Bestimmung findet sich in vielen Lexika. Auch eine etwas genauere Bestimmung, orientiert an unseren heutigen Verhältnissen, kann nicht befriedigen: E. ist die gesellschaftlich anerkannte, rechtlich verankerte und geregelte, sozial vorherrschende Form des Zusammenlebens von Frau und Mann; die E. ist auf Dauer angelegt und Grundlage der → Familie. Auch alle allgemeinen Bestimmungen sind von historisch gewordenen, sozialen Formen der E.schließung wie des Zusammenlebens, ihrer rechtlichen Fassung sowie wechselnden E.auffassungen geprägt.

Die E. ist eine alte Institution als Verbindung von Mann und Frau (Monogamie = Einzele.) bzw. als Verbindung mehrerer Männer und Frauen zu einer Gemeinschaft (Polygamie = Mehre.). Auch hatte E. nicht überall und zu allen Zeiten den Charakter einer auf Dauer, auf Lebenszeit, angelegten Verbindung. Die sehr unterschiedlichen E.formen in verschiedenen Kulturen sind geprägt von wechselnden E.auffassungen, die von der jeweiligen Kultur, Religion, insbesondere den wirtschaftlichen Produktionsformen, der Gliederung der Gesellschaft (Klassen, Stände, Schichten) und der Art der sozialen Versorgung der nachwachsenden Generation bestimmt waren und sind.

Im Mittelalter bis ins 19. Jh. hinein war die kirchlich geschlossene E. (erst seit Ende des 16. Jhs. die allein rechtsverbindliche, legale Form der E.!) nicht allein eine teure Angelegenheit, sondern auch eine wichtige für alle die, die Titel, Vermögen, Besitz zu vererben hatten wie der Adel, die Patrizier, Kaufleute, Handwerker, Bauern. Für die E.-schliessung waren Gefühle von keiner bis untergeordneter Bedeutung. Frau und Mann blieben in ihrem Stand, wurden zusammengegeben oder taten sich auch zusammen, um gemeinsam zu arbeiten und zu wirtschaften. (E. als Produktions- und Reproduktionsgemeinschaft). Für die breiten und armen Volksschichten bestanden zeitweilig Heiratsverbote; aber sie hatten unabhängig von Verboten über Jahrhunderte hin ihre eigene Form der Heirat und des Zusammenlebens. Entscheidend war – so im germanischen und vor allem im sächsischen Recht festgehalten – der Vollzug der E. als geschlechtliche Vereinigung. Auch im römisch geprägten Kirchenrecht wird wie schon vor Jahrhunderten das Dogma von der Unauflösbarkeit der E. daran gebunden. Auch und gerade für die breite Masse des Volkes galten E. und → Familie als Arbeits-, Produktions- und Reproduktionsgemeinschaften, in der die Arbeit und Ernährerrolle (auch in außerhäuslicher Form) der Frau selbstverständlich war, weil für ihre und die Erhaltung der Familie unerläßlich. (Ute Gerhard, 1978).

Unsere heutige Form der E. ist relativ jung; sie entwickelte sich mit der bürgerlichen Gesellschaft, angepaßt an die kapitalistischen Produktionsformen und einer entsprechenden geschlechtsspezifischen Arbeitsteilung. (→ Arbeit, → Geschichte, → Gleichberechtigung, → Recht) Obwohl von der kirchlichen E.auffassung noch stark geprägt, wird die Erlaubnis für alle Bürger/innen, zu heiraten, zu einem Symbol bürgerlicher Freiheit ebenso wie die Einführung der Zivile. (Als allgemein rechtsgültige Form der E.schließung vor einem Standesbeamten 1875 in Deutschland einheitlich geregelt). Als Basis der E. gelten Gefühle, Zuneigung, Liebe, die freilich – wie die heutige gültige Rechtsform belegt – weitreichende Verpflichtungen einschließen. Nach § 1353 BGB (Bürgerliches Gesetzbuch) sind E.partner/innen zur ehelichen Lebensgemeinschaft verpflichtet und damit zu gegenseitigem Beistand, zum gemeinsamen Wohnen, zum geschlechtlichen Verkehr, zur Treue. Nach der E.rechtsreform von 1977 gibt es die „Hausfrauene.“, wonach der Mann erwerbstätig ist und die Frau den Haushalt führt, die Kinder versorgt und erzieht, nicht mehr im → Recht. In der Wirklichkeit besteht sie freilich weiter, da die wirtschaftlichen und sozialen Voraussetzungen für die → Erwerbstätigkeit von Frau und Mann und eine gleichmäßige Aufteilung der Familienarbeit immer noch unzureichend sind und für viele Menschen fehlen.

Gleichwohl hat sich in den Auffassungen über die E. in den letzten Jahrzehnten vieles geändert, teilweise zur Ablehnung dieser Form des Zusammenlebens geführt. Die wirtschaftliche Abhängigkeit, die ungleichen Machtverhältnisse in der E., die Unterdrückung ihrer Sexualität, die Abhängigkeit vom Mann auch im Fühlen, Denken und Handeln sowie Gewalt waren vor allem für Frauen bedrückende. unerträgliche Erfahrungen, die sie nach anderen Formen des Zusammenlebens suchen ließen. (→ Beziehungen). Stärkere Unabhängigkeit, ökonomische Selbständigkeit von Frauen, die Trennung von → Sexualität und Fortpflanzung haben dazu beigetragen, daß Frauen sich auch in E.n gegen Abhängigkeit und Unterdrückung wehren.

Die E. hat in den letzten 20 Jahren einen beachtlichen Bedeutungswandel erlebt, der mit veränderten Vorstellungen von Partnerschaft und Frauenrolle verbunden ist. Es gibt zwar keine grundsätzliche Abkehr von den Lebensformen E. und → Familie, aber der formalen E.schließung wird weniger Wert beigemessen. Scheidungen werden toleriert und das Zusammenleben Unverheirateter akzeptiert. Der Anteil der Eheschließungen je 1000 Einwohner ist zurückgegangen: von 10,7 (1950) auf 6,3 (1987). E.n werden immer später geschlossen (44% der 25- bis 29jährigen sind heute noch ledig). Dafür ist die Zahl der nichtehelichen Lebensgemeinschaften erheblich gestiegen und wird heute auf zwischen 1 und 2,5 Mill. Personen geschätzt. Ebenfalls gestiegen ist die Zahl der schwulen und lesbischen Lebensgemeinschaften: in spektakulären Aktionen forderten deutsche Liebespaare 1992 das, was z. B. in Dänemark seit 1988 Wirklichkeit ist: das Recht auf Ehe und die Gleichstellung von Homo- und Hetero-E. Über die Hälfte der E.n hat nur ein Kind bzw. keines. Die Instabilität der E. zeigt sich auch in den hohen Scheidungsraten: 1960 wurde jede siebte E. geschieden, heute ist es bereits jede dritte.

E. als Lebensgemeinschaft von Menschen, die auf Zuneigung, Vertrauen und Liebe beruht, eingegangen und gelöst werden kann, unabhängig von wirtschaftlichen und sozialen Zwängen, wird möglich, wenn Frau und Mann nicht nur gleichberechtigt und -verpflichtet, sondern in der Gesellschaft, in der Arbeit, dem Zusammenleben Gleiche sind. (→ Gleichberechtigung)

Lit.: Colette Dowling: Der Ehe-Komplex, oder die Sucht nach Beziehungen, Frankfurt 1991; Ute Gerhard, Verhältnisse und Verhinderungen, Frauenarbeit, Familie und Rechte der Frauen im 19. Jh., Frankfurt/Main 1978; Susanne Lindner: Tatort Ehe. Zur sexuellen Gewalt in Mann-Frau-Beziehungen, Wien 1992; Carola Pust/Petra Reichert/Anne Wenzel u. a.: Frauen in der BRD, Hamburg 1983; Bärbelies Wiegmann, Ende der Hausfrauenehe. Plädoyer gegen eine trügerische Existenzgrundlage, Reinbek bei Hamburg 1981.

Florence Hervé

»Wenn er (der Mann) lachet, soll sie auch lachen, wenn er trauert, soll auch sie trauern, aber nicht wie eine Fuchsschwanzerin und wie ein Chameleon, welcher alle Farben annimmt, sondern wie eine getreue Freundin und Gehülffin.«

„Wunderbuch“, um 1700

DON'T MARRY, BE HAPPY!

Wenn ich mal groß bin – Zeichnung eines Zehnjährigen.

> *„Eifersucht ist eine Leidenschaft, die mit Eifer sucht, was Leiden schafft."*
>
> *Volksmund*

Eine schlimme Überraschung erwartet das kosende Paar in der Geißblattlaube. Gleich wird es den Stock des unerwartet heimkehrenden Mannes zu spüren bekommen. Lithographie des Biedermeier.

Eifersucht; vielleicht von „eivar" (ahdt.) = scharf, bitter; E. wurde zwischen dem 14. und 16. Jh. (bezogen auf Menschen, Liebe, Beziehungen) mit den Worten eifern, Eiferer, eifrig bezeichnet. In der späteren Verbindung mit Sucht (von siech = krank sein) wird E. als krankhaftes Verlangen charakterisiert und als Leidenschaft, auch Sünde gewertet.
E. ist das Gefühl und die Vorstellung, daß die Partnerin/ der Partner sich unangemessen, zu intensiv um andere Menschen kümmert, sich zu stark anderen Interessen und Dingen zuwendet. E. als entsprechendes Verhalten kann sehr unterschiedliche Formen annehmen, vom gelegentlichen Mißtrauen und Beobachten bis zum ruhelosen Nachspüren, ständigen Verdächtigen und haßerfüllten Ausbrüchen gegen die geliebte Person wie gegen tatsächliche und vermeintliche Konkurrentinnen/Konkurrenten reichen. E. kann eine Art zu werben sein, Ausdruck des Wunsches nach einer Beziehung oder nach Ausgestaltung der Beziehung oder nach Bestätigung sowie ein leidenschaftliches Verlangen ausdrücken, die geliebte Person ganz und allein zu besitzen. Im Volksmund werden dieses Verlangen, Mechanismen und Folgen recht plastisch gefaßt: „E. ist eine Leidenschaft, die mit Eifer sucht, was Leiden schafft." Eine der Quellen für E. ist die Angst, den anderen Menschen zu verlieren. Wie stark diese Angst werden kann, ist u. a. davon abhängig, welche Bedeutung Liebe und Beziehungen in unserem Leben zukommt. Wo Frauen immer noch dazu erzogen werden, eine (oder die einzige) Lebensaufgabe in der befriedigenden Ausgestaltung des Zusammenlebens zu finden und ihr Selbstwertgefühl daraus zu entwickeln (nur wenn mein Mann, meine Kinder mich lieben, bin ich wer) und Frauen wirtschaftlich abhängig sind, kommen Verlustängste als Quelle für E. zusammen: E. als Ausdruck der Angst, mit dem (geliebten) Mann auch die Identität und die Existenzsicherung zu verlieren. E. kann so schmerzliche Formen und Verhaltensweisen annehmen, aus denen wir nur mit dem Willen zur Änderung und mit fachlicher Hilfe herauskommen können. Dies kann auch der Fall sein, wo – unabhängig von wirtschaftlicher Abhängigkeit – Frauen und Männer Liebe und Beziehungen vor allem als Konkurrenzbeziehungen lernen und erfahren. Eingepreßt in ein Schema von Eroberung, Besitz und Niederlage, kann eine Nichterwiderung des Gefühls erfahren werden als persönliches Versagen und Niederlage der gesamten Person. Der chronische (dauerhafte) E.swahn ist bisher nur bei alkoholabhängigen Männern beobachtet und beschrieben worden. Er gilt als männliche Reaktion auf Rollenversagen. (→ Beziehungsarbeit, → Konkurrenz, → Rolle)

Lit.: Hildegard Baumgart: Liebe, Treue, Eifersucht. Erfahrungen und Lösungsversuche im Beziehungsdreieck, Reinbek 1990.

Elternurlaub; E. ist eine Maßnahme, erwerbstätige Mütter zu entlasten, Väter in die Familie zu integrieren und die Betreuung von Kindern im ersten Lebensjahr (bis zu drei Jahren) in der Familie zu sichern. Darüberhinaus gibt es E.smaßnahmen zur Betreuung von Kindern im Kindergarten- und Schulalter, u. a. bei Krankheit. Bei der Einführung eines E.s für die Kleinkindbetreuung spielen neben oder auch statt familien- und sozialpolitischer Motive insbesondere auch arbeitsmarkt- und bevölkerungspolitische sowie pädagogische Motive eine Rolle. Welche Kombination von Motiven ausschlaggebend ist, kann u. a. 1. an der Ausgestaltung von E.smaßnahmen abgelesen werden, 2. daran, ob E. die einzige oder hauptsächliche Form der Kleinkinderbetreuung ist und 3., welche Möglichkeiten für die Vereinbarkeit von Kindern und Erwerbstätigkeit im Kindergarten- und Schulkindalter gegeben sind.

Im internationalen Vergleich startete die Bundesrepublik spät mit E.smaßnahmen und hat im Bereich der gemeinschaftlichen, öffentlichen Kindereinrichtungen im europäischen, US-amerikanischen und kanadischen Vergleich den Stand eines Schlußlichtes. 1979 wurde von der sozialliberalen Koalition ein Mutterschaftsurlaub von sechs Monaten eingeführt (im Anschluß an den → Mutterschutz) mit Zahlung eines Nettoentgelts, mindestens aber von 750,– DM monatlich. 1986 wurde mit dem Bundeserziehungsgeldgesetz (BErzGG) allen Müttern (oder Vätern) ein Anspruch auf → Erziehungsgeld und daran gekoppelt für Erwerbstätige auf E. (Erziehungsurlaub) eingeräumt. In den ersten sechs Monaten nach Geburt eines Kindes wird einkommensunabhängig ein Erziehungsgeld in Höhe von 600,– DM monatlich gezahlt; ab dem siebten Monat gibt es Einkommensgrenzen für ein volles bzw. gekürztes Erziehungsgeld. Einkommensgrenzen 1991: Verheiratete 29 400,– DM, Alleinerziehende 23 700,– DM jährlich nach Abzug bestimmter Belastungen und von 4200,– DM für jedes weitere Kind. 1989 und 1991 wurde der E. um jeweils 12 Monate verlängert, das Erziehungsgeld jeweils sechs Monate länger gezahlt. Die Freistellung zur Pflege kranker Kinder bis zum 8. Lebensjahr betrug bis Ende 1991 fünf (!) Tage pro Jahr. Plätze in öffentlichen, gemeinschaftlichen Einrichtungen gab es 1990 für zwei Prozent der 0–3jährigen, für 79 Prozent der 3–6jährigen (überwiegend mit Halbtagsbetreuung) und für vier Prozent der 6–10jährigen.

Auf der Basis des Einigungsvertrages gelten jetzt für die alten und neuen Bundesländer folgende Regelungen (Stand 1992/93): Für ab dem 1. 1. 1992 Geborene beträgt der E. 36 Monate, das Erziehungsgeld wird voll oder gekürzt für 18 Monate gezahlt; für ab dem 1. 1. 1993 Geborene wird das Erziehungsgeld entsprechend 24 Monate lang gezahlt und soll für das dritte Jahr von den Ländern übernommen werden. Der E. kann bis zu dreimal unterbrochen und jetzt auch von nichtehelichen Vätern in Anspruch genommen werden. Mit der Neuregelung wurde der Kreis der Anspruchsberechtigten auch um Pflege- und Adoptiveltern erweitert. Eine Teilzeitarbeit ist bis zu höchstens 19 Wochenstunden zulässig. Der grundsätzlich bestehende Kündigungsschutz ist durch Ausnahmebestimmungen ausgehöhlt. Anspruch auf Teilzeitarbeit und auf Rückkehr auf einen Vollzeitarbeitsplatz besteht nicht. Nach wie vor werden maximal 600,– DM Erzie-

Von allen Seiten erhalten wir Weisungen, Ratschläge und Meinungen in verblüffender Vielfalt. Jeder macht sich nach seinem Dafürhalten zu unserem Befreier und will uns auf seine Weise befreien.

Josephine-Félicité, um 1832 (aus einer franz. Frauenzeitung)

hungsgeld monatlich gezahlt, die nicht auf Sozial- oder Arbeitslosenhilfe, Wohngeld, BAföG usw. angerechnet werden.

Der Freistellungsanspruch zur Pflege kranker Kinder wurde für die alten Bundesländer erweitert, für die neuen geringer. Ab 1992 liegt die Altersgrenze bei zwölf Jahren; Mutter und Vater haben je zehn Tage, → Alleinerziehende 20 Tage pro Jahr. (§ 45 Sozialgesetzbuch V / SGB V)

Ein Rechtsanspruch auf einen Kindergartenplatz soll im Zuge der Neuregelung des § 218 (→ Schwangerschaftsabbruch) verankert werden.

Auf der Basis des gesetzlichen E.s sind in den 80er Jahren v. a. in Großbetrieben mit qualifizierter Frauenteilbelegschaft über Betriebsvereinbarungen, seltener Tarifverträge, weitergehende E.sregelungen mit Wiedereinstiegsgarantie getroffen worden. (→ Frauenförderung, betriebliche)

Hauptpunkte der Kritik sind: Das geringe → Erziehungsgeld erlaubt keine eigenständige Existenzsicherung; Väter werden so völlig unzureichend einbezogen, und der Berufsausstieg zur Arbeitsmarktentlastung wird politisch gewollt gegen die wachsende Zahl von Frauen, die eine Vereinbarkeit von → Beruf und → Kindern wünschen.

Lit.: Gisela Erler/Monika Jaeckel/Jürgen Sass, Mütter zwischen Beruf und Familie. Familienpolitik mit Mutterschaftsurlaub, Elternurlaub oder Erziehungsgeld? Was Frauen davon halten. Modelle und Meinungen aus fünf europäischen Ländern, München 1983; Brigitte Geissler/B. Pfau, Geschützte Teilzeitarbeit für Eltern. Gutachten für DIE GRÜNEN im Bundestag (Hrsg.), Bonn 1989; Gabriele C. Klug, Schwangerschaft – Mutterschutz – Erziehungsgeld und Erziehungsurlaub, in: Doris Lucke/Sabine Berghahn (Hrsg.), Rechtsratgeber Frauen, Reinbek b. Hamburg 1991, S. 313–336; Ruth-E. Mohrmann, Weibliche Lebensmuster in Ost und West, in: Barbara Geiling-Maul u. a. (Hrsg.), Frauenalltag, Köln 1992, S. 24–43; Gudrun Richter/Martina Stackelbeck, Beruf und Familie. Arbeitszeitpolitik für Eltern kleiner Kinder, Köln 1992.

Renate Wurms

Emanzipation; Vorbemerkung: nach dem Herkunftswörterbuch hat das Wort emanzipiert neben den Bedeutungen frei, ungebunden auch diese: „entfraulicht“. Im Reclam-Fremdwörter-Lexikon (Stuttgart 1960) wurde E. mit „Vermännlichung“ und emanzipiert auch mit „mannweibhaft“ übersetzt.

E., von lat. „emancipare“ = freilassen, bedeutet im römischen → Partriarchat/Recht die Freilassung von Sklaven sowie die Entlassung des erwachsenen Sohnes aus der väterlichen Gewalt. In der Franz. Revolution wurde E. zur politischen Losung, in der Folgezeit auf die Befreiung von Gruppen, Klassen wie Bauern, Juden, die Frauen, die Arbeiter ausgedehnt, zunehmend aus einem passiven Freilassen, Entlassen, Befreien das aktive „Selbstbefreiung“, „Sich-Befreien“.

Mit dem Bezug auf die Menschenrechte als Naturrechte war die Forderung nach Verwirklichung des Gleichheitsprinzips als Gleichheit aller Menschen gestellt. Nicht länger sollte es um die Erringung einzelner Rechte und Freiheiten gehen. In der gesellschaftlichen Realität war dann doch zu unterscheiden zwischen der „politischen E.“ im Rahmen der bürgerlichen Gesellschaft und des bürgerlichen Rechts, in dem Freiheit und Gleichheit an die Eigentumsverhältnisse gebunden sind, und der „allgemeinen, menschlichen E.“, der Befreiung aus aller Abhängigkeit, Ausbeutung und Unterdrückung. (→ Gleichberechtigung)

Die historische Entwicklung in Deutschland, mit ihren auch für die Praxis und Theorie der E. der Frau verhängnisvollen Einbrüchen, hat immer wieder Neubeginn, Neu-Erinnerung notwendig gemacht. Worauf sich in der Frauenbewegung heute, verbunden mit unterschiedlichen Wegen und vorgelegten Perspektiven, die Wünsche, Hoffnungen, Ziele richten, ist die „menschliche E.“. Die wichtigsten Frauenbefreiungsstrategien sind (1) die sozialistische Emanzipationskonzeption auf der Basis eines historisch-materialistischen, marxistischen Ansatzes, (2) das feministische Projekt der Befreiung, (3) die Sozialismus-Feminismus-Ansätze, (4) E.skonzepte auf der Basis von Differenz und/oder Gleichheit. Elemente aller Ansätze sind in den Bewegungen seit der Französischen Revolution – in utopischen Ansätzen, den religiös-sozialen Bewegungen der Ketzer und Ketzerinnen (→ Hexen), der Praxis mancher → Beginen-Gruppen schon weit früher – enthalten. Nachhaltigen Einfluß hatten Kritik und Alternativen der „utopischen“ Sozialisten und ihrer Anhängerinnen im 19. Jh. So kritisierten Robert Owen, Henri Saint-Simon die Institution Ehe, forderten ein einfaches Scheidungsrecht, den Zugang zu empfängnisverhütenden Mitteln, vertraten gleiche Moral statt männlicher Doppelmoral und prägten in ihren Entwürfen zum gemeinschaftlichen Zusammenleben mit kollektiver Kindererziehung sozialistische Zukunftsvorstellungen. Schärfer noch kritisierte Charles Fourier die „Sklaverei der Frau in der Ehe“, ihre „Erziehung zur Sklavin“, den (wirtschaftlichen) Zwang zur Versorgungsehe. Die E. der Frau war Bestandteil der E. der „nützlichen Klasse“, des arbeitenden Volkes. Saint-Simonistinnen, Anhängerinnen Fouriers, Republikanerinnen mischten sich in die Diskussion mit ihrer Forderung nach „Freiheit für die Frauen, Freiheit für das Volk – durch eine Neuorganisation der Industrie und der Hausarbeit“, entwickelten ihre Moral- und Zukunftsvorstellungen von materieller Unabhängigkeit, Trennung von biologischer und sozialer Mutterschaft, nach „einem sozialen Individuum“, das aus Mann und Frau bestehen sollte. Diese Frauen aus dem Volk (überwiegend Näherinnen) bestanden darauf, selbst ihr Befreiungs-Projekt zu entwerfen, forderten die Frauen auf, *ihre* Wünsche und Erwartungen vor aller Theorie überhaupt öffentlich zu äußern.

Diese Vorstellungen und Ansätze wurden in die sozialistischen Konzeptionen übernommen, gegen den radikalen Individualismus des Liberalen John Stuart Mill, der mit seiner beißenden (sehr lesenswerten) Kritik „Die Hörigkeit der Frau“ (1869) doch ausschließlich die E. der Frauen aus dem Bürgertum gegen die sklavenhalterische Männerwelt einforderte.

(1) *Sozialistische E.konzeption.* Die Ideen der „utopischen“ Sozialisten in Verbindung mit der Klassenanalyse der kapitalistischen Gesellschaft durch Karl Marx/Friedrich Engels sowie deren „Frühschriften“ und die Arbeit Engels „Der Ur-

sprung der Familie, des Privateigentums und des Staates“ (1884) lieferten die Grundlagen. Die wichtigsten Annahmen sind, daß die Vorherrschaft des Mannes, die sexuelle, die hauswirtschaftliche Versklavung der Frau historisch mit dem Privateigentum und der Spaltung der → Gesellschaft in Klassen entstanden sind. Die zentrale Ursache der Frauenunterdrückung in der Neuzeit wird in den Produktionsverhältnissen der kapitalistischen Gesellschaft, dem grundlegenden gesellschaftlichen Herrschaftsverhältnis, der Herrschaft des Kapitals (Produktionsmittelbesitzer) über die Arbeit (Arbeiterklasse, Lohnabhängige) gesehen. Als Elemente der besonderen Unterdrückung der Frau in Familie, Fabrik/Lohnarbeit, Gesellschaft werden insbesondere in August Bebels „Die Frau und der Sozialismus“ (1879), Clara Zetkins Schriften (1889, 1896) die Arbeitsteilung im Haus, die Rechtlosigkeit der Frau, die Doppelmoral (sexuelle Unterdrückung), die ökonomische Abhängigkeit der (Haus-)Frau vom Mann berücksichtigt. Das Ziel ist: „Befreiung aus Kapital- und Familienfesseln“ (Emma Ihrer, 1906), eine bewußte gesellschaftliche Organisation sowohl des Produktions- wie des Reproduktions(Vergesellschaftung)bereichs. Die E. der Frau gilt als verbunden mit der E. der Arbeiterklasse, ihrer Erringung der

Diese Entwicklung der Dinge, die darauf abzielt, allmählich den Mann wieder in das Heim zur Erziehung der Kinder zurückzuführen, tritt auf als eine Begleiterscheinung des Hinausschreitens des Weibes als Berufsarbeiterin in die Gesellschaft.

Clara Zetkin, 1906

politischen Macht und der Befreiung von aller Ausbeutung und Unterdrückung. In diesem kollektiven E.skonzept hat die zur Existenzsicherung für viele Frauen ohnehin notwendige Lohnarbeit die Bedeutung (teilweiser) ökonomischer Unabhängigkeit vom Mann; sie ermöglicht Zusammenarbeit mit anderen im Betrieb statt isolierter Hausarbeit und damit zugleich die Organisation für die gemeinsamen Interessen. Überspitzt wurde u.a. von Clara Zetkin Lohnarbeit als ein Schritt zur Gleichberechtigung gewertet, bei dem die Proletarierin „vorläufig nichts" gewonnen habe, da sie „Haus- und Lohnsklavin" zugleich sei. Gleichberechtigung, soziale und politische Rechte sind in diesem Konzept ein wichtiges Ziel; sie sind gegen den privat und öffentlich herrschenden Patriarchalismus gerichtet und Möglichkeiten für die Frauen, für ihre aktuellen Interessen und um die politische Macht (mit-)zukämpfen.

Kritik an diesem Konzept durch die heutige Frauenbewegung richtet sich gegen die Vernachlässigung des Reproduktionsbereichs (Haus-, Erziehungsarbeit), der Geschlechterfrage und der Kinderfrage. Engels, wie viele andere marxistische Autoren/Autorinnen, hat immer auf die wichtigsten entwicklungstheoretischen Veränderungen das Augenmerk gerichtet, auf die Grundunterschiede zwischen feudaler und kapitalistischer Gesellschaft z. B. in der Produktionsweise abgehoben; das von ihm konstatierte „Grundgesetz der Herrschaft des Mannes über die Frau" in Klassengesellschaften wurde in seinen konkret-historischen Ausformungen bisher jedoch kaum untersucht. Nach wie vor mangelt es an marxistisch orientierten geschichtlichen Untersuchungen, obwohl sich in den letzten Jahren Veränderungen abzeichnen; neue Arbeiten sind erschienen, auch solche, in denen der Patriarchalismus „als ein System männlicher Machtausübung durch Institutionen und Individuen" als gesellschaftlich wichtige Struktur gefaßt, die „eigenständige Dimension" der „Geschlechterunterdrückung als Bestandteil der Klassenunterdrückung" (Edith Laudowicz, 1984) begriffen wird. Die Verbindung von privat-häuslichem und öffentlich-staatlichem Reproduktionsbereich, die Bedeutung sexueller Unterdrückung, die patriarchalischen Strukturen in ihrer Wirkung auf die Situation der Frauen werden theoretisch genauer und in ihren wechselseitigen Verstärkungen erfaßt. Bedingt auch durch die Diskussionen, Auseinandersetzungen und Entwicklungen in der neuen Frauenbewegung sowie durch die wirtschaftlich-politische Krisensituation seit den 70er Jahren, wird die Unterdrückung der Frau als ein komplexes System der Benachteiligung und Ausgrenzung verstanden. Der Kampf um die Befreiung der Frauen ist entsprechend auf allen Ebenen zu führen, der wirtschaftlichen, politischen, juristischen, sozialen, sexuellen, kulturellen (→ Geschlechterverhältnis). Als die drei wesentlichen, miteinander verbundenen „Aspekte einer emanzipatorischen Perspektive" (Lottemi Doormann, 1980) werden benannt: a) der *persönlich-private* Bereich; dabei geht es um den Kampf gegen männliche Privilegien, gegen Abhängigkeit und Unmündigkeit, gegen die geschlechtsspezifische Arbeitsteilung und für die Zuständigkeit von Frauen *und* Männern für Kindererziehung und Hausarbeit; b) der *gesellschaftlich-öffentliche* Bereich; hier geht es um qualifizierte Ausbildung, um das Recht und Möglichkeiten zu Berufstätigkeit, um die Beendigung des Patriarchalismus in der Politik und die Entwicklung

Hamburg-Altonaer Verein für Frauenstimmrecht E. V.
Wichtig für die Hausfrauen aller Stände!
Oeffentliche Versammlung
am Mittwoch, den 11. Februar 1914, abends 8 1/2 Uhr
Grosser Saal, Patriotisches Gebäude, Trostbrücke
Vortrag:
„Wie gewinnen die Hausfrauen wirksamen Einfluss auf die Gestaltung der Lebensmittelpreise?"
Referentin: Frau Helene Granitsch-Wien
Präsidentin der Reichsorganisation der Hausfrauen Oesterreichs.
Freie Aussprache. Eintritt frei.

einer humanen Gesellschaft; c) der *internationale Bereich;* in dem die (Über-)Lebensfragen anstehen, eine Umweltschutzpolitik, Entspannung, Abrüstung, Frieden. Für die Praxis wird die Gleichzeitigkeit des Angehens dieser Elemente für notwendig erachtet und zunehmend eine Doppelstrategie vertreten: Zusammenschluß von Frauen in eigenständigen Gruppen, Initiativen, Organisationen sowie Engagement in gemischten.

Dieses E.skonzept geht über das klassische, realsozialistische hinaus, das sich auf den gesellschaftlich-öffentlichen und internationalen Bereich konzentrierte. Die Praxis und Entwicklung in der Sowjetunion und in anderen Gesellschaften des Ostens hat gezeigt, wie wichtig die Erringung der Bürgerinnenrechte, Bildung, Ausbildung, soziale Sicherheit und ökonomische Unabhängigkeit sind. Deutlich wurden aber auch die Grenzen einer E. und Gesellschaft, die den persönlich-privaten, psychischen Bereich weitgehend ausklammert, die geschlechtsspezifische Arbeitsteilung und das → Geschlechterverhältnis nicht angeht. Mit der → Revolution von 1917 wurde die Frau vom geschriebenen patriarchalen → Recht befreit, behielt aber – mit Ausnahme einer kurzen Übergangsphase bis Mitte/Ende der 20er Jahre – die primäre gesellschaftliche Rolle als Ehefrau und Mutter des Mannes und wurde „sein Doppel in der politischen Sphäre. (. . .) Und dies ist nicht nur darin begründet, daß die Ideologie der Revolution die Probleme der Person auf die Veränderung der Eigentumsverhältnisse reduziert hat und die Problematik des Ichs – als bürgerliche Ablenkung verstanden – ignorierte. Über das Geschlechterverhältnis herrschte ein noch größeres Schweigen, es verdrängte schon vor Ende der zwanziger Jahre jede befreiende weibliche Arbeit wie auch alle Forschungen über das Unbewußte. (. . .) Die Person mit all ihren Rechten wurde ausgelöscht, und das Geschlecht verschwand in der scheinbaren Gleichheit der sozialen Chancen. Während die emanzipierte Frau im Westen eine Trennung zwischen dem Öffentlichen und dem Privaten erfuhr, die ihr Bewußtsein und ihr konkretes Leben durchzog, wurde der Frau in der Sowjetunion gesagt, daß diese Trennung aufgehoben sei – ihr blieb als Frau nichts anderes übrig, als sich als ‚unsagbar' zu erfahren." (Rossana Rossanda, in: Differenz und Gleichheit, 1990, S. 17f).

Die Entwicklung im Osten Europas, das partielle bis vollständige Scheitern, und die Erfahrungen im Westen seit 1945 mit einer Gleichberechtigungspolitik, die im Namen der (formalen) Rechtsgleichheit in erster Linie eine Angleichung an Männerrecht und -situation gebracht und patriarchale Macht und Herrschaft nur wenig angekratzt hat, haben zu einer neuen kritischen Reflexion und Diskussion um → Gleichheit und (Geschlechter-) Differenz in der → Frauenforschung und → Frauenbewegung geführt. Die Kernfrage ist: Taugt der neuzeitliche Begriff der „Gleichheit als Inbegriff sozialer Gerechtigkeit" (Ute Gerhard, 1990) noch zur Umsetzung der Ansprüche der Frauen im → Recht, in → Politik, Wirtschaft und → Kultur? Eng damit verbunden sind die Fragen: Wie steht es um die Tauglichkeit auch weitgefaßter E.skonzepte, die dem Gleichheitsgedanken verpflichtet sind, der in → Recht und → Politik diskreditiert ist durch einseitige Angleichung an männliche Systeme? Was verheißt eine politische Praxis, die auf eine emanzipatorische Doppelstrategie

Es ist vernünftiger eine Kerze anzuzünden, als über Dunkelheit zu klagen.

Konfuzius

„Empörung ist der erste Schritt zur Veränderung.“

Margret Gottlieb

setzt? (→ Demokratie, → Feminismus, → Sozialismus).

(2) *Das feministische Projekt der Befreiung.* „Kein Stimmrecht – kein Recht zu lieben“, mit dieser apodiktischen Feststellung rief Hedwig Dohm 1874 die Frauen auf, sich für einen wichtigen Schritt zur Befreiung einzusetzen.

Da die Radikalen in der ersten → Frauenbewegung überwiegend aus liberalen Familien des Bildungsbürgertums oder der Kaufleute stammten, erlebten sie besonders kraß die Widersprüche zwischen politischem Liberalismus, Aufgeschlossenheit und Weltoffenheit einerseits und den geschlechtsspezifischen Grenzen für Frauen andererseits. Ihr E.skonzept und ihre politische Arbeit waren von radikal-liberalen, der Aufklärung und dem Humanismus verpflichteten Vorstellungen sowie von historisch-materialistischen und sozialdarwinistischen Auffassungen geprägt. Diese schärften ihren Blick für die sozialen Klassenverhältnisse und die Notwendigkeit ihrer Überwindung, obwohl ihr radikaler Individualismus die Menschen erst in zweiter Linie als Angehörige von Schichten und Klassen begreifen ließ. Ihr Glaube an Vernunft und Gerechtigkeit führte eher zu einem Konzept der Klassenversöhnung als des Klassenkampfes. Als Vertreterinnen des weiblichen Geschlechts war ihr wichtigstes Anliegen das Aufbrechen patriarchalischer Strukturen. Politisch waren die Radikalen zwischen den Linksliberalen und der Sozialdemokratie angesiedelt. Sie forderten Frauenrechte als Menschenrechte und hielten die autonome Organisierung von Fraueninteressen gegen den gesamtgesellschaftlichen, klassenspezifischen und privaten Patriarchalismus für unabdingbar. Ihr Ziel war es, ‚Grenzen abzuschaffen‘ – im → Recht, in der → Bildung, in → Politik und Wirtschaft, → Ehe und → Familie, um Frauen die Ausbildung ihrer Individualität und ihrer vielfältigen menschlichen (nicht weiblichen oder männlichen) Möglichkeiten zu erlauben.

Charakteristisch für die Radikalen ist die Verknüpfung von Bildung, Lernen, praktischer Alternativarbeit, politischer Aufklärung und politischer Aktion. Ein frühes Beispiel ist ein Frauenzentrum in Hamburg in den 90er Jahren des letzten Jhs. Es gab dort eine Rechts- und Sozialberatungsstelle, einen billigen Mittagstisch für Arbeiterinnen und Angestellte und einen Hort, in dem die Kinder entgegen den herrschenden Normen geschlechtsunspezifisch erzogen wurden. Diese Frauen setzten sich schon früh für die Öffnung aller Bildungswege für Mädchen ein, forderten → Koedukation, die Streichung des § 218 aus dem Strafgesetzbuch (1908) und eine selbstbestimmte Sexualität. Die Gleichstellung der Frau in → Ehe und → Familie und die vollen demokratischen politischen Rechte gehörten zu den Bedingungen, damit die Frau „Rechtssubjekt“, eine „freie Persönlichkeit“ sowie materiell und psychisch unabhängig vom Mann werden und leben kann. Die radikalen Feministinnen waren jedem Weiblichkeitskult ebenso abhold wie dem → Männlichkeitswahn, wenn auch durchaus mit Brüchen – so in der Annahme eines spezifisch weiblichen, ‚natürlichen‘ Pazifismus. (→ Friedensbewegung der Frauen). Der Kampf um Frauenrechte, die vollen Bürgerinnenrechte galten ihnen als „Wurzel“, nicht als „Krone“, nicht als das Ziel emanzipatorischer Bewegung. Sie wollten „Recht als Gerechtigkeit“, die Selbstbefreiung der Frau als Individuum und als Geschlecht. Gleichheit der Geschlechter suchten sie nicht über Angleichung oder als Gleichwertung von Verschiedenem zu erreichen.

Vielmehr ging es ihnen darum, die historisch gewordenen Maßstäbe für das Allgemeine = das Männliche und das Besondere, Abweichende = das Weibliche zu verändern. Die Dominanz und Herrschaft der Männer in der Gesellschaft galt es zu überwinden und damit gleichzeitig für alle Menschen Veränderungen zu schaffen. Ihr Konzept und Ziel einer allgemeinen, „menschlichen E." sahen sie in einer humanen Gesellschaft. Eine Gesellschaft, in der Frauen und Männer ihre menschlichen Anlagen und Eigenschaften je nach Individualität ausbilden können, in der das gesellschaftliche Allgemeine in einem Bildungs- und Auseinandersetzungsprozeß und auf dem Wege grundlegender rechtlicher, politischer und wirtschaftlicher Umgestaltungen von beiden Geschlechtern gleichberechtigt und gleichgewichtig entwickelt und bestimmt werden kann.

Gegenüber den skizzierten Ansätzen war in der frühen Frauenbewegung der gemäßigte → Feminismus mit der Orientierung auf Integration in Staat und Gesellschaft durch den besonderen „weiblichen Einfluß", die Gleichstellung der Geschlechter in „ihrer Besonderheit", die Übernahme der typisch weiblichen Arbeiten als Sozialarbeit im Staat erfolgreich und befestigte damit auf einer neuen Stufe die geschlechtsspezifische Arbeitsteilung und die politische Ungleichstellung der Frau. Der Weg führte zum → Leitbild der individuell emanzipierten Frau, das in Wirtschaft und Gesellschaft a) als Berufs- oder bewußte Familienfrau, b) als Berufs- und Familienfrau je nach wirtschafts- und bevölkerungspolitischer Lage dann in der Tendenz zu dem führt, was in der CDU/CSU/F D P unter „emanzipiert" verstanden wird: die flexible Doppelfrau.

Dies ist eins der zentralen Probleme in der E.sdiskussion der Frauenbewegung heute: Die Forderung nach Gleichheit unter Berücksichtigung der speziellen Situation der Frau.

Im „Projekt der Befreiung" der „neuen" Feministinnen ist dies eine Kontroverse. Auch sie wollen kulturell-historisch erworbene spezifische Fähigkeiten der Frauen in der Gesellschaft umsetzen; die einen als Gleichwertung und Anerkennung der Unterschiede, die anderen mit der Perspektive der Angleichung der Männersituation an die der Frauen (Aufhebung der geschlechtsspezifischen Arbeitsteilung in der Familie, Rechtsstellung usw.) und darüber hinaus mit einer → androgynen Perspektive: Beseitigung aller kulturell-gesellschaftlich bedingten Unterschiede zwischen Frau und Mann. (→ Bildung, → Erziehung, → Arbeit, → Wissenschaft).

Mit dem Konzept der Befreiung ist wieder die Perspektive der Ausbildung von Individualität verbunden. Anders als in der frühen Frauenbewegung stehen im Mittelpunkt die sexuelle Unterdrückung der Frau, die Veränderung der Beziehungen zwischen Frauen, die Forderung nach Berücksichtigung von Gefühlen, Träumen, den Wünschen der einzelnen, von Personen (und nicht allein von Kollektiven) auch in der Politik. In erster Linie wird auf den Zusammenschluß von Frauen gesetzt, der Kampf gegen „das Patriarchat" geführt. Ähnlich wie in der entwickelten sozialistischen E.skonzeption wird auf die Verschränkung von individueller und kollektiver E. von Frauen in einem Prozeß des gemeinsamen Arbeitens, Lernens und Lebens und (in unterschiedlichem Maße) des Einbringens von Forderungen in Politik und Öffentlichkeit orientiert. Widersprüchlich ist, daß nach einer Phase offensiver Politik (Öffentlichmachen des Privaten) trotz neu entwickelter Ansprüche zur Neuwertung von Arbeit, Politik, Privatem, der Forderung nach Rollen- und Institutionen-Veränderung vielfach in der Bewegung eine Tendenz zum Rückzug ins Private zu verzeichnen ist. (→ Demokratie, → Feminismus, → Frauenbewegung).

3. Sozialismus-Feminismus-Ansätze. Der Druck (durch die Verhältnisse) zum gemeinsamen Handeln und Versuche in der Frauenbewegung zu gemeinsamer Aktion, Strategie und Bewegung der verschiedenen Strömungen und Richtungen waren und sind begleitet von teilweise heftigen theoretisch-prakti-

Anzeige aus der „Westdeutschen Allgemeinen":

„Su. Xanthippe, eifersüchtig, verlogen, untreu, Emanze m. Haaren a. d. Zähnen, Putzdr., nach meinen Erfahrungen müßten sich jetzt Engel melden bis 34."

Tausche bildhübsches Brautkleid gegen Pistole!

Aus der Norddeutschen Rundschau

schen Kontroversen; an erster Stelle steht dabei der Streit um die „letzten Instanzen": Patriarchat oder Kapitalismus, Männer oder Kapital, Geschlecht oder Klasse, Sexualität oder Ökonomie, Bewußtsein oder Sein, Reproduktion oder Produktion, Ideologie oder Politik, Individuum oder Kollektiv. Zuweilen ist dieser Streit schmerzvoll und hinderlich, hat aber auch zur Weiterentwicklung beigetragen, zum wechselseitigen Verständnis geführt. Gerade auf dem Gebiet der Annäherung und Verbindung von Getrenntem, dem Grenzgebiet von Marxismus/Sozialismus und Feminismus hat sich international in der Theoriediskussion und in manchen Gruppierungen in der Praxis einiges getan. Vor allem ist offenkundig geworden, daß die von Bewegung geprägten Frauenbefreiungsstrategien weiterentwickelt werden (müssen). Von der „Autonomen Argument-Frauen-Redaktion" sind unter dem Aspekt des Trennenden und Gemeinsamen von Arbeiterbewegung und Frauenbewegung, im Bestreben nach Entwicklung von mehr gemeinsamer politischer Praxis die „Geschlechterverhältnisse" (Frigga Haug/Kornelia Hauser, 1984) in den Mittelpunkt der Forschung gestellt worden; es wird von der These ausgegangen, daß „Frauenunterdrückung als allgemeine Herrschaftssicherung auftritt", „Kitt" für die brüchig gewordene kapitalistische Wirtschaft und Gesellschaft sowie für den Patriarchalismus liefert und Frauen eine „Sozialistische autonome Frauenpolitik" entwickeln müssen.

In der internationalen Feminismus-Sozialismus-Debatte (am bekanntesten sind die Hausarbeits- und die Patriarchatsdebatte) werden die unterschiedlichen Annäherungen deutlich; einerseits die von Marxistinnen an feministische Positionen. Und andererseits sind von Feministinnen, die von der Zuordnung: Frauen-Reproduktion, Männer-Produktion ausgingen, Überschneidungen ausgemacht, Klassenunterschiede registriert, Ansätze zum Gemeinsamen zwischen Frauen- und Arbeiterbewegung herausgearbeitet worden. Für sie gilt, daß das „Projekt der Befreiung der Frau" nur zu verwirklichen ist durch eine grundlegende Veränderung der gesellschaftlichen Verhältnisse.

(4) *E.skonzepte auf der Basis von Differenz und/oder Gleichheit.* Die Erfahrungen mit E.skonzepten und Gleichberechtigungsstrategien, die in der rechtlichen und gesellschaftlichen Praxis immer wieder auf ‚Gleichheit als Angleichung' an Männerrecht und -situation hinausliefen und die Verheißung (nicht das Versprechen der männlich-bürgerlichen) Französischen Revolution von Gleichheit und Freiheit der Frauen nicht einlösten, haben zu der heute in der → Frauenbewegung zentralen Diskussion um „Gleichheit oder Differenz" geführt. Die wissenschaftliche Debatte wird in der feministischen Bewegung international, kontrovers und mit entsprechend unterschiedlichen Konsequenzen für die politische Praxis der Frauen geführt (Differenz und Gleichheit, 1990).

Zentraler Ausgangspunkt ist insbesondere für verschiedene Gruppen in der italienischen Frauenbewegung die Geschlechtsdifferenz. In Weiterführung des ‚Projekts der Befreiung' und der ‚Politik der Subjektivität' geht es in erster Linie um → Selbsterfahrung, die Analyse des Selbst, die sich auf die Kategorie des Unbewußten stützt, um „weibliche Autonomie" gegen die vom Mann jahrtausendelang gedachte Weiblichkeit, ihre Bilder und Darstellungen zu gewinnen. Jenseits der unterschiedlich beantworteten Frage, ob die Geschlechtsdifferenz neben der biologischen auch eine ontologische (im Sein, in der Natur verwurzelt, jenseits der Geschichte) Grundlage habe, wird hier davon ausgegangen, daß die „Herrschaft des Mannes über die Frau sehr tief im innersten Ich und in der sozialen Organisation verwurzelt ist" (Rossana Rossanda – eine Überzeugung, die die Vertreterinnen der verschiedenen Richtungen teilen). Ziel ist, die eigene Geschlechtsidentität zu finden. Für andere (italienische) Gruppen geht es primär um ein anderes gesellschaftliches Sein und Handeln, das sich konsequent und autonom hier und jetzt auf Frauen bezieht. Anders als

im ‚Projekt der Befreiung' geht es den Frauengruppen wie ‚Libreria delle donne' (Kreis um den Mailänder Frauenbuchladen) oder der Philosophinnengruppe ‚Diotima' (an der Universität Verona) nicht in erster Linie um Befreiung aus Unterdrückung, sondern um „ein Modell weiblicher *Freiheit,* das die Frauen ausgehend von dem positiven Wert ihres Geschlechts zusammen entwikkeln" (Adriane Cavarero, in: Differenz und Gleichheit, 1990, S. 95ff). Emanzipation, Befreiung und Gleichheit sind hier nurmehr „Instrumente", die wichtig sind als Zwischenstufen, als Mittel zum Zweck einer „Praxis der Freiheit" hier und jetzt. Ausgehend von der Tatsache, daß es zwei Geschlechter gibt, sehen sie „die Frauen selbst als Wurzel ihrer eigenen Freiheit". Das weibliche Geschlecht sucht „ in sich das eigene Maß und den eigenen Wert", indem sich Frauen anderen, erfahreneren Frauen anvertrauen, so der Ungleichheit eine positive Wertung geben, sich mit anderen Frauen zusammenfinden, um „eine symbolische Ordnung zu teilen, die sie repräsentiert, und um eine politische Ordnung zu finden, die sie als Subjekte behandelt" (Cavarero, Differenz und Gleichheit, S. 105).
Kennzeichnend ist der Verzicht auf eine Auseinandersetzung mit dem anderen Geschlecht, auch das Infragestellen aller männlich geprägten Politik, von Politik überhaupt. Die radikale Betonung der Autonomie in Theorie und Praxis der „sexuellen Differenz" zielt auf den Aufbau einer weiblichen Kultur, tendenziell einer zweiten weiblichen Gesellschaft neben der männlichen. In der Bundesrepublik vertritt u. a. Veronika Bennholdt-Thomsen das Schaffen einer eigenen „Frauenwelt", die nicht „oben eingreift".
Praktisch-politisch wird gegen die E.skonzepte der „sexuellen Differenz" kritisch eingewandt: das Elitäre, der Separatismus, die mangelnde Berücksichtigung der unterschiedlichen Situation und Lage von Frauen (Hautfarbe/Rasse, Klasse) und das Absehen vom Fortbestehen patriarchalischer Herrschafts- und Unterdrückungsverhältnisse, denen Frauen doch unterworfen bleiben.

Das Ausblenden der Geschlechterdifferenz, der Universalanspruch des Männlichen, die Verinnerlichung patriarchalischer Herrschaft und der Bilder der Weiblichkeit sind auch für das Rechts- und E.skonzept der „Gleichheit in der Differenz" bzw. einer „Gleichheit ohne Angleichung" zentrale Probleme, ohne deren Berücksichtigung die uneingelösten Versprechen der Gleichheit und Freiheit keine Perspektive bieten.
Wichtig für eine Politik der Frauen sind hier: Es geht „um eine globale Gesellschaft, in der die *Geschlechterdifferenz von einem verschleierten und ungleichen Konflikt zu einem sichtbaren übergeht*" (Rossana Rossanda). Notwendig ist die Weiterführung feministischer Analysen des gesellschaftlichen Herrschaftsverhältnisses, dem Frauen als Frauen unterworfen sind, um hiervon ausgehend eine Politik der Einmischung und der Prägung des gemeinsamen gesellschaftlichen Feldes zu erreichen. Und schließlich wird auf Differenz *und* Gleichheit beharrt mit dem Ziel, daß Frauen sich ins Allgemeine einschreiben, ihrer Lebens- und Arbeitssituation Raum und Geltung schaffen, wozu als Basis eine Änderung der entsprechenden Rechtsverhältnisse gehört – Frauen als Rechtssubjekte (→ Gleichberechtigung).
Anders als in der Bundesrepublik haben sich in den USA, Großbritannien, aber auch den Niederlanden Feministinnen sehr viel stärker mit den „Scheidelinien" (Anja Meulenbelt) auch zwischen Frauen, den vielfältigen Unterdrückungen in der Gesellschaft durch Klassen-, Ras-

sen- und ethnische Schranken auseinandergesetzt und den Möglichkeiten zu gemeinsamem Handeln zwischen dominierten Gruppen sowie zwischen dominanten und unterdrückten Gruppen in der Gesellschaft. Anja Meulenbelts Zugang ist die Sozialisation und deren Bedeutung für individuelle und kollektive Prägungen. Der Weg, den sie vorschlägt, geht von der „Verantwortung" aller für Gesellschaft und Veränderung aus. Dabei steht am Beginn die Differenz, auch eine Differenzierung des WIR unter Frauen, in der Frauenbewegung. An den zentralen gesellschaftlichen Scheidelinien und gesellschaftlichen Herrschafts- und Unterdrückungssystemen des „Sexismus, Rassismus und Klassismus" entwickelt sie ihr Konzept einer wechselnden Einheit von Identitätsgewinnung, Bewußtwerdung *und* politischer Aktion, von Separation *und* Zusammenarbeit, Einnehmen von Machtpositionen *und* Platz machen in Machtpositionen und auch gemeinsamer Organisation, wo diese notwendig ist. Impliziert sind hier: Unterdrückung ist strukturell verankerte Ungleichheit und Ergebnis individueller Sozialisation, was bei aller Verknüpfung zwei Ansatzpunkte für Veränderung bietet und erfordert. Trotz der Verschränkung der Unterdrückungs- und Herrschaftssysteme und der Überschneidung bzw. partiellen Deckung von Scheidelinien gibt es nicht eine letzte Ursache, aus der sie zu erklären und von der her sie aufzuheben wären. Entsprechend taugt nicht ein E.skonzept zu allen Zeiten, unabhängig vom jeweiligen individuellen, gruppenmäßigen und gesellschaftlichen Entwicklungsstand, und es taugt auch nicht, das Gemeisame über alle Differenzierungen hinweg zu postulieren, zu beschwören oder gar zu verordnen. Hier treffen sich durchaus verschiedene Ansätze: „Die Schwierigkeit feministischer Politik besteht darin, daß Frauenprobleme mit der Verbreiterung der Fraueninteressen in allen und unterschiedlichsten gesellschaftlichen Bereichen eine Lösung verlangen, für die es nicht *eine* richtige Strategie oder *ein* Heilmittel gibt." Dies heißt aber weder bei Ute Gerhard (Differenz und Gleichheit, 1990, S. 202) noch bei Anja Meulenbelt oder für die anderen vielfältige Beliebigkeit: „Sind die Menschenrechte als bisher uneingelöste Versprechen allgemein menschlicher Emanzipation deshalb obsolet, hat sich ‚Recht' grundsätzlich als untauglich erwiesen, auch Frauen zu dienen? (. . .) Bei aller bisherigen Mißverständlichkeit des Gleichheitssatzes, notwendiger Differenzierung und Betonung der Unterschiede möchte ich auf der Forderung nach ‚Gleichheit in der Differenz' beharren, weil sie trotz allem ein politisches Instrument zum Abbau von Privilegien und Gewaltverhältnissen ist." (Ute Gerhard, Differenz und Gleichheit, 1990, S. 202).

(→ Feminismus, → Frauenbewegung, → Geschlechterverhältnisse, → Gleichberechtigung, → Politik, → Recht)

Lit.: AK Frauenfrage des IMSF (Hrsg.), Patriarchat und Gesellschaft, Frankfurt/M. 1985; Diotima (Hrsg.), Der Mensch ist zwei. Das Denken der Geschlechterdifferenz, Wien 1989; Lottemi Doormann, Wartet nicht auf bessre Zeiten, Köln 1980; Richard J. Evans, Sozialdemokratie und Frauenemanzipation im deutschen Kaiserreich, Berlin/Bonn 1979; Ute Gerhard / Mechtild Jansen / Andrea Maihofer / Pia Schmid / Irmgard Schultz (Hrsg.), Differenz und Gleichheit. Menschenrechte haben (k)ein Geschlecht, Frankfurt/M. 1990; Frigga Haug / Kornelia Hauser, Geschlechterverhältnisse und Frauenpolitik, Berlin 1984; Libreria delle donne, Wie weibliche Freiheit entsteht. Eine neue politische Praxis, Berlin 1988; Anja Meulenbelt, Scheidelinien. Über Sexismus, Rassismus und Klassismus, Reinbek bei Hamburg 1988; Rossana Rossanda, Einmischung Frankfurt/M. 1980.

Renate Wurm

Embryo; von griech. „embryon", lat. „embryo" = ursprünglich neugeborenes Lamm; ungeborene Leibesfrucht, „im Anfangsstadium der Entwicklung befindlicher Keim". E. ist die (medizinische) Bezeichnung für den sich entwickelnden Menschenkeim bis zum Ende des 3. Schwangerschaftsmonats. In dem anschließenden Entwicklungsstadium wird der Menschenkeim als Fötus bezeichnet. Wir halten diese Sprachregelung für wichtig und finden die Übersetzung „Menschenkeim", die wir in einem „Lexikon der Sexualaufklärung" gefunden haben, gut, um gegen Sprachdiffamierung durch die strikten Abtreibungsgegner auch sprachlich angemessen zu reagieren.

Embryonenschutz; Seit durch die → Reproduktionstechnologien Embryonen außerhalb der Frau hergestellt und aufbewahrt werden und Verfahren der → Gentechnologie Eingriffe und Manipulationen auch an menschlichen Embryonen ermöglichen, wird die Frage nach dem Schutz dieser Embryonen gestellt, um Mißbrauch und Forschungen an potentiellem menschlichen Leben zu verhindern bzw. zu überwachen. Die Bezeichnung Embryonen bezieht sich auf folgende Stadien der Schwangerschaft:
– befruchtete Eizelle: bis zur vollständigen Einnistung in die Gebärmutter (ca. 14 Tage nach der Befruchtung);
– Embryo: nach der Einnistung bis zum 3. Schwangerschaftsmonat (Abschluß der Organentwicklung);
– Fötus: ab 4. Schwangerschaftsmonat bis zur Geburt.
Einher mit dem E. geht ein Streit um die Frage nach dem Beginn des menschlichen Lebens, der insbesondere von wissenschaftlichen, rechtlichen und religiösen Interessen geprägt ist. Manche gehen davon aus, daß es der Augenblick der Befruchtung ist, also das Eindringen des Spermiums in die Eizelle. Andere wiederum sehen in der Einnistung den Lebensbeginn. Wieder andere gehen davon aus, daß dies der Fall ist, wenn das Nervensystem sich herausbildet (ca. dritte Woche).
E. geht eindeutig auf Kosten von Frauen. Zunehmend werden Embryo und Frau als zwei sich bekämpfende, widersprechende Objekte angesehen, wobei dem Arzt die Rolle des Vermittlers und Bewahrers des Rechtes des Embryos zukommt. Die Einheit von schwangerer Frau und Embryo wird tendenziell aufgehoben, der Embryo auf-, die Frau abgewertet. Dies führt so weit, daß Frauen als „fötales Umfeld" (eine Formulierung, die in einer der ersten Fassungen des Embryonenschutzgesetzes aufgetaucht ist) angesehen werden, dessen Verhalten, z. B. Rauchen, eine potentielle Bedrohung darstellt. Damit einher geht die Definition des Embryos als Person, dem alle Rechte zustehen, einschließlich des Rechts auf medizinische Behandlung, z. B. der Fötaltherapie, die jedoch nur durch eine Operation an der Frau durchgeführt werden kann.
Der Embryo soll aber nicht nur vor der Frau geschützt werden, sondern an ihm soll auch geforscht und experimentiert werden können. Embryonenforschung hat in den letzten Jahren drastisch zugenommen. Viele Verfahren der → Reproduktionstechnologien konnten erst durch sie entwickelt werden. So stellen schon die Kryokonservierung (Eingefrieren) von Keimzellen und die Kultivierung von Embryonen ein Experiment dar. Ihre Legitimation findet die Embryonenforschung in den von den ForscherInnen selbst als „höher" definierten Forschungszielen, insbesondere hinsichtlich der Beseitigung menschlicher Krankheiten und des Schutzes von Leben und Gesundheit.
In der BRD ist der E. rechtlich im sog. Embryonenschutzgesetz festgeschrieben, das Anfang 1991 nach mehrjährigen Debatten und verschiedenen Entwürfen in Kraft getreten ist und als die restriktivste Regelung in der Welt gilt. Verboten sind die Herstellung von Embryonen zu Forschungszwecken, Experimente mit überzähligen und entwicklungsfähigen Embryonen, Verwendung von Embryonen für den kommerziellen Handel und die industrielle Nutzung, Präimplantationsdiagnose (genetische Untersuchung vor dem Embryotransfer), Ge-

Die Frau – das „fötale Umfeld"

Aus einem Entwurf zum Embryonenschutzgesetz

schlechtsvorherbestimmung. Ansonsten gilt das Motto, was nicht verboten ist, ist erlaubt. So werden in dem Gesetz keine Genanalysen und gentherapeutischen Eingriffe sowohl in Körper- als auch Keimzellen angesprochen. Verstöße werden mit Geld- und Freiheitsstrafe (bis zu 5 Jahren) geahndet. Auch hier stellt sich die Frage, wer kontrolliert was und wen.
Schaut frau sich die zahlreichen Publikationen und Forschungsprojekte deutscher ForscherInnen an, so scheint die befürchtete internationale Wettbewerbsfähigkeit unter dem Embryonenschutzgesetz nicht gelitten zu haben.

Lit.: Waldschmidt, Anne (1991): The embryo as a legal entity – woman as a fetal environment. The new German laws on reproductive engineering and embryo research. In: Issues in Reproductive and Genetic Engineering. 4(3), 209–222; Satzinger, Helga (1989): Um Leben und Tod – Vom Patriarchat und seiner Moral in den Lebensdefinitionen der modernen Biologie. In: Paula Bradish et al. (Hrsg.), Frauen gegen Gen- und Reproduktionstechnologien. Beiträge vom 2. Bundesweiten Kongreß Frankfurt, 28.–30. 10. 1988, München.

Ute Winkler

Engel; nun ja – gibt's die?

Engelmacherin; Bezeichnung für Kurpfuscherin, Abtreiberin. Nach altem Volks(aber)glauben wurden aus den Menschenkeimen (= Unschuldigen) Engel.

Die Frau als Engel, Plakat, um 1899.

Ernährung; bezeichnet den Vorgang der Nahrungsaufnahme zur Aufrechterhaltung der Lebensfunktionen, der Leistungsfähigkeit und Gesundheit des Menschen. Neben dieser rein naturwissenschaftlichen Definition ist die Ernährung immer auch eine Frage der Lebenseinstellung und des gesellschaftlichen Status und gewinnt somit eine soziale, ökologische und ästhetische Dimension.
Zu einer „wissenschaftlichen" Lehre wurde die Ernährung erstmals unter dem griechischen Arzt Hippokrates (460–377 v. Chr.) erhoben. Sein berühmtes Werk „Corpus Hippocraticus" basiert auf der antiken Säftelehre, wonach Gesundheit bzw. Krankheit auf dem Mischungsverhältnis der vier Körpersäfte (Schleim, Blut, gelbe und schwarze Galle) beruhen. Aus der „Tatsache", daß aus den einzelnen Lebensmitteln unterschiedliche Säfte im Organismus produziert werden, leitete Hippokrates seine Ernährungsempfehlungen ab. Von dem berühmten Arzt Galen von Pergamon (130–201 n. Chr.) nochmals gefestigt, behielt die hippokratische Ernährungslehre bis in das 16. und 17. Jh. ihre Gültigkeit, so auch das Vorurteil, daß Obst und Gemüse schädlich und zu meiden seien. Vom 19. Jh. an wurde dann das auf Beobachtungen, Erfahrungen, Spekulationen, religiösen und ideologischen Ansichten beruhende Ernährungssystem durch naturwissenschaftliche Erkenntnisse erschüttert und neu formuliert. Im Mittelpunkt der Kostempfehlungen standen zunächst der Energiegehalt (Kalorien) bzw. die energieliefernden Hauptnährstoffe Eiweiß, Fett und Kohlenhydrate und vom 20. Jh. an mit der schrittweisen Isolierung der nicht-energieliefernden Nährstoffe und mit Entdeckung ihrer Wirkungsweise die Vitamine, Mineralstoffe und Spurenelemente. Im Zeitalter der Wissenschaft wandelte sich die antike Nahrungsmittellehre zu einer isolierten Nährstofflehre, die – bei all ihren Vorteilen – der Erforschung der Wechsel- und Gesamtwirkungen lebensnotwendiger Stoffe sowie unerwünschter Schadstoffe im Lebensmittel nicht gerecht wird. Eine ganzheitliche Betrachtung der Ernährung ist die zentrale Herausforderung an eine zukünftige Ernährungslehre.
Die aktuelle Ernährungssituation wird alle vier Jahre im „Ernährungsbericht" von der Deutschen Gesellschaft für Ernährung (DGE) dokumentiert. 1992 wurde erstmals Gesamtdeutschland berücksichtigt. Die Situation in der Bundesrepublik ist laut Ernährungsbericht von 1988 im wesentlichen gekennzeichnet durch: ein reichliches und allgemein erschwingliches Lebensmittelangebot; einen zu hohen Fett- und Zuckerkonsum zu Lasten des Verzehrs ballaststoffreicher Lebensmittel (z. B. Vollkornprodukte, Rohkost); eine Bevorzugung stark verarbeiteter Lebensmittel (z. B. „fast food", Konserven, Süßigkeiten) zu Lasten vollwertiger, naturbelassener Lebensmittel (frisches Obst, Rohkost,

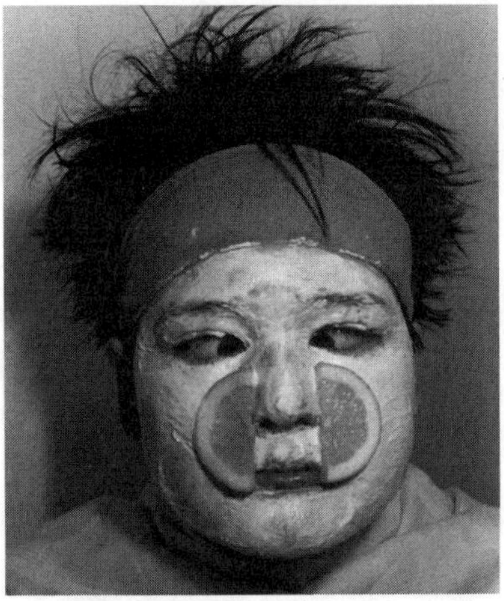

Müsli etc.) sowie eine Zunahme der Schadstoff- und Rückstandsbelastung unserer Lebensmittel.
Eine Fehlernährung ergibt sich bei uns eher aus einem „Zuviel“ als einem „Zuwenig“ (→ Eßstörungen). Lediglich bei jugendlichen Mädchen ist Unterernährung relativ häufig. Unkontrolliertes Essen – aus welchen Gründen auch immer – in Verbindung mit Bewegungsmangel und einer genetischen Veranlagung führt zu Übergewicht, das als Hauptrisikofaktor für die Entstehung ernährungsabhängiger Krankheiten wie z. B. Bluthochdruck, Gefäßverkalkung, Zuckerkrankheit und Gicht gilt. Der Anteil Übergewichtiger an der Bevölkerung ist bei den über 60jährigen mit 40% am höchsten. Auch chronische Verstopfung als Folge einer ballaststoffarmen Ernährung ist bei uns weit verbreitet (ca. 30% der Bevölkerung, Frauen sind noch stärker betroffen). Bereits 90% der Schulanfänger haben Karies, deren Hauptverursacher Haushaltszucker, industriell eingesetzte Zuckerarten (z. B. Glukosesirup), aber auch der natürliche Zuckergehalt in Honig, Trockenfrüchten u. a. sind. Das Ausmaß der Fehlernährung der Deutschen läßt sich u. a. an den Kosten, die ca. ein Drittel der Gesamtkosten für alle Erkrankungen ausmachen, absehen. Die Auswirkungen der zunehmenden Belastung unserer Lebensmittel durch Schadstoffe (z. B. Schwermetalle, Nitrat) und Rückstände (vornehmlich aus Pflanzenschutzmitteln) auf unsere Gesundheit kann nur grob geschätzt werden, da es sich um Langzeitwirkungen in Abhängigkeit von Wechselwirkungen mit anderen Schadstoffen, aber auch mit Schutzfaktoren wie z. B. Vitamin C, E und A handelt. Laut DGE besteht bei einer abwechslungsreichen, vielseitigen Ernährung keine Gesundheitsgefährdung.
Zwei Ernährungstrends haben sich in den letzten Jahren zu bedeutenden Bewegungen ausgeweitet: Die Diätwelle – eine regelrechte „Frauen-Dauerwelle“ – und die Biowelle, auf der auch einige Männer mitschwimmen. Das Wort „Diät“ geht auf den antiken Begriff „diaita“ zurück, was soviel wie Lebensordnung, Gesundheit von Geist und Körper bedeutet. Die klassische Diätetik war eine ganzheitlich ausgerichtete Gesundheitslehre, wobei die auf Maßhalten und Natürlichkeit basierende Ernährung nur einen Teilbereich ausmachte. Neben dem heutigen Verständnis von Diät als Ernährungsweise zur Behandlung von Übergewicht oder einer ernährungsabhängigen Krankheit (z. B. Diabetes-Diät) wird Diät hauptsächlich im Sinne einer Schlankheitskur verstanden und gelebt. Sowohl die Tatsache, daß viele Frauen Übergewicht haben (in erster Linie Kummerspeck), als auch der Wunsch, dem von Mode und Medien geprägten unwirklichen Schlankheitsideal zu entsprechen, sind wesentliche Gründe dafür, daß sich die außerordentlich vielzähligen, z. T. gesundheitsschädlichen Diätformen und Schlankheitsmittel (Appetitzügler, Abführmittel, Hormone u. a.) konstant hoher Nachfrage erfreuen. Die vielfältigen Schlankheitskuren mit Abspeckgarantie haben neben dem Nachteil einer häufig einseitigen Ernährung v. a. eines gemeinsam: Langfristig gesehen führen sie nicht zum Erfolg. Im Gegenteil hat man inzwischen festgestellt, daß der Organismus durch das viele „Diäten“ auf Sparflamme schaltet und bei Rückkehr zu normalen Verzehrsmengen mit dem Ansatz von Fettgewebe reagiert. Woraufhin frau sich in eine neue Diät flüchtet – ein verhängnisvoller Teufelskreis.

Illustriertenbild, Frankfurter Hausfrau, 1931

Wer wirklich abnehmen und sein Gewicht, das durchaus einige Kilogramm über dem Idealgewicht (bei Frauen: Körpergröße in cm minus 100 minus 15 Prozent in kg) liegen darf, halten will oder muß, sollte wissen: Nur eine langfristig ausgewogene, vollwertige Kost mit verringerter Energiezufuhr und erhöhtem Ballaststoffgehalt bringt Erfolg!
Die Biowelle wird getragen von dem gestiegenen Umweltbewußtsein der Öffentlichkeit und dem damit verbundenen Wunsch, sich natürlicher und gesünder zu ernähren. Ausgangspunkt, um den sich dann immer größere Kreise zogen, war die Reformbewegung, deren Ideen einer gesunden Lebensweise vor ca. 100 Jahren durch die ersten Reformhäuser umgesetzt und vermarktet wurden. Inzwischen bietet fast jeder Supermarkt eine breite Palette an Bioprodukten an. Leider ist aber auch dieser Markt sehr unübersichtlich und verwirrend geworden, da der Begriff „Bio" gesetzlich nicht geschützt ist und nicht für einheitliche Qualitätsmerkmale bürgt. Müslimann oder -frau sollten beim Einkauf ihrer Vollwert-Lebensmittel auf Anbauweise (ökologisch), Verarbeitungsgrad (gering, schonend), Art und Herkunft der Zutaten, Zusatzstoffgehalt (minimal) und Verpakkung (minimal, umweltfreundlich) achten.
Wenn auch die Regel durch einige Ausnahmen bestätigt wird, ist Ernährung wie eh und je Frauensache. SIE trägt Sorge und Verantwortung für ihr leibliches Wohl und das ihrer Familie. Ernährung ist für sie oft eine Qual. Eine Qual der Wahl zwischen „fast food" oder Vollwerternährung, Zucker, Süßstoff oder Honig, organisch-biologisch, biologisch-dynamisch oder doch lieber konventionell, Glasflasche oder Tetrapak usw., usw.
Die Forderungen nach einer gesunden, schmackhaften und umweltfreundlichen Ernährung lassen sich nach heutigen Empfehlungen am besten durch eine vollwertorientierte Ernährung unter einen (Topf)Dekkel bringen.

Adressen: Auswertungs- und Informationsdienst, Konstantinstr. 124, 53179 Bonn (Info-Material); örtliche Verbraucher-Zentralen.

Lit.: Weber/Wilden, Lexikon der gesunden Ernährung, Weil der Stadt 1991; Orbach, Anti-Diät-Buch. Bd. 1&2, München 1979; Körber u. a., Vollwert-Ernährung, Heidelberg 1987.

Isabella Wilden

Gabrielle d'Estrées und ihre Schwester im Bade. Gemälde der Schule von Fontainebleau. 2. Hälfte des 16. Jahrhunderts.

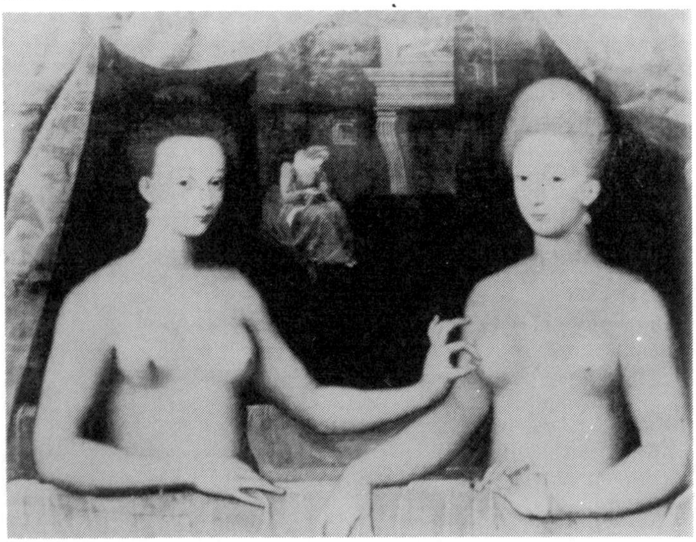

Erotik; von griech. „erotike", „erotikos" = Liebes(-verlangen). Nach Heide Göttner-Abendroth weist der Mythos um Eros, den griechischen Gott der Liebe (röm. Amor) und seine Mutter Aphrodite (röm. Venus), die griechische Göttin der Schönheit und Liebe, weit ins Matriarchat zurück. „Denn sie war als die vorolympische Aphrodite Urania die uralte Schöpfergöttin selbst. Als die große Göttin des Mittelmeeres beherrschte sie Land und Meer . . . Ihr Kind Eros, zweigeschlechtlich und goldgeflügelt, war das schöpferische Prinzip par excellence (in Vollendung, die Hrsg.), das den ganzen Kosmos hervorbrachte und erhielt. Erst in patriarchaler Zeit degenerierte Eros zum albernen, flatterhaften Knaben." Auch im griechischen (olympischen) Mythos galt Aphrodite als die Verkörperung von E. und Fruchtbarkeit, als diejenige, von der Sinnlichkeit, Liebesverlangen, Vereinigung und Fruchtbarkeit von Land, Menschen, Tieren abhängig sind.
In Deutschland wurde im 18. Jh. zunächst erotisch, dann auch E. zur Charakterisierung von Liebeslust, Sinnlichkeit übernommen. In der Folgezeit wurde E. gebraucht zur

Kennzeichnung all dessen, was die begrenzte Sexualmoral, auf Fortpflanzung reduzierte Sexualität in der bürgerlichen Gesellschaft nur heimlich erlaubte: Lust, Liebeserleben, Leidenschaft, körperliche Anziehungskraft wie durch Schönheit angeregte Empfindungen, die Fähigkeit zu Zärtlichkeit und Sinnlichkeit, die sexuelle Wünsche einschließt, sie aber nicht immer befriedigen muß; Empfindungen, Wünsche, Liebe, die sich nicht in den Rahmen einer ehelichen Zwangsheterosexualität pressen lassen. Daraus ergab sich zum einen die Bedeutung von E. als „feiner", umschreibender Ausdruck für → Sexualität, die, verbunden mit Körperfeindlichkeit und dem Zwang zur Triebzügelung, ausschließlich als dem Mann erlaubte, der Frau unerlaubte Begierde galt. Dieser Reduzierung von E. auf sexuelles Verlangen stand zum anderen die Überhöhung von E. gegenüber als ausschließlich seelisch-geistige Empfindung und Anziehung zwischen Menschen.

Die Versuche von Frauen heute, E. darzustellen, von ihr zu schreiben, sind geprägt davon, sich als Subjekte zu sehen und Sexualität in ihren verschiedenen Ausprägungen als wichtigen Bereich erotischen Erlebens und Lebens zu begreifen. Dies ist ein mühsamer Prozeß, erfordert er doch die Loslösung von einer vorrangig männlich geprägten, mit → Gewalt und Unterdrückung verbundenen, vermarkteten Lust und die Anerkennung eigener weiblicher Lust, Leidenschaft und Körperlichkeit; Schritte sind es im Zusammenhang der Entwicklung von Lebens- und Ausdrucksformen, in denen Menschen eine Einheit von Körper, Empfindungen, Kopf sind. E./Liebe schließt so vielfältige Formen und Beziehungen ein, in denen „Leidenschaft, Hingabe, gegenseitige Neugier, Interesse am anderen, Intimität, Verbindlichkeit" gefunden und gegeben werden. „Erotisierung, d. h. Vermenschlichung unserer Welt". (Anna Tüne)

Lit.: Anna Tüne (Hrsg.), Körper Liebe Sprache. Über weibliche Kunst, Erotik darzustellen, Berlin (West) 1982; Heide Göttner-Abendroth, Die Göttin und ihr Heros, München 1984.

Erwerbslosigkeit; von ahdt. „irhwerban", mhdt. „erwerben" = „durch tätiges Bemühen erreichen" wurde im 17. Jh. das Wort Erwerb abgeleitet und vor allem als Rechtsbegriff – Erlangung eines Rechts an Eigentum, insbesondere durch familien- oder erbrechtliche Übertragung von Besitz, Vermögen – entwickelt. Mit der Durchsetzung und Verallgemeinerung von Lohnarbeit als *der* Form, die Mittel für den Lebensunterhalt zu verdienen („durch tätiges Bemühen zu erreichen"), wurden die Begriffe → Erwerbstätigkeit und E. entwickelt. Der Ausdruck E. wird in der Frauenbewegung meist statt des umgangssprachlich üblichen Begriffes Arbeitslosigkeit gebraucht. Denn bei E. handelt es sich nicht um fehlende Arbeit überhaupt („der Industriegesellschaft geht die Arbeit aus"), sondern es mangelt an Möglichkeiten, sich die notwendigen Mittel zum Lebensunterhalt zu verdienen. Zudem ist im Bezug auf Frauen der Begriff E. vorzuziehen, denn Frauenarbeit schließt vielfältige Formen unbezahlter → Arbeit ein, an der kein Mangel ist (ehrenamtliche, → Hausarbeit, → Beziehungsarbeit).

Bei in Arbeitslosenstatistiken erfaßten Personen handelt es sich um die beim Arbeitsamt registrierten, arbeitslos Gemeldeten. Auch kurzzeitig Beschäftigte (ab sieben Tagen!) gelten als „vermittelt" und tauchen so vorübergehend nicht in der Statistik auf. Zu den registrierten Arbeitslosen zählen nicht diejenigen, die aus der E. heraus an einer Fortbildung oder Umschulung teilnehmen, die sich arbeitsuchend gemeldet haben, um drohender E. durch Betriebsschließung, → Rationalisierung zuvorzukommen oder die nach der Familienphase wieder erwerbstätig werden wollen.

Die Massene. ist seit Jahren eines der zentralen wirtschaftlichen, politischen und sozialen Probleme in patriarchal-kapitalistischen Industriegesellschaften mit weitreichenden individuellen Folgen. Trotz und wegen einer kräftigen Zunahme der Frauenerwerbstätigkeit in den alten Bundesländern seit den 70er Jahren stieg die Zahl der arbeitslos gemel-

„Also ich empfand es ganz angenehm, zumal es ja Sommer war. Aber dann fing es so allmählich an, als es dann Oktober – November wurde. Ich saß dann allein den ganzen Tag, irgendwie war ich da plötzlich ausgeschlossen. Die Stempelzeit ging vorbei. Ich gehörte nirgends mehr richtig dazu."

(langjährige Betriebsratsvorsitzende)

deten Frauen. Die Arbeitslosenquote der Frauen lag in den letzten 20 Jahren immer über der der Männer und stieg von 0,6 (1970) auf 8,4% (1990). Zum Vergleich: Männer (1990) 6,3%. Entsprechend lag der Frauenanteil an den Arbeitslosen immer mit 42–50% über ihrem Beschäftigtenanteil von 36–40%. 1990 betrug der Frauenanteil an den Arbeitslosen 48,6% bei einem Beschäftigtenanteil von 41% im alten Bundesgebiet.

Die Arbeitslosenstatistik und die Schätzungen zur „stillen Reserve" weisen näherungsweise den Umfang der E. aus. Mit der „stillen Reserve" wird versucht, die Zahl derjenigen abzuschätzen, die sich ohne Arbeitsamt um eine Stelle bemühen und die, „die bei günstiger Arbeitsmarktlage bereit, geeignet und nach den persönlichen Voraussetzungen in der Lage sind", erwerbstätig zu sein (Inst. für Arbeitsmarkt- und Berufsforschung, 1984). Ihre Zahl wird für die alten Bundesländer auf 1–1,5 Mill. geschätzt, darunter 55–60% Frauen. Diese Daten markieren eine „Untergrenze"; mit Sicherheit sind viele erwerbswillige (Haus-) Frauen nicht erfaßt. Denn zur „stillen Reserve" gehören diejenigen, die sich wegen der schlechten Vermittlungsaussichten – oder weil sie keine Unterhaltsansprüche haben – nicht arbeitslos melden oder nach Auslaufen der Leistungsansprüche und vergeblicher Stellensuche über das Arbeitsamt sich zurückziehen. Darunter sind Schülerinnen mit/ohne Schulabschluß, Hochschulabsolventinnen und ehemals „geringfügig beschäftigte" Frauen (unter 15 Wochenstunden/bis 530 DM in den alten, bis 390 DM in den neuen Bundesländern/1993 monatlich); es gehören Frauen dazu, die als durch den Ehemann versorgt gelten (Bedürftigkeitsprüfung), viele ältere Frauen und diejenigen, die aus der Statistik ausgegrenzt werden, weil sie etwa wegen fehlender Kinderbetreuung als nicht vermittelbar gelten (→ Arbeit, → Beruf, → Erwerbstätigkeit).

In Ostdeutschland ist mit der Einheit das Problem der E. eingebrochen, hat sich in den letzten beiden Jahren zugespitzt und besonders die Frauen getroffen. Ihr Anteil an den registrierten Arbeitslosen lag im Mai 1992 bei gut 63%, ihre Arbeitslosenquote ist mit 19,2% fast doppelt so hoch wie die der Männer mit 10,3%. Überproportional hoher Abbau von Frauenarbeitsplätzen bzw. geringere Wiederbeschäftigungschancen, die enorme Verschlechterung der Rahmenbedingungen zur Vereinbarkeit von →Beruf und → Kindern, die durchschnittlich geringere Mobilität sind entscheidende Gründe. Bestandteil der Veränderungsprozesse ist eine starke und gegenüber Männern überproportional hohe Entwertung bisheriger Qualifikationen durch Verdrängung von Frauen insbesondere aus Leitungsfunktionen, hochqualifizierten Angestellten- und Facharbeiterinnentätigkeiten und aus (qualifizierter) Teilzeitarbeit. (→ Arbeit, → Beruf, → Erwerbstätigkeit)

Ein erheblich größeres Risiko tragen auch ausländische Mitbürger/innen. Unter ihnen ist trotz geburtenschwacher Jahrgänge der Anteil junger Frauen ohne Ausbildungsplatz/Beschäftigung überproportional hoch (→ Migrantinnen).

Ich bin entlassen

Ich bin entlassen das heißt freigestellt
So wissen wir doch was sie Freiheit nennen
An ihrer Sprache sollt ihr sie erkennen:
soziale Sicherheit heißt Stempelgeld

und Rationalisieren heißt soviel
wie Menschen durch die Technik zu ersetzen
die ja der Mensch an andren Arbeitsplätzen
entwickelt hat – Gewinn steht im Kalkül

vor allen Fragen die die Welt bedrängen
Wenn uns die Kraft versagt der Mut verläßt
da wir dem nächsten Tag nicht trauen dürfen

an welcher Hoffnung hielten wir uns fest
wenn wir nicht von gerechteren Entwürfen
des Daseins wüßten und von Übergängen

Liselotte Rauner

Alle diese Faktoren taugen allerdings nicht zur *Ursachenerklärung*. Die E. der Frauen wie der Männer hat gesamtwirtschaftliche und politische Ursachen. Die unternehmerische Strategie heißt: weniger Personalkosten für Stammpersonal, weniger Lohn, mehr flexibel einsetzbare Arbeitskräfte und vor allem →Rationalisierung. Die staatliche Arbeitsmarkt-, Beschäftigungs- und Sozialabbaupolitik stützt diese Strategie und verschärft insbesondere auch die Folgen für Frauen. In den Berufen und Bereichen, in denen Frauen in den letzten Jahren vor allem bezahlte Arbeitsplätze fanden, im gesamten Büro- und Dienstleistungsbereich einschließlich des öffentlichen Dienstes, werden die Erwerbslosenzahlen noch steigen; der Einstellungsstopp und Stellenabbau im öffentlichen Dienst – im Sozial-, Gesundheits- und Bildungswesen – verschärft die Situation der Frauen auf dem Arbeitsmarkt. Denn Abbau bedeutet hier, daß nicht nur Ausbildungs- und Arbeitsplätze für Frauen fehlen, sondern es fehlen auch Betreuungsmöglichkeiten für Kinder, Kranke, Alte. Wird diese Frauenarbeit nicht öffentlich und bezahlt gemacht, so ehrenamtlich oder unbezahlt privat in der Familie. Ziel ist dabei nicht, alle, viele oder die meisten Frauen aus dem Erwerbsleben zu verdrängen, sondern das Arbeitskräftepotential Frauen den neuen Bedingungen in der Produktion im Zuge der → Rationalisierung anzupassen.

Wirksame Gegenstrategien gegen die E. wie gegen die Prozesse der Verdrängung und Entwertung von Qualifikationen sind eine allgemeine Arbeitszeitverkürzung, eine staatliche Arbeitsmarkt- und Beschäftigungspolitik, die insbesondere die Frauen in viel stärkerem Maße als bisher an Fortbildungs-, Umschulungs- und Beschäftigungsmaßnahmen beteiligt – zumindest entsprechend ihrem Arbeitslosenanteil. Durchschnittlich unterrepräsentiert sind Frauen in technischen, zukunftsorientierten und höherqualifizierenden Fortbildungen und Umschulungen sowie in Arbeitsbeschaffungsmaßnahmen (ABM). Hier müßte mit Hilfe von Quotenregelungen, über die Gleichstellung von Kindererziehungs- und Pflegezeiten mit sozialversicherungspflichtiger Beschäftigung die staatliche Arbeitsmarktpolitik ausgleichend und kompensierend wirken. In der Diskussion sind auch Anreiz- und Auflagensysteme für Unternehmen, etwa bei staatlichen Subventionen, zur Einstellung und dauerhaften Beschäftigung von Frauen. Darüber hinaus braucht es auch hier eine Umgestaltung und Umverteilung von bezahlter und unbezahlter gesellschaftlich notwendiger Arbeit zwischen Frauen und Männern. Langfristig bedarf es der Durchsetzung des Rechts auf Arbeit, das sich allerdings mit dem Prinzip privater Gewinnmaximierung nicht verträgt. Von einem solchen Zustand sind wir allerdings weiter denn je entfernt. (→ Frauenförderung)

Die *Folgen* der E. für Frauen reichen von materieller Not über viele psychische und soziale Probleme bis hin zu Isolation und Verzweiflungstaten. Die wenigen Untersuchungsergebnisse, die bislang insbesondere über die psychischen Folgen vorliegen, lassen nur vermuten, wie gravierend gerade für junge Frauen der fehlende Ausbildungs- und Arbeitsplatz ist. Denn Ausbildung und Beruf gehören bei ihnen zum Lebensplan (zumindest bis zu einer Familienphase) und sind zudem *die* Möglichkeit, von zu Hause wegzugehen, sich aus der Familie zu lösen. Da Mädchen eher mit unauffälligen Verhaltensweisen reagieren, werden die Probleme häufig erst sichtbar, wenn es zu spät ist: Hoffnungslosigkeit, Rückzug; Unfähigkeit, etwas gezielt zu tun, Orientierung auf die Familie, aus der sie rauswollen; Alkohol, Drogen, Zunahme von Selbstmordversuchen (in: Dorothee Roer, Köln 1980). Bei Frauen, die erwerbstätig waren, sind die Konflikte insbesondere: die wirtschaftliche, soziale und damit auch tendenziell psychische Abhängigkeit vom Mann bei Verheirateten, Isolation und Verlust von Selbstwertgefühlen bei Alleinlebenden. Überwiegend kann nicht mehr davon ausgegangen werden, daß Frauen anders als Männer auf E. reagieren. Bei vielen ist eine Erwerbsorientierung da,

fehlt auch der immer wieder behauptete „Zweitberuf der Frau“. Besonders einschneidend ist die Erfahrung mit der E. für Frauen in der ehemaligen DDR. Hier war über 40 Jahre lang das Bewußtsein entwikkelt und befestigt worden, daß → Erwerbstätigkeit selbstverständlich zum Leben von Frauen gehört. Berufstätigkeit hat(te) einen sehr hohen Stellenwert im privaten wie im öffentlichen Leben. Die Zahl der → Alleinerziehenden, für Kinder allein zuständigen Frauen ist weit höher als im alten Bundesgebiet. Wie dramatisch die Situation erlebt wird, zeigen die steigenden Zahlen von Sterilisationen von Frauen, um den Arbeitsplatz nicht zu verlieren oder einen neuen zu bekommen.

Lit.: H. Bilden/A. Diezinger/R. Marquardt, Was bedeutet Arbeitslosigkeit für junge Mädchen?, in: Dorothee Roer, Persönlichkeitsaspekte von Frauenarbeit und Frauenarbeitslosigkeit, Köln 1980; Annette Gnegel/Gisela Mohr, Wenn Frauen ihren Arbeitsplatz verlieren, in: Gisela Mohr/M. Rummel/ D. Rückert (Hrsg.), Frauen. Psychologische Beiträge zur Arbeits- und Lebenssituation. WIS, München 1982; Barbara Geiling-Maul u. a. (Hrsg.), Frauenalltag. Weibliche Lebenskultur in beiden Teilen Deutschlands, Köln 1992; Michael Kittner (Hrsg.), Gewerkschaftsjahrbuch 1992. Daten, Fakten, Analysen, Köln 1992; Christiane Ochs/Hartmut Seifert, Frauen und Arbeitsmarktpolitik, in: WSI-Mitteilungen 7/92, S. 439–448 (Schwerpunktheft: Reform der Arbeitsmarktpolitik), Düsseldorf 1992; Statistisches Bundesamt (Hrsg.), Datenreport 1992, Bonn/München 1992.

Renate Wurms

Erwerbstätigkeit; von ahdt. „irhwerban“, mhdt. „erwerben“ = durch tätiges Bemühen erreichen“. (→ Erwerbslosigkeit)

E. ist gesellschaftliche Tätigkeit, eine Form der Verausgabung von Arbeitskraft (→ Arbeit) und Mittel zur Sicherung des Lebensunterhaltes einschließlich der sozialen Sicherung bei Erwerbslosigkeit, Krankheit, im Alter. Vorherrschend ist heute die E. als abhängige Tätigkeit, als Lohnarbeit. 1990 waren von den Erwerbstätigen in den alten Bundesländern 90,5% der Frauen und 88,4% der Männer abhängig beschäftigt als Arbeiter/innen, Angestellte, Beamte und Beamtinnen. Von den Beschäftigten in Unternehmen der fünf neuen Bundesländer waren 97,5% der Frauen und 96,2% der Männer abhängig erwerbstätig (Datenreport 1992, S. 100). So ist auch von E. in Abgrenzung zur selb-

ständigen Arbeit wie zur Hausarbeit die Rede; und vielfach wird E. mit Berufstätigkeit gleichgesetzt, auch wenn ein → Beruf (noch) keine notwendige Voraussetzung für Erwerbsarbeit ist. In der Statistik werden neben allen Personen, die in einem Arbeitsverhältnis stehen (einschließlich der „mithelfenden Familienangehörigen“), auch die Selbständigen im Gewerbe, in der Landwirtschaft, in freien Berufen als Erwerbstätige erfaßt, und meist auch Soldaten.
Entwicklung, Struktur und Umfang der Frauene. sind geprägt und abhängig von: 1. der allgemeinen technisch-ökonomischen Entwicklung, den konjunkturellen Schwankungen (Wachstumsphasen und Krisen) und den Strukturveränderungen der kapitalistischen Wirtschaft bzw. der jeweils gegebenen Wirtschaftsform; 2. von der familialen Anbindung der Frau, ihrer Zuständigkeit für Hausarbeit und Kinder sowie Veränderungen im Familienbereich; 3. von staatlicher Politik – Arbeitsmarkt-, Wirtschafts-, Sozial- und Familienpolitik –, die mehr oder weniger die Entwicklungstendenzen der Ökonomie bestimmen, verstärken oder bremsen, die Vereinbarkeit von E. und Familie für Frauen/Männer fördern oder behindern kann; 4. von der Stärke der Gewerkschaften, der Frauenbewegung und den insgesamt vorherrschenden Einstellungen zur Frauene.; dem Grad, in dem diese traditionell-patriarchalisch geprägt oder auf Gleichberechtigung und soziale Gleichheit orientiert sind. Diese Faktoren, Prozesse hängen voneinander ab, wirken zusammen, wobei der Ökonomie die zentrale Rolle zukommt.

Frauene. als außerhäusliche landwirtschaftliche und gewerbliche Lohnarbeit wie auch als selbständige gewerbliche (seltener handwerkliche) Tätigkeit läßt sich weit bis ins Mittelalter zurückverfolgen. Aber erst mit der Entwicklung des Kapitalismus, der „Bauernbefreiung" und der Industrialisierung wird „freie" (frei von der persönlichen Abhängigkeit vom ehemaligen Gutsherrn und frei = ohne Produktionsmittel), außerhäusliche Lohnarbeit in wachsendem Maße für Frauen wie Männer zur vorherrschenden Form der persönlichen und familiären Existenzsicherung. (→ Arbeit, → Beruf, → Geschichte)

Statistiken geben nur ein unzureichendes Bild der Frauene. So wurden in den ersten Berufsstatistiken des Deutschen Reiches 1882 und 1895 u. a. die „Mithelfenden" in der Landwirtschaft, im Handel und im Gaststättengewerbe nicht mitgezählt, zum ersten Mal 1907 und annähernd vollständig erst 1925, bei der vierten Zählung erfaßt. Allein für die Landwirtschaft ergab sich zwischen 1895 und 1907 ein Mehr an 2,5 Mio. Frauen. Zudem wurden u. a. 1907 aus Furcht vor Steuererhöhungen nur unvollständige Angaben zur E. weiblicher Familienmitglieder gemacht. Früher wie heute werden Frauen, die zeit- oder stundenweise erwerbstätig sind, nur in geringem Maß erfaßt.

Mit Vorsicht betrachtet und auf der Basis korrigierter Daten zeigen sich in der *Entwicklung* der Frauene. Stagnation und Veränderungen. Mit Ausnahme der Kriegszeiten stieg der Anteil der Frauen an den Erwerbstätigen zwischen 1882 und 1950 nur von 35 auf 36% (in der Bundesrepublik). Auffallend sind vor allem die Folgen der Strukturveränderungen in der Wirtschaft, die sich auf Frauene. fast immer mit erheblicher Verspätung bzw. in anderer Weise als auf die Männere. auswirkten. (→ Arbeit). Noch 1907 arbeiteten mehr als zwei Drittel der Frauen als „Mithelfende" in der Landwirtschaft und im Handwerk, als Land- und Heimarbeiterinnen, Dienstmädchen, Kleinhändlerinnen – isoliert, in Kleinbetrieben und z. T. noch feudal geprägten Wirtschaftsbereichen, aber nur ein Drittel der erwerbstätigen Männer. 80 Jahre später sind 40% der weiblichen Erwerbstätigen in Großbetrieben beschäftigt. Bis 1925 waren die Folgen der Industrialisierung vor allem in der steigenden Zahl der Angestellten und (weniger) der Industriearbeiterinnen sichtbar, und erst nach 1945 nimmt die Arbeit der Frauen in der Landwirtschaft und in den häuslichen Diensten rapide ab. 1989 arbeiteten nur noch 5% der erwerbstätigen Frauen in der Landwirtschaft (1882: 55%). Insgesamt zeigen sich die Strukturveränderungen der Wirtschaft für die Frauen erst in vollem Umfang in der Zeit nach 1945, vor allem in den 50er und 60er Jahren. Mit der steigenden Zahl der Beschäftigten steigt auch die der Frauen; Selbständige und in der Landwirtschaft Arbeitende gibt es immer weniger, die Zahl der Beamten, weniger der Beamtinnen,

Drechslerin, Tischlerin, Schlosserin und Schweißerin bei der Arbeit. Diese Berufe wurden noch 1950 in einem „Ratgeber für Frauen, die nach neuen Erwerbsmöglichkeiten suchen", unter Hervorhebung der Bewährung von Frauen auf diesen „Männerarbeitsplätzen" als aussichtsreiche Frauenberufe empfohlen.

Stellenangebote

Putzhilfe, 2 Std. pro Woche,

Croque-Laden sucht zum 1. 7. 85 eine weibl. Aushilfe mit Auto von 11—14 Uhr, Tel. ab 18 Uhr

Zuverlässige, erfahrene Raumpflegerin f. Privathaus gesucht, Tel. ab Mo.

2 Reinigungskräfte für FZ Feuerteich, Lürader Weg 2, Marmstorf, gesucht. 7,5 Std. pro Wo., 10,- DM pro Std., Tel. (14—18 U.)

Ledige Putzhilge ges., Tel.

Putzfr. 1x wö. gesucht,

Suche ab 1. 9. oder früher für 15—20 Std. wchtl., für 1-Pers.-Hshlt., selbständig denkende und arbeitende Haushaltshilfe, Tel. 040/

Kl. Haushalt m. Katze su. zur Pflege eines Reihenhauses 1—2x wö. freundl. Hilfe, Tel.

Hausmeister zum 1. 7. 85 gesucht!! mit schöner Wohnung,

Suche zuverl. Raumpflegerin 2x wcht. 3 Std., HH-Gr. Flottb., T.

Frdl. Hilfe zum Putzen, Bügeln, Kochen, die auch mittags 2 Kinder (7 u. 4) versorgen kann, von Lehrerin in Nienstedten, 5x vorm. gesucht. Tel.

Rentner 1x wöchentlich für Gartenarbeit gesucht,

Begleit. f. ält. Dame ges.,

Tagesmutter, Rm. Blank., mit Kinder im Haush. f. 5 Tg. Wch. ges.,

Zuverl. Mann für Gartenarbeit ges., Tel.

Kinderpflegepraktikantin m. Mittlerer Reife/Abitur, Nichtraucherin, f. 4 Kinder i. gepflegten Haushalt in Blankenese ges.,

Erf. Hausfr., dtsch, 1x4 + 1x2 Std./Wo. vorm. z. Putzen gesucht,

Verläßliche Raumpflegerin mit guten Referenzen stundenweise oder im Monatsgehalt für Einfamilienhaus mit 2 Töchtern gesucht, Tel.

Suche Putzhilfe für noch 3, demnächst 5-Pers.-Haush. in Rissen 1x wöchentl., Tel.

Raumpfl. 1x wöchtl. 3 Std.,

Kinderliebe Frau (gerne älter) für 8jähr. Mädchen ges., HH 55, T. ab 20 U.

Ält. Heimfelderin su. Heimfrisörin, Chiffre RA 274, eW, 21 HH 90, Postfach

Morgenputzhilfe 2x wöchtl. 4 Std. in Bahrenfeld, deutsch, Tel.

Haushilfe in Flottbek 3x2 Std. in der Woche gesucht, Tel.

Erf. Haushilfe 2x3 Std.,

Kinderliebe Hilfe für 2 Kinder (16 und 3 Monate alt) und Haushalt in Othmarschen gesucht, möglichst ganztags, Chiffre G 6866, eW, 21 HH 90, Postfach

Nebenverdienst! Fotostudio sucht Damen für Titelfotos seriöser Zeitschriften. Tel

nimmt zu; vor allem die Zahl der weiblichen Angestellten stieg mit der Ausweitung des privaten und staatlichen Dienstleistungsbereichs. Zu Beginn der 90er Jahre sind in den alten Bundesländern 58% und in den neuen 65% der erwerbstätigen Frauen → Angestellte. Bei den Männern liegt der Anteil je bei einem Drittel.

Im internationalen Vergleich werden diese allgemeinen Tendenzen besonders deutlich, zeigen sich aber auch erhebliche länderspezifische Unterschiede. Zwischen 1950 und 1980 stieg in 16 von 20 kapitalistischen Ländern (OECD) die Erwerbsquote der Frauen zum Teil erheblich, in allen fiel die der Männer z. T. stark. Der Motor war unverkennbar die Expansion der Ökonomie. Je entwickelter und expansiver, um so stärker zeigen sich – die Aufbausituation nach dem Krieg ist hier zu berücksichtigen – diese Tendenzen; mit Ausnahmen, zu denen bedingt auch die Bundesrepublik zählt.

Trotz weltweiter krisenhafter Entwicklung setzten sich diese Trends auch in den 80er Jahren fort. In der Bundesrepublik stieg die Frauenerwerbsquote (hier: Anteil der erwerbstätigen und arbeitslos gemeldeten Frauen an den Frauen zwischen 15 und 65 Jahren) von 44% im Jahr 1950 auf 51% im Jahr 1989. Vergleichsweise geringe Anstiege gab es in den Niederlanden in diesen vier Jahrzehnten von 29 auf 41% und in Italien von 32 auf 42%. Die relativ hohen Erwerbsquoten der österreichischen Frauen von 51% und der Japanerinnen von 57% schwankten in all den Jahren nur um 1–2%. In Schweden stieg die Erwerbsquote von 35 auf 78%, in Dänemark von 50 auf 75% und in den USA von 37 auf 65%.

Unter Berücksichtigung weiterer Entwicklungen – insbesondere Grad des Abbaus von Lohnunterschieden, Erwerbslosigkeitsrisiken, Entwicklung der Bildungschancen von Frauen – wird sichtbar, wie in den verschiedenen Ländern die ökonomische Entwicklung zugunsten der Situation der Frauen „politisch und kulturell verstärkt" wurde (Manfred G. Schmidt, 1984 und 1992). In den skandinavischen Ländern etwa ist neben dem Anstieg in der Erwerbsbeteiligung auch der stärkste Abbau von geschlechtsspezifischen Lohn-/Gehaltsdifferenzen festzustellen. Dagegen sind sie in Kanada und Japan noch extrem groß, hat sich, ähnlich wie in den USA, im Abbau dieser Benachteiligung wenig getan. Bei aller gebotenen Vorsicht auch gegenüber diesen Statistiken ist doch unverkennbar, daß die demokratische Tradition und Kultur eines Landes, eine auf sozialen Ausgleich ausgerichtete staatliche Politik, eine im Interesse der Frauen betriebene Tarif- und Arbeitssituationspolitik der Gewerkschaften wie etwa in Schweden eine erhebliche Rolle spielen. Dort wie in anderen skandinavischen Ländern (mit Ausnahme von Finnland) nahm als überall typische Erscheinung die Teilzeitarbeit von Frauen mit steigender Erwerbstätigkeit stark zu. Aber zum Unterschied von der Bundesrepublik etwa war dies begleitet von einer tarif- und sozialrechtlichen Absicherung, vom Ausbau von gemeinschaftlichen Kindereinrichtungen bzw. → Elternurlaubsmaßnahmen.

Auch in den *sozialistischen osteuropäischen Ländern* spielte die Ökonomie die entscheidende Rolle, aber E. der Frauen war dort auch politisches und soziales Programm, was sich u. a. im gesetzlich verankerten Recht auf Arbeit, in beruflicher → Frauenförderung und in Maßnahmen zur Vereinbarkeit von → Beruf und → Familie niederschlug. Zur Entwicklung nach 1945 in der DDR: Der Frauenanteil an den Erwerbstätigen (ohne Auszubildende) stieg von 40% (1950) über 48% (1970) auf knapp 49% (1990). Die Erwerbsquote der Frauen zwischen 15 und 60 Jahren einschließlich der Auszubildenden lag Anfang der 50er Jahre bei 60% und stieg kontinuierlich auf 91% (1989/90). E. von Frauen wurde eine Selbstverständlichkeit und gehörte trotz schwieriger Alltagsbedingungen (Wohn- und Versorgungssituation, Verkehrsanbindung) selbstverständlich zum Lebensplan von Frauen. Seit Ende der 40er Jahre bis Anfang der 70er Jahre war die Frauenpolitik insbesondere darauf ausgerichtet, Frauen zu qualifizieren, auch für frauenuntypische qualifizierte und technische → Berufe zu gewinnen, so daß hier im Vergleich zur Bundesrepublik zeitweise gravierende Strukturunterschiede bestanden und als eine Folge in den 70er und 80er Jahren die Zahl der erwerbstätigen Frauen ohne Berufsabschluß auf 12% (1989) zurückging. Zum Vergleich: In der Bundesrepublik hatten 1989 gut 30% der weiblichen Erwerbstätigen keinen Berufsabschluß. Die Wirtschafts- und Bevölkerungspolitik seit Mitte der 70er Jahre führte wieder zu einer Verfestigung in Berufswahl, Ausbildung und E. auf traditionell weibliche Tätigkeitsbereiche. So bildeten sich trotz anderer Wirtschaftsform ähnliche Strukturen wie in der Bundesrepublik heraus: Unterbewertung der „weiblichen" Branchen Handel, sonstige Dienstleistungen, insbes. auch des Erziehungs- und Gesundheitssektors, Konzentration und niedrigere Einkommen in der Leichtindustrie, Einsatz unter dem Qualifikationsniveau aufgrund der starken Beanspruchung durch die „zweite Schicht" zu Hause. (→ Arbeit, → Beruf, → Hausarbeit)

Bei einem Vergleich der Beschäftigtenstruktur ergab sich dennoch am Ende der DDR, daß sich Frauenbeschäftigung gleichmäßiger auf die Wirtschaftszweige verteilte, die Frauenanteile in den verschiedenen Bereichen durchschnittlich höher als in der Bundesrepublik lagen, die Anteile in technischen Berufen, an hochqualifizierter Tätigkeit und in Leitungsfunktionen erheblich höher waren. Die Einkommensunterschiede zwischen erwerbstätigen Frauen und Männern waren mit etwa 25% noch hoch, aber geringer als in der Bundesrepublik, wo 1990 die durchschnittlichen Angestellteneinkommen 35 und die Arbeiterinneneinkommen 30% unter denen der Männer lagen. Zum Zeitpunkt der Vereinigung trugen in Partner/innenhaushalten die DDR-Frauen durchschnittlich 40% zum Einkommen bei; in der Bundesrepublik lag dieser Anteil bei 18% (WSI-Mitteilungen, 7/1992).

Mit dem Einbruch im Beschäftigtensystem, mit der Angleichung der Wirtschaft, Politik, des Rechts und

der Rahmenbedingungen wie Kinderbetreuung an die westlichen Verhältnisse setzen sich für die E. tendenziell die bundesrepublikanischen Bedingungen durch. Ein Gegengewicht bilden die in gut 40 Jahren gewachsene Selbstverständlichkeit von Frauenerwerbstätigkeit, die materielle Notwendigkeit und Einstellungs- und Verhaltensänderungen in den alten Bundesländern.

In der Bundesrepublik hat sich trotz der international vergleichsweise geringen Veränderungen in den vergangenen Jahrzehnten ein anderes Erwerbsverhalten von Frauen ausgebildet, was u. a. auf die Möglichkeit zur Geburtenregelung, auf die Risiken einer allein vom Erwerbseinkommen des Mannes abhängigen Existenz (→Ehe, → Familie), auf die gestiegene allgemeine und berufliche Qualifikation und die gewachsene Berufsorientierung zurückzuführen ist. Wo auf den selbstverständlich vorhandenen wirtschaftlichen Zwang zur E. verwiesen wird (weil die Familieneinkommen nicht ausreichen) und alles andere übersehen wird, ist bewußte Ignoranz zu vermuten, sollen doch für die Wirtschaft profitable Verhältnisse und patriarchalische Strukturen erhalten bleiben.

Zwischen 1950 und 1970 stieg die Frauenerwerbsquote in der Bundesrepublik nur von 44 auf 46, bis 1990 dann auf 58,5%. 1990 war das Jahr, in dem erstmals die → ungeschützten Arbeitsverhältnisse aufgrund

der Meldepflicht an die Krankenkassen näherungsweise erfaßt wurden. Die Zahl der sozialversicherungsfrei Beschäftigten wird mit 2,3 Mill., darunter 89% (= 2 Mill.) Frauen, angegeben. Etwa 25% von ihnen arbeiten in Privathaushalten; die übrigen im Handel, im Reinigungs-, Hotel- und Gaststättengewerbe gelegentlich, aushilfs- und saisonweise, mit Werkarbeitsverträgen, als „freie“ Mitarbeiterinnen. So stieg der Frauenanteil an den sozialversicherungspflichtig Beschäftigten (auch aufgrund des Rückgangs der Männerbeschäftigung) nur langsam von 36% im Jahr 1950 über 36,5 (1970) auf 41% im Jahr 1990.

Die Grenzen der E. für Frauen werden durch das Wirtschaftssystem, die staatliche Politik, die private Zuständigkeit der Mütter für die Kinder gesetzt. Immer noch unterbrechen Frauen häufiger die E., aber zwei Drittel tun dies nicht bei Heirat, sondern erst nach Geburt des ersten oder zweiten Kindes. Die Familienphasen sind kürzer geworden. Lagen in den 80er Jahren bei den über 45jährigen zwischen Ausstieg und Wiedereinstieg durchschnittlich 10 Jahre, so waren es bei den unter 35jährigen im Durchschnitt nur drei. Die typische, weil zur Zeit meist einzig mögliche Lösung des gesellschaftlich verursachten Konfliktes ist für Mütter die Teilzeitarbeit. Neben der Konzentration auf bestimmte Wirtschaftszweige und Berufsbereiche, der untergeordneten Tätigkeit, ist Teilzeitarbeit (und darunter die statistisch untererfaßten ungeschützten Beschäftigungsverhältnisse) kennzeichnend für die Struktur der Frauene. 1990 waren im alten Bundesgebiet 39% der abhängig Beschäftigten in Teilzeitarbeit, im neuen Gebiet waren es 26%. In der ehemaligen DDR arbeiteten in erster Linie ältere Frauen im Übergang zur Rente in Teilzeitarbeitsverhältnissen. Mit der Möglichkeit des vorzeitigen Ausscheidens aus der E. ist so der Anteil der Teilzeitbeschäftigten von 1990 bis 1991 auf 18% gesunken (Datenreport 1992).

Mit Teilzeitarbeit, deren Ausweitung in erster Linie die positiven Effekte in der E. von Frauen in den letzten Jahren bedingt hat, sind in der Regel Nachteile verbunden: eine durchschnittlich höhere Arbeitsbelastung durch Arbeitsintensität, geringe Aufstiegsmöglichkeiten, entsprechend niedrige Positionen, geringe Ansprüche an Arbeitslosenunterstützung und geringe → Renten.

Auch der Arbeitsmarkt der 90er Jahre und die Beschäftigtenstruktur sind durch geschlechts- und klassenspezifische sowie ethnische Benachteiligungen und → Diskriminierungen geprägt, die weder mit Qualifikationsdefiziten erklärt werden müssen noch mit der Abschottung von zwei Sektoren des Arbeitsmarktes auf der Basis des Gütermarktes: führende Branchen und Großbetriebe mit standardisierter Massenproduktion, hohen Löhnen und guten Absatzmärkten einerseits und sekundäre Branchen mit allen Negativeffekten und Risiken andererseits. Christel Faber geht für „das Wirtschafts- und Berufssystem der alten BRD“ – und damit tendenziell auch der neuen – von „Teilarbeitsmärkte(n) für fachliche, betriebsspezifische und unspezifische Qualifikationen“ und der zentralen Bedeutung von betrieblicher Rekrutierungs-, Förderungs- und Gratifikationspraxis aus (Struktur und Wandel des Arbeitsmarktes, in: Frauenalltag, 1992). Auf der Ebene der fachlichen Qualifikation erfolgt der Zugang über formale Bildungs- und Ausbildungsabschlüsse. Hier haben Frauen im Zuge strukturellen Wandels, der Veränderung von Branchen und Berufsbereichen in typisch weiblichen durchaus Fuß gefaßt. In dem z. T. mit dem ersten verbundenen, auf ihm aufbauenden und für berufliche Perspektiven und Arbeitsplatzsicherheit wichtigen zweiten Teilarbeitsmarkt gelten betriebliche Auswahl-, Gratifikations- und Förderungskriterien. Über diese und die betrieblichen Qualifizierungsprozesse erfolgt der Zugang zu den (kleinen) Stammbelegschaften. Hier gereichen Frauen das Mutterschaftsrisiko auch bei gleich guter und hoher Qualifikation und traditionelle Einstellungen zur E. und zum Erwerbsverhalten von Frauen zum entscheidenden Nachteil.

Frauen sind – tendenziell unabhängig von Branchen und Betriebsgrößen – von diesen betrieblichen Qualifizierungsprozessen überproportional ausgeschlossen. Festgehalten – und von der konservativen Regierungspolitik bestärkt – wird an der Zuständigkeit von Frauen für den Reproduktionsbereich. Unterstellt wird – auch entgegen dem tatsächlichen Verhalten und der Lebenssituation –, daß Frauen niedrige Einkommenserwartungen (als Zuverdienerinnen) haben, häufig den Arbeitsplatz wechseln und wenig an Fortbildung interessiert sind. So nimmt der Kreis seinen Lauf für viele Frauen im krisen- und konjunkturanfälligen dritten Arbeitsmarkt der unspezifischen Qualifikationen, der Un- und kurzzeitig Angelernten trotz zunehmend guter Erstausbildung. Überproportional viele Frauen landen in den Randbelegschaften mit Lohndruck, großer Konkurrenz und hohem Arbeitsplatzrisiko.
Mit der Verabschiedung des „Beschäftigungsförderungsgesetzes", ausgerechnet zum Tag der Arbeiter/innen am 1. Mai 1985 in Kraft gesetzt und 1989 verlängert, wird die befristete, wechselnde „Beschäftigung" von Frauen auf konjunkturabhängigen, rationalisierungsbedrohten Arbeitsplätzen „gesetzlich gefördert". (→ Arbeit, → Beruf, → Erwerbslosigkeit, → Frauenförderung, → Rationalisierung)

Lit.: Christel Faber, Struktur und Wandel des Arbeitsmarktes, in: Barbara Geiling-Maul u. a. (Hrsg.), Frauenalltag, Köln 1992, S. 105–114; Christina Klenner, Frauen im Erwerbsleben der DDR, in: Barbara Geiling-Maul u. a. (Hrsg.), Frauenalltag, Köln 1992, S. 97–104; Christiane Ochs/Hartmut Seifert, Frauen und Arbeitsmarktpolitik, in: WSI-Mitteilungen 7/92, Düsseldorf 1992, S. 439–448; Manfred G. Schmidt, Zur sozialen, wirtschaftlichen und politischen Benachteiligung der Frauen im internationalen Vergleich, in: Ilona Kickbusch/Barbara Riedmüller (Hrsg.), Die armen Frauen. Frauen und Sozialpolitik, Frankfurt/M. 1984; ders., Erwerbsbeteiligung von Frauen und Männern im Industrieländervergleich, Opladen 1992; Statistisches Bundesamt (Hrsg.), Datenreport 1992, Bonn/München 1992.

Renate Wurms

Erziehung; die Wörter E. und Erzieher/in wurden erst im 17. Jh. gebildet. Älter ist erziehen (mhdt. „erziehen", ahdt. „irziohan") in der Bedeutung von herausziehen. Die heutige Bedeutung entwickelte sich seit althochdeutscher Zeit (7. bis 11. Jh.) nach dem Lateinischen educare = großziehen, ernähren, erziehen. E. ist die Praxis pädagogischen Handelns im familiären und außerfamiliären Bereich mit dem Ziel, den heranwachsenden Menschen gewisse erwünschte Einstellungen und Verhaltensweisen zu vermitteln. Eine einheitliche und allgemeingültige Definition des Begriffs E. kann nicht geleistet werden, denn die Geschichte der E. zeigt, daß zwar immer „erzogen" wurde, jedoch die jeweilige Praxis sich stets an den E.skonzepten ihrer Zeit sowie an den Normen und Zielen ihrer Gesellschaftssysteme orientiert hat. E. ist so ein Begriff, der einer ständigen Wandlung unterlegen war und ist, da er von wissenschafts- und gesellschaftstheoretischen Prämissen bestimmt wird. Als Bezugswissenschaft und Erklärungsmodell für „optimale" und auch „fehlgelaufene" E. dient die E.swissenschaft. Ihre Aufgabe ist es, Erzieherinnen und Erziehern Anleitungen und Erklärungsmodelle für die E. zu benennen, um die gewünschte Persönlichkeitsentwicklung und bestimmte Verhaltensweisen zu erreichen. Eine zentrale Rolle innerhalb der verschiedenen Theorien spielen E.smittel, die in ihren Funktionen bestimmt werden. In der E.swissenschaft wird zum Teil auf Denkmodelle und Erkenntnisse der Soziologie und Psychologie zurückgegriffen, um so umfassende Analysen erstellen zu können.
„Erzogen" wurde schon immer. Auch wenn man sich dieser Tatsache häufig nicht bewußt war und es an Theorien fehlte. Dennoch gab es in der Geschichte viele Versuche, das, was man mit den Heranwachsenden anstellte, auch theoretisch zu untermauern. Hinzu kam und kommt: die Weitergabe von Erfahrungen zwischen den Generationen, in Gruppen, Sippen, den verschiedenen Familienformen. Geschichte und Gegenwart bieten eine Vielfalt von Normen, Regeln und Ritualen für die Erziehung von Kindern, ihre Vorbereitung auf das Leben als Erwachsene und die Einführung in das Erwachsenenleben.

Für unseren Kulturkreis waren seit dem Mittelalter drei Linien für die Erziehung bestimmend: eine rückwärtsgewandt bürgerliche, die Vorstellungen des Mittelalters aufnahm und im wesentlichen die Kinder als Objekte betrachtet, die unter Druck zu brauchbaren Menschen geformt werden müssen (diese Richtung ist heute als „Schwarze Pädagogik" bekannt); eine zweite Richtung, die sich in Opposition zu feudalen E.ssystemen entwickelte, kann als fortschrittlich-bürgerlich bezeichnet werden (das Kind wird als Subjekt des E.sprozesses angesehen; es geht um eine eigenständige Entwicklung „vom Kinde" aus); und schließlich eine proletarische Richtung, die etwa zur Zeit der russischen Revolution von 1905 in Rußland und Deutschland aufkommt. Sie geht im wesentlichen davon aus, daß nicht Freiräume für Individuen geschaffen werden sollen, sondern daß die Gesellschaft insgesamt verändert werden muß und dazu das Kind lernen muß, Kollektivität und Solidarität zu entwikkeln und daß es in diesem Rahmen Persönlichkeit und Individualität gewinnt.

Zur geschlechtsspezifischen Erziehung bis 1700: E. war, soweit wir über Quellen verfügen, auch immer eine zu Frau oder Mann. Aufgrund älterer und neuer Matriarchatsforschungen (→ Matriarchat) wissen wir, daß Benachteiligung der Frau in der E. kein Naturgesetz ist. Die E. des Mädchens zur Frau war und ist abhängig von der Stellung der Frauen in der Gesellschaft, ihrer Arbeit und Aufgaben, ihrer Rechte. In der Frühgeschichte finden wir durchaus Beispiele gleichwertiger E. für Mädchen und Jungen, auch gleicher E. Durchgängig finden wir E. als Einübungs- und Lernprozeß im Alltag, durch Teilnahme am Leben der Erwachsenen; dazu auch spezifische E.seinrichtungen für Mädchen und Jungen, insbesondere in der Zeit der Pubertät. Ein sehr frühes Beispiel gleicher E. für Mädchen und Jungen – zumindest der Oberschicht – finden wir in der matriarchalischen Gesellschaft Sumer um 3000 v. u. Z., wo die Kinder in Schulen das gleiche Wissen erhielten. Anfänge eines Schulwesens und bewußter Erziehung sind schon für sehr frühe Zeiten, meist im Zusammenhang mit Tempeln und der Erziehung zu Priesterinnen, nachweisbar. Zum Teil handelte es sich dabei um eine sehr umfassende E. und Ausbildung wie Einübung in Regeln und Rituale, Gesang, Tanz, Naturbeobachtung, Heilkunst, Magie. Sparta und Athen sind zwei relativ bekannte Beispiele für die unterschiedliche Stellung der Frau und entsprechend auch für eine unterschiedliche E. der Mädchen. In beiden Staaten gab es durchaus geschlechtsspezifische E., aber im schon stark patriarchal geprägten Athen verlief sie sehr viel eingeschränkter und benachteiligender für Mädchen. Noch frauenfreundlich sind die von Plato (427–347 v. u. Z.) überlieferten Grundsätze für E. Er ging davon aus, daß die Anlagen bei Mädchen und Jungen gleich verteilt, die Mädchen aber in allem schwächer seien. Gleichwohl forderte er eine gleiche Erziehung für beide Geschlechter. Aber zu seiner Zeit genossen die Jungen eine weit bessere, umfassendere E. und → Bildung als Mädchen. Das von seinem Schüler Aristoteles (384 bis 322 v. u. Z.) formulierte E.sideal für Mädchen kann nicht als eines der „E. zur Hausfrau" interpretiert werden, wie es immer wieder geschieht; aber Stärke, Kraft, geistige Fähig-

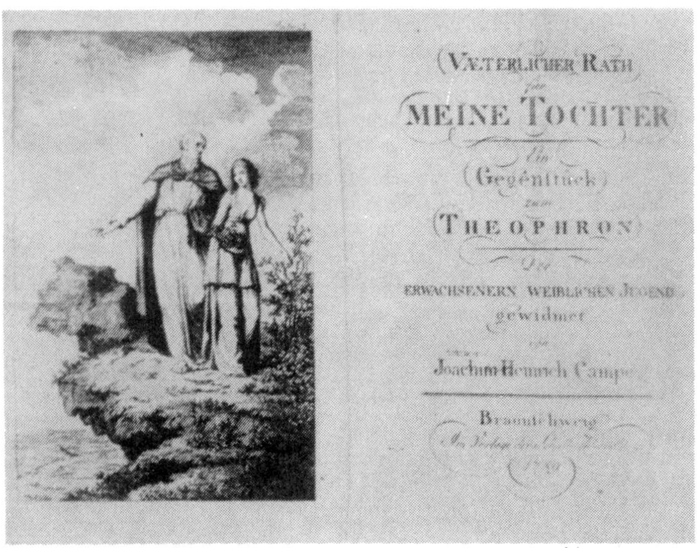

Väterlicher Rath für meine Tochter von J. H. Campe, Braunschweig 1789 – Titelbild –

keiten, Künstlerisches sind nicht einmal als Ansprüche/Möglichkeiten formuliert – auch wenn es doch zu seiner Zeit hochgebildete, kluge, vielseitig interessierte und aktive Frauen gab. („Vorzüglichkeit der weiblichen Kinder ist in körperlicher Hinsicht Schönheit und Größe, in geistiger Sittsamkeit und Arbeitsamkeit ohne Niedrigkeit des Charakters." Aristoteles)

Durch das Christentum ergänzt um die Forderung nach Frömmigkeit, galt das aristotelische E.sideal auch im mittelalterlichen Deutschland. Der Kirchenvater Hieronymus (327–420) formulierte Regeln für die Mädchenerziehung, die theoretisch für das gesamte Mittelalter galten: E. zu Arbeitsamkeit, Hunger, Frömmigkeit und Schamhaftigkeit. Zu vermeiden war alle „Üppigkeit". In der Realität haperte es in allen Ständen mit der christlichen Frömmigkeit und der Scham. Arbeit und Hunger gehörten für die Mädchen (und Jungen) des Volkes zum Alltag, war Alltagslernen aus Not, nicht E. In der herrschenden Schicht lag die geschlechtsspezifische E. der Mädchen und Jungen bis zu ihrem 7./8. Lebensjahr in der Regel in der Hand der Mutter; anschließend war es in Klöstern bzw. auf anderen Feudalhöfen und Adelssitzen die Sache von Nonnen und Mönchen, Hauslehrern und Gouvernanten. Bis zum 12./13. Jh. erhielten die Mädchen des Adels eine – in unserem heutigen Sinne – sehr viel bessere Bildung als die Jungen. Nur galt freilich das, was sie lernten – Lesen, Schreiben, Sprachen, Künstlerisches – weit weniger als die kämpferische Ritterausbildung. In der schmalen Bürgerschicht des Mittelalters bestand zumindest zeitweise die Möglichkeit einer E. zum → Beruf. Im Humanismus des 15./16. Jhs. gibt es zumindest die Ideen der Koedukation und einer E. unabhängig von Stand und Geschlecht. Vieles davon ging im 30jährigen Krieg unter, in der Inquisition, den → Hexenverfolgungen. Anderes blieb fortschrittliche Idee; in der Praxis blieb man der Tradition verhaftet wie Luther, der E. „ohne Unterschied des Geschlechts und für alle Stände forderte" sowie ein allgemeines Schulwesen für Mädchen und Jungen. Für Mädchen propagierte er dann das Hausfrauenideal und Mutterschaft, empfahl ihre Unterweisung „in rechter christlicher Zucht, Ehre und Tugend".

Bürgerlich-fortschrittliche Erziehung seit der Aufklärung: Wichtig für die allgemeine E. in der Neuzeit, als E. als eigener Prozeß theoretisch begründet wurde, war August Hermann Francke (1663–1727), der bedeutendste Pädagoge des Pietismus. Das Hauptanliegen dieser Glaubensrichtung ist, den Menschen zur „wahren Herzensfrömmigkeit" zu führen. Francke plädierte für die körperliche Züchtigung, leitete die Notwendigkeit dieses E.smittels aus der „Erfahrung" bzw. der „Tradition" ab. Für ihn galt Frömmigkeit als der wichtigste Schutz vor dem Bösen, dessen Ursache er in der ererbten Schlechtigkeit des Menschen sah – das typische Menschen- und Weltbild des Pietismus.

Diese Vorstellungen über E. und ihre Praxis hielten sich bis zur Mitte des 18. Jhs., als sich in Frankreich auf allen Gebieten des gesellschaftlichen Lebens eine Umorientierung abzeichnete. Die Pädagogen der Aufklärung richteten ihre Angriffe gegen die bestehenden Dogmen der Kirche. Charakteristisch war ihre Einstellung zu Erscheinungen in der Natur und in der Gesellschaft, deren Gesetzmäßigkeiten sie durch die Vernunft erklärten. Der Vernunft sollte mit E. zum Durchbruch verholfen werden, denn sie galt als die Kraft, die allen Menschen zu eigen und mit deren Hilfe die Realität erkannt werden kann. Führender pädagogischer Vertreter der Aufklärungszeit war Jean Jacques Rousseau (1712–1778), der in seinem Hauptwerk „Emile oder über die Erziehung" (1762) sein Erziehungskonzept des „natürlichen Menschen" entwirft. Rousseau setzte auf die Vernunft und Einsicht des nach seiner Ansicht von Natur aus guten Menschen. Strafen lehnte er ebenso ab wie Lob. Allein die Konsequenzen, die aus Fehlverhalten für den zu Erziehenden resultieren, akzeptierte er als sogenannte „na-

Der Mensch wird frei geboren – und dann eingeschult

Die erste und wichtigste Eigenschaft der Frau ist Sanftmut. Geboren, um einem Manne zu gehorchen, der unvollkommen und voller Fehler ist, muß sie frühzeitig lernen, Ungerechtigkeit und Unrecht zu ertragen und zu erdulden, ohne sich zu beklagen.

Jean Jacques Rousseau, französischer Philosoph (1712 – 1778)

Wie Else vor 100 Jahren:

„Else ist klug wie der Tag. ‚Schade', seufzt der Vater, ‚daß sie nicht ein Junge ist!' – und räumt sorglich alle Gegenstände fort, die zur Entwicklung dieses Luxus-Verstandes dienen könnten."

Hedwig Dohm, 1874

türliche Strafen". Seine Überlegungen führt er am Beispiel des „Emile" aus, der mit keinem anderen Menschen in Kontakt kommt, von der Gesellschaft abgeschirmt aufwächst. Diese Voraussetzungen sind für den E.sprozeß jedoch völlig unrealistisch, haben insofern Modellcharakter.

Rousseaus pädagogischer Roman fachte auch in Deutschland die Bildungsdiskussion an. Was die Mädchene. betraf, war das 5. Buch des „Emile", „Sophie oder das Weib", bestimmend und hier der Satz: „Die Frau ist gemacht, dem Manne zu gefallen". Der Ausgangspunkt Rousseaus – die Gleichwertigkeit der Geschlechter und ihre Ergänzung, der Bildungsanspruch der Frau – taucht dagegen in der Übernahme durch deutsche Pädagogen kaum auf. Zudem erweist sich die Erziehung des „Emile" nicht als Menschen-, sondern als Männere. In der Mädchene. lehnt er Lob und Strafe nicht ab, plädiert vielmehr dafür, Mädchen von klein auf an verlangte Pflichten und Gehorsam zu gewöhnen, sie aber auch zur „List" zu erziehen. Auf diese Weise

soll die Frau in die Lage versetzt werden, dem Mann zu gefallen. Den deutschen Aufklärungspädagogen, die doch für das Menschenrecht auf Bildung eintraten, blieb es allerdings vorbehalten, von Rousseau ihr Ideal der tugendhaften, emsigen, angepaßten Hausfrau abzuleiten bzw. zu festigen. Die antifeudale Orientierung – gegen die nichtstuenden Adeligen – wird von Beginn an verdeckt von der reaktionären: der bürgerlich-patriarchalen der „Bestimmung des Weibes" als dem Mann gehorsames, untergeordnetes, für die Familie zuständiges Wesen. Interessant sind die Widersprüche in den Theorien dieser Fortschrittlichen, etwa bei dem einflußreichen Pädagogen dieser Zeit, Joachim Heinrich Campe. In seinem 1789 erschienenen Buch „Väterlicher Rath für meine Tochter" führt er aus, daß die Frau eine „zweifache Bestimmung" hat: als Mensch und als Weib. Als Mensch kann und soll sie alles lernen, ausüben – als Weib ist sie begrenzt, und dies wird dann zu ihrer wahren Bestimmung, für die sie dann freilich erst erzogen werden muß. Kaum zwei Generationen später war daraus „die Natur" der Frau, eine Bestimmung von altersher geworden.

Weder diese Entwicklung noch die Auslassungen der Aufklärer hätten solch fruchtbaren Boden finden können, wenn nicht die „Bestimmung" der bürgerlichen Frau und damit dann „der Frau" der bürgerlichen Gesellschaft und der kapitalistischen Produktionsweise entsprochen hätten. In der Diskussion um E. und → Bildung der bürgerlichen Mädchen des 18. und frühen 19. Jhs. gab es wenige Stimmen, die sich für eine umfassende E. der Mädchen zur Vorbereitung auf einen → Beruf einsetzten. So wurden Mary Wollstonecrafts Forderungen früh ins Deutsche übersetzt, allerdings mit einer Patriarchen-Vorrede versehen. Betty Gleim, Schulleiterin in Bremen, versuchte an ihrer Privatschule ihre fortschrittlichen E.sansichten zu praktizieren. Dies war ebenso eine Ausnahme wie Theodor von Hippels anonym veröffentlichtes Buch „Über die bürgerliche Verbesse-

rung der Weiber“ (1792), in dem er – in Kritik an Rousseau – die gleiche E. für Jungen und Mädchen, Koeduktion, die E. der Frau für das öffentliche Leben, zur Bürgerin, vorschlug.
Die Französische Revolution, die auch Auswirkungen auf England und die Schweiz hatte, führte zu einer umfassenden gesellschaftlichen Wandlung der Schweiz, die Pestalozzi in seinen ökonomischen, politischen, philosophischen und pädagogischen Anschauungen prägte. Pestalozzi (1746–1827) und seine Pädagogik stehen in engem Zusammenhang mit der wirtschaftlichen und politischen Problematik seiner Zeit. Mit Hilfe der E. wollte Pestalozzi gesellschaftliche Zustände herbeiführen, die auch den Armen ermöglichen sollten, sich zu entfalten. In der Vertiefung der Unterschiede in Rechten und Pflichten sieht Pestalozzi die Ursache für das Elend des bäuerlichen Volkes. Dagegen erscheinen ihm die wirtschaftliche Sicherung der bäuerlichen Familien, die E. und → Bildung der Kinder niederer Schichten notwendig. Denn Pestalozzi sah in der Unbildung und Dummheit des Volkes die Hemmnisse für die Sicherung der Existenzgrundlage. In der „Wohnstubenerziehung“, die er auch praktisch erprobte, sollte eine Verknüpfung von E. und Unterricht mit der landwirtschaftlichen und heimindustriellen Arbeit gewährleistet werden. In Pestalozzis Pädagogik spielte die Mutter für das Kleinkind und als Anleiterin in der Arbeitse. die zentrale Rolle. Pestalozzis Arbeit war insbesondere wichtig für demokratische Ansätze in der Volksbildung und für die Idee einer Arbeitsschule; seine Vorstellungen wirkten auch in der deutschen Pädagogik.
Erziehung und Frauenbewegung im 19. und 20. Jahrhundert: Mit der Unterdrückung demokratischer Bestrebungen im frühen 19. Jh., dem Sieg der Reaktion in Deutschland 1850 blieb es bei dem bürgerlichen Mädchenerziehungsideal der tugendhaften, fleißigen Hausfrau, der sorgenden Mutter, der treu ergebenen Gehilfin des Mannes – und entsprechender Halbbildung. Erst Ende des 19. Jhs. werden diese Zustände von der Frauenbewegung scharf kritisiert. Die Frauen vom gemäßigten Flügel machten geschlechtsspezifische Unterschiede zum Ausgangspunkt ihrer Überlegungen; sie forderten die Gleichwertigkeit weiblicher und männlicher E., damit sich „weibliche und männliche Wesensart“ im privaten und öffentlichen Leben ergänzten. Auch wenn Frauen alle Bildung, alle Berufe auf der Grundlage einer entsprechenden E. offenstehen sollten, blieben für die Gemäßigten die Familie, der Mutterberuf sowie die Bereiche Erziehung und Sozialarbeit die wichtigsten weiblichen Domänen. Demgegenüber betonten die Radikalen und ein Teil der Sozialistinnen die Gleichheit der Geschlechter, forderten Änderung der Erziehung für Mädchen und Jungen, Koedukation und waren sich der Tatsache bewußt, daß über E. allein eine Änderung der Stellung der Frau in der Gesellschaft nicht zu erreichen ist. Zeitweilig sehr radikal vertreten, konnten sich doch die Forderungen insbesondere auch nach Änderungen in der Jungenerziehung – Lernen von typisch weiblichen Arbeiten, E. für Vaterschaft und Familienarbeit – in der Praxis kaum durchsetzen und wurden auch später in der Literatur kaum weiter vermittelt. In der radikalen und sozialistischen Theorie bestimmend war die E. der Mädchen zu Beruf *und* Mutterschaft, die der Jungen zum Beruf. Aufgrund der gegebenen Verhältnisse – keine oder schlechte Bildungs- und Ausbildungsmöglichkeiten, wenig Berufschancen für

Alle Eltern halten sich in Erziehungsfragen für kompetent. Die Lehrer halten sich aufgrund ihrer Ausbildung für noch kompetenter.

Mädchen – wurde daraus im Alltag die Orientierung der Mädchen auf Mutterschaft, Familie und ungelernte, angelernte, zeitweilige oder auch lebenslange Erwerbsarbeit.

Demokratisch-proletarische Erziehungswissenschaft: Um die Jahrhundertwende wurden auch Ansätze zu einer demokratischen, proletarischen E.swissenschaft entwikkelt, z. T. von den politisch aktiven Frauen im Zusammenhang mit den Überlegungen zur Mädchene. und → Bildung. In Deutschland sind die Anfänge verbunden mit Namen wie Käte Duncker, Clara Zetkin, Otto Rühle. Sie wandten sich vor allem gegen die Frömmigkeits-, Untertanen-, Militarismuse., gegen die Drill- und Prügelpädagogik der Kaiserzeit, die in den Volksschulen, in der Lehrlingsausbildung, in vielen Familien praktiziert wurde.

Als der bekannteste Vertreter der proletarischen, sozialistischen E. gilt Anton Semjonowitsch Makarenko (1888–1939). Ausgehend von seinem marxistischen Ansatz, daß der Mensch ein gesellschaftliches Wesen ist und sich nur in der Gesellschaft entfalten kann, wenn jeder einzelne das Gesamtinteresse achtet, sieht Makarenko seine Aufgabe in einer aktiven und zielgerichteten E., die ihre Ziele aus den Aufgaben der Gesellschaft ableitet. Als Ziel der E. kennzeichnet Makarenko „das Programm der menschlichen Persönlichkeit, das Programm des menschlichen Charakters" zu erreichen über eine E. zum Kollektivismus. Ein Ausgangspunkt ist seine Kritik an der E. in der bürgerlichen Gesellschaft, die er als eine E. der Einzelpersönlichkeit charakterisiert, die dort eine notwendige Voraussetzung für den menschlichen Existenzkampf („aller gegen alle") sei. Dem setzt er die Persönlichkeitsentwicklung im Kollektiv entgegen. Wichtig sind für ihn die unterschiedlichen Abhängigkeiten der Menschen in den beiden Gesellschaftssystemen. Die Abhängigkeit der Menschen in der Sowjetunion beschreibt Makarenko als eine Abhängigkeit von Mitgliedern der Gesellschaft, „die nicht zu einem einfachen Haufen gehören, sondern organisiert leben und ein fest umrissenes Ziel anstreben". Von daher läßt sich auch der zentrale Begriff des „Kollektivs" in Makarenkos Pädagogik ableiten, der im Zusammenhang mit seiner pädagogischen Praxis betrachtet werden muß. Seit 1920 widmete er sich der Aufgabe, jugendliche Verwahrloste wieder in die Gesellschaft zu integrieren. Die wichtigsten Methoden waren dabei: gemeinsames Lernen und gemeinsame praktische Arbeit. In der Gorkij-Kolonie baute er ein Jugendkollektiv auf, dessen Arbeit im Wiederaufbau eines landwirtschaftlichen Betriebes bestand. Die Aufgabe der Dzierzynski-Kommune bestand in der Errichtung eines Industriebetriebes, wobei aber der praktische Aufbau jeweils durch theoretische Schulung der Jugendlichen zu Facharbeitern unterstützt und ergänzt wurde. Das Ziel dieser Arbeit lag für Makarenko darin, „einen bestimmten Typen des Bürgers zu erziehen und schließlich kämpferische, aktive, dem Leben zugewandte Charaktere in die Welt zu schicken".

Wenig Berücksichtigung fanden, trotz früher Ansätze, die Mädchen. Was bei Makarenko fehlt, hat Nadeshda Konstantinowna Krupskaja (1869–1939), die nicht nur Lenins Frau war, sondern eine hervorragende Pädagogin und E.swissenschaftlerin, schon früh theoretisch entwickelt und vielfach – auch in anderen Ländern – an der Praxis überprüft. Sie prägte die sowjetische und international die sozialistische Pädagogik in den 20er und den frühen 30er Jahren. Sie hat eine Fülle von Arbeiten hinterlassen, insbesondere zur gemeinschaftlichen Kleinkindere., zur E. der Kinder in der Familie (wobei sie konsequent alle Familienmitglieder sowie vor allem Mutter *und* Vater anspricht), zur polytechnischen E., zur Erwachsenenbildung und hier vor allem der der Frauen. *Sie* war die erste, die sich grundlegend zur E. im Kollektiv, der Verbindung von Schule und Leben geäußert hat mit dem Ziel der „allseitig entwikkelten Menschen mit ausgeprägter Individualität".

Zu den ersten Pädagoginnen, die sich mit erziehungswissenschaftlichen Konzepten zur Kleinkindere. auseinandergesetzt haben, gehört die Italienerin Maria Montessori (1870–1952), die zugleich auch als erste Studentin Italiens im vergangenen Jahrhundert zu nennen ist. Montessori, die 1896 als Ärztin promovierte, kam über ihre Tätigkeit als Medizinerin dazu, sich mit pädagogischen Fragestellungen auseinanderzusetzen. Während ihrer Arbeit an einer psychiatrischen Klinik in Rom kam sie in Kontakt mit lernbehinderten Kindern. Die Ursache für diese Behinderung sah sie in erster Linie als pädagogisches und nicht als medizinisches Problem an. Ihr Ziel war, die sozial geschädigten Kinder mit Hilfe pädagogischer Programme, die auf die jeweiligen Altersstufen abgestimmt sind, zu fördern. Das Kind gelangt insofern in den Mittelpunkt ihrer Pädagogik, und es gelang Montessori, diesen Kindern in der geistigen Entwicklung Lernerfolge zu vermitteln. Die zentrale Überlegung Montessoris, den Kindern eine kindgerechte Umgebung für ihre Entwicklung zu ermöglichen, war ausschlaggebend für ihre Erfolge. Da sie von Defiziten bei der Entwicklung der Unterschichtkinder ausging, versuchte sie, diese durch ausgewähltes Spiel- und Lernmaterial zur Motivation der Kinder zu kompensieren, um so eine harmonische Entwicklung zu gewährleisten.

So geht es bei der kompensatorischen Erziehung letztlich darum, die Normen der bestehenden Gesellschaft zu akzeptieren, und als Maßstab für die pädagogische Praxis gelten die von der Gesellschaft gesetzten Normen und Ziele.

Im Gegensatz hierzu geht es der antiautoritären Erziehung, die in den 60er Jahren in den Mittelpunkt der Diskussionen rückte, darum, Kritik an der Gesellschaft zu üben und nach neuen Erziehungskonzepten zu suchen. Als theoretische Grundlage dienten die Schriften von Sigmund Freud und Wilhelm Reich, die auch für die psychoanalytische Ausrichtung der antiautoritären Erziehung verantwortlich sind. Als bekanntester Vertreter dieser Erziehungsrichtung ist Alexander Sutherland Neill zu nennen, der in seiner Schule in Summerhill diese antiautoritäre Erziehungspraxis umzusetzen versuchte. Auch bei ihm ist der zu Erziehende Subjekt des Erziehungsprozesses. Das Kind soll in größtmöglicher Freiheit ohne Reglementierung und Verbote aufwachsen, um seine Persönlichkeit entwickeln zu können.

Feministische Erziehung: All diese E.stheorien und Modelle berücksichtigen allerdings zu wenig geschlechtsspezifische Aspekte, die erst (wieder) in den 70er Jahren durch die Frauenbewegung und Frauenforschung an den Hochschulen an Interesse gewannen.

Aus der Beobachtung bewußter und unbewußter geschlechtsspezifischer E.spraxis in den Familien, vor allem aber in öffentlichen E.seinrichtungen – von der Krippe über Kindergärten bis zu Schulen und Jugendarbeit –, sowie der Kritik an den fortschrittlichen erziehungswissenschaftlichen Ansätzen, die das → Geschlecht als historische und gesellschaftliche Kategorie nicht berücksichtigen, wurden Grundlagen für eine feministische E.spraxis entwickelt. Dabei gibt es auch hier eine Reihe verschiedener Orientierun-

„Mutta, ick möcht' ooch koppstehen!"
„Das dürfen kleine Mädchen nicht!"
„Mutta, wenn ick jroß bin?"

Heinrich Zille

gen, je nachdem, mit welchen bestehenden Ansätzen der feministische gekoppelt wird (ob er rein vertreten wird – das Geschlecht gilt als die zentrale, zuweilen einzige Kategorie –) und mit welcher Zielsetzung und auf welchen Wegen im einzelnen erzogen werden soll. In einigen Grundpunkten herrscht weitgehend Übereinstimmung: 1. Erzieherinnen und Erzieher müssen erkennen lernen und erkennen können, inwieweit sie bewußt und unbewußt geschlechtsspezifisch erziehen. Nur der Versuch, hier mehr Klarheit über die eigene E.spraxis zu gewinnen, ermöglicht eine gewünschte (Gegen-)Steuerung. 2. Ausgangspunkt für eine andere E. ist die gegenwärtige Realität von Mädchen und Frauen in unserer Gesellschaft, ihre Stellung, Rolle, Lebensperspektiven. Wie in der antiautoritären und der sozialistischen Richtung wird auch bei den meisten Vertreterinnen der feministischen davon ausgegangen, daß Rollenkritik, das Verlernen einer Rolle und das Erlernen einer anderen nicht nur nicht ausreicht, sondern auch nicht umfassend möglich ist. Mit E. kann ein Schritt zur Veränderung der Realität getan werden, aber zugleich muß orientiert werden auf eine Veränderung der Realität durch eine andere Arbeitsteilung, andere wirtschaftliche und politische Strukturen usw. 3. Das schließt auch ein, daß nicht die männliche E. die Norm für eine menschliche sein kann, wobei die Frau als Defizitwesen begriffen wird, das aufzuholen hat. Auch heute gibt es (noch) diesen Standpunkt innerhalb der Frauenbewegung – ebenso wie den, die Unterschiede der Geschlechter oder die Gleichwertigkeit zu betonen. In beiden Fällen laufen wir Gefahr, den schmalen Grat zwischen Anpassung und Veränderung zu verfehlen und letztlich beizutragen zur Verfestigung geschlechtsspezifischer Unterdrückung. Der Part der Frau in der patriarchalisch-kapitalistischen → Gesellschaft ist der schlechtere, bedeutet weniger Einfluß, weniger Eigenständigkeit, mehr Abhängigkeit. Alle Versuche, dies mit einer „Umwertung", Gleichwertung der Rollen und Aufgaben allein verändern zu wollen, müssen fehlschlagen. 4. In der feministischen Richtung wie auch in anderen Richtungen wird als Ziel von E. angegeben: selbständige, umfassend ausgebildete, sensible Menschen, die Individualität haben, nicht einseitig auf angeblich „weibliche" oder „männliche" Verhaltensmuster, Arbeitsbereiche orientiert sind und zugleich fähig sind zum gemeinsamen Denken, Fühlen und Handeln. Ein solches Ziel erfordert Änderungen in der E. von Mädchen *und* Jungen. Mädchen wie Jungen, Frauen wie Männer sind Defizitwesen bzw. werden unter den herrschenden Bedingungen dazu gemacht. Die Forderung nach E. zur → Gleichheit bedeutet in der feministischen Richtung Veränderung und Annäherung von der Frauen- und der Männersituation her und nicht einseitig Anpassung der Frau an den Mann. Unter diesem Gesichtspunkt ist in den vergangenen Jahren die Koedukationsdebatte wieder aufgenommen worden und auch unter Berücksichtigung der teilweise unterschiedlichen, teilweise gleichen Erfahrungen in West und Ost geführt worden. (→ Bildung, → Emanzipation, → Feminismus, → Koedukation)

Wir lernen fürs Leben – deshalb die vielen Diktate.

Lit.: Ilse Brehmer (Hrsg.), Sexismus in der Schule, Weinheim/Basel 1982; Nadeschda K. Krupskaja, Sozialistische Pädagogik, 4 Bde. (Auswahl ihrer Schriften, Reden, Briefe), Berlin 1972; Anton Semjonowitsch Makarenko, Der Weg ins Leben (Roman, 1933–1936), deutsch 1950; Anja Meulenbelt, Wie Schalen einer Zwiebel oder Wie wir zu Frauen und Männern gemacht werden, München 1985; Alexander Sutherland Neill, Theorie und Praxis der antiautoritären Erziehung, Das Beispiel Summerhill, Reinbek bei Hamburg 1970; Johann-Heinrich Pestalozzi, Wie Gertrud ihre Kinder lehrt, in: Lienhard und Gertrud, Roman, 4 Bde.,

1781–1787; Jean-Jacques Rousseau, Emile oder über die Erziehung (1762), deutsch 1762; Franziska Stalmann, Die Schule macht die Mädchen dumm. Die Probleme mit der Koedukation, München 1991; Renate Wurms, „Von heute an gibt's mein Programm". Zur Entwicklung der politischen Frauenbildungsarbeit, in: AG Frauenbildung und Politik (Hrsg.), Von Frauen für Frauen. Ein Handbuch zur politischen Frauenbildungsarbeit, Zürich/Dortmund 1992, S. 11–40.

Brigitta Steinmann

Erziehungsgeld; E. ist eine Maßnahme zur (teilweisen) finanziellen Sicherung der Erziehung von Kleinkindern (0–3 Jahre) in der Familie. E. wird gezahlt als Lohn-/Gehaltsersatz an Erwerbstätige oder als Aufwandsentschädigung für Mütter/Väter für die Arbeit in der Familie. Eine Reihe europäischer Länder zahlt ein E., in der Regel als eine von mehreren Maßnahmen zur Betreuung von Kindern in der Familie und parallel zur gemeinschaftlichen, außerhäuslichen Betreuung (→ Elternurlaub). Für die Entscheidung, ein E. zu zahlen, ist in der Regel ein Bündel von Motiven ausschlaggebend: Erziehung in der Familie als billigste Form der Kleinkindererziehung und als von vielen Eltern gewünschte Form; bevölkerungs- und arbeitsmarktpolitische Motive sowie – dies ist insbesondere die Position der CDU/CSU – eine ausschließliche Favorisierung der Kindererziehung in der Familie auch über das Kleinkindalter hinaus.
Seit Januar 1986 wird bei Geburt eines Kindes mindestens sechs Monate lang und einkommensunabhängig in der Bundesrepublik ein E. in Höhe von 600 DM gezahlt, wenn Mutter oder Vater ihre Erwerbstätigkeit aufgeben oder stark reduzieren oder wenn Hausfrauen keine → Erwerbstätigkeit aufnehmen. → Alleinerziehende sind insofern berücksichtigt, als das E. unabhängig von Sozialhilfe, Wohngeld etc. gezahlt wird.
Was auch → Elternurlaub (oder Erziehungsurlaub) genannt wird, wird von Vätern nicht oder sehr wenig in Anspruch genommen. Diese sind in der Regel die Haupt- und Besserverdienenden und traditionell nicht zuständig für → Erziehung und Familienarbeit. Von Vätern, so die Erfahrungen in den skandinavischen Ländern, wird eine solche Maßnahme nur dann angenommen, wenn ein Lohn-/Gehaltsausgleich von ca. 80–90% gezahlt wird. Wer 600 DM E. (seit 1986 bis 1993 unverändert!) zahlt, kann keinen → Eltern-, sondern nur einen Mütterurlaub wollen.
Eine Frauenmaßnahme ist nicht unbedingt eine Maßnahme für Frauen. Die Verlängerung der Zahlung des E.es und Erziehungsurlaubs für Erwerbstätige auf inzwischen (1993) zwei bzw. drei Jahre kommt dem Wunsch vieler Mütter entgegen, die Beziehung zum Kind zu entwickeln und zu leben. Für Hausfrauen, deren Erziehungsarbeit keine direkte finanzielle und auch sonst wenig Anerkennung findet, sind 600 DM mehr als nichts. Für Frauen, die anstrengende → Arbeit machen und wenig verdienen, ist das E. ohne die garantierte Rückkehr auf den alten Arbeitsplatz keine Alternative; erst recht nicht für alle anderen erwerbstätigen Frauen, es sei denn, sie wollten und könnten vorerst nicht mehr erwerbstätig sein.
Das E. erweist sich so als eine Maßnahme zur Arbeitsmarktentlastung durch Entfernung von Frauen. Gekoppelt mit dem am 19. 4. 1985 verabschiedeten und 1989 verlängerten Beschäftigungsförderungsgesetz sind frauentypische, sozial- und versicherungsrechtlich ungeschützte Beschäftigungsverhältnisse wie KAPOVAZ (Arbeit auf Abruf), Jobsharing (Teilen eines Arbeitsplatzes), Swingtime (heute zwei Stunden, morgen vier Stunden Erwerbsarbeit) und viele Formen (ungeschützter) Teilzeitarbeit und Befristungen erlaubt. (→Flexibilisierung)
Ein zweiter wesentlicher Aspekt ist: Mit dieser Maßnahme wird für das Kleinkindalter allein auf die Erziehung in der Familie abgestellt. Unberücksichtigt bleibt, was nach den ersten Jahren werden soll. Die alte und neue Abhängigkeit der Frauen von Männern oder Sozialhilfe bleibt, denn der Versorgungsgrad mit Krippenplätzen erhöht sich seit Jahren, vor allem durch abnehmende Geburtenziffern. Die Orientierung überwiegend auf die Erziehung in der Familie durch die Mutter bindet diese angesichts der Halb-

Eine Frauenmaßnahme ist nicht unbedingt eine Maßnahme für Frauen...

tags-Kindergärten, der fehlenden Horte und wenigen Ganztagsschulen auf Jahre auch ohne Leistungen in die alte Doppelrolle der Haus- und unterbezahlten Teilzeitarbeiterin.

In der Bundesrepublik halten 45% der Frauen mindestens einmal im Jahr Diät, 95% kontrollieren regelmäßig ihr Gewicht. Bei den 14- bis 18jährigen sind 17% untergewichtig; 52% aller Jugendlichen haben bereits Diäterfahrung. Unter statistischen Gesichtspunkten ist es somit keineswegs normal, unbefangen zu essen.

Eßstörungen; gelten als eine der wichtigsten Erkrankungen von Frauen. Ihre Verbreitung nimmt ständig zu, was sowohl statistischen Erhebungen als auch Behandlungsdaten zu entnehmen ist. Als wichtigste Eßstörungen gelten Adipositas (Fettleibigkeit, Fettsucht), Bulimia nervosa (Eß-Brech-Sucht) und Anorexia nervosa (Magersucht).
Der Begriff E. wird im allgemeinen verwendet, ohne daß über seine Hintergründe und Auswirkungen nachgedacht wird. Drei Aspekte sind besonders wichtig:
1. Der Begriff E. impliziert, es gebe ein angemessenes, gesundes Eßverhalten. Doch de facto ist weitgehend unklar, was „richtiges" Eßverhalten ist. Über die Begriffe Appetit, Hunger und Sättigung gibt es bisher keine Einigung. Fragen, warum wir zu essen beginnen, warum wir die Nahrungsaufnahme beenden, und warum wir gerade das essen, was wir essen, können noch nicht fundiert beantwortet werden.
2. Der Begriff E. läßt sich strenggenommen nur dann sinnvoll verwenden, wenn sich normales Eßverhalten definieren läßt. Aber was ist normales Eßverhalten bei Frauen? Amerikanischen Untersuchungen zufolge sind 16% aller Amerikanerinnen ständig auf Diät, weitere 15% mindestens einmal pro Monat. 70% aller amerikanischen Mädchen zwischen 9 und 18 Jahren essen ständig zuwenig. In der Bundesrepublik halten Erhebungen zufolge 45% der Frauen mindestens einmal im Jahr Diät, 95% kontrollieren regelmäßig ihr Gewicht. Bei den 14- bis 18jährigen sind 17% untergewichtig, 52% aller Jugendlichen haben bereits Diäterfahrung. Unter statistischen Gesichtspunkten ist es somit keineswegs normal, unbefangen zu essen, was und wieviel man/frau möchte.
3. In der Literatur werden das Auftreten von E. und der Wunsch nach einem schlanken Körper weitgehend gleichgesetzt. Warum aber, wenn das Ziel der schlanke Körper ist, werden alle fehlgeleiteten Maßnahmen, ihn zu erreichen, als E. bezeichnet? Ich komme, je länger ich mich mit dem Thema beschäftige, immer mehr zu der Überzeugung, daß der Begriff E. falsch gewählt ist. Haben in der Regel doch weder die anorektische noch die adipöse Frau Probleme mit dem Essen, vielmehr mit dessen Auswirkungen in Form eines zu großen Körperumfangs. Am ehesten mag der Begriff E. noch für bulimische Frauen zutreffen, doch auch bei ihnen steht die Angst vor dem Dickerwerden im Vordergrund des Erlebens. Das chaotische Essen und Erbrechen werden meistens erst in einem sehr späten Stadium der Krankheit zu einem Problem für sich. Also: Der Begriff E. ist sehr problematisch. Er wird hier nur verwendet, weil er sich als Oberbegriff für die im folgenden beschriebenen Störungen eingebürgert hat.
Da ein Kriterium für das Vorliegen aller E. das Körpergewicht darstellt, noch ein kleiner Exkurs zum „richtigen" Gewicht und seinen Erfassungsmethoden: Für lange Zeit gab der sogenannte Broca-Index das Referenzgewicht an. Er berechnete sich aus dem Quotienten von Körpergewicht in kg zu Körpergröße in cm minus 100. Da sehr große und sehr kleine Menschen mit dem Broca-Index nicht zutreffend beurteilt und außerdem die Geschlechtsunterschiede zu wenig berücksichtigt wurden, ist man heute dazu übergegangen, den Body-Mass-Index (auch Quetelets-Index) zu verwenden. Die Berechungsformel heißt: BMI = kg : m^2, also Gewicht geteilt durch Körpergröße im Quadrat. Das Normalgewicht liegt für Frauen bei einem BMI von 19 bis 24, für Männer bei einem BMI von 20 bis 25.
Zu den einzelnen Störungen:
Adipositas (Fettleibigkeit, Fettsucht). Fälschlicherweise wird der Begriff Adipositas häufig synonym für Übergewicht verwendet. Adipositas liegt jedoch nur bei beträchtlichem Übergewicht vor. Übergewicht beginnt bei einem BMI von 25/26, Adipositas bei einem BMI von 30 und höher. Obwohl man in

den letzten Jahren unter gesundheitlichen Aspekten sehr viel toleranter in bezug auf das Übergewicht geworden ist, gilt Adipositas als unbedingt behandlungsbedürftig, da sie einen Risikofaktor für zahlreiche Erkrankungen, insbesondere des Herz-Kreislauf-Systems und des Bewegungsapparates, darstellt. Gegenwärtig wird diskutiert, daß nicht der Anteil des Fettgewebes überhaupt, sondern das Fettverteilungsmuster das Ausmaß des gesundheitlichen Risikos bestimmt: Die androyde Form mit Fettablagerungen vor allem am Bauch, die vor allem bei Männern anzutreffen ist, soll demnach deutlich gefährlicher sein als die gynoide, bei Frauen häufigere Form mit einer Fettgewebsansammlung vor allem an den Hüften und Oberschenkeln. Trotz umfangreicher Erhebungen in den letzten Jahren sind die Angaben über die Häufigkeit von Übergewicht und Adipositas in der BRD nicht sehr zuverlässig. Man geht davon aus, daß ein BMI von 30 und höher bei etwa 5–10% der Bevölkerung vorliegt, wobei der Anteil der Frauen gegenüber den Männern leicht erhöht ist.

Warum Menschen adipös werden, scheint heute beinahe unklarer als vor einigen Jahren. Es hat sich empirisch nicht nachweisen lassen, daß Übergewichtige auch überdurchschnittlich viel essen. Das sogenannte Bilanzprinzip, demzufolge Adipöse ihrem Körper mehr Energie zuführen, als sie brauchen, scheint nicht haltbar zu sein. Es deutet immer mehr darauf hin, daß das Körpergewicht eine biologisch regulierte Variable ist, die mehr als vorher angenommen auch durch genetische Dispositionen beeinflußt ist. Außerdem scheinen sich Diäten sehr ungünstig auf das Körpergewicht auszuwirken; nach einer Phase massiver Nahrungseinschränkung kommt es anschließend innerhalb kurzer Zeit zu einer Wiederherstellung des alten Körpergewichts, oft zu einer Gewichtszunahme. Die Amerikaner haben hierfür den treffenden Begriff des „Yo-Yo-Dieting" geprägt. Besondere Persönlichkeitsmerkmale bei Adipösen oder psychische Gründe dafür, warum sie so essen und trinken, wie sie es tun, haben sich nicht finden lassen. Anders als Anorexie und Bulimie (s. unten), gilt die Adipositas daher auch nicht als psychische Erkrankung.

Zur Therapie: Obwohl das Spektrum der Behandlungsvorschläge sehr breit und schillernd ist, ergibt sich die traurige Bilanz, daß Adipositas zu den chronischen Erkrankungen gehört, die sich als äußerst hartnäckig erweisen und für die eine mit hoher Wahrscheinlichkeit zum Erfolg führende Therapie noch nicht gefunden ist. Das 1975 von einem Experten formulierte Fazit ist leider auch heute noch gültig: „Die meisten adipösen Menschen beginnen keine Therapie. Von denen, die es doch tun, werden die meisten nicht dabei bleiben. Von denen, die dabei bleiben, werden die meisten nicht viel Gewicht verlieren. Von denen, die Gewicht verlieren, werden es die meisten wieder zunehmen" (Stunkard, 1975). Fest steht, daß Fastenkuren und Nulldiät, unausgewogene, kalorienreduzierte Diäten und Trenndiäten sowie Blitzdiäten zwar unter Umständen zu vorübergehenden Gewichtsreduktionen führen, mittelfristig jedoch im günstigsten Fall keinen Effekt haben. Im wahrscheinlicheren und ungünstigeren Fall führen insbesondere einseitige Diäten zu krassen Formen von Fehlernährung und Erkrankungen, außerdem sehr häufig zu einer kontinuierlichen Gewichtszunahme. Über die Gründe für diese Gewichtszunahme durch Diäten besteht noch keine endgültige Klarheit. Sehr wahrscheinlich ist sie jedoch auf die Tendenz des Körpers zurückzuführen, sich immer wieder auf einen gewichtsmäßigen Sollwert einzupendeln. Dieser Sollwert wird Set-Point genannt. Er scheint so etwas wie eine Regelgröße in einem kybernetischen System zu sein. Führt man dem Körper zuwenig Energie zu, so bleibt dieser dennoch bestrebt, das Set-Point-Gewicht zu halten. Dies führt langfristig dazu, daß immer geringere Nahrungsmengen ausreichen, die Energiebilanz des Körpers zu decken. „Normales" Essen nach einer Diät führt sodann zu schnellem Gewichtsanstieg. Gewichtsreduktion kann langfristig nur auf-

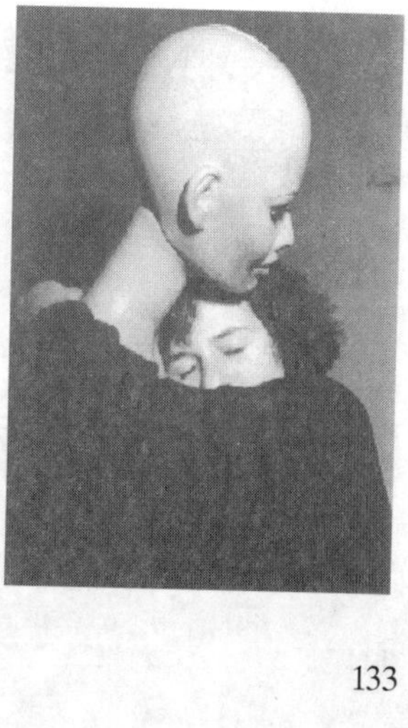

rechterhalten werden, so die derzeitige Annahme, wenn der Set-Point gesenkt wird bzw. wenn Personen mit Fertigkeiten ausgestattet werden, die es ihnen ermöglichen, ihr Körpergewicht dauerhaft unter dem Set-Point-Gewicht zu halten. Notwendig sind hierzu eine bilanzierte, ausgewogene Ernährung mit betonter Fettreduktion und gesteigerte körperliche Aktivität. Außerdem haben sich verhaltenstherapeutisch orientierte Trainings als günstig erwiesen, das Eßverhalten langfristig zu kontrollieren und dauerhaft zu verändern. Von sehr wenigen Ausnahmen abgesehen, leben Menschen mit Adipositas mit einer chronischen Krankheit, auf die sie sich für ihr gesamtes Leben einstellen müssen.

Bulimia nervosa (Eß-Brech-Sucht): An Bulimia nervosa leiden vor allem junge Frauen im Alter von 14 bis 30 Jahren, schätzungsweise etwa 1–3% dieser Altersgruppe. Die Betroffenen haben eine extreme Angst vor dem Dicksein und sind übersteigert um ihr Gewicht und ihre Figur besorgt. Das Gewicht ist meistens unauffällig, doch tritt Bulimia nervosa auch bei übergewichtigen Frauen auf. Hauptmerkmal der Erkrankung sind wiederholte Eßanfälle, bei denen zumeist große Mengen hochkalorischer Nahrung verschlungen und anschließend wieder erbrochen werden. Manche Frauen benutzen auch Abführmittel (Laxantien und Diuretika), um das Gegessene möglichst bald nach der Heißhungerattacke wieder loszuwerden. Die Frauen fühlen sich außerstande, ihre Eßanfälle zu kontrollieren. Manche versuchen, nach einem Eßanfall eine Fastenperiode einzulegen, doch enden diese regelmäßig in einem neuen Eßanfall. Die Häufigkeit dieser Anfälle reicht von drei pro Woche bis zu mehreren pro Tag, durchschnittlich werden 3000 bis 4000 Kalorien verschlungen, doch wird auch über Eßanfälle mit bis zu 15000 Kalorien berichtet.

Die Patientinnen leiden sehr unter ihrer „Unbeherrschtheit", sie schämen sich, und viele halten die Symptomatik über Jahre auch vor ihren engsten Bezugspersonen geheim. Massive Gefühle von Wert- und Sinnlosigkeit, ausgeprägte Stimmungsschwankungen, Schuldgefühle und Suizidgedanken treten häufig auf. Das Leben bulimischer Frauen kreist nahezu vollständig um das Essen. In ihren Gedanken sind sie permanent mit den Themen Essen und Nichtessen, Dicker- und Dünnerwerden, mit Rezepten, Nährwerten und Kalorien beschäftigt, auch sind sie in ihrer Tages- und Freizeitplanung je nach Häufigkeit der Eßanfälle u. U. stark eingeschränkt. Einkaufen und Eßanfälle sind zudem sehr zeitintensiv. Für viele Patientinnen stellt die Erkrankung auch eine massive finanzielle Belastung dar, hohe Verschuldungen sind deshalb nicht selten. Im Verlauf der Erkrankung kommt es auch zu zahlreichen körperlichen Folgeschäden: Schädigung des Zahnschmelzes durch Kontakt mit Magensäure, Elektrolytstörungen, insbesondere Hypokaliämien, und in deren Folge Herzrhythmusstörungen, Muskellähmung, Ödeme, Nierenversagen; außerdem kommt es häufig zu Verletzungen der Speiseröhre und des Handrückens durch manuelle Stimulation des Würgereflexes.

Zur Therapie: Während bis vor einigen Jahren das breiteste Hilfsangebot im Rahmen von Selbsthilfegruppen zur Verfügung stand, gibt es heute auch eine Vielzahl ambulanter und stationärer Angebote. Einen wesentlichen Teil dieser Hilfen macht Psychotherapie aus, in der die Bearbeitung der Selbstwert- und depressiven Symptomatik im Vordergrund steht. Da bulimische Frauen häufig sexuelle Mißbrauchserfahrungen haben, ist auch dies ein wichtiges Thema der Psychotherapie. Daneben haben sich körperorientierte Angebote bewährt, die zu einer besseren Körperwahrnehmung, zu einem Kennenlernen und Akzeptieren der eigenen körperlichen Möglichkeiten führen. Wichtig ist in jedem Fall, den Teufelskreis von Fastenperiode, Eßanfall, Erbrechen, Schuldgefühlen, Fastenperiode usf. zu unterbrechen. Die Heißhungerattacke, die in einem Eßanfall endet, ist die natürliche körperliche Folge des Fastens und Erbrechens. Auch bei gesunden Personen führt

Skulptur von Ann Britt Ryde, Göteborg 1973.

Mangelernährung in kurzer Zeit zu Heißhungerattacken und zu vielen anderen Auffälligkeiten wie permanenter gedanklicher Beschäftigung mit Essensthemen, depressiven Verstimmungen u. ä. Für bulimische Frauen bedeutet dies, daß sie sich nicht vor Heißhungeranfällen schützen können, solange sie weiter versuchen, ihr Essen zu reduzieren.

Anorexia nervosa (Magersucht): Die Anorexia nervosa manifestiert sich vor allem bei Mädchen und jungen Frauen zwischen 12 und 20 Jahren, doch kann sie auch in einem späteren Lebensalter beginnen. Der Anteil männlicher Patienten wird auf etwa 5% geschätzt. Hauptsymptom ist ein selbst herbeigeführter massiver Gewichtsverlust, das Körpergewicht liegt bei einem BMI von 17 oder weniger. Anorektische Patientinnen essen so wenig wie möglich und beschränken sich auf wenige kalorien- und fettarme Nahrungsmittel (Magerjoghurt, Äpfel, Möhren, Senf). Phasen von Eßanfällen mit anschließendem Erbrechen und Abführmittelmißbrauch können auftreten. Gedanklich sind die Frauen ebenfalls ständig mit Essen und Essenszubereitung beschäftigt, häufig kontrollieren sie die Nahrung der anderen Familienmitglieder. Ausgeprägt ist in der Regel auch eine übertriebene körperliche Aktivität. Die Menstruation bleibt aus. So dünn sie auch werden: Die jungen Frauen erreichen nie ein Gewicht, bei dem sie sich schlank fühlen – sie fühlen sich immer zu dick und überschätzen ihren Körperumfang. Nur wenige fühlen sich krank. Sie leiden jedoch unter starken Selbstzweifeln und ständigen Gefühlen von Unzulänglichkeit und Inkompetenz. Auch wenn sie hervorragende Leistungen, z. B. in Schule oder Beruf, erbringen, bleiben sie unsicher und unzufrieden. Was immer sie tun, es ist nicht genug.

Wenngleich die Anorexie – wie die Bulimie – eine zu komplexe Störung ist, als daß es eine bei allen Frauen gleiche Ursache geben könnte, scheint ein sehr wichtiger Auslöser darin zu bestehen, daß anorektische Frauen in einer Umgebung leben (und häufig groß geworden sind), in der ihnen die Möglichkeit verwehrt wird, sich als eigenständige Person zu entfalten. Sie leben in Familien, in denen die Autonomie des und der einzelnen sich den Normen und Regeln der Familie unterzuordnen hat, in der Konflikte geleugnet werden und alle die gleichen Gefühle und Einstellungen zu teilen haben. Entwickelt nun die junge Frau eigene, vom elterlichen Plan abweichende Vorstellungen für sich selbst, so gerät sie in eine heftige innere Auseinandersetzung. Diese konstruktiv zu lösen, ist sie nicht vorbereitet, da sie weder gelernt hat, die eigenen Vorstellungen zu erkennen, noch sie durchzusetzen. Die Anorexie bietet sich in einer solchen Situation geradezu als ideale Lösung an: Die junge Frau verlagert all ihre ihr unbekannten Bedürfnisse auf den großen Wunsch, schlank zu werden – und sie setzt ihre Autonomie an der einzigen Stelle durch, an der ihr niemand Vorschriften machen kann: an ihrem eigenen Körper.

Zur Therapie: Die vielen ambulanten und stationären therapeutischen Programme unterscheiden sich am deutlichsten in folgendem Punkt: Eine Gruppe konzentriert sich auf die Wiederherstellung des Körpergewichts und eines „normalen" Eßverhaltens. Die andere Gruppe der Behandlungsansätze stellt die psychischen Probleme der Patientin in den Vordergrund, also ihre Unsicherheit und ihre Selbstzweifel, die Unkenntnis ihrer eigenen Wünsche und Bedürfnisse, und betrachtet die Eßproblematik eher als sekundär. Frauen, die eine Therapie aufnehmen möchten, sollten sich vor deren Beginn sehr eingehend über das therapeutische Vorgehen informieren, um abschätzen zu können, ob es in ihrem spezifischen Fall das richtige sein kann. Insbesondere im stationären Bereich bestand die Therapie bis vor einigen Jahren hauptsächlich aus Programmen, in denen Essen und Gewicht sehr stark kontrolliert wurden. Die Wirksamkeit solcher Kontrollen hat sich inzwischen jedoch als eher kurzfristig herausgestellt, d. h. die Patientinnen nehmen in der Regel nach der Entlassung aus der Klinik schnell wieder ab.

Zum Abschluß soll noch auf die

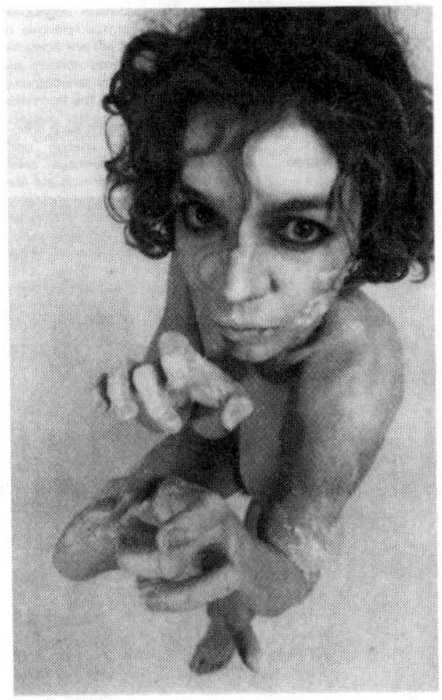

Gründe eingegangen werden, die in der Literatur dafür angeführt werden, daß Anorexie und Bulimie vornehmlich bei Frauen auftreten. Zum einen wird darauf hingewiesen, daß in unserer Gesellschaft insbesondere Frauen einem massiven Diktat unterliegen, schlank zu sein. Schlank sein, so wird propagiert, sei gleichbedeutend mit anerkannt sein, Erfolg haben, ein wertvoller Mensch zu sein, beliebt und geachtet zu sein. Es ist daher nur folgerichtig, daß Frauen, die in ihrer Identität verunsichert sind, sich auf ihren Körper konzentrieren und so leben, als seien all ihre Probleme gelöst, wenn sie nur erst schlank wären. Als weiterer prädisponierender Faktor werden die unterschiedlichen Rollenanforderungen genannt, mit denen Frauen konfrontiert sind. So sollen sie einerseits weiblich sein, und das heißt immer noch: lieb, freundlich, anschmiegsam, ein bißchen depressiv und ein klein bißchen ängstlich. Andererseits aber wird ihnen Modernität abverlangt, und die ist gleichzusetzen mit Leistungsfähigkeit, Durchsetzungsvermögen, Selbstsicherheit. Insbesondere bulimische Frauen scheinen mit dieser Widersprüchlichkeit der Anforderungen schlecht zurechtzukommen. Untersuchungen haben gezeigt, daß sie in stärkerem Maße als „gesunde" Frauen versuchen, den weiblichen Rollenanteilen gerecht zu werden – ohne daß ihnen jedoch die Rolle des „Heimchens am Herd" noch zur Verfügung stünde.

Unter Gesichtspunkten der Familienstruktur stellt das Klima der anorektischen Familie für die Mädchen ein größeres Gefahrenpotential dar als für die Jungen. Da in diesen Familien meistens eher traditionelle Rollenvorstellungen bestehen, wird den Jungen leichter zugestanden, ihre „männlichen" Ansprüche nach Eigenständigkeit und Autonomie zu realisieren, als den Mädchen, denen häufig nichts anderes zugestanden wird, als mit ihrer Person die Formen auszufüllen, die ihre Eltern für sie gegossen haben.

Insbesondere in Teilen der Frauenliteratur werden Anorexia und Bulimia nervosa häufig unter dem Aspekt der Suchterkrankung diskutiert. Anorektische und bulimische Frauen seien süchtig auf der Suche nach wahrer Befriedigung und verlagerten diese Sehnsucht, den Hunger nach Liebe, Anerkennung und Bestätigung auf ihren Körper. Aus psychologischer Sicht ist diese Zuordnung wenig plausibel, da sie Frauen eine Abhängigkeit unterstellt, aus der sich ja gerade die anorektischen und bulimischen Frauen lösen wollen. Gerade Anorexie und Bulimie sind keine Ersatzbefriedigung, sondern sie sind Lösungversuche für andere, den Frauen nicht bewußte Probleme. Fehlgeschlagene Lösungsversuche zwar, aber sicher nicht Zeichen einer resignativ akzeptierten, lebenslangen Abhängigkeit. Die Lösungsversuche haben ein neues Problem ausgelöst, – es gilt nun, das alte, das eigentliche Problem zu finden und nach neuen, konstruktiven Lösungsansätzen zu suchen, um dann die Fehllösung aufgeben zu können.

Lit.: H. Bruch, Der goldene Käfig. Das Rätsel der Magersucht; Frankfurt 1980; H. Bruch, Das verhungerte Selbst. Gespräche mit Magersüchtigen, Frankfurt 1990; A. Franke, Wege aus dem goldenen Käfig. Anorexie verstehen und behandeln, München 1994; M. Gerlinghoff/H. Backmund, Magersucht. Anstöße für eine Krankheitsbewältigung, Stuttgart 1989; A. Kämmmerer/B. Klingenspor (Hg.), Bulimie. Zum Verständnis einer geschlechtsspezifischen Eßstörung, Stuttgart 1989; V. Pudel/J. Westenhöfer, Ernährungsphysiologie, Göttingen 1991; A.J. Stunkard, Presidential adress 1974: From explanation to action in psychosomatic medicine: The case of obesity, Psychosomatic Medicine 1975, Bd. 37, S. 195-236.

Alexa Franke

Im Berliner Zoo,
Fotografie von Tina Modotti.

Europa; (1.) Erdteil; (2.) griechische weibliche Sagengestalt. Europa, Tochter eines Königs, wird aus dem Kreis ihrer Freundinnen entführt. Zeus, in Gestalt eines kraftvollen Stiers, verführt sie und bringt sie gegen ihren Willen auf einen anderen Kontinent.

Geschichte: Der Gedanke eines friedlichen, auf → Gleichheit beruhenden Staatenbundes in E., in dem verschiedene → Kulturen neben- und miteinander bestehen und sich gegenseitig bereichern, ist nicht neu. Die Französische Revolution, „die erste europäische Angelegenheit seit dem Römischen Imperium“ (Hugo von Hofmannsthal), entwickelte die Ideale von Freiheit, Gleichheit und Zusammenarbeit der Völker. Frauen griffen diese Ideen auf und verbanden den Gleichheitsgedanken mit der Forderung nach Emanzipation. Germaine de Staël, „erste Frau Europas“, entwickelte die Vorstellung von einem E. als „friedlicher Verbund gewachsener, aber bildungsfähiger Menschen“. Ein knappes Jahrhundert später forderte die österreichische Pazifistin Bertha von Suttner die „Bildung einer europäischen Staatenunion“ und „die Verschmelzung der getrennten Allianzen zu einem festungs- und zollschrankenfreien Europabund“. In der Frauenbewegung traten besonders Clara Zetkin, Anita Augspurg und Lida Gustava Heymann für eine europäische Zusammenarbeit ein.
Die Verwirklichung des Gedankens von einem E. des Friedens, der Freiheit und Gleichheit scheiterte bisher an → Militarismus und → Chauvinismus – im nationalistischen wie sexistischen Sinn. Andererseits ist bei den gegenwärtigen Integrationsbemühungen die Tendenz zu einer „Festung Europa“, die sich vor allem gegen die → Dritte Welt politisch, sozial und militärisch abschottet, nicht mehr zu übersehen.
Grundlage der Europäischen Gemeinschaft (EG) sind die Römischen Verträge von 1957, seit 1987 die Einheitliche Europäische Akte, welche Ergänzungen zu den Gründungsverträgen beinhaltet (die Einführung der sog. vier großen Freiheiten – der Personen, der Waren, des Verkehrs und des Kapitals) und auf den Binnenmarkt ’92 orientiert. Instrumente der EG-Politik sind: (1) der Ministerrat (sozusagen die oberste Instanz – er ist nicht gewählt, die EG-Länder benennen je einen Regierungsvertreter); (2) das E.-Parlament mit seinen 518 Mitgliedern (ist zwar gewählt, hat aber kaum Entscheidungskompetenzen, es kann Empfehlungen und Arbeitsaufträge sowie Beschlüsse zur Zusammensetzung und Arbeit der EG-Kommission fassen); (3) die EG-Kommission, „Motor der EG“ genannt, in der RegierungsvertreterInnen und ExpertInnen als Beratungs- und Planungsstab für den Ministerrat tätig sind (sie ist gehalten, nicht jedoch verpflichtet, Initiativen des Parlaments aufzugreifen und z. B. als Gesetzesvorhaben in den Ministerrat einzubringen); (4) der Europäische Gerichtshof (EG-Recht bricht nationales Recht) und (5) der Europäische Sozialfonds (dessen Mittel – 6% des EG-Haushalts – begrenzt sind, diese sollen mit dem EG-Binnenmarkt verdoppelt werden). Kommentar des Schriftstellers Hans Magnus Enzensberger zur EG: „Wer in dieser Gemeinschaft etwas zu sagen hat, ist nicht gewählt, und wer gewählt ist, der hat nichts zu sagen.“

Die Bilanz der EG fällt für Frauen eher mager aus. Bei allen spezifischen Bedingungen weisen die einzelnen EG-Länder folgende gemeinsame Merkmale auf. Auf der Plusseite: ein zunehmender Wunsch von Frauen nach → Erwerbstätigkeit, eine Bildungsoffensive der Frauen (durchschnittlicher Frauenanteil an Universitäten: 40%), eine zunehmende Frauenerwerbsquote (50 Millionen erwerbstätige Frauen, wobei der Anteil variiert zwischen 41,9% in den Niederlanden und 75,9% in Dänemark), Verbesserungen beim Eltern- und Erziehungsurlaub und im Familienrecht sowie Ende der 70er Jahre Reformen beim Schwangerschaftsabbruch. In den meisten EG-Ländern konnten die Frauen im Zuge des Wirtschaftswachstums, der Reformpolitik sozialdemokratischer Regierungen und des Aufschwungs der → Frauenbewegung neue Rechte erringen.
Auf der Minusseite: Eine besondere Betroffenheit der Frauen durch Erwerbslosigkeit (acht Millionen oder 13%), ungeschützte Arbeitsverhältnisse und Teilzeitarbeit (75–92% sind Frauen), wachsende Armut (50 Millionen). Der Lohnunterschied ist weiterhin gewaltig (zwischen 20 und 30%). Der Arbeitsmarkt ist nach wie vor geschlechtsspezifisch geteilt (Beschäftigung in traditionellen Berufen, Unterrepräsentation in Spitzenpositionen). Mangelnde Kindereinrichtungen zementieren den geschlechtsspezifischen Arbeitsmarkt (Kinder von 0 bis 3 Jahren, die in öffentlichen Einrichtungen betreut werden: Frankreich 25%, BRD 3%). Patriarchalische Gewaltverhältnisse beherrschen weiterhin den Alltag: Sexuelle Belästigungen am Arbeitsplatz erleben 84% der Spanierinnen und 58% der Holländerinnen (und im EG-Durchschnitt z. B. 59% der Sekretärinnen); repressive Gesetzgebungen zum Schwangerschaftsabbruch (Irland, Spanien, BRD) und Angriffe auf das Selbstbestimmungsrecht der Frauen. In den Entscheidungsgremien der EG sind Frauen kaum anzutreffen: Eine einzige Frau im Ministerrat, seit 1988 zwei Frauen in der 17köpfigen EG-Kommission. Im E.-Parlament ist der Anteil der Frauen mit 16,2% (1989) relativ hoch, dafür arbeiten in den unteren Dienststufen der EG-Institutionen 60–90% Frauen (Sekretärinnen, Sachbearbeiterinnen), in der höchsten Dienststufe sind es nur noch 10%.
Seit der konservativen Wende der 80er Jahre in den meisten EG-Ländern sowie mit der Etablierung des Binnenmarktes droht sich die Situation noch zu verschlechtern. Unter dem Vorwand der → Gleichheit, der Fähigkeit zum Wettbewerb mit den Männern, der Abschaffung von → Diskriminierung werden Schutzmaßnahmen in Frage gestellt oder aufgehoben (das Sonntags- und Nachtarbeitsverbot sowie Mutterschutzregelungen und positive Diskriminierung bei der Einstellung wurden in einzelnen Ländern bereits abgeschafft). Der Trend der letzten Jahre lautet: Freizügigkeit für das Kapital, Flexibilisierung für die Frauen.
An Einrichtungen und Gremien für Gleichstellungspolitik fehlt es nicht: von den Römischen Verträgen bis zum EG-Frauenministerrat über den Ständigen Ausschuß für die Rechte der Frau beim E.-Parlament, das Büro für Probleme der Frauenbeschäftigung, die Aktionsprogramme zur Durchsetzung von Gleichstellung, die Richtlinien und die EG-Sozialfonds . . .
In Artikel 119 des EWG-Vertrages wurde 1957 die gleiche Bezahlung von Frauen und Männern vorgeschrieben. In den Jahren 1975 bis 1986 wurden fünf Richtlinien von der EG-Kommission angenommen: Zur Lohngleichheit (1975), zur Gleichstellung in der Ausbildung und am Arbeitsplatz (1976), zur sozialen Sicherheit (1978), zur Gleichbehandlung in den betrieblichen Systemen der sozialen Sicherheit (1986) und zur Gleichbehandlung bei selbständiger Erwerbsarbeit (1986). Andere Richtlinien, die für Frauen besonders wichtig wären, liegen – blockiert von einzelnen Staaten – immer noch in den Schubladen. Dies betrifft die Richtlinienentwürfe zur freiwilligen Teilzeitarbeit, zur Zeitarbeit, zum Erziehungs- und Elternurlaub und zur Umkehr der Beweislast bei Diskriminierung. Seit 1982 wurden verbindliche Aktions-

programme verabschiedet mit Vorschlägen zu „positiven Aktionen“. Sie mögen einiges in Gang gesetzt haben, die fortbestehende Frauendiskriminierung läßt jedoch an der Umsetzung zweifeln. Durch undemokratische Entscheidungsstrukturen bleibt der Spielraum europäischer Frauenpolitik beschränkt. Wirkliche Veränderungen des Frauenalltags und -lebens erfordern nicht nur Debatten und Gesetze, sondern flankierende Maßnahmen sowie die Berücksichtigung der Lebensrealität der Mehrheit der Frauen.

Angesichts der wachsenden Interdependenz der einzelnen Länder – sicherheitspolitisch, wirtschaftlich, ökologisch, sozial und kulturell – sind die Entwicklung von tragfähigen Konzepten zur Durchsetzung von Gleichstellung, eine Koordination und Verstärkung der Aktivitäten EG-weit unerläßlich. Zu einzelnen Aspekten fanden in den letzten Jahren Seminare, Beratungen, Frauentreffen und Aktionen internationaler Frauenorganisationen statt. So die KSZE-Frauenkonferenzen in Berlin (November 1990) und Brüssel (März 1992), die Frauenseminare in Düsseldorf (März 1990) und Göteborg (Februar 1992) oder die Konferenz zum Schwangerschaftsabbruch in Genf (September 1992). Die Gründung des Europäischen Frauenzentrums der → IDFF in Paris im Juni 1991 ist ein weiterer Schritt zur wirksamen Koordinierung von Aktivitäten.

Handeln ist geboten. Wichtige Entscheidungen über unser Leben und unsere Zukunft können wir nicht irgendwelchen Männergremien überlassen. Notwendig sind der Druck auf die Institutionen zur Durchsetzung der Richtlinien zugunsten von Frauen, einklagbare soziale Mindestgrundrechte und eine „Anpassung nach oben“, mehr Frauen in den europäischen Gremien und mehr Demokratie im Haus Europa, schließlich die Autonomie, die Phantasie und die Aktionen der Frauenbewegungen. Dies erfordert eine Doppelstrategie von Integration und Autonomie, von Zusammenarbeit in und mit den Institutionen und von außerinstitutioneller Frauenopposition. In diesem Spannungsverhältnis liegt die Chance, etwas zu verändern.

Lit.: Florence Hervé (Hrsg.), FrauenZimmer im Haus Europa, Köln 1991; Hortense Hörburger, Europas Frauen fordern mehr, Marburg 1990; Susanne Schunter-Kleemann (Hrsg.), EG-Binnenmarkt – EuroPatriarchat oder Aufbruch der Frauen, Bremen 1990.

Adressen: Frauen Europas, Kommission der Europäischen Gemeinschaften, Rue de la Loi, 200, B-1049 Brüssel, Belgien.

Florence Hervé

Exkommunikation; von kirchenlat. „excommunicatio“ = Ausschluß aus der katholischen Kirchengemeinschaft, Kirchenbann. Diese Höchststrafe der katholischen Kirche steht nach dem liberalisierten Kirchenrecht, dem Codex Iuris Canonici (1983), neben Papstmord nurmehr auf Schwangerschaftsabbruch. (→ Kirche, katholische)

F

Familie; das Wort F. hat erst im 18. Jh. Eingang in die deutsche Umgangssprache gefunden. Es geht zurück auf das ursprünglich vom lateinischen „famulus“ (Diener) abgeleitete „familia“ (Gesamtheit der Dienerschaft; Gesinde) und weitete seine Bedeutung aus auf die Bezeichnung der gesamten Hausgenossenschaft von Freien und Sklaven, die dem „pater familias“ anvertraut war. Im Deutschen löste das Wort „Familie“ die Begriffe „Haus“ oder „Weib und Kind“ erst am Übergang vom 17. zum 18. Jh. ab.

Zur *Geschichte:* Der Bezeichnungswandel ist Ausdruck jener Veränderungen, denen die F. im Übergang von der feudalen zur kapitalistischen Produktionsweise unterworfen ist. Je mehr sich die Lösung der Landbevölkerung aus feudalen und halbfeudalen Fesseln durchsetzte, je mehr Fabriksystem und große Industrie sich ausbreiteten und hergebrachte Landarbeits-, Handwerks- und Heimarbeitsstrukturen zerstörten, je mehr Menschen gezwungen waren, um des Überlebens willen ihre Arbeitskraft den Besitzern von Produktionsmitteln zu verkaufen, desto mehr griff die Trennung der Lebensräume um sich: hier der Ort, wo produziert wurde, und dort der andere Ort, an dem man ausruhte, aß, schlief, zeugte, aufzog, starb. Dieser Prozeß der Trennung von Produktion und Reproduktion, von Arbeit und F., der im 18. Jh. begann und das gesamte 19. Jh. hindurch immer schärfer hervortrat, hatte zum Ergebnis, daß die F. sich als *ein* gesellschaftlicher Teilbereich neben anderen herausbildete. Dieser Bereich, der nunmehr als Privatsphäre der Menschen begriffen und propagiert wurde, war scheinbar losgelöst, ja befreit von der Rationalität der Produktion, gründete sich im Empfinden der Menschen auf Gefühle und wurde als ein für persönliche Gestaltung weitgehend offenes Feld gesehen. Damit ist das enstehende bürgerliche F.nideal umrissen: die F. als Inbegriff des Privaten und Hort des Gefühls. Dieses Ideal fand Eingang in die unterschiedlichsten sozialen Lebenszusammenhänge. Die wachsende Masse der proletarischen F.n vermochte dem nichts entgegenzusetzen, schien doch in diesem Ideal die Entfremdung aufgehoben, die sie in der Arbeit täglich am eigenen Leibe spürten. Und dann: Das Loblied auf die „heilige Familie“ war fester Bestandteil herrschender Sozialpropaganda geworden. Seine Befriedungsfunktion ist aus Alfred Krupps „Wort an seine Angehörigen“ von 1877 gut ablesbar: „Genießet, was euch beschieden ist. Nach getaner Arbeit verbleibet im Kreise der Eurigen, bei den Eltern, bei der Frau und den Kindern und sinnt über Haushalt und Erziehung.“

Bis heute hat sich im Zuge dieser Entwicklung ein scheinbar einheitlicher Familientypus durchgesetzt, dessen Gemeinsamkeiten nach H. Rosenbaum die folgenden sind: die Trennung von Erwerbstätigkeit und häuslichem Leben, das sich in einer nach außen abgekapselten Privatsphäre abspielt; eine spezifische Rollenteilung, die dem Mann den außerhäuslichen Erwerb, der Frau die Verantwortung für Kinder und

Die heilige Familie, von Michelangelo (Ausschnitt), Florenz, Uffizien

Haushalt zuweist, sie aber u. U. zur Zuerwerbsarbeit verpflichtet bzw. diese toleriert; die Abwesenheit mindestens eines Familienmitgliedes tagsüber; die Sicherung der Subsistenz durch das Einkommen aus der Erwerbsarbeit und der Versorgung durch das Marktangebot; das Zusammenleben von zwei Generationen in einem Haushalt (was intensiven Kontakt mit der Großelterngeneration nicht ausschließt); die teilweise Übernahme von Sozialleistungen durch spezielle gesellschaftliche Einrichtungen wie Kindergarten und Schule sowie die rechtliche Gleichheit aller Familien durch die Ausbildung eines von der sozialen Position unabhängigen Familienrechts.

In der F., so das heute in der Bundesrepublik Deutschland vorherrschende Leitbild, stehen Kinder im Mittelpunkt. Die Fürsorge für ihr gedeihliches Aufwachsen, ihre Erziehung und Bildung gelten als die große gemeinsame Aufgabe der Eltern. „Die Beziehungen in der Familie, sowohl zwischen den Ehepartnern als auch zwischen Eltern und Kindern, sind bestimmt durch Zuneigung, Liebe und Vertrauen, durch persönliche Zuwendung, Respektierung der Individualität des Ehepartners und der Kinder“ (Rosenbaum). Das klingt nach Ewigkeitswerten. Ein genauer Blick in die Geschichte und auf die Lebensbedingungen der heutigen F., eine gründliche Untersuchung der hinter der einförmigen Fassade der „normalen Kleinfamilie“ sich vollziehenden Lebensrealität zeigt uns jedoch, daß die F. als quasi naturhafte Größe, als letztlich zeitlose Erscheinung nicht existiert. Vielmehr gab und gibt es bedeutende Unterschiede in der Existenzweise von F.n, nicht weil Menschen an sich unterschiedlich sind, sondern weil die sozialen Bedingungen außerordentlich verschieden sind, unter denen sie ihr Leben meistern müssen. Wer über F. redet, muß sich deshalb angewöhnen, sehr genau zu sagen, welche F. in welcher sozialen Lage gemeint ist. Das gilt auch für die Geschichte der F. – Heidi Rosenbaum hat über die Vielfalt der Familienexistenzen im Übergang zur kapitalistischen Produktionsweise und über ihren engen Zusammenhang mit den jeweiligen Produktionsverhältnissen und -strukturen eine umfangreiche Untersuchung vorgelegt. Darin räumt sie auch mit einigen Anschauungen auf, die uns heute immer dort begegnen, wo die F. als überzeitlicher Wert, als Naturkategorie und als Bastion gegen den Zerfall der Gesellschaft beschworen wird.

Da ist z. B. die viel beschworene Großf. (drei Generationen und Verwandte unter einem Dach). Konservative Sozialpolitiker preisen sie uns als Ideal solidarischen Miteinanders; bis in die Kreise der Alternativen reicht die Sehnsucht nach solch guten alten Zeiten. Genaue geschichtliche Forschung zeigt hingegen, daß „keine Rede von der großen Verbreitung großfamiliärer Lebensformen sein (kann) . . . lediglich im bäuerlichen Bereich (konnte) unter bestimmten Bedingungen für eine kurze Zeitspanne das Zusammenleben von drei Generationen auftreten.“ (Rosenbaum). Oder die Meinung, im Laufe der Entwicklung habe sich die Sozialisationsfunktion (also etwa das Erziehen der Kinder) als „eigentliche“, „ureigenste“ Funktion der F. für die Gesellschaft herausgebildet. Dem ist entgegenzuhalten: Die Zuwendung zu den Kindern, ihre zentrale Stellung in der F. kommt uns Heutigen zwar selbstverständlich vor, ist aber historisch recht neu. Daß Kinder im Mittelpunkt der F. stehen, wurde erst möglich, als bestimmte Voraussetzungen entwickelt waren, es eine familiäre Privatsphäre gab, genügend Zeit und Geld, um sich auf die Kinder zu konzentrieren. Genausowenig naturgegeben ist die Mutterliebe. Wenn uns aus heutiger Sicht die gegenwärtig entwickelten Beziehungen zwischen Kindern und Eltern als „Wesen der F.“ und das besondere Verhältnis der → Mutter zum Kind als „Wesen der Mutter“ präsentiert werden, so verwandeln sich „unter der Hand die bürgerlichen Verhältnisse (in) unumstößliche Naturgesetze“ (K. Marx). Bedürfnisse nach Veränderung – also etwa der Wunsch junger Mütter, ihr Kind in einer guten Kinderkrippe erziehen zu lassen – können so

Abendliche Szene im Haus einer Handwerkers-/Kaufmannsfamilie. Titelholzschnitt von Metlinger's Regiment der jungen Kinder, 1473.

Ich bin ein Mitkämpfer für die „verrufene Emanzipation der Frauen“, indem ich kämpfe für eine bedeutend erweiterte Geltung und Berücksichtigung der Familie im modernen Staat. Denn in der Familie stecken die Frauen. Sie sollen wirken für das öffentliche Leben, aber man soll ihrer dabei nicht ansichtig werden, denn sie sollen zu Hause bleiben.

Wilhelm Heinrich Riehl, 1854 – der erste deutsche Familiensoziologe –

schnell als widernatürliche Bedürfnisse denunziert werden.
Nichts ist also wichtiger, als in Sachen „Familie" gründliche geschichtliche Arbeit zu leisten. Es wird dann nicht nur erkennbar, *daß* sich die F. in einem ständigen historischen Veränderungsprozeß befindet, sondern auch, *wie* diese Veränderungen letztlich hervorgebracht werden: durch die Art und Weise der gesellschaftlichen Produktion und die damit verbundenen Besitzverhältnisse.
Zur Lage: So ist für das Leben der übergroßen Mehrheit der F.n in der Bundesrepublik Deutschland ausschlaggebend, daß es sich in einer kapitalistischen Klassengesellschaft mit historisch spezifisch ausgeformten sozialen Verteilungskämpfen und wirtschaftlichen Krisenverläufen vollzieht. Hervorzuhebende geschichtliche Besonderheit am Beginn der 90er Jahre ist die Vereinigung der beiden deutschen Staaten im Anschluß an den Zusammenbruch der DDR.
Von wesentlicher Bedeutung für das Familiensystem sind die historisch hervorgebrachte geschlechtsspezifische Arbeitsteilung zwischen Frauen und Männern und das damit verbundene patriarchal dominierte → Geschlechterverhältnis, die in den kapitalistischen Gesellschaften verfestigt und in den ehedem sozialistischen Staaten – entgegen allen offiziell bekundeten Strategien – keineswegs überwunden worden waren.
In der Erwerbssphäre sind die Frauen den Männern bis heute zunächst wegen ihrer gelegentlich unzureichenden, weitgehend auf sogenannte frauenspezifische Arbeitsbereiche bezogenen Bildung und Ausbildung, vor allem aber wegen der diskontinuierlichen Berufsbiografien unterlegen. Den Frauen mit Familie wird gesellschaftlich nach wie vor die Haus- und Erziehungsarbeit aufgelastet. Das führt individuell zu unerträglichen Belastungen, die meist die Unterbrechung des Berufes und damit der „Laufbahn", häufig sogar den gänzlichen Rückzug aus dem Erwerbsleben zugunsten der Familie zur Folge haben. Volkswirtschaftlich bedeutet das: Die Familienarbeit der Frauen stellt ein enormes Maß an gesellschaftlich nützlicher und notwendiger Arbeit dar, die auf private Kosten geleistet wird. Der Staat ist finanziell auf diese Weise bestens „aus dem Schneider". Ein wichtiger Grund, den Frauen Haus- und Familienarbeit auch weiterhin schmackhaft zu machen, zumal sie gleichzeitig als wesentlicher Teil der Arbeitsmarktreserve fungieren.
Insbesondere auf dem Gebiet der ehemaligen DDR stehen diesem von der herrschenden westdeutschen Politik bislang durchgesetzten Wertekonzept das Bewußtsein und die Erfahrung der übergroßen Mehrheit der Frauen gegenüber, für die Erwerbstätigkeit ein selbstverständliches und unverzichtbares Element ihrer Lebensplanung ist: „Die Alternativrolle ‚Hausfrau' existiert generell nicht als Lebensperspektive" (Infas 1991). Ausdruck der in der DDR sowohl aus ökonomischen als auch aus ideologischen Gründen vom Staat geförderten Vereinbarkeit von Beruf und Familie für die Frauen war eine einschlägige Erziehungs- und Familienpolitik (umfassendes öffentliches System der Kindererziehung von Krippe bis Hort; Mütterförderung z. B. durch Babyjahr; finanzielle Unterstützung bei der Familiengründung u. a. m.). Diese tastete zwar die überkommene geschlechtsspezifische Arbeitsteilung und Männerdominanz nicht wesentlich an; wohl aber brachte sie eine durch alle Altersgruppen stabile Frauen-Erwerbsquote von 86% hervor – unabhängig

Im East-End, dem Londoner Arbeiterviertel, 1912

davon, ob und wie viele Kinder vorhanden waren (berechnet für 1989, INFAS 1991). Für die alte Bundesrepublik Deutschland betrug die Erwerbsquote der Frauen zu diesem Zeitpunkt 50,5% und sank, wenn Kinder im Haushalt waren, unabhängig von deren Anzahl auf 45,2% (Statistisches Jahrbuch 1990). Vor diesem Hintergrund bildet die hohe Arbeitslosigkeit in der ehemaligen DDR im Verbund mit der Vernichtung insbesondere von Frauenarbeitsplätzen und der patriarchalen Neuverteilung von Arbeit nicht nur mit ihren finanziellen, sondern auch mit ihren sozialen und psychischen Konsequenzen eine erhebliche Belastung für die Familien und eine massive Bedrohung der Lebenskonzepte vieler Frauen und Mütter.

Auch für die Gegenwart der Bundesrepublik Deutschland gilt: „Die“ Familie gibt es nicht. Nach wie vor markiert deren soziale Lage die entscheidenden Unterschiede. Obwohl Durchschnittsdaten die Bandbreite realer Lebenslagen nicht abbilden und soziale Brennpunkte eher verhüllen als aufdecken, sprechen die folgenden Angaben eine deutliche Sprache: 1978 – monatl. Einkommen der Arbeiterhaushalte 2645 DM (inkl. Kindergeld), der Angestelltenhaushalte 3075 DM; 40,7% der Arbeiterhaushalte hatten zwischen 2000 bis 2500 DM im Monat zum Leben. 1982 – mittleres Pro-Kopf-Einkommen eines kinderlosen Ehepaares zwischen 25 und 35 Jahren 1600 DM, eines Paares mit einem Kind 1000 DM, mit zwei Kindern 765 DM, mit drei Kindern nur noch 632 DM. Auf gravierende Unterschiede in der Höhe der ausgabefähigen Nettoeinkommen und auf typische zugespitzte soziale Familienlagen weisen die Angaben von Krüger u. a. 1987. Danach haben zur Verfügung: Ehepaare mit einem Kind bei Doppelverdienst ca. 3294 DM, Ehepaare mit einem Kind bei einfachem Haushaltseinkommen 2840 DM, unverheiratete Frauen mit Kind 1344 DM, Ein-Personen-Haushalte (hier sind v. a. RentnerInnen zu finden) unter 1400 DM, junge Familien mit einem Kind 2200 DM, mit zwei Kindern 1700 DM, von Langzeitarbeitslosigkeit betroffene Familien zwischen 800 und 1300 DM. Es zeigt sich, wie stark jede Kürzung öffentlicher Sozialleistungen, jede zusätzliche steuerliche Belastung, jeder zu niedrige Lohnabschluß die Mehrzahl der Familien (aus den unteren Lohn- und Einkommensgruppen und/oder in sozial belasteten Lebenslagen befindlich) trifft. Ein Entlastungseffekt durch Kindergeld wird trotz Rücksicht auf die Einkommenssituation der Familien erst dort erreicht, wo die Merkmale „niedriges Einkommen“ und „hohe Kinderzahl“ zusammentreffen, also nur bei einer sehr kleinen Gruppe von Familien. Sind Einkommen und Kinderzahl durchschnittlich hoch, bleibt die Entlastungsfunktion des Kindergeldes marginal (Krüger u. a.). Allein schon wegen der hohen Lebenshaltungskosten und des unzureichenden Verdienstes der Familienväter sind viele Frauen gezwungen, mitzuverdienen. Das muß zunächst noch nichts mit dem Wunsch nach Eigenständigkeit zu tun haben, zieht aber nicht selten gerade diese Einstellung sowie Genugtuung über die Bestätigung durch andere und über eigene soziale Kontakte nach sich. „Mit“verdient wird sehr häufig auf Teilzeitarbeitsplätzen, und gesellschaftlich scheint nach wie vor ausgemacht zu sein, daß der Part des Zuverdienens zum Familieneinkommen den Frauen zufällt. Während aber in der ehemaligen DDR nur 3% der erwerbstätigen Frauen 20 Std. in der Woche arbeiten (INFAS 1991), sind es in der alten Bundesrepublik von den in

Familie, um 2300 v. u. Z., Kalkstein mit Bemalung, Kairo, 5. Dynastie.

einer Ehe mit Kindern lebenden Frauen immerhin 40%, die bis zu 20 Std., und 20%, die zwischen 21 und 35 Std. arbeiten. Bei den alleinerziehenden Frauen ist der Anteil der Teilzeitarbeitenden deutlich geringer: 21% bis zu 20 Std. und 20% bis zu 35 Std. (Statist. Bundesamt 1992).
Zu den sozial am schlechtesten gestellten Familiengruppen gehört die der Mutter-Kind(er)-Familien, die im alten Bundesgebiet 1,532 Mill. – 6,4% der Familien – umfaßte (Vater-Kind-Familien: 291000 – 1,2%). In der ehemaligen DDR lag die Quote der Alleinerziehenden-Familien – auch hier in der großen Mehrzahl Mütter-Familien – mit 12,3% fast doppelt so hoch, erklärbar mit der durch die volle Erwerbstätigkeit abgesicherten finanziellen Lage der Frauen und umfangreichen sozialpolitischen Flankierungen, etwa dem ausgebauten öffentlichen Kinderbetreuungssystem. Auch hier ist nach der Vereinigung eine Anpassung an die Verhältnisse des westlichen Bundesgebietes im Sinne einer Verschlechterung der familiären Lage zu befürchten: Alleinerziehende Frauen gehören in der Bundesrepublik Deutschland bis heute zu den am stärksten benachteiligten Bevölkerungsgruppen; sie haben besonders geringe Einkommen, die Wohnbedingungen sind schlecht, und die gesellschaftliche Unterstützung, z. B. durch gute Einrichtungen der öffentlichen Kindererziehung, ist ungenügend.

Familienglück: Illustriertenwerbung aus „Für Sie", 1959

Ideologie: „F. hat in unserer Gesellschaft die wichtige Aufgabe, die menschliche Existenz der jungen Generation zu sichern, sie zu Selbständigkeit zu erziehen und ihr auch nach Ausscheiden aus dem elterlichen Haushalt Schutz und Hilfe zu gewähren, wenn dies notwendig ist. Die Bereitschaft der Eltern zur selbstlosen Hingabe kann ein Gegengewicht zu den im Alltagsleben vorherrschenden zweiseitigen Beziehungen bilden, die auf einen möglichst großen Vorteil für die eigene Person abgestellt sind. Dadurch kann einer einseitigen Ausrichtung des Lebens auf das Erlangen ausschließlich materieller Vorteile vorgebeugt werden. Die kleine Gruppe, in der die junge Generation aufwächst, bildet eine Grundlage für die Entwicklung einer eigenen Persönlichkeit, die durch die Vermassungstendenzen in der modernen Industriegesellschaft gefährdet ist."
In dieser Passage aus dem 3. F.nbericht von 1979 sind wesentliche Versatzstücke bürgerlicher F.nideologie enthalten. Danach bewahrt und schützt die F., wo die Gesellschaft gefährdet und verführt. Der F. kommt daher natürlich die Aufgabe der Erziehung der nachwachsenden Generation zu. Diese Aufgabe wird den Eltern als deren selbstverständliches Opfer zugewiesen. Sie sind dazu fähig und bereit, weil in der F. das Gefühl die Beziehungen untereinander leitet. Anders in der Gesellschaft – dort herrschen Egoismus und Kalkül. Nachzutragen bleibt als Kernpunkt: Die wesentliche Rolle bei der Schaffung eines warmen F.nklimas kommt der Frau und Mutter zu. Sie soll deshalb auch – zumindest in den entscheidenden Entwicklungsjahren der Kinder – ihre vorrangige Aufgabe in der F.ntätigkeit sehen. Die beste Erzieherin ist sie ohnehin, zumindest für die Kleinkinder. Zwar deutet sich in den letzten Jahren ein Wandel in der Gewichtung der Vaterrolle an, ohne daß aber Bedingungen geschaffen

würden, „neue Väterlichkeit" lebbar zu machen. Jüngstes Beispiel ist der als → Elternurlaub ausgewiesene Mütterurlaub (→ Mutterschutz, → Erziehungsgeld).

Seit 1983 hat die Bundesregierung große Anstrengungen gemacht, diese Familienideologie wieder tiefer zu verankern. Dem dienten konservative Konzepte, etwa die CDA-Thesen von der „Sanften Macht der Familie" (1981) und die CDU-Leitsätze für eine neue Partnerschaft zwischen Mann und Frau (1985) ebenso wie am Beginn der 90er Jahre die Abwertung des Systems öffentlicher Kindererziehung in der ehemaligen DDR oder die Ächtung des Schwangerschaftsabbruchs im Gefolge der katholischen Kirchenführungen. Gleichzeitig wird versucht, die Familien in der Kranken-, Behinderten- und Altenpflege noch stärker, als es bislang ohnehin der Fall ist, in die Pflicht zu nehmen. Bei aller Moral – ganz ohne materielle Anreize ist die Abforderung familialer Arbeitsleistungen insbesondere den Frauen aber nicht mehr schmackhaft zu machen: Das → Erziehungsgeld ist offenbar ein gut funktionierendes Mittel, Frauen in den ersten beiden Lebensjahren ihres Kindes in der Familie zu halten (und damit öffentliche Krippenkosten zu vermeiden sowie Erwerbsarbeitskapazität zu verflüssigen); Kindererziehungsjahre sind inzwischen in geringem Umfang für die Mütter rentenwirksam; beim vielgepriesenen Pflegegeld erweist sich indes (1992) der Entlastungseffekt der pflegenden Familienangehörigen als minimal.

Die Propaganda von der heil(ig)en Kleinf. scheint heute allerdings keineswegs so einfach durchsetzbar wie in den 50er Jahren. Sie trifft auf ein geschärftes, kritischeres Bewußtsein und höherentwickelte Bedürfnisse der Persönlichkeitsentwicklung in immer breiteren Kreisen der Bevölkerung: So ist z. B. Gewalt in der Ehe kein Tabu mehr. Daß 1984 fast 30000 Kinder aktenkundig mißhandelt und mehrere hundert zu Tode geprügelt worden sind, wird vom Deutschen Kinderhilfswerk ohne Umschweife mit den schwierigen Lebensbedingungen in Verbindung gebracht, die den F.n in der BRD gesellschaftlich zugemutet werden. Für immer mehr Frauen wurde Berufstätigkeit ein selbstverständlicher, ein unverzichtbarer Bestandteil der Lebensperspektive. Bei Berufstätigen ist das Interesse an Einrichtungen der öffentlichen Kleinkinderziehung gefestigt und weitet sich – angesichts überzeugender pädagogischer Beispiele – in den Krippenbereich aus.

Nur vor diesem Hintergrund wird erklärbar, daß im neuen Kinder- und Jugendhilfegesetz (KJHG) von 1991 das Ziel des bedarfsgerechten Ausbaus von Kindertages- und -pflegeeinrichtungen – auch für Kinder unter drei Jahren – formuliert wurde. Im Zuge der Neufassung des § 218 StGB erfolgte sodann als flankierende familienpolitische Maßnahme die seit langem geforderte Verankerung des Rechtsanspruchs auf einen Kindergartenplatz im KJHG. Solcher Veränderungsdruck insbesondere aus den Reihen der Frauen als ein Moment umfassenderer Individualisierungsschübe in der modernen Industriegesellschaft auf der einen Seite, die kapitalistische Logik der (familialen) Privatisierung gesellschaftlich notwendiger Reproduktionskosten auf der anderen Seite nötigen der konservativen Bundesregierung heute Politikstrategien ab, die Modernisierung und Beharren geschickt vereinen. Das im Kern unveränderte Ziel ist je-

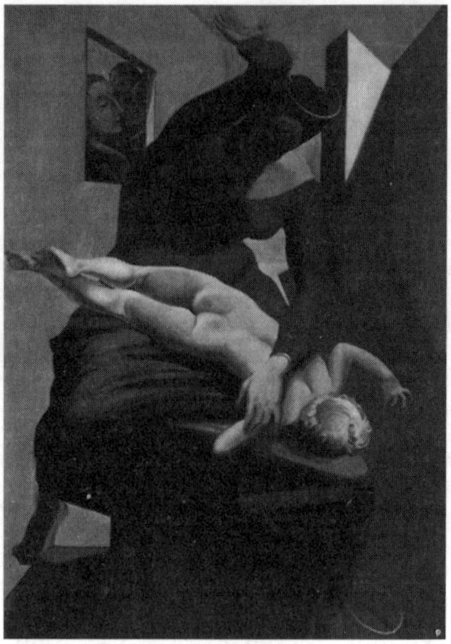

Max Ernst, Die Jungfrau haut das Jesuskind vor drei Zeugen: André Breton, Paul Eluard und dem Maler, 1929.

doch: Stabilisierung der Familie als individueller Reproduktionsraum, um a) öffentliche, insbesondere soziale Kosten der Lebenssicherung zu privatisieren, und b) die Frauen als Arbeitskräftepotential flexibel zu erschließen, ohne aber ihre Schlüsselrolle für die Familienarbeit in Frage zu stellen. Die sozial isolierenden Anteile der je einzelnen Familienexistenz passen überdies ins Konzept der konkurrenzförmigen Gesellschaft.

Familienpolitik: Dem entsprechen in der neueren Familienpolitik der Konservativen zwei Schwerpunkte: materielle und ideelle Stärkung insbesondere der Familien mit Kindern, Aufwertung der Mutterrolle und der hausarbeitenden Frau bei gleichzeitiger Anerkenntnis des gewachsenen Interesses der Frauen an Erwerbsarbeit. Etwas verborgener bleibt das Ziel einer „Steigerung der Geburtenrate“.

In diesem Sinne wurden ab 1986 wirksam: Verbesserung des Familienlastenausgleichs, u. a. Erhöhung des Steuerfreibetrages für Kinder, Kindergeldzuschlag für Schlechterverdienende, Kindergeldzahlung an 18–21jährige arbeitslose Kinder und das jetzt auf 2 bzw. 3 Jahre ausgeweitete → Erziehungsgeld. Seit 1991 sind mit dem KJHG die Länder und Kommunen beauftragt, bedarfsgerecht bzw. flächendeckend (Kindergarten) öffentliche Erziehungseinrichtungen zu schaffen. Maßnahmen wie diese können nur dann richtig bewertet werden, wenn dreierlei mitbedacht wird: a) Gerade die einkommensschwachen westdeutschen Familien haben v. a. im Zuge der Austeritätspolitik der 1. Hälfte der 80er Jahre erhebliche Einkommenseinbußen zu verkraften gehabt, so z. B. durch Steuererhöhungen, Kindergeldsenkungen (allein mit den Haushaltsoperationen 1982 und 1983 2,7 Mrd. DM), durch BAFöG-Kürzungen, Senkung der Wohngeldzuschüsse, Rentenabbau, Abbau sozialer Einrichtungen und Verteuerung der Gebühren für die verbliebenen. Finanzpolitische Großprojekte der jüngsten Zeit („Steuerreform“, „Gesundheitsreform“ und die Maßnahmen zur Aufbringung der „Kosten für die deutsche Einheit“) gehen ebenfalls zu Lasten gerade der sozial schwachen Haushalte und werden nicht angemessen kompensiert. Dem stehen eklatante fiskalische Begünstigungen besserverdienender Familien gegenüber. b) Von besonderer sozialer Brisanz ist die Lage der Mehrzahl der Familien in der ehemaligen DDR, die auch in absehbarer Zukunft von starken sozialen Einbußen in zentralen Lebensbereichen (Arbeiten, Wohnen, Kinderbetreuung, Lebenshaltungskosten) gekennzeichnet sein wird. c) Bis heute gibt es keine berufliche Gleichstellung der Frauen. In Krisenzeiten verstärkt sich der Druck: geringere Berufswahl- und Ausbildungschancen, erschwerte Wiedereingliederung in die Erwerbsarbeit, fehlende familienunterstützende soziale Infrastruktur, Bedrohung gerade frauenspezifischer Arbeitsplätze durch Sozialabbau und → Rationalisierung, Absinken in ungeschützte Arbeitsverhältnisse, in die „stille Reserve“. Dieses Krisenszenario ist in den neuen Bundesländern nach der Vereinigung beider deutscher Staaten in aller Schärfe zu beobachten.

Die F.npolitik dient in ihren Lastenausgleichsteilen der Abmilderung, aber auch der Verschleierung auseinanderfallender sozialer Lebenslagen. In jenen Teilen, die auf die Frauen zielen, ist sie sehr viel mehr: Instrument zur Aussperrung aus der gleichberechtigten Teilhabe an der Berufssphäre, zum Verweis der Frauen an den Rand des öffentlichen Lebens und zur Bewahrung der überkommenen Hierarchie der Geschlechter.

In der F. sollen Frauen weiterhin bereitstehen für Gemüts-, Gefühls-, Pflege- und Erziehungsarbeit – weitgehend gratis und franko ein Leben lang. Und für das Gebären. Die BRD hat inzwischen die niedrigsten Geburtenraten der Welt. Sie läßt das Bundeskabinett laut FAZ für die Zukunft fürchten: zu wenig Soldaten, zu wenig Schüler, zu viele Ausländerkinder. Zugleich bleibt die Rolle der flexibel einsetzbaren Teilzeitarbeiterin. Eine eigenständige Lebensperspektive kann hieraus für Frauen und Mütter nicht entstehen.

Familienorientierung: Was ist gegen eine F.norientierung der Frauen einzuwenden?

Für viele Leute ist die F. Zufluchtsort vor dem Ärger des Alltags, Rückzugsmöglichkeit aus den beruflichen und gesellschaftlichen Anforderungen, der Platz, an dem man „so richtig Mensch sein kann". Aber: für die im Hause arbeitenden Frauen und Mütter gibt es nur diesen einen Ort. Zum „Leben draußen" können sie nur im beschränktem Umfang stabile Bezüge entwikkeln. Ihre erste und wesentliche Aufgabe ist es, *den anderen* möglichst gute Bedingungen der Entlastung und der Wiederherstellung der Kräfte für den nächsten Tag und die Entwicklung ihrer Fähigkeiten bereitzustellen. Mit der Entwicklung der Bedürfnisse und der Veränderung der Lebensbedingungen wachsen die Ansprüche an die Tätigkeit der Hausfrau und Mutter. Nicht nur soll sie geschickt mit dem durch Kürzungen und Sozialabbau verringerten F.nbudget umgehen; *sie* ist es z. B. auch, die nach neueren Untersuchungen viel Zeit und Kraft darauf verwendet, das Spiel- und Freizeitangebot der Kinder zu organisieren: am Mutter- und Kind-Turnen teilnehmen, eine Schlafverabredung für das Jüngste absichern, die Älteren zum Turnverein oder zum Bastelnachmittag fahren usw. Ihre eigenen Entwicklungsmöglichkeiten stehen dahinter weit zurück, weil sie im Zweifelsfall nicht an die Stelle der Arbeiten für andere treten, sondern *darüber hinaus* geleistet werden. Hinzu kommt die von manchen Frauen ungern wahrgenommene, oft verklärte vollkommene ökonomische Abhängigkeit vom Ehemann, die eine Voraussetzung für das Funktionieren der sexuellen Abhängigkeit der Ehefrau ist.

Im Mittelpunkt der F. stehen nicht in erster Linie Sachbeziehungen, sondern Sympathiebeziehungen: Ich mag dich, weil du mich magst usw. Gleichzeitig ist die der F. in der Mehrzahl der Fälle zugrundeliegende Ehe ein Rechtskontrakt mit erheblichen finanziellen und moralisch-psychischen Folgen bei Kontraktbruch. Die F. als Sympathiegruppe zu bewahren und zu pflegen, kostet erhebliche Anstrengungen, die zumeist der Frau abverlangt werden. Nicht selten kommen dabei Beziehungen heraus, die sich nur mittels psychischer Deformation in einem trügerischen Gleichgewicht zu halten vermögen. Auch hier sind jene Frauen besonders gefährdet, denen stabile außerhäusliche sachgebundene Beziehungen zur Entlastung fehlen.

Bei alldem wirkt sich die Binnenori-

„Es wird nur einmal gekocht, und man braucht nur einen Fernseher und nur eine Lichtquelle, obwohl mehr Kinder da sind."

Bundesfamilienministerin Hannelore Rönsch (CDU) zur geplanten Kürzung der Sozialhilfe für Kinderreiche.

„Die Frau hat die Aufgaben, schön zu sein und Kinder zur Welt zu bringen. Das ist gar nicht so roh und unmodern, wie sich das anhört. Die Vogelfrau putzt sich für den Mann und brütet für ihn die Eier aus. Dafür sorgt der Mann für die Nahrung.“

Goebbels

entierung der F., ihre Isolierung gegenüber öffentlichen, gesellschaftlichen Bereichen problemverstärkend aus. Anders nämlich als die meisten es empfinden, ist die F. ganz und gar kein gesellschaftlich geschützter Raum. Im Gegenteil: Wie oben gezeigt werden konnte, wirken gesellschaftliche Prozesse, staatliche Entscheidungen und Vorgaben direkt in die private Sphäre hinein (die Länge des Arbeitstages, Arbeitshetze, Entlassung wegen Rationalisierung, Kindergeldkürzung usw.). Entsprechend der herrschenden Ideologie und wegen der auch gegeneinander funktionierenden Isolierung wird der Druck, der dadurch in den F.n entsteht, als Privatsache gedeutet, bleibt hinsichtlich seiner Ursachen unbegriffen und folglich ungelöst. Das ist ein weiterer Hintergrund vieler folgenschwerer Gewalthandlungen in den eigenen vier Wänden.

Weder Kinder noch Vater und Ehemann, wohl aber die Ehefrauen und Mütter sind, was ihre weiteren Lebensperspektiven betrifft, den geschilderten Verhältnissen häufig ausgeliefert. Der Beruf eröffnet Veränderungen und ermöglicht es, die Abhängigkeit vom F.nzusammenhang abzumildern bzw. zu beseitigen. Und zwar in dreierlei Hinsicht: er macht finanziell unabhängig, bringt sachbezogene Zusammenarbeit mit anderen Menschen mit sich, die nicht ohne weiteres aufkündbar ist, erst recht nicht aus Gründen fehlender Sympathie, und bahnt Zugänge zu Feldern gesellschaftlicher Auseinandersetzung und Veränderung an. Denn: „Über das Fleisch, das euch in der Küche fehlt, wird nicht in der Küche entschieden.“ (B. Brecht: An die Frauen). Über die Verbesserung der Arbeitsbedingungen der Menschen, z. B. die Verkürzung der Arbeitszeit, ebenfalls nicht.

Insofern gehören der Einsatz für die Verbesserung des Lebens der F.n, der Kampf um die Schaffung von Arbeitsplätzen für Frauen und Männer und die Durchsetzung besserer Ausbildungs- und Arbeitsplatzbedingungen für Frauen und Mädchen aufs engste zusammen. In den letzten Jahren ist eine Reihe von Untersuchungen zur Lage der F.n und zu den Wünschen der Frauen nach Vereinbarkeit von Beruf und F. erstellt worden. Daraus ergibt sich als Ausgangspunkt und Grundfrage: Wie kann die F. so unterstützt werden, daß – bei gebührender Förderung solidarischen Miteinanderlebens – alle Mitglieder sich optimal als eigenständige Persönlichkeiten entwickeln können.

Familienrecht: → Recht.

Lit.: Elisabeth Badinter, Die Mutterliebe. Geschichte eines Gefühls vom 17. Jh. bis heute, München 1984; H. Bertram, H. Bayer, R. Bauereiß, Familien-Atlas: Lebenslagen und Regionen in Deutschland, Leverkusen 1982; BMFJ (Hrsg.), Frauen in den neuen Bundesländern im Prozeß der deutschen Einigung. Ergebnisse einer repräsentativen Umfrage von INFAS, Bonn, Materialien zur Frauenpolitik 11/1991; Bundesregierung (Hrsg.), Die Lage der Familien in der Bundesrepublik Deutschland – Dritter Familienbericht, Bundestagsdrucksache 8/3121, Bonn 1979; Deutsches Jugendinstitut (Hrsg.), Wie geht's der Familie? Ein Handbuch zur Situation der Familien heute, München 1988; Die sanfte Macht der Familie, Leitsätze, verabschiedet auf der 19. CDA-Bundestagung, 11. 10. 1981 – Leitsätze der CDU für eine neue Partnerschaft zwischen Mann und Frau, März 1985; Winfried Krüger u. a., Armutsrisiko von Familien. Einkommensverhältnisse, Wohnungsmarkt und öffentliche Hilfe, Weinheim/München 1987; Erika Neugebauer, Alleinerziehende Mütter und Väter. Eine Analyse der Gesamtsituation, Stuttgart u. a. 1988 (Schriftenreihe des BMJFFG, Bd. 219); Ilona Ostner, Barbara Pieper (Hrsg.), Arbeitsbereich Familie. Umrisse einer Theorie der Privatheit, Frankfurt 1980; Heidi Rosenbaum, Formen der Familie, Frankfurt 1982; Angelina Sörgel, Besondere Betroffenheit von Frauen durch den Sozialabbau, in: Memo-Forum 4 „Frauenarbeit in der Krise“, Bremen 1984; Statistisches Bundesamt, Statistisches Jahrbuch der Bundesrepublik Deutschland, Wiesbaden 1990; dass., Haushalte und Familien 1990, Fachserie 1 Reihe 3, Stuttgart 1992; Gunnar Winkler (Hrsg.), Frauenreport '90, Berlin 1990.

Heike Fleßner

Faschismus; von ital. Fascio, lat. fasces = Rutenbündel, Symbol altrömischer Herrschaftsgewalt. 1922 wurde in Italien von Benito Mussolini ein antidemokratischer Kampfbund, der „Fascismo“, gegründet (als Abzeichen trugen seine Anhänger das alte römische Rutenbündel). Die in Italien errichtete diktatorische Staatsordnung wurde bald auch auf andere rechtsgerichtete Herrschaftssysteme übertragen. Faschistische Bewegungen gab es in fast ganz Europa. F. ist Terrorherrschaft des Kapitalismus. Die bisher schlimmste Form des F. war die nationalsozialistische Diktatur in Deutschland unter „dem Führer“

Adolf Hitler (1933–1945). Sein „Tausendjähriges Reich" dauerte 12 Jahre; seine Hinterlassenschaft waren Millionen Tote und Verstümmelte und Vernichtung.

Der F. ist ein System, das durch Nationalismus, Menschen- und Demokratieverachtung, Ausbeutung, Sexismus und Rassismus, extremsten Antikommunismus und Antisozialismus, Gewalt und Terror gekennzeichnet ist.

Eingeleitet wurde der F. in Deutschland durch die Expansionspolitik der Industrie- und Finanzwelt in der Weimarer Republik, begünstigt durch den in der Kaiserzeit besonders entwickelten Militarismus, durch nationalistische, rassistische und antikommunistische Strömungen. Der schrittweise Abbau der parlamentarischen Demokratie war vorausgegangen. Die Weltwirtschaftskrise löste soziale Ängste aus und führte auf der Suche nach Auswegen zu Auseinandersetzungen und Polarisierungen zwischen und innerhalb von Gruppen und Parteien. Eine wichtige Rolle spielte die Spaltung der Arbeiterbewegung in Blöcke, die ein einheitliches Vorgehen gegen den Faschismus verhinderte. Auch die Frauenbewegung war gespalten: Während große Teile der proletarischen Frauenbewegung den reaktionären Charakter des F. von Anfang an erkannten, unterschätzten viele bürgerliche Frauenorganisationen den F. Gertrud Bäumer, führend im Bund deutscher Frauenvereine, erklärte beispielsweise 1933, daß es „für das uns gestellte Problem im letzten Grunde vollkommen gleichgültig sei, wie der Staat beschaffen sei, in dem die Frage der Einordnung der Frauen besteht: Ob es ein parlamentarischer, ein demokratischer, ein faschistischer Staat sei." Daß es den Frauen nicht gleichgültig sein kann, wie ein Staat aussieht, zeigte gerade der F. in tragischer Weise; Frauen wurden ausgebeutet, erniedrigt, mißbraucht, verfolgt, gequält, gefoltert und ermordet. Der besonders reaktionäre und aggressive Charakter des F. kam auch in der Einstellung der Naziführung zur Frau und in ihrer Frauen- und Familienpolitik zum Ausdruck.

Zur *Lage:* Im Nationalsozialismus wurden Frauen in ihrer Rolle als Mutter glorifiziert und zugleich als Arbeitende ausgebeutet (Mutterkreuz und Arbeitsbuch). In der ersten Phase des F. (bis etwa 1937) sollten Frauen vor dem Hintergrund der Massenarbeitslosigkeit vom Arbeitsmarkt entlassen werden, während sie in der Phase etwa ab 1937 in die Kriegswirtschaft einbezogen werden sollten.

Im Zuge der Wirtschaftskrise der 30er Jahre ging es den Nationalsozialisten zunächst darum, die Frauenerwerbstätigkeit einzuschränken. Bereits 1933 wurden die im Staatsdienst beschäftigten Frauen entlassen. 1934 und 1935 wurden Erwerbseinschränkungen für verheiratete Ärztinnen eingeführt. Frauen durften weder Richterinnen noch Rechtsanwältinnen werden. Das sog. → „Doppelverdienertum" war mit der Begründung verboten, Frauen seien durch die Ehe „versorgt". Das Gesetz zur Verminderung der Arbeitslosigkeit gewährte den heiratenden Paaren mit zuverlässiger NS-Gesinnung Ehestandsdarlehen nur, wenn die Ehefrau ihre berufliche Arbeit aufgab. In den Jahren 1933 bis 1937 wurden etwa 800 000 Ehestandsdarlehen in Höhe von 500 bis 600 Reichsmark den Frauen gewährt, die aus dem Erwerbsleben ausschieden. Besondere Maßnahmen – wie ein Numerus clausus 1933 – trafen die Studentinnen. So durfte der Anteil der Studentinnen nicht mehr als 10% der Studentenschaft ausmachen. Jedes Mädchen, das studieren wollte, sollte ein halbes Jahr Arbeitsdienst leisten. 1934 wurde ein hauswirtschaftliches Jahr eingeführt. 1937 mußte jede Studierende eine Prüfung über ihre Haushaltskenntnisse ablegen. Im Zuge der forcierten Rüstungspolitik wurde nach 1937 die billigere Frauenarbeit, die früher als unnatürlich und entehrend galt, kurzerhand zum Dienst am Vaterland erklärt und Maßnahmen ergriffen, um mehr Frauen in der Industrie zu beschäftigen: bei der Vergabe von Ehestandsdarlehen brauchten Frauen nicht mehr auf ihren Arbeitsplatz zu verzichten (1937). Ein Pflichtjahr für ledige

Olympiade-Sonderheft, 1936

A. Hitler schrieb in „Mein Kampf":

„Analog der Erziehung des Knaben kann der völkische Staat auch die Erziehung des Mädchens von den gleichen Gesichtspunkten aus leiten. Auch dort ist das Hauptgewicht vor allem auf die körperliche Ausbildung zu legen, erst dann auf die Förderung der seelischen und zuletzt der geistigen Werte. Das Ziel der weiblichen Erziehung hat unverrückbar die kommende Mutter zu sein."

Frauen in einer deutschen Munitionsfabrik

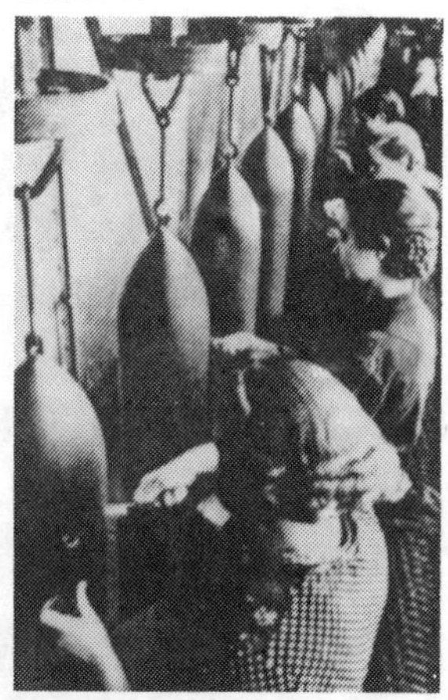

Frauen-Häftlinge

„Zweiundfünfzig Jahre alter, rein arischer Arzt, Teilnehmer an der Schlacht bei Tannenberg, der auf dem Lande zu siedeln beabsichtigt, wünscht sich männlichen Nachwuchs durch eine standesamtliche Heirat mit einer gesunden Arierin, jungfräulich, jung, bescheiden, sparsame Hausfrau, gewöhnt an schwere Arbeit, breithüftig, flache Absätze, keine Ohrringe, möglichst kein Eigentum."

Münchner Neueste Nachrichten, 25. 6. 1940

Frauen zwischen 17 und 25 Jahren wurde in der Land- und Hauswirtschaft 1938 eingeführt. Rund zwei Millionen ausländische Frauen wurden als Kriegsgefangene in Konzentrationslagern ausgebeutet und wie industrielle Leibeigene an andere Betriebe verliehen. Nach einer Rentabilitätsberechnung der SS brachte ein in der Industrie eingesetzter Häftling bei einer durchschnittlichen Lebenserwartung von neun Monaten allein der SS 1431 Mark ein, einschließlich „Erlös aus rationeller Verwertung der Leichen . . . Gesamtgewinn nach neun Monaten: RM 1631".

Frauen wurden auch unter bevölkerungspolitischen Aspekten mißbraucht. Hitler 1942: „Der jetzige Krieg hat uns noch nicht 10% von dem gekostet, was dadurch allein mehr an Menschenleben in die deutsche Nation hineinfließt." Eine besonders abscheuliche Maßnahme der Bevölkerungspolitik des faschistischen Staates war die Schaffung von Einrichtungen wie „Lebensborn", die ihm ermöglichen sollten, genügend arischen Nachwuchs als Führungskader und zur Germanisierung Europas zu erhalten. „Rassisch wertvolle Frauen" wurden mit NS-Leuten zusammengeführt, zur Erzeugung arischer Kinder: „Dank des Lebensborn werden wir in 30 Jahren 600 Regimenter haben" (Reichsführer-SS Himmler). Eine weitere Militarisierung der Gesellschaft beinhaltete die Einführung des Wehrgesetzes (1935), das die gesetzliche Grundlage für den Kriegseinsatz von Frauen bilden sollte (→ Militarisierung).

Zum *NS-Frauenbild:* Die faschistische Ideologie sah die Frauen vor allem unter einer biologischen und rassischen Perspektive: „Die Frau hat die Aufgabe, schön zu sein und Kinder zur Welt zu bringen. Das ist gar nicht so roh und unmodern, wie sich das anhört. Die Vogelfrau putzt sich für den Mann und brütet für ihn die Eier aus." (Reichspropagandaminister Goebbels). Das traditionelle Leitbild – „die Frau gehört ins Haus" – galt bei den Nazis nur für die „arischen" Frauen, und nur so lange, wie es ökonomisch und nützlich war. Außerdem gab es nicht nur krasse frauenfeindliche Leitbilder. In raffinierter Weise wurde z. B. von der Gleichwertung von Mann und Frau – statt Gleichberechtigung – gesprochen, von der Aufwertung der Frau als Mutter. Es gab die Appelle an die Mitmenschlichkeit und Opferbereitschaft der Frau, Eigenschaften, die durchaus positiv sind.

Die Rolle der Frau, so eingeschränkt und frauenfeindlich sie bestimmt war, sie ist nicht in das Klischee „Deutsches Gretchen" zu fassen. Auch wenn es viele „Gretchen" gab, so wurde doch mit dem Bild der modernen, sportlichen, „starken", „tapferen" Frau geworben. Fotos aus dem „Illustrierten Beobachter" z. B. sind austauschbar mit Bildern vor und nach der Nazizeit. Und diese Bilder spiegeln nicht nur

Elli Liebermann, „Appell im Frauen-Konzentrationslager Auschwitz-Birkenau", 1946, Bydgoszcz, Kreide auf Papier, 31 x 44,5 cm

Ideologie, sondern auch ein Stück Wirklichkeit wider.
Solche Leitbilder dienten dazu, die wirkliche Unterdrückung der Frau zu verschleiern, die Entfernung von Frauen vom Arbeitsmarkt ideologisch abzusichern, wirtschafts- und bevölkerungspolitische Ziele reibungslos durchzusetzen. Es ging darum, die allseitige Verfügung der Frau zu erreichen, die je nach wirtschaftlichem Bedarf eingesetzt werden kann. So sollten Frauen vom politischen Leben isoliert und für Naziideologien empfänglich gemacht werden.
NS-Frauenorganisationen: Die meisten bürgerlichen Frauenorganisationen wurden 1933/34 widerstandslos in die NS-Frauenschaft eingegliedert oder gleichgeschaltet bzw. lösten sich selbst auf. Frauenorganisationen und Bewegungen wurden gleichgeschaltet, aufgelöst, aber auch verfolgt und verboten. Viele frühe NSDAP-Anhängerinnen gingen aus konservativen und reaktionären Frauenverbänden hervor, wie dem „Deutschen Frauenorden" (1926 gegründet), dem national-monarchistischen „Bund Königin Luise" (1923 gegründet), dem „Stahlhelm-Frauenbund" oder dem „Bund völkischer Frauenvereine" mit seiner alldeutsch-antisemitischen Position. Der „Deutsche Frauenorden", der nur „deutschblütige Frauen" als Mitglieder aufnahm, war der direkte Vorläufer der NS-Frauenschaft. Diese wurde 1931 mit der Aufgabe gegründet, „im Gegensatz zu den Frauenorganisationen anderer politischer Richtungen, die in ihnen zusammengeschlossenen deutschen Frauen den Niederungen des politischen Alltagskampfes zu entziehen und sie den besonders fraulichen Aufgaben wieder zuzuführen, die leider von Millionen Deutschen völlig unterbewertet werden." Ihr Programm lautete: Bekämpfung der Frauenarbeit, Verherrlichung der Mutterschaft und nationalistische Besinnung. In seiner Ansprache auf dem Nürnberger Reichsfrauenkongress (1933) erklärte Hitler: „Das Programm der NS-Frauenschaft enthält nur einen einzigen Punkt – und dieser Punkt heißt das Kind." 1941 hatte die NS-Frauenschaft, die von Gertrud Scholtz-Klink geführt wurde, über sechs Millionen Mitglieder. Ziel war die ideologische Erfassung aller Frauen und die reibungslose Durchführung der Maßnahmen zur Frauen- und Familienpolitik. Die NS-Frauenschaft galt als nationalsozialistische *Führungs*organisation, während das Deutsche Frauenwerk als *Massen*organisation auftrat. Die Einbeziehung der Mädchen erfolgte über den Bund Deutscher Mädel (BDM) für Mädchen im Alter von 14 bis 17 Jahren, den Jungmädelbund, in dem Mädchen zwischen 10 und 14 Jahren zusammengefaßt wurden und ab 1938 über das Werk „Glaube und Schönheit" für Frauen von 17 bis 21 Jahren.
Heute stellt sich uns die Frage, wie Frauen für den Nationalsozialismus empfänglich gemacht werden konnten. Zunächst knüpften die demagogischen Versprechungen sowie die Kampagnen gegen die Frauenerwerbstätigkeit, für die „Aufwertung" der Hausfrau und Mutter und für eine weibliche Arbeitsdienstpflicht an reale Probleme an. Vielen imponierte, daß die Arbeitslosigkeit scheinbar beseitigt wurde. In Wahrheit wurde dies durch die Entlassung von Frauen, die Einführung von Arbeitsdienst und einem sozialen Jahr sowie die Anfänge der Rüstungsproduktion geschafft. Viele Arbeiterinnen waren überlastet, hatten unbefriedigende Fließband-

Paul Colin

„Die deutschen Frauen haben keine Sehnsucht nach dem Parlament. Ein trautes Heim, ein lieber Mann und eine Schar glücklicher Kinder steht ihrem Herzen näher."

Dr. Curt Rosten im ABC des Nationalsozialismus, 1933

„In der Politik braucht man die Unterstützung der Frauen, die Männer folgen einem von alleine."

Adolf Hitler

„Ein schwankendes Floß verlockt zu kindlichem Leichtsinn." aus: Völkischer Beobachter Nr. 27, 8. Juli 1933

Aufseherinnen im Konzentrationslager Auschwitz

arbeit geleistet ... Zum anderen erwiesen sich die Angebote, die in den NS-Frauenschaften, in den Mädchengruppen des BDM, in den Schulen gemacht wurden, als einladend und attraktiv: sie sind nicht einfach mit „Demagogie" und Verführung abzutun. Schaffen von Gruppenleben und Gemeinschaftserlebnissen, Wochenendfahrten und Urlaub, Sportangebot auch auf dem Land, Kurse für Hausfrauen, Lehrgänge in „Reichsbräute- und Mütterschulen zur Vorbereitung auf die Familie" und anderes mehr waren Angebote, mit denen auf Defizite reagiert wurde, Wünsche erfüllt wurden. Die Führer des F. machten sich schließlich das traditionelle Frauenbild aus Kaisers- und Weimarszeiten zunutze, das auch in Gruppen der bürgerlichen Frauenbewegung vorherrschte.

So wird nachvollziehbar, wie bei der reaktionären diskriminierenden Familien- und Frauenpolitik und Ideologie des F. die Nationalsozialisten an Einfluß unter Frauen gewinnen konnten. Falsch ist allerdings die Behauptung, vor allem Frauen hätten Hitler gewählt und hiermit dem F. zur Macht verholfen. Bis 1933 wählten Frauen vor allem konservative Parteien. Es gab wesentlich weniger Frauen- als Männerstimmen für die NSDAP, und der Frauenanteil in der NSDAP war relativ gering.

Ein eigenes Kapitel ist der → Widerstand, den Frauen gegen die frauenfeindliche Politik, gegen F. und → Krieg geleistet haben.

Lit.: Gisela Bock, Zwangssterilisation im Nationalsozialismus, Opladen 1986; Demokratische Fraueninitiative (Hg.), Leben, frei und in Frieden, Frankfurt 1981; Angelika Ebbinghaus (Hg.), Opfer und Täterinnen. Frauenbiographien des Nationalsozialismus, Nördlingen 1987; Frauen unterm Hakenkreuz, Berlin (West), 1982; Florence Hervé, Zwischen Anpassung und Widerstand. Zur Lage der Frauen und zum Widerstand 1933 bis 1945, in: Dies. (Hg.), Geschichte der deutschen Frauenbewegung, 4. Auflage, Köln 1995; Gabriele Kinz, Der Bund Deutscher Mädel, Frankfurt 1990; Martin Klaus, Mädchen im Dritten Reich, Köln 1983; Cosima Königs, Die Frau im Recht des Nationalsozialismus, Frankfurt 1988; Claudia Koonz, Mütter im Vaterland. Frauen im Dritten Reich, Freiburg 1991; Gabriele Kreis, Frauen im Exil, Düsseldorf 1984; Annette Kuhn/Valentine Rothe, Frauen im deutschen Faschismus. Quellensammlung, Düsseldorf 1982; Renate Laqueur, Schreiben im KZ. Tagebücher 1940-1945, Bremen 1991; Alwin Meyer, Kinder in Auschwitz, Göttingen 1992; Ingrid Müller-Mönch, Die Frauen von Majdanek. Vom zerstörten Leben der Opfer und der Mörderinnen, Hamburg 1983; Frauengruppe Faschismusforschung, Mutterkreuz und Arbeitsbuch, Frankfurt 1981; Claudia Schoppmann, Im Fluchtgepäck die Sprache. Deutschsprachige Schriftstellerinnen im Exil, Berlin 1992; Helga Schwarz (Hg.), Maria Leitner, Elisabeth, ein Hirtenmädchen, Berlin/Weimar, 1985; Helga Schubert, Judas-Frauen. Zehn Fallgeschichten weiblicher Denunzianten im Dritten Reich, Frankfurt 1990; Gerda Szepanski, Blitzmädel, Heldenmutter, Kriegerwitwe. Frauenleben im Zweiten Weltkrieg, Frankfurt, 1986; Rita Thalmann, Frausein im Dritten Reich, München 1983; Renate Wiggershaus, Frauen unterm Nationalsozialismus, Wuppertal 1984; Renate Wurms, Wir wollen Freiheit, Frieden, Recht, Frankfurt, 1983.

Florence Hervé

Feminismus; von lat. „femina" = Weib, Frau, was auf „felare" = saugen zurückgeht und damit auf die Grundbedeutung: die „Säugende". Vermutlich ist der Begriff F. während der Franz. Revolution entstanden. Bereits im Prozeß gegen die Französin Olympes de Gouges (1793) wird er gebraucht. Nach dem gerichtlichen Gutachten waren es ihre feministischen Ideen, die die Verbindung zwischen „Vernunft und Tollheit" anzeigten und Anlaß waren, sie nicht nur für konterrevolutionär, sondern auch für verrückt zu erklären. Der „utopische" Sozia-

list Charles Fourier (1772–1837), dem die Begriffsprägung meist zugeschrieben wird, hat ihn zu Beginn des 19. Jhs. mit seinen Schriften popularisiert.
Unter F. im weiteren Sinn werden Freiheits- und Gleichheitsbestrebungen von Frauen, das Vertreten ihrer Interessen und Rechte verstanden; F. ist so ein Sammelbegriff für (historisch und aktuell) sehr unterschiedliche Positionen, Strömungen, eine *Bezeichnung für die → Frauenbewegung;* dieser Begriffsgebrauch ist in den romanischen Ländern üblich (Italien, Frankreich). Im engeren Sinn wird mit F. eine *Richtung* in der Frauenbewegung benannt, die je nach Stand, Umfang und Entwicklung der Bewegung sehr verschiedene Positionen umfaßt. Gemeinsames besteht darin, die Unterdrückung der Frau primär durch „die Aneignung ihrer Sexualität zum Zweck der Ausbeutung ihrer Reproduktionsfähigkeit durch den einzelnen Mann und/oder patriarchalische Institutionen" (Herrad Schenk, 1980) zu erklären, die patriarchalisch geprägte Kultur und Gesellschaft in den Mittelpunkt der Kritik zu stellen, vorrangig den Kampf gegen das → Patriarchat zu führen, sich in eigenen Gruppen zu organisieren, gesellschaftlich Möglichkeiten zu schaffen, in denen sich Frauen aufeinander – unabhängig von Mann und Kindern – beziehen, (politisch) miteinander arbeiten können. (→ Autonomie) Bei der Vielfalt feministischen Selbstverständnisses kann jede Definition nur eine Annäherung sein.
Wie die gesamte Frauenbewegung der Neuzeit hatte die feministische Richtung ihren Ausgangspunkt in der Franz. Revolution mit der Forderung nach Menschenrechten auch für die Bürgerin, für das ganze weibliche Geschlecht. Im Verlauf der Entwicklung wurden unterschiedliche Gleichberechtigungs- und Befreiungskonzepte entwickelt, wobei die Mehrheit in der feministisch-bürgerlichen Bewegung davon ausging, daß in der bestehenden patriarchalisch-kapitalistischen Gesellschaft die Gleichstellung der Geschlechter (verstanden als Gleichwertung von Verschiedenem) möglich sei. Bei einer Minderheit, in Deutschland vor allem innerhalb des radikalen Flügels, wurde auch die grundlegende Veränderung der Wirtschafts- und Gesellschaftsordnung für notwendig erachtet, die Idee vom Zusammenschluß aller Frauen (unabhängig von Schicht, Klasse, Bildung) „wie ein Strahlenbündel" (utop. Sozialistin, 1832) tradiert. Zu ihrer Zeit wurden allein die Radikalen Feministinnen genannt; in Deutschland hatte F. früh eine negative Bedeutung, diente Gegnern zur Diffamierung der Frauenbewegung und innerhalb der Bewegung zur Abgrenzung der „Gemäßigten" und Konservativen gegenüber den „radikalen Frauenrechtlerinnen", der „Friedensfanatikerin". Die Herrschaft der Nazis bedeutete das vorläufige Ende, der Begriff F. geriet in Vergessenheit.
Bei aller Vielfalt der Richtungen und Strömungen, Modifikationen in der Ursachenerklärung der Frauenunterdrückung, Unterschieden in den praktischen Projekten, in der neuen feministischen Bewegung (Entwicklung seit Mitte/Ende der 60er Jahre in den westlichen Ländern) steht im Mittelpunkt: „. . . die Veränderung der Beziehung zwischen Frauen, die Beendigung ihrer emotionalen, affektiven und intellektuellen Abhängigkeit vom Mann, um die Frauen . . . zum neuen politischen Subjekt zu machen". (Rossana Rossanda, 1980) Anders als in der ersten feministischen Bewegung, mit mehr oder weniger Abgrenzung dagegen sowie in teilweise strikter Ablehnung bis zur Erweiterung einer sozialistischen Emanzipationskonzeption, geht es um die Veränderung der privaten Beziehungen, der Sexualität, der Rollen, um die Personen, aber auch um neue basisdemokratische Politikformen, Abbau von Hierarchie, Veränderung der Institutionen, andere Politikinhalte. Letztere reichen von den sog. privaten (Slogan: Das Private ist politisch) bis zu Umwelt und Frieden. In der Praxis entsprach dem das Öffentlichmachen privater Unterdrükkung, der männlich geprägten → Sexualität, der → Gewalt (in der Ehe), des Elends des Abtreibungs-

„Es ist mir nicht gelungen, den Feminismus zu definieren. Alles, was ich weiß, ist dies: Ich werde von Leuten als Feministin bezeichnet, wenn ich mich nicht mit einem Abtreter verwechseln lasse."
Rebecca West, 1913

verbots (→ Schwangerschaftsabbruch) und dem „Rückzug" in Selbsterfahrungsgruppen, autonome Gruppen, der Suche nach individueller und kollektiver Identität und gleichzeitig heftiger, spontaner, „verrückter" Proteste gegen das komplexe System der Ausgrenzung von Frauen, der umfassenden Unterdrückung, im Begriff → Sexismus zusammengefaßt. Über die Forderung nach Gleichberechtigung, nach einem „Leitbild" der ökonomisch unabhängigen, berufstätigen „emanzipierten Frau" soll mit der Orientierung auf Befreiung (darin ist für viele Feministinnen ökonomische Unabhängigkeit und Berufstätigkeit als Bedingung eingeschlossen) insbesondere auch die psychische Abhängigkeit vom Mann aufgehoben werden.

In der Theorie ging es vor allem um Ansätze zur Erfassung der außerökonomischen Faktoren von Frauenunterdrückung, wurden u. a. Simone de Beauvoir (Das andere Geschlecht, 1949), Betty Friedan (Der Weiblichkeitswahn, 1970), Kate Millett (Sexus und Herrschaft, 1971) und Marielouise Janssen-Jurreit (Sexismus, 1976) für feministische Orientierung und Praxis bestimmend. Die wesentlichen Aspekte in den genannten, sehr unterschiedlichen Ausformungen des „existentialistisch-feministischen Ansatzes" (Anke Wolf-Graaf) sind eine Dualität der Geschlechter, die Prägung der kulturellen, politischen, ökonomischen Entwicklung durch den Mann und eine damit verbundene Höherwertigkeit, die Minderbewertung der aufgrund ihrer biologischen Gebärfähigkeit davon weithin ausgeschlossenen Frau, ihrer Tätigkeit. Eindrucksvoll belegt in diesen Arbeiten ist die Bedeutung der Sexualität, von Werten und Normen für die Unterdrückung der Frau, der negativen Prägung ihres Lebenszusammenhangs, ihres Selbstwertgefühls.

In der Folge führte das vor allem zur Kulturkritik am Patriarchat, zur Analyse der Entstehung und Wirkung von Geschlechterrollen, zur Beschäftigung mit der Frauengeschichte, der Orientierung auf Veränderung von Bewußtseinsstrukturen, Werten und Normen. In der Praxis entwickelten sich verschiedene Richtungen. Der *Lesbianismus*, eine radikale Abwendung von der Männerwelt, Zuwendung zu Frauen in privaten Beziehungen, in der Arbeit, in der politischen Aktion. (→ Lesben) Die lange ausgeklammerte ökonomische Basis der Frauenunterdrückung wurde mit der „Lohn-für-Hausarbeit"-Debatte als Kritik an der Lohn- wie der Hausarbeit, an den Bedingungen der Produktion wie der Reproduktion in der gegenwärtigen Gesellschaft aufgenommen und führte zu neuen Verbindungen zwischen Feminismus und Sozialismus (in England, Italien, den Niederlanden, später in den USA und nur zögernd in der Bundesrepublik) sowie zur Verknüpfung von Feminismus und Materialismus. Im *feministischen Materialismus* wird davon ausgegangen, daß Frauen als Re-Produzentinnen der Ware Arbeitskraft (Gebären, Erziehen der Kinder, Regeneration des Mannes) wesentliche Voraussetzungen für die kapitalistische Ökonomie schaffen, das Arbeitsvermögen der Frauen aus Arbeiter- und Angestelltenfamilien doppelt ausgebeutet wird; sie „verkörpern so den doppelten Anteil der Frauen an der kapitalistischen Mehrwertproduktion" (Anke Wolf-Graaf, 1981); da zudem Männer generell von der Arbeit der Frauen profitieren, ergibt sich so eine antikapitalistische feministische Strategie. Zugleich ist hiermit eine andere positive Wertung der Haus- und Erziehungsarbeit verbunden (emotionale Fähigkeiten, Zuwendung zu anderen, weniger entfremdete Arbeit). Praktische Perspektiven sind auf das gemeinsame Handeln aller Frauen zur Veränderung der Arbeit in beiden Bereichen gerichtet oder gehen vom Reproduktionsbereich (als für Frauen zentral zur gesellschaftlichen Veränderung) aus. (→ Arbeit)

Feministischer Sozialismus ist eine weitere inzwischen entwickelte Perspektive zur gesellschaftlichen Veränderung und zur Überwindung der Trennungen in der Frauenbewegung. Dies ist – mit vielen Variationen – in Theorie und Praxis der Ansatz, die gegenwärtige Gesellschaft als „Patriarchal-Kapitalismus" (Anja Meulenbelt) zu fassen, zur Veränderung vom Produktions- und Reproduktionsbereich auszugehen, hauptsächlich mit Frauen zu arbeiten, aber auch in gemischten Organisationen (Doppelstrategie)

Die Suche nach Identität, die Orientierung auf sich selbst, hat Frauen einerseits dazu geführt, sich Inseln zu schaffen, die Widerstände der Realität auszublenden (Innerlichkeit, Mütterlichkeit nach konservativem Muster, Körperkult, Magie) und Bestehendes zu befestigen.

Andererseits hat das Bestehen auf Persönlichkeitsentwicklung der Frau, die Schaffung eigener Projekte in den letzten Jahren viel zur Entwicklung der Frauenbewegung beigetragen, vor allem dazu geführt, den ganzen Lebenszusammenhang von Frauen, Sinnlichkeit und → Sexualität ebenso wahrzunehmen wie → Gewalt und → Arbeit, → Geschichte und → Kultur und diese in Perspektiven zur Veränderung aufzunehmen. (→ Emanzipation)

In den 80er Jahren und zu Beginn der 90er sind in der Entwicklung des F. als Idee und Bewegung Weiterentwicklung und Stagnation, Differenzierung und Vertiefung in der Ausarbeitung von theoretischen Grundlagen und Verbreiterung der politischen Praxis innerhalb und außerhalb von Institutionen, aber auch Verwässerung und Vereinnahmung zu beobachten.

Mit der Etablierung von → Frauenforschung und Frauenbildung an Hochschulen und Weiterbildungseinrichtungen, die sicher noch unzureichend ist und immer wieder gegen Widerstände durchgesetzt werden muß, ist das Spektrum der bearbeiteten Themen und die Vermittlung von Ergebnissen und Erkenntnissen der feministischen Forschung systematischer und breiter geworden.

Mit der Institutionalisierung von → Gleichstellungsstellen in Politik und Verwaltung und der Etablierung von Frauenprojekten (wenn auch auf schwankendem materiellem Grund) und der Entwicklung kleiner und größerer Frauennetzwerke, die von autonomen Projekten bis in Betriebe reichen, gibt es an Stelle des Spektakulären, auch Schrillen und Dramatischen mit Aktionen auf der Straße und in den Medien mehr Alltagsveränderungen und erste Positionsgewinne in Institutionen, → Organisationen und → Politik. Bei aller Vorsicht: es sind Ansätze zu kontinuierlicher Arbeit, zu Strukturveränderungen und Einmischung. Sieht man die feministische Praxis insgesamt, so gibt es bei der erreichten Breite, auch Ausdifferenzierung, weniger als in den 70er Jahren die umfassende Bewegung auf gemeinsame und auch neue Ziele hin. Andererseits hat sich als Kennzeichen dieser sozialen Bewegung die doppelte Orientierung auf Privatheit *und* Öffentlichkeit in verschiedenen Formen von Beginn an erhalten und weiterentwickelt: Zum „Privaten" feministischer → Politik gehören örtliche Gruppen, persönlicher Bezug, Emotionalität, Betroffenheit als Anlaß, die Themen des weiblichen Lebenszusammenhangs. Zum „Öffentlichen" rechnen nationale Kampagnen, feministische Medien bzw. Frauen in den → Medien, Forderungen an und Positionen in Institutionen, Gesetzesinitiativen. Hier reicht das Spektrum von Frauengesprächskreisen über kleine örtliche Arbeitsgruppen zu Gen- und Reproduktionstechnologien, Frieden, Umwelt, Arbeit bis zu den Initiativen immer noch gegen den § 218 und für „Frauen für eine neue Verfassung".

Es ist eine Mischung von Strategien, die sich auf „Institutionen, Öffentlichkeit, Staat und Gleichheit beziehen" und solchen, „die auf Personen, Privatheit und Autonomie bezogen sind" (Barbara Holland-Cunz, in: Differenz und Gleichheit, 1990, S. 305). Das heißt auch, daß es im Zuge der Ausdifferenzierung und Vielfalt einerseits eine Radikalisierung in der Separierung gibt, wie sie von Teilen der italienischen Frauenbewegung auf der Basis der Geschlechterdifferenz vertreten und praktiziert wird: die „separaten Orte für Frauen", die Schritte sein sollen zu einer „verallgemeinerten Form von Sozialität unter Frauen".

Andererseits wurde der Blick durch Theorie und Praxis für andere Unterdrückungen geschärft, für die Unterschiede zwischen Frauen: Weiß und schwarz, Nord und Süd in der „Einen Welt", die Differenzierungen neben Geschlecht durch Hautfarbe und Klasse, und für die globalen Probleme der Umweltzerstörung, des Hungers und Elends, von Nationalismus und Eurozentrismus, von Rechtsradikalismus, Kriegsdrohungen und → Kriegen.

„Die Philosophen haben die Welt immer nur männlich interpretiert; es kommt darauf an, sie auch weiblich zu interpretieren und menschlich zu verändern."
Irmtraut Morgner

In der feministischen Theorie und → Forschung waren auf der Basis einer breiteren und fundierteren Bearbeitung von Themen und Problemen vor allem drei Fragen in der internationalen wissenschaftlichen *und* politischen Debatte virulent. 1. Die These von der *„Mittäterschaft der Frauen"* (Mittäterschaft und Entdeckungslust, 1989). Mit dieser „Provokation" (Christina Thürmer-Rohr) wurde die Generalisierung des Opferbegriffs angegriffen. Die Verallgemeinerung der sexuellen Unterdrückung und sexueller Gewaltverhältnisse zur Erklärung *aller* Gewaltverhältnisse in patriarchalischen Gesellschaften verdeckt danach die vielfältigen Formen und Ursachen der Gewalt zwischen den Geschlechtern und in der Gesellschaft, und ihr gerät aus dem Blick die Einbindung und Funktion des Handelns von Frauen als stabilisierendes Element, das durch abgestimmte Gratifikationen und Zuständigkeiten erhalten und befestigt wird. Damit sind Frauen aber nicht nur Opfer, sie sind als „Mittäterinnen" (oder auch „Täterinnen") auch Subjekte des politischen Geschehens und können in dem Maße eingreifen, wie im Zuge der gesellschaftlichen Entwicklung ihre Möglichkeiten zu eigenständiger Existenz größer werden. Die „Mittäterschaft aufkündigen", sich selbst ans „Wühlen" und Forschen und Verändern begeben in der jeweiligen aktuellen Arbeits- und Lebenssituation, sind hier die praktischen Schritte.

2. Die international und kontrovers geführte wissenschaftliche und politische Diskussion um *„Gleichheit und Differenz"*, mit der eine Fülle philosophisch-historischer, rechtstheoretischer, rechtspraktischer und politischer Fragen verbunden waren und sind. Ein Pol ist die radikale Vertretung der „sexuellen Differenz", der „Geschlechterdifferenz", der Autonomie und der Separation von Frauen; in der Konsequenz bis hin zu zwei getrennten Gesellschaften von Frauen und Männern zu denken. Der andere Pol ist markiert durch das Festhalten an „Gleichheit" (die ja nur Sinn macht, wenn es um Differenz geht); Geschlechterdifferenz, patriarchalische Herrschaft und Frauenunterdrückung sind danach historisch geworden und wurzeln trotz Verinnerlichung im Ich und in der sozialen Organisation *nicht* in einer „natürlichen" Zweigeschlechtlichkeit der Menschheit. Vermittelt werden sie über sich verändernde Formen der Sozialisation, befestigt durch sich wandelnde gesellschaftliche Strukturen, Arbeitsteilung, Rechts- und Wirtschaftssysteme. Gegen die Theoreme der „sexuellen Differenz" und ihre Behauptung einer vollständig männlich beherrschten Sprache und Kultur wird eingewandt: Die Verhältnisse zwischen Herrschenden und Beherrschten sind weder einseitig noch undurchlässig, um so weniger, wo es sich um die Verstrickung von herrschendem und beherrschtem Geschlecht in Zeugung, Geburt und Leben handelt. Frauen und die Vermittlung zwischen den Geschlechtern gelten so auch als eingeschrieben in Sprache und Kultur, freilich verzerrt und dominiert durch den männlichen Universalanspruch. Entsprechend geht es um die An-

strengung, den Anteil der Frauen zu erfassen, die Kategorie Geschlecht in der historischen und aktuellen Gesellschaftsanalyse zu verankern. Praktisch-politisch ist die Differenz sichtbar zu machen mit der Perspektive, die androzentrische Geschichtsschreibung, patriarchalische → Sprache und → Kultur zu überwinden nicht durch Abstecken einer ergänzenden zweiten, weiblichen Gesellschaft, sondern durch die *„Definition des gemeinsamen Terrains,* eines eigenen *und vermittelten"* (Rossana Rossanda, in: Differenz und Gleichheit, 1990, S. 27). Ganz praktisch (und konkret utopisch) hat Luise F. Pusch die nächsten Schritte, ihren „Minimalkatalog" benannt: Ausweitung von privaten, regionalen und internationalen Frauenbündnissen; „Abschaffung der geschlechtsspezifischen Arbeitsteilung, der Ehe, der Zwangsheterosexualität und des sozialen Geschlechtsunterschieds; Quotierung sämtlicher Arbeitsplätze, Gremien und Parlamentssitze" (Wahnsinns Frauen, 1992, S. 356). Dies heißt aber, daß es der „Kühnheit einer Utopie" bedarf, „die die Frau außerhalb der Grenzen von Geschlecht denkt" (Gisela Breitling). (→ Emanzipation, → Utopie)

3. *Rassismus.* Diese auch aus der Praxis erwachsene, sehr viel umfassender und kontroverser außerhalb der Bundesrepublik geführte Auseinandersetzung hat auch die Differenz, die Unterschiede zwischen Frauen zum Thema. In Verbindung mit den anderen Diskussionen zu feministischer Theorie und Praxis zeigt sich das Ausmaß der Differenzierung und Kompliziertheit. Hier steht eine weiße, westliche dominante Frauenbewegung auf dem Prüfstand im Verhältnis zu ihren Ansprüchen an das „wir Frauen", an weltumspannende Solidarität und mit ihrer Verstrickung in Ausbeutung, Unterentwicklung, Vorgabe von Entwicklungsrichtungen, Durchsetzen einer „neuen Weltordnung", ihrer Partizipation am Reichtum des Nordens auf Kosten des Südens. Bestandteil ist hier tendenziell auch das Ost-West-Verhältnis im europäischen und im deutschen Maßstab. Damit sind auf unterschiedlichen Ebenen und in einem unterschiedlichen Ausmaß Konfrontationen mit unterschiedlichem Emanzipationsverständnis, unterschiedlicher Sozialisation und sehr verschiedenen (existenziellen) Problemen verbunden. Statt Analysen, hier eine Problembeschreibung und erste Antworten einer Migrantin: „Die Bewunderung, die viele Völker für die Weiße Kultur empfunden haben, beruht einerseits auf der Ideologie, die das kapitalistische System während der Kolonialzeit verbreitet hat, andererseits auf der Rolle der Kirche mit ihrer Predigt, daß nur Christen gute Menschen seien. Der materielle Wohlstand der Weißen gegenüber Armut, Elend und Hunger der anderen trug dazu bei, daß die Nicht-Weißen die Weißen bewunderten. Durch diese Bewunderung schwächten sie sich allerdings selbst und stärkten die rassistischen Verhaltensweisen der Weißen um so mehr. (. . .) In unserer Auseinandersetzung in der Frauenbewegung stagnieren wir. Eurozentristisches feministisches Verhalten verhindert ein neues Denken: Schuldgefühle, Helfersyndrom, Schamgefühle, Hilflosigkeit und Ohnmacht, die Erkenntnis des eigenen Rassismus und neuerdings kokette Sprüche: ‚ich bin Rassistin' lähmen uns. *Denn:* es reicht nicht aus, sich als Rassistin zu erkennen, Bücher über Rassismus zu verschlingen, von Kongreß zu Kongreß zu rennen, sich tot zu diskutieren, Theorien zu entwerfen, Bücher zu schreiben, Strategien zu entwickeln, Aktionen zu planen und das Verhalten einer Dritten verändern zu wollen, wenn wir selbst unser Verhalten nicht ändern. Es geht um VERZICHT." (Rosa-Lubia Falk Garcia, in: Wir Frauen, H. 1/1991.)

(→ Demokratie, → Emanzipation, → Frauenbewegung, → Migrantinnen, → Politik, → Rassismus)

Lit.: Gisela Breitling, Kultur im Patriarchat, in: Mechtild Jansen (Hrsg.), FrauenWiderspruch, Köln 1987; Diotima (Hrsg.), Der Mensch ist zwei. Das Denken der Geschlechterdifferenz, Wien 1989; Sibylle Duda / Luise F. Pusch (Hrsg.), Wahnsinns-Frauen, Frankfurt/M. 1992; Ute Gerhard u. a. (Hrsg.), Differenz und Gleichheit, Frankfurt/M. 1990; Marielouise Janssen-Jurreit, Sexismus, München 1976; Libreria delle donne, Wie weibliche Freiheit entsteht. Eine neue politische Praxis, Berlin 1988; Jutta Menschik, Feminismus, Köln 1977; Anja

Meulenbelt, Feminismus, München 1982; dies., Weiter als die Wut, München 1983; dies., Scheidelinien. Über Sexismus, Rassismus und Klassismus, Reinbek bei Hamburg 1988; Rossana Rossanda, Einmischung, Frankfurt/M. 1980; Herrad Schenk, Die feministische Herausforderung. 150 Jahre Frauenbewegung in Deutschland, München 1980; Studienschwerpunkt „Frauenforschung" am Inst. f. Sozialpäd. der TU Berlin (Hrsg.), Mittäterschaft und Entdeckungslust, Berlin 1989; Anke Wolf-Graaf, Frauenarbeit im Abseits, München 1981.

Renate Wurms

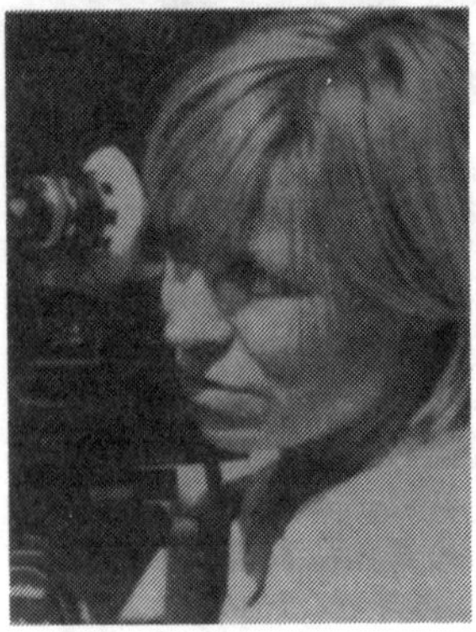

Margarethe von Trotta

Film; „Film ist sehr einfach: Man braucht nur eine hübsche Frau hübsche Sachen machen zu lassen." Diese witzig-ironische Aussage des Regisseurs Max Ophüls (1902 bis 1957) scheint auch heute noch für viele Filmemacher Patentrezept zu sein. Doch *Film* begann anders: Am 28. Dezember 1895 zeigten die Brüder Lumière in einem Pariser Café erstmals öffentlich ihre bewegten Bilder. Da ging's nicht um hübsche Frauen, sondern z. B. um die „Ankunft eines Zuges", „Soldaten im Reitsaale", „Arbeiter verlassen die Fabrik Lumières". Dieses Datum gilt allgemein als die Geburtsstunde des F.s, die französischen Brüder Lumière als die Erfinder. Fast zur gleichen Zeit traten die Brüder Skladanowski in Berlin mit ersten F.vorführungen an die Öffentlichkeit. Anfänglich war der F. die Attraktion auf Jahrmärkten, doch ziemlich bald wuchs er aus dem Schaubudenmilieu zur eigenständigen Filmkunst.

Eva Mattes in „Deutschland bleiche Mutter" von Helma Sanders-Brahms

Technische Grundlage des F.s ist das bewegte, veränderte Bild, auf einem Zelluloidstreifen fixiert. Die Fixierung der Bilder (24 Bilder in der Sekunde) geschieht auf fotografischem Wege.

Im Schatten berühmter Männer, die in die F.geschichte eingegangen und in jedem F.lexikon zu finden sind, gab es viele namenlose Frauen, die ihren Beitrag zur Entwicklung dieses Mediums geleistet haben. Eine von ihnen war Alice Guy-Blanché, die bereits zur Zeit Lumières gearbeitet hat, lange vergessen und in den 70er Jahren wiederentdeckt. In einer Zeit, als Frauen begannen, nach den Spuren weiblicher Geschichte zu suchen, in der → Musik, in der → Wissenschaft, in der → Malerei, in der → Literatur und auch im F. Die Autobiografie von Alice Guy-Blanché ist im tende-Verlag, Frankfurt/M. erschienen.

In der Mitte der 70er Jahre entstanden bei uns die Begriffe „Frauenfilm" und „Frauenkino". Was unter „Frauenkino" zu verstehen ist, war klar definiert: F.e von Frauen – für Frauen, d. h. nur Frauen haben Zutritt zu den F.vorführungen. Ziel dieser Frauenkinos war es, ein Forum für F.emacherinnen und für Zuschauerinnen zu schaffen. Hier konnten sie ihre Vorstellungen, Wünsche und Erfahrungen – von Männern ungestört – austauschen. Bei dem Begriff „Frauenfilm" hingegen schieden sich die (Frauen-) Geister. Für die Herausgeberinnen der seinerzeit ersten und einzigen feministischen F.zeitschrift „frauen und film" (1974 in Berlin gegründet) war nur ein von Frauen gemachter F. ein „Frauenfilm". Andere Gruppen legten den Begriff anders aus. Die Demokratische Fraueninitiative München z. B., die mehrere „Frauenfilmtage" veranstaltete, zeigte dabei „Filme, die die Rolle der Frau in der Gesellschaft kritisch betrachten" und führte weiter aus: „Solche Filme müssen nicht unbedingt von Frauen gemacht sein. Auch Männer haben sich filmisch mit diesem Thema auseinandergesetzt, bestes Beispiel *SALZ DER ERDE* von Herbert J. Bibermann."

Frauenf. ist nicht zu trennen von der Neuen Frauenbewegung und

Helke Sander

beides nicht von Helke Sander. Sie war eine der beiden Frauen des ersten Jahrgangs (1966) an der Berliner Film- und Fernsehakademie, und sie war auch eine der ersten in der Neuen Frauenbewegung. Die von ihr gehaltene Rede des „Aktionsrates zur Befreiung der Frauen“ (September 1968 in Frankfurt) gab den Anstoß, daß sich Frauen aus der politischen Studentenbewegung in autonomen Frauengruppen zusammenschlossen. F. wurde ein neues Ausdrucksmittel, um die spezifischen Interessen der Frauen zu formulieren und zugleich nach einer eigenen Bildsprache zu suchen. (Diese Entwicklung hat Helke Sander in ihrem 1980 enstandenen F. *DER SUBJEKTIVE FAKTOR* dokumentiert und verarbeitet.)
NEUN LEBEN HAT DIE KATZE von Ula Stöckl (1968) ist vor diesem 68er Hintergrund entstanden. Im selben Jahr drehte May Spils *ZUR SACHE SCHÄTZCHEN*. In der BRD die ersten beiden Spielfilme von Frauen nach dem Krieg.
Das Oberhausener Manifest (1962), das den neuen deutschen F. begründete, trug noch keine Unterschrift einer Filmemacherin; und der Frauenanteil des ersten Jahrgangs der Film- und Fernsehakademie Berlin lag bei nur 6,7% (= 2 Frauen). In den folgenden Jahren jedoch hat sich die emanzipatorische Entwicklung auch auf dem F.sektor ausgewirkt. Frauen eroberten Terrain in einer Branche, die bisher von Männern bestimmt war.

Im Herbst 1973 dann trafen sich F.emacherinnen in Berlin zum ersten internationalen Frauenfilmseminar in der Bundesrepublik. Sechs Jahre später wurde, ebenfalls in Berlin, der Verband der Filmarbeiterinnen e.V. gegründet, ein Zusammenschluß von Frauen aus allen Sparten der F.branche. Seine Hauptaufgabe sieht der Verband in der Verwirklichung der Forderung nach Geschlechterparität, d.h. „50% aller Mittel für Filme, Produktionsstätten und Dokumentationsvorhaben, 50% aller Ausbildungs- und Arbeitsplätze, 50% aller Gremiensitze und Förderung von Verleih, Vertrieb und Abspielstätten für Filme von Frauen.“ Der Verband will sich auflösen, wenn diese paritätischen Forderungen erfüllt sind. Doch bis dahin scheint noch ein weiter Weg zu sein. Schaut man sich beispielsweise die Schlüsselpositionen bei der Filmförderungsanstalt (FFA) im Jahre 1991 an, so sind alle von Männern besetzt. „It's time for a change . . .“
Anfang der achtziger Jahre wurden „Frauenfilme“, das hieß Filme von Frauen, auf den Festivals in Berlin und München z. B. noch in gesonderten Reihen vorgestellt, heute sind sie selbstverständlicher Bestandteil nicht nur auf internationalen Festivals, sondern auch im Kino. Das ist mit ein Grund dafür, daß es die aus der Frauenbewegung entstandenen Frauenkinos nicht mehr gibt. Frauenfilme haben sich einen Platz erobert, bei den Verleihern, bei den Filmtheaterbesitzern, beim Publikum. Der Frauenfilm braucht keine Etikettierung mehr.

Jane Fonda

Valie Export

Nach wie vor besteht hingegen der Begriff „feministischer Film“. Bestandsaufnahmen, Analysen und Diskussionen hierzu enthält „Frauen und Film“, die wohl einzige feministische Filmzeitschrift in Europa, die halbjährlich in Frankfurt erscheint. Foren des internationalen Austauschs sind weiterhin das in Köln stattfindende Festival „femme totale“ und das jährliche „Festival de Film des Femmes“ in Créteil/Frankreich.

Lit.: Renate Möhrmann, Die Frau mit der Kamera, Filmemacherinnen in der Bundesrepublik Deutschland, Zehn exemplarische Lebensläufe (Ula Stöckl, Erika Runge, Helke Sander, Claudia von Alemann, Ingemo Engström, Helma Sanders-Brahms, Marianne Lüdcke, Ulrike Ottinger, Margarethe von Trotta, Jutta Brückner), München 1980; Alice Guy, Autobiographie einer Filmpionierin 1873–1968, Münster 1981; Paul Werner, Uta van Steen, Rebellin in Hollywood, 13 Porträts des Eigensinns, Frankfurt 1986; Gudrun Lukasz-Aden, Christel Strobel, Der Frauenfilm, Filme von und für Frauen, München 1985; Gertrud Koch, Was ich erbeute, sind Bilder, Zum Diskurs der Geschlechter im Film, Frankfurt 1989; Frauen und Film, herausgegeben von Gertrud Koch und Heide Schlüpmann, zwei Ausgaben jährlich, Stroemfeld/Roter Stern, Frankfurt a. M.; Würde oder das Geheimnis eines Lächelns. Frauen Film Kultur in der Sowjetunion, hrsg. v. femme totale e.V., Zürich/Dortmund 1990.

Gudrun Lukasz-Aden, Christel Strobel

Flexibilisierung; flexibel, von lat. flexibilis = beugbar, techn.: biegsam, elastisch, geschmeidig. Flexible Arbeitszeiten gibt es schon seit langem (Schichtarbeit, Überstunden u. a.). Seit einigen Jahren nehmen jedoch die vom sog. Normalarbeitsverhältnis abweichenden Arbeitsverhältnisse in einem Umfang zu, daß dieses selbst in Frage gestellt ist. Immer Kompromiß zwischen Kapital und Arbeit, sichert das Normalarbeitsverhältnis i. d. R. eine eigenständige Existenz in Arbeits- und Freizeit mit gewissen Regeln (tägliche und wöchentliche Arbeitszeit, Kündigungs- und Sonderschutzrechte, wie z. B. Mutterschutz, kollektive Gestaltung von Einkommen und Arbeitsbedingungen, Koalitionsfreiheit und Mitbestimmung u. a.). Nur etwa zwei Drittel aller Erwerbsfähigen arbeiten zu den Bedingungen des Normalarbeitsverhältnisses (im Handel z. B. nur noch etwa ein Drittel). Jede zweite Neueinstellung ist befristet. Über drei Millionen Frauen arbeiten in Teilzeit, die keine eigenständige Existenz sichert, etwa die Hälfte von ihnen in sog. geringfügigen Beschäftigungsverhältnissen ohne irgendwelche Absicherung (KAPOVAZ, → ungeschützte Arbeitsverhältnisse). Teilzeitbeschäftigte sind doppelt benachteiligt. Jede zweite wird nur noch befristet eingestellt.

Die Vorteile für die Unternehmer: Kosten für Löhne und Gehälter zu senken und zugleich die Arbeitskräfte effektiver einzusetzen, Arbeitszeiten an die Laufzeiten der mit hohen Investitionen verbundenen Maschinen oder an die Öffnungszeiten im Handel anzupassen, d. h. meist auszudehnen, schneller auf die Bedürfnisse des Marktes zu reagieren (Schlagworte: just in time-production oder auch lean, d. h. „schlanke“ Produktion) und last not least Sozialausgaben wie etwa Urlaubs- und Weihnachtsgeld oder auch Mutterschutzleistungen einzusparen.

Zwei vieldiskutierte Sonderformen der F. stellen Job sharing und Kapovaz dar:

Job sharing; engl. sharing = teilen. Die für einen Vollzeitarbeitsplatz zu erbringende Arbeitszeit und -leistung wird auf zwei oder mehrere ArbeitnehmerInnen aufgeteilt. Sie legen Dauer und Lage ihrer individuellen Arbeitszeit untereinander fest. Fällt eine Beteiligte aus, ist die andere zur Vertretung verpflichtet. Die Verantwortung gegenüber dem Unternehmer bezüglich der zu erbringenden Arbeitsleistung wird gemeinsam getragen. Bei schuldhaftem Verhalten einer Beteiligten haften alle. Probleme kann es geben, wenn eine Beteiligte kündigt oder gekündigt wird. In der Praxis sind solche Arbeitsverhältnisse, denen die Gewerkschaften sehr skeptisch gegenüberstehen, bisher kaum verbreitet.

KAPOVAZ; kapazitätsorientierte variable Arbeitszeit oder Arbeit auf Abruf, bisher vorwiegend bis ausschließlich für Frauen „reservierte“ Arbeitszeitangebote. Im Arbeitsvertrag wird nicht – wie im Normalarbeitsverhältnis üblich – von vornherein die zeitliche Lage oder auch die tägliche oder wöchentliche

Arbeitsdauer festgelegt. Dies wird allein vom Arbeitgeber bestimmt; die Beschäftigten werden jedoch verpflichtet, zur Verfügung zu stehen, und können damit über ihre freie Zeit nur eingeschränkt disponieren. Meist erfahren sie sehr kurzfristig ihren Arbeitseinsatz durch einen Telefonanruf. Bezahlt wird nur die faktische Arbeitszeit, nicht jedoch die fortwährende Bereitschaft. Vor allem im Einzelhandel wird Kapovaz angewandt; manche bezeichnen sie als „Lex Aldi“. Oft werden Schutzgesetze wie die Lohnfortzahlung bei Krankheit oder an Feiertagen umgangen, tarifvertragliche Regelungen unterlaufen. Das sog. Beschäftigungsförderungsgesetz enthält einige, wenngleich geringe, Schutzrechte und -vorschriften. Mit Kapovaz werden Vollzeitarbeitsplätze vernichtet; die Arbeitsintensität während des stundenweisen Einsatzes ist sehr hoch. Aufstiegschancen gibt es so gut wie gar nicht, die Mitbestimmungsmöglichkeiten sind stark eingeschränkt.
Die Gewerkschaften lehnen eine weitere Ausdehnung der Arbeit auf Abruf ab und fordern eine Gleichstellung von Teilzeit- mit Vollzeitbeschäftigten.

Auf der Seite der Beschäftigten findet F. vielfach Zustimmung (Stichwort Zeitsouveränität). Mehr Frauen wollen und müssen erwerbstätig sein; noch immer aber sind sie für die Familienarbeit zuständig, und das zwingt sie vielfach in Teilzeitarbeit, weil Kindereinrichtungen und Dienstleistungen fehlen. Darüber hinaus gibt es heute mehr Alleinlebende und Partnerschaften ohne Kinder. Dies fördert die Bereitschaft für atypische Arbeitsverhältnisse. Dazu kommt ein kleiner, aber wachsender Teil der Bevölkerung, der es sich auf Grund seiner durch die Gewerkschaften erkämpften hohen Einkommen leisten kann, weniger zu arbeiten.
So ist also genau darauf zu achten, in wessen Interesse F. geschieht und wer über den jeweiligen Arbeitseinsatz entscheidet. Für die meisten Frauen wird, so Gisela Kessler, IG Medien, das „Recht auf Arbeit in ein Recht auf halbe Arbeit herabgewürgt“; „Frauen, die in die ‚flexible Reserve‘ gedrängt werden; Frauen, die so wieder in die ökonomische Abhängigkeit zum Mann fallen, weil sie von einem Teilzeiteinkommen nicht allein und schon gar nicht mit Kindern leben können, im Alter keine ausreichende Rente haben“. Die Diskriminierung erfolge „nicht mehr vorrangig in glatter Aussperrung von Arbeit, sondern vielmehr in der jederzeitigen Verfügbarkeit, als Pendel zwischen Arbeitsplatz und Familie, zwischen halber Arbeit und Arbeitslosigkeit, zwischen ‚flexibler‘ und industrieller Reservearmee“. Diese Einschätzung hat sich mehr als bestätigt, und die Wirkung der F. bis ins persönliche und private Leben hinein zeigt sich in aller Deutlichkeit: Befristet Angestellte haben größere Schwierigkeiten, einen langfristigen Mietvertrag oder Bankkredit zu erhalten. Ständige Angst um den Arbeitsplatz und die Hoffnung, vielleicht doch fest übernommen zu werden, erschweren den Widerstand gegen unzumutbare Arbeitsbedingungen, verstärken die Konkurrenz untereinander. Teilzeitarbeit hemmt den Prozeß der Veränderung bzw. Aufhebung traditioneller Rollenverteilung. Dienstleistungen und Kindereinrichtungen erscheinen weniger erforderlich.
Was wäre also zu tun, um dem Bedürfnis vieler Frauen (und Männer) nach flexibleren Arbeitszeiten, nach mehr Zeitsouveränität Rechnung zu tragen? Einige Verbesserungen sind für Teilzeitbeschäftigte inzwischen gerichtlich erstritten worden. So gelten alle Regelungen, die sie ausdrücklich von bestimmten Leistungen ausschließen, als rechtswidrig, weil mittelbar diskriminierend (→ Recht). Das heißt z. B., daß auch Teilzeitbeschäftigte Überstundenzuschläge beanspruchen können, wenn die individuell vereinbarte Arbeitszeit überschritten wird. Erforderlich sind tarifvertragliche Rahmenbedingungen für flexiblere Arbeitszeiten vor allem für Eltern mit kleinen Kindern (mit Begrenzung und Lage der täglichen und Verteilung der wöchentlichen Arbeitszeit unter Ausschluß der völlig ungeschützten Arbeitsverhältnisse). Teilzeitbeschäftigte brauchen das Recht

„Es widerstrebt meiner Überzeugung und Erfahrung, in die Unabhängigkeit des Arbeiters, in sein Erwerbsleben und in seine Recht als Familienoberhaupt so tief einzugreifen wie durch ein gesetzliches Verbot, seine und der Seinigen Arbeitskräfte nach eigenem Ermessen zu verwerten. Ich glaube nicht, daß ein Arbeiter an sich dankbar dafür ist, daß man ihm verbietet, Geld zu verdienen an Tagen und in Stunden, wo er dazu geneigt ist, wenn auch ohne Zweifel von den Führern der Sozialisten diese Frage zu einer erfolgreichen Agitation benützt wird, mit der Vorspiegelung, daß die Unternehmer auch für die verkürzte Arbeitszeit den unverkürzten Lohn zu zahlen imstande seien.“

Otto von Bismarck, Gedanken und Erinnerungen

auf Rückkehr in einen Vollzeitarbeitsplatz und gleiche Qualifizierungs-, Aufstiegs- und Mitbestimmungsmöglichkeiten.
Und sicherlich bleiben weitere Arbeitszeitverkürzungen für Vollzeitarbeitskräfte mit Lohn- und Gehaltsausgleich auf der Tagesordnung, ebenso wie humanere Arbeitsbedingungen, betriebliche und gesellschaftliche Maßnahmen zur Vereinbarkeit von Beruf und Familie für Frauen und Männer und Veränderungen in der familiären Rollenvereilung.

Lit.: IG Druck und Papier, Hauptvorstand (Hrsg.): Tribunal gegen Flexibilisierung und ungeschützte Arbeitsverhältnisse. Materialien, Stuttgart 1988; I. Kurz-Scherf, Nur noch Utopien sind realistisch. Feministische Perspektiven in Deutschland, Bonn 1992; WSI-Mitteilungen 8/88, v. a. W. Däubler, Deregulierung und Flexibilisierung im Arbeitsrecht.

Ingeborg Nödinger

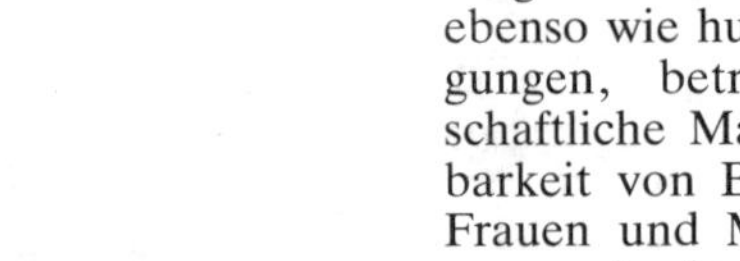

Forschung; Frauenf. entstand in der alten BRD in den 70er Jahren zusammen mit der Frauenbewegung an den Hochschulen, und zwar als Kritik an der etablierten herrschenden Wissenschaft, die Frauen sowohl als Subjekt als auch als Objekt ausschloß oder nur sehr reduziert und verzerrt wahrnahm. Der Begriff Frauenf. war ursprünglich provozierend gemeint, um zu verdeutlichen, daß F., allein aus der Perspektive von Männern konstituiert, blinde Flecken in Theorie und Empirie produzierte. Man hatte Frauen, wenn sie überhaupt berücksichtigt waren, am Maßstab des Mannes und der männlichen Biographie gemessen und damit als defizitär betrachtet. Die ersten Frauenf.en sahen Frauen entsprechend als Opfer des Patriarchats an. Diese Sicht wurde bald als eingeschränkte Interpretation korrigiert. Frauen sind tatsächlich auch Mittäterinnen. Ihre Erfahrungen zwischen Familie und Beruf wurden als widersprüchlich und ambivalent beschrieben (Becker-Schmidt/Knapp). Das Interpretationsmuster der „doppelten Vergesellschaftung" (Becker-Schmidt) von Frauen löste das Paradigma des „weiblichen Arbeitsvermögens" (Beck-Gernsheim) ab. Die andere → Moral der Frau als „Ethik der Verantwortung" (Gilligan) hat breiten Raum eingenommen. Schließlich führten Frauenforscherinnen das Konzept der Gleichheit und Differenz ein (Gerhard, u. a.), das die Diskussion heute bestimmt. Das weibliche Geschlecht wird als gleich und different zum männlichen gedacht und beforscht. Gleichzeitig legten die feministischen Wissenschaftlerinnen das Differenzkonzept auch auf Frauen an. War es zunächst die Kategorie des sozialen Geschlechts, die von einer Variablen neben anderen zu einer zentralen Analysekategorie avancierte, folgte bald als Ergänzung die Kategorie „Klasse", um die sozioökonomisch und kulturell unterschiedlichen Lebenslagen und Interessen auch zwischen Frauen in den Blick zu nehmen (Beer, Bublitz).
In den 80er Jahren veränderte sich die Frauenf. im Verständnis mancher Wissenschaftlerin zur Geschlechterforschung (ausführlicher dazu: Kuhn 1990). Die Frauenf. hatte einen neuen, anderen Blick auf Geschichte und Gegenwart entwickelt, der von der Schließung der von den Männern hinterlassenen F.slücken bis hin zum Neuentwurf einer Gesellschaftstheorie reichte. Dieser Blick wird als Blick von

unten, von der Seite oder als schielender Blick charakterisiert. Die Geschlechterforschung rückte das Geschlechterverhältnis in den Mittelpunkt. Ein Grund für den Wechsel war die Überlegung, daß mit dem Begriff „Geschlechter" von vornherein auch das männliche Geschlecht mitassoziiert wird. Das Geschlechterverhältnis als für den Lebensvollzug prägende Konstituante in allen seinen Facetten zu analysieren, zeitigte sehr breite Wirkungen z. B. in der Koedukations- bzw. Schulforschung. Generell standen und stehen Familie, Sozialisation, Bildung, Arbeit, Berufe und Professionen auf dem Prüfstand. Und stets geht es darum, Machtlagen zu eruieren, die mit unterschiedlichen Strategien in gesellschaftlichen Kontexten immer wieder als Geschlechterhierarchien, Statuslagen und Institutionalisierungen (Verrechtlichungen) weitestgehend zum Vorteil von Männern hergestellt werden. Die Machtlagen zu erforschen, zu beschreiben, zu analysieren und letztendlich mit dem gewonnenen Wissen zu einer Aufhebung der hierarchischen und unterdrückenden Formen des Geschlechterverhältnisses beizutragen, wird als Aufgabe von Forscherinnen akzeptiert, die sich den aktuellen Frauenbewegungen verbunden fühlen.

Neben einer Fülle von F.sergebnissen hat die Frauenf. zwei wesentliche Voraussetzungen für die Forschung geleistet: Sie hat die androzentrischen Prämissen, Mechanismen und Strategien der etablierten Wissenschaft herausgearbeitet und einer gründlichen Ideologiekritik unterzogen, und sie hat eine Methodenkritik initiiert, die die Offenlegung von F.smotiven und F.sinteressen fordert, damit F.sarbeiten transparenter werden (Schmerl 1989).

Die feministischen Erkenntnismethoden selbst unterscheiden sich nicht grundsätzlich von den Methoden der herkömmlichen Wissenschaften (Müller 1984). Doch ist eine Vorliebe der Frauenforscherinnen für qualitative (statt quantitativer) Methoden feststellbar. Dies wurde auch kritisiert (Ostner 1987), da aber die Lebenslagen, Erfahrungen und Deutungsmuster von Frauen in verschiedenen Kontexten überhaupt erst eingeholt werden wollen, überwiegen offene und interdisziplinäre Herangehensweisen an alte und neue Inhalte.

Die Theorieproduktion der Frauenf. ist nicht einheitlich. Orientierungen wie Auseinandersetzungen finden im breiten Spektrum sowohl von Marxismus, kritischem Rationalismus, kritischer Theorie, Positivismus, Systemtheorie usw. statt. In der feministischen Diskussion lassen sich seit einigen Jahren grob drei Positionen, die manchmal auch ineinander übergehen, unterscheiden: 1. Der Ansatz von Gleichheit und Differenz, der an der noch nicht hergestellten Egalität für beide Geschlechter festhält, sich an der Aufklärung (Freiheit, Gleichheit, Solidarität) orientiert, Frauen als verschieden von Männern, aber nicht nur als Unterlegene in der Geschlechterhierarchie begreift, sondern auch als (Mit-)Gestalterin aller Lebensbereiche. Dieser Ansatz versteht „Geschlecht" als eher sozial konstruiert und daher auch veränderbar. 2. Der Ansatz von Weiblichkeit als Aufwertung und Besonderheit, der weibliche Werte (Empathie, Sinnlichkeit) zur Geltung bringen will. Diese Position findet sich am ausgeprägtesten bei Luce Irigaray und der Frauengruppe des Mailänder Buchladens (Libreria delle donne di Milano). 3. Der Ansatz des Postfeminismus bzw. der Postmoderne, der aus Amerika kommt und die Geschlechterdifferenz „dekonstruiert", d. h. sie als eine unter vielen Differenzen sieht, die durch die Pluralität der Lebenslagen und -stile und den Wertewandel nicht mehr von ausschlaggebender Bedeutung für die Lebensführung von Menschen ist.

Die Frauenf. hat Eingang in den Wissenschaftsbetrieb gefunden. Der Transfer ihrer Ergebnisse in die politische Praxis bedarf weiterer Vermittlung. Am leichtesten sind Veränderungen sicherlich immer noch über die Aktions- und Handlungsforschung integrierbar, wie sie von Maria Mies Ende der 70er Jahre in den „Methodischen Postulaten der Frauenforschung" formuliert wurde; doch die aktuelle Trennung von F.

Wenn das so weitergeht. . . 1993, Genf. Bei Anhalten des gegenwärtigen Trends wird die Gleichberechtigung der Frauen in Politik und Wirtschaft erst in annähernd 1000 Jahren verwirklicht sein. Zu diesem Schluß gelangt eine Studie der Internationalen Arbeitsorganisation (ILO).

und Praxis ist auch Ausdruck gegenwärtiger gesellschaftlicher Umbruchverhältnisse, in denen gerade patriarchale Strukturen restauriert werden.
Die Themen der „ersten Stunde" waren Gewalt gegen Frauen, der § 218 und die Hausarbeitsdebatte. Auch wenn vieles andere hinzugekommen ist (die Buchproduktion ist mittlerweile kaum noch überschaubar), sind diese Themen immer noch relevant. Einige Bilanzierungen der Frauenf. liegen mittlerweile vor (z. B.: Metz-Göckel/Nyssen 1990).

Lit.: Regina Becker-Schmidt/Gudrun-Axeli Knapp, Geschlechtertrennung – Geschlechterdifferenz. Suchbewegungen sozialen Lernens, Bonn 1987; Ursula Beer, Geschlecht, Struktur, Geschichte. Soziale Konstituierung des Geschlechterverhältnisses, Frankfurt a. M./New York 1990; Hannelore Bublitz, Überlebensarbeit und Geschlechterverhältnisse. Klassenerfahrungen von Frauen zwischen 1900 und 1980, Pfaffenweiler 1992; Forschung in Nordrhein-Westfalen, Frauenforschung – Dokumentation, hrsg. von der Ministerin für Wissenschaft und Forschung des Landes NRW, Düsseldorf 1988, 1992; Ute Gerhardt u. a. (Hrsg.), Differenz und Gleichheit, Frankfurt 1990; Sandra Harding, Feministische Wissenschaftstheorie. Zum Verhältnis von Wissenschaft und sozialem Geschlecht, Hamburg 1990; Karin Hausen/Helga Nowotny (Hrsg.), Wie männlich ist die Wissenschaft?, Frankfurt a. M. 1986; Luce Irigaray, Die Zeit der Differenz. Für eine friedliche Revolution, Frankfurt a. M. 1991; Annette Kuhn, Frauengeschichte – Geschlechtergeschichte. Der Preis der Professionalisierung, in: Arbeitsgemeinschaft Interdisziplinäre Frauenforschung und -studien (Hrsg.): Feministische Erneuerung von Wissenschaft und Kunst, Pfaffenweiler 1990, S. 81 ff.; Libreria delle donne di Milano, Wie weibliche Freiheit entsteht. Eine neue politische Praxis, Berlin 1988; Maria Mies, Frauenforschung oder feministische Forschung? Die Debatte um feministische Wissenschaft und Methodologie, in: Beiträge zur feministischen Theorie und Praxis, Bd. 11: Frauenforschung oder feministische Forschung?, Köln 1984, S. 40 ff.; Sigrid Metz-Göckel/Elke Nyssen, Frauen leben Widersprüche. Eine Zwischenbilanz der Frauenforschung, Weinheim 1990; Ilona Ostner, Scheu vor der Zahl? Die qualitative Erforschung von Lebenslauf und Biographie als Element einer feministischen Wissenschaft, in: Wolfgang Voges (Hrsg.), Methoden der Biographie- und Lebenslaufforschung, Opladen 1987, S. 103 ff.; Craig Owens, Der Diskurs der Anderen – Feministinnen und Postmoderne, in: Andreas Huyssen u. a. (Hrsg.): Postmoderne, Reinbek 1986, S. 172 ff.; Ursula Rabe-Kleberg (Hrsg.), Besser gebildet und doch nicht gleich! Frauen und Bildung in der Arbeitsgesellschaft, Bielefeld 1990; Anne Schlüter (Hrsg.), Arbeitertöchter und ihr sozialer Aufstieg. Zum Verhältnis von Klasse, Geschlecht und sozialer Mobilität, Weinheim 1992; Christiane Schmerl/Ruth Großmaß, „Nur im Streit wird die Wahrheit geboren . . ." Gedanken zu einer prozeßbezogenen feministischen Methodologie zur Produktion feministischer Erkenntnis, in: dies. (Hrsg.), Feministischer Kompaß, patriarchales Gepäck, Frankfurt 1989, S. 247 ff.; Christina Thürmer-Rohr, Vagabundinnen, Berlin 1987; Angelika Wetterer (Hrsg.), Profession und Geschlecht. Über die Marginalität von Frauen in hochqualifizierten Berufen, Frankfurt a. M. 1992.

Anne Schlüter

Lotte Jacobi: Selbstportrait mit Ateliercamera, Berlin, um 1930.

Gisèle Freund: Ein Sonntag in Newcastle-on-Tyne.

Fotografie; auch Photographie; von griech „phos" = Licht und „graphein" = schreiben, aufzeichnen, zeichnen. Wörtlich heißt F. so Zeichnen mit Licht, Lichtschreiber, Lichtbildner. F. ist ein Verfahren zur Herstellung dauerhafter, durch elektromagnetische Strahlen oder Licht erzeugter Bilder; auch Bezeichnung für das einzelne Foto.
1826 gelang dem Franzosen J. N. Nièpce das erste erkennbare, wenn auch primitive Lichtbild. Frühere Abbildungsversuche mit lichtempfindlichen Silbersalzen (J. H. Schulze, 1727; J. N. Nièpce 1816) scheiterten am Fixieren. 1837 gelang dem französischen Maler Louis Jacques Mandé Daguèrre (1789–1851) das Fixieren des Lichtbildes mit Silbersalzen auf Metallplatten (Daguerreotypie) und 1839 dem Engländer Henry Fox Talbot (1800–1877) die Fixierung des Lichtbildes auf Papier, die Herstellung des Negativ-Positiv-Verfahrens, so daß von einem Negativ eine Vielzahl von Kopien hergestellt werden konnte.
Frauen standen zuerst einmal *vor* der Kamera als Objekte der Darstellung. Die F., mit der Aura des Technischen umgeben, galt als Männersache – und war es doch von Beginn an nicht. Seit den 40er und 50er Jahren des 19. Jahrhunderts bis heute gibt es eine imponierende Zahl von Fotografinnen, darunter eine Reihe, die die Entwick-

lung auf diesem Gebiet mehr als in vielen anderen Sparten künstlerischer Arbeit mitbestimmt haben. Noch immer fehlt allerdings eine umfassende Geschichte der F., insbesondere der europäischen. So sind auch die Angaben über die ersten Fotografinnen widersprüchlich. Genannt werden die Engländerinnen Constance Talbot, die Frau von Henry Fox Talbot, und Ann Atkins, die auch fototechnisch experimentierten und in der Mitte des 19. Jhs. mit der F. begannen. Constance Talbot machte die ersten Versuche, als ihr Mann verreist war und arbeitete von da an selbständig. Zur 1853 gegründeten „Photographic Society" waren auch Frauen zugelassen; der Zugang zur F. und zu entsprechenden Vereinigungen war mehr von Geld und → Erziehung abhängig als vom Geschlecht. Dies belegen auch die Beispiele der erfolgreichen Fotografinnen Lady Clementia Hawarden (1822–1865) und Julia M. Cameron (1815–1879). 1863 wagte Julia M. Cameron die Beschäftigung mit dem Medium. Sie war 48 Jahre, gebildet, hatte sechs eigene und sechs adoptierte Kinder großgezogen, lebte in Wohlstand und umgeben von Freunden und Verwandten, die ihr Werk schätzten und sie ermutigten, weiterzuarbeiten. Ihr Mann, Teeplantagenbesitzer, hinderte sie nicht. Sie machte unzählige Porträts, die wie mit dem Weichzeichner gemacht wirken; sie hatte mit einer Reihe von Ausstellungen großen Erfolg.
Zugleich mit den Engländerinnen begannen auch in Deutschland Frauen mit der F. Von den damals berühmten Schweizer Landschaftsfotos der Franziska Möllinger (1817–1880) ist nur noch eins aus dem Jahr 1844 erhalten. Zu ihrer Zeit arbeiteten auch die Porträtfotografinnen Bertha Beckmann (keine Lebensdaten; erste Fotos von ihr sind von 1844 erhalten), Maria Mertens (1820–1904), Sophia Breuning (1826–1902) und Jenny Boshard in den Ateliers ihrer Männer, Väter, Brüder. Emilie Bieber (1810–1884) war die erste Frau in der Fotogeschichte, die ein eigenes Atelier eröffnete (1852) und damit den Grundstein zu einem weltweiten Fotoatelierbetrieb legte. Die später in der radikalen → Frauenbewegung aktiven Fotografinnen Anita Augspurg (1857–1943) und Sophia Goudstikker (1865–um 1928) eröffneten 1887 in der männlich dominierten Münchner Atelierszene ein eigenes Fotoatelier.
Die meist adligen Fotografinnen Englands überlieferten ein Bild der Gefühlswelt und Lebensweise, auch Kälte und Begrenzung, Sehnsucht und Manieriertheit ihrer Gesellschaftsschicht im viktorianischen Zeitalter. Sie experimentierten mit Licht, Fenster- und Spiegelszenen wie Lady Hawarden, mit Rückgriffen auf die Mythologie, mit Kostümen und Posen wie Julia M. Cameron. Andere Gegenstände, Personen, eine andere Gestaltung und Wahrheit suchte die Holländerin Alexandrine Tinne (1835–1869) mit ihren Haager Straßenansichten (um 1860) und ihren Bildberichten aus Afrika. Die Arbeiten der wohl ersten Fotoreporterin, ihre abenteuerlichen Reisen, ihr Eintreten für die Abschaffung der Sklaverei machten sie zu einer bekannten Persönlichkeit ihrer Zeit. Sie soll 1869 in der Nähe von Tripolis von Tuaregs bei Aufnahmen umgebracht worden sein.
Das Erbe der Engländerinnen, was die Prägung der F. betrifft, traten etwa seit 1890 vor allem amerikanische Fotografinnen an: die durch die französische impressionistische Malerei und F. geprägte Gertrude

Minya Diez-Dührkoop, 1914. Tochter des Fotografen Rudolf Dührkoop, ab 1907 Teilhaberin seines Ateliers. Bekannt für Porträtfotografie.

Margaret Bourke-White

Porträt von Frida Kahlo, 1931, von Imogen Cunningham

Tina Modotti: Die Schreibmaschine von Julio Antonio Mella

Käsebier (1852–1934); die ersten wichtigen Vertreterinnen der Dokumentarf. Francis Benjamin Johnston (1864–1952), die für lange Zeit in Vergessenheit geriet, und Chansonetta Stanley Emmons (1858 – 1935); Annie W. Brigman (1869 – 1950) lieferte eines der frühesten Beispiele phantastischer F.

In Deutschland eroberten Frauen vor allem die F. als Beruf, entwickelten die technische Seite, das Handwerk weiter. Zu Beginn des 20. Jhs. arbeitete eine Reihe sehr guter Porträtfotografinnen in eigenen Ateliers wie Minya Diez-Dührkoop (1873–1929) oder Grete Back (1878–1965), die insgesamt 50 Frauen zu Fotografinnen ausbildete, Erna Lendvai-Dicksen (1883–1962) oder Dora Kallmus (1881–1963). Auch Lotte Jacoby (1896 – ?), deren Urgroßvater die F. noch bei Daguerre in Paris gelernt hatte, begann nach dem Studium der Kunstgeschichte und Literatur ihre Ausbildung in München, 1927 im väterlichen Studio in Berlin als Porträtfotografin. 1935 emigriert, eröffnete sie in New York ein Fotoatelier, später eine Galerie und studierte wieder Kunstgeschichte. Sie ist eine der wenigen Fotografinnen, die bekannt wurden und es blieben. Neben ihren Porträts waren es sparsame, avantgardistische Detailaufnahmen, Materialstilleben und Fotogramme, die ihren Ruf als Fotografin begründeten. Die Bedeutung einer Reihe anderer deutscher Fotografinnen für die Entwicklung der F. wurde erst in den 70er Jahren erkannt und gewürdigt: mit der Ausstellung „Fotografinnen" in Essen 1970, den parallelen Ausstellungen „Künstlerinnen international 1877–1977" in Berlin (1977) und „Woman artists" 1550 bis 1950 in Los Angeles (1977). Dazu gehören Aenne Biermann (1898–1933), Vertreterin der „Neuen Fotografie", eines sachlichen, realistischen Stils; die Industriefotografin Ruth Hallensleben (1898–1977) und die vor allem experimentell arbeitende Martha Hoepffner (geb. 1912), deren Arbeiten seit 1958 in der Dunkelkammer, ohne Fotoapparat, entstanden.

Eine der besten und bedeutendsten deutschen Porträtfotografinnen der Gegenwart ist Isolde Ohlbaum, u. a. bekannt geworden durch ihre „Gesichter der deutschen Literatur" (Fototermin, Frankfurt/M. 1984.)

Die Leistungen von Fotografinnen können nur richtig eingeschätzt werden, wenn wir etwas über die Bedingungen wissen, unter denen sie gearbeitet haben und heute arbeiten. Wie alle Frauen hatten und haben sie das Problem der Vereinbarkeit von → Beruf, → Kindern, → Familie, und eine Reihe von ihnen hat auf Kinder verzichtet. Andere begannen, wie Gertrude Käsebier, erst mit Ausbildung, Studium, F., als die Kinder größer waren. Imogen Cunningham (geb. 1883) fotografierte schon früh. Als sie dann durch ihre drei Kinder sehr gebunden war, verlegte sie sich auf künstlerische Pflanzenfotografie. Mehr als 70 Jahre lang hat sie fotografiert. Ihre ersten romantischen, unscharfen, von der Malerei beeinflußten Fotos entstanden 1901. Sie war die erste, die männliche Akte publizierte; 1977, noch als 94jährige, machte sie eine Porträtserie von Menschen über 90. Für die Amerikanerin Barbara Morgan (geb. 1900) waren die Kinder der Grund, von der Malerei auf die F. umzusatteln. Sie gab u. a. ein hervorragendes Buch über den → Tanz und die Tänzerin Martha Graham heraus (1935).

Am schwierigsten war und ist es für Fotoreporterinnen. Eine der vier berühmtesten, die Deutsche Gisèle Freund, schrieb in ihrer Kurzbiographie „Memoiren des Auges“: „Nicht viele Frauen üben den Beruf des Fotoreporters aus, der eine absolute Gesundheit erfordert, Geduld, Neugier, eine offene Geisteshaltung, Geschicklichkeit und Mut in völlig unerwarteten Situationen; alles Fähigkeiten, die Frauen besitzen. Aber der Beruf fordert auch, daß man immer verfügbar ist, was sich nur schwer mit den Verpflichtungen eines Familienlebens vereinbaren läßt. Meine Ehe hat mich niemals daran gehindert, weite Reisen zu unternehmen, aber wäre es dasselbe gewesen, hätte ich Kinder gehabt?“ Gisèle Freund (geb. 1912) mußte 1933 vor den Nazis nach Paris fliehen. Die Soziologiestudentin war Jüdin und Mitglied einer Widerstandsgruppe, die entdeckt wurde. Sie schmuggelte einen Film über die Grenze: mit Fotos der gefolterten Körper ihrer Kommilitonen. Um sich ihren Lebensunterhalt zu verdienen, arbeitete sie als Fotojournalistin, schloß sich radikalen Studentengruppen an, war politisch aktiv und beendete 1936 an der Sorbonne ihre Doktorarbeit „Fotografie und Gesellschaft“ (wahrscheinlich die erste Dissertation, die über F. geschrieben wurde). Nach 1942 – wieder auf der Flucht vor den Nazis – lebte sie bis 1945 als Life-Fotografin in Südamerika und reiste 1947 für die Fotografenorganisation „Magnum“ (gegründet gegen die Ausbeutung durch Agenturen) um die Welt. Ihre Bilder und Reportagen erschienen in „Paris Match“, „Life“, „Look“, „Time“. Seit 1954 machte sie hauptsächlich Porträts, darunter sehr gute Frauenporträts. Sie lebt in Paris und fand in den letzten Jahren auch in ihrem Geburtsland Deutschland die Anerkennung, die ihr als einer der besten Fotografinnen zusteht.

Auch Margaret Bourke-White (1904–1971), vielleicht die berühmteste aller Fotografinnen, ist ein Beispiel an Mut und Willenskraft. Noch jung, auf dem Höhepunkt ihrer Karriere an Reisen und intensive Arbeit gewöhnt, erkrankte sie an Schüttellähmung. 20 Jahre kämpfte sie dagegen. Die Amerikanerin aus „gutem Hause“ arbeitete zunächst als Architektur-Fotografin. Bilder aus dieser Zeit zeigen sie mit ihrer schweren Großbildkamera in halsbrecherischer Lage hoch auf Wolkenkratzern. Seit der „Life“-Gründung (1936) war sie feste Fotoreporterin und arbeitete 21 Jahre lang für diese Zeitschrift. Wie Gisèle Freund beherrschte sie alles in ihrem Metier bis hin zur graphisch-künstlerischen F., schrieb die Texte zu ihren Fotos und Reportagen selbst. Kritisch, engagiert, parteilich, ehrgeizig, auch rücksichtslos in ihrem Arbeitsstil, und – sehr neugierig war sie. Als erste westliche Reporterin fuhr sie in die Sowjetunion. Ihre beiden hierüber erschienenen Bildbände (1931 und 1934) gehören wohl zu ihren besten Arbeiten, ebenso wie die Dokumente über die Verwüstungen durch die Nazi-Herrschaft aus dem KZ-Buchenwald 1945. Eines ihrer für sie wertvollsten und liebsten Fotos ist das von zwei südafrikanischen Minenarbeitern aus den 50er Jahren.

Die Italienerin Tina Modotti (1896–1942) ist ein Beispiel, wie es Frauen ergeht, die ihnen vorgeschriebene Bahnen verlassen. In vielen Übersichten zur F., selbst bei solchen, die von Frauen herausgegeben wurden, kommt sie nicht vor. In Ausstellungs- und Museumskatalogen fehlen oft Hinweise auf ihre Arbeiten, die Qualität ihrer Bilder. Stattdessen: die Geliebte von . . ., Kommunistin, Revolutionärin und so fort. Tina Modotti stammte aus einer armen italienischen Familie; Armut, Hunger, 12-Stunden-Tage in einer Textilfabrik prägten ihre Kindheit und erste Jugend, bis sie 17jährig nach San Francisco emigrierte. Sie war wunderschön, spiel-

Foto von Dorothea Lange (1895–1966)

Edward Weston:
Tina Modotti auf der Azotea, 1924

Die Fotografin Judy Belasco, verheiratet und Mutter von zwei Kindern, beschreibt einen typischen „Arbeitstag“:

„Abzüge aus dem Rahmen nehmen – telefonieren – die Küche wischen – Studenten in der Dunkelkammer unterrichten – Einkaufen – über die letzten Arbeiten nachdenken – Abzüge wässern – die beste Freundin besuchen – Diskussion über Arbeit – Schreiben – Kinder – ihr Kind abholen – Essen kaufen – nach Hause – den Versuchsstreifen vom Fernsehfilm des Ehemannes ansehen – Entwerfen – Abendessen – Studium, Vorlesung einer Nonne über Evolution – nach Hause – Tanzen und dem Ehemann Erlebnisse vermitteln – vor dem Kamin lesen, während die Katzen im Bett rumspringen.“

Beate Knappe

te Theater, bekam einen Vertrag in Hollywood, entwarf Kleider und wurde Schülerin bei dem amerikanischen Meisterfotografen Edward Weston. 1922 blieb sie nach einer Reise in Mexiko. Tina Modotti betrieb graphische F., Detailaufnahmen von Pflanzen, Gegenständen, Innenräumen, Gebäuden. Sie fotografierte die Armenviertel Mexico Citys: eine der ersten sozialkritischen Reportagen, perfekt in der Form, aufrüttelnd. Ihre Bilder, darunter hervorragende Porträts südamerikanischer Frauen, aus den 20er Jahren sind von ihrem starken sozialen und politischen Engagement geprägt. 1929 wurde der kubanische Revolutionär Antonia Mella, der in Mexiko im Exil lebte und ihre große Liebe war, vor ihren Augen ermordet. Danach konnte und wollte sie nicht mehr fotografieren. 1930 wurde sie als Mitglied der verbotenen kommunistischen Partei verhaftet, nach dreitägigem Hungerstreik ausgewiesen. Deutschland, Sowjetunion, Frankreich, Teilnahme am spanischen Bürgerkrieg und Rückkehr nach Mexiko waren die Stationen in den letzten 12 Jahren ihres bewegten Lebens. Zum Schluß lebte sie am Rande des Existenzminimums als Übersetzerin und starb nach einem Infarkt im Taxi.
Ob die vielen gesellschaftskritischen Bilder und Reportagen von Fotografinnen auch einen Grund in ihrem Unterdrückungserfahren als Frauen haben, muß ohne gründliche Untersuchungen eine Vermu-

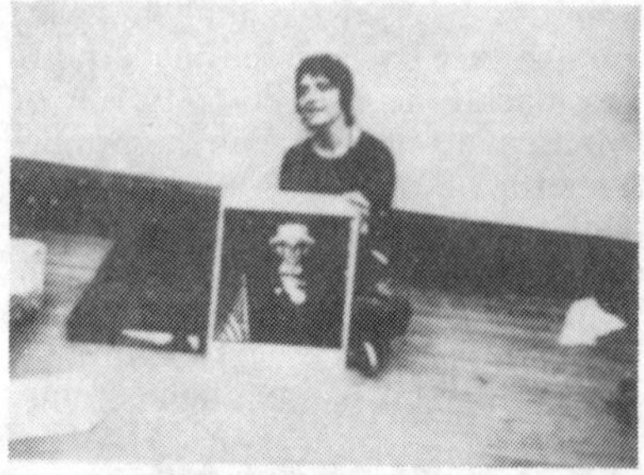

Diane Arbus, Porträt

tung bleiben. Bei Diane Arbus (1923–1971) war es *ein* Moment unter vielen: für ihre Unbehagen auslösenden Bilder von denen, die am Rande, in Hinterhöfen, Camps, Heimen der nordamerikanischen Gesellschaft leben. Wichtig war, wie sie schrieb, auch ihre behütete Kindheit, „daß ich nie Widerwärtigkeiten erlebt habe. Ich wurde in einer Art Unwirklichkeit gelassen, die ich auch nur als solche empfand“. 20 Jahre lang arbeitete sie als Modefotografin. 1959 begann sie, Mißgeburten, Nudisten, Transvestiten, Verrückte, Alte . . . zu fotografieren. Ihre bedrückenden Dokumente der F. zwingen zur Auseinandersetzung mit vielem, was ins Ghetto gesperrt wird. Alle Fotografierten wissen, daß sie fotografiert werden. Diane Arbus hat immer eine Beziehung zu den Menschen hergestellt, nicht Objekte abgelichtet; Schnappschüsse galten ihr nichts. Es war aufreibend, verzehrend für die Fotografin, so zu arbeiten. Dazu kamen Angriffe der Kritik, öffentliche Auseinandersetzungen, hatte doch eine Frau gewagt, dem glänzenden Amerika die andere Seite zu zeigen. 1971 brachte sich Diane Arbus um. Auch Lisette Model (geb. 1906), die Wiener Emigrantin in den USA und Diane Arbus' Lehrerin, hat nach Modef. und neben freier künstlerischer F. vor allem die sozialen Gegensätze dokumentiert: Randgruppen, Arbeit, Elend und sonnenbadende Reiche – bewegende, auch teilweise karikierende Bilder. Oder Dorothea Lange (1895–1966): ihr Foto von einer alten freigelassenen schwarzen Sklavin aus der Fotodokumentation „Migrant Workers“ (Reisende Landarbeiter, 1938 – von insgesamt 13 Fotografinnen und Fotografen erstellt) ist eine der berühmtesten Aufnahmen in der Fotogeschichte und erschien nach einer Schätzung bis 1969 in über 10 000 verschiedenen Publikationen, war Motiv für Aufrufe und Informationsblätter. „The Country Women“ (1966), ihr Bildband über Landfrauen, enthält Aufnahmen, die etwa zwischen 1935 und 1955 entstanden. „Zu den meisten Porträts gehören Zweitfotos, die das Haus und die Umgebung beschreiben, in der die Frauen leben . . . Es sind Frauen, die eine andere Art von Leben repräsentieren. Sie leben mit Mut und Entschlußkraft und sind ein Teil unserer Geschichte.“ (Dorothea Lange). Sehr anders sind die strengen, stilisierten Frauenporträts der oft mit Spiegelreflexen arbeitenden Deutsch-Amerikanerin Florence Henri (geb. 1895), die in Frankreich lebt. Diese „Kompositionen“, wie die Fotografin sie nannte, sind nur ein Teil ihres umfangreichen Werkes.

Auch die vielen, die heute erfolgreich fotografieren, tun es in einer patriarchalisch bestimmten Welt, müssen mit subjektiven und objektiven Hindernissen zurechtkommen. Wenige Kollegen gibt es, die, wie Otto Steinert, bekannter Fotograf und Organisator der Ausstellung „Fotografinnen“ (Essen, 1970), sensibel sind für diese Probleme. „Eine weitere Frage . . . ist diejenige nach der kreativen Fähigkeit. Letztere ist den Frauen gemeinhin abgesprochen worden . . . Ist aber Voraussetzung jedweder schöpferischen Tätigkeit nicht die freie Entfaltung der Persönlichkeit, und wurde nicht gerade diese den Frauen allzusehr erschwert? Erstickt vom Alltäglichen, von den Forderungen der Familie, kam die Eigenentwicklung dabei allzu oft zu kurz.“ Aber auch er, ursprünglich Mediziner: „Es mag mit an mangelnder physischer Stärke und Nervenkraft liegen, daß so selten einer Frau gelang, schöpferische Akzente zu setzen, weniger an der fehlenden grundsätzlichen Eignung.“

Nun, inzwischen gibt es auch andere Einschätzungen, was nicht zuletzt an der (Wieder-)Entdeckung vieler Fotografinnen liegt. Gerade in der F. haben Frauen Akzente gesetzt: im Fotojournalismus, mit ihren sozialkritischen Reportagen, in der Porträtf., in der Sichtweise, in Darstellungsformen und -mitteln von Frauen, Frauenleben und Perspektiven zur Veränderung. Sie haben im → Krieg und Nachkrieg fotografiert, erschütternde Dokumente geliefert, Widersprüche eingefangen wie Lee Miller (1907–1977) in Frankreich und Deutschland 1944/45; oder Susan Meiselas, die mit intensiven und eindringlichen F.n vom Krieg in Nikaragua beeindruckt; Arbeiten, die eine Weiterentwicklung des Fotojournalismus in der Tradition und von der Kraft der Fotografen Robert Capa und Cartier-Bresson sind.

Magda Taroni

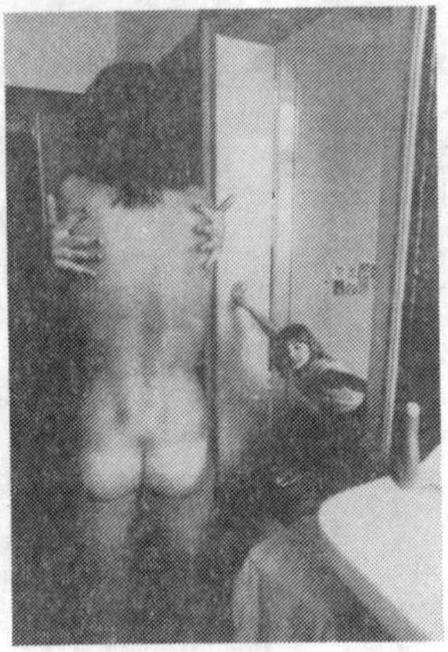
Uschi Dresing

Zwischen 1945 und 1989 war die Entwicklung der F. und damit auch der Fotografinnen in beiden Teilen Deutschlands unterschiedlich. Diese Entwicklung, die Unterschiede und Gemeinsamkeiten sind noch wechselseitig aufzuarbeiten. Wahrzunehmen gilt es auch die schwarzen Fotografinnen, ist doch die F.geschichte und damit auch die der Fotografinnen weitgehend eine der Weißen (Jeanne Moutoussamy-Ashe, 1986).

„Fotografieren ist nicht nur Knipsen, sondern vielmehr das Wesen der Gegenstände, die fotografiert werden sollen, sichtbar zu machen. Fotografinnen müssen Regisseurinnen sein hinter ihrem Fotoapparat . . . Es ist nicht allen Fotografierenden immer bewußt, daß mit dem Apparat Empfindungen ausgedrückt werden können, daß Fotograf und Fotografin Interpreten sind, daß das Bild auch Ausdruck der Beziehung zum Fotografierten ist und etwas mit Kunstmachen zu tun hat. In einer Minute werden winzige Ausschnitte der Wirklichkeit gepackt. Sie gilt aber oft nur in diesem Augenblick. Das Bild eines herausgelösten Augenblicks kann unwahr sein. Da muß die Fotografin Regie führen: Arbeite ich an dieser Lüge oder arbeite ich eine Wahrheit heraus? Das Wissen von Fotografinnen, von Fotografen, ihre subjektive Kultur, sind bestimmend für das Ergebnis." (Magda Taroni)

So können die Ergebnisse in der F. sehr unterschiedlich sein, je nachdem, ob eine Frau oder ein Mann fotografiert und welcher Schicht bzw. Klasse sie oder er angehört. Dies läßt sich anhand der Arbeiterf. nachweisen, die sich in den 20er und frühen 30er Jahren in Deutschland entwickelte und im letzten Jahrzehnt in der Bundesrepublik wiederbelebt wurde. Ein Grund für die Entstehung der Arbeiterf. war, Arbeiterinnen und Arbeitern das Fotografieren zu ermöglichen – auch hier spielte das Geschlecht eine Rolle; es gab wenig Arbeiterfotografinnen. Es ging aber auch darum, im eigenen Interesse zu fotografieren, die Frauen, Männer, Kinder der eigenen Klasse, ihre Arbeit, ihr Leben, ihr Leid und Elend, aber auch ihre Aktionen und Streiks, Wünsche und Hoffnungen darzustellen.

Ein zweites Beispiel ist die Aktf., eine Domäne der Männer, in der männliche Akte ebenso Ausnahmen sind wie weibliche Fotografen. Das herrschende Geschlechterverhältnis schlägt sich hier besonders deutlich nieder, und die Fotos ihrerseits tragen zur Verfestigung dieses Verhältnisses bei. Schon immer in der Mehrzahl männliche Bilder von → Weiblichkeit und nicht Darstellung von Frauen, sind mit der Flut von Veröffentlichungen seit den 60er Jahren in Illustrierten und Zeitschriften einige Trends verbunden, wie Christiane Schmerl nach zunächst zufälliger, dann sehr systematisch vorgenommener Durchsicht der Arbeiten „führender Mädchenfotografen" (Aktf., erotische F.) der westlichen Welt festhielt: 1. der makellosen, oft glatten kalten Schönheit der immer jungen Modelle entspricht die perfekte glatte Machart der Bilder, eine „keimfreie Hochglanzästhetik", „Chemieplastik". 2. Aktfotos sind vielfach austauschbar mit Werbefotos und – Pornographie. Statt Frauen werden „Frauenstücke" (Christiane Schmerl) fotografiert, ohne Köpfe, Gesichter, ohne Augen. Frauen als Objekte, Ding, Ware. 3. Was als sexuelle, erotische F. angeboten wird, ist vielfach Gewaltf., und deren Anteil hat in den letzten Jahrzehnten enorm zugenommen. Nicht die Lust an Erotik und Sexualität wird ins Bild geholt, sondern die Lust an → Gewalt, an Erniedrigung, Unterdrückung, Verkrüppelung der Frau mit sexuellen Mitteln.

Und schließlich als letztes Beispiel: Frauenf. Nicht alle Fotografinnen, aber viele von ihnen haben sich sehr viel mehr und anders als ihre männlichen Kollegen mit der Situation der Frauen beschäftigt. Ihnen ging es in bezug auf ihr eigenes Geschlecht, das Geschlechterverhältnis, um die Fragen: Welche Wahrheit will ich herausarbeiten? In wessen Interesse fotografiere ich? Welche Gegenstände und Subjekte stelle ich dar und wie? Was will ich bewirken? Lebendige, wirkliche, weibliche Menschen mit Schwächen, Fehlern und Vorzügen, mit

Körpern und Kopf, in unterschiedlichen Arbeits- und Lebenssituationen, mit verschiedenen und gemeinsamen Interessen haben sie fotografiert. Leidende und Aufbegehrende, Traurige und Zornige. Auseinandersetzung mit gängigen „männlichen" Bildern von → „Weiblichkeit" und Entwurf von Gegen-Bildern sind nur die wichtigsten Antwortstichworte auf die Fragen.
Bei Herlinde Koelbl (geb. 1939) sind es die meisterhaften Porträts von Milieus und Personen, in denen – ob „Feine Leute" (1986) oder „Hierzulande" (1987) – auch das Geschlechterverhältnis beeindruckend, deprimierend, zornig machend eingefangen wird.
Für viele der heute in der Bundesrepublik arbeitenden Fotografinnen hat die → Frauenbewegung im Prozeß ihrer Entwicklung ebenso eine Rolle gespielt wie umgekehrt die Arbeit der Fotografinnen für die Frauenbewegung wichtig war und ist, um die Bewegung zu dokumentieren und weiter zu bewegen. Fotografinnen wie Karin Székessy (als eine der ersten), Hacky Porzner, Charlotte March, Angela Eichstaedt u. a. haben sich neben vielen anderen auch an die Aktf. gewagt, Frauen und auch Männer fotografiert. Sie haben zum Teil sehr gelungene Versuche geliefert, Lust an Erotik und Sexualität darzustellen, die mit dem wirklichen Leben verbunden ist, mit Wärme und Liebenswürdigkeit, Geist und Leidenschaft, Kopf und Körper. Für viele mag es so schwierig gewesen sein wie für Uschi Dresing, gerade hier Gegen-Bilder zu machen: „. . . ich lehnte die Abbildungen dieser gestellten, künstlich verrenkten, erstarrten Körper ab, die mich an aufgespießte Schmetterlinge erinnerten . . . Ich möchte nicht nur bei der Kritik von menschenverachtenden Aktaufnahmen stehenbleiben, sondern versuchen, mit meinen Fotos eine veränderte Ästhetik mitzuentwickeln, die keine vom alltäglichen Leben losgelöste Erotik zeigt, die endlich versucht, auf die Wünsche, Vorstellungen und Bedürfnisse der Frauen einzugehen" (Anna Tüne, 1982).
Katharina Sieverding und Jaschi G. Klein, Renate Eisenegger, Silke Grossmann und Erika Magdalinski, Beate Knappe, Magda Taroni, Marie-Luise Meyer, Stefanie Grebe und Uschi Dresing haben, wie viele andere, Frauenalltag fotografiert – Junge und Alte, Mädchen und Mütter, geschlechtsspezifische Erziehung und Doppelarbeit, Frauen beim Kochen und bei Demonstrationen. Sie bringen nicht nur technisch „Licht in die Grautöne" (Magda Taroni) und machen Hochglänzendes matt, sie experimentieren mit Masken und Fotomontagen, klagen an und entwickeln Zukunftsbilder, sie dokumentieren und bewegen.

Lit.: Arbeitsgruppe Frauen in der Kunst (Hrsg.), Künstlerinnen international 1877–1977, Berlin 1977 (Ausstellungskatalog); Doon Arbus / Marvin Israel (Hrsg.), Diane Arbus. Eine Monographie, New York 1972, deutsch: Frankfurt/M. 1990, 3. Aufl.; Gisèle Freund, Photographie und Gesellschaft, Reinbek b. Hamburg 1989; Jörg Kriechbaum / Rein A. Zondergeld, Künstlerinnen. Von der Antike bis zur Gegenwart, Köln 1979; Tina Modotti, Fotografin und Revolutionärin, München/Wien 1981; Jeanne Moutoussamy-Ashe, Viewfinders. Black Women Photographers, New York 1986; Ann Tucker (Hrsg.), The Women's Eye, New York 1975, 2. Aufl.; Anna Tüne (Hrsg.), Körper – Liebe – Sprache, Berlin 1982.

Fachliche Beratung: Magda Taroni; wichtige ergänzende Hinweise: Beate Knappe.

Elly Steinmann / Renate Wurms

Frau; ahdt. „frouwe", mhdt. „vrouwe" war ursprünglich gleichbedeutend mit Herrin, Gebieterin. Das entsprechende Wort „fro" für Herr, Gebieter ist im Deutschen untergegangen und hat sich nur in Zusammensetzungen wie Frondienst und Fronleichnam gehalten.
Der Titel und die Anrede F. blieb dem Ursprung entsprechend lange Zeit der F. der Oberschicht, des Adels vorbehalten und hat sich bis heute in der Anrede „gnädige Frau" erhalten. Als Standesbezeichnung wurde F. im 17. Jh. durch → Dame ersetzt, und F. wurde die Bezeichnung für den erwachsenen weiblichen Menschen, für die Ehefrau anstelle von mhdt. „wip" (→ Weib).
Zur Situation der F.en, der jungen und alten, im Beruf, in der Familie, in der Politik, den Unterschieden und Gemeinsamkeiten, gestern und heute siehe A–Z.

Frauenbewegung; umfaßt Bestrebungen, Initiativen, organisiertes Vorgehen und Kampf von Frauen zur Durchsetzung ihrer politischen,

Olympe de Gouges, Pseudonym von Marie Aubry, 1748–1793.

Flora Tristan 1805–1844

Théroigne de Méricourt, Pseudonym von Anne Joseph Terwagne, 1762 bis 1817. Sie nahm, gekleidet als „Amazone der Freiheit", am Sturm auf die Bastille teil und führte den Zug von Arbeiterinnen, Marktfrauen, Prostituierten am 5./6. 10. 1789 nach Versailles.

Louise Otto (– Peters) 1819–1895

Hedwig Dohm 1833–1919

Helene Lange 1848–1930

Mary Wollstonecraft 1759–1797

wirtschaftlichen und kulturellen Rechte. F. ist → autonom, d. h. von Frauen selbst bestimmt, oder verbunden mit Berufsverbänden, konfessionell und weltanschaulich geprägten Gruppierungen und Organisationen. Innerhalb der F. gibt es unterschiedliche Ansichten, Arbeitsweisen, Strukturen und Ziele. F. kann sowohl Kampf um Gleichberechtigung innerhalb der bestehenden Verhältnisse beinhalten wie Kampf um eine Befreiung von Gesellschaftszwängen, sowohl eine Geschlechter- wie eine Gesellschaftskomponente. Zur Erreichung ihrer Ziele arbeitet die F. mit anderen Kräften zusammen, es gibt aber auch Ablehnung einer solchen Zusammenarbeit. F. umfaßt Frauengruppen, -organisationen und -verbände, gewerkschaftliche Frauenausschüsse, parteipolitische Vereine wie Initiativen und Projekte. Teile der F. konzentrieren sich auf einen Schwerpunkt und sind dementsprechend „Ein-Punkt-Bewegungen", während andere die Gesamtheit der Frauenprobleme in ihrem gesellschaftlichen Zusammenhang angehen.

Geschichte: Die Geschichte der Frauen ist durch Jahrhunderte gekennzeichnet von Diskriminierung, Unterdrückung und Verfolgung. Sie ist verbunden mit der gesellschaftlichen Arbeitsteilung, der Entstehung des Privateigentums, der Klassenspaltung und der Über- und Unterordnung von Männern und Frauen.

Lange Zeit wurde die Entrechtung der Frau, ihre Unterordnung unter den Mann als naturgemäß betrachtet. Nur wenige humanistisch denkende Menschen wandten sich dagegen; es gab auch einzelne Frauenversuche zur Emanzipation, die jedoch an der grundsätzlichen Diskriminierung der Frau nichts änderten. An gesellschaftlicher Brisanz gewann die „Frauenfrage" mit der industriellen Revolution. Hier traten neue Widersprüche in den Vordergrund: veränderte Produktionsweise und neue Abhängigkeiten für die Frau, bürgerliche Freiheiten und verhinderte Gleichberechtigung. Sie gaben zugleich neue Impulse für die Befreiung der Frau.

Entscheidende Faktoren für die Entstehung der F. waren: die sozialen Veränderungen im Zuge der Entwicklung der Produktivkräfte während der industriellen Revolution im 19. Jahrhundert und der dadurch veränderten gesellschaftlichen Stellung der Frau; der Einfluß demokratischer Bewegungen.

Unter dem Eindruck der Französischen Revolution (1789) waren Frauenrechte in Frankreich und England proklamiert worden. Die Französische Revolution mit ihren Forderungen nach Freiheit, Gleichheit und Brüderlichkeit war Ursprung und Hoffnung von Frauen in ganz Europa. Einige Jahrzehnte später traten amerikanische Bürgerfrauen für die Befreiung der Negersklaven und für ihre eigene Emanzipation auf. In England war es im 18./19. Jahrhundert die Suffragetten-Bewegung, die für die Rechte der Frauen kämpfte. In der Februarrevolution von 1848 in Frankreich, die der F. einen starken Aufschwung gab, wurden revolutionäre Frauenklubs und eine Union der Arbeiterinnen gegründet. Im März 1848 griff die revolutionäre Bewegung auf Deutschland über. Mit der Verschärfung der politischen Auseinandersetzungen am Vorabend der Revolution nahm auch der Emanzipationskampf seinen Anfang. So stellte die Vertreterin der bürgerlichen F., Louise Otto-Peters (1819–1895) fest: „Wenn die Zeiten gewaltsam laut werden . . . so kann es niemals fehlen, daß auch die Frauen ihre Stimme vernehmen und gehorchen . . . Es ist ein Leben und Streben in unserer Zeit, wie es nie vorher gewesen . . . Dies Leben hat auch die Frauen mit in seine bewegten Kreise gezogen." Diese Aufbruchstimmung zeigte sich dann auch in der Beteiligung von Frauen an der revolutionären Bewegung und schlug sich in deutscher Frauenkultur nieder: Emma Herwegh und Malwida von Meysenbug standen wie andere auf den Barrikaden; Clara Schumann spielte Musik für die armen Erzgebirgler; Fanny Lewald schrieb Aufsätze über die Frauenfrage und entwickelte Vorschläge zur Organisation der „Töchter der Armen"; Louise Otto-Peters

Auguste Schmidt 1833–1902. Sie gründete zusammen mit Louise Otto-Peters den Allgemeinen Deutschen Frauenverein.

Helene Stöcker 1869–1943

Minna Cauer 1842–1922

veröffentlichte die Lieder eines deutschen Mädchens; Mathilde Franziska Anneke gab die „Frauen-Zeitung" heraus; Bettina von Arnim wandte sich mit Reformvorschlägen an den König; Johanna Kinkel schrieb satirische Gedichte und Singspiele.

Die Veränderungen der Lebens- und Arbeitsbedingungen im 19. Jahrhundert waren: außerhäusliche Erwerbstätigkeit und extreme Frauen- und Kinderausbeutung in den Fabriken (dies traf die proletarische Familie); Einschränkungen der Haushaltstätigkeiten, starke Zunahme der alleinstehenden Frauen in bürgerlichen Schichten. Während es den proletarischen Frauen in erster Linie um Erwerbsmöglichkeiten und Schutz vor zuviel Arbeit ging, setzten sich bürgerliche Frauen für Zulassung zu Studium und Beruf ein. Für die Arbeiterin war die Stellung in der Produktion der Ansatz zur Emanzipation, für die bürgerliche Frau das Geschlecht der Ansatz zur Gleichberechtigung. Damit ist eine entscheidende Barriere gegen eine Vereinheitlichung der entstehenden F.en benannt.

Bürgerliche F. Sie knüpfte zunächst an die 48er Revolution mit ihrer Forderung nach Freiheit an. Die Hauptforderungen der bürgerlichen F. waren: Berufsfreiheit und Wahlrecht, Bildung und soziales Wirken. Mit den Frauenzeitungen von Louise Otto-Peters und Mathilde Franziska Anneke und mit der Konstituierung von Frauenbildungsvereinen waren bereits 1848 die ersten Ansätze zur Organisierung von Frauen gemacht worden. Die Entwicklung der bürgerlichen F. in den fünfziger Jahren vollzog sich langsam, gehemmt durch die politische Rechtlosigkeit der Frauen, durch die finanzielle Ohnmacht und nicht zuletzt durch die vorhandenen geschlechtsspezifischen Stereotype. Die Gründung des „Allgemeinen Deutschen Frauenvereins" (ADF) in Leipzig 1865 war das offizielle Geburtsdatum der bürgerlichen F. In den sechziger Jahren entstanden Frauenvereine, die sich für Bildung (einige auch für die Ausbildung freiwilliger Krankenpflegerinnen für den Kriegsdienst) und Erwerb einsetzten. Gegen das Leitbild der

Kongreß des Verbandes fortschrittlicher Frauenvereine, 1901. (Von links: Frau Hatog, Lida G. Heymann, Frau v. Witte, Minna Cauer, Anita Augspurg, Frau Lischnewska, Frau Schaaf; am Pult: Else Lüders).

Marie Stritt, 1855–1928. Sie war in der fortschrittlichen Ära des Bundes deutscher Frauenvereine die Vorsitzende (1899–1910) und kommt in kaum einer Frauenbewegungsgeschichte vor.

Paula Müller – Otfried 1865–1946. Von 1901 bis 1934 war sie Vorsitzende des konservativen, deutsch-national orientierten Deutsch-Ev. Frauenbundes.

Alice Salomon 1872–1948. Mitgründerin und Leiterin der ersten Frauenschule für Sozialarbeit 1908 in Berlin.

„guten deutschen Hausfrau" und die Reduzierung der Frau auf ihre Mutterrolle wandte sich u. a. Hedwig Dohm (1833–1919), die die Erschließung wissenschaftlicher Berufe für Frauen forderte und 1876 zur Gründung von Frauenstimmrechtsvereinen aufrief (sie gründete 1888 den „Deutschen Frauenverein Reform"). Neben Aktivitäten zur Verbesserung der Bildungschancen von Mädchen – wie Hedwig Dohm waren Helene Lange (1848–1930) und Minna Cauer (1842–1922) aktiv – war „gemeinnützige Tätigkeit" Schwerpunkt der bürgerlichen F. Sie setzte sich in ihrer Mehrheit für Gleichberechtigung und für die Verbesserung der Lage der Frauen in Familie, Staat und Gesellschaft ein, trat gegen die Vorrechte des Mannes auf; eine grundlegende Änderung der gesellschaftlichen Verhältnisse lehnte die Mehrheit dagegen ab.

Um die Jahrhundertwende hatten sich drei Richtungen mit eigenen Organisationen und Publikationen herausgebildet: die *Radikalen* oder der linke Flügel um Minna Cauer, Lida Gustava Heymann (1868 – 1943), Anita Augspurg (1857 – 1943) und Helene Stöcker (1869 – 1943); sie forderten demokratisches Frauenwahlrecht, die Ausbildung und Entwicklung einer eigenen, von der Funktion der Mutter und dem Status der Ehefrau unabhängigen Persönlichkeit der Frau, Mutterschutz und eine neue Sexualmoral. Die Radikalen waren politisch vorwiegend liberal, einige demokratisch oder sozialistisch orientiert; die *Gemäßigten* oder der mittlere Flügel um Helene Lange: Auch sie setzten sich gegen ein „einseitig falsches Frauenideal" zur Wehr, das (bürgerlichen) Frauen den Bereich häuslicher privater Arbeit und Kindererziehung als einzigen Wirkungskreis zuweist. Zum Unterschied von den Radikalen erkannten sie aber die „Mutterschaftsbestimmung" der Frau als „Grundmaßstab" – und damit Grenze – für alle Emanzipationsbestrebungen an. Politisch überwiegend liberal oder nationalliberal ausgerichtet, engagierten sie sich erst spät – und entsprechend den vorherrschenden Parteimeinungen – für ein demokratisches bzw. ein Drei-Klassen-Wahlrecht für die Frauen. Die Gemäßigten waren eine sozialreformerische Bewegung, die für Bildungs- und Berufsfreiheit innerhalb der bestehenden Verhältnisse eintrat und auf Bewußtseinsveränderungen hinarbeitete; die *Konservativen* oder der rechte Flügel: dieser umfaßte konfessionelle Frauenorganisationen, Haus- und Landfrauenvereine sowie vaterländische Frauenvereine und wandte sich vor allem gegen emanzipatorische Bestrebungen der F. Von ihnen wurde der „Hausfrauenberuf" aufgewertet, vor allem Wohlfahrtsarbeit geleistet. Sie unterstützten in ihrer Mehrheit die nationalistische Politik der Regierung im Kaiserreich. Während des Ersten Weltkrieges und der Weimarer Republik entstanden extrem rechtsstehende, antisemitische und antisowjetische Frauenorganisationen.

In der Weimarer Republik ging die Mehrheit der bürgerlichen F. (z. T. organisiert im „Bund deutscher Frauenvereine") vom „Seelisch-Anderssein" der Frau aus. Viele Frauen gaben sich der Illusion hin, daß mit der Durchsetzung der politischen Gleichberechtigung der Frau (1918/1919) die Frauenfrage sozusagen gelöst sei. Lediglich im gesetzgeberischen Bereich entwickelten die bürgerlichen Frauen eine Reihe von Initiativen (so zu den Problemen der Scheidung und der elterlichen Gewalt).

Die Mehrheit der bürgerlichen F. setzte sich für gleiche Rechte und soziale Reformen innerhalb der kapitalistischen Gesellschaft ein; ab 1900 ist eine Differenzierung in wichtigen inhaltlichen Fragen festzustellen: so in der Frage des Wahlrechts (Einigkeit herrschte nur in der Forderung, Uneinigkeit gab es in der Klassenfrage), in der Dienstbotenfrage (ein großer Teil der bürgerlichen Frauen wandte sich aus ihren Klasseninteressen heraus gegen die Forderungen der Dienstboten nach einem geregelten Arbeitstag), in ethischen und Sexualfragen (der größte Teil sprach sich gegen Schwangerschaftsabbruch aus) und vor allem in der Kriegsfrage und in der Haltung zum Nationalsozialis-

mus (so war z. B. für den BdF die Friedensfrage kein Thema). Der größte Teil der bürgerlichen F. befürwortete und unterstützte den Ersten Weltkrieg aktiv. Für Gertrud Bäumer (1873–1954), führend im Bund deutscher Frauenvereine, war „Nationaler Frauendienst der eigentliche, tiefste Sinn der deutschen Frauenbewegung", „Heimatdienst die Kriegsübersetzung des Wortes Frauenbewegung".
Der radikale Teil der bürgerlichen F. wandte sich allerdings entschieden gegen den Ersten Weltkrieg und gegen den aufkommenden Hitlerfaschismus.
Proletarische F.: Die Anfänge der organisierten proletarischen F. sind eng verbunden mit der Entstehung der Arbeiterbewegung und der Entwicklung der sozialistischen Emanzipationstheorie. In der ersten Hälfte des 19. Jahrhunderts gab es erste Ansätze einer Organisierung von Arbeiterinnen in gewerkschaftlichen Zusammenschlüssen: in den Unterstützungskassen, in den Arbeiterbildungsvereinen, in Streikkoalitionen und in der „Arbeiterverbrüderung" (1848). Auch hier sind die Anfänge schwer: negativ wirken sich die gesetzlichen Hindernisse aus (Frauen dürfen keine Vereinsmitglieder sein), die im Unterschied zu Arbeitern und Handwerkern fehlende Berufstradition, die doppelte Belastung (die Arbeitsbedingungen waren miserabel, nicht selten dauerte der Tag in der Fabrik bis zu 18 Stunden), die bürgerlichen Leitbilder sowie Widerstände innerhalb der Arbeiterbewegung gegen die außerhäusliche Frauenarbeit und die Organisierung von Frauen.
Die Diskussion um die Frauenarbeit prägte auch die Anfänge der proletarischen F. Der Ablehnung dieser durch Teile der Arbeiterbewegung (wegen des Elends der Familien, weil die Frau als „Schmutzkonkurrentin" des Mannes, als „Lohndrükkerin" gesehen wurde) setzte Clara Zetkin (1857–1933) in ihrer Rede auf dem Internationalen Arbeiterkongreß in Paris (1889) entgegen: Die Frauenarbeit sei eine gesellschaftliche Notwendigkeit, auf der ökonomischen Unabhängigkeit oder Abhängigkeit beruhe die Freiheit oder die soziale Sklaverei; die wirtschaftliche Unabhängigkeit der Frau sei die Voraussetzung für die Beseitigung der Unterdrückung der Frau. Die Berufsarbeit und Schutzbestimmungen wurden als wichtige Forderungen der proletarischen F. gestellt. Ziel war die sozialistische Gesellschaft, Arbeitsweise der gemeinsame Kampf der Arbeiterinnen und Arbeiter.
Schon 1869 wurde die „Internationale Gewerksgenossenschaft der Manufaktur-, Fabrik- und Handarbeiter beiderlei Geschlechts" gegründet. Danach entwickelte sich eine Reihe von Frauenvereinen, die sich darum bemühten, die Arbeiterinnen auf örtlicher Ebene zu organisieren: reine Frauengewerkschaften, „gemischte" Organisationen von Frauen und Männern sowie Frauenvereinigungen, die den Männergewerkschaften kooperativ angeschlossen waren. (→ Gewerkschaft)
Trotz der Behinderungen durch das Sozialistengesetz (1878–1890) nahm die proletarische F. in dieser Zeit einen radikalen Aufschwung. Entscheidenden Einfluß auf diese Entwicklung hatten die Zeitschrift „Die Gleichheit", die ab 1891 – ab 1892 von Clara Zetkin – herausgegeben wurde und das Buch von August Bebel „Die Frau und der Sozialismus" (1879). Unterstützt durch

Clara Zetkin 1857–1933

Käte Duncker, 1871–1953, proletar. Frauenbewegung, SPD, 1918 Mitgründerin der KPD.

Schulungsgruppe der proletarischen Frauenbewegung, Leipzig 1902. Dritte von links, sitzend, Käte Duncker.

Margarethe Wengels, 1856–1931, proletar. Frauenbewegung, Berlin.

Auguste Lewinsohn, 1868–1957, proletar. Frauenbewegung, Dresden.

Agnes von Zahn-Harnack 1884 bis 1950. Vorsitzende des BdF (1931 bis 1933)

die Gewerkschaften und die Sozialdemokratie (diese nahm anfangs die Frauenfrage ernst und stellte in ihren Programmen wichtige Frauenforderungen auf) entwickelte sich die proletarische F. Anfang des 20. Jahrhunderts zu einer Massenbewegung, in der sowohl das Geschlechter- wie das Klassenproblem eine Rolle spielten. Mit der Durchsetzung von revisionistischen und reformistischen Strömungen in der SPD vollzog sich allerdings innerhalb der proletarischen F. eine Differenzierung, zog sich der größte Teil des gewerkschaftlichen Flügels der F. aus den gesellschaftlichen Auseinandersetzungen in die frauenspezifische „Ecke“ zurück bzw. wurde dahin abgedrängt.

Der größere Teil der proletarischen F. um Clara Zetkin begnügte sich nicht mit Reformen, sondern kämpfte weiterhin um die Revolution. Ausdruck des kämpferischen Charakters der Bewegung waren die Demonstrationen zum Internationalen Frauentag und die Haltung zum Ersten Weltkrieg. Während die Mehrheit der gewerkschaftlichen und sozialdemokratischen F. auf den „Burgfrieden“ orientierte, wehrten sich andere um Clara Zetkin, Käte Duncker und auch Luise Zietz, trotz Ausnahmezustand, mit Veranstaltungen und Demonstrationen gegen diesen imperialistischen Krieg. Wie in der bürgerlichen F. zeichnete sich während des Ersten Weltkrieges ein tiefer Einschnitt innerhalb der proletarischen F. ab. An der Novemberrevolution waren die Fortschrittlichen unter ihnen entscheidend beteiligt.

In der *Weimarer Republik* entwickelte sich die sozialdemokratische und gewerkschaftliche F. mehr und mehr zu einer „Nichts-als-Reform-Bewegung“ (Clara Zetkin), zu einer „Schulungsorganisation sozialer Nothelferinnen“ (Thönnessen). Die Frauenarbeit war voll integriert in die reformistische gewerkschaftliche und sozialdemokratische Bewegung, die ihre Abkehr von der alten sozialistischen Emanzipationstheorie längst vollzogen hatte und sich auf soziale Arbeit beschränkte. Wenn am Anfang der Weimarer Republik die Frauenarbeit der 1919 gegründeten KPD erschwert wurde (u. a. heftige Auseinandersetzungen um die Notwendigkeit eigenständiger Frauenarbeit), wurden dann besondere Formen der Frauenarbeit entwickelt, die zur Einbeziehung vieler Arbeiterinnen in die gesellschaftlichen Auseinandersetzungen führten: so die Schaffung von Kontrollausschüssen – Organen der proletarischen Selbsthilfe – gegen den Preiswucher Anfang der zwanziger Jahre, die „Frauenteuerungskommission“, und die Frauendelegiertenbewegung zur Unterstützung der streikenden Arbeiter Ende der zwanziger Jahre. Eine eigenständige proletarische Frauenorganisation wurde 1925 gegründet: der „Rote Frauen- und Mädchenbund“ (RFMB). Frauen waren an der Kampagne für die entschädigungslose Enteignung der Fürsten 1925/26 beteiligt, die Massenkampagne gegen den Paragraphen 218 trugen sie.

Bei unterschiedlicher inhaltlicher Zielsetzung der beiden F.en gab es auch Berührungspunkte; so z. B. in der Forderung nach Recht auf Arbeit (Erwerb) und nach dem Frauenwahlrecht, im Kinder-, Jugend- und Arbeitsschutz. Zwischen den radikalen Teilen der beiden Bewegungen gab es eine Zusammenarbeit im Engagement gegen den § 218, gegen den Krieg und gegen den aufkommenden Faschismus.

Der → *Faschismus* war für die F. ein großer Rückschlag, der bis heute nicht aufgeholt werden konnte. Zum Unterschied von anderen Ländern (Frankreich, Bulgarien) gab es keine eigenständige antifaschistische F. in Deutschland. Dies erwies sich als ein Hindernis, um Frauen für den antifaschistischen → Widerstand anzusprechen und zu gewinnen. Frauen waren an allen Formen des Widerstandskampfes beteiligt, hatten ihren Anteil an den Widerstandsgruppen und -organisationen; zudem gab es einige frauenspezifische Formen des Widerstandes (Sabotage in Rüstungsbetrieben, Ansprechen in den Menschenschlangen beim Einkaufen, Verstecken von Flugblättern in Kinderwagen, 8. März in den Konzentrationslagern). Allerdings traten frauenspezifische Inhalte in den Hintergrund. Im Widerstandskampf arbeiteten bürgerliche und proletarische Frauen zusammen.

Die Erfahrungen im Faschismus und im Widerstand führten *nach 1945* zum Zusammenschluß von Frauen unterschiedlicher Weltanschauung. So entstanden kurz nach dem Kriegsende 1945 in fast allen Städten der verschiedenen Zonen Frauenausschüsse, die für einen demokratischen Neubeginn auf der Grundlage der Gleichberechtigung von Mann und Frau eintraten. Darunter waren antifaschistische Frauenausschüsse, die im Geist des Potsdamer Abkommens arbeiteten, deren Losung hieß: Nie wieder Krieg, nie wieder Faschismus! Darunter waren Stadtausschüsse von Frauen, die sich an der kommunalen Arbeit beteiligten; ihnen ging es um die Aufbauarbeit (Trümmer wegräumen, konkrete Hilfeleistungen, Besorgung von Lebensmitteln, Unterstützung bei der Suche von Unterkünften etc.) und um die Einbeziehung von Frauen in das politische Geschehen. Es ging auch um die Abschaffung des § 218 und um die Einführung einer sozialen Indikation vor dem Hintergrund der Notlage nach dem Krieg.

Aus den antifaschistischen Frauenausschüssen entstand 1947 in der damaligen sowjetisch besetzten Zone (SBZ) der „Demokratische Frauenbund Deutschland" (DFD) als eine erste einheitliche Frauenorganisation, die sowohl an die Traditionen der proletarischen als auch der fortschrittlichen bürgerlichen F. anknüpfte. Er wurde in den westlichen Zonen nicht zugelassen; erst 1950 in der Bundesrepublik gegründet, wurde der DFD im Zuge des KPD-Verbots aufgelöst (→ Organisationen). 1947 nahmen auch die → Gewerkschaften und traditionelle Organisationen und Vereine ihre Arbeit wieder auf. Letztere knüpften an die Traditionen des konservativen Teils der bürgerlichen F. an, mieden die Auseinandersetzungen um die jüngste Vergangenheit und trugen somit zur Entpolitisierung der Frau bei. Wie anders ist es zu verstehen, daß z. B. die Autobiographie von Alice Salomon ohne die kritische Auseinandersetzung mit Faschismus, Widerstand und Emigration veröffentlicht wurde?

1951 entstand die „Westdeutsche Frauenfriedensbewegung" (WFFB), die gegen Militarismus und Wiederaufrüstung, später gegen die Einführung einer Wehrpflicht und gegen die Notstandsgesetze auftrat. Die F. der fünfziger Jahre war in erster Linie eine → Friedensbewegung der Frauen.

Der Arbeit der Frauen in verschiedenen Gruppen und Organisationen ist es mitzuverdanken, daß solche wichtigen Forderungen nach gleicher Entlohnung und gesetzlicher Gleichberechtigung nicht verstummten, daß die Traditionen der F. fortgeführt wurden und daß Ende der sechziger Jahre ein Klima der Entspannung geschaffen war, das zur Durchsetzung von Frauenrechten günstigere Voraussetzungen bot als der Kalte Krieg. Nach 1945 kann mit den Begriffen proletarische und bürgerliche F. nur bedingt gearbeitet werden: zur Einschätzung der WFFB und des DFD sind z. B. diese Begriffe unzureichend, zumal diese gerade versuchten, an beide Bewe-

Antifaschistische Frauenausschüsse sorgten für die Kinder.

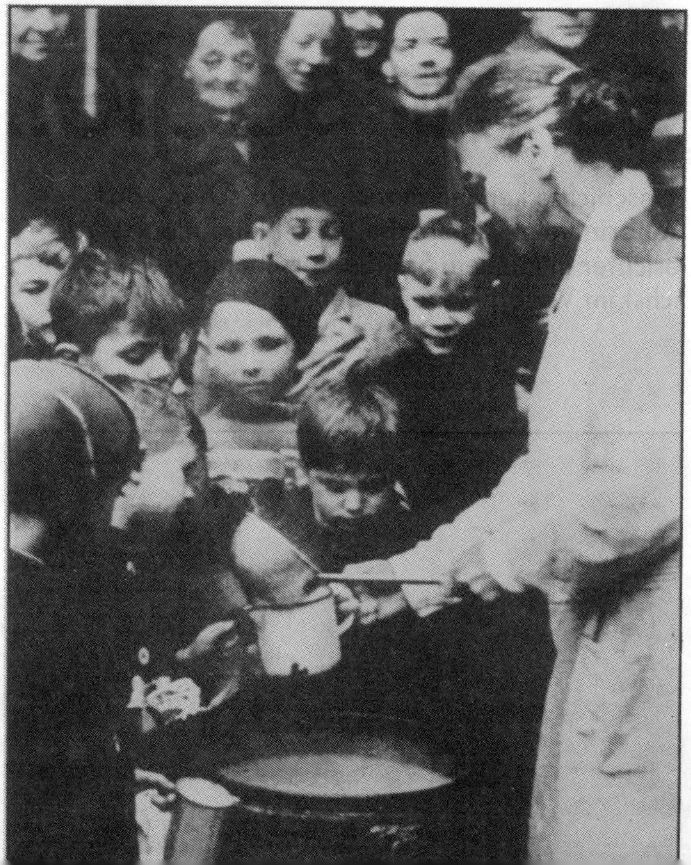

Frauendemonstration gegen die Wiederaufrüstung, Anfang der 50er Jahre.

gungen anzuknüpfen und Frauen unterschiedlicher sozialer Herkunft zusammenfaßten.
Nach einem Tiefpunkt der F. in den sechziger Jahren (schwierige Bedingungen des Kalten Krieges, nicht genügende Berücksichtigung der frauenspezifischen Probleme können als Gründe dafür genannt werden) ist ein Aufschwung der F. *Ende der sechziger Jahre* festzustellen, bekannt unter dem Begriff „Neue F.". Mit „neu" ist gemeint, daß es im Unterschied zur „alten" F. nicht nur um Gleichberechtigung geht, sondern um tiefgreifende Veränderungen auf der Bewußtseinsebene und in den Verhaltensweisen.
Dieser Aufschwung läßt sich erklären vor dem Hintergrund der Beendigung des Kalten Krieges und der Durchsetzung der Entspannung international und der damit verbundenen „Reformeuphorie"; der allgemeinen demokratischen und sozialen Protestbewegung national wie international (Studenten- und Frauenbewegung in den USA und in Frankreich, Anti-Notstands-, Vietnam- und Studentenbewegung sowie Septemberstreiks 1969 in der Bundesrepublik); der zunehmenden Erwerbstätigkeit von Frauen und Müttern und der damit verstärkt auftretenden Konflikte zwischen Berufstätigkeit und Kindererziehung. Die Bildung von Frauengruppen 1969/70 ist auch zu verstehen als Antwort auf die Erstarrung mancher Organisationen und auf die Nicht-Beachtung der Probleme der Frauen, die Trennung der privaten von der politischen Ebene (Frauen verantwortlich für das Private wie eh und je, Männer für das Politische) in linken Studentengruppen. In Frankfurt flogen 1968 die ersten Tomaten gegen SDS-Genossen; der Frankfurter Weiberrat wurde gegründet. In West-Berlin entstand im Januar 1968 der „Aktionsrat zur Befreiung der Frau" (später „Sozialistischer Frauenbund") und in Bonn der „Arbeitskreis Emanzipation" (1969).
Bei der Entstehung dieser Gruppen stand die Lösung der „Kinderfrage" im Mittelpunkt, die zu einer emanzipatorischen Erziehungsdiskussion und zur Entwicklung einer Kinderladenbewegung führte. Dabei wurde die traditionelle Rolle der Frau als Mutter und Erzieherin in Frage gestellt. Die aus der reinen Theorie-Diskussion resultierende Unzufriedenheit führte zu einer Suche nach stärkerer Praxisbezogenheit und Aktionsorientierung. Diese bot die Selbstbezichtigungskampagne „Ich habe abgetrieben" gegen den § 218, initiiert zunächst in Frankreich, dann 1971 durch Alice Schwarzer in der BRD. Gruppen der „Aktion 218" entstanden, Veranstaltungen und Demonstrationen fanden in mehreren Städten statt. An dieser § 218-Kampagne beteiligten sich sowohl autonome Frauengruppen wie gewerkschaftliche Frauenausschüsse und Frauen aus Parteien, an ihr kristallisierte sich die F.
Danach ist eine Polarisierung innerhalb der F. festzustellen. Ein Teil der Frauen, enttäuscht in ihren Hoffnungen auf Veränderungen und Reformen (1975: Urteil des Bundesverfassungsgerichts gegen die Fristenregelung beim § 218) zog sich zurück, andere konzentrierten sich auf alternative Selbsthilfekonzepte. In den 1973 entstandenen „Frauenzentren" entwickelten sich vor allem „Selbsterfahrungsgruppen". Eine vielfältige Frauenprojektbewegung entstand, die von Frauenkneipen, -zentren, -buchläden, -zeitschriften und -verlagen reicht bis zu Kulturgruppen, Selbsthilfeprojekten (→ Frauenhäuser

„Stern", Heft 24/1971. In der Illustrierten bezichtigen sich 374 Frauen: „Wir haben abgetrieben." Prominente Frauen geben öffentlich zu, was Hunderttausende jährlich heimlich tun.

Sommeruniversitäten und dem Frauenforum im Revier.
Zum anderen wurden Frauen aus linken Parteien, Gewerkschaftsfrauen aktiver; die Tradition des → Internationalen Frauentages wurde wieder entdeckt; es entstand 1976 aus der „Initiative Internationales Jahr der Frau '75" die „Demokratische Fraueninitiative" (DFI), mit dem Ziel einer „Gesellschaft, in der Frauen und Männer gleichberechtigt miteinander leben können, patriarchalische Strukturen überwunden sind, die jahrhundertealte Unterdrückung der Frau aufgrund ihres Geschlechts ebenso der Vergangenheit angehört wie jede Ausbeutung und Unterdrückung des Menschen".
Ansätze einer breiten Zusammenarbeit der verschiedensten Kräfte der F. zeichneten sich in der Aktion Muttertag ab, die von 1984 bis 1988 jährlich eine Aktion anläßlich des Muttertags durchführte (1984 mit 15000 Frauen die größte Demo). Diese Zusammenarbeit setzt sich fort in den verschiedenen lokalen Frauenbündnissen und -foren und vor allem in der Aktion Frauen Begehren Selbstbestimmung (→ Schwangerschaftsabbruch), und in der Organisierung eines Frauen-Streiks zum Internationalen Frauentag 1994. Die F. ist inzwischen zu einem politischen Faktor geworden. Allerdings stellen sich heute neue Probleme und Herausforderungen, deren Lösung für die weitere Entwicklung entscheidend ist. Mit der rapiden Verbreitung von → Gleichstellungsstellen und anderen Fraueninstitutionen wurden wichtige Forderungen der F. aufgegriffen. Manche Frauenforderung ist zur offiziellen Politik der Frauenbüros geworden. Dies bedeutet eine Institutionalisierung von Frauenpolitik; das ist eine neue Qualität, die auf regionaler Ebene neue Chancen und Möglichkeiten bietet, zugleich aber Probleme schafft. Das Verhältnis von offizieller Frauenpolitik zur außerparlamentarischen Frauenopposition hat sich dadurch verändert.
Andererseits ist eine Zersplitterung in vielfältige Frauenprojekte zu beobachten sowie eine Individualisierung (stärkere Orientierung auf das

Der damalige Justizminister Gerhard Jahn, schwanger, auf einem Plakat von 1971.

eigene Ich, z. T. Abkehr von gemeinsamen Zielen).
Vor dem Hintergrund möglicher Errungenschaften für Frauen im Kapitalismus und des Scheiterns eines bestimmten Emanzipationsmodells im „realen" Sozialismus stellt sich die Frage nach Wegen und Zielen der Frauenbefreiungsbewegung neu.
In den neuen Ländern besteht der DFD (→ Organisation) weiter. Im Zuge der „Wende" entstand Anfang Dezember 1989 auf Initiative von Wissenschaftsfrauen der Unabhängige Frauenverband UFV, in dem sich „alle unabhängigen Frauengruppen und -initiativen, Frauenvereine und Kommissionen, Frauenfraktionen der Parteien und Massenorganisationen und jede einzelne Frau zu einer politischen Interessenvertretung zusammenschließen" sollten, „ohne ihre Eigenständigkeit aufzugeben" (Aufruf zum Frauentreffen in der Volksbühne am 3. 12. 1989). Inzwischen gibt es UFV-Abgeordnete in den Parlamenten. Als außerparlamentarische Frauenbewegung engagiert im Kampf gegen den § 218, ist es dem UFV nicht gelungen, den Schwung der Gründungsphase beizubehalten. Eine nennenswerte Zusammenarbeit mit Frauen aus den alten Bundesländern steht noch aus.

Aktion Muttertag, Bonn 1985.

Innerhalb der F. gibt es *heute* unterschiedliche Strömungen, die sich vereinfacht wie folgt charakterisieren lassen: die *Radikalfeministinnen,* die das Patriarchat als die Ursache für die Unterdrückung der Frau sehen und eine Zusammenarbeit mit gemischten Gruppen ablehnen; die *gewerkschaftlich Orientierten und Sozialistinnen,* die die gesellschaftlichen Wurzeln der Frauendiskriminierung aufdecken und die Geschlechterunterdrückung im Zusammenhang mit der Gesamtgesellschaft sehen und eine Zusammenarbeit mit der Arbeiterbewegung anstreben; die *Traditionellen,* die sich auf einzelne gesetzliche und soziale Reformen innerhalb der bestehenden Gesellschaft konzentrieren. Die Grenzen zwischen den Radikalfeministinnen und den „Gesellschaftlichorientierten" sind allerdings oft fließend.
Die F. ist heute zu einem politischen Faktor geworden. Sie steht allerdings an einem Schnittpunkt ihrer Entwicklung. Angesichts der Verschlechterung der sozialen Lage der Frauen, der verstärkten Angriffe der Rechtsregierung (CDU/CSU/FDP) auf Frauenrechte (Versuche, Frauen vom Arbeitsmarkt zu verdrängen; Abbau sozialer Leistungen; Verschärfung des § 218; Weiblichkeitsideologien) stellt sich die Frage akut: Gelingt es der F., Verschlechterungen abzuwehren, oder zieht sie sich enttäuscht aus der politischen Szene zurück? Eigenständigkeit und Zusammenarbeit erweisen sich dabei als eine entscheidende Voraussetzung für ein Vorwärtskommen.
In der F. sind wir uns immer noch uneins in der Frage der Ursachen der Frauenunterdrückung und der Zielsetzung einer befreiten Gesellschaft. Gemeinsamkeiten und Annäherungstendenzen zeichnen sich jedoch ab, zumal Frauen stärker betroffen sind von den Folgen der unsozialen Politik und ein neues Bewußtsein über die Rolle der Frau (und des Mannes) entstanden ist. Es ist gewiß schwieriger, unter den Bedingungen des gesellschaftlichen Rückschritts Erreichtes zu verteidigen, als in Zeiten der Entspannung und der Reformen Rechte zu erobern. Hierin liegt allerdings die Chance zur Veränderung.

Lit.: Ann Anders (Hg.), Autonome Frauen. Schlüsseltexte der Neuen Frauenbewegung seit 1968, Frankfurt 1988; Ute Gerhard, Unerhört - Die Geschichte der deutschen Frauenbewegung, Hamburg 1990; Karin Hansen (Hg.), Frauen suchen ihre Geschichte, München 1983; Florence Hervé (Hg.), Geschichte der deutschen Frauenbewegung, 4. Auflage, Köln 1995; dies., Frauenbewegung und revolutionäre Arbeiterbewegung. 1848-1980, Frankfurt 1981; Annette Kuhn (Hg.), Die Chronik der Frauen, Dortmund 1992; Herrad Schenk, Die feministische Herausforderung. 150 Jahre Frauenbewegung in Deutschland, München 1980; Clara Zetkin, Zur Geschichte der proletarischen Frauenbewegung Deutschlands, Frankfurt 1979. - Biographien: Anita Augspurg/Lida Gustava Heymann, Erlebtes, Erschautes, Meisenheim/Glan 1977; Ottilie Baader, Ein steiniger Weg. Lebenserinnerungen einer Sozialistin, Bonn 1979; Gilbert Badia, Clara Zetkin - eine neue Biographie, Berlin 1994; Ruth-Ellen Boetcher-Joeres (Hg.), Louise Otto-Peters, Frankfurt 1983;Manfred Gebhardt, Mathilde Franziska Anneke, Berlin 1988; Ruth Kirsch, Käte Duncker. Aus ihrem Leben, Berlin 1992; D. Schneider (Hg.), Sie waren die ersten. Frauen in der Arbeiterbewegung, Frankfurt 1988; Christl Wickert, Helene Stöcker. Frauenrechtlerin, Sexualreformerin und Pazifistin, Bonn 1991.

Florence Hervé

Frauenbüro; → Gleichstellungsstelle.

Frauenförderplan; ein F. ist ein personalpolitisches Konzept, das Maßnahmen und Umsetzungsverfahren zur Förderung der beruflichen Gleichstellung auf betrieblicher Ebene festlegt. Inhaltlich kommen als Instrumente eines F.s Maßnahmen im Rahmen der Stellenbesetzung, des beruflichen Aufstiegs, der Vereinbarkeit von Beruf und Familie, der Weiterbildung, der Schaffung qualifizierterer Arbeitsplätze für Frauen, der Herstellung von Lohngleichheit, der Umgangsformen und der Außen- und Innendarstellung des Unternehmens sowie Umsetzungskontrollen in Betracht.
Idealtypisch umfaßt der Prozeß der Durchsetzung eines F.s folgende Stufen: 1. Grundsatzentscheidung, 2. Bestandsaufnahme zur Situation weiblicher Beschäftigter, 3. Festlegung von Zielen und Maßnahmen, 4. Umsetzung, 5. Umsetzungskontrolle und Weiterentwicklung.
Ganz wesentlich hängt das Gelingen von F.en von einem breiten betrieblichen Konsens ab. Das heißt, alle betrieblichen Gruppen tragen dazu bei, daß Frauenförderung zu einem neuen personalpolitischen Denken führt.
F.e können im Rahmen von Tarifverträgen, Betriebsvereinbarungen, Beschlüssen der Unternehmensleitung oder des Betriebsrates festgelegt werden. Die unterschiedlichen Formen bedingen unterschiedliche rechtliche Verbindlichkeiten. Während der Tarifvertrag die weitestgehende Verbindlichkeit aufweist und den Vorteil hat, daß er für alle Betriebe im Tarifgebiet gilt, ist die Betriebsvereinbarung spezieller auf die betrieblichen Bedürfnisse zugeschnitten. In ihr können über den Tarifvertrag hinausgehende Vereinbarungen festgelegt werden.
F.e müssen für jeden Betrieb maßgeschneidert werden. Unterschiedliche betriebliche Strukturen, wirtschaftliche Situation sowie betriebliche Rahmenbedingungen lassen keine einheitliche Handlungsanweisung zu. Denn jedes Unternehmen hat eigene Zielorientierungen und Bedürfnisse, die auf die vorhandenen Strukturen zugeschnittene Frauenfördermaßnahmen notwendig machen. Betriebliche F.e müssen deshalb mit einer betrieblichen Strategie, einem speziell entwickelten Konzept und einer schrittweisen Umsetzung einhergehen.
Der erste Schritt ist die Initiierung und die Festlegung von Verantwortlichkeiten. Zunächst muß eine breite Akzeptanz im Unternehmen geschaffen werden. Dabei kann der Anstoß für Frauenförderung von unterschiedlichen Seiten im Unternehmen ausgehen: von der Unternehmensleitung oder Personalabteilung, vom Betriebsrat oder von den weiblichen Beschäftigten selbst. Je breiter der betriebliche Konsens, desto höher die Erfolgsgarantie. Ein Grundsatzbeschluß kann dazu beitragen, Frauenförderung verbindlich einzuleiten. Eine Arbeitsgruppe oder ein Arbeitsausschuß sollte gebildet werden, dem die verschiedenen betrieblichen Interessengruppen angehören. Wichtig dabei ist auch, daß einzelne Verantwortlichkeiten verbindlich festgelegt werden.
Der zweite Schritt ist die Analyse bzw. Bestandsaufnahme der Beschäftigungssituation von Frauen im Betrieb. Dazu können Statistiken aus den Bereichen Personal, Beschäftigung, Aus- und Weiterbildung, Verweildauer und Fluktuation herangezogen werden. Besonders beachtet werden sollte die Verteilung von weiblichen Beschäftigten

auf den einzelnen Hierarchieebenen und in den Berufsgruppen. Um betrieblich bereits vorhandene Daten zu ergänzen, können MitarbeiterInnenbefragungen wertvolle Informationen und Anregungen geben. Auch sollte die Lohnfrage bei der Bestandsaufnahme beachtet werden. Gerade hier zeigen sich häufig unterschiedliche Bewertungen von Männer- und Frauenarbeitsplätzen. Die Bestandsaufnahme kann über verschiedene Bereiche Auskunft geben. Deutlich zutage treten dann auch die Benachteiligungsbereiche von Frauen im Betrieb. Eine Bestandsaufnahme ist die Grundlage für eine konkrete Zielbestimmung.

Im dritten Schritt werden Ziele festgelegt und wird eine Planung vorgenommen. Hierbei sollten alle bereits erwähnten Handlungsfelder berücksichtigt werden. Die Ziele sollen sich immer an realisierbaren Maßnahmen orientieren und in zeitliche Schritte untergliedert werden. Ob eine Quote als Zielvorgabe festgelegt wird, sollte bei der Zieldiskussion berücksichtigt werden. Doch sollte sich auch die Quote an realisierbaren Vorgaben orientieren. Quoten eignen sich besonders im Bereich der Berufsausbildung und bei der Besetzung von Führungspositionen.

Der vierte Schritt ist die Realisierung der Einzelmaßnahmen des F.s. Allerdings hängt eine erfolgreiche Umsetzung von der Verbindlichkeit der Maßnahmen ab. Ganz wichtig ist in diesem Zusammenhang, daß Ziele und Maßnahmen schriftlich festgelegt werden und als Betriebsvereinbarung rechtliche Regelung finden. Auch sollte die Umsetzung der Maßnahmen von einer betriebsinternen Öffentlichkeitsarbeit begleitet werden, um kontinuierliche Informationen zum Thema Frauenförderung im Betrieb präsent zu halten und alle an der Umsetzung zu beteiligen.

Als fünfter Schritt ist die Bilanz und Kontrolle der festgelegten Maßnahmen zu sehen. Eine ständige Überprüfung und Weiterentwicklung der Maßnahmen zur Frauenförderung muß sichergestellt sein, wenn sie effektiv greifen sollen. Aber auch deren Anpassung an sich verändernde betriebliche Strukturen sollte durch eine Evaluation vorgenommen werden. In der Praxis hat sich bewährt, die Maßnahmen in ein- bis zweijährigem Abstand zu dokumentieren und zu überprüfen, ob die festgelegten Zielsetzungen noch stimmen. Soll- und Ist-Bilanzen können dazu verwendet werden. Der Erfolg der Umsetzung eines F.s sollte dadurch sichergestellt werden, daß es im Unternehmen eine Instanz gibt, die mit der Umsetzung von Frauenförderung betraut ist und auch mit entsprechenden Kompetenzen ausgestattet wird. Dies kann zum einen eine betriebliche Frauenbeauftragte sein, die sinnvollerweise bei der Personalabteilung angesiedelt wird, es kann aber auch ein Ausschuß für Frauenfragen sein, der paritätisch von Unternehmensleitung und Betriebsrat besetzt wird.

F.e bestehen heute in der Bundesrepublik Deutschland hauptsächlich in Großunternehmen. In klein- und mittelständischen Unternehmen fehlen betriebliche Vereinbarungen weitestgehend.

Betriebliche Beispiele finden wir insbesondere in bestimmten Branchen vor. Um eine Orientierung zu geben, sollen hier einige betriebliche Vereinbarungen genannt werden: AEG Frankfurt, Aral AG Bochum, Audi AG Ingolstadt, BASF AG Ludwigshafen, Bayer AG Leverkusen, Bank für Gemeinwirtschaft Frankfurt, Behring Werke AG, Robert Bosch GmbH Stuttgart, Commerzbank AG Frankfurt, Continentale Versicherungsgruppe Dortmund, Coop Industrie AG Dortmund, Daimler-Benz AG Stuttgart, Degussa AG Frankfurt, Deutsche Bank AG Frankfurt, Dresdner Bank AG Frankfurt, Henkel AG Düsseldorf, Hertie AG Frankfurt, Hewlett Packard GmbH Böblingen, Hoechst AG Frankfurt, IBM Deutschland GmbH Stuttgart, Kaufhof AG Köln, Langnese Wunsdorf, Leonberger Bausparkasse AG Leonberg, Deutsche Lufthansa AG Köln, MBB München, Nestle Gruppe Deutschland, Dr. August Oetker GmbH Bielefeld, Opel AG Rüsselsheim, Philipps AG Hamburg, Provinzialversicherung Düsseldorf, Reemtsma Hamburg, Ruhrkohle AG Essen, Siemens AG München, Tengelmann Mülheim an der Ruhr, Deutsche Unilever GmbH Hamburg, Volksfürsorge Hamburg, Volkswagen AG Wolfsburg, Westdeutsche Landesbank Düsseldorf, Wüstenrot Holding GmbH Ludwigsburg.

Petra Wassner

Frauenhandel und Sextourismus; die Gewalt gegen Frauen manifestiert sich auch in dem weltweit betriebenen Frauen- und Kinderhandel. Vorwiegend werden Frauen und Kinder aus der sogenannten →

Dritten Welt gehandelt und in die Industrieländer importiert. Zu den verschiedenen Formen des Menschenhandels gehören Prostitutionstourismus, Heiratsvermittlung von ausländischen Mädchen und Frauen und die Verschleppung und der Verkauf von ausländischen Frauen als Prostituierte für Vergnügungslokale und Bordelle.
Frauenhandel beschränkt sich nicht auf wenige spektakuläre Fälle, sondern gehört zur Normalität des bundesdeutschen Alltags, obwohl Menschenhandel in der Bundesrepublik verboten ist. Über 60 namentlich registrierte Agenturen machen ihre Geschäfte mit Frauen, vorwiegend mit Frauen aus asiatischen Ländern (z. B. Thailand, Philippinen), aber auch mit Frauen aus Lateinamerika. Die Heiratsvermittlungsagenturen orientieren sich an den Wünschen deutscher Männer, die sich gefügige Haus- und Bettsklavinnen von den traditionell erzogenen Asiatinnen erhoffen. Die Heiratshändler preisen in ihren Katalogen die Frauen mit Bild, numeriert und mit Angaben über Alter, Ausbildung und Hobbys, vielfach in einer rassistischen und sexistischen Sprache, wie Ware an. Die Frauen werden i. d. R. zum Preis zwischen 5000 und 12 000 DM angeboten, während die Preise für stumme Frauen bei 25 000 DM liegen, weil hier die Nachfrage größer als das Angebot sei. Die per Katalog Auserwählte kann in bar bezahlt oder per Ratenvertrag inklusive Rückgabegarantie gekauft werden. Daß dieses Geschäft blüht, zeigen einige Zahlen: So haben sich die Eheschließungen in der Bundesrepublik Deutschland mit Frauen aus den Philippinen von 1980 (3432) bis 1985 auf 8044 mehr als verdoppelt.
Nicht alle sog. Heiratsvermittlungsagenturen beschränken sich auf Heiratsvermittlung, einige handeln mit Pornographie oder sind Deckmantel für das Prostitutionsgeschäft.
Der Frauenhandel geschieht, indem Frauen von einzelnen Agenten aus dem Westen direkt in ihren Heimatländern rekrutiert werden oder indem sie durch Ketten von Händlern, die über gute Beziehungen zu den Behörden verfügen, nach Westeuropa vermittelt werden.

Ahnungslos und gutgläubig tappen viele Frauen aus Südostasien in die Fallen der Schlepper, die ihnen einen schnellen und leichten Verdienst als Tänzerin, Serviererin oder Haushaltshilfe im gelobten Land Bundesrepublik versprechen. Hier angekommen, werden sie belogen, mit Gewalt ihrer Freiheit beraubt, vergewaltigt, verhöhnt und mißbraucht. Sie werden zur Prostitution gezwungen. Für Paß, Reise, Arbeitsbewilligung bzw. Scheinehe (um eine Aufenthalts- und Arbeitserlaubnis zu bekommen) müssen die Frauen hohe Summen bezahlen oder sie abarbeiten. Der Löwenanteil ihrer Einkünfte wandert in die Taschen der Agenten, Zwischenhändler und Zuhälter. Die Möglichkeit zur Flucht besteht für die ausländischen Frauen oftmals nicht, weil sich weder Paß noch Flugticket in ihrem Besitz befinden und sie von ihren Zuhältern strengstens überwacht werden.
Es geschieht immer wieder, daß nach spektakulären Polizeirazzien in Puffs und Clubs die dort arbeitenden Ausländerinnen von einem Tag auf den anderen und ohne Geld in ihre Heimtländer abgeschoben werden. Dies ist möglich, da Prostitution von Ausländerinnen hierzulande grundsätzlich illegal ist.
Die Frauenhändler müssen kaum befürchten, wegen illegalen Menschenhandels angeklagt und verurteilt zu werden, denn durch die Abschiebepraxis fehlen die notwendigen Zeuginnen der Anklage. Aber auch aus Angst vor Repressalien trauen sich die Frauen in der Regel nicht, zur Polizei zu gehen oder auszusagen. Wie sollen sie vor der Polizei als Zeuginnen gegen ihre Peiniger aussagen, wenn die Polizei sie nicht schützen kann, wenn das Ergebnis einer möglichen Anzeige gegen einen Menschenhändler die eigene Ausweisung ist? Verfahren gegen Frauenhändler werden fast alle eingestellt oder versanden, weil sie an Beweisnot kranken.
Auch wenn Regierungen aller Schattierungen empört den Handel mit Frauen aus Ländern der sog. Dritten Welt verurteilen, so unternehmen sie in der Praxis so gut wie nichts zur Unterstützung dieser Frauen.

Frauenhandel und Prostitutionstourismus stellen eine neue Art des Kolonialismus dar. Männer, die angeblich „emanzipationsgeschädigt" sind, verlagern ihre Beziehungsprobleme in die sog. → Dritte Welt. Nicht wenige Agenturen profitieren von Handelswegen, die aus der Kolonialzeit stammen. Militarismus und Sextourismus sind mitverantwortlich für die Internationalisierung des Frauenhandels, für seine Ausbreitung innerhalb der Kontinente der Dritten Welt, für seine Ausbreitung nach Nordamerika, Australien und Mitteleuropa, in die Schweiz, in die Bundesrepublik und nach Österreich.

Nach den Soldaten kamen die Touristen. Laut Welt-Tourismus-Organisation reisten 1983 30 Millionen Touristen in sog. Entwicklungsländer.

Ganz bestimmte Länder und Regionen der Dritten Welt sind weltweit Ziele des Sextourismus geworden. In Südostasien gehören dazu Thailand, die Philippinen, Sri Lanka, Teile Indiens, Taiwan, Macao, Südkorea; in Lateinamerika die Karibik und Brasilien; in Afrika Tunesien, Kenia, Senegal, Gambia, Togo und verschiedene Anrainerstaaten Südafrikas. Aus Westeuropa, Nordamerika, Australien, aus dem weißen Südafrika, aus den Öländern des Nahen Ostens und aus Japan kommen die meisten Sextouristen. Seit Jahren fliegen Hunderttausende von Männern in Gruppen ins Ausland, um sich dort Prostituierte zu kaufen. Möglich geworden ist dieser Gruppentourismus durch die Entwicklung eines Massentransportsystems und einer Hotel- und Vergnügungsindustrie, die vom internationalem Kapital beherrscht wird, und durch ein internationales Verkaufssystem für Reisen in aller Welt. Der internationale Sextourismus ist ein Problem des → Sexismus und folgt den Regeln der Profitlogik.

Den Gewinn aus Frauenhandel und Sexbusineß ziehen ganze Ketten von Frauenhändlern, Agenten und Agentinnen, Zuhältern, Besitzern von Bars, Nachtlokalen und Bordellen, Portiers, Taxifahrern, Polizisten und jenen, die hinter ihnen stehen. Aussagen über die Anzahl der Kunden, der Zuhälter und all derer, die vom Frauenhandel profitieren, können nicht gemacht werden, weil hierüber nicht einmal Schätzungen vorliegen. Die Einkünfte bleiben laut Schätzungen zu zwei Dritteln bei den Zuhältern und zu einem Drittel bei den Frauen.

Überall reagieren die Behörden halbherzig auf die Gewalt gegen Frauen und Kinder. Von Strafmaßnahmen werden meist die mißbrauchten Frauen getroffen und nicht die sie Ausbeutenden.

Der verschärfte ökonomische Druck auf die Dritte Welt, das scheinbar unaufhaltsam wachsende soziale Elend breiter Bevölkerungsschichten und die Geringschätzung von Frauen in patriarchalen Gesellschaften sind die Hauptursachen dafür, daß zahllosen Frauen angesichts ihrer hoffnungslosen Situation die Prostitution im eigenen Land oder in der Emigration als einziger Weg bleibt, um sich und die Ihren durchbringen zu können.

Die UNO-Frauenkonferenzen (1980 in Kopenhagen, 1985 in Nairobi) haben mit großer Dringlichkeit auf das Problem des internationalen Frauenhandels hingewiesen. Verschiedene gesellschaftliche Gruppen haben Fraueninformationszentren gebildet, die neben Öffentlichkeitsarbeit, praktischer Hilfe und Beratung auch an gesetzgeberischen Initiativen zur Verhinderung von Menschenhandel mitarbeiten. Es gibt inzwischen internationale Netzwerke wie z. B. AGISRA (Arbeitsgemeinschaft gegen internationale sexuelle und rassistische Ausbeutung).

Offizielle Zahlen zum Kinder- und Frauenhandel gibt es nicht. Es gibt nur seit Ende der 80er Jahre einige Schätzungen: über zehn Millionen Prostituierte in Lateinamerika, eine Million in Thailand, über eine halbe Million auf den Philippinen, über 300 000 in Südkorea.

Lit.: AGISRA (Hrsg.), Frauenhandel und Prostitutionstourismus. Eine Bestandsaufnahme, München 1990; R. Renschler, Ware Liebe – Sextourismus, Prostitution, Frauenhandel, Wuppertal 1987. – Kontaktadresse: AGISRA. AG gegen internationale sexuelle und rassistische Ausbeutung, Mainzer Landstr. 147, 60486 Frankfurt, Tel. 069/7 39 21 52.

Anne Evers

Frauenhäuser; sind Zufluchtsstätten (Häuser oder Wohnungen), in denen körperlich oder psychisch mißhandelte Frauen mit ihren Kindern vorübergehend Unterkunft finden. Die Einrichtung von Frauenhäusern ist ein Verdienst der neuen Frauenbewegung, die die Mißhandlung von Frauen in Ehe und Familie als eine der extremen Formen der Frauenunterdückung begreift und Frauenmißhandlung als eine Auswirkung der strukturell-gesellschaftlichen Unterdrückung von Frauen versteht. Die von den Frauen der neuen Frauenbewegung gegründeten Vereine – in der Regel nennen sie sich „Frauen helfen Frauen" – wollen insbesondere gegenüber staatlichen Behörden ihre konzeptionelle und organisatorische Autonomie bewahren. Ziel der autonomen Frauenhäuser ist es, die Frauen vor weiteren Mißhandlungen ihrer (Ehe-)Männer zu schützen und sie bei der Überwindung ihrer Mißhandlungserfahrungen wie bei der Entwicklung eines eigenständigen Lebens zu unterstützen. Darüber hinaus besteht weiterhin das Ziel, die Öffentlichkeit auf die Gewalt gegen Frauen in der Familie aufmerksam zu machen, um damit auch einen politischen Beitrag zur Überwindung der → Gewalt gegen Frauen zu leisten.

Bereits 1971 wurde in London ein erstes Haus für mißhandelte Frauen eröffnet. Das internationale Frauentribunal „Gewalt gegen Frauen" 1976 in Brüssel war für die Aktivitäten der Frauen in der Bundesrepublik ein wichtiger Ausgangspunkt. So entstanden zunächst in großen Städten Frauenhausinitiativen, deren Tätigkeit in der telefonischen Beratung mißhandelter Frauen und der Vermittlung von privaten Notunterkünften lag. Ihre Hauptarbeit bestand jedoch darin, durch Öffentlichkeitsarbeit die Gewalt gegen Frauen publik zu machen und mit kommunalen Stellen über Hilfsmaßnahmen zu verhandeln. Im allgemeinen stießen die Frauenhausinitiativen bei Behörden und Politikern auf große Ablehnung. Verschiedentlich wurde heftig gegen die Initiativen polemisiert und versucht, ihr Anliegen in der Öffentlichkeit lächerlich zu machen. Trotz dieser Erfahrungen bildeten sich in der Bundesrepublik immer mehr Frauenhausinitiativen, und 1976 konnte das erste Frauenhaus in West-Berlin eröffnet werden; es folgten Häuser in Bremen, Köln und Frankfurt. Alle Häuser waren kurz nach ihrer Eröffnung bereits überbelegt. Inzwischen bestehen in den alten Bundesländern über 200 Frauenhäuser, wobei die Anfragen zufluchtsuchender Frauen die Aufnahmekapazität der Häuser nach wie vor übersteigen. Die Aufenthaltsdauer der Frauen in Frauenhäusern erstreckt sich von einem Tag bis über ein Jahr und hängt in starkem Maße von der jeweiligen Situation der Frau ab. Durch die Misere auf dem Wohnungsmarkt sind viele Frauen zu einem längeren Aufenthalt in der Zufluchtstätte gezwungen.

Die autonomen Frauenhäuser, zu denen rund zwei Drittel aller Häuser zu zählen sind, führen bundesweite Frauenhaustreffen durch, auf denen sie ihre Erfahrungen austauschen und über gemeinsame Forderungen und Aktionen diskutieren. Schon 1979 wurde die zentrale Informationsstelle der autonomen Frauenhäuser (ZIF) gebildet; sie soll die gegenseitige Information gewährleisten. In den alten Bundesländern haben sich die autonomen Frauenhäuser außerdem zu regionalen Landesarbeitsgemeinschaften zusammengeschlossen.

In Reaktion auf die autonomen Frauenhausgruppen begannen auch die Verbände wie der Sozialdienst Katholische Frauen, die Arbeiterwohlfahrt und das Diakonische Werk, ebenso einige konservative Frauenvereinigungen, Einrichtun-

Das erste Frauenhaus in Berlin wurde 1976/77 eingerichtet.

△

Der Hessische Minister für Arbeit, Umwelt und Soziales
Richtlinien für die Förderung von Tierheimen 1982
Vorläufige Richtlinien für die Förderung von Frauenhäusern 1983

Aus dem „Staatsanzeiger" Hessen.

△

gen (Frauen- und Kinderschutzhäuser) für mißhandelte Frauen zu schaffen. Zumindest von ihrem ideologischen Ansatz her sind diese Häuser als „Gegenhäuser" gegen den emanzipatorischen Gedanken der autonomen Frauenhäuser gerichtet. So wird der Erhaltung der Familie eine zentrale Bedeutung in den Konzeptionen der Frauenschutzhäuser eingeräumt. In der praktischen Arbeit mit den Frauen haben die sog. Gegenhäuser jedoch Teile der konzeptionellen Vorstellungen der autonomen Frauenhäuser übernommen. Demütigende Kindheitserfahrungen sowie die oft jahrelangen körperlichen und psychischen Mißhandlungen und Demütigungen haben in vielen Fällen dazu geführt, daß Selbstbewußtsein und Selbständigkeit von Frauen mehrfach gebrochen sind. Deshalb legen die autonomen Frauenhäuser besonderen Wert darauf, Frauen zu eigenständigem Leben zu ermutigen. Hiermit verbunden ist die bewußte Ablehnung von hierarchischen Strukturen in den autonomen Konzeptionen. Die Frauen organisieren ihr Leben im Frauenhaus selbständig; die Aufgabe der Mitarbeiterinnen besteht darin, Frauen und Kinder bei der Überwindung der Mißhandlungssituation zu unterstützen. Da die primäre Lebenserfahrung der Kinder mißhandelter Frauen von Gewalt geprägt ist und ein Teil der Kinder ebenfalls mißhandelt wurde, ist die pädagogische Arbeit mit den Kindern inzwischen ein eigenständiger Schwerpunkt der Frauenhausarbeit. Die Frauenhäuser sind zu notwendigen und weithin anerkannten Einrichtungen geworden. Als schnelle, unbürokratische und direkte Hilfe für mißhandelte Frauen und deren Kinder sind sie nicht mehr wegzudenken. Die allgemeine Anerkennung der Frauenhäuser hat jedoch bisher nicht zu einer befriedigenden öffentlichen Finanzierung geführt. In den meisten alten Bundesländern exisitieren sehr unterschiedliche Förderungsprogramme auf freiwilliger Basis. Die Situation in den neuen Bundesländern ist noch sehr unübersichtlich. Es bestehen derzeit rund 100 Frauenhausinitiativen, die von unterschiedlichen Gruppierungen getragen werden. Die Gleichstellungsstellen der Kommunen sind vielfach an den Aktivitäten beteiligt. Des weiteren haben sich arbeitslose Frauen zusammengefunden, die sich im Frauenbereich engagieren wollen. Ca. 50 Initiativen verfügen über Häuser oder Wohnungen. Überwiegend sind die Mitarbeiterinnen der Frauenhäuser auf ABM-Basis eingestellt. Von seiten der Bundesregierung gab es für die neuen Bundesländer 1991 eine Anschubfinanzierung für Frauenhäuser von insgesamt 1,2 Mill. DM, die sich jedoch nur auf eine Sachmittelbezuschussung bezog. Landesförderprogramme bestehen noch nicht.

Adressen: Im Kalender „Wir Frauen" und bei der Zentralen Informationsstelle für autonome Frauenhäuser (ZIF): Postfach 104143, 34041 Kassel, Tel.: 0561/84313. 'Ost-AG autonomer Frauenhäuser, Koppenstraße 31, 10243 Berlin, Tel.: 030/5531505.

Lit.: Berliner Frauenhaus (Hrsg.), Frauen gegen Männergewalt. Erster Erfahrungsbericht des Berliner Frauenhauses für mißhandelte Frauen, Berlin 1978; Bundesministerium für Jugend, Familie und Gesundheit (Hrsg.), Hilfen für mißhandelte Frauen. Abschlußbericht der wissenschaftlichen Begleitungen des Modellprojekts Frauenhaus Berlin, Stuttgart 1981; Ebbinghaus u. a., Wendepunkte – Frauen erzählen aus ihrem Leben. Alltag in einem Frauenhaus. Zur politischen Gratwanderung von Frauenhäusern, Hamburg o. J.; Komitee für Grundrechte und Demokratie e.V. u. a. (Hrsg.), Bestandsaufnahme zur Situation der autonomen Frauenhäuser. Rechtliche und finanzielle Forderungen, Sensbachtal 1987; Bergdoll/Namgalis-Treichler, Frauenhaus im ländlichen Raum, Forschungsbericht des Bundesministeriums für Jugend, Familie, Frauen und Gesundheit, 1987; Zweiter Bericht der Bundesregierung über die Lage der Frauenhäuser für mißhandelte Frauen und Kinder v. 1. 9. 1988; Brandau/Hagemann-White/Haep/del Mestre: Wege aus Mißhandlungsbeziehungen, Pfaffenweiler 1990; Dokumente und Berichte 12 der Parlamentarischen Staatssekretärin für die Gleichstellung von Frau und Mann (Hrsg.), Kinder in Frauenhäusern, Düsseldorf 1990.

Victoria Theuer

Frauenzimmer; spätmhdt. „vrouwenzimmer". Auch in diesem Wort steckt ein Stück Frauengeschichte. Mit F. wurden sowohl die Räume bezeichnet, die die Frauen bewohnten, als auch alle weiblichen Bewohnerinnen eines (Guts-)Hofes, einer adligen oder städtischen Wirtschafts-Haushaltung. Sie alle gehörten zum „ganzen Haus" (→ Familie). Seit Anfang des 17. Jhs. wird mit F. die einzelne Frau benannt, und seit dem 19. Jh. wird das Wort nur noch abwertend, ja verächtlich gebraucht.

Friede, Frieden; von ahdt. „fridu" gehört das Wort F. im Ursprung zu frei, galt auch in der Bedeutung von Schutz und ist verwandt mit Freund; inwieweit auch sinnverwandt mit Freyja, Freia (Herrin, Frau), der germanischen Göttin der Schönheit und der Liebe bzw. Frija, Frigg (Geliebte, Gattin), der altgermanischen Göttin der Fruchtbarkeit und des Friedens, ist nicht geklärt.
F. bezeichnet eine durch das Recht des Stärkeren, durch Gewohnheit und/oder Übereinkunft gesetzlich oder vertraglich gesicherte Ordnung des Zusammenlebens (1) innerhalb einer Gruppe, Sippe, Gesellschaft und (2) zwischen Gemeinschaften, Staaten und Völkern, die nicht durch Gewalt, Kriegsdrohungen und → Kriege gefährdet ist.
(1) Zum F. innerhalb einer Gruppe und in einer Gesellschaft fallen uns zunächst der Haus- oder Landfrieden ein, die heute noch strafrechtlich gesichert sind. Ebenso sind der Arbeitsf., der soziale F., die sich auf die Beziehungen zwischen Unternehmern und lohnabhängig Beschäftigten beziehen, heute Ausdruck der Bedeutung von F. im innergesellschaftlichen Bereich zwischen unterschiedlichen politischen und wirtschaftlichen Interessengruppen. Was umgangssprachlich als häuslicher F., Familienf. ausgedrückt wird, hat insbesondere die → Frauenbewegung aufgegriffen und sichtbar gemacht, wie sehr dieser durch alltägliche → Gewalt gegen Frauen und Kinder gebrochen wird und von welch' großer Bedeutung andererseits das friedliche Zusammenleben innerhalb der Familien, unter den Geschlechtern für die Menschen ist. Unf. steht in engem Zusammenhang mit der untergeordneten Stellung der Frau. F. in diesem Bereich setzt die soziale, wirtschaftliche, politische → Gleichheit der Geschlechter voraus. „Der Frieden kann nicht dauerhaft sein ohne die Beseitigung der Diskriminierung auf allen Ebenen" – war das Leitmotiv der Weltfrauenkonferenz 1980 in Kopenhagen.
(2) Entsprechend der historischen Entwicklung der gesellschaftlichen Verhältnisse, der Zentralisierung und staatlichen Monopolisierung von militärischer Gewalt, ist die Sicherung des F.s zwischen Staaten und Völkern vorrangig. Allgemein wird heute unter F. mehr verstanden als die Zeit zwischen Kriegen, als Waffenstillstand oder Nicht-Krieg. Unterschieden wird nach F. als Prozeß und als zukünftiger Zustand. Frieden als Prozeß heißt Abrüstung, vertragliche Vereinbarungen über Gewaltverzicht, schrittweise Verständigung und Zusammenarbeit zwischen Völkern und Staaten mit unterschiedlicher Wirtschafts- und Gesellschaftsordnung und erfordert u. a. auch → Erziehung zum F. (Seit 1984 ist F.serziehung zum Beispiel in Norwegen Schulfach). Die Bedrohung durch die verfügbaren atomaren, konventionellen, biologischen und chemischen Waffen, die verheerenden sozialen Folgen weltweiter Hochrüstung machen es für die Völker überlebensnotwendig, Konflikte und Interessengegensätze auf friedlichem Wege auszutragen und zu lösen.
Erste Schritte müssen sein, die Militärhaushalte im auseinandergebrochenen Osten, im Westen, in Nord und Süd einzufrieren, den Griff der USA nach den Sternen, die Weltraumrüstung und das Hegemoniestreben zu stoppen. F. als Ergebnis von Abrüstung und Entwicklung von friedlicher Zusammenarbeit ist ein Zustand zwischen Staaten, in dem auf jede Gewaltandrohung und Gewaltanwendung zur Durchsetzung politischer Ziele verzichtet wird.
Wollen wir den F. auf der Welt, so setzt das voraus, daß Kriegsursachen, Unterdrückung, Ausbeutung

„Nichts ist schwerer und nichts erfordert mehr Charakter, als sich im Gegensatz zu seiner Zeit zu befinden und laut zu sagen Nein."

Kurt Tucholsky

Die Frauenzimmer (von links nach rechts): Christabel Pankhurst, Jessie Kenney, Mrs. Martel, Emmeline Pankhurst und Mrs. Despand. 1906 in London

und Klassengegensätze überwunden werden und die Menschen aller ethnischen Gruppen und Völker gleiche Lebenschancen haben (→ Krieg).

Lit.: Lorenz Knorr, Kleines Lexikon. Rüstung, Abrüstung, Frieden, Köln 1982[2]; Raimund Pfundtner, Wer nicht fragt, kommt um, Wuppertal/Gelnhausen 1982; Christa Randzio-Plath (Hrsg.), Was geht uns Frauen der Krieg an? Hamburg 1982.

Plakat, 1976. Komitee für Frieden, Abrüstung und Zusammenarbeit.

Friedensbewegung; Sammelbezeichnung für Gruppen, Organisationen, Initiativen, die aus ethischen, pazifistischen, religiösen, politischen, feministischen Motiven und bei Eigenständigkeit in der Organisation zusammenarbeiten, sich einsetzen für Kriegsverhinderung, für Abrüstung und für die Ächtung des „ius ad bellum", des „Rechtes auf Krieg".

Die Anfänge der europäischen F. sind geprägt von der christlichen Friedensidee des Mittelalters, insbesondere aber durch Humanismus und Aufklärung. Neue Impulse erhielt die F. im 19. und 20. Jh. durch den Antimilitarismus der Sozialisten, den Zusammenschluß der Pazifisten und durch die antimilitaristisch bis radikal-pazifistisch orientierte → Friedensbewegung der Frauen.

In Deutschland war die organisierte F. verbunden mit der Gründung der Deutschen Friedensgesellschaft (DFG) 1892 auf Anregung von Bertha von Suttner. Waren die Antimilitaristen und Antimilitaristinnen aus der Sozialdemokratie Motor der Bewegung gegen die Weltkriegsgefahr und die imperialistischen Bestrebungen im Deutschen Kaiserreich, so wurden die radikalen Pazifisten in der DFG neben den Kriegsgegnern und -gegnerinnen aus der Linken in den 20er Jahren besonders aktiv. Im preußischen → Militarismus und dem drohenden →

Die Österreicherin Bertha von Suttner gründete 1891 die Österreichische und 1892 die Deutsche Friedensgesellschaft. Ihr Buch „Die Waffen nieder" erregte seinerzeit großes Aufsehen und wurde in nahezu alle europäischen Sprachen übersetzt. Im Bild die Titelseite der schwedischen Ausgabe.

Faschismus, in der Verbindung von „Stahlhelm und Hakenkreuz", sahen sie schon früh die größte, von Deutschland für Deutschland und die Welt ausgehende Gefahr. Als „vaterlandslose Gesellen", Verräter und Lügnerinnen wurden sie angefeindet. Und trotz Schwierigkeiten in der Zusammenarbeit verschiedener Gruppen der F., trotz herber Enttäuschungen, wurde von den radikalen Pazifisten und Pazifistinnen wieder und wieder der beschwörende Appell an die Linken, an alle Demokraten und Demokratinnen gerichtet, der „Einheitsfront von rechts" Gleichwertiges entgegenzusetzen. 1933 wurde die DFG verboten, wurden führende Vertreter wie Fritz Küster (Herausgeber der Zeitung „Das Andere Deutschland") von den Nazis verfolgt und auf Jahre ins KZ gebracht. Die DFG wurde als Deutsche Friedensgesellschaft / Bund der Kriegsgegner 1945 wiedergegründet.

Nach Kriegsende gab es eine Reihe von Treffen, teilweise Zusammenschlüsse von Gruppierungen der pazifistischen wie der antimilita-

Internationaler Anti-Kriegs-Kongreß in Amsterdam vom 27.–29. August 1932.

ristischen Richtung in der F. Gegen die 1950 bekanntgewordenen Pläne zur Wiederaufrüstung (verantwortlich der damalige Bundeskanzler Dr. Konrad Adenauer) wuchs eine umfassende Protest- und Friedensbewegung, in der die Christin mit der Kommunistin, der Pazifist mit dem Gewerkschafter, die Zentrumsfrau mit dem Sozialdemokraten und Liberalen, die Künstlerin mit dem Arbeiter, der Wissenschaftler mit der Hausfrau und Mutter zusammenarbeiteten.

Stationen und Höhepunkte der F. in der Bundesrepublik: „Ohne-uns-Bewegung" seit 1950 gegen die Wiederaufrüstung; „Paulskirchenbewegung" 1954/55 gegen NATO-Beitritt; „Kampf dem Atomtod" 1957 bis 59 gegen die atomare Bewaffnung der Bundeswehr (erfolgreich); „Ostermarsch-Bewegung" seit 1960 gegen US-Atomwaffen in der Bundesrepublik und für atomwaffenfreie Zonen; Zivildienst für Frauen / Notstandsgesetze bis 1968. Mit den Demonstrationen „Beendet das Wettrüsten jetzt!" (1977), mit der Bewegung gegen die Neutronenbombe und seit Ende 1979 gegen die Stationierung der Erstschlagswaffen Pershing II und Cruise Missiles („Krefelder Appell" – Herbst 1980 – Frühj. 1984 über 5 Millionen Unterschriften) entwickelte sich die F. wieder und wurde zur größten Bewegung in der Geschichte der Bundesrepublik.

Das (vorläufige) Ende des Ost-West-Konfliktes mit dem Auseinanderbrechen der Sowjetunion und der übrigen östlichen Gesellschaften bedeutete für die F. wieder Stagnation und Rückgang. Nach wie vor arbeiten kleine örtliche Gruppen national wie international zu und gegen die erneut aufgebrochenen nationalen Gegensätze in Jugoslawien, der GUS und die unzähligen Konfliktherde und offenen kriegerischen Auseinandersetzungen in Afrika durch Aufklärung hier über die Zusammenhänge zwischen sog. erster und dritter Welt, durch praktische Solidarität und Appelle zusammen mit Friedensgruppen aus den Ländern. Welche Kraft und Demonstration auch aus einer solchen Situation heraus möglich ist, zeigten die vielen örtlichen und zentralen Friedensaktionen im Januar 1991 gegen den Golfkrieg – das Bewegende waren die Schülerinnen und Schüler, die Kinder, die auf die Straße gingen, NEIN sagten und von den Erwachsenen und Verantwortlichen Rechenschaft forderten. (→ Krieg)

Lit.: Helmut Donat / Lothar Wieland (Hrsg.), Das Andere Deutschland. Unabhängige Zeitung für entschieden republikanische Politik. Eine Auswahl (1925–1933). Mit einem Vorwort von Ingeborg Küster, Königstein/Ts. 1980; Hermes Handlexikon, Die Friedensbewegung. Düsseldorf 1983; Lida Gustava Heymann / Anita Augspurg, Erlebtes – Erschautes (Nachdruck), Meisenheim/Glan 1973; Lorenz Knorr, Geschichte der Friedensbewegung in der Bundesrepublik, Köln 1983; Alice Schwarzer (Hrsg.), Krieg – Was Männerwahn anrichtet und wie Frauen Widerstand leisten, Frankfurt a. M. 1992; Bertha von Suttner, Die Waffen nieder! (Nachdruck), Hildesheim 1981.

Elly Steinmann

Friedensbewegung der Frauen; „Kriege (sind) den Müttern verhaßt" – dies schrieb der römische Dichter Horaz vor gut 2000 Jahren, und der Grieche Aristophanes setzte in seinem 411 v.u.Z. geschriebenen Stück „Lysistrata" Frauen ein Denkmal für weiblichen Pazifismus. Die Geschichte überliefert uns aus alter und neuer Zeit Beispiele namhafter und namenloser Frauen, die gegen das staatliche Morden aufgestanden sind, für den Frieden gearbeitet und gekämpft haben.

Kriegserlebnisse, die Ansicht von der besonderen Verantwortung der Frauen als Mütter für die kommende Generation sowie die Erfahrung politischer Unmündigkeit und Ohnmacht der Frauen waren lange das Verbindende zwischen den verschiedenen Frauengruppen – bei

Was sich in der Friedensbewegung äußert, ist nicht ein Traum weltentrückter Phantasten, es ist der Selbsterhaltungstrieb der Zivilisation.

Bertha von Suttner („In der Brandung")

Frauen fordern Frieden, Düsseldorf, 1955

„Unter völliger Gleichberechtigung beider Geschlechter ist alles und jedes, Erziehung in Haus und Schule, Wirtschaft, Wissenschaft, Kunst, Technik, soziale und politische Maßnahmen in allen Ländern der Welt einer vernunftgemäßen Aufbauarbeit dienstbar zu machen."

„Erlebtes – Erschautes", Heymann-Memoiren in Zusammenarbeit mit Dr. jur. Anita Augspurg, Meisenheim am Glan 1972, Sonderausgabe 1977.

allen Unterschieden bezüglich der Beurteilung der Kriegsursachen und von Friedensstrategien.

Eine organisierte F. entwickelte sich Ende des 19. Jhs. in Deutschland und international gegen die imperialistische Politik und steigende Rüstungsausgaben der großen Industriestaaten.

Der „Friedensruf an die Frauen Deutschlands" (1870) von „mehreren Arbeiterfrauen" während des deutsch-französischen Krieges blieb zur Zeit der deutschen Reichsgründung eine Ausnahme. Dem Zeitgeist entsprechend war der Aufruf patriotisch, aber mit deutlichem Protest gegen den „Eroberungskrieg" und seine sozialen Folgen: „Wir verlangen Frieden, Brot und Arbeit".

1891 wurde von der Pazifistin und Schriftstellerin Bertha von Suttner (1843–1914) die Österreichische Friedensgesellschaft gegründet, 1892 die Deutsche Friedensgesellschaft (DFG). 1889 war ihr berühmtestes Buch „Die Waffen nieder!" erschienen, eine leidenschaftliche Anklage gegen den Krieg. 1905 erhielt sie als erste den von ihr angeregten Friedensnobelpreis.

Seit 1897/98 gab es von Sozialistinnen initiierte Protestversammlungen gegen die Flotten- und Kolonialpolitik. Besonders aktiv war Clara Zetkin (1857–1933): „Dieser Marine keinen Kahn und keinen Groschen." In den Jahren bis zum Ersten Weltkrieg wuchs das antimilitaristische und pazifistische Engagement der Frauen in der Sozialdemokratie. Antimilitarismus, der Kampf für Demokratie und Humanismus entsprachen der Überzeugung, daß das Ende aller Kriege erst erreicht sei mit dem Ende von Klassenherrschaft.

Seit 1907 etwa sind jährlich Hunderte von großen Frauenversammlungen zu verzeichnen, seit 1911 vor allem auch anläßlich des → Internationalen Frauentages. Viel Arbeit in den Vor- und Kriegsjahren leisteten u. a. Käte Duncker (1871–1953), Luise Zietz (1865–1922) und die mitreißend über Jahre hin gegen Aufrüstung, Völkerverhetzung und Krieg agitierende Rosa Luxemburg (1870–1919). Als sie 1914 wegen „Aufreizung gegen den Militarismus" zu einem Jahr Gefängnis verurteilt wurde, kam es zu einer Reihe von Frauenprotestversammlungen, darunter zu einer internationalen zum Frauentag in Berlin.

Wichtige Stationen für die Entwicklung internationaler Zusammenarbeit waren die Kongresse der Sozialistinnen 1907 in Stuttgart, 1910 in Kopenhagen und der Sozialistenkongreß 1912 in Basel, auf dem Clara Zetkin als Hauptrednerin für sie alle sprach: „Krieg dem Kriege" – „für die Sache des Friedens, der Freiheit, des Glücks der Menschheit".

Aufklärungsarbeit vor Ort, Verknüpfung der Friedensfrage mit der Situation der Frauen und internationale Zusammenarbeit kennzeichneten auch die zähe Arbeit der kleinen Gruppe radikaler Pazifistinnen, die seit den 90er Jahren gegen den sich auch in der bürgerlichen Frauenbewegung ausbreitenden → Chauvinismus ankämpften.

1899 war die internationale Haager Friedenskonferenz Anlaß für Margarete Lenore Selenka (1860 bis 1923), eine internationale Fraueninitiative zu starten. Nach kurzer Vorbereitungszeit fanden in 18 europäischen und außereuropäischen Ländern zwischen dem 13. und 16. Mai über 500 öffentliche Friedensversammlungen statt, auf denen ein Memorandum der Frauen an die Haager Konferenz verabschiedet wurde mit den Forderungen nach Schritten zur Völkerverständigung und Abbau von Gewalt.

Die radikalen Pazifistinnen, wie Anita Augspurg (1857–1943), Lida Gustava Heymann (1868–1943), Helene Stöcker (1869–1943), Rosa Mayreder (1858–1938), gehörten zum „linken Flügel" der bürgerlichen Frauenbewegung. Sie gingen zumeist von einem natürlichen oder gesellschaftlich bedingten „weiblichen Pazifismus" aus, begriffen Militarismus und Krieg als Ausdruck von Männerherrschaft. In vielen Einzelfragen mit den Sozialistinnen übereinstimmend, schieden sich die Frauengeister, was die Bedeutung der Klassenfrage und die Notwendigkeit der Revolution betraf. Die Stimmrechtsvereine (→ Frauenbe-

Rosa Luxemburg und Clara Zetkin auf dem Weg zu einer Tagung, 1910.

wegung) gehörten zu diesen Gruppen des radikalen Pazifismus. Ein internationaler Höhepunkt war der Frauenkongreß 1904 in Berlin, der von der 1. Vorsitzenden des Frauen-Weltbundes, Lady Aberdeen (England), mit einem dringlichen Aufruf zur Friedensarbeit eröffnet wurde.

1914 begann der Erste Weltkrieg. Bertha v. Suttner sollte leider für diesen wie auch für den Zweiten, über Vietnam und Falkland bis hin zum Golfkrieg und dem furchtbaren Bürgerkrieg im ehemaligen Jugoslawien recht behalten: „Es ist durchaus nicht richtig, (. . .) daß alle Frauen von Natur aus dem Kriege abhold sind. (. . .) nur solche, die sich zu sozialem Denken erzogen haben, sind es, die die Kraft haben, sich von dem Banne tausendjähriger Institutionen zu befreien und (. . .) dieselben zu bekämpfen." (1914)

Wie schwer es ist, unter den Bedingungen des Ausnahmezustands für Frieden zu wirken – Zensur, Haussuchungen, Auftritts- und Redeverbote, Ausweisung, Haft – in der einen oder anderen Form erfuhren sie es alle.

Dennoch setzten die Frauen national und international erste Zeichen. Im März 1915 können wir ein internationales Treffen der Sozialistinnen in Bern verbuchen und einen großen internationalen Kongreß der Pazifistinnen in Den Haag. Um dies Treffen zu behindern, wurde der Schiffsverkehr von England nach Holland für vier Tage eingestellt. Die auf den Frauenkonferenzen verabschiedeten Aufrufe zur Beendigung des Krieges – das „Berner Manifest" der Sozialistinnen und der „Haager Aufruf" – wurden in mehreren 100 000 Exemplaren in den kriegführenden Ländern illegal verbreitet. Auf der Haager Konferenz wurden „Nationale Frauenausschüsse für dauernden Frieden" gebildet, aus denen 1919 die „Internationale Frauenliga für Frieden und Freiheit" (IFFF) hervorging.

Es gab erste offene Proteste von Frauen in Berlin vor dem Reichstagsgebäude (1915), dazu ab 1916 Frauentagsveranstaltungen für den Frieden und immer wieder illegale Flugschriften. Und es gab den Frauenprotest von unten: aus der Not geborene Revolten in den Hunger-Kriegsjahren, oft mit Plünderungen verbunden, als direkte Bewegung vieler Frauen gegen Völkermord und Elend.

In den letzten Kriegsjahren 1917/18 entwickelte sich die Antikriegs- zu einer Friedensbewegung, die vor allem von Frauen getragen wurde. Millionen Männer waren an der Front und in Gefangenschaft, Hunderttausende waren gefallen, und wer auffiel, mußte mit dem Einberufungsbefehl rechnen. Frauen litten unter den verheerenden Arbeitsbedingungen, den langen Arbeitszeiten, Hunger und Krankheit. (→ Krieg) Streiks und Demonstrationen, die Forderungen nach „Frieden und Brot" waren mit Belage-

Titelblatt des Berichts der Internationalen Frauenliga für Frieden und Freiheit, Deutscher Zweig, 1920.

IFFF – 1915. Von links: Anita Augspurg, Mrs. Despard, Lida Gustava Heymann, Rosa Genoni, Leopolda Kulka, Alice Hamilton.

Jane Addams, 1860–1935. Die Amerikanerin gründete 1915 die IFFF mit und erhielt 1931 den Friedensnobelpreis.

Rosika Schwimmer, 1877–1948. Die Ungarin gründete u. a. 1904 den „Feministischen Verband“ in ihrem Land, arbeitete seit dem Ersten Weltkrieg in der internationalen Frauenfriedensbewegung.

Mira v. Kühlmann, geb. 1896. Sie ist eine der Frauen, die in den 50er Jahren gegen die Wiederaufrüstung schrieben, stritten, kämpften, sie arbeitete lange Jahre in der WFFB mit.

rungszustand und durch die Polizei nicht mehr zu unterdrücken.
In den 20er Jahren, bis in die Hitlerzeit hinein, arbeiteten viele Frauen – vor allem Pazifistinnen, Kommunistinnen und linke Sozialdemokratinnen – für Abrüstung und Frieden. Auch zwischen Frauen verhinderten Anschauungs- und Parteigrenzen eine dauerhafte Zusammenarbeit; gemeinsame Aktionen wechselten mit getrenntem Vorgehen. Die Frauen klärten über die verheerende Wirkung chemischer Kampfstoffe auf, beteiligten sich an Protesten gegen den Panzerkreuzerbau, sammelten Unterschriften für Abrüstungspetitionen. 1932 übergab die IFFF der Genfer Abrüstungskonferenz ca. 9 Millionen Unterschriften von Frauen aus aller Welt gegen Militarismus und Aufrüstung. Treffen, internationale Veranstaltungen und Kongresse nutzten sie, um vor Kriegsvorbereitungen und heraufziehendem → Faschismus zu warnen; so den internationalen Kongreß in Amsterdam 1932, an dem u. a. Käthe Kollwitz, Frida Perlen (1870–1933) und Clara Zetkin beteiligt waren. Ein herausragendes Ereignis war auch der 1. Weltkongreß der Frauen gegen Krieg und Faschismus 1934 in Paris.

Gertrud Woker, 1929. Die Schweizer Biochemikerin wurde in den 20er Jahren vor allem bekannt durch ihre Aufklärungsarbeit über chemische Kampfstoffe, den Kampf gegen den (Giftgas-)Krieg.

Die Antriebskräfte zum Friedenskampf während des Ersten Weltkrieges und der Weimarer Republik waren vielfältig. Neben dem Leidensdruck spielte die Vorstellung von einem „natürlichen“ weiblichen Pazifismus eine wichtige Rolle. Eine Vorstellung, die durch die Haltung vieler Frauen zum → Krieg schmerzlich widerlegt wurde. Frauen engagierten sich, weil sie überzeugt waren, daß Völker menschlich, vernünftig, friedlich zusammenleben können, weil für sie die Solidarität aller Unterdrückten und Ausgebeuteten die entscheidende Kraft gegen den Krieg war. Früh und beharrlich wurde da Friedensarbeit gemacht, wo *auch* in der Überzeugung gehandelt wurde, daß Krieg Herrschaft, Gewalt nach innen und außen, Gegen-Emanzipation bedeutet und daß dieses Recht der Stärkeren, daß wirtschaftliche, politische, militärische Gewalt überwunden werden müssen, sollen Gleichberechtigung, Emanzipation und Frieden Wirklichkeit werden.
Wenn schon der Erste Weltkrieg gezeigt hatte, daß der Krieg Frauen entrechtet, so wurde das im Zweiten Weltkrieg in unvorstellbarem Maß überboten. (→ Faschismus, → Widerstand) Friedensbewegung war unter diesen Bedingungen nur sehr eingeschränkt als Antikriegsbewegung möglich.
Frauen, die im → Widerstand gekämpft oder im Krieg ihre Männer, Söhne, Väter, ihre Mütter, Töchter, Freundinnen verloren hatten, vereinigten sich in den Nachkriegsjahren. (→ Frauenbewegung, → Organisationen. Daß es nach 1945 in den Besatzungszonen, in der Bundesrepublik eine F. gab, die an die Traditionen der Frauenbewegung anknüpfte – Frauen haben als Staatsbürgerinnen das Recht und die Pflicht, sich in die Politik einzumischen –, dies geriet zeitweise (zum Teil bis heute) leider auch in der Frauenbewegung wieder in Vergessenheit.
Frauen des Demokratischen Frauenbundes (DFD) engagierten sich wie viele andere damals für eine Volksbefragung zur Wiederaufrüstung, organisierten Protestaktionen: „Statt Stahlhelme für die Söhne – höhere

Plakat der Westdeutschen Frauenfriedensbewegung, 1957

Löhne", führten Veranstaltungen durch, um über die Folgen von Militär und einer militärischen Einbindung für Deutschland aufzuklären, sammelten vor Betrieben Unterschriften gegen die Remilitarisierung. (→ Organisationen, → Frauenbewegung)
Frauen, die später in der F. über Jahre hindurch mitarbeiteten, begannen unorganisiert, spontan. Sie machten im Bekanntenkreis, auf der Straße, vor Zechentoren *ihre* Befragung, weil es für sie unfaßbar war, daß nach diesem Krieg eine neue deutsche Armee überhaupt in Betracht gezogen wurde.
Am 14. 10. 1951 versammelten sich im rheinischen Velbert nahezu 1000 Frauen und Mütter zu einem Frauenfriedenskongreß, aus dem im Februar 1952 die Westdeutsche Frauenfriedensbewegung (WFFB, mit eigener Zeitschrift) hervorging, der als unvergessene Präsidentin Klara-Marie Fassbinder (1890–1974) vorstand (→ Organisationen). Von der Christin bis zur „Roten", unbeschadet ihrer politischen, religiösen oder sonstigen Anschauungen, arbeiteten die Frauen der WFFB in der Frage des Friedens zusammen. Als ein Beispiel von vielen sei hier der große Frauenfriedenstag 1952 in Bonn genannt, an dem 1600 Frauen nach einem mitreißenden Referat von Helene Wessel (damals Bundestagsabgeordnete des Zentrums, später der SPD) ihren Protest gegen die von dem ersten Bundeskanzler, Dr. Konrad Adenauer, im Verein mit der US-amerikanischen Besatzungsmacht mit Vehemenz betriebene Remilitarisierung an Bundesregierung und Parlament richteten.
Über 20 Jahre lang setzten die Frauen ihre Arbeit für Völkerverständigung und Frieden, gegen Atomwaffen, für friedliche Zusammenarbeit zwischen den Völkern, gegen Notstandsgesetze, die militärische Verplanung von Frauen und den Abbau der → Demokratie fort. (Heute noch besteht in Hamburg eine solche Gruppe.)
Im Oktober 1962 riefen einige Frauen in der Bundesrepublik (federführend war Prinzessin Olga zur Lippe), angeregt durch die zornigen Frauen von „Women Strike for Peace" (WISP/USA) zum „Feldzug der Frauen für Abrüstung und Frieden" (→ Organisationen). Vom 12.–14. Mai 1964 trafen sich im Haag 700 Frauen der WFFB mit Amerikanerinnen von WISP und übergaben nach einer Demonstration mehr als 15 000 Unterschriften gegen die multilaterale Atomstreitmacht (MLF), über die die Außenminister der NATO-Staaten in Den Haag zu dem Zeitpunkt gerade berieten. (Sprecherin für die amerikanischen Frauen war Dagmar Wilson, für die bundesrepublikanischen Elly Steinmann, der auch die Vorbereitung zusammen mit den Amerikanerinnen oblag.) In der Folgezeit sind Frauen gegen den Vietnamkrieg und seine verheerenden Folgen aufgetreten, haben das vietnamesische Volk durch Aufklärungsarbeit, Geld- und Sachspenden unterstützt. Durch den Verkauf von Schallplatten mit vietnamesischen Volksliedern (Vorwort von Kirchenpräsident Pastor Martin Niemöller; die deutschen Texte sprach die bekannte Bühnen- und Filmschauspielerin Lil Dagover) und mit dem Puppenpärchen Lien und Nam hatten die Frauen der WFFB 340 000 DM aufgebracht. 1970 besuchten, stellvertretend für viele Frauen, Elly Steinmann von der Geschäftsführenden Leitung und die Landesvorsitzende von

Christa Thomas, 1893–1989. Die Sozialarbeiterin engagierte sich in der kath. Friedensbewegung und in der Frauenbewegung; in den 70er Jahren war sie Mitinitiatorin des Kölner Frauenhauses.

Freda Wüsthoff, 1896–1957. Gemälde von Annot. 1929. Die Naturwissenschaftlerin war nach dem Zweiten Weltkrieg eine unermüdliche Warnerin vor Atomwaffen und suchte, mit geringem Erfolg, Frauen der gemäßigten Frauenverbände zum Engagement zu bewegen.

Alva Myrdal, geb. 1902. Die Schwedin war die erste Ministerin für Abrüstung und Friedensfragen in der Welt.

Grit Weisberg (1911–1979; r.) und Elly Steinmann bei der Vietnamesischen Frauenunion.

Den Haag 12.–14. Mai 1964. Prinzessin Olga zur Lippe, Ehrenpräsidentin der WFFB.

Prof. Dr. Klara-Maria Faßbinder, die in keinem Lexikon vorkommt, nicht einmal als Tante von ... Rainer Werner Faßbinder.

NRW, Grit Weisberg, auf Einladung der Union des Femmes du Vietnam Hanoi, die Halon-Bucht, den Roten Fluß, der Nordvietnam vom Süden trennte. Sie trafen im Dschungel Frauen und junge Mädchen an Werkzeugmaschinen und Webstühlen in unterirdischen Fabriken und empfanden den Widerstandswillen des vietnamesischen Volkes, das 1974 den Sieg über die gewaltige US-Kriegsmaschinerie davontrug. (Es müssen dem Volk endlich [1993!] Reparationen von US-Amerika gezahlt werden).

Als die WFFB im Land Rheinland-Pfalz verboten wurde (1960), natürlich unter dem Vorwand, es handele sich um eine „kommunistische Tarnorganisation“, verklagte die Geschäftsführende Leitung mit den Anwälten Dr. Gustav Heinemann und Dr. Diether Posser das Land und gewann – nach Einvernahme von über 40 (auch vom Verfassungsschutz finanzierten) Zeugen nach viereinhalb Jahren den Prozeß. Die Landesregierung mußte diese Tatsache im Staatsanzeiger bekanntgeben.

Natürlich übten die Frauen der WFFB Solidarität auch mit dem unterdrückten Volk von Chile wie mit den Menschen in Nicaragua und den Frauen anderer Völker. Trotz Diffamierungen hielten sie Verbindung, mit gelegentlichen Treffen, zu Frauen- und Friedensorganisationen der europäischen Ostländer, speziell denen der ehemaligen DDR.

1973 – zu einer Zeit, als die sich formierende Frauenbewegung um eine Reform oder die Abschaffung des § 218 kämpfte, die Diskriminierung der Frau im Vordergrund stand und die Friedensfrage in der Zeit der Entspannungspolitik kein Thema war, richteten Prof. Klara-Marie Fassbinder, Prof. Uta Ranke-Heinemann, die Schriftstellerinnen Marie Luise Kaschnitz und Luise Rinser, die Journalistin Elly Steinmann einen Appell an die Frauen in der Bundesrepublik, sich für die Senkung der Rüstungslasten einzusetzen. 3800 Frauen veröffentlichten ihre Forderung als Annonce in „Die Zeit“, 8000 schlossen sich dem Ruf an. Erst Ende der 70er Jahre sollte die Forderung nach Senkung der Rüstungsausgaben und Verbesserung der Situation der Frauen auch eine zentrale Forderung der sich wieder einmal neu entwickelnden F. werden.

Die Pläne der US-Regierung zum Bau und zur Stationierung von Neutronenbomben in Europa (1977), die öffentliche und kontroverse Diskussion um Soldatinnen für die Bundeswehr (seit 1978) waren für viele Frauen Anstoß zum Engagement und zur Gegenwehr; so für die DFI-Frauen, Gewerkschafterinnen, Frauen der DKP, aus der SPD, der FDP. Innerhalb der DFG/VK wurden die Gruppen „Frauen und Militär“ stärker. Im Sommer 1979 wurde die Initiative „Frauen in die Bundeswehr? – Wir sagen NEIN!“ mit Hilfe der Industriellenfrau Marie-Louise Berg und gleichgesinnter Freundinnen mit einem Aufruf in der Deutschen Volkszeitung gestartet. Die Federführung lag in den Händen der ehemaligen Vorsitzenden des Sozialistischen Hochschulbundes, Mechtild Jansen, die ausgezeichnete Arbeit leistete. Die Unterschriftensammlung wies bis 1980 60000 Unterzeichnerinnen aus; im Dezember 1980 demonstrierten Frauen in Bonn, Hamburg und München gegen die Rekrutierungspläne und die Verplanung von Frauen als „zivile“, als Schwesternhelferinnen. Diese Pläne, die steigenden Rüstungsausgaben in der Welt, der Beschluß der NATO, Erstschlagswaffen in Europa zu stationieren – das rief Frauen auf den Plan, die bis dahin nicht viel fürs Militär übrig, aber auch wenig dagegen hatten. Autonome Gruppen wie „Frauen gegen Militarismus und Krieg" und „Frauen für Frieden" wurden gegründet. Frauen waren es, die als erste den Kampf gegen Atomkraftwerke in den gegen Atomsprengköpfe einbezogen. Es begann mit dem von der Zeitschrift „Courage" organisierten Kongreß „Frauen gegen Atom und Militär" im Herbst 1979. Die Zahl der Verweigerungsaktionen und der Verweigerinnen stieg seit 1980 kontinuierlich.

Frauen beanspruchten innerhalb der Friedensbewegung ihren Platz, brachten ihre Forderungen ein, waren Frauenfriedensbewegung. Ein eigener Widerstandstag im Herbst 1983 und '84, Frauenveranstaltungen im Rahmen der Ostermärsche und bei Groß-Demonstrationen wie in Bonn 1983 oder beim Fulda-Gap 1984 zeigen das ebenso wie die Frauen-Friedens- und Widerstands-Camps im Hunsrück 1983/84.

Zu dieser Entwicklung hat die internationale Zusammenarbeit wesentlich beigetragen. Die großen Konferenzen wie die Amsterdamer (1981) und Prager (1981 und 1983) boten ebenso wie die vielen „kleinen" Begegnungen Gelegenheit zum Reden und Zuhören von Frauen aus Ost und West, zur fairen Auseinandersetzung, zum Kennenlernen und voneinander Lernen. Manche Freundschaft ist daraus entstanden, manche gemeinsame Aktion, wie umgekehrt Aktionen am Beginn internationaler Zusammenarbeit standen.

„Jetzt ist es genug!" Unter diesen Aufschrei gegen den Rüstungswahnsinn wurden von Februar bis Juli 1980 in den skandinavischen Ländern und der Bundesrepublik 500 000 Unterschriften gesammelt und anläßlich der Weltfrauenkonferenz 1980 in Kopenhagen dem UNO-Generalsekretär Kurt Waldheim übergeben. Die nächsten Schritte der „Frauen für den Frieden" waren die Friedensmärsche 1981 von Kopenhagen nach Paris, 1982 von Stockholm über Moskau nach Minsk, von Berlin nach Wien, 1983 von Dortmund nach Brüssel und von Berlin nach Genf.

Greenham-Common – die Engländerinnen mit ihren überraschenden Aktionen, ihrer Umarmung der Basis zu Weihnachten 1982 mit 30 000 Frauen, der zähen und gewitzten Verteidigung ihres Camps, sind Symbol für Frauenwiderstand geworden, beispielgebend, anfeuernd für viele in Europa und in Übersee: „Männer gingen aus dem Haus, um in den Krieg zu ziehen. Frauen verlassen ihr Haus für den Frieden."

Die bundesrepublikanischen Friedensmärsche wurden später durch Friedenszelte ersetzt, z. B. in Süddeutschland und in Essen (1986); für das letztere hatten Prof. Dr. theol. Uta Ranke-Heinemann, die jüdische Antifaschistin Hetty Gingold, die Mülheimer Oberbürgermeisterin Eleonore Güllenstern und Elly Steinmann die Schirmfrauschaft übernommen.

In Fortführung der Friedensmärsche wurde von der Dortmunder Frauen-Friedens-Initiative – für die DFI Renate Wurms – zusammen mit Frauen aus dem Revier u. a. 1984 eine internationale „Zukunftswerkstatt" veranstaltet. Vertreterinnen der DFI waren in den 80er Jahren maßgeblich an internationalen Ost/West-Frauendialogen und an fried-

Ingeborg Küster (geb. 1909) führte 1963 „Das Andere Deutschland" weiter.

„... Daß Frauen aufstehen für den Frieden, ist ein Stück Hoffnung in einer toll gewordenen Welt. Denn toll ist die Welt, wenn sie ihre Hoffnung auf Raketen setzt, als könnten Raketen irgend etwas an Hoffnung bringen, als könnte uns der Overkill von irgendeinem Übel erlösen."
Uta Ranke-Heinemann

„Jede Frau eine Stimme für den Frieden". Plakat der Kommunistischen Partei Italiens zum Internationalen Frauentag 1980

lichen Protesten gegen ein →Europa der Militärs beteiligt. So wurde z. B. die gemeinsame Demonstration der Union des Femmes Française und der Demokratischen Fraueninitiative gegen die „deutsch-französische Militärbrigade" in Böblingen von Florence Hervé mit vorbereitet und durchgeführt.

Zu den Frauen, die sich in der Bundesrepublik und international für den Frieden immer etwas Besonderes einfallen ließen, gehören die beiden – in der gesamten Friedensbewegung aktiven und geachteten – Frauen, Sängerin Fasia und Ellen Diederich. Sie fuhren u. a. 1987 mit ihrem Friedensbus monatelang durch ganz Europa und haben inzwischen in Oberhausen ein internationales Frauensfriedensarchiv aufgebaut.

Die Motive für den Friedenskampf sind wie eh und je vielfältig. Und in einer Anzahl wie nie zuvor sind Frauen aus Kirchen und Parteien, aus Gewerkschaften und der Frauenbewegung, viele Unorganisierte „aufgestanden, um sich zu widersetzen". Ihre für den privaten Bereich anerzogene Friedlichkeit machen sie zu der öffentlich-politisch unbequemen Tugend der radikalen Friedfertigkeit.

Innerhalb der F. lassen sich grob vier Ansatzpunkte unterscheiden: 1. Frauen aus der feministischen Bewegung im Umfeld der Zeitschrift „Emma", die eher zögernd sind in ihrem Engagement; sie befürchten, daß über dem Friedenskampf der Emanzipationskampf vernachlässigt werde. 2. Der größere Teil der feministischen Bewegung, repräsentiert durch die (eingestellte Zeitschrift) „Courage", einen Teil der Grünen-Frauen, auch „Frauen für Frieden", die auf der Basis eines feministischen Pazifismus' wirken, wonach vorrangig der Kampf gegen Gewalt und Krieg als gegen die Männerherrschaft gerichteter zu führen ist, und zwar in gleicher Weise gegen → Sexismus und → Militarismus, Alltagsgewalt und Kriegsgewalt. 3. Frauen insbes. aus der evangel., zunehmend auch der kath. Kirche, vor allem auch Unorganisierte, die einen religiös oder human geprägten, gemäßigten bis radikalen Pazifismus vertreten und aus der Verantwortung als Mütter, aus sozialer Gerechtigkeit gegenüber der 3. Welt handeln. Diese Motive werden verbunden mit der Diskussion um die Diskriminierung der Frau in Kirche und Gesellschaft. 4. Die Frauen in den Gruppen der Demokratischen Fraueninitiative, Frauengruppen in Gewerkschaften und Parteien, die davon ausgehen, daß Frauenkampf und Friedenskampf zusammengehören und im Zusammenhang mit den nationalen und internationalen Problemen gesehen werden müssen. Ihre Ansatzpunkte sind die politische Betroffenheit der Frauen durch geplante Dienstverpflichtungen, Abbau von Arbeitsplätzen und Kürzung von Sozialem in Folge der Aufrüstungspolitik. Die Grenzen sind fließend. Über gemeinsame Aktionen und Diskussionen ist die Bereitschaft zur Zusammenarbeit über Gruppen-, Anschauungs- und Ländergrenzen hinweg gewachsen. Gewachsen ist auch die Fähigkeit, sich konstruktiv über (alte) Probleme auseinanderzusetzen: Radikaler oder gemäßigter Pazifismus? Wie sieht es mit der Gewalt in Befreiungsbewegungen aus? Frauen als Mütter für den Frieden oder um einer unbedrohten, selbstbestimmten Zukunft willen für die eigene Person? Was sie alle einte, auch nach Beginn der Stationierung von Pershing II und Cruise Missiles in Europa: „Wir wollen uns nicht gewöhnen!" (Motto von ev. Frauen 1984).

Ende der achtziger und Anfang der neunziger Jahre arbeiteten Friedensfrauen, von der Bevölkerung nicht sonderlich beachtet, in Gruppen und Initiativen zäh und unermüdlich weiter gegen die Militarisierung der Frauen, gegen Kriege und deren Vorbereitung. „Nicht friedlich und nicht still“ – „Öffnung der Bundeswehr für Frauen und allgemeine Dienstpflicht verhindern“. So das Frauenforum der Grünen im Bundestag, am 7. März 1988. Das Bildungswerk der Deutschen Friedensgesellschaft – Verband der Kriegsdienstverweigerer (DFG-VK) veranstaltete 1989 in Essen einen Schriftstellerinnenkongreß unter dem Motto: „100 Jahre ‚Die Waffen nieder!‘ Bertha von Suttner.“ Schirmfrau war Ilse Ridder-Melchers, heute Ministerin für die Gleichstellung von Frau und Mann in NRW.

1990 wurde nach Überlegungen auf einem Kolloquium der Arbeitsgemeinschaft für Friedens- und Konfliktforschung ein Netzwerk für Friedensforscherinnen gegründet. Am 10./11. März 1990 fand in Düsseldorf ein Internationales Frauenseminar statt unter der Forderung „Wir wollen den Frieden, die Freiheit, das Recht“ (entnommen einem alten Gedicht von Emma Döltz, Berlin, zugleich das Motto des ersten → Internationalen Frauentages). Ein wichtiges Thema auf diesem Seminar war die Friedenserziehung, die in folgenden Forderungen ihren Niederschlag fand: Abrüstung Mitteleuropas, Neutralität ohne fremde Truppen, Bildung von atomwaffenfreien Zonen, vertrauensbildende Maßnahmen, Entmilitarisierung, auch im konventionellen Bereich, Atomwaffenteststopp, kein Kriegshandel, Solidarität. Denn: Frieden soll das Gesicht der Frauen haben! Vorbereitung und Durchführung des Seminars lagen für die IFFF in Händen Dodo van Randenburgs, für die IDFF bei Florence Hervé. Vom 13.–15. Nov. 1990 gab es in Berlin die erste KSZE der Frauen unter dem Motto „FrauenMacht Europa“. Die Frauen hatten im Vorfeld der offiziellen männerdominierten KSZE-Sonderkonferenz (Konferenz für Sicherheit und Zusammenarbeit in Europa) in Paris zu diesem Treffen eingeladen und forderten u. a. „ein Verbot aller Waffenexporte aus KSZE-Ländern, den sofortigen Atomteststopp, das Ende von Rüstungsforschung und -entwicklung sowie die Entwicklung friedlicher Konfliktlösungsstrategien“.

Im Jahre 1990 gab es auch wissenschaftliche bzw. thematische Auseinandersetzungen wie „Kriegerische Männer – Friedliche Frauen, Feministische Anmerkungen zu einem falsch verstandenen Gegensatz“, Positionspapier der FöGA-Frauen AG zu feministischer Gewaltfreiheit, Patriarchat, Militär und modernem Nationalstaat.

1991 standen Frauen in der Bundesrepublik auf gegen den Golfkrieg. Am 19. Januar erschien der internationale Frauenaufruf „Scheherazade“, der von Medienfrauen, Grünen Frauen und weit darüber hinaus initiiert worden war. Wir fordern, hieß es darin, sofortigen Waffenstillstand, daß die UNO die Interpretation des Ultimatums an den Irak nicht den Militärs überläßt, die Durchführung dieser Urabstimmung durch internationale Gremien wie UNESCO, UNICEF und WHO.

Ebenfalls im Januar 1991 riefen Frauen im vereinigten Deutschland zum Frauenstreik gegen den Golfkrieg auf und schilderten die Hintergründe dieses Krieges: „. . . die beschriebene Maschinerie der Wirtschaftsmacht und der Militärs funktioniert, weil Frauen – in der Vergangenheit und heute – immer ihre dienstleistenden Hände und Köpfe für die Herren zur Verfügung stell-

Plakat zur Friedensdemonstration in Bonn anläßlich des Nato-Gipfels und des Besuchs von US-Präsident Reagan, 1982.

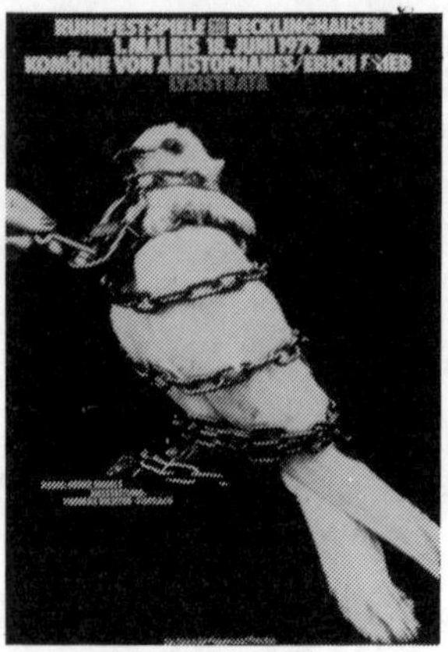

„Lysistrata". Ein Stück für Frauen und Frieden. Plakat der Ruhrfestspiele Recklinghausen, 1979

ten und stellen. . .", „. . . verweigern wir unsere Arbeit in der Familie, dem Betrieb, dem Laden, der Schule". „Gehen wir . . . auf die Straßen und Plätze an die Öffentlichkeit und fordern: Sofortige Einstellung jeglicher Kriegshandlungen, Abzug der alliierten Truppen aus Nahost, Abzug der bundesdeutschen Soldaten aus der Türkei, Nahost-Friedenskonferenz ohne Vorbedingungen." Es hat noch viel Blut fließen müssen am Golf. Noch am letzten Tag sind Frauen, Kinder und Greise wissentlich in einem Bunker in Bagdad zu Tode gebombt worden. Ein Jahr nach dem Golfkrieg rief eine bundesweite Lesbenaktion gegen Zwangsdienst und Militär für den 1. Februar 1992 zu einem Frauen-Trommelzug zum Innenministerium in Bonn auf, wobei sich die Initiatorinnen – wie die Frauen 40 Jahre zuvor – auf Erich Kästners Fantasie von übermorgen beriefen „Und als der nächste Krieg begann, da sagten die Frauen: NEIN!"
Auch heute – im von einem grauenvollen Bürgerkrieg geschüttelten ehemaligen Jugoslawien – bemühen sich Frauen um friedliche Lösungen, obwohl sie, wie in jedem Krieg, das größte Leid, Vergewaltigung und Tod erleiden müssen.
Frauen in aller Welt treten auch in schwierigen und zuweilen aussichtslosen Zeiten – trotz alledem – für den Frieden ein. Warum? Was durch Jahrzehnte, ja durch Jahrhunderte von tapferen Frauen in spektakulären Auftritten und solchen der leiseren Töne erreicht worden ist? Vielen mag es vorkommen, als sei es nichts gewesen. Dennoch: der Friedenskampf der Frauen wird weitergeführt werden. Ich glaube, die Frage läßt sich mit einem Wort beantworten, das eine der unermüdlichsten Frauen für den Frieden, die es nach dem Zweiten Weltkrieg gab, Prof. Dr. Klara Marie Faßbinder, aus christlicher Sicht über ihr Leben geschrieben hat, eine Frau (die Großtante des bekannten Filmregisseurs Rainer Werner sucht man trotz Abmahnung vergeblich im Großen Brockhaus oder bei Meyer), die das Wort des französischen Dichters Paul Claudel, den sie in der Nazidiktatur übersetzt und nachgedichtet hat, über ihr Leben gestellt hat. Sie brauchte damals, wie die Frauen, die heute weitermachen, keine Ermunterung „. . . und keinen Erfolg, um auszuharren".
In dem Chor der deutschen Friedenskämpferinnen fehlt seit dem 1. Oktober 1992 die Stimme einer der glühendsten Friedenskämpferinnen. Wir vermissen mit tiefem Schmerz Petra Kelly, die auf so tragische Weise ums Leben gekommen ist.

Lit.: Elisabeth Brändle-Zeile, Die Grünen Baden-Württemberg (Hrsg.), Frauen für Frieden (Dokumentation), Schorndorf 1983; Gisela Brinker-Gabler (Hrsg.), Frauen gegen den Krieg. Frühe Texte, Frankfurt 1980; Ruth-Esther Geiger/Anna Johannesson (Hrsg.), Nicht friedlich und nicht still. Streitschriften von Frauen zu Krieg und Gewalt, München 1982; Die Grünen im Bundestag u. a. (Hrsg.), Weder Waffenrock noch Schwesternkleid, Bonn 1988; Eva Quistorp (Hrsg.), Frauen für den Frieden, Frankfurt 1982; Edith Laudowicz, Frauen und Friedensbewegung. Sonderdruck aus: Blätter für deutsche und internationale Politik, H. 1/82, Köln 1982; Herrad Schenk, Frauen kommen ohne Waffen – Feminismus und Pazifismus, München 1983; Alice Schwarzer (Hrsg.), Krieg – Was Männerwahn ausrichtet und wie Frauen Widerstand leisten, Frankfurt am Main 1992; Elly Steinmann, „Nie wieder Krieg!" Aktivitäten von Frauen für Frieden und Abrüstung, in: Lottemi Doormann (Hrsg.), Keiner schiebt uns weg, Weinheim/Basel 1979, S. 352–362.

Elly Steinmann

frigide; lat., kalt, kühl. F. bedeutet in der Medizin und Sexualwissenschaft, daß eine Frau keine sexuellen Lustgefühle empfindet, keinen Orgasmus hat. Mit Frigidität = Gefühlskälte hat das nichts zu tun. (→ Sexualität)

Fundamentalismus; aus dem Amerikanischen, wörtlich: Ordnung der Fundamente. Als fundamentalistisch werden moderne religiös-politische Protestbewegungen mit Geistlichen an der Spitze bezeichnet, die zu den (tatsächlichen oder auch nur behaupteten) religiös-moralischen Grundfesten ihrer Urgemeinde zurückkehren wollen. Fundamentalistische Geistliche der Weltreligionen nehmen Einzelaussagen ihrer heiligen Schriften – des Koran, der hebräischen und der christlichen Bibel – wörtlich und interpretieren damit die heutige Welt bzw. suchen sie zu verändern. Ihre AnhängerInnen bilden entweder neue, nach innen gekehrte Gemeinschaften oder suchen die ganze Gesellschaft politisch zu bekehren. Sie gewinnen dann an

Einfluß, wenn wirtschaftliche Krisen und soziale Umbrüche die Gesellschaft erschüttern, die vorherrschenden Lebensformen und Moralvorstellungen sich ändern, die Werte der Aufklärung, des Humanismus und der Demokratie keine überzeugenden Lösungen zu bieten scheinen.

Fundamentalistische Glaubensphilosophien zeichnen sich durch Irrationalismus aus. Sie bieten eine ganzheitliche Erklärung für gesellschaftliche Krisen an und sollen den Weg aus der Misere zeigen:

– Die Gesellschaft sei vom Glauben, von den göttlichen Gesetzen abgefallen. Im Kampf des Guten gegen das Böse oder der göttlichen Prinzipien gegen den Satan habe das Böse zunächst gesiegt und die Gesellschaft an den Rand des Abgrundes gebracht.

– Das Böse oder die Macht des Satans verkörpere sich in erster Linie im Fremden, in bestimmten ausländischen Mächten und ihren einheimischen Helfershelfern, die sich gegen die Gesellschaft verschworen hätten.

– Die fundamentalistische Bewegung sei berufen, gegen das Böse zu kämpfen und die göttlichen Prinzipien wiederherzustellen oder gar in die Welt zu tragen, denn sie sei die von Gott auserwählte Bewegung oder das von Gott auserwählte Volk.

In ihrer Propaganda und Politik wird der – erstrebten – Rolle der Frau und der Familie eine große Bedeutung beigemessen.

Im Westen wird Fundamentalismus mit Islam gleichgesetzt. Obwohl der Islam – wie andere Religionen – traditionelle, liberale und reformerische Strömungen kennt (→ Islam), prägen fundamentalistische Bewegungen in der islamischen Welt unser Bild der 80er Jahre. Es ist mit dem Iran verbunden, neben Saudi-Arabien und Afghanistan einziges Land, in dem der Fundamentalismus an der Macht ist.

Entstanden sind die verschiedenen schiitischen und sunnitischen modernen Strömungen nach großen sozialen Umwälzungsprozessen seit den 50er Jahren des 20. Jhs., die viele Millionen von LandbewohnerInnen der muslimischen Welt in die wachsenden Städte trieben. Sie suchten in den neu entstehenden staatlichen Institutionen und Industrien oder im Dienstleistungsbereich ein Auskommen, um in den neuen Vierteln, meist am Rand der Großstädte, zu überleben. Andere gingen als ArbeiterInnen ins Ausland. Festgefügte soziale Gemeinschaften mit traditioneller Lebens- und Moralordnung, in deren Zentrum die Großfamilie stand, wurden in Frage gestellt und konkurrierten mit anderen städtischen Lebensformen und Werten.

Größeren Zulauf bekamen fundamentalistische Bewegungen – obwohl seit Jahren von Saudiarabien und Iran unterstützt – erst in den 80er Jahren von den traditionellen und neuen Mittelschichten und der Stadtarmut in den arabischen Staaten, in Palästina, in der Türkei und in Indonesien. Auslöser des Booms der Bewegungen sind, ähnlich wie im Iran, sozialökonomische Krisen, die eine schwelende Sinnkrise aktualisieren: Die Modernisierungsbestrebungen der meisten islamischen Staaten werden gebremst oder sind bereits gescheitert, denn eine weltweite ökonomische Krise trifft die Staaten der Dritten Welt am härtesten, verschlechtert ihre ohnehin schwache Position auf dem Weltmarkt noch weiter und vergrößert ihre Abhängigkeit vom Westen. Die Massenarmut in den Städten nimmt zu, die neuen Mittelschichten, die im modernen Staatssektor eine Perspektive sahen, werden enttäuscht, die Kaufleute des traditionellen Bazars werden wirtschaftlich an den Rand gedrängt. Sie schließen sich der fundamentalistischen Bewegung an, die die realen Probleme der wirtschaftlichen und kulturellen Abhängigkeit vom Westen, den Zerfall der Wirtschaft, die Massenarmut, die Despotie der herrschenden Parteien und den Niedergang der traditionellen Kultur mit der Herrschaft des Satan – dem gottlosen Westen und den vom Glauben abgefallenen Herrschenden – erklärt.

Die Entschleierung der Frau wird von den Fundamentalisten als Zeichen des Untergangs der Gesellschaft verstanden, und umgekehrt wird der Schleier zum Symbol einer eigenen islamischen Identität erho-

Die Blutigen heißen die Großen, nicht die, die Korn gesät haben und Frieden.
Margret Gottlieb

ben. In ihrer Wirtschafts- und Sozialethik steht die Familie im Zentrum, an deren Spitze der Patriarch thront. Die Familie – und damit die Frau – sei dem privaten Bereich zuzuordnen, der strikt vom öffentlichen Bereich zu trennen ist. Mann und Frau seien gegensätzliche, einander ergänzende Wesen mit unterschiedlicher Aufgabenstellung. Die natürliche Aufgabe der Frau sei die der Hausfrau und Mutter. Die Trennung der Geschlechter sei notwendig, weil entweder die weibliche Sexualität den Mann gefährde oder die Frau vor den starken sexuellen Neigungen des Mannes geschützt werden müsse. Weibliche und männliche Lebensbereiche müßten deshalb konsequent durch islamische Bauweise, durch den Schleier, durch getrennten Unterricht und eventuell durch getrennte Arbeitsbereiche (frau denke an die erfolgreichen saudischen Frauenbanken) separiert werden. Kernstück der Forderungen der Fundamentalisten ist die Wiedereinführung des Familienrechtsteils des religiösen Rechts – der shari'a – (→ Islam), die auch weltlich orientierte Regierungen der islamischen Welt bereits teilweise erfüllt haben (Algerien, Pakistan, Ägypten, Sudan, Jemen).

Frauen reagieren unterschiedlich auf die erstarkende fundamentalistische Bewegung. Vor allem junge Frauen aus der städtischen Mittelschicht schließen sich aus Protest gegen das wirtschaftliche und soziale Chaos, das ihnen keine gesicherte berufliche Zukunft verheißt, dem fundamentalistischen Frauenflügel an und tragen den Schleier als Zeichen der Würde und Sicherheit, die ihnen die traditionelle Frauenrolle verleiht. Andere Frauen reagieren notgedrungen auf den Druck und auch auf die Anschläge der Fundamentalisten gegen Fraueneinrichtungen und einzelne Frauen, die in der Öffentlichkeit wirken. Frauenwiderstand gegen den Fundamentalismus oder das Streben nach einer selbstbestimmten getrennten Entwicklung mit Hilfe eines feministischen Islam entwickeln sich seit den 90er Jahren.

In Israel spielt der jüdische Fundamentalismus (Abspaltungen vom orthodoxen Judentum und den Mystikern) eine zunehmende politische Rolle. Verschiedene Gruppierungen (Agudat Israel, Gush Emunim) sind seit 1988 nicht nur im Parlament, sondern auch in der Regierung vertreten. Ein Feindbild, das alle Fundamentalistengruppen teilen, ist das der selbstbewußten, berufstätigen Frau. Ohnehin ist die Vorstellung der emanzipierten Israelin ein Mythos, denn Staat und orthodoxe Gesetzesreligion sind nicht getrennt. Orthodoxe Religionsparteien haben die Gültigkeit der halacha, des religiösen Rechts, in Ehefragen seit 1948 durchgesetzt, und es gibt keine Zivilehe. Danach sind konfessionell gemischte Ehen nicht zugelassen; kann nur der Mann sich scheiden lassen; darf die Ehefrau eines Vermißten nicht wieder heiraten; ist das Levirat (die kinderlose Witwe muß einen Bruder des Toten heiraten) nur in einer religiösen Zeremonie aufhebbar; kann eine Frau nicht Richterin werden und darf nicht vor religiösen Gerichten aussagen.

Fundamentalistische Gruppierungen stellen weitergehende Forderungen, die den Platz der Frau auf das Haus beschränken sollen und wörtlich aus den 613 Ge- und Verboten des Talmud abgeleitet sind. Sie haben nach Geschlechtern getrennte Lehranstalten gegründet, in denen, zusammen mit den orthodoxen Gruppierungen, 30% aller israelischen Kinder und Jugendlichen erzogen werden. Sie unterhalten eigene Ehevermittlungsdienste und setzen in ihrem Einflußbereich durch, daß Frauen keine Empfängnisverhütung praktizieren und viele Kinder gebären. Zusammen mit den orthodoxen Parteien erreichten sie schon 1977, daß eine Abtreibung aus sozialen Gründen verboten wurde. Eine Gruppierung will den Frauen das aktive und passive Wahlrecht entziehen. Die autonome Frauenbewegung wendet sich gegen diese Bestrebungen. Die traditonellen Frauenverbände (WIZO – Women's International Zionist Organization – und die Frauensektion der Gewerkschaft Histadrout) rüttelten dagegen erst spät am Bündnis zwischen orthodoxer Synagoge und Staat.

Im Christentum hat eine protestantische Bewegung, die sich Anfang des

20. Jhs. im Norden der USA bildete, dem Fundamentalismus seinen Namen gegeben. Wie die Gruppierungen der anderen Religionen ist sie dem „Buch“ in Buchstabentreue verpflichtet. Damals trat sie – während einer sozialökonomischen Krise – gegen die „Überfremdung“ der dominierenden weißen angelsächsischen protestantischen Kultur (WASP) an und wandte sich gegen katholische EinwanderInnen, Schwarze, berufstätige Frauen und VertreterInnen der Naturwissenschaften/Evolutionstheorie. Nach einem aufsehenerregenden Prozeß 1925, mit dem die Fundamentalisten erreichten, daß die Darwinsche Evolutionstheorie in den Schulbüchern durch die Schöpfungslehre ersetzt wurde, zogen sie sich in ihre Gemeinschaften zurück. Erst in den siebziger Jahren wurden sie als Widerpart der schwarzen Bürgerrechtsbewegung, der Schwulen- und vor allem der Frauenbewegung wieder politisch aktiv, denn diese stellten erneut die fundamentalistische Lebensweise massiv in Frage. In einem neuen Bündnis mit der politischen Rechten, das erstmals auch Katholiken einbezog, und der „Waffe“ der evangelischen Fernsehprediger (electronic church), die ein spendenwilliges 60-Millionen-Publikum erreichten, wurde 1980 die Wahl Ronald Reagans zum Präsidenten der USA durchgesetzt und eine einflußreiche Lobby in Senat und Kongreß geschaffen.

Der amerikanische Fundamentalismus tritt gegen die „Waffen des Satans“ an, die er im Kommunismus (Reagan sprach vom Kampf des Lichts, der USA, gegen das Reich der Finsternis, die damalige SU) und im weltlichen Humanismus sieht: Der Humanismus beherrsche die Kultur in den USA und in Westeuropa, infiltriere die Kirchen und vergifte die Herzen der Kinder. Zur Bekämpfung des Satans werden Kreuzzüge und Schlachten gestartet, so gegen die „Verbannung Gottes aus den Schulen“, gegen Sexualkundeunterricht und gegen das seit 1973 garantierte Recht auf Schwangerschaftsabbruch. Seit den 80er Jahren betreiben v.a. nordamerikanisch-protestantische Fundamentalisten eine rege Missionstätigkeit in Lateinamerika, Südostasien und Afrika. Mit Hilfe eigener Radio- und Fernsehstationen, von Erwekkungsritualen und Sozialarbeit in den Elendsvierteln der Megastädte wurden Millionen „bekehrt“. Viele arme Stadtfrauen schließen sich dem F. an, weil ihnen dort „Sicherheit“ und „Stabilität von Beziehungen“ in einem Umfeld des Chaos und zerbrechender sozialer Bindungen geboten wird.

In Deutschland existieren alte und neue Ableger dieser Bewegung in den evangelikalen und freiprotestantischen Glaubensgemeinschaften, die zum Teil in der „Evangelischen Allianz“ zusammengeschlossen sind. Sie engagieren sich medienwirksam gegen den „Mord im Mutterleib“ in der von ihnen dominierten Organisation „Recht auf Leben“. Bündnisse mit ultrarechten Parteien wie der „Christlichen Mitte“, die gegen den „Kindermassenmord“, die „Homosexualität“ und für die „Pflege fraulicher und mütterlicher Eigenschaften“ auftritt (Bundestagswahl 1990: 36000 Stimmen in 7 Bundesländern), und rechten katholischen Vereinigungen haben die Resonanz dieser Gruppen verstärkt. Ihre eigentliche Anziehungskraft beziehen die Fundamentalisten jedoch aus den unsicheren Zeiten: Sie bieten einfache Erklärungen und Lösungen für Krisen aller Art an und scheuen sich nicht, Sozialarbeit zu machen. Von Beruf und Familienarbeit aufgeriebenen Frauen winken sie mit einer Rückkehr in ein sicheres, ideales und gottgefälliges . . . Patriarchat.

Lit.: Zum Fundamentalismus allgemein: Giles Kepel, Die Rache Gottes, München 1991; Carsten Colpe, Heike Papenthin (Hrsg.), Religiöser Fundamentalismus, Westberlin 1989; Thomas Meyer (Hrsg.), Fundamentalismus in der modernen Welt, Frankfurt 1989. Zu Frauen: Gilbert Finkel, Von der Kibuzzbewegung zum Schweigemarsch, in: Autonome Frauenredaktion (Hrsg.), Frauenbewegungen in der Welt, Band 3, Argument Sonderband AS 176, Hamburg 1990, S. 56–80; Pnina Navè-Levinson, Frauen im Judentum, Gütersloh 1989; Feride Acar, Was islamische Bewegungen für Frauen so anziehend macht, in: Ayla Neusel, Sirin Tekeli, Meral Akkent, Aufstand im Haus der Frauen, Berlin 1991, S. 73–91; Juliana Ströbele-Gregor, Verführt? Frauen in evangelikalen fundamentalistischen Religionsgemeinschaften. Das Beispiel El Alto und La Paz, in: Wera Reusch, Antje Wiener (Hrsg.), Geschlecht, Klasse, Ethnie, Saarbrücken, Fort Lauderdale 1991, S. 75–94.

Annegret Ergenzinger

G

Geburt im Mittelalter

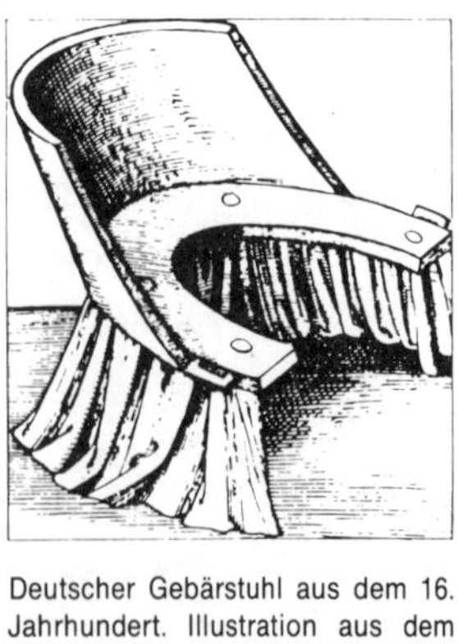

Deutscher Gebärstuhl aus dem 16. Jahrhundert. Illustration aus dem Hebammenbuch des Züricher Arztes Jakob Rueff (1500–1558).

Geburt; „Als Geburt wird der Vorgang bezeichnet, der zur Ausstoßung der Leibesfrucht und der Nachgeburt führt"; so juristisch-sachlich steht es in einem Lehrbuch der Geburtshilfe – Ausdruck des Unvermögens, den einzigartigen, aber auch gefahrvollen Weg des Menschen ans Licht der Welt mit den Möglichkeiten der Sprache in eine kurze Form zu fassen.

Nach einer durchschnittlichen Tragzeit von etwa 281 Tagen (vom ersten Tag der letzten Regelblutung an gerechnet) wird der Mensch geboren (Gesetzl. Empfängniszeitraum 181–302 Tage vor der Geburt, § 1717 BGB). Die Geburt kündigt sich an durch das Auftreten von *Wehen* (rhythmische Zusammenziehungen der Gebärmuttermuskulatur, die als mehr oder weniger schmerzhaft empfunden werden). Diese Wehen hatten früher bei den Menschen – wie bei den Tieren – den Sinn, die Schwangere auf die bevorstehende Entbindung aufmerksam zu machen, damit sie sich entsprechend verhalten konnte: sie suchte ihre Mutter, eine Freundin, eine erfahrene ältere Frau auf, die ihr „in dieser schweren Stunde" zur Seite stand. Im Laufe der Jahrhunderte entwickelte sich daraus einer der ältesten Frauenberufe, die → *Hebamme* (von ahdt. „hefjan", was sowohl „herausheben" – des Kindes aus dem Mutterleib – als auch „erhebend" bedeuten kann und sehr gut das Ehrfurchtsvolle der Geburt eines Menschen umschreibt). Männer waren bei einer Geburt in der Regel nicht anwesend, wenn auch im Altertum gelegentlich Ärzte zu einer schwierigen Geburt hinzugezogen wurden. Erst in der Neuzeit drangen Ärzte in das ursprünglich den Frauen vorbehaltene Gebiet der Geburtshilfe ein; 1751 wurde in Göttingen der erste deutsche Professor für Geburtshilfe berufen. (Selbstverständlich konnten nur wohlhabende Frauen seine Hilfe in Anspruch nehmen.) Damit wurde mit der Zeit aus einem natürlichen Vorgang immer mehr ein mit den Methoden der Medizin zu kontrollierender und zu therapierender, gleichsam pathologischer (krankhafter) Prozeß. Die Frauen wurden zum Aufgeben der natürlichen aufrechten (sitzend, hockend, stehend) Stellung bei der Geburt veranlaßt, da in liegender Position ärztliche Maßnahmen besser durchzuführen und zu kontrollieren sind.

Eine hochtechnisierte *Geburtsmedizin* führte schließlich zur *„Programmierten Geburt"*, d. h. die Geburt wurde durch Zuführen von wehenstimulierenden Medikamenten zu einem dem Arzt und dem Krankenhausablauf am geeignetsten erscheinenden Zeitpunkt in Gang gesetzt, durch Elektroden fortlaufend überwacht, schließlich wurden und werden operative Entbindungsmethoden (Kaiserschnitt, geburtshilfliche Zange, Saugglocke) großzügig eingesetzt. (In manchen Kliniken kommen bereits bis zu 15% aller Kinder mittels Kaiserschnitt zur Welt).

Die Reaktion vieler Frauen auf weißgekachelte, einem Operationssaal voller unheimlicher Instrumente ähnelnde Kreißsäle war ein zunehmendes „Zurück zur Hausgeburt!" – zugleich aber der Verzicht auf die Sicherheit, die moderne technische Hilfsmittel Mutter und Kind bieten. Nicht zuletzt dem technischen Fortschritt in der Geburtshilfe ist es zu verdanken, daß die Müttersterblichkeit allein in dem Zeitraum von 1970 bis 1978 auf die Hälfte zurückging (von 52 auf 25 je 100000 lebendgeborener Kinder), die Neugeborenensterblichkeit sank im gleichen Zeitraum von 23 auf 15,4 je 1000 Neugeborene. 1988 wurde die Neugeborenensterblichkeit in der Bundesrepublik mit 7,6 auf 10000 Kinder angegeben, wobei regional z. T. erhebliche Unterschiede bestehen. (Das ist nicht gerade ein Ruhmesblatt für die bundesdeutsche Geburtsmedizin, denn beispielsweise in Schweden wurde diese Zahl – dank besserer Inanspruchnahme der Vorsorgeuntersuchungen – bereits 10 Jahre früher erreicht.)

Die Antwort auf ein – vielfach unnötiges – Zuviel an Technik in der Geburtshilfe kann also nicht die der Hausgeburt wie vor 100 Jahren sein, der Verzicht auf moderne Schmerzbekämpfungsmethoden (die vielfach die Geburt erst zu einem positiven Erlebnis werden lassen), der

Verzicht auf den Einsatz der – nur in einem Krankenhaus vorhandenen – modernen Technik, einem plötzlich auftretenden Notfall zu begegnen. Nach einer Untersuchung an über 30000 Geburtsverläufen nach risikofreier Schwangerschaft stellte sich bei jeder 11. Frau unter der Geburt ein unvorhersehbares Risiko ein, das in 20% der Fälle zur Kaiserschnittentbindung, in weiteren über 40% zur Entbindung durch Saugglocke bzw. Zange zwang. (Geburtshilfe und Frauenheilkunde 42/1981. S. 431–435). Allerdings, wenn heute (1989) nicht einmal 40% aller Schwangerschaften als „risikofrei" eingestuft werden, muß diese Zahl nachdenklich stimmen; hier drängt sich der Verdacht auf, manche Frauenärzte befänden möglicherweise Risiken, um mehr aufwendige Untersuchungen zu Lasten der Krankenkassen abrechnen zu können.

Verzicht auf die – früher nur wohlhabenden, heute aber allen Frauen zur Verfügung stehende – optimale Geburtshilfe kann gefährlich sein! Für die spätere Entwicklung eines Kindes ist nicht nur ein positives Geburtserlebnis der Mutter wichtig, sondern auch und vor allem ein guter APGAR-Wert (Virginia Apgar, amerikanische Kinderärztin, entwickelte ein weltweit anerkanntes Schema zur Beurteilung eines Neugeborenen in den ersten Lebensminuten). Die Weichen hierzu werden nicht erst beim Eintritt in die Geburtsklinik bzw. beim Eintreffen der Hebamme gestellt, sondern schon in der Früh-Schwangerschaft: regelmäßige Inanspruchnahme der Vorsorge-Untersuchungen, Verzicht auf Nikotin, Alkohol und Medikamente (außer wenn sie aus medizinischen Gründen wirklich erforderlich sind) sind äußerst wichtig. Ab der zweiten Hälfte der Schwangerschaft ist die Teilnahme an einem Geburtsvorbereitungskurs sehr zu empfehlen, an dem nach Möglichkeit auch der Partner der Schwangeren teilnehmen sollte.

Der Ablauf einer Geburt sei hier kurz skizziert: Etwa in der 40. bis 42. Schwangerschaftswoche (vom ersten Tag der letzten Regelblutung an gerechnet) sehen Wehen ein – den genauen Zeitpunkt kann man nie vorhersagen, und alte Hausmittelchen (z. B. durch ein heißes Bad, anstrengende körperliche Tätigkeit oder Geschlechtsverkehr Wehen auszulösen) versagen meistens. Diese Wehen, die zunächst alle 5 bis 10 Minuten auftreten, haben die Aufgabe, den bis dahin mehr oder weniger geschlossenen Muttermund zu öffnen. Ist er vollständig, das heißt 10 cm im Durchmesser geöffnet, kann der vorangehende kindliche Teil (in der Regel der Kopf) hindurchtreten. Der Druck des Köpfchens auf den mütterlichen Enddarm bewirkt den nun einsetzenden „Preßdrang": Teils willkür-

Die Hilfe der Götter beschworen auch die alten Ägypter, hier eine Darstellung der Entbindung der Göttin Rito. Andere Bildwerke der altägyptischen Kultur zeigen den göttlichen Beistand, den die Allmächtigen irdischen Frauen in ihrer schweren Stunde gewähren.

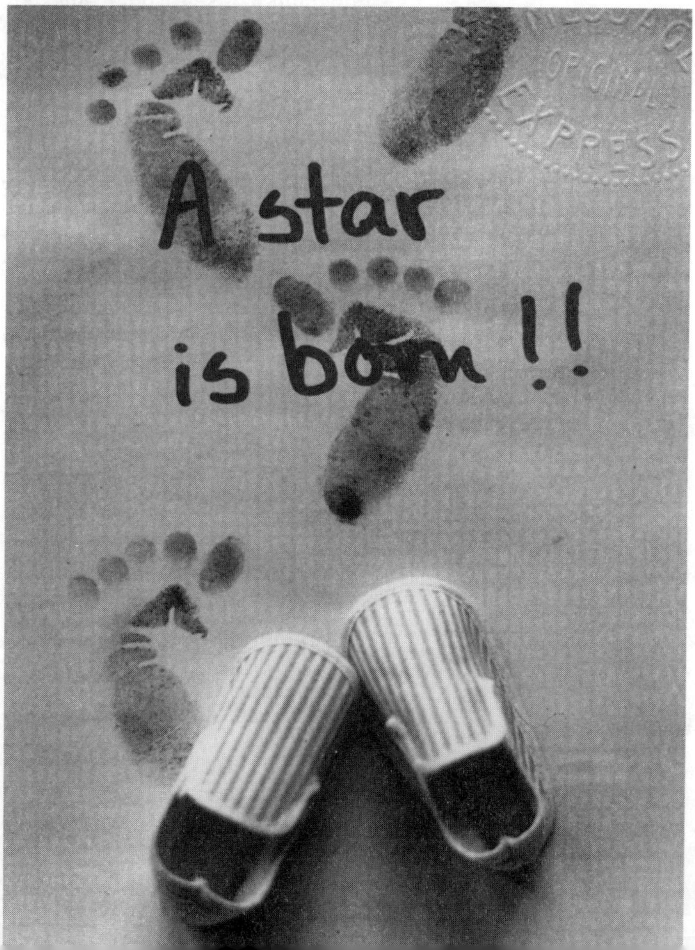

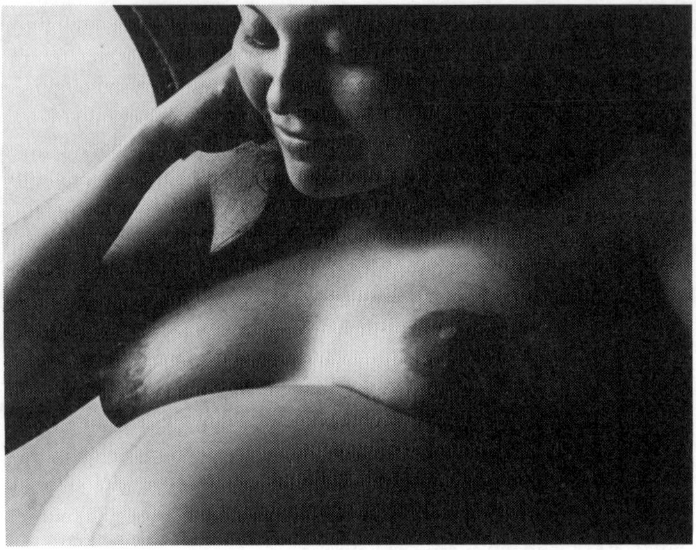

Gebärende Frau, die aus ihren Brüsten Milch hervorschießen läßt, Herrin der Tiere, Kopf einer Nadel. Bronze, Luristan, 8./7. Jh. v. u. Z.

lich, teils unwillkürlich drückt die Frau mit aller Kraft das Kind aus ihrem Körper heraus. Nach heutigen Erkenntnissen ist die Anwesenheit ihres Partners (er braucht nicht der „Ehemann" zu sein) oder eines anderen vertrauten Menschen für jede Frau dabei eine große Unterstützung, und es gibt heute wohl keine Klinik mehr, die dies nicht zuläßt.
Es ist fast überall üblich, daß das Neugeborene im Krankenhaus im Zimmer seiner Mutter bleibt („rooming-in"), und es darf nicht, wie ein Fisch im Aquarium, nur hinter einer Glasscheibe, sondern ganz nah von allen Besuchern betrachtet und bewundert werden.
Viel hat sich in den letzten Jahren in den meisten Frauenkliniken geändert: Nicht zuletzt infolge des Geburtenrückgangs und der Forderungen der Frauenbewegung nach freundlicher Atmosphäre sind die Kliniken bemüht, recht viele Frauen zur Entbindung in ihr Haus zu bekommen; sie sind eher als vor zehn oder zwanzig Jahren bereit, auf die Wünsche und Vorstellungen der werdenden Eltern einzugehen.
Wir Frauen sollten fordern, daß uns die Geburt ermöglicht wird, die für uns und unser Kind die beste ist – unter Verzicht auf Technik um der Technik willen, aber ohne Verzicht auf möglicherweise lebensrettende, notwendige Medizin!

Lit.: W. Bickenbach, Hebammenlehrbuch, Stuttgart 1962; U. u. P. Boeck, Die programmierte Geburt der Sabine Boeck, Dortmund 1981; G. Martins, Lehrbuch der Geburtshilfe, Stuttgart 1985[11]; M. Odent, Die sanfte Geburt, München 1978; D. Read, Mutter werden ohne Schmerz, Hamburg 1963; M. Wenderlein, Psychosomatik in der Gynäkologie und Geburtshilfe, Stuttgart 1981; W. Wintz-Weinrich, Volksmedizin im Mittelalter, Demokratisches Gesundheitswesen 5/82, S. 30 f.

Hannelore Hauß

Gentechnologie; Unter G. wird die Anwendung von Verfahren und Methoden zur Isolierung, Identifizierung und Analyse sowie zur gezielten Veränderung von Erbmaterial und seine Übertragung auf andere Arten verstanden. Sie wird angewandt bei Mikroorganismen, Viren, Pflanzen, Tieren und beim Menschen. Durch das Einschleusen fremder Gene können Organismen gezielt verändert und Artgrenzen gesprengt werden. Anfang der 70er Jahre gelang erstmals die Synthetisierung eines Gens, das anschließend in ein Bakterium eingeschleust wurde. Damit war das Zeitalter der fast beliebigen und grenzenlos erscheinenden Neukombination genetischen Materials, der Genmanipulation, eingeläutet.
Das genetische Material, die Erbsubstanz, hat bei allen Lebewesen eine gleiche chemische Struktur. Die Desoxyribonukleinsäure (DNS, engl. DNA) besteht aus vier Basen, Zucker und Phosphaten und gilt als Trägerin der Erbanlagen. Die Gesamtheit der Erbanlagen, das Genom, ist auf Chromosomen lokalisiert, die wiederun in Abschnitte, die Gene, unterteilt sind. Auf den Genen werden alle „Bauanweisungen" für die Eiweißstoffe, die ein Organismus braucht, vermutet.
Seit der Entdeckung der Struktur der DNA in den 50er Jahren erheben NaturwissenschaftlerInnen den Anspruch, alle Erscheinungsformen des Lebendigen auf dieser Basis zu erklären. Die Tendenz, Leben gleichzuschalten und Lebendiges auf eine chemische Formel zu reduzieren, nimmt seitdem drastisch zu. Immer mehr Krankheiten, Verhaltensweisen, Charaktereigenschaften und geschlechts- und rassenspezifische Zuschreibungen werden genetisch erklärt.

G. unterscheidet sich grundlegend von der Biotechnologie, einem Sammelbegriff für zum Teil ältere Verfahren, bei denen die Stoffwechselleistungen von Lebewesen (Pflanzen, Tieren, Mikroorganismen) oder Teilen davon (Zellkulturen, Enzymen) zur Produktion verschiedener Substanzen benutzt werden. Bekannte alltägliche Beispiele hierfür sind Brot, Bier, Joghurt und Kefir.
Die G. greift potentiell in alle Lebensbereiche ein. Eines der größten Anwendungsgebiete ist die *Medizin*: Das gesamte Genom soll entschlüsselt werden; mittels Diagnose- und Therapieverfahren sollen Krankheiten erkannt und geheilt, Anfälligkeiten festgestellt werden; körpereigene Stoffe und Medikamente werden gentechnisch hergestellt. Seit mehreren Jahren gibt es bereits das Humaninsulin auf dem Markt. Für die großtechnologische Produktion wird Insulin als Fremdgen in Bakterienstämme eingeschleust, die anschließend Humaninsulin erzeugen. Damit soll eine Unabhängigkeit von tierischem Insulin, das aus Schweine- und Rinder-Bauchspeicheldrüsen gewonnen wird, erreicht werden. Neben diesen unbegrenzten Produktionsmöglichkeiten werden Wirtschaftlichkeit, hohe Reinheit und Vermeidung von allergischen Reaktionen als Vorteile genannt. Inzwischen wird jedoch zunehmend darauf hingewiesen, daß es zu gefährlichen Unterzuckerungen durch das Humaninsulin kommen kann, die von den Betroffenen nicht rechtzeitig erkannt werden können. Erste PatientInnen-Vereinigungen haben sich bereits gegründet.
Ebenfalls werden neue Impfstoffe hergestellt, indem der Krankheitserreger gentechnisch abgeschwächt wird. Der Impfstoff ruft dann die Produktion von Antikörpern hervor. Auf dem Markt gibt es seit 1986 einen Hepatitis-B-Virus-Impfstoff (infektiöse Leberentzündung).
Zukünftig sollen Diagnose und Therapie von individuellen Krankheiten oder Dispositionen von Erbkrankheiten (z. B. Hämophilie) über Zivilisationskrankheiten (Diabetes, Herzerkankungen) bis hin zu psychischen Erkrankungen möglich

sein. Hierzu bedarf es nach der Logik der WissenschaftlerInnen der vollständigen Kartierung des Genoms, das enzyklopädische Lebensbuch soll geschrieben werden. Etliche ForscherInnengruppen in den USA, Japan und Europa arbeiten in Genomprojekten an der Entschlüsselung, Kennzeichnung und Lokalisierung menschlicher und tierischer Gene. Die Totalsequenzierung des menschlichen Genoms soll bis zum Jahre 2000 weitgehend abgeschlossen sein. Verbunden damit ist eine biologistische Festlegung der Menschen auf ihre genetische Ausstattung. Es geht nicht nur um die Entschlüsselung an sich, sondern vielmehr um die „Verbesserung" der genetischen Informationen sowie das Verhindern der Weitergabe „genetischer Defekte" (→ Reproduktionstechnologien).

Gentherapeutische Eingriffe sollen Krankheiten vor und nach der Geburt heilen. Bei der somatischen Gentherapie werden angeblich fehlfunktionierende Gene an Ort und Stelle repariert. Erste Versuche am Menschen finden in den USA statt. Bei der – beim Menschen noch heftig umstrittenen – Keimbahntherapie werden Fremdinformationen in die Keimzellen (Ei- und Spermazelle) eingeschleust und vererben sich somit weiter. Das Tor zur Konstruktion des Menschen nach Maß wird damit aufgestoßen.
Hier zeigt sich die enge Verflechtung zwischen G. und → Reproduktionstechnologie; deren Erkenntnisse und Methoden ermöglichen erst den für eine genetische Manipulation notwendigen Zugriff auf Keim-, insbesondere Eizellen.
Ein weiterer Bereich sind genetische Untersuchungen, das Gen-Screening, bei dem nach Auffälligkeiten und Dispositionen gefahndet wird. Das ArbeitnehmerInnen-Screening soll Aufschluß darüber geben, ob und welche Empfindlichkeiten gegenüber Schadstoffbelastungen am Arbeitsplatz und Anfälligkeiten für Krankheiten bestehen.
Gesundheit und Krankheit werden durch den Griff auf die Gene reduziert, und ein Einfallstor für eine neue Eugenik wird geöffnet, die an genetischen Kriterien, die als objektiv gesetzt werden, gemessen wird.

Weiterer Anwendungsbereich der G. ist die *Landwirtschaft*. Pflanzen sollen gegen Krankheiten und Schädlinge widerstandsfähig (resistent) gemacht werden und auf nährstoffarmem, trockenem, salzhaltigem Boden wachsen. Die Resistenz gegen Pflanzenvernichtungsmittel (Herbizide) wird angestrebt, Ertragssteigerungen werden erhofft. Der eh schon hohe Chemieeinsatz wird gesteigert, Pakete von Herbiziden und Saatgut werden im Set verkauft – zum Vorteil der Chemie- und Saatgutkonzerne. Nach der Grünen Revolution nun also die Genrevolution, die mittels Erbgutänderungen den Hunger in der Welt beseitigen soll.
Experimentiert wird an Pflanzen wie z. B. der „schnittfesten" Tomate, bei der man das Enzym, das die Tomate matschig werden läßt, durch das gentechnische Einfügen eines „Gegenspielers" außer Kraft gesetzt hat. Hierbei handelt es sich nur um eine scheinbare Erweiterung und Verbesserung des Nahrungsmittelangebotes. Weltweit hängt die Ernährung von immer weniger Grundnahrungsmitteln ab, die Sortenvielfalt nimmt drastisch ab. Diese genetische Erosion (Verarmung) wird auch von den ForscherInnen und der Industrie erkannt. Aber auch hierfür haben sie die Lösung parat – Genbanken, in denen die Sortenvielfalt wenigstens konserviert erhalten wird.
Auch bei der Tierhaltung und -zucht lassen sich gravierende Änderungen feststellen. Große Bedeutung kommt hierbei den → Reproduktionstechnologien zu. Über 90% der Kühe werden heute künstlich besamt. → Leihmutterschaft ist insbesondere bei Kühen weit verbreitet, auch Embryonensplitting, d. h. die Teilung eines Embryos in identische Mehrlinge. Transgene Tiere sind durch genchirurgische Eingriffe mit fremdem Erbgut ausgestattet. Erwartet wird davon die Steigerung der Reproduktionsrate, Qualität und Quantität der Erzeugnisse wie Milch und Fleisch, Wachstumsbeschleunigung. Des weiteren sollen diese Tiere artfremde Stoffe produzieren, wie z. B. die gentechnisch manipulierte Kuh, die eine Milch fast identisch mit der menschlichen

Muttermilch produziert. Bedeutung haben transgene Tiere auch für Forschungszwecke sowie pharmazeutische Experimente, z. B. die Krebsmaus, der man eine besondere Anfälligkeit für Krebs eingefügt hat.
G. macht auch vor der Herstellung und Verarbeitung von *Nahrungsmitteln* nicht halt. In einigen Ländern (Schweiz, Großbritannien) ist bereits ein Käse auf dem Markt, der mit dem gentechnisch produzierten Chymosin, das das Labferment aus dem Kälbermagen ersetzt, hergestellt wird. Auch eine gentechnisch verbesserte Backhefe, die den Teig rascher gehen läßt, ist ein weiteres Beispiel für Optimierungsabsichten. Eine Kennzeichnungspflicht besteht nicht. Tendenziell könnten Nahrungsmittel vollständig im Labor produziert werden (Food Design/ Factory Farming). Die Auswirkungen auf die gesamte Nahrungsmittel- und Rohstoffproduktion wären dramatisch. Insbesondere die südlichen Länder werden davon betroffen sein bzw. sind es bereits. Durch die billigere Herstellung von Naturstoffen werden sie als Rohstofflieferanten „überflüssig", z. B. durch die „tropenunabhängige" Produktion von Kakaobutter und Vanillin. Bereits der Einsatz von Zuckerersatzstoffen hat die Weltmarktpreise zusammenbrechen lassen.
An der Veränderung von Mikroorganismen wird auch in anderen Bereichen grenzenlos geforscht – über die Umwelttechnologien bis hin zu biologischen Waffen.
Die gesundheitlichen, ökonomischen und sozialen Risiken für die ArbeitnehmerInnen und VerbraucherInnen werden von der Industrie wohlweislich nicht thematisiert. Allerdings gibt es inzwischen auf bundesdeutscher wie europäischer Ebene Kampagnen, die sich gegen die Herstellung und den Verkauf von gentechnologischen Nahrungsmitteln zur Wehr setzen und auf die vielfältigen Gefahren hinweisen.
Eine grundlegende Gefahr bei der G. ist die Freisetzung von manipulierten Organismen, da deren Auswirkungen auf das Ökosystem trotz kompliziertester Berechnungen und Voraussagungen nicht kalkulierbar sind. Dies wird inzwischen auch von WissenschaftlerInnen eingestanden, was jedoch nicht verhindert, daß weiterhin Freilandversuche genehmigt werden. In der BRD geschah dies 1990 mit gentechnologisch veränderten Petunien. Dahinter stehen Aspekte wie die internationale Wettbewerbsfähigkeit und das große Geld. Wer das erste vermarktbare Produkt herausbringt, der hat das Rennen im Big Business gemacht. Dies läßt sich auch bei der Patentierungsdiskussion erkennen. Das erste Tier, die Krebsmaus, wurde 1987 in den USA registriert. Das Patent sichert dem Inhaber das alleinige Verwertungsrecht für mehrere Jahre. In der Diskussion ist, sequentierte Gene patentieren zu lassen und damit auch evtl. medizinisch-diagnostische Nutzungsrechte. Denkbar ist, daß nicht nur Organismen und Tiere patentiert werden, sondern auch DNA – einschließlich der menschlichen.
Solche Übergriffe können auch gesetzlich kaum geregelt werden; sie drohen zur Normalität dieser menschen- und naturverachtenden neuen Großtechnologie zu werden.

Lit.: Marina Bellmann/Christine Kenntner, Die Perfektionisten. Eine parteiische Einführung in Reproduktions- und Gentechnik, Stuttgart 1989; Sabine Rosenbladt, Biotopia. Die genetische Revolution und ihre Folgen für Mensch, Tier und Umwelt, München 1988.

Ute Winkler

Geschichte; ahdt. „gisciht", mhdt. „geschiht" = Geschehnis, Begebenheit. Seit dem 15. Jh. wird G. auch in der Bedeutung von Erzählung, Bericht über Geschehenes gebraucht und dem aus lat. „historia" übernommenen „Historie" gleichgesetzt.
Geschichte verstehen wir insgesamt als einen Arbeits- und Gewaltzusammenhang, der Frauen und Männer gemeinsam betrifft und der von Frauen und Männern gemeinsam passiv erlitten und aktiv gestaltet wird.
Nicht nur in der Schulbuchperspektive, auch in der herrschenden Geschichtssicht bilden die „Augenblikke" der Frauengeschichte einen kurzen, zu überwindenden Ausnahmezustand. Die Normalität ist mit der Männergeschichte, früher der Geschichte der großen Männer,

Das alte Weltbild mit der Erde im Mittelpunkt, von den Gestirnen umgeben und von Gottvater beschirmt, ist in der 1534 gedruckten ersten Luther-Vollbibel wiedergegeben. Luther wandte sich gegen den „Narren" Kopernikus und hielt an den mittelalterlichen Vorstellungen fest.

Frau bei der Feldarbeit.

heute auch der Geschichte des kleinen Mannes, scheinbar identisch. Wir wissen inzwischen vieles über die Entstehung dieser ideologischen Vorstellung von einer frauenlosen Geschichte (Gesellschaft, 1981). Bekannt sind auch die gesellschaftlichen Interessen an der Aufrechterhaltung dieser Ideologie und ihrer Bedeutung für das Funktionieren unserer arbeitsteiligen kapitalistischen Gesellschaft. Gerade an den gegenwärtigen Bemühungen von Historikerinnen, Frauengeschichtsforschung als autonome Forschungsrichtung durchzusetzen, werden wieder die herrschenden Interessen an der weiteren Durchsetzung dieser Ideologie der Männergeschichte sichtbar (Frauengeschichte/Dok. 1981). Aus dem eigenen kritischen Rückblick auf die eigene Erfahrungswelt als Frauen heraus gilt es, die historischen Anfragen zu stellen wie etwa: Wir lebten, litten, handelten Frauen früher? Wie wurden sie von der jeweiligen sozioökonomischen Entwicklung, von den herrschenden Ideologien, den politischen Machtstrukturen betroffen? Wo lagen für sie bei den entscheidenden gesellschaftlichen Veränderungen die sozialen, politischen und die personalen Verluste und die Gewinne? Wie haben sich Frauen in diesem historischen Prozeß verändert?

„Die Gemüsefrau", 1795. Gemälde von Jacques Louis David.

Bei dieser Betrachtungsweise ist die Frau keine anthropologische Konstante, keine überhistorische Größe. Der Gattungsbegriff „weiblich" ist eine veränderbare, historisch-soziale Kategorie.

Zur *neuzeitlichen Frauengeschichte:* Es wird angenommen erstens, daß Frauen in ihrer Eigenschaft als Subjekte der Geschichte, als „Bürgerinnen" im modernen Sinn, aus der neuzeitlichen Staatengesellschaft systematisch verdrängt wurden, um schließlich als disponible Arbeitskräfte sowohl die Reproduktionssphäre als auch die kapitalistische Produktionsweise aufrechtzuerhalten; in dieser Entstehungszeit der bürgerlichen Gesellschaft liegen auch die Ansätze für eine eigene weibliche Kultur; zweitens, daß sich Frauen gegen diesen systematischen Ausschluß aus der bürgerlichen Gesellschaft mit eigenen Strategien gewehrt haben und somit trotz Restriktionen zu einem auch politisch relevanten gesellschaftlichen Bewußtsein gelangt sind; drittens, daß das spezifisch neuzeitliche Experiment einer nur männlich definierten Gesellschaft heute an seine Grenzen geraten ist.

Dieser Interpretationsansatz der neuzeitlichen Frauengeschichte führt zu einer groben Strukturierung der neuzeitlichen Geschichte in drei Phasen; in die Phase der Verdrängung der Frauen aus der modernen bürgerlichen Staatengesellschaft und der Entstehung neuer weiblicher Kulturräume, etwa von 1500–1750, in die des Kampfes um Frauenrechte und -freiheiten zwischen 1750 und 1900 und schließlich in die in unsere Gesellschaft hineinragende Phase der Krise der spätkapitalistischen bürgerlichen und patriarchalischen Gesellschaft seit dem Ersten Weltkrieg. Dabei geht es insgesamt darum, die weiblichen Rollenzuweisungen und -zumutungen, die heute als ein überholtes, allerdings als ein schwer zu durchschauendes und zu durchbrechendes Gewaltverhältnis erfahren werden, in ihren Entstehungsbedingungen aufzuzeigen, um Deformationen und Transformationen, vor allem aber die progressiven Veränderungspotentiale im weiblichen Rollenverhalten zu erkennen.

Das Herausdrängen der Frauen aus der neuzeitlichen Staatengesellschaft und die Entstehung neuer weiblicher Arbeits- und Kulturräume: Die Entstehung der neuzeitlichen Staatenwelt, die Durchsetzung der frühkapitalistischen Wirtschaftsstrukturen, die fortschreitende Herrschaft des rationalen, naturwissenschaftlichen Denkens: alle diese bekannten Erscheinungen gelten oft als „natürliche" Entwicklungen oder gar als das mühelose Werk der männlichen Wegbereiter der Neuzeit. Bisher wird allzuwenig beachtet, daß dieser scheinbar natürliche Prozeß der neuzeitlichen Staatenentwicklung Hand in Hand ging mit der systematischen, meist bewußt durchgeführten Zurückdrängung der Frauen aus dem öffentlichen Leben, eine Verdrängung, die schließlich zur physischen Vernichtung von Millionen von Frauen führte. Diesem Verdrängungsprozeß verdanken wir auch die Entstehung neuer weiblicher Arbeits- und Kulturräume.

Gehen wir von unserem Standpunkt einer feministisch orientierten Geschichtsbetrachtung dieser Umbruchszeit seit dem 15. Jahrhundert aus, so spricht vieles für die These, der Mann habe sich mit seinem neuzeitlichen Versuch der Alleinherrschaft und damit auch der totalen Mediatisierung der Frauen übernommen (Horst E. Richter, 1979).

In diesem Sinne gilt es in frauengeschichtlicher Sicht, zunächst den Entstehungsbedingungen dieser neuen Ausprägung eines neuzeitlichen Patriarcharts nachzugehen, um somit auch auf die uns heute erkennbaren, immanenten Grenzen patriarchalischer Herrschaft zu stoßen.

Diese Frauengeschichte der entstehenden Neuzeit können wir betrachten:

erstens als einen Verdrängungsprozeß u. a.

– am anzunehmenden, allgemeinen Ausschluß von Frauen aus dem Wirtschaftsleben zu Beginn der Neuzeit,

– an den Berufsverboten für Frauen in einzelnen Berufen (insbesondere Medizin) im Zuge der Durchsetzung der neuzeitlichen Rationali-

Französische Revolution. Zug von Frauen nach Versailles am 5./6. Oktober 1789.

tät und des naturwissenschaftlichen Denkens,
– an der Massenvernichtung von Frauen in den Hexenverfolgungen als eine Vorbedingung für die Kontrolle über das Leben im Sinne des neuzeitlichen Staats;
zweitens als einen kompensatorischen und innovatorischen Prozeß u. a.
– an der Entstehung der neuzeitlichen bürgerlichen Familie,
– an der Herausbildung spezifisch weiblicher Eigenschaften und Verhaltensformen, z. B. der Mütterlichkeit,
– an der Konstitution eines spezifisch weiblichen Lebenszusammenhangs.

Den Verdrängungsprozeß im Sinne des Ausschlusses von Frauen aus dem Wirtschaftsleben schildern neuere Beiträge. Sie bestätigen, daß die Frauen, die bislang in Zünften organisiert oder selbständig im Handel tätig waren, im Prozeß der Kapitalisierung, der Professionalisierung und der Spezialisierung systematisch aus dem Wirtschaftsleben verdrängt werden. Die Trennung zwischen Männer- und Frauenarbeit schreitet fort, während die Hausarbeit im engeren familialen Sinne zunehmend zur Domäne der Frauen wird.

Die Wasserprobe: bleibt sie oben, ist sie schuldig; geht sie unter, war sie unschuldig.

Diese neuzeitliche Gesamttendenz zur zunehmenden öffentlichen Zurückdrängung und der erhöhten Kontrolle des weiblichen Arbeitsvermögens läßt sich auch an Einzelbeispielen der weiblichen → Berufsverbote beim Ausgang des Mittelalters vermitteln (→ Hebammen).

Erst am Extrembeispiel der Massenvernichtung von Frauen in den Hexenverfolgungen der frühen Neuzeit (man spricht von der Vernichtung von 6 Millionen Menschen) wird das volle Ausmaß des Terrors sichtbar, das zur neuzeitlichen Staatenordnung und zur Domestizierung der Frauen notwendig war. Daher sollte auch dieses dunkle Kapitel der entstehenden Neuzeit in keinem (Frauen-)Geschichtsbuch fehlen. Die Hexenvernichtung bildet in historischer Perspektive das Korrelat zur Entstehung sowohl des auf einer männlich halbierten Vernunft beruhenden neuzeitlichen Verwaltungs- und Rechtsstaates als auch der Intimität der frauenbestimmten bürgerlichen Familie der Neuzeit. Frauenwissen und Frauenherrschaft wurden aus dem neuen Verständnis von Rationalität ausgegliedert.

Wenn auch die sozialen Kosten der

„Anne Heinrichs, zu Amsterdam verbrent. Anno 1571."
Illustration aus dem Jahre 1685.

Neuzeit zunächst einseitig zu Lasten der Frauen gingen, so ist an der Entstehung neuer weiblicher Arbeits- und Kulturräume ablesbar, daß wir es nicht nur mit einem Prozeß der gesellschaftlichen Verdrängung von Frauen aus der öffentlichen Verantwortung, sondern auch mit der Erschließung neuer Lebens- und Verhaltensformen durch die weiblichen „Listen der Ohnmacht“ (Claudia Honegger/Bettina Heintz, 1981) zu tun haben. In Anlehnung an Gisela Bock und Barbara Duden (1977) läßt sich dieser Gesamtvorgang: „Arbeit aus Liebe – Liebe als Arbeit“ in seiner Ambivalenz als die Voraussetzung für die neuen kompensatorischen und innovatorischen Arbeits- und Kulturräume der Frauen aufzeigen, Räume, in denen sich nicht nur spezifisch weibliche Enteignungs- und Verzichtsformen, sondern auch eine spezifische weibliche Stärke und Überlegenheit herausbilden. Diese neue „Innenwelt“ der Frauen ist nicht nur der unwirkliche ideologische Schleier, der über die wirkliche Welt kapitalistischer Ausbeutung gelegt wird. Diese neuen Arbeits- und Kulturräume der Frauen, in denen vor allem die ungelohnte → Beziehungsarbeit durch Frauen geleistet wird, bildet in Wirklichkeit die unverzichtbare Basis der neuen bürgerlichen Gesellschaft.

Dieser allgemeine Prozeß der Entstehung neuer weiblicher Arbeits- und Kulturräume läßt sich auch in exemplarischer Weise entweder an der Herausbildung der neuzeitlichen Familie oder, in Anlehnung an Karin Hausen (1976), an der ideologischen Ausprägung spezifischer weiblicher Charaktermerkmale, an der Entwicklung der sozialen Verschiedenheit von Mann und Frau und ihrer „natürlichen“ Zuordnung in dem öffentlichen und häuslichen Bereich vermitteln.

Frauen erkämpfen neue Rechte und Freiheiten inner- und außerhalb des Hauses: Auf die erste Phase der frauengeschichtlichen Entwicklung zu Beginn der Neuzeit haben wir besonderen Wert gelegt, weil gerade sie in ihrer Zweigleisigkeit und Ambivalenz die Voraussetzung für die spezifische Form der doppelten

Küchenmädchen um 1900.

Ausbeutung von Frauen als disponible häusliche und außerhäusliche Arbeitskraft bietet. Diese doppelte Ausbeutung ist aber, wie uns insbesondere die Frauenbewegungen des 19. Jhs. zeigen, nicht widerstandslos von den Frauen hingenommen worden (→ Demokratie, → Anhang, → Gleichberechtigung).

Im Zeitalter der sozialen und politischen Revolutionen und der deutschen Nationalstaatsausbildung kann dieser Prozeß der Erkämpfung neuer Frauenrechte und -freiheiten erschlossen werden. Dabei ist zu beachten, daß im Verlauf der Entfaltung des Nationalstaates, der Durchsetzung der industriellen Revolution und der Ausprägung der Klassengesellschaft dieser Prozeß des Frauenwiderstandes und der Frauenkämpfe sich langsam verlagerte von dem allgemeinen politischen, von Frauen noch universal gedachten Ausgangspunkt der revolutionären Trias Freiheit, Gleichheit und Brüderlichkeit von 1789 hin zu dem spezifischen Kampf der Frauen um ihre Rechte im Bereich der Produktion und/oder der Reproduktion:

erstens, der Kampf der Frauen um die Anerkennung ihrer Menschen- und Bürgerrechte (Französische Revolution, Revolution von 1848);

zweitens, der Kampf der Frauen um ihre gesellschaftliche Emanzipation unter besonderer Berücksichtigung der Bedingungen der industriell-kapitalistischen Lohnarbeit (industrielle Revolution, Arbeiterbewegung) und

drittens, der Kampf der Frauen um die gesellschaftliche Anerkennung ihrer Hausarbeit im weitesten Sinne einer weiblichen Kulturleistung unter besonderer Berücksichtigung der Bedingung der bürgerlichen Ge-

Da führt der Wind
der Vergangenheit
Samen in die Zukunft.

Karoline v. Günderode
1780–1806

Louise Michel 1872, als Deportierte in Vumeo.

„Die Seidenstrumpfproletarierin" (eine Büroangestellte) „muß froh sein, eine billige Schlafstelle zu finden". 1930

sellschaft und Familienordnung (das deutsche Kaiserreich).
Gehen wir von dem weiblichen Lebenszusammenhang insgesamt aus, d. h. von den familialen Erfahrungsweisen und den Erfahrungen der Erwerbstätigkeit sowohl der proletarischen als auch der bürgerlichen Frauen, so geraten die Grenzen zwischen den beiden Frauenbewegungen ins Fließen. (Richard Evans, 1979; M. Twellmann, 1972) In dieser Sicht der gemeinsamen Frauenerfahrungen erscheinen manche Spaltungen innerhalb der Frauenbewegungen als zeit- und strukturbedingt. Auch die von Frauen erkämpften Rechte erweisen sich in dieser Perspektive als das gemeinsame Fundament für die erst im 20. Jahrhundert mögliche Überwindung patriarchalischer Strukturen inner- und außerhalb des Hauses.
Krieg, Faschismus und demokratischer Neubeginn 1945 – Innovatorische Potentiale der Frauengeschichte: An dem 1. und 2. Weltkrieg, am deutschen Faschismus und an den Jahren des versuchten demokratischen Neubeginns nach 1945 haben Frauen die Grenzen der männlich definierten, bürgerlich-kapitalistischen Gesellschaft erfahren und sich bewußt gegen diese Herrschafts- und Gesellschaftsstruktur aufgelehnt. Sowohl in ihrem Widerstand gegen Krieg und Faschismus als auch in ihrer Aufbauarbeit nach 1945 suchen sie neue gesellschaftliche Lösungen jenseits des Patriarchats.
Es wäre unhistorisch, an diesen drei Krisen- und Wendepunkten unserer jüngsten Geschichte aufzeigen zu wollen, daß das „weibliche Wesen . . . mit Pazifismus" (L. G. Heymann) identisch sei. Ebensowenig läßt sich die Frauengeschichte seit 1933 als eine antifaschistische Geschichte bezeichnen. Auch die unmittelbare Nachkriegsgeschichte, die uns als eine kurze Phase eines den Frauen auferzwungenen Matriarchats erscheint, ist keineswegs mit einem von Frauen bestimmten demokratischen Aufbruch gleichzusetzen. Dennoch eignen sich diese drei Einschnitte, um den pazifistischen, antifaschistischen und demokratischen Potentialen der neuzeitlichen Frauengeschichte nachzugehen (→ Friedensbewegung der Frauen, → Faschismus, → Widerstand, → Anhang).
Gehen wir den 1945 verpaßten Chancen des demokratischen Neubeginns nach, so liegt es nahe, die Frauengeschichte in den Mittelpunkt der Betrachtung zu stellen. Das Scheitern des Faschismus wurde von den Frauen als ein Scheitern der Männer erfahren. Der neuzeitliche Versuch, das Prinzip der geschlechtsspezifischen Arbeitsteilung zum alleinigen Herrschaftsprinzip der Gesellschaft zu erheben, war offensichtlich mißlungen. Der Faschismus hatte nur scheinbar die geschlechtsspezifische Arbeitsteilung aufgehoben; gerade die Frauen, die in „Männerberufen" arbeiteten, waren zu dieser Zeit im äußersten Maße fremdbestimmt. G. Bock spricht hier von „Berufsverbot und Arbeitszwang" der Frauen (Frauen in der Geschichte, II). 1945 rückte die Reproduktionsarbeit der Frauen in den Vordergrund; auf die von ihnen geleistete Überlebensarbeit, nicht auf die kapitalistische Restauration, kam es den Frauen zunächst an. Aus der Sicht der Frauenarbeit in den letzten Kriegsjahren und der unmittelbaren Nachkriegszeit wird das volle Ausmaß verpaßter Chancen 1945 erst erkennbar. Der allgemeine Konsens von 1945, daß die Forderungen: nie wieder Krieg, nie wieder Faschismus! auf das engste mit der Forderung nach einer Zügelung des Kapitalismus, nach einem irgendwie gearteten, demokratischen Sozialismus verbunden waren, entsprach den Erfahrungen von Frauen in diesen Jahren. Erfahrungen, die schnell im Zuge des „Wirtschaftswunders" verschüttet wurden, die aber heute wieder lebendig werden.
Warum Frauengeschichte? Frauengeschichte der Neuzeit beinhaltet mehr, als diese knappen Hinweise vermuten lassen. Dieser Aufriß, der bewußt auf wissenschaftliche Kontroversen und Vertiefungen verzichtet, soll anregen, die inzwischen von der Frauenbewegung aufgeworfenen Fragen und die von Historikerinnen aus der Frauenbewegung er-

schlossenen Materialien zu nutzen. Es gilt, einen offenen, vom Feminismus geprägten, historisch-politischen Lernprozeß zu ermöglichen. Die Frauenbewegung leidet an unhistorischem Klischeedenken. Es gibt nicht einfach *das* → Patriarchat, dem alle Frauen unterworfen sind; Frauengeschichte ist nicht die Negativgeschichte, die Geschichte des Sich-stumm-Fügens, die Geschichte der soldatenproduzierenden Mütter, die Geschichte der Reproduktionsarbeiterinnen des Patriarchats. Diese (Männer-)Sicht unserer Vergangenheit greift zu kurz. Die kritische historische Analyse der Frauengeschichte deckt den ideologischen Gehalt dieser Sichtweise auf und macht auf die „vielfältigen Bedingungen weiblicher Macht" (C. Honegger/Bettina Heintz, 1981) aufmerksam. Somit stiftet Frauengeschichte eine positive Tradition für ein gegenwärtiges solidarisches Handeln, das sich auch gegen die Verengungen feministischer Positionen wehrt.

Suffragetten, London 1908.

Lit.: Hans-Jürgen Arendt/Siegfried Scholze (Hrsg.), Zur Rolle der Frauen in der Geschichte des deutschen Volkes (1830–1945), Eine Chronik, Leipzig 1984; Gisela Bock/Barbara Duden, Arbeit aus Liebe – Liebe als Arbeit. Zur Entstehung der Hausarbeit im Kapitalismus, in: Frauen und Wissenschaft, Berlin 1977; Ilse Brehmer/Juliane Jacobi-Dittrich/Elke Kleimann/Annette Kuhn (Hrsg.), Frauen in der Geschichte IV. „Wissen heißt leben . . ." (Bildungsgeschichte 18./19. Jh.), Düsseldorf 1983; R. J. Evans, Sozialdemokratie und Frauenbewegung im Deutschen Kaiserreich, Berlin 1979; Frauengeschichte. Dokumentation des 3. Historikerinnentreffens in Bielefeld, April 1981, beiträge zur feministischen theorie und praxis 5, München 1981; Anna Elisabeth Freier/Annette Kuhn (Hrsg.), Frauen in der Geschichte V. (Frauen in der deutschen Nachkriegsgeschichte), Düsseldorf 1984; Ute Frevert, Frauen-Geschichte. Zwischen Bürgerlicher Verbesserung und Neuer Weiblichkeit, Frankfurt 1986; Ute Gerhard, Unerhört, Die Geschichte der deutschen Frauenbewegung, Hamburg 1992; dies., Verhältnise und Verhinderungen. Frauenarbeit, Familie und Rechte der Frauen im 19. Jh., Frankfurt 1978; Barbara Greven-Aschoff, Die bürgerliche Frauenbewegung in Deutschland 1894-1933, Göttingen 1981; Florence Hervé (Hrsg.), Geschichte der deutschen Frauenbewegung, Köln 1990⁴; Claudia Honegger/Bettina Heintz (Hrsg.), Listen der Ohnmacht. Sozialgeschichte weiblicher Widerstandsformen, Frankfurt 1981; Annette Kuhn (Hrsg.), Die Chronik der Frauen, Dortmund 1992; dies./Gerhard Schneider (Hrsg.), Frauen in der Geschichte I (Frauenrechte und die gesellschaftliche Arbeit der Frauen im Wandel), Düsseldorf 1979; dies./Jörn Rüsen (Hrsg.), Frauen in der Geschichte II (Sozialgeschichte der Frauen im frühen Mittelalter bis zur Gegenwart), Düsseldorf 1982; dies./ders. (Hrsg.), Frauen in der Geschichte III (Zur Geschichte der Weiblichkeit vom frühen Mittelalter bis zur Gegenwart), Düsseldorf 1983; Sabine Richebächer, Uns fehlt nur eine Kleinigkeit, Deutsche proletarische Frauenbewegung 1890–1914, Frankfurt 1982; Margret Twellmann, Die deutsche Frauenbewegung im Spiegel repräsentativer Frauenzeitschriften 1843 bis 1889, 2 Bde., Meisenheim 1972; Anke Wolf-Graaf, Frauen arbeiten im Abseits. Frauenbewegung und weibliches Arbeitsvermögen, München 1981; Clara Zetkin, Zur Geschichte der proletarischen Frauenbewegung Deutschlands, Berlin 1958.

Quellensammlungen/Quellen: Hannelore Schröder (Hrsg.), Die Frau ist frei geboren. Texte zur Frauenemanzipation, Bd. 1: 1789–1870, Bd. 2: 1870–1918, München 1979, 1981; Romina Schmitter, Die Frauenbewegung im 19. Jahrhundert in den USA und in Europa. Quellen- und Arbeitshefte zu Geschichte und Politik, Stuttgart 1981; Olympe de Gouges, Politische Schriften in Auswahl, hrsg. von Margarete Wolters u. Clara Sutor, Hamburg 1979; Mary Wollstonecraft, Verteidigung der Rechte der Frauen, 1791/93, hrsg. von Berta Rahm, Zürich 1975; Schwestern zerreißt eure Ketten. Zeugnis zur Geschichte der Frauen in der Revolution von 1848/49, hrsg. von Gerlinde Hummel-Haasis, München 1982 (dtv dokumente); Renate Möhrmann, Frauenemanzipation im deutschen Vormärz, Stuttgart 1978; Heinz Niggemann (Hrsg.), Frauenemanzipation und Sozialdemokratie, Frankfurt 1981 (Texte); ders., Emanzipation zwischen Sozialismus und Feminismus. Die sozialdemokratische Frauenbewegung im Kaiserreich, Wuppertal 1981; Helene Lange, Die Frauenbewegung in ihren modernen Problemen, 1980 (Neuauflage der Ausgabe von 1914); Gisela Brinker-Gabler (Hrsg.), Frauenarbeit und Beruf (Quellentexte), Frankfurt 1979; dies., (Hrsg.), Frauen gegen den Krieg (Quellentexte), Frankfurt 1980; Annette Kuhn/Valentine Rothe, Frauen im deutschen Faschismus, 2 Bde., Düsseldorf 1982 (Quellen).

Frauen-Geschichtszeitschriften: Hypatia, Zeitschrift des Netzwerks historisch arbeitender Frauen der Frauen-Anstiftung, Frankfurt (seit 1990); Metis, Zeitschrift für historische Frauenforschung und feministische Praxis, Pfaffenweiler (seit 1992).

Annette Kuhn

Hausfrauen holen Wasser. Die Hauptleitungen waren größtenteils zerstört. Margaret Bourke-White, Deutschland, April 1945.

Geschlecht; ahdt. „gislahti", bedeutet eigentlich „was in dieselbe Richtung schlägt", übereinstimmende Art. Diese Bedeutung hat sich in Redewendungen gehalten wie „aus der Art schlagen", „die Tochter schlägt ganz nach der Mutter" (sie sieht/ist ihr ähnlich). Ursprünglich wurde G. im Sinn von Abstammung, vornehme Herkunft (Adelsgeschlechter) und für alle gleichzei-

„Frauen sind kein schwach Geschlecht..."

tig lebenden Menschen (Menschengeschlecht) gebraucht. G. zur Kennzeichnung der biologischen Unterschiede und als natürliches, gesellschaftlich bestimmtes und wichtiges Unterscheidungsmerkmal der Menschen hat sich in Gesellschaften unterschiedlich, u. a. im Zusammenhang mit der Entwicklung der Kenntnis von biolog. Unterschieden und der Arbeitsteilung, herausgebildet. (1) In der Sprachwissenschaft wird G. als Genus, Genera (lat. = Art, Geschlecht) als grammatikalischer Ordnungsbegriff benutzt, orientiert an der Unterscheidung des natürlichen G.s. (2) Biologie: männliches und weibliches G., zwei im Bau der G.organe, meist auch in anderen Merkmalen voneinander abweichende Formen, in denen beim Menschen, bei den meisten Tieren und sehr vielen Pflanzen die Einzelwesen einer Art vorkommen und zur Fortpflanzung zusammenwirken. Das biolog. Zeichen für männliche Individuen ist ♂ (Speer und Schild des Mars), das für weibliche Individuen ♀ (Spiegel der Venus), das für Zwitter ☿. (3) Wie schon in der „alten" Frauenbewegung ist auch in der „jungen" und mit der Entwicklung einer Frauen- → forschung der Begriff des Geschlechts zu einem zentralen geworden. Je nachdem, wie die Bedeutung des gesellschaftlich-historisch gewordenen G.erverhältnisses für die bestehende Unterdrückung der Frau eingeschätzt wird, wird der Begriff des G.s. zur zentralen, nach-, neben-, untergeordneten Kategorie im Verhältnis zu Schicht und Klasse etwa. Heute gibt es in der Praxis eine Fülle von unterschiedlichen Gewichtungen, Verschränkungen usw. Gemeinsam ist, daß der Begriff G. dazu dient, das Leben von Frauen, ihre Arbeit, rechtliche, politische und soziale Lage in Vergangenheit und Gegenwart hinsichtlich Gemeinsamkeiten und Unterschieden innerhalb des „natürlichen" eigenen Gs. und zwischen den G.ern genauer zu fassen mit Blick auf eine befreiende Praxis. Insbesondere richten sich Forschung und der Gebrauch des Begriffs G. gegen die Ideologie der „Geschlechtsstereotype" (Weiblichkeit – Männlichkeit), die die Geistes- und Sozialwissenschaften in den letzten 300–400 Jahren stark bestimmt, in → Bildung, → Erziehung, im öffentlichen Leben direkt wirksam war und ist; im Kern dienen G.sstereotype dazu, die geschlechtsspezifische Arbeitsteilung, das Verhältnis der G.er und die ihr zugrundeliegende industriell-kapitalistische Produktionsweise zu befestigen. Anders als in der frühen → Frauenbewegung besteht auf neue Weise auch in der heutigen die Gefahr, das, was aufgelöst werden soll, zu befestigen. Dem wirkt insbesondere eine interdisziplinäre und durch unterschiedliche theoretische Ansätze geprägte Frauenforschung entgegen – und die Praxis. (→ Emanzipation, → Feminismus, → Forschung, → Geschichte, → Gesellschaft, → Weiblichkeitsideologie).

Geschlechterverhältnis; das Gesamtsystem der ökonomischen, sozialen, politischen, rechtlichen, kulturellen, sexuellen, psychischen und sittlichen Beziehungen von Mann und Weib ist historischen Veränderungen unterworfen und kann nicht losgelöst von den sie bestimmenden sozioökonomischen Verhältnissen diskutiert werden. In allen historisch bekannten Klassengesellschaften ist das G. als Gewalt- und Herrschaftsverhältnis ausgestaltet. Auffällig ist, daß der Begriff G. in der Systematik fachwissenschaftlicher und philosophischer Wörterbücher, abgesehen von wenigen Ausnahmen, nicht vorkommt. Wenn auch kaum zum Thema erhoben, das wissenschaftlichen Relevanzkriterien genügt, so ist doch „am Rande" über das Leben produzierende Verhältnis der Geschlechter immer nachgedacht worden, bis in die jüngste Vergangenheit hinein jedoch zumeist aus androzentristisch-abwertender Perspektive gegenüber dem weiblichen Geschlecht. Im europäischen Denken lassen sich im wesentlichen drei Denkmuster bezüglich des G. unterscheiden: Theorien der Minderwertigkeit des weiblichen Geschlechts, Theorien der Geschlechterpolarität, egalitäre Denktraditionen.
Durch biblische Schöpfungsge-

Aufklärungsbroschüre aus dem Jahre 1929, von dem Berliner Stadtarzt Dr. Max Hodann für die Arbeiterjugend. Die Staatsanwaltschaft versuchte in mehreren Städten die Verbreitung dieser Broschüre zu verhindern, was die Beliebtheit eher steigerte.

schichte und griechische Philosophie beeinflußte Lehren von der *Minderwertigkeit des weiblichen Geschlechts* prägen nahezu alle christlich-abendländischen Denktraditionen. Das Wesen Frau, von Platon nicht der Menschheit, sondern der Tierwelt angegliedert, ist das Ergebnis einer göttlichen Strafmetamorphose an Männern, die entweder „Feiglinge" waren oder ihr Leben auf ungerechte Weise verbrachten. Wie Aristoteles vertritt er die Auffassung, daß die Frau ein *„verunglückter Mann"* sei, daß die weibliche Physis im Verhältnis zur männlischen als eine Art Mangelbildung, als etwas, dem es an Vollkommenheit fehlt, aufgefaßt werden müsse. Folgenreich für die Frauen ist die leib- und sexualfeindliche Haltung der katholischen Morallehre, die im Zölibat einerseits, in der Jungfrauengeburt andererseits ihre dogmatische Fixierung erfuhr. Nach der Erbsündentheorie des Augustinus, des einflußreichsten frühchristlichen Systematikers, vererbt sich die Erbsünde über den Geschlechtsakt auf die ungeborenen Kinder. Der von den Kirchenvätern in Gang gesetzte Prozeß der Asketisierung mündet schließlich mit dem Glaubenssatz von der „unbefleckten Empfängnis" in dem theologischen Bemühen, Maria von ihrer sündigen Leiblichkeit zu befreien. Dem Sündenfall Evas dagegen wird angelastet, die Menschheit den Niederungen des Fleisches, des Leides und des Todes ausgeliefert zu haben. Die Diffamierung des Geschlechtlichen sowie die Verunglimpfung des „sündigen Geschlechts" bildet sich bei Thomas von Aquin unter Rückgriff auf die frauenfeindlichen antiken Vordenker besonders aus. Die Frau ist ein „Mißgriff der Natur"; er leitet aus ihrer „biologischen Verstümmelung", ihrem „Feuchtigkeitsüberschuß" und ihrer „Untertemperatur" ihre geistige Unzulänglichkeit ab. Mit der Ausbreitung des Marienkults im 14. und 15. Jh. differenziert sich der widersprüchliche Zusammenhang von Frauenverachtung und Glorifizierung der Virginität im Katholizismus weiter aus. Die Verteufelung des weiblichen Geschlechts als sündhaft, geil und glaubensschwach geht einher mit Vergötterung der jungfräulich-keuschen Maria als Symbol sittlicher Reinheit (Ranke-Heinemann 1988, 35).
War die Frau seit Entstehung patriarchalischer Herrschaftsordnungen dem Mann rechtlich und politisch untergeordnet, so erfährt das Gewaltverhältnis zwischen den Geschlechtern bei Anbruch der europäischen Neuzeit eine extreme Verschärfung. Hexenverfolgungen (→ Hexe) bilden den Höhepunkt langanhaltender sexistischer Unterdrükkung. Der historische Wandel der europäischen → Familie von der agrarischen „Einheit des ganzen Hauses" hin zum bürgerlichen Familientypus ist eng mit der Herausbildung einer ergänzungstheoretischen Auffassung des G. verknüpft.
Im Rahmen dieser normativen Setzung werden die Geschlechtstypen von Mann und Frau den voneinander abgeschirmten Sphären des Privaten und Öffentlichen zugeordnet. Frauen, die mit der Zurückdrängung aus dem Erwerbsbereich einen Funktionsverlust erlitten hatten, werden durch die Idealisierung ihrer neugewonnenen privaten Rolle entschädigt. Der argumentative Rückgriff auf „Natur" zur Bestätigung von Zuständigkeiten signalisiert einen entscheidenden Umbruch im Denken über Geschlechterpolaritäten. Frauen werden in ihrer Wesensbestimmung normativ darauf zugeschnitten, als Ergänzung des männlichen Charaktertypus zu dienen, womit auch jede zwischengeschlechtliche Konkurrenz ausgeschlossen wird. Hiermit ist ein neuer, doppelbödiger Denkansatz gewonnen, der es erlaubt, die Subordination der Frau mit den Gleichheitspostulaten der Aufklärung in Einklang zu bringen (Bennent 1985, 10). Die Geschlechtsverschiedenheit wird zu einer elementaren, qualitativen Differenz auf physischer, geistiger und psychischer Ebene erhoben; die Mann und Frau zugeschriebenen Eigenschaften gruppieren sich um die Zentralbegriffe aktiv-welterobernd und passiv-weltbewahrend. Das Denkmuster von der wechselseitigen polaren Ergänzung der Geschlechter entfaltet sich nun in nahezu allen wissenschaftlichen Diszi-

plinen; Philosophen (Rousseau, Kant, Fichte, Hegel) tragen maßgeblichen Anteil an seiner argumentativen Fundierung.

Die von Rousseau in „Emile" erteilten Empfehlungen zur Mädchenerziehung laufen in allen Einzelheiten dem Konzept des vollwertigen Menschseins zuwider. Das Gesetz der Natur bestimme die Frauen dazu, sich in Abhängigkeit vom Mann zu begeben. Erziehung der Frau ist Gewöhnung an ein Leben in Fesseln. Vom eigentlichen Menschsein abgeschnitten, erscheint die Frau entwicklungsunfähig, angewiesen auf männliche Leitung.

Auch für Kants Anschauungen ist die Annahme einer fundamentalen moralischen und intellektuellen Verschiedenheit der Geschlechter kennzeichnend. Kant bescheinigt allein dem Mann die Fähigkeit, kraft angeborener Ordnungsprinzipien zur reinen Erkenntnis vorzudringen, während er die Frau mit einer von Lust- und Unlustgefühlen geprägten Denkweise behaftet sieht. In Einklang mit Rousseau sieht Kant sinnliche Anziehungskraft als einziges Machtmittel der Frau über den Mann. Allerdings finden wir bei Kant unvermittelt eine Idealisierung der Frau zum Inbegriff „natürlicher Moralität". Wenn auch diese Überhöhungen des weiblichen Geschlechts bei Kant im Vergleich zu Hegel sparsam sind, so finden in ihnen doch bereits die ans Weibliche gekoppelten und auf den Privatbereich projizierten Glückserwartungen des Bürgertums Ausdruck. Im kantschen Denken über das G. prallen also zwei recht konträre Frauenbilder aufeinander. Der unvermittelte Wechsel von Glorifizierung zur Verachtung macht die wesensmäßige Zusammengehörigkeit dieser beiden Haltungen besonders augenscheinlich. Kant beschreibt die → Ehe sehr prosaisch als einen offenen und verdeckten Kampf der Geschlechter. Durch den Ehevertrag – die vertraglich fixierte wechselseitige Zusicherung der Geschlechtseigenschaften – kann der permanente Geschlechterkrieg, der im Naturzustand offen und brutal ausgetragen wird, auf ein kalkulierbares Maß reduziert werden.

Demgegenüber werden bei Fichte die Beweggründe für das Eingehen einer würdevollen Geschlechterverbindung in die Psyche verlegt, bei ihm wird „Liebe" zum Auslöser der Ehe. Die Bestimmung der Ehe erfolgt nicht mehr aufgrund äußerlicher Notwendigkeiten, vielmehr erfüllt sich in der Ehe das liebende Streben nach ‚vollkommener Vereinigung zweier Personen'. Erst durch das Eingehen einer solchen Ehe, in der sich jeder einzelne einem anderen vollkommen ausliefert, erreicht der Mensch die wahre Höhe seiner sittlichen Möglichkeiten. Allerdings ist das Ausmaß der Selbstpreisgabe für die Frau ungleich höher. Sie gibt sich den Zwekken des Mannes ohne geringsten Eigenanspruch hin, denn die weibliche Liebe hat nicht die eigene, sondern ausschließlich die Befriedigung des geliebten Gegenübers zum Ziel. Die Preisgabe aller sinnlichen Ansprüche, Verzicht und Opfer werden nicht als Ergebnis von Zwang oder Niederhaltung der Frau dargestellt, sondern als ein ihrer innersten Veranlagung entsprechendes Bedürfnis. Der weibliche Geschlechtscharakter ist anlagemäßig zur Passivität, zum Leiden, zur Zweitrangigkeit prädestiniert (Bennent 1985, 127). Während Rousseau und Kant die ‚schöne Tugend' noch mehr oder weniger versteckt als Ergebnis emotionaler und kultureller Abrichtung beschreiben, verklärt Fichte sie durchgängig zur originalen Natur der Frau. „So war am Ausgang der bürgerlichen Gesellschaft als ‚Bestimmung des Weibes' ein weiblicher Geschlechtscharakter formuliert worden, in dem die Aufgabe der Frau identisch wurde mit ihrer Selbstaufgabe." (Duden 1977, 135)

Angestoßen durch die Französische Revolution, kommt es zu einer Fülle von politischen und philosophischen Entwürfen, mit denen ‚egalitäre Denktraditionen' bezüglich des G. begründet werden. Den Anfang macht Condorcet mit seinem Plädoyer ‚Über die Zulassung der Frauen zum Bürgerrecht'. Wie dieser geht Olympe de Gouges davon aus, daß Frauen ebenso wie Männer mit Vernunft begabte, sittlicher Ideen fähige Wesen seien und daher dieselben Rechte haben müßten wie diese. Indem de Gouges die aufklärerischen Prämissen des Naturrechts konsequent auf das G. anwendet, begründet sie eine neue frauenrechtliche Denktradition der ‚Gleichwertigkeit des Andersartigen'. Ihre radikaldemokratische Utopie mündet in der Forderung nach einem ‚Contrat Social' zwischen Frauen und Männern, einer Gesellschafts- und Vertragstheorie aus der Sicht der Frau. Zeitgleich mit de Gouges und Condorcet und unter dem Eindruck der amerikanischen Freiheitskriege und der Französischen Revolution entwickeln deutsche und angelsächsische AutorInnen eine Vielzahl von sozialphilosophischen Entwürfen und Emanzipationsprogrammen, in denen die politische, rechtliche und ökonomische Gleichstellung der Geschlechter reklamiert wird. Inspiriert durch die Bewegung gegen die Sklaverei, melden Frauen in den USA mit der ‚Declaration of Sentiments' (1848) den Anspruch an, in die bürgerlichen Rechte einbezogen zu werden (Davis 1982, 70). Indem sie sich das Recht nehmen, die Sklaverei zu bekämpfen, protestieren sie gleichzeitig gegen ihre eigene Ausgrenzung aus dem politischen Leben. In Deutschland stellt Louise Otto am Vorabend der 48er Revolution in ihrem Plädoyer für ‚Die Teilnahme des weiblichen Geschlechts am Staatsleben' das strikte Polaritätsdenken und die damit verbundene These von der ‚natürlichen' häuslichen Bestimmung des Weibes in Frage (Otto 1847, 41). Auch John Stuart Mill bringt die repressiv-sexistische Seite der gesellschaftlichen Definition von „Weiblichkeit" pointiert auf den Punkt: „. . . bei den Frauen begnügte man sich nicht, unbequeme Eigenschaften zu zertreten, sondern man pflegte und zeitigte durch eine Treibhaus-Erziehung und künstliche Brutstätte diejenigen Seiten ihrer Natur, welche dem Wohlbehagen ihrer Herren dienen sollten" (Mill 1976, 159).

Das unaufhaltsame Hinausdrängen der Frauen über die engbegrenzte Häuslichkeit, die Aufkündigung des in der Frühphase des Kapitalismus erzwungenen ‚Kompromisses der Geschlechter' veranlaßt in der Folge eine ganze Armada von Philosophen, Soziologen, Historikern und Psychologen, das Wort zur Verteidigung der ‚natürlichen' Geschlechterordnung zu ergreifen. Mit der Neuauflage polarisierender Geschlechtertheorien in der zweiten Hälfte des 19. und der ersten Hälfte des 20. Jh. verschiebt sich die Annahme qualitativ differenter Naturtypen deutlich zuungunsten der Frau, deren geistige und seelische Debilität nun zum Teil wieder unumwunden behauptet wird. Parallelen zum Erstarken rassistischer, sozialdarwinistischer und antisemitischer Ideologien im Zuge der Verstärkung der inneren Widersprüche der bürgerlichen Gesellschaft liegen auf der Hand. Neben variierenden Positionen extremer Herabwürdigung des Femininen (Schopenhauer, Nietzsche, Weiniger) stilisiert der philosophische Diskurs um die Jahrhundertwende aber auch vereinzelt das „andere Geschlecht" zur Inkarnation einer Lebensutopie.

Eine unübersehbare Mittlerposition zwischen den Denkansätzen Condorcets und Olympe de Gouges und den marxistischen Entwürfen zur Geschlechterproblematik nehmen die französischen Frühsozialisten ein. Ihr Eintreten für die Entbindung weiblicher Sexualität von den Zwängen der Keuschheit und des Anstandes findet Parallelen bei Fourier, der die Unterdrückung menschlicher Leidenschaften und die Nötigung zur Monogamie für ein Grundübel der zivilisierten Gesellschaft hält (Fourier 1966). Originär in Fouriers Denken ist eine Verknüpfung der Frauenbefreiung mit der Arbeiteremanzipation. Seine Kritik an der bürgerlichen Revolution von 1789 versteht sich als eine Kritik der ‚bürgerlichen Enge dieser Revolution'. Er unterstreicht, daß mit der Propagierung der Devise ‚Freiheit, Gleichheit, Brüderlichkeit' keine Verbesserung der Lage der Frauen erreicht worden sei (Kleinau 1987, 77). Bedeutsam sind Fouriers Vorschläge zur Neuorganisation der Arbeit zwischen den Geschlechtern. Seiner Auffassung nach gibt es keine Arbeit, zu der Frauen grundsätzlich die Befähigung fehlt. Er unterstreicht, daß die Rivalität der Geschlechter

in derselben Arbeit zur wechselseitigen Entfaltung, zu größerer Produktivität und Harmonie in der Gemeinschaft beiträgt. Maßstab der gesellschaftlichen Progression ist für Fourier die freiwillige Aufgabe der männlichen Vorrechte. Denn „keinen trifft die Strafe, das Weib in der Sklaverei zu erhalten, tiefer als den Mann selbst". Die Vielfältigkeit und Vielseitigkeit der Ideen Fouriers haben eine enorme Breitenwirkung seiner Gedanken zur Folge gehabt. Er wird als Wegbereiter der frühen sozialistischen Frauenbewegung eingeschätzt (Kleinau 1987, 67).

Unverkennbar ist, daß die Anlage des G. im Historischen Materialismus (Marx, Engels) konzeptionell in hohem Maße von Fourier beeinflußt ist. In frühen philosophischen Schriften, so den ‚Ökonomisch-philosophischen Manuskripten' (Marx) und in der ‚Deutschen Ideologie' (Marx/Engels 1844) wird das Verhältnis der Geschlechter als Bestandteil gesellschaftlicher Produktion und Produktivität betrachtet. In der ‚Deutschen Ideologie' entwikkeln Marx und Engels erste Gedanken zur Arbeitsteilung in Klassengesellschaften und diskutieren in diesem Kontext die Entstehung geschlechtlicher Arbeitsteilung und der Verfügung über weibliche Arbeitskraft mit der Herausbildung des patriarchalischen Familientypus. Engels nimmt in ‚Der Ursprung der Familie, des Privateigentums und des Staates' von 1884, dem wohl bedeutendsten Beitrag des Historischen Materialismus zur Analyse des G., die in der ‚Deutschen Ideologie' entwickelten Überlegungen wieder auf. Seine zentrale These ist, daß das Verhältnis von Mann und Weib in allen historisch bekannten Epochen der Vorherrschaft des Privateigentums als Abhängigkeits- und Unterdrükkungsverhältnis zu begreifen ist (MEW 21). Für die bürgerliche Familie ergibt sich aus diesem Analyseansatz, daß selbst die völlige rechtliche Gleichstellung der Frau im Familien-, Ehe- und Scheidungsrecht nichts an ihrer ökonomischen Abhängigkeit und an der daran geknüpften sexuellen Verfügbarkeit ändern würde. Evident ist, daß Engels den inneren Zusammenhang der Ausnutzung weiblicher Arbeitskraft, Sexualität und Gebärpotenz entwickelt, daß er das Patriarchat, die „unbedingte Herrschaft der Männer über das weibliche Geschlecht als gesellschaftliches Grundgesetz" charakterisiert, das, zur Stabilisierung und Absicherung von Herrschaftsverhältnissen eingesetzt, verschiedene Gesellschaftsformen überdauerte. Kritisch anzumerken ist, daß Engels' Erkenntnisinteressen bei der Erörterung der bürgerlichen Familienform – ganz im Widerspruch zum materialistischen Anspruch – mehr auf die Frage der Chancen der Entwicklung von Liebesverhältnissen zwischen den Geschlechtern zielen als auf die Frage nach den Besonderheiten der geschlechtlichen Arbeitsteilung. Für die Entwicklung von Geschlechtsliebe zwischen Mann und Frau, ‚Herrscher' und ‚Sklavin', sieht er in der warenproduzierenden Gesellschaft wenig Spielraum. Monogamie, Ehebruch und Prostitution, die untrennbaren Begleiterscheinungen des Privateigentums, deformieren und entfremden die Geschlechter. Die von Engels formulierte Aufgabe, die Fragen der ‚Menschenproduktion' in die historisch-materialistische Analyse einzubeziehen, wird von ihm nicht gelöst. Gleiche Defizite weist an diesem entscheidenden Punkt die Marxsche Politische Ökonomie auf. Die reproduktiven Arbeiten, die eine wesentliche Grundlage für die Lebensfähigkeit einer Gesellschaft und für das Funktionieren des ökonomischen Reproduktionsprozesses darstellen, werden zwar am Rande thematisiert, aber nicht systematisch verarbeitet.

Neuere wissenschaftliche Untersuchungen zur Geschlechterthematik auf marxistischer Grundlage auf dem Gebiet der Ökonomie, Geschichte, Psychologie, der Sozial- und Kulturwissenschaften bearbeiten einzelne Defizite des Histori-

schen Materialismus bezüglich des G. (z.B. Fehlen einer Subjekttheorie), kritisieren aber zunehmend die Begrenztheit des Marxismus als Herrschafts- wie als Reproduktionsanalyse überhaupt (Becker-Schmidt 1987, 180). Aktuelle Arbeiten zielen auf eine Differenzierung und Erweiterung des materialistischen Arbeitsbegriffes (Knapp 1987), auf die genauere theoretische Fassung der Ursachen und Wirkungsweisen des Herrschaftsmechanismus der geschlechtshierarchischen Arbeitsteilung (Beer 1984, Schunter-Kleemann 1989) und auf eine systematische Einarbeitung der Kategorie Geschlecht in die historische und aktuelle Gesellschaftsanalyse (Rossanda 1980, Davis 1981, Steinberg 1985, Becker-Schmidt 1987, Friese 1989). Becker-Schmidt unterstreicht, daß die Organisation des Geschlechterverhältnisses bis heute einen zentralen Bestandteil der gesellschaftlichen Reproduktion darstellt. Die Position der Geschlechter in der Geschlechterhierarchie bestimme auch heute noch – durch die Klassenlage hindurch – deren Stellung in den Sphären von Produktion und Reproduktion. Entsprechend versucht sie, die verschiedenen Ebenen des über die Geschlechterpositionen vermittelten Herrschaftsverhältnisses zu analysieren. Wie sie entwickelt, ist Androzentrismus mehr und etwas anderes als Ideologie im marxschen Sinne. Er repräsentiere die stetige Wiederkehr eines uralten Konfliktes: den des Geschlechterkampfes. Von daher gesehen sei Androzentrismus nicht nur wie die Ideologie ein Überbauphänomen, sondern sozialpsychologischer Ausdruck eines gesellschaftlichen Unbewußten; man könne sagen, er sei ebenso ein psychogenetisches Unterbauphänomen (Becker-Schmidt 1987, 189).
Trallori thematisiert die Entstellungen, Fallen und Kontrollen, denen die sexuelle Liebe durch patriarchalen Fortpflanzungswahn und Todeskult ausgeliefert war und ist. Ihre ‚Geschichte der patriarchalischen Fortpflanzungskontrolle', in der sie die spezifischen gesellschaftlichen Ausformungen der Verfügungsgewalt von Kirche und Staat über die biologische Reproduktion rekonstruiert, beschreibt die Geschichte des generativen Verhaltens als eine Tragödie für beide Geschlechter. Der unerbittliche Kampf der patriarchalischen Instanzen gegen Verhütung und Abtreibung, das strikte Verbot außerehelichen Geschlechtslebens, die Brandmarkung abweichender Sexualität, das apodiktische Scheidungsverbot, insgesamt: die Reglementierung, Überwachung und Bestrafung aller körperlichen Lebensäußerungen von Männern und Frauen hätten anstelle von Liebe zwischen den Geschlechtern Angst, Mißtrauen und Gewalt gezüchtet. Die facettenreiche Geschichte des generativen Verhaltens repräsentiere sich unter diesem Aspekt als ein ‚Kampf an der generativen Front'. Dieser sei zugleich Klassen- und Geschlechterkampf – Ausdruck sowohl der Herrschaft des Mannes über die Frau als auch der dominierenden gesellschaftlichen Klassen über die Unterdrückten (Trallori 1983, 5).
Weitere marxismuskritische Forschungsansätze zur Geschlechterthematik kreisen um die Fragen des Selbstverständnisses und der Strategien der feministischen Bewegung in einer patriarchalisch-kapitalistischen Gesellschaft. Subjektivität jenseits der Perspektive von männlicher Arbeits- und Kampffähigkeit sei in der traditionellen Klassentheorie nicht antizipiert worden. Der Marxismus habe keinen Entwurf für eine egalitäre Subjekttheorie entwickelt. Das Klassensubjekt gebe sich zwar als Neutrum, bei genauerer Analyse entpuppe es sich jedoch als ‚Arbeitermannschaft'. Die Geschlechterdifferenz und -konkurrenz als soziales Phänomen sei nicht ausdrücklich reflektiert (Becker-Schmidt 1987, 200).

Lit.: R. Becker-Schmidt, Frauen und Deklassierung. Geschlecht und Klasse, in: U. Beer (Hrsg.), Klasse – Geschlecht. Feministische Gesellschaftsanalyse und Wissenschaftskritik, Bielefeld 1987; U. Beer, Theorien der geschlechtlichen Arbeitsteilung, Frankfurt/M.–New York 1984; H. Bennent, Galanterie und Verachtung. Eine philosophiegeschichtliche Untersuchung zur Stellung der Frau in Kultur und Gesellschaft, Frankfurt/M.–New York 1985; A. Davis, Rassismus und Sexismus, Berlin-W 1982; B. Duden, Das schöne Eigentum. Zur Herausbildung des bürgerlichen Frauenbildes an der Wende vom 18. zum 19. Jahrhundert, in: Kursbuch 47, 1979; F. Engels, 1884, Der Ursprung der Familie, des Privateigentums und des Staates, MEW 21, Berlin

„Das Ambiente ist von fragwürdigem Geschmack, doch das Publikum, darunter höhere Töchter jeglichen Alters und Geschlechts, gediegen."

FAZ

Auffallend *hübscher, stinkreicher, unwiderstehlich charmanter Mann sucht sympathische Frau. Ich (24/169) auch.*

Anzeige in: Prinz

1973; Ch. Fourier, Aus der neuen Liebeswelt. Über die Freiheit in der Liebe, Berlin 1977; M. Friese, Geschlechter – Klassen – Verhältnisse. Zur Geschichte und Theorie eines ‚vergessenen' Problems, Bremen 1989; E. Kleinau, Die freie Frau. Soziale Utopien des frühen 19. Jahrhunderts, Düsseldorf 1987; G. A. Knapp, Arbeitsteilung und Sozialisation. Konstellationen von Arbeitsvermögen und Arbeitskraft im Lebenszusammenhang von Frauen, in: U. Beer (Hrsg.), Klasse – Geschlecht. Feministische Gesellschaftsanalyse und Wissenschaftskritik, Bielefeld 1987; J. S. Mill, Die Hörigkeit der Frau, in: H. Schröder (Hrsg.), Die Hörigkeit der Frau und andere Schriften zur Frauenemanzipation, Frankfurt/M. 1976; L. Otto, Die Teilnahme des weiblichen Geschlechts am Staatsleben, in: R. Blume (Hrsg.), Volkstaschenbuch „Vorwärts", Leipzig 1847; U. Ranke-Heinemann, Eunuchen für das Himmelreich. Katholische Kirche und Sexualität, Hamburg 1988; R. Rossandra, Einmischung, Frankfurt/M. 1980; S. Schunter-Kleemann, Frauenunterdrückung – unverzichtbar für die Existenz der kapitalistischen Gesellschaft?, in: IMSF (Hrsg.), Klasse und Geschlecht, Frankfurt/M. 1989; dies., „Geschlechterverhältnis", in: Sandkühler (Hrsg.), Europäische Enzyklopädie zu Philosophie und Wissenschaften, 4 Bde., Hamburg 1990; A. Steinberg, Entstehungsbedingungen und Reproduktionsmechanismen von Frauenunterdrückung, in: Arbeitskreis Frauenfrage beim IMSF (Hrsg.), Emanzipation in der Krise, Frankfurt/M. 1985; L. Trallori, Vom Lieben und Töten. Zur Geschichte patriarchalischer Fortpflanzungskontrolle, Wien 1983.

Susanne Schunter-Kleemann

Geschlechtskrankheiten; mit G. werden vier Infektionskrankheiten, die fast nur durch sexuellen Kontakt übertragen werden, bezeichnet. Die Erscheinungen der Krankheiten treten vor allem an der Haut und an den Schleimhäuten der Geschlechtsorgane auf. G. sind meldepflichtig. Diese Meldepflicht gilt im doppelten Sinn: Wer den Verdacht hat, sich angesteckt zu haben, sollte sofort Partner/Partnerin informieren und zum Arzt/zur Ärztin gehen. Letztere sind zur Meldung (anonym) an die Gesundheitsbehörden verpflichtet. Die beiden bekanntesten G. sind Gonorrhoe und Syphilis. Die Zahl der Erkrankungen ist seit Ende der 60er Jahre gestiegen, was auf veränderte sexuelle Einstellungen und vor allem auf den Gebrauch der Pille statt des Kondoms (letzteres bietet einen gewissen Schutz) zurückgeführt wird. Bei den Frauen ist der Prozentsatz derer, die keine Frühsymptome haben, diese mißdeuten oder sich nicht daran erinnern, besonders hoch (80% bei Gonorrhoe, 90% bei Syphilis). Um so wichtiger ist, auch den geringsten Verdacht ernstzunehmen. Zu den meldepflichtigen, aber nur noch selten auftretenden G. gehören: Weicher Schanker (Ulcus molle) und venerische Lymphknotenentzündung. Beide G. haben gute Heilungschancen, werden mit Antibiotika behandelt; die Heilungsdauer der Lymphknotenentzündung ist oft lang. – G. gelten immer noch als etwas Anrüchiges, sind untrennbar mit Sexualität und unserer Einstellung dazu verbunden, mit überlieferten Moralbegriffen und auch mit der Angst vor Infektionskrankheiten, – alles Ängste und Einstellungen, die G. zum Tabu machen. Hinzu kommt, daß jeder Anstieg von G. auch politisch genutzt, zur → Diskriminierung von Gruppen mißbraucht werden kann.

Geschlechtsverkehr; juristisch abgekürzt G.V., das Wort für → Beischlaf, → Koitus, miteinander schlafen ist eine sprachlich miserable, schlechte Erfindung des 20. Jhs.

Gesundheit; das Wort G. geht zurück auf german. (ga) sunda = stark, kräftig. Nach der Bestimmung der Weltgesundheitsorganisation (WHO) ist G. ein „Zustand vollkommenen körperlichen, geistigen und sozialen Wohlbefindens und nicht allein das Fehlen von Krankheiten und Gebrechen". Mit dieser Bestimmung ist ein enormer Zielanspruch formuliert. Wichtig ist – gegenüber früher und auch heute vielfach noch landläufig vorherrschenden Auffassungen –, daß Menschen eine Einheit von Körper, Seele und Geist sind und jeweils in ihrem sozialen Umfeld zu sehen sind und so jede Störung dieser Einheit als Krankheit (→ Körper) gefaßt wird. Daß die Begriffe G. und Krankheit stark von den jeweiligen Verhältnissen geprägt sind, zeigt eine Reihe von Beispielen: der Katalog von Krankheiten, der in die Leistungen der gesetzlichen Krankenversicherung aufgenommen wird und womit zugleich festgelegt wird, was Anspruch auf Heilung, G. hat; das Abnehmen von „Krankmeldungen" in Betrieben in Zeiten der Krise und der Arbeitslosigkeit beruht ja weder auf einer Abnahme von Krankheiten noch auf vorherigem „zu hohem Stand an Krankfeiern", sondern zeigt vielmehr, wie eng G. und Krankheit an Arbeitsfähigkeit gebunden sind und daß Krankheit zum „Luxusgut" werden kann. In großen Teilen der Welt ist dies der Fall bzw. G. ein Luxus. Und angesichts von Millionen Menschen, die von Hunger, körperlichen Krankheiten und schweren seelischen Störungen, von Kriegen gezeichnet sind, bezeichnet die Bestimmung der WHO einen kaum einlösbaren Anspruch. Allein, um einen Anfang zu machen, bedarf es gewaltiger Anstrengungen, der Zusammenarbeit aller Regierungen, der Möglichkeiten für Selbstbestimmung und Selbstentwicklung in den Ländern der Erde und *der* finanziellen Mittel, die bislang noch für immer mehr Vernichtungswaffen ausgegeben werden.

Gesundheitswesen; in frühen europäischen Mythologien lassen sich viele Hinweise finden, daß Frauen als priesterliche und göttliche Ärztinnen verehrt wurden. Der Bereich der Frauenheilkunde, Geburtshilfe und Kinderheilkunde lag – bis zur Entstehung der institutionalisierten → Wissenschaft an den Universitäten – im Aufgabengebiet der Frau. Im Mittelalter gliederte sich diese Tätigkeit in drei Gebiete: in die → „weisen Frauen" (→ Hexen), in die berufsmäßigen →Hebammen und „gebildete" Ärztinnen.
Die „weisen Frauen" übten ihre Heilkunst mit natürlichen Heilkräften (Kräuter) und durch magisch-suggestiven Einfluß (Zauber) auf die Psyche der Kranken aus. Sie hatten aber auch genaue Kenntnis über Kräuter mit empfängnisverhütender und abtreibender Wirkung. Die Heilkenntnis wurde durch mündliche Überlieferung weitergegeben und weiterentwickelt. Ihre Heilpraxis war nicht an das Herrschaftssystem gebunden – im Gegensatz zum Klerus und der später entstehenden Ärzteschaft, die mit der Feudalherrschaft eng verbunden waren.
Die „Hebammen" arbeiteten weniger mit Magie, ihre Tätigkeiten bestanden in der Durchführung von Geburten, Herstellen von Arzneien, Empfängnisverhütung, Abtreibung und chirurgischen Eingriffen. Ende des 14. Jhs. trat eine Veränderung der Bevölkerungspolitik in Hinsicht auf Kinderreichtum unter dem Aspekt zukünftiger Arbeitskräfte ein. Während dieser Zeit des Frühkapitalismus verloren die Hebammen erheblich an Autonomie, sie durften nur noch Handlangerdienste unter der sich stärker entwickelnden ärztlichen Kontrolle durchführen.
Zu Beginn der Entstehung der Ärzteschaft gab es zunächst noch studierte Ärztinnen bzw. Laienärztinnen, deren Schwerpunkt die Gynäkologie war. Doch im Rahmen der Hexenverfolgung waren neben den Hebammen auch die „weisen Frauen" und Ärztinnen Opfer der Verfolgung (16.–18. Jh.).
Parallel verlief die Etablierung der Ärzteschaft, die „mystische Volksmedizin" wurde verbannt.

Baderin beim Setzen von Schröpfköpfen. Miniaturen, 14. Jh.

Hildegard von Bingen diktiert ihre Schriften

In Hessen sind von rund 500 Chefärzten nur etwa 15 weiblichen Geschlechts.

Durch die Umstrukturierung kam der studierte männliche Ärztestand an die Macht, der eng an die jeweilige gesellschaftliche Machtstruktur gebunden war. Die Hexe, Synonym für weise Frauen und Hebammen, steht für eine Alternative im Bereich der Gynäkologie und Geburtshilfe, die eine von Frauen selbstbestimmte und für sie humanere Versorgung zum Ziel hat.

Frauenheilkunde: Heute ist die Gynäkologie eine Domäne der Männer. Immer noch sind nur ca. 20 Prozent aller Gynäkologen Frauen. Während die medizinischen Hilfsberufe vorwiegend von Frauen ausgeübt werden, befindet sich an der Macht ausübenden Stelle meist ein Mann. Es ist sehr schwer, als Ärztin eine Stelle an einer gynäkologischen Abteilung zu erhalten, männliche Bewerber werden vorgezogen („Männer können ja keine Kinder kriegen und ausfallen" – und das in einem Fach, das von der Gebärfähigkeit der Frau lebt!). Diese Übermacht der Männer hat wie in anderen operativen Fächern (Chirurgie, Orthopädie) mit Prestige, Ansehen und Behandlungserfolg zu tun, sicherlich aber auch mit der speziellen Geschlechterrolle in solch einer Patientin-Frauenarzt-Beziehung. Wir Frauen müssen mehr Frauenärztinnen fordern, denn Frauen verstehen viele Frauenkrankheiten und -schwierigkeiten besser als Männer.

»

Sie haben nur eine Chance, wenn Sie „Ihren Uterus im Einmachglas auf den Tisch" stellen.

»

Chefarzt bei einem Einstellungsgespräch mit einer Ärztin (zitiert nach FR 29. 6. 85)

Auch in Forschung und Wissenschaft sind hauptsächlich Männer beschäftigt und am längeren Hebel. Nicht umsonst geht die Forschung z. B. über → Verhütungsmethoden meist zu Lasten der Frauen.

Die abhängigen Gesundheitsberufe sind Hauptaufgabengebiet der Frauen. 80% des Krankenhauspersonals sind Frauen. Ähnlich sieht es in den anderen nichtärztlichen Berufsgruppen aus. Doch der Anteil männlicher Bewerber wird immer größer, was nicht zuletzt auf die heutige Wirtschafts- und Familienpolitik zurückzuführen ist. Einzige Ausnahme bilden die Hebammen. Obwohl es jetzt den Beruf des „Entbindungspflegers" gibt, hat noch kein Mann diesen Beruf ergriffen.

Im Krankenhaus sind drei Viertel der Beschäftigten Frauen. Beim

Pflegepersonal liegt der Frauenanteil bei 85%, beim medizinisch-technischen Personal bei 95%, in der Bäderabteilung bei 65%, bei den Hebammen 100%. Im Krankenhaus sind jedoch nur 23% Ärztinnen, in leitender Position nur 5%.

Fast 40% der Medizinstudenten sind weiblich, von den tätigen Ärzten sind noch 22% Frauen, in Verwaltung und Forschung ist jeder dritte Arzt eine Frau.

Bei den Zahnärzten und Tierärzten ist die Situation ähnlich, lediglich bei den Apothekern liegt der Frauenanteil bei über 50%. Dies hängt einerseits mit dem kürzeren Studium zusammen, andererseits ist dieser Beruf besser mit Ehe und Familie zu vereinbaren.

Bei den Arzthelferinnen und Krankenschwestern ist in den letzten Jahren eine Art Massenflucht aus diesen Berufen zu erkennen. Dies ist einerseits auf die zunehmenden körperlichen und psychischen Anforderungen, mangelnde Anerkennung und Unterstützung seitens der Arbeitgeber sowie fehlende berufsbegleitende Fortbildungen, Supervisionen usw. zurückzuführen. Andererseits findet keine adäquate Vergütung statt. Überstunden werden erwartet, in der Praxis gilt vielfach nur eine freiwillige Vereinbarung über Vergütung, Überstundenregelung, Urlaubsgeld usw. Die Sprechstundenhilfen sind meist unter 30 Jahre alt, – für das hier übliche Gehalt würde kein Mann diese z. T. anstrengende Tätigkeit verrichten, und hiervon könnte auch keine Familie ernährt werden.

Seit der Verabschiedung des Gesundheitsreformgesetzes 1989 gibt es in der BRD noch einen neuen Aspekt in der Rollenverteilung im Gesundheitswesen. Für die Pflege

eines schwerpflegebedürftigen Angehörigen wurde die Zahlung einer Geldleistung durch die Krankenkasse eingeführt. Wer anders als Frauen übernimmt für 400 DM im Monat die Versorgung rund um die Uhr und gibt dafür den Beruf auf?
Neben rein gynäkologischen Erkrankungen gibt es keine spezifischen Erkrankungen der Frauen. Jedoch ist der Frauenanteil an Erkrankungen des Herz-Kreislauf-Systems, des Bewegungsapparates, der Verdauung und vor allem der Anteil an → psychischen Störungen deutlich höher als bei den Männern. Sicher sind Frauen nicht schwächer oder kränker als Männer, sie werden aber im Laufe der Sozialisation dazu gemacht. Während in der Kindheit Verordnungen und Diagnosen bei Jungen häufiger sind als bei den Mädchen, ändert sich dies von der Pubertät an: Die Frau wird zur Schwäche, der Mann zur Stärke erzogen. Ein Parameter für diese These ist das Verschreibungsverhalten der Ärzte: Bei den 20–40jährigen Frauen werden 26% mehr Neurosen, 46% mehr Schlafstörungen, 100% mehr Psychosen, 100% mehr Migräne und 300% mehr Verstopfung diagnostiziert als bei gleichaltrigen Männern. Und entsprechend mehr Medikamente werden verordnet. Dieses z. T. unkritische Verordnungsverhalten steigt für Frauen mit zunehmendem Alter noch an. Kritisch betrachtet, fallen viele der hier genannten Befindlichkeitsstörungen in das Gebiet der psychosomatischen Erkrankungen (körperliche Symptome bei seelischer Ursache). Ursache ist sicher häufig die Doppelbelastung der Frau in Ehe, Familie und Beruf. Sie geht deshalb häufiger als der Mann zum Arzt, erhält mehr Medikamente, ist „kränker". Interessant ist, daß bei Frauen die meistverordneten Medikamente Schmerzmittel sind. Der Schmerz gilt als Warnsymptom. Als Gegenmittel erhält sie ein Schmerzmittel, z. T. krampflösend, z. T. in Kombination mit einem Beruhigungsmittel. Eine Aufklärung der Ursache und Bekämpfung derselben finden nicht statt.
Im Gegensatz zu den häufigen Arztbesuchen steht das mangelnde Vorsorgebewußtsein der Bevölkerung: Zu den kostenlosen Untersuchungen gehen nur 31,5% der berechtigten Frauen und 13,37% der Männer. Lediglich die Schwangerenvorsorge wird mit nahezu 100% wahrgenommen. Seit 1991 gehört auch eine orientierende internistische Vorsorgeuntersuchung für Menschen ab 35 Jahren zu den Leistungen der Krankenkassen.
Eine besondere „Krankheit" der Frau ist die Schwangerschaft. Glücklicherweise teilen heute viele Frauen diese Meinung nicht, sondern erleben Schwangerschaft bewußt als einen neuen Körperzustand und genießen ihn. Bei normal verlaufenden Schwangerschaften setzen sich auch andere Geburtsmethoden durch. Es gibt mehr und mehr Stillgruppen und andere Selbsthilfegruppen, die Frauen nehmen ihre Bedürfnisse besser wahr. Doch gelten noch zu viele Schwangerschaften als Risikoschwangerschaft, werden noch zu häufig Medikamente verordnet und eingenommen.
Kritisch betrachtet werden muß auch die oft zu schnell durchgeführte Entfernung der Gebärmutter. M. E. sollte dies nur bei sehr strenger Indikation erfolgen; die Konsequenzen für die betroffenen Frauen wiegen oft schwerer als erwartet.
In den letzten Jahren hat ein Wandel des Frauenbildes, des Alters und der Gesundheit stattgefunden. Das Alter spielt eine geringere bzw. veränderte Rolle: Die eine Frau wird mit 40 Jahren Großmutter, die andere bekommt mit 40 Jahren ihr erstes Kind. Die Lebenserwartung der Frauen liegt inzwischen bei 78,65 Jahren, die der Männer bei 72,13 Jahren. In der ersten Hälfte 1991 wurde zum erstenmal seit Kriegsende ein Geburtenüberschuß festgestellt.

Ulla Funke

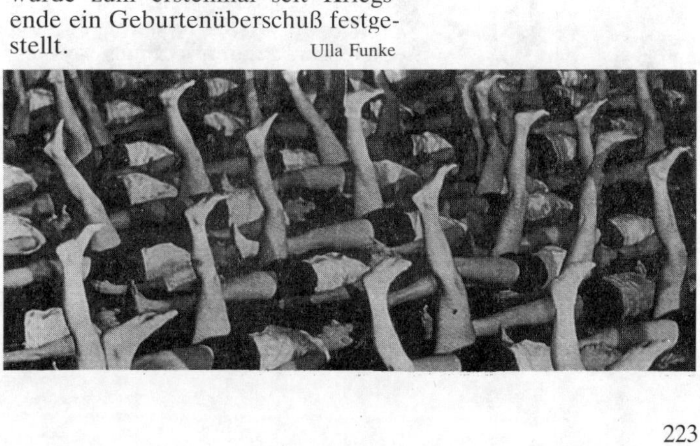

„Das hat mich schon gereuet“, sprach das edle Weib, „auch hat er mir zerbleuet zur Strafe meinen Leib.“

Nibelungenlied, Vers 894 (um 1200)

Gewalt; die Frauenbewegung definiert G. gegen Frauen als all das, wodurch es Frauen aufgrund ihres Geschlechts verwehrt bleibt, ihre Fähigkeiten und Entwicklungsmöglichkeiten zu realisieren. Es geht hier also nicht nur um die direkte, offensichtliche G. gegen Frauen, sondern auch um verdeckte, subtile G.formen. Es wird daher in der → Frauenbewegung zwischen struktureller und personaler Gewalt unterschieden. Die *strukturelle* G. ist mit der Ideologie der Minderwertigkeit, Verachtung und dem Objektverständnis der Frau und einem sich durch alle gesellschaftlichen Bereiche hindurchziehenden Überlegenheitsanspruch des Mannes verbunden. Unter *personaler* Gewalt werden direkte Angriffe auf den Körper der Frau verstanden: Vergewaltigung von Frauen und Mädchen, körperliche Mißhandlungen und Frauenmord.
Die aufgezählten G.formen richten sich direkt gegen die Selbstbestimmung der Frau über ihren Körper. „Der Frau wird von den Männern Selbstbestimmung und Macht über ihren Körper entzogen, sie (wird) von ihrem eigenen Körper enteignet, indem er für Männer vergesellschaftet, kolonisiert, verwaltet, vermarktet (wird)“ (Menzel, 1984, S. 192).

„Ursel, Schulmeysterin zu Yardricht, jämmerlich gepeinigt, gepeitschet und darnach verbrent. Anno 1570.“ Illustration aus dem Jahre 1685

G. gegen Frauen findet sich in allen gesellschaftlichen Schichten:
– G. gegen Frauen in der Medizin im allgemeinen, in der → Gynäkologie und → Psychiatrie im besonderen;
– wirtschaftliche und rechtliche G. gegen Frauen (Gratisarbeit, Unterbezahlung, Frauenarbeitslosigkeit, geringere Aufstiegschancen, Arbeitsverbote, rechtliche Diskriminierung, Familienrecht) (→ Arbeit, → Erwerbslosigkeit, → Erwerbstätigkeit, → Recht);
– Frauen in der Dritten Welt (Sklaverei, Polygamie, → Klitorisbeschneidung);
– politische Gefangene, sexistische Foltermethoden (→ Rassismus, → Sexismus);
– physische G. gegen Frauen (Vergewaltigung, Frauenmord, Frauenmißhandlung, genitale Verstümmelungen)
(Arbeitsschwerpunkte des Internationalen Frauentribunals, Brüssel 1976)
Zu ergänzen sind: – sexueller Mißbrauch von Mädchen; – Diskriminierung, Bevormundung und sexuelle Belästigung in Wort und Tat (z. B. auf der Straße und am Arbeitsplatz); – die Vermarktung des weiblichen Körpers in der Werbung und in den Medien; – Frauenhandel und Prostitutionstourismus; – Ausbeutung der Frauen in der sog. Dritten Welt als Experimentierfeld für Verhütungsmittel durch Pharmakonzerne der sog. 1. Welt.
Die Ursachen der Gewalt gegen Frauen wurden in der neuen Frauenbewegung der 70er und 80er Jahre unterschiedlich akzentuiert. Teile

der Frauenbewegung gingen – aufgrund der Analyse der sexuellen Unterdrückung der Frau und des sich darin widerspiegelnden gesellschaftlichen Machtverhältnisses zwischen den Geschlechtern – davon aus, daß die Ursache für G. gegen Frauen allein in der patriarchalischen Organisation und Struktur der Gesellschaft liegt. (Kate Millet, „Sexus und Herrschaft", deutsch 1971). Als Ausweg aus dem Gewaltverhältnis zwischen den Geschlechtern wird der Sprung in lesbische Beziehungen gesehen. Für andere Frauen ist die Zerschlagung des Patriarchats – und damit die sexuelle Befreiung der Frauen – durch die Aufhebung der Ehe/Kleinfamilie, größere sexuelle Freiheit für beide Geschlechter und die Errichtung von weiblichen Gegenkulturen zu erreichen. Durch Veränderung des Bewußtseins, veränderte Verhaltensweisen und Veränderungen im gesellschaftlichen Reproduktionsbereich soll die Unterdrückung der Frauen und damit die alltägliche G. gegen Frauen aufgehoben werden. Sozialistische Theoretikerinnen und Teile der Frauenbewegung (→ Emanzipation) sahen als zentrale Ursache der Frauenunterdrückung die Produktionsverhältnisse der kapitalistischen Gesellschaft, einer Gesellschaft, die zugleich patriarchalisch organisiert ist. Sie gingen davon aus, daß die soziale Lage der Frauen durch das Herrschaftsverhältnis zwischen Kapital und Arbeit geprägt ist und daß der Kapitalismus sich der aus vorkapitalistischen Gesellschaften stammenden patriarchalischen Ideologie der Minderwertigkeit des weiblichen Geschlechts bedient und sie in den Dienst der kapitalistischen Frauenausbeutung (im Produktions- und Reproduktionsbereich) stellt. Einig waren sich die unterschiedlichen Richtungen darin, daß die frauenfeindlichen Einstellungen und gesellschaftlichen Strukturen von den Männern aller gesellschaftlichen Klassen und Schichten getragen und ständig reproduziert werden und daß, trotz geschlechtsspezifischer Erziehung und Prägung durch die allgemein frauenverachtende Haltung der Gesellschaft, Männer nicht als bedauernswerte Opfer gesellschaftlicher Verhältnisse betrachtet werden können, sondern jeder Mann als Individuum für sein Verhalten gegenüber Frauen verantwortlich ist.

Die zunächst deutlich voneinander abgrenzbaren Positionen der verschiedenen Strömungen der neuen Frauenbewegung haben sich, u.a. durch die politischen Umbrüche am Ende der 80er Jahre, einander angenähert. Die Dominanz des Partriarchats in allen großen Gesellschaftsformationen bewies sich in der Tatsache, daß auch das Leben der Frauen in den ehemals als sozialistisch bezeichneten Staaten, trotz des staatlichen Postulats einer vollzogenen Emanzipation der Frauen und der

nahezu hundertprozentigen Frauenerwerbstätigkeit, durch patriarchalische Strukturen bestimmt war. Mit der Auflösung der Männergesellschaft DDR konnte die Tabuisierung der Männerherrschaft über die Frauen und die auch hier existierende Gewalt gegen Frauen durch die schnell entstehende Frauenbewegung in der ehemaligen DDR aufgehoben werden. Als differenzierendes Merkmal zwischen BRD und DDR ist jedoch explizit herauszustellen, daß in der kapitalistischen Gesellschaft die massenhafte Vermarktung des weiblichen Körpers zu Profitzwecken einen traurigen Höhepunkt erreicht hat, während in der DDR sexistische Frauenwerbung, Pornographie, Prostitution und Frauenhandel nicht erlaubt waren.

Die Menschheitsgeschichte ist eine Geschichte von Ausbeutergesellschaften, in denen patriarchale Ideologien die gewalttätige Unterdrückung der Frauen besorgten. Bereits im Nibelungenlied (um 1200) steht deutlich geschrieben: „Das hat mich schon gereuet“, sprach das edle Weib, „auch hat er mir zerbleuet zur Strafe meinen Leib.“ (Vers 894). Im Mittelalter wurden Millionen von Frauen als Hexen verfolgt, gequält und verbrannt. Die Haltung der katholischen Kirche zum Körper der Frau als Hort von Sünde und Unrat bedeutet G. gegen Frauen; in allen Kriegen gab es Vergewaltigung; in allen historischen Gesellschaften mußten sich Frauen aus sozialer Not prostituieren. Bis 1850 war das Züchtigungsrecht des Ehemannes noch gesetzlich verankert. Trotz Aufhebung dieses Paragraphen geht die G. an Frauen weiter.

Trotz massiver und verbreiteter G.anwendung gegenüber Frauen wurde über die Jahrhunderte hinweg versucht, G. gegen Frauen als Ausnahme, als Kavaliersdelikt hinzustellen, als individuelles Versagen des seinem „natürlichen Aggressionstrieb“ zum Opfer fallenden Mannes.

Gegen zähen Widerstand der öffentlichen Meinung konnten einzelne Frauen, wie z. B. Josephine Butler (1880), Christabel Pankhurst (1910), Susan Brownmiller (1978) und Florenze Rush (1982) nachweisen, daß G. gegen Frauen alltägliche Realität ist. Aber erst die gegen Ende der 60er Jahre neu entstehende Frauenbewegung brachte es fertig, die allgemeine Ignoranz gegenüber dem Thema G. gegen Frauen aufzubrechen. Bei der damals intensiv geführten Diskussion über die sexuelle Unterdrückung der Frauen stießen die Frauen immer wieder auf ein und dasselbe Phänomen: G. 1976 fand auf europäischem Boden zum ersten Mal ein internationales Frauentribunal zum Thema „Gewalt gegen Frauen“ statt. Auf weiteren Frauenkongressen und -konferenzen stand das Thema immer wieder im Mittelpunkt. Parallel zu den theoretischen Diskussionen wurden Aktionen gegen die staatliche G. und Bevormundung durch den § 218 und gegen Vergewaltigung und Mißhandlung von Frauen organisiert. Überall in der BRD gründeten überwiegend autonome Frauen Frauenhausinitiativen und Beratungsstellen für mißhandelte und vergewaltigte Frauen. 1976 wurde das erste deutsche → Frauenhaus in Westberlin eröffnet.

Die der Öffentlichkeit aufgezwungene Einsicht, daß G. gegen Frauen alltägliche Realität ist, bedeutet aber noch lange nicht, daß G. gegen Frauen als in der Gesellschaft begründet angesehen wird. Auch heute noch wird außerhalb der Frauenbewegung immer wieder versucht – vor allem von konservativen Krei-

sen –, mit Appellen an Vernunft und Anstand der mißhandelnden Männer diese dazu zu überreden, G.tätigkeiten gegen Frauen zu unterlassen.
Das Thema G. gegen Frauen ist ein zentraler Gegenstand empirischer und theoretischer Arbeiten in der → Frauenforschung. Empirische Arbeiten beschäftigen sich überwiegend mit den öffentlichen und extremen Formen von G. gegen Frauen und Mädchen und bringen erschütternde Tatsachen ans Licht der Öffentlichkeit:
– Die ca. 200 Frauenhäuser und die zahlreichen Zufluchtswohnungen in Westdeutschland und die neugegründeten Frauenhäuser in Ostdeutschland sind überfüllt. Schätzungen gehen davon aus, daß jede dritte Frau schon einmal körperlich mißhandelt worden ist.
– Jedes Jahr werden in Westdeutschland laut Polizeistatistik ca. 7000 Vergewaltigungen und versuchte Vergewaltigungen und ca. 3000 bis 4000 Fälle von sexueller Nötigung und versuchter sexueller Nötigung angezeigt. (Für Ostdeutschland liegen noch keine Zahlen vor. Dies gilt auch für die nachfolgenden Angaben.)
Die Dunkelziffer ist hoch. Nach Schätzungen werden Jahr für Jahr 70 000 bis 140 000 Frauen vergewaltigt, – alle vier bis sieben Minuten eine Frau.
– Ehefrauen können ihre Männer nicht wegen Vergewaltigung und sexueller Nötigung anzeigen, da Vergewaltigung in der Ehe nicht strafbar ist. Nach einer Untersuchung des Instituts für Demoskopie in Allensbach wurden – hochgerechnet – 2,5 Millionen bundesdeutsche Frauen von ihren Ehemännern vergewaltigt.
– Bei sexuellem Mißbrauch von Kindern besteht die größte Dunkelziffer. Nach Schätzungen werden jährlich 250 000 Mädchen sexuell mißbraucht, in der Regel von nahen Verwandten. Eine Untersuchung in den USA ergab, daß jede vierte Frau als Kind von sexueller G. betroffen war (s. a. Brigitte, 1984). Lediglich ca. 10 000 Fälle von sexuellem Mißbrauch werden, laut Bundeskriminalamt, jährlich bekannt; 93,6% der sexuellen Nötigungen und 76,9% des sexuellen Mißbrauchs betreffen Mädchen (vgl. Baurmann).
– Ein Viertel aller Morde geschieht innerhalb der Familie. Davon sind die Hälfte Gattenmorde. 67% Frauen wurden von ihren Männern ermordet, dagegen nur 14% Männer von ihren Frauen.
Vergewaltigung ist neben Frauenmord die direkteste und brutalste Form von G. gegen den Körper und die Seele der Frauen. Der Ausspruch einer vergewaltigten Frau: „Deine Persönlichkeit krümmt sich am Boden, löst sich auf.“
Die Frauenbewegung kommt zu der Einschätzung, daß für Männer die Vergewaltigung weniger einen Akt der sexuellen Lustbefriedigung bedeutet als vielmehr einen Unterwerfungsvorgang. Die meisten G.taten gegen Frauen – so auch Vergewaltigung – geschehen in der Familie oder werden von engen Freunden und Verwandten begangen. Der Vergewaltiger, der die Frau im dunklen Hausflur überwältigt, ist selten. Vergewaltiger sind – in der Regel – keine „kriminellen Ungeheuer“, sondern überwiegend „unauffällige“ Männer. Ein großer Teil der vergewaltigten Frauen zeigt Vergewaltigung aus Scham gar nicht erst an. Zudem werden in Prozessen oftmals die Opfer zu Tätern gemacht. Die Frauen müssen demütigende Untersuchungen und Befra-

„Deine Persönlichkeit krümmt sich am Boden, löst sich auf.“

„Wenn eine Frau einem Vergewaltiger gegenüber zum Schein einverstanden ist, weil sie um Unversehrtheit und Leben fürchtet, darf dies nicht zugunsten des Täters ausgelegt werden."

Urteil des Bundesgerichtshofs, 1993

gungen über sich ergehen lassen und sind häufig mit zynischen Bemerkungen wie etwa „Hat es nicht auch Spaß gemacht?" konfrontiert. In vielen Fällen wird Vergewaltigung erst dann als Straftat akzeptiert, wenn die Frau sich körperlich gewehrt hat und das, obwohl allgemein bekannt ist, daß sich durch körperlichen Widerstand die Gefahr für Leib und Leben der Frau erhöht. Eine Untersuchung hat ergeben, daß 38% der Frauen, die einen Prozeß hinter sich haben, eine weitere Vergewaltigung unter keinen Umständen mehr anzeigen würden (W. Kröhn, in: Sexualmedizin 3/84).
Erst wenn die Frau Dauerschäden davongetragen hat („Schwere Körperverletzung", § 224 StGb) oder bei nachweisbarem Mordversuch (geplante, heimtückische Tötung) kann Mißhandlung in der Ehe nach geltendem → Recht Gegenstand von Ermittlungen werden.
Die Frauenbewegung fordert einstimmig die Streichung des Wortes „außerehelich" aus § 177.
Entsprechend den Untersuchungen in Frauenhäusern (Westberlin, Rendsburg) ist der überwiegende Teil der dort Schutz suchenden Frauen von ihren (Ehe-)Männern vergewaltigt und sexuell mißhandelt worden. Alle Frauen, bis auf wenige Ausnahmen, wurden schwer körperlich mißhandelt: sie wurden grün und blau geschlagen, getreten, geboxt, auf den Boden und die Treppe hinuntergeworfen, gewürgt, mit Messern, Äxten, Rasierklingen bedroht und verletzt; sie wurden auch auf die Straße gejagt und bespuckt.
Mädchen, die der häuslichen G. entfliehen wollen, lassen sich oftmals auf eine Frühehe ein oder gehen auf Trebe und werden dadurch häufig in die → Prostitution getrieben. Dementsprechend ist das Alter für den Beginn der Prostitution gesunken. Neuere Untersuchungen in verschiedenen Ländern ergaben ein Durchschnittsalter von 12 bis 14 Jahren.
Prostitution und → Pornographie gehören zu ein und demselben Geschäft. Die Frau ist gezwungen, in der Regel als „Besitz" eines Zuhälters, ihren Körper zu festgesetzten Preisen zu vermarkten.

Ein besonders trauriges Kapitel von G. gegen Frauen ist die Kinderprostitution und der sexuelle Mißbrauch von Kindern und Mädchen, überwiegend durch Väter oder enge Freunde und Verwandte der Familie.
In den letzten Jahren wurden Ausmaß und Scheußlichkeit sexueller Mißhandlung von Kindern und Mädchen bekannt. Die Frauen selbst wagten sich mit den in der Kindheit erfahrenen sexuellen Mißhandlungen an die Öffentlichkeit. In vielen Städten haben sich Frauenprojekte gebildet, deren Arbeit sich gegen den sexuellen Mißbrauch von Mädchen richtet.
Auch das Problem des Frauenhandels und des Sextourismus ist von den Frauen ans Licht der Öffentlichkeit gezogen worden. Frauenhandel ist oftmals mit Zwangsprostitution und Heiratshandel verbunden. (Etwa die Hälfte der Frauen in Bordellen sind Ausländerinnen.) Heiratsvermittler verbreiten Kataloge, in denen insbesondere „gehorsame und anschmiegsame" asiatische Frauen feilgeboten werden. Bei Unzufriedenheit des Käufers kann umgetauscht werden. Der Kaufpreis für eine Frau liegt zwischen 5000 und 10 000 DM. Der Sextourismus erfreut sich zunehmender Beliebtheit. So kommen beispielsweise 70% der männlichen Besucher Thailands als Sextouristen ins Land. (1988 kamen 200 000 deutsche BesucherInnen nach Thailand.) (vgl. agisra 1990)

Lit.: agisra (Hrsg.), Frauenhandel und Prostitutionstourismus. Eine Bestandsaufnahme, München 1990; M. Baurmann, Sexualität, Gewalt und die Folgen für das Opfer. BKA, Wiesbaden 1983; K. Bergdoll / C. Namgalies, Frauenhaus im ländlichen Bereich. Schriftenreihe des Bundesministeriums für Jugend, Familie, Frauen und Gesundheit, Stuttgart/Berlin/Köln/Mainz 1987; C. Bernard / F. Schlaffer / B. Mühlbach / G. Sapik, Gewalt gegen Frauen, Wien 1992; H. Brandau / C. Hagemann-White, Wege aus Mißhandlungsbeziehungen, Pfaffenweiler 1990; Susan Brownmiller, Gegen unseren Willen, Frankfurt/M. 1978; U. Enders / J. Stumpf, Mütter melden sich zu Wort, Köln 1991; U. Enders (Hrsg.), Zart war ich, bitter war's, Köln 1991; U. Gerhart / A. Heiliger / A. Stehr (Hrsg.), Tatort Arbeitsplatz. Sexuelle Belästigung von Frauen, München 1992; M. Holzbecher u.a., Sexuelle Belästigung am Arbeitsplatz. Schriftenreihe des Bundesministeriums für Jugend, Familie, Frauen und Gesundheit, Stuttgart/Berlin/Köln 1990; D. Janshen (Hrsg.), Sexuelle Gewalt, Frankfurt/M. 1991; K. Millet, Sexus und Herrschaft, München 1971.

Karin Bergdol

Gewerkschaft; geht zurück auf ahdt. „werc(h)", mhdt. „werc", was mit griech. „ergon" = Arbeit, Werk sprachverwandt ist. Seit dem 16. Jh. gibt es die Ableitung G.en zur Bezeichnung von Angehörigen bestimmter Berufe, besonders für bergbauliche Genossenschaften. Mit der Gründung der „Internationalen Gewerksgenossenschaften" (August Bebel, Wilhelm Liebknecht u. a.) 1868 und dem Zusammenschluß von Arbeiterinteressenvertretungen im „Allgemeinen Deutschen Arbeiterschaftsverband" (Lassalleaner) im gleichen Jahr wird G. in der heutigen Bedeutung gebraucht.

G.en sind Organisationen abhängig beschäftigter Frauen und Männer (Arbeiter/innen, Angestellte, Beamte/Beamtinnen) zur Vertretung ihrer Interessen und Verbesserung ihrer wirtschaftlichen, sozialen, kulturellen, rechtlichen Lage.

G.en entstanden mit der Herausbildung und Entwicklung des Kapitalismus und der Industrialisierung gegen Ende des 18. Jhs. in England, zu Anfang des 19. Jhs. in Frankreich und USA, seit 1848/49 als nationale Vereinigungen (nach 1850 wieder verboten) auch in Deutschland. Als Vorläufer gelten die mittelalterlichen Gesellenbruderschaften, die mit den Zunftverboten (18./19. Jh.) illegal wurden; die Anfänge der G.sbewegung bildeten Arbeiterbildungsvereine, Unterstützungskassen, Streikkoalitionen. Auch in Deutschland wurden die G.en als weltanschaulich und politisch getrennte Richtungsg.en gegründet, wie es sie heute z. B. noch in England, Frankreich und Italien gibt und nach dem Berufsverbandsprinzip, das noch in England und den USA überwiegt. In Deutschland entwickelten sich die sozialistischen „Freien Gewerkschaften", nach dem Fall des Sozialistengesetzes (1890) mit dem koordinierenden Zentrum der „Generalkommission" und dem ersten Kongreß (1892) auf nationaler Ebene, zu den mitgliederstärksten, politisch einflußreichsten. Bis zum Ersten Weltkrieg bildete sich als vorherrschendes Organisationsprinzip das des Industrieverbandes („ein Betrieb – eine Gewerkschaft") heraus, und mit der Gründung des „Allgemeinen Deutschen Gewerkschaftsbundes" (ADGB) entwickelte sich eine Zusammenarbeit zwischen Arbeiter/innen-, Angestellten- und Beamtenorganisationen. Personell, programmatisch und politisch immer eng mit der sozialdemokratischen Partei verbunden, wurden seit dem 1. Jahrzehnt des 20. Jhs. die Gewerkschaften vor allem zu wirtschaftlichen Interessenvertretungen; mit dem Verzicht auf Lohnerhöhungen und Streiks während des Ersten Weltkrieges („Burgfrieden") wurde eine auf Integration in Staat und Gesellschaft ausgerichtete Politik vertreten; in den 20er Jahren war eine defensive Reformpolitik mit der Orientierung auf Tarifvertrags-

„Union Maids" – Gewerkschaftsfrauen. Film von Julia Reichert, James Klein, Miles Mogulesco, USA 1976.

und Lohnpolitik, der Forderung nach Wirtschaftsdemokratie und sozialpolitischen Maßnahmen gegen Unternehmermacht, Ausbau betrieblicher Mitbestimmung, Förderung öffentlicher Unternehmen und des Genossenschaftswesens zwar umstritten, aber vorherrschend. Die Zahl der Mitglieder stieg zwischen 1892 und 1930 von 237 000 (Frauenanteil: 1,8%) auf 4,8 Mio. (Frauen: 14,2%). Der Höchststand war 1920 mit 7,9 Mio. Mitgliedern, davon 21,7% Frauen, erreicht.
Die Besetzung der Gewerkschaftshäuser am 2. Mai 1933, das Verbot der Organisation, Verhaftung und Verfolgung von Gewerkschaftern und Gewerkschafterinnen waren das vorläufige Ende für die G.sbewegung in Deutschland mit dem Beginn faschistischer Herrschaft.
Auch aus der Erkenntnis heraus, daß die Spaltung der Arbeiter/innenbewegung ein wesentlicher Faktor für die Machtübernahme der Hitlerfaschisten war, schlossen sich die nach 1945 in den Westzonen gegründeten Industrieg.en 1949 in der Dachorganisation, dem DGB (Deutscher Gewerkschaftsbund) zusammen, wurde die „Einheitsg." zum Prinzip als 1. gemeinsame Organisierung von Arbeitern/Arbeiterinnen, Angestellten, Beamten und Beamtinnen und 2. unabhängig von der weltanschaulichen und politischen Ausrichtung. Die 17 im DGB zusammengeschlossenen Einzelgewerkschaften arbeiten relativ selbständig, haben die gemeinsamen Zielsetzungen im DGB-Grundsatzprogramm (1981) festgelegt. Dazu gehören als allgemeine Ziele die paritätische Mitbestimmung, die Demokratisierung der Wirtschaft u. a. durch Überführung der Schlüsselindustrien in Gemeineigentum und als aktuelle, vordringliche Aufgaben der Kampf um wirksame Maßnahmen gegen die Massenerwerbslosigkeit, vor allem die Durchsetzung einer allgemeinen Arbeitszeitverkürzung, der 35-Stunden-Woche bei vollem Lohnausgleich.
Gewerkschaftliche Frauenarbeit. Nach einer Phase immer neuer Versuche der Arbeiterinnenorganisierung seit den 60er und 70er Jahren des 19. Jhs. (→ Frauenbewegung) kann von gewerkschaftlicher Frauenarbeit ab 1890/92 gesprochen werden; die Anfänge sind verbunden mit dem Zusammenschluß sozialistisch orientierter, regionaler Arbeiter/innenorganisationen in der „Generalkommission Freier Gewerkschaften", in die 1890 als erste Frau Emma Ihrer (1857–1911) gewählt wurde. Die Frauen arbeiteten unter den hindernden Bedingungen des Vereins- und Versammlungsverbots, in einer Zeit, in der Politik, G. und öffentliches Auftreten Männersache war, in der in weiten Teilen der Arbeiterschaft Frauenerwerbsarbeit abgelehnt wurde und in der Arbeiterbewegung führende, fortschrittliche Männer wie Wilhelm Liebknecht keine besondere Frauenfrage akzeptierten.
Die bis heute für Frauen in den G.en bestehenden Probleme zeichnen sich in besonderer Schärfe in den Anfängen ab. 1892 waren knapp 2% (4355) der G.smitglieder Frauen; dies entsprach grob geschätzt 0,1% der zu etwa je einem Drittel in Landwirtschaft, Hauswirtschaft und Industrie beschäftigten Arbeiterinnen. Die wichtigsten Organisierungshindernisse waren die Gesindeordnung und damit verbunden das Koalitionsverbot für Landarbeiter/innen und Dienstmädchen, die isolierte Arbeitssituation in kleinbetrieblichen und feudal geprägten Bereichen, die fehlende Ausbildung. Die Erwerbsarbeit der meisten Industriearbeiterinnen konnte keinen anderen als provisorischen Charakter haben; hohe Fluktuation, Wechsel zwischen den Industriezweigen waren typisch. Entgegen der vielfach vertretenen Meinung gilt für die deutschen Verhältnisse in dieser Zeit und bis zu der Rationalisierungsphase 1924/25, daß Frauen nicht Männer durch das Akzeptieren niedriger Löhne („Schmutzkonkurrenz") verdrängten, sondern Frauen vor allem in Wirtschaftszweigen und auf Arbeitsplätzen tätig waren, die die Männer verlassen hatten. (Gisela Losseff-Tillmanns, 1979)
Mit den Problemen der Organisierung eng verbunden waren die der Integration in die G.en. Obwohl die Bedeutung der Industrieverbände

wuchs, herrschte noch bis 1914 das Berufsverbandsprinzip vor, prägten berufsständische, männliche Interessen und zünftlerische Abwehrmaßnahmen die Entwicklung mit. Das Industrieverbandsprinzip entsprach der Lage der Frauen mehr, wird doch damit stärker die Einheit, die gemeinsame Klassenlage gegenüber beruflichen Sonderinteressen erfaßt. Die unterschiedliche Beschäftigungsstruktur von Frauen und Männern, ihre unterschiedliche Stellung im Produktionsprozeß (untere Ränge, „zurückgebliebene" Wirtschaftsbereiche), die Ausbildungs- und Lohnunterschiede waren entscheidende Schwierigkeiten. So hatten die Arbeiterinnen in den mitglieder- und finanzstarken Verbänden Metall und Holz bis 1913 nie mehr als einen Anteil von 5 bzw. 4%. Mit ihren niedrigen Löhnen, entsprechend niedrigen Beiträgen, waren Frauen keine willkommenen Mitglieder; die finanzschwachen Verbände, in denen Frauen ihren Anteil bis 1914 stark vergrößern konnten (insbes. Textil, Nahrungs- und Genußmittel), konnten nur mühsam eine wirksame Interessenvertretung entwickeln. Als Minderheit, die die Frauen waren, konnten sie keinen ausreichenden Druck ausüben. Aber auch da, wo die Frauen wie bei den Buchbindern gut organisiert waren (1913: 50%-Anteil), wurden Tarifverträge für Frauen (zu schlechteren Bedingungen) und für Männer getrennt abgeschlossen. Wenn auch die Ernährer*funktion* nicht immer (schon gar nicht ausschließlich) bei den Männern lag, so doch der Ernährer*anspruch.* (→ Lohn)

Wenn dennoch die Zahl der in den Freien G.en organisierten Frauen bis 1913 kontinuierlich auf 224 000 (knapp 9% der Mitgl.) stieg, so war das dem Einsatz der Gewerkschafterinnen und einer Minderheit fortschrittlicher Männer in den Verbänden und in der Generalkommission zu verdanken. Mit Unterstützung durch den Vorsitzenden Carl Legien wurden die seit den 90er Jahren immer wieder von Emma Ihrer, Lily Braun, Martha Tietz, Paula Thiede (Vors. des Verbandes für das graphische Gewerbe), Ida Alt-

mann, Clara Zetkin in der „Gleichheit" diskutierten, auf den Gewerkschaftskongressen 1899 und 1902 geforderten – und überwiegend abgelehnten – Maßnahmen durchgesetzt: Arbeiterinnenwerbekampagnen 1894/95 und 1905/06; die Bildung einer Agitationskommission 1904 in Berlin, der die führenden Gewerkschafterinnen angehörten; die Einrichtung eines zentralen Arbeiterinnensekretariats 1905 und die Anstellung Ida Altmanns als Sekretärin. In der Verbandsarbeit, im großen Textilarbeiterverband wie in einer Reihe kleinerer mit hohem Frauenanteil, lagen die Schwerpunkte auf der Werkstattagitation, der Information und Schulung von Arbeiterinnen für gewerkschaftliche Arbeit, dem Aufbau eines betrieblichen bzw. örtlichen Vertrauensfrauensystems und der Einrichtung von Unterstützungskassen, wie die für Wöchnerinnen (1900 für Textilarbeiterinnen).

Die Arbeitsschutzbestimmungen (1878 u. a. Verbot der Nachtarbeit für Frauen, Wöchnerinnenschutz), die Verkürzung der Arbeitszeit für Frauen auf 11 Stunden 1891 und die Einführung des 10-Stunden-Tages 1908, das Kinderschutzgesetz 1904 (→ Arbeitsschutz), Verbesserung von Pausenregelungen, Arbeitsbedingungen auf betrieblicher Ebene, sind nicht allein einer befriedenden, staatlichen Sozialpolitik, sondern auch den Kämpfen der Arbeiter/innenbewegung geschuldet. Schon im Konfektionsarbeiter(innen)streik 1896 und in dem bekannten Crim-

DGB-Fraueninitiative „Frau geht vor“, 1993

mitschauer (1903/04) waren mehr als die Hälfte der Streikenden Frauen. Es gab erfolgreiche regionale und überregionale Streiks gerade auch der „Ungelernten“, „schwer Organisierbaren“, der Wäscherinnen, Plätterinnen, Hilfsarbeiterinnen, erste Erfolge in der Dienstmädchenorganisation. In den Jahren zwischen 1904 und 1914 waren die organisierten Arbeiterinnen in etwa gleichem Maß an Streiks beteiligt wie die organisierten Arbeiter, wurden die großen Bergarbeiterstreiks von den Arbeiter(ehe)frauen stark unterstützt. (→ Arbeitskampf)

Der 6. Gewerkschaftskongreß 1908 gilt als „Schlußpunkt einer offensiven Phase der Arbeiterinnenorganisation“ (Gisela Losseff-Tillmanns, 1978). In dieser Phase wurden die Auseinandersetzungen um die Kernpunkte Frauenerwerbsarbeit und Organisierung vor allem von Gewerkschafterinnen, Sozialistinnen offensiv geführt; auf den Gewerkschaftskongressen, in den Verbänden, in der „Gleichheit“ und in dem „Correspondenzblatt“, dem Organ der Freien Gewerkschaften. Die Auseinandersetzungen wurden in dem Bewußtsein geführt, daß Erwerbsarbeit für Frauen wie Männer die Voraussetzung ihrer Existenz ist, für Frauen ein wichtiger Schritt zur → Gleichberechtigung (nicht *die* Gleichberechtigung und nur ein Schritt zur → Emanzipation), daß gegen Spaltung und Spaltungsversuche die Einheit von Arbeitern und Arbeiterinnen stehen muß und daß diese Einheit nicht durch Unterordnung und auf Kosten der Frauen hergestellt werden kann. Die selbstbewußten und streitbaren Gewerkschafterinnen der ersten Generation duldeten nicht das bequeme Stereotyp von der „Wesensart der Frau“ und dem „Solidaritätsgefühl“, das Männern „im Blute liegt“ (Martha Tietz, 1902). Die Kündigung Ida Altmanns, Resignation und Rückzug führender Gewerkschafterinnen 1908/10 sind Ausdruck und Folge einer doppelten Niederlage: der der Frauen in der Arbeiterbewegung und der einer Minderheit von Frauen und Männern, die versucht hatten, gegen den „proletarischen → Antifeminismus“ die sozialistische Emanzipationskonzeption durchzusetzen.

Für die Entwicklung in den folgenden Jahren und insbesondere während der Weimarer Republik gilt: Die Frauenfrage verschwand von der Tagesordnung der Gewerkschaftskongresse; Probleme der Arbeiterinnenorganisierung kamen nur in Anträgen einzelner Verbände vor, und eine intensive Frauenarbeit wurde nur in diesen, vor allem dem Textilarbeiter/innenverband geleistet. Die Generalkommission wie später der Vorstand des ADGB und die Frauensekretärin, Gertrud Hanna, verzichteten auf zentrale Initiativen, Kampagnen und Koordinierung der Arbeit; die Initiativrechte des Arbeiterinnensekretariats wurden mehr und mehr beschnitten. Statt eines emanzipatorischen Anspruchs der Frauen wurde überwiegend nurmehr ein allgemeiner Gleichberechtigungsanspruch vertreten. Die Probleme der Organisierung von Frauen wurden selbstverschuldete Frauenprobleme: mangelndes Berufsinteresse, Organisationsunlust, Gleichgültigkeit oder sie waren in „der Natur der Frau“, ihrer „Veranlagung zur Mutterschaft“ begründet. Die während des Krieges notwendige Frauenerwerbsarbeit, von der Gewerkschaftsspitze propagiert, (nachdem es bis 1916 noch eine Reihe offizieller Proteste gegen die Aufhebung aller Arbeitsschutzbestimmungen gegeben hatte), wurde als kriegsbedingte Ersatzarbeit akzeptiert.

Die unmenschlichen Arbeitsbedingungen, der Hunger, das Elend, die niedrigen Frauenlöhne, die Doppelarbeit bis zur Erschöpfung waren die wesentlichen Gründe, daß Arbeiterinnen, Gewerkschafterinnen in den Streiks und Antikriegsbewegungen seit 1917 besonders aktiv waren, sich viele Frauen gewerkschaftlich organisierten. Diese Situation muß aber auch für die Nachkriegszeit berücksichtigt werden und ist ein Faktor, warum den Demobilmachungsverordnungen 1919/20 auch von Seiten der Frauen wenig Widerstand entgegengesetzt wurde. Wie in der männlichen Arbeiterschaft insgesamt wurde auch bei Gewerkschaftern die Einstellung gegen die Frauenerwerbsarbeit in der Weimarer Republik durch die krisenhafte Entwicklung und die hohe Arbeitslosigkeit zu Beginn und insbesondere zu Ende der 20er Jahre sowie die zeitweise – im Zuge der Rationalisierungsprozesse – scharfe Konkurrenz zwischen Frauen und Männern auf dem Arbeitsmarkt bestärkt. Die mangelnde Vertretung ihrer Interessen, der Kampf um bessere Männerlöhne statt für den offiziellen Programmpunkt „Gleicher Lohn für gleiche Arbeit", der Auf- und Ausbau der Gewerkschaftsorganisation ohne Frauen in Führungsgremien, die verschwindend geringe Zahl weiblicher Delegierter bei Gewerkschaftskongressen (so waren beim 10. von 636 Delegierten nur sechs Frauen) waren Gründe und Folgen der Abwendung vieler Frauen von den G.en.

Auch nach 1945 war die Haltung zur Frauenerwerbstätigkeit ähnlich widersprüchlich wie nach dem Ersten Weltkrieg. Einerseits war „das Recht auf Arbeit" Programmpunkt, wurde beim DGB eine Hauptabteilung „Frauen" geschaffen, wurden Frauenausschüsse gebildet und Frauenkonferenzen in den Einzelgewerkschaften durchgeführt, die alten und immer noch einzulösenden Forderungen wieder erhoben: Lohngleichheit, Arbeits- und Mutterschutz, Schaffung sozialer Einrichtungen zur Entlastung erwerbstätiger Mütter. Die grundgesetzwidrigen „Frauenlohngruppen" werden abgeschafft; aber kaum verhüllt als Leichtlohngruppen, in denen zu 90% dann Frauen eingestuft sind, können sie die Unternehmer wieder einführen. Vor dem Hintergrund der Situation der 50er Jahre – Heimkehr der Männer aus Kriegsgefangenschaft, hohe Arbeitslosenquote – und des vorherrschenden traditionellen Frauen- und Familienbildes, ist auch in den G.en die Anschauung bestimmend, daß → Erwerbstätigkeit der Frau zwar mit Industrialisierung, nach zwei Weltkriegen und im Zusammenhang mit den Strukturveränderungen in der Wirtschaft eine übliche Erscheinung geworden sei, aber nicht die Norm für Frauenleben. Erst mit der stärkeren Wiedereinbeziehung von Frauen in das Erwerbsleben Mitte/Ende der 60er Jahre entwickelt sich auch in den G.en eine andere Einstellung, sichtbar in dem „Programm für Arbeitnehmerinnen" (DGB/1969), dem „Jahr der Arbeitnehmerin 1972" und mit offensiven Beschlüssen – trotz Krise – zum „Recht der Frau auf Arbeit": „. . . es sind alle Voraussetzungen dafür zu schaffen . . ., daß in Zukunft Frauen und Männer Erwerbstätigkeit als eine Selbstverständlichkeit betrachten und auch Frauen ihren Lebensplan darauf aufbauen können". (11. Bundeskongreß d. DGB 1978) (→ Gewerkschaftliche Frauenarbeit heute)

Renate Wurms

Gladbeck, 9. 4. 84. Warnstreik bei Siemens für die 35-Stunden-Woche.

Gewerkschaftliche Frauenarbeit heute; der weibliche Mitgliederanteil in den Gewerkschaften steigt kontinuierlich an, übrigens in allen europäischen Industriestaaten. Frauen sind immer stärker berufsorientiert, sie drängen in Erwerbstätigkeit. Selbst Teilzeitbeschäftigungen sind nicht nur der Not geschuldet, oder weil wegen der Kinderbetreuung keine Vollzeittätigkeit möglich ist. Sie sind vielmehr für viele Frauen die bewußt gewollte Alternative zum Hausfrauendasein.

Gewerkschaften werben ihre Mitglieder auch heute noch mit der klassischen Schutzfunktion, die die kollektiven gewerkschaftlichen Regelungen dem einzelnen zu bieten haben. Und obwohl die Gewerkschaften ihrem steigenden weiblichen Mitgliederanteil wenig frauenspezifische Werbung offerieren, so scheint die Vermittlung klassischer gewerkschaftlicher Stärke und Solidarität ein wichtiger Grund für Frauen zu sein, in Gewerkschaften einzutreten. Mehr noch, Gewerkschaften gelten mehr denn je in der öffentlichen Meinung als Garant einer demokratischen Ordnung und als Motor für die Herstellung von Chancengleichheit all derjenigen, die im Arbeitsleben zu den Benachteiligten gehören. Für viele Frauen sind die Berufschancen trotz verbesserter Ausbildung immer noch sehr viel geringer als die von Männern. Lebensplanungen von Frauen sind selten ausschließlich Karriereplanungen, sondern immer davon bestimmt, wie sich – perspektivisch oder aktuell – Beruf und Familie vereinbaren lassen.

Auf der Ebene der betrieblichen Interessenvertretungen steigt die Zahl der Frauen in den Betriebsräten, als Betriebsratsvorsitzende oder als Vertrauensfrauen. Sehr häufig jedoch sind es nicht die Frauen selbst, die in diese Funktionen „drängen", sondern sie werden von Kolleginnen gedrängt, die besonders sensibel auf Ungerechtigkeiten im Betrieb reagieren; sie setzen sich ein, sie machen den Mund auf, sie zeigen sich nicht selten kompromißloser und mutiger als mancher männliche Kollege. Letzterer fühlt sich bei betrieblichen Konflikten eher verantwortlich, seine berufliche Existenz nicht aufs Spiel zu setzen.

Die Zunahme weiblicher Gewerkschaftsmitglieder und betrieblicher Funktionärinnen hat Rückwirkungen auf die gewerkschaftliche Frauenarbeit. Die Hürden, die Frauen bei der Übernahme von Betriebsrats- oder Vertrauensleutefunktionen sehen, werden hier thematisiert. Haupthinderungsgründe, betriebliche Funktionen zu übernehmen, sind ihrem Selbstverständnis nach Erfahrungs- und Qualifikationsdefizite, die sich hemmend auf das Selbstvertrauen auswirken. Die gewerkschaftliche Frauenbildungsarbeit hat daher in einer doppelten Weise dieses Problem aufgegriffen: Neben traditionellen Betriebsratsschulungen hat sie in starkem Maße diese subjektiv empfundenen Selbstvertrauensmängel bearbeitet (u. a. durch Erfahrungsaustausch der Biographien und Lebensplanungen, Frauen-Rhetorik- und Frauen-Technik-Kurse u. ä.). Weitere Hürden für viele Frauen, gewerkschaftliche Funktionen zu übernehmen, bildet die Zeit. Selbst die betriebliche Vertrauensleutearbeit, erst recht die örtliche oder überörtliche Gewerkschaftsarbeit ist in sehr vielen Fällen ehrenamtliche Tätigkeit und muß außerhalb der Arbeitszeit verrichtet werden. Berufstätige Frauen haben in aller Regel noch ihren zweiten Arbeitsplatz zu Hause und sind eingebunden in Familienarbeit. Gewerkschaftliche Arbeit wird damit zur zeitlichen Drittbelastung. Der gewerkschaftlichen Frauenarbeit ist

Mitte der 80er Jahre ein entscheidender Einbruch in diese Zeitproblematik gelungen, indem sie für Seminare und gewerkschaftliche Veranstaltungen Kinderbetreuung durchgesetzt hat. In einer Reihe von Tarifverträgen ist es ebenfalls gelungen, für bestimmte gewerkschaftliche Tätigkeiten, insbesondere für Mitarbeit in Tarifkommissionen, eine Freistellung von der Arbeit zu erreichen, so daß diesbezügliche gewerkschaftliche Betätigung als Arbeitszeit gilt und zumindest als solche bezahlt wird.

Trotzdem bleibt die Plazierung vieler gewerkschaftlicher Veranstaltungen oder Gremiensitzungen an den Abenden und an Wochenenden für Frauen ein Problem. Weiterhin sind die Sitzungsrituale, das lange Reden, endlose Debatten, die Verbindung von Gewerkschaftssitzungen mit Stammtischallüren Formen, die Frauen abstoßen. Traditionelle Gewerkschaftshäuser sehen aus wie anonyme Behörden, präsentieren riesige Sitzungssäle, die jede spontane Diskussion erschlagen. Auf dieses äußere Umfeld reagieren Frauen sehr empfindlich, und sie ziehen sich zurück, weil sie sich in einer solchen Umgebung mit starren Sitzungsritualen wie Tagesordnung, Protokollen etc. unwohl fühlen. Die gewerkschaftliche Frauenarbeit hat viel zu einer Auflockerung der Gewerkschaftsveranstaltungen beigetragen. Arbeitsgruppen, kurze Statements, kulturelle Unterhaltung, Zeitdisziplin kennzeichnen vor allem Veranstaltungen für Frauen.

Die gewerkschaftliche Frauenarbeit ihrerseits ist in den meisten Mitgliedsgewerkschaften des DGB in Richtlinien eingebettet, die neben allgemeinen Zielbestimmungen ihre formalen Strukturen beschreiben. Zu diesen Strukturen gehören vor allem Frauenausschüsse auf Orts-, Landes- bzw. Bezirks- und Bundesebene sowie in den meisten Fällen Frauenkonferenzen als eigenes Willensbildungsorgan. Inwieweit von dieser Willensbildung der Frauen in den Gewerkschaften eine direkte Antragsmöglichkeit an Gewerkschaftstage als die gewerkschaftlichen Spitzengremien ausgeht, das ist in den einzelnen Gewerkschaften unterschiedlich geregelt. Die gewerkschaftliche Frauenarbeit suchte immer wieder ihre Vertretungsbefugnis auszuweiten und bekämpfte jeden Versuch, gewerkschaftliche Frauengremien einzuschränken oder abzuschaffen, mit viel Widerstand. Das Unbehagen, das viele Kolleginnen in den formalisierten Sitzungen und den engen Gremienstrukturen in der Gewerkschaftsarbeit empfanden, ist in der Praxis der gewerkschaftlichen Frauenarbeit aufgebrochen worden. Besonders auf Ortsebene wurde das Delegationsprinzip eines Frauenausschusses positiv ergänzt, indem die Treffen der Frauenausschüsse zu offenen Arbeitsgruppen und Diskussionsrunden erweitert wurden. Durch diese Öffnung der gewerkschaftlichen Frauenarbeit vor Ort sind viele neue Elemente und phantasievolle Aktionen aufgekommen. Es bildete sich vor allen Dingen um die Aktivitäten zum 8. März, dem Internationalen Frauentag, eine eigene gewerkschaftliche Frauenkultur. Viele Kolleginnen stellten sich mit eigenen Theateraufführungen, Sketchen oder Liedern vor. Kritisch und witzig, unangepaßt und aufmüpfig wurde mit Frauenbenachteiligungen und patriarchalen Behäbigkeiten (auch in den Gewerkschaften) abgerechnet.

Obwohl zu Beginn der 80er Jahre die Wiederbelebung des Internationalen Frauentages durch Beschlüsse des Geschäftsführenden Bundesvorstandes des DGB und anderer Mitgliedsgewerkschaften unterbunden werden sollte, wurde der Internationale Frauentag von den Gewerkschaftsfrauen gefeiert und schließlich institutionalisiert.

An den Aktionen zum und um den 8. März zeigt sich, daß die Frauenarbeit eine Kraft von unten entfaltet hat, die sich positiv auf die Durchsetzung von Frauenförderplänen in den Gewerkschaften ausgewirkt hat. Mit viel Beharrlichkeit ist die Diskussion um Frauenförderung in den Gewerkschaften, im ehren- und hauptamtlichen Bereich, in den letzten Jahren von allen gewerkschaftlichen Frauengremien umgesetzt worden. Ebenso wie andere gesellschaftliche Bereiche sind Gewerkschaften

„Frauenfreundlich ist unsere Organisation wirklich. Wir merken das immer in Bad Münder in der Bauernstube, wenn wir vielen Kollegen uns um die wenigen anwesenden Kolleginnen scharen.“

Ein Delegierter auf dem Gewerkschaftstag der IG Chemie in Karlsruhe zum Thema Frauenförderung in der IG Chemie am Beispiel der Zentralen Schule der Gewerkschaft in Bad Münder.

DGB

ungeachtet ihrer programmatischen Aussagen zur Gleichberechtigung von Männern und Frauen eine patriarchalisch orientierte Männerdomäne. Die Begehrlichkeit von Frauen, nicht nur Mitglieder zu werben, nicht nur aktive Betriebsrätinnen und Vertrauensfrauen zu sein, sondern auch in den Tarifkommissionen und erst recht in den örtlichen, Landes- und Bundesvorständen tätig zu werden, wurde massiv abgewehrt. Die Ablehnung reichte von entsprechenden Beschlüssen gegen jedwede Quotierung in männlich dominierten Gremien bis hin zu persönlichen Diffamierungen von Frauen, die als Exponentinnen für gewerkschaftliche Frauenförderung in der Öffentlichkeit auftraten. Trotzdem ist es bei fast allen Mitgliedsgewerkschaften des DGB und beim DGB selbst gelungen, daß die höchsten Beschlußorgane, vor allen Dingen die Gewerkschaftstage, Beschlüsse zur Frauenförderung in den Gewerkschaften gefaßt haben. Die Ergebnisse dieser Beschlüsse tragen alle Kompromißcharakter. Die langwierige Arbeit vieler Gewerkschafterinnen, von unten nach oben den mühevollen Weg durch Gewerkschaftsgremien zu gehen, sich immer wieder den Streitgesprächen auf den Konferenzen zu stellen, um Formulierungen ringend, dies ist den Beschlüssen nicht anzusehen. Sie alle lassen keine harte Quotierung zu, sondern beschränken sich auf die Empfehlung, daß Frauen stärker (oder entsprechend ihrem Anteil an der Mitgliedschaft) in den gewerkschaftlichen Gremien vertreten sein müssen. Die familienfeindlichen Arbeitsbedingungen des hauptamtlichen Gewerkschaftskörpers sind ebenfalls in diesen Frauenförderplänen thematisiert, wenngleich meistens lediglich die Empfehlung ausgesprochen wird, eine bessere Vereinbarkeit von Beruf und Familie zu ermöglichen. Immerhin sind Gewerkschaften offener geworden, ihren eigenen politischen Funktionärinnen z. B. auch Teilzeitbeschäftigungsverhältnisse zu ermöglichen. Das immer noch unausgesprochen gepflegte Bild des Gewerkschaftssekretärs, der wie weiland die Arbeiterführer ununterbrochen im Klassenkampf tätig ist, bekommt durch die Ansprüche besonders von Frauen, als Gewerkschaftssekretärinnen ein „normales" Familienleben zu führen, zunehmend Kratzer und führt zu immensen Selbstverständnisdiskussionen.

Auch wenn die Beschlußlage zu den Frauenförderplänen besser sein könnte, der Anteil der Frauen nur schleichend wächst, die Fluktuation unter hauptamtlichen Gewerkschaftssekretärinnen extrem hoch ist, so sind die Ausstrahlungen dieser Beschluß- und Diskussionsprozesse in andere Bereichen sichtbar. Das Normalarbeitsverhältnis, das sich an dem männlichen Facharbeiter orientiert, wird in zunehmendem Maße als nicht akzeptabel für viele Beschäftigungssituationen von Frauen angesehen. Die Absicherung von Teilzeitarbeit konnte erst in den letzten Jahren durchgesetzt werden; Elternurlaubsregelungen in Tarifverträgen und Betriebsvereinbarungen sind ein Novum. Die Durchforstung von Tarifverträgen auf mittelbare

Transparent der 1. ordentlichen Bundesfrauenkonferenz der „Gewerkschaft Handel, Banken und Versicherungen" am 28./29. April 1984 in Leverkusen. Von den Anfängen gewerkschaftlicher Frauenarbeit in der HBV bis zu dieser Konferenz war es ein langer Weg.

und unmittelbare Diskriminierung von Frauen steht heute auf der Tagesordnung. Die Bewertung von Tätigkeitsmerkmalen, die zu Tarifgruppen führen und die Frauen„leichtlohn"-Gruppen schufen, werden reformiert. Die agressive Feindlichkeit gegen Gewerkschaftsfrauen, die ihre Teilhabe an der Macht einfordern, läßt nach. Der Legitimationsdruck wächst, Frauen stärker in den Gremien zu beteiligen und zuzulassen. Arbeitsbedingungen und Gewerkschaftsrituale sind damit noch nicht verändert. Im Gegenteil, der Leistungsdruck nimmt zu. Die Meßlatte für Frauen, die von der Frauenbasis getragen werden, wird besonders hoch angelegt. Der Frauenfortschritt in den Gewerkschaften geht stetig, aber schleichend voran. Eine Feminisierung der Gewerkschaftsarbeit wird noch Jahrzehnte brauchen. Damit bleibt der alte Auseinandersetzungspunkt in der Frauenbewegung auch für die Gewerkschaften bestehen: Langsame Überzeugungsarbeit oder massive Einforderung von Fraueninteressen.

Lit.: Karin Bergdoll/Christel Namgalies, Gewerkschaftliche Frauenorganisation – von den Anfängen bis heute, in: FrauenBilderLesebuch, hrsg. von Anna Tüne u. Rina Olfe-Schlothauer, Berlin/West 1980; ebenda die Beiträge von Gisela Kessler, Karin Roth; Frauen und Arbeit, DGB, Nr. 1/2/1987; Frauenförderungspolitik der IG-Metall, Schriftenreihe 114, Frankfurt/M. o.J.; Petra Frerichs/Martina Morschhäuser, Fraueninteressen im Betrieb, Arbeitssituationen und Interessenvertretung im Zeichen neuer Technologien, Opladen 1989; Gisela Losseff-Tillmanns, Frauenemanzipation und Gewerkschaften, Wuppertal 1978; dies., Frau und Gewerkschaft, Frankfurt a. M. 1982; Johanna Hund, Das Recht auf Arbeit und gleichen Lohn: Zur gewerkschaftlichen Frauenarbeit in der Bundesrepublik, in: Florence Hervé (Hrsg.), Geschichte der deutschen Frauenbewegung, Köln 1982; Britta Naumann, Frauen in DGB-Strukturen. Die unzureichende Einbindung von Fraueninteressen, in: WSI-Mitteilungen 4/92, Düsseldorf; Claudia Pinl, Das Arbeitnehmerpatriarchat. Die Frauenpolitik der Gewerkschaften, Köln 1977; Karin Roth u. a. (Hrsg.), Träumen verboten. Gewerkschaftliche Frauenpolitik für die 90er Jahre, Hamburg 1984; Marianne Weg/ Otti Stein (Hrsg.), Macht macht Frauen stark – Frauenpolitik für die 90er Jahre, Hamburg 1988.

Wiebke Buchholz-Will

Gleichberechtigung; Die G. von Frau und Mann ist im Grundgesetz Art. 3 verankert und begründet den Rechtsanspruch, daß „Frauen wie Männer unter gleichen Voraussetzungen die gleichen Rechte haben". (→ Recht, → Diskriminierung → Lohn, → Emanzipation)

Um das geläufigste Mißverständnis in der Diskussion um G. auszuschließen, erscheint mir vorweg eine Begriffserklärung hilfreich, die rechtswissenschaftlich als gesichert gilt, dennoch immer wieder erinnert werden muß.

→ Gleichheit ist kein absolutes Prinzip und kein feststehendes Maß, sondern ein „Verhältnisbegriff". Er drückt eine Beziehung zwischen zwei Gegenständen, Personen oder Sachverhalten aus und bestimmt, in welcher Hinsicht sie als gleich zu betrachten sind. D. h. Gleichheit muß immer erst gesucht, gefordert und hergestellt werden, und sie setzt voraus, daß das zu Vergleichende an sich verschieden ist. Sonst wäre das Gleichheitsgebot unnötig, unsinnig. Es kann sich logischerweise aber auch nur um partielle Gleichheit handeln, um Gleichheit im Hinblick auf bestimmte Eigenschaften. Völlige Gleichheit würde Identität bedeuten. Wollte man den Unterschied mathematisch verdeutlichen, so hieße die Formel für Identität a=a, während Gleichheit als a=b auszudrücken wäre.

Auf die Frage, warum Frauen trotz formal gleicher Rechte in der Rechtswirklichkeit immer noch benachteiligt werden, gibt es viele geläufige Antworten. Am häufigsten ist zu hören: Frauen sollten mehr ihre Interessen wahrnehmen, sie sollten ihre Rechte kennenlernen – und sich besser organisieren.

Diese Ratschläge sind nicht übel, aber sie sind zu einfach, werden doch grundsätzliche Gesichtspunkte der G.sprobleme von Frauen zu wenig berücksichtigt.

1. Viele G.sprobleme sind der *Macht der Gewohnheit* geschuldet. Die G. der Frauen steht nicht nur unseren überlieferten, sondern auch gegenwärtigen Gewohnheiten entgegen. Was in vielen Jahrhunderten oder gar Jahrtausenden an Verhaltensmustern und Ordnungen bzw.

„Wir fordern einfach nur unser Recht, unser Menschen-Recht."

(Louise Otto, 1849)

Drei der vier Mütter des Grundgesetzes; v. l. Helene Wessel (Zentrum, später SPD), Dr. Elisabeth Selbert (SPD), Frieda Nadig (SPD). Die vierte war Dr. Helene Weber (CDU).

Grundgesetz Artikel 3

(1) Alle Menschen sind vor dem Gesetz gleich.

(2) Männer und Frauen sind gleichberechtigt.

(3) Niemand darf wegen seines Geschlechts, seiner Abstammung, seiner Rasse, seiner Sprache, seiner Heimat und Herkunft, seines Glaubens, seiner religiösen oder politischen Anschauung benachteiligt oder bevorzugt werden.

Unterordnungen in → Familie und Gesellschaft gewachsen ist, kann nicht durch den Federstrich eines Gesetzes von heute auf morgen geändert werden. → Recht selbst ist vielfach aus Gewohnheiten entstanden (Gewohnheitsrecht) oder verdankt seine Legitimation einer wie auch immer begründeten → Tradition – und sei es in der kurzfristigen Form der sich auf Vor-Urteile berufenden herrschenden Rechtsprechung. In Deutschland ist dieser konservative Zug durch die vielfach gebrochenen und unterbrochenen Rechtstraditionen, durch den Überhang an Obrigkeitsstaatlichkeit und den Mangel an demokratischer Übung in ganz besonderer Weise gepflegt worden.
In Anbetracht unserer Rechtsgewohnheiten ist das Postulat der Gleichheit von Frauen darum eine doppelte Herausforderung: Der Gleichheitssatz war immer eine politische Formel, niemals nur abstraktes oder gar objektives Rechtsprinzip. Er greift Bestehendes an, Herrschaftsverhältnisse und Eigentumsordnungen, und schmeckt nach Umsturz oder Revolution. Auch unter den Menschenrechten war „Gleichheit" die radikalste, die revolutionärste Forderung. Weil sie den etablierten Mächten gefährlich wurde, ist sie immer heftig bekämpft worden, entweder durch die Absage an „Gleichmacherei", durch ihren Verruf als „kollektivistisch" oder „sozialistisch" oder durch die Beschränkung auf nur partielle Gleichheiten, auf die „vor Gott" oder „vor dem Gesetz", als bloße Rechtsanwendungsgleichheit, aber nicht materielle Gerechtigkeit. In der deutschen Verfassungsgeschichte ist die Spannung, die zwischen den beiden Grundrechten der „Freiheit" und „Gleichheit" besteht, immer zugunsten der Freiheit, genauer, spezieller Freiheiten entschieden worden. „Die Gleichheit hat der Freiheit gegenüber dienende Funktion als Basis und als Bedingung der freien Entfaltung menschlicher Anders- und Einzigartigkeit" (Maunz-Düring, GG-Kommentar).
Um wieviel mehr sperren sich Herkommen und Wirklichkeit gegen die G. der Frauen. Denn hier werden nicht nur politische Machtstrukturen und Eigentumsverhältnisse, vielmehr soziale Verhaltensweisen, Gewohnheiten (zu befehlen oder sich zu fügen) sowie erlernte psychische Dispositionen in Frage gestellt. Routine und Selbstverständlichkeiten schaffen Bequemlichkeit und Gemütlichkeit, eine gewisse Ordnung und Sicherheit – auch für Frauen. Selbst Unrechtserfahrungen von Frauen – die kleinen alltäglichen Rechtsverletzungen, nicht die großen traumatischen Erfahrungen wie Ehescheidungsprozesse – werden in diesem Alltag, solange er funktioniert, nicht als Rechtsverletzungen wahrgenommen, weil → Diskriminierungen und Benachteiligungen Bestandteil der traditionellen Frauenrolle sind.
Die → Diskriminierung oder Nicht-Gleichberechtigung der Frauen ist so selbstverständlich, so üblich und so sehr Bestandteil alltäglicher Gewohnheiten, daß sie in der Regel nicht als Rechtsverletzungen wahrgenommen werden. Die Gewohnheit nimmt ihnen anscheinend die → Gewalt. Erst wenn die Alltäglichkeit brüchig wird, wenn individuelle Krisen, Überforderungen oder gesellschaftliche Veränderungen und Bewußtwerdungsprozesse die Routine und Balance stören, kommt die Ungerechtigkeit zur → Sprache.
Die Aufforderung, Frauen sollten ihre Interessen, ihre Rechte besser wahrnehmen, stößt an die Barrieren weiblichen Selbstverständnisses und weiblicher Identität und richtet sich zugleich gegen wesentliche Strukturen unseres gesellschaftlichen Gesamtzusammenhangs. Denn die Wahrnehmung eigener Interessen ist nicht nur deshalb für Frauen so

schwer, weil sie es nicht gewöhnt sind, sondern weil unsere gesellschaftliche Organisation mit ihren Formen geschlechtsspezifischer Arbeitsteilung auf der Zuständigkeit für Frauen beruht, „für andere da zu sein". Das sog. weibliche Arbeitsvermögen, das in der Form der → Hausarbeit, aber auch als frauenspezifische → Erwerbsarbeit unentbehrlich ist für die Reproduktion der Gesellschaft, ist durch die Fähigkeit der Frauen gekennzeichnet, ihre Interessen als die Befriedigung der Interessen anderer zu verstehen. Deshalb sind Frauen oft erst im Bruch mit der traditionellen Rolle, mit der alten Ordnung, in der Lage, sich für sich selbst und eigene Interessen einzusetzen.

Die G.sforderung ist darum unerhört radikal, d. h. sie geht bis an die Wurzel des Übels, weil sie nicht nur patriarchalische Privilegien, Herrschaftsformen, Rechtsgarantien und Besitzstände in Frage stellt, sondern weil sie vor allem anderen die Aufhebung liebgewordener Gewohnheiten bei der Einteilung der Arbeiten zur Voraussetzung hat. Das ist schwierig, und da gibt es Widerstände von Männern und Frauen – und es ist die Frage, ob die meisten dies eigentlich wünschen. Wenn wir aber die formal gleichen Rechte der Frauen in Wirklichkeit durchsetzen wollen, müssen wir unsere Gewohnheiten überprüfen.

2. Es gibt besänftigende Stimmen, die die mangelnde G. der Frauen lediglich für eine *Verspätung* halten, einen „cultural lag". Sie verweisen auf den großen Nachholbedarf der Frauenrechte, zumal doch auch einige Fortschritte zu verzeichnen sind:

– Die staatsbürgerliche Gleichheit der Frauen, insbesondere das → Wahlrecht wurde ihnen 1918 zuerkannt. Es wurde von einer verhältnismäßig starken Frauenbewegung vorbereitet und erkämpft; seit 1949 sind die Frauen nach Art. 3 Grundgesetz gleichberechtigt auch im privaten Recht. Jedoch ist diese G. von Anbeginn ihres ökonomischen Gehalts entkleidet und auf ein Familienrechtsprogramm mit vielen patriarchalischen Schlupflöchern reduziert worden.

– Erst 1977 gelang es, das traditionell patriarchalische Familienrecht, das immer Sonderrecht für Frauen war, zu egalisieren, formal alle Ungleichheiten zu beseitigen und für alle möglichen Leitbilder und Beziehungen zwischen Mann und Frau offen zu formulieren. Aber schon die nur kurzen Erfahrungen mit der Reform zeigen, daß gerade diese Offenheit und formale Progressivität allzu leicht von alten Gepflogenheiten, ehemaligen Rechts- und Positionsvorteilen unterlaufen wird (→ Recht).

Bei aller Skepsis und notwendigen Wachsamkeit sind also Fortschritte zu verzeichnen und dennoch – dies kennzeichnet insbesondere die Haltung der neuen Frauenbewegung zu Rechtsfragen und juristischen Strategien – haben viele Frauen kein Vertrauen mehr in den Nutzen und das Versprechen von G. Mittlerweile ist der bürgerliche Fortschrittsglaube an eine allgemeine Demokratisierung der Gesellschaft oft genug enttäuscht worden. In Anbetracht der Bürokratisierung und Technisierung unserer Gesellschaft erscheint auch die zunehmende Verrechtlichung oder Ersetzung ursprünglich patriarchalischer Beziehungen durch juristische nicht unbedingt erstrebenswert. Und schließlich der Einwand, die G. der Frauen komme ohnehin zu spät in Anbetracht einer Rechtsentwicklung, in der der frühbürgerliche Anspruch formaler Gleichheit zugunsten einer inhaltlichen Differenzierung des Rechts und der juristischen Festschreibung bestehender wirtschaftlicher Machtpositionen aufgegeben sei. „Es ist belanglos, ob das Weib dem Manne gleichwertig ist, wenn beide Angestellte eines Betriebes sind, der sie überhaupt nicht wertet, sondern auspreßt." (Ernst Bloch, 1969).

Hinter all diesen Bedenken und Einwänden verbirgt sich ein Miß-

„Unrecht", meint Herr Keuner in seinen Geschichten von B. Brecht, „gewinnt oft Rechtscharakter einfach dadurch, daß es häufig vorkommt."

verständnis von G., das so alt ist wie die Forderung der Frauen selbst: G. meint nicht nur ein Angleichen an Männerrechte.
Es rächt sich, daß die Frauenrechtskämpfe und die → Geschichte der → Frauenbewegung in Deutschland mehrfach unterbrochen, ausgelöscht und vergessen wurden. Gravierend wurde der Mangel insbesondere nach 1945. Abgeschnitten von der Tradition von Rechtskämpfen in der alten Frauenbewegung und hineingeboren in gesellschaftliche Zustände, in denen Vergangenes mehr verdrängt als erinnert wurde, konnte es passieren, daß wir uns auf eine reduzierte G. einließen, die von den Vorkämpferinnen der Frauenrechte selbst niemals intendiert war.
Die alte Frauenbewegung, die sich auch in Deutschland zum ersten Mal um die 1848er Revolution in die politischen Verhältnisse einmischte, schöpfte den Mut zum Kampf gegen patriarchalische Bevormundung und zur Selbstbestimmung der Frau aus der Berufung auf die Rechte der Menschen, nicht nur der Frauen. „Wir fordern einfach nur unser Recht, unser Menschen-Recht." (Luise Otto, 1849).
Doch schon den 48erinnen war es wichtig, einen Punkt bei der Forderung nach gleichen Rechten für Frauen immer wieder zu betonen: Die „weibliche Eigenart". Im Vergleich zum westlichen Ausland verhältnismäßig spät, aber dann um so vehementer engagierte sich auch die deutsche Frauenbewegung etwa seit 1895 für Rechtsfragen, einmal im Kampf gegen die Kodifikation des BGB und sein patriarchalisches Familienrecht, zum anderen unterstützt von der internationalen Stimmrechtsbewegung für das Wahlrecht der Frauen. Doch gerade in der Einschätzung der Bedeutung von Rechten für die Befreiung der Frau waren sich die Vorkämpferinnen auch damals nicht einig. Zwei Richtungen traten deutlich hervor.

„Gebären und Stillen sind zwar ein Naturgebot, das Anwerfen der Waschtrommel schon nicht mehr."

Eva Windmöller

Die eine berief sich auf die Menschenrechte und forderte damit gleiche Rechte nicht als Endziel, aber doch als wesentlichen Schritt auf dem Weg zu einer menschlichen → Emanzipation. Charakteristisch für die erste deutsche → Frauenbewegung wurde schließlich die andere Richtung, der es nicht um die Gleichheit mit dem Mann, vielmehr um die „Andersartigkeit", um die „harmonische Ergänzung des Mannes" ging, „nicht um formale Gleichberechtigung als letztes Ziel . . ." (G. Bäumer, 1911).
Aus der Geschichte zu lernen ist, daß der Kult weiblicher Eigenart und Besonderheit in die Sackgassse führt. (→ Frauenbewegung, → Faschismus). Rechte können auch wir Frauen nur erlangen, wenn wir sie als allgemeine Ansprüche postulieren, d. h. weder als Männer- oder Frauenrechte, sondern als Menschenrechte fordern. Das bedeutet aber, daß G. nicht gelingen kann, solange sie nur als ein Nachholen männlicher Rechtsvorteile, lediglich als Anpassung an die Rechtslage der Männer begriffen wird. Es handelt sich immer um das gleiche Mißverständnis, wenn G. nur als Zugeständnis an veränderte gesellschaftliche Verhältnisse, in der Regel an ökonomische Notwendigkeit praktiziert wird.
Die Besonderheiten im weiblichen Lebenszusammenhang werden nur dann zur weiblichen Stärke, wenn wir versuchen, sie als Ansprüche zu verallgemeinern, solidarisch auch für andere zu vertreten – nichts anderes bedeutet es, Rechtsforderungen zu stellen. Das altmodische Menschenrecht der Gleichheit scheint hierzu so untauglich nicht, weil es vor dem Ghetto der Besonderung bewahrt und sein aktueller Angriffspunkt die ungleiche Form der Arbeitsteilung zwischen Frauen und Männern ist. (→ Arbeit)
3. Vieles deutet darauf hin, daß das Scheitern bisheriger G.sbemühungen nicht nur als Überhang, Verspätung oder gar als Zufall zu deuten ist, vielmehr *systematische Gründe* hat.
Ein Beispiel für systematisches Unrecht ist die Lohnungleichheit der Frauen. Trotz neuerlicher Erfolge

und ermutigender Ansätze für den Kampf um gleichen → Lohn mit gewerkschaftlicher Unterstützung ist Lohnungleichheit ein peinlicher Tatbestand, der nicht nur aus den Verhältnissen von Lohnarbeit und Kapital erklärbar ist. Zumindest seiner logischen Konstruktion nach ist doch das Kapital „gleichgültig" gegenüber dem Geschlecht der Ware Arbeitskraft. In der Realität des kapitalistischen Verwertungsprozesses sieht es anders aus; da bedient sich der Arbeitgeber der billigen Arbeitskräfte zur Parzellierung der Interessen. Frauen werden zur Schmutzkonkurrenz und jederzeit fungiblen Reserve. Warum aber darf Gleichheit in der Entlohnung nicht doch einen teilweisen Abbau der Privilegien und Besitzstandsgarantien der Männer kosten? Hiermit wird nicht nur an ein gewerkschaftliches Tabu, vielmehr an Grundfesten unseres Gesellschaftssystems gerührt, das nicht nur als kapitalistisch, sondern auch als patriarchalisch zu kennzeichnen ist.

Eines seiner wesentlichen strukturellen Bedingungen ist die geschlechtsspezifische Arbeitsteilung, wonach Frauen trotz Lohnarbeit für die Hausarbeit zuständig bleiben. Diese Zuständigkeit und der Unterschied zwischen Lohnarbeit und → Hausarbeit aber ist der Angelpunkt für die anhaltende Diskriminierung von Frauen im → Recht. Im Zuge der allmählichen Durchsetzung der Rechtssubjektivität der Frauen haben bestimmte Hausarbeitsleistungen zwar zunehmend Warencharakter erhalten, z. B. durch die Ausgliederung bestimmter Dienste aus dem familiären Aufgabenbereich, durch teilweise Monetarisierung von Hausfrauentätigkeiten in der juristischen Form des Zugewinn- und Versorgungsausgleichs. Aber Hausarbeit bildet sich im bürgerlichen Recht nicht ab, weil sich dessen spezifische Form der Freiheit nur in der Tauschbeziehung von Warenbesitzern realisiert (vgl. U. K. Preuß, Legalität und Pluralismus, 1973, S. 31 f.). Alle bisherigen Bemühungen, hier Abhilfe zu schaffen, können nur als kompensatorische Maßnahmen betrachtet werden, die allenfalls Benachteiligungen ausgleichen, Gleichwertigkeit statt Gleichberechtigung schaffen und selbst als Trostpflaster unzulänglich sind.

Ein anderer systematischer Angelpunkt ist die Ungleichzeitigkeit oder *Trennung von Familien- und Arbeitsrecht.* Weibliche Lebensweise in Familie und Beruf ist nicht nur durch doppelte, sondern durch widersprüchliche Anforderungen in zwei Lebenszusammenhängen gekennzeichnet. Arbeits- und Familienrecht sind darum die korrespondierenden und zentralen Rechtsbereiche von Frauen. Sie normieren jeweils die Kehrseite des gleichen Problems, Rechtsgleichheit für Frauen herzustellen, doch sie müssen scheitern, solange sie den engen Zusammenhang und das wechselseitige Aufeinandergewiesensein bei-

Ministerin fordert Zwangsarbeit für Männer im Haushalt

Österreichs Frauenministerin Johanna Dohnal hat „Zwangsarbeit" für Männer im Haushalt gefordert. Sie verlange ein Gesetz zur Mitarbeit von Männern im Haushalt und bei der Kindererziehung.

WAZ, 16. 1. 1993

der Bereiche nicht berücksichtigen. Der Familienrichter entscheidet über die Scheidungsfolgen in der Regel unter Ausklammerung der tatsächlichen Erwerbschancen der Frauen (Hausfrauenehe → Recht). In der Rechtspraxis der Arbeitsverwaltung bleibt die grundlegende Änderung im Familienrecht unberücksichtigt, gibt es eine geradezu systematische Blindheit gegenüber Frauenproblemen. Sie äußert sich u. a. in der abwehrenden Behauptung, nicht für die privaten Probleme der Frauen zuständig zu sein; G., das sei eine Sache des Familienrechts, nicht des Arbeitsförderungsrechts. Diese Blindheit aber hat Folgen, vor allem auch in der alltäglichen Praxis und Interpretation der „Verfügbarkeit", dem für das Arbeitsförderungsrecht und alle Leistungsansprüche an das Arbeitsamt zentralen Rechtsbegriff. Trotz wiederholter Proteste, insbesondere auch von der Seite der DGB-Frauenausschüsse, stehen nach wie vor nur Frauen mit Kindern unter nicht zur Verfügung zu stehen – so, als ob es keine Väter und keinen neuen § 1356 BGB gäbe. Die Sorge für die Kinder gereicht allein Frauen bei der Arbeitsvermittlung oder allen Ansprüchen an das Arbeitsamt zum Nachteil; ihre Familienarbeit zählt wenig, schlägt vielmehr als Kürzung der Arbeitslosenunterstützung zu Buche. Schließlich ist die „Verfügbarkeit" ein eindrückliches Beispiel dafür, daß unser gegenwärtiges → Recht die männliche Normalbiographie zum Maß aller Dinge nimmt. Denn die Arbeitsverwaltung knüpft alle Entscheidungen über die Leistungsansprüche der Frauen an Tatbestandsvoraussetzungen, die in erster Linie für männliche Berufsarbeit gelten. Diese Maßstäbe des Rechts sind sexistisch, weil sie nur für Männer gemacht sind und nur so lange gelten, als diese ihre → Arbeit und ihre → Rechte mit Hilfe und auf Kosten der Frauen wahrnehmen können.

Die systematischen Diskrepanzen zwischen Arbeits- und Familienrecht müssen von den Betroffenen individuell ausgetragen werden, auf dem Arbeitsmarkt durch frauenspezifische Kompromisse, wie z. B. Teilzeitarbeit, im Scheidungsfall durch Abwälzen der Kosten für die Egalität auf den einen oder den anderen Ehepartner.

Warum „die Ungleichheit der Frauen immer wieder durch die Maschen des Rechts fällt"? (Rossana Rossanda, 1980). Ohne Zweifel kommen alle genannten Ursachen zusammen: Gewohnheiten, sowohl verspätetes als auch systematisches Unrecht. Die Toleranzschwelle der Frauen, Ungerechtigkeit hinzunehmen, ist niedriger geworden, nicht nur in der Frauenbewegung. Die Rechtsvorbehalte und die Distanz von Frauen zum Recht machen deutlich, daß die gegenwärtigen Gesetze nicht „gerecht" sind, solange ihr Inhalt nicht der Produktionsweise, d. h. der anderen Lebens- und Arbeitsweise der Frauen entspricht.

Zu fragen bleibt, welche Konsequenzen aus der Erkenntnis der Verschiedenheit und einer anderen „weiblichen Moral" für das Recht einer Gesellschaft zu ziehen sind. Denn Ziel meiner Rechtskritik ist nicht die Perpetuierung des Geschlechterkampfes um das „richtige Recht", auch nicht eine „Politik des Unterschiedes", die sich auf einen Separatismus, d. h. zwei nach Geschlechtern getrennte Gesellschaften einrichtet und doch die Strukturen sozialer Ungleichheit und geschlechtsspezifischer Arbeitsteilung nicht verändern kann oder mag. Das Ernstnehmen, mehr noch: das Zur-Geltung-Bringen der anderen Wertmaßstäbe von Frauen, G. trotz aller Verschiedenheiten, also „Gleichheit auch in der Differenz", beinhaltet ein neues Verständnis und eine veränderte Praxis der „Freiheit und Gleichheit", ist m. E. das noch nicht eingelöste Versprechen der Menschenrechte als Denkmöglichkeit humaner Verhältnisse. Denn welche anderen Möglichkeiten als rechtliche Mittel und politische Vereinbarungen haben wir jenseits unserer privaten Beziehungen, wenn wir nicht → Gewalt anwenden, sondern – gerade im Interesse von Frauen – in Zukunft verhindern wollen?

(→ Demokratie, → Emanzipation, → Feminismus, → Frauenbewegung, → Recht)

Lit.: Ute Gerhard, Gleichheit ohne Angleichung. Frauen im Recht, München 1990; Ute Gerhard / Mechtild Jansen / Andrea Maihofer / Pia Schmid / Irmgard Schulz (Hrsg.), Differenz und Gleichheit. Menschenrechte haben (k)ein Geschlecht, Frankfurt/M. 1990; Ute Gerhard / Jutta Limbach (Hrsg.), Rechtsalltag von Frauen, Frankfurt/M. 1988; Carol Gilligan, Die andere Stimme. Lebenskonflikte und Moral der Frau, München 1984; Luce Irigaray, Zur Geschlechterdifferenz. Interviews und Vorträge, Wien 1987; Heide M. Pfarr / Klaus Bertelsmann, Diskriminierung im Erwerbsleben. Ungleichbehandlungen von Frauen und Männern in der Bundesrepublik Deutschland, Baden-Baden 1989.

Ute Gerhard

Gleichheit; von ahdt. „galih", mhdt. „gelich", was ursprünglich bedeutete, „denselben Körper, dieselbe Gestalt habend". G. bedeutet auf der Basis von Naturrecht und Aufklärung die G. aller – unabhängig von ihren natürlichen und sozialen Unterschieden – vor dem Gesetz. Im weiteren steht G. für ein allgemeines Gerechtigkeitsprinzip, wobei heutige G.sbestrebungen insbesondere auf den Abbau sozialer Unterschiede und die Herstellung von sozialer, wirklicher G. gerichtet sind. (→ Gleichberechtigung, → Demokratie).

Gleichstellungsstelle oder Frauenbüro; Einrichtungen auf kommunaler und Länderebene mit dem Ziel, die Diskriminierung von Frauen abzubauen; Anlauf- und Ansprechstellen, die Anregungen und Beschwerden von Frauen entgegennehmen, Diskriminierungen nachgehen und Abhilfe schaffen, Frauenförderung vorantreiben.
Bis vor kurzem wurden kommunale Belange nicht unter dem Gesichtspunkt der Gleichberechtigung erkannt und bearbeitet (Gesine Spieß). 1980 forderte die Enquete-Kommission des Deutschen Bundestags Frauenfördermaßnahmen, u. a. die Einrichtung von Frauenbüros auf kommunaler Ebene. Die erste G. wurde 1979 in Hamburg eingerichtet; sie führte Untersuchungen über Gewalt gegen Frauen durch und pflegte Kontakte zu Frauenorganisationen und -initiativen. Inzwischen gibt es auch G. auf Länderebene, deren Kompetenz allerdings eingeschränkt ist (die Einwirkungsmöglichkeiten auf die Wirtschaft, etwa beim Lohngefälle, sind aufgrund fehlender gesetzlicher Grundlage minimal). 1984 ergänzte der Landtag von NRW die Gemeindeordnung wie folgt: „Die Verwirklichung des Verfassungsauftrages der Gleichberechtigung von Mann und Frau ist auch Aufgabe der Gemeinde. Zur Wahrnehmung dieser Aufgabe kann die Gemeinde Gleichstellungsbeauftragte bestellen."
Rechte und Aufgaben der Gleichstellungsbeauftragten sind inzwischen gesetzlich teilweise vorgegeben. Gemeinden wurden aufgefordert, in einer neuen Hauptsatzung zu bestimmen, daß „die Gleichstellungsbeauftragte unabhängig ist." Bei Sitzungen der Gemeindevertretung und ihrer Ausschüsse sei ihr auf Wunsch das Wort zu erteilen, und sie könne nur mit Zustimmung der Gemeindevertretung entlassen werden.
Angeregt wurde u. a.: Die Gleichstellungsbeauftragte solle sich für alle Einwohnerinnen der Gemeinde und alle Mitarbeiterinnen der Verwaltung einsetzen, Vorlagen prüfen, Frauenförderpläne erarbeiten, Beratung bieten, Kontakte zu Verbänden und Fraueninitiativen unterhalten. Die Gleichstellungsbeauftragte „ist Stachel im Fleisch der Verwaltung" (Gisela Böhrk). Sie arbeitet ämterübergreifend, innerhalb und außerhalb der Verwaltung. Zu ihren Problemfeldern und Aufgaben gehören u. a. die Entwicklung von Frauenförderplänen (Erwerbsarbeit), die Prüfung der Weiterbildungspläne der Kommune sowie Konzepte der Qualifizierungsmaßnahmen oder regionale Förderung (Erziehung und Bildung), die Sichtbarmachung der kulturellen Leistungen von Frauen (Kulturpreise, Frauenkulturtage, Stadtrundgänge), die Förderung von geschlechtsgerechter Sprache in der Kommune, die Prüfung der Pläne für Kinderbetreuungseinrichtungen sowie die Aufdeckung von Gewalt gegen Frauen.
Die G.n haben viele Forderungen der Frauenbewegung aufgenommen; sie sind Bestandteil des Kontaktnetzes von autonomer Frauenbewegung, Parteien, Gewerkschaften, Verbänden, Vereinen und Behörden. Forderungen der Beauftragten finden Eingang in ministerielle Verordnungen und Erlasse. Ihre Arbeit – Institutionalisierung von Frau-

„Schreit ein Säugling in der Nacht, so ist es nur dann eine erhebliche Belästigung, wenn die Mutter daran schuld ist."

Mieter-Lexikon des Deutschen Mieter-Bundes

enpolitik – stellt die Frauenbewegung vor neue Fragestellungen.
Sind G.n Alibistellen oder Instrumente der Veränderung? Dies wird meist konkret vor Ort entschieden, hängt jedoch stark von der Einmischung der außerparlamentarischen Frauenopposition ab.
In Köln (1981), Kassel (1982), Gelsenkirchen und Bielefeld (1983) entstanden die ersten G.n. Inzwischen sind es rund 1300 G.n, davon über 800 in der alten BRD und 424 in den neuen Bundesländern (Stand 1993).

Lit.: Waltraud Cornelißen, Strukturen von Gleichstellungsorganen in den Mitgliedsstaaten der EG, in: Frauenforschung-Informationsdienst des Forschungsinstituts Frau und Gesellschaft, Heft 1 u. 2/ 1990; Sabine Gattermann, Chance oder Alibi? Die kommunalen Frauenbüros, Marburg 1987; Gesine Spieß, Kommunale Frauenbüros: Produktive Störfaktoren im kommunalen Patriarchat, in: Florence Hervé (Hrsg.), Frauenzimmer im Haus Europa, Köln 1991; Lin Wilken, Einmischung erlaubt? Kommunale Frauenbüros in der Bundesrepublik, Hamburg 1991.

Ein Gelehrter des 15. Jahrhunderts hält vor zwei Schülern eine gynäkologische Vorlesung, und zwar unter Verwendung eines lebenden Modells in Form einer nackten schwangeren Frau. Medizinische Abbildung als Initialminiatur in einer Pergamenthandschrift zu Beginn des 15. Jahrhunderts

Gynäkeion; griech. gynaikos, „Weibes-“, gynaikoniitis, Frauen-Gemach, Räumlichkeiten, in denen sich die Frauen, Sklavinnen und Kinder des antiken Griechenlands aufhielten. Im einstöckigen Haus hinter der Wohnung für Männer – Andronitis – gelegen, im zweistöckigen vom oberen Stock gebildet. Die G. war von der Andronitis durch eine verschließbare Tür getrennt und war zugleich Vorratskammer. Wenn Fremde kamen, mußte sich die Frau in die G. zurückziehen, die zugleich Arbeitsraum war, während die Andronitis geselligen Zwecken diente und daher schöner eingerichtet war. Abgeleitet davon das Wort: *Gynäkokratie* = Frauenherrschaft, nach neuer → Matriarchatsforschung G. als Theakratie (Göttinherrschaft), oft statt → Matriarchat angewendet. Nach Bachofen eine Form des gesellschaftlichen Lebens im Altertum, die vor dem → Patriarchat lag.

Die bildliche Gestaltung des Schwangerschaftszustandes findet sich vornehmlich in der medizinischen und in der sakralen Kunst. Hier ein Augsburger Flugblatt aus dem Jahre 1513 mit medizinisch-anatomischen Instruktionen.

Gynäkologie; Frauenheilkunde; Lehre von den Erkrankungen der weiblichen Fortpflanzungsorgane und der weiblichen Brust sowie ihrer Behandlung. Die Gynäkologie war ursprünglich kein selbständiges medizinisches Fachgebiet, sondern eher ein Anhängsel der Geburtshilfe, die wiederum – wenn sich überhaupt Männer damit beschäftigten – bis ins 19. Jahrhundert von nichtärztlichen Chirurgen (Wundärzte) ausgeübt wurde. Prüde Moralvorstellungen verhinderten, daß Frauen bei „Unterleibsbeschwerden“ einen Arzt aufsuchten, der ihnen andererseits aber auch nicht hätte helfen können, da er – der gleichen Prüderie verhaftet – keine eingehende Untersuchung der weiblichen Geschlechtsorgane hätte vornehmen können. Dies hat sich heute geändert, aber darüber, ob auch die weibliche Brust zum Tätigkeitsbereich des Gynäkologen gehört, gab es noch auf dem 86. Deutschen Ärztetag 1983 peinlich-erbitterte Auseinandersetzungen.
Die Fortschritte der Medizin in den letzten Jahrzehnten haben auch und gerade in der Frauenheilkunde Wichtiges geleistet: Unterleibsentzündungen, die früher fast immer zur Unfruchtbarkeit führten, haben auch durch moderne Antibiotika ihre Schrecken verloren, die weitverbreitete (wenn auch noch immer nicht genügende) Inanspruchnahme der Vorsorgeuntersuchungen haben den fortgeschrittenen, nicht mehr behandelbaren Unterleibskrebs der Frau zu einem seltenen Krankheitsbild werden lassen. Neue Erkenntnisse über das Zusammenspiel der verschiedenen Hormone führten zur Entwicklung der „Pille“ – kaum vorstellbar für uns, daß noch vor dreißig Jahren Möglichkeiten der Familienplanung weitgehend beschränkt waren auf coitus interruptus und Knaus-Ogino (auch „römisches Roulette“ oder – nach Hermann Kant – „Nachttischmathematik“ genannt). Verfeinerte operative und hormonelle Behandlungsmethoden führten dazu, daß auch Frauen Kinder bekommen können, die früher als „unfruchtbar“ galten. Dem Ziel, „jedes Kind soll ein Wunschkind sein“, sind wir sicher ein gutes Stück nähergekommen.
Der gynäkologische Untersuchungsstuhl, von vielen Frauen gefürchtet, ist auch ein Stück Fortschritt. In entspannter Rückenlage, die Beine gespreizt, ist es am besten und schonendsten möglich, Scheide, Gebärmutter, Eileiter und Eier-

stöcke einzusehen bzw. abzutasten (vaginale Untersuchung). Die Gebärmutterrückwand sowie der Halteapparat der Gebärmutter läßt sich am besten vom Darm aus (rektale Untersuchung) beurteilen.
Heute dauert die Ausbildung zum Frauenarzt fünf Jahre, die nach Abschluß des Medizinstudiums in einem Krankenhaus abgeleistet werden müssen. In der Weiterbildungsordnung ist genau vorgeschrieben, daß in dieser Zeit mindestens 270 gynäkologische und 60 geburtshilfliche Operationen durchgeführt werden müssen; jeder Gynäkologe muß mindestens 60mal eine Gebärmutter und mindestens 10mal eine Brust operativ entfernt haben. (Der Verdacht, daß gelegentlich die Indikation für eine Gebärmutterentfernung nicht unwesentlich von der Sorge eines Chefarztes bestimmt ist, er könne seinen Assistenten sonst „nicht genug bieten", ist also nicht so ganz abwegig . . .) Allerdings hat sich mittlerweile auch bei der Bundesärztekammer die Einsicht durchgesetzt, daß es wenig Sinn ergibt, alle FrauenärztInnen die gesamte operative Gynäkologie erlernen zu lassen, da die Mehrzahl von ihnen später in der Praxis diese Fähigkeiten nicht benötigt. Es ist daher vorgesehen, künftig in der Weiterbildung zum Frauenarzt mehr Bezug zur ambulanten Praxis herzustellen und nur diejenigen zu Operateuren auszubilden, die im Krankenhaus tätig sein wollen.
Zwar ist in der Weiterbildungsordnung auch „Vermittlung und Erwerb eingehender Erkenntnisse und Erfahrungen in den . . . psychosomatischen und psychosozialen Problemen" als wesentlicher Inhalt der Weiterbildung vorgeschrieben, jedoch gilt die Frauenheilkunde unter Medizinern in erster Linie als „operatives Fach", in dem „richtige Männer" das Sagen haben. (In Berlin wurden kürzlich zwei Frauenärzte zu je 27 Monaten Gefängnis verurteilt, weil sie während des Bereitschaftsdienstes eine Narkoseärztin vergewaltigt hatten – sicher nur die Spitze eines Eisbergs! Frauenfeindlichkeit und Sexismus sind im Krankenhaus, vor allem auf chirurgischen und gynäkologischen Stationen, eher die Regel als die Ausnahme.)
1989 waren von 9002 berufstätigen FrauenärztInnen in der Bundesrepublik nur 1832 Frauen, das sind gerade einmal 20%. Das ist insofern verwunderlich, als viele Frauen sich lieber von einer Frauenärztin behandeln ließen. Jedoch wird Frauen der Zugang zur frauenärztlichen Weiterbildung sehr erschwert. Dies mag teilweise persönliche Gründe haben: viele junge Frauen leiden unter Kreislaufstörungen und sind den Belastungen durch stundenlanges Stehen in den Operationssälen, oft in unnatürlich gebückter Haltung, sowie den zahlreichen und anstrengenden nächtlichen Bereitschaftsdiensten körperlich nicht gewachsen. Vor allem aber liegt es wohl daran, daß bei der Besetzung von Assistenzarztstellen in Krankenhäusern Frauen extrem benachteiligt werden, insbesondere wegen ihrer – jedem Gynäkologen bekannten – Fähigkeit, Kinder zu gebären und somit für längere Zeit dem Klinikbetrieb ganz oder teilweise nicht zur Verfügung zu stehen (Antwort eines Chefarztes einer gynäkologischen Abteilung an eine junge Ärztin, die sich bei ihm um eine Assistenzarztstelle bewarb: „Warum sollte ich eine Frau einstellen, solange hier noch ein arbeitsloser Kameltreiber herumläuft – der wird wenigstens nicht schwanger!"). Tatsache ist, daß nur wenige große Kliniken mehr als eine oder höchstens zwei „Renommierfrauen" beschäftigen.
Die Frauenfeindlichkeit vieler Gynäkologen kommt aber nicht nur in ihrer – meist nicht offen zum Ausdruck gebrachten – Ablehnung von Berufskolleginnen zum Ausdruck, sondern vor allem in dem Frauenbild, das ihnen an der Universität vermittelt wurde und das sie selbst verinnerlicht haben. Viele Frauenärzte sehen sich insgeheim als den väterlichen Freund, der seinen Patientinnen wesentliche Entscheidungen abnehmen muß, da sie aufgrund ihrer „weiblichen" Labilität und Gefühlsbetontheit nicht in der Lage sind, selbst die richtigen Entscheidungen über ihren Körper zu

Programmheft zu dem Film „Frauenarzt Dr. Schäfer", 1927

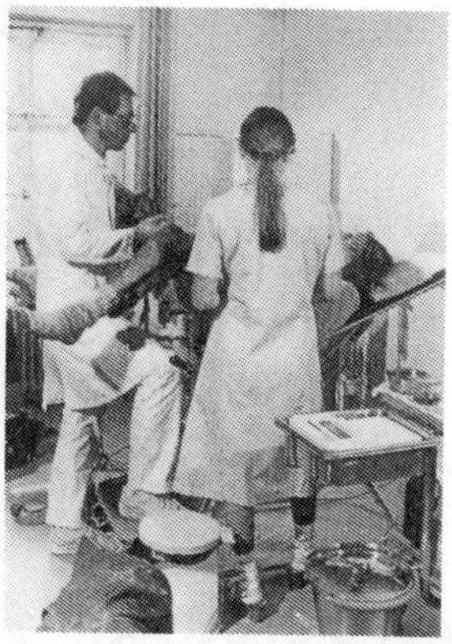

treffen. („Die Frauenheilkunde sollte schon deshalb vorwiegend von Männern ausgeübt werden, weil nur ein Mann in der Lage ist, das Wesen der Frau ganz zu begreifen.“ Prof. Dr. E. J. Plotz, ehem. Chefarzt der Universitäts-Frauenklinik Bonn) Diese Einstellung erklärt, weshalb viele Gynäkologen ganz selbstverständlich (und subjektiv sicher ohne böse Absicht) davon ausgehen, daß sie die Entscheidung zu treffen haben, ob beispielsweise eine Patientin eine unerwünschte Schwangerschaft abbricht, ob sie sich sterilisieren läßt oder welche Methoden der Empfängnisverhütung sie anwenden sollte.

Gerade auf dem Gebiet der Empfängnisverhütung stellt man jedoch häufig fest, daß die Mehrzahl der Gynäkologen nur mit zwei Methoden vertraut ist: →„Pille“ und →„Spirale“. Das liegt einmal daran, daß der angehende Frauenarzt in der Klinik so gut wie nie mit Problemen der Empfängnisverhütung konfrontiert wird, so daß er in der Praxis den massiven Beeinflussungen der Pharmaindustrie wenig entgegenzusetzen hat. Andererseits profitiert er auch persönlich von derartigen Kontrazeptionsmethoden, da hierbei die Frauen gezwungen sind, sich regelmäßig in seiner Praxis untersuchen zu lassen. (Ein nicht ganz unwichtiges Argument angesichts der Tatsache, daß fast überall in der Bundesrepublik der Bedarf an Frauenärzten zahlenmäßig gedeckt ist. In manchen Städten, wie z. B. in der Bundeshauptstadt Bonn, praktizieren schon 50% mehr Gynäkologen, als zur Versorgung der Bevölkerung erforderlich wären.) Letztlich ist der Mehrzahl der Gynäkologen aber auch jedes Verfahren zur Empfängnisverhütung suspekt, bei dem die Frau eigenverantwortlich mit ihrem Körper und ihrer Sexualität umgeht und ihn, der gern die Rolle ihres „Über-Vaters“ einnimmt (was von vielen Frauen auch akzeptiert wird, wie die Unzahl billiger „Arztromane“ zeigt), für sich entbehrlich macht.

Das soll freilich nicht heißen, daß jede Maßnahme, jeder Behandlungsvorschlag eines Frauenarztes zunächst mit Mißtrauen und auf „machismo“-Inhalte abzuklopfen ist. Zu einem guten Arzt-Patientinnen-Verhältnis sollte jedoch nicht nur die korrekte Untersuchung und das sachliche Gespräch über Diagnose und Behandlung gehören, sondern auch gegenseitige Offenheit. Dies freilich erfordert eine ganz andere Frauenarztausbildung und wird so lange ein Wunschtraum bleiben, wie der Frauenarzt technische Leistungen (Ultraschall, Bestrahlungen, Laboruntersuchungen usw.) weitaus besser honoriert bekommt als *nur* ein Gespräch. (→ Gesundheitswesen)

Lit.: Gerhard Amendt, Die Gynäkologen, Hamburg 1982; R. Kepp/H.-J. Staemmler, Lehrbuch der Gynäkologie, Stuttgart 1977[12]; E. Fischer-Homberger, Krankheit Frau, Bern 1979; U. Raupp, Viele richtige Männer. Sexismus im Krankenhaus, Demokratisches Gesundheitswesen 10/1984, S. 24 f.; D. Uhlenbrock/U. Kristiansen-Kamps, Pro und Contra OP-Kataloge, Demokratisches Gesundheitswesen 3/82, S. 16 f.

Hannelore Hauß

H

Harem; arabisch „verboten". Abgeteilter Teil des arabischen Wohnbereichs, der nur für Frauen und Kinder bestimmt ist. Zugang zu diesem Bereich hat nur der Ehemann, der den Harem unterhält. Die Hierarchie unter den Frauen des H.s bestimmte vor allem die Produktion von Söhnen. Harems waren und sind mit Wohlstand verbunden und wurden in der Vergangenheit von kastrierten Männern bewacht: Eunuchen. Den Frauen war es nicht erlaubt, den Harem ohne Erlaubnis zu verlassen und wenn, dann nur verschleiert. Der Harem ist eine Erscheinung der Polygamie und verschwand mit Einführung der Einehe, in der Türkei etwa 1926.
Weniger Begüterte können in polygam verfaßten Ländern zwar auch mehrere Frauen kaufen und zur Arbeit benutzen, aber sie besitzen in der Regel kein Frauenhaus.
Im gesellschaftlichen Umfeld von Rechtlosigkeit und Abhängigkeit der Frauen handelt es sich bei den Haremsfrauen allerdings um Privilegierte. Sie hatten keine ökonomischen Sorgen, wenn sie die aufgezwungenen Spielregeln einhielten.
Der Harem war und ist ein geheimnisumwitterter Ort. Hier haben sich Männer den Traum erfüllt, Frauen in absoluter Unterwerfung wie Sexualvieh zu halten.
Ist dies ein westlich-emanzipatorisch orientiertes Urteil? Nun, es ist notwendig, dem üblichen Argument entgegenzutreten, andere Kulturkreise dürfe Frau nicht mit den Maßstäben des eigenen beurteilen. Es handelt sich nicht um kulturell bedingte Sitten, Gebräuche, Traditionen, sondern um Menschenverachtung und -verdinglichung, um Sexviehhaltung.
Die Verteidigung, die selbst intellektuelle Frauen dieser Art von Dasein zukommen lassen, umschreibt einen Sklavenstandpunkt. Wer wird leugnen, daß es auch kultivierte Verhältnisse zwischen Herren und Sklaven gab? Wer wird auch eine Sexualkultur in Harems anzweifeln wollen – Luxus, Freizügigkeit innerhalb der Regeln, Einfluß und Rat kluger Frauen, Heiterkeit, Solidarität unter den Eingesperrten? So etwas arrangiert sich gewiß pittoresk und reizvoll. Wer leugnet, daß dies eine Stätte des Glücks sein kann? Wer wollte leugnen, daß Frauen, die nichts anderes kennen, so leben wollen? Schließlich haben Frauen bisher nichts so leidenschaftlich verteidigt wie die Programme ihrer Geschlechtsunterdrückung, die Mann in sie eingefüttert hat. Hier aber handelt es sich um Unterdrückung und Rechtlosigkeit, und die sind in jedem Kulturkreis empörend.

Haremsgemach. Indische Miniatur um 1700.

Hausarbeit; ist immer noch überwiegend (Haus-)Frauenarbeit. Nach der neuesten und ersten gesamtbundesrepublikanischen Repräsentativumfrage (IPOS, 1992) sind es in Ost und West die Frauen, die zu 77% putzen, zu 78% kochen und zu 52% einkaufen. Im Vergleich zu einer Infas-Umfrage aus den Jahren 1983/84 hat sich nur beim Einkaufen Ent-

Das häusliche Glück.

Vollständiger
Haushaltungsunterricht
nebst
Anleitung zum Kochen
für
Arbeiterfrauen.

Zugleich
ein nützliches Hülfsbuch
für alle Frauen und Mädchen,
die „billig und gut" haushalten lernen wollen.

Nachwort und Interviews mit Arbeitern
von Richard Blank

»

Das Weib muß zur Ordnung, Reinlichkeit und Nettigkeit erzogen werden. Besonders ist darauf zu achten, daß es den ihm zugewiesenen Arbeitskreis nicht verschmähet und sich auf andere Bahnen als die, die in die Küche führen, verirrt.

»

scheidendes zugunsten der Frauen geändert. Nach Spülen, Fenster putzen oder gar Bügeln wurde 1991/92 gar nicht mehr gefragt, handelt es sich hierbei doch um Arbeiten, die Männer zu 90–100% meiden. Bei der Kinderbetreuung und -erziehung sind 60% im Osten und 70% im Westen der Meinung, daß beide Elternteile für die Betreuung von Kleinkindern zuständig sein sollten, bei den Größeren halten das sogar 94% in Ost und 92% in West für wichtig und richtig. *Wer* die (Klein-)Kinder außerhalb von Krippe, Kindergarten und Schule tatsächlich betreut, wird allerdings gar nicht erst gefragt. Und so verschwindet in der Elternzuständigkeit, daß überwiegend die Mütter zuständig sind, und es verschwinden auch mögliche Unterschiede zwischen alten und neuen Bundesländern.

Daß sich an diesen Einteilungen nichts geändert hat, auch wenn Mann und Frau berufstätig sind, zeigt die Zählebigkeit tradierter und gelernter Rollen und die Notwendigkeit, u. a. durch eine vom Kindergartenalter an geänderte → Erziehung, Mädchen zu lehren, die Teilung zu fordern, und Jungen, ihren Teil zu lernen und zu übernehmen.

Nur sehen die meisten Menschen offenbar gar keine Notwendigkeit für eine andere Arbeitsteilung. Denn in Partner/innenhaushalten sind verständlicherweise fast alle Männer mit der ungleichen Verteilung von H. zufrieden, aber überraschenderweise auch 88% der Frauen. Allerdings gibt es die berufstätigen Mütter zwischen 35 und 50 Jahren, die mit einem (Ehe-)Partner zusammenleben, von denen 31% im Westen und 27% im Osten sich stark überlastet fühlen und eine andere Arbeitsteilung wünschen. Immerhin haben auch über zwei Drittel dieser Gruppe ihre west-östliche Doppelrolle der Tüchtigen drinnen und draußen gut gelernt. Die Mehrzahl der Männer wie der Frauen sieht die H. offenbar nach wie vor als drittes Geschlechtsmerkmal von Frauen. Und so fragen auch Demoskopen und Demoskopinnen ungerührt nach „Hilfe", die Männer bei der H. (und in der Kindererziehung) Frauen leisten, statt davon auszugehen, daß jede/r Erwachsene für ihre/seine Reproduktion zuständig zu sein hat. (Wäre dies kein Lexikon – es gibt noch mehr Berichtenswertes – und hätte die Verfasserin die Hoffnung noch nicht aufgegeben, doch noch etwas an der „natur"-, „wesens"- und „patriarchal-/gottgegebenen" Arbeitsteilung ändern zu können, würde sie die Hinweise zum Stichwort H. hier beenden.)

Obwohl das Wort H. durchaus geläufig ist, kommt es in den meisten Lexika nicht vor, scheinen Hausfrauen nicht zu arbeiten: sie leisten Dienste, übernehmen Aufgaben in Haushalt, Familie und Kindererziehung, ver- und umsorgen Mann und Kinder, pflegen Kranke und Alte. Und noch in dem Wort Doppelbelastung verschwindet, daß erwerbstätige Frauen und Mütter doppelt arbeiten. In diesen Sprachregelungen wird nicht nur das Wort Arbeit peinlich vermieden, sondern es zeigt sich auch, wie vielfältig die Arbeiten sind

Koch und Magd, Holzschnitt um 1507.

und daß H. nicht von → Erziehung und Liebesdiensten zu trennen ist. Es waren vor allem Feministinnen, die im Rahmen der Diskussion um den sogenannten Privatbereich, seit Mitte der 70er Jahre, anfingen, auch die private Arbeit der Frauen im Haus nach ihrer historischen Entwicklung, aktuellen wirtschaftlichen und gesellschaftlichen Bedeutung zu analysieren, nach den Folgen für die Situation der Frauen zu fragen. (Erwerbstätige)Mütter machten „Das unsichtbare Tagwerk" (1981) sichtbar. Neben praktischen und umstrittenen Forderungen wie → „Lohn für Hausarbeit" hat sich eine umfangreiche und kontrovers geführte Debatte innerhalb der Frauenbewegung über den Komplex Frauenarbeit entwickelt. (→ Arbeit, → Feminismus, → Emanzipation) Bei allen nach wir vor bestehenden Unterschieden in der Einschätzung der gesamtgesellschaftlichen Bedeutung von H., ihres Stellenwerts für die Situation der Frauen im Erwerbsleben, in den Beziehungen zu Mann und Kindern, ist die positive Folge für alle: die Lebenssituation von Frauen genauer, auch in ihrer Widersprüchlichkeit wahrzunehmen.
Aus der amtlichen Statistik ist nicht zu entnehmen, wie viele Hausfrauen es in der Bundesrepublik gibt. Seit Jahren wird die Zahl von 10 Mio. angegeben. Nicht berücksichtigt ist, daß Frauen die Berufstätigkeit zeitweise aufgeben, heute in erster Linie bei Geburt eines Kindes. (→ Erwerbstätigkeit) Es fehlen die Voraussetzungen für die zunehmend gewünschte Vereinbarkeit von Beruf und Kindern. Die Erwerbsarbeit (Arbeitszeiten, Wegezeiten, Schichtarbeit, erforderliche Mobilität) ist entsprechend dem von häuslichen Belastungen freien, voll verfügbaren männlichen Lohnarbeiter organisiert. Nach einer Befragung der Gewerkschaft HBV sind ca. 85% der Vollzeitbeschäftigten im Einzelhandel 10 und mehr Stunden täglich von zu Hause weg; bei den Teilzeitbeschäftigten waren es bei 27% noch mehr als sieben Stunden, bei 68% mehr als sechs Stunden. Gemeinschaftliche Kindereinrichtungen sind weder in ausreichender Zahl vorhanden noch in ihren Öffnungszeiten entsprechend ausgerichtet. Hier hatten es auch nach der Wende zu Beginn der 90er Jahre die Frauen in der ehemaligen DDR (noch) besser. „17 Prozent der befragten Westdeutschen haben Kinder im Vorschulalter, im Osten sind

„Ich kann nicht finden, daß der Beruf der Hausfrau einfältiger ist und langweiliger ist, als beispielsweise der Beruf eines Politikers."

Originalton Norbert Blüm

„Jeder Einkommensverkürzung des Mannes muß die Hausfrau mit vermehrter Arbeit entgegenwirken."

Maria Silberkuhl-Schulte, 1928
Im „Hauswirtschaftlichen Jahrbuch"

Annonce, 1925.

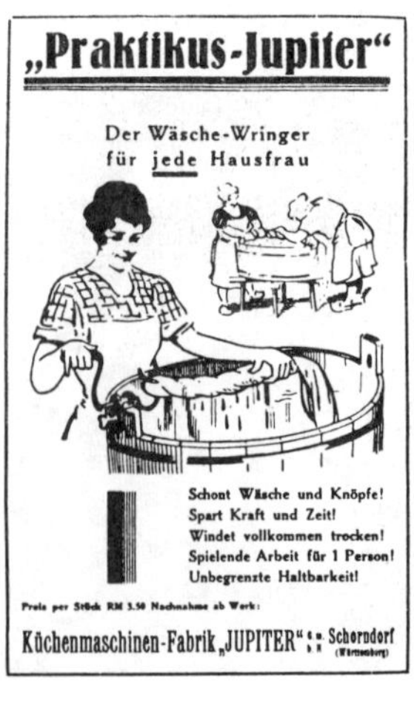

es 23 Prozent. Während im Westen etwas weniger als die Hälfte dieser Kinder im Kindergarten bzw. bei einem ganz kleinen Teil auch in einer Kinderkrippe oder Krabbelstube sind, sind im Osten drei Viertel aller Kinder auch im Vorschulalter auch in einem Kindergarten bzw. in einer Kinderkrippe. (. . .) Während im Osten die große Mehrzahl der Kinder, die einen Kindergarten besuchen, dort ganztags betreut wird, ist im Westen die große Mehrheit der Kindergartenkinder (73 Prozent) nur halbtags im Kindergarten." (IPOS, 1992) Schon dies sowie die vorherrschende (hüben wie drüben mehrheitlich gewünschte) Halbtagsschule erfordern bei Teilzeitarbeit im Westen private Lösungen (Großmutter, Tagesmutter, Nachbarn, Wechselschicht von Mann und Frau). So ist heute der Wechsel zwischen Erwerbsarbeit und Hausarbeit üblicher geworden, soweit es der Arbeitsmarkt ermöglicht. Zumindest sind 90% der Frauen in den alten Bundesländern zwischen 15 und 65 Jahren einmal/mehrmals in ihrem Leben erwerbstätig (gewesen). Gut zwei Mio. Hausfrauen arbeiten nebenbei in → ungeschützten Beschäftigungsverhältnissen. Auch wenn sich Frauen subjektiv bewußt für Kind und Hausarbeit entscheiden, tun sie es unter erheblichem gesellschaftlichem Zwang. Denn die „Wahlfreiheit" ist Betrug; es fehlen für die meisten Frauen die objektiven Voraussetzungen, wählen zu können. Und „Wahlfreiheit" tatsächlich herzustellen, hieße, die Bedingungen für die Vereinbarkeit von Kindern und Beruf zu schaffen.

Die Hausfrauen (im Westen) sind keine homogene soziale Gruppe. Unterschiede ergeben sich nach der wirtschaftlichen und sozialen Lage, die vor allem vom Beruf und Einkommen des Mannes abhängig ist. Hausfrauen unterscheiden sich nach ihrer Herkunft, ihrer Schulbildung und erlerntem Beruf – entsprechend auch mehr oder weniger guten Wiedereinstiegsmöglichkeiten in die Berufsarbeit –. Mancher Arbeitsschwerpunkt ist schichtspezifisch geprägt. So ist für Hausfrauen der Mittelschicht die besondere Förderung der Kinder in der musischen Erziehung, Sport usw. eine übliche Anforderung. Die schulischen Anforderungen an Hausaufgabenhilfe gehen an alle Mütter. Die Mehrzahl der Hausfrauen muß sparsam wirtschaften; bei sinkendem Realeinkommen, Kürzung und Streichung von Sozialleistungen, zunehmender Arbeitslosigkeit ist „Selbermachen" kein Hobby, sondern erforderlich.

Gemeinsam ist Hausfrauen die isolierte Arbeitssituation. Ihre Arbeit ist vor allem Arbeit für andere. Sie hat sich nach den Bedürfnissen und Verpflichtungen der Familienmitglieder zu richten. Ihre Arbeitszeit- und Arbeitsplanung ist abhängig von den Arbeitszeiten und -bedingungen des Mannes, den wechselnden Schulzeiten der Kinder. Kleinkinder lassen sich nicht wie ein Haushalt rationell bewirtschaften. Hier fallen oft gleichzeitig sehr unterschiedliche Anforderungen und entsprechend Fähigkeiten und Fertigkeiten an. Räumlich und zeitlich gibt es bei der H. keine Trennung von Arbeits- und Freizeit. Feiertage und Ferien sind Freizeiten für Mann und Kinder und in der Regel Zeiten erhöhter Anforderungen an die Frauen. Trotz relativer Bewegungsfreiheit und mancher Flexibilität in der Zeiteinteilung ist H. keine selbständige Arbeit; sie muß jeden Tag wiederholt werden, läßt sich nicht an einem Stück leisten. In großen Haushalten mit Kleinkindern tendenziell endlos (dies ist mehr und mehr die Ausnahme), läßt sie sich auch endlos dehnen.

H. ist vor allem auch → Beziehungsarbeit; die Anforderung an Frauen, sich Mann und Kindern zu widmen, für sie zu sorgen, für alle ein Klima herzustellen, in dem sie sich wohlfühlen können, schafft zweifellos Überforderung und vor allem auch psychische Abhängigkeit. Für die Liebe und Fürsorge wird umgekehrt Dankbarkeit und Zuwendung erwartet. Ein Ausbleiben wird als eigenes Versagen gewertet, gegen sich selbst gerichtet. Hier vor allem liegt das Problem abhängiger Existenz, des Lebens durch andere. Die ökonomische Abhängigkeit verpflichtet zudem um der eigenen Existenzsicherung willen (und der der Kinder), die

Fürsorge, Arbeit und Liebe immer wieder aufzuwenden, Anstrengungen zu vergrößern.
Das Geld, das er verdient, ist nur so lange ihres, wie die Ehe dauert bzw. bei Scheidung der Mann zahlungsfähig und zahlungswillig ist. In der Regel reicht ein Einkommen nicht für zwei Haushalte; die Folge ist dann für die Frau die Abhängigkeit von Sozialhilfe. Eine eigenständige Sicherung ist für die Risiken der Verknüpfung von Arbeit und Liebe in der Regel nicht gegeben. (→Recht, → Rente)
Mit ihrer H. leisten Millionen Frauen gesellschaftlich notwendige und nützliche Arbeit in der Form des (fast) unbezahlten privaten Dienstes. Mit Familienzuschlägen, Steuererleichterungen, Kindergeld sind weder der Arbeitsaufwand noch die Kosten für Kinder entgolten. Diese so organisierte Arbeit ist für die kapitalistische Wirtschaft von „Mehr - Wert", als sie je darin investiert hat. Denn Frauen schaffen Voraussetzungen, Arbeitsergebnisse, die gesellschaftlich angeeignet werden. Der Staat spart Ausgaben für die Erziehung und Versorgung von Kindern, wie die einzelnen Unternehmen Aufwendungen für Fertigkeiten und Fähigkeiten sparen, die Erwerbstätige später im Produktionsprozeß brauchen. Die *Arbeit,* die Frauen erbringen, ist unverzichtbar; die Form der Organisation in Millionen Einzelhaushalten nicht.
Richtig ist, daß viele Hausfrauen Zufriedenheit mit ihrer Arbeit äußern. Die Arbeit selbst ist trotz aller Belastungen auch sicher abwechslungsreicher als manche nervenanspannende und aufreibende Arbeit in der Industrie, in Büros und Verwaltung. Kinder und das Zusammenleben mit ihnen bedeuten auch Bereicherung, Lernen, Erfahrungen, Einsichten, Befriedigung. Unter bestehenden Bedingungen, bei fehlender Alternative, wird die Identifizierung notwendig darüber laufen.
Je länger die ökonomische Abhängigkeit dauert, um so schlechter wird sie ertragen; dies, die isolierte Arbeitssituation, fehlende soziale Kontakte, Mangel und Gelegenheit, eigenen Interessen nachzugehen, sind Quellen für Unzufriedenheit, aber auch für Veränderung. Frauen haben längst begonnen, sich gegen die stete Anforderung, für andere da zu sein, zu wehren. Sie haben Wertvorstellungen verändert; sie vertreten nicht mehr allein die Interessen ihrer Kinder gegenüber Kindergarten und Schule, sondern auch ihre in Frauengruppen, Umweltschutz- und Friedensbewegung. Sie fordern auch für sich, was „er" selbstverständlich in Anspruch nimmt: Freizeit, Zeit für sich, für soziale Kontakte –, und sie fordern sehr viel bessere Chancen und Möglichkeiten für den beruflichen Wiedereinstieg nach tendenziell immer kürzeren Zeiten ausschließlicher Haus- und Familienarbeit (→ Arbeit, → Beruf, → Erwerbstätigkeit).

Das Jahr der Frau geht weiter, Poster aus Schweden.

Neueröffnete
Hebammen-Schul/
Oder
Nutzliche Unterweisung Christlicher Hebammen und Wehmüttern/ wie solche sich vor / in und nach der Geburt / bey Schwangern und Gebährenden / auch sonst gebrechlichen Frauen zu verhalten haben.
Nebst einem ausführlichem Bericht / Wie todte Kinder / so in Mutterleib abgestanden / ohne Gefahr auszuziehen.
Mit vielen dienlichen Observationibus, aus gewisser eigenthümlicher Praxi und Erfahrung erläutert und Mit unterschiedlichen schönen Kupffern gezieret.
Anfangs auf vieler Begehren in Druck gegeben Von
Christoph Völtern/ Hoch-Fürstl. Durchl. zu Würtemberg Leib-Chirurgus.
Anjetzo aber von neuem mit Fleiß übersehen / an vielen Orten verbessert / besonders mit einem sehr nutzlichen Anhang / von der Hebammen Beruff und Stand / wie nicht weniger mit einigen bey dergleichen Fällen nöthigen Gebethern vermehret / und zum dritten mal in Druck verfertiget.
STUTTGART,
In Verlegung Johann Benedict Metzler / 1722.

Titelseite eines weitverbreiteten Hebammenlehrbuches aus dem Jahre 1722.

Lit.: Irene Block / Uta Enders / Susanne Müller, Das unsichtbare Tagwerk. Mütter erforschen ihren Alltag, Reinbek bei Hamburg 1981; Bundesministerium für Frauen und Jugend (Hrsg.), Gleichberechtigung von Frauen und Männern. Materialien zur Frauenpolitik 16/1992. IPOS, Bonn 1992; Eva Dörpholz, Hausfrau – (k)ein Beruf fürs Leben, Zürich 1991; Barbara Geiling-Maul u. a. (Hrsg.), Frauenalltag. Weibliche Lebenskultur in beiden Teilen Deutschlands, Köln 1992; Ute Gerhard / Alice Schwarzer / Vera Slupik (Hrsg.), Auf Kosten der Frauen. Frauenrechte im Sozialstaat, Weinheim und Basel 1988.

Renate Wurms

Hebamme; eigentlich Hebe-Amme, umgedeutet aus mhdt. hev(i)anna – Großmutter (die das Neugeborene vom Boden aufhebt); speziell ausgebildete und staatlich geprüfte Geburtshelferin.

H. ist ein uralter Frauenberuf. Im Mittelalter Sache der Familienangehörigen und der → „weisen Frauen", die immer auch mit Wundbehandlung und Heilung von Krankheiten befaßt waren. Ihr Wissen um die Heilkräfte der Natur hatte, wie alle Naturheilung, auch magische Züge und erregte so den Argwohn der Priester. Die Macht, die den weisen Frauen in den Gemeinden zuwuchs, wurde von den Kirchenleuten als Konkurrenz empfunden, zumal sie in ihren althergebrachten Traditionen heidnischen Ursprungs war. Eine weitere Konkurrenz bildeten die weisen Frauen für die aus den Badern (Bartscherern und Haarschneidern) hervorgegangene Zunft der Ärzte, die nun – akademisch gebildet und eingebildet – die Erfolge und das vom Volk bewiesene Vertrauen in die Heilerinnen mit scheelem Neid verfolgten. Feministische Forschung hat den Verdacht erhärtet, daß die Hexenverfolgungen zunächst vor allem dieser Gruppe von Frauen galten, von den zwei mächtigen Berufszweigen der Priester und Ärzte inszeniert.

Am Ende der Hexenverfolgungen waren die beiden Männergruppen Sieger: es gab im Gebiet der Hexenbrände keine weisen Frauen mehr; sie waren ausgerottet mitsamt ihren weiblichen Verwandten, jungen wie alten, denen sie ihr Wissen eventuell hätten mitteilen können. Gründliche Arbeit! Später „erlaubte" man dann den Hebammen unter der Anleitung von Ärzten und im streng am Wochenbett orientierten Berufsbild wieder, Kinder in die Welt zu heben. Das Wissen von Jahrhunderten war jedoch nahezu ausgerottet.

Hebammen sind zur Geburtshilfe und Pflege von Wöchnerin und Kind zuständig. Jede Gebärende ist verpflichtet, eine Hebamme zuzuziehen. Diese wiederum ist verpflichtet zur Hilfe. Voraussetzung für die behördliche Anerkennung ist eine Prüfung und die Niederlassungserlaubnis. Die Hebamme steht unter der Aufsicht des Amtsarztes, dem sie ihr Tagebuch jährlich ein-

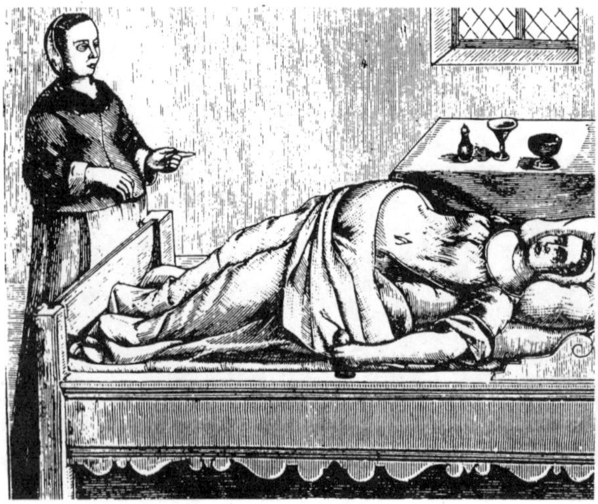

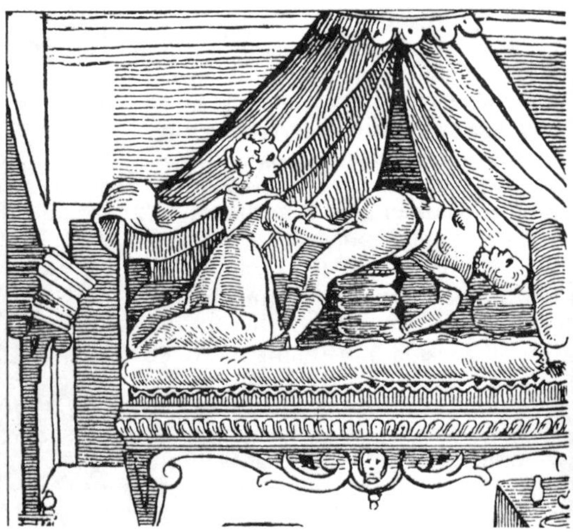

Illustrationen über Gebärpositionen und Anweisungen der Hebamme.
Aus: Geronimo Scipione Mercurio (1550–1616), La commare o riccoglitrice, Venedig 1596.

reichen muß. Ihre Tätigkeit wird durch eine Dienstordnung geregelt.

Hermaphrodit; von griech. Hermaphroditos, Sohn des Hermes und der Aphrodite, bezeichnet ein Wesen aus dem griechischen Mythos, dessen Kult von Zypern nach Athen kam. Er wird seit dem 4. Jh. v. u. Z. dargestellt als Zwitterwesen, in dem männliche und weibliche Formen verschmelzen.
Als Hermaphroditen bezeichnet man Menschen, die sowohl männliche wie weibliche Geschlechtsorgane und sekundäre Geschlechtsmerkmale besitzen. Echter Hermaphroditismus ist äußerst selten. Diese Zwitter können durch Operationen entweder zu Männern oder zu Frauen gemacht werden.
Der Hermaphroditismus ist nicht zu verwechseln mit dem feministischen Traum vom androgynen Menschen (→ Androgynie), der eine geistig-charakterliche Verschmelzung der nicht nur nach feministischer Lehre anerzogenen Unterschiede in den Verhaltensweisen der Geschlechter anstrebt.

Herrschaft; → Patriarchat; → Macht.

Hetären; griech. Genossen, Kameraden, Gefährtinnen, Freundinnen; Bezeichnung für Freudenmädchen in der Antike.
In Korinth und einigen anderen Orten wies man Verbindungen zum Aphrodite-Kult nach. Besonders seit dem 5. Jahrhundert v. u. Z. findet man hochgebildete Frauen unter den Hetären, die gegenüber den bedauernswerten griechischen Ehefrauen eine bevorzugte Stellung einnehmen. Sie sind selbständig, erwerben politischen Einfluß auf bekannte Männer des Altertums, so auf Perikles (Aspasia), Demosthenes (Lais), Alexander (Thais), Praxiteles (Phryne). Diese Stellung der käuflichen Frau weist einmal darauf hin, daß die käufliche Liebe nicht mit der Verachtung und der heuchlerischen Verdammung der Frauen belegt wurde wie später in den christlich geprägten Gesellschaften, zum anderen darauf, daß die Stellung der griechischen Ehefrau sich

Ruhende Hetäre, 5. Jh. v. u. Z.

weit unter der einer Hetäre befand. Sie hatte keine Bildungsmöglichkeiten, war eingesperrt – von der Tafel der Männer (auch ihres Mannes) ausgeschlossen und wurde, wenn sie es wagte, sich aufzulehnen, diskriminiert wie Xanthippe, die bis auf den heutigen Tag als das Urbild der zänkischen Frau gilt.

Heterosexualität; hetero (griech.) = anders, ungleich; sexus (lat.) = Geschlecht. H. meint die → Sexualität mit dem jeweils anderen Geschlecht, die als normal bezeichnet wird im Gegensatz zur → Homosexualität.

Hexe; ahdt. „hagzissa", „hagazussa", mhdt. „hecse", „hesse". Die Wortherkunft ist ungeklärt; wahrscheinlich handelt es sich um eine Zusammensetzung von „Hag" = Zaun, Hecke, Gehege und einem alten Wort für Elfe. Danach wäre die H. ursprünglich „eine Zaunreiterin, ein sich auf Zäunen oder Hecken aufhaltendes dämonisches weibliches Wesen". Erst im ausgehenden Mittelalter wurde das Wort für einen, dem Volksglauben nach, weiblichen Geist auf eine Frau übertragen, die mit dem Teufel im Bunde stehen sollte.
Im (späten) Volksglauben, in Märchen und Sagen ist die H. meist eine zauberkundige, mit schadenbringenden Kräften begabte alte, alleinlebende Frau; oft bucklig, rothaarig, mit krummer Nase, Stock, → Besen und Kater. In der → Bildenden Kunst und der Dichtung ist die H. als Motiv vor allem seit dem 15. Jh. häufig. Sie wird als schöne, junge Verführerin, wollüstige reife Frau, mit alten Fruchtbarkeitssymbolen (Schlange, Hahn, Stierkopf), Weisheitssymbolen (Eule), magischen Zeichen dargestellt. Als alte Frau verkörpert sie Falschheit, Neid

Lola Montez als Hexe, 1848.

Tanzende Hexe, Vittorio Güttner, um 1897.

und Geiz. Sie ist die Teufelshure oder das dem Teufel verfallene, schwache Weib. In den Bildern vom „H.nsabbath" herrschen Körperlichkeit, schrankenlose Sexualität, Sinnlichkeit, Lust um der Lust willen; Satan, der Gegenspieler Gottes, ist der Herr – das Geschlechtliche ist dämonisiert.

Diese H.nbilder entsprechen in ihrer Mischung dem *H.nbegriff* in der Zeit der Verfolgungen, der aus ursprünglich nicht zusammenhängenden Elementen systematisch entwickelt wurde: aus (1) im Volk verankerten, vorchristlichen, auch matriarchal geprägten, Glaubensvorstellungen, (2) einer theologischen Dämonenlehre, (3) der Verbindung von Ketzerei und Zauberei.

Während des Mittelalters hielt sich der Glaube an magische Fähigkeiten, an Luftflug, Tierverwandlung, Schadenzauber, der Glaube an Muttergottheiten, die Fruchtbarkeit *und* Dürre bringen konnten, an Waldgöttinnen, die über die Kunst des schlechten *und* guten Wettermachens verfügten (Mythos der → Nornen, → Walküren), an böse *und* gute Geister, an böse *und* gute H.n. Von der katholischen Kirche als heidnischer (Aber-)Glaube verurteilt und zeitweise bekämpft, wurde den Ketzerverfolgungen durch die päpstliche Inquisition (seit dem frühen 13. Jh.) eine erste Verbindung zwischen Irrglauben und Zauberei hergestellt. Im Sachsenspiegel, dem Gesetzbuch für das mittelalterliche deutsche Reichs- und Sprachgebiet (1224–1231 überwiegend aus geltendem Recht zusammengestellt), wurde die Zauberei als ein Verbrechen der Ketzerei, das mit dem Verbrennungstod bestraft wird, erstmals gesetzlich verankert.

Im Verlauf der nächsten zwei Jahrhunderte (etwa 1230–1430) erfolgte die pseudowissenschaftliche Untermauerung des H.nglaubens durch Vertreter der Scholastik (die kirchlich-theologisch gebundene Wissenschaft des Mittelalters). Am Beginn steht Thomas von Aquins (um 1225–1274) Aberglaubenstheorie auf der Grundlage der Dämonenpaktlehre Augustins (354–430). Danach galt die Dämonenwelt als existent, und es wurde als erwiesen angenommen, daß Schadenzauber allein aufgrund eines Vertrags mit dem Teufel angerichtet werden könne. Diese Teufels-Pakt-Vorstellung wurde in der Folgezeit auf jede Häresie (von der kirchlichen Lehrmeinung abweichende) ausgeweitet. Damit standen alle Ketzer/innen automatisch unter dem Verdacht der Zauberei.

Mit dem weiteren Ausbau der Dämonenlehre unter Rückgriff auf antike griechische und jüdische Vorstellungen vom weiblichen „Buhlteufel Sukkubus" und dem männli-

Die Hinrichtung der Marschallin Léanora Galigai im Jahre 1617. Urteil: Hexe (Zeitgenössischer Stich)

chen „Inkubus" wurde alles Geschlechtliche zunehmend dämonisch, teuflisch, weiblich. Die Rezeption arabischer Magie (und Wissenschaft) brachte bei den Theologen-Wissenschaftlern, ihren humanistischen wie bei manchen aufgeklärten Nachfolgern eine allgemeine Befestigung des Glaubens an kosmische, magische, „h.rische" Kräfte.

Der Weg zur Dämonisierung der → Sexualität, zur Zuspitzung des H.nbegriffs auf Frauen war in den Jahrhunderten zuvor mit den patriarchalischen, frauen- und sexualitätsfeindlichen Kirchenlehren gebahnt, im 13. Jh. durch Thomas von Aquin und seinen Lehrer Albertus Magnus (um 1200–1280) auf „wissenschaftliche" Höhe und zu besonderer Wirkung gebracht. Sie übernahmen aus den im 12. Jh. wiederentdeckten Schriften des Aristoteles dessen „naturwissenschaftliche" Begründung für die Minderwertigkeit der Frau in die Theologie: aufgrund von „Naturwidrigkeiten" sei die Frau „ein defektes Wesen"; sie lehrten, wie u. a. bei Augustin angelegt, die größere Intelligenz, Glaubensstärke und Tugendhaftigkeit des Mannes. Verheerende Wirkung sollte die schon lange in der katholischen Moraltheologie verankerte Auffassung von der unreinen und unrein machenden (menstruierenden) Frau haben sowie die populäre, der Teufel werde durch Menstruationsblut angezogen. (→ Kirche, katholische)

Im 15. Jh. war das tödliche Muster perfekt. Der Frau wurde eine „natürliche Neigung" zur geschlechtlichen Verbindung mit dem Teufel („Teufelsbuhlschaft") nachgesagt, und die H.n galten als (neue) Sekte, deren Angehörige sich zum H.nsabbat träfen, mit dem Teufel Unzucht trieben, seine Schadenswerkzeuge seien. In dem Vorwurf der H.rei waren nun alle früheren der Ketzerei, des Schadenzaubers, Nachtflugs, sexueller Ausschweifungen zusammengefaßt. Mit der Umformung traditioneller (Aber)-Glaubensvorstellungen und der Sekten-These war eine bestimmte Form des H.nglaubens entwickelt, die Ausbreitung dieses *H.nwahns* gezielt gefördert. Mit der Konstruktion vom weiblichen Teufelswerkzeug haben die H.njäger ihr mörderisches Geschäft gerechtfertigt, die Verfolgung durchgesetzt und erleichtert, denn Folter, H.nproben, der Tod auf dem Scheiterhaufen galten auf diese Weise nicht den Frauen, sondern dem Kampf gegen den Teufel.

Hexentanz (Nächtlicher Tanz), Max Slevogt, 1903.

‚Satangefolgschaft. Holzschnitt aus dem Compendium Maleficarum", 15. Jh.

Die erste Phase der systematisch betriebenen *H.nverfolgungen,* die sich aus den Ketzerverfolgungen entwikkelten, umfaßt die Zeit von 1430 bis 1540. Durch Papst Paul III. wurde 1468 die H.rei offiziell zu einem besonderen Verbrechen erklärt, für dessen Untersuchung die Inquisition zuständig war. Als Antwort auf den Widerstand gegen die Verfolgungen erließ Papst Innozenz VIII. (von lat. innocentia = Unschuld) am 5. Dezember 1484 die *H.nbulle,*

Hexenritt aus dem „Tractatus von den bosen Weibern, die man nennet die Hexen", Ulm um 1490.

und unter Berufung auf diese veröffentlichten die beiden deutschen Inquisitoren Sprenger und Institoris 1486/87 den *„H.nhammer"* (Malleus maleficarum), das für alle H.njäger in den nächsten Jahrhunderten maßgebliche Handbuch. Der H.nhammer ist eine der widerlichsten Sammlungen von → Sexismus, →Männlichkeitswahn, Haß auf Frauen. In der Begründung für die größere Anfälligkeit der Frau für die H.rei finden sich alle Muster von der „schlechten Natur" und „wegen der Natur" über den „Mangel an Verstand", die „Affekte und Leidenschaften" bis hin zu dem traditionell-theologisch aus der Schöpfungsgeschichte abgeleiteten Diffamierungsmuster Eva – Erbsünderin – Verführte und Verführerin – H. Genaue Beschreibungen der Erkennungs- und Verdachtsmerkmale werden gegeben, darunter als die „drei Hauptlaster: Ungläubigkeit, Ehrgeiz, Üppigkeit" (= Geilheit); „ein Laster von Natur ist, sich nicht regieren zu lassen". Detailliert werden die schlimmsten Vorwürfe aufgeführt, insbesondere die der Verhütung, Abtreibung, des Unfruchtbarmachens, der Kindestötung; entsprechend werden die der Verhütungs-, Geburts- und Abtreibungshilfe zweifellos damals kundigen → Hebammen am häufigsten genannt, als „H.nfürstinnen" zu den gefährlichsten H.n erklärt. Im letzten Teil werden die anzuwendenden Verhörmethoden, Mittel und Grade der Folter genau vorgeschrieben.
Der H.nhammer, bis 1669 29mal aufgelegt, war Verfahrensgrundlage für die Inquisition und für die ab 1520 allgemein in die weltliche Gerichtsbarkeit fallenden H.nprozesse. Auf Gerüchte hin wurde ermittelt; Prozesse wurden durch öffentliche Aufforderung zur Denunziation (bei gleichzeitiger Androhung der Exkommunikation bei Nichtbefolgung) in Gang gesetzt; anonyme „Zeugenaussagen", entsetzliche Foltermethoden, die H.nproben (gingen die an Händen und Füßen Gefesselten nicht im Wasser unter, wurden sie als schuldig verbrannt) waren rechtmäßige Mittel der Ermittlung. „ . . . die gesetzliche Ordnung (wurde) zugunsten des Glaubens verstümmelt", wie die Verfasser des H.nhammers offen schrieben.

Eine zweite, weit schrecklichere Verfolgungsphase mit Massenprozessen und -verbrennungen fällt in die Zeit zwischen 1560/80–1630. In protestantischen Gebieten wurde ebenso gewütet wie in katholischen, der Ausrottungsfeldzug vor allem in Süd- und Westdeutschland, in Frankreich, Großbritannien, Nordamerika und der Schweiz geführt. In Irland, Süditalien, Rußland, ganz Osteuropa fanden wenige oder keine Pogrome statt, in Spanien wurden sie früh eingeschränkt. Die letzten Prozesse und Verurteilungen in Europa waren 1775 in Deutschland, 1782 in der Schweiz und 1793 in Posen.

Viele Akten wurden sehr bald nach dem Ende der Massentötung vernichtet, um mit diesen auch die Erinnerung an die Prozesse und Opfer zu verdrängen, auszulöschen. So schwanken denn auch die Schätzungen über die Zahl der Opfer zwischen einer und neun Millionen; als wahrscheinlich müssen für Europa etwa sechs Millionen angenommen werden. In der Früh- und Spätphase (bis 1500 und nach 1630/50) wird der Frauenanteil auf etwa 50% beziffert, für die Zeit der schlimmsten Verfolgungen auf 80–90%. Besonders betroffene Gruppen waren zunächst die Ketzerinnen, (aufständische) Bäuerinnen, später alte Frauen (Kräuterfrauen), fahrende Frauen, Prostituierte; die Hebammen wurden erbarmungslos aufgespürt. Während der schlimmsten Verfolgungswellen bedeutete nicht nur jede „Abweichung" wie rote Haare, besondere Häßlichkeit oder

Familie der religiös-sozialen Sekte und Bewegung der „Wiedertäufer". Im Hintergrund ein gemeinsames Wohnhaus der Erwachsenen. – Titelbild eines Buches über die Wiedertäufer, 1589. –

Hexen unterwegs zu einem kranken Freund (1612).

Schönheit, extrem hohes Alter, Kinderlosigkeit, Unglück usw. Gefährdung, sondern alle Frauen waren bedroht; während der Reformation-Gegenreformations-Kämpfe war die Nonne oder Begine so gefährdet wie das fahrende Volk. Unter den Opfern waren reiche Witwen, Handwerkerinnen, fiel doch das Vermögen an die geistliche/weltliche Obrigkeit.

Zeitgenössische Kritik an den H.nverfolgungen richtete sich in erster Linie gegen das Verfahren, nicht aber gegen den H.glauben. In der ersten bekannten kritischen Schrift „De praestigiis Daemonum – Blendwerke der Dämonen" (1563) erklärte der Arzt Johann Weyer (1516–1588) den H.nwahn mit einer Theorie weiblicher Melancholie als Wahnvorstellungen oder Geisteskrankheiten der Frauen, für die der Arzt zuständig sei. Diese Auffassung gewann im 17. Jh. an Bedeutung. Weyers Schrift wurde auf die Liste verbotener Bücher, den katholischen Index, gesetzt. Friedrich Spee von Langenfeld (1591–1635), Jurist und Jesuiten-Priester, der viele als H.n verurteilte Frauen zur Hinrichtung begleitete, veröffentlichte 1631 anonym seine „Cautio criminalis oder Rechtliche Bedenken wegen der Hexenprozesse". Es ist eine erschütternde Kritik an einem perfekten System der Ermittlung und Verfolgung, das dem Opfer keine Chance ließ. Kritiker gerieten schnell in den Verdacht der H.rei: so erschienen erst 1701 (dt. 1704) „De crimine magiae – Kurtze Lehrsätze von dem Laster der Zauberey", in denen der Jurist und Philosoph Christian Thomasius (1655–1728) neben dem Verfahren auch das Teufels-Pakt-Muster kritisierte. Die Einmischung von Juristen, Ärzten, Philosophen in das Geschäft der Theologen im 16./17. Jh. führte vor allem zu methodisch-systematisch ausgestalteten Verfahren, zur Spezialisierung in der Ermittlung, juristischer Differenzierung des Globalvorwurfs H.rei (z. B. Giftmischerei, Kindestötung, gleichgeschlechtliche Unzucht, Gotteslästerung usw.) und damit auf neue Weise zu Undurchschaubarkeit und Willkür. Mit der Trennung nach „H.n-Verbrecherinnen" und Kranken/Besessenen setzte sich teilweise auch die Auffassung von der „willentlich handelnden H." durch (so Jean Bodin, 16. Jh., Frankreich), was zu verschärfter Verfolgung führte, während die Annahme der Unzurechnungsfähigkeit zur Entlastung beitrug.

Walpurgisnacht, Arpad Schmidhammer, 1906.

Lange herrschte die Tendenz vor – im Schulgeschichtsbuch weithin bis heute – die H.nverfolgungen ins „finstere Mittelalter" zu verlegen, sie als peinliches Kapitel der Kirchengeschichte, einer wildwuchernden Gesetzgebung und Justiz zu meiden oder allein eine Massenhysterie als Erklärung anzubieten. Standardwerke entstanden im 19. Jh. im Zusammenhang mit einer Kritik am Klerikalismus. Verfolgungen, Erfahrungen mit Feindbildern im 20. Jh. (Juden, Kommunisten), das Interesse der Frauenbewegung an → Geschichte waren Anlässe zu neuen Untersuchungen und zur Rezeption von alten. Vor allem von Frauen aus der feministischen Bewegung sind in den letzten Jahren wichtige Arbeiten zu Ursachen, Funktionen und Wirkungen der H.nverfolgung bezüglich der Frauensituation erschienen.

Neben der Frauen- und Sexualitätsfeindlichkeit werden als Ausgangspunkt die Legitimationskrise der Kirche seit dem 11. Jh. und der „antipatriarchalische Aufbruch der Frau" (Claudia Honegger) in die religiös-sozialen Bewegungen der Ketzer/innen, in die Sekten genannt (andere, freiere Lebensformen, Ablehnung von Sakramenten, teilweise der Ehe, unter Berufung auf Urchristentum Ablehnung der kirchlichen Hierarchie und des Pomps). Seit dem 14. Jh. entwickelten sich

Bei der Wahrsagerin, Gabriel Max, um 1888.

z. T. aus der Ketzerbewegung Bauernunruhen und -aufstände, eine frühbürgerlich-revolutionäre Bewegung; ihre Niederschlagung, dazu die Wirtschaftskrise des 16. Jhs., Mißernten, Hungersnöte, Pest brachten die härtesten Auseinandersetzungen zwischen alten gesellschaftlichen Machtgruppen und waren die Zeiten der schärfsten Verfolgungen.

Der Vorwurf der H.rei war ein Machtinstrument, die Verfolgung eine Terrorkampagne, die sich direkt gegen die aufbegehrenden Frauen richtete, mit der ihre Bestrebungen, Wünsche, Aktionen unterdrückt wurden; sie spielten in der allgemein scharfen Konkurrenz auch eine Rolle bei der Vertreibung von Frauen aus dem Handwerk und ihrem Fernhalten von Bildung und Wissenschaft. Die Verfolgungen wurden zur Abschreckung des Volkes benutzt, zum Brechen seines Widerstandes (Bauernschaft, städtische Unter- und Mittelschichten). An den Frauen wurde ein Exempel statuiert. Der komplexe Vorwurf der H.rei, plastisch gemacht im H.nbild, wurde vielfach und zeitweise systematisch genutzt als Erklärungsmuster für die Krisen, für gesellschaftliches Elend und Chaos, als „Deutungsmuster für die Störungen der natürlichen, göttlichen, . . . gesellschaftlichen Ordnung" (Friederike Höher); auf diese Weise wurde von den Ursachen abgelenkt, wurden Unzufriedenheit, Haß, Zorn gegen die Grundherren – den kirchlichen und weltlichen Adel – auf die Frauen umgelenkt. Ab 1630/50 etwa fungierte der H.rei-Vorwurf als Vielzweckinstrument, mit dem persönliche Feindschaften, Machtkämpfe in Städten und Territorien ausgetragen wurden.

Wie sich Interessen veränderten, Motive überlagerten, neue hinzukamen, alte ablösten, zeigt sich am Beispiel der Hebammenverfolgung: Die Konkurrenz zwischen den (neuen) von der Kirche unterstützten Hochschulmedizinern und den Hebammen war auch eine Auseinandersetzung um Theorie und Empirie (Wissen durch Erfahrung und Praxis), um Jenseits- und Diesseitsorientierung, um Askese und Sinnlichkeit. Dies ist durch zeitgenössische Äußerungen belegt; zudem wurden seit dem 14./15. Jh. Hebammenordnungen aufgestellt, die erfahrenen Hebammen den unerfahrenen Ärzten unterstellt, die Geburtsfeste der Frauen verboten. Die bevölkerungspolitische Funktion kam hinzu, gewann nach Pest- und Kriegsjahren, mit der Herausbildung der neuen Wirtschaftsform (Frühkapitalismus, absolutistische/staatliche Manufakturbetriebe) und ihrem Arbeitskräftebedarf zunehmend an Bedeutung. Unter diesem Aspekt vertrat beispielsweise der französische Politiker Jean Bodin (16 Jh.), der bedeutendste Staatsrechtler seiner Zeit, die Auffassung: Verhütung müsse verboten, Abtreibung unter strengste Strafe gestellt werden, um die Geburtenrate zu erhöhen; für ihn ein Motiv, sich aktiv an den H.nverfolgungen zu beteiligen. So wurden Hebammen, ihre Töchter, Nichten bis ins dritte und vierte Glied verfolgt, um auch die mündliche Überlieferung von Verhütungs- und Abtreibungswissen zu tilgen.

Je länger die Verfolgungen andauerten, desto mehr geriet das Ganze in einen Selbstlauf: H.nglauben und -wahn breiteten sich aus. Bei den furchtbaren Schmerzen unter der Folter gestanden die Opfer, bezichtigten andere – eine Kette ohne Ende. Die berufsmäßig damit befaßten Juristen, Theologen, Folterer, Henker waren daran interessiert, daß immer neue „H.n" produziert wurden. Über 300 Jahre zogen sich die Verfolgungen hin. Die disziplinierende Langzeitwirkung im Volk ist kaum vorstellbar. Besonders Frauen hatten sich – bei Strafe des Untergangs – in Ehe, Familie, gegenüber Kirche und Obrigkeit unauffällig zu verhalten, demütig und gehorsam zu zeigen. Frauengemeinschaften, Nachbarschaften, Dorfgemeinschaften wurden zerstört. Mißtrauen und Furcht vor Denunziation, Angst, Schrecken und Verzweiflung, Frauen- und Sexualitätsfeindlichkeit wurden gleichsam vererbt.

Lit.: Gabriele/Silvia Bovenschen/Helmut Brakkert u. a., Aus der Zeit der Verzweiflung. Zur Genese und Aktualität des Hexenbildes, Frank-

furt am Main 1977; Claudia Honegger, Die Hexen der Neuzeit, Frankfurt am Main 1978; Friederike Höher, Hexe, Maria und Hausmutter – Zur Geschichte der Weiblichkeit im Spätmittelalter, in: Annette Kuhn/Jörn Rösen (Hrsg.), Frauen in der Geschichte, Bd. 3, Düsseldorf 1983; Soldan-Heppe, Geschichte der Hexenprozesse, 2 Bde., Nachdruck der 3. (letzten) Auflage in der Neubearbeitung von Max Bauer, München 1912 (Erstauflage im 19. Jh.); Jacob Sprenger/Heinrich Institoris, Der Hexenhammer, aus dem Lat. übertragen u. eing. von J. W. R. Schmidt, München 1982; Anke Wolff-Graaf, Die verborgene Geschichte der Frauenarbeit. Eine Bildchronik, Weinheim u. Basel 1983; Ulrike Stelzl, Hexenwelt, Hexendarstellungen in der Kunst um 1900, W. Berlin 1983; Wir Frauen 1992, Kalender der DFI, Köln 1991.

Renate Wurms

Homosexualität; von griech. homo = gleich und lat. sexus = Geschlecht, meint die gleichgeschlechtliche Liebe. In der Hauptsache galt sie als „Unzucht mit Männern" und wurde nach § 175 StGB mit Gefängnis und Zuchthaus bestraft. Heute ist sie straffrei, aber die gesellschaftliche Ächtung ist damit nicht verschwunden.
Die weibliche Homosexualität spielte in der Vergangenheit keine große Rolle in der Öffentlichkeit und wurde, wie die weibliche → Sexualität, schlicht übersehen. (→ Lesben)

Hort; mhdt. u. ahdt. = Verborgenes. Institution, die einem Schwachen besonderen Schutz gewährt. Stätte für Kinder zur Entlastung vor allem berufstätiger Mütter bei ihrer traditionellen Rolle der Kinderbeaufsichtigung, wo die Kinder ihre Schulaufgaben machen und unter Aufsicht spielen können.

Hygiene; griech., abgeleitet von Hygieia, der griechischen Göttin der Gesundheit, die später zur Tochter des Heilgottes Asklepios abgestuft wurde.
H. ist im weitesten Sinne Reinlichkeit zur Erhaltung der Gesundheit und wird von den dafür zuständigen Institutionen geleistet: einmal den staatlichen und kommunalen Einrichtungen – Gesundheitsverwaltungen, Müllbeseitigung, Kanalisation, Wasserreinigung, bakteriologische Institute usw. –, international von der Weltgesundheitsorganisation und nicht zuletzt natürlich von den Frauen, die nach altem Rollenschema den größten Teil ihres Lebens damit zubringen, Haus, Haushaltsgegenstände und ihre Familien zu reinigen. Eine Arbeit, deren Zerstörung beginnt, sobald sie abgeschlossen ist und die nur mit der Tätigkeit des sprichwörtlich erfolglosen Strafgefangenen der griechischen Götter, dem bedauernswerten Sisyphos, verglichen werden kann.

Hymen; das Jungfernhäutchen, vielleicht abzuleiten von Hymenäus, Hochzeitsgesang der Griechen, dessen Refrain lautet: Hymen o Hymenaie; halbmondförmige, klappenartige Schleimhautfalte am Eingang der Scheide, die in der Regel beim ersten Verkehr vom männl. Glied durchstoßen wird, meist von Blutung und Schmerz begleitet. (Das H. kann auch fehlen oder durch Tampons z. B. gerissen

Werbung um 1900

sein). Die bedeutsame Geschichte, die dieses Jungfernhäutchen für Frauen hatte, vermutet man nicht hinter dieser eher nüchternen und wenig aufregenden Beschreibung. Tatsächlich aber hat das H. den „Verkehrswert“ des weiblichen Fleisches bestimmt, da es als Nachweis der → Unberührtheit galt. Als unberührt galten Frauen, die – zum Zeichen, daß sie noch niemals das Glied eines Mannes in ihrer Vagina duldeten – ein unverletztes H. besaßen. Nur diese waren vollgültige Ehekandidatinnen und warteten geduldig auf die Hochzeitsnacht, um sozusagen mit einem Paukenschlag in den Besitz eines Mannes überzugehen.
Bezeichnend für die Haltung von Bürgerpatriarchen ist die jenes K. u. K.-Leutnants, der seiner Geliebten, die er entjungfert hatte, den Abschied gab mit der Begründung, sie sei nun keine Jungfrau mehr und käme daher nicht als Ehefrau für ihn in Frage.

Hysterie; von griech. Hystera, Gebärmutter. Ausdruck für eine nicht faßbare, auf seelische Umstände und Reaktionen zurückgeführte Krankheit, die auch körperliche Symptome hervorruft. H. weist kein einheitliches Krankheitsbild auf und wird heute als übersteigerter Hinweis auf seelische Krisen definiert, für die vor allem labile, auf Effekte zielende Persönlichkeitsstrukturen anfällig sind. Der griechische Ursprung des Wortes weist darauf hin, daß man vor allem im Altertum ausschließlich Frauen der H. bezichtigte. Sie galt nie als echte, sondern als eingebildete Krankheit; Frauen im Bürgertum wurde sie zugebilligt (wie auch Ohnmachten, nervöse „Zustände“, Migräne). Flucht in Krankheiten, um Zuwendung zu erhalten oder auch sich zu schützen (→ Psychische Störung).
Als H. galten im Volksmund auch unangemessene Reaktionen in verbalen Auseinandersetzungen, aufgeregtes Streiten, das im Volksmund als „hysterisch“ bezeichnet wird und vor allem Frauen meint. Männer mit ähnlichen Verhaltensweisen werden allenfalls als herrisch, gereizt, überarbeitet bezeichnet und fallen bei der ihnen zugebilligten gesellschaftlichen Dominanz nicht unter diese besonders abschätzig gemeinte Beurteilung.

I J

„Man gibt mir einen Gatten und sagt: Das bist du! Man gibt mir eine Hauswirtschaft und sagt: Das bist du! Man gibt mir ein Kind und sagt: Das bist du! Aber diese Besitztümer alle können auf irgendeine Weise wieder abhanden kommen, und ich allein bleibe immer übrig, ist das blühende Gerank von mir abgefallen, als ein kahler Stamm, wenn der Stamm nicht aus der eigenen Wurzel genährt, sich nicht mit eigenem Laubwerk schmücken kann.
Gleichgültig, ob ich Mann, Weib oder Neutrum bin, das Geschlecht ist Privatsache – vor allem bin Ich eine bestimmte Individualität und mein menschlicher Wert beruht auf dieser Individualität."

Hedwig Dohm, Der Frauen Natur und Recht, 1876.

Ich; ich; über indogerman. „egom", „ego" ist i. mit lat. und griech. „ego" gleichen Ursprungs. Auch der lat. Ausdruck Ego für das eigene Ich ist vor allem über die Psychologie üblicher geworden, gebräuchlich vor allem aber in den Zusammensetzungen „egoistisch" = selbstsüchtig, und „egozentrisch" = ichbezogen, das eigene I. in den Mittelpunkt stellend.
„Ich" bezeichnet allgemein das Bewußtsein von der eigenen, unverwechselbaren Person (Individualität) und der Fähigkeit, wahrzunehmen, zu fühlen, zu denken und zu handeln. Im weiteren Sinn sind die Verhaltensweisen, Eigenschaften und Fähigkeiten, die ein Mensch sich zuordnet, darunter gefaßt. Mit Beginn des 3. Lebensjahres etwa beginnt das Kind, sich in der I.-Form auszudrücken, sich als Person zum Unterschied von anderen Personen zu begreifen.
Es gibt das andere, das bessere, das eigene I. An letzteres zu denken, fällt Frauen nicht ganz leicht, weil es gleich als i.süchtig gilt, wo sie doch eher opferbereit sein sollen. Tradition, abhängige Stellung, Erziehung, ihre Aufgaben in der Familie machen es ihnen immer noch schwer, sich als I., als eigenständige Person zu sehen, sich nicht über andere definieren zu lassen: die Tochter von, die Frau von, die Mutter von . . .

In Stücke
zerschlagen
sammle ich
m ich
bin ohne d ich
endl ich
wicht ich
tücht ich
fröhl ich
mut ich
glückl ich
ich

Margret Gottlieb

Ideal; von spätlat. „idealis" = vorbildlich und griech. „idéa" = Urbild, Erscheinung. I. bezeichnet den Inbegriff von Vollkommenheit, ein Hochziel, Inbild, Wunschbild, Vorbild menschlicher Anstrengungen. I.e sind historisch bedingt und werden geprägt von wirtschaftlichen, politischen, kulturellen Interessen, von Wünschen und Vorstellungen. Im Zuge der Herausbildung der bürgerlichen Gesellschaft und der damit verbundenen Weiblichkeits-, Männlichkeitsi.e (→ Geschlecht)

„Frauen können Einfälle, Geschmack, Zierlichkeit haben, aber das Ideale haben sie nicht."

Friedrich Hegel

wurden Frauen I.e häufig bestritten. „Frauen können Einfälle, Geschmack, Zierlichkeit haben, aber das *Ideale* haben sie nicht" (Friedrich Hegel). Frauen hatten keine I.e zu haben, sondern i. zu sein: als treusorgende Gattin, liebende Mutter, feurige Geliebte, fleißige und bescheidene Arbeiterin, tugendhafte und gehorsame Tochter, anspruchslose Alte.
Wir haben ein I. von der i.en Frau und ein geradezu i.es Männerzitat gefunden: „Die Frau ist es müde geworden, das I. des Mannes zu sein, der zur Idealisierung nicht mehr die rechte Kraft hat und hat es übernommen, sich als ihr eigenes Wunschbild auszudenken . . . Sie will überhaupt kein I. mehr sein, sondern Ideale machen . . ."
(Robert Musil)

Idee; von griech. „idéa" = Urbild, Erscheinung; sehen, wissen. Ursprünglich war es ein philosophischer Begriff im Sinne von Urgedanke, Urbild vom Wesen der Dinge, Erscheinungen, Entwicklungen, Entwurf von künftigen, auch politischen Veränderungen. Umgangssprachlich wird I. auch als Gedanke, Einfall, plötzliche Eingebung benutzt. Auch I.n gehören in patriarchal geprägten Gesellschaften zum männlichen → Geschlechtscharakter, zur Frau dagegen Gefühle und Empfindungen. Freilich waren sich hier die Herren offenbar nicht einig, gestand Hegel den Frauen doch immerhin „Einfälle" zu.

Image; von engl. „Bild". I. ist ein Bild, das sich einzelne oder Gruppen von sich (Eigen-I., Selbstbild) oder anderen (Fremd-I., Fremdbild) oder auch von Gegenständen und Verhältnissen machen. I.s sind eine Gesamtheit von Gefühlen, Einstellungen, Meinungen bewußter und unbewußter Art, die von kulturellen, sozialen, subjektiven Verhältnissen und damit auch von Vorurteilen geprägt sind.
Der Begriff stammt aus der amerikanischen sozialpsychologisch orientierten Absatzforschung. I. bezeichnet da ein gemachtes Bild von Personen und Sachverhalten in Politik, Wirtschaft, Kultur, das vor allem entworfen und hergestellt wird durch Public Relations, gezielte Öffentlichkeitsarbeit.
Im inzwischen häufiger gebrauchten weiteren Sinn meint es den Aufbau typischer Frauen- und Männerbilder, die unser Verhalten ebenso wie unsere Selbst- und Fremdeinschätzung prägen. In den Typisierungen von „Männlichkeit" und „Weiblichkeit" verschwinden alle Mischformen, die lebendige Vielfalt. Die Anforderung, diesem Fremd- oder Selbstbild zu genügen, bedeutet vielfach Überforderung und Scheitern.

Imponderabilien; lat.; I. sind Unwägbarkeiten, unberechenbare Umstände, mit denen wir's beim Zusammenstellen des „Weiberlexikons" zu tun hatten.

Indikation; von lat. „indicare" = anzeigen; Anzeige, Merkmal, Heilanzeige; I. bezeichnet in der Medizin die ärztliche Verordnung einer Heilbehandlung, einer Operation. I. zum → Schwangerschaftsabbruch.

Informationstechnologie; gesamter Prozeß, der zur Gewinnung und Verarbeitung von *Information* notwendig ist, einschließlich der wissenschaftlichen Kenntnisse, der Arbeitsmittel, der Arbeitsorganisation. *Information:* von lat. „informatio" = Bildung, Belehrung. Information wird vermittelt über Zeichen, denen in einem historischen und gesellschaftlichen Zusammenhang eine bestimmte Bedeutung zugeschrieben wird. Davon zu unterscheiden sind *Daten,* die als Zeichen von Maschinen verarbeitet werden können. Sie sind auf ihre „Syntax" (Lehre vom Satzbau) reduziert. Erst wenn

Menschen sie interpretieren, können sie ihnen eine Bedeutung, „Semantik" (Lehre von der Bedeutung sprachlicher Zeichen), geben.
Wenn wir hier von I. sprechen, betrachten wir den gesamten Zusammenhang, in den Informationen eingebettet sind. Auch die *Informatik* als Wissenschaft der Informationsverarbeitung hat es nach diesem Verständnis nicht nur mit der Technik, dem Computer (als Hardware) und den darauf ablaufenden Programmen (Software) zu tun, sondern mit dem gesamten, sich durch die neuen Technologien grundsätzlich verändernden Arbeits- und Lebensprozeß, der zur Informationsverarbeitung dazugehört. Dies jedenfalls ist die Auffassung einer Anzahl von Forscherinnen und Forschern, die davon ausgehen, daß zur Informatik auch die Beobachtung der gesellschaftlichen Voraussetzungen und Wirkungen der I. gehört. Insbesondere von der Frauenforschung in der Informatik wird dieser Zusammenhang betont. Gleichzeitig werden damit auch Auffassungen zurückgewiesen, nach denen menschliches Denken im Prozeß der Informationsverarbeitung nicht mehr notwendig ist und durch Computer ersetzt werden kann („Künstliche Intelligenz").
Ada Gräfin von Lovelace (1815–1852) ist die erste und vielleicht berühmteste Frau in der Computergeschichte. Sie übersetzte für Charles Babbage (1792–1871), der die erste programmgesteuerte Rechenmaschine entwarf, Schriften und Vorträge und kommentierte sie ausführlich. Babbage war interessiert an einer Zusammenarbeit und diskutierte mit ihr die weitere Entwicklung seiner Arbeiten. Die Geschichtsschreibung zeichnet von Ada Lovelace unterschiedliche Bilder. Von den einen wird sie als Urahnin aller Computerfrauen und – aufgrund des Inhalts ihrer „Kommentare" als *die* Erfinderin der Software überhaupt gefeiert. Von den anderen wird ihre Rolle geringgeschätzt, und sie wird als „bloße" Übersetzerin des berühmten Charles Babbage gesehen. Die Geschichte Ada Lovelaces wirft ein Licht darauf, wie schwer und widersprüchlich es für Frauen bis heute ist, in →Wissenschaft und Technik Selbständigkeit zu zeigen und zugebilligt zu bekommen. Ada Lovelace konnte nur in der Rolle der „Übersetzerin" – indem sie sich an einen berühmten Mann anschloß – ihre eigenen Gedanken entwickeln und verbreiten und so in die Geschichtsbücher eingehen.
In den Informatik-Kursen der Sekundarstufe II ist die Teilnahme von Mädchen sehr gering. An den Universitäten hat sich der Frauenanteil an den Studierenden der Informatik in den letzten Jahren deutlich verringert. Entscheidender Zeitpunkt für die geschlechtsspezifische Zuordnung von Fachgebieten ist die → Pubertät. Traditionelle Rollenbilder, nach denen Männlichkeit mit Technik und Weiblichkeit mit Technikdistanz indentifiziert werden, scheinen gerade in der Zeit der Pubertät aufs heftigste wirksam. Erfahrungen mit außerschulischen und außerbetrieblichen Angeboten von Computerkursen ausschließlich für Mädchen und Frauen zeigen, daß diese großes Interesse finden und daß viele Mädchen und Frauen dort besser lernen können als in gemischten Kursen. Dies ist ein Grund dafür, daß heute von manchen Forscherinnen die → Koedukation für naturwissenschaftliche und technische Fächer in Frage gestellt wird. Sie gehen davon aus, daß von der gemeinsamen Erziehung bisher vorwiegend die Jungen

„Die Frauen verändern die Zeiten“, Italien 1989

profitiert haben, während die Mädchen zurückstecken müssen.
In Berufen der Datenverarbeitung ist der Anteil von Frauen, die über eine betriebliche Ausbildung oder über eine schulische Assistenzausbildung in diese Berufe kommen, hoch (60%). In Aufstiegs- und Führungspositionen sind Frauen jedoch kaum anzutreffen.
An den Erwerbsarbeitsplätzen sind heute Frauen diejenigen, die am häufigsten am Bildschirm arbeiten. Bis Anfang der 80er Jahre waren die Voraussagen bezüglich der Wirkungen der Computertechnologie auf die Frauenerwerbsarbeit fast ausschließlich negativ: Es wurde eine zunehmende Weg-→Rationalisierung gerade von Frauenarbeitsplätzen befürchtet, eine Zunahme von Heimarbeitsplätzen mit entrechteten Arbeitsbedingungen (keine gewerkschaftliche Vertretung, kein Anspruch auf Bezahlung bei Krankheit und Urlaub, keine Kontakte zu KollegInnen) und Dequalifikationen an den verbleibenden Arbeitsplätzen. Insbesondere für minderqualifizierte Berufsbereiche sind diese Befürchtungen eingetroffen. In der gewerblichen industriellen Produktion, aber auch bei einfachen Angestelltenberufen wurden durch → Automatisierung Frauenarbeitsplätze abgebaut. Demgegenüber zeigen sich in besser qualifizierten Positionen widersprüchliche Entwicklungen. Frauen in der Sachbearbeitung z. B. konnten die Einführung der Computertechnologie auch für sich nutzen. Ob Computer eher die Dequalifizierung der Frauen oder eine Höherbewertung und größere Zufriedenheit in der Arbeit unterstützen, hängt offensichtlich auch davon ab, wie Hardware und Software gestaltet sind. Auch hier scheinen überkommene stereotype Zuweisungen von technischer Kompetenz zu Männlichkeit und Macht eine bedeutende Rolle zu spielen. Das Nachdenken darüber bei der Gestaltung und beim Einsatz von Technik ist eine wesentliche Voraussetzung für eine Verbesserung der Arbeitssituation von Frauen.
Seit einiger Zeit gibt es in der Informatik erste Ansätze einer Frauenforschung. In Anlehnung an die feministische Kritik von Naturwissenschaft und Technik wird auch in der Informatik danach gefragt, inwiefern patriarchale gesellschaftliche Strukturen Inhalte, Methoden und Konzepte der Informatik und der Software-Entwicklung bestimmen und was dem entgegengesetzt werden kann. Frauenforschung kritisiert vorhandene Software-Systeme und ihre Entwicklungsumgebung, die sich in erster Linie am Ziel der Rationalisierung, allenfalls an einer Unterstützung qualifizierter männlicher → Lohnarbeit orientieren. Sie versucht ihrerseits Inhalte und Methoden zu entwickeln, wie die spezifischen Interessen von Frauen in der Erwerbsarbeit und in der Reproduktion bei der Entwicklung von Software-Systemen Eingang finden können. Unterschiedliche Standpunkte gibt es zu der Frage, ob Frauen spezifische Zugangs- und Umgangsweisen mit dem Computer zeigen und ob dies ein Ausgangspunkt für eine humanere Technikgestaltung sein könnte.

Lit.: D. L. Brecher, Go, Stop, Run. Das Frauen-Computer-Lehrbuch, Berlin 1988; C. Cockburn, Die Herrschaftsmaschine. Geschlechterverhältnis und technisches Know-how, Berlin/Hamburg 1988; S. Heinig / I. Lenz, Schöne Neue Frauenwelt. Computer in Bildung, Beruf und Beziehungen, Münster 1989; U. Hoffmann, Computerfrauen. Welchen Anteil haben Frauen an Computergeschichte und -arbeit, München 1987; C. Roloff, Von der Schmiegsamkeit zur Einmischung. Professionalisierung der Chemikerinnen und Informatikerinnen, Pfaffenweiler 1989; H. Schelhowe (Hrsg.), Frauenwelt – Computerräume. Fachtagung, veranstaltet von der Fachgruppe „Frauenarbeit und Informatik“ im Fachbereich 8 der GI., Berlin u.a. 1989; J. Schwarzkopf (Hrsg.), Neue Wege? Frauen lernen Computertechnik, Bremen 1992.

Heidi Schelhowe

Internationaler Frauentag; der I.F. ist ein Tag für die Rechte der Frauen, für den Frieden und eine humane Gesellschaft. „Um die Einführung des politischen Frauenwahlrechts zu beschleunigen“, beschlossen im August 1910 etwa 100 Frauen aus 17 Nationen, „alljährlich einen Frauentag zu veranstalten“, der „internationalen Charakter“ tragen sollte. Der Beschluß der Sozialistinnen auf ihrer zweiten internationalen Frauenkonferenz in Kopenhagen war eine kleine Revolte mit großer Wirkung. In Frankreich offiziell anerkannt und in den sozialistischen Ländern vormals ein Feiertag, in der Bundesrepublik weder ein anerkannter noch ein freier Tag, wird der I.F. in vielen Ländern am 8. März mit Diskussionen, Veranstaltungen, Demonstrationen, internationalen Treffen, Festen begangen.

Fortschritte und Rückschläge, Erfolge und bittere Niederlagen der Frauenbewegung, der Arbeiterinnen- und Arbeiterbewegung, zu deren Geschichte der Tag gehört, haben auch seine Entwicklung geprägt. Zeitweilig vergessen, behindert, verboten – lebendig blieb und wurde immer wieder gemacht die konkrete Utopie, die in diesem Tag steckt: eine von Ausbeutung, Kriegsdrohung und Kriegen freie Gesellschaft, in der Frauen wirtschaftlich und psychisch vom Mann unabhängig, selbstbestimmt leben, die gemeinsamen gesellschaftlichen Angelegenheiten gleichberechtigt mitbestimmend und -entscheidend.

Woher die Anregung zu einem besonderen Frauentag kam, welches seine Vorläufer waren, ist nicht mehr genau auszumachen. Genannt werden die Demonstrationen New Yorker Arbeiterinnen 1857 oder 1858 gegen unmenschliche Arbeitsbedingungen und für gleichen Lohn, die Streiks der Tabak- und Textilarbeiterinnen 1908 in Manhattan, der 8wöchige erfolgreiche Streik von 20000 Hemdennäherinnen in der gleichen Stadt. Zweifellos steht der I.F. in der Tradition dieser gewerkschaftlichen Frauenkämpfe. Mit der Festlegung auf einen Tag im März (zunächst wechselndes Datum) ist die Verbindung hergestellt zu Befreiungskämpfen in der Vergangenheit, soll daran erinnert werden, daß mit dem Scheitern der bürgerlichen Revolution in Deutschland 1848/49 die Frauen einmal mehr um ihre Menschenrechte betrogen wurden.

Das Folketshus in Kopenhagen, Tagungsort der 2. int. sozialistischen Frauenkonferenz 1910. (Aufnahme von 1980).

Die unmittelbare Anregung, dies belegt ein Grußtelegramm von Amerikanerinnen zum ersten Frauentag 1911, dürfte von dem Beschluß der amerikanischen Sozialisten und Sozialistinnen ausgegangen sein (1909), „am letzten Februarsonntag große Propaganda für das Frauenwahlrecht und die Idee des Sozialismus zu veranstalten . . .“ In ihrer Partei, der damals großen und international einflußreichen sozialdemokratischen, sind Clara Zetkin, Käthe Duncker und andere Genossinnen mit ihrem Vorschlag zu einem Frauentag auf wenig Gegenliebe gestoßen. „Frauenrechtelei“ und „Extrawürste“ sahen viele Männer nicht gern; Rechte fürchteten Umstürzlerisches, weil der Vorschlag von links kam, und mancher Linke fürchtete mit der Orientierung auf „Frauenwahlrecht“ Reformistisches. Die List: was national schwierig war, setzten die Frauen international durch.

Daß die kleine Revolte große Wirkung zeigte, war das Verdienst vieler Frauen, organisierter und nichtorganisierter, die am 1. I.F. 1911 (damals noch am 19. März) in Dänemark, Deutschland, Österreich, der Schweiz und den USA zu Versammlungen, Kundgebungen, Demonstrationen zusammenkamen. 1912 wurde auch in Frankreich, Holland, Schweden, 1913 in Rußland und der Tschechoslowakei u. a. für das Wahlrecht, für Arbeiterinnen- und Mutterschutz, für den 8-Stunden-Tag demonstriert. Bis zum Ersten Weltkrieg war der Frauentag zu einem Tag vieler Frauen geworden, war die ganze Tradition als Tag für die Rechte der Frauen und für den Frieden ausgebildet. Während des Krieges zunächst verboten, konnten in Deutschland und

Titelblatt einer Broschüre.

Plakat von Stadler.

Österreich 1916 Versammlungen im Saal stattfinden. Am 8. März 1917 – nach dem alten russischen Kalender war das der 23. Februar – machten Petersburger Textilarbeiterinnen mit ihrem Streik den Anfang mit der „Februarrevolution", die den Sturz des Zaren, das Ende des Krieges sowie die wirtschaftliche und politische Umwälzung in Rußland einleiten sollte. In Erinnerung an dieses Ereignis wurde auf der 2. internationalen Konferenz der Kommunistinnen 1921 der 8. März als einheitliches Datum für den I.F. beschlossen.

Die Erfahrungen aus dem Ersten Weltkrieg, das Leiden unter seinen Folgen und das Beispiel einer – unter welchen Schwierigkeiten auch immer – geglückten sozialistischen Revolution in Rußland führten in europäischen Ländern zur Gründung von sozialistischen und kommunistischen Parteien, in außereuropäischen zur Stärkung nationaler Befreiungsbewegungen und auch zu einer Verbreitung des I.F.es. So gab es u. a. in Bulgarien, China, England, Estland, Finnland, Japan, dem Iran, Litauen, Polen und Rumänien Frauentagsveranstaltungen.

In Deutschland wurde der Frauentag in einzelnen Ländern zeitweilig verboten; zudem durfte er der Tag der einen nicht sein, weil er schon der Tag der anderen war. Die Wiederaufnahme der Tradition in der SPD schafften die Frauen von der Basis aus und wieder über ihre internationale Zusammenarbeit, denn in Österreich z. B. war der Frauentag selbstverständlich der Tag aller fortschrittlichen Frauen, gleich welcher Partei oder Gewerkschaft sie angehörten. Entsprechend der aktuellen politischen Situation wechselten die Inhalte; zum Ende der Weimarer Republik waren der Kampf gegen den § 218, Weltwirtschaftskrise, das Massenelend, die Erwerbslosigkeit und die drohende faschistische Gefahr die zentralen Themen.

Für die Frauen im Widerstand, im KZ, in der Emigration war der Frauentag Erinnerung an eine bessere Vergangenheit und Hoffnung auf die Zukunft – Spaltung sollte es nicht mehr geben. Diese Erfahrungen prägten auch den Aufbruch, ebenso sichtbar und spürbar auf dem internationalen Frauentreffen zum 8. März 1945 in London wie zwei Jahre später auf dem „Deutschen Frauenkongreß" zum I.F. in Berlin. Mit Quellen nur unzureichend belegbar, aber aus Erinnerungen und Erzählungen bekannt, gab es auch in den Westzonen in vielen Orten nach 1945 gemeinsame Veranstaltungen zum Frauentag, die ersten großen 1950 zum 40. Jahrestag des I.F., und trotz des sich verschärfenden antikommunistischen Klimas setzten Kommunistinnen, Unorganisierte, Gewerkschafterinnen die Tradition des Frauentages in den 50er Jahren fort. Kampf gegen die Wiederaufrüstung, auch das Gleichbe-

rechtigungsgesetz, Einsatz für Völkerverständigung, internationale Zusammenarbeit waren die dringlichsten Probleme. Dazu kam die alte Spaltung; wie schon in den 20er Jahren feierten und demonstrierten die einen im März, oft vom Verbot bedroht, und die anderen im April oder Mai. In der Öffentlichkeit wurde der Frauentag in den 60er Jahren ein fast vergessener Tag.
Gegen anfangs erheblichen Widerstand haben Kommunistinnen, DFI-Frauen, Gewerkschafterinnen, dann auch Sozialdemokratinnen und Frauen aus der autonomen Bewegung den 8. März wieder zu einem Tag der Frauen und weithin bekannt gemacht. Heute treffen sich Frauen in Kirchengemeinden und Volkshochschulen, sind neue Bündnisse entstanden. Der gemeinsame Aufbruch von Frauen gegen den § 218, die Reform- und Entspannungspolitik ebenso wie der Protest gegen Rüstungswahn und gegen die Folgen der Wirtschaftskrise und nicht zuletzt die internationale Zusammenarbeit in der Frauenfriedensbewegung haben je ihren Anteil an diesen Schritten nach vorn.
Ein solcher Tag ist nicht gegen das Erstarren im Ritual gefeit. Alljährliche (Pflicht-)Veranstaltungen machen auch guten Traditionen den Garaus, wenn nicht die allgemeine Bedeutung des I.F. aktuell lebendig wird: Aufforderung zu alltäglichem → Widerstand gegen → Diskriminierung, → Sexismus, → Rassismus und → Patriarchalismus und Aufforderung zum Engagement für → Gleichheit (ohne Angleichung), → Demokratie, Eigenständigkeit und Selbstbestimmung. In den östlichen Gesellschaften, auch in der DDR, entwickelte sich im Zuge der Ersetzung der Frauen- durch Mütterpolitik vielfach der I.F. zu einem sozialistischen Muttertag. Wo nach einem verkürzten Verständnis → Gleichberechtigung und → Emanzipation als verwirklicht und erreicht galten, sangen alte Patriarchen aus Partei- und Regierungsspitze das Hohe-Leistungs-Lied der Frau und ließen sich für die Segnungen feiern, die sie den Frauen angedeihen ließen.
In praktischer Solidarität vor Ort

und international, in alternativen Frauen- und Friedensgruppen wurde auch hier der eigentliche Sinn dieses Tages erhalten: „sich des Standes und Fortgangs der Frauenbefreiung zu versichern“ (Annemarie Auer, DDR-Literaturkritikerin, 1979).

Lit.: Richard J. Evans, Sozialdemokratie und Frauenemanzipation im deutschen Kaiserreich, Bonn 1978; Min. f. die Gleichstellung von Frau und Mann/NW (Hrsg.), Der Internationale Frauentag. Dok. und Berichte 8, Düsseldorf o.J. (1988), Redaktion: Barbara Gröschke; Renate Wurms, Wir wollen Freiheit, Frieden, Recht. Der internationale Frauentag. Zur Geschichte des 8. März, Frankfurt a. M. 1983.

Renate Wurms

Interruption; aus dem Lat. kommt der medizinische Ausdruck für künstliche Unterbrechung. (→ Koitus interruptus, → Schwangerschaftsabbruch). Von diesem Ausdruck I., wörtlich übersetzt, kommt die falsche Bezeichnung für Schwangerschaftsunterbrechung statt -abbruch.

Inzest; aus dem Lat,; auch Inzucht, Blutschande. I. bezeichnet die sexuelle Beziehung zwischen nahen Verwandten, Eltern und Kindern, zwischen Geschwistern. I. wird in der Bundesrepublik nach § 173 StGB mit Geldbuße oder Gefängnis bestraft. Nach Meinung von Expertinnen handelt es sich bei I. eher um die Verschleierung des → sexuellen Mißbrauchs von Abhängigen, von Kindern und Jugendlichen. I. ist danach ein Vergehen gegen das sexuelle Selbstbestimmungsrecht. ExpertInnen schätzen, daß jährlich etwa 300 000 Kinder und Jugendliche sexuell in der Familie mißbraucht werden; davon sind etwa zwei Drittel Mädchen unter 20 Jahren. Nur jede 18. bis 20. Straftat wird angezeigt. (→ Gewalt).

Islam; 450 bis 500 Millionen Frauen leben in islamisch geprägten Kulturen, ungefähr genauso viele wie im christlichen Umfeld. Die muslimischen Staaten und Gebiete reichen von Nordafrika über Teile Südeuropas, den Nahen und Mittleren Osten, die asiatischen Staaten der GUS, Teile Chinas bis nach Indonesien. Frauen aus dem muslimischen Kulturkreis bilden bedeutende Minderheiten in den nichtmuslimischen Städten Afrikas, Asiens, Europas und Amerikas.
Islam (arabisch) heißt Hingabe, und eine Religionsangehörige des Islam ist eine Muslimin oder Muslima, das heißt: eine Gott Ergebene. Die christlich-abendländische Bezeichnung „Mohammedaner" heißt ins Arabische übersetzt „die Mohammed – dem Religionsgründer – Ergebenen". Eine gläubige Muslima empfindet die Unterstellung, nicht Gott, sondern einem Menschen ergeben zu sein, als beleidigend.
Nach Mohammeds Tod – und einer ersten bis heute andauernden Spaltung der Gläubigen in Sunniten (85 Prozent) und Schiiten (15 Prozent) im Streit um Mohammeds Nachfolge – wurden innerhalb weniger Jahrzehnte große Teile Asiens und Nordafrikas mit kriegerischen und friedlichen Mitteln islamisiert. Erst nach Mohammeds Tod wurden die Offenbarungen Gottes im *Koran* – der Bibel der Muslime – aufgezeichnet und Mohammeds Weg und seine Worte, die *sunna,* in den *hadithe* niedergelegt. Das religiöse Recht, die *shari'a,* die sich auf den Koran und die Sunna zurückführt, wurde zwischen dem 8. und 9. Jh. in verschiedenen Rechtsschulen entwickelt. Im

Familienrechtsteil der *shari'a* sind das Patriarchat und die Unterlegenheit der Frau festgeschrieben. Es sieht in Grundzügen vor: – die Mehrehe des Mannes (Polygamie); – die Ausgrenzung der Frau aus der männlichen Öffentlichkeit durch Geschlechtertrennung mit Hilfe des Schleiers, getrennter öffentlicher Einrichtungen und islamischer Bauweise, die Liebesbeziehungen außerhalb der Ehe ausschließen soll; – öffentliche Auspeitschung oder Todesstrafe für die Frau bei sexuellen Beziehungen außerhalb der Ehe; – ein geringeres Erbe für die Frau mit der Begründung, daß der Mann seine Eltern im Alter versorgen muß; – ein dem Mann bzw. seiner Herkunftsfamilie obliegendes Sorgerecht für die Kinder; – die Pflicht der Ehefrau zum Gehorsam und das Recht des Ehemannes, seine Frau zu schlagen; – die Pflicht des Ehemannes, seine Familie und Ehefrau zu versorgen; – die Möglichkeit einer jederzeitigen Trennung des Mannes ohne Formalitäten, während sich die Frau kaum scheiden lassen kann. Die Familienrechtsregelungen der verschiedenen Schulen des religiösen Rechts waren nie durchgängig Praxis in der islamischen Welt und werden z. Zt. nur im Iran und in Saudiarabien im ganzen exekutiert.
Im Zuge der seit den 80er Jahren des 20. Jh. erstarkenden fundamentalistischen Bewegungen (→ Fundamentalismus) in der islamischen Welt, die die *shari'a* wieder einführen wollen, sind die seit vielen Jahrhunderten geführten religiösen Auseinandersetzungen über die Stellung der Frau wieder neu aufgeflammt. Da sich das religiöse Recht auf Koranaussagen beziehen muß und diese – wie Bibeltexte – unterschiedliche Auslegungen zulassen, sind die religiösen Familiengesetze keineswegs unumstritten. Bestimmte Gesetze der *shari'a* wie das Schleiergebot und die Behauptung der prinzipiellen Unterlegenheit der Frau, können nicht zweifelsfrei auf den Koran zurückgeführt werden, wie islamische und feministische Rechtsgelehrte immer wieder nachweisen. Die spezifische Ausprägung des Islam und die Definition der „islamischen Frauenrolle“ werden jedoch keineswegs nur im Streit der islamischen Rechtsgelehrten festgelegt. Die herrschende patriarchalische Ordnung (→ Patriarchat) in Nordafrika und Asien, in der auch heute noch die Zugehörigkeit zu einer bestimmten Familie oder Sippe die Stellung in der Gesellschaft weitgehend bestimmt und gleichzeitig Unterdrückung und Sicherheit garantiert, wird auch aus anderen Quellen geschwächt oder gestärkt.
Kapitalistische und sozialistische Modernisierungsbewegungen in der islamischen Welt, die mit dem 20. Jh. einsetzten, lockerten die Bindung zwischen Moschee und Staat. Die Urgroßmütter der Frauen Irans, der Türkei, Afghanistans und der asiatischen Sowjetrepubliken waren entweder erfreut oder entsetzt, als ihre Herrscher oder Räte ihnen den Schleier verboten oder zu seiner öffentlichen Verbrennung aufriefen und Bildungseinrichtungen und Frauenklubs unterstützten und ausbauten, die von couragierten Frauen geleitet wurden.
Die zweite Hälfte des 20. Jh. brachte revolutionäre Umbrüche in den arabischen und asiatischen Kolonien Europas. Viele Frauen können auf Großmütter verweisen, die sich mit ihren Vätern, Brüdern oder Männern am Befreiungskampf beteiligten und Geburtshilfe für einen unabhängigen Staat leisteten, der ihnen Bildung, Ausbildung und Gleichberechtigung zusicherte und diese Versprechen zunächst auch einlöste: Das Wahlrecht wird den Frauen in allen muslimischen Staaten – mit Ausnahme Saudiarabiens und der Ölscheichtümer am Persichen Golf – zugestanden. In vielen Ländern wird in die *shari'a* eingegriffen, diese jedoch – mit Ausnahme der Türkei – nicht gänzlich abgeschafft. Zum Beispiel ist in der Türkei und in Tunesien die Einehe des Mannes vorgeschrieben; in Ägypten, Syrien, dem Irak und Indonesien wurde die Vielehe des Mannes an die Zustimmung der Ehefrau geknüpft; in Tunesien, der Türkei, Syrien und Indonesien wurde die einseitige Verstoßung der Frau durch den Ehemann erschwert und Frauen eine Scheidung erleich-

Koranschule in Gelsenkirchen

tert. Sorgerechtsregelungen, die die Kinder der Frau zusprechen, existieren in Tunesien; ein geteiltes Sorgerecht gibt es in Indonesien.

Die jungen Staaten förderten die Bildung, Ausbildung und Berufstätigkeit von Frauen, denn sie brauchten auch sie in der aufzubauenden Industrie und im Erziehungs- und Gesundheitswesen. Eine neue Mittelschicht von gebildeten und berufstätigen Töchtern der Unabhängigkeit ist in den Städten entstanden, deren Leben sich stark von dem ihrer Schwestern auf dem Land unterscheidet. In den armen muslimischen Ländern verlassen in den 60er, 70er und 80er Jahren Millionen von Frauen, oft mit ihrer Familie, ihre Heimat, um im arabischen, iranischen, europäischen oder amerikanischen Ausland den notorischen wirtschaftlichen und seit den 80er Jahren vermehrt politischen Krisen in ihren Ländern zu entkommen. Gleichzeitig bleiben Millionen von Frauen mit ihren Kindern in ihrer Heimat erstmals als selbständige Haushaltsvorstände zurück und warten auf die Zahlungen ihrer im Ausland arbeitenden Männer.

Genauso vielfältig wie die Ausprägungen des Islam, die Tradition und die Wege von Politik und Wirtschaft, die das Leben der muslimischen Frauen beeinflussen, ist die Geschichte der Frauenbewegungen, ihrer Siege, Niederlagen, Flauten und Kompromisse. Grob verallgemeinert sind seit Ende des 19. Jh. Frauen aus begüterten adligen bis bürgerlichen Kreisen um Bildung bemüht und schließen sich zu lokalen Zirkeln zusammen. Sie gründeten Frauenzeitschriften, die für die Rechte der Frau eintreten. Schriftstellerinnen machen erstmals von sich reden. Frauenrechtlerinnen richten Alphabetisierungskurse ein und gründen erste Mädchenschulen. Zwischen 1920 und 1940 entstehen Parteien bürgerlicher bis sozialistischer Richtung, die erstmals keinen Stammes- oder Sippenhintergrund haben. In ihren Reihen arbeiten häufig auch Frauengruppen, die die Rechte der Frau zu erweitern suchen, sofern ihre Partei dieses Ziel verfolgt, oder die Sozial- und Bildungsarbeit unter den Frauen machen. Die Frauenbewegung nimmt in den 40er und 50er Jahren während des Befreiungskampfes gegen den Kolonialismus großen Aufschwung und gibt auch den Frauen in den nichtkolonisierten Staaten neuen Mut. Nach der Befreiung entstehen nationale Frauenorganisationen, die sich aktiv für die Befreiung der Frau einsetzen. Doch mit der Zeit werden die Frauen um die Früchte ihres Kampfes betrogen. Die sich verfestigenden Staats- und Parteiapparate mit ihren Machteliten ordnen Frauenfragen den „nationalen Interessen" unter, um die traditionellen Kräfte nicht gegen sich aufzubringen. Die Machteliten machen den in den 80er Jahren erstarkenden fundamentalistischen Bewegungen zuallerst in der Frauenfrage Zugeständnisse. Die nationalen Frauenverbände verhalten sich weitgehend still und werden von den Ende der 70er Jahre entstandenen autonomen Frauengruppen kritisiert. Erst Ende der 80er Jahre arbeiten autonome und traditionelle Frauengruppen punktuell zusammen, als der Frauenflügel der fundamentalistischen Bewegung bereits erstarkt ist.

Eine internationale Vernetzung der Frauen aus dem muslimischen Kulturkreis hat begonnen; die AWSA (Arab Women Solidarity Association) beispielsweise versammelt autonome Frauen aus der arabischen Region; die Organisation „femmes sous lois musilmanes" (Frauen unter muslimischen Gesetzen) sucht Verbindung zu allen Organisationen aus dem muslimischen Kulturkreis, um durch Vergleich des so verschiedenen islamischen Rechts zu zeigen, wie flexibel der Islam ist, und um wirksame Formen des Widerstandes gegen seine frauenfeindlichen Ausprägungen zu erproben.

Lit.: Autonome Frauenredaktion, Frauenbewegungen in der Welt, Bd. 2, Argument-Sonderband AS 170, Hamburg 1989; Jutta Berninghausen, Birgit Kerstan, Die Töchter Kartinis, Berlin 1984. Frauenleben und Frauenbewegung in Indonesien; Der Koran. Aus dem Arabischen übertragen von Max Henning, Stuttgart 1960; Marie-Aimèe Helie-Lucas, Strategien von Frauen und Frauenbewegungen in der moslemischen Welt als Antwort auf Fundamentalismus, in: beiträge zur feministischen theorie und praxis, Nr. 28, 1990, S. 25–37; Sanaat al-Khayyat, Ehre und Schande, München 1991; Edith

Laudowicz (Hrsg.), Befreites Land, befreites Leben?, Köln 1989; dies. (Hrsg.), Fatimas Töchter. Frauen im Islam, Köln 1992; Fatema Mernissi, Der politische Harem, Mohammed und die Frauen, Frankfurt 1989; dies., Die Sultanin, Frankfurt 1991; Naila Minai, Schwestern unterm Halbmond, Stuttgart, 1990; Nawal el Saadawi, Tschador, Frauen im Islam, Bremen 1980; Wiebke Walter, Die Frau im Islam, Stuttgart 1980.

Annegret Ergenzinger

Jiu Jitsu; Das **„J."** fängt gut an, mit dieser Kunst der Selbstverteidigung, die schon die → Suffragetten erlernten und beherrschten. J. ist von dem Japanischen „jujutsu" = sanfte Kunst übernommen. Diese waffenlose, keineswegs sanfte Art der Selbstverteidigung soll in die Lage versetzen, den Gegner, die Gegnerin durch Schläge, Tritte, Stöße, Würfe, Hebel- und Würgegriffe kampfunfähig zu machen oder zu töten. Diese heute veraltete Form der Selbstverteidigung ist eine Vorläuferin der sportlichen Form: dem Judo.

Journalistin; der Ausschluß der Frauen aus der bürgerlichen Öffentlichkeit bedingte auch die randständige Stellung der Frauen im Journalismus. Der Journalismus war und ist ein Männerberuf, denn von jeher arbeiteten hier mehr Männer als Frauen; Berufsethik und Rollenanforderungen wurden von männlichen Vorstellungen geprägt.
Zugleich war der Ausschluß der Frauen aus den publizistischen Berufen aber nie vollständig. Schon im 18. Jh. betätigten sich mit Marianne Ehrmann (1753–95), Sophie Mereau (1770–1806), Sophie La Roche (1731–1807) und Louise Victoria Kulmus („die Gottschedin", 1713–62) die ersten Journalistinnen im Zeitschriftenwesen, die meisten allerdings noch unter männlichem Pseudonym. Anna Louise Karsch (1722–91) war die erste Frau, die mit Schreiben ihren Lebensunterhalt verdiente. Therese Heyne-Forster-Huber (1764–1829) arbeitete als erste selbständige Redakteurin, nachdem sie 1816 die Schriftleitung des „Morgenblattes für gebildete Stände" übernommen hatte.
Frauen nutzten die bürgerliche Revolution von 1848, um die Gleichstellung der Frau auch mit publizistischen Mitteln zu fordern, und gaben die ersten politischen Frauenzeitschriften heraus (z. B. Mathilde Franziska Anneke, 1817–84; Louise Aston, 1814–71; Louise Dittmar, 1807–84). 1849 gründete Louise Otto-Peters (1819–95) die „Frauenzeitung". Als Reaktion darauf erließ die sächsische Regierung zwei Jahre später die „Lex Otto", die es künftig allen Frauen untersagte, eine Redaktion zu leiten.
Mit dem Aufschwung der ersten deutschen Frauenbewegung um die Jahrhundertwende erlebte die Frauenpresse trotz der Behinderungsversuche einen ungeahnten Boom. In den unterschiedlichen Richtungen der Frauenbewegung waren zahlreiche Frauen als Herausgeberinnen und Mitarbeiterinnen der etwa 170 verschiedenen Publikationen aktiv. Clara Zetkin (1857–1933), Helene Stöcker (1869–1943), Lyda Gustava Heymann (1868–1943) und Helene Lange (1848–1930) stehen hier stellvertretend für eine große Zahl von Frauen, die ihre Ziele vor allem auch mit journalistischen Mitteln verfolgten.
Die Frauenbewegung und ihre publizistischen Aktivitäten erleichterten in den 20er und 30er Jahren den Eintritt der Frauen in die Redaktionen der renommierten bürgerlichen Zeitungen und vereinzelt auch in bis dahin ausschließlich den Männern vorbehaltene Ressorts. Gabriele Tergit (1894–1982) arbeitete in der Gerichtsberichterstattung, Annamarie Doherr (1909–74) als Wirtschaftsberichterstatterin, Margret Boveri (1900–75) und Lily Abegg (1901–74) als Auslandskorrespondentinnen. Bei Reisereportagen und im Feuilleton zeichneten immer mehr Frauen als Autorinnen. Erika Mann (1905–69), Annemarie Schwarzenbach (1908–42) und Ursula von Kardorff (1911–88) gehörten zu jener Generation von Journalistinnen, die auf der Suche

Milena Jesenská

nach einem selbstbestimmten Leben in die Männerdomäne einbrachen. Feste Redakteurinnenverträge bei der Tagespresse hatten nach groben Schätzungen insgesamt aber nur etwa 50 Frauen inne.
Wie Gabriele Tergit und Erika Mann mußten zahlreiche J.nen unter der Naziherrschaft emigrieren. Zugleich aber wurden 1935 337 Frauen, also mehr als zuvor, als J.nen im Reichsverband der deutschen Presse registriert, weil das Schriftleitergesetz die Eintragung in eine Berufsliste zwingend vorschrieb. Der Antifeminismus der Nazis verhinderte jedoch, daß sich die Position der Frauen in der Redaktionshierarchie verbesserte.
Wie schon in den Umbruchperioden zuvor, erlebte die Frauenpublizistik im Deutschland der Nachkriegszeit einen Aufschwung. Bis zum Ende der Lizenzzeit 1949 erhielten Frauen im Journalismus Chancen wie dann lange nicht mehr. Allerdings blieb der Fortschritt relativ. So waren bei den sieben größten Zeitungsverlagen im Ruhrgebiet 1950 nur vier Redakteurinnen, aber 128 Redakteure beschäftigt; 1960 standen den 14 Redakteurinnen 372 Kollegen gegenüber. Als Carola Stern (geb. 1925) in den 50er Jahren ihre Tätigkeit im politischen Journalismus aufnahm, hatte sie als Frau noch ähnlichen Seltenheitswert wie Margret Boveri 20 Jahre zuvor. Und sie stieß auf die gleichen Vorurteile. Frau und engagierte J., das paßte in den Augen der Kollegen nicht zusammen. Das Entweder-Oder war eine Falle, die Frauen am selbstverständlichen Eintritt in die Redaktionen hinderte und ihrer Karriere entgegenstand.
Erst in der Folge der autonomen Frauenbewegung bemerkten J.nen, daß den Problemen in ihrem Beruf gesellschaftliche Diskriminierungsstrukturen zugrunde lagen. Jetzt erst schlossen sie sich zusammen, um gegen ihre untergeordnete Stellung und ihren Minderheitenstatus vorzugehen. 1976 bildete sich innerhalb der Gewerkschaft RFFU die erste Gruppe „Frauen in den → Medien". In den verschiedenen öffentlich-rechtlichen Sendeanstalten begannen Sekretärinnen, Cutterinnen, Tontechnikerinnen und J.nen gemeinsam, eine Verbesserung ihrer Situtation zu fordern. Seit 1978 treffen sich die Frauengruppen alljährlich zum „Herbsttreffen der Frauen in den Medien". Bis 1986 legten sie in allen Rundfunkanstalten Frauengleichstellungspläne vor. Bis Ende 1991 waren acht entsprechende Dienstvereinbarungen abgeschlossen.
Gleichstellungsbeauftragte gab es beim Hessischen Rundfunk, bei Radio Bremen und beim WDR, – allerdings arbeitet nur letztere als „Hauptamtliche" mit Planstelle und Büro. Mit dem „Deutschen Journalistinnenbund" gründete sich 1987 das erste bundesweite Netzwerk von J.nen aus dem Rundfunk- und Printbereich.
1984 veröffentlichten Irene Neverla und Gerda Kanzleiter eine umfassende Bestandsaufnahme der Situation von Frauen im Journalismus. Die beiden Forscherinnen dokumentierten darin die horizontale und vertikale Segregation des Berufes. Im Printbereich und im öffentlich-rechtlichen Rundfunk arbeiteten 1991 etwa 25 % Journalistinnen. Gleichzeitig stellten sie etwa 40 % der Auszubildenden in den Journalistenschulen.
Obwohl die J.nen, wie die Studien von Neverla/Kanzleiter u. a. zeigen, sicher nicht schlechter qualifiziert sind als ihre männlichen Kollegen, gilt: Je einflußreicher die Position in der Redaktionshierarchie, desto weniger Frauen lassen sich finden. Bei der ARD gab es noch 1991 keine Intendantin, nur einer Programmkdirektorin standen 21 Programmdirektoren, den 7 Korrespondentinnen 68 Korrespondenten gegenüber. Zugleich werden Frauen in bestimmte Ressorts abgedrängt. J.nen finden sich in größerer Zahl in den Familien-, Frauen-, Kultur- und Regionalredaktionen, dagegen nur selten in den Politik-, Wirtschafts- und Sportressorts. Während Frauen eher Sozialberichte verfassen, sind Männer für die politischen Kommentare zuständig.
Auch in der DDR, wo J.nen mit 50 bis 60% in der Mehrheit waren, gab es die geschlechtsspezifische Arbeitsteilung. Für die Betriebszeitun-

Gabriele Tergit

gen wurden J.nen abgestellt, in den Zentren des Berufes waren sie dagegen nur relativ selten zu finden. Frauen trafen die Entlassungen nach der Wiedervereinigung deshalb in stärkerem Maße als ihre Kollegen. 1992 betrug ihr Anteil noch 38%. In dem hohen Anteil der J.nen in der DDR hatte sich jedoch gezeigt, daß sie Beruf und Familie besser verbinden konnten als in der BRD. Lange und unregelmäßige, das heißt familienunfreundliche Arbeitszeiten bei gleichzeitig fehlenden Kinderbetreuungseinrichtungen erschweren es J.nen, sich im Beruf durchzusetzen. Unter den festangestellten J.nen haben weit weniger Kinder als ihre männlichen Kollegen. Viele Frauen wählen eine freie Tätigkeit, um Beruf und Familie besser vereinbaren zu können, und begeben sich damit in eine sozial ungesicherte und karrierehemmende Position.
Zeigt sich in der geschlechtsspezifischen Arbeitsteilung im Journalismus auf seiten der J.nen ein Defizit oder ein anderes Herangehen an den Beruf? Scheuen Frauen vor Macht und Karriere, vor den prestigeträchtigen Bereichen zurück, oder verweigern sie sich einem Journalismus, der sich vom Menschen zunehmend entfernt? Daß J.nen gründlicher recherchieren, anders auswählen, sorgfältiger formulieren und alltagsnäher berichten, ist empirisch bisher nicht nachzuweisen. Dem stehen der Anpassungsdruck in den Redaktionen und die männlich geprägten Berufsnormen gegenüber.
Nur wenn J.nen sich bewußt mit den Möglichkeiten und Grenzen der weiblichen Sozialisation auseinandersetzen, zeigen sich Ansätze für eine neue Berufsethik. Um den Männerberuf in einen Menschenberuf zu verwandeln, ist jedenfalls neben dem „Marsch durch die Institutionen" die Eroberung von Räumen notwendig, die feministische Experimente gestatten, wie etwa die ehemalige Frauenseite der taz, die Agentur frauenpress in Köln, die Zeitpunkte beim Sender Freies Berlin oder die Frauenzeitschrift Emma.

Lit.: beiträge zur feministischen theorie und praxis, feministische Öffentlichkeit – patriarchale Medien, Heft 30/31, Köln 1991; Romy Fröhlich (Hrsg.), Der andere Blick. Aktuelles zur Massenkommunikation aus weiblicher Sicht, Bochum 1992; Gitta Mühlen-Achs (Hrsg.), Bildersturm. Frauen in den Medien, München 1990; Gruppe Feministische Öffentlichkeit (Hrsg.), Femina Publica, Frauen – Öffentlichkeit – Feminismus, Köln 1992; Irene Neverla/Gerda Kanzleiter, Journalistinnen. Frauen in einem Männerberuf, Frankfurt/New York 1984; Christiane Schmerl (Hrsg.), In die Presse geraten. Darstellung von Frauen in der Presse und Frauenarbeit in den Medien, Köln 1989; Uta van Steen, Macht war mir nie wichtig, Gespräche mit Journalistinnen, Frankfurt a. M. 1988; Taschenbuch der Frauenpresse, Hrsg.: Verlag Rommerskirchen in Kooperation mit der Aral AG, Remagen-Rolandseck, erscheint jährlich.

Lissi Klaus

Jugend; ahdt. jugend, mhdt. jugent, von lat. juventes. In Wörterbüchern und Gesetzestexten sind unter J. meist nur Heranwachsende im Alter von 14 bis 18 Jahren gemeint. J. ist eine Lebensaltersstufe zwischen 12 und 25 Jahren, eine eigenständige Phase zwischen Kindheit und Erwachsenenalter. Diese Lebensaltersstufe, gekennzeichnet durch die → pubertäre Entwicklung, ist in Raum und Zeit unterschiedlich. In den letzten Jahrzehnten ist aufgrund des späteren Heiratsalters und der längeren Ausbildung eine Verschiebung der Altersgrenze nach oben festzustellen.
Im Mittelalter waren → Kindheit und J. als eigenständige Phasen des Lebens unbekannt. Erst seit Ende des 16. Jahrhunderts wird in Europa von weiblicher J., von Mädchen gesprochen. Das gesetzliche Heiratsalter lag bei 12 Jahren. Im 18. Jh. heirateten die Mädchen erst nach dem 20. Lebensjahr; d. h. daß das pubertäre → Alter, zwischen der ersten → Menstruation und der Heirat, das J.alter, bei Mädchen acht bis zehn Jahre dauerte. Erst ab diesem Zeitpunkt konnte von einer eigenständigen J.phase gesprochen werden. In dieser Zeit wurde auch über Mädchenerziehung debattiert. Das J.alter definierte sich im Zusammenhang mit der Heirat (ein unverheiratetes Mädchen wird alte → Jungfer), die → Jungfräulichkeit machte das Mädchen aus.
Im 19. Jh. wird die J. als biologische Kategorie definiert, so z. B. im Meyer's Konversationslexikon von 1885: „Das Jünglingsalter reicht von der beginnenden Entwicklung der Zeugungskraft (Pubertät) bis zur Beendigung des Wachstums, also beim männlichen Geschlecht vom

Titelblatt der Zeitschrift „Jugend" (1897), die dem Jugendstil den Namen gab.

Pablo Picasso, Jugend, 1950

17. bis 23., beim weiblichen vom 14. bis 20. Jahr".

Strittig sind heute die Thesen einer J. als zeitlich begrenzter Lebensabschnitt, da es u. a. eine Reihe Verschiebungen bei der Übernahme der Rolle eines Erwachsenen gibt (Erwerbstätigkeit, Gründung einer Familie).

Die Lebenssituation der weiblichen J. ist heute gekennzeichnet durch familiäre Konflikte, durch Schulprobleme und Bedrohung bzw. Betroffenheit von Arbeitslosigkeit sowie durch unbefriedigende Freizeitgestaltung. Diese Probleme sind wiederum geprägt von der sozialen Lage und der geschlechtsspezifischen Rollenerwartung und -erziehung.

Mit dem Eintritt in das Pubertätsalter werden Mädchen besonders stark mit Konflikten zwischen ihren Wünschen nach Eigenständigkeit, ihrer Suche nach Identität und der gesellschaftlichen Orientierung auf ihre geschlechtsspezifische Rolle konfrontiert. Den Status der Kindheit zu verlassen, heißt für Mädchen, den Status des sexuellen Wesens zu übernehmen. Dies ist nicht selten mit Problemen wie → Eßstörungen verbunden.

In der → Familie werden sie oft auf ihre Rolle als Ehefrau und Mutter vorbereitet (sie sind zuständig für Saubermachen, für das Aufpassen auf kleinere Geschwister, sie müssen ordentlich sein etc.), zumal viele Eltern, vor dem Hintergrund unklarer Zukunftschancen, sie auf eine Qualifikation nicht orientieren, geschweige denn unterstützen.

Auch wenn sich im schulischen Bereich in den letzten Jahrzehnten einiges gebessert hat (Koedukation, gemeinsame Lehrpläne etc.), so bleibt die vermittelte Sozialisation im ganzen doch geschlechtsspezifisch bedingt.

In der Freizeit versuchen Mädchen eine Alternative zur Familie und Schule zu finden: dort suchen sie Freundschaften, Anerkennung, Schutz in Cliquen und Gruppen.

Mädchenfreundschaften, die bisher eine große Bedeutung im emotionalen Bereich hatten und geprägt waren von Gemeinsamkeit, Zugehörigkeitsgefühl, aber zugleich auch von Konkurrenzangst, werden oft bei der ersten Freundschaft mit einem Jungen aufgegeben. Ihr Verhältnis zum Körper, zur eigenen Sexualität, wird dann meist vom Mann bestimmt, gefördert durch die gesellschaftlich anerzogene passive Rolle. Mit der Liberalisierung der Jugendsexualität – von der sexuellen Enthaltsamkeit zur sog. freien Sexualität – hat sich an der Unterdrückung der weiblichen Sexualität wenig geändert; neue Zwänge entstanden. (→ Sexualität). Zum anderen haben viele an den Folgen von sexuellem Mißbrauch (→ Gewalt) zu leiden.

Eines der Hauptprobleme für Mädchen im Alter von 15 bis 18 Jahren ist heute der Lehrstellenmangel und der Mangel an Berufsperspektiven. Wenn sie eine Lehrstelle finden, so handelt es sich zumeist um Kurzausbildungen oder um Berufe mit wenig Zukunftsperspektive. Auch bei der Übernahme nach der Lehre werden Mädchen besonders benachteiligt. Ängste und Hoffnungen um die berufliche Zukunft prägen ihr Leben.

Für die heutige Mädchengeneration ist die Berufstätigkeit selbstverständliche Voraussetzung zur Entwicklung der eigenen Persönlichkeit und der Gestaltung des eigenen Lebens.

Dies deutet darauf hin, daß im Zeitraum von zwanzig Jahren sich die

Einstellung zur Rolle der Geschlechter stark geändert hat. Geht es um Ehe und Partnerschaft, halten sich die Mädchen weniger an althergebrachte Formen, sondern neigen eher dazu, neue Formen des Zusammenlebens zu suchen. Nur eine Minderheit der Mädchen, aber eine Mehrheit der Jungen meint, es sei „für eine Frau wichtig, daß sie verheiratet ist, wenn sie ein Kind bekommt". Beachtlich auch, daß sich in den letzten 20 Jahren das Verhältnis von Mädchen zur Gemeinschaft mit Gleichaltrigen grundlegend verändert hat und die Zugehörigkeit zu einer Clique erheblich gestiegen ist.
Mit der Stärkung der Frauenbewegung in den 70er Jahren wuchs auch das Engagement der Mädchen in der Frauenbewegung und in anderen demokratischen Bewegungen. Politisch interessiert sind heute Mädchen fast genauso wie Jungen.
Das gestiegene Selbstbewußtsein von Mädchen und die Frauenbewegung haben in den 80er Jahren dazu geführt, daß an vielen Freizeitheimen und Schulen sog. „Mensch-Mädchen-Gruppen" oder -initiativen, in denen Mädchen sich eigenständig organisierten, gegründet wurden. In den Jugendverbänden und in den Interessenvertretungen wurde intensiv über Frauenpolitik diskutiert, insgesamt sind auch mehr Mädchen aktiv geworden für ihre Rechte.
In den 90er Jahren sind – nicht zuletzt infolge einer allgemeinen sozialen Verunsicherung und fehlender Lebensperspektiven – Trends zum Okkultismus und → Rechtsextremismus und Wertewandel zu beobachten. Individualisierungsprozesse nehmen in den alten Bundesländern zu (das persönlich-private Glück als letzte Instanz, Suche nach Geborgenheit), Handlungsunsicherheit bei den Jugendlichen in der ehemaligen DDR.

Lit.: Monika Gavier / Carola Wildt, Mädchen zwischen Anpassung und Widerstand. Neue Ansätze zur feministischen Jugendarbeit, München 1983; Heinemann / Schubarth (Hrsg.), Der antifaschistische Staat entläßt seine Kinder, Köln 1992; Jugend '92, Lebenslagen, Orientierungen und Entwicklungsperspektiven im vereinigten Deutschland, Jugendwerk der Deutschen Shell, Leverkusen 1992; Jugendstudie 1992, hrsg. von der Forschungsstelle Sozialanalyse, Leipzig 1992; Edith Laudowicz (Hrsg.), Mädchen, Mädchen, Köln 1990.

Florence Hervé

Jungfrau; → Jungfer. (1) Unberührte Frau; auch das Mädchen zwischen Pubertät und Geschlechtsreife. (2) Sternbild des Nordhimmels und 6. Zeichen im Tierkreis (Zeit: 24. 8.–23. 9.). (3) Berg im Berner Oberland; (4) J.joch, Teil des Berges im Berner Oberland; (5) J.bahn – Zahnradbahn zum J.joch; (6) J.en, die klugen und die törichten – eine Moralgeschichte aus dem Neuen Testament; (7) Die J. v. Orléans; (8) J. Maria . . . Wer findet mehr?

Junggeselle, Junggesellin; (heute auch Single) ursprünglich der junge Handwerksgeselle, seit dem 16. Jh. unverheirateter Mann.
Das Junggesellentum wird bei einem Mann eher anerkannt als bei einer Frau. Unverheiratete Frauen fanden im Mittelalter Zuflucht und Wirkungskreis in Klöstern und → Beginenhäusern. Oft wurden unverheiratete Frauen benachteiligt, in gewisser Weise bestraft. Zum Beispiel hieß es im Dritten Reich: „Das deutsche Mädchen ist Staatsangehörige und wird mit seiner Verheiratung erst Bürgerin."

Verzeichniß der Merkmahle, welche die Jungfrauschaft und die Entjungferung anzeigen.

Merkmahle der Jungferschaft.	Namen der Theile, woran sich die Merkmahle befinden.	Merkmahle der Entjungferung.
Schön und munter	die Augen	Traurig u. niedergeschlagen.
Schön und weiß	das Weiße im Auge	Dunkel.
Weiß und glatt	das Gesicht	Fleckigt.
Fleischig	die Nase	Mager und abgezehrt.
Hell und angenehm	die Stimme	Sehr rauh.
Gut	der Appetit	Schlecht.
Schlank u. dünn	der Hals	Dick.
Mittelmäßig u. elastig	die Brüste	Größer und schlapp.
Weiß	die Wange	Rothbräunlich.
Helle	der Urin	Trübe.
Schmal	wenn er fließt	Breit.
Glatt	die Haare auf dem Venusberge	In die Höhe stehend.

Altes Reklame-Plakat für die Jungfrau-Bahn.

„Törichte Jungfrau", Kupferstich um 1480

K

Kabarett; von franz. „cabaret" Ende des 19. Jhs. in Deutschland übernommen; zeit- und sozialkritische Kleinkunstbühne; auch drehbare Speiseplatte, Fächerschüssel.

In Frankreich gezeugt, erblickte in Berlin kurz nach der Jahrhundertwende ein freches Musenkind das Licht der Welt: das Kabarett, ein Forum politischer Satiren, ein Podium vergnüglicher Literatur, aber allzuoft auch bloße Stätte eines abendlich vergnügten Tingeltangels, dessen Produktion vom Salonhumoristen bis zur Nackttanz- und Pudeldressur reicht. In den Kabarettgeschichten wird die Frau als „ideale Interpretin" von Texten aus Männerhand hervorgehoben. Da glänzt der weibliche Charme, das prickelnde O-là-là, da hüpft das Wesen aus Frou-Frou, feinbesaiteter Fraulichkeit, Firlefanz, Frivolität und Fusel für manches männliche Fettauge über Bühne und Steg. Aber in fast keiner Kabarettgeschichte sind die frühen Versuche der Frauenemanzipation aufgezeichnet, wie etwa die frühen Texte der Margarethe Beutler, die damals nicht erscheinen durften, weil sie selbst für einen Mann wie Otto Julius Bierbaum, einer der ersten deutschen Kabarettexter, zu emanzipatorisch waren. 1903 trat sie zusammen mit der Tänzerin Marietta de Rigardo im Berliner „Cabaret zum 7. Himmel" auf.

Die Guilbert als »Miss Valery« im Moulin Rouge.
Lithographie von Henri de Toulouse-Lautrec

Käte Hyan war eine der ersten Frauen, die Kabarettexte vertonten. 1901 wurden sie von ihrem Mann, dem Schriftsteller Hans Hyan, in der „Silbernen Punschterrine" vorgetragen. Es geht um das Lumpenproletariat, Zuhälter, Entrechtete der Gesellschaft. Parallelen zu Aristide Bruant sind unverkennbar.

Claire Waldoff stellte 1907 für ein Programm die Bedingung, daß nur Frauen mit ihr auftreten dürfen. Sie kam damit durch. Aus Frankfurt holte sie ihre Freundin Gussy Holl, die den männlichen Typ auf der Bühne parodierte. 3 Tage vor der Premiere wurde Claire Waldoff von der Zensurbehörde das gesamte Scheerbart-Repertoire wegen antimilitaristischer Tendenzen gestrichen. Außerdem wurde ihr untersagt, im Anzug aufzutreten, weil nach einer polizeilichen Verfügung Damen nach 23 Uhr nicht in Herrenanzügen auf der Bühne erscheinen durften. Zur Premiere konterte sie mit dem Lied von Walter Kollo: „Nach meine Beene ist ja janz Berlin verrückt". Mit dem Schlager „Hermann heeßt er", der auf Hermann Göring weitergedichtet wurde, bekam sie später Ärger mit den Nazis.

Rosa Valetti, „häßlich wie die Nacht und platzend von lichtstarker Persönlichkeit" (Trude Hesterberg), eröffnete 1920 ihr Kabarett „Größenwahn". Trude Hesterberg gründete das Kabarett „Wilde Bühne", zu dessen Hausautoren auch Tucholsky, Klabund, Walter Mehring und Erich Kästner gehörten. 1922 trug Bertolt Brecht dort seine „Legende vom toten Soldaten" vor. Trude Hesterberg berichtete: „Es wurde ein handfester Skandal mit allem Drum und Dran . . . Ich mußte notgedrungen den Vorhang fallen lassen, um dem Radau ein Ende zu machen, und Walter Mehring ging vor den Vorhang und sagte jene bedeutsamen Worte: Meine Damen und Herren, das war eine große Blamage, aber nicht für den Dichter, sondern für Sie. Sie werden sich noch eines Tages rühmen, daß Sie dabeigewesen sind."

Hier trat auch Kate Kühl auf. „Der Graben" wurde ihr von Kurt Tucholsky „auf den Leib" geschrieben. Drei Jahre später erschien Hitlers „Mein Kampf" und wurde zum Programm der NSDAP. Das Kabarett übernahm die Funktion, die dem Hofnarren in feudalistischer Zeit zukam. Nur: für das Kabarett, die Satire, gibt es keine Narrenfreiheit. „Der Name Zensur wird vermieden. Die Sache Zensur ist da." (Herbert Ihering, 12. März 1929)

Ende der 20er Jahre gründeten sich Kabaretts mit eindeutig antifaschistischer Position: „Die Wespen", u. a. mit Annemarie Hase, Resi Langer, Ernst Busch, Erich Mühsam; „Larifari" mit Rosa Valetti, Hubert von Meyerinck; „Die Unmöglichen" mit der Schriftstellerin Dinah Nelken.

1930 schrieb Karl Kraus in der Fackel über Blandine Ebingers „Lieder

eines armen Mädchens" im Berliner Kabarett „Schall und Rauch": „Von allen späteren Antikriegsprodukten hat mir keines einen so starken Eindruck hinterlasssen wie die „Trommlerin" (T. u. M.: F. Holländer) in der ergreifenden Gestaltung von Blandine Ebinger."
Tucholsky schrieb Texte für die bedeutendsten Chansoninterpretinnen seiner Zeit. Gussy Holl sang im „Schall und Rauch": „Zieh dich aus, Petronella . . ." Käthe Erbholz trug in den Nelson-Revuen Tucho-Chansons vor, Rosa Valetti brachte die dem Weltkriegs-Durchhaltegeneral Erich Ludendorff „gewidmete" Rote Melodie (weshalb sie später in den USA noch Ärger bekam), die unlösbar mit ihrem Vortrag verbunden ist.

General, General
Wag es nur nicht noch einmal!
Es schrein die Toten!
Denk an die Roten!
Sieh Dich vor! Sieh Dich vor!
Hör den brausend dumpfen Chor
Wir rücken näher ran, Kanonenmann,
zum Grab! – Schieb ab!

1933 – das Todesurteil für das deutsche Kabarett. Die Reichskulturkammer, die am 15. November 1933 als eine von 15 Abteilungen des „Reichsministeriums für Volksaufklärung und Propaganda" (RMVAP) gegründet wurde, unterteilte ihre Fachgebiete nochmals in 7 Einzelkammern, die die staatliche Kontrolle ausübten. Jeder „Kulturschaffende" hatte Mitglied dieser ebenfalls von Goebbels geleiteten Institution zu sein . . .

Kabarett „Die Wespen" (1929: Vorausahnende Vision vom Kriegsausbruch in Berlin!)
Unheimliches Heulen, Donnern und Flammen
Aus allen Plätzen rennt es zusammen
Ganz dicht überm Platz brüllt ein Propeller
„Schnell in den Untergrund, in die Keller!"
Um Viertel nach viere ist tiefe Ruh.
Der graue Schwaden deckt alles zu
Der Krieg fängt an. Der Krieg ist da!
Warum schreit denn kein Mensch hurra?

In seinem Buch „Der Wendepunkt" erzählt Klaus Mann über das Kabarett „Pfeffermühle", das seine Schwester Erika im Schweizer Exil leitete: „Die Schweizer Faschisten, von ihren deutschen Meistern abgerichtet und ausgerüstet, begnügten sich nicht mit den üblichen Stinkbomben und Trillerpfeifen; es wurde mit scharfer Munition geschossen; auch hieß es, eine Zeitbombe sei irgendwo unter der Bühne versteckt. Bis zum Ende des Gastspiels gab es jeden Abend ein Polizeiaufgebot zur Protektion der Pfeffermühle. Denn die Vorstellungen gingen weiter. Nicht nur Erika legte Wert darauf, auch die Schweizer Behörden."
Der Zweite Weltkrieg war vorüber. Auf ein neues. Die Frauen standen in den Trümmern des „Deutschen Reiches" und begannen mit den Aufräumarbeiten. Auch im Nachkriegskabarett wurde „aufgeräumt": die Lyrik der Jüdin Mascha Kaléko wurde wieder vorgetragen, und Ursula Herking sang das berühmte Marschlied '45, das Erich Kästner schrieb:

links, zwei, drei, vier,
links, zwei, drei –
Hin ist hin, was ich habe, ist allenfalls:
links, zwei, drei, vier,
links, zwei, drei –
ich habe den Kopf, ich hab' ja den Kopf
noch fest auf dem Hals. (Erich Kästner)

Trude Kolmann eröffnete 1951 in München „Die kleine Freiheit" mit Helen Vita und Hanne Wieder und ihren frivol-satirischen Liedern. Da sind Lore Lorentz (seit 1947 „Kom(m)ödchen", Düsseldorf), Ursula Noack (lange Zeit einzige Frau bei der „Lach- und Schießgesellschaft"), Hannelore Kaub („Bügelbrett"), Lisa Fiz (die „Misfits") und, und, und. Leider werden viele von ihnen von der hiesigen Presse-Journaille einfach so mir-und-auch-dirnichts unter den Tisch gekehrt. Die einzigen aber, die es uns wirklich schwer machen, sind gewisse Politiker mit ihren Realsatiren in Bonn. (Kaba)-rette sich, wer kann.

Uschi Flacke

Rosa Valetti und Claire Waldoff, zwei Porträtzeichnungen von Emil Orlik, um 1920

Kalender; von lat. calendarium, calendae – der erste Tag jedes Monats, Rechnungsbuch mit Zeiteintragung. Kalendaris war ein Beiname der römischen Hauptgöttin Juno. Die „Kalenden" (erste Tage im Monat) waren der Juno geweiht. Im weiteren Sinn bezeichnet K. die Zeitrechnung überhaupt; im engeren Sinn und nach heute üblichem Sprachgebrauch ist er ein Verzeichnis der nach Wochen und Monaten geordneten Tage des Jahres, häufig zu einem Buch ausgestaltet (Volks-, Bauern-, Frauenkalender). Unser K. wurde

aus dem römischen K. entwickelt. Sehr verschieden davon, was Monats-, Jahres- und sonstige Zeitrechnungen anlangt, waren der griechische, der babylonische und der ägyptische K. und sind noch heute der indische und chinesische K.
Erste Ansätze zu Kalendergeschichten, Kalender als Bücher gibt es mit Grimmelshausens „Ewigwährendem Kalender" (1670). Kalendergeschichten sind kurze Prosa aus dem Volke mit unterhaltendem oder nachdenklichem Charakter und gehören seit etwa 1780 zum festen Bestandteil von Volkskalendern.
Bereits 1782 gab es einen „Almanach der Belletristen und Belletristinnen", den Kunst- und Wunderkalender. Für 1795 haben wir ein „Jahrbuch zur belehrenden Unterhaltung für junge Damen" gefunden und für 1798, zusätzlich zum „Almanach und Taschenbuch zum geselligen Vergnügen", einen „Frauenzimmer-Almanach zum Nutzen und Vergnügen".
Für die Jungs gab es auch Kalender im 18. Jh.: mit Ratschlägen, „wie es die Junggesellen machen sollen, wenn sie gerne wollen einen Bart haben". Nicht einfach übrigens! Da müssen z. B. solche Tiere wie Löwen und Wildschweine und allerlei Wunderpflanzen sowie Möhren her, um dies zu schaffen. Auch unser großer Friedrich Schiller gab einen „Historischen Kalender" für das Jahr 1792 heraus; und „Die Jungfrau von Orléans", eine romantische Tragödie, war als „Kalender auf das Jahr 1802" gedacht.
Das 19. Jh. bleibt hinter dem 18. nicht zurück. 1800 finden wir den „Leipziger Taschenkalender oder das Taschenbuch für Freunde und Freundinnen des Schönen und Nützlichen, besonders für edle Gattinnen und Mütter und solche, die es werden wollen". 1801 schrieb Goethe den Text „Die guten Frauen als Gegenbilder der bösen Weiber" zu den Illustrationen von Johann Heinrich Ramberg für den „Damenkalender", das „Taschenbuch für Damen", um die dort abgebildeten „bösen Weiber" ein wenig zu neutralisieren. Für das Jahr 1805 gibt es ein „Taschenbuch für edle Weiber und Frauen". Dann wird der Kalender „männlich": Johann Peter Hebbel ediert 1808/11 und 1813/15 Kalendergeschichten mit christlich-bekehrender Tendenz für den vom Gymnasium Karlsruhe herausgegebenen Landk. „Der rheinländische Hausfreund". Ein gewisser D. Christoph Gottlieb Steinbeck schreibt 1820 in Leipzig den „aufrichtigen Kalendermann, ein gar kurioses und nützliches Buch für die Jugend und den gemeinen Bürger und Bauersmann". Die edlen Weiber sind verschwunden. . . Mitte des Jahrhunderts tauchen die Landfrauen auf: ein „Landwirtschaftlicher Frauenkalender", seit 1857 herausgegeben, wird ein langes Leben bis Anfang der 30er Jahre dieses Jhs. haben. Bis 1916 ist es ein „Schreib- und Notizkalender mit einigen praktisch-wirtschaftlichen Belehrungen". Ab 1917 wird der K. zu einem Informations-Jahrbuch für Landfrauen erweitert. In der Frauenbewegung waren die Lehrerinnen die ersten mit eigenen K.n. Seit 1887 (bis 1914/15) wurde ein „Deutscher Lehrerinnen-Kalender" und ab 1893 (bis 1912) ein „Katholischer Lehrerinnen-Kalender" herausgegeben. Der „Deutsch-Evangelische Frauenbund" vom rechten Flügel der bürgerlichen Frauenbewegung zog 1904 mit dem „Frauenkalender" nach. Er erschien bis 1915 und wurde dann zum „Kriegsjahrbuch" (1916/17). Nur kurz konnten sich andere Frauenka-

„. . . Ein ordentlicher Taschenkalender hat ein umfangreiches Pensum zu absolvieren und muß so beschaffen sein, daß du dich gewissermaßen wie vor einem Umzug fühlst, wenn du mit Sack und Pack zu seinem Nachfolger übersiedeln mußt. . ." Mascha Kaléko

lender zu Beginn dieses Jahrhunderts halten. So „Hilgers Illustriertes Frauenjahrbuch. Kalender, Merk- und Nachschlagebuch für die Frauenwelt“ (1904/05) oder der „Frauen-Kalender“ für die Jahre 1906–09. Mit Beginn des Ersten Weltkrieges scheint eine Blütezeit für Frauenkalender (wie für eine selbständige Frauenbewegung) vorüber. In den 20er Jahren ist noch der „Leipziger Hausfrauen-Kalender 1929“ nachgewiesen. Mag sein, daß es noch mehr zu entdecken gibt. Auch Kurioses wie den „Ameisen-Kalender auf das Jahr 1900“ oder wie das Schreiben eines Kieler Professors anno 1699: „Aller- und Unterthänigster Vorschlag wie die bishero gebräuchlichen Calender also vereiniget werden können, daß solange die Welt nach Gotteswillen stehen wird, keine Unrichtigkeit noch Verrückung der Feste in der christlichen Kirche mehr zu befürchten.“
1928 heißt es im Archiv für Buchgewerbe und Gebrauchsgraphik: „Neben der Bibel, dem Katechismus und den elementaren Schulbüchern ist der Kalender jahrhundertelang eins der wenigen Hausbücher der breiten Volksschichten gewesen. Wie diese hatte er an der Schätzung teil, deren sich das Gedruckte doch erfreut, wo es zwar schon Bedürfnis, aber noch große Seltenheit ist und wo man an langen Winterabenden zu seiner Unterhaltung und Belehrung immer nur an dieselben unerschöpflichen, vielleicht auch für unerschöpflich geltenden Quellen herangehen kann. Eine unerschöpfliche Quelle ist der Kalender für das Volk lange Zeit geblieben. . .“
Und in den letzten Jahren ist die alte Liebe zum Kalender wieder entdeckt worden. Inzwischen gibt es Friedens-, Ökologie-, Dritte Welt-, Lehrer- und Lehrerinnen-, Männer-, Schwulen- und Jugendkalender im Klein-Taschenbuch-Format, und immer gleich mehrere zur Auswahl; für jeden Geschmack etwas und für jede (politische) Richtung einen eigenen. Diesen guten Brauch der Auswahl haben die Frauen eingeführt. Sie waren in dieser Art von Kalendern – mit dem Aufschwung der Frauenbewegung in den siebziger Jahren – die ersten. Frauenkalender haben das Verdienst, Vergessenes, Unbekanntes aus der Geschichte der Frauen und ihrer Bewegung ausgegraben und den Frauen heute nähergebracht zu haben. Inzwischen gibt es viele unterschiedliche Frauenkalender von Mädchenk. bis Mutterk. Nur wenige sind wie „Wir Frauen“ in der Frauenbewegung verankert.
Frauen-Kalender begleiten den Alltag mit frauenpolitischen Informationen. Sie vermitteln ein Stück Selbstbewußtsein anhand von historischen und aktuellen Daten aus der Frauenbewegung, aus Politik, Wirtschaft, Gesellschaft und Kultur.

Florence Hervé

Karriere; abgeleitet vom Französischen carrière = Rennbahn, Laufbahn; vom Spätlateinischen via carraria = Fahrweg, lateinisch carrus = Karre. 1. Erfolgreicher Aufstieg im Beruf; erfolgreiche berufliche Laufbahn. 2. schnellste Gangart des Pferdes, gestreckter Galopp.
Im Synonymlexikon von Textor steht Karriere unter dem Oberbegriff Aufstieg: 1. Erhöhung, Beförderung, Rangerhöhung, Vorwärtskommen, Förderung, Emporkommen, Karrierelaufbahn, Weg zum Erfolg, Entwicklung, Aufschwung, Verbesserung, Fortschritt, Aufbesserung, Gehaltserhöhung, Lohnaufbesserung, Zulage, Zuschlag.
Hennig und Jardim bringen Karriere in Zusammenhang mit Beförderung, mit wachsendem Ansehen und Einfluß, aber auch mit wachsendem Können und wachsender Sachkenntnis. Der Begriff Karriere bezieht sich fast ausschließlich auf die berufliche Laufbahn. In jedem Fall ist mit Karriere ein erfolgreicher beruflicher Aufstieg gemeint, wobei jedoch die Art und Weise, wie jemand dieses Ziel anstrebt, nicht unumstritten ist. Mit Karriere verbunden ist immer ein Entwicklungsprozeß, ein kontinuierliches Wachstum, aber auch Erfolgsstreben. Karriere ist mit zielstrebigem, konsequentem und erfolgreichem Handeln verbunden. Unabdingbare Voraussetzung für Karriereentwicklung ist ein überdurchschnittlich hoher Einsatz an Zeit und Energie. Die Verfolgung des Berufsplanes hat für den karriereorientierten Menschen Priorität.

Andere Interessen werden untergeordnet, z. T. auch ignoriert. Die Arbeit gilt als Hauptsache, der private Bereich eher als Nebensache. Diese Trennung von Beruf und Privatexistenz und die Schwerpunktsetzung auf den Beruf sind verbunden mit Verzicht auf Erfahrungen, Entdekkungen, auf Familie und Freizeit, auf Bereiche eben, die den geradlinigen Berufsverlauf stören würden. Zum Teil bedeutet Karriere auch Verzicht auf private Beziehungen, auf Partnerschaft und privates Lebensglück. Ausgeglichen werden diese Verzichtsmomente durch einen hohen beruflichen Status, Anerkennung, Prestige, Macht und Geld und insbesondere für Frauen durch Autonomie und Selbstverwirklichung.
Karriereorientierte Menschen stellen auch hohe Anforderungen an sich selbst und sind mit dem Erreichten selten oder nur kurz zufrieden. Auf ein gestecktes Ziel folgt das nächste, so daß der Karrieremensch ständig neuen, höheren Zielen folgt.
Für viele Frauen ist der Begriff Karriere negativ besetzt. Assoziationen wie Machtstreben, Geld, Konkurrenz, Kämpfen, Durchsetzen, Verantwortung tauchen auf. Die bekannten Karrierestrategien sind aller Regel nach männlich. Sie werden von vielen Frauen abgelehnt, da sie mit ihren Werthaltungen nicht übereinstimmen. Für Frauen stellt sich die Frage, ob Karriere nur mit männlichen Strategien zu bewältigen ist oder ob nicht qualitativ andere Karrierestrategien von Frauen entwickelt werden sollten. Dies gilt zunächst für die Art und Weise des Karrierestrebens. Karrierelaufbahnen sind an der männlichen Berufsbiographie orientiert, die von familiären Aufgaben wesentlich befreit ist.
Die bewußte Entscheidung für langfristiges berufliches Weiterkommen und eine entsprechende Planung sind unerläßliche Voraussetzungen für die Karriere. Frauen treffen diese Entscheidung seltener und wenn, dann später als Männer. Das hängt damit zusammen, daß Frauen von vornherein die Doppelrolle als Berufs- und Familienfrau einkalkulieren. Männer dagegen wissen, daß sie ihr ganzes Leben lang ununterbrochen im Beruf sein werden. Deshalb verhalten sie sich aufstiegsorientiert, konzentrieren sich nicht nur auf die gegenwärtigen Aufgaben, sondern stecken sich höhere Ziele und versuchen, diese Schritt für Schritt zu erreichen. Frauen rechnen zumindest mit der Möglichkeit, die Berufstätigkeit zugunsten der Familienarbeit eine Zeitlang einzuschränken oder zu unterbrechen. Häufig führen solche Unterbrechungen auch bei hochqualifizierten Frauen zu dem sog. ‚Karriereknick‘, d. h. die betroffene Frau kommt trotz entsprechender Qualifikation und Fähigkeit nicht in eine höhere Position, da sie den geforderten Zeitaufwand nicht aufbringen kann.

Abgesehen von vielen Diskriminierungen im Erwerbsleben, die Frauen die berufliche Laufbahn erschweren, stehen sie sich oft auch selbst im Weg. Die geschlechtsspezifische Erziehung sorgt dafür, daß Frauen und Männer mit sehr unterschiedlichen Erwartungen und Verhaltensweisen an den Beruf herangehen. Unternehmensberaterinnen haben in ihrer Praxis herausgefunden, daß Frauen im Gegensatz zu Männern weniger risikobereit sind und weniger zielorientiert an ihre beruflichen Planungen herangehen. Während Männer es als unerläßlich betrachten, auch mal etwas zu riskieren, um vorwärts zu kommen, ist für viele Frauen Risiko negativ besetzt. Frauen tendieren eher dazu, zu glauben, daß sie aufgrund ihrer Qualifikation vom Vorgesetzten entdeckt würden, weil sie fleißig, kompetent und zuverlässig auf ihrem Posten sind. Doch dies ist ein Trugschluß, denn nur diejenige, die aktiv an ihre berufliche Laufbahn herangeht, wird ihre Ziele auch erreichen.

Ein Problem ist für karriereorientierte Frauen auch, daß ihr Mann/Lebenspartner ihren beruflichen Erfolg nicht in jedem Fall teilt. Im herrschenden Rollenverständnis sind starke, selbstbewußte Frauen nicht gefragt. Frauen, die Karriere machen wollen, müssen sich daher nicht nur im Beruf engagieren, sondern sich auch im Privatleben mit den Geschlechterrollen auseinandersetzen.

Daß Frauen mit Führungsverantwortung immer noch rar sind, liegt zum einen in der Struktur der Erwerbstätigkeit. Die berufliche Segmentierung, aber auch die Konzentration auf den unteren Hierarchieebenen tragen dazu bei. Teilzeitarbeit als häufige Erwerbsform ist mit weniger beruflichem Weiterkommen verbunden. Aber auch andere Barrieren in Unternehmen verhindern den Aufstieg von Frauen. So z. B. die sog. Männerseilschaften, die Frauen ausschließen bzw. nicht begünstigen. Damit verbunden sind Geschlechtsrollenstereotype, die insbesondere bei der Personalauswahl wirken.

Mittlerweile bieten viele UnternehmensberaterInnen und TrainerInnen Seminare zu Themen wie Frauen im Management, Frau und Karriere, Frau und Führung an. Auch persönliche Karriereberatung kann zu mehr Klärung und Selbstbewußtsein beitragen und Anstoß für eine gezielte berufliche Weiterentwicklung geben.

Lit.: Cherryl Benard, Edit Schlaffer, Rückwärts und auf Stöckelschuhen. Können Frauen soviel wie Männer? Köln 1989; Sonja Bischoff, Frauen zwischen Macht und Mann – Männer in der Defensive. Führungskräfte in Zeiten des Umbruchs, Hamburg 1990; Ulla Dick, Netzwerke und Berufsverbände für Frauen. Ein Handbuch, Reinbeck bei Hamburg 1992; Margreth Hennig, Anne Jardim, Frau und Karriere – Erwartungen, Vorstellungen, Verhaltensweisen, Reinbek bei Hamburg 1987; Ruth Markel, Karriere ist weiblich – Wegweiser für Frauen in ein erfolgreiches Berufsleben, Hamburg 1989; Gabriele Metzler, Frauen, die es geschafft haben. Portraits erfolgreicher Frauen, Düsseldorf/Wien 1985; Susan Schenkel, Mut zum Erfolg. Warum Frauen blockiert sind und was sie dagegen tun können, Frankfurt/New York 1991; Martina Schmidt, Karrierefrauen und Partnerschaft – Sozialpsychologische Aspekte der Beziehung zwischen karriereambitionierten Frauen und ihren Lebenspartnern, Münster/New York 1989; Kathryn Stechert, Frauen setzen sich durch. Leitfaden für den Berufsalltag mit Männern, Frankfurt/New York 1989; Monika Veith, Frauenkarriere im Management – Einstiegsbarrieren und Diskriminierungsmechanismen, Frankfurt/New York 1988.

Petra Wassner

keusch; mhdt. „kiusche", ahdt. „kuski". Von lat. „conscius" = mitwissend, eingeweiht, bewußt, wurde das Wort im Rahmen der frühmittelalterlichen Christianisierung in die gotische Kirchensprache übernommen und bedeutete: „sich der christlichen Lehre bewußt sein". Daraus wurde dann tugendhaft, sittsam, sexuell enthaltsam, rein. Unter k. wird heute verstanden, zeitweise oder dauernd sexuell enthaltsam zu leben; in enger Anlehnung an katholische Kirchenmoral sind k. auch die, die nur zum Zweck der Kinderzeugung miteinander schlafen und verheiratet sind. Denn nach kirchlicher Moralbestimmung ist außereheliche Sexualität Sünde und ist Keuschheit die Regelung des Geschlechtstriebes nach der gottgewollten Ordnung, von den Aposteln als „Frucht des Heiligen Geistes" bezeichnet. In der Praxis wurde und wird meist nur die Frau verpflichtet, k. zu leben, jungfräulich in die Ehe zu gehen.

Diese Praxis ebenso wie die Entwicklung katholischer Moral in dieser Frage haben sehr weltliche, historisch belegbare Ursachen. Kontrolle und Unterdrückung von → Sexualität ist ein Herrschaftsinstrument. Die besondere Kontrolle der Frau erwuchs auch aus der Angst von Männern, die Besitz und Titel zu vererben hatten und haben; „Monsieur", so wird eine Geschichte aus Frankreich überliefert, „ich kann Ihnen viele kleine Montesquieus ins Bett legen. Sie mir nicht." (→ Kirche, katholische)

Keuschheitsgürtel; auch Florentiner Gürtel, italienisches Schloß, Venusgurt genannt. Der K. war ein abschließbarer Gürtel aus Metall oder Leder, den die Ritter im Mittelalter während längerer Abwesenheit zur Sicherung der Keuschheit ihren Frauen anlegten. Dieses Folterinstrument wurde 1395 von Francesco Carara von Padua eingeführt und bis Ende des 18. Jhs. verwendet. Der Gürtel umschloß die Hüften und führte zwischen den Beinen durch. Viel zu kleine Löcher für die Notdurft bewirkten, daß die Haut aufplatzte, sowohl von den scheuernden Eisen als auch von den nässenden Exkrementen und dem Periodenblut.

Erläuterungen wie diese sucht frau in Lexika vergeblich; zumeist liest es sich, als handele es sich um „ein von den Frauen um den Unterleib getragenen Gürtel aus Leder oder Metall" – um ein Accessoire, um modisches Beiwerk. Auch von weniger quälenden, wenn auch auf ebenso diskriminierende Umstände

Keuschheitsgürtel

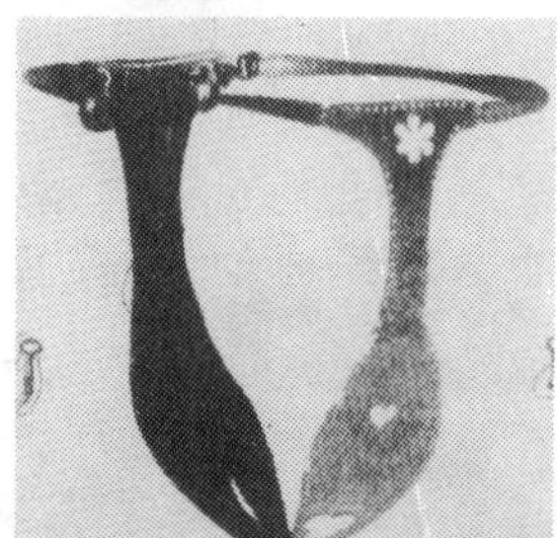

Brave Mädchen kommen in den Himmel; böse Mädchen kommen überall hin.

hinweisenden Praktiken wird berichtet: Die Frau legte den Gürtel freiwillig an, um sich in Abwesenheit des Mannes vor Zudringlichkeiten zu schützen und erhielt einen Schlüssel, um den Gürtel ablegen zu können. Das letzte Patent in Deutschland wurde im Jahr 1903 erteilt.

Kind; ahd: Kind; mhd: kint; geht auf kenda (germ.) zurück = gezeugt, geboren; gêa = gebären, erzeugen, lat. gens = Geschlecht, Sippe.
Die Kindheit ist die erste Entwicklungsphase des Menschen, von der Geburt bis zur Pubertät, vor den Abschnitten der → Jugend und des → Alters.
Diese Entwicklungsphase beinhaltet biologische, psychologische, geschlechts- und gesellschaftsbedingte Komponenten. Die Kindheit wurde relativ spät als eigenständige biologische und psychologische Entwicklungsphase anerkannt. Im 16., 17. und 18. Jh. spielte das K. eine geringe Rolle in der Gesellschaft, es war in die Welt der Erwachsenen integriert. Erst im 19. Jh. entwickelte sich die Kinderpsychologie, welche dem K. eine eigenständige Entwicklung und Erziehung zuerkannte (Philosophen wie Jean-Jacques Rousseau, Erzieher wie Froebel und Pestalozzi, Ärztinnen wie Montessori), allerdings oft in völliger Abhängigkeit von der → Mutter. Mit dem wirtschaftlichen, sozialen und kulturellen Wandel in der zweiten Hälfte des 20. Jh. und mit den Veränderungen in den Geschlechterrollen (Aufwertung der Eltern- und der Vaterschaft) ist auch eine neue Kultur der Kindheit verbunden.
Im Widerspruch dazu steht die Lage der K. weltweit, diese ‚Schande des Jahrhunderts' (Unicef). Jede Woche sterben weltweit mehr als eine Viertelmillion K. an Hunger, Unterernährung, mangelnder medizinischer Versorgung oder an Krieg, jährlich etwa 14 Millionen. Allein durch Krieg wurden in den vergangenen zehn Jahren eineinhalb Millionen K. getötet, vier Millionen schwer verletzt und zwölf Millionen heimatlos. In den Ländern der Dritten Welt stirbt jedes zwölfte Baby an den Folgen von Unterernährung (in Angola und Moçambique stirbt fast jedes dritte K., bevor es fünf Jahre alt wird). In den USA leben bereits zwölf Millionen K. in Armut. 100 Millionen K. in der Welt liegen und leben auf der Straße, sie sind Opfer von Prostitution, Drogen und Gewaltverbrechen. 200 Millionen K. werden als billige Arbeitskräfte ausgebeutet: Sie arbeiten in den Städten (Sklavenarbeit von verkauften K. in Industrien oder als Hausmädchen und Prostituierte) und auf dem Lande (Tatort: Kohlegruben, Plantagen, die häufig immer noch Weißen gehören, oder die Zuckerindustrie). Sie verrichten schwere Arbeiten und sind häufig physischer Gewalt und sexuellem Mißbrauch ausgesetzt. Mädchen werden besonders benachteiligt. In Indien stirbt jährlich eine Million Mädchen, weil ihr Geschlecht als minderwertig gilt.
Fazit der Unicef: „Das Leben eines Kindes ist nicht unbezahlbar. Es ist weniger als 100 Dollar wert." Nach Schätzungen der Weltkinderorganisation könnten jährlich drei Millionen K. gerettet werden, wenn dafür 20 Milliarden Dollar ausgegeben würden (z. B. durch Kürzung der Militärausgaben). Familie, Schule, Kultur und Umwelt prägen das Leben der K. in entscheidender Weise. In Deutschland sind die Lebensbedingungen der K. nicht zu trennen von denen der Eltern, und insbesondere der Mütter. Bereits eine Million K. leiden unter der Ar-

beitslosigkeit ihrer Eltern; in NRW lebt jedes 10. K. in einer Familie, die Sozialhilfe bekommt. Nach den Berechnungen des Deutschen Kinderschutzbundes für 1989 gehen in den alten Bundesländern rund 400 000 K. einer verbotenen Beschäftigung nach. Ganztagseinrichtungen, Kindertagesstätten und Schulen sind nach wie vor Mangelware. Für nur drei Prozent aller Kinder von null bis drei stehen entsprechende Betreuungsplätze zur Verfügung, für 78,9 Prozent aller Kinder von drei bis sechs. In den neuen Bundesländern hatten 84 von 100 Kleinkindern einen Krippenplatz. Seit die Länder für die Einrichtungen selbst aufkommen müssen (seit Juli 1991), hat sich die Lage erheblich verschlechtert. Insgesamt fehlt eine halbe Million Kindergartenplätze. Nur 240 000 von den vorhandenen 1,6 Millionen Plätzen für Kinder im Kindergartenalter sind Ganztagsplätze. Ganztagsschulen sind ebenfalls eine Rarität, obwohl sich 40 Prozent der Eltern solche wünschen. Nur vier von hundert Kindern haben in den alten Bundesländern eine Chance auf einen Hortplatz. Kinder werden von unzureichenden Wohn- und gefährlichen Verkehrsverhältnissen besonders betroffen. Allein 1989 verunglückten rund 43 000 Kinder auf den Straßen der alten Bundesländer. In den neuen Ländern ist die Zahl der durch Verkehrsunfälle getöteten Kinder 1990 um 80 Prozent gestiegen. Besonders gravierend ist das Problem der → Gewalt gegen Kinder. Diese nimmt in ihren unterschiedlichen Formen zu: körperliche und physische Mißhandlungen, Vernachlässigung, sexueller Mißbrauch, Kindertötung. So werden jährlich rund 300 000 Kinder sexuell mißbraucht.
Fazit: Den Kindern geht es relativ schlecht hierzulande – Kleine Menschen = K(l)eine Rechte (Ernst/Stampfel).
In diesem Zusammenhang gewinnen die Forderungen nach einer eigenen Rechtsstellung der Kinder als Subjekte des → Grundgesetzes an Bedeutung (gewaltfreie Erziehung, Schutz vor körperlicher und seelischer Vernachlässigung und Mißhandlung u. a.). Die 1989 verabschiedete UNO-Konvention über die Rechte des Kindes und die Weltdeklaration zum Überleben, zum Schutz und zur Entwicklung von Kindern (1990 auf dem Weltkindergipfel verabschiedet) sind erste Schritte zur Verbesserung der Situation der Kinder.

Lit.: Ph. Ariès, Geschichte der Kindheit, München 1978; Lottemi Doormann, Kinder in der Bundesrepublik, Köln 1979; Andrea Ernst/Sabine Stampfel, Kinderreport, Wie Kinder in Deutschland leben, Köln 1991; Kindererziehung, Arbeitszeiten und soziale Sicherung, WSI-Arbeitsmaterial Nr. 26, Düsseldorf 1991; Uwe Pollmann, Zum Beispiel Kinderarbeit, Göttingen 1991; UNICEF-Bericht zur Situation der Kinder in der Welt 1992, Köln 1991.
Adressen: Deutscher Kinderschutzbund, Schiffgraben 29, 30159 Hannover, Tel.: 0511/329135; Wildwasser, Arbeitsgemeinschaft gegen sexuellen Mißbrauch von Mädchen, Mehringdamm 50, 10961 Berlin, Tel.: 030/865017; UNICEF, Höninger Weg 104, 50939 Köln, Tel.: 0221/936500.

Florence Hervé

Kindergeld; aus Steuermitteln finanzierte Leistung zur Sicherung des Lebensunterhaltes im Rahmen des Familienlastenausgleichs; sie soll die durch Betreuung und Erziehung von Kindern entstehenden finanziellen Lasten mildern. Beantragt wird K. bei den K.-Kassen der Arbeitsämter; überwiesen wird es von der Bundesanstalt für Arbeit, und zwar zweimonatlich. Es beträgt (1992) für das 1. Kind 70 DM, für das 2. 130 DM, für das 3. 220 DM und für jedes weitere Kind 240 DM. K. für zweite und weitere Kinder wird ab einer bestimmten Einkommenshöhe gekürzt. K. wird auf jeden Fall bis zum 16. Lebensjahr bezahlt, bis zum 27., wenn die Kinder in der Ausbildung stehen, und in Ausnahmen (z. B. Behinderung) über das 27. Lebensjahr hinaus. K. wird an den Elternteil bezahlt, der/die überwiegend den Unterhalt des Kindes besorgt. Ganz offensichtlich deckt das K., auch wenn es immer wieder den steigenden Lebenshaltungskosten entsprechend erhöht wird, nur einen kleinen Teil der tatsächlichen durch die Kindererziehung und -betreuung entstehenden Kosten ab. Deshalb fordern viele seit Jahren eine wesentliche Erhöhung des K. und dafür die Abschaffung der Steuerfreibeträge, die die Besserverdienenden begünstigen.

Ronja Räubertochter

Pippi Langstrumpf

Kinderliteratur; Die Kinder- und Jugendliteratur (KJL) – zumindest die deutsche – kommt zuweilen ins Gerede. 1988 verweigerte die Bundesregierung dem Entscheid der Fachjury zunächst ihre Zustimmung, Gudrun Pausewang für ihr Buch „Die Wolke" den Deutschen Jugendliteraturpreis zu verleihen. Pausewangs Szenario einer strahlenverseuchten Welt nach dem GAU schien den zuständigen PolitikerInnen zu unangenehm, weil sehr realistisch. Der Versuch, von politischer Seite die KJL ins Ghetto der Pädagogik zurückzudrängen, scheiterte an der öffentlichen Diskussion und der eindeutigen Forderung nach einer KJL, die sich in gesellschaftliche Belange einmischt, Zustände widerspiegelt, Ursachen hinterfragt und Entwicklungen antizipiert. Folge dieses kinderliterarischen Störfalls: Die Jury für die Verleihung des Deutschen Jugendliteraturpreises entscheidet seit 1989 autonom; die Bundesregierung stellt die Preissumme von insgesamt 60 000 DM zur Verfügung.
Trotz ihrer gesellschaftspolitischen Bedeutung kämpft die KJL um ihre Anerkennung als ernstzunehmender Bereich der Literatur in der Öffentlichkeit. Ihren pädagogischen und psychologischen Stellenwert innerhalb der Sozialisation dagegen stellt heute wie früher kaum jemand ernsthaft in Abrede. Vor allem im Bereich der Mädchensozialisation kommt der KJL eine zunehmend bedeutendere Rolle zu. Den Mangel an weiblichen Identifikationsangeboten zeigte u. a. Astrid Matthiae auf und stellte ihm eine Liste antisexistischer Bücher entgegen. Beliebten Bilderbuch-Autoren wie Janosch und Ali Mitgutsch zum Beispiel hielt Matthiae diskriminierende Unterrepräsentierung von Mädchen und Frauen und deren Festlegung auf passive oder dienende Funktionen vor. Bei Mitgutsch verhallte die Kritik an seiner geschlechterstereotypen Darstellungsweise nicht ungehört. 1988 erschien – zwanzig Jahre nach seinem ersten Wimmelbilderbuch – sein neues Stadt-Bilderbuch: Männer wie Frauen üben aktive und ruhige Tätigkeiten aus. Im Freibad klettern inzwischen auch die Mädchen auf die Rutsche und auf dem Marktplatz präsentiert sich sehr wirkungsvoll – eine Clownin! Wegweisend für ein verändertes Mädchen- und Frauenbild in der KJL waren vor allem die Prinzessinnen. Da knattert plötzlich Prinzessin Pfiffigunde auf ihrem Motorrad durch die Kinderbuchszene und entledigt sich auf unkonventionelle Art ihrer Verehrer. Die Tütenprinzessin und Rosamund die Starke gestalten sich ebenfalls ihr Zukunftsbild tatkräftig selbst; dabei kann der auserwählte (Märchen)Prinz auch schon mal zu Boden gehen. „Auch wenn der (. . .) Trend erfreulicherweise anhält, vor allem im Mädchenbuch auch emanzipatorische Mädchenbilder zu entwerfen, bilden Bücher dieser Kategorie immer noch die obendrein meist kostspielige Ausnahme. Sie werden mengenmäßig dominiert von auflagenstarken Billigausgaben, die das traditionelle Mädchenbild reproduzieren (. . .) oder – was fast noch schlimmer ist – ein pseudomodernes Mädchenbild vermarkten." (Pyerin)

Lit.: Astrid Matthiae: Vom pfiffigen Peter und der faden Anna. Zum kleinen Unterschied im Bilderbuch, Frankfurt a. M. 1986; Ali Mitgutsch: Unsere große Stadt, Ravensburg 1988; Babette Cole: Prinzessin Pfiffigunde, a. d. Engl. v. Ute Eichler, Reinbek 1987; Robert Munsch (Illustr.)/Helge Nyncke: Die Tütenprinzessin, Oldenburg 1987; Martin Waddell/Patrick Benson (Illustr.): Rosamund, die Starke, Oldenburg 1988; Brigitte Pyerin: Mädchenlektüre und Emanzipation, Frankfurt a. M. 1989.

Karin Gruß

Kirche, evangelische; (1) Die Verhältnisbestimmung zwischen Evangelischer Kirche und Frau hat eine doppelte Dimension. Zum einen geht es um das konkrete Vorkommen von Frauen im Rahmen der Institution Kirche, wie sie durch die historischen Veränderungen hindurch seit ca. 500 Jahren besteht. Zum anderen gilt es zu beachten, in welcher Weise die Frau in den Inhalten der Lehre und Verkündigung der Evangelischen Kirche vorkommt.

Männer und Frauen gemeinsam bilden die Evgl. Kirche. Dennoch haben beide nicht in gleicher Weise in ihr Bedeutung oder werden akzeptiert. Allein die Tatsache, daß das Stichwort „Frau" in allen einschlägigen theologischen und kirchlichen Nachschlagewerken vorkommt, während das Stichwort „Mann" fehlt, weist darauf hin, daß die Rolle der Frau innerhalb der Kirche traditionell einer besonderen Analyse und Darstellung bedarf. Die Beziehungen sind nicht selbstverständlich.

(2) *Geschichte:* Mit Luther und seiner Kritik an der bestehenden Kirche und ihrem Umgang mit den Menschen verändert sich auch die Situation der Frau. Während die herrschende Kirche Anerkennung allein für die Frau in ihrer Position als „Nonne" aufbringt, gewinnt die Reformationszeit die Frau als Mutter in ihrer natürlichen Umgebung in der Familie als Vorbild. Nicht mehr allein die aus dem alltäglichen Leben ausgegrenzte Existenz im Kloster läßt die Frau ein größeres Selbstwertgefühl entwickeln, sondern aufgrund der Betonung des Priestertums aller Gläubigen, das auch für Frauen religiöse Unterweisung bedeutet, gewinnt die Frau eine gewisse Bildung, die sie dem Mann gegenüber nicht mehr von vornherein unterlegen erweist. Allerdings bedeutet diese Veränderung ihres Status keinesfalls den Übergang von der bisherigen gesellschaftlichen Unterlegenheit zur Gleichrangigkeit. Wirtschaftlich, rechtlich und politisch war die Frau auch in ihrer familiären Existenz dem Mann nicht gleichgestellt, sondern sie existierte weiterhin in einem eindeutig patriarchalischen Beziehungsgefüge. Daran ändert auch die verbale Hochschätzung der Ehefrau bei Luther nichts, der sie als „Segen Gottes" für den Mann bezeichnet, worunter er geistige und geistliche Partnerschaft verstand. Dieser Gedanke der Partnerschaft wurde allerdings auch von ihm nicht mit einer veränderten Position der Frau in der Öffentlichkeit verbunden, sondern reduzierte sich auf den privaten Bereich. Denn selbst für ihn wie auch für die übrigen Reformatoren kam das verantwortliche Auftreten der Frau bei Predigt oder Spendung der Sakramente nur in Notfällen in Frage.

Die Reformation schafft außerdem mit der Aufhebung des Zölibats die Pfarrfrau. Die rechtlich und gesellschaftlich ungeklärte Situation der Frau als Konkubine wird damit zugunsten einer abgesicherten und anerkannten Rolle aufgegeben. In dieser Existenzweise entsteht für eine kleine Gruppe von Frauen ein Bereich, in dem sie Funktionen übernehmen, die sie öffentlich Mitverantwortung tragen lassen. Langfristig bedeutet dies die Aufhebung der öffentlichen Unwirksamkeit von Frauen in der Evgl. Kirche. Die Reformation hatte das Menschsein im Glauben neu verstanden und betonte, daß der Mensch nur als Mann und Frau existiert. Beide sind Ebenbilder Gottes und durch Christus von der Sünde befreit, was die Berufung zu einem vielfältigen Dienst in der Welt in sich birgt.

Dieses Aussprechen der geschlechtlichen Existenz des Menschen konnte die Abkehr von einer bestimmten frauenverachtenden Leibfeindlichkeit bedeuten. Allerdings wurde dieses neue Verständnis nicht so ausgeprägt, daß es nicht bald wieder zu diskriminierenden Vorurteilen Frauen gegenüber kam.

Die Situation der Frau in der nachreformatorischen Zeit im Bereich der Evgl. Kirche unterschied sich allgemein nicht von der ihrer gesellschaftlichen Situation. Erst der Pietismus als evgl. Frömmigkeitsbewegung hat die Rolle der Frau wieder neu thematisiert. Dabei wurde von seinen führenden Vertretern durchaus eingesehen, daß es ein Frauen-

Erdmuthe Dorothea v. Zinzendorf 1700–1756

Elisabeth Gnauck-Kühne, 1850 – 1927.

Titel einer Broschüre, Köln 1971.

problem gibt, allerdings war ein umfassender Wandel der Situation der Frau auch hier nicht denkbar, da keine strukturellen Veränderungen aus dem Wissen um die Gleichartigkeit von Mann und Frau bei Christus gezogen wurden. Im allgemeinen reduzierte sich diese Erkenntnis auf die Beteiligung von Frauen an diakonischen Arbeitskreisen.

Weiter ging allein der Entwurf der Brüderunität von N. L. Graf von Zinzendorf um 1720. Er bemühte sich um die volle und gleichwertige Eingliederung der Frauen in die Kirche. Die Sprachregelung in Liturgie, Predigt und Gemeindeordnung, die entweder ausdrücklich von der Existenz von „Schwestern" ausgeht oder sie durch die Wahl des Wortes „Geschwister" einschließt, kann hierfür als Indiz gewertet werden. In der Brüderunität war den Frauen der Zugang zu Leitungsaufgaben offen; es zeigt sich allerdings auch hier, daß die gesellschaftliche Situation der Frau im 18. Jh. kaum die Möglichkeit für Mitverantwortung von Frauen in öffentlichen Ämtern bot. Das tatsächliche Vorkommen von Frauen in verantwortlichen Positionen reduziert sich auf die mitberatende und mitentscheidende Ehefrau. In der Brüderunität wurde aber versucht, die Glaubenswahrheit der Ebenbildlichkeit und Gleichbegnadung von Mann und Frau konsequent für ihre kirchliche und gesellschaftliche Existenz zu gebrauchen.

Aufgegriffen und weitergeführt wurden diese Ideen von dem Theologen F. D. E. Schleiermacher (1768–1834), der durch seine Erziehung in der Brüdergemeinde eng vertraut gemacht worden war mit diesen „emanzipatorischen Gedanken". 1798 veröffentlichte Schleiermacher unter dem Titel „Idee zu einem Katechismus der Vernunft für edle Frauen" einen Aufsatz mit 10 Geboten für die Frau. Er fordert die Frauen auf, ihre eigene Existenz als wertvoll in sich selbst zu begreifen und den Sinn ihres Daseins nicht allein in der Verbindung mit einem Ehemann zu suchen. Die Frau soll ihre eigene Individualität entfalten und als wertvoll begreifen.

In der von ihm gewählten Sprache und der Adresse wird aber deutlich, daß er nicht *die Frau* meint, sondern sich auf die „edle Frau" beschänkt. Er setzt ein Maß an Bildung und eigenständigem Bewußtsein voraus, wie es nur eine kleine Gruppe der Frauen der bürgerlichen Oberschicht aufweist. Die große Mehrzahl der Frauen wird von diesen Geboten in ihrer konkreten Situation gar nicht getroffen. Trotz dieser Einschränkung wurde hier von einem Theologen eine Bresche in das tradierte Leitbild der Frau geschlagen, ohne aber eine andauernde und ernsthafte Diskussion mit diesem neuen Frauenbild in der Kirche initiieren zu können.

Wirkliche Veränderungen für die Situation der Frau traten erst durch die rasch fortschreitende industrielle Revolution ein. Die Verarmung auch des Bürgertums erforderte einen erweiterten Aktionsbereich für Frauen, wollte man sie nicht in zahlreichen Fällen der Prostitution ausliefern.

1836 gründete Th. Fliedner die Kaiserswerther Anstalten, die der Inbegriff der Mutterhausdiakonie werden sollten. Hier wird unverheirateten Frauen eine Beteiligung an kirchlicher Verantwortung angeboten, indem sie zur Diakonisse ausgebildet werden. Dieses Amt geht auf ein schon im NT angesprochenes zurück, das in erster Linie die soziale Dimension gemeindlich-kirchlicher Leitungsverantwortung meint. Die Bedingung der Ehelosigkeit wird von Fliedner übernommen. Als Diakonisse konnte die unverheiratete Frau Aufgaben übernehmen, die gesellschaftlich anerkannt waren, und sie gewann einen der Ehefrau ebenbürtigen Status, was sich auch in ihrer Tracht zeigte, die dem Kleid der verheirateten Bürgerfrau nachgebildet war.

Die Mutterhausdiakonie war strukturell dem Leitbild der Familie des 19. Jh. angelehnt. Der rechtliche Vorrang des Mannes bei allen wichtigen Entscheidungen war gesichert. Trotz eines neuen Tätigkeitsbereichs für Frauen kann nicht von einem emanzipatorischen Interesse gesprochen werden. Allein der von Amalie Sieveking 1832 in Hamburg gegründete „Verein für Armen- und

Krankenpflege" verzichtete auf eine patriarchalische Führung.
Für die Kirche war die Frauenfrage ein Teil der sozialen Frage, die durch karitative Tätigkeit gelöst werden konnte. Nach den Gründen für die unterlegene Situation der Frau wurde kaum gefragt. Auch die nach der Revolution 1848 in Deutschland entstehende Frauenbewegung wurde von der Kirche nicht beachtet. Ihr konservatives Grundgefühl verhinderte, gerade auch die gewandelten Lebensbedingungen der Frauen wahrzunehmen und hielt sie bei einem Verständnis der natürlichen Aufgabe der Frau fest, das sie von allen emanzipatorischen Zielen entfernte.
Erst 1895 wurde auf dem 5. Evangelisch-sozialen Kongreß die Frauenfrage durch ein Referat von Elisabeth Gnauck-Kühne zu einem öffentlichen Thema. Im Gefolge wurde 1899 der Deutsch-Evangelische Frauenbund gegründet, der sich aus sozial engagierten Frauen rekrutierte. Er verstand sich bewußt als rechts-konservativ und damit als Gegenüber zur linken bürgerlichen Frauenbewegung und zur proletarischen Frauenbewegung. Von ihm ging zwar die Initiative zur Erlangung des Stimmrechts für Frauen in kirchlichen Angelegenheiten aus; der Beteiligung am Kampf für das politische Stimmrecht der Frauen entzog er sich.
Die Weimarer Verfassung 1919 brachte das aktive und passive Wahlrecht für Frauen. Die Frauenorganisationen der Evgl. Kirche bemühten sich, die Frauen zur Wahrnehmung ihrer politischen und kirchlichen Verantwortung zu befähigen. Es bedeutete Einsatz für bessere Bildungsmöglichkeiten von Frauen und Unterstützung benachteiligter Frauen.
Diese neue gesellschaftliche und rechtliche Gleichstellung der Frau fand in der herrschenden Theologie kaum Niederschlag. Vielmehr wurde der Versuch unternommen, den eigentlichen Beruf der Frau in ihrer Mutterrolle zu sehen.
Während der Zeit des NS, der die Wiederbelebung der Mutterrolle auch gesellschaftlich brachte, gelang es den Frauen in der Evgl. Kirche nicht, ihre Positionen zu behaupten; sie wurden zum größten Teil widerstandslos in die NS-Frauenverbände integriert.
Nach dem Ende des 2. Weltkrieges hat sich die Arbeit engagierter Frauen in der Evgl. Kirche vom konfessionellen auf ein ökumenisches Interesse verschoben. Die Vollversammlung des LWB (Lutherischer Weltbund) 1952 bejahte theologisch die volle Partnerschaft von Mann und Frau in der Kirche. Es setzte sich auch immer mehr die Erkenntnis durch, daß die Frauenfrage kein partielles Problem ist, sondern das ganze Leben der Kirche und Gesellschaft berührt. Daraus folgte der Versuch, die Stellung der Frau in der Kirche auch institutionell zu verbessern. Die Notwendigkeit dieser Überlegungen sind als Reaktion auf säkulare Bewegungen zu verstehen und nicht genuin kirchlich.
(3) *Gegenwärtige Situation:* 54% der Kirchenmitglieder heute sind Frauen und 82% der Mitarbeiter in der Diakonie ebenfalls. Die zahlreiche ehrenamtliche Arbeit wird fast ausschließlich von Frauen geleistet (ausgenommen Leitungsaufgaben). In hauptamtlichen Arbeitsbereichen verringert sich ihr Anteil, je qualifizierter und je mehr mit Entscheidungskompetenz ausgestattet der Bereich ist. 1976 waren nur 4% der Gemeinde-Pfarrer Frauen. Diese Zahl hat sich zwischenzeitlich erhöht, wird aber heute und in Zukunft wieder stagnieren, da angesichts der sinkenden Finanzkraft der Kirche Frauen die ersten sind, die von Kürzungsmaßnahmen und Stellenstreichungen betroffen sind.
Zu Beginn der neunziger Jahre ist folgendes festzustellen. Die feministische Theologie – seit 1974 so bezeichnet – hat einen gewaltigen Schritt nach vorne getan, hat sich in zahlreichen theologischen Fakultäten, aber auch an der Basis in den Gemeinden verbreitet und durchgesetzt. Elisabeth Moltmann-Wendel („Frauen um Jesus") begann mit der biblischen Spurensuche, fand Frauen im Neuen Testament in der Jüngerschaft Jesu: Maria Magdalena, die erste Apostelin; Gerda Weiler ging den Frauen im Alten Te-

Dorothee Sölle

Stimmen zur Wahl von Maria Jepsen, der ersten Bischöfin einer christlichen Kirche in Europa (1992):

„Wir Männer haben keine entsprechende Lobby wie die Frauen."

Helge Adolphsen, Gegenkandidat

„Eine der schwersten geistlichen Katastrophen."

Peter Beyerhaus, Theologieprofessor

Maria Jepsen

stament nach und fand starke Frauengestalten (Ruth, Esther, Hanna, Sarah etc.). Die Theologin Dorothee Sölle versuchte zeitweise erfolgreich, die politische mit der feministischen Frauen-Theologie-Bewegung zu vereinen. Erste feministische „Werkstätten" entstanden in evangelischen Akademien, wie z. B. in Bad Boll, Iserlohn oder in Mülheim/Ruhr, wo es von 1986 bis 1990 jährliche Treffen mit Hunderten von Frauen aus Kirche und Gemeinde gab. Die Landeskirchen sahen skeptisch und argwöhnisch, was dort an der Basis brodelte; Mülheim verbot 1991 die feministische Werkstatt: zu groß war die Unruhe, die die Frauen in die Gemeinden brachten.

1979 erarbeitete die EKD (Evangelische Kirche in Deutschland) ihre Studie „Die Frau in Familie, Kirche und Gesellschaft", doch erst 10 Jahre danach wurde sie ansatzweise in die Tat umgesetzt. Einen Frauenanteil von 40 Prozent empfahl die Synode für Leitungs- und Beratungsgremien – eine Zahl, die noch Anfang der 90er Jahre völlig unrealistisch war. Die Rheinische Landessynode beschloß 1991 die Einrichtung von Frauenreferaten auf Landes- und Kreiskirchen-Ebene, dies wurde zögernd in die Tat umgesetzt. Bei den zweijährlichen evangelischen Kirchentagen kristallisierte sich ganz vital eine „Frauenwerkstatt" heraus, die zur Keimzelle feministischer Theologie wurde und Impulsgeber war. Die Initiative „Kirche von unten" (IKvu), das Netzwerk fem. Theologinnen, die sog. Frauenkirche, sind einige der Strömungen innerhalb der feministischen Theologie. Schließlich kam der entscheidende Impuls von den Frauen der universitären Frauenforschung, Fachbereich Theologie. Ihr neuer methodischer und wissenschaftlicher Ansatz war unüberhörbar, es wurden unzählige Dissertationen gefertigt, es wurden erste feministische Lehraufträge bewilligt (Wuppertal, Frankfurt, Bielefeld, Bethel, Kassel, Heidelberg, Hamburg). In Tübingen entstand 1982 mit Mitteln der Volkswagenstiftung das Forschungsprojekt „Frau und Christentum" (Bernadette Brooten, Anne Jensen, Doris Kaufmann). Dorothee Sölle und Luise Schottroff in Kassel waren/sind Inhaberinnen eines Lehrstuhls für feministische Theologie. Elga Sorge, ebenfalls Theologin an der Gesamthochschule Kassel, wurde der Lehrauftrag entzogen: sie hatte sich zu sehr auf das Gebiet der wiederentdeckten „Göttin in uns" gewagt, gegen einen theologisch verankerten Sadismus im Christus-Glauben gewettert (der am Kreuz geschlachtet wurde) und schließlich auch noch zu einer eigenen „Frauenkirche" aufgerufen. Sie mußte 1990 trotz massiven Protestes der Frauenbewegung gehen (Bekennende Frauenkirche/Hexenkirche e.V.).

Das Lager der feministischen Theologinnen ist – symptomatisch für die Frauenbewegung – ebenfalls gespalten. Die eine Gruppe sagt „nein" zu der Vorstellung einer Göttin, die andere feiert längst Rituale mit vorchristlichen Göttinnen: Ishtar und Astarte, Isis und Demeter. Mit weiblichen Anteilen des männlichen Gottes gibt sich dieser radikale Flügel nicht mehr zufrieden: „Ich brauche die Göttin", formuliert es Gerda Weiler in ihrem 1990 erschienenen Buch.

Von der Landeskirche, vor allem aber von pietistischen Kreisen um Christa Meves herum, als Häresie apostrophiert, hat sich die feministische Theologie in 15 Jahren zu einer Anti-Kirche entwickelt, die kaum im alltäglichen Kirchenleben zu finden ist. Frauen-Gottesdienste, Frauen-Rituale, sogar ein von Elga Sorge neu formuliertes „Mutter Unser" lassen deutlich werden, daß der Platz dieser Frauen nicht mehr auf den harten Kirchenbänken unserer einem männlichen Gott geweihten Kirchen ist. Ob die Kirchen diese Herausforderung verstehen?

Ein Fortschritt ist zu verzeichnen: Als erste Oberste in einer christlichen Religion in Europa wurde Mitte 1992 Maria Jepsen in Hamburg zur Bischöfin der Ev.-Lutherischen Kirche gewählt. Ihre Vorstellungen lassen aufhorchen: Der § 218 soll aus dem Strafgesetz raus. Sie will „hierarchisch-männliche Strukturen" aufbrechen und sich für eine Kirche starkmachen, in der eine Hausfrau nicht „weniger zählt als ein Oberkirchenrat". „Schwester unter Schwestern und Brüdern" will sie sein, feministische Theologie ist für sie ein Schlüssel für „ein neues Miteinander". Daß die Anglikanische Kirche im gleichen Jahr (1992) per Synodalbeschluß das Priesteramt für Frauen genehmigte, war für England und das Commonwealth ein Riesenschritt.

Lit.: Aufbruch der Frauen, Herausforderungen und Perspektiven feministischer Theologie, Münster 1990; Befreiung hat viele Farben. Feministische Theologie als kontextuelle Befreiungstheologie, Gütersloh 1991; Frauen-Kirche, Texte für Gottesdienstgebrauch und Lebensvollzug, Berlin 1990; Frau und Mann in Kirche und Gesellschaft (1972–1985), Berlin 1987; M. Daly, Jenseits von Gottvater, Sohn & Co., München 1980; dies., Gyn/Ökologie, München 1991; Gemeinschaft von Frauen und Männern in der Kirche, Synode der EKD, Gütersloh 1990; H. Göttner-Abendroth, Die Göttin und ihr Heros, München 1990; Handbuch feministischer Theologie, Münster 1988; H. Langer u. a., Mit Maria durch das Schilfrohr, Stuttgart 1982; Meine Seele sieht das Land der Freiheit. Feministische Liturgien, Münster 1990; C. Mulack, Die Weiblichkeit Gottes, Stuttgart 1983; N. Sommer (Hrsg.), Nennt uns nicht Brüder! Frauen in der Kirche durchbrechen das Schweigen, Stuttgart 1985; Schlangenbrut, vierteljährliche Nachrichten aus Paradies und Fegefeuer. Streitschrift für feministisch und religiös interessierte Frauen, Postfach 7467, 4400 Münster.

Sigrid Reihs-Kirsch/Antje Olivier

Kirche, katholische; Ein Blick auf die Kirchengeschichte zeigt, daß die Kirche eine Männerkirche ist.
Albertus Magnus, gest. 1280 in Köln, hat in die Theologie eingeführt, was bis dahin nur eine verschrobene Biologie war, nämlich die Biologie des Aristoteles, und hat damit die christliche Theologie über die Frau seinerseits verschroben gemacht. Durch Albertus Magnus großen Schüler Thomas von Aquin (gest. 1274) wurde seinen erstaunlichen Erkenntnissen über Jahrhunderte eine große Wirkung in Kirche und Gesellschaft zuteil. Diese naturwissenschaftlichen Erkenntnisse, die Albertus, dem 1941 von Papst Pius XII. der Titel „Patron aller Naturwissenschaftler" zuteil wurde, von Aristoteles übernahm, sind folgende: Die Frau ist ein defektes Wesen; eigentlich will die Natur nur vollkommene Menschen, d. h. nur Männer hervorbringen, aber durch ungünstige Umstände wird sie daran gehindert, und es entstehen Frauen; die Frauen sind eine Ersatzbildung der Natur infolge widriger Zufälle, wie z. B. feuchter Südwinde, durch die Menschen mit höherem Wassergehalt, eben Frauen, entstehen.
Die Frau ist also ein „mißglückter Mann" (mas occasionatus). Albert und Thomas lehren ferner, die Männer seien intelligenter, tugendhafter und edler als Frauen; darum ist nach Thomas der Vater mehr zu lieben als die Mutter, und Albert meint, nur Männer könnten Wallfahrten „würdig" vollziehen.
Zur Entschuldigung von Albert kann man sagen, daß auch ohne ihn die Kirche eine Männerkirche geworden wäre, wenngleich die Sache durch Albert und Thomas zur vollkommenen Blüte gelangte; denn es gab in der Kirche noch mehr Kirchenmänner, z. B. Augustinus (gest. 430), der – abgesehen von dem, was er über die Frau, über die Ehe (er ist der geistige Vater der Pillenenzyklika) (→ Verhütung, →

Initiative „Kirche von unten" auf dem Katholikentag 1982 in Düsseldorf.

Schwangerschaftsabbruch) und über ungetaufte Kinder sagte – ein wirklich großer Theologe war. Augustinus fragt: In welchem Sinn war Eva für Adam hilfreich? Er antwortet: „Wenn die Frau nicht zur Hilfe des Kindergebärens dem Mann gegeben ist, zu welcher Hilfe dann? Etwa, damit sie zusammen die Erde bearbeiten? Wenn dazu eine Hilfe notwendig gewesen wäre, so wäre der Mann dem Mann eine bessere Hilfe. Das gleiche gilt vom Trost in der Einsamkeit. Wieviel angenehmer für das Leben und Gespräch ist es doch, wenn zwei Freunde zusammen wohnen, als wenn Mann und Frau beieinander wohnen!"

Der Sinn der Frau ist also ausschließlich dieser: Hilfe zur Fortpflanzung zu sein. Mit den Kindern ist die Küche gegeben, und Kirche versteht sich von selbst. Augustinus ist der geniale Erfinder der „drei K ". Daß die Frau an den Kochtopf gehört, ist bis heute die primäre theologische Reflexion über die Frau seitens der kirchlichen Hierarchie.

Uralte Ängste vor Blut ließen die Menschheit, wahrscheinlich die Männer, auf die Idee der Unreinheit der Frau kommen. Die Unreinheit der Frau ist für das christliche Mittelalter primär im Alten Testament begründet. 40 Tage nach der Geburt eines Sohnes, 80 Tage nach der Geburt einer Tochter ist die Frau unrein (3. Mose 12).

Eine menstruierende Frau ist nach „Gottes" Bestimmung sieben Tage unrein. Und alles, was sie berührt, wird unrein, und jeder, der sie berührt oder etwas von ihr Berührtes berührt oder etwas von dem Berührten Berührtes berührt, wird unrein (3. Mose 15, 19 ff.).

Die Dämonisierung des Geschlechtlichen, auch eine der Wurzeln des Pflichtzölibats, wird in die christliche Moraltheologie aufgenommen. Die regelmäßige oder weniger regelmäßige Unreinheit der Frau stand dem Heiligen und Reinen entgegen. (Im christlichen Mittelalter war z. B. die Vorstellung verbreitet, daß das Blut der Menstrua den Teufel anziehe. Ein Weg zu den Hexenverbrennungen war damit geebnet; → Hexen). Gott nahe und einer Frau fern zu sein, ist ansatzweise im Judentum, vollendet aber im christlichen Zölibat verwirklicht. Der Pflichtzölibat ist für Papst Johannes Paul II. z. Zt. apostolische Lehre. Offenbar ist ihm hier ein Mißverständnis passiert. Die Apostel (einschließlich Paulus) waren alle verheiratet. Es ist interessant, zu verfolgen, wie in der Übersetzung und Interpretation des Neuen Testaments aus den Ehefrauen der Apostel im Laufe der Jahrhunderte eine Art Haushälterinnen wurden, weil man bemüht war, die Apostel immer mehr als ehelose Zölibatäre erscheinen zu lassen, bis schließlich Papst Johannes Paul II. sie Gründonnerstag 1979 auch zu Predigern und Lehrern des Pflichtzölibats erhob.

Apostolische Lehre ist im Gegenteil die Lehre vom Recht aller kirchlichen Amtsträger auf Ehe. Paulus erklärt (1. Korintherbrief 9, 5), daß sämtliche Apostel und Petrus, der immerhin als der erste Papst gilt, verheiratet seien und ihre Frauen auf den Missionsreisen mitnähmen. Er erklärt, daß er dieses Recht auch habe. Falsche Übersetzungen bewirkten, daß aus dem Recht der Apostel, eine Schwester als Ehefrau mitzunehmen, langsam das Recht wird, eine Frau als helfende Schwester mitzuführen, indem man nämlich 1. zunächst nicht mehr Ehefrau, sondern nur noch Frau übersetzt, und indem man 2. ab 1592 schließlich die beiden Wörter eine „Schwester als Frau" umstellt und „eine Frau als Schwester" daraus macht und damit jede Spur von Ehefrauen verwischt.

Es gibt noch andere Stellen, die beweisen, daß der Pflichtzölibat nicht apostolische Lehre ist.

Die Frage der Priesterehe hat wesentlich zur Abspaltung der Ostkirche (1054) beigetragen. In ihr sind zwar nicht die Bischöfe, aber doch die einfachen Priester verheiratet. Im Anfangsstadium der Zölibatsentwicklung waren die meisten Priester noch verheiratet, durften aber nicht mehr mit ihren Frauen verkehren; erst seit 1139 konnten die Priester überhaupt nicht mehr heiraten.

Übertretungen des Zölibats wurden häufig mit Geldstrafen belegt. Der Bischof von Konstanz, Hugo von Landenberg, bezog 1521 für sein Bistum für die jährlich etwa 1500 zur Welt kommenden „Pfaffenkinder" an die 6000 Gulden Strafgelder. Und so spielte die Frage der Priesterehe für die Ausbreitung der Reformation Luthers eine nicht geringe Rolle. Viele wurden Protestanten aus Sparsamkeit.

Ob einer evangelisch oder katholisch war, konnten die Visitatoren (kirchliche Kontrolleure) daraus schließen, ob ein Pfarrer das in seinem Haus befindliche weibliche Wesen als uxor (= Ehefrau) oder als famula (= Dienstmädchen) bezeichnete. Uxor oder famula, Ehefrau oder Putzfrau, wurden zu den Stichworten konfessioneller Unterscheidung. Und in diesem Konfessionsbildungs- und Rollenfindungsprozeß bestand der ganze Unterschied zunächst manchmal nur darin, daß der eine seine Ehefrau als Putzfrau (katholischer Pfarrer) und der andere seine Putzfrau als Ehefrau (evangelischer Pfarrer) deklarierte.

Aber es gab viele katholische Priester, die sich auch nach der Reformation noch als verheiratet betrachteten. Man ging jedoch schließlich mit brutaler Gewalt vor. Im 17. Jahrhundert ließ z. B. Erzbischof Ferdinand von Bayern die armen Priesterfrauen ins Gefängnis werfen oder außer Landes verweisen.

Ist die Ehe mit einer Frau für einen Priester unvereinbar mit seinem heiligen Dienst, so ist erst recht die Frau selbst für einen solchen Dienst ungeeignet. Die Priesterin wäre vergleichsweise ein noch größeres Greuel als die Priesterfrau. Die Frau gehört nicht an den Altar, sondern in eine angemessene Entfernung vom Altar. Nachdem in den letzten Jahren die kirchlichen Sitten so weit heruntergekommen waren, daß es sogar schon Meßdienerinnen gab, stehen wir jetzt in einer Phase kirchlicher Erneuerung, d. h. der Frauenfeindlichkeit, wie solche Phasen immer wieder in der westlichen Kirchengeschichte schubweise zu beobachten waren.

Die Meßdienerinnen haben zu verschwinden. Aber wenn das auch

„Ein Weib soll in der Kirchen schweigen, nicht aber in der Küche."

Kochbuch-Weisheit, 1692

wieder eine apostolische Forderung sein soll, so würde auch hier ein Mißverständnis vorliegen. Der Papst begründet es auch gar nicht weiter. Die Instruktion, die den Titel „Das unschätzbare Geschenk" trägt, erklärt lapidar: „Frauen sind nicht die Funktionen eines Meßdieners gestattet." Was auch immer es für wichtige Gründe für diese römische Bescherung geben mag – im Neuen Testament liegen sie jedenfalls nicht, denn damals hatten die Frauen noch Ämter in der Kirche.
Allerdings hatte Jesus, der ein Freund der Frauen war – manchmal sollte man denken, der erste und zugleich letzte Freund der Frauen in der Kirche –, schon zu kämpfen gegen frauenfeindliche Tendenzen der damaligen jüdischen und heidnischen Umwelt. Und in den folgenden Jahrhunderten haben diese Tendenzen immer mehr auf das Christentum abgefärbt. Jesus selbst erregte Aufsehen dadurch, daß in seiner Umgebung „viele Frauen" waren (Lukas 8, 3), was für einen jüdischen Gesetzeslehrer, einen Rabbi, absolut unpassend und ohne Beispiel in der Zeitgeschichte war. Er hatte durchaus nicht nur 12 Jünger, sondern viele Jüngerinnen, darunter Damen der Gesellschaft, wie Johanna, die Frau eines hohen Beamten des Herodes.
Man würde diese Frauen heute Emanzen nennen, weil sie die herkömmliche Rolle der Frau nicht akzeptierten. Zu Jesu Zeiten war es ja so: Schon wenn eine Frau mit einem Mann auf der Straße sprach, konnte sie von ihrem Mann ohne Auszahlung der Hochzeitsverschreibung (das entspricht etwa unserem Versorgungsausgleich) verstoßen werden.
Diese Frauen um Jesus, seine Jüngerinnen, waren nicht passive Hörerinnen. Frauen zuerst gab Jesus nach seinem Tod den Auftrag, seine Auferstehung den anderen Jüngern zu verkünden (Lukas 24, 9). Das ist keine bloße private Information; das für „verkündeten" verwendete griechische Wort „apaggellein" hat einen offiziellen Charakter.
Frauen waren aktiv an der Ausbreitung der jungen Kirche beteiligt. Paulus berichtet in 1. Kor. 11, 5, daß Frauen genau wie Männer im Gottesdienst predigten. Eine Frau, Junia, wird von Paulus als „hervorragend unter den Aposteln" bezeichnet (Röm. 16, 7). Inzwischen wurde Junia durch transsexuelle Manipulation zum Mann umfunktioniert. Aber die alte Kirche wußte es noch besser. Chrysostomus (gest. 407), der große Kirchenlehrer der morgen- und abendländischen Kirche, schreibt: „Was muß das für eine erleuchtende Tüchtigkeit dieser Frau gewesen sein, daß sie des Titels eines Apostels würdig erachtet wurde, ja sogar unter den Aposteln hervorragend war." Aber all das hat man in der von Männern beherrschten Kirche längst vergessen. Die Kirchenmänner sind ein Teil dieser Welt. Und was es in der Welt an Männlichkeitswahn und männlicher Dummheit gibt, gibt es auch in der Kirche.
Allen Frauen, die leiden, und allen Frauen, die lachen, sei aber gesagt, daß durch den trüben Glanz klerikaler Glorie hindurch die Nähe des eigentlichen Herrn dieser Kirche eben in dieser Kirche deutlich werden kann, wann man sie sehen will.

Lit.: Uta Ranke-Heinemann, Eunuchen für das Himmelreich. Katholische Kirche und Sexualität, München 1990; dies., Widerworte. Friedensreden und Streitschriften, München 1990; dies., Nein und Amen, Hamburg 1992.

Uta Ranke-Heinemann

Kitzler; → Klitoris.

Kleidung; spätmhdt. „kleidunge"; von mhdt. „kleit" = Tuch, dann: Kleidungsstück, Frauengewand. Unser Wort Kleid geht zurück auf „klei" = fette, zähe Tonerde, da Tuche (Stoffe) durch Walken unter Zusatz fetter Tonerde hergestellt wurden.
K. kann mehrere Funktionen erfüllen: sie schützt den Körper; sie kann ästhetische Vermittlerin sein, und sie dient dem Wunsch, „etwas vorstellen zu wollen". Ob K. Zweck oder Zeichen ist, ob sie z. B. Unterdrückung oder Befreiung der Frau anzeigt, welche Funktion jeweils die bestimmende ist, hängt zunächst einmal ab von den Kenntnissen in der Kunst der Stoffherstellung und -verarbeitung, ist bestimmt durch gesellschaftliche, politische (Macht-)

Strukturen, durch religiöse, moralische Vorstellungen. Bei Gestaltung und Wahl spielen zeitweilig Geschlecht, Alter, Standeszugehörigkeit eine wichtige Rolle; zudem die Gelegenheiten, zu denen K. getragen wird (Alltag oder Feiertag, Arbeit odcr Feste) und die finanziellen Mittel.

Ursprünglich war die K. in erster Linie *Schutz;* auch der Wunsch, sich zu schmücken wird früh sichtbar (ästhetischer Wert); so bei Naturvölkern zu beobachten und in der griechischen Antike, wo die K. vor allem zweckvoll war, einfach und praktisch und zugleich die Gestaltung von K. als künstlerische Aufgabe entwickelt wurde.

K. als *Schmuck:* In der Renaissance arbeiteten solche Künstler wie Michelangelo, Dürer und Cranach als Modeberater und entwarfen auch Bekleidung. Der größte Maler der französischen Revolution, Jacques Louis David, wurde zugleich ihr größter Modeschöpfer. Die Kunst sollte bis in den Alltag hinein wirken, bis in die K. In der „Volksgesellschaft der Künste" fanden 1793 mehrere Sitzungen statt, in denen über die Neugestaltung von Mode beraten wurde. Anfang des 20. Jahrhunderts schwanden die Grenzen zwischen Malerei, Theater und Mode. Der Couturier Poiret beauftragte Maler, Stoffmuster zu entwerfen; der Maler Dufy arbeitete für den Seidenfabrikanten Bianchini aus Lyon, der mit den Entwürfen des Malers die künstlerische Entwicklung des Dessins stark beeinflußte. Frauen wurden bekannte Modeschöpferinnen wie Nina Ricci, Madame Schiaparelli, Alix Grès, Jeanne Lanvin und Coco Chanel. Von der letzten stammt das Wort: „Wirkliche Eleganz setzt immer unbehinderte Bewegungsfreiheit voraus."

K. als Gegenstand der *Repräsentation:* z. B. während der Zeit des Absolutismus, wo die Funktion des Zeichens und des Repräsnetierens an Bedeutung gewann und deutlich wurde an Perücke, Cul de Paris, Korsett, üppigen Stoffen etc. Liselotte von der Pfalz, Gemahlin des späteren Regenten von Frankrcich, schrieb von den Kavalieren am Hofe Ludwigs des XIV: „Sie fressen viel und waschen sich wenig." In die hohen Frisuren der adeligen Damen des Rokoko arbeiteten die Perükkenmacher Elfenbeinstäbchen zum Läusekratzen ein (bei den adeligen Herren gab's das separat). Parfüm wurde benutzt – um den Körpergeruch zu vertuschen.

K. als Instrument der *Unterdrükkung,* getrennt nach Klassen, Ständen, Schichten und Geschlecht. Es gibt Beispiele aus der mittelalterlichen Standesgesellschaft, der bürgerlichen Gesellschaft des 18./19. Jhs., daß Verstöße gegen geschriebene und ungeschriebene Kleiderordnungen nicht allein Spott hervorriefen, sondern Skandale verursachten, mit Geldbußen geahndet, mit sozialer Ächtung gestraft wurden. Moralauffassungen, Einstellungen zur Sexualität hatten wesentlichen Einfluß auf K. In einigen Gesellschaften mußten und müssen, geprägt u. a. von der katholischen Kirchenmoral, Frauen ihren Körper verhüllen; in vom Islam bestimmten Ländern auch das Gesicht. Ein besonders krasses Beispiel ist der Zwang zu den als schön ausgegebenen „Lilienfüßen" in asiatischen Ländern früherer Zeiten. Diese unter großen Schmerzen (durch Einwickeln und Bandagen) angezüchteten Krüppelfüße erlaubten z. B. der (vornehmen) Chinesin allein das Trippeln – wie hätte sie weglaufen können aus unerträglichen Eheverhältnissen? In Europa wurde im

Haube und Kleid der ehrbaren Nürnberger Frauen. Albrecht Dürer, 1527.

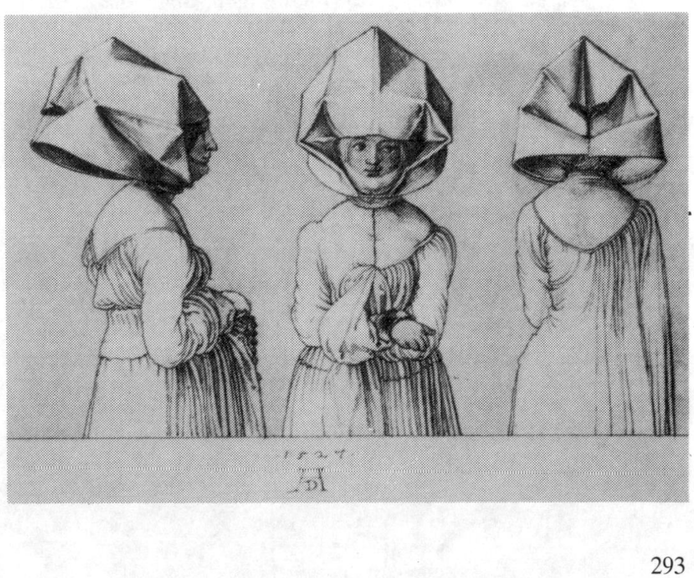

Mode der frühen 30er Jahre.

17.–19. Jh. ein Schönheitsideal von → Weiblichkeit aufgebaut, das Frauen (und zeitweise Mädchen schon ab zwei Jahren) in ein Korsett zwang, das den Körper deformierte, Frauen ein Drittel ihres Atemvolumens nahm.

K. aber auch als Ausdruck von *Befreiung,* z. B. während der Französischen Revolution, wo die Kniehose abgeschafft wurde und die „Sansculottes" lange und weite Pantalons trugen, die aus der Arbeitskleidung stammten (sozusagen Vorläufer der „Jeans"), sowie die rote Freiheitskappe, die Jakobinermütze. In den „Betrachtungen über die Vorteile einer Änderung der französischen Kleidung" von der republikanischen Gesellschaft der Künste heißt es: „Es gehört zum Geist der französischen Wiedergeburt, die Kleidung zu ihrem ursprünglichen Zweck und den Sitten der Gleichheit zurückzuführen." Auch die englische Kleiderbewegung im 19. Jh. war eng verbunden mit den sozialen Bewegungen. Es galt, die Frauenkleidung zu verbessern: „Die Reform der Frauentracht ist eine Mitbedingung, und wahrlich eine nicht geringe, bei der Befreiung der Frau, denn die Modesklavin ist für die Wiedergeburt der Menschheit nicht brauchbar", schrieb H. Lahmann in seinem Buch über die Reform der Frauenkleidung. Der Kampf der Sozialreformer/innen, von Ärzten und den ersten Ärztinnen, der Frauenbewegung galt vor allem dem Korsett. Die um die Jahrhundertwende schon bequemere, sachliche Männerkleidung auch für Frauen einzuführen, galt vielen als erstrebenswert. Schon in der Mitte des 19. Jhs. hatte Amelie Bloomer eine bequeme Hosentracht für Frauen entwickelt, die sie 1851 unter dem Spott ihrer Zeitgenossen und -genossinnen in London zeigte. Ihre Nachfolgerinnen setzten zunächst einmal das Männerjackett durch, das sie zum Rock trugen. Die für Frauen so verpönte lange Hose ist heute – von Jeans bis zur Abendrobe – akzeptiert; sie ist aus der Damenk. und -mode nicht mehr wegzudenken. Wie Frauen um 1900 mit Erfolg gegen das Korsett angegangen waren, so protestierten in den 60er Jahren US-Amerikanerinnen von „Women's Lib" gegen die von Männern, Modemachern verordnete Weiblichkeit: „Wir formen Frauen uns zum Bilde" – sie verbrannten öffentlich ihre BHs als Protest gegen Körperaneignung, Zwänge und Fremdbestimmung.

Amelie Bloomer 1851. Mit dieser in ihrer Zeitschrift „Lily" veröffentlichten Daguerreotypie löste sie eine Revolution aus. Ungezählte Frauen schneiderten das Bloomer-Kleid nach. Männer fanden es anstößig und aufrührerisch.

Für Damen!

Vorgerückter Saison halber verkaufe, um schnell damit zu räumen, unter dem Selbstkostenpreis:

Garnirte u. **ungarnirte Hüte** in reicher, schöner Auswahl, **Formen, Federn, Blumen, Bänder, Stoffe,** schwarz und farbig, **Sammt, Spitzen, Perlen, Besatze, Schleier** etc.

Ferner: **Krausen, Schleifen, Negligé-Häubchen** verkaufe wegen Aufgabe der Artikel zu jeden annehmbaren Geboten.

P. Drescher,

Kaiserstrasse 88, neben dem Museum. [7255

Badischer Landbote, 17. 12. 1881

Frauen – und dazu hat die Frauenbewegung einiges beigetragen – sind heute auf der Suche nach eigenen Körperbildern, nach einer bequemen K., die weder gesellschaftlich verordneter traditioneller Weiblichkeit folgt noch einem Ideal und Modezwang sachlich-männlich-weiblicher Geschlechtseinheit. Für sich Individuelles, Tragbares, Schönes zu entwickeln, sich Trends zu entziehen, die immer wieder neu nicht nur zu Absatzzwecken gemacht werden, ist schwierig. Und wo Häuslichkeit wieder so „in" sein soll wie heute, sind die Schürzenhersteller nicht fern: „Weiße Zierschürzchen machen wieder Mode." (Slogan aus einem bebilderten Prospekt).

Lit.: Rudolf Dekker/Lotte van de Pol: Frauen in Männerkleidern, Berlin 1990; Christian Garne, Über die Moden, Frankfurt/M. 1987; L. Kybalova, Das große Bilderlexikon der Mode – vom Altertum bis zur Gegenwart, Prag 1966; Erika Thiel, Künstler und Mode – Von der Modistin der Königin zum Modeschöpfer der Haute couture, Berlin 1979; dies., Geschichte des Kostüms, Berlin 1980; Voilà, Glanzstücke historischer Moden 1750–1960, hrsg. von U. Hornbostel, München 1992; Ingeborg Weber-Kellermann, Die Kindheit – Kleidung und Wohnen, Arbeit und Spiel – Eine Kulturgeschichte, Frankfurt 1979.

Florence Hervé

Klimakterium; von lat. „climakter", griech. „klimakter" = Stufenleiter, kritischer Punkt des menschlichen Lebens. Die neulateinische Bildung K. ist der medizinische Ausdruck für → Wechseljahre. Daß nicht nur die körperlichen Veränderungen, sondern auch die Veränderung der Lebensumstände, bei Frauen vielfach der Funktionsverlust als Mutter und anderes mehr, eine Rolle spielen, wird sowohl in der ursprünglichen Bedeutung des Wortes K. ausgedrückt als auch mit dem anglo-amerikanischen Ausdruck: midlife-crisis = Krise in der Mitte des Lebens. Eingeschlossen ist auch in beiden, daß es für Frau *und* Mann Wechseljahre gibt.

Klitoris; deutsch: Kitzler; von griech. clitoris; das deutsche Wort Kitzler ist seit dem 18. Jh. gebräuchlich und kommt von „kitzeln", einem laut- und bewegungsnachahmenden Wort. K. ist der äußere Teil der weiblichen Geschlechtsorgane an der Schamspalte, wo die kleinen Schamlippen zusammenstoßen. Die K. kann unterschiedlich groß sein – etwa so groß wie eine kleine Fingerkuppe – und ist sehr berührungsempfindlich. Die K. kann sich durch Anschwellen vergrößern, bei Berühren sexuelle Erregung auslösen und sexuelle Erregung weiterleiten. Für Lustempfinden und Orgasmus der Frau spielt der Kitzler eine wichtige Rolle. (→ Sexualität)

Klitorisbeschneidung; Von der Entfernung von Klitoris und Schamlippen wird erstmals aus Ägypten um die Zeitenwende berichtet. Die Beschneidung der männlichen Vorhaut (auf der ganzen Erde mit Ausnahme Europas üblich) ist viel älter. Sie wird einfach auf hygienische Sitten zurückgeführt, weil auf diese Weise keine Smegmabildung auftritt. Die männliche Beschneidung zieht keinerlei Einschränkung der männlichen Potenz oder der Freude an der Sexualausübung nach sich. Sie ist ein relativ einfacher Eingriff und nicht mit den exzessiven Qualen der weiblichen Beschneidung zu vergleichen.

Die Mädchenbeschneidung wirkt – äußerlich betrachtet – auch wie ein Initiationsritus (Einweihung in die Geschlechtsreife) und wird auch wie ein solcher behandelt. Während aber die Knaben selbstbewußt und überlegen aus ihm hervorgehen sollen, überlegen vor allem gegenüber Frauen, soll das Mädchen gebrochen und unterworfen werden. Die K. wird in den islamischen Ländern Afrikas angewandt und auch von katholischen Missionaren nicht bekämpft, während die protestantischen einige Anstrengungen in dieser Richtung versucht haben. Auch in Lateinamerika ist sie üblich, bei einigen Stämmen im östlichen Mexiko, in Peru und in westlichen Teilen Brasiliens. Diese Stämme benutzen Steinmesser. Auch die Muslime auf den indonesischen Inseln, Stämme in Pakistan und arabische Nomaden nehmen diese Beschneidungen vor.

Die K. wird jährlich an 80 Millionen Frauen und Kindern vorgenommen. Hunderttausende sterben jährlich daran. Nach einer K. wird eine

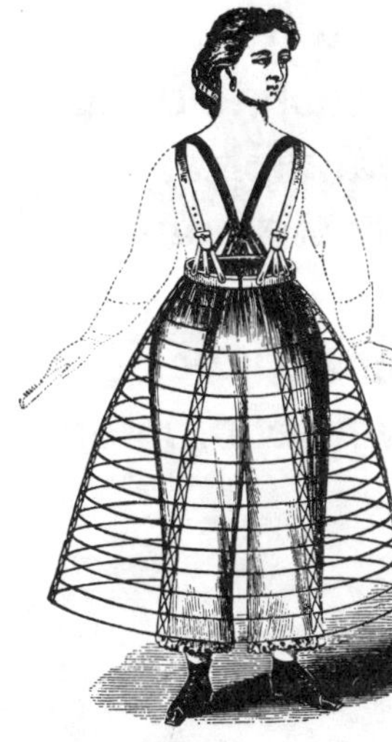

Das Reformkleid der Amerikanerin Marie Jones, 1870

Klitoris-beschneidung: Jährlich an 80 Millionen Frauen und Kindern vorgenommen.

Hundert-tausende sterben jährlich daran.

große Anzahl von Frauen steril. Die K. wird in der Regel an Mädchen zwischen 7 und 10 Jahren vorgenommen, aber auch an einjährigen Kindern und älteren Mädchen, je nach der „Sitte".
Es gibt drei Stufen der Beschneidung: 1. die Entfernung der Klitoris; 2. die (zusätzliche) Entfernung der kleinen Schamlippen und 3. die radikalste Form, die auch die Beschneidung der großen Schamlippen vorsieht. Man nennt diese Art der Beschneidung auch Infibulation.
Die Operation wird oft mit einer wilden Grausamkeit vorgenommen. Ohne die geringste Betäubung legen die Mütter die Klitoris frei, indem sie die Schamlippen aufblättern und mit Dornen an beiden Seiten befestigen. Dann schneiden und reißen sie die Klitoris heraus, schneiden die kleinen Schamlippen und dann die großen ab und kratzen mit dem Messer das Fleisch bis auf die Knochen ab. Bis dahin ist das kleine Mädchen schon ein paarmal bewußtlos geworden und wieder zu sich gekommen. Niemand kümmert sich um ihr entsetzliches Schreien, vielmehr wühlen die anwesenden Nachbarinnen alle in der Wunde, um festzustellen, ob auch alle Reste der Klitoris beseitigt sind. Zum Schluß werden die Wundränder zu beiden Seiten der Vulva zusammengeheftet – mit Dornen –, bis nur eine winzige Öffnung bleibt zum Austritt des Menstruationsblutes und des Urins. Je kleiner die Öffnung, um so höher der Marktwert der Frau. Anschließend wird die Bedauernswerte bis zur Taille eingewickelt und bleibt so drei Wochen gefesselt. Alle Ausscheidungen gehen in den Verband.
Viele Mädchen überleben diese Qualen nicht und verbluten gleich, vor allem, wenn die klitorale Arterie verletzt wird. Die Überlebenden haben oft lebenslange Beschwerden und Leiden. Oft wird die Harnröhre verletzt und die Frauen können ihren Urin nicht mehr halten. Viele müssen in den Krankenhäusern katheterisiert werden.
Die Operationen zur K. werden auch oft in Krankenhäusern vorgenommen, vor allem, wenn es sich um reiche Städterinnen handelt.
Die Nachwirkungen sind häufig verhängnisvoll: es entstehen Zysten, Abszesse und Infektionen im gesamten Beckenbereich, Narbenwucherungen schmerzen lebenslänglich, der Geschlechtsverkehr wird zu einer Qual. Das Schlimmste aber ist als Folge dieser Torturen die oft entstehende Unfruchtbarkeit, die für eine Frau in Afrika eine Tragödie ist. Die Qualen sind aber damit nicht zu Ende. Die Frauen müssen bei jeder Geburt aufgeschnitten werden. Anschließend wird wieder zugenäht, damit dem Ehemann das sexuelle Vergnügen erhöht wird.
Angaben über Gründe findet man von beiden Seiten. Den Frauen hat man offenbar eingeredet, daß all dies für ihre Fruchtbarkeit vonnöten sei. Die Männer geben an, der Verkehr mit einer unbeschnittenen Frau führe zur Impotenz des Mannes. Man hört aber auch Argumente derart, daß die Mädchen dann weniger eigenwillig seien und die Frauen treu blieben.
Das Ziel der K. ist vor allem die Reduzierung der weiblichen Sexualität. Sie ist eine Kastration brutalster Art und paßt zu den Einsperrungs- und Verhüllungspraktiken, denen islamische Frauen unterworfen werden.
Nirgends in Afrika werden Statistiken über das Ausmaß der Verstümmelungsfolgen geführt. Die Todeszahlen sind unbekannt. Am liebsten würde man alles verschweigen. Die K. war lange Zeit das bestgehütete Geheimnis Afrikas.
Die Beschneidungen werden als alte, von den Ahnen gebotene Traditionen verteidigt und obwohl überall in Afrika die Initiationsriten abbröckeln und teilweise sogar aufgegeben, meist aber vereinfacht werden, bestehen die Männer aller Bildungsstufen (auch in den Städten) auf der weiblichen Beschneidung, die, wenn nicht anders, dann auch in „privaten Zeremonien" durchgeführt wird.
Die K. entstand offenbar aus einer männlichen Angst vor der Kraft der Frau, wie dies in afrikanischen Mythen zum Ausdruck kommt.
(→ Fundamentalismus)

Lit.: Marilyn French, Der Krieg gegen die Frauen, München 1992; Marielouise Janssen-Jurreit, Sexismus, München – Wien 1978[3].

Margret Gottlieb

Koedukation; von lat. „co-educare" = zusammen erziehen. K. ist gemeinsame Erziehung und gemeinsamer Unterricht (Ko-Instruktion) für Mädchen und Jungen. K. als gemeinsamer Unterricht ist schon aus der Antike bekannt. In der Neuzeit wurde sie im kolonialen Anfangsstadium Nordamerikas praktiziert, wo getrennte Schulen für beide Geschlechter nicht zu unterhalten waren. In den skandinavischen Ländern wurde K. 1876 eingeführt, in Rußland 1917. Lange in Deutschland abgelehnt, wurde unter dem Einfluß von Reformpädagogik und durch Engagement der Frauenbewegung um die Jahrhundertwende manches Vorurteil – „Degeneration des weiblichen Typus", „zügellose Moral" – gegen die K. abgebaut. Aber noch nach 1945 war K. in der Bundesrepublik heiß umstritten.

Seit Mitte der 60er Jahre ist K. im Kindergarten, in der Schule, seit Anfang der 70er auch in der Jugendarbeit in der Bundesrepublik üblich. Was von Frauen aus der Frauenbewegung mit Untersuchungen und Berichten aus der Praxis belegt wurde, wird im 6. Jugendbericht – „Verbesserung der Chancengleichheit von Mädchen in der Bundesrepublik Deutschland" (1984) – bestätigt: Die Situation von Mädchen, ihre Probleme, Bedürfnisse und Wünsche werden vielfach weniger berücksichtigt als die der Jungen. Alte Rollenbilder werden weitergegeben oder die Orientierung läuft einseitig entsprechend dem traditionellen Konzept von Jungenerziehung. Exakt und ehrlicher ist es, bei dem derzeitig erreichten Stand in der K. von Ko-Instruktion, gemeinsamem Unterricht bzw. gemeinsamer Freizeitgestaltung zu reden. In der Jugendarbeit, auch in Schulen, hat dies auf Initiative von frauenbewegten Frauen zur Bildung von Mädchengruppen neben den gemischten Gruppen geführt. Darüber hinaus ist zur Entwicklung einer K. im Sinne einer alte Rollen und Aufgaben wie Arbeitsteilung überwindenden gemeinsamen Erziehung erforderlich, Lehrpläne, Schul- und Jugendbücher, Erziehungskonzepte in der Jugendarbeit, Erzieher/innen- und Lehrer/innenausbildung zu ändern, um die Defizite in der Mädchen- wie der Jungenerziehung zu überwinden. Solange aber in Politik und Wirtschaft, in der Familie unterschiedliche Aufgaben für Frauen und Männer vorgesehen werden, wird eine solche Orientierung in der K. nur begrenzten Erfolg haben, aber als ein wichtiger Faktor für Veränderung angegangen werden müssen.

Unter diesem Aspekt haben vor allem Lehrerinnen die K.sdebatte in den 80er Jahren erneut entfacht. Auf der Basis von Beobachtungen und Untersuchungen u. a. in der Bundesrepublik, den USA und Großbritannien, aber auch in den früheren sozialistischen Ländern wurde aufgrund unterschiedlicher Ansätze und Experimente differenzierter belegt, daß die geschlechtstypischen Leistungsschwächen bzw. -stärken wie Mädchen = Sprachen, Jungen = Naturwissenschaften und Technik, Verhalten wie Leistungsorientierung, Durchsetzungsvermögen, Selbstbewußtsein, Team- oder Konkurrenzfähigkeit etc. in erster Linie dem „heimlichen Lehrplan" geschuldet sind. Kern dieses heimlichen Lehrplans sind geschlechtstypische Zuschreibungen, rollenkonforme Annahmen und Vorurteile, mit denen Interessen geweckt oder verschüttet, Verhaltensweisen geprägt, positiv oder negativ verstärkt werden. Diese Mädchen- oder Jungen-Zuschreibungen prägen den Unterschied, die Beurteilungen und das alltägliche Verhalten im schulischen Lehr- und Lernbetrieb so, daß tendenziell Leistungen und Verhalten sich nach den geschlechtstypischen Mustern ausrichten. Die gängigen Beispiele sind: Mädchen sind zurückhaltend, fleißig, kooperativ, nicht so gut in Mathematik, in Logik und im selbständigen Handeln; Jungen sind (technisch) begabt, eher faul, konkurrieren, sind aggressiver, durchsetzungsfähiger, selbständiger und genialer. Diese Zuschreibungen, deren „wirklichkeitsschaffende Kraft" (Franziska Stalmann, 1991) sich schon im Vorschulalter, im Elternhaus und im außerschulischen Alltag entfaltet, sorgen im Verein

mit traditionell an „männlichen“ Zugangsweisen entwickelter Methodik und Didaktik für eine systematische Benachteiligung von Mädchen in gemischten Schulen und zu einer durchschnittlich vielfältigeren und besseren Forderung und Förderung in den noch bestehenden Mädchenschulen. So beschert die durchschnittlich größere Aggressivität und Unruhe von Jungen im Unterricht diesen eine sehr viel höhere Aufmerksamkeit. In Mathematik, Naturwissenschaften und insbesondere im Computerbereich wird in erster Linie dem Interesse von Jungen an Funktionen und technischem Funktionieren, am Beherrschen von Geräten und der Einzelarbeit Rechnung getragen. Die Interessen von Mädchen an Zusammenhängen und gesellschaftlichen Folgen, an Teamarbeit werden demgegenüber vernachlässigt.

Kennzeichnend für die neue K.s-debatte ist ihre auf eine „Reform der K.“ gerichtete Praxisorientierung. Die methodischen, didaktischen und auf das Verhalten gerichteten Empfehlungen, Modelle und praktischen Erprobungen zielen darauf, den Mädchen im gemeinsamen Lehr- und Lernprozeß bewußt *mehr Raum* zu schaffen und Jungen zum *Platzmachen* zu erziehen. Beim gegenwärtigen Stand wird durchaus eine zeitweilige Trennung von Mädchen und Jungen in bestimmten Fächern und für bestimmte Zeiten empfohlen, aber es gibt kaum ein Plädoyer für eine generelle Geschlechtertrennung, kann doch in der allgemeinen Trennung das „Raum-Fordern“ und „Platzmachen“ gegenüber dem anderen Geschlecht nicht gelernt werden, das wechselseitige Lernen von unterschiedlichen Zugangsweisen nicht stattfinden. Erst die grundlegenden Veränderungen der *äußeren* Bedingungen, die Entwicklung zur Ko-Instruktion, haben deutlich gemacht, „wie unverändert die *inneren* Strukturen noch sind“ (Franziska Stalmann, 1991).

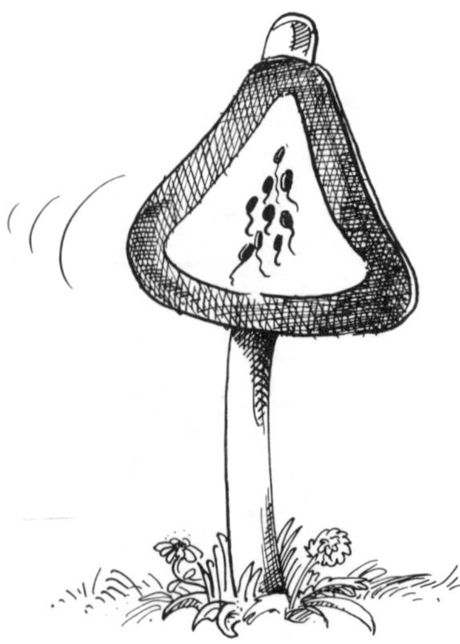

Erfolgreich erprobte Konzepte über den zeitweilig getrennten Unterricht hinaus sind:

(1) Eine gerechte „Aufmerksamkeitsverteilung“, indem Mädchen und Jungen abwechselnd aufgerufen werden, auf die Länge der Redebeiträge geachtet wird, Mädchen häufiger positiv verstärkt, Jungen mit ihrer Lautstärke und Aggressivität (ausgesprochen schwierig!) weniger berücksichtigt werden.

(2) Abbau der Diskriminierung von Frauen in Schulbüchern. Immer noch kommen sie entweder nicht oder nur in traditionellen Rollen vor (und Männer nicht als soziale Väter); in Rechen-, Mathematik-, Technik-Beispielen, aber auch in außergewöhnlichen Lebenssituationen – kaum bis keine Frauen. → Geschichte ist trotz → Frauenbewegung und → Frauenforschung immer noch überproportional eine von Männern.

(3) Sichtbarmachen von Rollenverhalten, Rollenkritik durch Umkehr, Übertreibung oder Neutralisierung und Förderung von rollenübergreifendem Verhalten und Handeln.

(4) Ausrichtung des Unterrichts an Interessen, Bedürfnissen und (gelernten) Zugangsweisen der Mädchen, wobei Jungen – so schon 1970 der Pädagoge Wagenschein – wie Mädchen nur gewinnen können. Denn tendenziell bedeutet es, Kooperation statt → Konkurrenz, Teamarbeit statt Einzelleistung, ganzheitliches Denken unter Einbeziehung von Zusammenhängen und gesellschaftlichen Folgen statt isoliertem funktionalistischem Denken zu fördern. Erst auf diese Weise können *wechselseitige,* auf Gleichheit gerichtete Lern- und Veränderungsprozesse in Gang gesetzt werden ohne einseitige Angleichung. (→ Bildung, → Erziehung, → Konkurrenz)

Lit.: Ilse Brehmer, Schule im Patriarchat – Schulung fürs Patriarchat? Weinheim 1991; Ute Enders-Dragässer / Claudia Fuchs, Interaktionen der Geschlechter. Weinheim / München 1989; Hannelore Faulstich-Wieland, Koedukation – Enttäuschte Hoffnungen? Darmstadt 1991; Marianne Horstkemper / Luise Wagner-Winterhagen (Hrsg.), Mädchen und Jungen – Männer und Frauen in der Schule. Weinheim / München 1990; Franziska Stalmann, Die Schule macht die Mädchen dumm. Probleme mit der Koedukation, München 1991.

Renate Wurms

Koitus; ist der medizinische Fachausdruck für die wahrscheinlich häufigste Form des Geschlechtsverkehrs zwischen Frau und Mann.

Das Wort K. wurde aus dem Lateinischen „coitus" übernommen, was eigentlich heißt: das Zusammengehen, das Zusammenkommen. Entsprechend dieser ursprünglichen Bedeutung kann der K. so beschrieben werden: die Frau nimmt mit ihrer Scheide das Glied des Mannes auf; durch Bewegen von Glied und Scheide befriedigen sich Partnerin und Partner gegenseitig sexuell. In der Praxis ist es häufig eine Form einseitiger männlicher Befriedigung. (→ bumsen, → Sexualität)

Koitus interruptus; aus dem Lat., unterbrochener Koitus, in der Umgangssprache auch „Aufpassen". Unmittelbar vor dem Orgasmus bzw. dem Samenerguß zieht der Partner sein Glied aus der Scheide der Partnerin, damit kein Samen in die Geschlechtsorgane der Frau gelangt. K.i. ist eine Methode der Empfängnisverhütung, die nichts kostet und keiner Vorbereitung bedarf. Aber: Diese Methode ist unsicher. Samenzellen können schon vor dem Orgasmus in geringen Mengen abgesondert werden und auch von den äußeren Geschlechtsorganen her durch Scheide und Gebärmutter zur Eizelle gelangen. So bewirkt der K.i. Unsicherheit, Hemmungen und ist für manche sehr unbefriedigend, weil der Koitus plötzlich beendet und nicht als Einheit erlebt wird. (→ Sexualität, → Verhütung)

Körper; von lat. „corpus" = Körper, Leib, Masse wurde das Wort schon im 13. Jh. (mhdt.: korper, körper) für den tierischen und menschlichen K. anstelle des älteren Wortes Leib übernommen.
Eine Reihe der Probleme, die die neue Frauenbewegung unter den Stichworten Enteignung und Aneignung des weiblichen K. aufgegriffen hat, wurde schon in der alten Frauenbewegung thematisiert. Praktisch alle Richtungen vertraten gegen das männlich geprägte und von vielen Frauen verinnerlichte Weiblichkeitsideal der schwachen, zu Repräsentationszwecken geschnürten und deformierten bürgerlichen Frau die Notwendigkeit befreiender → Kleidung, Bewegung, sportlicher Betätigung (→ Sport). Praktisch zunächst vor allem von der proletarischen → Frauenbewegung, dann auch von dem radikalen Flügel und den Gemäßigten wurde andererseits die Gesundheitsschädigung der Land- und Fabrikarbeiterinnen, der Arbeiterfrauen durch die harte körperliche Arbeit, die langen Arbeitszeiten, die miesen Arbeitsbedingungen in Fabriken aufgegriffen, für Arbeitsschutz, Sozialpolitik, staatliche Auflagen in Betrieben eingetreten. Das bürgerliche Doppelmoral-Bild von der Frau, das erlaubt, die Proletarierin bis an die Grenzen der Erschöpfung und des Zusammenbruchs körperlich auszubeuten und Frauen andererseits für körperlich zu schwach zum Medizinstudium zu erklären, hat dabei keine so scharf, so brillant satirisch und so früh herausgearbeitet wie Hedwig Dohm in ihren Schriften aus den 70er Jahren des vorigen Jahrhunderts.
Vor allem die Radikalen setzten sich für eine freie, selbstbestimmte → Sexualität, für das Selbstbestimmungsrecht der Frau über Schwangerschaft und Geburt als wichtige Voraussetzungen und Bestandteile der Persönlichkeitsentwicklung ein; Aspekte, die dann vor allem unter Berücksichtigung des Elends und der Not in den 20er Jahren auch von den Organisationen der Arbeiter/innenbewegung aufgegriffen wurden. Schon die Entwicklung in den Jahren vor dem Ersten Weltkrieg bis hin zum Hitlerfaschismus 1933 be-

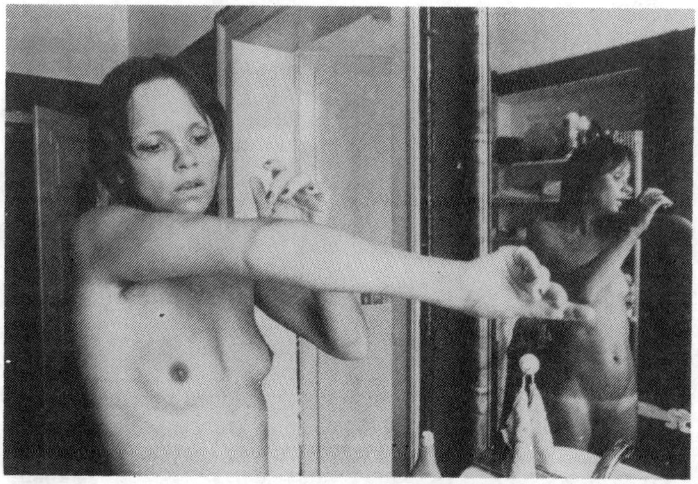

Gartenlaube-Kalender 1915

Gartenlaube-Kalender 1913

legt, wie fortschrittliche Ansätze und Entwicklungen sich nutzen lassen: in Verbindung (lange vor 1933!) mit rassistischen Anschauungen, durch die Entwicklung und Nutzung eines Frauen-Körper-Kultes für militärische, imperialistische Zwecke im Kaiserreich wie dann später im faschistischen „Dritten Reich" hin zu rassistischer „Auslese", Bevölkerungspolitik, Zwangssterilisation, Vernichtung.

In der neuen Frauenbewegung waren es die feministisch orientierten Gruppen, die, ausgehend von dem Kampf gegen den § 218, begannen, das Ausmaß der Enteignung des weiblichen K.s zu erfassen und in seiner Bedeutung für die Situation von Frauen, für ihre Psyche, für die Verhinderung der Entwicklung von Identität zu analysieren suchten. Im wesentlichen für vier Komplexe wurden (auch unter dem zusammenfassenden der unterschiedlichen Formen und Abstufungen von → Gewalt gegen Frauen) die Entwürdigung und Entmündigung von Frauen durch Enteignung des K. aufgezeigt: (1) Der § 218, seine bevölkerungspolitische Funktion, der Zugriff über Kriminalisierung und Zwangsmutterschaft auf das Leben und den Lebensplan von Frauen. (2) Die Folgen einer männlich dominierten → Sexualität und konsum-profitorientierter Propagierung „sexueller Befreiung" als alter und neuer Zwang für Frauen. (3) Die massenhafte Vermarktung des weiblichen Körpers in der Werbung, den Medien, der Pornographie, der Prostitution. (4) Die gynäkologische Theorie und Praxis, das Gesundheitswesen insgesamt, in dem Frauen keine oder unzureichende Informationen über körperliche Vorgänge erhalten, Menstruation, Schwangerschaft und Geburt als Krankheiten „behandelt" werden und in Verbindung mit einer riesigen pharmazeutischen Industrie vorrangig und ohne Berücksichtigung gesellschaftlicher und psychischer Bedingungen und Verhältnisse alles mit Medikamenten behandelt wird. Zunächst ausgeblendet blieben die krankmachenden Bedingungen im Erwerbsleben und insgesamt der Arbeitszusammenhänge von Frauen. Vor allem gewerkschaftlich orientierte Gruppen und die sich entwickelnde alternative Frauengesundheitsbewegung griffen diese Probleme in den letzten Jahren zunehmend mit auf.

Die praktischen Schritte zur „Aneignung des weiblichen K." schlugen sich in Handbüchern zu Sexualität, Schwangerschaft, Geburt, in Projekten und Gesprächsgruppen, Beratungsstellen, der Einrichtung von → Frauenhäusern und 1977 in der Gründung des „Feministischen Frauen Gesundheits Zentrums" in Westberlin nieder. Die wichtigsten Ziele waren und sind: Aufklärung und Informationen zur Entwicklung von Selbstbestimmung und eines K.bewußtseins, das von der Ganzheitlichkeit des Menschen als K., Psyche, Bewußtsein/Intellekt ausgeht und wesentliches Moment der Entwicklung von Selbstbewußtsein ist; die Entwicklung alternativer Behandlungsmethoden, in der die unterschiedlichen Wirkungsfaktoren von der Ernährung über Bewegung, Sexualität, Arbeit und Erholung sowohl als krankmachende wie gesunderhaltende berücksichtigt werden; die Aufklärung über den medizinisch-industriellen Komplex, das Ärzte- und Pharmawesen; die Aufklärung gegen den Biologismus und die Reduzierung der Frau auf ein vor allem biologisch bestimmtes und gebärfähiges Wesen. In einer zweiten Entwicklungsphase kommt in einer Reihe von Gruppen vor allem die Entwicklung einer eigenen K.kultur, eigener weiblicher K.bilder hinzu. Versuche, u. a. in Kunst und Ästhetik die Vision und Utopie eines freien weiblichen Körpers zu entwickeln, sind im Zusammenhang des Bemühens zu sehen, sich von den männlich geprägten Schönheitsidealen abzusetzen, sich zu akzeptieren und verändern zu lernen nach eigenen Bildern. (→ Feminismus)

Nicht nur die positiven Momente auch manchen überspannten Experiments im Rahmen von Selbstfindungsprozessen und des Sich-Wehrens gegen die patriarchalische Unterdrückung im persönlichen Bereich, sondern auch die Gefahren elitärer Verhaltensmuster, des

Rückzugs, der Entwicklung von Innerlichkeit und Entpolitisierung werden in der Frauenbewegung z. T. sehr heftig und kontrovers diskutiert. Prozesse und Entwicklungen sind noch jung, bei vorsichtiger Einschätzung kann festgehalten werden: 1. Im Rahmen der Thematisierung von K.-Enteignung und -Aneignung sind wichtige Fragestellungen entwickelt worden zum Komplex „Ganzheitsmedizin, Schulmedizin, geschlechtsspezifischen Krankheitsbildern und gesellschaftlicher Lage der Frauen" (Annette Menzel, 1984) sowie eine Menge praktischer Erkenntnisse gewonnen, popularisiert und auch umgesetzt worden. 2. Möglicherweise gilt dies noch mehr für den Bereich → Sexualität und die damit zusammenhängenden Machtbeziehungen zwischen Frauen und Männern, die damit verknüpfte psychisch-physische Abhängigkeit und Unterdrükkung der Frau. 3. Gefahren werden vor allem gesehen in einer ausschließlich auf praktische Tips, gesunde und entspannte Lebensweise verkürzten Orientierung, die in Form von Fitness-Programmen, der Propagierung eines gesunden, schlanken männlich-weiblichen K.s, entsprechenden Trainings und flottsportlicher Mode mit vermarktet werden kann und 4. der Nutzung für konservative politische Zwecke. Der zu beobachtende Rückzug mancher feministischen Gruppe, auch mancher Trends in Volkshochschulgruppen auf „Innerlichkeit", Entkoppelung von und Ausblendung des politischen, wirtschaftlichen, gesellschaftlichen Zusammenhangs wie die allgemeine Krisensituation in unserem Land sind der Nährboden, aus dem erwachsen kann, was sich auch in der konservativen Richtung der alten Frauenbewegung entwickelte: Fortschrittliche Ansätze zur Aneignung des K.s werden zu Mitteln der Enteignung; aus Schritten zur Selbstbestimmung werden Instrumente zur Fremdbestimmung und Unterdrückung.
Heute sind die → Gen- und → Reproduktionstechnologien zu einem zentralen Thema im Zusammenhang mit patriarchalischer Kontrolle und Enteignung des weiblichen K.s geworden. Einen bösen Höhepunkt bilden hier die medizinischen Experimente, Tote als Gebärmütter zu nutzen. Daß das Experiment in Erlangen im Herbst 1992 gescheitert ist, wird die Mediziner – so ihr Credo – nicht von weiteren Versuchen abhalten.

Lit.: Föderation der Frauengesundheitszentren (Hrsg.), Frauenkörper – Neu gesehen, Berlin 1992; Marylin French, Der Krieg gegen die Frauen, München 1992; Marielouise Janssen-Jurreit, Frauen und Sexualmoral, Frankfurt a. M. 1986; Ilona Kickbusch/Barbara Riedmüller (Hrsg.), Die armen Frauen. Frauen und Sozialpolitik, Frankfurt a. M. 1984; Annette Menzel, Sexualität und Frauenbefreiung, in: Texte – Taten – Träume, Köln 1984.

Renate Wurms

Kolonialismus; Doktrin und Politik, die auf die Beherrschung und Besetzung anderer Länder abzielen, um deren wirtschaftliche Ausbeutung und die eigene Expansion abzusichern; lat. colonia: Länderei, Vorwerk, Ansiedlung, colere: bebauen, culto: Pflege, Bildung.
Die Politik der Unterdrückung, Versklavung und Ausbeutung ökonomisch schwach entwickelter Länder wird mit rassischen, ethnischen, moralischen und ökonomischen Motiven begründet. Hinter der „Eroberung" und Besetzung anderer Länder, die vor 500 Jahren mit der „Entdeckung von Lateinamerika" durch Kolumbus und mit der Sklaverei in eine neue Phase eintrat, standen meist wirtschaftliche Interessen. Der K. ist mit Sklaverei, Apartheid und mit Völkermord verbunden. Wenn heute der K. praktisch abgeschafft ist, so haben sich neue Formen der ökonomischen Ausbeutung und der politischen Herrschaft über andere Länder vor allem in der → „Dritten Welt" entwickelt: der Neok. „Das Wesen des Neok. besteht darin, daß der Staat, der ihm unterworfen ist, theoretisch unabhängig ist und alle Attribute nationaler Souveränität zeigt. In Wirklichkeit jedoch ist sein ökonomisches und politisches System von außen gesteuert. . . Folge neok. Einflußnahme ist, daß ausländisches Kapital mehr der Ausbeutung dient als der Entwicklung der am wenigsten entwickelten Regionen der Welt. Investitionen unter den Bedingungen von Neok. vertiefen die Kluft zwischen reichen und armen Ländern."

(Kwame Nkrumah: Neo-Colonialism, the last stage of imperialism. London/Nairobi 1968)
Geschichte: Vorboten des K. waren die Forscher, Missionare, Händler, Handelshäuser. Das Sprichwort der Afrikaner im gesamten südlichen Afrika bringt die besondere Rolle der Kirche im K. zum Ausdruck: „Als du hierher kamst, hatten wir das Land, und du hattest die Bibel. Jetzt haben wir die Bibel, und du hast das Land." Im Vergleich zu anderen europäischen Großmächten eroberte Deutschland eigene Kolonien erst relativ spät. Die entscheidende Phase der Kolonialexpansion und der Aufteilung des afrikanischen Kontinents begann mit der 1884 von Bismarck einberufenen Afrika-Konferenz. 1884 entsteht Südwestafrika (Namibia) als erste deutsche Kolonie. Es folgen Ostafrika, Kamerun, Togo, Samoa und Neuguinea. Als letztes werden die Südseekolonien von Deutschland in Besitz genommen. Der deutsche Kolonialbesitz beträgt um die Jahrhundertwende: 15 Millionen Menschen, 2,5 Millionen m^2 Land. Paul von Hindenburg: „Ohne Kolonien keine Sicherheit von Rohstoffen, ohne Rohstoffe keine Industrie, ohne Industrie kein ausreichender Wohlstand. Darum, Deutscher, müssen wir Kolonien haben."
Der deutsche Kolonialismus wird oft verharmlost aufgrund des im Vergleich zu anderen Ländern geringen Umfangs der Kolonien und der kurzen Kolonialzeit. Seine Macht und

seine Brutalität sind jedoch nicht zu unterschätzen. Eroberung, Machtergreifung, Militarisierung, Zerstörung der nationalen Identität, wirtschaftliche Zwangsarbeit und → Rassismus waren Bestandteile der Kolonialisierung. Dabei spielte die Doktrin der Überlegenheit der weißen Herrenrasse eine besondere Rolle. Ein Missionar Büttner über die Annexion „Südwestafrikas" 1884: „Hoffen wir, daß auch ein Stück deutscher Reinlichkeit, deutscher Ordnung, deutschen Fleißes, deutscher Treue, deutscher Gottesfurcht in jenes wilde, wüste Land und zu den einst so wilden und wüsten Menschen hingebracht werde."
Der deutsche K. führte die Rassentrennung, die → Apartheid, ein und erprobte die ‚Endlösung' an Schwarzen. Grundlegende Etappen für die Apartheid-Gesetzgebung waren: – 1905 das Verbot von Mischehen (die geschlechtlichen Beziehungen zwischen Europäern und Afrikanern seien „nicht nur ein Verbrechen gegen die Reinhaltung deutscher Rasse und deutscher Gesinnung. . ., sondern könnten die Stellung des weißen Mannes hier überhaupt gefährden", so der damalige Gouverneur von Lindequist in Windhoek) und die kaiserliche Verordnung über die „Einziehung von Vermögen Eingeborener" (Enteignung der Einheimischen); – 1907 die Eingeborenen-Verordnung für Südwest-

afrika (Verbot von Landerwerb und Viehhaltung, Einführung von Paßgesetzen [alle Afrikaner mußten ab acht Jahren eine Paßmarke tragen]). Die Erprobung der ‚Endlösung' vollzog sich beim Völkermord an den Hereros (von 80 000 Hereros wurden 1904 60 000 von den deutschen „Schutztruppen" in die Wüste getrieben, ausgedurstet und ermordet). Sexismus und Mittäterschaft: Der K. ist rassistisch und → sexistisch. Dies zeigte sich in der Ausbeutung einheimischer Frauen und in den rassistisch-sexistischen Vorurteilen und Verhaltensweisen (bis zu Gewalt und Vergewaltigung). Der sexistische Rassismus gipfelt in der Zurschaustellung von schwarzen Menschen und Menschen aus Übersee in Kolonialausstellungen und Tierparks um die Jahrhundertwende. Schwarze Frauen werden als Sexualobjekte „minderwertiger Rasse" von den weißen Herren ausgebeutet (so z. B. in Namibia während der deutschen Kolonialherrschaft). Während der Aufstände gehörten Vergewaltigungen an Herero-Frauen sozusagen zum Alltag. Die Instrumentalisierung der weißen (Missions-)Frauen ist ein weiterer Aspekt des K. Diese sollten eine christliche Ehe vorleben, in der Frauenwelt sittsam wirken und die Reinhaltung der Rasse sichern. Maria Karow in ‚Kolonie und Heimat' 1908: „Die Grundlage der Kolonie ist die deutsche Familie. Sie verjüngt deutsches Leben und deutsche Sitte im fernen Afrika und erhält den Zusammenhang zwischen der Kolonie und der Heimat. Hier hat die deutsche Frau Gelegenheit, auf ihrem eigensten Gebiet, auf dem der Hausfrau und Mutter, mitzuarbeiten." Um die Junggesellen in den Kolonien zu versorgen, wurden „Probesendungen" organisiert – ledige Frauen wurden als potentielle Bräute entsandt, als „Weihnachtsgabe für die frauenarme Kolonie". Frauen waren auch Komplizinnen, Täterinnen. Kolonialherrschaft war kein Privileg der ‚Herrenmenschen' (Martha Mamozai): Frauen waren Teilhaberinnen der Kolonialmacht. Ein großer Teil der bürgerlichen Frauenbewegung unterstützte ausdrücklich die Kolonialpolitik des Reichs. „Wir brauchen Kolonien und haben ein Recht darauf", schrieb die Zeitung des Bundes deutscher Frauenvereine 1919. Der Frauenbund der Deutschen Kolonialgesellschaft wirkte u. a. mit bei den „Weihnachtskisten"; seine Aufgabe war die Gründung deutscher Heimstätten in den Kolonien, um den Gefahren, die dem „Deutschtum drohen", vorzubeugen. Berichte von „Kolonialdamen" zeigen, daß sie im Umgang mit schwarzen Frauen, mit Hausgehilfinnen, an Brutalität und Ausbeutung den weißen Herren um nichts nachstanden.

Lit.: Angela Davis, Rassismus und Sexismus. Schwarze Frauen und Klassenkampf in den USA, Berlin (West) 1982; Florence Hervé (Hrsg.), Namibia: Frauen mischen sich ein, Berlin 1993; Hinz/Patermann/Meier (Hrsg.), Weiß auf schwarz. 100 Jahre Einmischung in Afrika – Deutscher Kolonialismus und afrikanischer Widerstand, Berlin 1984; Martha Mamozai, Schwarze Frau, weiße Herrin. Frauenleben in den deutschen Kolonien, Reinbek 1989; dies., Komplizinnen, Hamburg 1990.

Florence Hervé

Kommunikationstechnologie; → Informationstechnologie

Konkurrenz; von lat. „con-currere" = zusammen (nach einem Ziel) laufen, zusammentreffen, aufeinanderstoßen wurde zunächst im 16. Jh. das Verb konkurrieren in der allgemeinen Bedeutung von zusammentreffen übernommen. Im 18. Jh. entwickelten sich daraus die heute üblichen Bedeutungen: (1) mit anderen in Wettbewerb treten, wetteifern und (2) Wettbewerb und die Gesamtheit der Mitbewerber/innen. In diesem Sinn wird von K. in Schule, Ausbildung, Beruf, im Sport, in der Wissenschaft, in Politik und Wirtschaft gesprochen. In diesem Gebrauch sind sehr unterschiedliche Arten von K. enthalten, verschwinden widersprüchliche Ansichten über Funktion, Wirkung und Ursachen von K. Wo einer von „gesunder K." in der Wirtschaft spricht, kann es in Wahrheit um einen Kampf zwischen Ungleichen gehen, der mit der Vernichtung der Existenzgrundlage der Schwächeren enden wird. Offen bleibt bei der Gleichsetzung von Wettbewerb und K., unter welchen Bedingungen sie stattfindet, welche Bedeutung K. in unserer Gesellschaft, für die Situation der Frauen hat.

Schönheitskonkurrenz 1926

Das K.problem ist im Zuge der Entwicklung der → Frauenbewegung im wesentlichen unter vier Gesichtspunkten thematisiert worden: (1) Die K. am Arbeitsmarkt, um den Arbeitsplatz, im → Beruf und im öffentlichen Leben; (2) K. um den Mann; (3) K. zwischen Frauen; (4) Möglichkeiten und Schwierigkeiten, K. zu überwinden.

In unserer Gesellschaft ist K. nicht nur ein vorherrschendes Prinzip im Wirtschaftssektor, sondern auch ein prägender Faktor des gesellschaftlichen Lebens und der Beziehungen der Menschen. Mit der K. des Kapitals, im Unternehmensbereich national und international, ist für die Lohnabhängigen einerseits die K. gegenüber dem Kapital und damit die Möglichkeit und Notwendigkeit zur → Solidarität untereinander gesetzt, aber auch K. zwischen den abhängig Beschäftigten auf dem Arbeitsmarkt. Damit ist ein zentrales Spannungsfeld von K. und → Solidarität angegeben. Das zweite erwächst aus den patriarchalischen Strukturen mit der historisch gewordenen geschlechtsspezifischen Arbeitsteilung, der männlichen Vorherrschaft in → Politik, Wirtschaft und → Kultur *und* dem Brüchigwerden dieser patriarchalischen Ordnung im Zuge von wirtschaftlichen und gesellschaftlichen Strukturveränderungen und der → Emanzipation von Frauen. So ist zum einen die K. um einen Arbeitsplatz zwischen Jungen und Alten, Männern und Frauen auch eine K. um Ausbildungs- und Qualifikationschancen, um Schulabschluß und Notendurchschnitt, um Sicherung der Existenz und beruflichen Erfolg und Aufstieg. Sie ist zum anderen eine K. zwischen Männern und Frauen, um wirtschaftliche und gesellschaftliche Positionen und Einfluß, um Vorherrschaft zu sichern und Macht zu erhalten bzw. um diese abzubauen und zu überwinden, was nicht ohne Macht für Frauen zu erreichen ist. Nicht im Einzelfall, aber als Geschlecht und aufgrund ihrer familialen Anbindung (oder weil diese unabhängig von der realen Situation bei allen Frauen vorausgesetzt wird) haben Frauen hier die schlechteren Karten im K.kampf. Auch in der Politik, in den → Gewerkschaften besteht dieses Spannungsverhältnis zwischen Solidarität und K. Um der Gefahr zu begegnen, daß Männerkompromisse und Gemeinsamkeit auf Kosten der (Minderheit) Frauen hergestellt werden, versuchen Frauen u. a. mit Berufsverbänden, Netzwerken, eigenen Gremien und Zusammenschlüssen innerhalb von Organisationen und Parteien die schwierige Situation zu bewältigen: K. ist notwendig, um sich und die Fraueninteressen durchzusetzen, und Gemeinsamkeit ist erforderlich, um den eigenen Forderungen wie einem Gesamtinteresse zu genügend Durchsetzungskraft zu verhelfen.

Solange die → Ehe eine, wenn auch risikoreiche Existenzsicherung bietet, Frauen auch daraufhin erzogen und in Krisen immer wieder darauf verwiesen werden, wird die Versorgungsehe eine Quelle der K. um den Mann sein, zumal wenn Kinder mitbetroffen sind. Eine zweite wesentliche Quelle ist die historisch gewordene und gesellschaftlich geprägte psychische Abhängigkeit von Männern. Wo es nicht (mehr) um die Existenzsicherung geht, zeigt die K. um den Mann, wie stark Frauen definiert wurden und werden *und sich definieren* über den Mann. Frauen sind erst dann weibliche Menschen, wenn sie „seine“ Liebe erringen, durch ihn Bestätigung erfahren. Drittens bilden auch Frauen ein eher männliches Grundmuster aus: K. um den Mann wie um die Frau ist dann Sich-Beweisen, Ausdruck des Leistungsdenkens und des Besit-

Arbeitslosigkeit 1931. Stenotypistinnen drängen sich vor einem Büro, das eine freie Stelle ausgeschrieben hat.

zes auch im sog. privaten Bereich. (→ Emanzipation, → Feminismus)
K. zwischen Frauen war lange ein Tabu. K. und Kampf waren (und sind) überwiegend positiv bewertete Männlichkeitsattribute; offen konkurrenzhaftes Verhalten von Frauen war dagegen unweiblich und allenfalls konnte es IHN erfreuen, wenn es um ihn, seine → Karriere, seine Kinder ging; allerdings auch ihm war es eher lästig, wenn Frauen allzu offen konkurrier(t)en. Als K. um den Mann, als stellvertretende K. für den Mann und eine von Wirtschaft und Werbung diktierte K. um Schönheit, Jugend, straffe Frauenkörper wurde K. zwischen Frauen denn auch zuerst von der → Frauenbewegung thematisiert. Durch Entdecken der eigenen Kraft und Stärke, Analyse der gemeinsamen Unterdrückungssituation, durch Gruppen, Zusammenschlüsse und gemeinsame Netzwerke sollte die Befreiung aus diesen Zwängen gelingen. Insbesondere ging es darum, sich aus der psychischen Abhängigkeit vom Mann, aus seiner Definitionsmacht zu befreien und sich öffentlich einzumischen, um im Interesse von Mädchen und Jungen, Frauen und Männern, die für alle inhumane K. abzubauen.
In dem Maße, wie Frauen, in der Regel als einzelne, Terrain in Männerdomänen gewannen, wurde das Ausmaß des Problems deutlicher. Auch sie unterliegen wie Männer den patriarchal-kapitalistischen K.mechanismen. Dabei bedienen sie sich, wie gesellschaftlich erlaubt und gelernt, eher indirekter als offener Methoden. K. von und zwischen Frauen wird nach wie vor negativer bewertet. Die Tatsache, daß von Frauen in der Regel immer noch doppelte Leistung verlangt wird, um → Karriere zu machen, läßt sie zuweilen auch entsprechend konkurrenzhaft agieren. Gelernt haben sie auch in Erziehung, Sozialisation und aufgrund der patriarchalischen Gesellschaftsverhältnisse, tendenziell lieber gegen einen Mann zu unterliegen als gegen eine Frau. Aus der Erfahrung gemeinsamer Unterdrükkung ist tendenziell eine größere Sensibilität für Ungerechtigkeit und Ungleichheit und ein größerer Wille zur Gleichheit zu entwickeln. Aber verinnerlicht ist auch eine Opferhaltung, die Identifikation mit Schwäche statt mit Stärke, mit Verliererinnen statt mit Siegerinnen. So haben Frauen, auch und gerade in Frauengruppen und in der Frauenbewegung mit Ungleichheit aufgrund von Erfahrungen, Wissensvorsprüngen und persönlichen Stärken konkurrenzhaft Probleme und vermeiden eher, sich im Wettbewerb zu messen. Unverkennbar ist auch die Tendenz, sich kleiner zu machen und andere kleiner zu machen, um die Gleichheit in der Unterdrückung und Benachteiligung nicht aufzugeben.
K. abzubauen erfordert so, Anschauungen zu überprüfen, Abhängigkeiten bewußt zu machen, Verhalten und Strukturen zu verändern. Wo es praktisch wird, bedeutet dies zugleich, zu konkurrieren (in der Ausbildung, am Arbeitsmarkt, im Beruf, in der Politik, im öffentlichen Leben) und die immer wieder neue Entscheidung: anpassen oder widerstehen? Die Arbeit in Frauengruppen bezog und bezieht sich zu einem guten Teil darauf, für und gegen K. Bewußtsein zu schärfen, Verhalten zu ändern. Frauen versuchen im Privat- wie im Arbeitsleben, innerhalb und außerhalb von Institutionen, durch gemeinsames Handeln in Gruppen, den Aufbau kleinerer und größerer Netzwerke, sich zu stärken, K. untereinander und gegenüber anderen abzubauen, sie aber auch aushalten und mit ihr konstruktiv umgehen zu lernen. Erfolge einzelner Frauen als Erfolge für alle zu werten, sie als Ansporn für eigene Leistung zu nehmen und damit auch andere Orientierungen und Maßstäbe zu setzen, braucht einen langen Atem. Wichtig war und ist dabei die Erfahrung und kritische Einsicht, daß auch Frauengruppen und Arbeitszusammenhänge mit und für Frauen keine konkurrenzfreien Räume sind, sondern insgesamt in einem gesellschaftlichen Rahmen gearbeitet und gehandelt wird, in dem patriarchalische Strukturen, Normen und Verhaltensmuster noch vorherrschen und diese wie traditionelle Abhängigkeiten immer wieder bestärkt werden.

Lit.: Jill Barber / Rita Watson, Frau gegen Frau,

Dem Mann ist im Kampf ums Dasein jede Waffe erlaubt, während der Frau mit brüderlicher Zärtlichkeit allein eine Nähnadel in die Hand gedrückt und gesagt wurde: Nun wehr' dich tapfer.

Hedwig Kettler, 1891

Die beste Zeit, die ich mit ihr hatte, war, als ich sie in „Baby Jane" die Treppe 'runterwerfen konnte.

Bette Davis über Joan Crawford

Berlin 1991; Cheryl Benard / Edit Schlaffer, Rückwärts und auf Stöckelschuhen, Köln 1989; Sina-Aline Geißler, Freundin oder Feindin. Rivalität zwischen Frauen, Darmstadt 1992; Anja Meulenbelt, Tut „Führen" weh? / Schafft „Leiten" Leiden?, in: dies., Weiter als die Wut, München 1983; Valerie Miner / Helen E. Longino (Hrsg.), Konkurrenz. Ein Tabu unter Frauen, München 1990.

Renate Wurms

Kosmetik; von griech. „kosmein" = schmücken und „kosmetike" = Putzkunst wurde K. im 19. Jh. zur Bezeichnung von Körper- und Schönheitspflege übernommen. Seit dem 20. Jh. gibt es den Beruf der K.erin. Körper- und Schönheitspflege und Übertreibungen hat es zu allen Zeiten gegeben. Spiegel, Kämme, Schminktöpfe sind aus dem Kreta vorchristlicher Zeit bekannt. In der Antike wurde mit kosmetischen Mitteln bis weit in den fernen Orient gehandelt. Im Orient wurde durch starke Schminke, Puder, Rouge und Augenbrauenschwärze das Gesicht der Haremsbeleuchtung angepaßt. Puder, Schminke, Salben als Pflege- und Schmuckmittel wurden zu vielen Zeiten und in verschiedenen Gesellschaften von Frauen und Männern verwendet. Kosmetika dienten zuweilen als „Kleister": Im Absolutismus war K. für adlige Frauen und Männer, für Beamte keine Körperpflege, sondern ersetzte sie. Schichten von Puder und Schminke verdeckten ungewaschene Gesichter und Hälse. Riechbeutel (→ Pompadours) sollten den unangenehmen Geruch, ja Gestank überdecken.
Auch wenn heute sich wieder Männer schminken, ist doch insgesamt die K. vor allem eine Frauenangelegenheit. Auf sie vor allem wird der Druck ausgeübt, einem bestimmten Schönheitsideal zu entsprechen, sich keimfrei, glatt zu präsentieren. Frauen dürfen nicht alt werden, weder faltige Gesichter noch → Körper haben. Solchem Bilde zu entsprechen, bedeutet vergebliches Bemühen, kostet viel Geld und kann zu nicht heilbaren Schädigungen der Haut und des Körpers führen. Das überflüssige und schädliche Intim-Spray, mit dem die wichtige natürliche Scheidenflora zerstört werden kann, ist dafür ebenso ein Beispiel wie kosmetische Operationen, das Liften und vor allem Brustvergrößerungen. Sich dem Druck der Werbung in Zeitungsannoncen, der Fotos junger, glatter Frauen zu entziehen, ist schwierig; dies setzt viele gemeinsame Umlernprozesse von Frauen voraus und wird in dem Maße gelingen, wie Frauen sich nicht in erster Linie definieren und definieren lassen über Aussehen, Körper und als Anhängsel des Mannes, sondern über eigene Leistung und Entwicklung an der Realität gewonnener Körper- und Schönheitsbilder, und damit für sich und andere neue Maßstäbe setzen. Dazu gehört sicher nicht der Verzicht auf K., auf Schminken. K. kann im Sinn von Pflege der Körpers Wohltat sein, schminken kann Lust bereiten, ebenso wie das Sich-Schmücken, erlaubt es doch Verwandlung, das Ausprobieren unserer Veränderungsmöglichkeiten – dies gehört zu dem schwierigen Weg zwischen Zwang zur Natur und Zwang zur Anpassung an ein bestimmtes gerade herrschendes Weiblichkeitsbild.

Sorgfältig geschminkte Mumie, 3. Jh.

Kosmetikindustrie; sie vor allem hat ein Interesse daran, daß das Geschäft mit der Schönheit floriert. Zur K. gehören vor allem kleine und mittlere Unternehmen, die aber, wie Elida Gibbs zu Unilever, zu großen Konzernen der Nahrungs-, Reinigungs-, Genußmittelbranche oder der chemischen Industrie gehören. In der K. arbeiten in der Bundesrepublik etwa 35 000 Beschäftigte, davon sind ca. 45% Frauen. Schon 1977 wurden Körperpflegemittel im Wert von 3,9 Mrd. DM produziert, belief sich der Import auf einen Wert von 285 Mio.

DM und der Export auf 280 Mio. DM. Tonnenweise werden (nach Rangfolge) Jahr für Jahr Haar- und Hautpflegemittel, alkoholische Duft- und Rasierwasser, Zahn- und Mundpflegemittel, Lippenstifte, Schminke, Puder produziert und abgesetzt. Auch die vielen Hinweise, daß viele Präparate nicht schaden, aber auch nichts nutzen, können von steigendem Verbrauch nicht abhalten. Ausgebrochen ist inzwischen der Streit um selbsthergestellte Naturkosmetik und chemische Produkte. Da hier kleine Interessenten mit mächtigen Interessen im Streit liegen, sind alle Informationen kritisch zu betrachten. Es gibt hinsichtlich der Erprobung auf Gesundheitsschädlichkeit und Hautverträglichkeit in den USA wie in der Europäischen Wirtschaftsgemeinschaft relativ strenge Bestimmungen. Chemiekosmetik erfordert (und spricht gegen ihren Gebrauch): u. a. Erprobung der Stoffe im Tierversuch, Rohstoffe, viele Zusatzstoffe zur Haltbarkeit. Es gibt keine Pflicht, alle Inhaltsstoffe kenntlich zu machen. Das Problem bei der Naturkosmetik ist, daß die Produkte nur kurz haltbar sind, bei den Zersetzungsprozessen Giftstoffe entstehen und auch Naturstoffe z. B. Allergien bewirken können. Über die Schädlichkeit verschiedener Naturpflanzen gibt es inzwischen ausreichend Informationen, ebenso sind Broschüren und Bücher erhältlich über Wirkung, Verwendungsweise, Unschädlichkeit pflanzlicher und tierischer Stoffe für Heil- wie für kosmetische Zwecke.

Kräuter; der Ursprung des nur im Deutschen und Niederländischen bekannten Wortes ist unklar. Schon früh wurde Kraut als Bezeichnung für Nutzpflanzen gebraucht. Daher kommt auch der Ausdruck Unkraut. K., in der Regel in der Mehrzahl verwendet, bezeichnet die speziell zu Heilzwecken und zum Würzen verwendeten Pflanzen. Beides waren und sind in vielen Gesellschaften Bereiche von Frauen. Insbesondere die Kenntnis über K. als Heilmittel ist uralt; wie alt, läßt sich nicht genau sagen. Daher kommt der Ausdruck: „Dagegen ist kein Kraut gewachsen". Lange war die Volksmedizin eine Frauenmedizin und eng verbunden mit dem von Frauengeneration zu Frauengeneration weitergegebenen Wissen. In den mittelalterlichen Klöstern wurden große Kräutergärten angelegt. Bekannt ist noch der von Hildegard von Bingen, die ein sehr sorgfältig gemachtes Werk über die Wirkung, Dosierung von Heilkräutern hinterließ. Kräuter spielten auch bei Schwangerschaftsverhütung und Abtreibung eine wichtige Rolle. Kenntnisse darüber waren z. T. weit verbreitet, insbesondere Hebammen verfügten darüber. Kinderlieder wie „Petersilie, Suppenkraut steht in unserm Garten . . ." geben Hinweise auf wehenfördernde, abtreibende Mittel. Das Wissen darüber ging in unserem Kulturkreis mit der Entwicklung der neuzeitlichen (Männer-)Medizin und der Verdrängung der → Hebammen, → weiser Frauen im Zuge der Hexenverfolgungen weithin verloren. Viele natürliche Heilmittel sind sicher wieder zu entdecken, wie die schon wiedergewonnenen Kenntnisse im Rahmen der Frauen- und der Ökologie-Bewegung zeigen. Zu warnen ist allerdings vor Euphorie und Verklärung von Frauen- und Volksmedizin. Unser Wissen über Nebenwirkungen, Fehldosierungen, Krankheiten und Tod infolge falscher Behandlung mit K.n, mit alten natürlichen Heilmitteln sind gering. Und was vor 500 Jahren den höchsten Wissensstand und Fortschritt in der Medizin bedeutete, muß es heute nicht sein.

Annonce, 1909.

Illustration zu „Medea" – Deutsche Buchmalerei, 15. Jh. Die Frau erscheint als Heil- und Kräuterkundige.

Kräuterfrau, Kräuterweib; in der Kulturgeschichte ist dies ein schillernder Begriff, der mal für Zauberin, für Giftmischerin, für weise Frau, Heilkundige und jene (alten) Frauen gebraucht wurde, die Pflanzen sammelten, trockneten, damit kurierten oder sie auch an Apotheken und Drogerien verkauften und in vielen Ländern und Gegenden z. T. heute noch tun. Bis in die Neuzeit hinein war die K. eine ganz offizielle, häufig aber anonyme Zulieferin für Apotheken. Es gab auf Erfahrung beruhende Vorschriften über Jahres- und Tageszeiten, an denen die verschiedenen Kräuter zu sammeln waren, wie lange sie getrocknet werden mußten usw. Kenntnisse über Kräuter bedeuteten auch häufig Kenntnis über und Zugang zu Drogen, Schlafmitteln, sogenannten Liebestränken, Abtreibungsmitteln und Giften. Dies ist ein Grund für den Vorwurf – etwa in den Hexenverfolgungen – der Zauberei und Hexerei. Aber schon die Tatsache, daß Frauen über Kenntnisse und Heilmöglichkeiten verfügten, die anderen nicht zugänglich und bekannt waren, gab ihnen etwas Geheimnisvolles, konnte sie in den Ruch bringen, Gutes *und* Böses bewirken zu können.

Gertrude Degenhardt, aus: Die Fratze spielt auf, Lithografie

Krieg; der Ursprung des nur deutschen und niederländischen Wortes ist unklar; es geht wohl zurück auf ahdt. „chreg“ = Hartnäckigkeit und mhdt. „kriec“ = Anstrengung, Bemühen, Streben; auch: Wett- und Rechtsstreit. Die heutige Bedeutung ist seit dem 16. Jh. gebräuchlich.
Sehr häufig gebrauchte Sprachregelungen wie „der K. brach aus“, „entstand“, „begann“, „es kam zum K.“, machen glauben, der K.szustand entwickele sich im Selbstlauf. Sie verschleiern, daß K.e mit dem Aufbau und Ausbau von Armeen und Rüstung umfassend und systematisch vorbereitet werden. Rüstung bedeutet immer, die Mittel zur K.sführung zu schaffen, auch wenn sie nicht angewandt werden sollen
So wurde im Zuge des Kalten Krieges ein gewaltiges (atomares) Vernichtungspotential aufgebaut, das der Abschreckung – „Gleichgewicht des Schreckens“ – dienen sollte. Ein Teil des Potentials wurde dann im Golfkrieg eingesetzt.

Die klassische Bestimmung der Funktion von modernen K.en stammt von Karl v. Clausewitz, preußischer General und Militärschriftsteller (1780–1831). Danach ist K. militärische, (staatlich)organisierte Gewaltanwendung zwischen Staaten, Staatenbündnissen, Völkern und gesellschaftlichen Gruppen – ein Mittel, um wirtschaftliche und politische Ziele durchzusetzen, ein Vernichtungs- und Zerstörungsmittel, das nur mit Mitteln der Politik beherrschbar ist. Zu ergänzen und präzisieren ist: a) K. hat allgemein sozialstrukturelle Ursachen, erwächst auf der Basis der Herrschaft weniger und Unterdrückung vieler, wurde und wird geführt zur Aufrechterhaltung von Herrschaft und zur Befreiung von eben dieser Herrschaft (Gewalt und Gegengewalt); b) ungeachtet der Tatsache, daß K. im Atomzeitalter kein Mittel der Politik mehr sein kann, wurden zwischen 1945 und 1992 ca. 190 sog. kleine, begrenzte K.e. geführt einschließlich des Golfkrieges und der Bürgerkriege zwischen Serben und Kroaten, Armeniern und Aserbaidschanern; in ihnen starben nach Angaben von Unicef allein 60 Millionen Kinder.
K. ist keine ewig menschliche Erscheinung. Die populäre, einfache Gleichsetzung von K. mit sich entladender Gewaltanwendung „natürlicher“ Aggressions- und Machttriebe ist nicht haltbar; es gab und gibt Gesellschaften, in denen K. nicht vorkommt; Gewaltanwendung ist individuell und kollektiv gelerntes und nicht instinktiv-angeborenes Sozialverhalten. K.e sind entstanden im Prozeß der Ausbildung von

privater Verfügung über Grund und Boden, der Entstehung von Kriegerkasten, der Unterwerfung anderer Stämme/Völker und der Entwicklung staatlicher (rechtlicher, verwaltungsmäßiger) Formen gesellschaftlicher Organisation zur Sicherung von (Klassen-)Herrschaft. „Der Krieg hatte von Anbeginn (. . .) jene Doppelfunktion von Herrschaft nach „innen" und Schutz der so Beherrschten nach „außen". Subjektiv konnten die Beherrschten, das heißt die unterworfenen Klassen, dann den Krieg gegen äußere, die Herrschaft der Herrschenden bedrohende Feinde als Schutz ihrer selbst akzeptieren . . ." (Ekkehard Krippendorf, in: 1973) Mit der Entwicklung der Nationalstaaten, der Konzentration der physischen Gewalt „regelmäßig" beim Staat, der Nutzung von Wissenschaft und Technik erlangen K.führung und K.e eine neue Dimension. K. bleibt Mittel zur Sicherung von Klassenherrschaft, jetzt der Kapitaleigentümer, und wird zugleich subjektiv tendenziell zur Landesverteidigung; mit der Einführung einer allgemeinen Wehrpflicht wird er die Sache aller, und K. als Herrschaftsinstrument kann sowohl sehr viel besser verschleiert als auch einzeln und kollektiv – „zu meinem Schutz", „zum Schutz meines Landes" – verinnerlicht werden. K.e werden tendenziell immer weniger Kampf von Mann gegen Mann, immer mehr zu Massen- und Materialschlachten mit immer perfekteren, technischen und technologischen Waffensystemen. Im Golfkrieg (1991) als cleanes Technik-Fernseh-Superspektakel ohne Opfer und Zerstörung weltweit vorgeführt. Die Unterscheidung nach Front und Hinterland wurde mit dem Zweiten Weltkrieg und den K.en danach tendenziell hinfällig: Anteil der Zivilbevölkerung an den Toten in Kriegen: 1. Weltkrieg – 5%; 2. Weltkrieg – 48%; Koreakrieg – 84%; Vietnam-Krieg – 90%. Die eingesetzten wirtschaftlichen, ideologischen, ziviltechnischen Mittel wurden immer umfangreicher. Damit war K. zu einem Riesengeschäft für wenige Rüstungsproduzenten geworden mit immer größeren, immer teurer bezahlten Verlusten für viele: Millionen Tote, zerstörte Dörfer, Städte, Landschaften und Industrieanlagen waren der Preis für die Konkurrenz zwischen kapitalistischen Ländern um Kolonien, Rohstoffe, Absatzmärkte, Billig-Lohn-Produktion (Erster Weltkrieg) und eines aus wirtschaftlichem und politischem Expansions- und Machtstreben von Hitlerdeutschland angezettelten Zweiten Weltkrieges. Mit der Entwicklung sozialistischer Länder nach dem Ersten Weltkrieg und gegen sie wurden Militär und K. – neben ihrer wirtschaftlichen, ideologischen und politischen Funktion – auch ein Mittel in der Systemauseinandersetzung.

Traditionelle Denkgewohnheiten und Verhaltensweisen, überkommene und neu entwickelte Feindbilder, Aggressivität (Angriffsverhalten), Chauvinismus (übersteigerter Nationalismus) sind strenggenommen keine K.sursachen. Gelernt, eingeübt, trainiert und verinnerlicht begünstigen und ermöglichen sie K.sführung. Sie werden produziert und gefördert, um K.sbereitschaft zu wecken und im K. Kampfbereitschaft zu erreichen.

Gegen die vereinfachende Supermachtthese werden heute u. a. als wichtige (Welt) Kriegsgefahren genannt:

Der „Nord-Süd-Konflikt", in den mit Zerfall des östlichen, realsozialistischen Lagers tendenziell auch potenzierend der Ost-West-Konflikt eingegangen ist. Der grauenvolle Bürgerkrieg im ehemaligen Jugoslawien, der zu einem Balkank. zu werden droht und Konfliktpotential für einen dritten Weltk. birgt, hat historische und aktuelle Ursachen, ohne deren Berücksichtigung er nur eskalieren, nicht beendet werden kann:

(a) Die alten ethnisch-religiösen Konflikte, verbunden mit politischen und ökonomischen, waren nach dem Untergang verschiedener Imperien (Osmanisches Reich, Österreich–Ungarn, Rußland) in den 20er Jahren mühsam und labil in einem Staat der Südslawen (Slowenen, Kroaten, Serben, Bosnier) gebunden, wurden durch Hitlerdeutschland mörderisch verschärft, im Nachkriegs-Jugoslawien unter

Das dritte Schiff
zeigt die schwarzen Segel
unter dem roten Mond.
Wer liegt heute unter dem Tuch
und wer wird morgen erschlagen.

Margret Gottlieb

Tito nicht aufgearbeitet, zeitweilig mühsam oder auch eisern unterdrückt.

(b) Die „deutsche Erblast" aus der Zeit der Nazis reicht bis in die Gegenwart und wurde mit der Anerkennung Kroatiens ignoriert und hat zur Verschärfung und zum Beginn der offenen Auseinandersetzung mit beigetragen, wie zu Recht von anderen EG-Mitgliedsländern, so den Niederlanden, kritisiert wird. Die Vergangenheit: 1941 ließ Hitler einen sog. „Unabhängigen Staat Kroatien" einschließlich Bosnien-Herzegowina ausrufen und stellte den Chef der faschistischen „Ustascha" an die Spitze. Dem von den kroatischen Faschisten öffentlich und wettbewerbsmäßig, mit Unterstützung Hitlerdeutschlands und der katholischen Kirche, durchgeführten Genozid (Völkermord) an Serben, Juden und Roma fielen zwischen 600.000 und 800.000 Frauen, Männer und Kinder zum Opfer.

(c) „Rache der Vergangenheit" aus wechselnden Herrschafts- und Unterdrückungsverhältnissen im Verein mit den verschiedenen Imperien zwischen Serben und Kroaten und den anderen Völkergruppen in Verbindung mit den aktuellen macht- und herrschaftspolitischen Auseinandersetzungen im Zuge des Zusammenbruchs des sozialistischen Lagers sind zentrale Faktoren und zeigen die Kompliziertheit der Lage.

(d) Als perspektivisch entscheidend wird von manchen Experten und Expertinnen aber die Entwicklung des Ost-West-Konflikts zu einem Nord-Süd-Konflikt angesehen. Das bedeutet, so u.a. der Franzose Etienne Balibar, „daß die Verwandlung in eine Dritte Welt, die Verweisung an die Peripherie für ganz Osteuropa auf der Tagesordnung steht. (. . .) Der Bürgerkrieg in Jugoslawien ist zwar nicht nur, aber doch auch eine wütende Konfrontation, bei der es darum geht, sich in das entwickelte kapitalistische ‚Zentrum' Europas einzugliedern oder abzufallen in eine ‚Peripherie'. (. . .) *Wer wird arm sein? Wer wird reich sein?"* – Dies ist auch die Frage in den kaum weniger gewalttätigen Konflikten in den baltischen Staaten, in Georgien, in der Slowakei. (Das Argument, 1/1992). Die Richtung für Konfliktlösungen wird hier insbesondere in einer neuen europäischen Ordnung, (tendenziell einer neuen Welt der Partizipation aller statt der Herrschaft/Dominanz weniger) gesehen, die zugleich konkret und sehr utopisch ist: „Heute sind es die Staaten der europäischen Gemeinschaft, die nicht etwa damit beschäftigt sind, die politischen Strukturen Europas zu überdenken, sondern die Undurchlässigkeit der Grenzen der Gemeinschaft vor dem Ansturm der Flüchtlinge aus dem Osten" (und aus aller Welt) zu sichern. (. . .) „Nur wenige Kilometer von Wien und Venedig entfernt töten sich Serben und Kroaten, die bis auf wenige Wörter dieselbe Sprache sprechen, für *unsere* Kredite, für *unsere* Touristendevisen und für *unsere* Arbeitsangebote, und *wir* haben ihnen nichts weiter zu bieten als ökonomische Sanktionen oder die Entsendung von ‚Blauhelmen'." (Etienne Balibar, Das Argument, H. 1/1992.) Zu steigern sind die Angebote, wie der Postminister Schwarz-Schilling bei seinem Rücktritt im Dezember '92 empfahl und u. a. die Türkei und die USA erwägen, durch NATO-Soldaten einschließlich bundesrepublikanischer und NATO-Bomben.

Das wachsende Elend, die Not, der Hunger von Menschen in der sog. Dritten Welt sind ein Skandal und ein wachsendes Sicherheitsrisiko. Heute sterben jährlich (!) einhundertmal so viele Kinder an Hunger, wie in K.en getötet werden: 14 Millionen. Ressourcenvergeudung bei begrenzten natürlichen Vorkommen, Umweltzerstörung, die *alle* Rüstung, jeder K. bedeutet, sind eine wachsende Gefahr für die Sicherheit, ein Preis, den Industriestaaten wie Entwicklungsländer nicht werden zahlen können.

Die zunehmende Einbeziehung von Frauen in Militär und K., die Erfahrungen aus zwei Weltkriegen und vielen kleineren und größeren K.en sowie die Bedrohung durch weitere, die das Ende der Menschheit bedeuten könnten, haben auch zu einer genaueren Analyse der Rolle von Frauen in Kriegen, der geschlechtsspezifischen Arbeitsteilung in männlich geprägten und von Männern be-

DIE WELT SOLL BLÜHEN

Warum wird heute in jeder Familie, in jedem Freundeskreis, der an einem Tisch zusammenkommt, mehr über Krieg und Frieden gesprochen als voriges Jahr? Es ist, als ob die Menschen mehr Angst vor einem Krieg haben und deutlicher denn je die Kraft des Friedens spüren. Krieg und Frieden – das sind die zwei Pole, um die das Denken des Menschen kreist, seine Hoffnung und seine Furcht. Tut alles, was Ihr könnt, damit die Hoffnung auf Friede unüberwindlich wird und die Angst vor dem Krieg unlöschbar!

herrschten gesellschaftlich institutionalisierten Gewaltsystemen geführt. K. als Ausdruck von Männerherrschaft, der Herrschaft männlicher Prinzipien zu fassen, verweist auf eine historisch wichtige Dimension der Entwicklung von Gewalt, Herrschaft, K.

Abgesehen von frühen Kulturen (→ Amazonen → Matriarchat), über die Gesichertes zu K. nicht überliefert ist, waren Waffentragen und K.führen männliches Recht, Quelle für Privilegien und Herrschaft. Ungeachtet der Tatsache, daß K. immer ein mörderisches Geschäft war und viele Männer aus dem Volk zum K.sdienst gezwungen wurden, galt das militärische Gewaltmonopol als männliches Privileg; mit Einführung der Wehrpflicht (seit der Französischen Revolution) war es Bürgerrecht und mit gestuften politischen Rechten verbunden. Die historisch jeweils davon Ausgeschlossenen – Sklaven, Bauern, die Frauen – waren Gesellschaftsglieder minderen Rechts und Frauen zugleich zu Schützende und „natürliche" Beuteobjekte der Feinde.

Es gab auch Einbeziehung in bzw. Beteiligung von Frauen am K. Ob als moralische Stütze wie bei den in Sippen kämpfenden Germanen, ob als Marketenderinnen, Pflegerinnen, Wäscherinnen oder Prostituierte wie bei den Kreuzzügen und K.en im Mittelalter – bis zum 20. Jh. waren Frauen in unserem Kulturkreis in erster Linie für die leibliche und seelische Betreuung der Männer zuständig, seltener für militärische Hilfsfunktionen (Schanzarbeiten z. B.). Planmäßiger und umfassender Einsatz von Frauen erfolgte erstmals im Ersten Weltk. in England, Deutschland und den USA. Frauen arbeiteten in Lazaretts, Schreibstuben, Munitionsdepots, beim Straßen-, Bunker- und Unterständebau und vor allem in der Rüstungsproduktion. In Deutschland waren 90% der Beschäftigten in der Rüstungsindustrie und den wichtigsten Zulieferbetrieben Frauen. Frauenhilfskorps gab es u. a. in der amerikanischen und englischen Kriegsmarine. Der Einsatz von Frauen war im Zweiten Weltkrieg weit umfassender. In der deutschen Wehrmacht waren 5% (= 45 000) Frauen; in England waren 1943 rund 500 000 verpflichtet, in den USA seit 1943 rund 300 000; etwa eine Million sowjetische Frauen nahm am K. teil; viele kämpften in sowjetischen, polnischen, jugoslawischen Partisaneneinheiten. In den meisten Streitkräften übernahmen Frauen vor allem Hilfsfunktionen, in den Partisaneneinheiten auch Kampfaufgaben. Die Beteiligung von Frauen in Revolutionskämpfen und revolutionären Umwälzungsversuchen, in Befreiungsbewegungen hat eine lange Tradition: von der Französischen über die 1848er und bis zur russischen Revolution 1917, von den Bauernk.en (16. Jh.) über die Pariser Commune 1871 bis zum Vietnamk. und Nicaragua.

Historisch lassen sich grob drei Funktionstypen, entsprechend Verhaltensmuster von Frauen im K. und im Militär (→ Militarisierung) sowie vier Haltungen zum K. unterscheiden.

(1) Frauen stimmen wie Männer dem K. als in ihrem Interesse liegend zu, geben und akzeptieren den „Schutzauftrag" und unterstützen den K. durch die Übernahme mili-

Frauenarbeit in der Rüstungsproduktion, England 1916.

tärischer (Hilfs-)Funktionen, sehen ihre Aufgabe als gesellschaftlich notwendigen, „vaterländischen Dienst". Das Beispiel ist die Arbeit der „Vaterländischen Frauenvereine", insgesamt der Mehrheit der bürgerlichen Frauenbewegung in Deutschland (auch in England z. B.) im Ersten Weltk. Zu berücksichtigen sind, daß Nationalismus und Chauvinismus alltäglich, die Vorstellung von K. und Heldentod als Schicksal, ihre Verklärung als Bestandteile des ewigen „Stirb und Werde" weit verbreitet waren; Todes- und Opfermut waren die geschlechtsspezifischen (K.s-)Tugenden, und die Frauen versprachen sich von der Übernahme staatsbürgerlicher Pflichten den Erhalt der entsprechenden Rechte – ein Muster, das bis heute besteht. „Die Frauen, die durch die Schule der Frauenbewegung gegangen sind", schrieb Helene Lange 1914, „werden nicht vergessen, daß dieser K., (. . .), nur dann vor der Weltgeschichte gerechtfertigt ist, wenn er letzten Endes dem Frieden, der Kultur dient." Daß er (deutscher) Kultur und (deutscher) Entwicklung diene, stand für sie außer Zweifel. „. . . wenn die Frage heißt: Krieg oder Stillstand deutscher Entwicklung? Tod oder Knebelung deutschen Lebens? so lautet die Antwort der deutschen Frau ohne Besinnen: Krieg und Tod!" Für Gertrud Bäumer und viele andere war der von ihnen aufgebaute „Nationale Frauendienst der eigentliche, tiefste Sinn der deutschen Frauenbewegung", war „Heimatdienst", wie sie in der Einleitung zum Jahrbuch des BdF 1916 schrieb, „die Kriegsübersetzung des Wortes Frauenbewegung".

(2) Auch wenn teilweise die gleichen, typischen Frauenaufgaben übernommen werden in Lazaretten, der Fürsorge- und Sozialarbeit an der Front und im Hinterland, ist diese Funktion – gekoppelt mit einer anderen Haltung – von der ersten zu unterscheiden. Dazu erzogen zu helfen, zu heilen, zu lindern, übernehmen Frauen auch im K. diese Aufgabe als ihre selbstverständliche geschlechtsspezifische. Es bedarf dazu keiner Zustimmung, ja, sie kann trotz Ablehnung des K.es erfolgen. Ein Beispiel ist die Haltung einer Mehrheit von Sozialdemokratinnen im Ersten Weltk., wohl von der Mehrzahl von Frauen in vielen neuzeitlichen K.en.

(3) Die Übernahme von Funktionen aller Art im K. wird abhängig gemacht von der Beantwortung der Frage nach Interessen, Zweck und Ziel, ein K. nur als Gegengewalt (s. o.) akzeptiert, als Mittel zur Befreiung des Volkes, der eigenen Klasse, der Frauen von Gewalt, Herrschaft und Unterdrückung, als Mittel zur endgültigen Überwindung von K.en. Es war immer eine Minderheit von Frauen, die diese Haltung vertrat; in Deutschland war es im Ersten Weltkrieg eine kleine Gruppe von Sozialistinnen, Gewerkschafterinnen innerhalb der Frauenbewegung. In den Anfängen der Frauenbewegung hat diese Position keine eindringlicher, so differenziert und präzise umrissen wie Louise Otto (-Peters) 1849 anläßlich des Ungarnaufstandes gegen das zaristische Rußland. „Da ist es nicht abgetan mit Charpie-Zupfen, Verwundete pflegen, Kleider nähen und Kochen für das Heer (. . .) Oder wollt ihr etwa (. . .) mit dem Einwand kommen: das Weib dürfe den Tod nicht in die feindlichen Reihen senden, sein Gefühl sei dagegen usw. (das Stichwort „unweiblich" lauert im Hintergrund) – nun, so frage ich euch: sind denn *die Männer priviligierte Mörder?* ist es denn einem Mann gleichgültig zu töten? – *Unmenschlich* ist's, denn unmenschlich ist jeder Krieg – (. . .) aber wo kein gewöhnlicher Krieg geführt wird, sondern ein Volkskreuzzug (. . .): da müssen die Frauen mit aufstehen, denn das ist ein Kampf wider die fortgesetzten Kriege der Unterdrücker gegen die Unterdrückten, dies ist ein Kampf für den ewigen Frieden." Mehr als 60 Jahre später das „Berner Manifest an die Frauen des Volkes" der internationalen Sozialistinnenkonferenz (1915), entworfen von Clara Zetkin. Acht Monate nach K.sbeginn eine erste Bilanz: Millionen Tote, Hunderttausende Verletzte – Die Männer sind „kommandiert zu vernichten" im Interes-

se weniger Besitzender und Herrschender, „auf den Schultern der ‚schwachen‘ Frauen ist doppelte Last gehäuft“. Das Rechtfertigungsmuster zum „Schutz“ von Frauen und Kindern, zur Verteidigung des Vaterlandes wird abgelehnt, die unmenschliche Realität aufgezeigt und zur sofortigen Beendigung des K.es aufgerufen: „Krieg dem Kriege!“
(4) Aus teilweise ähnlichen, teilweise anderen Anschauungen und Einschätzungen heraus werden alle militärischen, zivil-militärischen und kriegsunterstützenden pflegerischen Aufgaben abgelehnt: Auch die Haltung der aktiven Verweigerung der radikalen Pazifistinnen war historisch eine Minderheitenposition. In der alten Frauenbewegung stehen die Namen Lida Gustava Heymann, Anita Augspurg, Frida Perlen, Helene Stöcker für diese Position der Verweigerung allen K.sdienstes als strikte Absage an alle Gewalt, an die vorherrschenden „männlichen Gewaltprinzipien“ und der Aufforderung „Krieg dem Kriege . . . mit moralischen, politischen und wirtschaftlichen Mitteln“ (weitverbreitetes Flugblatt „An Deutschlands Frauen und Mütter“, 1917). Abschaffung des „Rechts des Stärkeren“ auf allen Ebenen war ihr Ziel, totale Abrüstung, Bekämpfung der politischen, wirtschaftlichen Ursachen mit eben diesen Mitteln – und nicht mit Gewalt – war ihr Programm. Sie setzten (überwiegend gegen ihre sonstige Anschauung der historisch gewordenen und anerzogenen geschlechtsspezifischen Verhaltensweisen) in der Frage Leben und K. auf einen „natürlichen weiblichen Pazifismus“, aber nicht nur auf diesen. Sie kämpften um politische Rechte, Schulung und Einflußnahme der Frauen mit dem Ziel, die nationalen und internationalen Gewaltverhältnisse im Leben der Völker zu überwinden. Die politischen radikalen Pazifistinnen erkannten die materielle Gewalt der gesellschaftlichen Verhältnisse und die Notwendigkeit, für Frieden, Freiheit *und* soziale Gerechtigkeit zu kämpfen. *Ihre* „Proklamation an die Kommenden“ schrieb 1915 (1917 veröffentlicht) Hedwig Dohm gegen die Gertrud Bäumers und die Mehrheit der Frauenbewegung: „Vielleicht, die ‚Begeisterung‘ für diesen Krieg war ‚tief‘ und ‚echt‘. Was beweist es? Tief und echt war auch die fromme Inbrunst, die Heiligkeit der Überzeugung, mit der man einst zur Ehre Gottes und zur Rettung ihrer Seelen Ketzer und Hexen verbrannte. Man kann sich ebenso für Irrtümer und Aberglauben (Dummheit nicht ausgeschlossen) begeistern, wie für Wahrheiten, die den Stempel: ewig! tragen. Und das sei unsere Proklamation an die Kommenden: Tod dem Mißbrauch des Todes im Krieg!“
An die fortschrittlichen Haltungen der Frauen von 1848, der Sozialistinnen, der radikalen Pazifistinnen wird heute in der Frauenbewegung in der Frage K. angeknüpft. Angesichts der herrschenden Verhältnisse, der verheerenden konventionellen und A-B-C-Waffen (atomare, biologische, chemische) kann K. kein Mittel der Politik mehr sein. Abrüstung, wirtschaftliche und soziale Gerechtigkeit weltweit, die Ersetzung von Gewalt- und Herrschaftsstrategien durch Konfliktlösungsstrategien sind (Über-)Lebensgebote.
Einig sind sich die verschiedenen Richtungen auch in einem zweiten Punkt: Schutz des eigenen Territoriums, von Frauen und Kindern (Rechtfertigung von Bunkerbau z. B.) wird bis auf den heutigen Tag zur Weckung oder Stärkung von „Wehrbereitschaft“ benutzt, und zugleich waren und sind die Frauen „der Feinde“ Objekte kriegerischer Aggressionen. Jüngstes Beispiel sind die Vergewaltigungen bosnischer Frauen in Lagern durch serbische Soldaten/Männer, um serbischen Nachwuchs zu zeugen und die Frauen nach Erfüllung ihrer Funktion als Gebärmütter zu foltern, zu vertreiben oder zu töten. Barbarei

Demonstration am Internat. Frauentag in Hamburg (1932).

des K.es und des → Männlichkeitswahns.
Frauen als Opfer von Vergewaltigung, politischer Gewalt, ihr Anteil an den Toten, der mit der waffentechnologischen Entwicklung zu „K.en an allen Fronten" stetig gestiegen ist, und die Tatsache, daß es in einem (atomaren) K. keinen Schutz geben kann, verbieten es, Frauen als Alibi für K.führung anzugeben.
Uneinigkeit besteht unter Frauen, zwischen Feministinnen über frauen- und friedenspolitische Strategien:
1) In der Frauenfriedensbewegung haben sich in den letzten Jahrzehnten viele Frauen international engagiert, die von der kulturell gewordenen oder auch als „natürlich" angenommenen größeren Friedfertigkeit der Frau ausgehen. Sie wenden allerdings die für den privaten Bereich herrschaftssichernde Friedlichkeit bewußt in eine aktive öffentliche Rolle. Mit Appellen, Mahnwachen, spektakulären Aktionen wie der „Umarmung" des Pentagon oder der Militärbasis Greenham Common mischen sie sich in die politischen Debatten ein. Von Teilen der Frauenbewegung u. a. wegen der Übernahme der weiblichen Rolle und der Hilflosigkeit der Aktionen kritisiert, leisten sie Aufklärung und konfrontieren die (männlichen) Verteidigungs- und Militärstrategien mit dem Irrationalen, Zerstörerischen kriegerischer „Rationalität".
2) Eine zweite Gruppe verweigert bewußt die „patriarchale Norm einer weiblichen Friedensneigung" (Hanne-Margret Birkenbach, Blätter 8/91) und plädiert auf der Basis von gleichen Rechten für eine bewußte Einmischung in alle gesellschaftlichen, wirtschaftlichen und politischen Bereiche bis in die militärischen Machtzentren. Sie sehen die Möglichkeit, daß Frauen sich so aktiv aus der „Beschützten"-Rolle begeben, diese Rollenverteilung und Geschlechterdichotomie, auf die der militaristische Staat aufgebaut sei, aufkündigen. Den weiteren Weg sehen sie in „geschlechtsunspezifischen Verteidigungsrollen" und einer Neustrukturierung der Gesellschaft auf der Basis der sozialen Bedürfnisse der Frauen, aller Menschen, Rassen und Klassen. Wichtig ist an diesem Ansatz, daß patriarchalische Macht und Herrschaft als transformierbar, veränder- und abbaubar gesehen wird. Die Kritik richtet sich v. a. gegen die Auffassung, durch eine (marginale) Partizipation an Gewaltapparaten könnten diese aufgebrochen und Gesellschaften verändert werden.
3) Eine dritte Position ist in erster Linie auf Bewußtseinsbildung und -veränderung durch Kritik an Herrschaft, genauer an der „Logik des Krieges" im Rahmen der „Kriegslogik des Patriarchats" und der „Mittäterschaft von Frauen" gerichtet. Im Rahmem der kritischen Theorie entwickelt, sehen herrschaftskritische Feministinnen wie Astrid Albrecht-Heide oder Christina Thürmer-Rohr als eine wesentliche Struktur militaristischer Gesellschaften die Aufteilung in öffentliche = männliche = dominante Bereiche und private = weibliche = unterlegene. Sie sehen die Funktion von K.en im → Geschlechterverhältnis in einer Festigung der gefährdeten männlichen Dominanzkultur. Die Perspektive wird in erster Linie in einer Selbstkritik und Selbstveränderung der Frauen gesehen über eine Analyse ihrer Rolle als „Mittäterinnen" (nicht in erster Linie als Opfer) patriarchalischer Herrschaft. Im Zuge einer größeren Differenzierung, der Entwicklung von vielfältigeren Lebensmöglichkeiten und Lebensentwürfen von Frauen gewinnen diese mehr Spielraum und Verantwortung, so daß die Aufkündigung der „Mittäterschaft" möglich wird, sie aus dem patriarchal verordneten Ausschluß eine bewußte Verweigerung machen und *nicht* in die auf Tötung und Mord sozialisierenden Militärapparate einsteigen.
Die Friedensforscherin Hanne-Margret Birckenbach plädiert für einen weiteren kritischen feministischen Friedensforschungsstreit um diese verschiedenen Positionen und friedenspolitischen Strategien, ihre Möglichkeiten, Grenzen und Gefahren *und* zugleich für ihre Verknüpfung zum „wirksamen Widerstand" gegen die männliche Dominanzkultur und die „Dominanzstrukturen

des Rassismus, Klassismus und Sexismus", sei es in Form einer „neuen Weltordnung" nach US-amerikanischem Muster oder in Form einer „arabischen" Welt (→ Fundamentalismus). Die Elemente für einen wirksamen Widerstand sieht sie in der herrschaftskritischen Position und der Aufkündigung der „Mittäterschaft" durch die Frauen; gegen diese Position in einem dem Patriarchat immanenten „Veränderungspotential"; der Möglichkeit zur Machtteilhabe in patriarchalischen Gesellschaften bei gleichzeitiger Umwandlung „dieser Macht über andere" zur „Macht mit anderen". (→ Friedensbewegung der Frauen, → Geschlechterverhältnis, → Militarismus, → Rassismus, → Sexismus).

Lit.: Etienne Balibar, Europa nach dem Kommunismus, in: Das Argument H. 1/1992, Hamburg 1992; Hanne-Margret Birckenbach, Paradigmen internationaler Politik. Eine feministische Kritik, in: Blätter für deutsche und internationale Politik, 8/91, Bonn 1991; Ruth-Esther Geiger / Anna Johannesson (Hrsg.), Nicht friedlich und nicht still. Streitschriften von Frauen zu Krieg und Gewalt, München 1982; Barbara Riedl (Hrsg.), Geborsten und vergiftet ist das Land. Frauen über politische Gewalt, Köln 1984; Eberhard Rondholz, Deutsche Erblasten im jugoslawischen Bürgerkrieg, in: Blätter für deutsche und internationale Politik, 7/92, Bonn 1992; Henning Schierholz (Hrsg.), Frieden – Abrüstung – Sicherheit. Ein didaktisches Sachbuch. Reinbek bei Hamburg ²1982; Dieter Senghaas (Hrsg.), Friedensforschung und Gesellschaftskritik, Frankfurt/M. 1973; Renate Wurms, „Krieg dem Kriege" – „Dienst am Vaterland". Frauenbewegung im Ersten Weltkrieg, in: Florence Hervé (Hrsg.), Geschichte der deutschen Frauenbewegung, Köln ³1987.

Renate Wurms

Kriminalität; von lat. „crimen" = Beschuldigung, Anklage; Vergehen, Verbrechen, Schuld. Der Begriff K. wurde im 17./18. Jh. zunächst übernommen für (1) Straffälligkeit und später (2) als Begriff der Kriminalstatistik verwendet, in der die Art und Häufigkeit von Verbrechen nach Ländern, Bevölkerungsgruppen, Alter, Geschlecht usw. erfaßt werden.

K. wird heute (in der Theorie) überwiegend als besondere Form abweichenden Verhaltens von gesellschaftlich gesetzten, historisch wandelbaren Normen verstanden, das mit entsprechenden Sanktionen belegt ist. Die Veränderbarkeit wurde in den letzten Jahrzehnten insbesondere sichtbar im veränderten Sexualstrafrecht (in den 60er/Anfang der 70er Jahre wurde u. a. die Strafbarkeit von Ehebruch, von → Homosexualität zwischen erwachsenen Männern, der Kuppelei-Paragraph aufgehoben); auch die Reform des § 218 ist ein Beispiel, das zugleich zeigt, wie labil solche Reformen sind und daß sie immer wieder verteidigt werden müssen. (→ Schwangerschaftsabbruch)

Nach den seit Ende des 19. Jhs. – auch international – geführten Kriminalstatistiken lag und liegt der Anteil von Frauen immer unter 20% der straffällig Gewordenen und Verurteilten. Dabei ist zu berücksichtigen, daß z. B. in den USA und Großbritannien noch heute etwa 80% der weiblichen Inhaftierten wegen → Prostitution im Gefängnis sind, daß in solchen Statistiken nicht oder nur unzureichend die jeweilige, wechselnde Strafverfolgungs- und -verurteilungspraxis berücksichtigt werden können.

Die niedrige K.squote von Frauen hat zu biologistischen Thesen („die antriebsschwache Natur der Frau"), zu körperlichen Ursachenerklärungen weiblicher K. (Menstruation, Schwangerschaft, Geburt, Klimakterium) Anlaß gegeben und zu manchem Einspruch hinsichtlich der Aussagekraft von Kriminalstatistiken in diesem Punkt geführt: Frauen begingen eher „heimliche Delikte" in der Familie, wobei zu Recht auf Abtreibung bei bestehenden strikten Verboten verwiesen werden kann. Bei Kindesmißhandlung (und -tötung) kann nicht von höheren Dunkelziffern bei Frauen ausgegangen werden, schon gar nicht, wenn der → sexuelle Mißbrauch von Mädchen in Familien berücksichtigt wird. (→ Gewalt)

Frauen können vor Gericht eher biologisch-psychologische Aspekte als individuelle strafmildernd anführen, K. wird bei ihnen eher als Krankheit (→ Psychische Störungen) gewertet, was zugleich die Tendenz beinhaltet, Frauen für ihre Person und Handlungen weniger verantwortlich zu erklären. Unter Berücksichtigung des immer noch vorherrschenden Geschlechtsrollenstereotyps und antiemanzipatorischer Tendenzen ist es kein Widerspruch, wenn andererseits Frauen

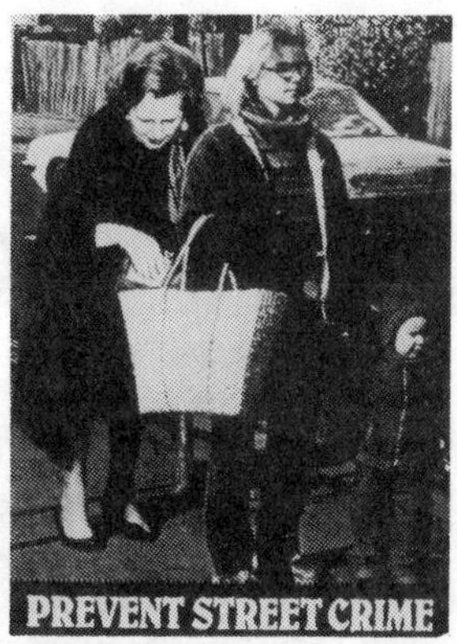

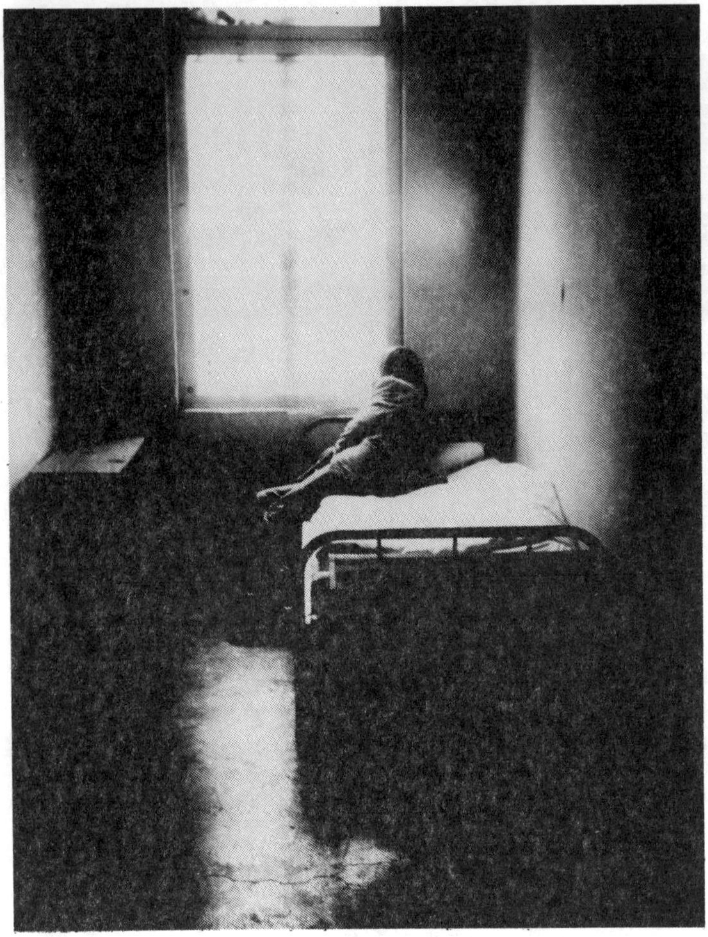

häufig als Mitschuldige, Mit-Verursacherinnen von männlicher K. mehr oder weniger direkt genannt werden. Die schon klassischen Beispiele sind Vergewaltigung und Jugendkriminalität – die Provozierende und die Emanzipierte.
Obwohl Vollzugspraktikerinnen aufgrund ihrer Erfahrungen der Meinung sind, Frauen könnten durchschnittlich mit milderen Urteilen vor Gericht rechnen, belegen Untersuchungen, daß Frauen für Kleink. und eher „männliche" Delikte wie Raub, Totschlag, Mord, Sexualstraftaten höher bestraft werden als Männer. Daß Frauen in höherem Maße als Männer in erster Linie aus Not und Sorge um Kinder, Partner, sonstige Angehörige Straftaten begingen, ist nicht zureichend zu belegen. Die Tatsache, daß Straffällige und insbesondere Inhaftierte – Frauen wie Männer – vor allem aus den sozial benachteiligten Schichten kommen, verweist auf die klassengebundenen gesellschaftlichen Ursachen von K., die fehlenden Chancen zu einem selbständigen, durch Ausbildung und → Erwerbstätigkeit zumindest finanziell gesicherten Leben und auf die geringeren / fehlenden Möglichkeiten sich (trotz Prozeßkostenhilfe) entsprechender Rechtsmittel und Rechtsbeistände zu bedienen. Die geringere „Auffälligkeit" von Frauen dürfte in erster Linie auf ihre geschlechtstypische Sozialisation zurückzuführen sein, die auf eher passive, auch gegen sich selbst gerichtete Konfliktlösungsmuster ausgerichtet ist. Nach den bislang vorliegenden Informationen ist die Tatsache, daß junge Frauen zunehmend wegen Drogenabhängigkeit straffällig werden, das Ergebnis des Versuchs, den für viele Frauen üblichen Abhängigkeiten zu entgehen, was sie in neue und größere bringt.
Obwohl als Folge der Annäherung der Lebenswelten von Frauen und Männern immer wieder eine steigende K.srate von Frauen prognostiziert wurde, gibt es seit 1970 in der Bundesrepublik wie auch der früheren DDR, in den USA, England, Frankreich, den Niederlanden oder Österreich keinen Anstieg weiblicher K., sondern nur Schwankungen um die 20-Prozent-Marke bei den Strafverdächtigten, um die 15 Prozent bei den Straffälligen bzw. Verurteilten.
Dies sollte Anlaß zu einer veränderten Fragestellung sein, die den Mann / die Männer nicht zum Maßstab macht: Warum werden Männer häufiger straffällig bzw. überproportional häufig, und warum begehen sie sehr viel schwerwiegendere Straftaten?
So waren 1990 von den 1,4 Mio. Strafverdächtigten in den alten Bundesländern knapp 338.000 Frauen (= 23,5%); inhaftiert waren 1.570 Frauen, was – wie seit Jahren – einem Anteil von vier Prozent an allen Strafgefangenen entspricht. Die häufigsten Frauendelikte sind (Anteil an den Inhaftierten / Stand 1990): Diebstahl und Betrug (62,5%), Drogendelikte (17%), Ge-

walttaten ohne Mord (knapp 7%), Mord (6%) und sonstige (7%). Der überwiegende Teil der Frauen verbüßt Haftstrafen unter fünf Jahren. Für die neuen Bundesländer liegen bislang nur Zahlen aus 1989, dem letzten Jahr der DDR, vor, aus denen der Straftatbestand „ungesetzlicher Grenzüberschritt" sowie weitere politische Tatbestände herausgenommen wurden. Trotz einiger Abweichungen ergibt sich über Jahre hin ein ähnliches Bild wie in der alten Bundesrepublik: Der Frauenanteil an den Straffälligen / Verurteilten lag bei 15%, ihr Anteil an den Inhaftierten mit 10% höher als in der BRD. Auch hier standen mit Abstand die Eigentums- und Betrugsdelikte an der Spitze. Dann folgte „asoziales Verhalten", womit in den 80er Jahren zunehmend politische Betätigung von Frauen und Männern kriminalisiert wurde. Mit der Amnestie zur Jahreswende 1989/90 wurden u. a. gut 47% der weiblichen Strafgefangenen, „die Politischen", entlassen, so daß in der ersten Jahreshälfte 1990 nurmehr 860 Frauen in der DDR inhaftiert waren. Wie in anderen Ländern häufen sich auch bei ihnen ungünstige Bedingungen wie fehlende private Bindungen, kein eigener Wohnraum, geringes Bildungsniveau bzw. fehlende Bildungsabschlüsse. Tendenziell war der Strafvollzug für Frauen wie für Männer repressiv-erzieherisch; Resozialisierung, entsprechende Stützung und Beratung bei Arbeits- und Wohnungssuche, die allerdings durchschnittlich selbstverständlicher und leichter war als in der Bundesrepublik, erfolgte erst *nach* der Haftentlassung. (Frauenreport '90)

Auch in der Bundesrepublik ist der Strafvollzug mit dem Ziel der Resozialisierung ein schwieriges Problem.

Entsprechend dem 1976 verabschiedeten und zum 1. 1. 1977 in Kraft getretenen Strafvollzugsgesetz sollen Strafgefangene fähig werden, „künftig ein straffreies Leben in sozialer Verantwortung zu führen".

Dazu gehören weitgehend „normale" Lebensbedingungen, individuelle Beratung und Betreuung, möglichst wohnortnahe Unterbringung, um soziale Kontakte zu erhalten, Bildungs- und Ausbildungsmöglichkeiten über den meist noch ausschließlich angebotenen hauswirtschaftlichen Bereich hinaus. Die geringe Zahl weiblicher Straffälliger benachteiligt sie im Vollzug. Für Männer sind eine Vielzahl von Förderungseinrichtungen, die wohnortnahe und differenzierte Unterbringung nach Alter, Untersuchungs- oder Strafhaft etc. die Regel, für Frauen die Ausnahme. Es fehlen Sportmöglichkeiten, Sozialarbeiter/innen, Psychologinnen, Möglichkeiten zu gemeinsamer Gruppenarbeit, zur Solidarisierung untereinander.

In einigen Bundesländern, so in Hamburg, wird tendenziell zu einem gemeinsamen Vollzug für Frauen und Männer übergegangen. Dabei wird den frauenspezifischen Interessen und Wünschen in einer männerdominierten Einrichtung durch besondere räumliche Möglichkeiten und inhaltliche Angebote Rechnung getragen. Insbesondere im geschlossenen Vollzug muß die Sicherheit der Frauen vor den z. T. gewalt- und ausbruchsbereiten Männern gewährleistet sein. Auch wenn der gemeinsame Vollzug mehr Förderung für Frauen bringen mag, ist er aus den genannten Gründen umstritten.

Sehr unterschiedlich wird auch die mühsam erkämpfte Möglichkeit beurteilt, daß Kleinkinder mit ihren Müttern im Strafvollzug sind bzw. sein können. Das erste Mutter-Kind-Haus wurde 1973 in der Frauenanstalt Frankfurt/M.-Preungesheim eingerichtet. Weitere folgten in den 80er Jahren. Die positive Beurteilung muß vor dem Hintergrund der schlechten Alternative gesehen werden (Trennung von der Mutter, keine Versorgungsmöglichkeiten in der Familie/Verwandtschaft, vorübergehender oder längerer Heimaufenthalt). Die scharfe Kritik: Kinder leben wie die Mütter eingesperrt, zwar mit Sonderrechten, aber mit strenger Regelung der Kontakte zur Außenwelt, entsprechenden Kontroll- und Sicherheitsmaßnahmen; Kinder werden als Resozialisierungsfaktor mißbraucht, die psychischen Folgen für Kinder wie Mütter seien weitreichend und negativ.

Innenaufnahme vom Frauengefängnis in der Barnimstraße, Berlin 1928. Während des Ersten Weltkrieges saßen in diesem Gefängnis auch Antimilitaristinnen, darunter Rosa Luxemburg, in sog. Schutzhaft; während des Hitlerfaschismus viele Widerstandskämpferinnen. – (Frauen) Gefängnisse sehen vielfach heute noch so aus.

Freiheitsstrafen für Mütter kleiner bzw. minderjähriger Kinder werden in allen Untersuchungen kritisch beurteilt; überwiegend wird gegen eine Inhaftierung der Mütter von Kleinkindern argumentiert. Aus der Vollzugspraxis kommen die Hinweise, daß es durchaus Fälle der Instrumentalisierung von Schwangerschaft und Geburt gibt, um die Haft zu umgehen, und daß – nicht anders als in der Gesamtbevölkerung – die leibliche Mutter nicht in jedem Fall auch die „gute" soziale Mutter sei. Meist wird heute versucht, die gemeinsame Unterbringung im offenen Vollzug zu praktizieren, durch „Freigang" bzw. den sog. „Hausfrauenvollzug". Die Frauen sind außerhalb erwerbstätig bzw. betreuen tagsüber ihre Kinder und versorgen ihren Haushalt und sind nur nachts im Gefängnis. Denn anders als inhaftierte Väter sind straffällige und inhaftierte Mütter überwiegend → Alleinerziehende.
Da Frauen deutlich weniger schwere Straftaten begehen und ein sehr viel geringeres Sicherheitsrisiko für die Allgemeinheit bedeuten (Gewalttätigkeit und Ausbruchsversuche kommen kaum vor), plädieren Expertinnen gerade für Frauen für Alternativen wie „Täterin – Opfer-Ausgleich" oder „freie Arbeit" mit entsprechender Beratung und Begleitung. Darüber hinaus wird im Interesse aller Inhaftierten für eine „Entrümpelung des Strafrechts", für die Herausnahme von Bagatelldelikten, für den Abbau von Hierarchien im Strafvollzug, die Stärkung der Eigen- und Mitverantwortlichkeit und für Haftvermeidungsstrategien plädiert (Informationen für die Frau, 11–12/1992).
Für die Zeit danach sind die erst in den letzten Jahren entstandenen Frauenberatungsstellen u. a. in Bremen, Frankfurt/M. und München besonders wichtig. Aufgrund der niedrigen K. von Frauen haben sie es durchschnittlich schwerer, Chancen zu bekommen und wieder Fuß zu fassen. Die Zeit der Isolation wird häufig durch ein Sich-Verkriechen fortgesetzt; belastend ist für viele, über die Haft reden zu wollen, diese aber häufig verschweigen zu müssen. Dazu kommen die geringeren Erwerbsarbeitschancen von Frauen und ihre größere Belastung durch die Alleinzuständigkeit für Kinder, zu denen das Verhältnis dann auch noch häufig gestört ist.

Lit.: Marlies Dürkop / Gertrud Hardtmann (Hrsg.), Frauen im Gefängnis, Frankfurt/M. 1978; Frauen im Strafrecht, in: Informationen für die Frau, 11–12/1992 (Zeitschrift des Deutschen Frauenrats); Wolfgang Greive (Hrsg.), Frauen in Haft. Loccumer Protokolle 3/1991; Ann Jones, Frauen, die töten, Frankfurt/M. 1986; Justizministerium des Landes NRW (Hrsg.), Frauenkriminalität und Frauenstrafvollzug in NRW, Düsseldorf 1991; Marlene Stein-Hilbers (Hrsg.), Wenn Frauen aus der Rolle fallen, Weinheim 1980; Gunnar Winkler (Hrsg.), Frauenreport '90, Berlin 1990.

Renate Wurms

Kultur; v. lat. cultura = Landbau; Pflege (des Körpers und des Geistes). K. gehört zu den Begriffen, die sich in beinahe alles einmischen, angefangen von der Eßk., der Wohnk., der Freizeit-, Körper-, Hoch- und Subk. über den K.spiegel, die K.schöpfung, den K.kampf bis zum K.banausen und ... K.beutel.

Tatsächlich ist „Kultur" eine Sammelbezeichnung für viele menschliche Lebensäußerungen. Den unmittelbaren Zugang zum Verständnis des Begriffes schafft das Wort „Kultur" selbst. In ihm wird bereits Geschichte, d. h. Geschehen, offenbar, wobei Geschichte nicht allein auf Vergangenheit bezogen verstanden werden muß, sondern auf Zukunft hin orientiert, also Ausdruck von Lebendigem ist, von Werdendem, von Erneuerung – ein hoffungsvoller Aspekt für die vielen ihrer eigenen Geschichte beraubten Frauen. Das Wort „Kultur", welches in seiner deutschen Form erst im 17. Jh. auftaucht und sich aus dem lateinischen Hauptwort „cultura" herlei ten läßt, geht auf das lateinische Tätigkeitswort „colere“ zurück. Dieses heißt soviel wie „die Erde bepflanzen, den Acker bebauen“ und „pflegen“, bald auch im übertragenen Sinn das Pflegen geistigen Lebens.

Die Kunst des Bebauens von Boden, um Saatfrüchte zu ernten, ist eine weibliche Erfindung und lag von Anfang an in den Händen und in der Verantwortung von Frauen. Mit der Ackerbaukultur, die als dritte große Menschheitsepoche (Jungsteinzeit oder Neolithikum) vom 4. Jahrtausend bis zum Ende des 2. Jahrtausends v. u. Z. reicht, ist einer der großen Beiträge zur Entstehung und Ausbreitung menschlicher K. geleistet worden. Als besonderes Werkzeug diente den Frauen der Grabstock, welcher auch ihr Attribut bei magisch-rituellen Handlungen wurde. Der Stab kann also durchaus nicht als ein nur dem Mann vorbehaltenes Herrschafts- oder Phallussymbol gedeutet werden. Überhaupt dürfte dem Wirken von Frauen ein Großteil der allmählich entstehenden Seßhaftigkeit des Menschen nach einer langen Periode des Jagens und Sammelns zuzuschreiben sein. Sie war es vor allem, die das gemeinschaftliche Zentrum im menschlichen Verband war und hohe Fertigkeiten in der Kunst des Webens, Flechtens und Töpferns ausbildete. Mit dem durch ihre Arbeit erworbenen Besitz von Grund und Boden entwikkelte sich eine in vielen Zügen mutterrechtlich betonte Phase in der Menschheitsgeschichte, die nicht erst Geschichte ist, seitdem sie schriftlich fixiert wurde (dies erst seit ca. 6000 Jahren) – wozu gern die Bezeichnung „Vorgeschichte“ verleitet. → Matriarchate gab es in unterschiedlicher Ausprägung bei vielen Völkern: bei den Lykiern im südlichen Kleinasien (bis ins 6. Jh. v. u. Z.), wo Frauen monumentale Bauten errichteten, auf Kreta im 3.–2. vorchristlichen Jahrtausend, hochausgeprägt in Ägypten, im spartanischen Reich, im vormohammedanischen Arabien der Sarazenenzeit, bei den keltischen Iren und Briten und auch bei den verschiedenen Indianerstämmen Amerikas, wo Frauen ebenfalls große Bauten schufen und nicht selten als weibliche Häuptlinge die öffentliche Ordnung bestimmten.

Demeter-Statue in Florenz

Frau mit (Heu-)Gabel, um 2500 v. u. Z.

Von ihrer Verehrung in Frühzeiten zeugen viele Darstellungen: meist unbekleidete Statuetten mit überstark ausgebildeten Geschlechtsmerkmalen und fettem Gesäß sowie viele Vulva-Abbildungen im Inneren von Kulthöhlen (Frankreich). Diese Vulven waren Zeichen für Fruchtbarkeit, Geburt – aber auch Ausdruck für Überwindung des Todes, für Wiedergeburt, neue Lebenshoffnung im Zusammenhang mit dem weiblich gedachten Mondzyklus, der sich regelmäßig erneuert (Lunarsymbolik). Kaum etwas in den frühen Jahrtausenden hat solche Bedeutung erlangt wie das Wachstum aus dem Mutterschoß und dazu analog aus der Muttererde.

Die Göttin Tlazolteotl, Aztekische Figur.

In zahlreichen frühen Kulten – der Kult war einer der wichtigsten K.äußerungen – steht die Frau am Anfang allen Seins. In diesen Schöpfungsmythen ist es z. B. die babylonische Thalat, die als Urmutter aus sich selbst männliches Wesen erschafft oder die urgriechische weibliche Erdgottheit Gaia, die in Parthenogenese (Jungfrauenzeugung) ihren Sohn Uranos, den Himmel, ohne männliches Zutun gebiert. Heute noch wird in Wortzusammensetzungen mit dem lateinischen Stamm „gen“ (griech. gyn; vgl. Gynäkologie) in Genesis, Generation u. ä. die Anschauung einer

Frauenkopf aus Uruk (Sumer) um 2700 v. u. Z.

„Die Frau ist das erste menschliche Wesen, das in Knechtschaft kam. Die Frau wurde Sklavin, ehe der Sklave existierte."

August Bebel

Löwenmähnige Sphinx der ägyptischen Königin Hatschepsut. (Aus der Zeit 1555–1350 v. u. Z.)

Schöpferkraft allein aus weiblichem Sein deutlich.

Was aber ist aus den, wenn nicht gar weiblich dominanten, so doch unter hohem weiblichen Einfluß stehenden Denk- und Lebensweisen geworden? Es bedurfte großer Zeiträume, ehe sich die matriarchale Ordnung in patriarchalische „Herr"schaftsverhältnisse umwandelte, was – anders als im Matriarchat – eine bis heute andauernde Unterdrückung des andersgeschlechtlichen Menschen zur Folge hatte. Die Frau wurde aus vielen Bereichen der K. verdrängt, um schließlich ganz ausgeschlossen zu werden aus jeder Form von öffentlichem Wirken. Geistige und künstlerische Lebensbewältigung wurde zu einem männlichen Reservat („Die Frau führt überhaupt kein geistiges Leben", B. Brecht), zu einem Produkt mit dem hohen Marktwert individuellen Ruhms und zu einem Instrumentarium der Machtausübung über konkurrierende Geschlechtsgenossen einerseits wie über das weibliche Geschlecht in seiner Gesamtheit andererseits, das nun zum „zweiten" Geschlecht verkam („Die Frau ist das erste menschliche Wesen, das in Knechtschaft kam. Die Frau wurde Sklavin, ehe der Sklave existierte." A. Bebel).

Ein prägnantes Beispiel für die tiefgreifende Umwandlung der Gesellschaftsordnung und damit natürlich der K. bietet wiederum die Mythenbildung: wie z. B. der für den europäischen K.bereich unter jüdisch-christlichen Vorzeichen so folgenschwere jahwistische Schöpfungsmythos (9./8. Jh. v. u. Z.), nach dem nun ein männlicher Gott (Jahwe) zuerst sich selbst reproduzierte, also den männlichen Menschen (Adam) erschuf und in Ableitung von diesem erst die Frau (Eva), der außerdem als ewiger Verführerin die Hauptschuld an allem Übel in der Weltgeschichte zudiktiert wurde. Die Strafe hieß: Unterwerfung. – Hier hatte eine totale Umfunktionierung der ehemals weiblich gedachten Schöpfungsleistung stattgefunden. Wo Priesterinnen einst hohe Funktionen ausübten und das religiöse K.gut hüteten, hat sich bis heute eine in den meisten Hochreligionen anerkannte Meinung von der „Kult-Unfähigkeit" der Frau behauptet.

Weibliches Leben wird maskulin definiert. Das bedeutet in der Praxis die Errichtung von Verbots- und Ausschlußzäunen – begründet vor allem auf biologischer Unkenntnis, zu welcher (in Analogie zu einem der Frau angedichteten Penisneid) der Neid des Mannes auf seine Gebärunfähigkeit hinzukam. Dieser nicht zu behebende Mangel an Selbstbestimmung wurde ausgeglichen durch die Geringschätzung und Verachtung weiblicher Fähigkeiten, was sich recht deutlich zeigt, wenn der Mann einseitig stolz von „Zeugungskraft" spricht, wohl wissend, daß dies ohne die Kraft des Gebärens ohne Wirkung bleibt. Die „Übermannungen" in allen ihren mehr oder minder gewalttätigen Formen hatten trotz ihrer rationalen Unhaltbarkeit den gewünschten Effekt: Frauen begannen sich ihrer Körperlichkeit zu schämen, ihre Gebärden wurden eng, zurückgezogen (bis zur Verhüllung von Haupt und Körper). Freie „Äußerungen" – also ausgreifende, nach außen gerichtete Bewegungen ebenso wie Äußerungen im übertragenen Sinn: eigene Meinungen, öffentliche Rede oder Kunstausübung – wurden und werden noch in den meisten K.en herabgewürdigt. – Das Eingehen auf die Diskriminierung des weiblichen Körpers im Zusammenhang mit K. ist deshalb so wichtig, weil dieser Hebel weiterhin zur Behinderung angewendet wird und Frauen zusätzliche Kräfte benötigen, um sich in allen Kulturbereichen durchzusetzen (im Bereich der Musik vgl. z. B. die Äußerung eines Symphonikers über eine Dirigentin: „Wenn sie wenigstens nackt dirigieren würde . . .“).

Lange Zeit zielte auch die europäische Erziehung im familiären wie im späteren schulischen Bereich darauf ab, die Frau von einer aktiven Einflußnahme im kulturellen Leben fernzuhalten. Wie dies erreicht werden sollte, dokumentiert ein kurzer, apodiktisch formulierter Satz: „Mulier taceat in ecclesia.“ („Die Frau schweige in der Versammlung.“ – 1. Paulusbrief an die Gemeinde von Korinth; 14,34). Er beleuchtet schlaglichtartig die Gründe des lange währenden Ausfalls weiblicher K.leistungen und kann unabhängig davon, daß er im europäischen K.raum entstanden ist, auch für die Situation von Frauen aus anderen Völkern gelten. Er verweigert dem weiblichen Menschen zwei wesentliche Voraussetzungen für die Entstehung und Weiterbildung von K.: die Sprache und die Öffentlichkeit.

Die → Sprache als Ausdruck und Vermittlerin von K. wird heute noch „Muttersprache“ genannt. Hinter dieser Bezeichnung steht das

Mädchenkopf, Florenz 15. Jh. (bemaltes Holz).

Wissen, daß jedes menschliche Wesen so sprechen lernte, wie es dies von der Mutter hörte, welche den unmittelbarsten Umgang mit dem Neugeborenen hatte. Aber die Sprache wurde mit der Stabilisierung des Patriarchats, erst recht seit ihrer schriftlichen Fixierung, zu einer männlich geprägten und verwalteten. Da auch unter Männern zunächst nur wenige in der Kunst des Schreibens (von der schwierigen Bilderschrift zur Laut-, Silben- und dann zur Buchstabenschrift) bewandert waren, wie etwa Beamte an fürstlichen Höfen oder Mönche in Klöstern, wurde diese kulturell so wichtige Fertigkeit als ein Privileg betrachtet und Frauen erst sehr viel später vermittelt. Auch die mündliche, öffentliche Rede im Sinn der Diskussion, des sachlichen und wissenschaftlichen Disputs, der Unterweisung, war den meisten Frauen untersagt. Die Auswirkungen des Redeverbots sind bis in unsere Tage hinein wirksam. Immer noch macht es Frauen Mühe, ihre Vorstellungen, Wünsche, Empfindungen, Gedanken selbstbewußt zu formulieren, vorzutragen. Weit entfernt von „Muttersprache“ ist es schwer, sich in der vielfach ausgehöhlten Begrifflichkeit von Wörtern und Sprachmustern zu äußern, die kaum mehr weibliche Lebensbezüge ernst nimmt. Zur Überwindung der Sprachlosigkeit hat der mühsam errungene Zugang zur Bildung bis hin zum abgeschlossenen Hochschulstudium zwar viel beigetragen, doch sind die Ziele noch lange nicht erreicht.

Aber es geht nicht allein um den Zugang zu allen kulturellen Bereichen. Es ist ein gar nicht hoch genug zu bewertendes Verdienst der jüngeren Frauenbewegung, daß sie offengelegt hat, wie sehr auch die Inhalte von → Bildung und K. maskulin besetzt bzw. vorgegeben sind. In zahllosen Initiativen und Publikationen haben Frauen auf ihre Sprachlosigkeit, d. h. auf das Fehlen von Frauen in allen kulturellen Bereichen aufmerksam gemacht. Durch die – oft schmerzhafte – Bewußtseinsschärfung ist es gelungen, den Zustand der stummen K.verbraucherin oder des schwei-

Webstuhl aus der Jungsteinzeit.

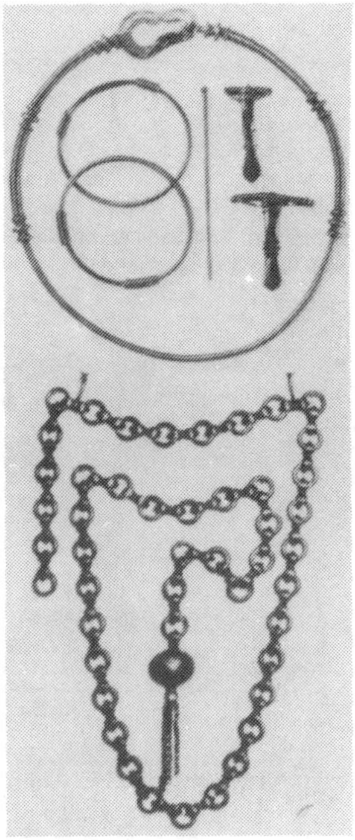

Germanisch-keltischer Schmuck, um 350.

Damenschuhe aus weichem Glaceleder, um 1680.

Die Frauen im allgemeinen lieben keine Kunst, verstehen keine Kunst und haben kein Genie.

Rousseau 1758

Synagoge – Skulptur am Straßburger Münster. Nach der Inschrift am Münster wurde sie (und andere Skulpturen) von Sabine von Steinbach (um 1300) geschaffen.

genden Objekts als lediglich dargestellter (in der → Bildenden Kunst), angedichteter (in der → Literatur) oder besungener (in der → Musik) Frau wenigstens ansatzweise aufzuheben.

An einigen frühen kulturgeschichtlichen Fakten war zu erkennen, daß Frauen durchaus nicht immer und überall versteckt, d. h. von der Öffentlichkeit ausgeschlossen, leben mußten. Doch hat sich das spätere Verbot öffentlichen Auftretens (sehr unterschiedlich ausgeprägt in den verschiedenen Kulturen und Epochen) durch viele das patriarchalische System stützende und begleitende Maßnahmen tief in den Betroffenen verankert. Ein erfolgreiches Aufbegehren gegen die Unzahl tagtäglicher Diskriminierungen ist nur möglich geworden durch den Ausbruch vieler Frauen aus dem Kreis ihrer Isolierung und indem sie „Versammlungen" bildeten, in denen sie ihre eigenen Belange formulieren, diskutieren, öffentlich machen und gemeinsam nach Auswegen suchen konnten. Zu überwinden galt und gilt es dabei nicht allein die von männlichen Strukturen aufgebauten Barrieren, sondern ebenso die weibliche Furcht vor verändernden Erkenntnissen.

Eine Frucht des Zusammenschlusses von Frauen auf den verschiedensten Ebenen ist das bereits deutlich angewachsene Vertrauen auf die eigene Kraft und Intelligenz – gewonnen aus einer Vielzahl gemeinsamer öffentlicher Aktionen. Dazu gehören der Kampf um die Reform des § 218, Demonstrationen für den Erhalt von → Frieden, parteipolitische und gewerkschaftliche Anstrengungen, Hilfsaktionen für vergewaltigte Frauen, die Einrichtung von → Frauenhäusern, der Zusammenschluß der Medienfrauen, die Gründung von Frauenverlagen, eigenen → Zeitschriften und Buchhandlungen, die Entstehung von Frauenarchiven im Wissenschaftsbereich, die Sommeruniversitäten oder das im dänischen Aarhus entstehende erste Frauenmuseum der Welt.

Eine ihrer Aufgaben sieht die jüngere Frauenbewegung in dem Ausbruch aus der Umklammerung männlicher Wertmaßstäbe und Denkkategorien. Deshalb geht es ihr nicht allein um den Nachweis, daß es in den verschiedenen Epochen der Geschichte „auch" kulturschaffende Frauen gegeben hat, die im Rahmen patriarchalischer K.vorstellungen individuell nachweisbare Leistungen vorgezeigt haben. Zwar ist es ihr u. a. wichtig, die über mehrere Jahrtausende hin fehlende Konkurrenzfähigkeit weiblich-kreativen Schaffens als → misogyne Zurückweisung zu entlarven sowie die dennoch entstandenen Schöpfungen von Frauen auf allen Gebieten zu sammeln und öffentlich vorzustellen. Doch verfolgt sie etwas fundamental anderes: Sie will einen, insbesondere im 19. Jh., hochgezüchteten K.betrieb und Geniekult aus den Angeln heben, in dem K., Kunst, jede geistige Betätigung strikt als männliche Domäne in Anspruch genommen wurde und wo männerbündisch die Entscheidung fiel, was als hohe Kunst gelten durfte und was „nur" als Kunsthandwerk. Durch die willkürliche, aber fortschreitende Separation kam es zu einer Verengung des K.begriffs, was in eine sowohl offene wie versteckte Feindschaft zwischen Geist, Intellekt und kreatürlichem Leben, Natur (→ Ökologie) mündete. Die feministische K.kritik ist es nun, welche die geradezu manische Besessenheit nach „Vergeistigung" im Sinn der Rationalisierung, der Entbehrlichkeit von Leben überhaupt, verwirft. Sie weist hin auf die Not-Wendigkeit einer Feminisierung des Denkens, wenn menschliches Leben und in der Folge davon menschliche K. noch eine Chance haben sollen.

Die feministische Bewegung sucht eine Neugestaltung menschlicher K. mit der Betonung auf den lange verdrängten weiblichen Fähigkeiten zugunsten eines neuen Lebensverständnisses. Das lateinische „femina" ist eine sehr kraftvolle Bezeichnung für Frau. Als Hauptwort gehört es zum gleichen Stamm wie das Tätigkeitswort „felare" (griech. thele = säugen). In der altlateinischen, medialpassiven Partizip-Präsensform auf -menus (mnus) – dem griechischen -menos entsprechend

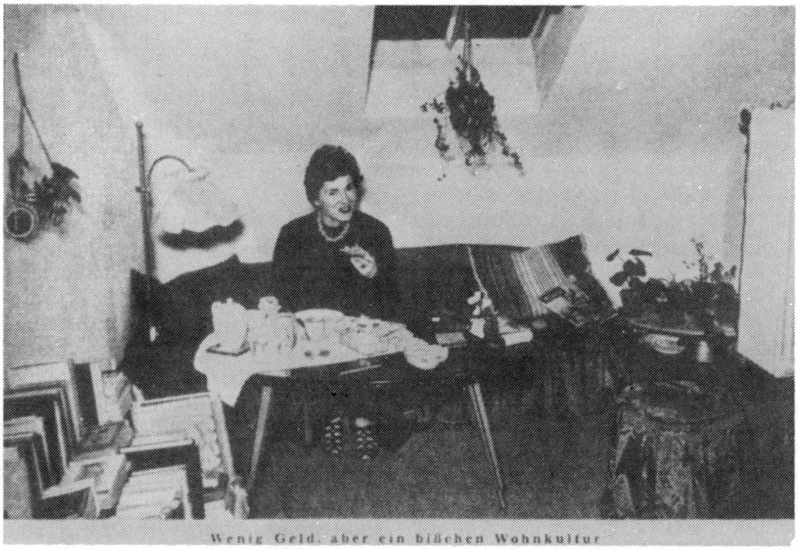

Links: Reportage über das Monatseinkommen einer Sekretärin, Frankfurter Illustrierte, 1956.

– bedeutete fe-mena im dynamischen Sinn eine „aus sich selbst" Handelnde, hier: die aus sich selbst Säugende. Keineswegs kann das Wort „femina" als eine Bildung aus fe-minus, im Sinne von weniger, geringerwertig gedeutet werden, wie dies, in Unkenntnis der ethymologischen Zusammensetzung, immer wieder geschieht.

Viele Bestrebungen feministischer K.arbeit galten und gelten zunächst der Befreiung aus der Diktatur gesellschaftlich aufgezwungener Verhaltensmechanismen nach dem von der Wiege an praktizierten Muster „hellblau für Jungen – rosa für Mädchen". An der Aufhebung dieses so früh und deshalb umso hartnäckiger prägenden Schemas setzen Frauen mit ihren Versuchen an, eine nicht-sexistische Kinder- und Jugendliteratur zu schaffen. Die aus der neu gewonnenen Freiheit ermöglichte Einmischung von Frauen in alle bestehenden kulturellen Bereiche hat einerseits ein erstarkendes Bewußtsein vom weiblichen Eigenwert zur Folge gehabt, andererseits auch bald die Frage entstehen lassen, ob es eine spezifisch weiblich geprägte K. und Ästhetik gibt oder geben soll. Die Auseinandersetzungen darüber haben bereits eingesetzt, doch werden Antworten auf den eben erst begonnenen Prozeß feministischen K.schaffens noch nicht endgültig sein können. Sicher ist, daß die Arbeit an einem neuen K.verständnis nicht in einen K.kampf à la „Genie kontra Talent", „Künstler gegen Laien", „Geist gegen Natur" münden will, sondern ein freies Spiel aller noch nicht zur Entfaltung gelangten weiblichen, schöpferischen Kräfte zu erreichen sucht. Dafür aber benötigen Frauen eigene Zeiten und Räume (→ Bildende Kunst), die es gilt, selbstverständlich für sich in Anspruch zu nehmen.

Lit.: Sylvia Bovenschen, Die imaginierte Weiblichkeit. Exemplarische Untersuchungen zu kulturgeschichtlichen und literarischen Präsentationsformen des Weiblichen, Frankfurt 1979; Richard Fester/ Marie E. P. König/Doris F. Jonas/David A. Jonas, Weib und Macht. Fünf Millionen Jahre Urgeschichte der Frau, Frankfurt 1979; Davis Elizabeth Gould, Am Anfang war die Frau. Kulturgeschichte provokativ, München 1979; Hans Harten/Elke Harten, Frauen-Kultur-Revolution 1789–1799, Pfaffenweiler 1988; Sara Lennox (Hrsg.), Auf der Suche nach den Gärten unserer Mütter. Feministische Kulturkritik in Amerika, Darmstadt und Neuwied 1982; Gitta Martens/Hildegard Bockhorst (Hrsg.), Feministische Kulturpädagogik. Projekte und Konzepte, Remscheid 1990; Luise Pusch (Hrsg.), Feminismus. Inspektion der Herrenkultur. Ein Handbuch, Frankfurt/M. 1985; Leonie See/Anja Wilder-Mintzer (Hrsg.), Ich weiß, was ich will! Frauen, Kultur, Management, Berlin 1991; Gisela Völger/Karin von Welck (Hrsg.), Die Braut – geliebt, verkauft, getauscht, geraubt. Zur Rolle der Frau im Kulturvergleich. Ausstellungskatalog (2 Bde.), Köln 1985; Brigitte Wartmann (Hrsg.), Weiblich – Männlich. Kulturgeschichtliche Spuren einer verdrängten Weiblichkeit, Berlin 1980; Andreas Wiesand, Frauen im Kultur- und Medienbetrieb, Bonn 1991.

Brigitte Regler-Bellinger

„Die Leistung der Frau in der Kultur"

(Auf eine Rundfrage)

Zu deutsch: „Die klägliche Leistung der Frau".
Meine Herren, wir sind im Bilde.
Nun, Wagner hatte seine Cosima
Und Heine seine Mathilde.
Die Herren vom Fach haben allemal
Einen vorwiegend weiblichen Schatz.
Was uns Frauen fehlt, ist „Des Künstlers Frau"
Oder gleichwertiger Ersatz.

Mag sie auch keine Venus sein
Mit lieblichem Rosenmund,
So tippt sie die Manuskripte doch fein
Und kocht im Hintergrund.
Und gleicht sie auch nicht Rautendelein
Im wallenden Lockenhaar,
So macht sie doch täglich die Zimmer rein
Und kassiert das Honorar.

Wenn William Shakespeare fleißig schrieb
An seinen Königsdramen,
Ward er fast niemals heimgesucht
Vom „Bund Belesner Damen".
Wenn Siegfried seine Lanze zog,
Don Carlos seinen Degen,
Erging nur selten an ihn der Ruf,
Den Säugling trockenzulegen.

Petrarcas Seele, weltentrückt,
Ging ans Sonette-Stutzen
Ganz unbeschwert von Pflichten, wie
Etwa Gemüseputzen.
Doch schlug es Mittag, kam auch er,
Um seinen Kohl zu essen,
Beziehungsweise das Äquivalent
In römischen Delikatessen.

Gern schriebe ich weiter
In dieser Manier,
Doch muß ich, wie stets,
Unterbrechen.
Mich ruft mein Gemahl.
Er wünscht, mit mir
Sein nächstes Konzert
Zu besprechen.

Mascha Kaléko

Jesus als Heiratsmakler:

Soll die Heirat wol geraten,
Alles gehen wol von statten,
Bethe! Rufe Jesum an!
Daß er sei dein Werbe-Mann!

aus einem Ratgeber um 1700

Kunst; schon zwischen dem 7. und 10. Jh. wird in unserem Kulturkreis aus dem Verb „können" das Wort „kunst", in enger Anlehnung an Wissen, Weisheit, Kenntnis, auch Wissenschaft – die sieben freien Künste wurden an den Universitäten des Mittelalters gelehrt. K. wurde auch gebraucht im Sinn von Übung, erworbenem Können, für Geschicklichkeit, Fertigkeit. Diese Bedeutung ist heute noch in Zusammensetzungen wie Kochkunst, Reitkunst, Fechtkunst, Staatskunst enthalten. Seit dem 18. Jh. bezieht sich K. speziell auf die künstlerische Betätigung der Menschen, auf die schöpferische, gestaltende Umsetzung von subjektiven inneren und äußeren Erfahrungen, auf die Darstellung und den Ausdruck von objektiven Sachverhalten, Gegenständen, Personen und die Entwürfe von Veränderung. Hieraus wird deutlich, daß in die Ergebnisse künstlerischer Arbeit, auch in Arten und Formen des Ausdrucks, die unterschiedlichen Lebensumstände der Menschen, die verschiedenen Erfahrungen und Erlebnismöglichkeiten von Frauen und Männern eingehen. Als weitere Grundlagen der K. gelten Einbildungskraft (Imagination), Vorstellungsvermögen (Phantasie), schöpferische Kraft (Kreativität). Gerade letztere wurde (und wird zuweilen noch immer) Frauen abgesprochen. Nicht (mehr) bestritten wird, daß Frauen das, was auch wesentliche Grundlage der K. ist, das Können und das Handwerkszeug, sich aneignen können. (→ Bildende Kunst, → Film, → Fotografie, → Literatur, → Musik, → Tanz, → Theater).

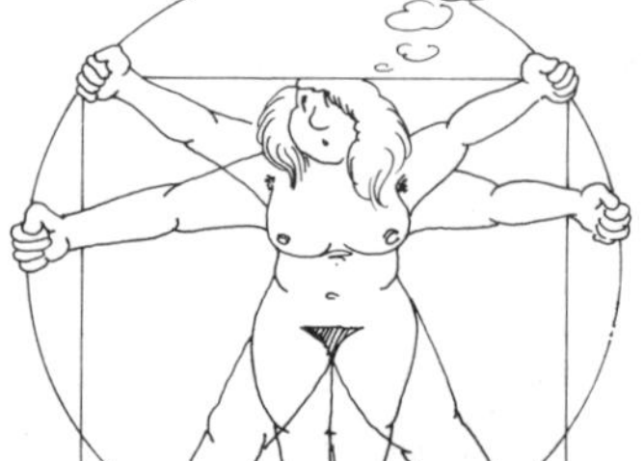

Kuppelei; von mhdt. „kuppelære"; kuppeln, koppeln = verbinden. K. bedeutet allgemein, Mann und Frau zur Ehe oder zum Beischlaf zusammenzubringen. Seit dem 17. Jh. wird mit K. die bezahlte, gewohnheitsmäßige Vermittlung bezeichnet. Daneben hielt sich aber auch im Alltag die Bezeichnung K. für unbezahlte Heiratsvermittlung. Das Ehestiften wurde vorzugsweise als Aufgabe und Lieblingsbeschäftigung Frauen zugeschrieben. Die zuweilen haupt-, meist aber nebenamtliche Tätigkeit der offiziellen Heiratsvermittlung war allerdings zuerst ein Männergeschäft, die des Kupplers. Davon abgeleitet taucht im 14. Jh. auch die weibliche Form, die Kupplerin, auf.

Seit der 4. Strafrechtsreform vom 23. 11. 1973 ist in der Bundesrepublik nach § 180 StGB nur noch die Förderung, Begünstigung von Sexualität durch oder an Personen unter 16 Jahren strafbar. Darauf steht Freiheitsstrafe bis zu drei Jahren oder Geldbuße. Gegenüber der Kinderprostitution (→ Prostitution) ist die Bestimmung allerdings nur eine stumpfe Waffe. Für viele Eltern bedeutet die Ausnahmebestimmung, das „Erzieherprivileg", die auch mit der Strafrechtsreform eingeführt wurde, eine Entlastung und trägt den veränderten Moralauffassungen, der Jugendsexualität, Rechnung. Nach dem „Erzieherprivileg" liegt K. nicht vor, wenn Eltern in ihrer Wohnung Jugendlichen unter 16 Jahren das Miteinander-Schlafen erlauben, ermöglichen, dulden, wenn es „aufgrund vertretbarer sexualpädagogischer Ansichten erfolgt". Erschwerte Formen der K. sind, wenn sie mit Bezahlung, Gewinn verbunden ist oder ein Autoritätsverhältnis ausgenutzt wird. Hierunter fällt auch der sexuelle Mißbrauch von Kindern und Jugendlichen in der Familie, meist von Mädchen, durch ihre Väter oder andere männliche Verwandte. Diese Formen sind strafbar, wenn die Opfer unter 18 Jahren alt sind. Eine Sonderform der K. ist die Führung eines → Bordells, die Förderung der Prostitution, geregelt in § 180 a StGB. (→ Gewalt, → Prostitution).

Leihmutterschaft; ,,L.' ist ein Sammelbegriff für verschiedene Varianten von Verfahren der → Reproduktionstechnologien, bei der eine Frau ein Kind für eine andere Frau, einen anderen Mann oder ein anderes Paar austrägt. Die Frau wird als ,Leihmutter', ,Miet'-, ,Surrogat-', ,Ersatz-' oder ,Ammenmutter' bezeichnet. Diese Begrifflichkeiten verdecken die Tatsache, daß mit der L. die Fähigkeit des Gebärens endgültig den Marktgesetzen unterstellt wird, es handelt sich de facto um eine gekaufte Mutterschaft.
Mit der L. geht die Aufspaltung der Mutterschaft einher: – genetische Mutter, die die Eizelle zur Verfügung stellt; – biologische Mutter, die das Kind austrägt und gebiert; – soziale Mutter, die das Kind aufzieht. Dem gegenüber stehen die genetische (Spermaspender) und soziale Vaterschaft. Damit ist die 5-fache Elternschaft und die beliebige Kombination Realität.
Die gängigste Variante der L. ist die mit eigener Eizelle. Dabei wird eine Frau mit dem Sperma des Auftraggebers befruchtet. Die ,Leihmutter' trägt das Kind aus und mittels eines Adoptionsvertrages übergibt sie es dem Spermageber und dessen Ehefrau. Bei der L. mit gespendeter Eizelle wird die Eizelle der Ehefrau mit dem Sperma ihres Mannes befruchtet und einer ,Leihmutter' eingesetzt.
L. ist in der BRD durch das Adoptionsvermittlungsgesetz verboten. Insbesondere in den USA, aber auch in Australien und einigen europäischen Ländern blüht eine regelrechte ,Leihmutter'-Industrie, wo Agenturen die Frauen per Katalog vermitteln, Verträge aufsetzen, die Schwangerschaft kontrollieren und die Kindesübergabe garantieren. Die Verträge greifen in die gesamte Lebensweise der Frau ein: medizinische Untersuchungen einschließlich pränataler Diagnostik und Abtreibung, falls es vom Besteller gewünscht wird, verdeutlichen dies. Das ,Leihmütter'-Geschäft ist ein einseitiges, bei dem der Vermittler den größten – finanziellen – Gewinn hat.
In den USA wurden inzwischen einige Gerichtsurteile gefällt, die das Kind, obwohl es die Frau behalten wollte, dem Bestellerpaar zugesprochen haben. Es gibt jedoch auch Beispiele, in denen das Paar sich ge-

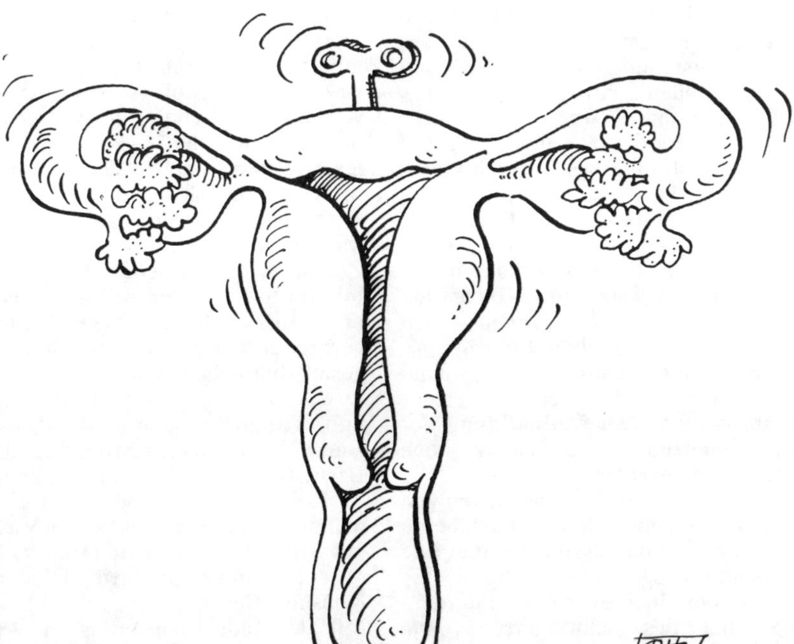

weigert hat, das Kind zu nehmen, da es z. B. behindert war. L. schafft ein 2-Klassen-System zwischen Frauen. Die eine Frau wird als geeignet angesehen, das Kind auszutragen, die andere als geeignet, es aufzuziehen. Insbesondere wenn es sich um eine L. mit Eizellspende handelt, d. h. kein genetisches Material von der ‚Leihmutter' vererbt wird, kann die kostengünstigste Frau als Brutkasten genommen werden. Austrägerinnen können – da aus Betreibersicht besonders billig – arme, schwarze Frauen sowie Frauen aus den südlichen Ländern sein. Sogar Frauen, die als hirntot gelten, können dann noch Kinder austragen. So sind bereits Frauen, die während der Schwangerschaft schwer verletzt wurden, solange am Leben erhalten worden, bis das Kind eine Überlebenschance hatte. Inzwischen wird laut darüber nachgedacht, daß man diese ‚Meisterleistungen der Medizin' für die L. nutzen könnte. Vorstellbar ist ebenfalls die Kombination von L. und Organhandel. Hierbei wird ein Kind bewußt zur Organentnahme erzeugt. Dies gilt ebenfalls für fötales Gewebe, z. B. zur Behandlung der Parkinsonschen Krankheit. Frauen und Kinder werden damit zur Ware, Schwangerschaft wird auf ein ‚Produktionsverhältnis' reduziert, wo es lediglich um die Herstellung von verwertbaren Körperteilen geht.
Die ‚Leihmutter'-Industrie vollzieht sich nicht isoliert, sondern ist Teil der „Eröffnung des reproduktiven Supermarktes" (Gena Corea). Es entstehen Firmen, die Frauen als Brüterinnen anwerben und vermieten; andere Firmen verkaufen Geschlechtsvorbestimmungs-Technologien; wieder andere Firmen spülen Embryonen aus einer Frau heraus, um sie einer anderen, die das Kind austragen und gebären soll, wieder einzusetzen. Der Vermarktung der Fortpflanzung sind kaum noch Grenzen gesetzt.
L. ermöglicht das Überspringen von Generationen. In Südafrika hat eine 47jährige Frau Drillinge für ihre Tochter ausgetragen, d. h. die Eizelle der Tochter wurde mit dem Sperma des Schwiegersohns befruchtet. Genetisch und sozial gesehen ist die Frau die Großmutter, biologisch gesehen die Mutter – ein Verwirrspiel ohne Ende.

Lit.: Gena Corea, MutterMaschine. Reproduktionstechnologien – von der künstlichen Befruchtung zur künstlichen Gebärmutter, Berlin 1986; Felicitas Franke, Ich war eine Leihmutter, Berlin 1989.

Ute Winkler

Leitbild; gibt es nach gängigen Lexika nicht; Wertvorstellungen, mit denen sich Menschen identifizieren sollen und die sie in ihren Verhaltensweisen prägen. L.er werden über die Sozialisation in Familie und Schule, über Werbung, Medien und Mittel der ästhetischen Kommunikation (Filme, Bücher, Illustrierte etc.) transportiert. Zur Verbreitung der L.er steht ein ganzer Apparat zur Verfügung. L.er vermitteln Orientierungen für praktisches Verhalten und Handeln; durch die Verinnerlichung bestimmter Wert- und Normvorstellungen, die in den L.ern enthalten sind, prägen und bestimmen sie in entscheidendem Maße das Denken und Handeln. L.er gibt es für Frauen und Männer. Der → Weiblichkeitsideologie entspricht der → Männlichkeitswahn.
Das L. der Frau ist nicht etwas von vornherein Gegebenes, sondern etwas historisch Gewordenes (vgl. Simone de Beauvoir). Die Vorstellung von der Frau wird durch die Erwartungen geprägt, die jeweils von der Gesellschaft und Wirtschaft bestimmt werden. Historisch ist festzustellen, daß in Zeiten verstärkter Arbeitslosigkeit, in Krisenzeiten, das L. der Hausfrau und Mutter vorherrscht, während in Zeiten wirtschaftlicher Hochkonjunktur das L. der selbständigen, erfolgreichen berufstätigen Mutter verbreitet wird. Das L. der Frau ist gesellschaftlichen Wandlungen unterworfen, zeigt aber Konstanten und Varianten. Konstant ist das Bild der Frau als Hausfrau oder als Berufstätige. Weil Frauen vielfältige Rollen in der Gesellschaft einnehmen, werden sie mit einer Vielfalt von L.ern bedacht (Haushalt, Mode, Familie, Freizeit, Kinder, Konsum, Beruf).
Mit der Industrialisierung im 19. Jahrhundert und der Trennung von

Haushalt, Familienarbeit und Produktion entstand das L. der Hausfrau und Mutter in der bürgerlichen Gesellschaft („Bürgerliches Familienmodell"), auch wenn dieses L. den Realitäten der außerhäuslich erwerbstätigen Mütter, der Fabrikarbeiterinnen, nicht entsprach. Dieses L. ist, unabhängig von Wandlungen durch Anpassung an die jeweilige wirtschaftliche Lage, bis heute bestehen geblieben.
Die im → Faschismus vertretenen → Weiblichkeitsideologien knüpften z. B. an die rückständigen Auffassungen an, die auch in der Weimarer Republik nicht überwunden worden waren. Sie waren eine Zuspitzung der Frauenleitbilder der zwanziger Jahre, zeichneten sich jedoch durch ihre Brutalität und Unmenschlichkeit aus. Die faschistische Ideologie sah die Frauen vor allem unter einer biologischen und rassischen Perspektive (→ Faschismus).
In der Bundesrepublik der fünfziger und sechziger Jahre herrschte das L. der Hausfrau und Mutter („Die Frau ist nach ihrer körperlichen und geistig-seelischen Beschaffenheit auf die Mutterschaft hin angelegt"; Frauenenquete der Bundesregierung 1966).
Unter dem Einfluß nordamerikanischer und skandinavischer Vorbilder gab es in den sechziger Jahren auch das L. von der Frau , die sich sowohl auf ihre Aufgaben in Ehe und Familie als auch für einen Beruf vorbereitet. Die Frau übt dann in den einzelnen Phasen ihres Lebens, in Abhängigkeit von ihren Verpflichtungen in Familie und Haushalt, eine Erwerbstätigkeit aus. In den siebziger Jahren, entsprechend den wachsenden wirtschaftlichen Anforderungen, erschien das L. der modernen Frau, die scheinbar mühelos Familien-, Ehe-, Haushalts- und Berufspflichten miteinander vereinbart. (Dieses L. galt bereits für bemittelte Schichten in den sechziger Jahren.) Heute, verbunden mit der Rechtswende, mit rückläufigen Entwicklungen bei der Gleichberechtigung, werden reaktionäre Frauenleitbilder verstärkt entwickelt und verbreitet. Die Ideologie des Doppelverdienertums (→ Doppelverdienst), neue Mütterlichkeit („In der Aufwertung der Mutter liegt der Schlüssel für ein neues Ansehen der Familienarbeit"; Norbert Blüm, FR vom 29. 9. 79), konservative L.er, nach denen sich Frauen vor allem mit Erziehungsaufgaben beschäftigen, prägen die achtziger und neunziger Jahre.
Geschlechtsspezifische L.er haben die Funktion, den Herrschenden bei der Durchsetzung ihrer politischen und ökonomischen Interessen zu helfen, bestimmte Entwicklungen zu rechtfertigen bzw. zu verschleiern und vor allem die Menschen zu desorientieren. → Rationalisierung und Entlastung des Staates von Sozialausgaben, Reprivatisierung sollen auf Kosten der Menschen vorangetrieben werden. Um dies reibungslos durchzusetzen, sollen die Frauen willfährig und passiv gemacht werden. Frauen sollen ein schlechtes Gewissen bekommen, wenn sie Haushalt, Familie und Berufstätigkeit nicht vereinbaren können, wenn ihre Kinder nicht zurechtkommen. Ihre Probleme, die u. a. aus Überbelastung resultieren, werden individualisiert. Konflikte, die einzelnen aus den gesellschaftlichen Verhältnissen erwachsen, werden privatisiert. Damit soll verhindert werden, daß Frauen gesellschaftliche Zusammenhänge erkennen und sich gegen eine Verschlechterung ihrer Lage wehren. L.er, die die Frau in ihrer Rolle als Mutter festschreiben, tragen auch dazu bei, die traditionellen Geschlechterbeziehungen und Arbeitsteilungen zu stärken.

Madonna mit Kind, von Beato Angelico.

Diese massive ideologische Beeinflussung der Frauen durch L.er hat vor dem Hintergrund von Arbeitslosigkeit, Perspektivlosigkeit, Abbau sozialer Leistungen, Armut tiefe Rückwirkungen auf Frauen und auf die Frauenbewegung (Rückzug in die private Sphäre, Verunsicherung, Hoffnungslosigkeit). Es ist um so wichtiger, die Widersprüchlichkeit und Demagogie verbreiteter reaktionärer L.er aufzuzeigen und das L. der selbstbewußten Frau zu vertreten.

Lit.: Irene Dölling, Der Mensch und sein Weib, Frauen und Männerbilder, Berlin 1991; Rosemarie Nave-Herz, Das Dilemma der Frau in unserer Gesellschaft: Der Anachronismus in den Rollenerwartungen, Neuwied und Berlin 1975; Kristine v. Soden, Weiblichkeitsideologie statt Gleichberechtigung. Die neue § 218-Kampagne der CDU/CSU, in: Blätter für deutsche und internationale Politik, 11/ 1979.

Florence Hervé

Lesbe, Lesbierin; abgeleitet von Lesbos, einer griechischen Insel vor Kleinasien mit der Hauptstadt Mytilene, auf der die griechische Dichterin Sappho lebte (etwa 600 v. Chr.); Inbegriff der Frauenliebe. Lesbierinnen, die weiblichen Homosexuellen, waren in Deutschland straffrei, im Gegensatz zu den männlichen Homosexuellen. 1912 gab es Bestrebungen, auch die lesbische Liebe nach dem § 175 zu bestrafen, was die Sozialisten und die Frauenbewegung verhindern konnten.

Die geschätzte Anzahl von Lesben in der Bundesrepublik ist sehr unterschiedlich und bewegt sich zwischen mehreren Hunderttausend und 1–2 Millionen.

Die Ursprünge des Lesbianismus oder (beide Begriff treffen zu, wenn von Frauen die Rede ist, die Frauen lieben) der Homosexualität sind unbewiesen, was vielerlei Vermutungen provoziert. Die einen vermuten Angeboren-Genetisches, andere bestehen auf „erworbener Entwicklung", etwa aus Mangel an heterosexuellen Kontakten, aus dem Mauerblümchendasein der Häßlichen – dabei haben L.n – neben großer Emotionalität – ein ausgeprägtes Bedürfnis nach ästhetischer Qualität, nach Verehrung der Schönheit; auch mit Tendenzen zur Unbeständigkeit. Weibliche Homosexualität wurde als Ergebnis der Triebunterdrückung erklärt, bei deren Aufhebung sie zwangsläufig verschwände (Reich). Sie wurde erklärt als kapitalistisches Übel, das im sozialistischen Staat folgerichtig als Überbleibsel kapitalistischer Dekadenz zu ächten sei (so in der früheren UdSSR, Kuba).

Drei Menschenwesen, ein männlich-männliches, ein weiblich-weibliches und ein männlich-weibliches, erregten Zeus' Zorn. Zur Strafe teilte er jedes von ihnen in zwei Hälften, und

nun müssen diese den von ihnen abgetrennten Teil als ihre Ergänzung suchen. – So gleichgewichtig wie in Platons „Symposion" ist die lesbische Liebe nie gewesen. Mann hat sie ignoriert, sie nicht wahrnehmen wollen, sie nicht ernst genommen.
Die Reaktionen von männlichen Partnern gegenüber dem Geständnis einer Frau, lesbisch zu fühlen, reichen von Entsetzen über diese „Perversität", Ablehnung und Hilflosigkeit bis zu Belustigung. Glauben mögen es wenige Männer, daß sie überflüssig sind. Oft werden die Ehen aus dem Schutzbedürfnis der Frauen heraus aufrechterhalten, wobei natürlich die Kinder auch eine Rolle spielen, die man ja einer „abartigen" Mutter ohne Mühe wegnehmen könnte.
Interessant ist der Vergleich mit männlichen Homosexuellen, die von Frauen in Ruhe gelassen werden, während Lesben sich offenbar einer Art Phallus-Blasphemie schuldig machen. Auch besteht bei den Frauen kein vergleichbarer Voyeurismus. Die lesbische Sexualität benötigt seltener Perversion und bedient sich kaum der Prostitution.
Die späte Entdeckung ihrer Anlage (erst in der Ehe und oft nach der Geburt von Kindern) ist bei Frauen nicht selten. Die Unsicherheit der lesbischen Existenz ist nicht dazu angetan, ihre Zaghaftigkeit auszuräumen. Normalerweise setzt der Prozeß des coming out (Selbstentdeckung) bei Frauen erst mit 19–20 Jahren ein und ist bei 88% erst mit 25 Jahren abgeschlossen. Ein weiteres Indiz für Verunsicherung, mangelndes Selbstgefühl und die Auswirkungen der Ignoranz, die der lesbischen Neigung entgegengebracht werden. Männer entdecken ihre Homosexualität meistens schon in der Pubertät (zwischen 14 und 18 Jahren).
Die Familien reagieren meist mit strikter Ablehnung, vor allem die Väter. Nur wenige lesbische Frauen weihen ihre Familien ein, weil sie entweder den Bruch fürchten oder – vor allem – ihre Mütter schonen möchten. Die Angst, als Lesbierin bekanntzuwerden, dem Unverständnis ihrer Umgebung ausgeliefert zu sein, unter Umständen ihren Arbeitsplatz zu verlieren, hält sie oft zurück, eine Beziehung anzuknüpfen, die sie verraten könnte.
Die Tendenz, sich zurückzuziehen und einzuigeln, erschwert die methodische Befragung und Erforschung dieser Gruppe. Siegried Schäfer, die umfangreiche Forschungen unternahm, erhielt von 520 verschickten Fragebogen 165 zurück (nach Paszensky). Diese Erforschung ist neu. Männliche Forscher haben zwar die männliche Homosexualität untersucht, aber die weibliche weitgehend ignoriert.
Die neue Frauenbewegung erfaßte auch Teile der Lesbierinnen, die seitdem in Sub- und Bewegungslesben geteilt werden. Zunächst war kein großer Unterschied festzustellen. Die Distanzierung von der Umwelt, Unterkühlung der Emotionalität, um sich nicht zu verraten, Täuschung der Umgebung über Sachverhalte und Umgang waren bei beiden Gruppen zu beobachten.

„Vom Winde verweht", verändertes Filmplakat – aus der Lesbenbewegung.

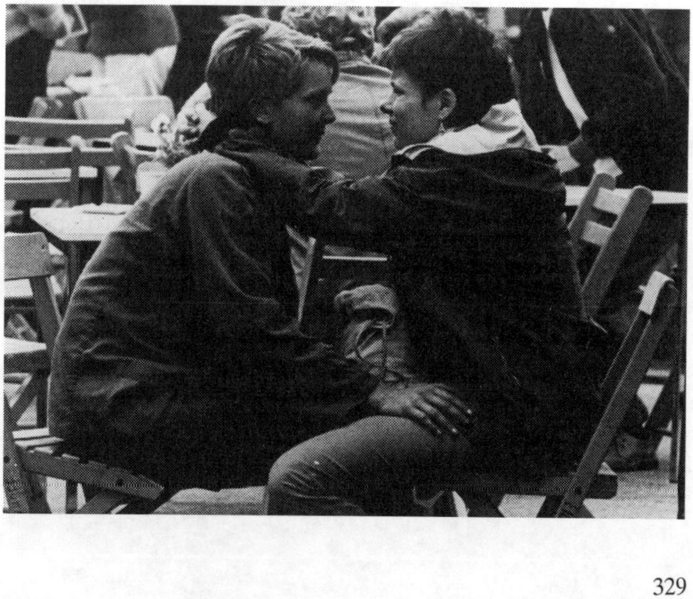

Als zweites Land nach Dänemark hat Norwegen 1993 ein Gesetz über homosexuelle/lesbische Ehen verabschiedet. Die Paare können in einer zivilen Zeremonie ihre Partnerschaft registrieren lassen und erhalten weitgehend die gleichen Rechte wie heterosexuelle Paare. Dies gilt für Rentenansprüche, Sozialleistungen und Unterhaltsansprüche.

Die Bewegungslesben geben an, sich aus Unzufriedenheit mit der Subkultur in Gruppen zusammengeschlossen zu haben, aber auch, um Einsamkeit und Isolierung zu durchbrechen, was in den Treffpunkten des Subs: Cafés, Diskotheken, Frauenkneipen, nicht befriedigend verlief. Sie wollten Freundinnen und Gleichgesinnte finden und mit ihnen über gemeinsame Probleme diskutieren, mit ihnen zusammenleben und -wohnen, sich nicht mehr verstellen müssen. Wichtig war auch die Bildung einer Verteidigungs- und Solidargemeinschaft nach außen, in der Diskriminierung durch die Umwelt gemeinsam bekämpft werden konnte. Die männlichen wie die weiblichen Homosexuellen haben von der Schwulen- und Lesbenbewegung in den letzten 10 Jahren profitiert.

Die Kooperation mit männlichen Homosexuellen ist jedoch umstritten und wird eher als Ausnahme (bei Demonstrationen) praktiziert. L.n kämpfen um ihre Rechte und gesellschaftliche Anerkennung; in juristischen Fragen oft auch zusammen mit Männern. Bei den GRÜNEN haben L.n eine eigene Arbeitsgruppe. Gefordert werden u. a.: (1) ein Antidiskriminierungsgesetz zur Gleichstellung im Arbeitsleben, im Miet- und im Erbrecht; (2) die Einrichtung von Lesbenreferaten bei der Bundesregierung und auf Länderebene; (3) die strafrechtliche Gleichstellung von Homo- und Heterosexuellen durch ersatzlose Streichung des § 175. Die neue „Lebensformenpolitik“, die seit Ende der 80er Jahre von den GRÜNEN gefordert wird, ist ein wichtiges Thema der 90er Jahre: Neuordnung und Gleichstellung von lesbischen, homo- und heterosexuellen nichtehelichen Lebensgemeinschaften. Länder wie Schweden, Dänemark, aber auch Belgien und Frankreich haben bereits erste Schritte zu einer Gleichstellung mit ehelichen Gemeinschaften getan (Erb-, Steuerrecht etc.).

Frauenliebe und Frauenkampf gegen die Unterdrückung und Benachteiligung der patriarchalen Gesellschaft zeichnen die Bewegungslesben aus. Hier wäre es denkbar, daß eine Frau als Lesbe fühlt und agiert, die ihre Sexualität nicht als Lesbe auslebt. So nennt sich Anja Meulenbelt, die nach einer langjährigen Liebesbeziehung zu einer Frau wieder eine Beziehung mit einem Mann hatte, weiterhin lesbisch: „Lesbisch nenne ich mich, weil ich Frauen liebe. . . Weil ich mich gegen Heterosexualität als Institution wehre.“ (Anja Meulenbelt 1983)

Das Hauptbollwerk dieser Institution, die → Ehe, hat für die moderne Gesellschaft keinen Absolutheitsanspruch mehr. 28% der Kinder werden Ende der 80er Jahre außerehelich geboren. Der Anteil der nichtehelichen Partnerschaften wächst ständig. Diese Liberalisierung des Zusammenlebens schafft auch lesbischen Verbindungen mehr Raum und Toleranz. Lising Pagenstecher fragt in einem Aufsatz in „Unterschiede“ (1. Quartal 1992), warum Lesben trotzdem das outing fürchten. Sie kommt zu der erstaunlichen Annahme, daß die Lesben ein unkritisches Bild ihrer gesellschaftlichen Diskriminierung aufrechterhalten und so „in einem Angst-, Wut- und Opferklima verharren“.

Sie macht den Lesben Mut, von den Erfolgen bei der Überwindung von Diskriminierungen zu reden und darüber zu schreiben, wobei, wie sie hinzufügt, vielleicht verlorengeht „ein zentrales identitäts- und solidaritätsstiftendes Element: die uns einende Negativheimat“. Sie plädiert für mehr Selbstwertgefühl und die Bejahung der eigenen Kultur.

Diese Kultur wurde seit den 70er und insbesondere in den 80er Jahren mit vielen Frauenprojekten, eigenen Zeitungen wie ‚Lesbenstich‘, ‚UKZ‘, ‚Ihrsinn‘, Frauenverlagen und -vertrieben ausgebaut. Auf dem Buchmarkt gibt es L.nromane; seit Ende der 80er Jahre sind L.nkrimis gesellschaftsfähig. In der Frauenbewegung entstandene Beratungsstellen, Frauenhäuser etc. sind häufig von L.n initiiert und gegründet worden, werden von L.n geleitet.

So reichen die Beziehungen der L.n zu den Heterofrauen von selbstverständlicher Solidarität bis zu Spannungen und Ablehnung: Lesben werfen den Heterofrauen vor, sie paktierten mit dem Feind und stel len die Behauptung auf, alle Frauen seien verhinderte Lesben, die aus Ängstlichkeit, Masochismus oder Dummheit den Absprung aus ihrer Unterdrückungssituation nicht fänden. Diese kontern wütend: Lesbenterror.

Den Männerhaß, der leicht allen Lesben vorgeschrieben wird, teilen nicht alle. Viele lehnen es ab, Männer zu hassen, weil sie Frauen lieben, auch wenn sie die männliche Vorherrschaft bekämpfen.

Lesbenbeziehungen sind nicht nur schön und ideal: Rollen werden übernommen, und die gesellschaftlich-sexuellen Programme sind schwer zu überwinden. Die Herrschaftsstrukturen, die auch in lesbischen Liebesbeziehungen durchscheinen, sind besonders quälend und enttäuschend, da der Kampf bewußter Lesben gerade gegen diese Strukturen geführt wird.

Lit.: Susanne von Paczensky, Verschwiegene Liebe, Gütersloh 1981; Ina Kuckuc, Der Kampf gegen die Unterdrückung, München 1975; Charlotte Wolff, Psychologie der lesbischen Liebe, Hamburg 1973; Anja Meulenbelt, Weiter als die Wut, Aufsätze, München 1983; Der Kinsey-Institut-Report über weibliche und männliche Homosexualität, München 1978.

Margret Gottlieb

Liebe; starke Zuneigung, die begrifflich gemeinhin auf Menschen beschränkt wird und vor allem auf geistig-seelischer, aber auch körperlicher Anziehung (Sexualität) beruht. Diese körperliche Anziehung kann auch Liebe vortäuschen, was besonders in der Pubertät und bei leicht erregbaren Menschen der Fall sein kann, die die charakterlich-seelisch-geistigen Anforderungen, die sie an Partner(innen) haben, auf die sexuell begehrten Personen projizieren, ohne daß diese den Vorstellungen entsprechen können. (→ Sexualität)

Die Liebe ist ein sehr komplexes Gefühl, das auch ohne Sexualität besteht (Liebe zu Eltern, Kindern, Tieren, Freund[inn]en), wie andererseits die Sexualität ohne Liebe ausgeübt werden kann; wenngleich die Übergänge fließend sind.

Die Definition von Liebe – Jubel und Klagen über sie füllen die Bibliotheken der Welt. Besonders Frauen werden mit ihrem Rollenverständnis auf Liebe eingestellt. Selbstaufgabe, in der sie durch die Liebe des Partners bestätigt und erhöht wird, gilt als das eigentliche Wesen der Frau. Es entspricht ihrer passiven, dienenden Rolle, auf die sie von früher Kindheit vorbereitet wird. Diese Erziehung zur Unselbständigkeit hat einen Bumerangeffekt: Der Mann als der „Aktive“ erhält die Rolle des Führenden, der für seine Partnerin die Verantwortung mitträgt. Diese Erwartungshaltung, die auch für den Mann problematisch wird, weil er ihr seiner Rolle gemäß entsprechen muß, ist eine Verzerrung und Verkrüppelung der Liebe, die sich unter solchem Ungleichgewicht, das Unterdrückung begünstigt, nicht unverkrampft entwickeln kann.

Die konservative Geisteshaltung, die diese tradierten Rollenklischees bewahren möchte, beklagt, daß deren Aufweichung mehr zerrüttete Ehen und mehr Ehescheidungen produziere als jemals zuvor. Das stimmt. Wir erkennen bei der Untersuchung der Gründe zwei Hauptursachen: einmal werden Frauen selbstbewußter und lösen sich aus der männlichen Bevormundung, zum anderen beginnen sie, die ihnen einseitig auferlegte Liebes- und Harmonisierungsarbeit zu verweigern. Da auf Seiten der Männer die Bereitschaft zu einer ausgewogenen Übernahme derselben noch zu wünschen übrig läßt, ergibt sich die beklagte Situation. Dabei ist das

> *Die Liebe kann sich niederlassen*
> *auf der Anmut einer Nackenlinie*
> *und der Kraft einer Schulter,*
> *aber sie lebt*
> *aus der Güte des Herzens.*
> *Margret Gottlieb*

Bedauern über diese grundlegende Umwälzung, die das Liebesverständnis der Geschlechter zu verändern beginnt, vom bisherigen männlichen Standpunkt aus gesehen durchaus verständlich: die gläubigen Augen werden zu kritischen, die Dienstbarkeit wird aufgekündigt. An ihre Stelle – und das ist doch auch für Männer ein positiver Aspekt – soll die gleichverantwortliche Frau treten, die alle Lasten mitträgt.
Wir Frauen haben in einer bis auf den heutigen Tag frauenfeindlichen Welt in der Regel bei einem Geliebten auch Sicherheit, Geborgenheit, Versorgung und die Vertretung nach außen gesucht und uns dafür untergeordnet. Diese Verhaltensweisen sind schließlich als wesensimmanent, ja als biologisch determiniert beschrieben worden.
Aber immer haben Frauen und Männer sie auch in Frage gestellt. Der Kampf um diese Problematik ist ein Grundelement der Frauenbewegung.
Der Traum vom androgynen Menschen, der die Gleichberechtigung *in sich* zuläßt, also seine weiblichen *und* männlichen Anlagen gleichwertig entwickelt, ohne das jeweils andere Geschlecht in sich zu leugnen oder es abzulehnen und zu diffamieren, ist gleichzeitig der Traum von einer humaneren Gesellschaft, in der die Liebe im Gleichgewicht der Geschlechter ruht und nicht im Geschlechterkampf aufgerieben wird.

Bettina v. Arnim 1785–1859

Literatur; In vielen Jahrhunderten hat es die Frau gelernt, sich in der Literatur als das Geschöpf wiederzuerkennen, also zu lieben und zu verachten, als das sie von der zumeist männlichen Autorenschaft dargestellt worden war. Die in verschiedenen literarischen Gattungen (Epos, Roman, Erzählung, Drama, Lyrik) angebotenen Frauengestalten bewegten sich in Lust und Leid fast ausschließlich um den Mann (abgesehen von der Mutter-Kind-Beziehung) als einzig lohnenden Mittelpunkt des Lebens. Selbst die Literatur von Frauen spiegelte oft getreulich das vorfabrizierte Bild (vor allem z. B. in den Gesammelten Werken – 10 Bände! – der E. Marlitt oder in den 200 auflagenstarken Unterhaltungsromanen von H. Courths-Mahler), das heute noch im gesellschaftliche → Leitbilder transportierenden Trivial- und Kriminalroman gutgeheißen wird.

Vor dem skizzierten Hintergrund hebt sich geradezu einzigartig das Schaffen der ersten Berufsschriftstellerin und „Feministin" Christine de Pisan (14./15. Jh.) ab. In ihrer „Cité des Dames" votierte sie öffentlich für die Rechte des weiblichen Geschlechts gegen die frauenfeindlichen Äußerungen des Jean de Meung im damals vieldiskutierten „Rosenroman". Außergewöhnlich war auch ihr entschiedenes politisches Engagement für den Frieden im „Livre de la paix".

Die in Frankreich seit dem 17. Jh. von geistreichen Frauen geführten → Salons trugen viel zur Pflege von → Sprache und → Kultur bei. Molière freilich hat diese literarisch interessierten und oft hochgebildeten Damen in seinen Komödien („Les Précieuses Ridicules", „Les Femmes Savantes") der Lächerlichkeit preisgegeben und gegen ein Idealbild von biederer Weiblichkeit ausgespielt. Dennoch hielt die Bedeutung der → Salons für die Literatur bis ins 19. Jh. an.

Die Anerkennung der Frau als selbständige Autorin blieb schwierig. Berühmte Beispiele für die Sorge, von der Kritik nicht ernstgenommen oder gar nicht erst gedruckt zu werden, sind die Schwestern Brontë, welche alle drei unter männlichem Pseudonym veröffentlichten. Sie waren nicht die einzigen, denen Vorurteile wegen ihres Geschlechts den demütigenden Akt der Selbstverleugnung nahelegten (vgl. George Sand, Marko Vovčok, George Eliot, Sir Galahad u. a.).

George Sand 1804–1876

Als Vorläuferinnen eines neuen weiblichen Selbstverständnisses in der deutschsprachigen Literatur gelten die Romantikerinnen des 19. Jhs. wie Karoline von Günderode, Bettina von Arnim, Caroline Schlegel-Schelling oder Rahel Varnhagen von Ense. Eine kontinuierliche Fortentwicklung in diese Richtung wurde mit der einsetzenden Restauration, dem bürgerlichen Konservatismus und der industriellen Revolution abgeschnitten.

Doch blieb die Literatur eine Kunst, die Frauen mit den – ihnen meist allein aufgebürdeten – Pflichten eines Haushalts vereinbaren konnten. Und in der Literaturgeschichte stellt heute ihr Schaffen den auch auf internationaler Ebene vergleichsweise am besten aufgearbeiteten Bereich dar. Hier sollen nur einige der bedeutenden deutschsprachigen Autorinnen des 20. Jhs. genannt werden wie Ricarda Huch, Gertrud von Le Fort, Else Lasker-Schüler, Marie Luise Fleisser, Marie Luise Kaschnitz, Ingeborg Bachmann.

Tiefe Spuren haben die beiden Weltkriege im Werk vieler Schriftstellerinnen hinterlassen. Elisabeth Langgässer erhielt 1936 Schreibverbot. Von den Schrecknissen brutaler Machtausübung während des Faschismus mit all seinen Nachwirkungen erfüllt sind Werke von Anna Seghers (Das siebte Kreuz, 1939; Transit, 1942), Luise Rinser (Gefängnistagebuch, 1946), Ilse Aichinger (Die größere Hoffnung, 1948), Ingeborg Drewitz (KZ-Dramen), die Lyrik von Gertrud Kolmar, Nelly Sachs und Rose Ausländer. Hilde Domin, die – als Halbjüdin gebrandmarkt – 1933 emigrierte, hat einmal mit wachem Bewußtsein für die weibliche Paria-Situation zwei der Frauenbewegung besonders wichtige Schriftstellerinnen zitiert: „Frauen sind wie Juden unter den Nazis" (Virginia Woolf) und „Frauen sind jüdische Neger" (Simone de Beauvoir).

So ist es nicht verwunderlich, wenn seit den 60er Jahren eine neue Generation von Autorinnen entschlossen den mannigfaltigen literarischen

Christine de Pisan, geb. um 1364, gest. zwischen 1431 und 1440.

Charlotte Brontë 1816–1855, Pseudonym: Currer Bell.

Simone de Beauvoir 1908–1986

Anna Seghers, Pseudonym der Nelly Reiling, 1900–1983.

Virginia Woolf 1882–1941

Marie Luise Kaschnitz 1901–1974

Mascha Kaléko 1907–1975

Trugbildern vom weiblichen „Wesen“ den Abschied geläutet hat und auf der Suche nach einer Sprache ist, welche endlich die „Menschin“ zu Wort kommen lassen will. Nicht umsonst haben Verena Stefans „Häutungen“ (1975), ein Buch, das die Suche nach dem weiblichen Ich wie auch die Zurückweisung der verletzenden, männlich geprägten Realität bzw. Vorstellungswelt zum Inhalt hat, oder Jutta Heinrichs Roman „Das Geschlecht der Gedanken“ (1977), der ebenfalls um die schwierige Selbstfindung kreist, so viel Widerhall gefunden. Vorher hatte schon Gisela Elsner das Bild von der schreibenden Frau verändert mit ihrem aufsehenerregenden Roman „Die Riesenzwerge“ (1964). Die vielen folgenden Prosawerke, Hörspiele, Theaterstücke und Gedichte sind so verschieden wie die Autorinnen selbst. Zu den meistdiskutierten Schriftstellerinnen der BRD und der DDR gehören Barbara Frischmuth, Elfriede Jelinek, Sarah Kirsch, Ursula Krechel, Angelika Mechtel, Irmtraud Morgner, Christa Reinig, Gerlind Reinshagen, Brigitte Schwaiger, Karin Struck, Gabriele Wohmann, Christa Wolf. Ihre Themen sind u. a. die Ausgrenzung der Frau aus dem Menschsein, das erstmals klar problematisierte, schwierige Verhältnis von Müttern und Töchtern, das mühsam zu erringende Selbstwertgefühl, die Doppel- und Dreifachbelastungen von Frauen im täglichen Leben, der „Cinderella-Komplex“ als die weibliche Furcht vor der Selbständigkeit, die lesbische Liebe als ein Gegenmodell zur Heterosexualität oder auch die Unversöhnlichkeit von patriarchalischen Machtstrukturen und weiblichen Lebensvorstellungen.

Ähnliche Probleme werden von Schriftstellerinnen auch international dargestellt. Großen Einfluß in Amerika hatte Sylvia Plaths weitgehend autobiografischer Roman „Die Glasglocke“ (1963). In den USA konnte gar eine feministische Variante des Kriminalromans entstehen: Amanda Cross schuf in ihren sechs Werken dieser Literaturgattung die beeindruckende Gestalt der Kate Fansler als Detektivin. In Frankreich setzten sich Hélène Cixous, Cathérine Clément oder Lucy Irigaray auch auf theoretischer Ebene mit weiblicher Kreativität im sprachlichen Bereich auseinander. Zu den interessantesten Autorinnen in England gehören Doris Lessing und Angela Carter.

Der literarische Aufschwung in den letzten beiden Jahrzehnten war begleitet von Neugründungen feministischer Verlage (z. B. der Verlag Frauenoffensive und der Frauenbuchverlag, beide München, der Verlag Frauenpolitik, Münster). Etablierte Verlagshäuser eröffneten eigene Reihen für emanzipatorische Frauenliteratur (z. B. Rowohlts Reihen „neue frau“, Hg. Angela Praesent und „frauen-aktuell“, Hg.

Ingeborg Bachmann 1926–1973

Christa Wolf, geb. 1929

Irmtraud Morgner 1933–1990

Susanne v. Paczensky, die Reihe des Fischer-Verlags „Die Frau in unserer Gesellschaft", Hg. Gisela Brinker-Gabler). In nahezu allen großen Städten entstanden Frauenbuchläden. Den konsumorientierten Frauenillustrierten wurden Wochen- und Monatszeitschriften mit kritischen, enttabuisierten Inhalten entgegengesetzt (Courage, Berlin; Emma, Köln). Auf der internationalen Frankfurter Buchmesse hielten 1978 feministische Verlage eine vielbeachtete Pressekonferenz ab. 1981 fand in Bremen ein Treffen schreibender Frauen statt, und in London organisierten Frauen 1984 die erste internationale feministische Buchmesse. Es sieht so aus, als wären Schriftstellerinnen nicht mehr auf die berühmten Ausnahmen zu reduzieren, sondern als habe vielmehr, nach Angelika Mechtel, der „weiße Rabe" fliegen gelernt.

Gabriele Wohmann, geb. 1932

Lit.: Inge Bauer-Kerber/Karin Dietrich-Chénel, Neue Literatur von Frauen, München 1985; Gisela Brinker-Gabler (Hrsg.), Deutsche Dichterinnen vom 16. Jh. bis zur Gegenwart. Gedichte und Lebensläufe, Frankfurt 1978; Gisela Brinker-Gabler (Hrsg.), Deutsche Literatur von Frauen (2 Bde.), München 1988; Gisela Brinker-Gabler/Karola Ludwig/Angela Wöffen (Hrsg.), Lexikon deutschsprachiger Schriftstellerinnen 1800–1945, München 1986; Gabriele Dietze, Die Überwindung der Sprachlosigkeit. Texte aus der neuen Frauenbewegung, Darmstadt/Neuwied 1979; Hiltrud Gnüg/Renate Möhrmann (Hrsg.), Frauen, Literatur, Geschichte. Schreibende Frauen vom Mittelalter bis zur Gegenwart, Frankfurt/M. 1988; Elisabeth Hofer/Karin Stenitzer-Gayer u. a. (Hrsg.), Hörspiel-Frauen, Frauen-Hörspiel, Eisenstadt 1989; Marie-Claire Hoock-Demarle, Die Frauen der Goethezeit, München 1990; Karin Ivancsics (Hrsg.), Der Riss im Himmel. Science-Fiction europäischer und amerikanischer Autorinnen, Wien 1989; Anne Koenen, Zeitgenössische Afro-amerikanische Frauenliteratur. Selbstbild und Identität bei Toni Morrison, Alice Walker, Toni Cade Bambara und Gayl Jones, Frankfurt/M. 1985; Norgard Kohlhagen, „Sie schreiben wie ein Mann, Madame!" Von der schweigenden zur schreibenden Frau, Frankfurt 1983; Renate Möhrmann, Die andere Frau. Emanzipationsansätze deutscher Schriftstellerinnen in der Achtundvierziger Revolution, Stuttgart 1977; Astrid Otto, Schreibende Frauen des 19. Jh. in Kassel und Nordhessen. Lebensläufe und Biographien (1756–1943), Kassel 1990; Heinz Puknus (Hrsg.), Neue Literatur der Frauen. Deutschsprachige Autorinnen der Gegenwart, München 1980; Ricarda Schmidt, Westdeutsche Frauenliteratur in den 70er Jahren, Frankfurt/M. [2]1990; Dorothee Schmitz, Weibliche Selbstentwürfe und männliche Bilder. Zur Darstellung der Frau in DDR-Romanen der siebziger Jahre, Frankfurt 1983; Dorothee Schmitz-Köster, Trobadora und Kassandra. Weibliches Schreiben in der DDR, Köln 1989; Hilde Schmölzer, Frausein & Schreiben. Österreichische Schriftstellerinnen definieren sich selbst, Wien 1982; Jürgen Serke, Frauen schreiben. Ein neues Kapitel deutschsprachiger Literatur, Hamburg 1979; Inge Stephan/Regula Venske/Sigrid

„Wer einem Weibe das Schreiben beibringt, gibt einer Natter noch mehr Gift."

Menander

Verkäuferin Ende der 20er Jahre.

Weigel, Frauenliteratur ohne Tradition? Neun Autorinnenporträts, Frankfurt/M. 1987; Regula Venske, Das Verschwinden des Mannes in der weiblichen Schreibmaschine. Männerbilder in der Literatur von Frauen, Köln 1991; Luzia Vorspel, Was ist neu an der neuen Frau? Gattungen, Formen, Themen von Frauenliteratur der 70er und 80er Jahre am Beispiel der Rowohlt Taschenbuchreihe neue Frau, Frankfurt 1990; Renate Wall, Verbrannt, verboten, vergessen. Kleines Lexikon deutschsprachiger Schriftstellerinnen 1933–1945, Köln ²1989; Sigrid Weigel, Die Stimme der Medusa. Schreibweisen in der Gegenwartsliteratur von Frauen, Reinbek 1989; Gabriele Wittke, Female Initiation in the American Novel, Frankfurt/M. 1991.

Brigitte Regler-Bellinger

Lohn; Entgelt nach geleisteter Arbeit; Preis, den die Arbeiter/innen für den Verkauf ihrer Arbeitskraft erhalten. In Form von Geldlohn. Bei Zeitlohn wird der L. nach der Arbeitszeit berechnet, bei Akkordlohn ist die Höhe abhängig von der in einer bestimmten Zeiteinheit hergestellten Anzahl von Produkten bzw. Einzelteilen (Stücke, Meter, Tonnen, auch gereinigte Quadratmeter). Berechnet wird der Akkordl. nach dem Stückpreis (Geldakkord), z. B. in der Heimarbeit, oder nach Vorgabezeit (Zeitakkord), z. B. in der Elektro-, Textil-, Bekleidungsindustrie. Die Leistungsanforderungen, die Akkordnorm, werden auf der Basis von Zeitmessungen, Bewegungsabläufen, betrieblichen Erfahrungswerten als „Normalleistung" festgesetzt. Meist wird die „Normalleistung" von gut eingearbeiteten, noch leistungsfähigen jungen Arbeiterinnen und Arbeitern zugrundegelegt, so daß ältere die Leistung, den Akkord, nicht erreichen können.

L. ist ein wichtiger Faktor für die ökonomische Unabhängigkeit der Frau und hat insofern mit ihrer Emanzipation zu tun. Die L.diskriminierung der Frau ist ein altes Problem, stellt eine offensichtliche Ungleichheit dar und ist immer noch Alltag in der Bundesrepublik.

Geschichtliches: So schwer es ist, die Entwicklung der L.differenzen zwischen Frau und Mann geschichtlich zurückzuverfolgen, so lassen sich doch einige Tendenzen herausarbeiten. In der Sklaven- und Feudalgesellschaft kam die ökonomische Unterbewertung der Frau nicht so offen zum Ausdruck, weil die arbeitenden Menschen Eigentum des Sklavenhalters/Feudalherren waren bzw. die Leistungen nicht auf den einzelnen, sondern den Boden berechnet wurden. So war das Bewertungsverhältnis verschleiert. Für das 15. Jahrhundert gibt es bereits eine Fülle von Lohndaten für ländliche Arbeit, die die Diskriminierung der Frau zeigen. Von einer gleichberechtigten Stellung der Frau im Mittelalter – auch wenn viele Berufe den Frauen offenstanden – kann nicht die Rede sein. Mit dem Aufkommen des Kapitalismus und der Einbeziehung der Frauen in die Fabrikarbeit wurden die Lohnunterschiede offener. Die Reallöhne wurden gesenkt, der Frauenl. galt als Ergänzungszahlung des Mannes. Mit dem Aufkommen der Manufaktur und des Bedarfs an gelernten Arbeitern wurde an diese Löhne gezahlt, die ihnen Heirat und Familie ermöglichten. Es entsteht die Ideologie des „Familienernährers". Ende des 18. Jhs./Anfang des 19. Jhs. betrugen die Frauenlöhne etwa 40 bis 50% der Männerlöhne. Frauenarbeit wurde offiziell als halbe Männerarbeit gewertet. Das allgemeine Lohnniveau wurde gesenkt durch das Ausspielen der „billigeren" Frauenarbeit gegen Männerarbeit. Unternehmer setzten Frauen als Lohndrücker gegen Männer ein. Diese „Lohndrückersituation" (mit der Einführung der Maschinerie wurde der Wert der Arbeitskraft über die ganze Familie verteilt und die des einzelnen entwertet) führte u. a. zur Ablehnung der Frauenerwerbsarbeit.

Seit dieser Zeit pendeln die Lohnunterschiede zwischen 30 bis 40%, mit geringfügigen Änderungen, je nach wirtschaftlicher Lage, nach politischen Machtverhältnissen und nach Stärke der Arbeiterbewegung. Während der Novemberrevolution waren z. B. Annäherungstendenzen zwischen Frauen- und Männerl. zu beobachten. In der NS-Zeit dagegen gab es krasse L.unterschiede. Ende 1939 schrieb das Reichsministerium an Göring, daß weiterhin an der Regel festgehalten werden soll, für Frauen einen 25%igen Abschlag vom Männerlohn vorzunehmen: „Soll also verhindert werden, daß in einer Familie die Frau das gleiche oder sogar ein höheres Einkommen hat als der Mann, die Tochter mehr verdient als der Vater, so wird man sich dazu entschließen müssen, um die sich daraus ergebenden Unzuträglichkeiten innerhalb der einzelnen Familien zu vermeiden, den Frauenlohn selbst dann unter dem Stand des Männerlohns zu halten, wenn die Leistungen gleich sein sollten".

Gab es nach 1945 wieder erste Ansätze einer Annäherung zwischen Frauen- und Männerlöhnen, so änderte sich wenig an der grundsätzlichen Lohndiskriminierung der Frau. Gesetzliche Grundlagen über die Lohngleichheit von Frau und Mann wurden erreicht: in einzelnen Länderverfassungen, die das Prinzip der gleichen Entlohnung ausdrücklich betonen, im Übereinkommen 100 der Internationalen Arbeiterorganisation (1951), im Grundsatzurteil des Bundesarbeitsgerichts (1955), das „Frauenlohngruppen" als gesetzwidrig bezeichnete (stattdessen wurden Leichtlohngruppen, vorwiegend für Frauen, eingeführt), im Artikel 119 der Europäischen Wirtschaftsgemeinschaft (1957) und im Betriebsverfassungsgesetz (1972), wonach eine unterschiedliche Behandlung von Personen wegen ihres Geschlechts zu unterbleiben hat. Die „Heinze"- (1979) und die „Schickedanz"- (1981) Frauen klagten erfolgreich gegen ungleiche Entlohnung; trotzdem: Frauenlohndiskriminierung besteht weiter. Obwohl rund ein Drittel aller abhängig Beschäftigten Frauen sind, beträgt ihr Anteil an der Lohn- und Gehaltssumme nur 25%.

Formen der Frauenlohndiskriminierung: Gleicher Lohn für gleiche und gleichwertige Arbeit wird nur in Ausnahmefällen gezahlt; Leichtlohngruppen sind praktisch Frauenlohngruppen; dort, wo überwiegend Frauen arbeiten, wird diese Arbeit geringer bewertet. So verdienen heute Frauen rund ein Drittel weniger als ihre männlichen Kollegen.

Versuche, diese Diskriminierung zu erklären und zu begründen, gab (und gibt) es viele. Bereits Anfang des Jahrhunderts setzten sich mit dieser Frage Alice Salomon in ihrer Arbeit über die „Ursachen der ungleichen Entlohnung von Männer- und Frauenarbeit in der Kriegs- und Nachkriegszeit" (1906) und Agnes Korte in ihrem Buch „Die Frauenlohnfrage und ihre Entwicklung in der Kriegs- und Nachkriegszeit" auseinander. Als Gründe wurden angeführt: verschiedene Leistungen aufgrund der unterschiedlichen Veranlagung von Mann und Frau; niedrigere Qualifikation der Frau und kurze Berufsdauer; Unbeweglichkeit der Frauen und provisorischer Charakter ihrer Arbeit; geringerer Bedarf der Frau (der Individualbedarf steht im Gegensatz zum Familienbedarf). Für Wilbrandt (1906) ist der Frauenlohn geringer, „weil die Frauen . . . ihre Bedürfnisse übermäßig . . . einzuschränken gewöhnt sind", z. B. dadurch, „daß sie für Tabak, Alkohol und dergleichen bedeutend weniger als Männer auszugeben pflegen"! Als zusätzliche Gründe wurden genannt: das häufigere Fehlen der Frau aus Krankheitsgründen und die Sonderregelungen für die Frau, wie Arbeits- und Mutterschutz. Heute, wie z. B. schon Ende der zwanziger Jahre, werden zusätzlich „Gründe" genannt: „Doppel- und Dazuverdienertum" der Frau; Frauen würden für den Luxus arbeiten und brauchten keine Familie zu ernähren. Diese Gründe – es sind Rechtfertigungsgründe – erklären keinesfalls die niedrigere Entlohnung der Frau. Denn: durch die Mechanisierung fällt die körperliche

Arbeiterin in einer Schuhfabrik, USA 1895, aufgenommen von einer der besten frühen Fotografinnen Frances B. Johnston.

„Die Arbeiterin der Schweizer Uhrenfabrik hat zwar das gleiche ‚Recht', sich wie ihr männlicher Kollege ausbeuten zu lassen, doch erhält sie bei der schwierigen Leistung der feinmechanischen Arbeit keineswegs den gleichen Lohn . . ." (A-I-Z, März 1929).

Berliner Schuhverkäuferinnen (20er Jahre)

Kraft kaum mehr ins Gewicht (abgesehen davon, daß Frauen in solchen Berufszweigen wie Bau und Bergwerk kaum beschäftigt sind); erwiesen ist, daß Frauen genauso leistungsfähig sind und nicht mehr Fehlzeiten als die Männer haben; Frauen brauchen zur Deckung des Eigenbedarfs genausoviel wie Männer; auch bei gleicher beruflicher Ausbildung gibt es L.unterschiede. Bleibt also der Faktor „Familienl.", der dem Mann zur Deckung der Reproduktions- und Fortpflanzungskosten gezahlt wird.

Tatsache ist, daß die durchschnittliche Arbeitsleistung der Frau und des Mannes gleich ist. Frauen werden aber heute bezahlt, als ob der Wert ihrer Arbeitskraft niedriger sei. Der Kapitalismus bedient sich hier vorgefundener patriarchalischer Strukturen und Theorien der Minderwertigkeit der Frau. So werden Frauen als billigere Arbeitskräfte eingesetzt und gleichzeitig als Lohndrücker mißbraucht. Allein durch die Lohndiskriminierung verdienen Unternehmer jährlich 40 Milliarden DM an Extraprofiten (→ Anhang). In einem Betrieb in der Druckindustrie errechneten die Kolleginnen, daß innerhalb von sieben Jahren der Unternehmer aus Lohndiskriminierung 15,5 Millionen DM Extraprofit herausgeschlagen hat.

Die Heinze-Frauen erkämpften 1981 gleichen Lohn für gleiche Arbeit.

Zum anderen üben Frauen die Funktion einer „industriellen Reserve" aus, die je nach wirtschaftlicher Lage hereingeholt und wieder entlassen wird: dies wirkt sich in der Entlohnung aus.

Die Entwicklung der Frauenlöhne hängt auch von der Stärke der Gewerkschaftsbewegung und vom Engagement der Frauen ab. Mit der Durchsetzung von höheren Löhnen ist nicht nur eine Verbesserung des Lebensstandards verbunden: Die Theorien der (billigeren) Frauenarbeit und der Minderwertigkeit der Frau werden zurückgedrängt, Bewußtseinsveränderungen, mehr Selbstbewußtsein erfolgen.

Lohn für Hausarbeit: In den siebziger Jahren wurde die Forderung nach Lohn für Hausarbeit erneut aufgegriffen (diese war Anfang des Jahrhunderts u. a. von Käthe Schirmacher als „wirtschaftliche Wertung der häuslichen Frauenarbeit" 1909 gestellt worden). Diese Forderung wendet sich an den Staat (oder an Männer); sie soll eine Gleichwertung und -behandlung von Reproduktions- und Produktionsarbeit erreichen, die ökonomisch unsichtbare Hausarbeit sichtbar machen; sie soll Frauen von unentgeltlichen Dienstleistungen für den Mann (Haushalt, Kindererziehung, Sexualität) befreien, den privaten Charakter der Hausarbeit aufheben, eine Aufwertung der Arbeit in Haushalt und Familie bewirken; Lohn für Hausarbeit soll den Frauen eine eigenständige Existenz sichern und eine politische Perspektive bieten.

Bei der Forderung wird davon ausgegangen, daß Frauen die Ware Arbeitskraft produzieren und gesellschaftlich notwendige und nützliche Arbeit leisten. Die Verhältnisse der kapitalistischen Produktion, welche die ausgebildete Fähigkeit des Menschen – zu arbeiten – in eine Ware verwandeln, werden nicht berücksichtigt.

Die Forderung hat dazu beigetragen, daß die Frage der → Hausarbeit stärker in der Öffentlichkeit diskutiert wird. Sie beinhaltet aber auch folgende Elemente: eine Zementierung der geschlechtsspezifischen Arbeitsteilung und der Zu-

ständigkeit der Frau für Haushalt und Familie und damit weiterhin eine Abhängigkeit vom Mann; eine Festschreibung der isolierten Tätigkeit der Hausfrau; der Staat wird seiner Aufgabe in Bezug auf Kinderbetreuung und -erziehung sowie auf Verbesserung der Dienstleistungsaufgaben entledigt (hiermit Privatisierung öffentlicher Dienstleistungen); die Gefahr einer Dequalifizierung der Frau besteht vor dem Hintergrund der Perspektivlosigkeit auf dem Arbeitsmarkt und unter dem Motto: Wieso eine teure Ausbildung für die Tochter, wenn sie sowieso heiratet und für ihre Familienarbeit bezahlt wird?

Lit.: Petra Drohsel, Die Lohndiskriminierung der Frauen, Marburg 1986; Angela Fiedler/Ulla Regenhard, Das Arbeitseinkommen der Frauen, Berlin 1988; Jürgen Kuczynski, Studien zur Lage der Arbeiterin in Deutschland von 1700 bis zur Gegenwart, Berlin 1963; Inge Pauls, Hausfrauenlohn oder Recht auf Arbeit, Köln 1979; Heide Pfarr, Diskriminierung im Erwerbsleben. Gleichbehandlung von Männern und Frauen in der Bundesrepublik Deutschland, Baden-Baden 1989; Sigrid Pohl, Entwicklung und Ursachen der Frauenlohndiskriminierung, Frankfurt/Bern/New York 1984.

Florence Hervé

Lude; Kurzform von Lud(e)wig, für Louis, Zuhälter. Vielleicht abgeleitet von den zahlreichen französischen Ludwigs (Louis . . .), 18 an der Zahl, Könige Frankreichs, die vor allem im 17. und 18. Jh. ihrer zahlreichen Mätressen wegen berüchtigt waren.
Zuhälter gelten als Beschützer von Prostituierten. Sie sind aber vorzugsweise Ausbeuter, die auch junge, unerfahrene Frauen zur → Prostitution zwingen. Frauen werden entführt, in brutaler Weise „zugeritten", d. h. von den Kerlen übel mißbraucht und mißhandelt, bis sie gebrochen sind und für den L.n als „Pferdchen" laufen = auf den Strich gehen. (→ Zuhälter)

Lust; die Lüste; ahdt. lust, bedeutete Neigung.
Die sonst in diesem Buch nicht übliche Erwähnung des Plurals hat einen Grund. Dies ist ein seltener Fall von Bedeutungsverschiebung. „Lüste" ist kein normaler Plural des Wortes L., sondern hat ein wenig haut goût hinzugewonnen, wirkt heimlich, verboten, dem verschwiegenen sexuellen Bereich zugehörig. L. ist eines der allumfassenden, körperlich stark erregenden Gefühle. Sie ist der Freude verwandt, vermittelt Befreiung, Grenzenlosigkeit, Übermut.
Die philosophische Richtung des Hedonismus setzt die L. als höchstes ethisches Prinzip des Handelns, das für ihn eine Verminderung körperlicher Genüsse voraussetzt, den Verzicht auf politisches Engagement und den Rückzug ins Private, während der Aufklärer Kant den durch die Pflicht bestimmten sittlichen Willen postuliert, da die L. sich sowohl auf wertvolle wie auf wertlose Ziele einlasse (die Pflicht etwa nicht? d. Verf.). Nun, solche L.-Wort-Spiele wurden in höheren Sphären und damit ohne Beteiligung der Frauen gespielt. L. selbst war für Frauen tabuisiert, sexuelle L. gar sehr, zumindest für die „anständigen" unter ihnen. Aber auch L. schlechthin galt als unschicklich, was nicht heißt, daß Frauen sie nicht gehabt hätten.

lüstern; von Lust, ist aber von diesem Substantiv zu unterscheiden. Während Lust kraftvolle, gesteigerte Daseinsfreude ausdrückt, die zwar sexuellen Ursprungs sein kann, aber nicht muß: Lust zu fliegen, zu tanzen, zu singen, assoziiert Lüstern(heit) Gier und Obszönität. Während Lust beiden Geschlechtern eigen sein kann, wird „lüstern" in der Regel der männlichen Gefühlswelt zugeordnet.
Weibliche Lüsternheit gilt hauptsächlich Sachen: etwa Süßigkeiten, Sahnetorte, sauren Gurken (bei Schwangeren) – eine langweilige Variante. Vielleicht sollten Frauen auch lernen, lüstern zu werden und Sexualpartner zu objektivieren und damit die „Kunst des Aneignens und Loslassens" (Barbara Sichtermann) zu erlernen.

„Die quasi-Kostprobe meiner fotografischen Charakterzüge gibt einen kleinen Einblick in meine Neigung, Erotik auch mit humoresken Elementen, Komik, auch sureal-bizarrer Theatralik zu paaren."
Hacky Porzner 1982

M

Machismo; span., übersteigertes Männlichkeitsgefühl → Männlichkeitswahn.

Macht; → Patriarchat

Männer-Bewegung; Die ersten Männergruppen bildeten sich Anfang der 70er Jahre in verschiedenen Großstädten der BRD. Dabei handelte es sich überwiegend um Männer der sogenannten „linken Studentenszene". Den Männergruppen vorausgegangen war die Bildung der ersten Frauengruppen. Diese hatten die patriarchalischen Strukturen und das chauvinistische Verhalten der Männer auch in linken Organisationen kritisiert und den Männern die weitere Zusammenarbeit verweigert. Mitte der 70er Jahre dehnte sich der Männergruppengedanke auch über die Politszene hinweg aus und erreichte vermehrt ‚bürgerliche Kreise'. So etablierten sich Männergruppen in Volkshochschulen und anderen Einrichtungen der Erwachsenenbildung. Es erschienen verschiedene Männerzeitungen (Mann-o-Mann, Mannsbild, Von Mann zu Mann, Herrmann). Die Auflage war niedrig und die Erscheinungsdauer meistens kurz. Heute existieren noch der „Rundbrief antisexistischer Männer" (Berlin) und „Switchboard", ein Informationsdienst für Männer (Hamburg). Seit 1981 finden jährlich nationale und internationale Männertreffen statt und seit mehreren Jahren auch regelmäßig bundesweite Männerprojektetreffen. Nachdem Volker Elis Pilgrim sein „Manifest für den freien Mann" veröffentlichte, ist das Thema der Emanzipation des Mannes auch in der Literatur stärker vertreten.
Abgesehen von den wenigen Gruppen „Männer gegen Männergewalt" sind die Männergruppen in der Regel selbsterfahrungsorientiert. In sprachlicher und körperlicher Umgangsform versuchen Männer hauptsächlich das Rollenverhalten aufgrund ihrer Sozialisation zu hinterfragen und zu verändern. Es geht ihnen um die Erweiterung der männlichen Identität durch einen Gruppenprozeß mit anderen Männern. Hier läßt sich inzwischen feststellen, daß es auch für Männer zunehmend wichtig wird, einen geschützten Raum zu haben, in dem sie ehrlich über ihre Schwächen, Ängste und Gefühle reden können. So arbeiten inzwischen in rund 20 Städten autonome Männerbüros oder -zentren.
Schwerpunktmäßig kristallisieren sich zwei Richtungen heraus: therapeutisch und beratend mit Männern zu arbeiten und durch bildungspolitische Tätigkeiten in der Gesellschaft bewußtseinsverändernd zu wirken.
Die Schwerpunkte des Männerbüros Düsseldorf liegen z. B. in folgenden Themenbereichen: – Ansprechpartner für alle Männer mit Problemen in Partnerschaft, Familie und Beruf sowie mit Identifikationsproblemen mit ihrer Rolle als Mann; – „Erste Hilfe" in aktuellen Krisensituationen (Telefondienst); – Gründung und Begleitung von Männergruppen; – Hilfe zur Selbsthilfe für Männer mit Gewaltproblemen in Ehe und Familie; – Organisation und Durchführung von Veranstaltungen zu Männerthemen.

Lit.: Robert Bly, Eisenhans. Ein Buch über Männer, München 1991; Siegfried Rudolf Dunde

„Als Gott den Mann schuf, übte sie nur."

(Hrsg.), Wenn ich nicht lieben darf, dürfen's andere auch nicht. Vom Umgang der Männer mit sich und anderen, Reinbek 1987; Mathias Jung (Hrsg.), Männer lassen Federn. Unbelehrbar oder im Aufbruch? Reinbek 1992; Sam Keen, Feuer im Bauch. Über das Mann-Sein, Hamburg 1992.

Jürgen Dörr

Männlichkeitswahn; von männlich = (übliche Worterklärung) (1) dem Mann angemessen, tapfer, mutig (!), (2) dem männlichen Geschlecht angehörig); M. ist besser bekannt unter der Bezeichnung *machismo* – im Duden Universalwörterbuch beschrieben als „übersteigertes Gefühl männlicher Überlegenheit und Vitalität" – ein Schlagwort der Frauenbewegung, das bereits weit über ihren Einflußbereich hinaus wirksam geworden ist.

Als Beispiel: Norman Mailer (sein bei uns bekanntestes Buch: Die Nackten und die Toten) verherrlicht einen übersteigerten Machismo, der individuelle sexuelle Gewalttätigkeit bis zur Akzeptanz des Lustmordes zuläßt. Seine Hauptfigur Croft hat „die Brutalität, ein Mann zu sein". Der Mord als „gewaltige Erleichterung" „ist nie ohne sexuelle Komponente".

Das Universallexikon ist sehr zurückhaltend in seiner Worterklärung. Vom Stichwort Männlichkeitswahn wird die Nachschlagende auf das Stichwort Machismo verwiesen und unter diesem wird der „Wahn" zu einem (wenn auch übersteigerten) „Gefühl" männlicher Überlegenheit und Vitalität(!).

Der M. ist dagegen eine sexistische Anmaßung von protzender Borniertheit, der Frauenunterdrückung von Geschlechtes Gnaden legitimiert. Er geht einher mit wahnhaften Vorstellungen von pathologischer Selbstüberschätzung und gleichzeitiger Unterbewertung weiblichen Wesens und weiblicher Fähigkeiten, mit Frauenverachtung und -verdinglichung, die in Frauenhaß (→ Misogynie) münden.

Lit.: Gisela Völger/Karin von Welck (Hrsg.), Männerbünde – Männerbande. Zur Rolle des Mannes im Kulturvergleich. Ausstellungskatalog, 2 Bde., Köln 1990.

Mätresse; frz. maîtresse, (zu maître = Herr) eigentlich Herrin. Und da haben wir es schon: Während sich der maître durch all die Jahre ehrbar gehalten hat, erfuhr die auf den Mann bezogene Maîtresse die gewohnte Abwertung.

M. war zunächst die Bezeichnung für die Geliebte des Herrschers, die oft Einfluß auf ihn erwarb. Später, als die Herrscher sich ehrbarer verhalten mußten und nicht mehr so absolut und von Gottes Gnaden vor den Augen ihrer Untertanen unmoralisch sein durften, wurde M. auch abwertend als Bezeichnung für die Geliebte eines verheirateten Mannes gebraucht.

Mann; mhdt. man, nach dem Duden Universalwörterbuch vielleicht ursprünglich: Denkender. Leider erfahren wir nichts über die Phasen dieses kühn anmutenden „vielleicht ursprünglich". Womit kein Zweifel an den Voraussetzungen für diese Definition ausgedrückt werden soll. Der Mann ist der Denkende, der Erfinder, der Kluge (nicht der Klügere, denn *sie* gibt nach!), der Starke, der Schöpferische, der Suchende und der Findende – kurzum: der Mensch.

Für die Frauen bleibt nicht viel übrig oder allenfalls die zweitrangigen Sachen. Keinesfalls reichen die jedoch hin, um sie zu Menschen zu erheben, womit sich erklärt, wieso in unserem Sprachverständnis der Mensch erst einmal als Mann definiert wird (→ Männlichkeitswahn). Männer haben die Philosophie, die Kunst, die Wissenschaft, das Fernsehen, das Fürst-Pückler-Eis, den Bismarckhering, sie haben schlicht alles erfunden.

Wenn Frau unter all den staunenswerten Erfindungen – Musik, Literatur, Geschichte – in letzterer nachliest, bemerkt sie zudem: sie kommt kaum vor. (Wobei in Anbetracht der Ergebnisse von Geschichte vermutlich eine gewisse Erleichterung den Schmerz über ihre offensichtliche Bedeutungslosigkeit mildern wird.) Was hat Frau getan, als der Mann entdeckt, erfunden, Kunst, Geschichte und Geschichten gemacht hat?

Sie hat ihn gefüttert, geliebt und war stets für alle lebensnotwendigen Dinge zur Stelle, die ihm bei seinem Höhenflug (aber auch bei Tiefflug) unwichtig erschienen, da nicht *er* sie verrichtete. Sie hat Kinder großge-

Marquise de Pompadour 1721–1764

Vielleicht werde ich heiraten. Wenn ich heirate, sollte sie kochen können, nett sein, zu mir halten, nicht fremdgehen und die Wohnung ordentlich halten.

Aus dem Aufsatz eines 13jährigen Hauptschülers zum Thema: „Wie ich mir meine Zukunft vorstelle". (Früh übt sich der künftige Macho.)

zogen und bedient, vor allem, wenn sie männlich waren, und so den Frauen der nächsten Generation die Ansprüche der nächsten männlichen Generation gewissenhaft weitergereicht.
Wenn Frau wissen will, ob das wirklich alles ist, was von ihr zu berichten sei, sollte sie auf Stichworte wie → Feminismus, → Frauenbewegung, → Friedensbewegung der Frauen achten.

Marxismus; → Feminimus, → Geschlechterverhältnisse

Masturbation; von lat. masturbari = (1) sexuelle Selbstbefriedigung (→ Onanie); (2) sexuelle Stimulation oder Befriedigung der Partnerin/des Partners durch manuelle Reizung der Geschlechtsteile.
Die Selbstbefriedigung wird besonders oft von Jugendlichen in der Pubertät angewendet und gilt als „Übergangsstadium“ Sie kommt aber auch bei Kindern vor und in vielen Ehen, in denen die Partner/innen unterschiedliche sexuelle Bedürfnisse haben. Fast jede(r) hat Erfahrungen mit der M.
M. ist von den Kirchen verteufelt worden (von der katholischen Kirche bis heute); Priester redeten den Jugendlichen ein, daß sie entsetzliche Qualen und Krankheiten nach sich ziehe und Nervenkrankheiten hervorrufe.
Das eigentliche und einzige Problem waren und sind eigentlich die auch von besorgten Eltern weitergegebenen Verbote, die Schuldgefühle und sexuelle Verklemmungen besonders bei nicht widerstehenden Jugendlichen hervorrufen.

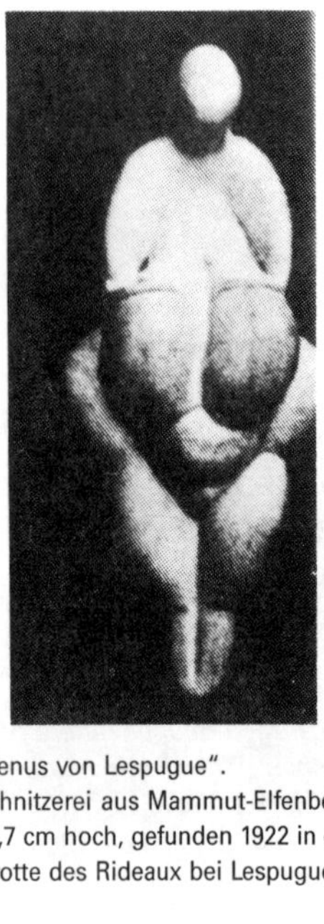

„Venus von Lespugue“.
Schnitzerei aus Mammut-Elfenbein, 14,7 cm hoch, gefunden 1922 in der Grotte des Rideaux bei Lespugue,.

Matriarchat; matriarchale Gesellschaft; von lat. „mater“ = Mutter und griech. „arche“ = Herrschaft, wird M. in der wörtlichen Bedeutung Mutterherrschaft, für Frauenherrschaft (Gynäkokratie), für Mutterrecht im Sinne weiblicher Abstammungsfolge (Matrialinearität) sowie zur Kennzeichnung von Gesellschaften gebraucht, in denen Frauen eine dominierende Rolle hatten und die sich in ihrer Struktur von patriarchalen unterscheiden. (→ Patriarchat)

Heide Göttner-Abendroth, eine der wichtigsten feministischen M.sforscherinnen, geht davon aus, daß M. entsprechend der älteren Bedeutung von arché = Beginn mit „am Anfang die Mütter“ zu übersetzen sei, während im Begriff → Patriarchat die spätere Bedeutung von arché = Herrschaft zur Charakterisierung zutreffe.
In der von der Frauenbewegung wiederbelebten M.sdiskussion geht es um die gesellschaftliche Stellung der Frau, die Herrschaftsverhältnisse und die Beziehung der Geschlechter in ur- und frühgeschichtlicher Zeit. Unterschiedliche Einschätzungen und Zuordnungen gleicher oder ähnlicher Erscheinungen sowie inzwischen überholte Anschauungen spiegeln sich in der Bedeutungsvielfalt des Begriffs M. Den Ausgangspunkt bildet die These des Schweizers Bachofen (1861) von einer allgemeinen geschichtlichen Epoche des „Mutterrechts“ auf der Basis der Wertung antiker Berichte, Mythen, Religionen als (phantastischen) Ausdrucksformen wirklicher Verhältnisse. Danach war die mutterrechtliche Epoche gekennzeichnet durch die verwandtschaftliche Zurechnung in weiblicher Linie, eine wirtschaftliche, soziale und politische Vorherrschaft bzw. Vorrangstellung der Frau sowie eine entsprechend untergeordnete Stellung des Mannes. Dieses Stadium, von ihm „Gynaikokratie“ benannt, wurde später mit M. bezeichnet, wobei die damit implizierte Herrschaft der Frau ein umstrittener Punkt blieb.
Seit Bachofens kulturgeschichtlichen, Morgans ethnologischen (völkerkundlichen, 1877) Studien und Engels' historisch-materialistischer Arbeit (1884) sind im Rahmen archäologischer, sprachwissenschaftlicher, ethnologischer, religionswissenschaftlicher, psychologischer und gesellschaftstheoretischer Forschungen eine Fülle von Belegen für eine gesellschaftlich starke, wenn nicht zeitweilig beherrschende Stellung der Frau in frühen Gesellschaften zusammengekommen.
In der Folge hat das auch zu Veröffentlichungen geführt, in denen ohne Struktur, Methode und teil-

weise ohne Beleg eine Fülle von Fakten, Vermutungen, Schlußfolgerungen zusammengesetzt sind, die mehr verwirren als erhellen; Elizabeth Gould Davis (1971/1977) trieb verständlicher Zorn über die seelische und körperliche Verkrüppelung von Frauen unter Männerherrschaft, was ihren Biologismus, → Sexismus, → Rassismus gegenüber dem „zweiten Geschlecht", dem Mann, nicht rechtfertigt. Andererseits halten nicht wenige Forscher an der Vorstellung männlicher Vorherrschaft als Naturgesetz fest; andere Wissenschaftler/innen bestreiten, Genaueres über „vorpatriarchale Gesellschaften" (→ Patriarchat) sagen zu können, oder halten diese für unbedeutende Entwicklungsstadien menschlicher Kultur (dazu: W. Schmidt, 1955; Heide Göttner-Abendroth, 1988).

In der M.sdiskussion lassen sich grob drei *Ansätze* unterscheiden. (1) Der *historisch-materialistische* auf der Basis der Arbeiten von Morgan, Engels und neuerer Untersuchungen vor allem sowjetischer Wissenschaftler/innen (IMSF, 1985). Danach ist die Stellung der Geschlechter in der Urgesellschaft, die etwa den Zeitraum von 70000/40000–3000/2000 v. u. Z. (jüngere Altsteinzeit bis Jungsteinzeit und z. T. in die Bronzezeit) umfaßt, prinzipiell gleichberechtigt gewesen; es gab weder Privateigentum noch die Herrschaft und entsprechend Unterdrückung des einen oder anderen Geschlechts. Die ökonomische Stellung der Frau war gleich stark wie die des Mannes; die Kinder wurden der mütterlichen Linie bzw. ihrer Gens/Sippe zugerechnet, da der Zusammenhang zwischen Geschlechtsakt und Geburt lange nicht bekannt war und als „aus dem Blut der Mutter aufgebaut" galt. Die Gentes/Sippen bildeten die soziale Form des Zusammenlebens (Gentilgesellschaft), waren Wirtschafts- und Verbrauchsgemeinschaften, untergliedert auch in dörfliche und in der Auflösungsperiode auch in Familiengemeinschaften. Dominanz des einen oder anderen Geschlechts gab es durchaus. Drei typische Entwicklungslinien werden unterschieden: 1. Es bestanden wohl eher als Ausnahme neben matrilinearen Sippen auch früh patrilineare – die sog. „australische Debatte" über Ursache und Bedeutung ist noch im Gang. 2. Die matrilineare Sippe als vorherrschende Form. In ihr kam der Frau mit der höheren Wertung der Reproduktion des biologischen Lebens wie – mit Übergang zum Pflanzen- und Ackerbau – der kontinuierlichen Ernährung (seit 9000 v. u. Z.) zeitweilig eine dominierende wirtschaftliche, soziale, kultische Rolle zu. Wo der Übergang zum Pflug-Ackerbau sich entwickelte, (Groß-)Viehzucht eine Rolle für die Existenzsicherung spielte, vollzog sich – alles sind oft über Jahrhunderte/Jahrtausende dauernde Prozesse – der Übergang zur Patrilinearität (väterliche Linie) und zum → Patriarchat in der Auflösungsperiode der Urgesellschaft. 3. Matriarchalische Sippen, die sich ganz oder mit einer Reihe von Traditionen bis in die Klassengesellschaften hielten. Diese werden meist Übergangsgesellschaften zugeordnet.

Die unter 2 und 3 genannten Erscheinungen der Frauendominanz wurden gerade von Marxisten/Marxistinnen bis in die 50er Jahre als M.e gefaßt und die These eines universalen M.s für die ur- und frühgeschichtliche Entwicklung vertreten (George Thomsen, 1975 / zuerst 1949; M. O. Koswen, 1957). Der Begriff wird inzwischen abgelehnt, da es sich *nicht* um Herrschaftsverhältnisse gehandelt hat und die Analogie M.-Patriarchat eine falsche wäre (AK Patriarchat und Gesellschaft, 1985).

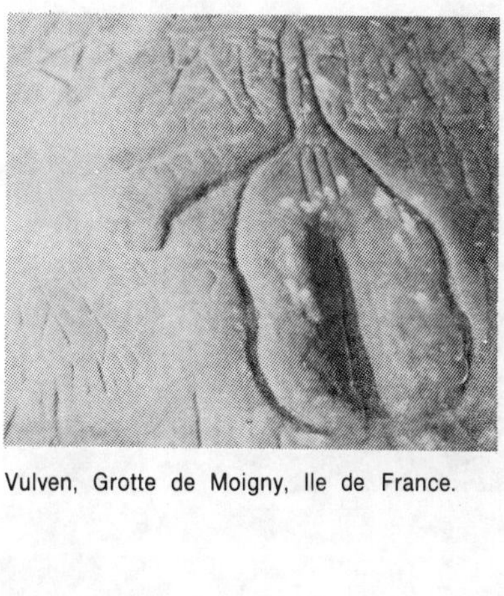

Vulven, Grotte de Moigny, Ile de France.

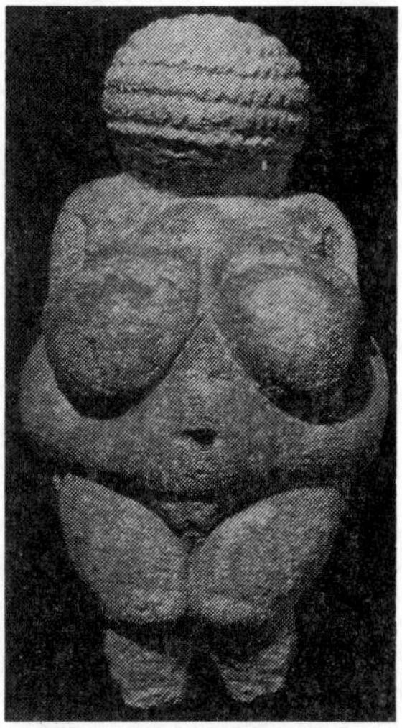

„Venus von Willendorf". 11 cm hoch, gefunden 1908 bei Krems in Niederösterreich.

Die „Schlummernde" aus dem Hypogäum von Hal Saflieni Malta. Terrakotta-Figur einer mit Fransenrock gekleideten, auf einer Liege hingestreckten Frau. Länge 12 cm (1900 bis 3200 v. u. Z.)

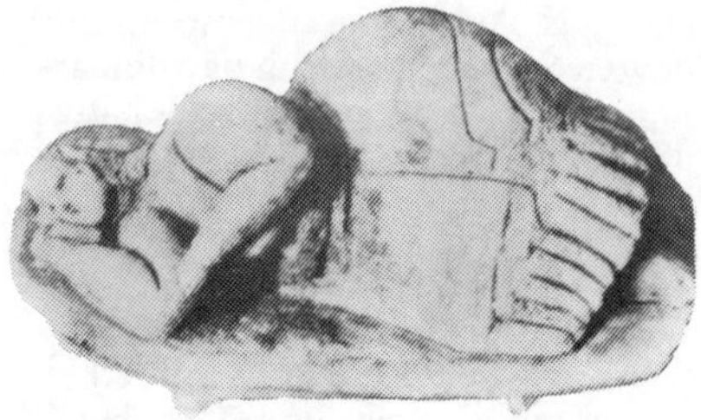

(2) Die *Pendeltheorie.* Diese wurde von Mathilde Vaerting (1921) erstmals vertreten. Anhand von historischen und anthropologischen Beispielen versuchte sie nachzuweisen, daß im Verlauf der Geschichte die Herrschaft der Geschlechter gewechselt habe, wobei in den Übergangsphasen Gleichberechtigung bestanden habe. Sie hat eine Menge Material zum Beweis der sozial geprägten und historisch gewordenen, nicht natürlichen „typisch männlichen" und „typisch weiblichen" Eigenschaften, Fähigkeiten und Fertigkeiten zusammengetragen: das jeweils herrschende Geschlecht habe die „männlichen" Funktionen, Verhaltensweisen, auch Körperbau gehabt, das jeweils beherrschte die „weiblichen", ist die Grundthese. Für die Geschichte wurde ein Teil ihrer Ergebnisse bestätigt: für den Übergang von mutterrechtlichen Gesellschaften mit Dominanz der Frau zu vaterrechtlichen mit Dominanz des Mannes und Entwicklung des → Patriarchats. Der umgekehrte Prozeß ist nicht nachzuweisen

Isis. Ägyptische Erdmutter-Göttin, Göttin des Ackerbaus und der Magie. Relief an einem Basalt-Sarkophag um 1000 v. u. Z.

und damit nicht die „Pendeltheorie" als Erklärung für die Entwicklung in Geschichte und Gesellschaft.

(3) *Matriarchatstheorie.* Hier interessieren heute in der Frauenbewegung weniger die Versuche, eine universale Vorherrschaft der Frau in Ur- und Frühgeschichte, die Geschichte der menschlichen Gesellschaft und Kultur vor allem als Frauenwerk nachzuweisen – „Fünf Millionen Jahre Urgeschichte der Frau" oder „Das erste Geschlecht". Vielmehr sollen M.e, matriarchale Gesellschaften nach ihrer ökonomischen Basis, ihrer Sozialstruktur, in ihren religiösen und rituellen Äußerungsformen erfaßt, genau beschrieben und auch ihre Wechselwirkungen als Faktor gesellschaftlicher Veränderung kenntlich gemacht werden. Absicht ist, matriarchal geprägte kulturelle, ökonomische, soziale Grundlagen patriarchaler (Klassen-)Gesellschaften und matriarchale Traditionen in der späteren Entwicklung bis heute freizulegen. Verbunden ist damit auch die Utopie des M.s.

In der M.stheorie wird aus ähnlichen Überlegungen wie im historisch-materialistischen Ansatz gerade umgekehrt an der Bezeichnung M., matriarchale Gesellschaft festgehalten, um die Unterschiede gegenüber patriarchalen deutlich zu machen. Hierbei bezieht frau sich dann auch auf die genannte ältere Bedeutung von arché = Beginn, Anfang. Matriarchale Gesellschaften sind nach Heide Göttner-Abendroth nur solche, in denen folgende Kennzeichen zusammen vorkommen: 1. Als Basis die Ökonomie des Garten- und Ackerbaus, Boden und Bodenerzeugnisse als gemeinschaftlicher Besitz der Sippe. Die starke Stellung der Frau in der Ökonomie – sie hat entsprechende Erfindungen gemacht und ist zuständig für die Tätigkeiten – bedingt ihre gesellschaftliche Dominanz. 2. Sippenstruktur mit Mutterrecht als weibliche Abstammungsfolge und gemeinsames Wohnen/Arbeiten der weiblichen Sippenmitglieder, denen Söhne, Brüder zugeordnet waren; flüchtige Ehebeziehungen. Verwaltung und Ordnen der gemeinsamen Angelegenheiten durch die Frauen, wobei

Brüder und Söhne durch Delegieren von Funktionen einbezogen waren. Herrschaft gilt auch nach diesem Ansatz als nicht konstitutiv für M.e: Gynäkokratie, verstanden und legitimiert als Göttinherrschaft (Theakratie), bestand in den Stadtstaaten mit der Priesterin-Königin und einem Sohn/Bruder als König: dieser gewann als Verwaltungsbeamter und oberster Militär zunehmend an Bedeutung, Macht und Einfluß. Diese Entwicklung auf einer entsprechenden ökonomischen Basis (Entwicklung zur staatlichen/aristokratischen Aneignung von Mehrprodukt), einer der zentralen strittigen Punkte in der Einordnung dieser Gesellschaftsform, legt nahe, sie als Übergangsgesellschaft zu klassifizieren. 3. Religion und Kult als Muttergöttinnen-Mythologien, auf der einfachen Stufe als Erdmutter und Jahreszeitenriten, auf der entwickelten als Mondgöttin in dreifacher Gestalt mit Heros und entsprechend differenziertem Ritus einer Wiedergeburtsreligion.

Konkret geht es also um die Erfassung der im ersten Ansatz als Sozialformen der Gentilgesellschaft und Übergangsgesellschaften genannten. Die Epoche der M.e ist die der Entwicklung der Ackerbautechnik, entsprechender Stammes- und Stadtkulturen etwa in der Zeit zwischen 9000–3000/2000 v. u. Z. auf verschiedenen Kontinenten mit Zentren u. a. im Mittelmeerraum, Südostasien, Ozeanien, Süd- und Mittelamerika. (Heide Göttner-Abendroth, 1988, 1992)

Gemeinsam ist allen Ansätzen, die Unterdrückung der Frau und die Herrschaft des Mannes als historisch gewordene und damit aufhebbare nachzuweisen.

Auch wenn es im Rahmen einer historisch-materialistisch geprägten Urgesellschaftsforschung inzwischen umfangreiche Darstellungen früher Kulturen gibt, ist das Erkenntnisinteresse doch vor allem darauf gerichtet, die ökonomisch-politische Struktur und verallgemeinernd die typischen Entwicklungslinien von Gesellschaftsformationen herauszuarbeiten; dabei besteht die Gefahr, Einflußfaktoren zu vernachlässigen, insbesondere Vermittlungsprozesse nicht historisch-konkret nachvollziehbar zu machen. Integrative Ansätze, wie der unter drei vorgestellte, bemühen sich vor allem um Konkretion und um „eine Analyse der Grundstrukturen dieser Gesellschaftsform (. . .), die durchgehend von Frauen bestimmt", aber nicht beherrscht war. (Heide Göttner-Abendroth, in: Chronik, 1992)

Lit.: J. J. Bachofen, Das Mutterrecht (Materialien, hrsg. v. Hans-Jürgen Heinrichs), Frankfurt/M. 1975; Marie-Claude Deffarge / Gordian Troeller, Frauen der Welt, Frankfurt/M. 1990, 5. Aufl. (insbes. Kap. 1: Männerherrschaft unbekannt – Mutterrecht auf Sumatra); Richard Fester / Marie E. P. König / Doris F. Jonas / A. David Jonas, Weib und Macht, Frankfurt/M. 1983, 3. Aufl.; Heide Göttner-Abendroth, Das Matriarchat, Bd. 1, Die Geschichte seiner Erforschung, Stuttgart 1988; dies., Frauen schufen neolithische Revolution, in: Annette Kuhn (Hrsg.), Die Chronik der Frauen, Dortmund 1992, S. 36 f.; IMSF (Hrsg.), Zur Entstehung der Frauenfrage. Theorie und Methode VIII, Frankfurt/M. 1985; Ilse Lenz / Ute Luig (Hrsg.), Frauenmacht ohne Herrschaft, Berlin 1990

Renate Wurms

Kretische Schlangengöttin Rhea (um 1600 v. u. Z)

Mensch; lat. homo, griech. anthropos, mhdt. mensch(e), ahdt. mannisco = der Männliche (!). Menschsein ist die Fähigkeit, sich als Subjekt den Objekten der Welt gegenüberzustellen und sich der Welt zu bemächtigen.

M.en zeichnen sich vor anderen Säugetieren aus durch: aufrechten Gang, Sprache, Auseinandersetzung mit der Vergangenheit als geschichtliche Wesen und der damit verbundenen Fortentwicklung überkommener Traditionen, kritisches Beurteilungsvermögen, Fähigkeit, mit Zweck- und Zielbestimmung die Zukunft zu planen und durch *Arbeit* zu realisieren. Als älteste menschenartige Funde gelten die Prähominiden Südafrikas (5 Mio. Jahre alte Funde). Ihr Verbreitungsgebiet erstreckt sich bis Ost- und Südostasien.

Der Bezeichnung M. entspricht assoziativ der → Mann, auch im Selbstverständnis von Männern (heute vielleicht insgeheim). Dies drückt sich nicht nur in der verräterischen Sprache aus (s. ob.: mannisco = der Männliche), sondern auch darin, daß der Mann sich nicht nur den Objekten der Welt als Subjekt gegenüberstellt, sondern auch seinen Mitmenschen, den Frauen, die er in für uns überschaubaren ge-

Die sogenannte Pretty Lady aus Tlatilco, Hochtal von Mexiko (1500–600 v. u. Z.)

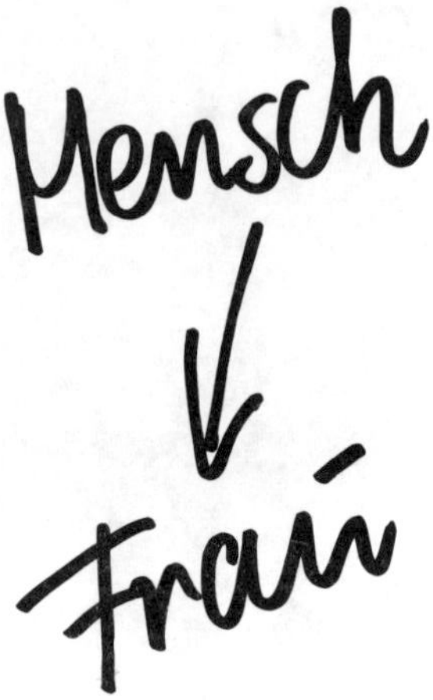

schichtlichen Zeiträumen stets objektivierte.
Für Frauen gibt es die Bezeichnung „das Mensch“ für die sogenannten Dienstmädchen und „Bauernmensch“, die beide von oben herab gebraucht wurden und eine soziale Abstufung, aber keine Beleidigung ausdrückten (noch mundartlich erhalten). Daneben gibt es den als Beschimpfung gemeinten Ausdruck „das Mensch“. Gemeint sind Frauen, die sexuell promiskuitiv oder prostituiert waren oder auch nur mit einem Mann ohne Vertrag zusammenlebten (heute überwunden) oder sexuelle Erfahrungen mit mehreren Männern machten und so in den Augen der Gesellschaft sexuell leichtfertig waren. Daß zu jeder Sorte dieser „leichtfertigen“ Frauen „leichtfertige“ Männer gehörten, und zwar Stück für Stück, erschütterte die Moral von Männern nicht. Sie, die eigentlichen Menschen, hatten *ihre* Moral. Für Frauen galt stets eine andere.
Gruppen der Frauenbewegung sehen angesichts des katastrophalen Zustandes, in den der Mensch diese Welt gebracht hat, keine andere Möglichkeit, die zu retten, als durch die Menschen als Alternative zum Menschen. Andere Gruppen sehen Heil und Rettung im androgynen Menschen (→ Androgynie).

Menschenrechte; meistens Männerrechte. Grundrechte, die das gleiche Recht aller auf die volle und freie Verwirklichung der Persönlichkeit beinhalten und sich in der Praxis auf einen (überwiegend männlichen) Bruchteil vor allem der weißen Bevölkerung beziehen. M.forderungen gab es nicht erst im 18. Jh.; erstmalig wurden allerdings M. in der nordamerikanischen Unabhängigkeitserklärung von 1776 verankert und somit zum Verfassungsrecht erhoben (Freiheit, Leben, Streben nach Glück). Zu den „natürlichen, unveräußerlichen und geheiligten M.“ der französischen „Erklärung der Rechte des Menschen(Mannes) und des Bürgers“ (1789) gehörten u. a. Freiheit, Gleichheit, Eigentum, Widerstand gegen Unterdrückung, Steuergerechtigkeit, Gesetzesteilung und Gesetzlichkeit. Zwei Jahre später bezog Olympe de Gouges in ihrer „Erklärung der Rechte der Frau und Bürgerin“ (1791) dies auf die Frauen: „Die Frau ist frei geboren und bleibt dem Manne gleich in allen Rechten.“ Die erste Frauenrechtlerin Großbritanniens, Mary Wollstonecraft, forderte in ihrer „Verteidigung der Rechte der Frauen“ die Teilnahme der Frauen an den natürlichen Rechten der Menschheit. In Deutschland ist es die Vertreterin der bürgerlichen → Frauenbewegung Louise Otto, die während der Revolution von 1848 erklärt: „Wir fordern nur einfach unser Recht, unser Menschenrecht“!
Heute sind viele M. Verfassungsrechte geworden, sie müssen in der Praxis jedoch oft eingeklagt werden. In der „Allgemeinen Erklärung der Menschenrechte“ der Vereinten Nationen von 1948 bleiben die Grundrechte und Freiheiten, die ohne Unterscheidung der Rasse, des Geschlechts, der Sprache, der Weltanschauung und der Herkunft gelten, uneingelöste Rechtsnormen. Diese werden in einzelnen UNO-Konventionen konkretisiert, u. a. in der „Konvention über die Beseitigung aller Formen der Diskriminierung der Frau“ (1979), und zum verbindlichen Völkerrecht für die Staaten, die die Konventionen ratifiziert haben. Über zehn Jahre nach der Verabschiedung der Konvention von 1979 stellt die UNO eine → Apartheid der Geschlechter fest.
M. bedeuten heute nach Susan B. Antony: „Männern ihre Rechte und nicht mehr; Frauen ihre Rechte und nicht weniger.“
(→ Recht)

Menstruation; In vielen „primitiven“ Kulturen wird die M. als sichtbarer Ausdruck der Überlegenheit der Frau über den Mann angesehen: nur sie ist in der Lage, Leben zu empfangen und zu gebären. Die menstruierende Frau galt als „tabu“, kein Mann durfte sie berühren. (Dies hat im wesentlichen praktisch-hygienische Gründe: während der M. ist der Muttermund leicht geöffnet, so daß während des Geschlechtsverkehrs Krankheitserreger leichter in die Gebärmutter ein-

dringen und Entzündungen im kleinen Becken hervorrufen können, die nicht selten den Tod oder zumindest Unfruchtbarkeit der Frau zur Folge haben.)
In der kirchlichen Lehrmeinung des frühen Mittelalters schien die M. demgegenüber die „Unreinheit“ der Frau zu beweisen: im Gegensatz zum Mann bedarf sie der monatlichen Reinigung. Diese falsche Vorstellung wirkt bis in die heutige Zeit: nicht wenige Mädchen wurden und werden von ihren Müttern lediglich dahingehend „aufgeklärt“, daß das Blut der Frau einmal im Monat gereinigt werden müsse.
Einen Schritt weiter ging die christliche Lehre im späten Mittelalter: die Monatsblutung erinnere die Frau stets aufs neue an Evas Sündenfall. Menstrualblut sei Versündigung gegen Gott, da der weibliche Körper, der allein der Fortpflanzung diene, die Möglichkeit einer Empfängnis geradezu „verschüttet“ habe. Auch diese Vorstellung, die M. sei als eine Art „Fehlgeburt“ aufzufassen und M.sbeschwerden seien Ausdruck der Trauer über diese Fehlgeburt, hält bis in die Gegenwart an.
Die hormonellen Vorgänge, die zur M. führen, sind seit Jahrzehnten bekannt: Im Zwischenhirn und in der Hirnanhangdrüse produzierte hormonähnliche Substanzen regen die Eierstöcke zur Produktion von östrogenen (griech. oistros = Brunft) Hormonen an, die wiederum den Aufbau der Gebärmutterschleimhaut wie auch das Heranreifen einer Eizelle stimulieren. Zu einem vom Zwischenhirn ausgelösten Zeitpunkt platzt die die reife Eizelle umgebende Membran. Die Eizelle gelangt durch die Eileiter in die Gebärmutterhöhle. Das das Ei umgebende Gewebe produziert gestagene (lat. gestare = tragen, gestatio = Schwangerschaft) Hormone. Unter dem Einfluß der Gestagene wandelt sich die Gebärmutterschleimhaut so, daß die Einnistung eines befruchteten Eies möglich ist, das dann seinerseits zur Hormonproduktion fähig wäre. Kommt es jedoch nicht dazu, erlischt die Gestagenproduktion im Eierstock. Die hochaufgebaute Gebärmutterschleimhaut degeneriert infolge dieses Hormonmangels und wird schließlich abgestoßen. Die Blutgefäße der untersten, nicht mitabgestoßenen Gebärmutterschleimhautschicht liegen nun offen, und da Menstrualblut ungerinnbar ist, blutet es aus ihnen einige Tage lang, bis sie mit dem Aufbau einer neuen Gebärmutterschleimhaut verschlossen werden.
Während sich früher unsere Großmütter kaum auf die Straße, geschweige denn zum Turnen oder Baden wagten, wenn sie die „Tage“ hatten, kennen wir heute dieses Problem kaum noch: Binden, die mit einem Klebestreifen vor dem Verrutschen gesichert werden, oder in die Scheide eingeführte Tampons fangen das M.sblut auf. Beide Verfahren haben ihre Vor- und Nachteile. Wichtig ist in jedem Fall, daß sie oft gewechselt werden (alle vier bis max. sechs Stunden), da das Blut sonst zersetzt und damit nicht nur eine Quelle unangenehmer Gerüche, sondern auch ein hervorragender Nährboden für zahlreiche Bakterien wird, die ihrerseits Entzündungen verursachen können.
In dem komplizierten Zusammenspiel zahlreicher Hormone auf verschiedenen Regulationsebenen des Körpers, dessen ungehinderten Ablauf nicht zuletzt die Psyche wesentlich beeinflußt, kann es zu den verschiedensten Störungen kommen. Die Abstände zwischen zwei Monatsblutungen können erheblich von der Norm (26–30 Tage) abweichen; auch kann die Periode ganz ausbleiben (man spricht dann von Amenorrhoe, deren häufigste Ursache sicher eine Schwangerschaft ist). „Dysmenorrhoe“ nennt man eine sehr schmerzhafte Monatsblutung; sie kann organisch bedingt sein (beispielsweise durch gebärmutterschleimhautähnliches Gewebe außerhalb der Gebärmutterhöhle: Endometriose) und/oder seelische Ursachen haben, die ihrerseits wiederum die verschiedensten Wurzeln haben: Nicht selten berichten diese Frauen bereits über ein negatives Menarcheerleben (Menarche = erste Menstruation), oft haben bereits die Mütter dieser Frauen über schmerzhafte Monatsblutun-

Mach mal Menopause!

gen geklagt. Gesellschaftliche Faktoren sind weiterhin von nicht zu übersehender Bedeutung: Frauen mit niedrigem Bildungsgrad klagen fast doppelt so häufig über Menstruationsbeschwerden wie Frauen mit höherer Bildung. Geschiedene und getrennt lebende Frauen bleiben wesentlich häufiger als ledige Frauen wegen Menstruationsbeschwerden dem Arbeitsplatz fern, vielleicht ein Indiz dafür, daß diese Frauen vielfach körperlich und seelisch überfordert sind und sich – und sei es nur für ein paar Tage – in ein gesellschaftlich akzeptiertes „Leiden" retten.

Sicher ist es aber nicht sinnvoll, alle Monate wieder irgendwelche Schmerztabletten zu konsumieren. Vielmehr sollte frau sich bei wiederkehrenden Dysmenorrhoen fragen, welche Schwierigkeiten mit der eigenen Geschlechtsrolle, welche vielleicht nie bis ins Bewußtsein vorgedrungenen Wünsche ihr Körper ihr mitteilen will – oder hat sie einfach die Vorstellung ihrer Mutter, die Menstruation sei nun einmal eine schmerzhafte Angelegenheit, ungeprüft übernommen?

So vielfältig wie die Ursachen der Dysmenorrhoe sind auch die Möglichkeiten, damit fertig zu werden. Manchmal genügt die Aufklärung darüber, daß dieser – normalerweise wenig schmerzhaften – Blutung ein natürlicher Vorgang zugrunde liegt, oft ist aber auch eine langwierige medikamentöse oder psychosomatisch-psychotherapeutische Behandlung erforderlich.

Lit.: Courage-Sonderheft 1979; Gudrun Maierhof/ Sabine Hering: Die „unpäßliche Frau". Sozialgeschichte der Menstruation und Hygiene 1860 bis 1985, Pfaffenweiler 1991; weitere Lit.angaben → Wechseljahre.

Hannelore Hauß

Migrantinnen; von lat. migrare = wandern, wegziehen; M. sind Wanderinnen, Einwanderinnen (Immigrantinnen) und Auswanderinnen (Emigrantinnen). Sie werden bei Arbeitskräftemangel von (Industrie-) Staaten angeworben, suchen → Arbeit, fliehen vor → Krieg, Terror und Hungertod, vor → Sexismus und → Vergewaltigung, verlassen aus politischen, religiösen oder sozialen Gründen ihr Land. (→ Asyl, → Faschismus, → Rassismus, → Widerstand). Zu Beginn der 90er Jahre hatten rund 500 Millionen Menschen ihre Heimat verlassen, waren 17,5 Mio. auf der Flucht (UNO-Statistik). Etwa 90% der Flüchtlinge bleiben in ihrem Kulturkreis oder Erdteil. Die Hauptwanderung findet auf der südlichen, armen Erdhalbkugel statt. In Europa: Süd-Nord- und Ost-West-Wanderung aus Armuts-, Krisen- und Kriegsgebieten in die reichen Industriestaaten.

In die Bundesrepublik gab es drei große Einwanderungen: nach 1945 ca. 12 Mio. Flüchtlinge; in den 50er Jahren und bis 1961 2,6 Mio. Bürger/innen aus der DDR und die seit 1955 und bis 1973 angeworbenen Arbeitskräfte aus mediterranen Ländern; seit Mitte der 80er Jahre die Immigration von Aus- und Übersiedler/innen.

Im Frühjahr 1993 lebten 5,66 Mio. ausländische M. und Migranten in der Bundesrepublik Deutschland (6,7% der Bevölkerung), darunter ca. eine Mio. Flüchtlinge. Der Frauenanteil liegt bei 44%. Etwa 70% der Ausländer/innen leben seit 10 und mehr Jahren hier. Mit dem Staatsangehörigkeitsrecht von 1913 nach Abstammung (statt nach Geburtsland, so in vielen Staaten Europas und den USA) bleibt die ausländische Bevölkerung ausgegrenzt und wächst durch Geburten pro Jahr um ca. 100 000 Menschen.

Im *Ausländerrecht* sind Status, Einreise, Aufenthalt und Betätigung geregelt, die Bürger/innenrechte wie Freizügigkeit, Berufsfreiheit, politische Betätigung eingeschränkt oder aufgehoben, so das aktive und passive Wahlrecht. Sozialversicherungs- und steuerrechtlich gelten die bundesdeutschen Gesetze. Mit dem *Ausländergesetz* vom 9. 7. 1990 (zuerst 1965) wird für lange hier lebende M. der Aufenthaltsstatus verbessert, die Zuwanderung aus Nicht-EG-Staaten Süd- und Osteuropas und der sog. 3. Welt erschwert oder verhindert. Seit dem 1. 7. 1993 besteht für in der Bundesrepublik geborene und/oder langjährig hier lebende M. unter bestimmten Bedingungen ein Rechtsanspruch auf Einbürgerung bei Aufgabe der bisherigen Staatsangehörigkeit.

(1) M. aus EG-Ländern sind nach EWG-Vertrag von 1968 als *Gemeinschaftsinländerinnen* privilegiert. Sie genießen seit 1969 (bzw. nach EG-Beitritt) Freizügigkeit, brauchen keine Arbeitserlaubnis und kein Visum. Die befristete *Aufenthaltserlaubnis-EG* wird unbefristet verlängert, wenn sie sich 5 Jahre ständig im Bundesgebiet aufhalten, wirtschaftlich abgesichert sind, Grundkenntnisse in Deutsch und eine Wohnung haben. Die M. kommen aus: Italien (215 900), Griechenland (141 500), Spanien (60 100) und Portugal (39 200). Stand: 1990.
(2) M. aus Nicht-EG-Staaten unterliegen einem gekoppelten Aufenthalts- und Arbeitserlaubnisrecht. Seit dem Anwerbestopp (1973) ist die Einreise in der Regel nur für Besuche und als Familiennachzug befristet möglich. Um als Ehefrauen/ Familienangehörige (ca. 66% d. M.) nach 5 Jahren eine unbefristete, eigenständige Aufenthaltserlaubnis oder nach 8 Jahren eine Aufenthaltsberechtigung (sicherster Status) zu erlangen, brauchen sie v.a. die besondere Arbeitserlaubnis. Der Weg führt über die *allgemeine Arbeitserlaubnis* (!), die nur für einen bestimmten Arbeitsplatz erteilt wird, für den es keine arbeitsuchenden Deutschen, EG-M., M. mit besonderer Arbeitserlaubnis und/oder Aufenthaltsberechtigung gibt (Rangfolge). Die *besondere Arbeitserlaubnis* eröffnet den uneingeschränkten Zugang zum Arbeitsmarkt und setzt u. a. mehrjährige sozialversicherungspflichtige Tätigkeit voraus. Seit 1991 haben M. nach 4jähriger Ehe im Bundesgebiet nach Trennung, Scheidung oder Tod des Partners Aufenthaltsrecht; bei Sozialhilfebezug ist vorläufig befristeter Aufenthalt rechtens (Ermessensentscheidung). M. aus der Türkei (745 400) und dem ehem. Jugoslawien ohne Bürgerkriegsflüchtlinge (295 400) sind die größten Gruppen. Stand: 1990.
(3) Aussiedlerinnen, überwiegend aus Polen und der ehemaligen Sowjetunion, ihre Familienangehörigen und Nachkommen gelten als Deutsche (Staats- oder Volksangehörige nach Bundes-Vertriebenengesetz von 1953) und können als einzige M.-Gruppe ihre frühere Staatsangehörigkeit behalten. Zwischen 1988 und 1991 wanderten 1,2 Millionen, zu über 50% Frauen, ein.
(4) Kriegs- und Bürgerkriegsflüchtlinge, Asylsuchende. 1992 waren es 438 000 Frauen, Männer und Kinder aus 138 Nationen, darunter 114 000 (26%) Flüchtlinge aus dem ehemaligen Jugoslawien (→ Asyl).
(5) Nichtregistrierte, durch Anwerbung, Frauenhandel, Ehevermittlung etc. vor allem aus Asien immigrierte Frauen, die (häufig gezwungenermaßen) als Prostituierte, in der Unterhaltungsindustrie, als Hausangestellte oder Babysitterinnen arbeiten. Sie sind auf der Flucht vor Entdeckung, Ausweisung, Zuhältern. Ihre Zahl ist unbekannt (→ Sextourismus / Frauenhandel).
Zwischen M. gibt es nach ihrer Herkunft (Kultur, Schicht, Ausbildung, Hautfarbe) erhebliche Unterschiede. Nivelliert werden sie u. a. durch den Migrations-Status und die Arbeit vieler M. als Un- und Angelernte in der verarbeitenden Industrie, der Gastronomie, in Handel und Reinigung. Die Rangfolge zwischen M.-Gruppen sorgt auch untereinander für Abgrenzung. M. sind durch den → Patriarchalismus im Herkunfts- und im Einwanderungsland diskriminiert. Integrationsprogramme sind v. a. auf Männer zugeschnitten. Wichtige ausländerrechtliche Bestimmungen widersprechen nationalen und internationalen Vorschriften zur Gleichberechtigung. Ein familienunabhängiges Aufenthaltsrecht wird u. a. von Frauenorganisationen und der EG-Kommission (1987) gefordert. Die EG-Politik, die schrittweise rechtliche und soziale Absicherung der „Gastarbeiter/innen", hat ihre Bildungs-, Ausbildungs- und Berufschancen erhöht, Feindseligkeiten wie in der Wirtschaftskrise 1966/67 gegen Italiener/innen gestoppt. Für Aussiedlerinnen haben die Bürgerinnenrechte und beispielhafte Programme wie Sprachkurse, Eingliederungshilfen, Beratungs-, Betreuungseinrichtungen und Wohnungsbau integrativ gewirkt.
Die Politik gegenüber M. aus Nicht-EG-Staaten ist ambivalent, von arbeitsmarktpolitischen Erfordernis-

weltoffen

Multi
kulturell
die Sterne
und scharfer
Senf
auf Hamburgern
und Palästinenser
Tücher
in der
Wasch
Maschine
und Neger
Küsse
im Kinder
Garten
und einen
Türken
baun

Alles so
welt
offen.

Margot Schroeder

sen und Abschottung („Festung Europa") geprägt. Wirtschaft und Gesellschaft brauchen ausländische Arbeitnehmer/innen, die jährlich 90 Mrd. DM an Steuern und Sozialabgaben zahlen mit 25 Mrd. DM „Gewinn" für Staat und Rentenkasse (1992). Soziale Folgen der Migration insbes. für Frauen und Kinder werden ignoriert: Entwurzelung, häusliche Isolation, Sprachprobleme, Aufwachsen zwischen den Kulturen. Ausgrenzungspolitik auf der einen Seite hat zu Abschottung auf der anderen geführt, Nationalismen, Fundamentalismen und Vorurteile gefestigt, statt interkultureller Auseinandersetzung und Gemeinsamkeit nur ein multikulturelles Nebeneinander gebracht. Die rassistische, sexistische, brandschatzende, mordende Fremdenfeindlichkeit gegen türkische Menschen, Farbige, Asylsuchende ist ein Ergebnis dieser Politik (z. B. 1989 gezielte CDU/CSU-Kampagnen, um vom Unmut über die wachsende Zahl von Aussiedler/innen abzulenken; Effekte der Asyldebatte 1992/93).

Doppelte Staatsbürgerschaft (kommunales Wahlrecht), Einwanderungsgesetze, Integrationsprogramme und Gleichstellung aller M. werden von starken Minderheiten in der Politik seit langem zur Gegensteuerung gefordert. Gezielte Gleichstellung ermöglicht die Wahrung kultureller Identität und Tradition und gesellschaftliche Integration.

Lit.: Uwe Andersen / Wichard Woyke (Hrsg.), Handwörterbuch des pol. Systems d. Bundesrep. Deutschland, Opladen 1993; Hügel / Lange / Ayim / Bubeck / Aktas / Schultz (Hrsg.), Entfernte Verbindungen. Berlin 1993; „Ich bete jeden Tag, bitte laß uns bleiben!" 14 Porträts asylsuchender Frauen aller Welt, München 1993; Marion Schulz (Hrsg.), Fremde Frauen: Von der Gastarbeiterin zur Bürgerin, Frankfurt/Main 1992; Stadt und Gemeinde, Schwerpunkt: Ausländer, H. 3/1993, Göttingen 1993.

Renate Wurms

Militarismus/Militarisierung; Militarismus, „um 1860 in Frankreich von den Kritikern Napoleons III. geprägtes Schlagwort, später in den allgemeinen politischen Sprachgebrauch eingegangen, bezeichnet Denkweisen, die militärische Prinzipien zur ideologischen und ordnungspolitischen Grundlage von Staat und Gesellschaft machen.

Aus der Sicht der bundesdeutschen Friedensbewegung hat die Militarisierung viele Dimensionen. Sie beschränkt sich nicht auf militärisches Personal und Material, sondern ist der Versuch, alle wichtigen Lebensbereiche der Gesellschaft in militärische Zwecke einzubeziehen und/oder militärische Grundsätze, Ziele und Wertvorstellungen auf sie zu übertragen.

Die autonome Frauenfriedensbewegung ergänzte diese Definition dahingehend, daß sie den Militarismus als Inbegriff des Patriarchats charakterisierte und einen engen Zusammenhang von M. und Sexismus aufzeigte. „Die alltägliche Gewalt des Patriarchats wird hier (im Militär) zugespitzt und organisiert als Sozialisationsprozeß für die Mehrheit der Männer in der Gesellschaft. D. h. in Schärfe: Das Patriarchat institutionalisiert sich u. a. kollektiv in einer Weise, die zugleich die individuelle Männlichkeit bedroht. Diese kann/soll u. a. durch einen Funktionalisierungs- und Unterwerfungsprozeß von Frauen abgesichert werden." (Astrid Albrecht-Heide)

Hintergrund für heutige Militarisierungsprozesse ist u. a., daß Verteidigung spätestens seit den Erfahrungen des Zweiten Weltkrieges nicht allein dem Militär zugeschrieben, sondern als Gesamtaufgabe von Staat und Gesellschaft betrachtet wird. Denn bei Staaten in Kriegsgebieten ist eine Unterscheidung zwischen Heimat und Front nicht mehr möglich. Hinzu kommt das ideologische Interesse der Herrschenden, durch die Militarisierung die Zustimmung der Bevölkerung zur Militärpolitik zu erhöhen.

Die Einführung der Bundeswehr 1956, die Notstandsgesetzgebung 1968, das Konzept der → Gemeinschaftsdienstpflicht im Rahmen der Gesamtverteidigung 1978 sind nur einige Beispiele für Militarisierung.

Im Zusammenhang mit der Abkehr von der Entspannungspolitik und der forcierten Aufrüstung durch Bundesregierung und NATO in den 80er Jahren sind weitere vielfältige M.serscheinungen in der Gesellschaftspolitik zu beobachten. Im Staatshaushalt wurden Prioritäten zugunsten des Rüstungshaushalts gesetzt, während vor allem der Bildungs- und Sozialhaushalt gekürzt wurden. Öffentliche Gelöbnisse wurden wieder eingeführt, Jugendoffiziere besuchen Schulen, Unterrichtsinhalte werden auf die Interessen der Bundeswehr zugeschnitten. Soldaten, die sich in der Friedensbewegung engagieren, werden mit Disziplinarmaßnahmen bestraft. FriedensaktivistInnen, die Soldaten als potentielle Mörder bezeichnen, werden juristisch verfolgt. Das Zivilschutzgesetz, das Gesundheits- und das → Arbeitssicherstellungsgesetz sind auf militärische Bedürfnisse und Kriegsfälle ausgerichtet.

Trotz des Endes der Ost-West-Konfrontation und der Verkleinerung der Bundeswehr wird an der Betonung des militärischen Faktors festgehalten; diese wird sogar noch verstärkt; so plant z. B. die Bundesregierung, künftig der Bundeswehr Kampf-(und andere)Einsätze auch außerhalb des Nato-Territoriums und somit zu anderen als reinen Verteidigungszwecken zu ermöglichen; hierzu soll auch das Grundgesetz geändert werden.

Wie waren und sind Frauen von der Militarisierung betroffen?

Als in den 50er Jahren die Remilitarisierung der Bundesrepublik betrieben wurde, war vor dem Hintergrund der Erfahrungen des Zweiten Weltkrieges und der ablehnenden Haltung breiter Kreise der Bevölkerung an eine Heranziehung von Frauen nicht zu denken. Sie wurde durch das Grundgesetz Artikel 12 Absatz 3 ausgeschaltet: „Frauen dürfen nicht zu einer Dienstleistung im Verband der Streitkräfte durch Gesetz verpflichtet werden. Zu einem Dienst mit der Waffe dürfen sie auf keinen Fall verwendet werden." Bald wurde jedoch versucht, diese Bestimmungen aufzuweichen. Dabei wurde der Umstand genutzt, daß es kein Verbot gab, Frauen als Zivilangestellte bei der Bundeswehr zu beschäftigen. Anfang der 60er Jahre gab es bereits 82 000 Frauen als Küchen-, Schreibstuben- und Pflegepersonal. Nach 1964 wurde erstmals eine allgemeine Dienstpflicht für Frauen zur Diskussion gestellt, um diese Zivilangestellten im Verteidigungsfall dienstverpflichten zu können. Weil eine allgemeine Dienstpflicht politisch nicht durchsetzbar war, wurde das Anliegen im Rahmen der Notstandsgesetze weiterbetrieben und u. a. ein Artikel 12a, Abs. 4 GG geschaffen. Dort heißt es: „Kann im Verteidigungsfall der Bedarf an zivilen Dienstleistungen im zivilen Sanitäts- und Heilwesen sowie in der ortsfesten militärischen Lazarettorganisation nicht auf

„Sind Sie wehrbereit, Madame?"

Flugblatt der SPD, Reichstagswahl 1912.

„Ertüchtigung" – Parole für die Hitlerjugend.

freiwilliger Grundlage gedeckt werden, so können Frauen vom vollendeten achtzehnten bis zum vollendeten fünfundfünfzigsten Lebensjahr durch Gesetz oder auf Grund eines Gesetzes zu derartigen Dienstleistungen herangezogen werden. Sie dürfen auf keinen Fall Dienst mit der Waffe leisten." Zusätzlich wurde das → Arbeitssicherstellungsgesetz verabschiedet, mit dem alle Männer vom vollendeten 18. bis vollendeten 65. und Frauen vom vollendeten 18. bis vollendeten 55. Lebensjahr (keine AusländerInnen) zum „Zwecke der Verteidigung" an ihrem Arbeitsplatz dienstverpflichtet werden können. Damit ist es auch möglich, weibliche Zivilangestellte der Bundeswehr im „Verteidigungsfall" militärischem Oberkommando zu unterstellen. Dasselbe gilt für Schwesternhelferinnen, die einen entsprechenden Kurs bei einem Wohlfahrtsverband absolviert haben.

1974 begann die Diskussion um die Öffnung militärischer Laufbahnen für Frauen. Der Bundeswehr fehlten 600 Sanitätsoffiziere, deren Stellen mit weiblichem Personal besetzt werden sollten. Eine Änderung des Soldatengesetzes im Mai 1975 machte es möglich, nun auch Frauen als Zeit- und Berufssoldaten in die Bundeswehr aufzunehmen. Diese Entscheidung wurde als grundsätzliche Weichenstellung bewertet. Mit einer Initiative des damaligen Verteidigungsministers Apel im Jahre 1978 sollte der nächste Schritt zur Einbeziehung von Frauen in die Bundeswehr getan werden. In der Diskussion kristallisierten sich drei Konzeptionen seitens der Befürworter heraus:

1. Die weitestgehende Konzeption wurde vom Bundeswehrverband, der ständischen Interessenvertretung der Zeit- und Berufssoldaten, vorgelegt. Dieser Verband leitet aus einer Studie zur Gesamtverteidigung (Koordination ziviler und militärischer Zusammenarbeit) das Konzept der Gemeinschaftsdienstpflicht ab. Es sieht vor, alle jungen Männer und Frauen wahlweise zu einem Einsatz im Zivil- oder Wehrdienst zu verpflichten.

2. Im Zentrum der Diskussion stand ein möglicher freiwilliger Dienst. Die erforderliche Veränderung des Soldatengesetzes hätte sich mit einer einfachen Mehrheit im Parlament schaffen lassen. Das hätte ausgereicht, um dem damaligen zahlenmäßigen Bedarf zu entsprechen. Dieser Dienst sollte einen Dienst an der Waffe ausschließen, der nach dem Grundgesetz für Frauen verboten ist. Zu bedenken ist jedoch, daß eine Trennung zwischen Dienst an der Waffe und waffenlosem Dienst im vollmechanisierten Zeitalter hinfällig und sinnlos geworden ist.

3. Eine weitere Variante sah vor, Frauen verstärkt in zivile Arbeitsplätze der Bundeswehr einzubeziehen und dabei, sofern möglich, Arbeitsplätze, die unter militärischem Kommando stehen, in zivile Arbeitsplätze umzuwandeln. Ein funktionaler Zusammenhang zum Militärapparat bliebe dennoch bestehen.

Der Plan, Frauen in die Bundeswehr einzubeziehen, ist Ende 1984 vorerst zurückgestellt worden. Alle Berechnungen haben ergeben, daß eine Verwendungsmöglichkeit für höchstens ca. 13 000 Frauen bestünde, inoffiziell wurde die Zahl sogar auf 8000 bis 9000 Frauen eingeschränkt. Gleichzeitig wären die erforderlichen Strukturmaßnahmen mit hohen Kosten verbunden. Angesichts dieser Zahlen war das Verteidigungsministerium zu der Meinung gekommen, daß sich in Anbetracht des starken Widerstandes aus der Frauen- und Friedensbewegung ein „derartiger Diskussionslärm" nicht lohne. Nachdem jedoch das Bundesverwaltungsgericht den Sanitätsdienst 1985 zum waffenlosen Dienst erklärte, war eine wesentliche Einschränkung für den militärischen Dienst beseitigt. Seit 1989 werden Frauen erstmals in allen Laufbahnen des Sanitäts- und Musikdienstes zugelassen. Ihre Gesamtzahl beträgt Anfang der 90er Jahre rund 400. Sie verpflichten sich für 16 Jahre und erhalten eine gleiche militärische Ausbildung wie die Männer. Das bedeutet, daß hier die Ausbildung an der Waffe integriert ist. Die Teilnahme von Frauen an Kampfhandlungen ist bisher noch durch das Grundgesetz verboten.

Doch im Zuge der Diskussion um

die neue sicherheits- und militärpolitische Rolle Europas und der damit verbundenen Stärkung der Westeuropäischen Union (WEU) sind auch Frauen wieder ins Gespräch gekommen. Im Mai 1991 forderte die Parlamentarische Versammlung der WEU, Frauen in allen Mitgliedsstaaten den Militärdienst zu ermöglichen und ggfs. eine Gesetzesänderung vorzunehmen. Der in einigen Ländern von Frauen ausgeübte Dienst in Kampfeinheiten wurde als beispielhaft hervorgehoben.

Auch das Konzept der Gemeinschaftsdienstpflicht für Männer und Frauen ist im Zusammenhang der Neuordnung der Bundeswehr wieder hervorgeholt worden. Dieses Mal unter dem Stichwort „Einführung eines allgemeinen Gesellschaftsdienstes für Männer und Frauen". Angelehnt an das bereits bestehende Konzept sollen Männer und Frauen wahlweise einen Dienst im militärischen oder zivilen Bereich ausüben. Erste Schritte sind schon gegangen worden: Unter der Bezeichnung „Freiwilliges Soziales Jahr" führen insbesondere kirchliche und karitative Träger einen Sozialdienst durch, an dem in erster Linie Mädchen teilnehmen. Sie üben ganztägige, pflegerische, erzieherische und hauswirtschaftliche Tätigkeiten bei geringer Bezahlung aus. Sowohl arbeitsmarktpolitisch als auch wegen der grundsätzlichen Einplanbarkeit für zivil-militärische Zwecke, z. B. bei Inkrafttreten der Notstandsgesetze, ist das Soziale Jahr zu hinterfragen. In einigen Bundesländern ist zudem ein „ökologisches Jahr" eingeführt worden, für das ähnliche Bedingungen gelten. Für 1993 ist die Verabschiedung eines „Allgemeinen Freiwilligengesetzes" geplant, nach dem auf freiwilliger Basis verschiedene Dienste in nichtmilitärischen Bereichen ausgeübt werden können.

In der Öffentlichkeit wurden die Pläne zur Einbeziehung von Frauen in die Bundeswehr auch als Beitrag zur Emanzipation der Frau und zur Friedenssicherung dargestellt. Die tatsächlichen Gründe für die Einbeziehung von Frauen in die Bundeswehr und ihre militärische Verplanung liegen aber vor allem im veränderten Kriegsbild, welches von einem „Krieg an allen Fronten" ausgeht und den Einsatz von Frauen im Nachschub, in der Infrastruktur, im Kommunikations-, Propaganda- und Sanitätswesen als sinnvoll erscheinen läßt. Angesichts der technischen Entwicklung geht es zudem nicht mehr um physische Kraft zur Handhabung von Waffen, um so mehr aber um „spezialisierte Logistik" und „entsprechende Administration". Berechnungen ergaben zudem, daß Frauen „billiger und williger" sind, geringere Ansprüche stellen und gleichzeitig eine höhere Disziplin haben. Offenkundig ist auch die Sorge um die „Einsatzbereitschaft der Allgemeinheit" und die wachsend negative Einstellung der Bevölkerung zur Wehrpflicht, der mit einer Ausdehnung des Einflußbereiches der Bundeswehr begegnet werden soll.

Der politische Widerstand gegen diese Pläne war in den 80er Jahren groß. Bereits im Juni 1979 traten 87 prominente Frauen mit einem Aufruf „Frauen in die Bundeswehr? – Wir sagen Nein!" an die Öffentlichkeit. Die Pläne zur Einbeziehung von Frauen wurden von Anfang an als Beitrag zur weiteren M. der Gesellschaft und als eine Tabuisierung der notwendigen Abrüstungsmaßnahmen gekennzeichnet. Quer durch die gesamte Frauenbewegung gab es bald eine breite Front der Ablehnung. Die Frauen sahen ihr Emanzipationsbestreben mißbraucht. Sie verwiesen auf die im Vergleich zum zivilen Leben noch

Seite aus einem Lesebuch, Anfang 20. Jh.

Mädchen stricken Soldatenstrümpfe, Erster Weltkrieg.

Niemals möchte ich später General werden, denn ein General hat tausend und abertausend Soldaten – ich wüßte nicht, was ich als General mit denen von morgens bis abends anfangen sollte. Vielleicht weiß ein General es auch nicht und läßt sie darum totschießen. Herr Kleinerz hat auch gesagt, Generale wollten immer Krieg, und erst, wenn der Krieg verloren ist, wollen sie Frieden und ziehen sich zurück und züchten Rosen.

„Das Mädchen, mit dem die Kinder nicht verkehren durften", Irmgard Keun, Morsbach/Sieg, 1982.

härtere Diskriminierung von Frauen in den Armeen der Länder, in denen Frauen bereits dienstverpflichtet sind. Sie äußerten Skepsis, daß ausgerechnet im Militär nachzuholen sei, was ihnen an gleichen Rechten in der Gesellschaft vorenthalten wird. Die den Frauen zugedachte Rolle eines Notstopfens, einer Reservearmee im buchstäblichen Sinne des Wortes, fügt sich in ihre Indienstnahme für konservative Politik überhaupt. Frauen sollen den Arbeitsmarkt entlasten und lediglich „flexibel" für einen restlichen ökonomischen Bedarf zur Verfügung stehen. Sie sollen durch unbezahlte → Haus- und Familienarbeit Sozialabbau auffangen und vermehrt Kinder gebären. Sie sollen den letzten Hort an Menschlichkeit in einer kalten profit- und konkurrenzorientierten Gesellschaft bieten, sich aufopfern und auf eigene Menschenrechte und Unabhängigkeit verzichten.

Konträr hierzu verlangen Frauen die Verwirklichung des Rechts auf Selbstbestimmung und Selbstverwirklichung, auf Bildung und Arbeit, eigenständige soziale Sicherung, ein Alltagsleben ohne Gewalt, Gleichheit im Antimilitarismus, d. h. Abrüstung und perspektivisch die Abschaffung des Militärs und des Militärdienstes auch für Männer. Die „Gleichheit", beim Töten, bei Gewalt oder Unterdrückung mithalten zu dürfen, wurde abgelehnt. → Emanzipation wird nicht als formale Angelegenheit verstanden, sondern als Aufhebung von Unterdrückung und Ausbeutung generell.

Die Einbeziehung von Frauen in die Bundeswehr wurde aber nicht von der gesamten Frauenbewegung abgelehnt. Neben anderen vertrat Alice Schwarzer die Meinung, Frauen dürften nicht per se aus dem Machtapparat Bundeswehr ausgeschlossen werden. Der Dienst an der Waffe wurde als eine Frage des Zugangs zur Gewalt gesehen. Wenngleich die Bundeswehr als kritikwürdige Institution verstanden wurde, so sollte dennoch keine generelle Zugangssperre für Frauen bestehen, vielmehr wurde auf die Möglichkeit einer Kriegsdienstverweigerung und einer generellen Auseinandersetzung mit dem Militär verwiesen. Dem wurde entgegengehalten, daß es bei der Frage der Einbeziehung der Frauen in die Bundeswehr um eine prinzipielle gesellschaftspolitische Weichenstellung gehe, um eine Ausdehnung des Machtbereichs des Militärapparates auf eine weitere Bevölkerungsgruppe und damit gerade um die Verfestigung von Strukturen, die der Emanzipation entgegenstehen. Ein wie auch immer gearteter Aufrüstungs- und M.sprozeß der Bundesrepublik wirke sich deshalb für den Emanzipationskampf der Frauen hinderlich aus. Wenn es um die Macht der Frauen geht, über → Krieg und → Frieden mitzuentscheiden, sei darauf hinzuweisen, daß diese Entscheidung nicht in der Bundeswehr falle und schon gar nicht vom einfachen Soldaten getroffen werde. Diese Frage werde politisch entschieden, deshalb gelte es, die Macht der Frauen durch Weiterentwicklung einer starken eigenständigen Frauenbewegung und offensive Mitarbeit in der Friedensbewegung politisch einzusetzen.

Soldatinnen am MG, aus der antimilitaristischen Zivilcourage, 1979.

Lit.: Astrid Albrecht-Heide, Militarismus – Inbegriff des Patriarchats, in: Die Grünen, Weder Waffenrock noch Schwesternkleid, Bonn 1988; Frauen in die Bundeswehr? Argumente Pro und Contra. Hrsg. von der Initiative „Frauen in die Bundeswehr? – Wir sagen NEIN!", 1982; Astrid Albrecht-Heide/Ute Maria Bujewski, Militärdienst für Frauen?, Frankfurt 1982; DFG-VK Bildungswerk NRW e.V. (Hrsg.), Europa – der Weg für Frauen an die Front? Europa – der Weg für Frauen in den europäischen Friedensprozeß, Dortmund 1991; Renate Janßen, Frauen ans Gewehr?, Köln 1983; E. Lippert/T. Rössler, Mädchen unter Waffen? Gesellschaftliche und soziale Aspekte, Studie des Sozialwissenschaftlichen Instituts der Bundeswehr, Baden 1980;

Alfred Mechtersheimer/Peter Barth (Hrsg.), Militarisierungsatlas der Bundesrepublik, Darmstadt 1988; Franz W. Seidler (Hochschule der Bundeswehr in München), Frauen zu den Waffen?, Koblenz/Bonn 1978; Militärpolitik Dokumentationen, Frauen im Militär (am Beispiel der Vereinigten Staaten von Amerika), Frankfurt 1981. Zum Kontext der konservativen Frauenpolitik: M. Jansen, Frauenbewegung nach der Wende, in: Blätter für deutsche und internationale Politik, Heft 7/84.

Mechtild Jansen
(überarbeitet von Christiane Möcker)

Misandrie; griech. misandria; krankhafter Haß von Frauen auf Männer.
Diese Definition fordert den Vergleich mit dem von Männern ausgehenden Frauenhaß heraus, der bei diesen entsprechend ausgelebt wird: Vergewaltigung, sadistische Praktiken, Lustmord.
Diese Reaktionen sind bei Frauen unbekannt, daher kann man die M. nicht auf eine Stufe stellen mit der → Mysogynie (= Frauenhaß).
M. kann entstehen durch erfahrene sexuelle Brutalität und sexuellen Mißbrauch von weiblichen Kindern und jugendlichen Frauen.

Misogynie; griech. misogynia = Frauenhaß; (1) krankhafter Haß von Männern gegen Frauen: Frauenmißhandlungen, Vergewaltigung, Lustmord; (2) Frauenverachtung, Geringschätzung, Frauenfeindlichkeit. Diese weitverbreitete, nicht unbedingt sexuell motivierte misogyne Haltung gegen Frauen durchzieht die männlichen Urteile gegen Frauen auf allen Gebieten der Künste und Wissenschaften in pamphletischer Weise. Natürlich sind die Sudeleien der Spitzenleute weitgehend der Kritik entzogen: etwa Schopenhauers bösartiger Unsinn „Über die Weiber“ (1851) oder Nietzsches Tiraden. Unter den Misogynisten befinden sich illustre Namen; der Platz reicht nicht aus, sie alle zu nennen. Von ihnen ermutigt, glaubt jeder, auch der dümmste Mann, sich den Frauen immer noch überlegen.

Misopädie; miso, mis, griech. Haß, Feindschaft; Haß auf die eigenen Kinder. M. kommt bei Männern und Frauen vor. Viele Frauen, die zur Mutterschaft gezwungen (§ 218), die von Männern verlassen werden, denen die ungewollte Mutterschaft ihre Lebensperspektive zerstört, ein verhaßtes Leben aufzwingt, die von einem mittlerweile ungeliebten Mann oder Ehemann ein Kind bekommen – lieben ihre Kinder immer noch; so leicht sind Frauen nicht kaputtzumachen. Aber es gibt auch solche, die „aussteigen“, die nicht mehr lieben, verzeihen, sich unterordnen und sich nicht gegen Verursacher auflehnen: Männer, Staat, Kirche, Wirtschaft, sondern die dafür ihre Kinder hassen.

Moral; lat. moralis, von mores = Sitten; das Sittliche, gemäß Gewissen und Gesetz, Gesamtheit der Sitten und Wertungen eines Individuums oder einer Gesellschaft; Theorie der Normen des menschlichen Handelns.
M. ist eine historisch entstandene soziale Erscheinung, aus der praktischen Notwendigkeit entstanden, die Interessen der Individuen mit denen der Gemeinschaft in Einklang zu bringen (Hörz). M. ist ein schillernder Begriff, der mit unterschiedlichen Bedeutungen belegt ist: Christliche M., Sexualm., M. der Truppe, höhere M. . .
Einige sehen „Universalisierbarkeit“ und „Unparteilichkeit“ als die zentralen Momente, welche eine M. kennzeichnen: M. = allgemeine Grundprinzipien, die in allen Kulturen und zu allen Zeiten gelten (Gertrud Nunner-Winkler). Andere stellen auf die Abhängigkeit der M. von den sich verändernden materiellen Bedingungen ab (nach B. Brecht: „Erst kommt das Fressen, dann kommt die Moral“).
Heute wird kontrovers über das Vorhandensein oder Nicht-Vorhandensein einer weiblichen M. diskutiert, weibliche M. verstanden als „Ethik der Fürsorglichkeit und Verantwortlichkeit“ (Carol Gilligan) im Unterschied zu einer männlichen „Gerechtigkeitsethik“. Nach der amerikanischen Entwicklungspsychologin Gilligan gibt es eine geschlechtsspezifische Zuordnung unterschiedlicher moralischer Urteile. Danach haben Frauen eine andere M., die sich vor allem an menschlichen Bindungen, an Kommunikation und an Gemeinschaft orientiert. Betroffenheit beeinflußt entscheidend das moralische Urteil.

Unter den Misogynisten befinden sich illustre Namen. Der Platz reicht nicht aus, sie alle zu nennen. Von ihnen ermutigt, glaubt jeder, auch der dümmste Mann, sich den Frauen immer noch überlegen.

M., Wertungen, Ideale, Prinzipien und Normen prägen das Denken, Fühlen und Handeln der Menschen. Sie prägen die Beziehungen zwischen ihnen, zwischen Menschen und der Gemeinschaft und der Menschen zu sich selbst. Schon seit Jahrhunderten bestimmt die patriarchale M. die Beziehungen der Geschlechter. Den Frauen wurden in der geschichtlichen Entwicklung elementare Menschenrechte abgesprochen auf Grund einer angeblich natürlichen Unterlegenheit. Frauen des 18. und 19. Jh. wandten sich vehement gegen eine M. der Ungleichheit und plädierten für eine Ethik der Gleichheit, die auf Gleichstellung und Selbstbestimmung basiert. In ihrer ‚Erklärung der Rechte der Frau und der Bürgerin' proklamierte Olympe de Gouges 1791: „Die Frau wird frei geboren und bleibt dem Manne ebenbürtig in allen Rechten. Unterschiede im Bereich der Gesellschaft können nur im Gemeinwohl begründet sein." (Art. 1) Elizabeth Cady Stanton forderte 1848 auf der Konferenz von Seneca Falls einen Gesellschaftsvertrag und Naturrechte: „Selbstverwirklichung ist eine höhere Pflicht."

In der Vergangenheit und heute noch in vielen Ländern waren und sind die moralischen Anforderungen an Männer und Frauen unterschiedlich. Von Frauen werden Opferbereitschaft und Fürsorge für Familie und Kinder erwartet, von Männern Leistung und Erfolg. Auch das Sexualverhalten wird moralisch unterschiedlich bewertet, je nach Geschlecht und Kultur (Jungfräulichkeit als höchstes Gut der Frau z. B.). Die unterschiedlichen Bewertungen des sittlichen Verhaltens von Frau und Mann, die sich im privaten Leben wie im Rechtssystem ausdrücken, sind nichts anderes als „doppelte M."

Gerade diese doppelte M. bekämpfte Alexandra Kollontai. Sie plädierte für eine neue M. In einem Interview mit der dänischen Zeitung ‚Politiken' (1923) erklärte sie: „Als erste Pflicht verlangt diese M., daß Schluß gemacht wird mit jeglicher Heuchelei, zweitens, daß ein und dieselbe M. für beide Geschlechter gilt, und drittens, daß die Eltern für ihre Kinder nicht nur materiell, sondern auch physiologisch die Verantwortung tragen. . .". Auf die Frage: „Was meinen Sie, wenn Sie die gleiche Sexualmoral für Männer und Frauen fordern?" antwortete sie: „Die Gleichberechtigung der Frau in der Liebe. Früher hat die Frau sich dem Mann angepaßt, indem sie sich seinen Forderungen gänzlich unterordnete. Ich wünsche, daß beide in vollem Maße in kameradschaftlichen Beziehungen stehen, die sich auf gegenseitige Anerkennung und gegenseitige Pflichterfüllung gründen."

Heute verursachen die kapitalistischen Herrschaftsverhältnisse – und damit verbunden die atomare Gefahr, Arbeitslosigkeit und soziale Unsicherheit – sowie der Zusammenbruch des „realen Sozialismus" eine tiefe moralische (Sinn-)Krise: Profitstreben, Habsucht, Konkurrenzverhalten, Egoismus und Gewalt, aber auch Gefühle der Ohnmacht, der Angst und der Vereinsamung sind Ausdruck dafür. Diese Krise wirkt bis in die zwischenmenschlichen Beziehungen hinein. Schon für ihre Zeit stellte Eleanor Marx-Aveling fest: „Die Gesellschaft ist bankrott, und nirgends tritt dieser grausame moralische Bankrott mit einer abstoßenderen Deutlichkeit zutage als in den Beziehungen zwischen Männern und Frauen."

Neben diese negativen Auswirkungen treten positive Elemente einer neuen M. Die historisch relativ neue Trennung von Sexualität und Fortpflanzung, die eine selbstbewußte und -bestimmte Sexualität ermöglicht, sowie die wachsende Berufstätigkeit der Frau, die ökonomische Selbstständigkeit bedeutet, prägen neue moralische Auffassungen. Die berufstätige Mutter wird nicht mehr allein als „Rabenmutter" gesehen; in vielen Ländern gilt die vorschulische Kinderbetreuung als wünschenswert; einige (noch vereinzelte) Männer zeigen Verantwortlichkeit (soziale Vaterschaft).

Moralische Auffassungen sind im schnellen Wandel. Nach einer Allensbach-Umfrage von 1988 haben sich die moralischen Bedenken im Umgang mit Schwangerschaftsab

bruch vor allem bei jungen Frauen verändert. Ursächlich hierfür sei allerdings keine neue Ethik, das Leben in der Gesellschaft besser zu schützen, sondern die offensive Kampagne zum Schutze des ‚ungeborenen Lebens'. Neue Fragen stellen sich angesichts der Entwicklungen der Medizin und der neuen Technologien, welche die Einheit von Fötus und Mutterleib auflösen. „Gerade die anscheinend grenzenlose Machbarkeit, die möglichen Eingriffe in werdendes Leben gebieten eine ganz neue Ethik der Verantwortlichkeit" (Ute Gerhard).
Die heutige Diskussion um eine weibliche M. und um eine feministische Ethik knüpft an den Diskurs zum Thema „Gerechtigkeit/Gleichheit und Differenz" an (z. B. die Quotierungsdiskussion, die mit „weiblichen Werten" wenig zu tun hat, oder Schutzbestimmungen für Frauen). Soll sich eine feministische Ethik an einer Ethik der Fürsorglichkeit oder der Gerechtigkeit orientieren? Ausgangspunkt einer solchen Ethik ist zunächst die reale Geschlechterordnung in der Gesellschaft, die Diskriminierung und Unterdrückung von Frauen bedeutet. Ein weiterer möglicher Ansatz wäre die Aufnahme der prinzipiellen Relevanz von Fürsorge, Wohlwollen und → Solidarität in die allgemeine M. (Habermas).

Lit.: Femina Moralia, Beiträge zur feministischen Theorie und Praxis, Nr. 28/1990; Carol Gilligan, Die andere Stimme. Lebenskonflikte und Moral der Frau, München 1991, 5. Aufl.; Beverly W. Harrison, Die neue Ethik der Frau. Kraftvolle Beziehungen statt bloßem Gehorsam, Stuttgart 1991; Sarah Lucia Hoagland, Die Revolution der Moral. Neue lesbisch-feministische Perspektiven, Berlin 1992; Marie Louise Janssen-Jurreit (Hrsg.), Frauen und Sexualmoral, Frankfurt/M. 1986; Ursula Kommertz (Hrsg.), Grenzen der Moral, Ansätze feministischer Vernunftkritik, Tübingen 1991; Gertrud Nunner-Winkler (Hrsg.), Weibliche Moral. Die Kontroverse um eine geschlechtsspezifische Ethik, Frankfurt 1991.

Florence Hervé

Musik; aus dem griech. „musike techne", d. h. „Kunst der Musen"; bedeutete zunächst die Einheit von Tanz-, Dicht- und Tonkunst und wurde erst später allein auf die Tonkunst bezogen.
Die jüngst gestellte Frage nach der ersten „Beethovena" ist verführerisch. Wenn in ihr auch das Schielen nach dem männlichen Geniekult offenbar wird, an dem die Frau lediglich als inspirierendes oder anbetendes Wesen teilhaben durfte, so reizt sie doch, der Geschichte weiblichen Musizierens und Komponierens nachzugehen.
Die musizierende Frau war in vielen Kulturen als Sängerin, Instrumentalistin und Erfinderin von Melodien eine Selbstverständlichkeit. Gut bezeugte Einblicke vermittelt die frühe Geschichte der Sumerer, in der Musikerinnen hohes Ansehen genossen, ja als Berühmtheiten namentlich überliefert sind, wie die balag-Spielerin Nin-é-balag-ni dug, die Sängerin Ur-Nanše oder die Komponistin Enheduanna, Tochter des Königs Sargon von Akkad und Priesterin des Mondgottes in Ur. Tempelmusikämter konnten ohne weiteres von Frauen übernommen werden.
Maßgeblichen schöpferischen Einfluß übten Frauen in der frühgriechischen Musik aus. Eine gesanglich-tänzerische Ausbildung ermöglichten die Mädchengilden (wie die Arktoi, d. h. Bärinnen im Artemiskult, die thebanischen Mädchenchöre oder die Musenverbände im kolonialisierten Unteritalien), aus denen die Mädchen jedoch mit der Heirat ausschieden, da das Singen und Dichten kultischer Hymnen – ebenso wie der Tanz – eng mit dem Glauben an die Kraft der Jungfräulichkeit verbunden war. Den musikalischen Ausfall durch die Eheschließung hatten berufsmäßig geschulte Hetären wettzumachen. Ihre, auch kompositorischen Fertigkeiten waren bei vornehmen Gesellschaften ebenso gesucht, wie sie selbst verachtet wurden. Anlaß gab insbesondere ihr temperamentvolles, durchaus nicht „weiblich"-zartes, gelegentlich als „hurerisch" apostrophiertes Aulosspiel. Berühmte Meisterinnen dieses Blasinstruments waren Lamia aus Athen und Aphrodite Belestiche aus Alexandrien. Die weithin bekannte Dichterin Sappho, zugleich Komponistin ihrer Gesänge, soll die mixolydische Oktavgattung des griechischen Tonsystems erfunden haben. Den im 6. Jh. v. u. Z. in Griechenland und später auch im römischen Reich weit verbreiteten Mysterien-

Lautenspielerin. Altägyptisches Grabgemälde aus Theben.

Warum giebt es so wenige Componistinnen!

Warum giebt es so wenige Componistinnen? Und warum haben diese Wenigen, auf dem Gebiete der musikalischen Composition bisher nicht annäherud geleistet, was von Männern in dieser Kunst durch Jahrhunderte geleistet worden ist.

Vortrag

verfasst und gehalten von S. Jessel

in der Ortsgrube des Allgemeinen Deutschen Frauenvereins

zu FRANKFURT a. M.

am 25. April 1898

Preußische Staatsbibliothek Berlin

G. Horstmann's Druckerei. Frankfurt a. M.

Recensions-Exemplar!

Clara Schumann 1819–1896

kulten zu Ehren von Muttergottheiten (Demeter, Kybele, Isis) standen meist Priesterinnen vor. Junge, der Göttin geweihte Mädchen sangen, tanzten und spielten die verschiedensten Instrumente (Tamburine, Trommeln, Cimbeln, Auloi u. a.).
Mit dem allmählichen Vordringen patriarchalischer Religiösität verschwanden die Priesterinnen. An ihre Stelle traten die Priester, welche nun den Dienst an männlichen Göttern und alle musikalischen Funktionen übernahmen. Mit der zunehmenden Politisierung der religiösen Ämter begann sich eine potenzsteigernde Wechselwirkung zwischen Musik und geistlicher bzw. weltlicher Macht durchzusetzen. Musikerinnen wurden nun mehr und mehr in den wenig angesehenen Bereich der U-Musik abgeschoben.
Mit dem Christentum gerieten außerdem die Klageweiber bei den Totenfeiern und die zauberisch besingenden Hexen oder Wahrsagerinnen an den Rand der Gesellschaft – und der Legalität. Als musikalische Symbolfigur erhielt nun eine Heiligengestalt, Cäcilia, den Vorrang vor den antiken Musen. In der Praxis blieb die Frau aus dem damals wichtigsten Bereich der Musik, dem sakralen, ausgeschlossen. Den gregorianischen Choral sangen Kleriker, den späteren kirchlichen, mehrstimmigen Chorgesang übten in den hohen Stimmlagen die Kastraten aus. Nach kirchenväterlicher Meinung sollten christliche Jungfrauen nicht einmal wissen, wozu Musikinstrumente gebaut werden, geschweige, daß sie selbst ihre für gefährlich-verführerisch gehaltenen Stimmen im Kirchenraum erklingen lassen durften. Innerhalb des Hauses oder der Klostermauern konnten Frauen musizieren, ja komponieren, wie Macrina (geb. um 327), eine Schwester Gregors von Nyssa, und Kasia (geb. um 810), die mit bedeutenden Hymnen von sich reden machte – beide aus Byzanz. Ende des 12. Jhs. ist es die hochgebildete, mit geistlichen und weltlichen Fürsten in Verbindung stehende Benediktinerin Hildegard von Bingen (geb. 1098), die mit ihren sakralen Kompositionen (Hymnen, Sequenzen, Responsorien, Antiphonen, dem geistlichen Spiel „Ordo virtutum") Bewunderung erregte und die sich gegen ein Aufführungsverbot in ihrer Abtei energisch zur Wehr setzte. Im Bereich des höfischen Minnesanges trat die französische Gräfin Beatrix de Dia als „trobairitz" mit der Dichtung und Komposition von Liedern hervor. Aus dem 15. Jh. verdienen die Frauenliederbücher aus dem Kloster Wienhausen, das Liederbuch der Katharina Tirs und die Liedersammlung der Anna von Köln große Beachtung.
Durch das neue Bildungsideal der italienischen Renaissance wurde Frauen aus dem vornehmen Stand ein höheres Maß an musikalischer Bildung als bisher zugestanden. Die Kunst der Madrigalkomposition pflegten und beherrschten auch Frauen. Magdalena Casulana z. B. konnte 1568 ihre erste Madrigalsammlung veröffentlichen. Sie gilt als erstes im Druck erschienenes Werk einer Komponistin. In dieser freieren Auffassung von Kunstausübung konnte sich eine Begabung wie die der florentinischen Hofsängerin Francesca Caccini (ca. 1587–1640) entfalten. Mit ihrem Musikdrama „La liberazione di Ruggiero dall' Isola d'Alcina" steht sie am Beginn der Operngeschichte. Das Libretto darf als frühestes Beispiel eines frauenparteilichen Stücks betrachtet werden. Hier ist alle Macht den weiblichen Rollen überantwortet, während die Titelpartie einen Antihelden, ja eine Witzfigur verkörpert und lediglich Objekt der weiblichen Zauberkünste ist. Als Sängerinnen und Primadonnen begannen sich Frauen, vor allem, wenn sie für Koloraturen eine „geläufige Gurgel" hatten, neben den Kastraten, welche noch bis ins 18. Jh. als gefeierte Stars, als prim'uomini in der Oper auftraten, durchzusetzen. Etwa ein Jahrhundert nach Francesca Caccini war Elisabeth Claude Jacquet de Laguerre (ca. 1664–1729) als Komponistin am Hof Ludwigs XIV. mit ihren Kantaten und zahlreichen Sonaten außerordentlich erfolgreich. Auch sie komponierte eine Oper „Céphale et Procris".
Von den vielen bedeutenden Kom-

ponistinnen können hier nur wenige genannt werden: Anna Amalia (Herzogin von Sachsen-Weimar), Corona Schröter, Marianne Martines, Maria Theresia von Paradis, Josephine Lang, Johanna Kinkel, Fanny Hensel, Clara Schumann, Louise Adolpha Le Beau, Louise Farrenc und aus der Reihe der „klingenden" Namen des 20. Jhs. Lili Boulanger, Germaine de Tailleferre, Marguerite Monnot, Claude Arrieu, Adrienne Clostre (alle Frankreich), Gracyna Bacewicz (Polen), Elisabeth Kuyper (Niederlande), Ethel Smyth (England), Thea Musgrave (Schottland), Amy Beach, Mary Lou Williams (beide USA), Alexandra N. Pakhmutova (UdSSR), Erzsébet Szönyi (Ungarn), Ruth Zechlin (DDR), Grete von Zieritz, Erna Woll, Felicitas Kuckuck, Alice Samter, Renate Birnstein und viele andere für das neuzeitliche Musikschaffen wichtige Tonkünstlerinnen.
Die meisten von ihnen hatten und haben sich z. T. noch mit dem von männlichen Voreingenommenheiten besonders geprägten Musikbetrieb auseinanderzusetzen. Die mit großer Vorliebe im 19. Jh. geäußerten Einwände, daß Genie nur Männern vorbehalten sei oder daß kompositorische Tätigkeit von Frauen den häuslichen Frieden beeinträchtige, haben z. B. eine Clara Schumann – vor allem, was ihre eigenschöpferische Begabung betraf – empfindlich behindert, wie auch die hochmusikalische Fanny Hensel, die gegen die Widerstände des Vaters und des berühmten Bruders, Felix Mendelssohn-Bartholdy, anzugehen hatte. Alma Mahler-Werfel gab auf, aber sie registrierte die Einstellung ihrer Zeit am kategorischen Imperativ des ersten Gatten, Gustav Mahler. Er „forderte brieflich sofortiges Aufgeben meiner Musik, ich müsse nur der seinen leben." Etwas später schreibt sie: „Ich sehne mich nach Musik . . . nach meiner eigenen."
Auf Ablehnung und Beeinträchtigung treffen Musikerinnen noch immer. Als Instrumentalistinnen haben sie sich – sei es solistisch oder in bescheidenem Ausmaß auch in Orchestern – bemerkbar machen können. Aber als Dirigentinnen werden sie nicht bzw. nur in Ausnahmefällen akzeptiert, wie Sylvia Caduff oder Elke Mascha Blankenburg. Die Gründe für den anhaltenden Widerstand gegen eine weibliche Stabführung entspringen freilich nicht musikalischen, d. h. sachlichen Erwägungen. Auch sind die Aufführungsmöglichkeiten für Komponistinnen immer noch sehr eingeschränkt und die Schallplattenbranche verhält sich zögernd. Guten Werken von Komponistinnen werden mittelmäßige bis schlechte von männlichen Tonkünstlern allemal vorgezogen.
Dieser im Musikleben besonders harten Negativbilanz stehen heute jedoch bereits wirksame Versuche entgegen, begabten Musikerinnen Wege zu ebnen bzw. zu eröffnen und das berufsnotwendige Selbstbewußtsein zu stärken. Musikwissenschaftlerinnen haben seit etwa 1970 das beeindruckende Potential von Komponistinnen, denen bisher nur selten die Ehre zuteil wurde, in ein großes musikalisches Nachschlagewerk aufgenommen zu werden, lexikalisch aufgearbeitet. Dabei traten

Posaunenbläserin, 16. Jahrhundert

Elke Mascha Blankenburg, Komponistin und Dirigentin, Köln.

die Vielfalt und der große Umfang der entstandenen Werke zutage. In historischen und soziologischen Untersuchungen finden sich klärende Zusammenhänge über die weibliche Kompositionstätigkeit und deren gesellschaftliche Voraussetzungen. Auch die musikwissenschaftlichen Fachzeitschriften halten die Diskussion wach. Auf dem Gebiet der Musikpädagogik suchen Schulmusikerinnen nach Konzepten für eine Chancenverbesserung weiblicher Begabungen. In Köln wurde 1978 der internationale Arbeitskreis „Frau und Musik" gegründet. 1980 kam in Bonn ein Frauenmusikfestival zustande. Die aus Venezuela stammende Pianistin Rosario Marciano, die schon seit Jahren Material über Komponistinnen sammelt, organisierte in Wien die Veranstaltung „Femina componens". Die erste österreichische Frauenmusikwoche fand 1983 in Wien statt. Rockfrauengruppen haben sich organisiert. (Mit großem Erfolg trat die Frauenmusikgruppe „Schneewittchen" unter Einbeziehung von Blues-, Rock-, Folklore- und Chansonelementen auf.) Sie besinnen sich in ihren Liedern auch auf die immer noch verdrängte weibliche Geschichte und Sexualität. Entscheidende Beiträge zu einer Neubesinnung in der Musik haben die Performancekünstlerinnen Meredith Monk, Laurie Anderson, Franca Sacchi und Charlotte Moormann geleistet.

Die rege Tätigkeit der 80er Jahre entfaltete sich in allen musikalischen Bereichen. Antje Olivier gründete 1987 den Frauenmusikvertrieb (mit Schallplatten, Noten, Büchern) und baute 1989 das Internationale Komponistinnenarchiv in Düsseldorf auf, das inzwischen in Unna ansässig ist. Neugründungen von Verlagen erfolgten 1986 mit dem Furore Verlag in Kassel und 1988 mit der Edition Donna in Düsseldorf. Seit 1988 erscheint ein speziell auf das Schaffen und die Belange von Musikerinnen ausgerichteter Jahreskalender „Kontrapunkt" (Kassel). Als eigene Frauenorchester im deutschsprachigen Raum treten z. B. das 1. Frauen-Kammerorchester von Österreich (Wien, seit 1985) auf und das Clara-Schumann-Orchester der Dirigentin Elke Mascha Blankenburg (Köln). Konzertveranstaltungen organisiert der Kreis Musica Femina München e.V. In das Bewußtsein einer breiten Öffentlichkeit gelangte das Musikschaffen von Frauen durch zahlreiche, auch internationale Festivals wie z. B. „Komponistinnen gestern – heute", „Vom Schweigen befreit", „Schweizer Komponistinnen", „Donne in Musica", „Femmes et Musique". Das Kölner Forschungsprojekt „Frau & Musik – zur Situation der Musikerinnen in Deutschland und der ehemaligen DDR" hat 1991 auch die Erfahrungen und die Situation der Musikfrauen in den neuen Bundesländern thematisiert.

Lit.: Max Peter Baumann (Hrsg.), Music, Gender, and Culture, Wilhelmshaven 1990; Cathérine Clément, Die Frau in der Oper – besiegt, verraten und verkauft, Stuttgart 1991; Aaron I. Cohen, International Encyclopedia of Women Composers, (New York & London 1981) Westport ²1987; Frauenmusikforum, Schweizer Komponistinnen der Gegenwart – Eine Dokumentation, Zürich 1985; Clemens M. Gruber, Nicht nur Mozarts Rivalinnen. Leben und Schaffen der 22 österreichischen Opernkomponistinnen, Wien 1990; Rita von der Grün (Hrsg.), Venus Weltklang. Musikfrauen – Frauenmusik, Berlin/West 1983; Freia Hoffmann, Instrument und Körper. Die musizierende Frau in der bürgerlichen Kultur 1750–1850, Frankfurt/M. 1991; Komponistinnen gestern – heute. Mit Biographien, Texten zum Thema, Werkverzeichnis. Internationales Festival Heidelberg 12.–14. 6. 1987. Katalog, Kassel 1987; Meri Franco Lao, Hexen-Musik. Zur Erforschung einer weiblichen Dimension in der Musik, München 1979; Inge Latz, Die Stille würde mich töten. Warum die Musik weiblich ist, Bonn 1987; Mechthild Mäsker, Das Frauenbild im deutschen Schlager 1970–1985. Diss. Münster 1989 (= Theater unserer Zeit Bd. 22), Rheinfelden und Berlin 1990; Leni Neuenschwander (Hrsg.), Die Frau in der Musik. Die internationalen Wettbewerbe für Komponistinnen 1950–1989, Mannheim 1990; Neuland. Ansätze zur

Musik der Gegenwart (Komponistinnen, Performerinnen, Interpretinnen – d. A.), Jahrbuch, Band 4 (1983/84), Köln 1984; Antje Olivier, Komponistinnen. Eine Bestandsaufnahme. Die Sammlung des Europäischen Frauenmusikarchivs, Düsseldorf 1990; Antje Olivier/Karin Weingartz-Perschel, Komponistinnen von A–Z, eine Korrektur der traditionellen Musikgeschichtsschreibung. 250 Komponistinnen aus 8 Jahrhunderten mit Vita, Werkverzeichnis und Diskographie, Düsseldorf 1988; Elena Ostleitner/Ursula Simek, Ist die Musik männlich? Die Darstellung der Frau in den österreichischen Lehrbüchern für Musikerziehung, Wien 1991; Sally Placksin, Frauen im Jazz. Von der Jahrhundertwende bis zur Gegenwart, St. Andrä-Wördern/Wien 1989; Eva Rieger, Frau und Musik. Frühe Texte, Frankfurt 1980; dies.: Frau, Musik und Männerherrschaft. Zum Ausschluß der Frau aus der deutschen Musikpädagogik, Musikwissenschaft und Musikausübung, (Frankfurt/M. 1981) Kassel [2]1988; Eva Rieger/Siegrun Schmidt/Martina Oster (Hrsg.), Sopran contra Baß. Die Komponistin im Musikverlag – Verzeichnis aller lieferbaren Noten (Bd. I), Kassel 1989; Brigitte Rohkohl, Rock-Frauen, Reinbek 1979; Helmut Segler, Frauen & Musik. Unterrichtseinheit Sekundarstufe I, Mühlheim 1986; Brunhilde Sonntag/Renate Matthei (Hrsg.), Annäherungen I–V an sieben Komponistinnen. Kassel 1986–1989; Eveline Valfink (Hrsg.), Frau und Musik. Vom Schweigen befreit?, Hofgeismar 1988; Eva Weissweiler, Komponistinnen aus 500 Jahren. Eine Kultur- und Wirkungsgeschichte in Biographien und Werkbeispielen, Frankfurt 1981.

Brigitte Regler-Bellinger

Die Mutter, von Albrecht Dürer.

Mutter; lat. mater = Frau, die geboren hat; im Recht auch Adoptivmutter; im übertragenen Sinn auch von Pflanzen und Tieren gesagt (M.tier, M.pflanze) sowie bei physikalischen Phänomenen (M.substanz) u. in der Wirtschaft (M.konzern, Tochter-Gesellschaft).

Es gibt kaum einen Begriff, der so unklar und falsch definiert wird wie der der M., auch wenn jede/r bestimmte Vorstellungen über die Funktion und Rolle der M. hat. Über M. und Mutterschaft schrieben und schreiben, diskutierten und diskutieren Männer, Theologen, Anthropologen, Ärzte, Psychologen, Moralisten, Juristen, Staatsmänner, Pädagogen . . .
Eine M.: Ist es die, die ein Kind erwartet oder die, die gebärt, erzieht, liebt, sich kümmert? Ist die Frau, die ihr Kind bei der Geburt verloren hat, M.? Und die Großm., ist sie noch M. oder diejenige, die ihr Kind zur Adoption gibt? Ist die Funktion der M. eine biologische, eine ökonomische, eine soziale?

Die Geschichte zeigt, daß das M.-Sein drei Dimensionen hat: M. im Verhältnis zum Kind, zum Vater und zusätzlich als Frau mit eigenen Ansprüchen gegenüber dem Kind.
Die Rolle der M. ist jeweils abhängig von der ökonomischen und sozialen Lage sowie von der gesellschaftlichen Wertung.
Geschichte: In Urgesellschaften sind unterschiedliche Rollen der M. festzustellen. In einigen sind z. B. Väter „mütterlicher" als die Mütter, die eher gleichgültig sind. Es gibt keine festgelegte Rolle.
Im Mittelalter prägten solche Figuren das M.bild wie Eva, „unsere

Mutter mit Kind, etruskisch, Ende 5. Jh. v. u. Z.

M.", Symbol der Versuchung, Maria, M. und Jungfrau zugleich. Mutterschaft war verbunden mit Schmerz, Sünde und Wiedergutmachung. Im Adel spielte die M. als Erzieherin eine wichtige Rolle. Die Rolle der M. wurde je nach sozialer Lage unterschiedlich eingeschätzt. Während solche Losungen galten wie „Viel Kinder, viel Vaterunser", fragte sich im 12. Jh. bereits Héloise (in einem Brief an den Philosophen Abélard), ob die Mutterschaft nicht ein Hindernis bei der Arbeit und der Selbstverwirklichung sei: Wie sind Schulkurse, Lesen mit Kindergeschrei bei den Nicht-Reichen zu vereinbaren?

Im 16./17. und 18. Jh. spielte das Kind – und daher auch die M. – eine geringe Rolle in der Gesellschaft. Viele Kinder starben nach der Geburt, so daß sich eine Beziehung zum Kind kaum entwickeln konnte; viele Kinder aus dem Adel und den Mittelschichten blieben höchstens sechs Jahre zu Hause, da sie einer Amme gegeben wurden. Nach Polizeiberichten wurden 1780 von 21 000 Kindern, die in Paris geboren wurden, kaum 1000 von ihren Müttern gestillt. Auf dem Lande war oftmals eine Verweigerung der Mutterschaft („coitus interruptus" in der Ehe, Enthaltsamkeit, Schwangerschaftsabbruch, verlassene Kinder) festzustellen. Im Frankreich und im Deutschland des 18. Jhs. waren verschleierte Kindestötungen wie z. B. das Erstickenlassen in der Wiege oder das Erdrükken im gemeinsamen Bett nichts Ungewöhnliches und nichts Kriminelles.

Erst Ende des 18. Jhs. wird die M. und die Mutterliebe entdeckt. Mediziner, Staatsmänner und Philosophen sannen über die M. „Tota mulier in utero„, die ganze Frau ist im Uterus, hieß der Spruch. Der französische Philosoph Rousseau spielte eine entscheidende Rolle bei der Entdeckung der M. und der Idealisierung der Mutterschaft. Mütter waren hoch im Kurs. Sie wurden als Erzieherinnen gepriesen, unterlagen allerdings der väterlichen Autorität. Während der Französischen Revolution 1789 wurde erwogen, den Müttern das Wahlrecht zu geben – danach wurden Frauen aus dem politischen Leben entlassen, gerade mit der „Aufwertung" ihrer M.rolle.

Im 19. Jh. wurde die kinderlose Frau wie eine Paria behandelt. Neue moralische Werte wurden geprägt: M.sein war verbunden mit Pflicht, Opferbereitschaft und Hingabe. Mit der Entwicklung der Psychoanalyse (Freud, Helene Deutsch) wurde die M. verstärkt für das Wohl des Kindes verantwortlich gemacht.

Anfang des 20. Jhs. gewann die Frage der Mutterschaft an Bedeutung: der Kaiser brauchte Soldaten und damit die Nation Mütter. Viele Frauen waren erwerbstätig; Frauen bekamen Zugang zu Studium und Beruf, und es stellte sich damit die Frage nach Vereinbarkeit von Beruf und Mutterschaft. In der bürgerlichen Frauenbewegung wurde zwar gegen das Zölibat der Beamtinnen und Lehrerinnen gekämpft, es herrschte jedoch die Einstellung, daß biologische Mutterschaft auch soziale bedeute und den ganzen Menschen fordere. Wie während der Französischen Revolution wurde der Anspruch auf Mitwirkung in der Öffentlichkeit mit der „Mutterschaftsbestimmung" der Frau begründet; es entstand die „Neue Mütterlichkeit", die „Organized Motherhood". Neben dem traditionellen „Ja" zur Mutterschaft fanden Anfang des Jhs. immer mehr rassehygienische und bevölkerungspolitische Argumente Gehör. Die Verweigerung der M.rolle wurde von Teilen der bürgerlichen Frauenbewegung propagiert. Der Bund für Mutterschutz und Sexualreform (→ Organisation) forderte bewußte Mutterschaft.

M.tag, Mütterlichkeitsideologien, Pseuydo-Aufwertung der M. prägten den → Faschismus. „Die höchste Aufgabe der Frau ist und war immer das M.sein. Das M.sein, der M.wille als Lebensbekenntnis der Frau, ist aber auf dem Irrweg einer liberalistisch-marxistischen Weltanschauung, zu deren Thesen sich eine liberalistisch-marxistische Frauenbewegung bekannt hat, in Gefahr geraten", so heißt es bei der Referentin für Frauenfragen im Reichsministerium des Innern 1933. Gertrud Scholtz-Klinck, Reichsfrauenführerin, 1933 auf dem Nürnberger Reichsfrauenkongreß: „Die tiefste Berufung, die uns zuteil werden kann, ist die zum Muttertum." Und Hitler erklärte, das Programm der NS-Frauenschaft enthalte nur einen einzigen Punkt – und dieser Punkt heiße „das Kind." Mütterehrung gab es: für vier Kinder bekamen Mütter das bronzene M.kreuz, für sechs Kinder das silberne, für acht Kinder das goldene. Geehrt wurden allerdings nur „vollwertig rassische" Frauen.

In den 50er Jahren, im Zusammenhang mit der Arbeitslosigkeit, wurde das → Leitbild der treusorgenden Hausfrau und M. wieder verbreitet, die M.erwerbstätigkeit als „schädlich" behauptet, da sie die Familie zerstöre. Der CDU-Familienminister Würmeling wandte sich in den fünfziger Jahren gegen die Auflösung der Familie und das Aufgeben der Mutterrolle: „Für Mutterwirken gibt es keinen vollwertigen Ersatz."

Ende der 60er/Anfang der 70er Jahre wurden für den wirtschaftlichen Aufschwung mehr Arbeitskräfte gebraucht; die Müttererwerbstätigkeit nahm zu. (1961: 34% der erwerbstätigen Mütter haben Kinder unter 16 Jahren, 1974: 40,2%) In der Frauenbewegung wurde die M.rolle verstärkt diskutiert. Zwei Gesichtspunkte standen und stehen noch im Mittelpunkt der Diskussion: die Frage nach der Vereinbarkeit von Beruf und Mutterschaft und die Frage nach der Bezugsperson für das Kind.

1. In der Verhaltensforschung wird zumeist von einem angeborenen M.instinkt ausgegangen, d.h. von dem natürlichen Pflegeverhalten und der emotionalen Zuwendung der Mutter zum Kind. Davon abgeleitet wird die unersetzliche Bedeutung der M. behauptet (Kind als Lebenserfüllung, Selbstfindung, unersetzlich für das Wohlbefinden der Frau, entsprechend die Arbeit für den Mann). Solche Theorien werden in Zeiten rückläufiger Konjunktur und hoher Arbeitslosigkeit verstärkt verbreitet und dienen meist dazu, die Verdrängung der Frauen vom Arbeitsmarkt ideologisch vorzubereiten und zu rechtfertigen. Die M.rolle wird auch vor militärpolitischem Hintergrund betont: „Wie wollen wir bei der Geburtenrate von heute in 5 Jahren unsere NATO-Verpflichtungen erfüllen? Für mich ist die Frage der Familienpolitik die zentrale Frage der staatlichen Politik" (Helmut Kohl, 1978). Zugleich wird die Rolle der M. ideologisch aufgewertet: „Meine Hochachtung unseren Müttern, die ein Leben lang ihre Pflicht getan haben, ohne zu protestieren . . . die aufopfernd diese ungeheure Leistung vollbracht haben" (Kohl, Interview Bild der Frau, 2.11.1982).

Das Fehlen einer Rund-um-die-Uhr-M. würde zu schweren neurotischen Erkrankungen beim Kind führen – eine solche Ansicht wird z.B. von der Kinder- und Jugendpsychotherapeutin Christa Meves vertreten und propagiert: „Die Zunahme der negativen Sozialindikatoren Raubkriminalität, Suchterkrankungen, Geburtenschwund, Ehescheidung und die Zunahme der neurotischen Depression und Verwahrlosung sind mitbedingt durch die wachsende Instabilität der Familien. Diese wird zum großen Teil hervorgerufen durch die veränderte Situation der Frau heute (ihrer größeren Unabhängigkeit, ihrer einseitigen Erziehung zum Beruf einerseits, der Benachteiligung der Funktion der Familienm. andererseits" (Kindergesundheit, 10/84).

Oktober 1944 in Aachen

USA, 30er Jahre.

Solche Darstellungen sollen die Alleinzuständigkeit der M. für die Entwicklung eines Kindes verfestigen; dadurch werden Schuldgefühle bei Müttern erzeugt, die diese Rolle nicht übernehmen. Auf diese Weise schiebt man gesellschaftlich bedingte Probleme der fehlenden Liebe und Zuwendung von Müttern zu. (Psychologen und Psychologinnen kommen zu anderen Schlüssen: Die Berufstätigkeit der Frau fördert die Selbständigkeit, das Selbstbewußtsein, die Leistungs- und Durchsetzungsfähigkeit sowie die kognitive Fähigkeit des Kindes.)

2. In Teilen der Frauenbewegung wird eine solche Argumentation zu Recht verworfen. Vor dem Hintergrund der doppelten/dreifachen Belastung und Arbeit und der fehlenden gesellschaftlichen Einrichtungen lehnen Frauen für sich persönlich die Mutterschaft ab. Manche Feministinnen riefen zur Verweigerung der Mutterschaft, zum Babyboykott auf: „Eine Frau sollte sich vor der Falle der Mutterschaft hüten . . . Mutterschaft ist eine wahre Sklaverei" (Simone de Beauvoir, Spiegel Nr. 15/1976). „Jede Frau, die ihre Rolle tatsächlich ablehnt, indem sie die Mutterschaft zurückweist, . . . widersetzt sich dem System der Geschlechterrollen. Das ist ein Akt der Rebellion" (Anne Koedt).

3. Mehr und mehr Frauen „wollen alles", Beruf, Familie, Partnerschaft, Politik. Beruf sehen sie als eine Voraussetzung für Unabhängigkeit und Selbständigkeit, Kinder als eine Bereicherung ihres Lebens. Sie wollen nicht in eine einseitige Rolle hineingezwängt werden, entscheiden sich für eine bewußte Mutterschaft und fordern, daß die Voraussetzungen dafür geschaffen werden (gesellschaftliche Einrichtungen, Mitverantwortung der Väter). Auffallend ist die unterschiedliche Bewertung der M.rolle in Ost und West. Nach einer Umfrage von 1992 ist fast die Hälfte der befragten Deutschen im Westen der Meinung, daß M. zugunsten ihrer Kinder für längere Zeit darauf verzichten sollten, berufstätig zu sein – im Osten fand dies nur ein Sechstel.

Wenn nach wie vor die M.- und Kinderfrage ungelöst bleibt, wenn die Mutterschaft unter den kapitalistisch-patriarchalischen Bedingungen mit vielen negativen Momenten belastet ist, so sind in den letzten Jahren neue Tendenzen hervorgetreten: Die Möglichkeiten einer bewußten Entscheidung für ein Kind (Familienplanung, Schwangerschaftsabbruch) prägen ein neues M.bewußtsein. Zum anderen erlaubt die demographische Entwicklung der letzten hundert Jahre eine andere Lebensplanung für Frauen, in der M.schaft nicht mehr das ganze Leben prägt. Die größere Lebenserwartung der Frauen (1871/80: 38,4 Jahre) und die Reduzierung der Zeit der Kleinkindererziehung (vor hundert Jahren: 58,7% im Leben einer Frau, heute 7,4%) haben Auswirkungen auf das Leben der M. und zeigen erneut, wie M.schaft mit demographischen, sozialen und wirtschaftlichen Faktoren verbunden ist.

Lit.: Elisabeth Badinter, Mutterliebe, München 1981; Elisabeth-Beck-Gernsheim, Neue Mütterlichkeit? Frankfurt 1984; Ursula Enders/Johanna Stumpf, Mütter melden sich zu Wort, Köln 1991; Rüdiger Koch, Berufstätigkeit der Mutter und Persönlichkeitsentwicklung des Kindes, Köln 1975; Katja Leyrer, Rabenmutter – na und?; La Mamma! Beiträge zur sozialen Institution Mutterschaft, Interdisziplinäre Forschungsgruppe Frauenforschung (Hrsg.), Köln 1991; Barbara von Sturm, Mutter-

schaft im Patriarchat. Ein Plädoyer für mehr Mut zur Auseinandersetzung, Pfaffenweiler 1991.

Florence Hervé

Mutterbindung; emotionale Bindung des Kindes an die Mutter. Nach Freud ist diese oft libidinös und Ursache von Konflikten. Sie kann zum Mutterkomplex führen, drückt sich in Liebe oder Haß eines Kindes für die Mutter aus und kann sich ins Neurotische oder Pathologische steigern.

Mutter Erde, lat. ar = pflügen (indogerm.); altgerm. eru/erce; Vorstellung von der Erde als große Mutter, als Quelle des Wesens, des Lebens und der Fruchtbarkeit, als Schützerin. Zugleich Sinnbild der Höhle, der Dunkelheit, des Grabes wie der unverletzlichen Bindungen. Symbol der Geburt und des Todes. Im Kult der M.Erde vereinigt sich die Priesterin mit dem Heros; später wurde daraus der Vertreter des Himmelsgottes. Die Hohe Zeit der M.E. ist der Frühling. Der M.E.-Kult umfaßte zu allen Zeiten Formen der Freudenfeste, aber auch der Menschen- und Tieropferungen (heute die symbolische Form des Gebäcks als Opferkuchen). Danach birgt die Erde nicht nur das Leben, sondern auch die schwarzen Lose des Todes.
Erdmutter: seit der älteren Steinzeit Identifizierung der Mutter mit der Erde wegen der Rolle der Frau im Ackerbau und ihres Kontakts mit der Erde. Die Schlange verkörperte die Erd-Mutter-Göttin.

Mutterkult; Verehrung von Muttergottheiten als Fruchtbarkeits- und Zeugungsgöttinnen in fast allen Religionen. M.gottheiten waren Gaia, Rhea, Hera, Demeter, Isis und Kâli.

Mutterland; der kolonisierende Staat im Verhältnis zur Kolonie, dem Tochterland.

Mutterrecht; von dem Schweizer Rechtshistoriker Bachofen angenommene These einer frühgeschichtlichen Familienform (in der Urgesellschaft), die der vaterrechtlichen vorangegangen (→ Matriarchat, → Patriarchat) und durch die

gleichberechtigte Rolle der Frau gekennzeichnet ist. Völkerkundliche Bezeichnung für die Abstammung und Erbfolge in Sozialverbänden, in denen die Kinder der Verwandtschaft der Mutter zugerechnet werden.
In seinem Werk „Das Mutterrecht“ (1861) stellt Bachofen die soziale Bevorzugung der Frau im M. dar. Es gilt die matrilineare Verwandtschaft und die matrilineare Vererbung von Eigentum und Funktionen.
Bis heute ist dieses Thema heiß umstritten.

Mutterschaftsurlaub; → Mutterschutz.

Mutterschutz; der arbeitsrechtliche Schutz der Schwangeren und Mütter nach der Geburt. Eine klassische Forderung der Frauen- und Arbeiterbewegung.
Das erste Arbeitsverbot für Mütter (für drei Wochen nach der Entbindung) enthielt die Novelle zur Gewerbeordnung von 1878. Der dadurch bedingte Lohnausfall für die pflichtversicherte Frau wurde im Krankenversicherungsgesetz von 1883 in Form von Wochengeld in halber Lohnhöhe ausgeglichen. Zur Verbesserung der Stellung lediger Mütter und außerehelicher Kinder wurde 1905 der „Bund für Mutterschutz“ gegründet, später der „Bund für Mutterschutz und Sexualreform“. Es war eine Zeit, in der

Aus der Zeitung „Rheinpfalz“: „Mutter ist sicher ein Beruf auf Zeit. Denn wenn einmal alle Kinder groß und aus dem Haus sind, gilt diese Bezeichnung nur noch bedingt, wenn überhaupt.“

Verleihung des Mutterkreuzes am 17. 5. 42

viele Krankenhäuser ledige Mütter nicht zur Entbindung aufnahmen. Zwischen 1905 und 1911 wurden acht Mütterheime eingerichtet.
1927 wurde ein Mutterschutzgesetz verabschiedet, das einen Schutzurlaub von sechs Wochen vor und sechs Wochen nach der Niederkunft vorsah. Ein Kündigungsverbot während dieser Zeit und die Zahlung eines Entgelts durch den Arbeitgeber waren allerdings nur dann vorgesehen, wenn dies vorher vereinbart worden war. Mit den Notverordnungen Brünings 1930/31 kamen die Einschränkung des Schwangeren- und Mutterschutzes und die Kürzung der Stillgeld- und Entbindungshilfen.
Das Mutterschutzgesetz von 1952 enthielt ein Beschäftigungsverbot für die Zeit von 6 Wochen vor und bis 6 Wochen nach der Entbindung (für stillende Mütter 8 bis 12 Wochen). Während der Schwangerschaft und bis 4 Wochen nach der Geburt war eine Kündigung rechtswidrig. Außerdem war die Heranziehung von Schwangeren zu schwerer körperlicher Arbeit und zur Nachtarbeit untersagt.
1979 wurde von der sozialliberalen Regierung beschlossen, daß die erwerbstätige Frau im Anschluß an die damalige Schutzfrist (6 Wochen vor und 8 Wochen nach der Geburt) Anspruch auf vier Monate Mutterschaftsurlaub hat. In dieser Zeit konnte sie nicht gekündigt werden. Sie erhielt Mutterschaftsgeld in Höhe von 750 DM monatlich netto aus Bundesmitteln. Sie blieb beitragsfrei in der Renten- und Krankenversicherung und gegen Arbeitslosigkeit versichert. 9 von 10 Müttern nahmen diese Möglichkeit wahr.
In der ehemaligen DDR betrug die Mutterschutzfrist sechs Wochen vor und 20 Wochen nach der Geburt unter Bezug des Nettodurchschnittverdienstes. Anschließend konnte frau bis zum vollendeten ersten Lebensjahr des Kindes freigestellt werden mit etwa 70 Prozent des Nettodurchschnittseinkommens.
Der Mutterschaftsurlaub beträgt heute nicht mehr als sechs Wochen vor und acht Wochen nach der Geburt, bei Früh- oder Mehrlingsgeburten 12 Wochen. Während dieser Zeit wird von den Krankenkassen Mutterschaftsgeld bezahlt, die Differenz zu ihrem bisherigen Nettoeinkommen trägt der Arbeitgeber. Nicht gesetzlich krankenversicherte Frauen erhalten ein vom Bundesversicherungsamt gezahltes Mutterschaftsgeld mit einem Höchstbetrag von 400 DM.
Der an die Schutzfrist anschließende Mutterschaftsurlaub von 4 Monaten wurde 1985 durch → Erziehungsurlaub und -geld ersetzt, – für nichtberufstätige Frauen sicher eine Verbesserung, für Berufstätige jedoch eine Verschlechterung, da sie nun in den ersten Monaten nicht mehr Einkünfte in Höhe ihres Nettoeinkommens erhalten, sondern 600 DM monatlich.

Muttersprache; lat. materna lingua = die Sprache, die von der Mutter übernommen wird. Bei Cicero kommt „sermio patrios“ (väterliche Sprache) vor. Statt „Landsprache“ wird 1350 der Begriff „mütterliches deutsch“ verwendet. Durch Luther ins Hochdeutsch eingeführter Begriff. (→ Sprache)

Muttertag; Festtag zu Ehren der Mütter am zweiten Sonntag im Mai. Lange Zeit galt der M. als Erfindung des Nationalsozialismus. Nach Recherchen wurde er der Amerikanerin Ann Jarvis zugeschrieben. Nun haben wir herausgefunden, daß 390 v. u. Z. in Italien am ersten Tag des Mars, dem Geburtstag des Kriegsgottes, des Sohnes der römischen Hauptgöttin Juno, die „Matronalia“ gefeiert wurden, ein Fest der Mütter und Matronen, an dem die Frauen Geschenke erhielten. Ende des 19. Jhs. gab es in Frankreich „Mutter-Festtage“ mit bevölkerungsfördernder Zielsetzung. 1897 sah die „Nationale Allianz gegen Bevölkerungsrückgang“ in Frankreich eine Feier für kinderreiche Familien vor. 1907 gab es, ebenfalls in Frankreich, ein Fest für verdiente Mütter, mit Demonstration und mit der Aushändigung eines Diploms für „verdiente Mütter“.
Die Amerikanerin Ann Jarvis warb 1907, am zweiten Todestag ihrer Mutter, für die Idee, daß alle Men-

schen einen Tag des Jahres sich der Ehrung der Mütter widmen. Sie wandte sich zugleich energisch gegen eine kommerzielle Ausnutzung des Muttertages. 1912 übernahmen die amerikanischen Methodisten den Muttertag als kirchlichen Feiertag. Bereits ein Jahr später wurde dieser „General Memorial Day of All Mothers“ zu Ehren der Mütter in 45 Bundesstaaten der USA gefeiert. Präsident Wilson und der Kongress der Vereinigten Staaten erklärten 1914 den Muttertag zum offiziellen Festtag. Gleichzeitig faßte diese Idee in Großbritannien Fuß: die „Motherin Sunday Movement“ setzte sich für diesen Ehrentag ein, anknüpfend an Mitfasten-Traditionen des 16. Jahrhunderts. 1917 wurde diese Idee von der Heilsarmee in die Schweiz hineingetragen. 1918 wurde in Frankreich am „Muttertag“ den verdienten Familien Prämien von einem Colonel in Lyon übergeben (1926 gab es ein Ministerialdekret, wonach alle verdienten Mütter Mutterkreuze bekamen, 1950 wurde das Gesetz zum Muttertag verabschiedet). In den Nachkriegsjahren übernahmen die skandinavischen Länder den Muttertag. 1922 beschloß der Verband Deutscher Blumengeschäftsinhaber, den Muttertag in Deutschland einzuführen. Er wurde am 13. Mai 1923 begangen. Die Blumenhändler bemühten sich, „aus optischen Gründen die ideelle Seite des Tages für die ‚Stillen Heldinnen des Volkes‘ herauszustellen.“

1933 wurde der Muttertag von den Nationalsozialisten zum nationalen Feiertag erklärt: „Der Muttertag ist der Tag der Ehrung und Würdigung des Muttertums, vom Nationalsozialismus in den Dienst seiner Erziehung zu vertieftem Familienleben als der biologischen und sittlichen Grundlage des völkischen Staates gestellt.“ (Brockhaus 1942). Der Muttertag wurde am zweiten, ab 1938 am dritten Sonntag im Mai begangen. „Als sichtbares Zeichen des Dankes des deutschen Volkes an kinderreiche Mütter stifte ich das Ehrenkreuz der deutschen Mutter“ (Reichsgesetzblatt von 1938; der Stifter hieß Adolf Hitler). Die Mütter sollten „erbtüchtig“ und „deutschblütig“ sein. So erhielten die Mütter ein bronzenes Mutterkreuz für vier Kinder, ein silbernes für sechs, ein goldenes für acht Kinder. Beim Entwurf des Mutterkreuzes lieferte Sakrales das Vorbild: das Marianer-Damenkreuz des Deutschen Ritterordens (1190 in Jerusalem als geistlicher Ritterorden gegründet).

In den letzten Jahren wenden sich Frauen zunehmend gegen die kommerzielle Ausnutzung des Muttertags und gegen die „Ehre“ der Mutter an einem Tag, während sie sich an 364 Tagen für die Familie aufopfern muß und benachteiligt wird. Sie wollen nicht nur Blumen, Pralinen und gute Worte. Unter dem Motto „Nicht nur Blumen – Rechte fordern wir“ wandten sich 1984 213 Frauenpersönlichkeiten an die Öffentlichkeit und riefen dazu auf, am Muttertag gegen die Politik der Bundesregierung, gegen die Rechtswende, für die Verteidigung der Frauenrechte und des Friedens zu demonstrieren. So machten am 12. Mai 1984 15 000 Frauen „Putz in Bonn“. Daraus entstand die „Aktion Muttertag“ (→ Mutter), die bis 1987 jährlich bundesweite Aktivitäten entwickelte. 1991 und 1992 gab es in Österreich, der Schweiz und in der Bundesrepublik Informationskampagnen zum Thema „Blumen aus der Dritten Welt“, „Gift und Rosen“, denn viele Blumen in den Läden stammen aus der Dritten Welt und sind nur des-

Anzeige aus „Bild der Frau“, Mai 1985.

halb so billig, weil die Blumenarbeiterinnen in Kolumbien oder Kenia extrem ausgebeutet werden.

Lit.: Dokumentation der Frauendemonstration am 12. Mai 1984 in Bonn anläßlich des Muttertages, Köln 1984; Renate Wurms, in: Mamma, BilderLese-Buch, hrsg. von Kristine von Soden, Berlin 1989.

Florence Hervé

Mutterwitz; natürliche Schlagfertigkeit, angeborener Sinn für Humor. Der geheime Rath von Goethe hatte nach eigenen Worten „... vom Vater die Statur, [...] vom Mütterlein die Frohnatur, die Lust zu fabulieren."

Mystik; von lat. mysticus = zur Geheimlehre gehörend, geheim, geheimnisvoll; religiöse Bewegung des Mittelalters, durch innere Versenkung und Hingabe zur Vereinigung mit Gott zu gelangen. Esoterik, Mystik, Kabbalistik, Astrologie, Orakel, I Ging, Bach-Blüten, Chakren-Meditation: Jahrhundertelang gehörten diese Begriffe in den Bereich des Geheimwissens, und dies wurde von Männern besetzt und beherrscht. Nur Auserwählte durften nach strengen Einweihungs-Ritualen daran teilhaben. Im Zuge der neuen Esoterik-Welle des New Age hat sich das Blatt umgekehrt. Frauen lassen sich nicht länger aus diesem Bereich verdrängen, fragen nach ihren Wurzeln und stellen fest: In der Esoterik sind auch wir zu Hause. Unzählige Gruppen und Kreise haben sich seitdem mit Frauen gebildet. Astrologie und Tarot sind nur zwei Hauptströme. Die feministisch formulierte Astrologie verweigert sich dabei ebenso männlichen Deutungsmustern wie das Tarot, das als populäres, von Männern gespieltes Kartenspiel zum „Tarock" degradierte. Ob Hexen-Tarot, Motherpeace, indianisches Tarot: Frauen eroberten sich Anfang der 80er Jahre ein uraltes Frauenwissen zurück.

Das betraf auch den Bereich der Medizin, Heilkräuterkunde, Hexenwissen und die Meditation. Von der Chakren-Therapie bis hin zum Bio-Rhythmus experimentieren Frauen im Gegensatz zur Schulmedizin mit eigens entwickelten Methoden. Es entstehen außerdem Zirkel, rituelle Gruppen, Clans (Schiran-Clan), esoterische Gemeinschaften, die zusammenleben und -arbeiten. Um die Matriarchats-Forscherin Heide Göttner-Abendroth ist die Gruppe HAGIA entstanden, die sich – abgesehen von der Publikation der Matriarchats-Forschung – zu rituellen Jahreskreis-Festen trifft.

In den Frauenbewegungen ist der esoterische Zweig heftig umstritten. Ihm wird Flucht in die Innerlichkeit, Verweigerung der politischen Aufgaben vorgeworfen. Die Spaltung geht tief, und die esoterischen Frauen scheint es wenig zu interessieren, was mit dem § 218 oder der Gentechnik passiert.

Bei aller Kritik der neuerlichen Abhängigkeit (früher fragten Frauen ihre Ehemänner, was zu tun sei, jetzt ist es der Guru oder das Orakel-Brett) bleibt doch festzustellen, daß die Esoterik durch die Frauen endlich aus ihrer Exklusivität herausgeholt worden ist. Es gibt auch dort kein Geheimwissen mehr, das von Männern besetzt ist. Kosmisches Bewußtsein, ganzheitliches Weltgefüge, Einheit von Körper und Geist sind nicht geschlechtsspezifisch. Frauen gehört auch hier (mindestens) die Hälfte des Kosmos.

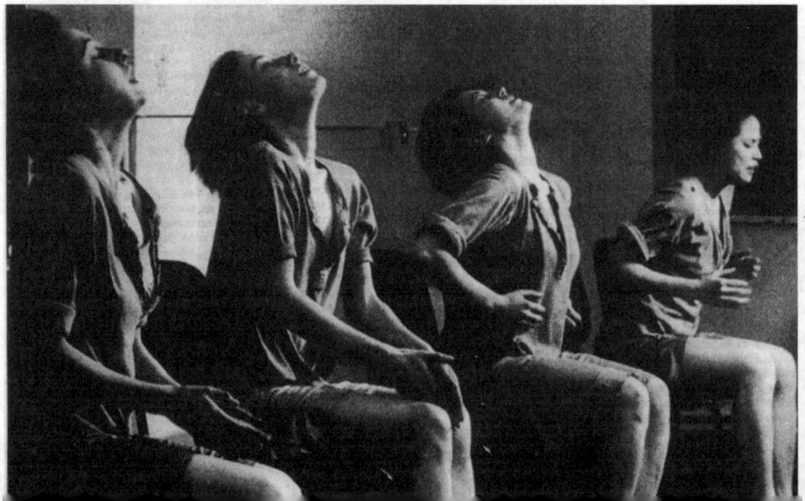

N

Name; lat. nomen; griech. onoma. N. ist das Wort, mit dem ein Lebewesen oder eine Sache bezeichnet wird.
Mit dem N.n fängt es an: der Vorn. eines Kindes ist seinem Geschlecht zugeordnet – ein weiblicher oder männlicher. Der Nachn. unterscheidet kein Geschlecht, wie es etwa in slawischen oder skandinavischen Ländern möglich ist.
Eheleute können heute den N.n des Mannes oder den der Frau als Familienn. annehmen oder sich für beide als Doppeln. entscheiden. In den meisten Fällen wird der N. des Mannes eingesetzt.
Das unehelich geborene Kind erhält den N.n der Mutter, das adoptierte Kind den der Adoptiveltern. Der Vater- oder Elternn. begleitet den Menschen sein Leben lang. Frauen ändern ihn allerdings meist bei der Heirat.

Narzißmus; von Narziß, lat. narcissus, griech. nárkissos. Narziß ist ein schöner Jüngling der griechischen Sage, der sich in sein Spiegelbild verliebte und nach seinem Tode in eine Narzisse verwandelt wurde.
N. bezeichnet die Selbstverliebtheit eines Menschen, der allein auf sich bezogen ist und sich bewundert und liebt (Autoerotik). Die Psychoanalyse nennt diesen Zustand eine Regression, da im frühkindlichen Stadium Lustgewinn am eigenen Körper normal sei.
N. ist das männliche Gegenstück zum Selbsthaß, der vor allem bei Frauen auftritt und aus dem Verlust des Selbstwertgefühls entsteht.

Naturwissenschaft und Technik; die Berufs- und Tätigkeitsfelder der Naturwissenschaften (Physik, Biologie, . . .), des Ingenieurwesens (Maschinenbau, Verfahrenstechnik, . . .), des technischen Handwerks und Facharbeiterwesens (Kfz-Mechanik, Tischlerei, . . .) und der technischen Assistenzberufe (ChemielaborantIn, medizinisch-technischeR AssistentIn, . . .). Bis auf die letzteren, die wegen ihrer sehr eingeschränkten beruflichen Entwicklungsmöglichkeiten für Männer unattraktiv und deshalb „typische" Frauenberufe sind, bergen alle genannten Gebiete besondere Probleme für Frauen: Der Zugang ist ihnen aus verschiedenen Gründen sehr erschwert, sie sind dort nur in einer (oft verschwindend kleinen) Minderheit vertreten und haben in diesen für eine Industriegesellschaft zentralen Bereichen viel zu wenig Gestaltungs- und Mitentscheidungsmöglichkeiten.
Selbst innerhalb der männerdominierten naturwissenschaftlich-technischen Gebiete gibt es, was die Präsenz von Frauen betrifft, noch erhebliche Unterschiede. Dies hängt eng mit einer Abstufung der Fächer zusammen, von denen einige als „härter", andere als „weicher" gelten. In den ganz „harten" Bereichen, wie z. B. Physik, Elektrotechnik, Kfz.-Handwerk, sind Frauen „fast" nicht vorhanden, während sie in den „weichen" Fächern, wie z. B. Biologie, Umwelt- und Verfahrenstechnik, Tischlerei, stellenweise schon deutlich wahrnehmbare Minderheiten (20% oder mehr) darstellen. Selbstverständlich gibt es in allen genannten Berufsfeldern noch zusätzlich das bekannte Hierarchie-Phänomen unserer patriarchalen Gesellschaft, daß Frauen aus beruflichen Positionen, die mit mehr Einfluß, Bezahlung oder Prestige verbunden sind, (verstärkt) ausgesperrt werden. So kommt es, daß auch in „weichen" Fächern mit nennenswertem Frauenanteil kaum Frauen blei-

Frau Bonschits, eine der ersten Diplom-Ingenieurinnen. Examen an der TH. Darmstadt 1913.

Symbol zum 10. nat. Treffen von Frauen aus Naturwissenschaften und Technik, Stuttgart 1984 (Dokumentation).

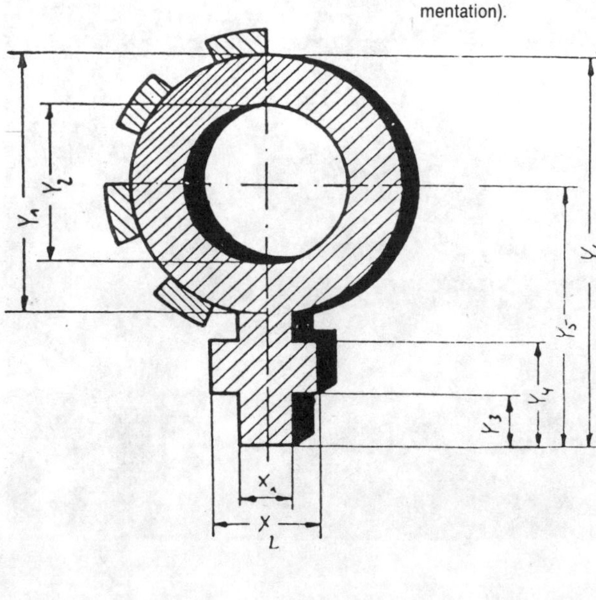

Lise Meitner, 1878–1968, österreichisch-schwedische Physikerin.

ben, die Professorinnen, Abteilungsleiterinnen oder Meisterinnen sind. Die Situation der Frauen in den naturwissenschaftlich-technischen Bereichen ist gekennzeichnet durch einen oftmals extremen Druck, den die Männermehrheit und das gesellschaftliche Umfeld ausüben. Es sind einerseits der Minderheiten- und Exotinnenstatus, das gesellschaftliche Unverständnis und die fehlende Unterstützung durch PartnerIn oder Familie, mit dem eine engagierte Frau, anders als der „typische" Durchschnittsmann, für ihren Berufs- und Karriereweg eben kaum rechnen kann. Es ist für Frauen kaum möglich, eine durchschnittliche berufliche Existenz zu führen. Der Sexismus der Männermehrheit, die ihre männerbündlerischen Strukturen durch Frauen gestört sehen, ist in vielen Bereichen nach wie vor verbreitet, im handwerklichen Bereich oft sogar in grob handgreiflicher Form. Von Arbeitgeberseite ist die potentielle Mutterschaft nach wie vor die angeblich unüberwindliche Hürde, Frauen einzustellen.

Marie Curie und Iréne Curie 1921.

Diejenigen, die den Status quo legitimieren oder verteidigen wollen, berufen sich auf eine ganze Palette von Behauptungen, nach denen Frauen angeblich nicht die Fähigkeiten und Begabungen (z. B. abstraktes Denken und technisches Geschick) und körperlichen Kräfte hätten oder es mit ihrer „Weiblichkeit" oder ihren Aufgaben als Mutter nicht zu vereinbaren sei, einen naturwissenschaftlichen oder technischen Beruf auszuüben. Die Absicht solcher patriarchaler Legenden, Frauen abzuwerten und aus den Machtsphären der Männer auszugrenzen, ist offensichtlich; trotzdem ist wegen der allgemeinen gesellschaftlichen Verbreitung dieser Meinungen eine Analyse notwendig. Dies nicht deshalb, weil diese Behauptungen ihrem Buchstaben nach widerlegt werden müßten. Frauen geraten nur in die Defensive, wenn sie allen Ernstes meinen, zeigen zu müssen, daß sie „es doch können". Hier genügt ein Hinweis auf die mittlerweile aus der Geschichte der Naturwissenschaft und Technik bekanntgewordenen Leistungen von Frauen, von denen viele bisher im Schatten von Männern standen, die allein – oder anstelle der Frauen – berühmt wurden. Frauen müssen vor einem historischen Hintergrund ein kollektives Selbstbewußtsein und gemeinsame Vorgehensweisen entwickeln, um aus dieser Defensive herauszukommen. Dies ist vielmehr deshalb notwendig, weil Ideologien aus Halbwahrheiten bestehen, deren wahrer Teil seine Wirkung bei der Bevölkerung nicht verfehlt, deren unwahrer Teil aber darüber hinaus äußerst aufschlußreiche Einsichten in das gern Verborgene eröffnet.

Ein typischer Komplex dieser Art ist z. B. die Frage der körperlichen Leistungsfähigkeit. Während es wahr ist, das Frauen, in großem Maße durch mangelndes Training, weniger Kraftleistungen vollbringen können als Männer, stellt sich aber doch die Frage, ob es gerade die angesehenen und gutbezahlten handwerklichen und technischen Berufe, z. B. im Bauhauptgewerbe, sind, vor denen Frauen eher geschützt werden müßten als vor den Berufen der Kran-

kenschwester, Supermarktkassiererin oder Fließbandarbeiterin. Und während es wahr ist, daß in vielen technischen und handwerklichen Berufen körperliche Schäden entstehen, ist es wiederum die Frage, warum Männer von einem Schutz ausgenommen werden sollten. Die Diskussion um die → Arbeitsschutzvorschriften, die mit dem Urteil des Bundesverfassungsgerichts vom 28. 1. 1992, das die Nachtarbeit für Arbeiterinnen für zulässig erklärt hat, neuen Auftrieb erhalten hat, zeigt die Kompliziertheit und Ambivalenz dieses Themas. Die größte Merkwürdigkeit tut sich jedoch bei einem Blick in die Geschichte auf: In unserer hochentwickelten Industriegesellschaft gibt es technische Arbeitserleichterungen wie noch nie in der menschlichen Geschichte, und gleichzeitig waren noch nie so wenig Frauen in den betreffenden Arbeitsbereichen anzutreffen, obwohl doch Menschen mit geringeren Körperkräften in einer technischen Zivilisation weitaus mehr Chancen haben. Es scheint also um etwas anderes zu gehen, nämlich darum, daß Maschinen als Erweiterung des eigenen Körpers ein Gefühl von Stärke vermitteln und deswegen als männliches Monopol gehütet werden sollen.
Die zentrale Halbwahrheit in den patriarchalen Behauptungen, Technik und Naturwissenschaft seien nichts für Frauen, besteht darin, daß es einerseits durch nichts zu begründen ist, warum die Erforschung und Nutzung der Naturkräfte und natürlicher Ressourcen nicht ebenso eine Sache von Frauen wie von Männern sein soll (in allen Kulturen haben Frauen im Kontakt mit der Natur zur Erhaltung der materiellen Lebensgrundlagen beigetragen: Schon die sprachliche Verwandtschaft des Wortes „Materie“ mit „Mutter“ [lat.: mater] zeigt dies); andererseits aber die heute bestehenden Fachdisziplinen mit ihren Inhalten, Arbeitsstrukturen, ihrer soziologischen Zusammensetzung, Geschichte und ihrem Selbstverständnis patriarchale Produkte extremer Art sind. Dabei ist bemerkenswert, daß die etablierte Naturwissenschaft und Technik nichts mehr bestreiten als genau diesen Sachverhalt; oder allgemeiner: Sie beharren darauf, überhaupt gesellschaftlich neutral zu sein. Wäre das aber so, müßte jedes beliebige, mit einer gewissen Intelligenz begabte Individuum jeder beliebigen Gesellschaftsordnung fähig sein, Naturwissenschaft und Technik zu praktizieren. Aber gerade die Auswahl der Persönlichkeiten, die tatsächlich für fähig gehalten werden, ist so hochgradig eingeengt, daß allein dadurch klar wird, daß und welche gesellschaftlichen Determinanten hier einen Einfluß ausüben. Daß dies geleugnet wird, ist schon für sich eine diskussionswürdige Facette des patriarchalen Komplexes Naturwissenschaft und Technik, dessen verschiedene Aspekte genauer zu betrachten sind.
Soziologische Untersuchungen weisen in Naturwissenschaft und Technik eine Häufung von unterdurchschnittlich sozial interessierten und kompetenten Individuen mit solchen Eigenschaften aus, die in unserer Gesellschaft üblicherweise dem männlichen Sozialcharakter zugeordnet werden. Die Arbeitsstrukturen stehen damit in direktem Zusammenhang – sie sind von Einseitigkeit, reduzierten Fragestellungen, gesellschaftlicher Ignoranz, Konkurrenz und Imponiergehabe geprägt.
Geschichtlich sind die heutige Naturwissenschaft und Technik Resultat einer mit der Neuzeit beginnenden Naturbetrachtung, bei der die patriarchale Herrschaft über Frauen auf die „Mutter Natur“ ausgedehnt (G. Merchant) und, beginnend mit der „Mechanischen Philosophie“ (der späteren Physik), die Kunst entwickelt wurde, isolierte Aspekte aus der Natur herauszugreifen, sie systematisch zu untersuchen und mathematisch zu beschreiben und „den Rest“ zu vernachlässigen. Das Herauspräparieren der geeigneten Teilbereiche geschieht unmittelbar nach Strategien der Beherrschbarkeit und technischen Machbarkeit; dies macht den Erfolg, aber auch das Katastrophenpotential dieser Methode aus. Andere Naturerkenntnis wurde verdrängt oder zerstört, so die Alchemie, die Naturmystik, vor allem aber die Naturkunde der „weisen Frauen“. Auch wenn viele Aspekte

der Hexenverfolgung noch weiterer Forschung bedürfen, ist doch nicht zu übersehen, daß es sich dabei um eine großangelegte Vernichtung von Frauen handelte, die Wissen besaßen und denen deswegen magische Macht über Natur und Körper nachgesagt wurde –, was Männer in ihrer neuen Wissenschaft für sich allein reklamieren wollten. Dabei ist eine bemerkenswerte Übereinstimmung zwischen den alten und den neuen Herren (der Kirche und der Wissenschaft) in ihrem Verhältnis zu den → „Hexen" festzustellen, ganz im Gegensatz zu den Heldengeschichten („Galilei, Märtyrer der Wahrheit, verfolgt von der Inquisition"), die fest im Selbstverständnis der Naturwissenschaft und Technik verankert sind. Das Programm der neuen Wissenschaft ist in bemerkenswerter Offenheit von Francis Bacon als ein nach dem Vorbild der Folter von Hexen ablaufender Untersuchungsprozeß der Natur und eine Methode zur Erhöhung männlicher Macht bezeichnet worden.

Was die wissenschaftlichen oder technischen Inhalte betrifft, wird von etablierter Seite immer wieder darauf verwiesen, daß diese, als Tatsachen der außermenschlichen Natur, grundsätzlich gesellschaftlich neutral seien, weswegen sie ganz bestimmt nicht patriarchal bestimmt sein könnten. In der den Fachdisziplinen eigenen reduzierten Sichtweise stimmt das weitgehend; werden aber das Gesamtergebnis und nicht das einzelne Natur„Gesetz" sowie der Gesamtverlauf der Entwicklung betrachtet, ist klar zu sehen, daß patriarchale Machtstrategien und Denkmuster das Bild bestimmen.

Als Quintessenz der Verhaltensstrategie von Männern im Patriarchat wird von Evelyn Fox Keller ein Abgrenzungszwang gesehen. Dieser wird psychoanalytisch so erklärt, daß es gewöhnlich ausschließlich Frauen sind, die die ersten Bezugspersonen für Kinder sind, während Männer überwiegend abwesend sind. Deshalb müssen Jungen in weit größerem Maße als Mädchen ihre Geschlechtsidentität durch Abgrenzung, Negation des Weiblichen, und entsprechende Grenzziehungen

entwickeln. Das Selbstverständnis der Naturwissenschaften entspricht genau diesem psychischen Muster, z. B. mit der zentral wichtigen Trennung von Subjekt und Objekt und der Isolation einzelner Naturvorgänge aus dem Ganzen. Als Folge der Analyse von Evelyn Fox Keller wäre zu vermuten, daß ein Zugang, der Naturwissenschaft und Technik mit ihrem gesellschaftlichen Kontext verbindet und gerade nicht davon abtrennt, für Frauen geeignet wäre; wie auch überhaupt ein weiter gefaßter Begriff und andere Arbeitsformen der Fächer, die ihre gesellschaftliche Umsetzung mit enthalten, anzustreben ist. Für den Bereich der Lehre gibt es hier bereits Ansätze, die auch auf einen anderen Lernstil von Frauen eingehen. Die Koedukation in naturwissenschaftlichen und technischen Fächern in der Schule wird aus gutem Grund in den letzten Jahren in Frage gestellt.

Auf den unterschiedlichsten Ebenen wird von feministischen Naturwissenschaftlerinnen, Ingenieurinnen, Lehrerinnen oder Handwerkerinnen eine Analyse und Veränderung der Situation angestrebt. Die wichtigste Voraussetzung dafür ist, daß Diskussionszusammenhänge und kollektive Handlungsmöglichkeiten entwickelt werden. Dazu dienen verschiedene Zusammenkünfte und Berufsorganisationen. Die jedes Jahr am langen Wochenende über Himmelfahrt stattfindenden, autonom organisierten bundesweiten Kongresse der Frauen in Naturwissenschaft und Technik haben 1977 mit einem ersten Treffen in Aachen den Anfang gemacht. Die Handwerkerinnen entwickelten bald eigene Zusammenhänge, die heute um den Verein Baufachfrau e. V. und Frauenferienhäuser wie das in Osteresch und um technische Frauenprojekte gruppiert sind. Aus den bundesweiten Kongressen entstanden auch Berufsvereine wie 1986 der Deutsche Ingenieurinnenbund e. V. und 1988 die Frauen in Naturwissenschaft und Technik e. V., wobei wegen der Namensgleichheit der Verein und die Kongresse oft verwechselt werden. Mittlerweile haben auch konservative Standesorganisationen wie der Verein Deutscher Ingenieure „ihre" Frauengruppe.

Wie bei allen auf Veränderung ausgerichteten Aktivitäten gibt es eine politische Richtung, die in den oder im Bezug auf die bestehenden Institutionen arbeitet, und eine andere, die mehr autonome Ziele anstrebt; im Interesse der politischen Wirksamkeit sollten aber Abtrennungen nach patriarchalem Muster zwischen beiden Richtungen vermieden werden. In den Institutionen ist es am wichtigsten, die strukturelle Männerbegünstigung abzubauen, z. B. durch Quotierung und die Entwicklung einer Arbeitsorganisation, die Kinderbetreuung nicht ausschließt –, solange Männer sich immer noch nicht zu dieser Aufgabe herablassen und anderenfalls natürlich in gleicher Weise im Interesse von Vätern. Die Ambivalenz der institutionalisierten „Frauenförderung" zwischen Alibi, Integration kritischer Ansätze in das herrschende System und tatsächlichen Fortschritten für Frauen ist hier wie überall vorhanden.

Bei den autonomen Aktivitäten sind zunächst die feministischen Gruppen zu nennen, die außerhalb der Institutionen die Diskussion über die gesellschaftlichen Implikationen der Naturwissenschaft und Technik führen, die eigentlich ebenso Sache der Institutionen wäre. Was es seit Jahren an Publikationen über dieses Thema gibt, ist überwiegend aus diesen autonomen Zusammenhängen entstanden. Mittlerweile existiert ein eigenes Kommunikationsorgan, die in Oldenburg erscheinende Zeitschrift „Koryphäe". Ferner gibt es im autonomen Bereich handwerkliche und technische Frauenprojekte, z. B. Kfz-Werkstätten, Tischlereien, Architekturbüros oder Alternativenergieprojekte, die in einer Arbeit ohne Männer die einzige Chance sehen, daß Frauen zu einer beruflichen Identität und eigenständigen Kreativität in den ansonsten männerdominierten Bereichen gelangen können.

Die Entwicklung anderer wissenschaftlicher Ansätze, ob institutionell oder außerinstitutionell, ist für Feministinnen in den natur- und ingenieurwissenschaftlichen Fächern mit ganz anderen und größeren Problemen behaftet als für Sozial- und Geisteswissenschaftlerinnen, die bereits eine breitgefächerte Palette von Forschungsrichtungen entwikkelt haben (die natürlich von der traditionellen Wissenschaft auch meist nicht anerkannt werden). Da es in den Natur- und Ingenieurwissenschaften, außer in den biologischen Wissenschaften, die Kategorie des Geschlechtes in den einzelnen wissenschaftlichen Inhalten nicht gibt, sondern nur implizit im Gesamtgebäude ein patriarchales Konstrukt zu sehen ist, sind feministische Forschungsansätze in den „harten" Fächern noch kaum in greifbarer Nähe. Es dürfte aber lohnend sein, die Metawissenschaften (Didaktik, Geschichte, Soziologie, . . .) dieser Fächer mit feministischen Fragestellungen zu bereichern, die auf die

Gesehen im Programm der Hamburger Frauenwoche.

Länge der Zeit auch in die Fächer selbst hineinwirken werden, sowie zu fordern, daß die heutigen „harten“ Fächergrenzen aufgelöst werden.

Ein noch wenig diskutiertes Problem, das von großer gesellschaftlicher Bedeutung ist und Naturwissenschaft und Technik an zentraler Stelle tangiert, ist die Frage des Zusammenhanges von → Feminismus und Ökologie. Während es auf der einen Seite die feministische Bewegung gibt, die die menschen- und frauenfeindlichen Strukturen unserer patriarchalen Gesellschaft anprangert, kritisiert auf der anderen Seite die Ökologiebewegung die Naturzerstörung, die durch unser Industriesystem verursacht wird. Beide Bewegungen betreiben bisher so gut wie keine gemeinsamen Aktionen oder Argumentationskampagnen, dazu sind ihre Gegenstände, explizit betrachtet, viel zu verschieden. Auf einer grundsätzlicheren Ebene jedoch ist sofort ein Zusammenhang zwischen den Anliegen beider Bewegungen zu sehen: Die Unterdrükkung von Frauen im Patriarchat ist ja gerade das Modell für den ausbeuterischen Umgang mit der Natur, der, betrieben von den Institutionen der Naturwissenschaft und Technik, ein wichtiges Element im Kontext der globalen Umweltzerstörung darstellt. Es ist nur alles andere als leicht, aus einer solchen Erkenntnis einen alltagspraktischen Nutzen abzuleiten.

Eindeutig ist, daß neben Bewußtseins- und Verhaltensänderungen auch eine Veränderung der Naturwissenschaft und Technik nötig ist, um weniger umweltzerstörend zu wirken. An diesem Punkt, und vielleicht nicht nur hier, könnte die Verbindung feministischer und ökologischer Ansätze brisant und kreativ sein, wenn sich nämlich gerade Frauen in Naturwissenschaft und Technik einmischen und dadurch die patriarchale Spaltung Männer = Täter / Frauen und Natur = Opfer überwinden.

Lit.: Deborah L. Brecher, Go – Stop – Run, das Frauen-Computer-Lehrbuch, Berlin 1991; Karin Diegelmann, FiT – Frauen in Technik und Naturwissenschaft, Bremen/Frankfurt 1990; Evelyn Fox Keller, Liebe, Macht und Erkenntnis, München 1986; Sarah Jansen, Naturwissenschaftlerinnen und Ingenieurinnen: Von der Forderung nach Gleichstellung zur feministischen Forschung, Schriftenreihe des Vereins Frauen in Naturwissenschaft und Technik e. V., Band 1, Wiesbaden 1991; Carolyn Merchant, Der Tod der Natur, München 1987; Rosemarie Rübsamen, Lehrbuchprojekt Physik für die Medizin, beschrieben in: Im Widerstreit mit der Objektivität, Schriftenreihe des Vereins Feministische Wissenschaft Schweiz, 1991; Desanka Trbuhović-Gjurić, Im Schatten Albert Einsteins, Bern/Stuttgart 1985.

Rosemarie Rübsamen

Neokolonialismus; → Kolonialismus

Nixe; mhdt. nickese, ahdt. nicchessa, ursprünglich badendes oder im Wasser lebendes Wesen. Im germanischen Mythos eine Wassergeistin, deren Unterleib und Beine in einem Fischschwanz enden. Die Nixe versucht, Menschen, vor allem Männer, ins Wasser zu locken und herunterzuziehen.

Nobelpreisträgerin; Die „Nobel“-Frau ist noch eine Ausnahme, aber sie ist im Kommen! Rund vier Prozent der Nobelpreise gingen bisher an Frauen, – es sind heute 26 Nobelpreisträgerinnen.

Dem schwedischen Chemiker Alfred Nobel, der das Dynamit entwikkelt hat, verdanken wir die Preise, die seit 1901 aus den Zinserträgen seines Vermögens finanziert werden. „Die Zinsen werden in fünf gleiche Teile geteilt“, heißt es in seinem Testament vom 28. 11. 1895, darunter „ein Teil an den, der am meisten oder am besten für die Verbrüderung der Völker und die Abschaffung oder Verminderung der stehenden Heere sowie die Anordnung und Förderung von Friedenskongressen gewirkt hat.“ Der jahrhundertelange Ausschluß der Frauen aus der Wissenschaft, – erst Anfang dieses Jahrhunderts durften Frauen studieren, erst 1921 einen Professorentitel erwerben –, sowie männliche Eitelkeit („Lise Meitners Arbeit ist mit dem Nobelpreis für Otto Hahn gekrönt worden“, Renate Feyl) dürften den niedrigen Anteil von Nobelpreisträgerinnen erklären.

Die Physikerin Marie Curie ist die erste Frau, die mit dem Nobelpreis ausgezeichnet wurde (1903), und gleich zweimal! Die Anregerin und erste Trägerin des Friedensnobel-

preises (1905) ist die österreichische Friedenskämpferin Bertha von Suttner. Es folgen sieben weitere Frauen, unter ihnen die schwedische Diplomatin und Schriftstellerin Alva Myrdal und zuletzt 1992 die Menschenrechtskämpferin aus Guatemala Rigoberta Menchu wegen ihrer „hervorragenden Rolle als Anwältin für die Rechte der Eingeborenen", für ihre „Arbeit für soziale Gerechtigkeit und ethnisch-kulturelle Versöhnung", deren Grundlage der „Respekt für die Rechte der Urbevölkerung" sei. Die südafrikanische Schriftstellerin und Apartheid-Gegnerin Nadine Gordimer bekam 1991 den Literatur-Nobelpreis; die israelische Rechtsanwältin Felicia Langer 1990 den alternativen Nobel-Preis für ihr Engagement für palästinensische Inhaftierte; die schwarze US-amerikanische Schriftstellerin Toni Morrison 1993 den Literatur-Nobelpreis.
In der Ökonomie hat es bisher noch keine Frau geschafft.

Lit.: Charlotte Kerner (Hrsg.), Nicht nur Madame Curie . . . Frauen, die den Nobelpreis bekamen, Weinheim und Basel 1990; WIR FRAUEN 1992, Kalender der Demokratischen Fraueninitiative, Köln 1991.

Nonne; mhdt. nonne, nunne; ahdt. nunna; lat. nonna, später auch Amme; eine Wortentwicklung, die irreführend ist, da die einzige Milch, die Nonnen hervorbringen, die der frommen Denkungsart sein dürfte.
Seit dem 5. Jh. werden Frauen, die sich für ihr Leben hinter Klostermauern zurückziehen, „den Schleier nehmen" und ihrem Herrn Jesus ein Verlobungsgelübde ablegen, als Nonnen bezeichnet (Bräute Christi). Die Nonnen haben Gelehrtinnen und Dichterinnen hervorgebracht.
Die erste bekannte deutsche Dichterin war eine Nonne, Roswitha von Gandersheim (um 935–975). Sie schrieb lateinische Dramen mit sinnenfrohen, drastischen Tendenzen. Berühmt war die Äbtissin und Ärztin Hildegard von Bingen (1098–1179), die erste bekannte Mystikerin. Ihrem Beispiel, zu schreiben und ihre Visionen zu Papier zu bringen, folgten viele Nonnen. Zu dieser Zeit gab es viele Witwen und alleinstehende Frauen, die dem frustrierenden Leben in der Gesellschaft das Leben hinter Klostermauern vorzogen, das ihnen Bildungsmöglichkeiten und Betätigung in den Wissenschaften bot. Diese Frauen befanden sich nicht immer in Übereinstimmung mit den kirchlichen Dogmen. Die Mystikerinnen waren gelehrte, selbständige Frauen, und es kam zu Emanzipationskonflikten mit der männlich-kirchlichen Hierarchie. Ihr Selbstbewußtsein wurde in Anklagen der Ketzerei und Abtrünnigkeit gebrochen.
Trotzdem waren Klöster die einzigen Oasen weiblicher Geistestätigkeit. Nur hier, zur Ehre Gottes, wurde es Frauen gestattet, Bildung zu erwerben und sie anzuwenden. Allerdings wurde diese Blüte weiblicher Geistigkeit bis auf wenige, nicht übergehbare Zeugnisse, unter anderem auch die herrliche mystische Lyrik der Mechtild von Magdeburg, verschwiegen oder vernichtet.
Erst die Frauenbewegung versucht, verschüttete Zeugnisse weiblicher Geistestätigkeit zu entdecken:
Als Beispiel ein interessanter Aufsatz von Berta Lösel-Wieland-Engelmann: „Die wichtigsten Verdachtsmomente für eine weibliche Verfasserschaft des Nibelungenliedes". Die Verfasserin gräbt erstaunliche Fakten aus, die mehr als eine Vermutung nahelegen, daß eine Niedernburger Nonne dieses Lied verfaßt hat. Die Brisanz ihrer Entdeckung blieb ohne Widerhall und wurde von der Altgermanistik bisher schlicht verschwiegen.

Lit.: Luise F. Pusch (Hg.), Feminismus – Inspektion der Herrenkultur, Frankfurt 1983; Irma Hildebrandt, Vom Eintritt der Frau in die Literatur, München 1983.

Norm; normal, lat. normalis = nach dem Winkelmaß gemacht; Vorschrift für ein theoretisches oder praktisches menschliches Verhalten, das zum Wertmaßstab für eine Beurteilung wird.
Die N. wird gesellschaftlich festgesetzt, etwa durch ethische Vorschriften (10 Gebote), die sich in Gesetzen niederschlagen, aber auch in Traditionen und Sitten ausdrükken. Sie legen die gewünschten Verhaltensweisen von Menschen fest, von denen dieses „normal" genannte Verhalten erwartet wird.

Die Nonne Guda als Schreiberin.

Foto von Rose Finn-Kelcey, aus: Künstlerinnen international 1877–1977. Zusammengestellt und herausgegeben aus Anlaß der Ausstellung im Schloß Charlottenburg Berlin 1977 von der Arbeitsgruppe Frauen in der Kunst.

Die N.n können durch eine allgemein abweichende, allgemein veränderte gesellschaftliche Realität verschoben werden und sich dann in neuen Gesetzen oder Vorschriften niederschlagen, die von der neu gebildeten Normenrealität ausgehen. Wenn dies nicht geschieht und die alte Norm starr gegen ein beharrend verändertes gesellschaftliches Verhalten ausgerichtet bleibt, führt dies zu Konflikten, die ständige Normverletzungen oder Umgehung der Normvorschriften nach sich ziehen können.

Ein Beispiel: Der § 218 wurde seit seinem Bestehen in überwältigend zahlreichen Fällen verletzt. Dem Gesetz lag keine N. zugrunde, die von der Mehrzahl der betroffenen Frauen bejaht oder befolgt worden wäre; es konnte daher weder von den gesetzlichen Organen noch über die Erziehung (vor allem Kirchen) erzwungen oder befolgbar gemacht werden. Es griff in eine seit langem bestehende, allgemein praktizierte Verhaltensweise ein, bezog also nicht ein vorgefundenes Normverhalten in die Gesetzgebung ein. Hier wurde einer uralten Verhaltensweise, einer N., die noch dazu seit jeher unterschiedliche Bewertungen erfuhr, nicht entsprochen; was eine unaufhörliche Gesetzesverletzung des überwiegenden Bevölkerungsteils, nämlich der Frauen, provozierte.

Nornen; die drei Schicksalsgöttinen der Germanen; ihre Namen sind Urd, Skuld und Werdandi. Die im Norden Urd (dtsch. wurt, engl. wyrd) genannte Norne ist die älteste der Schicksalsgöttinnen. Sie gilt sowohl als die Verkörperung des Schicksals als auch als Bestimmende des Schicksals. Die nächste, Skuld (skola = werden), ist die Göttin der Zukunft. Die dritte der einzeln hintereinander auftretenden und erst später zu einem Dreigestirn vereinten Göttinnen ist Werdandi (die oder das Werdende; isländischen Ursprungs). Die Nornen weben nach germanischem Glauben das Schicksal.

Notzucht; Nötigung einer Frau durch → Gewalt oder Drohung zum (außerehelichen) Geschlechtsverkehr; auch als Vergewaltigung bezeichnet. Vom Ehemann kann laut Gesetz (wenn auch realiter sehr wohl) einer Frau keine Nötigung zuteil werden (daher die einschränkende Klammer oben).

Leider findet sich keine Worterklärung, aus der zu erfahren wäre, ob das Wort Not, wie die in ähnlicher Zusammensetzung gebrauchten: Notunterkunft, Notwehr, Notwohnung eine Notsituation bezeichnen soll. Da das Wort Zucht, das hinzukommt, neben der Bezeichnung für ein Fortpflanzungsverfahren, das hier nicht gemeint sein kann, gewaltsame Disziplinierung bedeutet, scheint der Verdacht begründet, daß dieser Ausdruck die Not des Mannes meint, die ihn zur Zucht, also zur gewaltsamen Disziplinierung treibt.

Eine verräterische Wortentwicklung (und eine offizielle (!) Wortwahl für ein Delikt), die Rückschlüsse auf das Grundverständnis und die sich daraus ergebende Verfolgungspraxis der Gerichte nahelegt.

Nymphe; lat.; griech nymphé, eigentlich Braut, Jungfrau, aber in seiner griechischen Bedeutung auch Klitoris (verhüllend). N.n sind zarte, anmutige, tänzerische Naturgöttinnen der Fruchtbarkeit. Die Quellenschützerinnen sind die Najaden. Die Bergnymphen heißen Oreaden und die Baumbewohnerinnen Dryaden. Nereiden und Okeaniden sind ihre Verwandten im Meer.

Nymphomanie; abgeleitet von griech. nymphé, in der Bedeutung von Klitoris; gilt als der krankhaft gesteigerte Geschlechtstrieb der Frau („Liebeswut der Frau" – „mannstolles Weib"). Die Bezeichnungen für die Liebeswut des Mannes (Satyriasis, Gynäkomanie) haben nicht einen annähernd ähnlichen Bekanntheitsgrad, obwohl bei Männern der krankhaft gesteigerte Geschlechtstrieb die scheußlichsten Verbrechen hervorbringt.

Die N., so steht es zu lesen, erfordere ärztliche Behandlung.

Öffentlichkeit; von ahdt. „offenlile“, mhdt. „offenlich“ = allgemein, allen zugänglich, für alle bestimmt; Ö. = Allgemeinheit.
Im 18. Jh. gesellschaftliche Kommunikations-, Informations- und Beteiligungsverhältnisse, die eine Meinungsbildung ermöglichten. Ö., von der privaten wie von der staatlichen Sphäre getrennt, ist im Zuge der emanzipatorischen Bewegung des 17./18. Jhs. als eine wichtige Forderung gestellt und herausgebildet worden. Ö. war ein Bereich, den die Männer des Bürgertums innehatten. Ansprüche von Frauen wurden zurückgewiesen, ihre Sphäre sollte der private Bereich sein und bleiben. Zum Exempel: Schließung der Frauenclubs Ende des 18. Jhs. in Frankreich, Sonder(un)recht 1850 („Frauenspersonen“, Schüler und Lehrlinge dürfen keine politischen Vereine gründen und keinem angehören; → Antifeminismus) und um das Ganze perfekt zu machen, durften sie keinen politischen Versammlungen beiwohnen. Keine Frage, Frauen wußten sich auch da zu helfen: „So besuchten lerneifrige Frauen die Männerversammlungen in Männerkleidung oder erzwangen sich als geschlossene Masse Eintritt.“ (Anna Blos, 1930)
Trotz vieler Anstrengungen ist dieser Bereich den Frauen nicht in dem selben Maße zugänglich wie den Männern.
Mit dem Aufschwung der Frauenbewegung Ende der sechziger Jahre wurde darauf gedrängt, das → Private öffentlich zu machen. Probleme, die bisher als privat bezeichnet wurden und somit tabu waren (Probleme der Frauen, Sexualität, etc.), wurden verstärkt in der Ö. diskutiert.

Onanie; nach Onan, Sohn des Judas, der nach dem Alten Testament die Pflicht der Ehe nicht ausreichend erfüllte, da er, „sooft er der Frau seines Bruders beiwohnte, den Samen zur Erde fallen ließ“ (1. Mos. 38, 9). Für diese Art der Geburtenregelung wurde Onan laut Bibel von Gott mit frühem Tod bestraft. O. ist gleichzusetzen mit → Koitus interruptus und fälschlicherweise zu einem Synonym für → Masturbation und Selbstbefriedigung geworden.

Organisation(en); lat. organum, griech. organon = Zustand, Struktur, Aufbau. Gruppe, Verband mit sozial-politischen Zielen.
Zusammenschlüsse von Frauen zur Vertretung ihrer Interessen, zur Förderung bestimmter Ziele und zur Durchsetzung gleicher Rechte. Es gibt unterschiedliche O.sformen: Berufs- und Interesseno., religiöse und weltanschauliche O., feministische, allgemeinpolitische O.
Wenn es bereits im Mittelalter berufsständische, religiöse und Interessengruppen gab (→ Beginen), so entwickelten sich allgemeinpolitische Fraueno. erst mit der Industrialisierung im 19. Jahrhundert und mit der damit verbundenen Trennung von Produktion und Reproduktion, mit der Einbeziehung von Frauen in die Fabriken und im Zuge der Entwicklung der → Frauenbewegung.
Die wichtigste O. der bürgerlichen Frauenbewegung bis Ende des 19. Jahrhunderts war der 1865 gegründete „Allgemeine Deutsche Frauenverein“ ADF. Er ging aus dem von Louise Otto-Peters und Auguste Schmidt gegründeten Leipziger „Frauenbildungsverein“ hervor und setzte sich u. a. für die Gleichberechtigung der Frau und die Koalitionsfreiheit ein. Vereinsorgan war die „Neue Bahnen“, das von 1866 bis 1919 erschien. Im u. a. von Louise Otto-Peters geführten ADF waren 1877 rund 12 000 Frauen organisiert (1908: 19 000, nach dem Ersten Weltkrieg: 3000). Nach dem Ersten Weltkrieg wurde der ADF umbenannt in „Deutscher Staatsbürgerinnenverband“.
Anfang des 20. Jahrhunderts nahm die Organisierung von Frauen in Vereinen, Parteien und Gewerkschaften zu. Im 1894 – unter Federführung des Berliner Lette-Vereins – gegründeten „Bund deutscher Frauenvereine“ (BdF; erste Vorsitzende: Auguste Schmidt – es folgten Marie Stritt und Gertrud Bäumer nach 1910; die letzte Vorsitzende war 1931 Agnes von Zahn-Harnack) waren 1914 rund 250 000 Mitglieder organisiert (1931: über eine

O

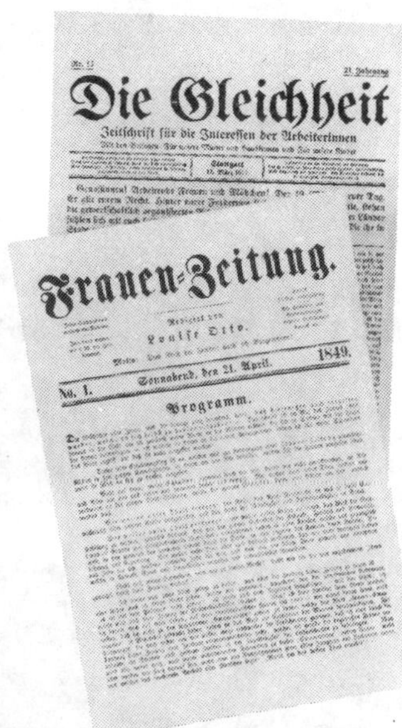
Die Gleichheit
Zeitschrift für die Interessen der Arbeiterinnen

Frauen-Zeitung.
Louise Otto.
1849.
No. 1. Sonnabend, den 21. April.
Programm.

Million). Der BdF war der Dachverband verschiedener bürgerlicher O., vom Stimmrechtsverein bis zur rechten, vaterländischen Fraueno. und Wohlfahrtsverbänden; er gab ab 1901 das Publikationsorgan „Centralblatt des Bundes deutscher Frauenvereine" heraus, das nach 1913 in „Die Frauenfrage" umbenannt wurde.

Große Teile des BdF unterstützten den Ersten Weltkrieg. An der Frauenarbeitszentrale beim Kriegsamt – zur Einbeziehung von Frauen in die Rüstungsproduktion – und u. a. am von Gertrud Bäumer 1914 gegründeten Nationalen Frauendienst waren BdF-Führerinnen maßgeblich beteiligt. In der Weimarer Republik bildete der BdF den Kern der bürgerlichen Frauenbewegung. Sein nationalistisch geprägtes Programm enthielt die Forderung nach einem begrenzten Mitspracherecht für Frauen.

Innerhalb des BdF und der bürgerlichen Frauenbewegung gab es jedoch verschiedene Strömungen: die Linken (die Radikalen) – so der 1888 von Minna Cauer gegründete „Verein Frauenwohl" und der 1905 von Helene Stöcker gegründete „Bund für Mutterschutz" sowie die Gruppen des „Nationalen Ausschusses für dauernden Frieden" (IFFF) um Lida Gustava Heymann und Anita Augspurg in 27 Städten; die Gemäßigten um Helene Lange und die Konservativen um Gertrud Bäumer. Während der Weimarer Republik bestanden mehrere extrem rechtsstehende, antisemitische und antisowjetische O. wie der „Bund Königin Luise" (1923 gegründet – 1933: 150 000 Mitglieder) oder der „Stahlhelm-Frauenbund".

1932 gab es insgesamt rund 230 bürgerliche Fraueno. Nach 1933 wurden solche O. wie der „Bund für Mutterschutz" und der deutsche Zweig der IFFF verboten, während die anderen bürgerlichen O. gleichgeschaltet wurden bzw. sich selbst auflösten wie der BdF.

Die organisatorischen Anfänge der proletarischen Frauenbewegung sind verbunden mit der Bildung der gewerkschaftlichen Unterstützungskassen, mit der 1869 gegründeten „Internationalen Gewerksgenossenschaft beiderlei Geschlechts der Handwerker, Fabrik- und Handarbeiter". Danach entwickelten sich u. a. auf Initiative von Clara Zetkin Arbeiterinnenvereine, in denen Frauen örtlich organisiert waren. 1881 wurde der „Frauen-Hilfsverein für Handarbeiterinnen" u. a. von Pauline Staegemann und Emma Ihrer gegründet, 1882 der „Fachverein der Weber beiderlei Geschlechts" (1886: 2000 Mitglieder), 1885 der von Emma Ihrer und Gertrude Guillaume-Schack initiierte „Verein zur Vertretung der Interessen der Arbeiterinnen". Die 1884 entstandene „Central-Kranken- und Begräbniskasse für Frauen" zählte 20 000 Mitglieder. Ab 1886 erschien das von Gertrud Guillaume-Schack herausgegebene Wochenblatt „Die Staatsbürgerin", aus der 1890 „Die Arbeiterin" wurde (Hg. Emma Ihrer) und später „Die Gleichheit" (Redakteurin: Clara Zetkin).

Als die Sozialistinnen sich 1900 zu ihrer 1. Frauenkonferenz trafen, hatten sie einen Hindernislauf durch verschiedene O.sformen hinter sich: von gewerkschaftlichen, politischen, Bildungs-Frauenvereinen über Agitationskommissionen bis hin zum Vertrauenspersonensystem. Mit der Integration der ehemals selbständigen Fraueno. in die sozialdemokratische Partei (ordentliche Mitgliedschaft und Auflösung der Frauenbildungsvereine 1908,

Lida Gustava Heymann und Anita Augspurg.

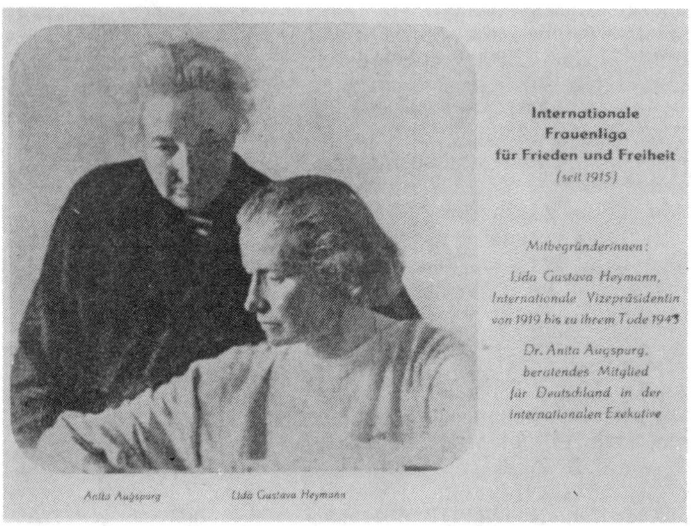

Auflösung des Frauenbüros 1912) verlor die sozialistische Frauenbewegung an Selbständigkeit.
Die proletarischen Frauen waren vor allem in Gewerkschaften, SPD und in der KPD (nach 1919) organisiert. Als erste eigenständige proletarische Frauenorganisation entstand 1925 der Rote Frauen- und Mädchenbund (RFMB), der rund 25 000 Mitglieder umfaßte. Seine Hauptaufgabe war, die Frauen für den Kampf und die Erhaltung des Friedens zu gewinnen und sie über die erneut drohende Kriegsgefahr aufzuklären, Arbeiterfrauen im Kampf gegen die sozialen Auswirkungen der Arbeitslosigkeit einzubeziehen. Gegen Ende der Weimarer Republik wurde der RFMB in einigen Regionen verboten.
1933 (→ Faschismus) trat die NS-Frauenschaft (gegründet 1931, Nachfolgerin des 1929 entstandenen „Deutschen Frauenordens") als NS-Führungso. (1941: sechs Millionen Mitglieder) und das Deutsche Frauenwerk als Masseno. auf. Die faschistische Einbeziehung der Mädchen erfolgte über den „Bund deutscher Mädel" (BDM; für Mädchen im Alter zwischen 14 bis 17 Jahren), den „Jungmädelbund" (10 bis 14 Jahre) und ab 1938 über das Werk „Glaube und Schönheit" (für Frauen von 17 bis 21 Jahre). In diesen O. herrschte das Führerprinzip mit unbedingtem Befehl und Gehorsam.
Nach dem Zusammenbruch des Faschismus und der Befreiung entstanden bereits 1945 in den verschiedenen Zonen antifaschistische Frauenausschüsse mit der Losung: „Nie wieder Faschismus, nie wieder Krieg", aus denen der „Demokratische Frauenbund" (DFD) hervorging. In der Bundesrepublik wurde der „Demokratische Frauenbund" DFD 1950 gegründet und umfaßte 28 000 Mitglieder. Er setzte sich gegen Wiederaufrüstung, für Frieden und Gleichberechtigung ein und wurde 1957 unter der Adenauer-Regierung verboten. Der DFD kämpfte Anfang der fünfziger Jahre gegen Remilitarisierung und Westintegration, gegen die Militärverträge und für die Einheit Deutschlands. 1954 brachte er einen Gesetzentwurf zur Gleichberechtigung der Frau ein, der allerdings vom Bundestag abgelehnt wurde. Mitte der fünfziger Jahre setzten die Frauen mit vielfältigen Aktionen den Kampf gegen die Pariser Verträge, gegen Atomrüstung und allgemeine Wehrpflicht fort. Der DFD gab die Zeitschrift „Die Frau von heute" heraus.
In der ehemaligen DDR bestand der DFD als einzige, staatlich geprägte Fraueno. weiter. Er war vor allem auf kommunaler Ebene tätig, mit rund zwei Millionen Mitgliedern, vertreten wurde er in der Volkskammer mit einer eigenen Fraktion.
Gegen Remilitarisierung und für die Verständigung zwischen den Völkern setzte sich auch die 1951 gegründete „Westdeutsche Frauenfriedensbewegung" ein.
Traditionelle Fraueno. und Vereine nahmen nach dem Krieg ihre Arbeit ebenfalls wieder auf. Aus der 1947 entstandenen „Notgemeinschaft" ging 1948 der „Staatsbürgerinnenverband" hervor. Zu diesem Zeitpunkt gab es 42 überparteiliche und überkonfessionelle Fraueno. 1949 wurde der „Deutsche Frauenring" gegründet, 1951 der „Informationsdienst und Arbeitskreis deutscher Frauenverbände und Frauengruppen gemischter Verbände", der später als Dachverband verschiedener Fraueno. „Deutscher Frauenrat" genannt wurde. Der „Deutsche Frauenrat" faßt heute zehn Millio-

UNO-Weltfrauenkonferenz, Nairobi 1985.

„In Erwägung, daß wir unsere Lage nur selbst und nur gemeinsam verbessern können, und im Bewußtsein, daß unser besonderer Kampf nur erfolgreich sein kann als Teil der allgemeinen Anstrengungen, die sich gegen Unterdrückung und Benachteiligung wenden, haben wir uns zusammengeschlossen."

Aus der Grundsatzerklärung der Interessengemeinschaft der mit Ausländern verheirateten deutschen Frauen.

Symbol der UNO-Dekade für die Frau – Gleichberechtigung, Entwicklung und Frieden – 1975–1985.

nen Mitglieder zusammen, mehr als 100 so unterschiedliche O. wie: den „Hausfrauenbund", die „Abteilung Frauen im Bundesvorstand des Deutschen Gewerkschaftsbundes" DGB, den „Deutschen Frauenring", die „Evangelische Frauenarbeit", die „Arbeitsgemeinschaft katholischer Frauenverbände und Gruppen", den „Verband alleinstehender Mütter und Väter", die „Frauenvereinigung der CDU" und die „Arbeitsgemeinschaft sozialdemokratischer Frauen" ASF. Z. Z. gehören zu den Arbeitsschwerpunkten des Deutschen Frauenrats u. a.: die Rentenreform, die Frau in den Medien und die Darstellung der Frau in der Werbung. Der Deutsche Frauenrat gibt monatlich die „Informationen für die Frau" heraus.

Als Reaktion auf die Erstarrung mancher traditioneller Fraueno. und im Zuge der Entspannung und der Entstehung neuer sozialer Bewegungen Ende der sechziger Jahre entwickelten sich verstärkte Frauenaktivitäten: in der § 218-Bewegung, den autonomen Frauenprojekten und -zentren, in den Gewerkschaften (gewerkschaftliche Frauenausschüsse), in den Bürgerinitiativen und in der Friedensbewegung, in den Parteien (CDU-Frauenvereinigung, Arbeitsgemeinschaft sozialdemokratischer Frauen, Arbeitskreise Emanzipation bei den Jungdemokraten, Frauenarbeitskreise bei der DKP und den Grünen). (→ Politik)

1975 entstand die „Initiative Internationales Jahr der Frau '75", aus der sich 1977 die „Demokratische Fraueninitiative" (DFI) als Bestandteil der → Frauenbewegung herausbildete. Die DFI gibt jährlich den Kalender „Wir Frauen" heraus (Redaktion: Florence Hervé, Elly Steinmann, Renate Wurms).

Im Zuge der Frauenbewegung entstanden auch die „Interessengemeinschaft der mit Ausländern verheirateten Frauen" (IAF), die „Fraueninitiative 6. Oktober" (einen Tag nach der Bundestagswahl 1980) sowie vielfältige Frauenprojekte, Frauenfriedensgruppen (→ Friedensbewegung der Frauen) und neuerdings Gruppen, die sich mit internationalen Fragen beschäftigen (wie z. B. NRO-Frauenforum, AGISRA, Frauen der Einen Welt) (→ Dritte Welt).

Im Zuge der „Wende" 1989 in der DDR entstanden viele autonome Frauengruppen – darunter der Unabhängige Frauenverband (UFV). Der DFD besteht als „Demokratischer Frauenbund e. V." in den neuen Bundesländern weiter und setzt sich vor allem mit sozialen Problemen auseinander. 1992 hatte er rund 200 000 Mitglieder. Seine Zeitschrift ‚Für Dich' ist eingegangen.

Internationale Frauenorganisationen: Zusammenschluß von Frauen verschiedener Nationalitäten zur Vertretung allgemeiner oder besonderer Interessen der Frau. Es gibt internationale Berufs- und Interesseno., religiöse und weltanschauliche Verbände, Fraueno. mit allgemeiner Zielsetzung.

Die Bestrebungen nach internationaler Organisierung der Frauen sind mit der Entwicklung der Frauenbewegung im 19. Jahrhundert verbunden. Ende des 19. Jahrhunderts entstand z. B. der „Internationale Frauenrat" (1888) in den USA, mit dem Ziel, Frauen aller Nationalitäten, Rassen, Religionen, Klassen und verschiedener Interessen zu einem Dachverband zusammenzufassen. Er setzte sich ein für die Förderung der Familie und des Kindes, für die Gleichberechtigung der Frau in der Arbeit, für den Frieden und unterstützt ab 1948 die Bestrebungen der Vereinten Nationen, bei denen er beratende Stellung einnimmt.

1907 entstand die „Sozialistische Fraueninternationale", die u. a. den → Internationalen Frauentag anregte und im Kampf gegen den Ersten Weltkrieg vielfältige Aktivitäten entfaltete. Besonders aktiv ist ebenfalls in dieser Frage die „Internationale Frauenliga für Frieden und Freiheit" (IFFF), die sich aus dem 1915 auf dem Haager Kongreß gegründeten „Internationalen Ausschuß für dauernden Frieden" entwickelte. In Deutschland wurde die IFFF während des Faschismus verboten. Nach 1945 nahm sie ihre Arbeit wieder auf und stellte den Kampf um Frieden, gegen Krieg und Militarismus, für Völkerverständigung in den Mittelpunkt ihrer Arbeit. Zum Internationalen Frauentag 1983 rief die IFFF zu einer Demonstration mit 10000 Frauen in Brüssel auf – als Höhepunkt der STAR-Kampagne gegen das Wettrüsten, gegen Cruise-Missiles und Pershing II. Es bestehen nationale Sektionen der IFFF in 27 Ländern, sie gibt die Zeitschrift „Pax und Libertas“ heraus, ihr Sitz ist Genf. In der Bundesrepublik existieren mehrere Gruppen der IFFF.

„Nie wieder Faschismus – nie wieder Krieg“ – dies war das Gelöbnis der Frauen aller Welt auf dem Gründungskongreß der „Internationalen Demokratischen Frauenföderation“ (IDFF) am 1. Dezember 1945 in Paris, an dem Tausende Frauen aus 41 Ländern (die 81 Millionen Frauen vertraten) teilnahmen. Die IDFF knüpfte an die antifaschistischen Aktivitäten vieler nationaler Frauenо. an, an den Weltkongreß der Frauen gegen Krieg und Faschismus in Paris 1934, aus dem Weltkomitees der Frauen hervorgingen. Sie ist die einzige internationale Frauenо., die Frauen aus Entwicklungsländern, aus sozialistischen und kapitalistischen Ländern vereint. Heute faßt sie 135 O. aus 117 Ländern zusammen und setzt sich u. a. für die politischen, wirtschaftlichen, zivilen und sozialen Rechte der Frauen in aller Welt ein, für weltweite Abrüstung und Frieden als Voraussetzung für die Gleichberechtigung der Frau, so z. B. auf den von ihr initiierten Weltkongressen der Frauen im Internationalen Jahr der Frau 1975 in Berlin und 1981 in Prag. Langjährige Vorsitzende und Mitbegründerin der IDFF war die französische Wissenschaftlerin und Widerstandskämpferin Eugénie Cotton.

Die IDFF hat als internationale, nichtstaatliche O. einen beratenden Status bei der UNO: sie regte u. a. das Internationale UNO-Jahr der Frau und die UNO-Konvention über die Beseitigung aller Formen der Diskriminierung der Frau 1979 an. Sie gab bis 1990 die Zeitschrift „Frauen der ganzen Welt“ heraus, die vierteljährlich in 6 Sprachen erschien. 1991 wurde das europäische Zentrum der IDFF (Sitz: Paris) gegründet. Beide Frauenо., IFFF und IDFF, haben durch ihr Engagement dazu beigetragen, daß die Vereinten Nationen (UNO) – am 25. Oktober 1945 gegründet – als einzige internationale Organisation seit Juni 1946 ein ständiges Gremium haben, das sich ausschließlich mit Frauenfragen befaßt: die Kommission „für den Status der Frau“. Diese tagt jährlich mehrere Wochen und hat die Aufgabe, Berichte und Empfehlungen für den Wirtschafts- und Sozialrat der UN vorzubereiten, mit dem Ziel, die Gleichberechtigung von Mann und Frau in der ganzen Welt durchzusetzen und die Position der Frau auf politischem, wirtschaftlichem, zivilrechtlichem und sozialem Gebiet zu verbessern.

Bereits in der „Allgemeinen Erklärung der → Menschenrechte“ wurde die Gleichberechtigung der Frau hervorgehoben. Seitdem sind wichtige internationale Erklärungen und Konventionen zur Verbesserung der Lage der Frau verabschiedet worden, die von vielen Regierungen ratifiziert wurden. Das Jahr 1975 wurde mit dem Ziel zum UNO-Jahr der Frau erklärt, „Gleichberechtigung, Entwicklung und Frieden“ zu erreichen. Zwischenbilanz wurde 1980 in Kopenhagen gezogen; 1985 endete die UNO-Dekade der Frau mit dem Weltfrauenkongreß von Nairobi. 1995 soll die UNO-Frauenkonferenz in China stattfinden.

Lit.: Ute Gerhardt, Unerhört - Die Geschichte der deutschen Frauenbewegung, Hamburg 1990; Florence Hervé (Hg.), Geschichte der deutschen Frauenbewegung, 4. Auflage, Köln 1995; dies., Frauenbewegung und Arbeiterbewegung. Texte zur Frauenemanzipation in Deutschland und in der BRD von 1848 bis 1980, Frankfurt 1981; Ingeborg Nödinger, Frauen gegen Wiederaufrüstung, Frankfurt 1984; Annette Kuhn (Hg.), Die Chronik der Frauen, Dortmund 1992; Herrad Schenk, Die feministische Herausforderung. 150 Jahre Frauenbewegung in Deutschland, München 1980; Margit Twellmann, Die deutsche Frauenbewegung, ihre Anfänge und erste Entwicklung 1843-1889, Kronberg 1976; Daniela Weiland, Geschichte der Frauenemanzipation in Deutschland und Österreich. Biographien - Programme - Organisationen, Düsseldorf 1983.

Florence Hervé

Orgasmus; (→ Sexualität)

Ovulation; lat., Follikelsprung, Eisprung. Die Frage der Bestimmbarkeit des O.s-Termins ist bedeutsam für die Feststellung der Befruchtung bzw. deren Verhinderung.

„**Ohne Zweifel beruht die Welt auf der ständigen gemeinsamen Aktivität der Männer und Frauen, und man möchte meinen, daß eine Aktion speziell für die Frauen etwas Überflüssiges wäre. Aber dem ist nicht so. Zahlreich sind die Frauen, die der Ermutigung, der Freundschaft und Solidarität bedürfen, damit sie lernen, von ihren Kräften Gebrauch zu machen. Und aus diesem Grunde ist die Rolle der Frauenverbände von so großer Bedeutung.**“

Eugenie Cotton (1881–1967)
Präsidentin der Internationalen Demokratischen Frauenföderation (IDFF)

P

Pascha; türk., dem Namen nachgestellter, auf Lebenszeit verliehener Titel für hohe militärische und zivile Würdenträger im Osmanischen Reich. Ursprünglich militärische Rangbezeichnung, wurde seit dem 19. Jahrhundert auch an Zivilbeamte verliehen. 1934 offiziell in der Türkei, 1953 in Ägypten abgeschafft.
Bei uns ist ein P. ein Mann, der sich von hinten bis vorne von seiner Frau bedienen läßt.

Patriarchat; (Patriarchalismus); von lat. „pater" = Vater und griech. „archein" = herrschen heißt P. wörtlich Vaterherrschaft, auch Vaterrecht. Im Frauenbewegungsalltag werden P. und Patriarchalismus als Kurzformeln im Sinn von Männerherrschaft gebraucht und/oder um die Vorrangstellung des Mannes in der Gesellschaft, in der Politik, der Wirtschaft, der Familie, der Kultur zu kennzeichnen.

Seit Anfang/Mitte der 70er Jahre wurde zu den Begriffen eine umfangreiche Theoriediskussion zwischen Feministinnen und Marxistinnen kontrovers geführt; diese Debatte hat Differenzierungen, veränderte und neue Positionen bewirkt und zu einer kaum überschaubaren Vielfalt des Begriffsgebrauchs beigetragen. In der P.s.-bzw. Patriarchalismusdiskussion geht es um die Ursachenerklärung der Frauenunterdrückung, die Beziehungen der Geschlechter zueinander und die gesellschaftlichen Herrschaftsverhältnisse in ihrer historischen Entwicklung und Veränderung.
Ausgehend von dem Begriffsgebrauch bei dem Soziologen Max Weber und unter Berücksichtigung einer historisch-materialistischen Sichtweise kann Patriarchalismus zunächst allgemein als eine historische Form der Herrschaft bestimmt werden: Im Rahmen eines (erweiterten) Familienverbandes, der zugleich Wirtschaftseinheit ist, übt der Vater nach Tradition und fester Erbregel, auf der Grundlage der wirtschaftlichen Macht die alleinige Herrschaft über den Familienverband aus. Er verfügt über den Grund und Boden, über Leib und Leben aller Haushaltsmitglieder, hat alle (Gewalt-)Mittel in seiner Hand. Max Weber, auf den sich wenige Autorinnen direkt und viele, ohne ihn zu nennen, beziehen, unterscheidet historische Entwicklungsformen des Patriarchalismus u. a. nach Entstehung, Rechtfertigung (Legitimation) und Begrenzungen der Herrschaft des „Hausvaters" im Rahmen der gesamten gesellschaftlichen und herrschaftlichen Ordnung; er faßt darunter römische Herrschaftsformen wie auch die Ritter, Gutsherren, städtischen Zunftmeister im mittelalterlichen feudalen Wirtschafts- und ständisch gegliederten Herrschaftssystem (Max Weber, 1956). Der entsprechende Begriff P. für Vaterherrschaft wird von Weber nicht gebraucht; in historisch-materialistischen Arbeiten wird P. zunächst zur Charakterisierung der Übergangsgesellschaften von der Ur- zur Klas-

sengesellschaft benutzt und hat sich eher als Kurzformel herausgebildet, um die Herrschaftsstellung des Vaters in der →„Familie“, die Vormachtstellung des Mannes in der Gesellschaft zu umreißen (Friedrich Engels, 1892) (→Gesellschaft, →Matriarchat).
Die P.sdiskussion wurde in der Frauenbewegung durch die radikalfeministischen Ansätze u. a. von Kate Millett und Shulamith Firestone ausgelöst. Kate Millett (1971) bestimmt das P. als grundlegendes Herrschaftsverhältnis, eine „soziale Konstante“, ein „Grundprinzip“ jeder Gesellschaft. In der sexuellen Unterdrückung der Frau und der Familie als dem Ort, in dem diese und die Vorherrschaft des Mannes immer wieder von Generation zu Generation hergestellt wird, sieht sie die zentralen Momente des P.s., in der sexuellen Befreiung der Frau und der Überwindung der Institution Ehe und Familie die entscheidenden Voraussetzungen für →Befreiung. Shulamith Firestone (1975) geht stärker auf die Verschiedenheit der Geschlechter und die Benachteiligung der Frau durch ihre Gebärfähigkeit, ihre biologische Reproduktionsfunktion, ein. Als grundlegenden Widerspruch für die Spaltung der Gesellschaft in ökonomische und in „Geschlechterklassen“ sieht sie die biologische Verschiedenheit. Ihre Perspektive ist ein „kybernetischer Kommunismus“: die Befreiung der Frau von Schwangerschaft und Geburten durch Retortengeburten, die Überwindung von geschlechtsspezifischer Arbeitsteilung, die Befreiung von schwerer körperlicher Arbeit durch Automatisierung und sich selbst regelnde Produktionssysteme. In Firestones Sichtweise muß die ökonomische Revolution durch die sexuelle ergänzt werden. In der Frauenbewegung wurde in dem Maße, wie Retortengeburten und „Menschenzüchtung“ Realität wurden bzw. werden, eine solche Perspektive verworfen (→ Gentechnologie, → Reproduktionstechnologien).
Mit einer Reihe von Variationen, auch der stärkeren Berücksichtigung der ökonomischen und gesellschaftlichen Aspekte der (biologischen) Reproduktionsfunktion der Frau setzte sich insbesondere in der feministischen Bewegung die Bestimmung des P.s. durch als männliche Kontrolle und Herrschaft über die Fruchtbarkeit der Frau. „. . . die Unterdrückung der Frau (beruht) auf einer Aneignung ihrer Sexualität zum Zweck der Ausbeutung ihrer Reproduktionsfähigkeit durch den einzelnen Mann und/oder patriarchalische Institutionen; der Kapitalismus stellt nur eine – möglicherweise verschärfte – Spielart dieser Ausbeutung dar“ (Herrad Schenk, 1980).
Damit wurde ein wichtiges Element und auch eine eigenständige Dimension der Frauenunterdrückung in kapitalistisch-patriarchalischen Gesellschaften herausgearbeitet. Die Kritik richtet sich vor allem gegen a) die Reduktion auf biologische Faktoren, b) die unhistorische Betrachtungsweise, die Annahme einer „universalen und überhistorischen Kategorie der Männerherrschaft“ (Michèle Barrett, 1982), die

„Die Frau ist gemacht, dem Manne zu gefallen.“

Jean Jacques Rousseau (1712–1778)

„Frau zum Verkauf.“ Der englische Heiratsmarkt im frühen 19. Jahrhundert, wie ihn der Franzose Martinet sah.

die komplexen historischen Veränderungen in der Stellung der Frau und der des Mannes insbesondere im Übergang von der feudalen zu der bürgerlich-kapitalistischen Gesellschaft unberücksichtigt läßt, c) die Grundannahmen über das Wesen und die Natur der Geschlechter und d) die Vernachlässigung des Klassenwiderspruchs.
Kritik und Auseinandersetzung um die Dominanz der Klasse oder des Geschlechts als Ursache der Frauenunterdrückung, praktische Politik und historische Forschung haben vom sozialistischen, marxistischen wie feministischen Ansatz her zu Differenzierungen und Annäherungen geführt, aber auch zu neuen Kontroversen im Rahmen der feministischen Debatte um (Geschlechter-)Differenz und Gleichheit, um „weibliche Freiheit" und Befreiung (→ Emanzipation, → Feminismus, → Gleichberechtigung).
Zu den (immer noch) aktuellen Fragen in der P.sdebatte gehören:
(1) Der Begriff ist nach wie vor umstritten als hinreichende Kategorie, das → Geschlechterverhältnis als Herrschaftsverhältnis zu beschreiben und zu analysieren. Ein Aspekt ist die unterschiedliche Stellung von Männern in patriarchalischen Gesellschaften. Aufgrund ihrer Klassenzugehörigkeit, ihrer Hautfarbe / ethnischen Herkunft bestehen zwischen ihnen Herrschafts- und Unterdrückungsverhältnisse, Rangordnungen. Was den P.sbegriff dann ausmacht, ist die ihnen gemeinsame dominante Position gegenüber Frauen. Um diese Dominanz aufrechterhalten zu können, sind sie voneinander abhängig und vereinigt und sei es nur durch „das Versprechen der Kontrolle über eine einzige Frau" (Heidi Hartmann, in: Women and Revolution, 1981).
(2) Es geht in der feministischen Theorie und Praxis und damit auch im Bezug auf das P., den Patriarchalismus, um das Herausarbeiten, Analysieren und Überwinden des geschlechtsbezogenen, gesellschaftlichen Herrschaftsverhältnisses, dem *Frauen als Frauen* unterworfen sind. Daß Abteilungen wie „Nebenwiderspruch", Erklärungen in Analogie zu anderen Herrschaftsverhältnissen und -formen nicht taugen, ist eine Erkenntnis und Erfahrung. Daß die Herrschaft von Männern über Frauen weiter verbreitet und älter, „fundamental" gegenüber anderen Herrschaftsformen ist, daß sie andererseits „merkwürdig verdeckt" bleibt, indem sie „besonders tief in der ‚Normalität' der Gesellschaft, ja geradezu in der menschlichen Natur eingewurzelt zu sein scheint", sind die besonderen Schwierigkeiten, das geschlechtsbezogene Herrschaftsverhältnis sichtbar zu machen, in seinen Besonderheiten zu analysieren, was Voraussetzungen für seine Überwindung sind (u. a. Cornelia Klinger, in: Differenz und Gleichheit, 1990). Hier werden P. und Patriarchalismus eher zu „Krücken", denn als schon zureichende Begriffe und Kategorien verstanden. Eine Konsequenz ist, die Kategorien Geschlecht und → Geschlechterverhältnis in die historische und aktuelle Gesellschaftsanalyse einzuschreiben, statt nach dem „Wesen der Frau", der „Besonderheit des Weiblichen" als patriarchal definierten Setzungen zu fragen (u. a. Gisela Breitling, in: Frauen-Widerspruch, 1987).
(3) Der Zwang, alle Herrschaft auf eine Ursache zurückzuführen, ist tendenziell dem Interesse gewichen, das patriarchale Herrschaftsverhältnis als unterschiedenes *und* in seiner Verschränkung mit anderen auf der

Basis von Klasse und Hautfarbe/Rasse zu analysieren, in die Frauen und Männer auf verschiedene Weise eingebunden, mit- und gegeneinander verstrickt sind. Die Perspektive der Veränderung wird hier in Autonomie und Identitätsgewinnung als Individuum und Geschlecht einerseits und der (punktuellen) Solidarität und Zusammenarbeit andererseits gesehen (u. a. Anja Meulenbelt, Scheidelinien, 1988).

(4) Die „Mittäterschaft" von Frauen in patriarchalischen Gesellschaften, ihre gesellschaftliche und individuelle Funktion für Erhalt und Befestigung männlicher Macht und Vorherrschaft. Hier interessiert die Frau in erster Linie als „Mittäterin", nicht als Opfer patriarchalischer Herrschaft. Dabei geht es – ähnlich wie bei Anja Meulenbelt – nicht um „Schuld", sondern um kritische Selbstanalyse und -veränderung und um die Verantwortung aller für Zustand und Veränderung der patriarchal dominierten Verhältnisse. Die *gegenwärtige,* nicht erst zukünftige Perspektive ist die *Aufkündigung* der Mittäterschaft, die in den verschiedenen Formen des Erleidens, Duldens, Wegsehens von Männergewalt, aber auch im Partizipieren und Profitieren am P. besteht (u. a. Christina Thürmer-Rohr, in: Mittäterschaft und Entdeckungslust, 1989). (→ Emanzipation, → Feminismus, → Frauenbewegung, →Geschlechterverhältnis, → Gleichberechtigung, → Matriarchat, → Sexualität, → Utopie)

Lit.: AK Frauenfrage des IMSF (Hrsg.), Patriarchat und Gesellschaft, Frankfurt/M. 1985; Gisela Breitling, Kultur im Patriarchat, in: Mechtild Jansen (Hrsg.), FrauenWiderspruch, Köln 1987; Frigga Haug / Kornelia Hauser, Geschlechterverhältnisse und Frauenpolitik, Berlin 1984; Cornelia Klinger, Welche Gleichheit und welche Differenz?, in: Ute Gerhard u. a. (Hrsg.), Differenz und Gleichheit, Frankfurt/M. 1990; Anja Meulenbelt, Scheidelinien. Über Sexismus, Rassismus, Klassismus, Reinbek bei Hamburg 1988; Herrad Schenk, Die feministische Herausforderung, München 1980; Studienschwerpunkt „Frauenforschung" am Inst. f. Sozialpäd. der TU Berlin (Hrsg.), Mittäterschaft und Entdeckungslust, Berlin 1989.

Renate Wurms

Penis; von lat. Peniculus = Pinsel, Schwänzchen, Schwamm, Bürste; kommt im Duden-Herkunftswörterbuch nur unter Pinsel vor; männliches Begattungsorgan bei vielen Tieren und beim Menschen (Phallus).
Den Penisneid sollen wir haben, haben wir aber nicht.

Periode; griech. periodos, das „Herumgehen", regelmäßig Wiederkehrendes; monatliche Regelblutung der Frau. (→ Menstruation)

Pflege; Sie liebte ihn, weil er Gefahr bestand / Er liebte sie um ihres Mitleids willen.
Eine poetische und das Herz rührende Beschreibung des Geschlechterverhaltens, dem jedoch ein eisenhartes Rollenverständnis zugrundeliegt. Nur sind die Rollen heute nicht mehr so exakt umrissen, die Gefahren nicht mehr auf Schlachtfelder begrenzt, auf denen die Kerle sich gegenseitig massakrierten, sondern längst allgegenwärtig. Frauen in heutigen Männerkriegen sind Hunger und Elend, Blut und Tod genauso zahlreich, nur schutzloser ausgesetzt als Männer. Sie pflegen nicht nur Wunden, sie sterben selbst an ihnen – und weitgehend ungepflegt.
Denn Frauen übernehmen zwar Männerpflichten, aber umgekehrt läuft der Austausch nur träge. Es bleibt Frauensache: tägliche Pflege der Kinder, des Mannes, des Haushalts, des Autos, des Hundes, des Meerschweins und neben der Pflege des leiblichen ebenso die des seelischen Wohls der Familie.
Damit nicht genug. Bei chronischer Krankheit des Mannes, der Kinder, der Mutter, des Vaters und – in Ermangelung eigener Töchter – der Schwiegermutter, des Schwiegervaters treten nie Männer auf, sondern Frauen, Frauen, Frauen.
Zur Pflege anderer gehört Selbstentäußerung, eine Übung, mit der Frauen von Kindheit an vertraut gemacht werden. Es scheint jedoch, als ließe ihre Bereitschaft heutzutage zunehmend nach. Wir bemerken das an der Kostenexplosion in der Kranken- und Altenpflege, (auch wenn es nur einer der Gründe dafür ist) die früher weitgehend von Frauen bewältigt wurden.
Wenn man dann noch an die vielen ruhmlosen Sozialhelferinnen ehrenhalber denkt (die Ehrenämter von

Picasso: Junger Mann, 1956.

Männern haben da ganz anderes Kaliber, man denke an die olympischen Komitees, die Sport-, Schützen-, Karnevals- und Hundezüchtervereine!) und dann beobachtet, daß diese Helferinnen wohl eine aussterbende Generation darstellen, weil die Jungen immer mehr mit ihrer Mitverdiener-, Single- und Alleinerzieherinnenexistenz zu tun haben, dann könnte frau den Staat, auch wenn sie ihn nicht liebt, „um ihres Mitleids willen" ein bißchen bedauern.
1991 gab es in der BRD über 1 Million pflegebedürftiger Menschen, zwei Drittel davon sind Alte. Etwa eine halbe Million lebt in Pflegeheimen, die anderen werden zu Hause betreut. Ein Heimpflegeplatz kostet zwischen 2500 DM und 4500 DM. So kann es nicht verwundern, daß – bei einer durchschnittlichen Rentenhöhe von 500 bis 900 DM bei Frauen – 70% der HeimbewohnerInnen auf Sozialhilfe angewiesen sind. Weil das Sozialamt auf Grund des „Generationsvertrages" die Kosten bei den Kindern zurückholt, kann das in einer Familie mit durchschnittlichem Einkommen mühsam Ersparte schnell aufgebraucht werden. Aus diesen Gründen hat in den vergangenen Jahren die Debatte über eine der gesetzlichen Krankenversicherung vergleichbare Pflegeversicherung mit dem Ziel einer familienunabhängigen Absicherung für den Pflegefall rasch zugenommen. Über die Finanzierung einer solchen Versicherung ist – wie auch anders! – ein heftiger Streit entstanden, der seltsame Blüten trieb. So wurde doch ernsthaft vorgeschlagen, die Kosten über die Einführung von Karenztagen oder aber über die Streichung von Feiertagen wie Pfingstmontag zu finanzieren. Die Auseinandersetzungen dauern an. . .

Phallus; griech., männliches erigiertes Glied, Sinnbild der Zeugungskraft; ursprünglich nicht nur Symbol für Männlichkeit.
Künstliche, in Stein, Holz, Ton u. a. Material nachgebildete Phalli versinnbildlichen die Gottheit und werden wie diese verehrt: sie sind auch magische Fruchtbarkeitsspender bei Riten und in Agrarkulten. Körperlichen Dingen wurde eine symbolische phallische Bedeutung beigegeben, so dem Fuß, dem Daumen, dem Stein, der Säule oder dem Baum. Der Stein („Linga" oder „Menhir") soll die Sterilität indischer und bretonischer Frauen heilen. Der Daumen soll die schöpferische Kraft bedeuten, da er den anderen Fingern und der ganzen Hand die Kraft des Greifens verleiht. Nach Freud und Jung hat auch der Fuß eine phallische Bedeutung: so wäre der Schuh ein weibliches Symbol, in den der Fuß hineinpaßt (erotische Bedeutung). Dem Baum wird ein ambivalenter Symbolismus zugeschrieben, zugleich Phallus und Gebärmutter. Der Gehalt dieser Symbole ist nicht immer erotisch bzw. esoterisch (nur für Eingeweihte). P. bedeutet in vielen Religionen schöpferische, zu verehrende Kraft. (→ Phalluskult)

Phallus impudicus; auch Stinkmorchel und Schleierdame genannt; gehört zu den Rutenpilzen oder Phallaceen, die man auch als Blumenpilze bezeichnet. P. ist ein ungenießbarer Pilz. Aus einem anfangs kleinen, eiförmigen Gebilde, dem sog. Hexenei (auch Teufelsei genannt) entwickelt sich eine unregelmäßige Kugel auf dem Erdboden. Nach Aufreißen der Eihaut schiebt sich der Stiel hervor (in 10 Minuten etwa 1 cm) und erreicht eine Gesamthöhe bis 20 cm. Auf seiner Spitze sitzt der Hut, unter dessen Rand der weiße Schleier hervorkommt.
Der Aberglaube schrieb der Stinkmorchel wunderbare Kräfte zu: so wurde sie zur Herstellung von Liebestränken und Zaubermitteln benutzt.

Phalluskult; in dem im allgemein männlich orientierten P. (Bevorzugung männlicher Gottheiten) wird der Zeugungsgedanke in den Vordergrund gestellt, während in Kulturen mit mutterrechtlichen Tendenzen vielfach von „zeugungsloser" Geburt ausgegangen wird. In der Antike wurden auf Prozessionen, den „Phallophoria", Phalli durch die Felder getragen, um Fruchtbarkeit zu beschwören. In Indien oder im alten Japan gab es phallische Gottheiten mit sowohl weiblichen als männlichen Organen. Im jüdischen Gedankengut, im „Sepher Bahir“, wird der Phallus mit dem Gerechten verglichen, auch als siebtes Glied des Mannes gesehen – das achte ist danach das Weib, aus der Rippe des Mannes geschaffen. (→ Phallus)

Pharmaka (Pharma-Industrie); griech. pharmakon = Heilkraut, Heilmittel; pharmakeia = Gebrauch von Heilmitteln, Giftmischerei (!). Ob es mit Pharmakides zusammenhängt, den altgriechischen Zauberinnen und Schicksalsgöttinnen, die von der eifersüchtigen Göttin Hera gesandt wurden, um die Geburt des Zeussohnes Herakles zu verhindern? Mit den Spinnerinnen, die des Menschen Lebensfaden spinnen und abschneiden? Heute: Zweig der chemischen Industrie, deren Produkte Arzneimittel sind. Die Pharma-Industrie macht, trotz mehrerer Arzneimittelskandale (Contergan, Duogynon etc.) ein gewinnträchtiges Geschäft. Aufgrund ihrer vielfachen physischen und psychischen Belastungen greifen Frauen schneller zu Medikamenten (Schmerz-, Schlaf- und Beruhigungsmittel, Appetitzügler und Abführpillen, Antibabypille etc.) und haben damit häufiger als Männer Probleme wegen Medikamentenmißbrauchs. Von den Frauen, die eine Beratungsstelle besuchen, kommen 28% wegen dieses Problems (bei den Männern: 15%). Bei den Medikamentenabhängigen stellen Frauen mit etwa zwei Dritteln (240 000) den Hauptanteil (→ Sucht und Abhängigkeit).

Lit.: A. Ernst, J. Füller, Schlucken und Schweigen – Wie Arzneimittel Frauen zerstören können, Köln 1988; Westberliner Komitee für die Rechte der Frau, Frau als Objekt der Pharmakonzerne, Westberlin 1980.

Pille; lat. pilula, kleiner Ball, Kügelchen; Verhütungsmittel für Frauen. Volkstümlich „Antibabypille“ genannt, in der ehemaligen DDR „Wunschbabypille“. Der sogenannte „Pillenknick“ soll herhalten für die Einbeziehung von Frauen in die Bundeswehr. (→ Verhütung)

Politik; von griech. polis = Stadtstaat; politiké = Kunst der Staats-

Das Kreislaufmittel „Hypotonin“ ermöglicht es der Frau, „ihren Mann zu stehen“.

verwaltung; P. = das auf den Staat sich beziehende Handeln, zur Verwirklichung der Staatszwecke oder als Parteip. Kampf der Klassen und ihrer Parteien um die Staatsmacht, um die Durchsetzung ihrer Interessen; die Wissenschaft von der P.

„Politik ist Männersache“, meinen heute noch immer Männer (und Frauen). P. geht alle an. Genauso wie Frauen die „große“ P. (damit ist meist die Regierungspolitik gemeint) angeht, geht die kleine P. des Alltags die gesamte Gesellschaft, also auch die Männer, an. P. prägt alle Bereiche des gesellschaftlichen Lebens. Das bedeutet auch, daß der gesamte weibliche und männliche Lebenszusammenhang in politische Veränderungsstrategien einbezogen werden muß. Allerdings wird die Trennung zwischen öffentlichem und privatem Bereich propagiert und praktiziert. Frauen werden auf das Häusliche reduziert, während die Männer für das Öffentliche zuständig sind. Dies bewirkt, daß P. und Staatsdienst Domäne der Männer geblieben sind. Frauen haben ein anderes P.verständnis, „womöglich der Keim sowohl einer Krise der traditionellen P. als auch einer Kritik, die eine andere P. einleiten könnte“ (Rossana Rossanda).

Geschichtliches: Jahrhundertelang wurden Frauen vom politischen und öffentlichen Leben ausgeschlossen. Im Feudalismus hatten sie unterge-

…„in aller Herren Länder ist Politik Männersache.“

Flugblatt der sozialdemokratischen Frauen, Österreich.

Rosa Luxemburg 1871–1919

Alexandra Kollontai 1872–1952

ordnete und gehorsame Menschen zu sein. Von wenigen Königinnen und Fürstinnen ist die Rede, die infolge des Thronfolgerechts an der Spitze der staatlichen Verwaltung stehen konnten. Andere, die sich, wie das Hirtenmädchen Jeanne d'Arc (1412–1431), in die politischen Angelegenheiten einmischten, wurden diffamiert, verfolgt und nicht selten als Hexen verbrannt. Wenn von der politischen Rolle der Frau gesprochen wird, dann meist im Zusammenhang mit dem unheilvollen Einfluß, den Frauen wie Brunhild, Fredegundis oder die schöne Helena auf die P. (und die Politiker!) ausgeübt haben sollen. Oder sie sind Sokkelfrauen, als allegorische Gestalten wie Germania, Marianne oder die Freiheit. Wenige Namen von einflußreichen Politikerinnen sind heute noch bekannt, z. B.: Kleopatra (69–30 v. Chr.), Katharina, die Herrscherin Rußlands (1729–1796), Kaiserin Maria Theresia (1717–1780), Elizabeth I. von England (1533–1603), Madame de Pompadour (1721–1764), die „Petroleuse" Louise Michel (1833–1905), Alexandra Kollontai, die erste Botschafterin der Sowjetunion (1872–1952), Rosa Luxemburg (1871–1919), die ceylonesische Politikerin Bandaranaike, die als erste Frau der Welt 1960 das Amt der Ministerpräsidentin bekleidete (*1916), Indira Ghandi (1917–1984), Eleanor Roosevelt (1884–1962), Eva Peron (1919–1952), Dolores Ibarruri, die Pasionaria, 1936 Parlamentsabgeordnete der Spanischen Republik (1895–1989).

Mit der Industrialisierung im 18. und 19. Jh. wird verstärkt die Forderung nach den politischen Rechten der Frauen gestellt. Dabei nimmt die Forderung nach → Wahl- und Vereinsrecht eine zentrale Rolle in den Kämpfen der Frauenbewegung in Deutschland ein. Mit den Revolutionen von 1789 und 1848 tauchen Frauen zunehmend als Verfechterinnen politischer und demokratischer Rechte auf. Die französische Frauenrechtlerin und Revolutionärin Olympe de Gouges fordert in ihrer Erklärung der Rechte der Frau und der Bürgerin 1791: „Die Frau hat das Recht, das Schafott zu besteigen; sie muß gleichermaßen das Recht haben, die Tribüne zu besteigen". Frauen erobern sich auch zu dieser Zeit die Rednertribünen; sie bilden politische Frauenclubs. „Wenn die Zeiten gewaltsam laut werden . . ., so kann es niemals fehlen, daß auch die Frauen ihre Stimme vernehmen und gehorchen", schreibt Louise Otto-Peters 1848.

1848 werden die „Grundrechte" in der Paulskirche zu Frankfurt verkündet – auch für Frauen! Zwei Jahre später heißt es allerdings im Zuge der Reaktion: „Politischen Vereinen ist die Aufnahme von Frauenspersonen, Schülern und Lehrlingen verboten. Auch dürfen solche Personen nicht an Versammlungen und Sitzungen teilnehmen, bei denen politische Gegenstände verhandelt werden." Einundzwanzig Jahre später erringen zum erstenmal Frauen politische Rechte – für hundert Tage – während der Pariser Kommune 1871 und werden Stadtratsmitglieder. Eine Neuigkeit für das 19. Jahrhundert!

1891 stellt zum erstenmal eine Partei – die SPD – die Forderung nach politischer Gleichberechtigung. In Deutschland können Frauen erst 1908 die Vereinsfreiheit wiedererringen; allerdings haben sie immer noch kein Stimmrecht. Die ersten Staaten, die das Frauenwahlrecht (→ Anhang) einführen, sind: 1869 Wyoming, Bundesstaat der USA; 1893 Neuseeland; 1902 Australien; 1906 Finnland. Die politischen Rechte der Frauen werden in hartnäckigen Kämpfen der Arbeiterbewegung und der Frauenbewegung erreicht. Dabei spielt der linke Flügel der bürgerlichen Frauenbewegung mit seinen Stimmrechtsvereinen eine wichtige Rolle. In der proletarischen → Frauenbewegung werden Anfang des 20. Jahrhunderts verstärkt Aktivitäten zum Wahlrecht durchgeführt. 1907 wird eine Resolution zum Frauenwahlrecht auf dem Internationalen Sozialistenkongreß in Stuttgart verabschiedet. Im Aufruf zum ersten Internationalen Frauentag 1911 heißt es: „Die Frau des zwanzigsten Jahrhunderts ist politisch mündig geworden, und trutziglich fordert sie ihre Staatsbürgerrechte." (C. Zetkin)

1918, während der Novemberrevolution, bekommen die Frauen das Wahlrecht und machen 1919 zum ersten Mal davon Gebrauch. Nach Beendigung des Ersten Weltkriegs führen viele Länder das Frauenwahlrecht ein. In Deutschiand stellen Frauen 9,6% aller Abgeordneten in der Weimarer Nationalversammlung (dies ist übrigens die höchste Quote weiblicher Abgeordneter in der Geschichte Deutschlands und der Bundesrepublik bis 1983). Solche Frauen wie Gertrud Bäumer, Marie Elisabeth Lüders, Adele Schreiber, Lore Agnes, Helene Overlach und Clara Zetkin sind im Reichstag vertreten. Interessanterweise gibt es eine interfraktionelle Arbeit zwischen diesen Frauen unterschiedlicher politischer Couleur.

Ende der Weimarer Republik wählen Frauen in erster Linie die konservativ-christlichen Parteien. (→ Faschismus) Nach 1933 sind Frauen weder im Reichstag noch in den Länderparlamenten vertreten. In der NSDAP stellen sie 1935 nur 5,5% der Mitglieder. Kommentar einer NS-Zeitschrift zum Nicht-Wahlrecht der Frau: „Und das Wahlrecht nimmt man der Frau, weil sie es ja nicht mehr braucht. Der aufreibende Kampf in den Parlamenten ist nicht für den feinnervigen Organismus der Frau geeignet. Wenn nun keine Frauen gewählt werden, brauchen wir auch keine, die wählen müssen.“ (in: Opferdienst der Frau). Frauen werden aus dem politischen Leben im Nationalsozialismus ausgeschaltet. Politik gilt als unweiblich: „Wer einmal das Gekreisch und Gezeter der Kommunistinnen und Sozialdemokratinnen auf der Straße, im Parlament und in den Sälen bei Versammlungen gehört hat, wer sie bei den roten Umzügen betrachtet hat, der wird ohne weiteres zugeben, daß sich die deutsche Frau dazu nicht hergeben darf und daß der deutsche Mann in solchen Frauen sein Ideal nicht verkörpert sehen kann. Von rein männlichen Angelegenheiten soll sie sich selbst zurückhalten, und die gesund empfindende Frau wird es auch von selbst tun . . . Die deutschen Frauen . . . haben keine Sehnsucht nach dem Parlament. Ein trautes Heim, ein lieber Mann und eine Schar glücklicher Kinder steht ihrem Herz näher.“ (in: Dr. Curt Rosten, ABC des Nationalsozialismus, 1933).

Clara Zetkin eröffnet als Alterspräsidentin den Reichstag, 30. 8. 1932.

Nach 1945 ist ein gewisses politisches Desinteresse bei Frauen in der Bundesrepublik festzustellen. Viele Frauen flüchten in die „private Sphäre“ und wählen in ihrer Mehrheit die Partei, die sich christlich nennt, die CDU. Meinungsumfragen bestätigen dieses fehlende politische Interesse, das z. T. verbunden ist mit einem Mangel an Informationen. Solche Antworten aus einer Untersuchung (1969) sind typisch: „Politik sollten die Männer unter sich ausmachen. Frauen haben keine Ahnung davon . . .“; Bis Ende der 60er Jahre scheint der Wahlakt von den Bürgerinnen eher als Formalität betrachtet zu werden und nicht als ein verantwortungsvoller Mitentscheidungsakt. Dieses Desinteresse und diese Uninformiertheit lassen sich erklären aus überholten Auffassungen über die politische Rolle der Frau, aus herrschenden Weiblichkeitsideologien, aus einer unzureichenden politischen Bildung, aus einer Erziehung, die mehr auf Ehe und Familie orien-

Nationalversammlung 1919 – Fünf der ersten weiblichen Abgeordneten.

Elisabeth Brönner-Höpfner, Deutsche-Demokrat. Partei.

Klara Schuch-Bohm, SPD

Luise Zietz, USPD

Marie Zettler, Zentrum

Anna v. Giercke, Deutsch-Nationale Volkspartei

Plakat der SPD, 1919.

Frauen bei der Wahl zur Nationalversammlung am 19. 1. 1919.

tiert ist als auf eine verantwortungsvolle Teilnahme am politischen Leben, aber auch aus Mangel an Zeit und Überforderung aufgrund der vielfach doppelten Belastung. Nicht gerade ermutigend sind zudem solche Äußerungen von Politikern wie „Ich kann mich nicht dazu entscheiden, daß mehr Frauen in der Politik tätig sein sollen" (Strauß) oder „Mir fällt ein Wort Kants ein: Die Frau solle sich in der Politik zurückhalten, damit sie imstande sei, dieser die übergroße Wichtigkeit zu nehmen, welche ihr die Männer im Leben beimessen" (Kiesinger). Männer machen P., die Parteien sind männliche Erbhöfe. Noch in den fünfziger Jahren ließen übrigens manche Staaten nur unverheiratete Frauen im Staatsdienst zu (sogenannte Zölibatsklausel). Die Begründung lautete: Der Gatte einer Frau auf höherem, z. B. Botschafterposten, würde eine unglückliche Figur machen!

Trotz der zahlreichen Hindernisse und Schranken scheint es seit etwa 1969 eine deutliche Entwicklung im politischen Bewußtsein der Frauen zu geben. Frauen geben sich nicht mehr zufrieden mit der ihnen vorgeschriebenen Rolle. Zeichen für diese Entwicklung sind u. a. das Wahlverhalten, die wachsenden Mitgliedschaften in Parteien und Gewerkschaften (auch wenn diese in der Mehrheit männliche Erbhöfe bleiben), das Engagement in außerparlamentarischen Bewegungen. In allen Parteien ist der Anteil der weiblichen Mitglieder erheblich gestiegen.

Einige Parteien haben eigene Frauenorganisationen, wie die CDU

Marie-Elisabeth Lüders, 1878 – 1966. Sie organisierte im Ersten Weltkrieg den kriegsunterstützenden „Nationalen Frauendienst" mit, engagierte sich nach 1945 als Liberale gegen Aufrüstung und für Gleichberechtigung; FDP – Bundestagsabgeordnete (1953 – 1961).

1955 während einer Bundestagsdebatte um die Wiederaufrüstung.

(die Frauenvereinigung der CDU besteht seit 1948; sie wurde als Frauenarbeitsgemeinschaft der CDU/CSU gegründet) und die SPD (die Arbeitsgemeinschaft sozialdemokratischer Frauen AsF wurde 1973 gegründet). Die FDP hat schon Mitte der 60er Jahre die Frauenorganisation ihrer Partei selbst aufgelöst, da sie die Frauenprobleme als integrierten Bestandteil der Gesellschaftspolitik betrachtet. Bei den Jungdemokraten wurden „Arbeitskreise Emanzipation" gegründet (1972 verabschiedeten sie ein Manifest zur Frauenemanzipation). Die Grünen haben ebenfalls Arbeitsgruppen „Frauen".

Im zwölften Deutschen Bundestag sind 136 weibliche Abgeordnete oder 20,5%. Bei Bündnis 90 und bei der PDS ist der Anteil der weiblichen Abgeordneten mit 44% am höchsten. In den Gemeinde- und Stadtparlamenten liegt der Anteil der Frauen bei 20,1%.

Die geringe Berücksichtigung der Frauen bei den Parteien und Parlamenten hat nicht zuletzt dazu geführt, daß Frauen solche Aktionen entwickelten wie Frauenpartei, „Frauen wählen Frauen" (in den siebziger Jahren), „Mehr Frauen in Politik, mehr Frauen in die Parla-

Pariser Ballett auf dem CDU-Parteitag 1979 in Kiel.

„Frauen-Motto“ auf dem CDU-Parteitag 1985 in Essen.

mente“ oder auch Frauenlisten. Solche Frauenlisten sind übrigens nicht neu: Bereits in den zwanziger Jahren forderten die radikalen Feministinnen Lida Gustava Heymann und Anita Augspurg die Einrichtung von Frauenlisten zu allen Wahlen. Heute kandidieren bei den Kommunalwahlen viele Frauen auf offenen Listen, auf Frauenlisten der Grünen.

Eine weitere Forderung von Frauen, um mehr politischen Einfluß in den Städten und Gemeinden zu gewinnen, ist die nach der Einrichtung von kommunalen → Gleichstellungsstellen und nach → Quoten. In den Parlamenten sind Frauen weltweit eine Minderheit: ihr Anteil hat mit elf Prozent den niedrigsten Stand seit 1975 erreicht.

Auch wenn Frauen heute weiterhin in Parteien und Parlamenten in der Minderheit sind, so sind sie aus dem politischen Leben nicht wegzudenken. In den letzten Jahren sind sie – durch ihr Sich-Einmischen in die gesellschaftlichen Auseinandersetzungen, in der → Frauenbewegung, in sozialen Bewegungen und in der → Friedensbewegung – zu einem politischen Machtfaktor geworden. In der parlamentarischen Szene noch eine Minderheit, bilden sie die Hälfte der außerparlamentarischen Bewegung.

Lit.: Lore Breuer, Frauenhandbuch, Koblenz 1974; Lieselotte Funcke, Frauen sprechen im Bundestag, Stuttgart 1979; Mechthild Fülles, Frauen in Partei und Parlament, Köln 1969; Margarete Heinz, Über das politische Bewußtsein der Frauen in der Bundesrepublik, München 1971; Joachim Hoffmann-Götting: Emanzipation mit dem Stimmzettel – 70 Jahre Frauenwahlrecht in Deutschland, Bonn 1986; Birgit Meyer, Die ‚unpolitische' Frau. Politische Partizipation von Frauen oder: Haben Frauen ein anderes Verständnis von Politik? Aus Politik und Zeitgeschichte, B 25–26/92; Barbara Schaeffer-Hegel (Hrsg.), Vater Staat und seine Frauen, Pfaffenweiler 1990; Carola Stern (Hrsg.), Was haben die Parteien für die Frauen getan? Reinbek b. Hamburg 1976; Marianne Weg/Lotti Stein (Hrsg.), Macht macht Frauen stark – Frauenpolitik für die 90er Jahre, Hamburg 1988; Herbert Wehner (Hrsg.), Frau Abgeordnete, Sie haben das Wort! Bundestagsreden sozialdemokratischer Parlamentarierinnen – 1949 bis 1979, Bonn 1980.

Florence Hervé

Im zwölften Deutschen Bundestag sind 136 weibliche Abgeordnete. Das entspricht einem Anteil von 20,5 Prozent. In den Gemeinde- und Stadtparlamenten liegt der Anteil der Frauen bei 20,1 Prozent.

„Im weiten Rund der Staatsmänner stachen zwei Damen ins Auge.“

Aus einer Meldung der Nachrichtenagentur AFP über das Galadiner zum Abschluß des Umweltgipfels im brasilianischen Rio de Janeiro, Juni 1992.

Alma Kettig, geb. 1915, Bundestagsabgeordnete der SPD von 1953 bis 1965. In antifaschistischer Familie aufgewachsen, blieb sie bei ihrem „Nein“ zu allen Aufrüstungsplänen, Militärausgaben, Atomwaffen und stimmte im Sommer 1965 – als einziges Mitglied der SPD-Fraktion – gegen den Verteidigungsetat.

Helene Wessel, 1898–1969, eine der vier Mütter des Grundgesetzes. Zunächst Zentrumsabgeordnete, gründete sie zusammen mit Gustav Heinemann und Hans Bodensteiner die Gesamtdeutsche Volkspartei (GVP, 1952), war seit 1957 für die SPD im Bundestag. Sie war eine entschiedene Antimilitaristin.

Grete Thiele, geb. 1913. Gegen alle Anfeindungen und allen Schwierigkeiten zum Trotz setzte sich die Kommunistin u. a. als Landtagsabgeordnete (NRW) und Bundestagsabgeordnete (1949–1953) für die Demokratisierung und Sozialisierung der Wirtschaft, für die Gleichberechtigung der Frau ein; entschiedene Gegnerin der Wiederaufrüstung.

Den wilden Tieren zum Fraße. Illustration zu einem Roman des Marquis de Sade, 1798

Pornographie; von griech. „porne" = Prostituierte und „graphein" = schreiben abgeleitet, bedeutet P. die Beschreibung von Prostituierten und von → Prostitution. P. umfaßt die bildliche und sprachliche Darstellung aller Formen der Sexualpraxis; gleich, ob sie als normal oder abweichend gelten. In zusammenhanglosen Bildfolgen, in Bildergeschichten und Texten überwiegt die Heterosexualität; es werden keine Geschichten von Menschen erzählt, Andeutungen und Phantasie haben keinen Platz. Es geht allein um den – im wörtlichen Sinn – Geschlechtsverkehr. Versatzstücke werden aneinander gereiht, Geschlechtsmerkmale, Stellungstechniken, der Akt. Allein diese Reduzierung von → Sexualität ist gewalttätig. Hinzu kommen offene → Gewalt in → Sprache und Bildern, das Vokabular des Krieges und der Krieger; Angst, Bedrohung, Fesselung, Vergewaltigung als (männliche) „Lust" durch Gewalt und Machtausübung sowie als (weibliche) „Lust" an Gewalt und (Selbst-)Unterwerfung sind gängige Muster.

Der Franzose Réstif de La Bretonne, der 1769 das Buch „Der Pornograph" veröffentlichte, gilt als Namensgeber, sein Landsmann und Zeitgenosse Marquis de Sade als Ahnherr moderner P. Er war nicht der erste, der seine Sexualphantasien aufschrieb, sich sexuelle Sadismen ausdachte. Aber sein Name steht für die Darstellung vielfältiger menschlicher Sexualpraktiken und ihre Verknüpfung mit → Gewalt. Im Mittelpunkt stehen die (bezahlte) Frau als Objekt, erniedrigt, gedemütigt, gequält und der Mann als Erniedriger, Demütiger, Quäler, der sexuelle Erregung und Befriedigung allein auf diese Weise erleben kann. Die Ergänzung ist der Masochismus, die Erregung und Befriedigung durch das Erleiden von Schmerz und Qual (benannt nach dem österreichischen Schriftsteller Sacher-Masoch, 19. Jh.)

P. blieb im 18. und bis ins 19. Jh. den Männern der Oberschicht vorbehalten. Heimlich weitergegeben, wurde sie vor allem bekannt gemacht durch die, die von Staats und Rechts wegen im Namen „der Sittlichkeit das Laster" sexuell abweichenden Verhaltens verfolgten, nach „unzüchtigen Schriften" fahndeten. (Letzteres wurde in der Bundesrepublik erst Anfang der 60er Jahre durch ein Bundesverfassungsgerichtsurteil aufgehoben). Zweifellos konnte auch auf diese Weise ein voyeuristisches Interesse gestillt werden. So wird berichtet, daß unter dem Vorwand, den Marquis de Sade zu suchen (dieser saß bereits in Haft), eine Reihe von Frauen, ähnlich wie bei den Hexenprozessen, „pornographischen" Verhören unterzogen wurde. Auch durch wissenschaftliche Arbeiten, in denen es um die Aufklärung der falschen Vorstellung von Perversionen als Laster und Verbrechen ging, wurde Pornographisches bekannt gemacht. Vielzitiertes Beispiel ist die „Psychopathia sexualis" (1886) des Gerichtsarztes Richard von Krafft-Ebbing, in der er u. a. über Masochismus schrieb.

Aber erst die umfassende Vermarktung von → Sexualität, das Geschäft mit sexuellen Ängsten, Nöten, Perversionen, → Gewalt und mit der Verheißung, Befreiung und Befriedigung seien zu kaufen, sorgten dafür, daß sich P. überall im Alltag aufdrängt und der Sado-Masochismus, vor allem auch in der Zuordnung Mann – Frau, in der P. vorherrscht.

P. ist eine Ware, nicht Ausdruck und Mittel sexueller Befreiung. Produzenten und Konsumenten sind überwiegend Männer; die Urheber bleiben meist anonym. Das einzige Interesse der Produzenten ist der Gewinn; Orientierungspunkt sind die männlichen Kundenwünsche, u. a. durch Zuschriften und Kontaktanzeigen bekannt oder von der Pornoindustrie produziert.

Am Anfang steht die Werbung: Neben dem Sexobjekt, dem jungen eitlen Schmuckstück, der fürsorglichen Hausfrau und Mutter wird nur am Rande das Bild der Berufstätigen verkauft.

Allgegenwärtig, keiner Vorauswahl durch die Konsumenten zugänglich, mal aufdringlich grell und immer gleichförmig unterschwellig, prägen die Bilder das Bewußtsein und Selbstbewußtsein von Frauen, Männern und Kindern mit, beeinflussen sie „die Vorstellungen vom Verhältnis der Geschlechter, speziell über die Daseins- und Verwendungszwecke von Frauen“ (Christiane Schmerl).

Viele Frauenzeitschriften (gut 1 Mrd. Umsatz pro Jahr) und der (Sex-)Illustriertenmarkt (die zweite Milliarde Mark pro Jahr) bedienen uns in ähnlicher Weise: mit Heile-Welt-Familien-Bildern, mit ein bißchen Nacktheit, ein bißchen Sex. Die Sekretärin, Verkäuferin oder Studentin von nebenan in Anbietposen, busen- und pofrei und mit einem Steckbrief auf der Suche nach ihm.

Die Übergänge zum Soften, zu Heften à la „Lui“, „Playboy“, „Penthouse“ oder „Hustler“ sind fließend.

Wo's für Männeraugen immer mehr zu sehen und zu träumen gibt, von den vielen allein für IHN, gibt es fürs Frauengemüt zu lesen und zu träumen von IHM, dem Einzigen, Arzt, Gutsbesitzer, Chef. „Meine Helden sind alle sportlich und sehr, sehr überlegen, aber anständig . . .“ Barbara Cartland ist mit ihren über 300 Liebesromanen weltweit die erfolgreichste Autorin dieses Genres. Ihre Heldinnen?

„. . . sind alle brav, unschuldig und sehr, sehr fraulich, zärtlich und anschmiegsam.“ Sie dient ihm, und er versorgt sie. Das Grundmuster patriarchalischer Ideologie ist in der Werbung, der Regenbogenpresse, der Liebesidylle und der Pornographie Mittel zum Geschäftemachen und zugleich Selbstzweck: das Hohelied des Patriarchalismus zu singen.

Die Pornoindustrie braucht und nutzt den so bereiteten Boden und muß übertreffen, was alltäglich gegenwärtig ist. Nur wenn und weil die Pornographen Unverwechselbares bieten, Sex und Lust oder was sie dafür halten, können sie allein in der Bundesrepublik jährlich über eine Milliarde DM Umsatz machen mit Kontaktanzeigen-Magazinen, legalen und illegalen Heften, der Produktion, dem Verkauf und Verleih von Pornofilmen und -videos.

Die Angaben zu Umsätzen und Gewinnen im führenden Pornoland USA, in Dänemark (nach Molkerei- und Möbelprodukten ist P. der dritte Exportschlager und ein wichtiger wirtschaftlicher Faktor) oder der Bundesrepublik sind Schätzwerte und entsprechend widersprüchlich. So wurde in den 80er Jahren der Umsatz der US-amerikanischen Pornoindustrie auf jährlich sieben Milliarden Dollar beziffert; nach anderen Angaben wurde dieser Umsatz allein mit Filmen und Videos gemacht. Das Verhältnis von pornographischen zu anderen Filmen beträgt 3:1, bei der Überschneidung der Branchen ist auch das nur ein Anhaltspunkt.

„Der Wurm, der an der Angel hängt,

muß nicht dem Angler schmecken, sondern dem Fisch." Mit ihrer Devise hat es eine Frau, Beate Uhse, mit gut 100 Millionen DM Umsatz pro Jahr in der alten und neuen Bundesrepublik zur Branchenführerin gebracht. Eine „Kollaborateurin", ein Einzelfall? Ja, aber: Die Logik des Profits kennt kein Geschlecht. Gegen Andrea Dworkin (Pornographie, 1987) ist festzuhalten, daß Geld unter kapitalistischen Wirtschaftsbedingungen auch in den Händen von Frauen nicht bleibt, was es ist.

Wie in jeder Branche wird auch in der Pornoindustrie um maximale Gewinne konkurriert. Das Gebot heißt, die Konkurrenz und sich selbst zu überbieten. Denn wie in der Werbung schafft die Bild- und Reizüberflutung Gewöhnung und Abstumpfung. Stereotyp wiederholt, verlieren die Bilder von Nacktheit, Sex und Lust ihren Reiz und die Bilder der Gewalt ihren Schrekken. Es gilt, die gewöhnten und abgestumpften Sinne mit immer Neuem zu wecken. Zudem kann die Ware nicht halten, was sie verspricht: Lust sei unbegrenzt, allzeit verfügbar, machbar, unendlich. Das Ende des Films heißt immer auch: „Aus der Traum" und weckt den Wunsch nach Wiederholung, nach neuen Träumen vom sexuellen Überfluß, von Bereitwilligkeit, Unmittelbarkeit und Unerschöpflichkeit. Ein wesentlicher Grund für Kauf und Konsum.

Aktion gegen Playboy-Plakate, August 1982

Diese Mechanismen hat Beate Uhse zeitweilig besser beherrscht als ihre Kollegen. Als seit Mitte der 80er Jahre in den USA aufgrund feministischer Kampagnen, konservativer Sitten- und Gesetzeshüter sowie „Sättigungstendenzen" die Geschäfte zurückgingen, verlegte sie sich auf Produktionen für Frauen. Für sie und ihre Kollegen spielen → Aids, „safer sex" und (eheliche) Treue als absatzfördernde Faktoren eine Rolle. Zudem kann die Pornoindustrie darauf setzen, daß Frauen sexuelle (Ab)Bilder, Phantasien ja nicht generell ablehnen, sozusagen qua Natur oder weil sie Jahrhunderte gehalten waren, „den Blick abzuwenden". Allein die Art von Pornographie, die heute überwiegend produziert wird, interessiert wenige Frauen, stößt viele ab. Denn die Pornomelodie von der Größe und Macht, der Herrlichkeit und Unendlichkeit des Sex ist überwiegend patriarchal, die Weise von der sexuellen und außersexuellen Macht des Mannes über die Frau. Zahllose Bild- und Videogeschichten von sich anbietenden Frauen, die alle – wie die Zuschauer/innen – nur auf IHN, den phallischen Kraftprotz warten, Geschlechtsakte en masse, die reine Körperlichkeit der Möse und des Schwanzes. Wiederholungen und Variationen des Themas: Sie ist unersättlich, immer verfügbar; er besorgt es ihr und ist ihr unentbehrlich. Wo es noch Handlung gibt, hat Er alles, was Sie braucht.

Das Geld, das Auto, das Haus, den Sex. Die Hierarchien sind eindeutig. Der Arzt und die Krankenschwester, der Chef und die Sekretärin, der Lehrer und die Schülerin(nen), der Kunde und die Kellnerin. Eindeutig und mit denselben männlichen und weiblichen Rollenbesetzungen wie in den Liebesromanen. Fortsetzungsgeschichten unter der Gürtellinie.

Phantasien wurzeln in der Realität. In diesen platten Mustern ist nichts anderes ins Bild gesetzt als die traditionelle Geschlechterrollenverteilung. Bilder auch der „allgemeine(n) Instrumentalisierung der Sexualität" (Ute Osterkamp) zum Mittel der Daseinssicherung (Frauenpart) und zur Selbstbestätigung

(Männerpart). Wo das traditionelle Frauenmuster wegfällt, wird auch ihr Part die Selbstbestätigung.
Auch die Fortsetzungen, die Unterwerfungs- und Überwältigungsphantasien in den Bildern von der Masochistin und dem Sadisten passen in die Leerstellen der Romanzen, wo Frauen zwar um die Sexualität kreisen müssen, sie aber nicht haben dürfen. Sexuelles darf in den Auslassungen geträumt werden, so schwülstig oder auch brutal wie in den Pornos. Denn daß viele Frauen diese Pornos nicht anschauen mögen, heißt nicht, daß ihre sexuellen Phantasien und Rollenklischees nicht davon geprägt seien. Hier spannt sich der Bogen zurück zur Werbung und zum Sexillustriertenmarkt. Und hin zur Kunst und Wissenschaft, zu den alten antifeministischen, inhumanen Bildern und Vorstellungen: Sexualität geht nicht ohne Gewalt; Männlichkeit erweist sich im Trieb und in der Aggression; nur durch Schmerz und Leid kommt die Frau zur Lust.
Klischees mit den höheren Weihen der Kunst und der Wissenschaft versehen, Grenzen überschreiten, Tabus brechen, „die Gewalt des Sexus" als sexuelle Gewalt gegen Frauen ins Bild holen – so wird produziert. Vergewaltigungen sind „attraktive Stilmittel", sorgen für „Dynamik" oder sind gar „lustig" (Äußerungen von Soft-Porno-Produzenten). Alle sind auf der Suche nach dem „besonderen Kick". 18jährige Pornodarstellerinnen, die wie 14jährige aussehen, sind „Renner", und bei den beliebten „Thai-Lolitas" fragt niemand, wie jung sie sind. Hier kann gekauft, geträumt und gesiegt werden über die Unersättlichkeit der Frau, über das Verbot des Sexes mit Minderjährigen und Abhängigen, über Tötungstabu und -verbot im Namen der Lust und ihrer Steigerung bis hin zum und durch den Tod.
Mit der Entwicklung der → Fotografie und des → Films sind Frauen als bezahlte Mitspielerinnen direkt von den gezeigten Demütigungen, der Gewalt betroffen (seien die Szenen nun gestellt oder real) und zugleich Trägerinnen der Botschaften: jede Frau sei zu diesem Zwecke da, jederzeit zu haben, Lustgegenstand, Eroberungsfeld, Beute für den Mann. Schon in diesen Bildern, vor allem aber in der Koppelung von Sex und → Gewalt wird die lustvolle Bereitschaft von Frauen zur Selbstunterwerfung vermittelt. Die Frau selbst will, daß über sie verfügt wird, ihr sexuell aggressiv begegnet wird.
Diese Tatsache wie auch die gegenüber → Sprache sehr viel stärkere Wirkung von Bildern und Bildgeschichten auf Vorstellungen, Denken und Verhalten von Menschen sind geeignet, die keineswegs „harmlosen" Folgen von P. noch zu verstärken. P. ist geeignet, den ganz alltäglichen → Sexismus zu stärken, Männlichkeits- und Weiblichkeitsvorstellungen zu befestigen. Der allzeit potente Mann und die allzeit bereite Frau sind Bilder einer verkrüppelten → Sexualität; in den Alltag und die eigene Sexualpraxis übertragen – als Anforderungen, Zwang – müssen Frauen wie Männer damit scheitern. Der Ausweg, den P. unter dem Hinweis: Glück, Befriedigung weist, heißt Brutalisierung männlicher → Sexualität auf Kosten der Frauen und zu Lasten der Entwicklung einer menschengerechten Sexualität. Nach bisher vorliegenden widersprüchlichen Untersuchungsergebnissen ist der Streit um Aggressionsabbau und Aggressionssteigerung müßig. Bilder machen und sind nicht die Gewaltrealität gegen Frauen, aber Bilder bestimmen diese Realität mit. Viele Machwerke lesen sich und sehen aus wie Gebrauchsanweisungen für Mißhandlungen und → Vergewaltigung, was nicht nur Andrea Dworkin (Pornographie, 1987) dazu veranlaßte, P. als „die Theorie" und „Vergewaltigung" als „die Praxis" zu bezeichnen.
Auf der Basis der weitverbreiteten Vorstellungen von → Sexualität als Trieb, Biologie, Instinkt bewirken die Sex-Gewalt-Bilder in Verbindung mit der vorherrschenden Praxis, daß → Sexualität als aggressiver Akt und Selbstunterwerfung begriffen, gelernt und dieses, wie die (sexuelle) männliche Gewalt, für „natürlich" gehalten wird (Christiane Schmerl, 1982). An der Verbreitung

und Verankerung dieser Sexualitätsvorstellung haben Wissenschaftler entscheidend mitgewirkt. „Das Dampfkesselmodell der Sexualität" (Eberhard Schorch, in: Konkret – Sexualität, 1980), wonach sich sexuelle Energien immer wieder automatisch aufladen und nach Entladung drängen („etwas wird durch ein Ventil von innen herausgeschleudert"), liegt biologistischen, sozialbiologischen Konzeptionen, auch der klassischen Psychoanalyse zugrunde und ist wissenschaftlich längst widerlegt. Mit dieser Vorstellung kann auch die Pornoindustrie sich legitimieren und wird auch politisch häufig genug so legitimiert: als Hilfe zur Triebregulierung und vorbeugende kriminalpolitische Maßnahme zum Schutz von Frauen und Kindern. Das Argument ist bekannt aus der Prostitutionsfrage. Dort wie hier bedeutet es, daß eine Form der → Gewalt gegen Frauen durch eine andere ersetzt wird.

Ähnliches gilt auch für die Umkehrungen: aktiv – passiv und Mann – Frau. Die Sex-Gewalt-Muster bleiben die gleichen. Der für die männliche Sexualität unterstellte Triebcharakter und die → Gewalt werden damit auf beide Geschlechter ausgeweitet. Daß dies andere Wirkungen haben kann, ist zu bezweifeln. Auch Frauen haben, zuweilen schon eingestanden, zuweilen noch geheim, sado-masochistische Neigungen.

Frauen leben nicht außerhalb unserer → Kultur und → Gesellschaft, die solche hervorbringt. Soweit es bislang darüber Untersuchungen gibt, lernen Frauen aufgrund ihrer Sozialisation und Stellung in der Gesellschaft andere Verarbeitungsmuster für Konflikte, sexualisieren Aggressionen wesentlich seltener. Wenn die Zahl der Pornokonsumentinnen steigt, so ist dies eher ein Hinweis darauf, daß es der Pornoindustrie gelungen ist, Frauen die Selbst-Unterwerfung als „Stimulans" zu verkaufen.

Zur Widersprüchlichkeit der Ursachen, zu Funktionen und Wirkungen von P. gehört auch: Sie ist (auch) phantasierte Macht aus Ohnmacht. „Männer erzählen sich (und immer, immer wieder), daß sie verführen, sich und andere beherrschen, daß sie von Frauen angebetet und benötigt werden. Träfe dies so nahtlos zu – weshalb dann die vielen Worte? Es ist unsinnig, etwas zu fantasieren, was man ohnehin hat." (Matthias Frings, in: Käufliche Träume 1986)

Das patriarchale Pornolied ist auch das des Potenzprotzes, dessen Tage gezählt sind. Das Lied von der Unentbehrlichkeit, von der Macht und der Herrschaft des Mannes wird in der Regel um so lauter und schriller, je größer der Mangel und je geringer die tatsächliche Macht und der Einfluß. Kompensationsträume, wie die Liebesromane. Und viele entbehren durchaus nicht der Komik. Denn „im pornographischen Film dreht sich alles – in letzter Instanz – um den Penis", der ideal, strahlend, glänzend sein muß. So sind denn auch nach Matthias Frings die Pornokinos die „modernen Atrien der Phallusverehrung", in denen Homo- und Heteromänner in Betrachtung des Schwanzes von (ihrer) Allmacht und Herrschaft träumen. Pornos als komische Träume zu sehen, ihre Lächerlichkeit wahrzunehmen, hat zweifellos Befreiendes, solange nicht sexualisierte Aggression und Erniedrigung der Frau die Bilder beherrschen.

Andere Autorinnen und Autoren verweisen auf die sexualisierten männlichen Aggressionsphantasien als Ausdruck von Sexualunterdrückung und als „das erbärmliche Arrangement mit der eigenen Unterdrückung und Entwertung“ (Ute Osterkamp). Die Gewaltbilder, so Jutta Brückner (1988), können auch interpretiert werden als Ausdruck der Enttäuschung über die ausgebliebene Befreiung der Sexualität. Die sexuelle Revolution entläßt ihre enttäuschten Männer, deren Wut sich austobt im „grausam-naturalistischen Schauspiel“ der „Zerstückelung einer Frau“. Tod nicht mehr als letzte Steigerung der Lust, sondern als Zerschlagung der Lust.

In der → Frauenbewegung wurde P. im Zusammenhang mit → Werbung, → Sexualität und als eine Form der → Gewalt gegen Frauen aufgegriffen. Der Protest richtet sich dagegen wie gegen P. als Produkt von → Sexualität, in der es nicht um Liebe, sondern um Macht, um Geld und Geschäft geht, wodurch die Machtverhältnisse zwischen Frauen und Männern wie die gesellschaftlichen Herrschaftsverhältnisse insgesamt befestigt werden. Neben öffentlichen Protesten, inzwischen schon traditionell in der → Walpurgisnacht, geht es darum, das Ausmaß von sexueller Gewalt in der P.industrie und durch P. erst einmal öffentlich zu machen.

Seit der Reform des Sexualstrafrechts (1973) wird zwischen „weicher“ und „harter“ P. unterschieden. Letztere, zu der die Darstellung bestimmter Sexualpraktiken und Gewaltpornos gehören, ist auch für Erwachsene verboten und kann jederzeit eingezogen werden. Dennoch werden zunehmend in den 70er und 80er Jahren diese Produkte mit → sexuellem Mißbrauch an Mädchen (und Jungen), mit Bildern von Fesselung, Vergewaltigung, Folter bis hin zu Mord produziert, vertrieben und konsumiert. Sanktionen greifen gegen die oft anonymen Hersteller/innen und Vertreiber/innen kaum; die Grenzen zwischen „weich“ und „hart“ sind fließend, teils willkürlich, immer subjektiv.

Mit dem Buch der Amerikanerin Andrea Dworkin (Pornographie, deutsch 1987), mit Diskussionen, Aktionen und der Forderung nach einem Anti-Pornographie-Gesetz starteten Ende 1987 Alice Schwarzer, die EMMA-Redaktion, Publizistinnen und Juristinnen die Kampagne „PorNo“. Für die P.-Gegnerinnen ist entscheidendes Definitionsmerkmal die „sexuell deutlich erniedrigende Darstellung der Frau“. An dieser Definition *und* vor allem an der Forderung nach einem Gesetz, das Frauen (Stichwort: Verletzung der Menschenrechte) die Möglichkeit geben soll, auf zivilrechtlichem Weg auf Unterlassung und Schadenersatz zu klagen, hat sich die Ende der 80er Jahre heftig und kontrovers geführte Mediendebatte um P. entzündet.

Diese Diskussion um P. und → Sexualität, Macht und Herrschaft, Ohnmacht und Erniedrigung, um die Wirksamkeit von Rechtsmitteln, um Verbote und staatliche Zensur hat für Öffentlichkeit gesorgt. Und obwohl insbesondere auch unter Frauen über „andere Bilder“ (erotische? pornographische?) diskutiert wird, andere Bilder entworfen werden, sind wir wie in der Sexualität und im Alltag der Geschlechterbeziehungen von Bildern jenseits von Macht und Herrschaft, mit gleichen, spannenden, überraschenden, lustvollen und wechselnden Frauen- und Männer-Parts weit entfernt.

Lit.: Halina Bendkowski / Irene Rotalsky (Hrsg.), Die alltägliche Wut. Gewalt, Pornographie, Feminismus, Berlin 1987; Düsseldorfer Debatte 3/88 (Schwerpunktheft); darin: Ben, Die flambierte Frauenbewegung (Zeitschriftenumschau); Jutta Brückner, Porno statt PorNo; Gerd Fuchs, Fremde Blicke; Eva Dane / Renate Schmidt (Hrsg.), Frauen und Männer und Pornographie, Frankfurt/M. 1990; Andrea Dworkin, Pornographie. Männer beherrschen Frauen, Köln 1987; EMMA-Sonderband, Pornographie, Köln 1988; Frauen – Ein Weltbericht, Berlin 1986 (Kapitel: Sexualität); Claudia Gehrke (Hrsg.), Frauen und Pornographie, Tübingen 1988; Matthias T. J. Grimme (Hrsg.), Käufliche Träume. Erfahrungen mit Pornographie, Reinbek bei Hamburg 1986; Marie-Francoise Hans / Gilles Lapouge, Die Frauen. Pornographie und Erotik, Neuwied 1979; Christiane Schmerl, Die Gewalt der Bilder – Frauenfotografie im Patriarchat, in: Anna Tüne (Hrsg.), Körper, Liebe, Sprache, Berlin 1982.

Renate Wurms

privat; lat. privatus = gesondert, für sich stehend; persönlich, vertraulich, nicht-öffentlich, familiär, häuslich; privare = berauben(!), befreien, sondern. Mit der Entwicklung der bürgerlichen Gesellschaft und der Herausbildung einer öffentlichen und einer privaten Sphäre wurde die Frau für das P.e zuständig gemacht, während der Mann für das

Der Wurm, der an der Angel hängt, muß nicht dem Angler schmecken, sondern dem Fisch.

Beate Uhse

„Zu den Schwestern" Aushängeschild eines Bordells. Römisch.

Öffentliche verantwortlich war. Damit war nur eine begrenzte Einflußnahme für die Frau auf Politik, Wirtschaft und Kultur möglich. Daher die Losung: „Das Private ist politisch", die mit dem Aufschwung der Frauenbewegung Ende der sechziger Jahre als Reaktion gegen die geschlechterspezifische Arbeitsteilung geprägt wurde. Die persönlichen Probleme der Frau – so privat sind sie gar nicht – haben politische Ursachen und Bedeutung.

Proletarierin; lat. proletarius = Angehöriger der untersten Bürgerklasse, der dem Staat nur mit Nachkommen dient; abgeleitet von alere = ernähren, aufziehen und proles = Sprößling, Nachkommen. Veraltet für → Arbeiterin. In der marxistischen Theorie: Lohnarbeiter/in im Kapitalismus, die im Gegensatz zu den Leibeigenen im Feudalismus rechtlich frei sind, aber über keine eigenen Produktionsmittel verfügen. (→ Frauenbewegung)

Prostitution; seit dem 15./16. Jh. ist das aus dem Lateinischen „prostituere" übernommene Fremdwort prostituieren zunächst für „jemanden bloßstellen, entehren" bekannt. Dies steht wohl im Zusammenhang mit der Schlechterstellung und Verfolgung von Prostituierten auch im Rahmen der Hexenpogrome, als Prostituierte u. a an den Pranger gestellt wurden. Seit dem 18. Jh. hat sich dann, über Frankreich vermittelt, P. für den Verkauf und Kauf sexueller Dienstleistungen eingebürgert. Das Wort prostituieren wird nur noch reflexiv (sich prostituieren) gebraucht; so ist auch üblicherweise mit P. allein das Anbieten und Verkaufen und nicht das Kaufen des Dienstes gemeint. Mit dem alten „jemanden prostituieren" wäre die Wirkung der P. für die Prostituierten besser erfaßt.

P. gab und gibt es auch als weibliche und männliche homosexuelle sowie als männlich-heterosexuelle. Überwiegend aber handelt(e) es sich um weibliche P. für Männer. P. ist mit Sicherheit nicht das „älteste Gewerbe der Welt", so wenig wie es ewig eins bleiben wird. Wohl aus Fruchtbarkeitsriten in matriarchalischen Gesellschaften hat sich im Patriarchat als früheste bislang bekannte Form die Tempel-P. gegen Bezahlung entwickelt. Auch wenn die Lage der Prostituierten und ihre gesellschaftliche Stellung in den letzten rund 2500 Jahren sehr unterschiedlich waren, sind die Grundlagen der P. im wesentlichen gleich geblieben: ein schon von Beginn an ökonomisch begründetes Interesse an der sexuellen Unterdrückung der Frau in patriarchalischen Klassengesellschaften; das Produkt einer erzwungenen Monogamie, Ausdruck von Doppelmoral und der Ideologie von der Ware Frau; die Möglichkeit für Männer, zumindest für kurze Zeit über einen anderen Menschen, eine Frau, total verfügen zu können – bei allen Entsprechungen zur Einrichtung der Ehe ist dies ein wesentliches, unterscheidendes Moment, auf das Prostituierte hinweisen. Annähernd ist dies schon in einem alten griechischen Epigramm aus dem 4./3. Jh. v. u. Z. ausgedrückt: „Nimm dir für sechs Obolen Europa, die attische, wo du/ Niemand zu fürchten brauchst, die dir nie widerspricht,/Die ein untadeliges Bett dir bietet und Heizung im Winter./Unnötig, guter Zeus, verwandelst du dich zum Stier!" (Morus, 1965). Die ehemalige Prostituierte J. sagt es heute so: „Aber das, was sie kaufen, ist, wenn man

so will, Macht. Sie erwarten von uns, daß wir ihnen etwas zu Gefallen tun. . . . Das ist das Erniedrigendste – ihnen immer recht geben zu müssen, weil man von ihnen gekauft ist.“ (J. in: Kate Millet, 1983)
In Griechenland, vor allem in Athen und später in Rom arbeiteten hauptsächlich Besiegte, → Sklavinnen kaserniert in Bordellen; freie Römerinnen mußten sich registrieren lassen, wenn sie P. betrieben.
Die Geschichte der P. seit dem frühen Mittelalter zeigt, wie sehr die Lage der Prostituierten und ihre gesellschaftliche Stellung von wechselnden Einstellungen zur → Sexualität, von der wirtschaftlichen Entwicklung, gesellschaftlichen Auseinandersetzungen abhängen. Im Zuge der Christianisierung, im 6. Jh. und zur Zeit Karls des Großen (um 800) sind gesetzliche Verbote von Ehebruch, Hurerei, P. unwirksam. Unter seinen Nachfolgern (bis etwa 10./11. Jh.) wird die P. auf den großen Fronhöfen (Villikationen) geduldet, aber der Kampf gegen die P., wie zu allen späteren Zeiten, als brutaler Kampf gegen die (umherziehenden) Prostituierten geführt; Frauen lassen ihr Leben, die Institution überlebt.
Die meisten Prostituierten ziehen während des Mittelalters umher, u. a. mit den Kreuzfahrerzügen und später den Landsknechtsheeren. Seit dem 13. Jh. entstehen in den Städten die „Frauenhäuser“ (später: Freudenhäuser) unter Kontrolle der Obrigkeit, des weltlichen, kirchlichen Adels, der städtischen Patrizier, die alle vom Geschäft profitierten. Dies, die Durchsetzung des Zölibats (Heiratsverbot) für alle Geistlichen (um 1050), das aus sozialen und religiösen Gründen z. T. hohe Heiratsalter und eine weitverbreitete arabische Sexualmoral (die „Körpersäfte“ des Mannes verderben, und er stirbt an sexueller Enthaltsamkeit) machen die P. zu einer selbstverständlichen Einrichtung. P. als „Ventilsitte“ für Männer, zum Schutz der „ehrbaren“ Frauen und Töchter und die Ausgrenzung der „unehrenhaften“ Prostituierten – diese Einstellung zur P., ihrer Funktion und Folgen hat sich bis heute mit immer neuen Rechtfertigungen und wechselnden Erscheinungsformen in allen westlichen Ländern gehalten.
Im Mittelalter ist die Situation der Prostituierten widersprüchlich. Es finden sich „Verachtung, Mitleid, Verfolgung, aber auch eine gewisse Achtung und Einbeziehung in das Alltagsleben“ (Anke Wolf-Graaf, 1983). Obwohl zu den „unehrenhaften Leuten“ zählend, können Prostituierte in einigen Städten Bürgerrechte erwerben, schließen sich in Genf und Paris zu Zünften zusammen, gehören selbstverständlich zu Reichstagen und Kirchenversammlungen. Ihre wirtschaftliche Lage – die meisten trieb die Armut in Frauenhäuser – ist in diesen einigermaßen gesichert und besser als in späteren Zeiten. (Peter Ketsch, 1983) Zunehmend bis zum 16. Jh. steigt die Zahl diskriminierender Verordnungen (Kleidervorschriften, Heiratsverbote), wird die Rechtsstellung schlechter: so gelten jetzt Beleidigung und Vergewaltigung von Prostituierten als weniger schwere Verbrechen.
Der schrittweise Ausschluß der Prostituierten aus dem öffentlichen Leben, die Verschlechterung ihrer wirtschaftlichen und sozialen Lage fallen in die Zeit der allgemeinen Wirtschafts- und Gesellschaftskrise des Feudalsystems und der ständischen Ordnung, der politischen

„Frauenhaus“. Kupferstich.

Auseinandersetzungen im Übergang zur Neuzeit. Die Ausbreitung der erstmals 1494 in Neapel registrierten Syphilis, die Verschärfung katholischer Sexualmoral wie die Durchsetzung der protestantischen Moraltheologie führen im 16. Jh. zur Schließung der meisten Frauenhäuser. Prostituierte werden im Namen der Sittlichkeit diffamiert, gebrandmarkt, verfolgt, als → Hexen verbrannt; viele werden, wie das „einfache und fahrende Volk" insgesamt, zur → Arbeit gezwungen, um die neue kapitalistische Arbeitsmoral durchzusetzen und den Gewinn zu sichern. (→ Geschichte)

Im 18. und 19. Jh. gehört die P. an den Fürstenhöfen Europas, in vielen Städten wieder zum Alltag. In unterschiedlichem Ausmaß in den einzelnen Ländern, nimmt wohl insgesamt bis zum 20. Jh. mit der Industrialisierung, der Entwicklung der Großstädte, fehlenden Erwerbsmöglichkeiten, niedrigen Frauen-Hungerlöhnen, miesen Arbeitsbedingungen die P. zu, entwickelt sich die → Zuhälterei. An Nachfrage mangelte es nie. Die Prostituierten werden verachtet, die kasernierten und registrierten geduldet, die freien schikaniert, zeitweilig verfolgt. Vermieter/innen, Gastwirte, Hoteliers, die Polizei, staatliche und private Bordellbesitzer/innen kassieren – den meisten Frauen bleibt wenig.

In der 2. Hälfte des 19. Jhs. kämpfen zunächst in England auf Initiative von Josephine Butler in der (später internationalen) Abolitionistenbewegung (von lat. „abolitia" = das Abschaffen) Frauen aus der → Frauenbewegung und Prostituierte gegen die Reglementierung, Kasernierung, Entwürdigung und Entrechtung der Prostituierten. Zum erstenmal taucht die heute noch in der → Frauenbewegung gültige Orientierung auf: Kampf gegen die P. *mit* den Prostituierten. In Deutschland ist die Gräfin und Sozialistin Gertrud Guillaume-Schack 1880 die erste Abolitionistin. Trotz Rede- und Auftrittsverbot und einer Anklage wegen „sozialistischer Umtriebe" gelingt es ihr, in Berlin den „Kulturbund" zu gründen; Gründungen in anderen Städten folgen, z. T. mit Beratungs- und Anlaufstellen für Prostituierte. Die Widerstände seitens der „guten Gesellschaft" und der von ihr angegriffenen Polizei sind enorm. 1884 löst sie entmutigt den Verband auf. Frauen aus der bürgerlichen Bewegung greifen in den 90er Jahren das Problem der P. auf, aber erst mit der Gründung der abolitionistischen Vereinigung (1899) durch Frauen vom radikalen Flügel wird es ein öffentlich und heftig geführter Kampf gegen die bürgerliche Doppelmoral, gegen das Geschäft mit der P., gegen die → Diskriminierung und Verfolgung der Prostituierten. Dieser Kampf, dem sich weitere Gruppen anschlossen, sollte in Deutschland vorläufig 1927 mit der Abschaffung der Reglementierung (mit gewissen Einschränkungen) enden.

Zwischen 1933 und 1945 gelten verschärfte Strafbestimmungen, werden Prostituierte zeitweise als „Asoziale" verfolgt und existiert trotz gesetzlichen Verbots ein mehr oder weniger offener Bordellbetrieb.

In der Bundesrepublik ist P. grundsätzlich nicht strafbar; seit 1973 auch die männlich-homosexuelle nicht mehr. Aber es bestehen Reglementierungen wie Beschränkung auf bestimmte Betriebe (Eros-Center) bzw. Bezirke; als anstößig und jugendgefährdend geltende Formen der Straßen-P. sind nicht erlaubt, wobei die Auslegungsfähigkeit solcher Bestimmungen individueller, polizeilicher, behördlicher Willkür und Gewalt Vorschub leistet. Prostituierte müssen sich beim Gesundheitsamt registrieren und alle 8–14 Tage auf Geschlechtskrankheiten untersuchen lassen; Zwangsuntersuchungen können angeordnet werden. Gerade diese Bestimmungen mit den damit verbundenen staatlichen Kontrollmöglichkeiten sorgen dafür, daß P. in Stundenhotels, Massagesalons, Saunen, im Auto, auf der Straße außerhalb der Bezirke und Einrichtungen betrieben wird, wobei die Prostituierten ständig Gefahr laufen, kriminalisiert zu werden durch ihre Kunden, Nachbarn und Nachbarinnen, vor allem aber die → Zuhälter, die diesen Bereich überwiegend kontrollieren.

Obwohl der Staat von den Prostituierten Einkommenssteuer einzieht (→ Dirnensteuer), haben die Frauen keinen Anspruch auf ihren Lohn; diese rechtliche Diskriminierung ist die entscheidende Grundlage für alle Arten von → Zuhälterei. Nur etwa 10% der Prostituierten arbeiten als „freie“; frei von einem Zuhälter, Zuhälterring, Ehemann, Freund/Freundin, Eros-Center-Besitzer/in. Kinderp. hat in den letzten Jahren zugenommen. Wie neuere Untersuchungen in verschiedenen Ländern ergeben haben, ist das Alter für den Beginn der P. gesunken, liegt das Durchschnittsalter bei 12–14 Jahren.

Die Wege zur P. sind alltäglich: gelegentlich schnelles Geld nebenbei, durch den Freund, Bekannte vermittelt; im Milieu aufgewachsen; von zu Hause, aus einem Heim weggelaufen ohne Aussicht auf einen Job, eine Ausbildung, einen gesicherten Arbeitsplatz; nicht so abhängig und unterwürfig werden wollen wie die Mutter, nicht so malochen müssen wie sie und der Vater; Schulden; Arbeitslosigkeit; sexueller Mißbrauch durch den Vater; auf den Strich geschickt vom Freund, vom Ehemann; Drogenabhängigkeit und „die Sucht nach Geld“ (J. in: Kate Millett, 1983). Prostituierte wehren sich gegen Mystifikationen. Für manche von ihnen hat es die Wahl gegeben, zwischen wenig und viel Geld. Für die meisten bleibt das viele Geld Illusion. Zunehmend mehr lehnen bewußt die Abhängigkeit vom Elternhaus, von einem Mann, in der Ehe ab. Für die überwiegende Mehrzahl ist die P. ein Teufelskreis von anderen Abhängigkeiten geworden, aus dem sie nicht herauskommen.

Prostituierte kommen in den westlichen und östlichen Industriegesellschaften aus allen Schichten der Bevölkerung, haben durchschnittlich eine bessere Berufsausbildung als der Durchschnitt der Bevölkerung, stehen aber wie andere Frauen auch überwiegend mit und in ihren erlernten Berufen am unteren Ende der Lohnskala. Hier liegt das Hauptmotiv für den Umsteige- bzw. Zusatzberuf Hure: mehr Geld mit dem Anschaffen zu verdienen. In Ländern der 3. Welt ist die Massenp. in Verbindung mit → Frauenhandel / Sextourismus vor allem auf fehlende alternative Erwerbsmöglichkeiten und die nackte Not zurückzuführen. Teilweise gilt dies auch für die osteuropäischen Länder nach Öffnung der Grenzen und dem Zusammenbruch des Wirtschafts- und Gesellschaftssystems. Zuvor überwiegend verboten, wurde P. durchaus geduldet. Neu sind Erscheinungen wie die Hauptstraße zwischen Dresden und Prag, die ein einziger Puff ist, oder die vielfältigen Geschäfte mit P. zwischen Ost und Wien, Frankfurt, München und Hamburg. Zunehmend ist auch Drogenabhängigkeit zu einem Einstiegsmotiv geworden.

Die Arbeit von Prostituierten ist anstrengend, auch hart, zuweilen gefährlich. Dennoch bestehen viele der Frauen darauf, P. als normalen Dienstleistungsberuf zu sehen, für den sie die üblichen arbeitsrechtlichen Absicherungen fordern und z. T. auch um die Anerkennung als Ausbildungsberuf kämpfen. Prostituierte organisieren sich, spezialisieren sich und versuchen durch Werbung die schlechter gehenden Geschäfte anzukurbeln.

Über diesen Rückgang gibt es weder Statistiken noch Ursachenuntersuchungen. Huren sprechen von Einkommenseinbußen in den letzten Jahren zwischen ⅓ und ⅔; Bordelle und Eros-Center schließen; in Hamburg wird St. Pauli zu einem allgemeinen Vergnügungs-Zentrum um-

Eine wesentliche Voraussetzung für eine gewandelte öffentliche Haltung ist eine grundlegende neue Einstellung zu dem Problem von Seiten der „anständigen" Frauen, die durch ihre Achtbarkeit von den Prostituierten historisch getrennt sind ... selbstverständlich ist die Prostituierte die Schlüsselfigur. Ohne ihre Teilnahme bliebe jede Diskussion über Veränderungen akademischer Hochmut.

Kate Millet, 1976

gebaut. → Aids, das Ausbleiben der „Lohnfreier" (mit Übergang von der Lohntüte zur Überweisung) und der „Barfreier" (die Wirtschaftswundermänner der 50er und 60er Jahre), der neokonservative Wertewandel und die allgemeine wirtschaftliche Lage mit hoher Arbeitslosigkeit in den 80er Jahren werden als Gründe genannt. Darüber hinaus dürften die veränderten Geschlechterbeziehungen im Zuge der Emanzipationsbewegung und des (noch unzureichenden) Abbaus patriarchalischer Selbstverständlichkeiten, die Normalität außerehelicher sexueller Beziehungen trotz → Aids die nachlassende Nachfrage nach käuflichem Sex mitverursacht haben. (Irene Hübner / Maggie Roper, 1988)
Die wirtschaftliche Ausbeutung, die würdelosen Dienste, die Männer von Prostituierten verlangen, vor allem die psychischen Folgen, die Verinnerlichung der Entwürdigung als → Scham, Selbstverachtung, Selbsthaß sind die wesentlichen Begründungen innerhalb der → Frauenbewegung gegen die P. Denn was Männer im letzten Grund zu Prostituierten treibt, ist das Gefühl der Macht, sich zumindest kurzzeitig einen Menschen kaufen, nach seinem Bedürfnis und Willen nutzen zu können. Dies gilt entsprechend für alle anderen Formen der P. In einer Gesellschaft, wo Männer vorherrschen und in der um des Profits willen alles zur Sache und Ware gemacht wird, trifft nicht den Käufer und Besitzer der Ware Frau/Mensch die gesellschaftliche Verachtung, obwohl alle wissen, daß Menschen so wenig wie sexuelles Erleben gekauft werden können. Dies wissen Prostituierte am besten. Dennoch in den Handel einzuwilligen und die eigene Entwürdigung zu verkaufen (Kate Millett, 1983) und mit sozialer Ächtung gestraft zu werden, macht es ihnen noch schwerer als anderen Frauen, für sich zu kämpfen. Alle Gemeinsamkeiten zwischen der Situation der Prostituierten und der von Ehefrauen, Lohnarbeiterinnen haben eine Grenze: Prostituierte haben ihre Selbstachtung zu gewinnen und zu verteidigen gegen die Verachtung all derer, die sie benutzen und an ihnen verdienen, gegen Kunden, Zuhälter, Polizei und Staat. Sie treffen vor Gericht, in der Öffentlichkeit auf die allgemeine und besonders gegen sie gewendete Frauenverachtung einschließlich der durch die Frauen selbst, die einen geachteteren Status haben.
Prostituierte haben seit den 70er Jahren wieder einmal begonnen, für sich zu kämpfen; gegen jede Reglementierung, für Entkriminalisierung. Zunächst in den USA, England und Frankreich, dann in Holland und auch in der Bundesrepublik haben sich Prostituierte zusammengeschlossen, arbeiten international zusammen. In Frankreich gab es schon 1975 – aus Protest gegen nur lässig verfolgte Prostituiertenmorde – einen Streik; sie haben Zuhälter vor Gericht gebracht und trotz aller (Bedrohung durch) → Gewalt gegen sie ausgesagt. In Berlin ist in Zusammenarbeit mit Frauen aus der Frauenbewegung ein Treffpunkt entstanden, in Hamburg ein autonom organisiertes Prostituiertenhaus. Zusammenarbeit und Unterstützung sind in den USA in vorsichtigen Annäherungsprozessen zwischen der Frauenbewegung und den Prostituiertengruppen wie auch in anderen Ländern entwickelt worden. Diese Annäherung war und ist mit Spannungen und Konflikten verbunden. Der noch jungen *Hurenbewegung* geht es vor allem um die Verbesserung der Lebens- und Arbeits-

bedingungen, um eine gewerkschaftsähnliche Interessenvertretung der Prostituierten. Das abwertende Wort „Hure" wurde von Prostituierten, inzwischen auch auf der Ebene der internationalen Organisierung, als Berufsbezeichnung und Ausdruck eines gestiegenen Selbst- und Protestbewußtseins übernommen. In der autonomen → *Frauenbewegung* ist der Kampf auf die Überwindung patriarchalischer Verhältnisse und damit auch der P. ausgerichtet. Und in der vor allem aus der → *Sozialarbeit* entwickelten Informations- und Beratungspraxis geht es insbesondere um (öffentlich geförderte) Ausstiegsmöglichkeiten. Innerhalb der Hurenbewegung gibt es alle genannten Orientierungen und Ziele. Im Vordergrund stehen die Selbstorganisierung der Prostituierten, ihre Forderung nach Bürgerinnenrechten, Gleichbehandlung und Anerkennung ihres Berufs. In den letzten Jahren gehörten hierzu Kampagnen gegen die gefährliche doppelmoralische Behandlung des Problems → Aids. Überall zur „Risikogruppe" erklärt, in Bayern zu Aids-Test-Zwangsuntersuchungen vorgeführt, besteht die große Gefahr der Verbreitung der Immunschwächekrankheit durch die nichtkontrollierten Freier.

Mit Ausnahme der Gelegenheitsprostituierten gehören die Prostituierten zu denjenigen, die a) als registrierte sich regelmäßig untersuchen lassen und b) auf Körper und Gesundheit achten, sind diese doch ihr Betriebskapital. Ein zweites Dauerproblem sind die Sperrgebietsverordnungen vor allem in Großstädten (Hamburg, Frankfurt, München) mit der Tendenz zur Kasernierung, Ghettoisierung und offiziellen Zuhälterei. So werden den Frauen in vielen Zentren direkt „Kassierer" zugeteilt; die Möglichkeit, auf eigene Rechnung zu arbeiten, ist gering. Und schließlich ist der ganze Bereich der Sozialversicherung außen vor. Kein Zugang zur gesetzlichen Krankenversicherung, fehlende Arbeitslosen- und Rentenversicherung erschweren bzw. verhindern Um- und Ausstieg.

So wurde auf dem ersten internationalen Kongreß 1985 in Amsterdam eine internationale Organisation der Prostituierten gegründet und die „Welt-Charta für die Rechte der Prostituierten" verabschiedet, worin u. a. die Freiheit der Berufswahl und des Arbeitsplatzes, das Recht auf Sozialversicherung, die Abschaffung von Zwangsuntersuchungen, die Entkriminalisierung der Erwachsenenp. und Strafgesetze gegen die Prostituierer von Kindern und zum Schutz der Mädchen und Jungen vor P. gefordert werden. Seit dem zweiten internationalen Hurenkongreß 1986 in Brüssel sind in bundesrepublikanischen Großstädten weitere Vereine und Selbsthilfegruppen entstanden mit eigenen Zeitschriften, Berufsinformationen, Beratungsstellen und Ausstiegsprojekten.

Der „Protest im Spitzenhöschen", so die Autorin Irene Hübner (1988), ist notwendig widersprüchlich. Um ihre Jobs zu erhalten, müssen Prostituierte in Zeiten schlechter gehender Geschäfte sich werbewirksam verkaufen mit der Professionalität, mit dem Spaß am Sex, speziellen Dienstleistungsangeboten, Fernsehinterviews etc. und tragen so zum Erhalt überholter patriarchalischer Strukturen bei. Andererseits ist ihr Ziel und ihr Traum „die freie Frau", was hieße, von ihrem Beruf Abschied zu nehmen – das können und wollen sich eher wenige leisten.

Lit.: Alice Frohnert, Ansichten der Prostitution, Berlin 1990; Irene Hübner / Maggie Roper, Protest im Spitzenhöschen. Huren wehren sich, Frankfurt/M. 1988; Marielouise Janssen-Jurreit (Hrsg.), Frauen und Sexualmoral, Frankfurt/M. 1986; Peter Ketsch, Frauen im Mittelalter, Bd. 1, Düsseldorf 1983; Kate Millett, Das verkaufte Geschlecht, Reinbek bei Hamburg 1983; Morus (Richard Lewinsohn), Eine Weltgeschichte der Sexualität, Hamburg ³1965; Prostituiertenprojekt Hydra (Hrsg.), Beruf: Hure, Hamburg 1988; Anke Wolf-Graaf, Die verborgene Geschichte der Frauenarbeit. Eine Bildchronik, Weinheim/Basel 1983; Agnes von Zahn-Harnack, Die Frauenbewegung, Berlin 1928.

Renate Wurms

Psychiatrie; Teilgebiet der Medizin; befaßt sich (1) mit Diagnose und Therapie von seelischen Erkrankungen, (2) mit der Erforschung der Bedingungen, die diese Erkrankungen verursachen oder fördern, und (3) mit Prävention (Maßnahmen zur Vorbeugung). Zu den seelischen Erkrankungen gehören – Psychosen: vorübergehende oder andauernde „endogene" Psychosen, durch Sucht-

mittel oder deren Entzug bedingte Psychosen, organische Psychosen, die mit körperlichen Erkrankungen einhergehen, Psychosen des schizophrenen Formkreises sowie affektive Psychosen (Depression, Manie und manisch-depressive Zustände);
– Neurosen: z. B. Angststörungen wie Phobien, Angst- und Panikattakken, depressive Neurosen, Zwangsneurosen (z. B. Waschzwang), sexuelle Störungen, Persönlichkeitsstörungen (z. B. narzißtische Störungen, Border-line-Störungen), → Eßstörungen (Bulimie, Magersucht, Eßsucht), Suchtmittelabhängigkeit und psychosomatische Störungen (körperliche Symptome, die eine seelische Ursache haben, z. B. Migräne, Magenschmerzen, Hauterkrankungen).

Orte psychiatrischer Tätigkeit sind psychiatrische Kliniken, Abteilungen für psychosomatische Medizin, auch an den Allgemein-Krankenhäusern, sozialpsychiatrische Dienste, Gesundheitsämter und Nervenarztpraxen.

Historische Entwicklung: In allen historischen Epochen wurde und wird gesellschaftlich bestimmt, was „normal" oder „unnormal" ist. Während im Altertum noch Toleranz gegenüber abweichendem Verhalten herrschte und solches als Ausdruck von mystisch und naturreligiös Dämonischem gesehen wurde, begann in der Renaissance (15./16. Jh.) die Aussonderung psychisch Kranker in „Narrentürme". In der Aufklärung (17./18. Jh.) wurde der Druck gegen alles „Irrationale" massiv; es entstanden zahlreiche Zwangsmittel für psychisch Kranke (Zucht-, Arbeits-, Toll- und Verwahrhäuser), in denen auch Arme, Waisen, junge Frauen, Prostituierte, Säufer und Kriminelle zur „Vernunft" umerzogen werden sollten.

Während die Ursache seelischer Erkrankungen je nach Stand der Wissenschaft und gesellschaftlicher Ideologie im Körper (Ende des 19. Jhs) und in „endogenen" (nicht näher bestimmten „inneren" Faktoren) gesucht wurde, hatte dies zum einen zur Folge, daß psychisch Kranke nicht mehr mit drakonischen Zwangsmaßnahmen (Drehmaschine, Wasserkuren) behandelt wurden, zum anderen, daß das Problem der Erblichkeit dieser Störungen in den Mittelpunkt der Betrachtung gerückt wurde (z. B. „geborener Verbrecher", „moralisch Schwachsinniger", „haltloser Psychopath"). Dies führte im Nationalsozialismus zur „Euthanasie" („Gnadentod"), d. h. zum faktischen Mord an 100 000 PatientInnen bzw. zur Zwangssterilisation von seelisch kranken Menschen, sowie zu „Schocktherapien" wie Elektro-, Fieber-, Insulinschock-„Therapie". – Ein anderer Teil deutscher Wissenschaftler, die während des → Faschismus emigrieren mußten, sah psychische Erkrankungen ganzheitlich, entstanden durch seelische, körperliche und soziale Momente. Erkenntnisse der Psychoanalyse zur Entstehung der Persönlichkeit, Erkenntnisse von Soziologen, Psychologen und Kommunikationswissenschaftlern führten in den meisten westlichen Industrieländern zu Veränderungen in der Psychiatrie, die in der Nachkriegszeit nur langsam bei uns übernommen wurden. Die Erfindung der Neuroleptika (Medikamente gegen psychotisches Erleben wie Halluzinationen, Wahnvorstellungen, Erregungszustände) in den 50er Jahren führte zu einem größeren Freiraum

Charcot in der Salpêtrière, um 1880. Blick und Worte des Nervenarztes haben die „Besessene" aus ihrer Verbannung geholt. Die Entdeckung des Unbewußten vollzieht sich vor den Stielaugen fortgeschrittener Kollegen am lebendigen „Material" sich krümmender weiblicher Leiber in den Eisenbetten und Hörsälen der Salpêtrière.

für psychisch Kranke, da körperliche Zwangsmaßnahmen nicht mehr so häufig „notwendig" waren und subjektives Leiden – allerdings nicht ohne ernste Nebenwirkungen („chemische Keule") – gemildert werden konnte.

Mit Entstehen der Psychiatrie-Enquête zu Beginn der 70er Jahre entwickelte sich ein gesellschaftliches Bewußtsein für das „Elend in der Psychiatrie": Überbelegungen, Bettensäle, fehlender Privatbereich, Eintönigkeit, fehlende therapeutische Behandlung und Nachsorge. Überfällige bauliche Veränderungen wurden vorgenommen. Personal verschiedener Berufsgruppen (Sozialarbeiter, Diplom-Psychologen, Diplom-Pädagogen, Beschäftigungs- und Bewegungstherapeuten) wurde eingestellt. Nachsorgemöglichkeiten wie Tageskliniken, Wohngruppen, ambulante Dienste wurden geschaffen. Das Prinzip der „therapeutischen Gemeinschaft" (gleichberechtigtes Miteinander von Therapeuten und Patienten) wurde als Mittel der Milieutherapie erkannt und immer mehr eingesetzt. Die heutige psychiatrische Behandlung besteht aus einem langsam wachsenden, gleichberechtigten Miteinander verschiedener Behandlungsformen: medikamentöser, psychotherapeutischer, arbeits- und beschäftigungstherapeutischer, milieu- und bewegungstherapeutischer Behandlung, je nach personeller Ausstattung und Güte der Kliniken. Nach wie vor werden jedoch psychisch Kranke von Gesunden in seit rund 100 Jahren bestehenden Großkrankenhäusern abseits gehalten.

Der Reformwille der 70er Jahre ist inzwischen veränderten politischen und ökonomischen Umständen zum Opfer gefallen: Der Abbau von Sozialleistungen, zu denen auch das Gesundheitswesen gehört, vollzieht sich rasch: Abbau von Personal; Verkauf von Krankenhäusern und Heimen an private Träger; Abbau von staatlichen Subventionen und Orientierung auf die „Wirtschaftlichkeit" von Krankenhäusern nach kapitalistischen Kriterien. Die Verelendung – nicht nur des psychisch kranken Teils der Bevölkerung – wird dabei im Rahmen des Konzepts der Zweidrittelgesellschaft billigend in Kauf genommen.

Frauen und Psychiatrie: Frauen werden weniger häufig als Männer in der Psychiatrie behandelt. Psychische Auffälligkeit wird von den Familien bei Frauen eher toleriert, solange sie zu Hause noch funktionieren. Erst mit der Berufstätigkeit unterliegen sie ähnlichen Kriterien wie Männer: Funktioniere im Betrieb, sei vorhersehbar und unauffällig. Sind Frauen aber in der Psychiatrie, wird ihre Gesundheit (→ psychische Störungen) von Männern beurteilt und der Erfolg der Therapie oft genug daran gemessen, wie reibungslos sie wieder den Aufgaben in Familie und Beruf nachkommen, wie widerstandslos sie sich in die patriarchalen Verhältnisse einfügen.

Bei Problemen der psychiatrischen Unterbringung, Zwangseinweisung, Drohen mit Entmündigung und schlechter psychiatrischer Behandlung gibt es verschiedene Anlaufstellen: Kommission für Verstöße der Psychiatrie gegen Menschenrechte e. V., Lindwurmstr. 29, 8000 München 2; in einigen Städten Selbsthilfekollektive; Geschäftsstelle der Deutschen Gesellschaft für Sozialpsychiatrie, Postfach, 6940 Weinheim; die Beschwerdekommissionen bei Landeskrankenhäusern oder Landeskliniken (je nach Bundes-

Werbung für Psychopharmaka im Ärzteblatt.

land, beim Petitionsausschuß des Bundestages, Bonn).

Lit.: M. Bauer, Psychiatrie, Stuttgart 1976; Dagmar Bielstein, Von verrückten Frauen. Notizen aus der Psychiatrie, 2. Aufl. 1991; P. H. Chesler, Frauen – Das verrückte Geschlecht? Reinbek 1977; Courage – Sonderheft 2: Zum Verrücktwerden. Frauen in der Psychiatrie; K. Dörner/U. Plog, Irren ist menschlich. Hundsdorf 1980; Dagmar Hoffmann (Hrsg.), Frauen in der Psychiatrie. Oder wie männlich ist die Psychiatrie, Bonn 1991; G. Jervis, Kritisches Handbuch der Psychiatrie, Frankfurt/Main 1980; Emil Thiemann/Frauke Schonart, Liebe – Leistung – Wahnsinn. Von der Dialektik des Werdens zur Dialogfähigkeit des Menschen – Psychiatrische Aspekte und Zweifel. 1986.

Ingrid Schick-Sollmann

Psychische Störungen; seelische Beeinträchtigungen, die den Handlungs- und Erlebnisspielraum einer Person einschränken und mit subjektivem Leiden und/oder Leiden der Mitwelt an der Person verbunden sind; Ergebnis negativer Lernerfahrungen, gestörter zwischenmenschlicher Beziehungserfahrungen, unzureichender Konfliktstrategien in der Auseinandersetzung mit der Umwelt und sich selbst. P.St. bei Frauen sind „gefesselte Widerstandsformen" (Haug 1986), mißlungene Bewältigungsversuche des Frauenlebens in einer patriarchalen Gesellschaft, Formen des Widerstands und des Protests, die jedoch ohnmächtig bleiben, da sie zunächst nicht zu erweiterter Handlungsfähigkeit führen.

In der Beurteilung seelischer Gesundheit unterliegen Frauen einem Doppelstandard, der die Wirkungen des patriarchalen Wertesystems zeigt: Von erwachsenen Frauen wird, wenn sie als gesund gelten sollen, erwartet, daß sie im Gegensatz zu Männern zu stärkerer Unterordnung, Abhängigkeit, Passivität, Emotionalität, weniger „Objektivität", größerer Beeinflußbarkeit neigen. Dies sind aber andererseits Eigenschaften, die gesellschaftlich nicht erwünscht sind; die Definition psychischer Gesundheit ist ausschließlich auf den Mann bezogen. Zeigen Frauen jedoch das gesellschaftlich hochgeachtete Männerverhalten, gelten sie als dominant, aggressiv, konkurrenzbezogen und unabhängig, so werden sie häufig immer noch geächtet und pathologisiert („Penisneid"). Da in → Psychiatrie und niedergelassenen Praxen in der Mehrzahl Männer über die Diagnosen entscheiden, werden Frauen schon aufgrund ihres Geschlechts häufiger als krank abgestempelt: Psychopharmaka werden Frauen doppelt so häufig verschrieben wie Männern; allerdings nehmen Frauen aufgrund der gesellschaftlich festgeschriebenen Erlaubnis zu leiden Psychotherapie drei- bis viermal so häufig wie Männer in Anspruch. (Pahl 1991)

Ihre durch die gesellschaftlichen Machtverhältnisse geprägte Lebenssituation stellt an Frauen widersprüchliche Anforderungen, auf die sie – häufig als einzige Reaktionsmöglichkeit – mit einem psychischen Symptom reagieren können. Frauen sollen den Männern gegenüber schwach und beherrschbar sein, obwohl diese Eigenschaften gesellschaftlich abgewertet werden, müssen aber gleichzeitig im Haushalt und Beruf kompetent und organisationsstark sein, ihre Doppelbelastung ohne Klagen und Leistungseinschränkungen bewältigen, wobei weibliche Berufstätigkeit männlicherseits als Luxus der Selbstverwirklichung oder notwendiges Zubrot definiert ist. Dieser Widerspruch, stark und schwach zugleich sein zu sollen, kann bei Frauen zu Problemen und Persönlichkeitskrisen führen. Dabei reagieren die Frauen in ihrer psychischen Symptomatik meistens intrapunitiv: Sie erleben ihre seelischen Probleme als persönliches Versagen und persönliche Schuld und bestra-

fen sich noch selbst mit der Symptomatik, während Männer eher auch mit antisozialem und aggressivem Verhalten reagieren, das nach außen gerichtet ist.
Während in den Psychosen (→ Psychiatrie) als männlich geltender aggressiver Protest, Streitsucht, Aggressionen, Überaktivität etc. auch Frauen möglich sind, führen die neurotischen Störungen häufig zu autodestruktivem Verhalten und Erleben. Reaktive Depression tritt bei Frauen häufig nach dem Verlust familiärer Bindungen (Partner, Kinder) auf. Aggressive Reaktionsweisen werden dabei vermieden. Die der Depression eigenen Symptome (niedergedrückte Stimmung, verminderter Antrieb, Festlegung von Denken und Gefühlen auf Schuld, Versagen, Wert- und Sinnlosigkeit) sind u. a. Reaktionen auf eine gesellschaftlich abgewertete Stellung, die derartige Gefühle nahelegt, und Reaktion auf den ungeheuren Kraftaufwand, mit Doppelbelastung und Diskriminierung fertig werden zu müssen. Im Ausleben der depressiven Symptomatik beschränkt sich der ohnehin schon eingeschränkte Handlungsspielraum der Frauen auf ein Minimum. In den körperlichen Veränderungen bei der Frau wie Pubertät, Schwangerschaft und Klimakterium (→ Wechseljahre) sehen männliche Mediziner oft die alleinige (hormonelle) Ursache für seelische Krisen. Diese Krisen sind aber viel mehr darin begründet, daß subjektive Veränderungen sich im patriarchalen Rahmen vollziehen, die alles andere als verlockend sind: Das pubertierende Mädchen steht vor der Angst, mit der Menstruation auch den vorgelebten passiven Leidensweg der Mutter übernehmen zu müssen; die schwangere Frau muß sich unter Umständen für das Kind oder für eine berufliche Karriere entscheiden, ohne beides selbstverständlich verbinden zu können; der Frau im Klimakterium droht oftmals endgültig das gesellschaftliche Aus: Arm und alt sind bei Frauen häufig Synonyme.
In den letzten Jahren haben Angststörungen in Form von Angst- und Panikattacken (Phobien, Angstneurosen) bei Frauen zugenommen. Diese Angststörungen treten plötzlich und unvermittelt, oft in der Öffentlichkeit, auf und sind begleitet von körperlichen Panikzuständen (Herzrasen, Atemnot, Gefühl zu ersticken) und von panikverstärkenden Gedanken (Todesangst, Angst, „verrückt" zu werden). Die Symptomatik führt dazu, daß die Betroffenen ihre Handlungsmöglichkeiten einschränken (öffentliche Plätze, Supermärkte, Kinos etc. meiden) und sich damit selbst die Möglichkeit zur Überwindung ihrer Angst nehmen (Vermeidungsverhalten). Diese „unerklärlichen" Angst- und Panikattacken werden in der neueren wissenschaftlichen Auseinandersetzung zunehmend in Zusammenhang mit Mißbrauchserfahrungen (→ sexueller Mißbrauch) von Frauen gesehen. In der existentiell als bedrohlich erlebten Attacke wird die Katastrophe sexueller Gewalterfahrung wiederbelebt, bisher unterdrückte Gefühle der Ohnmacht und Ausweglosigkeit drängen im Empfinden akuter Lebensbedrohung kathartisch zum Ausdruck (Merkel 1991).
Zu den autodestruktiven Syndromen von Frauen gehört auch die rapide Zunahme von → Eßstörungen (Bulimie, Magersucht, Eßsucht), bei denen sich verzweifelte, ohnmächtige Wut über weibliche Lebenszusammenhänge aggressiv gegen den eigenen Körper richtet.
Immer mehr Frauen werden suchtkrank, tabletten- und/oder alkoholabhängig. Sowohl Leere und Monotonie der Hausarbeit als auch Streß- und Doppelbelastung führen zu Anzeichen von Reizbarkeit und Erschöpfung, die mit zumeist entspannenden und beruhigenden Medikamenten oder mit Alkohol bekämpft werden. Die unkritische Verschreibungspraxis ärztlicherseits fördert den schleichenden Prozeß der Suchtentwicklung. Ist eine Frau erst einmal suchtkrank geworden, so ist sie erheblich größerer gesellschaftlicher Stigmatisierung ausgesetzt als ein Mann. Ein weiterer Teil möglicher Störungen betrifft die psychosomatischen Erkrankungen (z. B. Migräne, Magenschmerzen, Hautleiden, „Frauen"-Krankheiten). Im Frauenkörper ist die Lebensgeschichte der Unterdrückung einge-

schrieben, der Körper ist Ausdruck der Vergesellschaftung in Unterdrückungsverhältnissen. Die psychosomatische Symptomatik hat sowohl die Funktion der Individualisierung als auch der Selbstzerstörung. Frauen erleben ihren kranken Körper als Versager, Ballast, Störenfried, der nicht nach ihrem Willen funktioniert. Der Körper wird im subjektiven Bewußtsein zum schuldigen Objekt (Haug 1986).

Einen zunehmenden Stellenwert in der öffentlichen Diskussion und im Zusammenhang mit den oben beschriebenen frauenspezifischen Krankheitsformen nimmt das Problem des → sexuellen Mißbrauchs ein, der eine drastische Manifestation der Herrschaft des Mannes über die Frau ist. Nach neuesten Untersuchungen haben 80% der in der Psychiatrie unter den unterschiedlichsten Diagnosen behandelten Frauen in ihrer Kindheit und Jugend Mißbrauchserfahrungen machen müssen. Das gleiche gilt für einen großen Teil der suchtkranken und der eßgestörten Frauen sowie der Frauen mit Angststörungen. Mißbrauchserfahrungen in Kindheit und Jugend führen in der Regel durch die Notwendigkeit der Abspaltung wesentlicher Teile eigener Realität zu Persönlichkeitsproblemen, die auch im Erwachsenenalter manifest bleiben und – psychotherapeutisch fehl- bzw. unbehandelt – lebenslanges Leiden verursachen können.

Doch Frauen sind nicht nur leidende Opfer in den patriarchalen Lebenszusammenhängen, sie sind auch „Mittäterinnen" (Thürmer-Rohr 1987), die durch unterstützendes, billigendes und bemäntelndes Verhalten den Männern gegenüber die Strukturen, unter denen sie leiden, aufrechterhalten. „Wir sind zu Mittäterinnen geworden, wenn wir uns den Ergänzungsideen gefügt, nämlich komplementär zum „männlichen" ein „weibliches" beschränktes Verhaltensrepertoire entwickelt und praktiziert haben. Wenn Frauen das männliche Individuum stützen und abschirmen, indem sie ihre Ressorts – speziell die des Hauses, des „sozialen Gedankens" und der Menschlichkeit – so strukturieren, daß der Mann für seine Taten freigesetzt wird" (Thürmer-Rohr). Mittäterinnen sind die Frauen auch, wenn ihre Töchter sexuell mißbraucht werden: Da sie selbst keine Vorstellungen von körperlicher und seelischer Integrität entwickeln konnten und ihre einzige Macht in der Macht über die Kinder – besonders die Töchter – besteht, dulden sie oft die Übergriffe des Mannes oder schauen weg, um ihre eigene, am Mann orientierte Existenz nicht aufs Spiel zu setzen.

Ursache dieser Probleme ist nicht zuletzt die Schwierigkeit, in einer von Männern bestimmten Welt die eigene Identität als Frau zu definieren (Benjamin 1990). Über Negativdefinitionen (jenseits der Mütter, jenseits der Männer) scheint dies zunächst am ehesten möglich zu sein. Es gibt jedoch weder Vorbilder noch Orte des Frauseins. Statt männlichen Erwartungen zu entsprechen, müssen Frauen sich entwerfen – mit der Konsequenz zerbrechlicher, risikoreicher Vorläufigkeit. Unter der Überschrift „Zu wenig" schrieb Bloch: „Ich bin. Aber ich habe mich nicht. Darum werden wir erst." (Bloch 1964)

Lit.: Arbeitshefte Gruppenanalyse. Sexualität: Begehren und Metapher, Münster 1990; J. Benjamin, Die Fesseln der Liebe, Basel/Frankfurt 1990; E. Bloch, Spuren, Frankfurt a. M. 1964; H. Brandes und Christa Franke (Hrsg.), Geschlechterverhältnisse in Gesellschaft und Therapie, Münster 1990; F. Haug und Karin Hauser (Hrsginnen), Der Widerspenstigen Lähmung. Kritische Psychologie der Frauen 2. Argument-Sonderband AS 130, Berlin 1986; B. Merkel, „Ich laß mich nach alldem doch nicht als krank abstempeln" in: Psychologie und Gesellschaftskritik 59/60, 1991; E. Pahl, in: Hoffmann, D. (Hrsg.), Frauen in der Psychiatrie, 1991; Ch. Thürmer-Rohr, Vagabundinnen – Feministische Essays, Berlin 1987.

Ingrid Schick-Sollmann

Psychoanalyse; → Psychotherapie

Psychopharmaka; → Psychiatrie, → psychische Störungen

Psychotherapie; Psychotherapie ist (durchgeführt von Diplom-PsychologInnen und ÄrztInnen für Psychotherapie) die Bezeichnung für Behandlungsverfahren zur Heilung oder Milderung → psychischer Störungen, die auf psychischer Beeinflussung beruhen. Psychotherapie kann als Einzel- und/oder Gruppentherapie stattfinden. Mit Hilfe der Psychotherapie soll das Denken,

Fühlen, Wahrnehmen und Verhalten einer Person geändert werden. Durch positive Erfahrungen in der Psychotherapie können seelische Barrieren und Hemmungen abgebaut, kann die Lebenssituation in ihrer gesellschaftlichen Bestimmtheit durchschaut und verändert werden.

Historische Entwicklung: In der Urzeit und im Mittelalter fand eine Art von Psychotherapie bei psychischen Störungen durch Besprechen, Gesundbeten und Austreibung böser Geister statt. Im 18. Jh. begründete Mesmer die erste wissenschaftliche Therapie, den Magnetismus. Im 19. Jh. machte Charcot, der Lehrer Sigmund Freuds, die ersten Versuche mit Hypnose zur Bekämpfung psychischer Leiden, vorwiegend bei der häufig diagnostizierten → „Hysterie" bei bürgerlichen Frauen. Charcot durchbrach als erster die Vorstellung, seelische Probleme ließen sich nur körperlich erklären und behandeln. Freud sah in hysterischen Störungen einen inneren Ausdruck der Person, auf bewußte und unbewußte Probleme ihrer Lebenssituation aufmerksam zu machen. Statt Hypnose wandte er im späteren Verlauf seiner Entwicklung der Psychoanalyse die Methode der freien Assoziation an, die Bewußtes mit Unbewußtem verbinden sollte. Die Erkenntnis des Unbewußten sowie die Betonung der Bedeutsamkeit der psychosexuellen Entwicklung in der Kindheit gehören zu seinen Verdiensten. Seine Schüler Jung, Adler, Reich trennten sich im Laufe ihrer eigenen Entwicklung von ihm und setzten eigene Schwerpunkte in der Psychotherapie. In den 40er und 50er Jahren entstand in Amerika die Gesprächspsychotherapie, etwa im gleichen Zeitraum die Verhaltenstherapie, die psychisches Leiden nicht, wie Freud, als Symptom eines zugrundeliegenden unbewußten Konflikts betrachtete, sondern als ein in einer bestimmten Situation durch Lernen erworbenes Handeln, das nach den Gesetzen seines Entstehens ebenso wieder verlernt werden kann. Gleichzeitig entwickelten sich neue Formen der Gruppentherapie (Gruppendynamik, Encounter) und verschiedene Therapieformen wie Bioenergetik und Gestalttherapie. Diese Therapieformen betonen – u. a. als Reaktion auf die Leugnung der Verantwortung des einzelnen Menschen im faschistischen Deutschland – den Vorrang der persönlichen Verantwortung für das eigene Schicksal, das eigene Glück und Leid. In den 70er Jahren kam es zu einem wahren Therapie-Boom, der dem wachsenden Bedürfnis weiter Teile von Intellektuellen und Mittelschichtangehörigen gerecht wurde, die eigene Situation zu hinterfragen, mehr über sich, ihre Gefühle und Wahrnehmungen zu erfahren. Unseriöse Therapeuten stießen hier in eine Marktlücke und machten das große Geschäft mit der Seele.

Psychotherapie und Politik: Vielen der verschiedenen Therapieformen ist zu eigen, daß sie die individuelle Autonomie und Veränderbarkeit der Menschen in den Vordergrund stellen und die gesellschaftliche Bestimmtheit der Persönlichkeit kaum berücksichtigen. Hatte Freud noch mit der Annahme des Unbewußten und seinem Triebmodell die Macht des Seelischen für alltägliches Handeln und Kulturschaffen betont – ein damals revolutionärer Ansatz in einer vom medizinischen Modell → psychischer Störungen geprägten ideologischen Landschaft – und somit zum naturwissenschaftlichen Krankheitsverständnis ein theoretisch fundiertes Gegengewicht gesetzt, so laufen die nachfolgenden Therapiearten bei unkritischer Anwendung Gefahr, Anpassung und Einordnung in die bestehenden Verhältnisse zu fördern. Die meisten Formen der Psychotherapie orientieren sich an einem liberalen Persönlichkeitsmodell, dem die Vorstellung zugrunde liegt, über die Befreiung des Ichs zu einer gesellschaftlichen Befreiung zu gelangen, die die Persönlichkeitsentwicklung begrenzenden sozialen und individuellen Barrieren durch eine andere „Sicht" der Dinge aus der Welt zu schaffen. Es scheint in der Natur der Sache zu liegen, daß in der Psychotherapie die Sein-Bewußtseins-Verbindung umgekehrt ist, das Seelische den Vorrang vor dem Gesellschaftlichen hat.

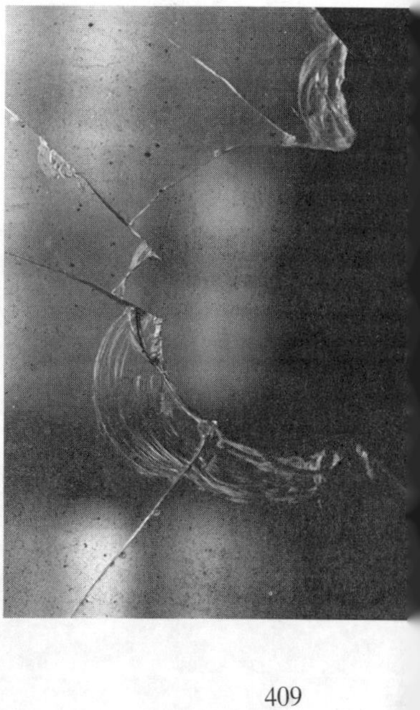

Eine von Fachleuten durchgeführte Psychotherapie ist immer dann angezeigt, wenn erheblicher persönlicher Leidensdruck besteht, wenn die Probleme mit der eigenen Person den Alltag kaum lebbar machen, Liebes-, Beziehungs- und Arbeitsfähigkeit verkümmern lassen. Dabei gibt es zwischen einer Psychotherapie und einem Gespräch mit FreundInnen in seelischen Nöten ein breites Spektrum von Hilfsmöglichkeiten: In den Frauenzentren der Großstädte (→ Frauenhäuser) gibt es oft Frauengesprächsgruppen, die Volkshochschulen bieten ebenfalls in der Regel Gesprächskreise zu psychischen Problemen und zu speziellen Frauenproblemen an. Jenseits von Psychotherapie kann eine Veränderung der persönlichen Situation, ob in Familie oder Beruf, ob durch mehr Zeit für sich, Sport, Hobbys zu seelischer Erleichterung führen.

Psychotherapie und Frauen: Die Geschichte der Psychotherapie ist nicht nur die Geschichte privilegierter KlientInnen, die ihre TherapeutInnen verstehen und bezahlen können, sondern auch eine Geschichte geschlechtlicher Ungleichheit. Die Therapeuten sind häufig Männer, die Leidenden und Behandelten Frauen. Frauen sind aufgrund ihrer gesellschaftlichen Benachteiligung und aufgrund der Annahme, was psychisch gesund sei (→ psychische Störungen), „störanfälliger" als Männer. Ihr Rollenverständnis macht es ihnen leichter, seelische Probleme einzugestehen, zu leiden, Hilfe zu suchen. Die patriarchalen Strukturen der Gesellschaft spiegeln sich jedoch auch in der Psychotherapie wider. Männliche Psychotherapeuten können in der Behandlung ihrer Patientinnen in einer Beobachterposition verharren, das Machtverhältnis der Geschlechter im patriarchalen Rahmen ausblenden bzw. bestätigen, Unterdrückungstrukturen bei Frauen festigen, wenn sie sich am herkömmlichen Bild von Weiblichkeit in den psychologischen Theorien orientieren und die Genese aller seelischen Probleme auf die frühe Mutter-Kind-Beziehung zurückführen. Schlimmstenfalls können sie ihre männliche Macht auch besonders drastisch ausspielen; häufig kommt es zu sexuellem Mißbrauch von Patientinnen in der Psychotherapie. Die Zahlen hierzu sind erschreckend: Nach neuesten Untersuchungen kommt es bei ca. einem Viertel der Behandler zu sexuellen Übergriffen (Vogt 1991), 30% der BeraterInnen in der Suchtkrankenhilfe sind mit Patientinnen konfrontiert, die von solchen Mißbrauchserfahrungen berichten. Gerade Frauen, die in Kindheit und Jugend sexuellen Übergriffen ausgesetzt waren, wiederholen oft in ihrer Psychotherapie noch einmal diese traumatischen Erfahrungen. Die gesellschaftlichen Sanktionen gegen solche destruktiven Handlungen bleiben milde; der Prozeß gerichtlicher Auseinandersetzungen legt der Patientin die Beweislast auf: Sie muß nachweisen, daß ihr durch den sexuellen Mißbrauch ihres Psychotherapeuten seelischer Schaden zugefügt worden ist.

Aufgrund der geschlechtsspezifischen Gewaltverhältnisse (→ Gewalt), die im Feld Psychotherapie noch einmal konstituiert werden, stellt sich natürlich die Frage, ob Frauen bei weiblichen Psychotherapeutinnen, die die Interdependenz der gesellschaftlichen Situation und psychischer Befindlichkeit berücksichtigen, nicht besser aufgehoben sind. In allen psychotherapeutischen Schulen gibt es inzwischen Frauen, die einen frauenspezifischen Standpunkt vertreten, der kritisch und antithetisch ist und die gesellschaftliche Wirklichkeit von Frauen berücksichtigt. Ziel einer solchen frauenspezifischen Psychotherapie ist vor allem Hilfe bei der weiblichen Identitätsfindung durch Erkennen patriarchaler Verformungen, Vertrautwerden mit den Möglichkeiten und Bedürfnissen des Frauseins in der Gesellschaft und Entwicklung frauenspezifischer Bewältigungsstrategien in den kritischen Phasen des weiblichen Lebenszyklus (Wirtz 1991).

Information über Therapiemöglichkeiten: Gesellschaft für Verhaltenstherapie, Postfach 13 43, 7400 Tübingen; Förderverein für Gruppentherapie Münster e.V., Nordstr. 22, 4400 Münster; Universitätsinstitute, Frauenzentren, Beratungsstellen,

Profamilia, Gesundheitsämter, niedergelassene psychologische und ärztliche PsychotherapeutInnen.
Obwohl die Krankenkassen grundsätzlich für die Kosten einer Psychotherapie aufkommen, gibt es jedoch Einschränkungen bezüglich Therapieformen und der Wahl des/der Psychotherapeut/in. Sind PsychotherapeutInnen kassenärztlich zugelassen, so bezahlen die Kassen problemlos Psychoanalyse, tiefenpsychologische Behandlungen und Verhaltenstherapie. Andere Therapieformen (Gestalttherapie, Bioenergetik, Gesprächstherapie etc.) sind – solange noch ein Psychotherapiegesetz aussteht – nicht über die Kassen abzurechnen; die Patientin muß die Kosten selbst tragen. Auf jeden Fall ist eine Absprache mit der Krankenkasse vor Beginn der Psychotherapie notwendig.
Der Umfang der psychotherapeutischen Behandlung richtet sich nach den Therapieformen: In der Psychoanalyse dauert der Prozeß in der Regel mehrere Jahre mit häufig wöchentlicher Behandlungsfrequenz, in der Verhaltenstherapie etwa ein bis anderthalb Jahre mit wöchentlichen Sitzungen. Neben dieser Langzeittherapie gibt es eine „Kurzzeittherapie" mit einem Behandlungsumfang von 29 Sitzungen.

Lit.: Arbeitshefte Gruppenanalyse 1/91. Förderverein Gruppentherapie e.V. Münster; Jessica Benjamin, Die Fesseln der Liebe, Basel, Frankfurt/Main 1990; H. Brandes und Ch. Franke, Geschlechterverhältnisse in Gesellschaft und Therapie, Münster 1990; Marie Cardinal, Schattenmund. Roman einer Analyse, Reinbeck 1982; Phyllis Chesler, Frauen – Das verrückte Geschlecht, Reinbeck 1977; S. Ernst/ L. Goodison, Selbsthilfetherapie – Ein Handbuch für Frauen, München 1984; W. C. Hagemann, Frauenbewegung und Psychoanalyse, Frankfurt 1979; U. Konnertz (Hrsg.), Weibliche Ängste. Ansätze feministischer Vernunftkritik, Tübingen 1989; Alice Miller, Das Drama des begabten Kindes, Frankfurt 1979; Tilman Moser, Kompaß der Seele. Ein Leitfaden für Psychotherapiepatienten, Frankfurt/Main 1986; I. Vogt, In Tübinger Reihe 12: Sexuelle Übergriffe in der Therapie, Bonn 1991; U. Wirtz, in: D. Voigt und Jawad-Estrak ((Hrsginnen): Von Frau zu Frau. Feministische Ansätze und Praxis psychotherapeutischer Schulen. Reihe Frauenforschung, Band 17, Wien 1991.

Ingrid Schick-Sollmann

Pubertät; individuelle Entwicklung des Menschen zwischen der Kindheit und dem Erwachsensein; bei Mädchen liegt sie zwischen dem 11. und dem 15./16. Lebensjahr, bei Jungen zwischen dem 12. und dem 16./17. Lebensjahr.
P. ist gekennzeichnet durch die Entwicklung der sekundären Geschlechtsmerkmale (Brust, Behaarung . . .) sowie durch das Auftreten der ersten → Menstruation beim Mädchen, der ersten Ejakulation (Samenerguß) bzw. Pollution (unwillkürlicher Samenerguß) beim Jungen und durch Veränderungen des Körperwachstums. Die P. ist oft eine Phase sozialer und psychischer Unausgeglichenheit. Mädchen und Jungen sind schnell erregt und haben Schwierigkeiten, sich „zu verhalten" und sozial zu orientieren. Zu den Besonderheiten der P. gehört die P.sfettsucht, die bei den Jungen oft vor der P. vorkommt und die P.smagersucht, die bei Mädchen nach der P. als psychische Reifungskrise (Ablehnung der weiblichen Rolle, gestörte Mutterbeziehung, Abwehr der Gefahr eines inzestuösen Zugriffs) auftaucht und durch extreme Abmagerung (Nahrungsverweigerung, Erbrechen) gekennzeichnet ist.

Puff; eigentlich ein Würfelbrettspiel; aus Redewendungen wie „mit jemandem P. spielen", „in den P. gehen" entwickelte sich im 18. Jh. die Verwendung von P. im Sinne von → Bordell. (→ Prostitution)

Heinrich Zille

„— und komm gesund wieder — und steig nich in Hamburg aus, Aloys! Du weißt, da sind solche böse Häuser —"
„Aber, Klärchen, die sind längst abgeschafft, bloß Altona hat se noch."

Q

Qualifikation; Q. wurde aus franz. „qualification" = Befähigung, Eignung, auch Befähigungsnachweis übertragen und ist in diesem allgemeinen Sinn seit dem 17. Jh. belegt. Q. als Sportbegriff – Teilnahmebedingung – wurde erst in unserem Jh. vom englischen Sprachgebrauch übernommen. Insbesondere in der Erwerbsarbeit und im Beruf spielen Q.en eine Rolle. Q. umfaßt als Befähigung und Eignung von Personen, auch Personengruppen, meist den Nachweis einer Ausbildung mit Prüfung und Zeugnis sowie Verhaltensweisen, Fertigkeiten und Fähigkeiten, Kenntnisse, die für die Ausübung bestimmter Arbeiten erforderlich sind. Q. bezeichnet das Ergebnis von Lernprozessen in der Schule, der Aus- und Weiterbildung, beruflicher Praxis.
(→ Arbeit, → Beruf, → Beziehungsarbeit, → Erwerbstätigkeit)

Quelle; von ahdt. „quellan", mhdt. „quellen" = quellen, herabträufeln, überfließen. Q. bezeichnet ursprünglich nur den natürlichen Austritt von Grundwasser, den „Ursprung" von Bächen und Flüssen, auch auf dem Grund von Seen und Meeren. Das Wort Q. wurde schon früh übertragen und wird allgemein benutzt für Herkunft, Ursprung; Belegstelle, schriftliches Dokument, Zeugnis – als Überrest aus der Vergangenheit. Diese Q.n in der Geschichtswissenschaft sind ein Grundproblem für historische → Frauenforschung (→ Geschichte). Häufig fehlen Hinweise auf das → Geschlecht oder es gibt nur ungenaue oder so verallgemeinerte, daß sie eine eindeutige Erläuterung nicht zulassen. Mal wird von *einer* eindeutigen Q. her Allgemeines behauptet; mal wird aus allgemein Üblichem ein Ausnahmefall gemacht. Denn in die Q.nauswertung gehen auch Interessen ein, auf dem erreichten Forschungsstand entwikkelte Bilder, die erhalten werden wollen usw. So war es z. B. für manche Historiker im vergangenen Jahrhundert undenkbar, daß Frauen jemals in der → Geschichte eine hervorragende, gleichberechtigte Rolle gespielt haben sollten. Bestimmte Hinweise wurden gar nicht wahrgenommen, aus Frauen häufig genug Männer gemacht (→ Kirche, kath.). Oder Ehe war nur vorstellbar in unserer heute üblichen (was ist das?) Form. Auch Forscherinnen sind vor Fehlinterpretationen nicht sicher. Was heute als gesichert gilt, kann sich nächstens als falsch erweisen, weil es neu erschlossenes, auch in einem anderen Zusammenhang zu sehendes Material gibt. All dieses wäre nicht das Problem, weil korrigier- und veränderbar. Aber: Daraus werden Verallgemeinerungen abgeleitet, werden Vorstellungen von der Situation und Rolle der Frau gemacht, gestützt, befestigt, Institutionen zu „ewigen" erklärt, die kaum 200, 300 Jahre alt sind. Und wie sollen Frauen aktiv werden, wenn sie „immer passiv" waren? Wie sollen sie Geschichte machen, wenn sie keine haben?

Drei Frauen an der Quelle, Picasso 1921.

Quote; von mittellat. „quota" = Anteil um 1600 in der gleichen Bedeutung übernommen. (1) Der Begriff Q. wird vor allem in der Statistik benutzt; leider nicht einheitlich. So ist in der Bevölkerungsstatistik die Erwerbsq. der Anteil der Erwerbsfähigen (15–65 J.) an der Bevölkerung, in der Berufsstatistik dagegen der Anteil der Erwerbspersonen (= Erwerbstätige + Arbeitslose) an der Wohnbevölkerung. (2) Q.n als gesetzgeberisches Mittel, um vor allem im Erwerbsleben Benachteiligungen von Gruppen auszugleichen. Ein Beispiel ist die quotenmäßige Beschäftigungspflicht von Schwerbehinderten für private und öffentliche Arbeitgeber. (Wer sich mit dem Q.nproblem auseinandersetzt und Illusionen vermeiden will, sollte sich die entsprechenden gesetzlichen Bestimmungen ansehen; Hinweise in Köbl, 1993). Abgeleitet wird die Berechtigung solcher Maßnahmen aus dem Sozialstaatsgebot in unserer Verfassung. Danach ist nicht nur Ungleichbehandlung verboten, sondern die Gesetzgeber/innen sind auch verpflichtet, dafür zu sorgen, daß gleiche Ausgangsbedingungen geschaffen werden (→ Chancengleichheit), um den rechtlichen Gleichheitsmaßstab überhaupt auf alle Bürger/innen anwenden zu können. Was die Frauen betrifft, werden Q.n vor allem diskutiert und gefordert, um historisch gewordene Benachteiligungen abzubauen und um zu verhindern, daß diese im Zuge der Einführung neuer Technologien noch größer werden. Es geht darum, privaten und öffentlichen Arbeitgebern vorzuschreiben, daß in der beruflichen Ausbildung, bei Weiterbildung und Umschulung, bei Einstellungen und Aufstiegschancen usw. Frauen ein bestimmter Anteil (Q.) eingeräumt wird. Unter Berücksichtigung verfassungsrechtlicher Bedenken werden u. a. folgende Q.nregelungen unterschieden: 1. Frauen wird bei gleicher Leistung gegenüber Männern bis zu einer festgesetzten quantitativen Grenze der Vorrang eingeräumt. 2. Q.n, die auf eine ausgeglichene Verteilung von Ausbildungschancen zielen und zugleich eine Maßnahme sind, die Spaltung in Frauen- und Männerarbeitsbereiche anzugehen. Lehrstellen und schulische Berufsausbildungsplätze sind im Verhältnis 50:50 (bzw. entsprechend dem Anteil an der Bevölkerung/Altersgruppe) Frauen und Männern anzubieten, bei Einhaltung bestimmter Mindestanforderungen wie z. B. Schulabschluß. Erst wenn sich nicht

genügend Bewerber/innen finden, können die Plätze dann anders besetzt werden. Auch diese Regelung gilt als verfassungsrechtlich unbedenklich, ebenso wie die 3. Q.n bei betrieblichen und überbetrieblichen Weiterbildungsmaßnahmen im Zusammenhang mit der Einführung neuer Technologien, z. B. in Höhe des %-Satzes der in den betreffenden Abteilungen usw. beschäftigten Frauen. 4. Überall da, wo unabhängig von der individuellen Leistung Frauen bestimmte Q.n eingeräumt und damit die Rechte der Unternehmer und die Chancen von Männern eingeschränkt werden, wird es kritisch. Eine solche Einschränkung gilt nur dann als gerechtfertigt, wenn sonst die Benachteiligung von Frauen noch verstärkt würde. *Zeitlich begrenzte Q.nregelungen* (etwa nach dem Vorbild der Wohnraumzwangsbewirtschaftung in den Nachkriegsjahren) werden für rechtens erachtet (juristische Minderheitsmeinung, → Diskriminierung), denn: Die Arbeitslosenquote von Frauen ist überproportional hoch; ebenso der schon erfolgte wie zu erwartende Arbeitsplatzverlust im Zuge der → Rationalisierung im Bereich der ungelernten und angelernten industriellen Frauenarbeit und im Büro- und Dienstleistungssektor. Diese Frauen haben ohne gezielte Förderungsprogramme keine Chance, einen anderen bezahlten Arbeitsplatz zu bekommen.

Q.nregelungen sind Maßnahmen – dies ist die Meinung aller Befürworter/innen –, die die schon alltägli-

che Benachteiligung von Frauen sichtbar machen und in einem begrenzten Rahmen aufhalten können. Sie greifen dann, wenn sie in Teilprogramme eingebunden sind, die auch durch andere Maßnahmen z. B. die geschlechtspezifische Arbeitsteilung bekämpfen. So wurden 1984 im Hamburger und Bremer Senat einige Maßnahmen für den öffentlichen Dienst beschlossen: a) Quotierung bei Vergabe der Ausbildungsplätze im Verhältnis 50 : 50 bzw. entsprechend dem weiblichen/männlichen Jugendlichen-Anteil; b) bei gleicher Qualifikation werden Frauen bevorzugt eingestellt, haben bei der Besetzung höher bewerteter Stellen Vorrang, wenn in den vergleichbaren Funktionen des Ressorts der Frauenanteil unter dem der Männer liegt; c) u. a. Erleichterung von Teilzeitarbeit und Beurlaubung für Männer aus familiären Gründen. Q.nregelungen im Rahmen solcher Teilprogramme wie Frauenförderungspläne und Beschäftigungsprogramme bieten Perspektiven zur Veränderung der Frauensituation. Wie am Beispiel des Ende 1990 verabschiedeten Frauenförderungsgesetzes (FFG) des Landes Nordrhein-Westfalen abzulesen ist, bewirken auch schon bescheidene Frauenfördermaßnahmen erheblichen Wirbel. Im FFG/NW ist allein vorgesehen, Frauen bei gleicher fachlicher Leistung und Eignung und unter Berücksichtigung von sozialen Faktoren vorrangig einzustellen und zu befördern. Nicht einmal der Qualifikationsbegriff ist weiter gefaßt, um beispielsweise durch verkürzte Arbeitszeit entstandene Nachteile (Berufserfahrung) auszugleichen oder spezifische Qualifikationen von Frauen (soziale Kompetenz, Führungsstil) entsprechend zu bewerten. Dennoch wird die Verfassungsmäßigkeit dieses Gesetzes aufgrund von Klagen männlicher Mitbewerber überprüft. Der Streit um Q.n und Frauenförderung wird politisch und juristisch ausgesprochen heftig geführt. Zur *rechtlichen* Einschätzung von Q.n als Frauenfördermaßnahme gibt es jede Meinung von „gänzlich verfassungswidrig" über „rechtlich bedenklich" bis „verfassungsrechtlich geboten". (Heide M. Pfarr / Klaus Bertelsmann, 1989.) Dagegen gab und gibt es – meist öffentlich unbeachtet – Q.n zugunsten von Männern im öffentlichen Dienst und insbesondere in der privaten Wirtschaft: informelle oder formale Vorgaben in den Personalabteilungen zum quantitativen Verhältnis von Frauen und Männern unabhängig von der Qualifikation; Sicherung einer 50-Prozent-Ausbildungsquote für Bewerber gegen die besseren Schulabschlüsse der Bewerber*innen* durch nach Geschlechtern getrennte Auswahlverfahren, obwohl offizielles Kriterium das Schulabgangszeugnis ist; auch die Zulassungsbedingungen für die Richter/innen-Laufbahn wurden zugunsten von Männern *gegen* das allgemeine Qualifikationskriterium „Examensnote" geändert, als sich zeigte, daß überproportional viele Frauen gute Abschlüsse vorweisen können; immer noch werden insbesondere in der Privatwirtschaft Stellenausschreibungen überproportional häufig nur für Männer ausgeschrieben, obwohl dies den EG-Gleichbehandlungsgrundsatz verletzt; in vielen Auswahltests setzen sich geschlechtsspezifische Benachteiligungen von Mädchen in Schule und Elternhaus fort. (Mehr Beispiele in: Heide M. Pfarr / Klaus Bertelsmann, 1989.) Eine bis heute allgemeine Erfahrung ist, daß Gewohnheit und Männerdominanz Q.nregelungen zugunsten von Männern für selbstverständlich und rechtens erachten lassen, während Frauenq.n mit Sicherheit Gegner auf den Plan rufen.

(→ Diskriminierung, → Erwerbstätigkeit, → Frauenförderplan, → Gewerkschaften, → Gleichberechtigung, → Politik)

Lit.: Ernst Benda, Notwendigkeit und Möglichkeit positiver Aktionen zugunsten von Frauen im öffentlichen Dienst. Gutachten im Auftrag der Leitstelle Gleichstellung der Frau, Hamburg 1986; Ursula Köbl, Meine Rechte und Pflichten als berufstätige Frau, München 1993; Heide M. Pfarr, Quoten und Grundgesetz. Notwendigkeit und Verfassungsmäßigkeit von Frauenförderung, Baden-Baden 1988; dies. / Klaus Bertelsmann, Diskriminierung im Erwerbsleben. Ungleichbehandlungen von Frauen und Männern in der Bundesrepublik Deutschland, Baden-Baden 1989.

Renate Wurms

Rabenvater; von Rabe, ahdt. „hraban“ = der Krächzer. Was manche Vögel, anderes Getier und manche Menschen tun, wurde allein dem Raben nachgesagt: Er kümmert sich wenig um seine Jungen, und wenn er sie nicht mehr füttern will, stößt er sie aus dem Nest. Auf diese früher weitverbreitete Ansicht bezieht sich die dann für den Vater im übertragenen Sinn gebrauchte Zusammensetzung R. = Raben*vater*. Dieser ist seit dem 16. Jh. bekannt. Die Raben*mutter* ist 100 Jahre jünger.

radikal; von lat. „radix“ = Wurzel im 18. Jh. über das Franz. übernommen für eigentlich an die Wurzel gehend. Mit r. wird eine Haltung bezeichnet, die „den Dingen auf den Grund geht“, nach Ursachen forscht, Dinge, Personen, Ansichten, Verhältnisse grundlegend verändern will. R. wurden immer wieder Menschen, Gruppen genannt, die die wirtschaftlichen, politischen, gesellschaftlichen Verhältnisse von der Wurzel her, von Grund auf ändern wollten und in diesem Sinn ihre Mitmenschen zum Umdenken und Handeln zu beeinflussen suchten. Ein Blick in die Historie genügt, um zu belegen, daß immer diejenigen, die konsequent für demokratische Ideen eintraten, als Radikale im Sinn von zerstören wollen diffamiert wurden. In der → Frauenbewegung galten selbstverständlich die Roten als r. und als Radikale sowie die Frauen vom linken Flügel, die Feministinnen und „radikalen Pazifistinnen“; für Letztere hat sich auch der Name Radikale bis heute in der Frauenbewegung gehalten.

Rädelsführerin; in der männlichen Form ist das Wort seit dem 16. Jh. bekannt und bezeichnete ursprünglich den „Anführer einer Landsknechtsabteilung“, eines Rädleins = kreisförmige Formation einer Schar von Landsknechten, daher auch: Rädlein(s)führer. Die R. ist eine Anstifterin, Anführerin einer Verschwörung oder eines Aufruhrs. Es kommt vor, daß frau zu einer R. gemacht wird, ohne es zu sein (von denen, die da oben sitzen, vorgeblich die Verfassung schützen.) In den fünfziger Jahren wurden zum Beispiel Mitglieder des Demokratischen Frauenbundes Deutschlands (DFD) wegen ihres Widerstandes gegen die Remilitarisierung der „Rädelsführerschaft“ bezichtigt, vor Gericht gestellt und zu Gefängnisstrafen verurteilt.

Rassismus; (Rassenideologie); von franz. „race“ = Geschlecht, Stamm, Rasse. Im 17. Jh. wurde der Begriff Rasse aus den Naturwissenschaften übernommen und auf Menschengruppen übertragen, denen eine angeblich typische biologische, soziale, religiöse und/oder kulturelle Besonderheit zugeordnet wurde. R. umfaßt die Gesamtheit von Theorien und politischen Lehren, denen die Einteilung von Menschen nach Körpertypen und -merkmalen zugrunde gelegt und in denen „aus biologischer Verschiedenheit eine soziale Wertigkeit“ (Straass, 1978) gemacht wird (→ Sexismus). R. bildet die Grundlage für die Behauptung naturgegebener körperlicher, geistiger, sittlich-moralischer, sozialer Minderwertigkeit bestimmter Gruppen und Rassen von Menschen. Innenpolitisch dient R. zur → Diskriminierung und Unterdrükkung ethnischer Gruppen (meist Minderheiten) und zur Ablenkung von sozialen und wirtschaftlichen Schwierigkeiten. Außenpolitisch hat R. die Funktion, Unterwerfung anderer Völker, Kolonialismus und Imperialismus zu rechtfertigen.
Entstanden ist der heutige R. mit Entstehung der bürgerlichen Gesellschaft. Anthropologische Forschungen, z. B. über die Völker der Kolonialgebiete, lieferten den Ideologen und Meinungsmachern der kapitalistischen Gesellschaft die Versatzstücke, mit denen sie die „natürliche“ Überlegenheit der Starken als ewig und unabänderlich darstellten. Dies galt nicht nur zur Rechtferti-

R

Rädelsführerinnen (Stich um 1848)

Samoanerinnen im Tierpark Hagenbeck in Hamburg, um 1910.

1935 – Deutschland. Das Foto stammt aus der AIZ.

(Arbeiter-Illustrierte-Zeitung). Mit einer Auflagenhöhe von 500 000 war die AIZ um 1930 die zweitgrößte deutsche Illustrierte; sie wurde 1933 verboten und bis 1938 in Prag herausgegeben.

gung des Kolonialismus, sondern auch dem Ziel, bestehende gesellschaftliche Verhältnisse als unveränderbar hinzustellen. Damit war und ist R. auch immer ein Bestandteil des ideologischen Kampfes gegen fortschrittliche Bewegungen in den kapitalistischen Staaten selbst.

Die Entwicklung rassistischer Vorstellungen und ihre Umsetzung fand ihren Höhepunkt mit der faschistischen Ausrottungspolitik der Nationalsozialisten von 1933 bis 1945, mit dem Völkermord an den Juden und den Eroberungszügen in fremde Länder. Dies alles wurde u. a. mit der besonderen Überlegenheit der arischen gegenüber anderen Rassen propagandistisch begründet. Nach dem 2. Weltkrieg, mit der Zerschlagung des → Faschismus und der beginnenden Entstehung unabhängiger Nationalstaaten in den ehemaligen Kolonialgebieten, änderte sich die Einstellung der internationalen Öffentlichkeit zum R. Aber erst am 21. Dezember 1965 beschloß die Generalversammlung der Vereinten Nationen eine „Konvention über die Beseitigung aller Formen der Rassendiskriminierung". In ihrem Kommentar heißt es, „. . . daß jede auf rassischer Unterscheidung basierende Lehre der Überlegenheit wissenschaftlich falsch, moralisch verwerfbar, sozial ungerecht und gefährlich ist und daß es nirgendwo, weder in Theorie noch in Praxis, die Rechtfertigung für rassische Diskriminierung gibt".

R. beinhaltet immer auch eine besondere Verschärfung vorhandener Unterdrückung und Ausbeutung von Frauen. Der Afrikanische Nationalkongreß (ANC), die Befreiungsbewegung Südafrikas, erklärte das Jahr 1984 zum „Jahr der Frauen" in Südafrika: „Sie (die Frauen) erleiden eine dreifache Unterdrückung, als Mitglieder der national unterdrückten schwarzen Mehrheit, als Mitglieder der Arbeiterklasse und als Frauen". Untersuchungen in Südafrika, den USA, Israel belegen diese Einschätzung. Die Frauen rassisch unterdrückter Bevölkerungsgruppen haben die geringsten Bildungschancen, erhalten die niedrigsten Löhne, sind rechtlich, politisch und sozial am meisten benachteiligt. Gleichzeitig leiden sie nicht nur unter der in ihrer Klassenlage und Rassenzugehörigkeit wurzelnden Unterdrückung, sondern auch unter der in ihrer eigenen Gruppe vorhandenen Ungleichheit von Männern und Frauen. Frauen rassisch unterdrückter Bevölkerungsgruppen oder Völker sind neben ihrer wirtschaftlichen und sozialen Misere spezifischen Formen und einer besonders starken sexistischen Gewalt unterworfen. Die Frau, die wegen Geschlechts- und Rassenzugehörigkeit als minderwertig angesehen wird, steht vor allem den männlichen Angehörigen der als überlegen angesehenen Rasse recht- und schutzlos als Objekt gegenüber. „Der R. hat immer seine Stärke aus der Fähigkeit gezogen, den sexuellen Zwang zu fördern. Zwar waren die schwarzen Frauen und ihre farbigen Schwestern das Hauptziel dieser Angriffe, doch auch die weißen Frauen hatten zu leiden. Da die weißen Männer nun mal davon überzeugt waren, daß sie auf schwarze Frauen ungestraft sexuelle Anschläge verüben durften, konnte das Verhältnis zu den Frauen ihrer eigenen Rasse hiervon nicht unbeeinträchtigt bleiben. Der R. hat immer zur Vergewaltigung ermutigt, und die weißen Frauen in den Vereinigten Staaten bekamen zwangsläufig das Echo dieser Angriffe zu spüren. Das ist eine der vie-

len Formen, wie der R. den Sexismus nährt und die weißen Frauen zu indirekten Opfern der auf ihre farbigen Schwestern gerichteten Unterdrückung macht." (Angela Davis)
Der Bogen dieser sexistischen Gewalt reicht von der benannten Vergewaltigung bis hin zu Sextourismus, etwa in die südostasiatischen Staaten (Thailand und die Philippinen), und Menschenhandel; junge Frauen aus ebendiesen Ländern werden als „willige Ehefrauen" und Prostituierte in die westeuropäischen Staaten, darunter auch die BRD, importiert. Sie werden als willenlose und austauschbare Waren angeboten, etwa unter dem Tenor: „Bei allen Männern, die sich mit der Emanzipation der deutschen Frau nicht abzufinden gedenken und lieber eine demütige Asiatin heiraten" (Bild-Zeitung, 21. 6. 1983, S. 7).
R. verschärft die Unterdrückung der Frauen; dementsprechend reiht sich der Kampf der Frauen gegen rassistische Unterdrückung ein in allgemeine antirassistische und Befreiungsbewegungen. Neu: Frauenspezifische Forderungen gegen Rassismus sind sowohl ein integraler Bestandteil emanzipativer Bewegungen als auch ein eigenständiges Feld, das in diese Bewegungen eingebracht und/oder von den Frauen in ihren Bewegungen vertreten wird. Beispiele hierfür lassen sich u. a. in Südafrika, den USA und nun auch der BRD finden. In der BRD sind

Schwestern des Baragwanath-Krankenhauses für Schwarze, Soweto/Südafrika 1976. Aus einer Postkartenserie gegen Apartheid.

Ausländerinnen und Partnerinnen von Ausländern von rassistischen Vorurteilen betroffen. Ihre Situation zu verbessern, hat sich die Interessengemeinschaft der mit Ausländern verheirateten Frauen e.V. – Verband binationaler Familien und Partnerschaften vorgenommen.
Die rechte Gewalt gegen AusländerInnen hat die R.-Diskussion in der BRD ebenso verstärkt wie die Debatte um Asyl und Flüchtlinge.

Lit.: Autrata, Otger u. a., Theorien über Rassismus, Eine Tübinger Veranstaltungsreihe, Hamburg 1989; Balibar, Etienne/Wallerstein, Immanuel, Rasse Klasse Nation. Ambivalente Identitäten, Hamburg/Berlin 1990; Angela Davis, Rassismus und Sexismus, Schwarze Frauen und Klassenkampf in den USA, Berlin (West) 1982; Gisela Fremgen, . . . Und wenn du dazu noch schwarz bist, Bremen 1984; Kalpaka, Annita/Räethzel, Nora, Die Schwierigkeit, nicht rassistisch zu sein, Leer 1990; dies., Rassismus und Migration in Europa, Beiträge des Kongresses „Migration und Rassismus in Europa" im Sept. 1990 in Hamburg, Hamburg 1992; Martha Mamozai, Herrenmenschen. Frauen im deutschen Kolonialismus, Reinbek 1989 (2. Aufl.); dies., Komplizinnen, Reinbek 1990; Henning Melber, Der Weißheit letzter Schluß. Rassismus und kolonialer Blick, Frankfurt/M. 1992; Robert Miles, Rassismus. Einführung in die Geschichte und Theorie eines Begriffs, Hamburg 1990; Kay-Michael Schreiner, Frauen in der Dritten Welt, Wuppertal 1988 (2. Auflage); Sozialwissenschaftliche Forschung und Praxis für Frauen (Hrsg.), beiträge zur feministischen theorie und praxis, Schwerpunktheft „Geteilter Feminismus", Köln 1990 (1991 2. Aufl.).

Marianne Kolter

Rationalisierung; → Automation, → Informationstechnologien.

Ratsfrau; gibt es auch nach dem 91er Duden immer noch nicht (nur den „Ratsherrn"); gewähltes Mitglied eines Kommunalparlamentes.

Von den rund 50 000 Ratsmandaten in den bundesdeutschen Städten und Gemeinden mit 10 000 und mehr EinwohnerInnen werden 1992 10 430 von Frauen wahrgenommen. Damit beträgt der Frauenanteil 20,1 Prozent. In Städten über 100 000 EinwohnerInnen sind Frauen im Durchschnitt mit 26,7 Prozent vertreten. Immer wieder kandidieren Frauen mit eigenen Listen: „Die Frau gehört ins Haus, ins Rathaus."

Recht; ahdt., mhdt. „reht" = das Richtige, Billigkeit; Anspruch, Befugnis; die Gesetze. In der R.swissenschaft wird, wie auch schon im alten Sprachgebrauch (s. o.), deutlich unterschieden nach R. als Ordnung (objektives R.) und R. als Anspruch (subjektives R.). *Objektives R.* umfaßt eine Fülle allgemeiner Regeln, die für alle BürgerInnen eines Staates, alle Mitglieder einer Gemeinschaft, Gesellschaft, für ihre Organe und Organisationen usw. als verbindlich gelten, heute schriftlich in Gesetzen und Verordnungen festgelegt sind und notfalls mit Staatsgewalt durchgesetzt werden. Das institutionalisierte Verfahren und die Möglichkeit, die Einhaltung der R.snormen zu erzwingen, sind die entscheidenden Unterschiede gegenüber anderen in einer Gemeinschaft geltenden Regeln und Verhaltensweisen. *Subjektives R.* umfaßt die R.e, Berechtigungen und Ansprüche der einzelnen sowie von Organen, Gruppen als R.spersonen. Die Durchsetzung des subjektiven R.s ist, wie eine Fülle von Beispielen u. a. aus der Geschichte und Gegenwart der Frauen zeigt, keineswegs gewährleistet. R.sansprüche durchzusetzen, setzt u. a. Kenntnisse, (finanzielle) Mittel voraus, ist abhängig von der R.ssprechung und entsprechender R.sauslegung, in die durch Gewohnheit, Moral usw. geprägte Anschauungen ebenso eingehen wie die gesellschaftliche Interessengebundenheit von Richtern und Richterinnen (→ Gleichberechtigung). Auch hierin schlägt sich nieder, daß R., zumeist aus Gewohnheit entstanden, geprägt ist von sozialen Zuständen, gesellschaftlichen Eigentums- und Herrschaftsverhältnissen und auch dazu da ist, bestehende Machtverhältnisse zu sichern. In der Geschichte der Frauen verweisen matriarchalische Spuren darauf, daß nicht zu allen Zeiten und in allen Gemeinschaften und Gesellschaften die R.sstellung der Frau eine untergeordnete war und daß am Anfang aller gesellschaftlichen Entwicklung nicht Mannes- und Eigentumsr.e standen. In der *überlieferten* R.sgeschichte seit dem Altertum prägen allerdings Mannes- und Eigentumsr.e die Situation der Frauen und damit ihre Unrechtsgeschichte, die vor allem durch die Nicht-Anerkennung der Frau als R.sperson, durch ihre Ausgrenzung aus der R.sordnung und dann in der Neuzeit durch die Begründung eines besonderen R.szustands aufgrund des Geschlechts im öffentlichen und privaten bürgerlichen R. geprägt war und noch ist.
(→ Gleichberechtigung, → Macht, → Patriarchat)

Gleichberechtigung: Der in Art. 3 Abs. II GG garantierte Grundsatz besagt nicht nur, daß Männer und Frauen die staatsbürgerliche Gleichstellung besitzen, die schon in der Weimarer Verfassung gewährleistet war, sondern daß in allen Lebens- und Rechtsbereichen die Gleichberechtigung zu verwirklichen ist. Nach wie vor ist die Frau dem Mann nicht in allen (Rechts)Bereichen gleichgestellt. Hierbei ist zu unterscheiden zwischen der sog. unmittelbaren und mittelbaren Diskriminierung. Unmittelbare Diskriminierung bedeutet, daß durch gesetzliche Vor-

schriften Frauen unmittelbar formal benachteiligt werden. Die Ungleichheit tritt hier ganz virulent hervor. Demgegenüber ist die mittelbare Diskriminierung sehr viel subtiler. Sie verbirgt sich unter dem Mantel der scheinbaren Gleichheit. Als Folge des Gleichberechtigungsgebotes sind fast alle unmittelbar diskriminierenden Gesetze und Rechtsanwendungen beseitigt worden (zuletzt → Namensrecht).
Womit wir es in der heutigen Zeit vorrangig zu tun haben, ist die mittelbare Diskriminierung. Sie liegt vor, wenn der Anteil der Angehörigen des einen Geschlechts, die von Maßnahmen nachteilig betroffen sind oder sein können, erheblich größer ist als der entsprechende Anteil der Angehörigen des anderen Geschlechts. Kurz, es geht um die faktische Schlechterstellung von Frauen, die besonders im → Arbeitsrecht deutlich wird. Eine wirkliche Gleichberechtigung erfordert eine aktive Gleichstellungspolitik mit folgenden Inhalten: Frauenförderpläne, die Maßstäbe formulieren für die stärkere Berücksichtigung von Frauen bei der Personalauswahl, für die Durchsetzung frauengerechter Arbeitsbedingungen und für die Installierung von Kontrollinstanzen. Im Verhältnis zwischen Männern und Frauen muß einerseits selbstverständlich den biologischen Momenten der Mutterschaft Rechnung getragen werden. Andererseits müssen Regelungen, die die Mutterschaft in ihrer sozialen Dimension betreffen, gleichermaßen für die Vaterschaft gelten, weil sich nur so die Bedeutung der Elternschaft für eine Einstellungsentscheidung nivellieren läßt. Schließlich sind vom Staat und auch von den Unternehmen die notwendigen flankierenden Maßnahmen einzufordern, also z. B. Kinderbetreuungsplätze und Ganztagsschulen in ausreichender Zahl sowie eine substantielle Arbeitszeitverkürzung.

Arbeitsrecht: Rechtsregeln, die sich mit der in abhängiger Tätigkeit geleisteten Arbeit beschäftigen. Dabei unterscheidet frau das individuelle und das kollektive ArbeitsR. Grundlage des individuellen ArbeitsR.s ist der Arbeitsvertrag, in welchem sich eine Person verpflichtet, ihre Arbeitskraft einem Betrieb gegen Entgelt zur Verfügung zu stellen. Dabei ist kennzeichnend die persönliche und wirtschaftliche Abhängigkeit der Beschäftigten. Sie unterliegen den Weisungen des/der Vorgesetzten im Hinblick auf Ort, Art und Zeit der Arbeitsleistung. Damit korrespondiert die wirtschaftliche Abhängigkeit. Die abhängig beschäftigte Person ist zur Bestreitung ihres Lebensunterhalts auf die Ausnutzung ihrer Arbeitskraft angewiesen. Sie ist in der Regel die sozial schwächere Person, die des Schutzes vor unangemessenen Arbeitsbedingungen bedarf. Hier entwickeln sich zwangsläufig widerstreitende Interessen: Die Unternehmensseite ist grundsätzlich daran interessiert, daß die Arbeitsbedingungen, wie die Arbeitskraft überhaupt, wenig kostenaufwendig sind. Demgegenüber sind die Beschäftigten an einer kontinuierlichen Verbesserung der Arbeitsbedingungen im weitesten Sinne interessiert. Hier wird deutlich die Abhängigkeit des Arbeitsrechts von der jeweils geltenden Wirtschaftsverfassung in seinem Staat. Räumt dieser den Kapitalinteressen den Vorrang ein, so wird er beispielsweise den Betriebs-, Gefahren- und Arbeitsschutz vernachlässigen; im umgekehrten Fall, bei einer sozial ausgestalteten Wirtschaftsverfassung, sind die Schutzvorschriften zugunsten der Beschäftigten beispielsweise im Hinblick auf am Arbeitsplatz auftretende Gefahren für Leben, Gesundheit und Eigentum stärker ausgeprägt. Da die einzelnen abhängig Beschäftigten meistens allein wenig ausrichten können, um die Arbeitsbedingungen zu verbessern, besteht die Notwendigkeit, sich zusammenzuschließen bzw. Interessenvertretungen zu bestimmen. Dies geschieht innerhalb eines Betriebes in Form von Betriebsräten, im überbetrieblichen Rahmen in Gewerkschaften. Die rechtlichen Regelungen auf dieser Ebene bilden das kollektive Arbeitsrecht. Hier sind insbesondere das Betriebsverfassungsrecht und das Tarifrecht zu nennen.
Ist die abhängig beschäftigte Person eine Frau, verschärfen sich die vor-

Die große Treppe des Justizpalastes. Vorderansicht.
Honoré Daumier, Le Charivari 1848

Mary Greene, eine der ersten Rechtsanwältinnen, um 1897.

stehend dargestellten Widersprüche beträchtlich. Denn das (bezahlte) Arbeitsleben ist durch das Lebensmuster des Mannes geprägt: lebenslange Erwerbsarbeit, Ernährerrolle in der Familie, zeitliche und räumliche Mobilität, und vor allem durch den Grundgedanken, daß der Arbeitnehmer seine gesamte Arbeitskraft zur außerhäuslichen Arbeit zur Verfügung stellen kann, von Familien- und Kindererziehungspflichten befreit ist und eine Frau im Hintergrund hat, die für die Reproduktion seiner Arbeitskraft sorgt. Damit korrespondiert die faktische Schlechterstellung von Frauen (d. h. mittelbare Diskriminierung). Sie nehmen weniger als Männer an sozialen Leistungen und Sicherungen teil, da diese in der Regel auf ein kontinuierliches Erwerbsleben zugeschnitten sind. Sie sind bei Kündigungen eher betroffen. Denn bei der sog. Sozialauswahl haben sie meistens die schlechteren Karten, weil sie eine kürzere Betriebszugehörigkeit als Männer aufzuweisen haben. Frauen arbeiten überproportional häufig in geringfügigen Beschäftigungsverhältnissen ohne Versicherungsschutz. → KAPOVAZ – das ist die kapazitätsorientierte variable Arbeitszeit, in der sich alles nach den Interessen des Unternehmens ausrichtet mit langen unbezahlten Pausen zwischen der eigentlichen Arbeitszeit – wird ebenfalls überwiegend von Frauen verrichtet. Gegen diese Benachteiligungen kann bei Vorliegen der Grundsätze der mittelbaren Diskriminierung im Arbeitsrecht rechtlich vorgegangen werden.

Rechtsanwältinnen, Paris 1913.

Europäisches Recht: Recht der europäischen Gemeinschaften, insbesondere der EWG-Vertrag (→ Europa). EG-Recht ist nationalem Recht übergeordnet. EG-Richtlinien müssen in nationale Gesetzgebung umgesetzt werden bzw. ihr Inhalt kann vor dem Europäischen Gerichtshof (EuGH) eingeklagt werden, wenn die nationale Umsetzung nicht der europäischen Gesetzgebung entspricht. Für Frauen sind insbesondere drei Richtlinien der EG mit folgendem Inhalt von Bedeutung: Lohngleichheit, Chancengleichheit im Beruf und Gleichbehandlung in den Systemen der sozialen Sicherung. Solange es für bestimmte Teilbereiche noch keine Richtlinien gibt – z. B. die Absicherung der Teilzeitarbeit und der geringfügigen Beschäftigungsverhältnisse – ist unmittelbar auf Art. 119 EWGV abzustellen. Dieser Artikel hat zwar lediglich die Lohngleichheit zum Inhalt, ist aber Grundstein der gesamten Gleichberechtigungspolitik der EG. In der letzten Zeit hat der EuGH Art. 119 EWGV zunehmend extensiv ausgelegt. Es empfiehlt sich daher, insbesondere bei mittelbar diskriminierenden Maßnahmen im ArbeitsR, verstärkt mit EG-Recht vor den nationalen Arbeitsgerichten zu argumentieren und ggf. auch den Weg zum EuGH in Luxemburg anzutreten.

Familienrecht: Gesamtheit der staatlichen Rechtsnormen, welche die rechtlichen Beziehungen der durch Ehe oder Verwandtschaft verbundenen Personen regeln. Es ist vornehmlich im 4. Buch des BGB (§§ 1297–1921) und im EheG geregelt. Diese Vorschriften waren im besonderen Maße geprägt durch die strenge patriarchalische Struktur der → Ehe. Als das BGB am 1. 1. 1900 in Kraft trat, war die Ehefrau ihrem Ehemann zu unbedingtem Gehorsam verpflichtet. Er entschied nach dem rechtlichen Leitbild in allen Angelegenheiten des ehelichen Lebens; er bestimmte den Wohnort, verwaltete das Vermögen, auch das der Ehefrau; während der Ehe erworbenes Vermögen gehörte ihm allein; er besaß die alleinige elterliche Gewalt über die Kinder. Die Frau war verpflichtet, den Haushalt zu führen und, wenn vom Ehemann gewünscht, in dessen Geschäft zu helfen. Ein Arbeitsverhältnis mit Dritten durfte sie nur mit Zustimmung des Ehemanns eingehen. Dieser Rechtszustand änderte sich erst in den fünfziger Jahren, als alle besonders grob gegen den Gleichberechtigungsgrundsatz des Art. 3 Abs. II GG verstoßenden Vorschriften außer Kraft traten und als gesetzlicher Güterstand die Zugewinngemeinschaft eingeführt wurde. Am Leitbild der Hausfrauenehe wurde aber bis zum ersten Eherechtsreformgesetz im Jahre 1977 festgehalten. Seither regeln die Eheleute die Haushaltsführung im gegenseitigen Einvernehmen. Beide sind zur Erwerbstätigkeit berechtigt und zur Sicherung des Unterhalts auch verpflichtet. Ist einer Person die Haushaltsführung übertragen, so leitet sie den Haushalt in eigener Verantwortung und erfüllt damit zugleich ihre Unterhaltspflicht gegenüber den anderen Familienmitgliedern. Gibt die Frau, wie es auch heute noch überwiegende Praxis ist, ihre Erwerbstätigkeit der Familie zuliebe auf und wird sie wirtschaftlich abhängig vom Mann, dann drohen nicht nur die alten patriarchalen Abhängigkeitsstrukturen, sondern die Vernichtung der wirtschaftlichen Existenz kann die Folge sein. Denn im Gegensatz zu früher bietet die Ehe heute keine Garantie mehr für lebenslange Versorgung.

– Ehescheidung: Sie ist relativ leicht möglich. Inzwischen wird hierzulande etwa jede dritte Ehe geschieden. Voraussetzung ist die Zerrüttung der Ehe. Das sog. Verschuldungsprinzip wurde 1977 durch das Zerrüttungsprinzip ersetzt. Nach einem Verschulden am Scheitern der Ehe wird also nicht mehr gefragt. Die Zerrüttung wird vermutet, wenn die Eheleute ein Jahr lang getrennt leben und beide die Scheidung wollen. Wird die Scheidung von einer Seite verweigert, so kann die Trennungszeit 3 Jahre betragen. Danach wird unwiderlegbar die Zerrüttung vermutet. Beträgt die Trennung weniger als ein Jahr, so kann die Ehe nur geschieden werden, wenn es für die antragstellende Person unzumutbar wäre, die Ehe fortzusetzen, etwa weil der Ehepartner ein außereheliches Verhältnis eingegangen ist oder zu Gewalttätigkeiten neigt.

– Versorgungsausgleich: Zusammen mit der Scheidung wird von Amts wegen über den Versorgungsausgleich entschieden. Hierbei geht es um einen Ausgleich im Hinblick auf die Alterssicherung (Rente/Pension). Es werden die Höhe der Rentenanwartschaften, die der Ehemann und die Ehefrau während der Ehezeit erwirtschaftet haben, zunächst getrennt ermittelt. Hat eine Person eine höhere Anwartschaft erworben als die andere, so wird der Überschuß geteilt und dem Rentenkonto der Person mit den geringeren Anwartschaften gutgeschrieben. Diese Regelung stellt einen Schritt zur eigenständigen sozialen Siche-

rung der nicht berufstätigen Hausfrau dar.

– Elterliche Sorge: Mit der Scheidung wird von Amts wegen weiter die elterliche Sorge für die minderjährigen Kinder geregelt. Hier soll das Kindeswohl die Richtschnur sein. Es nehmen die Fälle zu, in denen beide Elternteile das gemeinsame Sorgerecht auch nach der Scheidung ausüben wollen. Dies setzt allerdings voraus, daß sie bezüglich der Kinder an einem Strang ziehen und ihre Konflikte, die zur Scheidung führten, weitestgehend verarbeitet haben.

– Unterhalt (→ U.): Dieser wird nur auf besonderen Antrag im sog. Scheidungsverbund geregelt. Dabei geht der Gesetzgeber grundsätzlich von der wirtschaftlichen Eigenverantwortlichkeit des Ehemanns und der Ehefrau aus. Sie haben nach der Scheidung selbst für ihren Unterhalt zu sorgen. Die bisherige Nur-Hausfrau muß sich nach einem Job umsehen, um ihren Lebensunterhalt ganz oder zumindest teilweise selbst zu verdienen. Sie muß ihre Bemühungen, eine Arbeitsstelle zu finden, ggf. im Unterhaltsprozeß nachweisen. Es gibt jedoch Ausnahmen von diesem Grundsatz. So kann Unterhalt verlangen, wer arbeitslos ist oder wegen Alters oder Krankheit keine Arbeit findet; ferner wer gemeinsame Kinder erzieht. Beim Kinderbetreuungsunterhalt ist die Frage umstritten, ab welchem Lebensjahr des Kindes eine Verpflichtung zur Berufstätigkeit besteht. Überwiegend wird davon ausgegangen, daß ab dem 8. Lebensjahr eine Halbtagstätigkeit und ab dem 14. Lebensjahr eine Ganztagstätigkeit zumutbar ist. Unter dem Stichwort „negative Härteklausel" kann die an sich unterhaltsberechtigte Person ihren Unterhaltsanspruch verlieren, wenn ihr das Verschulden am Scheitern der Ehe angelastet werden kann. Über diese Hintertür wird das Zerrüttungsprinzip zugunsten des Verschuldensprinzips aufgeweicht.

Ein Drittel aller geschiedenen Frauen sind Sozialhilfeempfängerinnen

– Zugewinnausgleich: Dieser wird auf besonderen Antrag im Scheidungsverbund geregelt. Haben die Eheleute bei der Eheschließung keine besonderen Vereinbarungen hinsichtlich des Güterstands getroffen, gilt der gesetzliche Güterstand der Zugewinngemeinschaft. Dabei handelt es sich um eine Form der Gütertrennung. Es entsteht also während der Ehe ohne weiteres keine gemeinsame Vermögensmasse. Das Vermögen des Mannes und das der Frau bleiben getrennt. Jede/r haftet auch allein für etwaige Schulden und ist nicht verpflichtet, für die Schulden des oder der anderen einzustehen. Erst bei Beendigung der Zugewinngemeinschaft (Scheidung/Tod) wird der erzielte Gewinn ausgeglichen. Dabei wird für beide Eheleute getrennt ermittelt, ob das jweilige Endvermögen das Anfangsvermögen (zur Zeit der Eheschließung) übersteigt. Ist ein Zugewinn vorhanden, so hat die Person, die einen höheren Zugewinn als die andere erzielt hat, die Hälfte des Überschusses abzugeben.

– Namensrecht: Eheleute führen einen gemeinsamen Ehenamen, der entweder der Geburtsname des Mannes oder der Geburtsname der Frau sein kann. Können sie sich nicht einigen, so ist Ehename der Geburtsname des Mannes, so lautete jedenfalls bis vor kurzem § 1355 BGB, bis das Bundesverfassungsgericht diese Vorschrift im März 1991 für verfassungswidrig erklärte, weil es darin einen Verstoß gegen Art. 3

Abs. II GG sah. Die Benachteiligung der Frau im Ehenamensrecht ist danach weder durch objektive Unterschiede zwischen den Geschlechtern noch durch das Gebot zum Schutze der Familie gerechtfertigt. Seither laboriert der Gesetzgeber an einer Neuregelung, die bei Redaktionsschluß noch nicht vorliegt. Soviel scheint jedoch sicher zu sein: Eheleute können, wie bisher, einen gemeinsamen Ehenamen wählen, der dann automatisch auch für die Kinder gilt. Sie können aber auch jeweils ihren Geburtsnamen behalten. Letzteres führt zu Konsequenzen beim Familiennamen der Kinder. Dieser kann der Geburtsname eines Elternteils sein oder sich aus dem Geburtsnamen beider Elternteile zusammensetzen. Bei Nichteinigung der Eltern über die Reihenfolge der beiden Namensteile wird voraussichtlich das Los entscheiden.

Strafrecht: Umfaßt die Gesamtheit der Rechtsnormen, die ein bestimmtes Verhalten unter Strafe stellen. Wichtigste Gesetzesquelle ist das Strafgesetzbuch (StGB). Strafrechtliche Vorschriften befinden sich ferner in zahlreichen NebenG, z. B. im BetäubungsmittelG, in der Abgabenordnung, im AusländerG. Die Regeln für das Strafverfahren sind in der Strafprozeßordnung enthalten. Als Grund und Zweck der Strafe sieht die Strafrechtslehre heute nicht mehr die gerechte Vergeltung für die begangene Tat an. Vielmehr werden bei der Strafe das Maß der vom Täter bzw. der Täterin zu sühnenden Schuld sowie Gesichtspunkte der Erziehung und Besserung oder Abschreckung berücksichtigt. Im Jugendstrafrecht sind Erziehung und Besserung bei der Strafzumessung vorrangig zu beachten.

Das Strafverfahren beginnt, wenn die Strafverfolgungsbehörden (Staatsanwaltschaft, Polizei) Kenntnis von einem strafrechtlich relevanten Verhalten bekommen. Diese Kenntnis kann die Folge der Anzeige des/der Geschädigten sein, sie kann aber auch auf jeglichen anderen Gründen basieren. Bei Verdacht einer strafbaren Handlung müssen die Strafverfolgungsbehörden in der Regel von Amts wegen ermitteln, selbst wenn der/die Geschädigte darauf keinen Wert legt (sog. Legalitätsprinzip, Ausnahme: Opportunitätsprinzip). Nach Abschluß der Ermittlungen entscheidet die StA, ob das Strafverfahren durchgeführt, also Anklage erhoben werden soll. Bei hinreichendem Tatverdacht muß die StA Anklage vor dem zuständigen Gericht mit dem Antrag erheben, das Hauptverfahren zu eröffnen. Das Gericht hat sodann über die Eröffnung des Hauptverfahrens zu beschließen. Ergeht ein solcher Beschluß, so findet die Hauptverhandlung statt, in der die angeklagte Tat dem/der Angeklagten nachgewiesen werden muß. Bis zu einer rechtskräftigen Verurteilung gilt diese/r als unschuldig.

Eine Frauen seit Jahrhunderten diskriminierende Vorschrift ist die Strafbarkeit des Schwangerschaftsabbruchs, im StGB geregelt in § 218 ff.

Betroffen als Opfer sind Frauen noch durch die Straftaten gegen die sexuelle Selbstbestimmung, insbesondere die Vergewaltigung und die sexuelle Nötigung, §§ 177, 178 StGB. Frauen, die Opfer einer solchen Straftat geworden sind, können häufig als einzige Zeugnis im Strafverfahren gegen den Täter ablegen. Vielfach müssen sie sich diskriminierende Befragungen gefallen lassen unter dem Vorwand, ihre Glaubwürdigkeit sei zu überprüfen. Nicht selten müssen sie sich mit dem Argument auseinandersetzen, die gegen Frauen ausgeübte Gewalt komme oft nicht unwillkommen. Hier kann es hilfreich sein, daß die Frau in dem Strafverfahren gegen den Täter als Nebenklägerin auftritt und sich durch eine erfahrene Anwältin vertreten läßt. Bei den Ermittlungsbehörden ist inzwischen teilweise eine Verbesserung insoweit eingetreten, als besondere Schwerpunktstaatsanwaltschaften gebildet wurden, die von der Behandlung der Frau als Täterin bei einem Sexualdelikt abrücken.

Ursula Bücker

Signet des Briefpapiers der Rechtsschutzstelle für Frauen in Frankfurt, um 1912.

Gertrude Degenhardt, aus: Die Fratze spielt auf, Lithografie

Rechtsextremismus; Weltanschauung und Politik, die geprägt sind von Nationalismus, → Rassismus, Ausländerfeindlichkeit, → Sexismus, Ideologien der Ungleichheit, extremen Feindbildern und von Gewalt. Nach dem → Faschismus waren nazistisches und rechtsextremes Gedankengut in Deutschland keineswegs verschwunden. Der Aufschwung der NPD Ende der 60er Jahre, die Strauß-Offensive Anfang der 80er Jahre und das Aufkommen der „Republikaner" Ende der 80er Jahre verweisen auf dessen Zählebigkeit und Kontinuität.

Der Aufstieg der neuen Rechten in Europa geschieht vor dem Hintergrund ungelöster gesellschaftlicher Probleme: – die zunehmend unsichere soziale Lage (Zweidrittelgesellschaft), – mangelnde Zukunftsaussichten und Angst vor der Zukunft, – Vereinzelung und Vereinsamung, – Gefühle der Bedrohung und des Ausgegrenztseins.

Zum anderen werden R., → Rassismus, Ausländerfeindlichkeit, Haß auf Fremde, Vorurteile gegenüber Minderheiten, Gewaltbereitschaft und Revanchismus geduldet und gefördert durch die offizielle Politik, durch Feindbilder, durch Verbreitung neonazistischer Werbespots in den Medien, durch Verwendung von diskriminierenden Begriffen („Asylantenflut", „Ströme von Fremden"), durch Sex- und Gewaltvideos, durch den Ruf nach dem starken → Macho und nicht zuletzt durch eine ungebrochene Untertanenmentalität nicht nur, aber gerade auch in der ehemaligen DDR.

→ Sexismus ist Bestandteil des R., wobei dieser allerdings versucht, sich an neue Erfordernisse anzupassen und dabei teilweise sogar feministisches Gedankengut zu mißbrauchen. Kerngedanke rechtsradikaler Gruppen und Parteien ist die These von der Ungleichheit der Menschen, von der Andersartigkeit von Mann und Frau (NPD-Programm: „Mann und Frau haben unterschiedliche, jedoch gleichwertige Aufgaben" – „Republikaner" sprechen im „Siegburger Manifest" 1985 von „Wesensunterschieden", von „gleichwertiger Tüchtigkeit", vom „ergänzenden Wesen von Mann und Frau"). ‚Gleichmacherei' wird abgelehnt, da sie die „Wesensbestimmung" der Frau verneine und eine „Vermännlichung" beinhalte. Ungleichheit resultiere eben aus der Naturbestimmung der Frau und diese heiße → Mutterschaft. Die Instrumentalisierung der Frau und die Pseudoaufwertung der Mutter zeigen die Nähe zu faschistischer Ideologie, die Frauen fast ausschließlich unter einer biologischen und rassischen Perspektive sah.

Im Konzept der Rechtsextremen findet sich eine Kontinuität des ideologischen Kernbestandes: autoritäres, obrigkeitsstaatliches Denken, rückwärtsgewandtes Frauen- und Familienbild. So steht die traditionelle → Familie im Mittelpunkt; diese wird bei der NPD vor dem Hintergrund des ‚Überlebens des deutschen Volkes', gesehen ‚als biologische und kulturelle Grundgemeinschaft, die Lebenszelle von Volk und Staat' – ‚Ohne gesunde Familien gibt es kein gesundes Volk'. Bei den ‚Republikanern' wird an die reale Schwierigkeit angeknüpft, Kinder und Beruf miteinander zu verbinden. Es ist die Rede von der ‚Selbstüberforderung' der berufstätigen Mutter und von der ‚zunehmenden neurotischen Verwahrlosung der Jugend', die eine Folge der häufigen Abwesenheit der berufstätigen Mutter sei. Erwerbstätigkeit von Müttern sehen die ‚Republikaner' generell mit Skepsis bis Ablehnung. Im Programm von 1990 heißt es u. a.: „Der Zerfall der ethischen Grundlagen unseres Volkes zeigt sich . . . in der Zerrüttung der Familien, am Beispiel zunehmender Kinderfeindlichkeit, im mangelnden Respekt vor dem ungeborenen Leben, . . . in der Diffamierung der Frau in ihrer Rolle als mütterlicher Mittelpunkt der intakten Familie. . .". Den rechtsextremen Gruppierungen ist die Forderung nach besonderem Schutz des ungeborenen Lebens und nach Verbot von Schwangerschaftsabbrüchen gemeinsam. Die ‚Republikaner' sprechen von ‚nationalem Selbstmord'. Die Diskussion um Mutterschaft und um den § 218 erfolgt wie bei den Nazis unter bevölkerungs- und wehrpolitischen Aspekten. Sowohl von der NPD als auch von den ‚Republikanern' wird schließlich ein Pflichtjahr für Mädchen gefordert, das zur ,deutschen Tüchtigkeit' gehöre. Rechtsextreme Parteien sind Männerparteien: Sie werden von Frauen weit unterproportional gewählt (die ,Reps' doppelt so häufig von Männern wie von Frauen), Frauen sind in ihnen kaum vertreten. Trotzdem sind Frauen offen (ältere Frauen übrigens mehr als ältere Männer) für rechtsextreme Parolen (wie ,Ausländerrückführung'), Mentalitäten (Fremdenhaß), Ideologien (Mutterkult) und Konzepte (etwa bei ,Sicherheit und Ordnung' und bei der Strafverfolgung). Auch bei Frauen nehmen irrationalistische Tendenzen (Okkultismus, Spiritismus, Hinwendung zu Sekten) und die Entfremdung gegenüber der Politik zu. Dies eröffnet rechtsextremer Ideologie neue Anknüpfungspunkte.

Auswüchse der jüngsten Zeit machen deutlich, daß der deutsche Rassenwahn keineswegs ausgestorben ist. Täglich kommt es zu Angriffen gegen AusländerInnen, Brandanschlägen, Morden, Gewalttaten. Opfer sind nicht selten ausländische Frauen – wie die fünf Türkinnen von Solingen Ende Mai 1993. In der neu entbrannten Debatte der Frauenbewegung um Sexismus und Rassismus werden Fremdenhaß und Antisemitismus kaum thematisiert, eine aus derr Geschichte resultierende Verantwortung der Deutschen kaum reflektiert.

Lit.: Wilhelm Heitmeyer, Rechtsextremismus im vereinten Deutschland, Memorandum des Instituts für Sozialforschung in Frankfurt/M. zur Fremdenfeindlichkeit im vereinigten Deutschland, 1991; Gewalt und Rechtsextremismus, in: WIR FRAUEN 2/93; Joachim Hofmann-Göttig, Die Neue Rechte: Die Männerparteien, in: Aus Politik und Zeitgeschichte – Beilage zu ,Das Parlament', B 41–42/1989; Ika Hügel u. a. (Hg.), Entfernte Verbindungen, Rassismus, Antisemitismus, Klassenunterdrückung, Berlin 1993; Ideen-Redaktion (Hrsg.), Rechtsextreme Jugendliche, Göttingen 1992; Birgit Meyer, Mädchen und Rechtsradikalismus, in: Blätter für deutsche und internationale Politik 5/91; Kurt Möller, Geschlechtsspezifische Aspekte der Anfälligkeit für Rechtsextremismus in der Bundesrepublik Deutschland, in: Frauenforschung 3/1991.

Florence Hervé

Reife; von mhdt. „rife", was ursprünglich sich im Sinne von reif sein nur auf etwas bezog, was „abgepflückt, geerntet werden kann". Seit dem 16. Jh. bezieht sich R. sowohl auf Früchte als auch auf Menschen. In der menschlichen Individualentwicklung bezeichnet R. sowohl das mittlere Lebensalter – in diesem wird die Erfüllung einer oder mehrerer *Aufgaben* wie berufliche Arbeit, Kindererziehung, politisches und gesellschaftliches Engagement vorrangig –, als auch den Eintritt der Geschlechtsr. Auf die Geschlechtsr. bezogen, die ja auch in vielen Gemeinschaften und Gesellschaften den Eintritt ins Erwachsenenalter bedeutete, gab es bei vielen Völkern, Sippen, Stämmen R.zeremonien. Kulturen mit vorwiegend mutterrechtlichen Tendenzen begünstigten die Ausgestaltung individueller und kollektiver R.rituale für Mädchen. Es gibt Beispiele bei den Buschmännern (und -frauen) in Südafrika, den Pygmäen in Gabun etwa, daß Mädchen während der weiblichen R. für Tage, Monate, bis zu ein bis zwei Jahren von der Außenwelt abgesondert werden, teilweise zusammen mit der Mutter, einer Lehrmeisterin, die das Mädchen in seine gemeinschaftlichen Aufgaben einführt, es seine Rechte und Pflichten lehrt (→ Klitorisbeschneidung). In Kulturen mit vorwiegend patriarchalischen Strukturen wurde die Knabeninitiation (-einführung) zu einer öffentlichen Stammesangelegenheit gemacht.

Rente; auch Altersruhegeld; regelmäßiges Einkommen, das ursprünglich nur den Ertrag aus angelegtem Kapital und Grundbesitz betraf. Das aus mhdt. „rente" = Einkünfte, Ertrag entstandene Wort ist seit etwa 1200 bezeugt.

Wer noch vor 100 Jahren durch Alter oder Invalidität nicht mehr für seinen Lebensunterhalt sorgen konnte, wurde – sofern er nicht von einem Kapitalzins lebte – in der → Familie versorgt oder fiel der Armenfürsorge zur Last. Heute ist die gesetzliche R.nversicherung, aus der R.n an nicht mehr Erwerbstätige, Invaliden und Hinterbliebene gezahlt werden, ein Kernstück des sozialen Sicherheitssystems: Erwerbstätige entrichten Beiträge in der Erwartung, daß die nachfolgende Generation in gleicher Weise für sie sorgen wird (sogenannter Generationenvertrag). *Alters- und Invalidenrente:* Das Al-

Im allgemeinen können Frauen nicht von ihrer Rente leben...

ters- und Invaliditätsgesetz von 1889 entsprach den Veränderungen der sozialen Struktur im Übergang von der vorwiegend agrarischen zur industriellen Gesellschaft, in der die Produktion nicht mehr auf Familienarbeit beruht und die die Großfamilie zerstörte. Von nun ab wurde das unversorgte Alter zu einem neuen Problem. Auf das Interesse des Kapitals an Arbeitern, deren Arbeitskraft nicht von familiären Verpflichtungen erdrückt wird, antwortete Bismarck mit der Einführung der Alters- und Invalidenversicherung. Sie war der historische Einstieg in die soziale Gesetzgebung. Zunächst waren nur Arbeiter versichert, 1911 wurde eine entsprechende Angestelltenversicherung geschaffen.

Die Höhe der R. richtet sich nach dem Verdienst und der Dauer des Erwerbslebens. R.n der Frauen sind selbst bei gleicher Ausbildung und gleich langer Erwerbstätigkeit niedriger als die der Männer. Hier wirken → Lohndiskriminierung und unterschiedliche Bewertung von Ausfallzeiten z. B. durch Krankheit oder Arbeitslosigkeit. Frauen haben weniger Versicherungsjahre, weil sie wegen Geburten und Kindererziehung oft über längere Zeit aus dem Erwerbsleben ausscheiden. Hinzu kommt, daß 75% der Frauen in den Jahren 1957–1967 die Möglichkeit in Anspruch genommen haben, bei der Eheschließung Beiträge aus zurückliegenden Jahren zurückzuerhalten, womit sie auf erworbene Anwartschaften verzichteten. Ungünstig wirken sich bis 1983 niedrigere Tabellenwerte aus, da für Frauen bis dahin niedrigere fiktive Einkommen angesetzt wurden, die den ersten fünf Jahren der Versicherungs- und Ausbildungszeit zugrunde gelegt werden. Schließlich wird Teilzeitarbeit sich zunehmend ungünstig auswirken.

Frauen können vom 60. Lebensjahr an R. erhalten, wenn sie in den letzten 20 Jahren überwiegend erwerbstätig waren. Begründet wird das mit der Doppelbelastung.

Diese Altersgrenze wird vom Jahr 2001 an bis 2012 stufenweise auf die dann für Frauen und Männer (ab 2006) gültige Regelaltersgrenze von 65 Jahren angehoben. Seit 1984 gibt es auch das Altersruhegeld ab 65 Jahren für Frauen, das bereits nach einer Wartezeit (Versicherungszeit) von 60 Monaten bzw. fünf Jahren bezogen werden kann. Damit haben Frauen die Möglichkeit, zumindest eine Minir. z. B. durch Kindererziehungszeiten und/oder kürzere Erwerbstätigkeit zu erhalten.

Mit der *R.nreform von 1992* sind Vor- und Nachteile für Frauen verbunden. Gefallen ist das „Alles-oder-nichts"-Prinzip der sog. Halbbelegung. Danach wurden beitragsfreie Zeiten wie Krankheit, → Arbeitslosigkeit, Ausbildung nur dann in vollem Umfang berücksichtigt, wenn in der Zeit zwischen Versicherungsbeginn und Versicherungsfall nach Abzug u. a. von Erziehungszeiten, Krankheit, Arbeitslosigkeit die *Hälfte der Versicherungszeit* mit Pflichtbeiträgen abgedeckt war. Aufgrund der familiären Verpflichtungen wurde diese Bedingung von Frauen häufig nicht erfüllt.

Eine neue Benachteiligung (→ Diskriminierung) ist allerdings an die Stelle der alten getreten: Zeiten von Arbeitslosigkeit und Krankheit, in denen Lohnersatzleistungen bezogen werden, zählen als Beitragszeiten. Da Frauen viel häufiger als Männer durch die Bedürftigkeitsprüfung aus der Arbeitslosenhilfe ausgesteuert werden, schlägt sich das auch als Benachteiligung in der R. nieder. Hinzu kommen die durch familiäre Verpflichtungen bedingten kürzeren Versicherungszeiten, → Teilzeitarbeit, Lohn- und Gehaltsungleichheiten als rentenmindernde Faktoren. Diese → Diskriminierungen werden durch die Anerkennung von Kindererziehungszeiten (für bis zum 31. 12. 1991 geborene Kinder ein Jahr, für seit dem 1. 1. 1992 geborene drei Jahre pro Kind) *nicht* aufgewogen. Seit 1992 können auf *Antrag und Nachweis unter bestimmten Bedingungen* auch Erziehungszeiten bis zum 10. Lebensjahr des Kindes und die (ehrenamtliche) regelmäßige Pflege von Angehörigen berücksichtigt werden. Dies sind Ansätze, die von der Frauenbewegung, z. T. von Gewerkschaften und Parteien geforderte Anerkennung von Kindererziehung und Familienarbeit zu berücksichtigen. Gleichwohl ist auch mit der R.nreform von 1992 der Maßstab lebenslanger → Erwerbstätigkeit und damit des männlichen Arbeitslebens erhalten geblieben.

Aus all diesen Gründen zusammengenommen betrugen die durchschnittlichen R.n noch vor 10 Jahren (1983) in der Arbeiterrentenversicherung 1172 DM für Männer und 424 DM für Frauen. In der Angestelltenversicherung erhielten Männer 1626 DM, Frauen 767 DM. Mitte 1990 ergaben sich auch bei gleich langen Versicherungszeiten von 35–40 Jahren, die nur wenige Frauen erreichen, aufgrund der durchschnittlich geringer entlohnten Frauentätigkeiten erhebliche Unterschiede: Die durchschnittliche R. von Arbeitern lag bei 1407 DM, die von Arbeiterinnen bei 1022 DM, für männliche Angestellte bei 1863 DM und für weibliche bei 1316 DM. Mehr Aussagekraft haben die tatsächlichen Einkommen aus einer eigenen Versichertenrente. 1991 hatten 25% der Rentnerinnen und 5% der Rentner in den *alten Bundesländern* eine eigene monatliche R. unter 300 DM (!). Nur 7% der Frauen, aber 62% der Männer kamen auf eine R. von 1500 DM und mehr monatlich. In den *neuen Bundesländern* waren und sind aufgrund der üblichen Berufstätigkeit von Frauen und einer umfassenden Berücksichtigung von Kindererziehung, Pflegezeiten etc. die Unterschiede nicht so kraß. Da es Mindestrenten gab, hatte keine Rentnerin und nur ein Prozent der Rentner eine R. unter 300 DM. Allerdings hatten 86% der Frauen nur eine R. zwischen 300 und 800 DM, während 75% der Männer zwischen 600 und 1000 DM erhielten (Stand: 1991). Fazit: Die R.n in der früheren DDR waren durchschnittlich zu niedrig, aber Frauen im Westen und unter den neuen Bedingungen auch im Osten können im allgemeinen nicht von ihrer R. leben. Nur sog. Doppelrentnerinnen, die neben der eigenen noch eine Witwenrente bekommen, haben durchschnittliche R.neinkünfte, die denen eines alleinstehenden Rentners entsprechen.

Hinterbliebenenrente: Die Alters- und Invalidenversicherung lösen zunächst ein Problem nicht: die Versorgung der hinterbliebenen Witwe, die keine eigene oder nur ungenügend R. aufgebaut hat. Deshalb wurde 1912 die Hinterbliebenenrente geschaffen, d. h. der gesetzliche Anspruch, einen Teil der R. des Ehemannes zu erben. Zunächst erhielt diese R. nur die Angestelltenwitwe mit der Begründung, die höhere Bildung und die gesellschaftliche Stellung der Angestelltenfrau sowie die Aufwendungen für Ausbildung und Erziehung ihrer Kinder verlangten Unterhalt. Die Arbeiterfrau erhielt R. nur, wenn sie invalide war. Die proletarische Bewegung erreichte, daß ab 1927 auch der nichtinvaliden 65jährigen Arbeiterwitwe ein Rechtsanspruch auf die R. ihres Mannes zuerkannt wurde. 1937, unter dem faschistischen Leitbild der Frau als Mutter, wurde auch die jüngere Witwe rentenberechtigt, wenn sie mehr als drei waisenrentenberechtigte Kinder erzog. 1949 wurden Arbeiter- und Angestelltenwitwen gleichgestellt.

Aufgrund der gestiegenen Erwerbsbeteiligung von Frauen und im Zuge der Gleichstellung von Frau und Mann wurde auch die Hinterbliebenenversorgung nach einem BVerG-Urteil von 1975 per Gesetz 10 Jahre später revidiert. Seit 1986 gibt es die Witwen-/Witwerrente in Höhe von 60%, wobei, anders als vor 1986, eine Teilanrechnung der eigenen R.neinkünfte erfolgt. Einen Ausgleich für Lohndiskriminierung und eine umfassende Anerkennung von Kindererziehung brachten weder das Gesetz von 1985 noch die R.nreform 1992.

Die Übertragung des bundesrepublikanischen R.nrechts ab 1992 auf die neuen Bundesländer bedeutete insbesondere eine Änderung des Grundprinzips von der eigenständigen sozialen (Alters-)Sicherung der Frau hin zur abgeleiteten, eheorientierten. Aus feministischer, gewerkschaftlicher und frauenpolitischer Sicht ist das ein großer Rückschritt. Die Übertragung in Verbindung mit der Abschaffung der Mindestrente, der Streichung von großzügigerer Anerkennung von Erziehungs- und

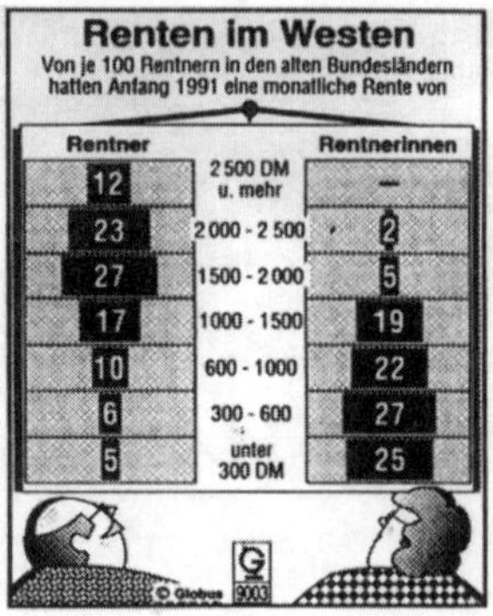

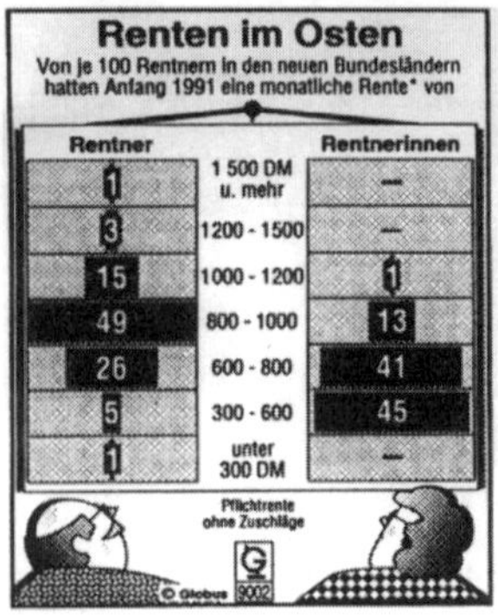

Pflegezeiten bedeutet für viele Frauen eine *absolute* und *relative Verschlechterung* bei den eigenständigen R.nansprüchen. So ist nach der R.numwertung die durchschnittliche Zahl der Versicherungsjahre von Frauen von 38 auf 29 (!) Jahre gesunken, bei Männern nur von 47 auf 45 Jahre. Die starke Orientierung im Sicherungssystem an Erwerbseinkommen begünstigt eindeutig die Männer. Von der Neuberechnung der Hinterbliebenenrente profitieren die Witwen mit geringen eigenen R.nansprüchen dagegen am meisten. Alleinstehende, berufstätige Frauen und Mütter sind auch hier die Verliererinnen. Das wird auch nicht durch die Übergangsregelung gemildert: Bei R.nbeginn bis zum 31. Dezember 1996 können Frauen in den neuen Bundesländern wie in der früheren DDR mit 60 Jahren in R. gehen, wenn sie mindestens fünf Kinder geboren oder die Wartezeit von 15 Jahren erfüllt haben.

Das R.nrecht ist ein Beispiel für die historisch vertane Chance, im Zuge des Einigungsprozesses die Prinzipien einer eigenständigen (Alters-) Sicherung von Frauen und der Anerkennung von privat geleisteter, gesellschaftlich notwendiger → Arbeit für die Bundesrepublik gesetzlich zu verankern.

Lit.: Gerhard Bäcker / Bettina am Orde, Sozialpolitik 1991, in: Michael Kittner (Hrsg.), Gewerkschaftsjahrbuch 1992, Köln 1992, S. 323–363; Der Bundesminister für Arbeit und Sozialordnung (Hrsg.), Die Rente '92. Das neue Rentenrecht, Bonn o. J. (Stand: 1. 1. 1992). Die Broschüre kann kostenlos bezogen werden beim Referat Öffentlichkeitsarbeit des Bundesmin. in Bonn; Annelies Kohleiss, Einkommen im Alter: die Rente, in: Doris Lucke / Sabine Berghahn (Hrsg.), Rechtsratgeber Frauen, Reinbek bei Hamburg 1991, S. 521–542; Statistisches Bundesamt (Hrsg.), Datenreport 1992. Zahlen und Fakten über die Bundesrepublik Deutschland, Bonn/München 1992.

Emmi Kuhlmey (überarbeitet von Renate Wurms)

Reproduktionstechnologien; Unter R. werden medizinisch-technische Eingriffe in die menschliche und tierische Fortpflanzung verstanden, die auch als Reproduktionsmedizin oder Fortpflanzungstechnologien bezeichnet werden.

Eingriffe in drei Bereiche der menschlichen Reproduktion sind möglich und finden statt: – Verfahren zur Herstellung einer Schwangerschaft inner- und außerhalb des weiblichen Körpers (künstliche Befruchtung, In-vitro Fertilisation, → Leihmutterschaft etc.); – Bewertung von → Embryonen/Föten mittels pränataler Diagnostik, zunehmend auch von Embryonen, die außerhalb des Körpers der Frau produziert wurden, nach den jeweils aktuell aufgestellten gesellschaftlichen Kriterien des „Idealmenschen"; – im Bereich der Verhütungsmittel, wobei besonders die neueren Methoden wie Injektionen (Drei-Monats-Spritze), Implantate (Norplant) und Anti-Schwangerschaftsimpfstoffe, die teilweise gentechnologisch hergestellt werden, einen innovativen Eingriff in den weiblichen Körper darstellen (→ Verhütung).

Die R. haben Tradition. Die künstliche Befruchtung (artifizielle Insemination), d. h. das Einbringen von Sperma in die Scheide, wurde bereits Ende des 18. Jh.s in England dokumentiert und kann von der Frau selbst durchgeführt werden. Bei der *homologen Insemination* stammt das Sperma vom (Ehe)-Mann, wenn dieser eingeschränkt zeugungsfähig ist. Bei männlicher Sterilität sowie möglicher Weitergabe von genetisch bedingten Erkrankungen wird Spendersperma verwendet, das vorher meist kryokonserviert (tiefgefroren) aufbewahrt wurde. Bei dieser *heterologen Insemination* bestehen ethisch-moralische und juristische Probleme hinsichtlich der Anonymität des Spenders, des Rechts auf Wissen der genetischen Abstammung, der Ehelichkeit des Kindes sowie der Unterhalts- und Erbschaftsansprüche.

Die Geburt des ersten Retortenbabys, das mittels der *In-vitro-Fertilisation (IVF)* entstanden ist, wurde 1978 in England ‚gefeiert'. Bei der IVF werden den Frauen Hormone zur Reifung mehrerer Eizellen (Superovulation) verabreicht. Die Eizellen werden anschließend operativ gewonnen und in vitro mit dem Sperma befruchtet. Schließlich werden die befruchteten Eizellen in die Gebärmutter eingesetzt (Embryotransfer). Die Erfolgsraten bei der IVF sind äußerst gering, von der Weltgesundheitsorganisation werden sie mit 5 Prozent angegeben.

Für die Frauen ist die Prozedur mit erheblichen Nebenwirkungen und Risiken verbunden: Depressionen, Kopfschmerzen, vorzeitige Menopause, erhöhtes Krebsrisiko, Zysten können durch die Hormongaben auftreten. Weltweit sind durch die Eizellgewinnung bereits einige Frauen gestorben. IVF wird nicht nur im homologen System angewandt, sondern Sperma- und Eizellen sowie Embryonen können gespendet sein. Durch die Kryokonservierung sind die Aufbewahrung und der Transport vom Spender zum Empfänger sichergestellt.
Die R. machen Unfruchtbarkeit einseitig an der Frau fest. Nach Ursachen und deren Beseitigung wird kaum noch gefragt. Durch die R. wird das gängige Bild der Frau als Mutter verfestigt. Ungewollt kinderlose Frauen können nun auch ein Kind aus eigenem Fleisch und Blut haben, wenn sie die schmerzhaften und gefährlichen Prozeduren über sich ergehen lassen.
Als politische Alternative zu diesen frauenverachtenden Verfahren verstehen sich Beratungsangebote für betroffene Frauen, insbesondere in Frauengesundheitszentren, die andere Möglichkeiten des Umgangs mit ungewollter Kinderlosigkeit/Unfruchtbarkeit aufzeigen.
Pränataldiagnostik ist ein Sammelbegriff für verschiedene vorgeburtliche Untersuchungen, die an der schwangeren Frau als Routine- und Kontrolluntersuchungen vorgenommen werden. Beispiele hierfür sind Ultraschall und Fruchtwasseruntersuchungen (Amniozentese). Die *Ultraschalldiagnostik* wird in der Gynäkologie und Geburtshilfe seit den sechziger Jahren angewandt und mittlerweile standardmäßig durchgeführt. Es sollen damit ‚Anomalien' des Fötus diagnostiziert werden, Alter der Schwangerschaft, Lage des Fötus. Die Ergebnisse können zu weiteren vorgeburtlichen Eingriffen Anlaß geben sowie als Hilfsmittel für weitere Untersuchungen, z. B. die Amniozentese, benutzt werden. Bisher existieren keine Studien über die Langzeitfolgen und -schäden für Frau und Kind.
Die *Amniozentese* wird in der 14. bis 18. Schwangerschaftswoche durchgeführt. Meist unter Ultraschall wird durch die Bauchdecke Fruchtwasser entnommen, das anschließend kultiviert und analysiert wird, um ‚Abweichungen' zu entdecken, die mit bestimmten genetischen und biochemischen Defekten in Zusammenhang gebracht werden. ‚Abweichungen', nach denen hauptsächlich gefahndet wird, sind Down Syndrom (Trisomie 21, „Mongoloismus") und offener Rücken (Spina bifidas). Auch eine Geschlechtsbestimmung findet statt. Das Verfahren birgt Risiken wie Fehlgeburten, Verletzungen der Föten in sich, und nicht immer sind die gestellten Diagnosen eindeutig. Bei festgestellter ‚Abweichung', definiert als positiver Befund, kann die Abtreibung bis zur 22. bzw. 24. Woche straffrei erfolgen.
Bei Frauen über 35 Jahre gilt die A. als Routineuntersuchung, wobei sich die Altersgrenze zunehmend nach unten verschiebt. Neue Untersuchungsmethoden und Tests werden entwickelt, die die Aussonderung perfektionieren sollen. Beispiel ist u. a. die Chorionzottenbiopsie, die bereits in der 8.–10. Schwangerschaftswoche vorgenomen wird. Die Durchtestung von Embryonen geschieht damit immer früher. Bei der Präimplantationsdiagnostik können die bei der IVF erzeugten Embryonen schon vor dem Transfer in die Gebärmutter durchgecheckt und auf das Geschlecht hin untersucht werden; dies kann auch das Einsetzen beeinflußen.
Durch die pränatale Diagnostik wird Behinderung immer mehr mit ‚Erbkrankheiten' gleichgesetzt. Es lassen sich jedoch nur ca. 1,5 Prozent aller Behinderungen auf genetisch bedingte Erbkrankheiten zurückführen, von denen weniger als 0,5 Prozent mit Hilfe vorgeburtlicher Diagnostik festzustellen sind. Behinderung entsteht in erster Linie durch Geburtsschäden, Krankheit, Alter und Umwelteinflüsse (Arbeits- und Verkehrsunfälle).
Die vorgeburtliche Diagnostik bedeutet zunehmend einen Umgang mit Behinderung/Krankheit durch Abschaffung der Kranken und Behinderten selbst. Down Syndrom wird z. B. inzwischen als Behinde-

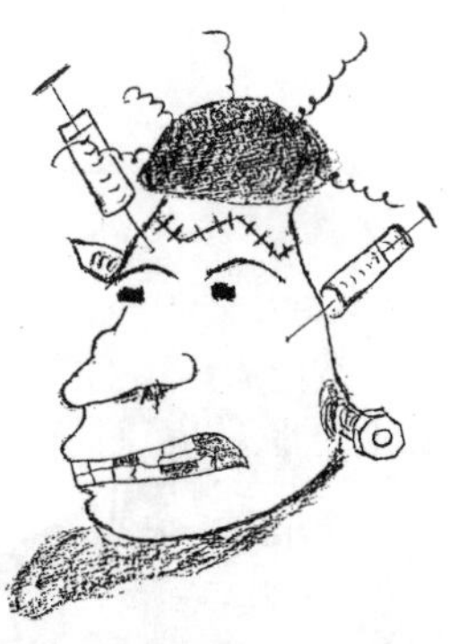

Forscher züchten „Gen-Kartoffel“

Heftiger Streit um Freiland-Versuche

rung angesehen, die es, da durch Amniozentese feststellbar, nicht mehr zu geben bräuchte. Die ‚Vernichtung von Behinderten‘ und ‚Ausrottung von Erbkrankheiten‘ haben eine lange Tradition und Kontinuität; Verbindungen zum Nationalsozialismus sind nicht zufällig. Dies verdeutlicht auch die Existenz von Humangenetischen Beratungsstellen, die 1972 in der BRD ihre Arbeit wieder aufgenommen haben und bei der Risikoabschätzung eines Paares mit Kinderwunsch hinsichtlich Erbkrankheiten behilflich sein sollen bzw. vorgeburtliche Diagnostik durchführen.

Bei der pränatalen Diagnostik steht jedoch nicht ausschließlich die Erkennung von Behinderung im Sinne eines nicht leistungsfähigen Menschen im Vordergrund, sondern auch das Geschlecht. Beispielsweise wird in Indien die Amniozentese zur Geschlechtsbestimmung herangezogen mit abschließender Abtreibung weiblicher Föten – eine Form des Femizids.

Bei den R. geht es in erster Linie um die ‚Qualität‘ des Embryos (→ Embryonenschutz). Voraussetzung dafür ist eine Trennung von Frau und Embryo, wobei die Frau oft als ‚fötales Umfeld‘ angesehen wird. Als Schwangere soll sie durch ihr individuelles Verhalten Sorge dafür tragen, daß das Kind gesund und leistungsfähig mit dem richtigen Geschlecht geboren wird. Dies beinhaltet, daß bei Bedarf alle – von den Ärzten als sinnvoll erachteten – Methoden der pränatalen Diagnostik angewandt werden müssen. Diese invasiven Methoden vermehren sich, die medizinisch-technische Entwicklung macht nicht halt. Beispiel ist die Fötaltherapie, eine Behandlung des Fötus durch einen operativen Eingriff an der Schwangeren. Bei den Sterilitätstherapien wiederum soll die Frau unter Verletzung ihrer eigenen körperlichen Integrität die in vitro hergestellten Embryonen vor dem Transfer untersuchen lassen und zukünftig wohl auch genetischen Eingriffen aussetzen (→ Gentechnologie).

Bei all den invasiven Methoden, die für die Frau mit erheblichen physischen und psychischen Risiken verbunden sind, bestimmt nicht sie, was sinnvoll und richtig für den Embryo ist, sondern die MedizinerInnen, die auch definieren, was als verantwortliches Verhalten dem Embryo gegenüber gilt.

Innerhalb der Frauenbewegung werden die R. heftig kritisiert. In der BRD haben sich zahlreiche Gruppen „Frauen gegen Gen- und Reproduktionstechnologien“ gegründet. Die Ablehnung hat jedoch auch Widersprüche aufgeworfen. Die Freiheit der Frau, über Raum und Zeit, Art und Weise der Fortpflanzung und Schwangerschaft zu bestimmen, galt als zentraler Bestandteil weiblicher Selbstbestimmung. Da Feministinnen einerseits die R. ablehnen, andererseits sich gegen jegliche Form von Fremdbestimmung und Zwang wenden, entstand eine tiefgreifende Debatte über die Geschichte und Aktualität weiblicher Selbstbestimmung. Insbesondere in den USA gehen einige Feministinnen davon aus, daß die R. das Selbstbestimmungsrecht der Frauen fördern und die ‚reproduktive Autonomie‘ erhöhen, indem nun ein breites Spektrum von ‚Fortpflanzungsalternativen‘ technischer und sozialer Art zur Wahl stehe. Die geforderte und erhoffte Autonomie über den Körper impliziert jedoch letztendlich die Gefahr einer Unterwerfung unter die Sichtweise der Medizin und naturwissenschaftliche Erkenntnisse, die wesentlich durch Experimente an Frauen gewonnen werden. So werden sich auch die Hoffnungen lesbischer Frauen kaum erfüllen, mittels Eifusion (Parthenogenese) ganz ohne Beteiligung von Männern schwanger werden zu können. Die R. konnten primär nur durch die Logik – männlicher – Wissenschaft entstehen, Kontrolle und Einsatz sind davon bestimmt und unterliegen patriarchalen Interessen.

Lit.: Marina Bellmann/Christine Kenntner, Die Perfektionisten. Eine parteiische Einführung in Reproduktions- und Gentechnik, Stuttgart 1990; Paula Bradish u. a. (Hrsg.), Frauen gegen Gen- und Reproduktionstechnologien, München 1989; Gena Corea, MutterMaschine. Reproduktionstechnologien – von der künstlichen Befruchtung zur künstlichen Gebärmutter, Berlin 1986; Renate D. Klein, Das Geschäft mit der Hoffnung. Erfahrungen mit der Fortpflanzungsmedizin, Berlin 1989; Eva Schindele, Die gläserne Gebärmutter, Frankfurt 1990.

Ute Winkler

Revolution; lat. revolution, revolvere, Wiederkehr, Zurückwälzen, umdrehen. Ursprünglich in der Astronomie beheimateter Begriff: Wiederkehr der Gestirne. Im 17. Jh. verliert der R.-Begriff seine astronomische Bedeutung, wird aber noch als „Restauration" verstanden. Erst mit der französischen Aufklärung erhält er die Bedeutung von Fortschritt (Voltaire: R. des esprits – R. des Geistes) und mit der französischen Revolution von 1789 die Bedeutung von politischer, gesellschaftlicher Umwandlung im Sinne eines Emanzipationsprozesses. Heute: Grundlegende Wende, Umwälzung. Aber auch jede Veränderung in Natur, Alltagsleben und Gesellschaft (z. B. R. der Mode, der Moral, sexuelle R.) → Frauenbewegung, Geschichte.
Louise Michel, Ende des 19. Jahrhunderts: „Die Revolution wird die Blütezeit der Menschheit sein, so wie die Liebe die Blütezeit des Herzens ist."

Lit.: Marieluise Christadler (Hrsg.), Freiheit, Gleichheit, Weiblichkeit, Aufklärung, Revolution und die Frauen in Europa, Opladen 1990; Gerlinde Hummel-Haasis (Hrsg.), Schwestern, zerreißt eure Ketten, Zeugnisse zur Geschichte der Frauen in der Revolution von 1848/49, München 1982; Edith Laudowicz (Hrsg.), Befreites Land, befreites Leben? Frauen in Befreiungsbewegungen und Revolutionen, Köln 1989; Susanne Petersen, Marktweiber und Amazonen, Frauen in der Französischen Revolution, Köln 1991; Walther Schmieding, Russische Revolutionärinnen im 19. Jahrhundert, München 1979; Clara Zetkin, Ausgewählte Reden und Schriften, Band 3, Berlin 1960.

Rolle; mhdt. „rolle", „rulle", seit dem 14./15. Jh. bekannt, bedeutete das Wort zunächst kleines Rad, kleine Walze, dann rollenförmiger Gegenstand. Im Laufe der Zeit entwickelten sich verschiedene übertragene Bedeutungen wie Schriftrolle, Bühnenrolle, „eine Rolle spielen".
Mögen sich Frauen zuweilen im Alltag wie beim Turnen (Rolle vorwärts und Rolle rückwärts) fühlen oder wie auf der Bühne – mal Berufstätige, mal Geliebte, mal Putzfrau –, so sind sie mitten drin in der sozialen R., der Frauenr., Geschlechtsr., damit auch bei der Doppelr. und beim R.nkonflikt. Wann auch immer von Frauen und ihren Problemen in unserer Gesellschaft die Rede ist, taucht der Begriff der R. auf; ob es nun darum geht, die Frauenr. wieder zu der zu machen, die sie mal war, oder ob sie grundlegend geändert werden soll. In den Sozialwissenschaften, in denen der Begriff der sozialen R. entwickelt wurde, um das Verhältnis von Individuum und Gesellschaft theoretisch zu fassen, wird der Begriff so vielfältig und unterschiedlich gebraucht wie im Alltag und in der Praxis der Frauenbewegung. Gemeinsam ist den sozialwissenschaftlichen Ansätzen: Die R. der Frau erwächst nicht aus der biologischen Besonderheit des weiblichen Geschlechts, sondern wird erlernt. R. bezeichnet in der allgemeinen, sehr vereinfachenden Zusammenfassung rollentheoretischer Ansätze eine Summe von Erwartungen, Verhaltensforderungen, die an Menschen in einer bestimmten sozialen Position, einem bestimmten Status gerichtet werden. Es handelt sich um die Erwartungen und Anforderungen, wie ein Mädchen, eine Frau zu werden und zu sein hat (und nicht zu sein hat), was sie tun darf und lassen muß. Diese R. wird in der Familie, in der Schule, durch Vorbilder und Nachahmung, gestellte Anforderungen, Belohnung und Bestrafung, durch Mädchen- und Frauen-Bilder in allen Medien, in Schul-, Mädchen- und Jugendbüchern gelernt, „verinnerlicht". Wird so nach der R. der Frau gefragt, so kann gezeigt werden, daß zur → Weiblichkeit, zu entsprechenden Eigenschaften und Verhaltensmustern erzogen wird und wie das geschieht. Beschränkungen können sichtbar gemacht werden; die Tatsache, daß die

R. gelernt wird, daß gesellschaftliche Erwartungen und Anforderungen „eine R. spielen", ist eine Perspektive für Veränderung. Der Hinweis auf die „Verinnerlichung", daß wir die Anforderungen/Erwartungen zu unseren machen, bewahrt vor Euphorie, was die Schnelligkeit von Bewußtmachen und Umlernen anlangt. Die so gestellte Frage nach der R. der Frau hat sich in der Praxis von Frauengruppenarbeit für die einzelnenn als fruchtbar erwiesen und sich auch in Forderungen an → Erziehung niedergeschlagen. Ein in der Theorie eher wenig beachteter Aspekt ist: Die Frage nach unserer weiblichen R. ist geeignet, eine Menge Folge- und Warum-Fragen auszulösen und praktisch an die theoretisch mehrfach analysierten Grenzen des R.nkonzepts zu führen. Denn das R.nkonzept taugt nicht zur *Erklärung* der Situation der Frau, kann nur die dafür notwendigen Fragen auslösen: Wie hat sich die R. entwickelt? Was sind die Ursachen dafür? Warum kam es in der Vergangenheit, kommt es in der Gegenwart zu Veränderungen? Wer hat ein Interesse, R.n zu stabilisieren? Diese Kritik gilt auch an den Erweiterungen der R.nkonzeption wie „Doppelr. der Frau" oder auch „Geschlechterrolle". Das Geschlechtsrollenkonzept zeigt die typischen Erwartungen und Verhaltensanforderungen mehr oder weniger polar (gegensätzlich) zu denen der Frauen auch für Männer auf. So kann auch hier beschreibend ein wichtiger Ansatzpunkt zur Veränderung durch Angleichung etwa und zum gemeinsamen Handeln erfaßt werden, wenn die jeweiligen gesellschaftlichen „Zumutungen" und Defizite der R.n herausgestellt werden. Dieser Erkenntnis entsprechend, beschäftigen sich seit einigen Jahren auch → Männer(-gruppen) mit der ihnen zugeschriebenen Rolle(nerwartung).
(→ Geschlechterverhältnis)

RU 486; für viele ist sie die ‚Todespille' schlechthin – die ‚Abtreibungspille', mit der in Frankreich schon über 130 000 Frauen eine ungewollte Schwangerschaft abgebrochen haben (Stand 1991). In Frankreich ist sie seit 1988, in Großbritannien seit 1991 zugelassen.
In Frankreich ist RU 486 unter dem Namen „Mifegyne" erhältlich – nicht freiverkäuflich, sondern nur in besonders zugelassenen Kliniken unter ärztlicher Aufsicht. Über jede Anwendung muß – anonym – Buch geführt werden, denn Nebenwirkungen (Übelkeit, Unterleibsschmerzen, starker Blutverlust) sind nicht selten, außerdem bleibt bei etwa 5 Prozent der behandelten Frauen der Erfolg aus. Dennoch haben sich fast drei Viertel aller Französinnen, die einen Schwangerschaftsabbruch vornehmen ließen, für „Mifegyne" entschieden.
‚Mifegyne' kann bis 49 Tage nach dem Ausfallen der Regelblutung eingenommen werden. Frauen müssen sich an eines der Zentren für Schwangerschaftsabbruch wenden (IVG – Interruption volontaire de grossesse): Beim ersten Mal gibt es ein Verhütungsgespräch mit sozialer und medizinischer Beratung und der ersten gynäkologischen Untersuchung. Sieben Tage später erhält die Frau drei Tabletten RU 486, die sie vor dem Arzt einnehmen muß. Zwei Tage später wird eine Dosis zusammen mit einem Schmerzmittel verabreicht. Die Frau bleibt vier Stunden in der Klinik; in dieser Zeit wird in 80 Prozent der Fälle die Frucht abgestoßen. Zehn bis zwanzig Tage später wird mit einer Ultraschalluntersuchung der Abort bestätigt. Die Kosten für einen Schwangerschaftsabbruch in einem IVG-Zentrum werden von den Krankenkassen übernommen.
Wie wirkt die Substanz RU 486? Nach dem Eisprung wird im Eierstock das „Gelbkörperhormon" Progesteron gebildet. (Der Name erklärt sich aus der gelblichen Farbe der Zellgruppen, die dieses Hormon bilden.) Das Hormon besetzt und verändert den Progesteron-Rezeptor der Zellen der Gebärmutterschleimhaut, sodaß das dort gebundene „Hitzeschockprotein" (HSP) freigesetzt wird. Die Zellen können nun die Eiweißverbindungen produzieren, die zur Umwandlung der Gebärmutterschleimhaut und damit für die Aufnahme einer befruchteten Eizelle und zur Aufrechterhaltung

einer Schwangerschaft erforderlich sind. RU 486 blockiert diesen Vorgang, indem es den Progesteron-Rezeptor zwar besetzt, aber die Umwandlung des Rezeptors, damit die Freisetzung von HSP und folglich auch die Produktion schwangerschaftserhaltender Eiweißverbindungen verhindert. Die Wirkung von RU 486 ist also vergleichbar mit einem Schlüssel, den man zwar in ein Schloß einführen, aber nicht drehen kann: Die Tür öffnet sich nicht.

RU 486 verhindert die Einnistung und Aufrechterhaltung einer Schwangerschaft, indem es das hierfür unbedingt erforderliche körpereigene Progesteron unwirksam macht. Die Einnahme von 600 mg dieser Substanz, ergänzt durch eine geringe Dosis des wehenauslösenden Prostaglandin, führt bei über 95 Prozent aller Früh-Schwangerschaften (bis zur 5. Woche nach Ausbleiben der Regelblutung, d. h. bis zur 9. Woche, gerechnet nach der letzten normalen Blutung) meist innerhalb einiger Stunden oder Tage zu einer starken Blutung und damit zum Ende der Schwangerschaft.

Man sollte meinen, dieses Medikament sei für die Herstellerfirma weltweit ein gutes Geschäft: Nachdem RU 486 Ende September 1988 an mehrere französische Familienplanungszentren ausgegeben wurde, wurden täglich 100 bis 200 medikamentöse Schwangerschaftsabbrüche durchgeführt. Dennoch zog der Arzneimittelhersteller Roussel-Uclaf RU 486 schon nach einem Monat wieder zurück: Abtreibungsgegner, vor allem katholische Krankenhäuser, hatten Mitarbeiter der Firma massiv bedroht sowie einen Boykott sämtlicher bei Roussel-Uclaf hergestellter Medikamente angekündigt. Diese Drohung richteten sie auch gegen die Mutterfirma, die deutsche Chemiefabrik Hoechst AG, die daraufhin gar nicht erst einen Zulassungsantrag für RU 486 in der Bundesrepublik stellte – ebensowenig wie der Konkurrent Schering, der mit ZK 98734 ein ähnlich wirkendes Medikament entwickelt hatte.

Im katholischen Frankreich fällte die Regierung trotz des konservativen Druckes eine Entscheidung zugunsten der Frauen: Der französische Gesundheitsminister Evin drohte Roussel-Uclaf den Entzug des Patents für RU 486 an. Er betonte: „Ich kann nicht erlauben, daß die Abtreibungsdebatte Frauen etwas vorenthält, das einen medizinischen Fortschritt darstellt. Mit seiner Zulassung ist RU 486 das moralische Eigentum der Frauen, nicht des Pharmakonzerns. Es kann nicht angehen, daß Frankreich dem Druck einiger von archaischen Ideologien animierter Gruppen nachgibt!"

Mittlerweile ist RU 486 in mehreren europäischen Ländern (u. a. Schweden, Dänemark, Schweiz und Großbritannien) zugelassen – allerdings nur in speziellen Kliniken, damit ÄrztInnen dort Erfahrungen sammeln können. Ausländische Staatsbürgerinnen werden jedoch grundsätzlich nicht behandelt. In der Bundesrepublik haben so unterschiedliche Kräfte wie die SPD-Bundestagsfraktion und die Bundesärztekammer Hoechst aufgefordert, endlich einen Zulassungsantrag für dieses Medikament zu stellen. In einer Umfrage sprachen sich 63% der Deutschen für RU 486 aus. Widerstand dagegen kommt erstaunlicherweise nicht nur von der CDU/CSU, sondern auch aus feministischen Kreisen. Dort gibt man zu bedenken, daß das Verfahren im Gegensatz zum operativen Schwangerschaftsabbruch sehr zeitaufwendig sei und schon daher für viele Frauen nicht in Frage komme. Auch sei es bei zu weit fortgeschrittener Schwangerschaft und bei Frauen mit bestimmten Risiken (Raucherinnen, ältere Frauen oder Frauen mit Thromboseneigung oder hohem Blutdruck) nicht geeignet; als problematisch wird ferner der zusätzliche Einsatz von Prostaglandinen angesehen.

Grundsätzlich sollte man aber jeder Frau, die sich für einen → Schwangerschaftsabbruch entschieden hat, nach entsprechender Risikoaufklärung die Wahl über die für sie beste Methode allein überlassen.

Hannelore Hauß

Nach Umfragen sind über 70 Prozent der über 18jährigen in der Bundesrepublik für die Zulassung der Abtreibungspille RU 486.

Keine Frau, ob schwarz oder weiß, ob arm oder reich, kann jemals frei sein, wenn sie nicht das Recht hat, über ihre Fortpflanzung selbst zu bestimmen.

Katherine Hepburn

S

Säugling; von mhdt. „sugelinc“, seit dem 14. Jh. und durch Luthers Bibelübersetzung als Bezeichnung für das Kind im ersten Lebensjahr gebräuchlich.
Als beste Ernährung (mit Einschränkung) für dieses Lebensalter gilt die Muttermilch. (→ Ökologie) Auch für die Gesundheit des Menschen sind Pflege und Ernährung in diesem ersten Jahr bedeutsam. So kommt dem → Stillen, jener Tätigkeit, von der der Säugling seinen Namen ableitet, eine besondere Bedeutung zu.
Die erste Lebenszeit des Menschen gilt als besonders wichtig sowohl für die Bildung des Charakters als für die des Intellekts. Die Fähigkeit zu sozialen Kontakten wird durch die Zuwendung von Eltern und anderen Bezugspersonen ebenso begründet wie die „Verdrahtungen“ des Gehirns, die durch Kontakte und Lernprozesse die intellektuellen Fähigkeiten beeinflussen.

Arzt, der unter einem Tuch entbindet, um des lieben Anstands willen.

Salon; aus franz. „Salon“, ital. „salone“ = großer Saal, Festsaal übernommen für: (1) repräsentativer Empfangs- und Gesellschaftsraum (veraltet); (2) elegantes Geschäft (Schneider-, Kosmetik-, Frisiersalon). Salonkommunist – bei Gesellschaften mit kommunistischen Begriffen protzender, nicht praktizierender Typ. Salonlöwe – oberflächlicher, eleganter, geltungssüchtiger Partygänger. (3) Regelmäßiger Treffpunkt literarisch und künstlerisch interessierter Kreise, zu dem in der Regel Frauen einluden (veraltet). Der Salon hatte sein Hochblüte in der Zeit der Romantik. Frauen machten ihn zu einer Kulturstätte und befriedigten hier ihren Hunger nach geistiger Anregung, nach Bildung und Austausch im Gespräch. Es gab berühmte Salons, in denen junge Künstler, Musiker und Literaten Förderung fanden und Vermittlung zu Verlegern und einflußreichen Männern der Zeit erhielten.
Bekannt vor allem die Salons der Rahel Varnhagen, der Caroline Schelling, Dorothea Schlegel, Bettina von Arnim, der Madame des Staël und der „Jour Fixe“ der Nadia Boulanger. Immer war eine Frau die Seele dieser Salons. Es entwikkelten sich Freundschaften, die auch die einzige, den Frauen anstandslos erlaubte literarische Form, die des Briefeschreibens, zur Hochblüte gebracht haben.

Scham; mhdt. scham(e), ahdt. scama, urspr. Beschämung, Schande.
(1) Die Anatomie betreffend: lat. Pudenda = alle weiblichen Geschlechtsorgane, die äußerlich sichtbar sind: Schamberg (Venusberg), Schamhaare, Schamlippen.
(2) S. im übertragenen Sinne = Schamgefühl. Die S. stellt ein menschliches Gefühlsphänomen dar, das immer dann auftritt, wenn ein gruppenabweichendes Verhalten, Tabuverletzungen oder das Zu-

tagetreten von Mängeln vor anderen bloßgestellt wird.
Das Schamgefühl ist verschieden stark ausgeprägt. S. zeigen Menschen sowohl bei der Aufdeckung von charakterlich-sittlichem und intellektuellem Versagen wie auch im Alltag bei der Bloßstellung von Ungeschicklichkeiten und harmlosen Normverletzungen, die gegen ihren Willen aufgedeckt werden. Sie hängt mit der Erwartungshaltung der Gruppe gegenüber dem Individuum zusammen, welcher der einzelne entsprechen möchte; sie ist also gesellschaftsbezogen.
S. im Zusammenhang mit → Sexualität galt immer die besondere Aufmerksamkeit der Gesellschaft. Sie war bei Frauen nicht mehr nur Reaktion auf vermeintliche Tabuverletzungen, sondern wurde zur erwarteten „natürlichen" Begleiterscheinung passiver weiblicher → Sexualität.
Die → Frauenbewegung hat die Zusammenhänge zwischen dieser Art von S. und der herrschenden männlichen Sexualunterdrückung erkannt und thematisiert. Der Titel eines Buches von Anja Meulenbelt klingt wie ein Programm: Die Scham ist vorbei.

Lit.: S. Neckel: Status und Scham – Zur symbolischen Reproduktion sozialer Ungleichheit, Frankfurt 1992.

Schlange; Schuppenkriechtier ohne Gliedmaßen mit abgeplattetem Kopf und langer, gespaltener Zunge, das seine Beute aufgrund anatomischer Besonderheiten unzerkaut verschlingt. Oft mit Giftzähnen ausgestattet, die die Beute lähmen (kleine Wirbeltiere, auch Eier, Würmer und Insekten). Ihr meistens schön gezeichnetes Schuppenkleid wird in periodischen Abständen abgeworfen (Häutung).
Die Schlange gilt als Inbegriff der Versuchung, aber auch der Klugheit. Die Bibellegende vom Paradies mit dem (Apfel-)Baum der Erkenntnis, von dem zu naschen streng verboten war, berichtet von der Schlange, die Eva anstiftet, einen Apfel von diesem Baum zu kosten und auch Adam beißen zu lassen. Als dann der Eigentümer des Apfelbaumes, der die Erkenntnis für sich reserviert hatte (das muß sich auf die nachfolgenden Stellvertreter übertragen haben), dahinterkam, beeilte sich Adam, der sich's erst hatte schmecken lassen, Eva anzuschwärzen: „Das Weib, das Du mir gabst. . ."
Die Schlange hatte sich derweil – klug wie sie war – verflüchtigt.
So erzwang, selbst nach einer von biblischen Patriarchen verfaßten Legende, eine Frau den Zugang zur Erkenntnis und machte damit sich und den zaghaften lahmsiederischen Adam zu Menschen. (Zum matriarchalen Ursprung der Eva-Adam-Geschichte: Heide Göttner-Abendroth, Die Göttin und ihr Heros, München 1980.)

Schreckschraube; Alle wissen, was ein Schreck ist und was eine Schraube. Der Gedanke an Daumenschrauben liegt nicht fern, da die damit ausgeführte Tätigkeit mit Schreck assoziiert wird. Aber diese Wortschöpfung entspringt nicht der Logik, sondern dem Volksmund, um genau zu sein: dem männlichen Mund des Volkes, und wurde zum Zwecke der Herabsetzung des weiblichen Volksteils erfunden. Die Definition ist schwierig.
Es handelt sich jedoch dem Anschein nach um die Bezeichnung für eine unangenehme Erscheinung des weiblichen Menschen, bei der der männliche Mensch erschrickt.
Man kann davon ausgehen, daß das Aussehen der S. nicht unbedingt von attraktiver Ausstattung ist, da – wenn doch – der männliche Mensch in der Regel nicht erschrecken würde. Das schließt also einen spontanen Schreck über ein unzulängliches Äußeres der weiblichen Person aus, die, als Schraube bezeichnet, ohnehin keiner bekannten weiblichen Anatomie entspräche.
Die Bezeichnung könnte also sehr wohl das Ergebnis einer Langzeitwirkung beschreiben; denn trotz der Spontaneität, die man dem Schreck zuordnet, wäre es denkbar, daß nach mehrfacher qualvoller Erfahrung bei wiederholtem Auftreten der S. ein Schreck beim Mann ausgelöst werden könnte. Womit die Wahrscheinlichkeit an Boden gewinnt, daß es sich bei dem Wortteil

Eva ißt den Apfel. Albrecht Dürer 1471–1528.

. . .schraube um eine – vom Manne aus gesehen – weibliche Schwäche oder Auffälligkeit des Charakters handelt.
Wenn man der Wortbedeutung nachspürt, handelt es sich offenbar um einen Frauentyp, der sich mit Fragen oder gar mit Argumenten in eine Sache oder die männlichen Köpfe hineinbohrt, -schraubt, und zwar so unbeirrbar, daß die Ärmsten bei erneutem Auftreten der S. einen Schreck davontragen.
Sollte somit der Ausdruck „Schreckschraube" die Abneigung des männlichen Menschen gegen den als erschreckend erfahrenen weiblichen Intellekt bekunden?
Was soll frau dazu sagen?
Sowas gibt's.

Margret Gottlieb

Schwangerschaft; Privatsache? ‚Menschheitswagnis', das Frau und Mann betrifft? Oder Sache von Staat und Kirche? Wenn es um die Kosten einer S. und des → Mutterschutzes geht, ist S. für die HERRschenden eine klare (Privat)Sache. Noch im Jahr 1992 setzten die Herren des Ministerrats S. der Krankheit gleich. In der neuen (→ Europa) EG-Richtlinie zum „Schutz der arbeitenden Frau während der S., Niederkunft und Stillzeit" (Ende 1992), wird S. praktisch mit einer Arbeitsunfähigkeit aus Krankheitsgründen auf die gleiche Stufe gestellt. Für die privaten Krankenkassen ist S. ein ‚Kostenrisiko' – also müssen Frauen höhere Prämien zahlen als Männer (dies trifft etwa drei Millionen Frauen). Männer als Mitverursacher von Schwangerschaft brauchen diese nicht zu zahlen. Eine Vorschrift des Bundesaufsichtsamtes für das Versicherungswesen (BAV) von 1951 untersagt den Privatversicherungen ausdrücklich, Männer und Frauen gleich zu behandeln. „Die Übertragung eines Teils des Frauenwagnisses auf die Prämie der Männer (Wagnisverschiebung) ist nicht zulässig. Die Unternehmen haben anzugeben, in welcher Form sie das Geburtskostenrisiko bei der Berechnung der Frauenprämie berücksichtigen."
Wenn es jedoch um medizinische Experimente geht, um die Kontrolle über den Körper der Frau und über die menschlichen Gene, dann ist S. Sache des Staates und der männlichen Wissenschaft, dann ist die Leibesfrucht ein Objekt, das von Wissenschaft, Staat und Kirche mit eigenen Rechtsansprüchen belegt werden kann (Gen-Archiv Essen/Finrrage). So im ‚Erlangener Fall' eines hirntoten Mädchens Anno 1992 geschehen.
Ob Privatsache oder staatliche Angelegenheit, dies entscheiden eben der Staat und Männer.
→ Sexualität, → Schwangerschaftsabbruch, → Verhütung

Frauendemonstration 1928 in Leipzig.

Schwangerschaftsabbruch; relativ neues Wort für → Abtreibung und Abortus; vorzeitige Beendigung einer Schwangerschaft durch einen künstlichen Eingriff.
Die Einstellungen zum S. waren und sind je nach Gesellschaft, Sitte, Moral und Religion sehr unterschiedlich. Gesetzliche Regelungen, Strafbarkeit oder Straffreiheit zum S. waren immer auch geprägt von bevölkerungspolitischen Überlegungen. Im alten Ägypten und in Vorderasien gab es keine Strafbarkeit des S.s. Im Griechenland der Antike galt die Frucht als unselbständiger Teil der Mutter. Aus staatspolitischen und wirtschaftlichen Gründen wurde S. zeitweise empfohlen. Straffrei war der S. auch nach älterem römischen Recht. Nach damaliger herrschender Rechtsauffassung erhielt das Kind Leben und Seele erst mit der Geburt.
Erst seit 200 n. Chr. wurde S. mit

Strafen belegt. Dabei galt S. nicht als Delikt gegen den unselbständigen Embryo, sondern als Vergehen gegen den Ehemann, dessen Hoffnung auf Kinder zerstört wurde. S. war bei verheirateten Frauen strafbar, wenn er gegen den Willen des Ehemannes erfolgte.

Mit Verbreitung des Christentums wurde die Strafverfolgung des S.s verschärft. Nach kirchlichem Recht wurden S. sowie Unfruchtbarmachung und Tötung bestraft. Das Strafmaß (bis zur Todesstrafe) richtete sich nach dem Stadium der Frucht, dem vermuteten Geschlecht des Embryos und dem Familienstand der Mutter.

Im Deutschen Reich wurde im Jahre 1871 das Verbot des S.s als § 218 und § 219 in das Reichsstrafgesetzbuch aufgenommen. Während der § 218 zu Beginn noch liberal gehandhabt wurde, verschärfte sich die Auslegung ab dem 1. Jahrzehnt unseres Jahrhunderts (die Kriegsvorbereitungen im imperialistischen Deutschland liefen auf allen Ebenen). Aber auch die Gegenwehr nahm zu. Ausgelöst durch eine angekündigte Strafrechtsreform, gab es starke Debatten um den § 218. Auf der Generalversammlung des „Bundes deutscher Frauenvereine“ (1908) wurde die Streichungsforderung der Radikalen zwar heftig diskutiert, jedoch mehrheitlich abgelehnt und stattdessen Strafmilderung gefordert. Die ersten Broschüren „gegen den staatlichen Gebärzwang“ erschienen.

In der Weimarer Zeit gab es Hunderte von „Kampfausschüssen“ gegen den § 218, und die erste Selbstbezichtigungskampagne „Ich habe abgetrieben“ (1931) fand innerhalb einer Massenbewegung statt, die Hunderttausende erfaßte.

Im Dritten Reich (1933–45) wurde der § 218 für „arische“ Frauen zunehmend erschwert, stand auf den S. (ab 1943) wegen „fortgesetzter Beeinträchtigung der Lebenskraft des deutschen Volkes“ sogar die Todesstrafe. Andererseits ordneten die Faschisten Zwangssterilisationen bei als „minderwertig“ erklärten Menschen an.

Nach 1945 hoben die Besatzungsmächte die verschärften Strafbestimmungen wieder auf; für kurze Zeit war für arische Frauen die ethische Indikation (nach Vergewaltigung) gestattet. Der Versuch, die ethische Indikation allgemein anzuerkennen, scheiterte nicht zuletzt am Widerstand der katholischen → Kirche, die die Ansicht vertritt, Frauen hätten die „eventuellen Folgen einer ihnen zugefügten Gewalttat demütig als Schicksal hinzunehmen“. In den Jahren 1946/47/48 gab es öffentliche Diskussionen und harte Auseinandersetzungen um den § 218 (von sozialer Indikation bis Streichung des Paragraphen aus dem Strafgesetzbuch). 1953 wurde die Zuchthaus- und Todesstrafe aufgehoben.

Ausgelöst durch den „Contergan-Skandal“, durch die Arbeiter- und Studentenbewegung Ende der 60er/Anfang der 70er Jahre sowie durch das Versprechen weitergehender Liberalisierung des Strafrechts seitens der sozialliberalen Koalition standen Frauen auf: „Weg mit dem § 218“. In zahlreichen Städten bildeten sich Frauengruppen, die die ersatzlose Streichung des § 218 forderten, Busfahrten nach holländischen Kliniken organisierten, schwarze Listen von Ärzten verteilten, die an Abbrüchen profitierten. Am 3. 6. 1971 startete eine Selbstbezichtigungskampagne von 374 Frauen im „stern“: „Ich habe abgetrieben“. 1972 hielten Frauengruppen das Tribunal gegen den § 218 in Frankfurt ab. 1974 verabschiedete die sozialliberale Koalition gegen die Stimmen der CDU/CSU das „Dreimonatsfristenmodell“. Noch vor Inkrafttreten wurde es, ausgerechnet im Jahr der Frau 1975, mit Hilfe des Bundesverfassungsgerichts als verfassungswidrig zu Fall gebracht. Das Urteil wurde mit 5:2 Stimmen bei einer Stimmenthaltung gefällt.

Nach dem 21. 6. 1976 hatten wir nun folgende *Rechtsgrundlage:*

Grundsätzlich ist der S. strafbar; er bleibt straflos, wenn einige Ausnahmebedingungen erfüllt sind (Indikationen). Es gibt vier Indikationen, die von einem Arzt bestätigt werden müssen:

(1) Die medizinische Indikation: danach muß eine Gefahr einer schwerwiegenden Beeinträchtigung

Abtreibungen wurden im christlichen Europa fast 2000 Jahre lang hart bestraft, nicht selten mit dem Tode – oft durch Ertränken.

„Kindersegen und kein Ende“, Arbeiterfotografie, 1931.

Alice Lex-Nerlinger, Weg mit dem Paragraphen 218, 1931

des körperlichen oder seelischen Gesundheitszustands der Schwangeren gegeben sein.
(2) Die eugenische Indikation: dabei müssen dringende Gründe für die Annahme sprechen, daß das Kind infolge einer Erbanlage oder schädlicher Einflüsse vor der Geburt an einer nicht behebbaren Schädigung seines Gesundheitszustands leiden würde.
(3) Die kriminologische Indikation: wenn die Schwangerschaft die Folge einer Vergewaltigung ist.
(4) Die Notlagen-Indikation oder soziale Indikation: die Notlage muß so schwer sein, daß von der Schwangeren die Fortsetzung der Schwangerschaft nicht verlangt werden kann und die Notlage nicht auf eine andere, zumutbare Weise abgewendet werden kann.
Die Schwangere selbst bleibt straffrei, wenn ein Arzt den Eingriff vornimmt, eine soziale Beratung erfolgt ist und seit der Empfängnis nicht mehr als 22 Wochen verstrichen sind (Holland-§). Jeder legale S. setzt in der BRD eine medizinische und soziale Beratung voraus (Zwangsberatung).
Die Durchführung der Reform wird von Landesregierungen und vielen Ärzten boykottiert. In den meisten Bundesländern gibt es nicht genug anerkannte Beratungsstellen; die vorhandenen haben unterschiedliche Zielsetzungen. Durch den Boykott von Ärzten und Krankenhäusern, S. aufgrund der Notlagenindikation durchzuführen, ist ein Nord-Süd-Gefälle entstanden. In den unionsgeführten Ländern ist es fast unmöglich, einen S. zu bekommen. Insbesondere in Bayern und Baden-Württemberg griff man zu dem Mittel der Strafverfolgung. Höhepunkt war das Verfahren gegen den Memminger Frauenarzt Dr. Theissen, gegen 257 Frauen und 136 Männer wegen „Illegalem S.", das mit einem Schuldspruch für den Arzt und für 159 Frauen und Männer endete. In Rheinland-Pfalz und NRW gab es Ermittlungen.
Die Gegner des S.s haben sich mit der Reform des § 218 nicht abgefunden. Mit einem großangelegten Meinungsfeldzug soll ein Klima geschaffen werden, in dem ein Abbruch als unmoralisch gilt und gesellschaftlich geächtet wird. Für ungewollt Schwangere soll die → Adoption eine von der öffentlichen Meinung getragene Lösung werden. Erste Initiativen und eine gescheiterte Klage vor dem BVerfG zielten auf die Finanzierung von Abbrüchen nach der Notlagenindikation durch die Krankenkassen. Herausnahme des S.s nach der Notlagenindikation aus der gesetzlichen Krankenversicherung würde für Erwerbstätige bedeuten: private Bezahlung, kein Urlaub, keine Lohnfortzahlung. Dem Antrag von 74 CDU/CSU-Abgeordneten im Frühjahr 1984 stimmten ihre CDU-Kolleginnen im Bundestag nicht zu, „weil damit kein einziger Abbruch verhindert wird".
1986 geriet der Deutsche Katholikentag in Aachen zu einem Propagandaspektakel gegen den S. Aber die Frauen ließen sich das nicht gefallen. Fraueninitiativen organisierten Gegenaktionen.

2500 Frauen demonstrierten am 25. Februar 1985 in Hamburg gegen die Absicht von CDU/CSU-Abgeordneten und klerikalen Kreisen, geltende Regelungen zum Schwangerschaftsabbruch wieder rückgängig zu machen.

Im gleichen Jahr nahmen die Grünen die Forderung nach ersatzloser Streichung, aber auch Positionen des Lebensschutzes in ihr Parteiprogramm auf.
1987 plante die CDU-geführte Regierung, ein sog. „Schwangerenberatungsgesetz“ zu verabschieden. Das Wort „Beratung“ wurde schnell als Etikettenschwindel entlarvt, hatte es doch einzig die Beratung hin zum Austragen als Ziel. Auch dieses Gesetzesvorhaben mußte aufgrund massiver Proteste in der Schublade verschwinden.
1988 beschloß der Parteitag der CDU erneut eine Kampagne für das „ungeborene Leben“. Wieder organisierten Fraueninitiativen die Gegenwehr.
Die ganze Kampagne ist nur zu verstehen, wenn berücksichtigt wird: Der § 218, Abtreibungsregelungen waren immer Instrumente staatlicher Gebär- und Bevölkerungspolitik und damit eng verbunden eine Form der Frauenunterdrückung, Mittel zur Herrschaftssicherung. Die alte Auseinandersetzung steht wieder an: Bevormundung oder Selbstbestimmung. Aus diesem Grund sind die Beschlüsse der Gewerkschaften zur Streichung des § 218 so wichtig gewesen. Frauen müssen in der Frage S. – ja oder nein? eine von Strafdrohung freie Entscheidung treffen können. Frauen haben sich wieder in 218-Gruppen zusammengefunden, 1983 mit 7000 in Karlsruhe für das Selbstbestimmungsrecht der Frauen und die Streichung des Paragraphen demonstriert und sich 1985 in Köln anläßlich des 10. Jahrestages des Bundesverfassungsgerichtsurteils gegen die Fristenregelung versammelt.
Initiativen wie „FrauenBegehren-Selbstbestimmung“ und das „Bayerische Frauenbündnis“ und dezentrale Aktionen riefen in den Jahren 1988 und 1989 zu großen Demonstrationen gegen das Beratungsgesetz und gegen die juristische Verfolgung D. Theissens und der angeklagten Frauen und Männer auf.
Seit dem „Fall der Mauer“ im November 1989 entstand eine neue Situation. In der DDR galt seit 1972 die Fristenregelung, festgelegt im § 153 des DDR-Strafgesetzbuches.

Frauen hatten innerhalb der ersten 12 Wochen ihrer Schwangerschaft selbst zu entscheiden über die Fortsetzung oder den Abbruch. Nur wenn die Frist verstrichen war oder der letzte Abbruch innerhalb der letzten 6 Monate lag, entschied eine Ärztekommission, wenn die Frau den Abbruch wünschte. Abbrüche wurden in der DDR ausschließlich in Kliniken vorgenommen.
Es war nun auch westdeutschen Frauen möglich, im östlichen Deutschland die Fristenregelung zu bekommen.
Diese Möglichkeit und zwei verschiedene Rechtsgrundlagen waren den Konservativen sofort unerträglich. Die abenteuerlichste Variante, den Frauen den Weg zu versperren, kam von der FDP: Mit Hilfe eines „Wohnort- und Tatortprinzips“ sollten westdeutsche Frauen, die im Osten einen Abbruch durchführen ließen, strafbar gemacht werden. Diese Männerkonstruktion scheiterte am Widerstand der Frauen (einschließlich der eigenen FDP-Frauen), der Organisationen und Verbände. Als Anfang Oktober 1990 der Einigungsvertrag unterzeichnet werden sollte, drohte er in letzter Minute an dem Abtreibungsrecht zu scheitern. Erst das Einlenken, die Abtreibungsproblematik bis Ende 1992 zu lösen, rettete den Einigungsvertrag. Zeitgleich brachen bei den Parteien und bei den „Lebensschützern“ hektische Aktivitäten aus, um Einfluß auf die gesetzliche Regelung zu bekommen. Es wurden

Frau Albrecht, die wegen Verstoßes gegen den § 218 in 300 Fällen angeklagt war. Titelbild 1930.

Gottesdienste für „Ungeborene Kinder", Mahnläuten, Kampagnen zum Schutz des Ungeborenen usw. gestartet. Die im Bundestag vertretenen Parteien legten eine Reihe von Gesetzesvorschlägen vor.
Am 26. 6. 1992 einigte sich der Deutsche Bundestag mit 357 Ja-, 284 Nein- und 16 Enthaltungsstimmen auf einen Gruppenantrag, eingebracht von SPD, FDP und einer CDU-Gruppe um Rita Süßmuth. Dieser sieht eine Fristenregelung mit zielgerichteter Pflichtberatung (Zwangsberatung) vor. Damit verknüpft ist ein Paket sozialer Hilfsmaßnahmen, die aber finanziell von den Ländern noch nicht getragen werden. Auch nach der überraschend hohen Zustimmung zu diesem Gesetz geht der Kampf um das Abtreibungsrecht in unveränderter Härte weiter. Die Gegner der Gesetzesreform haben das Bundesverfassungsgericht in Karlsruhe angerufen. Die Paragraphen zum S. sind ausgesetzt, die flankierenden Maßnahmen sind allerdings in Kraft getreten. Sie beinhalten u. a. elternunabhängige Sozialhilfe für Mütter mit Kind bis zum vollendeten 6. Lebensjahr, Anspruch auf einen Kindergartenplatz ab dem 3. Lebensjahr, kostenlose Vergabe von Pille oder Spirale an unter 21jährige.
Am 28. 5. 1993 setzte das Bundesverfassungsgericht den Gesetzesvorschlag des Parlaments außer Kraft und erklärte den S. für rechtswidrig. In einer Übergangsregelung lehnt das Gericht Krankenkassenleistungen für S. ab, die Zwangsberatung wird mit einer Zielvorgabe zugunsten des Fötus gekoppelt, und das Gericht geht von einer grundsätzlichen Gebärpflicht der Schwangeren aus. Diese richterliche Übergangsregelung gilt, bis der Gesetzgeber ein neues Gesetz verabschiedet.
In den neuen Bundesländern ist das Ringen um die Trägerschaft der Beratungsstellen voll ausgebrochen. Die meisten Gelder scheinen in konfessionelle Beratungseinrichtungen zu gehen. Konfessionell ungebundene Beratungseinrichtungen wie von der AWO oder Pro Familia berichten von den Hindernissen, alleine schon einen Telefonanschluß – eine Voraussetzung für eine Förderung als Schwangerschaftsberatungsstelle – zu bekommen.
Und wie reagierte die Frauenbewegung seit dem „Mauerfall"? Nicht mit der „Power" der 70er Jahre. Erstaunlich war, daß die außerparlamentarische feministische Bewegung trotz der anstehenden Entscheidung ruhiger blieb als in den Jahren zuvor.
Aber der Kampf ist noch nicht beendet. Und die Frauen werden, solange keine Lösung in ihrem Sinne respektiert wird, ein Widerstandspotential bleiben. Klar ist, daß die Frauen in Deutschland, einmal enttäuscht durch das Verwehren der doch so nah geglaubten Fristenlösung, nun nicht auf die EG-Lösung hoffen können. Unser Recht auf Selbstbestimmung muß von uns selbst durchgesetzt werden.

Lit.: Bundesgesetzblatt 37/92; Frauen gegen den § 218 – Bundesweite Koordination (Hrsg.), Vorsicht „Lebensschützer"! Die Macht der organisierten Abtreibungsgegner, Hamburg 1991; G. Friedrichsen, Abtreibung. Der Kreuzzug von Memmingen, Frankfurt/M. 1991; M. Häussler/C. Helfferich u. a., Bauchlandungen, München 1983; Ketting/van Praag, Vergleichsstudie zur Praxis des Schwangerschaftsabbruchs in neun westeuropäischen Ländern und den USA, Göttingen 1985; G. Kraiker, § 218 – Zwei Schritte vorwärts, einen Schritt zurück, Frankfurt/M. 1983; S. v. Paczenski/R. Sadrozinski, Die neuen Moralisten, Reinbek 1984; H. Poettgen (Hrsg.), Die ungewollte Schwangerschaft, Köln 1982; Pro Familia (Hrsg.), Wir wollen nicht mehr nach Holland fahren, Reinbek 1978; R. Sadrozinski, Die ungleiche Praxis des § 218, hrsg. von der Heinrich-Böll-Stiftung, Köln 1990; K.Thietz (Hrsg.), Ende der Selbstverständlichkeit? Die Abschaffung des § 218 in der DDR. Dokumente, Berlin 1992.

Eva Böller

Freitod

In dieser Gesellschaft,
die das ungeborene
Leben schützt,
nahm sich
Hedi K.
geboren am 1. 6. 1956
ledig und
mit ungeborenem Leben
im dritten Monat,
aus Angst vor dem
Schutz der Gesellschaft
das Leben.

Ulla Hahn

Science Fiction; von lat. „scientia" = Wissen und lat. „fingere" = bilden, formen; ersinnen, erheucheln; engl.: Wissenschaftsdichtung.
„Nie zuvor in der Geschichte der Literatur ist eine Gattung so ausschließlich nach ihren schlechten Beispielen beurteilt worden", klagt der amerikanische Autor Theodore Sturgeon über die Science Fiction. Tatsächlich wird bei Nichtkennern des Genres SF (Science Fiction) gleichgesetzt mit Krieg im Weltraum, den berühmten kleinen, grünen Männchen vom Mars, anderem Unfug und reaktionären Inhalten. Wer sich näher mit dieser Literaturgattung befaßt, wird sein Zerrbild schnell korrigieren müssen, treffen doch die oben genannten Vor-Urteile heute nur noch für einen Bruchteil der Veröffentlichungen (auf dem bundesdeutschen Markt gegenwärtig etwa 30–35 Taschenbücher monatlich) zu.
Um die Jahrhundertwende war das Verständnis elementarer wissenschaftlicher Tatsachen und einfacher technischer Vorgänge breiten Schichten der Bevölkerung selbstverständlich, weil das Leben in wachsendem Maße von technischen Einrichtungen bestimmt wurde. Hielt die früher gängige Wundergläubigkeit eine Veränderung der Welt durch übernatürliche Kräfte für möglich, herrschte nun der Glaube an eine Veränderbarkeit der Welt durch eine ständig leistungsfähiger werdende Technik, der Glaube an die wunderbare Kraft von Erfindungen, der Glaube an die Machbarkeit der Zukunft.
Von einem dominierenden Fortschrittsoptimismus in der SF kann allerdings nicht die Rede sein. Die SF braucht die naturwissenschaftliche und technische Neuerung als Mittel, um die neuen, der Phantasie zugänglich gemachten Dimensionen zu erkunden. SF ist Lügenroman und Lügenerzählung – nur im rationalen Gewand. In der SF sind wunderbares Ereignis und wissenschaftliche Erklärung miteinander verbunden. SF war und ist die einzige Literatur, die sich mit gegenwärtigen und zukünftigen Aspekten der technisch-naturwissenschaftlichen Entwicklung auseinandersetzt. An der SF lassen sich wie an keiner anderen Literatur Zukunftshoffnungen und Zukunftsängste ablesen (Alpers u. a., Lexikon der Science Fiction Literatur).
War die SF in ihren ersten Jahrzehnten eine rein von Männern beherrschte Domäne, sowohl was die Produktion wie die Rezeption anging, so sind in den USA seit Ende der 60er Jahre und inzwischen auch bei uns in der Folge der damals erstarkten demokratischen Bewegung zunehmend mehr Frauen auf dem Gebiet der SF tätig und können zwei wesentliche Erfolge verbuchen: der SF-Literatur starke Impulse gegeben und das Frauenbild hier völlig neu geprägt zu haben.
Mit Autorinnen wie Ursula K. LeGuin, Kate Wilhelm, Vonda McIntyre, Chelsea Quinn Yarbro, Joan D. Vinge, Tonith Lee, Joanna Russ, Marion Zimmer Bradley und Anne McCaffrey, um nur einige der wichtigsten zu nennen, wurde die Frau in der SF und der verwandten Fantasy-Literatur vom Requisit zum Menschen, der in den gesellschaftlichen Prozessen ringsum Stellung bezieht und sich der Darstellung als tragende Gestalt einer Erzählung oder eines Romans als würdig erweist.
Die Werke dieser fortschrittlichen Autorinnen gehören zum literarisch Besten auf diesem Gebiet. Ein differenzierter, sensibler Umgang mit dem Medium Sprache und ein breites Spektrum fantastischer Entwürfe ermöglicht es dem (bislang zumeist männlichen) Leser, sich Themenbereichen zu nähern, um die er sonst in der Belletristik wohl eher einen Bogen macht: Frauenthemen. In diesem Prozeß stießen freilich auch immer mehr Frauen als Leserinnen auf die SF, so daß heute bereits ein weibliches Fandom (Kreis von SF-Liebhabern) existiert. Kennzeichnend dafür ist beispielsweise auch eine Anthologie von SF-Autorinnen.
Daß die Frauen-SF von einem breiten Publikum und nicht nur von feministischen Kreisen angenommen wird, ist ein großes Verdienst der Autorinnen, zugleich Schlüssel zur Verwirklichung ihrer Veränderungswünsche. Die Kritik an der

Grußkarte 1901

traditionellen Rolle der Frau ist Teil einer fundierten, fortschrittlichen Gesellschaftskritik. Die Frau in ihrem Bemühen um Selbstverwirklichung, um eine Identität, die sich nicht mehr durch ihre Beziehung zu anderen definiert, steht nicht in der Kontroverse mit dem Mann, sondern mit einer männerdominierten Gesellschaft.

Lit.: Suzette Haden Elgin, Der Q-Faktor, Fischer Orbit, Frankfurt am Main 1972; dies., Amerika der Männer, Heyne, München 1987, dies., Die Judasrose, München 1990; Virginia Kidd, Futura, München 1982; Alpers/Fuchs/Hahn/Jeschke, Lexikon der Science Fiction Literatur, München 1980; Ursula LeGuin, Planet der Habenichtse, München 1976; Joanna Russ, Planet der Frauen, München 1978; Vonda McIntyre, Traumschlange, München.

Sylvia Brecht-Hanbi

Selbsterfahrung; ein Sich-selbst-Verstehenlernen in einer Gruppe, wo eigene und fremde Erfahrungen ausgebreitet werden und jede/r versucht, sie einzuordnen und zu bewältigen. In den reihum mitgeteilten Erlebnissen der einzelnen Gruppenmitglieder erkennt jede/r potentiell die eigenen wieder. Es gibt S.sgruppen von Drogensüchtigen, Alkoholabhängigen, Geschiedenen. . .

In der Frauenbewegung ist dieser Versuch der Daseinsbewältigung sehr intensiv und auf breiter Basis angenommen worden. Frauen haben sich in Selbsterfahrungsgruppen zusammengefunden, auch ohne die Anleitung von Psychotherapeut(in-n)en. Sie haben vor allem ihre Erfahrungen mit ihren Lebenssituationen ausgetauscht und erkannt, daß sie alle einen gemeinsamen Nenner haben: die Zuweisung von Minderwertigkeit an Frauen, die erst die Überlegenheitspose von Männern ermöglicht. Sie haben auch begriffen, daß die aus dieser Zuweisung resultierenden gesellschaftlichen Konsequenzen den Frauen die niederen Ränge und den Männern die Führung zuweisen.

S. ist eine wichtige Methode der Zustandsbeschreibung und Bestandsaufnahme und schafft Grundlagen und Erkenntnisse, die notwendig sind, um Konzepte für den Frauenkampf zu entwickeln.

Selbstverteidigung; ist heute zum Begriff für zahlreiche Methoden der körperlichen Abwehr geworden. Die unterschiedlichen Schulen kommen zumeist aus dem asiatiscdhen Raum: → Jiu-Jitsu, Karate, . . . Die S. hat durch die Frauenbewegung eine neue Blüte erfahren. Frauen versuchen zunehmend, ihre Opferrolle zu ändern und sich gegen männliche Angriffe auf ihren Körper zu wehren.

Schon die → Suffragetten betrieben Zirkel, in denen sie die Körperabwehr gegen männliche Gewalt übten.

Sensibilität; spätlat. sensibilitas = Empfindbarkeit, auch Wahrnehmung; bezeichnet eine erhöhte – auch Reiz – Schmerz-Empfindlichkeit etwa der Haut (Tastsinn) oder anderer Sinne, die über sensible Nervenleitungen an die Großhirnrinde weitergegeben und mit Empfindungen und Gefühlen beantwortet werden.

S. steht auch für Empfindsamkeit und wird vor allem Frauen zugesprochen. Sie kann erworben werden, indem Menschen sich „sensibilisieren“, d. h. empfindsam machen etwa für die Leiden anderer, in die sie sich hineinversetzen, oder indem sie – in Erinnerung an ähnliche Erlebnisse – ihr Mitempfinden und Mitgefühl verstärken.

Männer können S. wie Frauen erlernen, werden aber durch Erziehung und Rollenverständnis eher daran gehindert.

Sexismus; S. ist die Diskriminierung von Menschen aufgrund ihres Geschlechts, vergleichbar dem → Rassismus, der aufgrund von Rassenzugehörigkeit diskriminiert. Unveränderliche biologische Merkmale (Geschlecht, Rasse) sind die Grundlagen für Benachteiligung, Verachtung, Verfolgung.

„Sexismus war immer Ausbeutung, Verstümmelung, Vernichtung, Beherrschung, Verfolgung von Frauen. Sexismus ist gleichzeitig subtil und tödlich und bedeutet die Verneinung des weiblichen Körpers, die Gewalt gegenüber dem Ich der Frau, die Achtlosigkeit gegenüber ihrer Existenz, die Enteignung ihrer

Gedanken, die Kolonialisierung und Nutznießung ihres Körpers, den Entzug der eigenen Sprache bis zur Kontrolle ihres Gewissens, die Einschränkung ihrer Bewegungsfreiheit, die Unterschlagung ihres Beitrages zur Geschichte der menschlichen Gattung.“ (Marielouise Janssen-Jurreit)

Als vor dem höchsten Gremium dieses Staates, dem Parlament, das erstemal von einer Frau das Wort S. in bezug auf die Haltung der männlichen Abgeordneten gegenüber ihren Kolleginnen und ihren weiblichen Untergebenen ausgesprochen wurde, bogen sich die männlichen Abgeordneten auf der rechten Seite des Hauses vor Lachen. In dieser lärmenden Heiterkeit schwang sexuelle Erregung mit, wie sie dem Lachen über gewisse Herrenwitze anhaftet. Offensichtlich wußten die Lacher nicht, wovon die Rede war und schienen die Anklage für eine schlüpfrige Einlage zu halten.

Diese Ignoranz gegenüber dem Feminismus, der ja ohne seinen harten Kern, den Kampf gegen den S., nicht denkbar ist, zeigt brutal die sexistische Grundstimmung der regierenden Männergesellschaft. Das Parlament konnte keinen eindeutigeren Beweis seiner Unfähigkeit liefern, die vitalen Anliegen des größten Volksteils, nämlich der von ihm zu vertretenden, aber unzureichend vertretenen weiblichen Bevölkerung, verbal aufzunehmen, geschweige denn zu begreifen.

Die Geschichte des S. ist zumeist identisch mit der Geschichte der → Sexualität. Weitgehende Rechtlosigkeit vor dem Gesetz, Vormundschaft von Vätern, Brüdern und Gatten, Hexenverbrennungen in Europa, Verkrüppelung von Frauenfüßen in China sind Beispiele der Vergangenheit; → Klitorisbeschneidungen in Afrika und Asien, Witwenverbrennungen in Indien, Gewalt und Unterdrückung in Europa sind bittere Gegenwart.

Die Steinigung, beliebtes Hinrichtungsmittel in einigen islamischen Ländern bis auf den heutigen Tag, wird dort an Frauen zur Bestrafung von Untreue bis in unsere Gegenwart praktiziert.

In Kriegen werden Frauen erniedrigt, geschwängert, sexuell zu Tode gequält. Vergewaltigung wird, wie in Bosnien, als Mittel der Erniedrigung und Zerstörung eingesetzt. Die Frauen, die mit dem Leben davonkommen, erwartet die totale Ächtung in ihrer eigenen, gnadenlos männlich geprägten Gesellschaft.

Die Frauenbewegung, unterstützt von anderen europäischen Fraueninstitutionen, fordert, diesen und darüber hinaus allen sexistisch verfolgten, gesellschaftlich unterdrückten und an Leib und Leben bedrohten Frauen Asyl zu gewähren und die Beschreibung dieser Frauenverfolgungen ausdrücklich in die unter das Asylrecht fallenden Menschenrechtsverletzungen aufzunehmen.

Nicht nur sexuell bedingte blutige körperliche Verstümmelungen und Demütigungen, nicht nur die Geschichte der → Sexualität verweisen auf die Gewaltspur des S. Es finden sich auch brutale Unterdrückungsformen profitorientierter Ausbeutung.

Im parlamentarischen Rat der verfassunggebenden Versammlung, der 1948 tagte, forderte der KPD-Abgeordnete Renner, daß in den Gleichberechtigungsartikel des Grundgesetzes der Zusatz aufgenommen werde: „Gleicher Lohn bei gleicher Arbeit für Mann und Frau“. Die Durchsetzung dieser Forderung ist ihm nicht gelungen. Nachdem von allen Ratsmitgliedern betont wurde, daß diese Forderung im Gleichberechtigungsgrundsatz eingeschlossen und sowohl Gesetzgebung wie Richter daran gebunden seien, bestand er nicht mehr auf seiner Forderung. Bis heute wird jedoch das Grundgesetz für mehr als die Hälfte der deutschen Staatsbürger in diesem Punkt verletzt und außer Kraft gesetzt, dokumentiert durch die seit 1948 bis heute abgeschlossenen Tarifverträge. (→ Arbeit, → Lohn)

Neben der Frauendiskriminierung der kapitalistischen Männergesellschaft, die sich auch in der wesentlich höheren Frauenarbeitslosigkeit, der Restriktion des Scheidungsrechts, der Entmündigungspraxis des § 218, der Reduzierung der Frau auf ihre traditionelle Rolle,

„Den Frauen fallen deshalb die Haare nicht aus, weil sie noch niemals den Inhalt ihres Kopfes benutzt haben.“

Aristoteles

der Diskriminierung durch Werbung zeigt, finden sich die direkten sexistischen Verhaltensweisen von Männern gegen Frauen. Sie reichen Männern gegen Frauen. Sie reichen von der täglich erfahrbaren Anmache, die allein auf die körperliche Benutzung der Frau abzielt, der vielgestaltigen Zurücksetzung, etwa in Diskussionen, der Nichtachtung, Unterschätzung, Abwertung und Ausbeutung der Dienstbarkeit bis zur Entmündigung des weiblichen Partners, der Verfügung über die weibliche → Sexualität, → Vergewaltigung außerhalb und in der Ehe, jede Art von Körperverletzung bis zum Totschlag.

Noch 1975, auf der UNO-Konferenz in Mexiko, wurde der Antrag der australischen Delegation zurückgewiesen, in die Verurteilung des Neokolonialismus und des Rassismus auch den Sexismus einzubeziehen.

Die Frauen der Dritten Welt, die damals dagegen stimmten, konnten und können wohl auch heute noch nicht ihre eigene Unterdrückung thematisieren, solange ihrem Volk und damit auch ihnen eine menschenwürdige Existenz verweigert wird.

(→ Diskriminierung, → Rassismus)

Lit.: Marielouise Janssen-Jurreit, Sexismus, München – Wien 1978; Marilyn French, Der Krieg gegen die Frauen, München 1992.

Margret Gottlieb

Sextourismus; → Frauenhandel

Sexualität; (weibliche); von lat. sexus = das Geschlecht; auf den männlichen Partner (= Heterosexualität), auf die weibliche Partnerin (= Homosexualität), auf den eigenen Körper (= Onanie) bezogene Geschlechtslust und -ausübung. Von Frauen der Gegenwart als ihren eigenen Bedürfnissen dienend wiederentdeckt, nachdem sie ihnen zur sekundären Funktion männlicher Befriedigung verkommen war, der Höhepunkt (Orgasmus) der Frau als Plagiat des männlichen galt und Beteiligung am Akt als dirnenhaft. Zusätzlich galt die Unschuld der Frau als unverzichtbar, der Beweis dafür war das unverletzte → Hymen, das „Jungfernhäutchen".

S. ist aus dem menschlichen Leben nicht wegzudenken. Sie steigert unser Lebensgefühl, erzeugt Lebensfreude und Glück. Ihr Fehlen oder Mißlingen bringt uns Krankheit und Leid.

Einen besonders starken Einfluß auf unsere körperliche und seelische Verfassung hat sie von der Zeit der Pubertät bis zur Menopause (dem Ende der Monatsblutungen), begleitet uns jedoch durch unser ganzes Leben. Sie ist für die → Liebe unentbehrlich und oft genug hängen Liebesfreude und -schmerz mit den glücklichen und unglücklichen Begleitumständen unserer sexuellen Aktivitäten zusammen. Die wiederum hängen ab von den Bedingungen des Alltagslebens. Körperliche Erschöpfung infolge schwerer Arbeit bei Frauen und Männern, Angst vor Entlassung, Überforderung, Existenzängste jeder Art, Frustration durch geistige Reduzierung und Isolation bei Nur-Hausfrauen, Doppelbelastung bei der berufstätigen Frau können Auswirkungen haben, die die sexuelle Partnerschaft beeinträchtigen.

Der Orgasmus, Höhepunkt der Sexualausübung, gilt bei der Frau als nicht so zwingend wie für den Mann, erscheint aber für ein glückliches Sexualleben notwendig, wenngleich es Frauen gibt, die nie einen Orgasmus kennenlernen.

Es wäre zu untersuchen, wieweit dies mit der Unterdrückung der weiblichen S. zusammenhängt und mit der auch heute noch bestehenden Verunsicherung von Frauen, wie sie von vorzugsweise männlichen Wissenschaftlern hervorgerufen wurde und wird.

Freud definierte die → Klitoris, das Lustzentrum der Frau, als verkümmerten Penis und die klitoral erzeugte Lustempfindung als männlich. Auch heute noch wird die Klitoris von Wissenschaftlern nur widerwillig als das wichtigste Lustorgan der Frau anerkannt.

Die Unterdrückung der weiblichen S. erreicht hier eine nicht mehr zu überbietende Steigerung: weibliche Erfahrungen mit dem eigenen Körper wurden von apodiktisch, da wissenschaftlich „fundiert", vorgetragener männlicher Besserwisserei übergangen.

Liebespaar in enger Umarmung. Stempelsiegel, Tepe Gawra, 4. Jh. v. u. Z.

In der modernen → Frauenbewegung wurde diese Thematik ausgehend von den Erfahrungen der Frauen diskutiert. Aber nun wurde wiederum bei der Diskussion um den klitoralen oder vaginalen Orgasmus die Alleingültigkeit des klitoralen Orgasmus postuliert und die Penetration als überflüssig abgelehnt, da die Vagina nicht an der Lusterzeugung und -empfindung beteiligt sei.
Frauen, die täglich mit ihrer S. umgehen, werden neuerlich belehrt, wie sie und warum sie so funktionieren. Dominierende Frauen erklären ihnen S. (Alice Schwarzer: „Der kleine Unterschied", 1975. Ein wichtiges Buch für die Frauenbewegung).
Doch das wichtigste Ereignis für die Befreiung der weiblichen S. ist die „Wiederentdeckung" der → Klitoris. Das Ehepaar Masters-Johnson (1970) stellte ihre Einzigartigkeit fest. Nur die Frau besitzt in ihr ein Organ, das allein der Lustempfindung dient. Sie ist Haupterregungszone der Frau und notwendig für jeden Orgasmus. Die Stimulierung der Klitoris kann erfolgen durch: Selbstbefriedigung (Masturbation), Manipulierung mit der Hand durch den/die Partner(in), Berühren der Brust oder anderer erogener Zonen, durch erotische Phantasien. (→ Koitus)
Die Vagina kann diese Funktion in solcher Vollkommenheit schon deshalb nicht erfüllen, weil sie arm an Nervenenden ist, die bei ihr nur im unteren, sensiblen Bereich liegen – aus gutem Grund, denn sonst würden für die Gebärenden unerträgliche Schmerzen entstehen.
Diese Funktion, die der Klitoris beim Orgasmus zukommt, schließt jedoch die Beteiligung anderer erogener Zonen nicht aus. Die Vagina ist nicht nur Geburtsweg, sondern auch ein sexuelles Organ, und jede Frau sollte selbst erkunden, was ihr Lust bereitet.
Zur Geschichte der S.: S. ist als Thema schwierig zu fassen, weil es komplex und allgemein gegenwärtig ist, jedem zugänglich, für niemanden überschaubar, weil es Glück und Vernichtung bedeuten kann und was zwischen diesen Extremen liegt, weil alles, was man darüber sagt, richtig und falsch zugleich ist . . .
Wenn hier in der Hauptsache von der Vernichtung durch S. die Rede ist, so liegt das daran, daß die Störungsfaktoren, die von gesellschaftlichen Umständen ausgehen, historisch sichtbar werden. Glück aber ist Gegenwart. Es taugt nicht zur Geschichtsbildung.
Die Geschichte der menschlichen S. ist eine Geschichte der Gewalt am weiblichen Menschen. S. wurde und wird begleitet von Unterdrückung und Brutalität in Gestalt von Prügeln, Vergewaltigung, Sadismus – bis zum Tode, gewollt oder in Kauf genommen. (→ Sexismus)
Was sonst weist eine menschliche Gesellschaft aus, als die gegenseitige Zuordnung ihrer Glieder und Gruppen und was entlarvt sie mehr

Reliefs von Paaren, „Heilige Hochzeit." Plastische Terrakottabetten, Anfang des 2. Jahrtausends v. u. Z.

als der Zustand, in dem die Zuordnung der Geschlechter sich befindet.
Engels und Bebel, ausgehend von einem Buch L. Morgans, „Die Urgesellschaft", entwickelten die Theorie von der matriarchal geordneten Kollektivgesellschaft, abgelöst von der patriarchalen Gesellschaft, die mit dem Einsetzen des Privatbesitzes die Unterdrückung der Frau begründet habe.
Eine gradlinige Evolution, die diesen Konsens bei allen Urgesellschaften aufzeigt und von der Engels und Bebel ausgehen, ist nicht nachzuweisen. Dagegen gibt es Beispiele für die Unterdrückung von Frauen in heute noch bestehenden Wildbeutergesellschaften, also Kollektivgesellschaften ohne Privateigentum.
Als Beispiel unter vielen diene hier die Beschreibung von Sexualgebräuchen einer heute noch bestehenden Steinzeitgesellschaft australischer Ureinwohner: Mädchen im Kleinkindalter werden einem erwachsenen Mann überantwortet, damit er sie nach seinen Vorstellungen erziehen kann. Beim Eintritt der geschlechtlichen Reife vergewaltigt er das Kind, das nun in seinen Besitz übergeht. Der viel ältere Mann kann sich immer wieder jüngere Frauen nehmen. Bei Streitigkeiten mit einer anderen Horde werden dem Gegner als Friedensangebot die Frauen geschickt. Schlafen diese mit ihnen, bedeutet das, sie nehmen die Versöhnung an, schicken sie sie unbeschlafen zurück, geht der Streit weiter. Obwohl die erworbenen Güter kollektiv verteilt werden, auch unter den Frauen (es also keinen Privatbesitz gibt), verfügt die Frau nicht über ihre S.
Auch die Zeit der Minnesänger, die sich uns darstellt als Periode der Frauenhuldigung und -verehrung, war ebenso eine Zeit der Frauenleiden wie alle uns geschichtlich bekannten Zeiten. Hedwig Dohm zitiert einmal einen Troubadour, der empfiehlt: „Hüte dich, deine Dame zu schlagen, denke daran, daß sie nicht deine Frau ist."
Nun, den Damen des Minnesangs ging es immerhin besser als den bedauernswerten Ehefrauen – von denen der Ritter bis zu denen der Bauern –, die aus nichtigen Anlässen von ihren Ehemännern so geschlagen wurden, daß sie nicht selten verkrüppelten oder starben, was oft als Mißgeschick des Totschlägers und Schuld der Getöteten gewertet wurde. „Ritter", mit welcher Bezeichnung heute noch die galant und fürsorglich sich verhaltenden Männer bezeichnet werden, quälten in Wahrheit ihre Frauen oft unmenschlich. Ein Marterinstrument war der → „Keuschheitsgürtel", in den die Frauen geschmiedet wurden, wenn der Herr Ritter sich entfernte – oft genug für Jahre, etwa zu Kreuzzügen.
Gewiß haben in den Kemenaten und Badestuben des Mittelalters auch Lust und Freude geherrscht. Es gibt genug Zeugnisse in Literatur und Kunst, die uns darüber berichten. Die S. ist eine Kraft, die sich auch unter feindlichen Bedingungen durchsetzen kann.
Extreme Frauenfeindlichkeit zeigt sich in den mittelalterlichen Hexenverfolgungen, die sich bis weit in die Neuzeit fortsetzen. Sie haben viele Gründe, aber unter anderem auch einen sexuellen Antrieb: den Frauenhaß christlich-zölibatärer Priester.
Das Züchtigungsrecht gab es im europäischen Recht bis zur Jahrhundertwende. (In den islamischen Ländern gilt es bis heute).
Sexuelle Frondienste von Frauen forderte der Gutsherr während der Zeit der Leibeigenschaft im Mittelalter (besonders ausgeprägt in Mecklenburg und Pommern und erst allmählich abgebaut im 18. und 19. Jh.). Mit der Erteilung der Heiratserlaubnis für junge, leibeigene Paare wurde das „Recht der ersten Nacht" verbunden, was den Gutsherrn berechtigte, die Braut als erster zu beschlafen.
Die Bestrafung des vorehelichen sexuellen Verkehrs wurde in der Regel nur an Frauen vorgenommen. Die gesetzlichen Vorschriften reichten vom Tod durch Ertränken bis zur öffentlichen Auspeitschung lediger Mütter durch städtische Beamte.
Die zweite Hälfte des 18. und das 19. Jahrhundert lieferten ein Mei-

sterstück sublimer Unterdrückung der weiblichen Sexualität. Man redete den Frauen ein, daß sie keine eigene Sexualität besäßen, sie seien denn Dirnen. Über der verworfenen Außenseiterin, der sexuellen Frau, thronte die „reine“ asexuelle Frau, degradiert zum Objekt männlicher Sexualausübung, die ihre eigene S. so lange unterdrückte, bis sie keine mehr hatte (sublimer europäischer Ersatz für die → Klitorisbeschneidungen der asiatischen und afrikanischen Gesellschaften). Es war die Zeit des Riechfläschchens, der Ohnmachten, der → Hysterie.
Der eheliche Verkehr kam einer Dauervergewaltigung gleich, da die so abgerichteten Frauen ihn widerwillig und angeekelt über sich ergehen ließen. Sexualität wurde zu etwas Schmutzigem, wurde sündig und verwerflich, ganz im Sinne der christlichen → Kirchen. Männer, diese Wesen, die „so etwas“ brauchten, wurden entschuldigt mit ihrer „Natur“. Die Natur der ehrbaren Frauen war „Reinheit“ und Mütterlichkeit.
Aufbegehren der Frauen gegen ihre Unterdrückung, die sich auf alle gesellschaftlichen Ebenen bezog, brachte die Revolutionszeit, die ihren Höhepunkt in der 1848er Revolte hatte.
Seit der Jahrhundertwende beginnt die Unterdrückung sich sehr allmählich zu lockern. Zwar geistert noch immer jene bis in unsere Gegenwart latent vorhandene Fiktion der „Reinheit“ in der Vorstellung von Männern und Frauen, aber keiner und keine sind so recht damit zufrieden, weil es keiner und keinem Spaß macht. Alle wissen jedoch, daß „es“ auch Frauen Spaß macht, was der männlichen Wertschätzung in Bezug auf dero Genitalien entgegenkommt.
Männer hatten schon immer die Echtheit der von ihnen selbst verordneten Zurückhaltung der Frauen angezweifelt und deren Riechfläschchen und „Zustände“ insgeheim und im Dunst der Herrenwitze richtig gedeutet. Die eigentliche Ursache, nämlich unterdrückte und gestaute S., wurde von ihnen als schwüles, latent vorhandenes weibliches Verlangen nach dem Allheilmittel des Koitus „erkannt“. Die Diskrepanz, die zwischen der vorgegebenen „Reinheit“ der Frau und der augenzwinkernden Gewißheit klaffte, daß es ein weibliches Sexualverlangen sehr wohl gebe, übersprangen nicht nur bierselige Supermänner in kühner Alogik mit der lärmenden Behauptung, jede weibliche Unzufriedenheit, jeder Wunsch nach → Bildung sei mit einem „richtigen“ Koitus zu heilen. (Handele es sich dabei um eine „Emanzipierte“, so stecke dahinter natürlich der besonders heftige Wunsch nach einem solchen.) Aus einer endlosen Reihe von Literaten möchte ich hier Karl Kraus zitieren, den man einen Ästheten nennt und der nach dem großen Brockhaus „. . . mit Leidenschaft und Verantwortungsgefühl für Reinheit der Sprache und Sauberkeit des öffentlichen Lebens kämpfte . . .“: „Ich würde den Anfang damit machen, daß ich einen Frauenkongreß von St. Marxer Viehtreibern einfangen und so behandeln ließe, wie das Geschlecht es meint . . . ich hörte, wie eine nur einmal den Ausdruck „pars pro toto“ gebrauchte, und sofort stellte ich mir vor, daß sie es 25mal auf ihrem pars pro toto zu spüren bekäme . . . Die Frauenbewegung ist eine Aufregung, aber eine Aufregung braucht einen Abschluß. Stallknechte gönne ich euch nicht; die gehören für die Vornehmen . . . Ihr, die es mit der Bildung besorgt, brauchet Schuldiener.“
Diese Vergewaltigungsphantasien finden sich zahlreich in der männli-

Aus dem deutschen Kalender, Augsburg, um 1480.

» Im unverdorbenen Weibe äußert sich kein Geschlechtstrieb und wohnt kein Geschlechtstrieb, sondern nur Liebe; und diese Liebe ist der Naturtrieb des Weibes, einen Mann zu befriedigen. «

Johann Gottlieb Fichte

chen Literatur von Goethe bis Henry Miller und ebenso bei Philosophen und Wissenschaftlern. Keine intellektuelle Potenz hat Männer davor bewahrt, Frauen ähnlich primitive Empfehlungen anzudienen und ihnen als Ersatz für geistiges Streben, Erfüllung ihrer Träume und alles dessen, was menschliches Leben ausmacht, ihre Genitalien zu offerieren.

Der Penis als Zauberstab! Es wird Zeit, in ein sapphisches Gelächter auszubrechen.

Eine sexuelle Revolution, die für die Frau von großer Bedeutung war, hat die Pille herbeigeführt, die die → Verhütung erstmals weitgehend sicher gemacht hat. Der Jubel über die sexuelle Befreiung erhielt aber bald einen Dämpfer. Abgesehen von den gesundheitlichen Beeinträchtigungen (Thrombosen, Kopfweh, Übelkeit) und der alleinigen Verantwortung der Frau für die → Verhütung, erwarteten Männer nun eine ständige Bereitschaft der Frauen, die in ihren Augen keinen Grund mehr hatten, sich ihnen zu verweigern, was bei dem oben beschriebenen phallokratischen Sendungsbewußtsein nur den Schluß fehlender Liebe oder Frigidität bei der Partnerin zuließ.

Trotzdem: Die Pille hat die Frauen befreit. Das erstemal in der düsteren Geschichte der S. konnten Frauen frei von Angst vor einer unerwünschten Schwangerschaft ihre Sexualität mit Männern entdecken. Allerdings hat die sexuelle Freiheit am Anfang der 80er Jahre bis heute zunehmend eine neue tödliche Bedrohung erfahren: → Aids. Eine Immunschwäche, die bisher unheilbar ist und tödlich endet.

Der einzige Schutz besteht in der Vermeidung jeden Kontakts mit den Körpersäften Erkrankter, also auch jeder Vermeidung sexueller Praxis.

Da niemals sicher ist, ob ein(e) Partner(in) durch vorherige sexuelle Kontakte – eventuell auch ohne Wissen – infiziert worden ist, wäre eine Sicherheit nur durch Kondome zu erreichen. Natürlich im Rahmen der Sicherheit, die Kondome bieten.

Schon 1949 erschien in Frankreich „Le Deuxième Sexe“ von Simone de Beauvoir, 1951 unter dem Titel

„Das andere Geschlecht“ bei Rowohlt. Das Buch gibt eine progressive, scharfsinnige und umfassende Analyse vom Stellenwert der Geschlechter in Vergangenheit und Gegenwart. Aber die moderne deutsche → Frauenbewegung entstand erst 17 Jahre später, etwa 1968 während der Studentenunruhen infolge des Chauvinismus der männlichen Studenten. Sie erstarkte im gemeinsamen Kampf unterschiedlicher Frauengruppen um den Entmündigungsparagraphen 218. Das Buch Betty Friedans „Der Weiblichkeitswahn“ hatte bereits die Veränderung des Frauenleitbildes versucht.

In den folgenden Jahren bildeten sich → Selbsterfahrungs- und Selbstuntersuchungsgruppen. Frauen sprachen offen miteinander über ihre S. und erlebten die Solidarität in der Gruppe, die ihnen ein neues Selbstbewußtsein vermittelte. Hier wurden die durch Verinnerlichung befestigten eingegebenen Minderwertigkeitsgefühle bekämpft und die daraus entstandene Selbstverachtung, die in die Beurteilung ihres gesamten Geschlechts eingeflossen war, bloßgelegt. Sie lernten sich und die anderen Frauen achten und lieben und begannen, ihre Konkurrenzgefühle abzubauen.

Männer – aufgeschreckt – lehnten in der Mehrheit ab. Zwar nicht mehr so lautstark mit dem empfehlenden Hinweis auf den allheilenden Zauberstab, als vielmehr mit deutlichen Angstsignalen, Zeichen des Begreifens, daß Frauen dabei waren, ihr Ego zu entdecken und damit auch den Egoismus als bisher

männliche besetzte Domäne. Die Scheidungsfälle stiegen an, und der Anteil der Frauen am Scheidungsbegehren überstieg den der Männer.
Die durch das neu gewonnene Bewußtsein wahrgenommene Begegnung mit dem in der Frauengeschichte aufgezeigten und im Alltag täglich erfahrbaren → Sexismus setzte Empörung frei; so daß bei einem Teil der frauenbewegten Frauen der Kampf gegen männliche Ungerechtigkeit und Chauvinismus in radikaler Ablehnung von Männern gipfelte.
Der Einfluß von Literatur auf diese Entwicklung ist unverkennbar. Die englische Feministin Germaine Greer (1970) entlarvt die weibliche Rolle als nicht natur-, sondern kulturgemacht. Kate Millett (1974) stellt das Patriarchat als ein Herrschaftssystem dar, das überwunden werden kann und muß, unter anderem durch die Überwindung der Familie. Shulamith Firestone (1975) geht von der Biologie aus und verlangt nicht nur die Infragestellung der gesamten westlichen Kultur, sondern auch der geschlechtsbedingten Natur. 1976 erschien: „Sexismus. Über die Abtreibung der Frauenfrage" – von Marielouise Janssen-Jurreit. Eine unverzichtbare, umfangreiche Sammlung von Materialien zur Frauenunterdrükkungsgeschichte.
Eine Flut von belletristischer Frauenliteratur ergoß sich zusätzlich über den Markt. Sie ist oft als „Nabelschau" diffamiert worden. Gewiß ist sie in der Ausschließlichkeit der Themenwahl, die nur die eigene, unverstandene, im Zusammenleben mißbrauchte S. schildert, bedenklich einseitig und zum Teil larmoyant. Auch erreicht sie selten literarischen Rang. Aber sie war notwendig: für die Bestandsaufnahme der Empörung wie für den Prozeß der Bewußtwerdung. Ihre Wirkung auf die Leserinnen war evident. Zum ersten Mal in der Geschichte der Literatur wurden Frauenleitbild und sexuelle Wünsche von Frauen nicht fremdbestimmt fixiert und geschildert, sondern formten sich aus den Erfahrungen der Basis. Zwar wurde damit noch nicht das kulturell gewachsene Sexualverhalten geändert, wurde noch keine neue weibliche S. erkannt und dargestellt – oder doch nur in Ansätzen –, aber es wurden Unterdrückungsmechanismen, männlicher Egoismus und weibliche Unzufriedenheit erkannt und benannt.
Als Beispiel für viele sei hier Verena Stefans Erfolgsroman „Häutungen" genannt.

„Der eine küßte leidenschaftlich und wild, so daß ich Zähne spürte, nichts als Zähne – und ich küßte leidenschaftlich und wild. Der andere küßte sanft und fand alles andere unreif und unerwachsen – und ich küßte sanft und erwachsen. Der eine mochte die Beine geschlossen, der andere offen und flach, der nächste offen und um seinen Rücken. Und ich hielt die Beine geschlossen oder offen und flach oder offen und um seinen Rücken." (Häutungen)

Die Konsequenz, die die Hauptfigur aus ihren Erfahrungen und dem daraus gewonnenen Bewußtsein zieht, ist die Abkehr von den Männern hin zur Frauenliebe.
Die → lesbische Liebe wurde bei manchen Bewegungs-Frauen zur

In Ziss Garten (1978), Collage von Sarah Schumann.

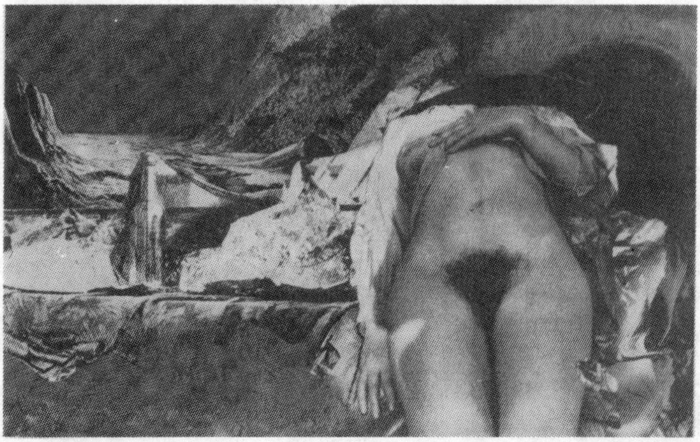

Abwehrreaktion gegen die erkannte Herrschaftsfunktion des männlichen Sexus. Nicht nur homosexuelle „Veranlagung“ trieb frauenbewegte Frauen in die gleichgeschlechtliche Liebe, sondern die bewußte Ablehnung der sexistischen Geschlechterbeziehungen. Es verwundert nicht, daß sie in dieser Richtung die Avantgarde der Frauenbewegung bilden und diese ihnen hier radikalfeministische Erkenntnisse und Konsequenzen verdankt.

Den uralten Traum des Menschen, die Ergänzung im anderen Geschlecht zu finden, träumen auch die Feministinnen mit ihrer Utopie vom → androgynen Menschen. Ein fernes Ziel, wenn man die verschlungenen Irrwege und die gesellschaftlich-kulturell erzeugten Verbildungen der S. bedenkt.

Aber die Etappen werden abgesteckt: War es nicht gestern, als wir trotzig sangen: „Nie mehr Objekt sein in Betten . . .“? Von der Unfähigkeit, Objekte zu *bilden,* ist nun die Rede. Barbara Sichtermann bezeichnet diese Unfähigkeit der Aneignung und des Loslassens als eine historische Schwäche der Frauen. Die Leidensposition der Frau als genetischer Code wird angezweifelt und damit die herkömmlichen sadomasochistischen Positionen in Zweifel gezogen. (Was die Frage aufwirft, wie weit auch die Frau sado ist, sein kann – will.) Die als notwendig bezeichnete sado-masochistische Spannung zwischen den Geschlechtern wird jedoch nur durch die Lust *beider* Partner legitimiert.

S. als gegenseitige Befriedigung von Lust, die unteilbar ist, wird bejaht, die Postulierung einer weiblichen Superpotenz, die der Mann angeblich nie stillen kann, wird abgelehnt. Die Bigeschlechtlichkeit in Männern und Frauen ermöglicht wechselseitige Abhängigkeit ohne Herrschaft – Frauen sollen gleich werden und doch anders bleiben.

Wichtig bleibt, die Überlegenheit des einen (männlichen) Geschlechts zu überwinden. Männer denken bei Frauen zunächst an Sex – bei allem übrigen denken sie an ihr eigenes Geschlecht. Nur die Überwindung dieser Pars-pro-toto-Existenz von Frauen kann die Verständigung in der S. ermöglichen, die mit Mißverständnissen überladen ist.

Wichtiger Ausgangspunkt für alle diese Entwicklungen ist jedoch die soziale Gleichstellung beider Geschlechter. Nur sie schafft das Selbstbewußtsein, das notwendig ist, um sich auch von der weiblichen Position her angstfrei und souverän auf die geschlechtliche Polarität einzulassen.

Frauen haben noch einen langen Weg vor sich, bis die männlichen Definitionen überwunden sind, die ihr Sexualleben bisher „geordnet“ haben; einen Weg, der das Ziel hat, weibliche S. von Grund auf neu, nämlich weiblich zu definieren – eine Tautologie.

Lit.: Simone de Beauvoir, Das andere Geschlecht, Reinbek 1984; August Bebel, Die Frau und der Sozialismus, Berlin 1946; Berliner Hefte, April 1968; Friedrich Engels, Der Ursprung der Familie, des Privateigentums und des Staates, MEW, Bd. 21, Berlin 1973; Shulamith Firestone, Frauenbefreiung und sexuelle Revolution, Frankfurt/M. 1975; Betty Friedan, Der Weiblichkeitswahn oder die Selbstbefreiung der Frau, Reinbek 1984; Germaine Greer, Der weibliche Eunuch, Frankfurt/M. 1970; Ulrike

Heider, Sexuelle Revolution. Frauenbewegt zurück zum anderen Geschlecht, in: Psychologie heute, special 1987 (Frauen, war das wirklich alles?), Weinheim 1987, S. 22 ff.; Marielouise Janssen-Jurreit, Sexismus. Über die Abtreibung der Frauenfrage, München 1976; Ekkehard Kloehn, Typisch weiblich? Typisch männlich? Hamburg 1979; H. W. Masters/V. E. Johnson, Die sexuelle Reaktion, Reinbek 1970; Jutta Menschik (Hrsg.), Grundlagentexte zur Emanzipation der Frau, Köln 1976; Kate Millett, Sexus und Herrschaft, München 1977; Lewis Morgan, Die Urgesellschaft, deutsch 1908; Alice Schwarzer, Der kleine Unterschied und seine großen Folgen, Frankfurt/M. 1975; dies., Sexualität, Sexualität, Reinbek 1984; Barbara Sichtermann, Weiblichkeit, Berlin/West 1983.

Margret Gottlieb

Sexuelle Belästigung am Arbeitsplatz; S. B. in einer Definition zu objektivieren, fällt schwer, da die subjektiven Unterschiede im Erleben dem entgegenstehen. Das Empfinden jeder Frau ist als Maßstab zur Bestimmung dessen, was S.B. ist, zu respektieren. Frau B. z. B. fühlt sich bereits von eindeutig zweideutigen Blicken und Bemerkungen eines Kollegen peinlich berührt, während Frau F. solche Anzüglichkeiten eher kalt lassen. Frau D. empfindet einen in der Poststelle hängenden Pornokalender als Provokation, während Frau L. da überhaupt nicht mehr hinsieht.

Trotz verschiedener Betroffenheitsgrade gibt es übergreifende Merkmale, die herausgestellt werden können. Der Internationale Gewerkschaftsbund (IBFG) definiert in seiner Entschließung von 1986: „Sexuelle Belästigung, das sind Annäherungsversuche jeder Art in Form von Gesten und Äußerungen, jeder unerwünschte körperliche Kontakt, explizit sexuell abfällige Anspielungen, die wiederholt von jemandem am Arbeitsplatz vorgebracht werden und von der Person, an die sie sich richten, als beleidigend empfunden werden und zur Folge haben, daß diese sich bedroht, erniedrigt oder belästigt fühlt, oder sie in ihrer Arbeitsleistung beeinträchtigen, ihre Anstellung gefährden oder am Arbeitsplatz eine unangenehme oder einschüchternde Atmosphäre schaffen." Als S.B. zählt also jede Annäherung, die von einer Seite unerwünscht ist.

Aus der amerikanischen Frauenbewegung stammt eine andere Definition. Von der National Organisation of Women wird S.B. folgendermaßen definiert: „Jedwede wiederholte, unerwünschte verbale oder physische Annäherung, jede sexuelle explizit verächtlich machende oder diskriminierende Bemerkung, die jemand am Arbeitsplatz macht und die die betroffene Person beleidigt oder stört, bei ihr ein Unbehagen oder ein Gefühl von Erniedrigung auslöst und/oder sie bei der Ausübung ihres Berufes behindert." Der Flirt am Arbeitsplatz, der auf gegenseitigem Einverständnis beruht, ist folglich nicht gemeint.

Die beiden Definitionen sind zwar geschlechtsneutral formuliert, doch werden zu über 90% Frauen von Männern belästigt und nicht umgekehrt. S.B. ist nach der amerikanischen Autorin Lin Farley: ". . .das unerbetene, einseitig männliche Verhalten, das die Sexrolle der Frau gegenüber ihrer Funktion als Arbeiterin durchsetzt." → Sexismus

Zur S.B. zählen nicht nur direkte körperliche Übergriffe, sondern auch jede das Geschlecht verachtende Haltung, Äußerung, Geste und/oder Aktion. Die Mehrzahl der erwerbstätigen Frauen kennt, teilweise aus eigener Erfahrung, die nonverbalen, verbalen und tatsächlichen Belästigungen durch Kollegen, Vorgesetzte, Arbeitgeber, Kunden, Patienten und Klienten, die sich äußern in Form von Witzen mit sexuellen Anspielungen, anzüglichen Bemerkungen über Figur, Kleidung und Privatleben, im Aufhängen pornografischer Bilder oder Poster, in Briefen, Telefonanrufen oder persönlichen Angeboten zu sexuellen Kontakten, in unabsichtlichen Berührungen bis hin zur sexuellen Bedrängung und Gewaltanwendung.

Die Zeitschrift BRIGITTE ermittelte 1981, daß sich von 4200 Sekretärinnen 59% sexuell belästigt fühlten. 1984 wurde von den GRÜNEN im Bundestag eine INFAS-Untersuchung auf der Basis von 388 befragten Frauen in Auftrag gegeben. Diese ergab, daß ein Viertel der Frauen am Arbeitsplatz sexuell belästigt wurde. In einer 1989 veröffentlichten Studie der Senats-Leitstelle „Gleichstellung der Frau" in Hamburg haben WissenschaftlerInnen herausgefunden, daß über 40% der Frauen eine S.B. selbst erlebt haben

1989 wurde ein Prokurist in Hannover zu 15 Monaten Haft ohne Bewährung verurteilt, weil er seiner Sekretärin mehrfach unter die Bluse zu greifen versucht hatte.

und diese auch für stark bis sehr stark belästigend hielten. Die Belästigungen gingen im wesentlichen von Kollegen der gleichen Hierarchiestufe aus und erst in zweiter Linie von Vorgesetzten.
Eine Untersuchung der Sozialforschungsstelle Dortmund im Auftrag des Bundesministeriums für Jugend, Familie, Frauen und Gesundheit, bei der u. A. ca. 2000 Frauen branchenübergreifend befragt wurden, zeigt das hohe Ausmaß der Problematik. 93% der befragten Frauen haben persönliche Erfahrungen mit den in dem Fragebogen vorgegebenen Vorkommnissen gemacht und 72% haben Situationen im Betrieb erlebt, die mehrheitlich als S.B. eingestuft werden können. 40% machten nähere Angaben zu einer Belästigungserfahrung. Frauen empfinden ein Verhalten häufiger dann als sexuelle Belästigung, wenn es direkt auf die eigene Person bezogen ist oder wenn sie zu einer Reaktion gezwungen werden, die ihre Verunsicherung nach außen deutlich werden läßt und negative Folgewirkungen nach sich ziehen kann.
Betroffen sind überwiegend alleinstehende Frauen im Alter von 20 bis 30 Jahren, die erst kürzere Zeit im Betrieb sind, Frauen, die keine beruflichen Qualifikationen nachweisen können, in einer untergeordneten Position tätig sind oder in einem ungeschützten Beschäftigungsverhältnis stehen. Frauen in befristeten Arbeitsverhältnissen, in Teilzeitbeschäftigung oder aber Auszubildende zählen weiterhin zur Hauptbetroffenengruppe. Durch ihre abhängige und unsichere betriebliche Position scheinen sie den Belästigern eine Gefahrlosigkeit zu signalisieren. Aber auch Frauen auf der mittleren Hierarchieebene sind von S.B. betroffen, die als Mittel zur Karrierebehinderung eingesetzt werden, z. B. indem sie verunsichert oder auf weniger verantwortungsvolle Posten verwiesen werden. Belästigung findet im ganz normalen Arbeitsalltag statt und meist dort, wo sich entweder der Belästiger oder die Belästigte besonders häufig aufhalten: in seinem oder ihrem Arbeitszimmer.
Während überwiegend die Frauen die negativen Folgen tragen müssen, haben die Belästiger mit wenig Sanktionen zu rechnen. Häufig erfolgt sogar eine Verkehrung des Opfer-Täter-Verhältnisses. Nicht die belästigte Frau ist das Opfer, sondern der Belästiger selbst. Das Herunterspielen der Situation oder das Unglaubwürdigmachen richten sich negativ gegen die Frau. Vielfach wird ihr eine Mitschuld unterstellt. Deshalb fällt es betroffenen Frauen schwer, Fälle von Belästigung öffentlich zu machen. Sie fürchten, ihr eigenes Image damit zu schmälern oder haben Angst davor, als unglaubwürdig angesehen zu werden.
Hinzu kommt, daß die Beweisführung den Frauen meist schwierig erscheint, da die belästigende Situation in der Regel unter Ausschluß Dritter geschieht. Der Großteil der Belästigungen bleibt aus diesem Grund im Verborgenen. Deshalb ist es wichtig, daß sich Frauen gegen S.B. zur Wehr setzen. Solidarität mit der betroffenen Kollegin ist somit der erste Schritt. Das gemeinsame Überlegen, was getan werden kann, ist dabei hilfreich. Z. B. können frühere und aktuelle Vorfälle genau dokumentiert werden, ein intensives Gespräch mit dem Belästiger kann zusammen mit einer Kollegin geführt werden, es kann aber auch ein Brief an den Belästiger verfaßt werden, in dem er aufgefordert wird, zukünftig die Belästigungen einzustellen. Durch die Bildung eines Frauenarbeitskreises kann ein betrieblicher Erfahrungsaustausch geführt werden.
Neben den genannten Möglichkeiten der kollektiven Gegenwehr gibt es den institutionellen Weg der Beschwerde. Sie kann an den Arbeitgeber gerichtet werden, der verpflichtet ist, dem Vorfall nachzugehen, denn ihm obliegt die Fürsorgepflicht für die Beschäftigten. Zudem kann der Betriebsrat eingeschaltet werden. Dies kann zum einen auf informellem Weg geschehen, zum anderen mit einer Beschwerde an den Betriebsrat nach § 85 II BetrVG.
Um Frauen im Betrieb wirksam vor S.B. zu schützen, kann auch angeregt werden, eine Verbotsregelung für sexistische Übergriffe in die Betriebsordnung aufzunehmen. § 87 I

Sexuelle Belästigung und Gewalt am Arbeitsplatz sind keine Kavaliersdelikte. Per Dienstanweisung macht die Bremische Senatskommission für Personalwesen seit 1993 den Dienststellenleitungen zur Aufgabe, Hinweisen nachzugehen, Betroffene zu schützen und die Tat zu ahnden.

Ziff. 1 BetrVG bietet hierzu die Grundlage.
Wichtig ist, daß es für die betroffenen Frauen eine Stelle im Betrieb gibt, die sie angstfrei in Anspruch nehmen können. Daß der Betriebsrat als männerdominiertes Gremium nicht der erste Ansprechpartner sein kann, zeigt die bisherige Praxis. Die Bildung eines speziellen Betriebsratsausschusses für Frauenfragen sollte nicht nur in diesem Zusammenhang angeregt werden.

Lit.: Monika Holzbecher/Anne Braszeit/Ursula Müller/Sibylle Plogstedt, Sexuelle Belästigung am Arbeitsplatz. Schriftenreihe des Bundesministeriums für Jugend, Familie, Frauen und Gesundheit, Stuttgart 1990; Monika Holzbecher/Bärbel Meschkutat/ Gudrun Richter: „Dann ziehn Sie sich doch einfach anders an!" Seminarkonzeption „Sexuelle Belästigung am Arbeitsplatz". Erscheint im Frühjahr 1993 im Buchhandel; Sibylle Plogstedt/Kathleen Bode, Übergriffe. Sexuelle Belästigung in Büros und Betrieben, Reinbek bei Hamburg 1984; Sibylle Plogstedt/Barbara Degen, Nein heißt nein! DGB-Ratgeber gegen sexuelle Belästigung am Arbeitsplatz, München 1992.

Petra Wassner

Sexuelle Gewalt gegen Mädchen und Jungen; Für s.G. gegen Kinder hat sich der Begriff Mißbrauch eingebürgert. Die Vorsilbe „Miß-" geht auf ein altes Wort für „wechseln", „tauschen" zurück und steht nach heutiger Bedeutung für etwas Verfehltes, Verkehrtes, dem ursprünglichen Sinn Entgegengesetztes. In dem Wort „Missetat" = Vergehen, Verbrechen, schändliche Tat sind das ursprüngliche Wort und die Bedeutung am besten erhalten. Mädchen und Jungen werden von denen, die für sie sorgen, sie schützen sollen, benutzt und mißbraucht für eigene Bedürfnisse. Aber mit dem Wort Mißbrauch werden die tiefgreifenden psychischen Folgen, das Persönlichkeitsverletzende und Gewalttätige nicht ausreichend erfaßt. Deutlicher und eindeutiger wird deshalb zunehmend auch von sexueller Mißhandlung und von s.G. gesprochen. S.G. ist, wenn ein Erwachsener oder Jugendlicher die Geschlechtsteile, die Brust oder das Gesäß des Mädchens oder Jungen zur sexuellen Befriedigung berührt, manipuliert, den Penis, das Gesäß zur Schau stellt, manipulieren läßt. S.G. reicht vom Streicheln, Betasten bis zu oralem, vaginalem und analem Geschlechtsverkehr. Es gehören dazu das Benutzen, Mißbrauchen von Mädchen (und Jungen) für → Pornographie, das Vorführen sexueller Aktivitäten von Erwachsenen, pornographischer Bilder, Filme, Videos. Diese Bestimmung umfaßt im wesentlichen strafbare Formen s.G., Straftaten, die gegen die sexuelle Selbstbestimmung gerichtet sind (§§ 174 bis 184 b StGB). Verantwortlich und schuldig ist ausschließlich der Täter. Auch nicht strafbare Formen werden mit der Definition von körperlicher, seelischer und s.G. gefaßt, die von der Mißachtung der kindlichen Persönlichkeit ausgeht. Gewalt ist danach „all das, was einem Kind vermittelt, daß es als Mensch nicht interessant und wichtig ist, sondern daß Erwachsene frei über es verfügen dürfen, daß es abhängig ist und Gegenwehr eine Reihe schwerwiegender Folgen hat" (Ursula Enders, 1990). Die Mißachtung der kindlichen Persönlichkeit beginnt mit dem üblichen gedankenlosen Knuddeln und Abknutschen von Babys und Kleinkindern auch gegen deren Unmutsäußerungen, „dem gib' Küßchen", „setz' dich dem Opa auf den Schoß". Sie geht weiter mit der verbalen Reduzierung von Mädchen und Jungen zu Sexualobjekten, wenn Körper, Brust und Po des heranwachsenden Mädchens, der Penis des Jungen von Männern „fachmännisch" begutachtet, bewundernde oder auch abfällige Kommentare abgegeben werden. Entsprechend der noch immer herrschenden geschlechtsspezifischen Erziehung, der Rollenzuschreibungen und Auffassungen von Sexualität sind Opfer dieser Mißachtung und von Übergriffen vor allem Mädchen. Hier erfolgen Verunsicherung, seelische Verletzungen auch ohne Nötigung und Erzwingung und auch dann, wenn Gegenwehr ohne Furcht vor Sanktionen möglich ist.
Die Grenzen zwischen Mißachtung der Wünsche und Bedürfnisse von Mädchen und Jungen, verletzenden Äußerungen und s.G. sind fließend. Dies gilt auch für Zärtlichkeit, Wärme, Nähe und Körperkontakte, die Mädchen und Jungen bei ihren Eltern und auch bei Verwandten und Bekannten suchen und brauchen,

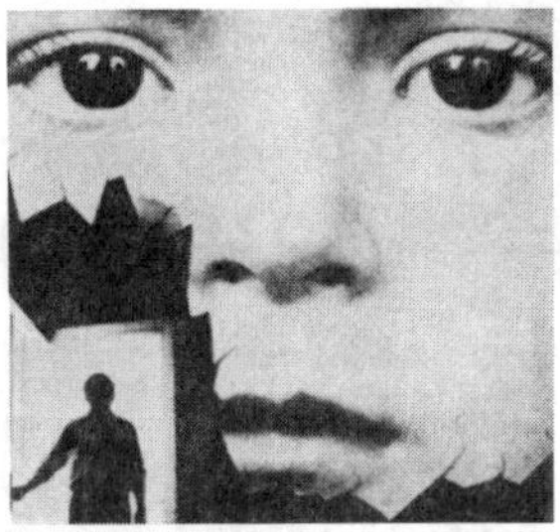

Nach neuesten Untersuchungen des kriminologischen Forschungsinstituts Hannover wurden 1991 82000 Mädchen im Alter von zwei bis 14 Jahren sexuell mißbraucht.

und Berührungen, die der sexuellen Bedürfnisbefriedigung des Erwachsenen dienen. Mädchen und Jungen spüren auch dann, wenn sie nichts oder wenig über → Sexualität wissen, den Unterschied, ob ein Erwachsener Zärtlichkeit und Zuwendung für sie aufbringt oder sie als Objekt und Mittel zum Zweck benutzt. Nach vorliegenden Untersuchungen werden die Übergriffe und Grenzen als solche von *jenen Tätern* nicht wahrgenommen, die als Kind selbst Opfer s.G. waren, zu Gehorsam und Unterordnung erzogen wurden. Aber viele Täter wissen um die Grenzverletzungen. Warum sonst sollten sie Mädchen und Jungen mit Versprechen, Schmeicheln, Geschenken zur Intimität nötigen, diese mit Drohungen und Gewalt erzwingen, von den Opfern Geheimhaltung (Redeverbot, „unser Geheimnis") fordern?

Die Opfer s.G. Nach Schätzungen, die aufgrund der hohen Dunkelziffern widersprüchlich sind, machen zwischen 17 und 25% der Mädchen, zwischen 10 und 14% der Jungen Erfahrungen mit s.G. Andererseits wird davon ausgegangen, daß 89% der Opfer Mädchen sind. Nach neuesten Untersuchungen des kriminologischen Forschungsinstituts Hannover wurden 1991 82 000 Mädchen im Alter von zwei bis 14 Jahren sexuell mißbraucht. Und nach einer Untersuchung der Universität Dortmund (1991/92) hat ungefähr jedes vierte Mädchen, jeder neunte Junge bis 16 Jahre Mißbrauchserfahrungen. Die meisten sind zwischen sieben und 13 Jahre alt, wobei der Beginn der Übergriffe am häufigsten im Alter zwischen sechs und 10 Jahren liegt. Aber auch viele Babys und Mädchen bis zu fünf Jahren gehören zu den Opfern. Die meisten Fälle werden in der Pubertät, zwischen 11 und 15 Jahren aufgedeckt. Durchschnittlich werden pro Jahr ca. 10 000 Anzeigen nach § 176 StGB erstattet. Im Jahr 1991 waren es nach der Kriminalstatistik 12 700 in den alten Bundesländern. Nur in 20% der Fälle kommt es zu einer Gerichtsverhandlung. Die meisten Verfahren enden mit Freispruch, weil s.G. nur in extremen Fällen nachgewiesen werden kann, weil die Opfer aus Scham, Verunsicherung, Angst, aber auch nach Androhung von Gewalt seitens des Täters die Anzeige zurücknehmen, die Aussage verweigern oder widerrufen, oder weil ihnen nicht geglaubt wird (Ursula Hoffmann-Volz, 1992). Dagegen belegen die Erfahrungen, daß Kinder selten oder nie sexuelle Übergriffe erfinden. Dennoch kann vom Opfer s.G., nicht aber vom Täter, entsprechend den Bestimmungen des Gerichtsverfahrens ein Glaubwürdigkeitsgutachten verlangt werden. Mit diesem Verfahren werden den erlittenen Verletzungen und traumatischen Erlebnissen meist weitere hinzugefügt, und das Opfer wird tendenziell zur Mitschuldigen, zum Mitschuldigen gestempelt.

Die Täter von s.G., von Sexualstrafdelikten sind zu über 98% Männer. Der Anteil von Täterinnen wird auf maximal 2% geschätzt. Die Täter sind zu 25% Väter, Stiefväter oder Freunde der Mutter; gut 11% sind nahe Verwandte wie Onkel, Großvater, Schwager, weitere 34% gute Bekannte und / oder Erzieher, und gut 23% sind Nachbarn, Bekannte, der Arzt, der Pfarrer, der Polizist, der Beamte (Ursula Hoffmann-Volz, 1992). Nach anderen Angaben ist sogar davon auszugehen, daß 75% der Täter Väter oder Stiefväter der Mädchen bzw. Freunde der Mutter sind (Gabriele Stanzel, 1991). Nur etwa 6% der Täter sind den Opfern unbekannt, die berühmten „schwarzen", „fremden" Männer.

Die Fragen nach den Ursachen für s.G., die Suche nach Erklärungen, nach Motiven und Lebensumständen der Täter hat lange im Vordergrund psychologischer, kriminologischer und soziologischer Forschung gestanden und die Frage nach den Opfern, nach den Folgen s.G., nach Erkennen, Hilfe und Veränderung verdrängt.

Die Täter sind überwiegend unauffällige, auch angesehene Bürger aus allen sozialen Schichten. Was die männlich dominierte Wissenschaft lange stützte, ist nicht mehr haltbar: die s.G. als individuelles Problem, als pathologische Verfehlung, als Folge von „Provokation kleiner Lolitas", „frigider" oder sich verweigernder Ehefrauen und Freundinnen zu erklären. Nach wie vor sind diese Argumente beliebte Ausreden von Tätern aus dem familiären Bereich und dem sozialen Umfeld der Opfer. Insbesondere Feministinnen haben das Problem s.G. an Mädchen im Zusammenhang mit der → Gewalt gegen Frauen öffentlich gemacht und herausgestellt, daß das männliche Täterverhalten aus der Normalität der gesellschaftlichen Macht- und Herrschaftsverhältnisse zwischen den Geschlechtern und dem Machtgefälle zwischen den Generationen erwächst. „Sexueller Mißbrauch an Mädchen und Jungen (. . .) muß als *strukturelle* Gewalt einer patriarchalischen Gesellschaft begriffen werden, in der sich Männer immer wieder ihrer Macht versichern – auch und gerade mittels ihrer Sexualität" (Gabriele Stanzel, 1991). In dieser Gesellschaft haben Mädchen die schwächste Position. Hier kommen die → Diskriminierung des weiblichen Geschlechts und die Abhängigkeit von → Kindern zusammen. Auch wenn der → Patriarchalismus im öffentlichen und privaten Leben brüchiger, die materielle und/oder psychische Abhängigkeit der Frauen von Männern geringer geworden ist in den letzten Jahrzehnten, besteht doch nach wie vor ein erhebliches Machtgefälle; die strukturelle Gewalt ist nicht überwunden. Stereotype Rollen- und Medienbilder von männlicher Macht, Stärke und Aggression und weiblicher Ohnmacht, Schwäche und Unterwerfung stützen sie – auch zur Erhaltung einer brüchig gewordenen Vorrangstellung des Mannes – und entfalten nach wie vor ihre Wirkung auf Männer und Frauen, Mädchen und Jungen. S.G. ist patriarchale Machtausübung. Für die einen aus einer entsprechenden Position im → Beruf, in der → Politik, in der → Familie heraus. Andere kompensieren im Schutze des Privaten, der Familie gesellschaftliche Ohnmacht, ziehen ihr Selbstwertgefühl aus dem Benutzen und dem Mißbrauch von Mädchen, von Schwächeren. Die einen wie die anderen nehmen sich ihr angestammtes, patriarchalisches Un-Recht.

Unter den *Folgen* s.G. leiden die Opfer oft ein Leben lang. Unabhängig von Dauer und Art der s.G. entwickeln sie Ängste, werden mißtrauisch, fühlen sich schuldig, schämen sich, zweifeln an der eigenen Wahrnehmung, trauen ihren eigenen und den Gefühlen anderer nicht. Die für die menschliche Entwicklung so notwendige Nähe, Intimität und das Vertrauen sind zutiefst gestört. Je näher Opfer und Täter zueinander stehen, um so größer ist der Vertrauensbruch, um so tiefgehender sind die Folgen. Der Vater, der Stiefvater, der Freund der Mutter, den sie lieben, dem sie vertrauen sollen und wollen, löst zugleich Abwehr, auch Ekel, Wut und Empörung aus. Um diese Situation ertragen zu können, werden die negativen Gefühle verdrängt, verneint. Es kommt z. T. zu komplizierten Spaltungsmechanismen von Körper und Selbst. Das Selbst zieht sich von dem fremden → Körper zurück, flieht in eine Traumwelt oder flüchtet sich in Depressionen. Die s.G. trifft den fremden Körper, der dafür gehaßt wird. Viele mißbrauchte Mädchen reagieren mit → Eßstörungen, wollen ihren Körper „unsichtbar" machen oder durch Unförmigkeit unattraktiv. Das Selbst wird unerreichbar für Übergriffe, für s.G., aber auch für liebevolle Zuwendung und Körperkontakte. Ursula Enders spricht von einer „Überlebensstrategie", von dem Versuch, sich zu erhalten, sich nicht ganz der Entwertung und Erniedrigung auszuliefern. Nach Alice Miller bilden sexuell mißbrauchte Mädchen und Jungen aufgrund der widersprüchlichen Empfindungen eine „tragische Toleranz" aus. Sie können sich nicht verteidigen und den Täter nicht anzeigen.

»Sexueller Mißbrauch an Mädchen und Jungen muß als *strukturelle Gewalt* einer patriarchalischen Gesellschaft begriffen werden, in der sich Männer immer wieder ihrer Macht versichern – auch und gerade mittels ihrer Sexualität.«

Gabriele Stanzel, Grundwasser e.V.

S.G. hat verheerende Folgen für Mädchen und Jungen. Aber aufgrund der geschlechtsspezifischen Sozialisation, der unterschiedlichen gesellschaftlichen Rollen, Haltungen und Erwartungen gegenüber Mädchen und Jungen gibt es *geschlechtstypische Verarbeitungsweisen und Auswirkungen.* Mädchen richten ihre Scham und ihre Ängste, ihre Verletzungen und Aggressionen vorwiegend nach innen, gegen sich; sie entwickeln selbstzerstörerische Tendenzen. Die → Erziehung von Mädchen zu Anpassungsfähigkeit, Anschmiegsamkeit und einer untergeordneten Rolle macht sie zu potentiellen Opfern. Jungen richten ihre Aggressionen, ihre Scham, Wut und Hilflosigkeit eher nach außen. Ihre unbewältigten Gewalterlebnisse leben sie als Jungen gegen (schwächere) Mädchen, als Jugendliche und Männer erneut in s.G. gegen Mädchen und Frauen aus. Auch wenn Jungen autoritär, zu Gehorsam und Unterordnung erzogen werden, so haben sie dennoch teil an dem überlegenen gesellschaftlichen männlichen Status, werden über Bilder und Vorbilder durch die männlichen Rollenerwartungen wie Stärke, Eroberung, Macht etc. geprägt. Jungen werden zu *Opfern und Tätern* erzogen. Das heißt weder, daß alle mißbrauchten Jungen als Erwachsene s.G. ausüben, noch, daß alle Täter in ihrer Kindheit Opfer s.G. wurden. Aber: „Jungen sind zwar auch die Opfer von heute, sind aber – im Gegensatz zu Mädchen – oftmals auch schon die *Täter* von heute oder werden zum großen Teil die von morgen sein" (Gabriele Stanzel, 1991).

Hilfe und Prävention (Vorbeugung, Verhinderung). Von betroffenen Frauen, von der → Frauenbewegung wurden → Gewalt in der → Ehe, → Vergewaltigung und das Problem s.G. gegen Mädchen thematisiert und öffentlich gemacht. Erste Konzepte zur Bewältigung von Mißbrauchs- und Gewalterfahrungen wurden entwickelt, Selbsthilfegruppen wie „Wildwasser" oder „Zartbitter" gegründet, Mädchen bei Strafanzeigen und Gerichtsverfahren begleitet und unterstützt. Beratungsstellen, Zufluchtseinrichtungen, Mädchenwohngruppen und -häuser sind mühsam erkämpfte Hilfen.

Jungen sind zwar auch die Opfer von heute, sind aber – im Gegensatz zu Mädchen – oftmals auch schon die Täter *von heute oder werden zum großen Teil die von morgen sein.*

Gabriele Stanzel, Grundwasser e.V.

In dem Maße, wie s.G. zu einem öffentlichen Thema, auch Gegenstand von (voyeuristischen) Medienkampagnen wurde und die s.G. an Jungen aufgedeckt wurde, zeichnete sich die Tendenz ab, die *sexuelle Männergewalt* zur *Erwachsenengewalt* und den *sexuellen Mißbrauch an Mädchen* zur *s.G. gegen Kinder* zu neutralisieren. Insbesondere in der männlich dominierten, familienorientierten Kinderschutzbewegung, aber auch von Jugendämtern, Beratungseinrichtungen, Kinderärzten und -ärztinnen wurde erst dann das Thema aufgegriffen und wird die s.G. an Mädchen und Jungen in erster Linie aus dem Machtgefälle zwischen den Generationen und der Mißachtung von Kindern erklärt.

Entsprechend dieser Ursachenerklärung und Neutralisierung richten sich präventive Maßnahmen wie Information und Aufklärung an alle Erwachsenen als *die* Verantwortlichen, an Fachkräfte, Mütter und Väter, Frauen und Männer. Tendenziell geschlechtsunspezifisch wird eine → Erziehung zu Eigenständigkeit und Selbstbestimmung vertreten, werden der Verzicht auf alle Formen der → Gewalt gegen Kinder und das Respektieren der kindlichen Persönlichkeit gefordert.

Die Präventionsarbeit mit Kindern in Kindergärten, Schulen etc. richtet sich überwiegend geschlechtsneutral an Mädchen und Jungen.

Feministische Fachfrauen kritisieren an diesem Ansatz scharf die Ausblendung der Gewalt aus dem → Geschlechterverhältnis und die verschleiernde Neutralisierung sexueller Männergewalt zur Erwachsenengewalt. So seien vom Ansatz her die wichtigen Ziele einer gewaltfreien → Erziehung zu Eigenständigkeit und sexueller Selbstbestimmung in Frage gestellt, der nötige Schutz von Mädchen und Jungen nicht zu erreichen, die Belange der Mädchen nicht gewahrt und die zugrunde liegenden patriarchalischen Gewaltstrukturen nicht aufzubrechen.

Die wesentlichen Bestandteile feministischer Präventionskonzepte sind:
1) Die Verantwortung, s.G. zu ver-

hindern, tragen die Erwachsenen. An diese, vor allem an Mütter, Frauen, berufliche Fachkräfte richten sich in erster Linie präventive Maßnahmen wie Auseinandersetzung mit der Problematik, Aufklären über und gemeinsames Handeln gegen sexuelle Männergewalt. 2) Maßnahmen zur Förderung und Sicherung der Eigenständigkeit und Autonomie von Mädchen und Frauen, wie eigenständige materielle Existenzsicherung von (Ehe-) Frauen, gesellschaftliche Kinderbetreuungseinrichtungen, autonome Mädchen-/Frauenberatungsstellen, Mädchen- und Frauenhäuser, damit Frauen mit Kindern, Mädchen als die häufigsten und schwächsten Opfer familiäre und partnerschaftliche Gewaltverhältnisse verlassen können. 3) Da s.G. gegen Mädchen, Frauen und Jungen „vorwiegend von heterosexuell lebenden Männern verübt" wird, muß zur Früherkennung und schnellen Beendigung von s.G. gezielte Aufklärungsarbeit für Mütter und Frauen geleistet werden. Die Erfahrungen belegen, daß in der Regel die räumliche Trennung vom Täter notwendig ist, daß sexueller Mißbrauch im Schutze des Privaten eine Wiederholungstat ist, daß Familientherapien wenig Erfolg bringen. 4) Präventionsarbeit, Information und Aufklärung, die sich an Männer richtet, erfüllt dann ihren Sinn, wenn sie die Realitäten wahrnimmt und die gesellschaftlich relevante Tätergruppe: Mann benennt und die kritische Auseinandersetzung mit der gesellschaftlichen Männerrolle und den patriarchalischen (Gewalt-)Strukturen beinhaltet. 5) Die notwendige und sinnvolle Präventionsarbeit mit Kindern wird geschlechtsdifferenziert und z. T. getrennt angegangen. Bei *Jungen* gilt es, neben der Aufklärung über Gefahren, Hilfe, ihr sexuelles Selbstbestimmungsrecht und Sich-Wehren, auch die Rolle der Jungen und Männer als Täter zu thematisieren, gegen männliches Machtverhalten und Gewalt gegen Mädchen und Frauen zu sensibilisieren und Verhaltensänderungen zu bewirken. *Mädchen* sind ebenso über die Gefahren, Hilfe, ihre Rechte und Sich-Wehren zu informieren. Insbesondere gilt es, solidarisches Verhalten untereinander zu stärken, Alternativen zur herkömmlichen Mädchen- und Frauenrolle und andere Verhaltens- und Handlungsmöglichkeiten aufzuzeigen. Für Mädchen wie für Jungen sind Identifikationsmöglichkeiten mit Frauen bzw. Männern von besonderer Bedeutung; die Vorbildfunktion von eigenständig lebenden und handelnden Frauen für Mädchen, von gegenüber der herkömmlichen Rolle kritischen Männern für Jungen (Gabriele Stanzel, 1991).

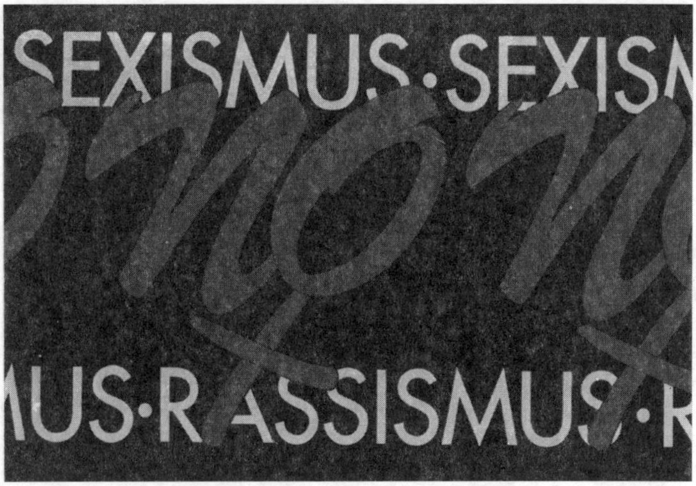

Seit Beginn der Diskussion um s.G. gegen Mädchen und Jungen hat die Mittäterschaft von Frauen, insbesondere von Müttern, eine große Rolle gespielt. Entsprechend ihrer gesellschaftlich zugewiesenen Hauptverantwortung für die → Familie, wurde die Frau schnell zur Mitschuldigen gestempelt, die nichts bemerkt, weggesehen, den sexuellen Mißbrauch geduldet habe. Unberücksichtigt blieb bei den Vorwürfen an Mütter ihre häufig abhängige und untergeordnete Stellung in der → Familie sowie die Tatsache, daß sie vielfach selbst Opfer s.G. sind. Frauen eigenständiger und handlungsfähig zu machen, gehört mit zu parteilicher, feministischer Prävention. Als zentral wird heute in der → Frauenbewegung darüber hinaus „die Aufkündigung der Mittäterschaft an dem patriarchalischen System" (Christina Thürmer-Rohr) gesehen. In bezug auf s.G. heißt das

in erster Linie, im Privaten und Öffentlichen das Verschleiern und Neutralisieren nicht mitzumachen, sich auch der schmerzlichen Tatsache zu stellen, daß der eigene Mann, Partner, Bruder, Schwager ein sexueller Gewalttäter sein kann und die → Familie nicht der alle schützende, gewaltfreie Raum ist.
Es gibt durchaus Frauen, die s.G. gegen Jungen und Mädchen verüben, z. T. eigeninitiativ, z. T. von Männern erzwungen. Aber alle bislang vorliegenden Untersuchungen, Schätzungen, Mutmaßungen und Behauptungen lassen nicht den Schluß zu, daß Frauen zu der gesellschaftlich relevanten Täter(innen)-Gruppe zählen.
Zur *Strafverfolgung*. S.G. ist nach § 176 StGB (Mißhandlung Pflegebefohlener, von Kindern) strafbar. Strafanzeige und -verfolgung werden von den meisten Expertinnen und Experten unter dem Aspekt des Öffenlichmachens s.G. befürwortet. Nach übereinstimmender Meinung sollte aber die Entscheidung für strafrechtliche Schritte immer von der Prüfung des Einzelfalles abhängig gemacht werden. Der wichtigste Gesichtspunkt ist das Interesse des Mädchens, des Jungen. Entscheidend sind dabei deren psychische Verfassung, ihr Schutz, die Familiensituation. Unabdingbar sind fachliche Begleitung und parteiliche Unterstützung, soll ein Verfahren, das in jedem Fall eine enorme Belastung für das Opfer darstellt, auch den positiven Effekt der Selbstbehauptung und erfolgreicher Gegenwehr haben. Für die Stellung im Verfahren ist es wichtig, den Status als Nebenkläger/in und eine anwaltliche Vertretung zu haben. Gefordert werden u. a. spezielle Aus- und Fortbildung für Richter/innen, Ermittlungsbeamte und -beamtinnen in Gesprächsführung mit Kindern und statt mehrmaliger Vernehmungen und Aussagen eine einmalige Aussage sowie die Verkürzung der Verfahren. Generell sollten die verschiedenen Strafrechtsparagraphen in einen Paragraphen zum grundlegenden Schutz des sexuellen Selbstbestimmungsrechtes zusammengefaßt und die Nebenklageberechtigung für sämtliche Delikte gegen die sexuelle Selbstbestimmung gesetzlich verankert werden.

Lit.: Ursula Enders, Zart war ich, bitter war's. Erkennen – Schützen – Beraten, Köln 1990; Barbara Kavemann / Ingrid Lohstöter, Väter als Täter. Sexuelle Gewalt gegen Mädchen, Reinbek b. Hamburg 1984; Alice Miller, Du sollst nicht merken, Frankfurt/Main 1983; Florence Rush, Das bestgehütete Geheimnis: Sexueller Kindesmißbrauch, Berlin 1985; Gabriele Stanzel, Präventionsarbeit in der Geschlechterkontroverse, Wiesbaden 1991; Rosemarie Steinhage, Sexueller Mißbrauch an Mädchen, Reinbek b. Hamburg 1989. Es gibt eine Reihe kostenloser Broschüren, darunter: Ursula Hoffmann-Volz, Behütete Verbrechen. Ein Reader gegen körperliche, sexuelle und psychische Mißhandlung von Kindern, Wiesbaden 1992; zu beziehen von: Hessisches Ministerium für Jugend, Familie und Gesundheit, Dostojewskistraße 4, 65187 Wiesbaden.

Renate Wurms

Sklavin; mhdt. s(c)lave, mlat. s(c)lavus, abgeleitet von der Bezeichnung für die Volksstämme der Slaven (Slawen), da im Mittelalter Unfreie meistens Slaven waren und z. B. auf arabischen Sklavenmärkten gehandelt wurden. Sklaven sind Menschen, die persönliches Eigentum anderer Menschen sind, welche über Leben und Tod oder alle Verwendungen der Sklaven bestimmen können.
Die Sklaverei weist in verschiedenen Kulturen unterschiedliche Härtegrade auf. Sie beruhte auf Menschenraub (Sklavenhandel), Kriegsgefangenschaft, Notverkauf von Kindern, deren Eltern sie dem Verhungern preisgegeben sahen, oder auf unfreier Geburt.

Lucy Parsons. Gemälde von Mary Stevens nach einer historischen Fotografie.

In der Aufklärung kam zum ersten Mal der Gedanke auf, die Beseitigung der Sklaverei auf der ganzen Erde anzustreben.
Das umfangreiche Sklavenwesen haben die imperialen europäischen Kolonialsysteme gegenüber den Afrikanern hervorgebracht (Beginn 1517 mit der Erlaubnis Karls V. für flämische Kaufleute, afrikanische S. nach Amerika zu überführen). Über drei Jahrhunderte lang währte der Handel mit Menschen. Erst von den Quäkern, die in Pensylvanien als Bauern Land nahmen, ging eine Gegenbewegung aus (Abolition, 1727–1751). Trotzdem hielt sich die Sklaverei im Gebiet der USA bis zum Bürgerkrieg 1865. Die letzte Sklavenbastion fiel erst 1888 in Brasilien.
Auf der untersten Stufe der Minderwertigkeit befand sich nicht der Sklave, sondern die Sklavin. Schutzloses Sexualobjekt für die weißen Herren, war sie nach ihnen immer noch den männlichen Sklaven dienstbar.
Mit Sklaverei verglichen werden Mädchenhandel wie auch durch → Zuhälter erzwungene → Prostitution.

Solidarität; von lat. solidus = ganz, gesamt; franz. wechselseitig haftend. Heute: Zusammengehörigkeitsgefühl, Zusammenhalt, Verbindlichkeit, gegenseitige Unterstützung und Hilfsbereitschaft.
Frauensolidarität hat eine lange Tradition; als gegenseitige Hilfe zur Bewältigung des Alltags, z. B. in bäuerlichen Schichten, in Klöstern, in klosterähnlichen Frauengemeinschaften (→ Beginen). Sie ist verbunden mit den Kämpfen der → Frauen- und Arbeiterbewegung. Nicht zuletzt angesichts der zunehmenden Versuche, Bewegungen zu spalten, ist sie heute unerläßlich, wollen Frauen ihre Rechte durchsetzen.
Es gibt unterschiedliche Formen der S.: S. von Frauen untereinander; S. von Frauen mit Männern; S. im Alltag, ausgehend von der persönlichen Betroffenheit; internationale S. („S. ist die Zärtlichkeit der Völker", so ein Wort aus Nicaragua); S. in den Kämpfen um Fortschritt, Frieden und Frauenrechte. S. kann in Form von materieller oder/und politischer, moralischer Unterstützung geübt werden. Sie gibt Mut und Kraft zum Durchhalten.
S. von Frauen und Männern und von Frauen untereinander war (und ist) nicht immer Selbstverständlichkeit. Während Arbeiter unter dem Druck der Bedrohung ihrer Existenz mit der kapitalistischen Entwicklung die Notwendigkeit der Solidarität lernten und die S. der Arbeiterinnen mit Männern Selbstverständlichkeit war, war die S. der Männer mit Frauen keineswegs selbstverständlich. Betrachteten doch viele die Frauen als Konkurrentinnen.
Gab es bereits Mitte des 19. Jahrhunderts Appelle zur S. mit den Arbeiterinnen (vgl. Louise Otto-Peters' „Adresse eines sächsischen Mädchens"), so entwickelten sich der organisatorische Zusammenhalt und die organisierte S. der Frauen erst in den 80er Jahren mit den Arbeiterinnenvereinen und mit der „Central-Kranken- und Begräbniskasse für Frauen und Mädchen". Anfang des 20. Jahrhunderts spielte die S. bei den Crimmitschauer Streiks der Textilarbeiter/innen eine wichtige Rolle und wurde auch von Frauen aus der bürgerlichen Bewegung geübt. Mit der Entwicklung der organisierten internationalen → Frauenbewegung Ende des 19./Anfang des 20. Jahrhunderts und des → Internationalen Frauentages gewann die S. der Frauen aller Welt in ihrem Kampf um gleiche →Rechte,

„Solange Frauen noch um die Männer rivalisieren und nicht genügend Solidarität untereinander haben, werden sie sich den Männern anpassen und die bisherige Politik der Männer unterstützen."

Margarethe Mitscherlich-Nielsen, Interview im Spiegel 13/85

Schluß mit dem Krieg in Vietnam. Fackelzug der Frauen im Anschluß an die Kundgebung der WFFB mit der Amerikanerin Ruth Gage-Colby. Köln, 29. Oktober 1967.

→ Frieden und Freiheit an Bedeutung. In dem Lied der amerikanischen Textilarbeiterinnen „Brot und Rosen" (1912) kommt dies zum Ausdruck: „Wenn wir zusammengehen, kommt mit uns ein bessrer Tag."

Während der Weimarer Zeit (1919–1933) organisierten gerade Frauen die S. mit den sich im Streik befindenden Metallarbeitern (sie standen Streikposten, organisierten Streikküchen etc.) und mit den politisch Verfolgten und Inhaftierten (Frauen bildeten beispielsweise mit 51% die Mehrheit der Mitglieder der „Internationalen Arbeiterhilfe"). Die S. spielte in der Zeit des Nationalsozialismus eine entscheidende Rolle, war sie doch oft eine Voraussetzung zum Überleben.

In den letzten Jahren hat sich das Gefühl der Zusammengehörigkeit und Verbundenheit in der Arbeit der → Frauenbewegung national und international entwickelt: z. B. bei Treffen und Weltfrauenkonferenzen, internationalen Frauenfriedensmärschen, bei Bewegungen zur Freilassung von Inhaftierten (Angela Davis/USA, Ngo BaThanh/Südvietnam), bei der Unterstützung von Befreiungsbewegungen (z. B. Vietnams, Chiles, Angolas, Nicaraguas). Bei den Demonstrationen zum 8. März und bei den Kämpfen der Pierburg-Frauen (1973) und der Heinze-Frauen (1979–1981) wurde S. großgeschrieben und half zum Erfolg der Streiks. S.slieder und -parolen prägten die Kämpfe: „Keiner schiebt uns weg", „Zusammenhalt bringt Sicherheit". S. der Frauen untereinander prägte ebenfalls die Kämpfe der Hattinger und Rheinhauser Frauen um den Erhalt von Arbeitsplätzen (1987/88).

S. im Alltag sollte selbstverständlich sein, ist aber eher noch die Ausnahme. Gegenseitige Hilfe und Unterstützung brauchen Frauen auch bei der Sorge um die Kinder, bei Konflikten mit dem Partner oder bei der Bewältigung ihres Alltags. Um Brechts Vers abzuwandeln: „Wer im Stich läßt ihresgleichen, / läßt ja nur sich selbst im Stich."

Sozialarbeit; Gesamtheit der Bemühungen der Fürsorge und anderer gesellschaftlicher Hilfsbestrebungen, von sozial: die menschliche Gesellschaft oder Gemeinschaft betreffend, gesellschaftlich, gemeinnützig, wohltätig, menschlich, lat: socius = gemeinsam.

Die verschiedenen Bereiche der Sozialarbeit lassen sich in sechs Punkten zusammenfassen: 1. Familien-, Jugend- und Altenarbeit, 2. Jugend- und Erwachsenenbildung, 3. Vorschulerziehung, 4. Gesundheits- und Sexualerziehung, 5. Resozialisierung und Rehabilitation, 6. soziale Administration und Planung.

Geschichte: Sozialarbeit ist entstanden aus der Armenfürsorge und der Wohlfahrtspflege. Die Armenpflege war bis zum 19. Jahrhundert im wesentlichen auf Anstaltserziehung in ihren verschiedenen Formen oder Internierung in Arbeitshäusern beschränkt. Waren die Institutionen der Armenpflege des 16. und 17. Jh. gefängnisartige, geschlossene Anstalten, so hatten die Waisen- und Arbeitshäuser des 18. Jh. die Aufgabe, die Besitzlosen mit „pädagogischen Mitteln" wie Strafe und Erziehung, Unterdrückung und sogenannte Besserung den ökonomischen Erfordernissen der gesellschaftlichen Entwicklung anzupassen und sie für die historisch notwendig gewordene Lohnarbeit „zuzurichten".

Die Armenfürsorge bestand vor allem in der Kontrolle der Menschen, die sich aus eigener Kraft nicht mehr selbst helfen können. So wurden sie z. B. in „Arbeitshäuser" eingewiesen, um ihre Arbeitswilligkeit zu überprüfen (Armenhaustest). Mit der Einweisung waren dis-

kriminierende Umstände verbunden, so z. B. die Veröffentlichung der Namen der Unterstützungsempfänger.
Durch den Übergang von der feudalen zur bürgerlichen Gesellschaft und zur industriellen Revolution veränderten sich die Anforderungen an die S./Sozialpolitik. Die freigesetzten ArbeiterInnen, die vor allem in der zweiten Hälfte des 19. Jh. immer mehr in die Städte drängten und arbeits- und wohnungslos waren, stellten neue Aufgaben. Als Reaktion auf das Anwachsen der Arbeiterbewegung im Deutschen Reich wurde 1881–89 die Sozialgesetzgebung geschaffen: Kranken- und Unfallversicherung, Invaliden- und Altersversorgung. Hierdurch wurden Teile der ArbeiterInnen unabhängig vom Almosen der Armenhilfe, auf die es ohnehin keinen Rechtsanspruch gab.
Lange Zeit war die soziale Arbeit vor allem von ethischen und religiösen Vorstellungen geprägt. Die Liebe zum Nächsten ist ein christliches Gebot; gerne wird bei der Geschichte der S. auf das Gleichnis vom guten Samariter verwiesen. Bis zur Formulierung allgemeiner Ansprüche aller Menschen unterschiedlichen Alters und verschiedener Lebenslagen auf gesellschaftliche Hilfe und Unterstützung bei der Bewältigung eines menschenwürdigen Lebens waren soziale Bewegungen und Kämpfe notwendig.
Als Profession entstand S. aus der bürgerlichen Frauenbewegung, die mit dem Allgemeinen Deutschen Frauenverein ADF 1865 ihren organisatorischen Anfang nahm, als zunächst rein weibliches Berufsfeld, dem traditionell Frauen zugeschriebene Kompetenzen abgefordert wurden: Emotionalität, Hingabe, Mitgefühl, Verstehen, Opferbereitschaft und Selbstlosigkeit. Ab 1905 wurde mit den Schulen für „Wohlfahrtspflegerinnen" (1919 gab es 26 solcher Ausbildungsstätten) angestrebt, durch soziale Tätigkeit und mit der Betonung der „geistigen und seelischen Mütterlichkeit", des „besonderen Wesens der Frau", Emanzipation und Mitverantwortung in der Gesellschaft zu erreichen. Die „Berufstätigkeit" war zunächst ehrenamtliche und unbezahlte Arbeit. Mit dem ersten Weltkrieg und der Proletarisierung großer Teile der bürgerlichen Frauen veränderten sich die Bedingungen, – sie benötigten nun eine eigenständige Existenzsicherung, und die grundsätzlichen Bestrebungen nach politischen Einflußmöglichkeiten und Gleichberechtigung traten in der Folge in den Hintergrund. Nicht zuletzt die Massenarbeitslosigkeit und die wirtschaftlichen Notlagen in der Weimarer Republik machten ein staatliches und professionelles Herangehen an die „soziale Frage" erforderlich. In dem Maße, wie die Wohlfahrtspflegerinnen in den kommunalen Sozialbürokratien zum Einsatz kamen, wuchs auch das Interesse an einer staatlichen Regelung der Ausbildung; mit dem Erlaß öffentlicher Prüfungsordnungen und der staatlichen Anerkennung von sozialen Frauenschulen wurde das Kompetenzprofil der sozialen Arbeit professionalisiert und öffentlich anerkannt.
Im Faschismus wurden die fortschrittlichen Aspekte einer gesellschaftlich anerkannten, professionalisierten Sozialarbeit völlig in ihr Gegenteil verkehrt. Öffentliche „Fürsorge" sollte den „wertvollen" Mitgliedern der „Volksgemeinschaft" dienen, „minderwertigen" dagegen eine „ausmerzende Erbpflege" zuteil werden. „Kraft durch Freude", Mädchendienst, Arbeitsdienst u. ä. suggerierten Fürsorge und (rassische) Solidarität in einer Wertegesellschaft, in der der einzelne nichts, das „völkische" Ganze alles sei. Materielle Absicherung und psychologische Geborgenheit in der (nationalistischen) Gemeinschaft wurden damit zu wesentlichen Pfeilern der faschistischen Rassen- und Expansionspolitik.
Die Aufgaben der Dienstleistung Sozialarbeit verschoben sich in den vergangenen Jahrzehnten von der materiellen zur psychosozialen Hilfe in Form einer Anpassungs-, Entwicklungs-, Reifungs- und Bildungshilfe, der Hilfe in Lebenskrisen und Problemsituationen. Das gesellschaftliche Umfeld in seiner Vorgegebenheit wird dabei wenig reflektiert und kaum in Frage gestellt; die vorgege-

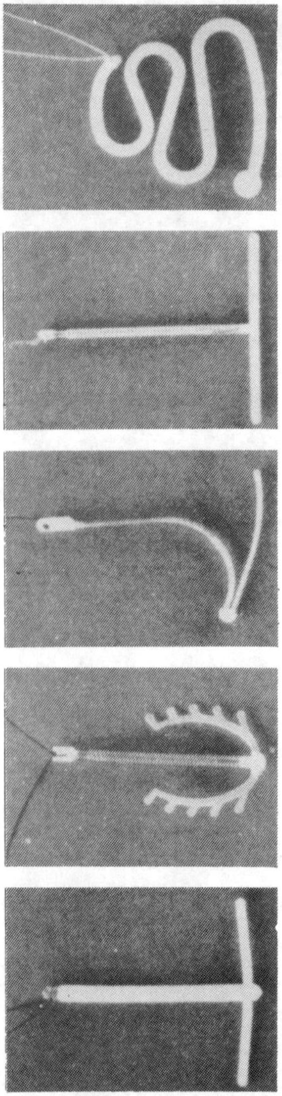

Von oben nach unten: Lippes-Schleife, Kupfer-T, Kupfer-7, Multiload CU 250, Hormonspirale (Biograviplan-Progestasert) sind die derzeit gebräuchlichsten Intrauterinpessare.

benen Wertvorstellungen/Werthaltungen dienen als Orientierungen. Die Sozialarbeit richtet ihr Augenmerk auf nicht angepaßte Individuen/Gruppen/Gemeinwesen (z. B. Sinti/Roma; Ghettos). Eine individualistisch begriffene Psychologie liefert das Rüstzeug und rechtfertigt quasi wissenschaftlich die Ausblendung gesellschaftlicher und sozialer Ursachen und Hintergründe. Das „abnorme" Klientel soll an herrschende Normen wie Ordnung, Sauberkeit, Hygiene, geregelte Lebensführung, Arbeits- und Leistungsfähigkeit etc. angepaßt werden. Gelingt dies nicht mit pädagogischen Mitteln, stehen dem Staat genügend Sanktionsmöglichkeiten zur Verfügung, wie z. B. Kürzung von Sozialhilfe oder Verpflichtung zu gemeinnütziger Arbeit. Obwohl inzwischen anerkannt wird, daß die sozioökonomische Befaßtheit der Gesellschaft häufig Ursache für Devianz (abweichendes Verhalten) ist, hat allein das Individuum sich zu korrigieren.
Bis heute werden an den seit 1969 eingerichteten Fachhochschulen für Sozialarbeit bzw. Sozialpädagogik bis zu 70 Prozent Frauen ausgebildet, in der Praxis arbeiten sie meist vor Ort mit den KlientInnen. Während die männlichen Kollegen nach relativ kurzer Zeit in die höheren Besoldungsgruppen des administrativen Apparates aufsteigen, erreichen die Sozialarbeiterinnen die Ebene des „mittleren Managements", etwa als leitende Sozialarbeiterin. Diese Umkehrung der Ausgangsvoraussetzungen ist hauptsächlich systemimmanent, zum Teil liegt sie aber auch am Selbstverständnis vieler Frauen, das sich von dem der Anfänge der bürgerlichen Frauenbewegung nicht wesentlich unterscheidet.
Von Sozialarbeiterinnen wird eine allumfassende Kompetenz verlangt, sie müssen sich auskennen im Familienrecht und im Mietrecht, im Kreditwesen und in der Jugendhilfe, im Arbeitsrecht und in psychologischen Bereichen. Dennoch wird diesem Beruf bis heute die gesellschaftliche Anerkennung verwehrt, wie sie andere Dienstleistungsberufe wie z. B. Ärzte, Rechtsanwälte oder Psychologen genießen. Dabei ist eine zunehmende Tendenz zu beobachten, Defizite der Politik auf die Sozialarbeit abzuwälzen, wie z. B. der Versuch, den massiven Neofaschismus sozialarbeiterisch aufzulösen, besonders deutlich zeigt. Immerhin nimmt der Sozialetat mehr als ein Drittel des Bundeshaushaltes ein und ist somit ein großer wirtschaftlicher Faktor.

Lit.: Christa Cremer/Christiane Bader/Anne Dudeck (Hrsg.), Frauen in sozialer Arbeit. Zur Theorie und Praxis feministischer Bildungs- und Sozialarbeit, Weinheim/München 1990; Walter Hollstein/Marianne Meinhold, Sozialarbeit unter kapitalistischen Produktionsbedingungen, in: Texte zur politischen Theorie und Praxis, Frankfurt/M. 1974; Dieter Kreft/Ingrid Mielenz (Hrsg.), Wörterbuch: Soziale Arbeit, Weinheim/Basel 1988; Thomas Olk, Abschied vom Experten. Sozialarbeit auf dem Weg zu einer alternativen Professionalität, Weinheim/München 1986; Christoph Sachße, Mütterlichkeit als Beruf, Frankfurt/M. 1986.

Annette Püntmann

Sozialismus; → Demokratie, Emanzipation, → Feminismus, → Geschichte, → Utopie.

Spirale; das Prinzip, das der schwangerschaftsverhütenden S. zugrundeliegt, ist 2000 Jahre alt. So lange ist bekannt, daß eine Schwangerschaft durch Einlegen von Steinen oder Ringen in die Gebärmutter verhindert werden kann. Es gibt drei verschiedene Typen von S.n: (1) die Plastiks. (z. B. die Lippes-Schleife), deren Wirkung auf einer ständigen Reizung beruht, die Entzündungen in der Gebärmutter hervorruft; (2) die Kupfers. (Kupfer T und Kupfer 7), die ständig Kupferionen abgibt und Enzymverwandlungen in der Gebärmutter bewirkt, die deren Klima so verändern, daß die Einnistung des Eis verhindert wird; (3) die Hormonspirale (Progestasert), die mit Gelbkörperhormonen gefüllt ist.
Alle Spiralen beeinflussen oder verändern die Gebärmutterschleimhaut, bewirken entweder eine verspätete Reifung derselben oder einen Abstoßungseffekt oder machen es dem Ei einfach ungemütlich, so daß es nicht nistet (→ Verhütung). Aber genau weiß es keine(r).
Wenn trotzdem eine Schwangerschaft entsteht, werden viele Frauen sie nicht austragen wollen oder können und die Schwangerschaft abbre-

chen. Möchte die Frau das Kind aber gern bekommen, wird man ihr nicht zum Schwangerschaftsabbruch raten: Mittlerweile liegen ausreichend Erfahrungen über Frauen vor, die trotz IUD schwanger wurden, und über ihre Kinder, so daß man sicher davon ausgehen kann, daß die Fehlbildungsrate bei diesen Kindern nicht erhöht ist. Allerdings wird der Frauenarzt, wenn möglich, wegen der großen Infektionsgefahr die Spirale entfernen, wenn eine Schwangerschaft eingetreten ist – und dabei kommt es sehr häufig zur Fehlgeburt. (→ Verhütung)

Sport; aus dem Engl., Kurzform von „disport" = Vergnügen, altfranz. „desport"; Sammelbezeichnung für Bewegungs-, Spiel-, Wettkampfformen.
In seinen Anfängen war der S. eng verknüpft mit kultischen Handlungen. Anlässe für Spielfeste waren Geburten, Saat- und Erntebeginn, Göttinnen- und Götterverehrung. Der Frauens. war (und ist) geprägt von der Stellung der Frau in der Gesellschaft. Soweit es sich um matriarchalische Gesellschaften handelte oder solche Tradition noch lebendig war, beteiligten sich Frauen an sportlichen Spielen und Wettkämpfen, erhielten Mädchen ebenso wie Jungen eine sportliche Erziehung. So bei dem nordiranischen Stamm der Sauromaten im 3. und 2. Jh. v. u. Z., im antiken Kreta, in Sparta, im alten Ägypten.
In den griechischen und römischen patriarchalischen Staaten der Antike war öffentliche sportliche Betätigung allenfalls Frauen der oberen Schichten möglich, wurden Frauen nur zu den Spielen zur Ehre der Göttin Hera zugelassen.
Im Mittelalter finden sich in der Erziehung der „Ritterfräuleins" auch sportliche Elemente wie Wurfspiele und Reiten. Lange Zeit noch blieben Sportarten wie Jagen und Fechten adeligen Frauen vorbehalten. Mitunter wurden auf ländlichen Festen auch Wettkämpfe ausgetragen, an denen sich bäuerliche Frauen und Mädchen beteiligten, Frauen und Männer in Wettstreit miteinander traten.

Das bürgerliche Frauenbild legte den Frauen eine Vielzahl von Regeln der Sittlichkeit und der Schicklichkeit auf. Lange, einengende Kleidung machte Frauen unbeweglich. (So erregte die Absicht einer Frau Ende des 18. Jhs. Ärgernis, wollte sie doch zusammen mit einem Mann fliegen; der Versuch wurde verboten). Von den Gegnern der Emanzipation wurden die Frauen für zu schwach erklärt, Sport zu treiben, Turnlehrerin zu werden.
Besonderer Unfug wurde zum Thema S. und Geschlecht unter dem Deckmantel der Wissenschaftlichkeit von Ärzten verbreitet. Befürchtet wurde durch die Teilnahme an Spiel- und Sportfesten die „Verminderung der Liebe zum stillen häuslichen Wirken". Besonders gewarnt wurde vor der Schädigung der Sexualorgane, denn „man darf nicht übersehen, daß der weibliche Körper seiner Bestimmung nach unten geöffnet ist, so daß bei heftigen Leibesübungen gar leicht Vorfälle entstehen können. Übermäßige Schritte, Spreitzleistungen, hohe Sprünge sind deshalb aus dem weiblichen Turnunterricht auszuschließen." (Kloss, 1855).
Die feindliche Einstellung zum Frauens. ging bis zum Exzeß. So wurde auf den Baseler „Herrenwie-

Spartanische Läuferin, Bronze, erste Hälfte des 6. Jahrhunderts v. u. Z.

Seit 1884 behaupten sich Frauen auch im Rudern. Anfänglich ließen sie sich allerdings auf „Stilwettbewerbe" beschränken. Erst 1926 setzte der Berliner Frauenruderverein „Walküre" sich auch im Wettrudern durch.
Seltsame Blüten trieben damals männliche Vorurteile: Frauen durften nicht die leichten Rennboote benutzen; sie mußten in kippsicheren Klinkerbooten starten.

sen" 1855 Fräulein Maria Weigel gesteinigt, weil es dortselbst Schlittschuh gelaufen war.

Trotz erheblicher Gegnerschaft wurden in den 30er Jahren des 19. Jhs. die ersten privaten Turnkurse für Mädchen angeboten. Eltern heranwachsender Töchter versprachen sich vom Turnen die Heilung der „Schiefheit", erhofften bessere Heiratschancen. Obwohl neben gesundheitlichen auch militärische Gesichtspunkte wie „Wehrhaftigkeit des deutschen Volkes" eine Rolle spielten, sollte doch „bei dem Turnen der Mädchen die Erziehung zur Anmuth" im Vordergrund stehen. In den 40er Jahren entstanden Frauenvereine, die sich auch für die Verbreitung des Frauenturnens einsetzten. Das Ende der Revolution 1848 brachte auch das Ende solcher Bemühungen. Über Damenturnvereine und -abteilungen wird erst wieder in den 80er Jahren berichtet.

Jiu-Jitsu im Arbeitersport, 1930.

In den Schulen wurde das Turnen für Mädchen viel später eingeführt als für Jungen. Als erstes in Hessen in der Mitte des 19: Jhs. an Höheren Mädchen-Schulen; im ganzen Reich wurde es erst zum Ende des Jhs. Pflicht. In Volksschulen wurde bis 1914 das Turnen oft durch den weniger aufwendigen Handarbeitsunterricht ersetzt. Obligatorisch wurde es erst nach 1918.

Die Entwicklung des S.s spiegelt sich auch in der Kleidung wider. In der ersten Hälfte des 19. Jhs. ging es etwas liberaler zu.; in der zweiten Hälfte mußten Mädchen in ihren Schulkleidern turnen, Turnlehrerinnen ihre Prüfung „geschnürt" und mit hohen Absätzen ablegen. Da sich die langen Kleider besonders für die Radfahrerinnen störend auswirkten, beriefen diese 1897 in Oxford den sogenannten „Hosenkongreß" ein.

Mit der Entwicklung der Arbeitersportbewegung erhielten auch die Frauen mit wenig Geld die Möglichkeit zum S. Aber auch diese Entwicklung verlief nicht ohne Hindernisse. In Sachsen wurden Arbeiterturnvereine verboten, weil wegen des Frauen- und Jugendturnens Politisches gewittert wurde. Bürgerliche Vorurteile waren auch bei den Genossen groß, wenn auch der Arbeiterturnverein (gegründet 1893) die Gleichstellung der Geschlechter in der Satzung verankert hatte. Das gab es bis 1918 in keiner anderen Sportorganisation der Welt.

Die politischen und sozialen Umwälzungen nach 1914/18 spiegeln sich auch im S. wider. Nach intensiver Werbearbeit durch Frauen stieg der Anteil der weiblichen Mitglieder in den Arbeiter-Turn- und -Sportvereinen in den 20er Jahren von 7,9 auf 17,2 Prozent an. 1930 wurde ein Beschluß gefaßt, daß „für weibliche Mitglieder Delegiertinnen gewählt werden" mußten.

Trotz erheblicher Gegnerschaft eroberten Frauen Sportarten wie Tennis, Radfahren, Rudern, betrieben Bergsteigen, Fußball, Schwimmen, Leichtathletik, (Eis-) Hockey, Skifahren, Skispringen, Ballonfahren, Fallschirmspringen – auch als Hochleistungss. Bereits 1808 bestieg Maria Paradies als erste Frau den Mont Blanc. 1911 stellte Melli Beese, die als erste deutsche Frau einen Flugzeugführerpaß erwarb, den Weltrekord im Damenhochflug von 825 m auf. Zwischen 1908 und 1912 stand die Gräfin Lambert im Skispringen Sprünge bis 30 m und war damit besser als viele männliche Kollegen. In vielen S.arten, in denen Frauen erst jetzt wieder aktiv werden, gibt es in der Weimarer Republik Vorbilder, die vergessen wurden; so im Auto- und Motorradrennen, Stabhochspringen, Degenfechten.

Frauen im Hochleistungssport wurden behindert, sogar angefeindet. Förderte die Radfahrindustrie zu Beginn der 90er Jahre als Attraktion Damenwettbewerbe, so wurden diese bereits 1896 durch den „Deutschen Radfahrbund" verboten. Den „kühnen Sportdamen" wurde empfohlen, lieber an „Reigen mit blumengeschmückten Rädern" teilzunehmen, so wie Frauen zuvor auch schon das Stilrudern und der Schwimmreigen empfohlen worden war.
An den ersten neuzeitlichen Olympischen Spielen 1896 nahm keine Frau teil. Aus Protest durchlief Stamatia Rovithi, eine 35 Jahre alte Mutter von sieben Kindern von der Insel Syros, die Olympia-Marathonstrecke in fünfeinhalb Stunden. (Erst 1984 in Los Angeles waren Frauen zum Marathon-Wettbewerb zugelassen.)
Gegen die Beschränkung der Frauen auf wenige S.arten wandten sich z. B. die Französin Alice Milliat und Vertreterinnen aus fünf weiteren Ländern mit der Gründung eines internationalen Sportverbandes, der „Fédération Sportive Féminine Internationale" (FSFI). Die FSFI organisierte 1922 in Paris die ersten offiziellen Frauenweltspiele, die „Jeux Olympiques Feminins". Aufgrund des großen Erfolgs dieser Frauenweltspiele in Paris und derjenigen vier Jahre später in Göteborg drohten sie sich zu einer ernsthaften Konkurrenz für die olympischen Männerspiele zu entwickeln. Daraufhin sah sich das Olympische (Männer-)Komitee bemüßigt, bei seinen Spielen in Amsterdam 1928 probeweise Frauen zuzulassen. In der Folge erkämpften sich die Frauen in immer mehr Sportarten das Recht auf Teilnahme an den Olympischen Spielen, was einerseits als Erfolg der internationalen Frauensportbewegung gewertet werden muß, andererseits jedoch mit der Aufgabe autonomer Strukturen im Sport verbunden war. So fanden nach 1930 (Prag) und 1934 (London) keine Weltfestspiele der Frauen mehr statt. Bei den Olympischen Spielen machen die Frauen heute ca. ein Fünftel der teilnehmenden Sportlerinnen und Sportler aus.
Wie in anderen Ländern entwickelte sich auch in Deutschland eine eigene weibliche Körper-Sport-Kultur vor allem in den 20er Jahren. Diese Gymnastik-, Tanz-, Gesundheitsbewegung enthielt durchaus befreiende Momente (→ Tanz). Leider entwickelten sich damit auch Ansätze rückschrittlicher → Weiblichkeitsideologie – „die Ganzheit der Bewegung" sollte die „Seele der Frauen zum Schwingen bringen" –, die in der nationalsozialistischen Diktatur zu einer Sparte des weiblichen S.s, Abteilung „Glaube und Schönheit", stilisiert wurden.
Auch nach 1945 orientierte sich der S. in der Bundesrepublik an der „weiblichen Wesensart", wurden Harmonie und Ästhetik auch im S. als spezifisch fraulich erachtet. Noch 1975 schrieb Husslein in einer sportmedizinischen Fachzeitschrift: „Die sportliche Minderwertigkeit der Frau im Vergleich zum Mann ist eine Tatsache. Daran kann auch das ‚Jahr der Frau' nichts ändern. Die Frauen sollten nicht den Ehrgeiz haben, es auf diesem Gebiet den Männern gleichtun zu wollen. Dafür hat die Natur die Frauen mit Schönheit und Charme ausgestattet und sie so im reichen Maße entschädigt."
In Funktionärsgremien – nur 5 von 110 Bundestrainern sind Frauen –, in der S.wissenschaft und im S.journalismus sind Frauen stark unterrepräsentiert.

Wenn Frauen Funktionen übernehmen, geschieht dies vornehmlich in den Bereichen des Jugend- und Frauensports. Wichtige Entscheidungen des modernen S.s werden meist von Männern getroffen. Frauen sind an der Entwicklung von Konzeptionen und der Beantwortung von wichtigen Fragen – Professionalisierung, Doping, Kinders. – kaum beteiligt.
Die öffentliche Berichterstattung ist nicht ausreichend und vielfach diskriminierend.
Nur langsam werden Vorurteile und Benachteiligungen abgebaut. Beispielsweise hat sich in der S.medizin endlich die Erkenntnis durchgesetzt, daß Frauen für Ausdauerdisziplinen besonders geeignet sind.
In vielen Sportbereichen, die früher reine Männerdomänen waren, haben sich Frauen heute ihren Platz erkämpft. Beim Marathonlauf, Basketball, Handball und Hockey waren die Frauen z. B. bei den Olympischen Spielen 1972 in München noch ausgeschlossen. Selbst im Fußball, wo es den Vereinen bis 1970 noch verboten war, Frauenteams zu bilden und Plätze für Frauenfußballteams zur Verfügung zu stellen, haben sich die Spielerinnen Achtung verschafft. Von einer Gleichstellung von Frauen und Männern kann jedoch auch heute weder finanziell noch ideell die Rede sein. Während die Herren Nationalspieler beim Fußball Millionen scheffeln, können die Frauen, die 1989 den Europameisterinnentitel gewannen, froh sein, wenn ihre Kosten gedeckt werden. Bis auf wenige Ausnahmen gilt dieses Mißverhältnis im gesamten Leistungs- und Profisport, und ständig besteht die Gefahr, daß die ohnehin schon geringere Förderung der Frauen weiter eingeschränkt wird.
Auffällig ist, daß Sportlerinnen da, wo sie nicht in Konkurrenz mit Männern um finanzielle oder ideelle Unterstützung von Institutionen und Funktionären treten, besonders erfolgreich sind. Dies wird deutlich an den internationalen Erfolgen der Leichtathletinnen aus Leverkusen, von Heide Rosendahl und Liesel Westermann über Ulrike Meyfarth bis Heike Henkel, der Volleyballerinnen aus Lohhof und Schwerte, der Basketballteams aus Düsseldorf und Barmen, der Handballerinnen aus Lützelinden und Engelskirchen oder der Fußballerinnen aus Brauweiler, Siegen und Bergisch Gladbach. Die Frauen werden in diesen Vereinen und Abteilungen nicht ständig an der Bezugsgröße „Mann" gemessen, und es wird ihnen kein minderer Wert zugeschrieben. Dies drückt sich in finanzieller Hinsicht ebenso aus wie in besseren Hallen- und Trainingszeiten, qualifizierteren, insbesondere frauenspezifisch ausgebildeten Trainer(inne)n und besserem Material. Bei aller Kritik am Hochleistungssport ist es notwendig, daß sich Frauen, die sich in diesen Bereichen bewegen, nicht weiter zurückdrängen lassen, sondern auf Gleichberechtigung pochen und auf die Entwicklung Einfluß nehmen. Hierzu ist es u. a. erforderlich, daß Frauen verstärkt in den Gremien von Sportorganisationen vertreten sind und zahlreicher als bisher als Sportjournalistinnen und als Trainerinnen arbeiten, und zwar nicht als Alibivertreterinnen, sondern als selbstbewußte Repräsentantinnen des Frauensports. Die jüngst verabschiedeten Frauenförderpläne der Sportorganisationen könnten hierbei hilfreich sein.
Dabei geht es keineswegs in erster Linie um den Leistungssport. Sport

15. Olympische Sommerspiele, Helsinki 1952.

ist zunehmend zu einem Bestandteil der Lebensweise von Frauen (und Männern) geworden. Nahezu ein Drittel der BundesbürgerInnen ist in einem Sportverein organisiert. Dabei sind die Zuwachsraten bei den Frauen besonders hoch. Waren z. B. 1950 nur 10% der Mitglieder des Deutschen Sportbundes Frauen, so lag deren Anteil 1991 schon bei 37%. Noch deutlicher läßt sich diese Tendenz außerhalb der Vereine, etwa bei privaten Sport- und Fitneßcentern ablesen. Dabei ist jedoch festzustellen, daß die Beteiligung am Sport bei Frauen je nach sozialer Schicht sehr unterschiedlich ausfällt. So sind weniger als 5% der Frauen im Sportverein ungelernte bzw. angelernte Arbeiterinnen.

„Hauptschülerinnen sind zu etwa 26%, Realschülerinnen zu 40% und Gymnasiastinnen zu mehr als 50% in Sportvereinen organisiert" (Berndt 1991, 98). Diese positiven Trends täuschen jedoch nicht darüber hinweg, daß Frauen und Mädchen nicht nur quantitativ unterrepräsentiert sind, sondern auch auf qualitativer Ebene keine ausreichenden Möglichkeiten haben, sich „ihren Sport" zu erschließen. Viele Mädchen und Frauen sind unzufrieden mit dem Sportverein. „Sowohl die Art der sportlichen Betätigung als auch die Sinnrichtung, mit der dieser Sport betrieben wird, stoßen insbesondere bei Mädchen auf Ablehnung" (Schröder zit. nach Scheffel/Sobiech 1991, 38). Ein Grund hierfür ist die einseitige Orientierung des Sports an „männlichen" Werten, Normen und Bedürfnissen, denen Frauen und Mädchen sich im herrschenden Sportsystem unterwerfen müssen. Denn mit dem Kampf um die Teilhabe an der „männlichen" Sportkultur gelang den Frauen zwar einerseits ein Einbruch in diese alte Männerdomäne, doch sie verloren andererseits weitgehend die Chance, die Strukturen der Sportorganisation autonom zu bestimmen und ein Sportverständnis zu entwickeln, das sich an ihrer Lebensrealität orientiert.

Seit Beginn der 80er Jahre werden die Stimmen von Frauen lauter, die sich mit dem Kampf um eine Partizipation am Männersport nicht mehr begnügen wollen. Sie unterziehen die herrschende Sport- und Bewegungskultur einer grundsätzlichen Kritik und fordern eigene Räume für Frauen, in denen sie eine selbstbestimmte Sport- und Bewegungskultur entwickeln können. So hat sich in den letzten zehn Jahren eine Frauensportbewegung konstituiert, deren Ziel es ist, eine Sport- und Bewegungskultur zu entwickeln, die sich an der Lebensrealität von Frauen und Mädchen orientiert. Wesentliches Prinzip einer feministischen Bewegungsarbeit ist es, die Bewegungs- und Körpergeschichte von Frauen und Mädchen als eine innerhalb bestehender gesellschaftlicher Bedingungen und Grenzen entwickelte zu sehen. So schlägt sich z. B. die Erfahrung von physischer und psychischer Gewalt gegen Frauen im Körper- und Bewegungsverhalten nieder, und das herrschende „Frauenbild" hat einen einschneidenden Einfluß auf die Entwicklung bzw. Verkümmerung von Bewegungsbedürfnissen. Grundlegende Elemente feministischer Bewegungsarbeit sind Wertschätzung und Akzeptanz der einzelnen Frauen untereinander und Parteilichkeit und Betroffenheit als notwendige Grundhaltungen. Eine praktische Umsetzung dieser theoretischen wie praktischen Arbeit findet in erster Linie in den immer zahlreicher werdenden Frauensportvereinen und in Teilen des Hochschulsports statt. Vereinzelt wird sie jedoch auch im institutionellen Rahmen, in Sportvereinen, Sportinstituten und Freizeiteinrichtungen aufgegriffen und weitergeführt. Die lange Zeit herrschende feministische Abstinenz im Sport scheint ein Ende gefunden zu haben.

Lit.: Mechtild Buschmann/Sabine Kröner (Hrsg.), Frauen in Bewegung, Ahrensburg 1988; Michael Klein (Hrsg.), Sport und Geschlecht, Reinbek 1983; Michael Klein, Frauen im Sport – gleichberechtigt? Schriftenreihe des Bundesministeriums des Innern Nr. 19, Stuttgart 1987; Birgit Palzkill/Heidi Scheffel/ Gabriele Sobiech, Bewegungs(t)räume. Frauen, Körper, München 1991; Birgit Palzkill, Zwischen Turnschuh und Stöckelschuh, Bielefeld 1990; Sylvia Schenk (Hrsg.), Frauen, Bewegung, Sport. VSA-Verlag, Hamburg 1986.

Monica Schierenberg/Birgit Palzkill

„Du mußt nicht springen wie ein Mann, sondern wie ein Mädchen!"
wurde einer Turnerin von einem Lehrer zugerufen, der auf „weibliche Eigenart" bedacht war.

Annegret Richter, Sprinterin, u. a. Olympiasiegerin 1976 im 100-m-Lauf der Frauen.

Sprache; daß Frauen angefangen haben, sich selbst und „dem Volk auf's Maul zu schauen", ist noch nicht lange her. Die Neue Frauenbewegung stieß sehr bald bei ihrer Suche nach weiblicher Identität auf den Zusammenhang zwischen Sprache und Bewußtsein sowie Sprache und Diskriminierung. „Der diskriminierende Gehalt dieser Sprache ist nicht an angeblichen Formen feststellbar. Er besteht im Weglassen und Verschweigen. . ." (Daniela Gollnow, in: TAZ vom 13. 10. 83).
Die Sprache ist ein wichtiges Werkzeug, mit dem wir täglich umgehen; wir überzeugen, lenken ein, überreden, verständigen uns. . . ob im Privatbereich, vor Gericht oder im Parlament. Es ist daher nicht verwunderlich, daß sich die Frauenbewegung sehr kritisch mit dem Werkzeug Sprache auseinandersetzt und danach fragt, ob es für Frauen geeignet ist. Nehmen wir die Wendung „Väter des Grundgesetzes". Diese Formulierung ist falsch, denn bei der „Geburt" des Grundgesetzes waren vier Frauen beteiligt! Worte wie „Fachmann" oder „Ratsherr" entstammen einer Zeit, in der Frauen als Expertinnen oder öffentlich Handelnde nicht auftraten. Heute haben die Tatsachen solche Begriffe überholt. Die alten maskulinen Begriffe verhindern die sprachliche Widerspiegelung vieler von Frauen erkämpfter Tatsachen.

„Viele Wörter sind schlapp geworden, weil sie zu lange aufgeblasen worden sind."

Margret Gottlieb

Rein maskuline Begriffe lösen bei uns unbewußt „stillschweigende Annahmen" über das Geschlecht aus. Hören wir z. B. „Minister", „Chirurg" oder „Arbeiter", stellen wir uns automatisch Personen männlichen Geschlechts vor. Jeder Begriff, der den Mann zur Norm macht (z. B. Amtsmann, Vertrauensmann, Mannschaft usw.) verlängert Stereotypen, die das Denken in nur eine Richtung lenken: in die männliche. Nun wird behauptet, daß Frauen bei solchen Sprachformen mitgemeint seien, denn die generischen Sprachformen seien identisch mit den maskulinen. Warum heißt es dann z. B. in einem Steuerantrag: „Erwünscht sind Daten vom Antragsteller und seiner Ehefrau"? Warum schreibt eine Zeitung: „Unter den Teilnehmern waren etliche Frauen"? Wir sehen: die scheinbar neutrale Sprachform entpuppt sich bei näherer Untersuchung als männliche Sprachform.
Sprache wirkt nach außen, d. h. auf gesellschaftliche Verhältnisse ebenso wie nach innen, d. h. auf das Bewußtsein (vgl. Gudula List, Sprachpsychologie, Stuttgart 1983). Mit Sprache werden Normen vermittelt, die sich in uns unhinterfragt festsetzen. „Der Minister und seine Mannschaft" – eine solche Formulierung verhindert, daß wir an Frauen als Ministerin und an Frauen im Team der Ministerin denken. Wenn in der Sprache der Politik die weiblichen Wortformen fehlen, wird gleichzeitig vermittelt, daß die Präsenz von Männern in der Politik das „Normale" sei und die von Frauen die Ausnahme. Diese heimlichen Leitlinien wirken selbstverständlich auch auf das Selbstbewußtsein und Selbstverständnis von Frauen, und der Teufelskreis der „sich selbst erfüllenden Sprachprophezeiung" schließt sich in dem Verständnis auch von Frauen, daß Politik „Männersache" sei.
Bei dem Kampf um Sprache geht es also nicht „nur um Worte", es geht zugleich um Normen und gesellschaftliche Tatbestände. Daher fordern viele Frauen eine geschlechtergerechte Verwendung der Sprache. Frauen wollen, daß die Leistungen und die Präsenz von Frauen sprach-

lich sichtbar werden. Sprechen wir beispielsweise von „der Professorin“, wird hörbar, was lange Zeit in der Geschichte nicht möglich war: eine Frau in dieser Position. Die konsequente Anwendung der weiblichen und männlichen Form hat darüber hinaus eine kritische Funktion. Sprechen wir z. B. konsequent von „der Oberstadtdirektorin oder dem Oberstadtdirektor“ wird deutlich, wie wenig Frauen in dieser Funktion vertreten sind. Erwähnen wir beide Geschlechter, hat das zur Folge, daß wir uns Frauen auch in Zusammenhängen vorstellen können, die sonst nur Männern vorbehalten waren oder sind. Es gibt sie, die Kanzlerin oder den Kindergärtner! (Vgl. List 1989).

Sprache verändern? Das stößt auf entschiedenen Widerstand. Die Sprachkritik der Frauen wird als „kleinlich“, „pedantisch“ usw. abgewertet. Frauen aus der Wissenschaft, der Politik, den Institutionen oder der Frauenbewegung lassen sich von solchen Vorwürfen jedoch nicht beeinflussen. Schon die in den 70er Jahren von der Sprachwissenschaftlerin Marie Luise Pusch entworfenen „Therapievorschläge“ gingen „von Mund zu Mund“ und zeigten bald eine breite Wirkung. Die Frauenbewegung griff die Sprachforderungen auf, so forderte die Fraueninitiative 6. Oktober: „Sprechen wir selbst bewußter, benutzen wir selbstbewußter die weibliche Wortform, ändern wir, wenn nötig, Formulare, Verträge und Vordrucke. . .“ (1983). Viele Frauenbüros/Gleichstellungsstellen haben diese Forderungen aufgegriffen. In zahlreichen Frauenbüros wurden Sprachrichtlinien entwickelt (u. A. Spieß; Müller). Die Sprachbewegung ging von „unten nach oben“, bis in die Ministerien und Landtage, um zu erreichen, daß in Rechtssprache, Gesetzestexten und Formularen Männer und Frauen berücksichtigt werden.

Die Sprachleitlinien empfehlen, daß beide Geschlechter sichtbar und hörbar, daß sie sprachlich symmetrisch behandelt werden und daß die Sprache der Eindeutigkeit dienen und lesbar sein soll. Die erste Forderung des Sichtbar- und Hörbarmachens schließt die Forderung nach der Verwendung weiblicher und männlicher Funktionsbezeichnungen ein. Die Symmetrie zwischen den Geschlechtern wird verletzt, wenn z. B. in Anwesenheitslisten, Türschildern usw. Männer sprachlich anders behandelt werden als Frauen (männlicher Nachname, bei weiblichen Personen der Zusatz „Frau“). Zu vielen Uneindeutigkeiten führt das häufige Wechseln zwischen ausschließlich männlichen Bezeichnungen und der sporadischen Verwendung von weiblichen und männlichen Personen- und Funktionsbezeichnungen. Männliche Personenbezeichnungen sollen nur da verwendet werden, wo ausschließlich Männer gemeint sind, z. B. „Bewerber, die ihren Grundwehrdienst ableisten“. Die Sprache

Mexikanische Statuette.

Madonna und Kind.

soll lesbar sein, Querstriche oder das „in" in Klammerung verhindern es, einen Text flüssig zu lesen. Daher sollen Verbindungen durch „und", durch „oder" und durch „bzw." geschaffen werden. Solche Texte bleiben leserlich und „sprechbar".
Die Empfehlungen der Frauenbüros/Gleichstellungsstellen betreffen ebenfalls Anredeformen, in denen ebenso viele kleine Diskriminierungen stecken (Brief an Ehepaar Klaus Schulz). Frauen und Männer sollen persönlich angesprochen werden. Auch wenn die Personen nicht bekannt sind, soll nicht automatisch die Anrede „Herr" gelten. Auch die Funktion des Haushaltsvorstandes wird nicht grundsätzlich vom Mann übernommen! In Einladungen sollten Ehefrauen bzw. Ehemänner oder Lebensgefährten namentlich erwähnt werden, auch in einer gemischten Gruppe, in der nur eine Frau anwesend ist, sollte sie angesprochen werden usw. usw.
Die Arbeit an gleichberechtigten und gerechten Verhältnissen und der Gesellschaft schließt die Arbeit an einer geschlechtergerechten Sprache ein. Diese Arbeit hält unvermindert an! „Frauen machen 52% der Menschheit aus; stellen wir uns einmal vor, von diesem Teil der Menschen ebenso viel zu hören, zu lesen, zu sehen und zu sprechen wie von dem anderen Teil – das wäre eine veränderte Welt!"

Lit.: Gudula List, Sprachpsychologie, Stuttgart 1983; dies., Sondervotum zu den Funktions- und Amtsbezeichnungen im Entwurf einer Grundverordnung für die Universität Köln, Köln 1989; Ursula Müller, Empfehlungen für eine zeitgemäße, Frauen und Männer angemessen berücksichtigende Verwaltungssprache der Landeshauptstadt Hannover, Referat für Gleichstellungsfragen, Hannover, November 1988; Luise F. Pusch, „Alle Menschen werden Schwestern", Frankfurt/Main 1990; dies., Das Deutsche als Männersprache, Frankfurt/Main 1984; dies., Feminismus: Inspektion einer Herrenkultur, Berlin 1983; Gesine Spieß, Leitfaden für ein geschlechtergerechtes Sprechen, Düsseldorf 1991; Senta Trömel-Plötz, Frauensprache – Sprache der Veränderung, Frankfurt/Main 1982.

Gesine Spieß

Stillen; von ahdt., mhdt. „stillen", still machen, beruhigen; einen Säugling nach der Geburt mit der in den Brüsten sich bildenden Milch ernähren. S. ist die natürliche Ernährung eines Säugetieres in der ersten Zeit seines Lebens. Beim Menschen dauert diese Zeit etwa ein Jahr, in manchen Kulturen länger, und das Kind wird daher in dieser Zeit → Säugling genannt. Die Muttermilch ist aufgrund ihrer Beschaffenheit die ideale Nahrung. Sie führt dem Kind Abwehrstoffe zu, die es noch nicht selbst bilden kann und ist auf seine Nahrungsbedürfnisse abgestimmt. Während des S.s bildet sich die Gebärmutter in ihren normalen Zustand zurück.

Die Milch schießt etwa drei Tage nach der Geburt voll ein. Das Saugen des Kindes beschleunigt die Milchproduktion. Erst nach 3 bis 6 Monaten brauchen Kinder, die voll gestillt werden, eine Zusatznahrung.

Die Zuträglichkeit des S.s, vornehmlich über die ersten drei Monate hinaus (dann beginnen die Säuglinge selbst Abwehrstoffe zu bilden) wird in Anbetracht der hohen Schadstoffbelastung der Muttermilch in Frage gestellt. (→ Umwelt)

Die frauenfeindlichen Tendenzen in unserer Gesellschaft schließen entgegen allen regierungsamtlichen Beteuerungen auch mutterfeindliche ein. Eine Frau, die ein Kind bekommt, muß selbst sehen, wie sie fertig wird mit ihrem Schicksal. In der Arbeitswelt ist kein Platz für Mütter vorgesehen, die einen → Säugling zu versorgen haben. Es gibt kaum Betriebskrippen oder andere Krippen für Säuglinge oder Gelegenheiten für Mütter, neben ihrer Arbeit ihre Kinder zu stillen.

Studentin; die Phase des Studentin-Seins bedeutet heute nicht mehr nur Vorbereitung auf ein qualifiziertes Berufsfeld, sondern hat auch den Anstrich von „Normalität" und kultureller Selbstverständlichkeit als quasi eigenständige Phase im Lebensverlauf von Frauen erhalten. Während das Studium früher nur den Söhnen privilegierter Familien zugestanden wurde sowie wenigen Frauen aus Hochschullehrer-, Apothekter-, Juristen- und Arztfamilien, wird es inzwischen auch von Frauen aus den breiten Mittelschichten zur beruflichen Qualiufizierung und zur Selbstreflexion genutzt. Der Prozentsatz der Arbeitertöchter, der zu

Beginn der 80er Jahre gestiegen war, ist allerdings wieder gesunken.
In Deutschland können wir auf eine ca. 90jährige Geschichte der Zulassung von Frauen zum wissenschaftlichen Studium zurückblicken (→ Wissenschaft, → Forschung). Diese Geschichte ist ohne die Frauenbewegungen und ohne engagierte einzelne Pionierinnen nicht vorstellbar, allerdings auch nicht ohne wohlwollende Protektion einzelner Männer. Letztere betrachteten die Studienfrage nicht nur als Not- und Brotfrage für (unverheiratete) Frauen, sondern oft auch unter dem Aspekt, ihren eigenen Geschlechtsgenossen damit Berufsperspektiven im Bildungsbereich zu eröffnen. Denn zunächst mußten die Mädchenschulen, die den jungen Frauen im 19. Jh. keine Studienberechtigung verliehen, in das allgemeine Bildungssystem eingepaßt werden, was eben auch z. B. Stellen für Lehrer schuf. Mit welchen gesellschaftlichen Einschränkungen sich die Studentinnen der ersten Generationen auseinanderzusetzen bzw. in welche gesellschaftlichen Normen sie sich einzufügen hatten, vermitteln u. a. einige „alte“ Romane (z. B. Grote 1927). Dagegen haben heutige Studentinnen vergleichsweise viele Gestaltungsmöglichkeiten, selbst dann, wenn sie Studium und Kindererziehung unter einen Hut zu bringen versuchen, was immer viele Zumutungen und hohe Organisationsanforderungen an die Studien- und Lebenssituation bedeutet (vgl. Schön u. a. 1990).
Im Vergleich zu anderen europäischen Staaten und den USA wurde den Frauen in Deutschland am längsten das Immatrikulationsrecht vorenthalten. Widerstände kamen sowohl von den Ministerien und Regierungen als auch von den Hochschulen selbst. Vor allem aber wehrten sich die Vertreter der berufsständischen Interessen der Mediziner, Juristen und Lehrer gegen eine Aufnahme von Frauen. Sie befürchteten unliebsame Konkurrenz. Kein Argument wurde ausgelassen, um die Ungeeignetheit von Frauen zum Studium zu begründen. Doch es gab auch Stimmen, die meinten, man könne die Frauen nicht vom Studium abhalten. So erlaubte zuerst Baden 1900 den Frauen „versuchsweise“ das Studium, andere Länder folgten, erst 1908 folgte Preußen und zuletzt 1909 Mecklenburg. Die Studentinnenzahlen stiegen rasch. Ausgehend von 1132 Studentinnen an deutschen Universitäten im WS 1908/9, die einem Anteil von 2,37% an allen Studierenden entsprachen, stieg ihr Anteil bis 1933 stetig an. 17 192 Studentinnen waren im WS 1932/3 eingetragen, ein Prozentsatz von 18,57 aller Studierenden. 1934 wurde von der nationalsozialistischen Regierung ein geschlechtsspezifischer Numerus Clausus für Frauen erlassen: Nicht mehr als 10% sollte ihr Anteil ausmachen. Ihre Anzahl sank absolut und prozentual. Doch bereits während des 2. Weltkrieges stieg ihre Zahl zunächst prozentual, dann auch absolut wieder an. Die Frauen durften „ersatzweise“ für Männer Studien- und Arbeitsplätze einnehmen. 1941/1 betrug die Quote 32,04%, was 11 882 Studentinnen entsprach. Nach dem Krieg hatten Kriegsheim-

„Kandidatin, sagen Sie mir, was fällt Ihnen an der Patientin auf?“ „Daß das Mensch einen seidenen Unterrock anhat.“

Frauenstudium, Thomas Theodor Heine, Simplizissimus, 1901

Unter den Studenten gab es, u. a. in Italien, auch einige Studentinnen. – Vorlesung über Ethik, Anfang 15. Jh.

kehrer vorrangig das Recht auf einen Studienplatz. Deshalb mußten Studentinnen warten. 1949 betrug ihr Anteil 17,3%.

Das Hochschulsystem wurde mit der Gründung der Bundesrepublik restauriert. Erst in den 60er Jahren wurden Reformen eingeleitet und die Hochschulen aufgrund starker Nachfrage ausgebaut. Der Anteil der Studentinnen an den Studierenden insgesamt stieg überproportional an und liegt seit 1982, allerdings mit einem Einbruch in den Jahren 1983–86, um die 38%. 1990 begannen insgesamt 109 200 Frauen ihr Studium. Die allgemeine Entwicklungslinie erhält allerdings ein anderes Gesicht, wenn einzelne Hochschularten bzw. -fächer betrachtet werden. Heute studieren Frauen und Männer immer noch geschlechtsspezifisch, auch wenn Wirtschaftswissenschaften mittlerweile der sowohl von Männern als auch von Frauen am häufigsten besetzte Studienbereich ist. An zweiter Stelle steht für Frauen Germanistik, für Männer Maschinenbau.

Die Situation der Studierenden sowie studentische Orientierungen werden seit langem in den Sozialerhebungen des Deutschen Studentenwerks untersucht. Mit der Frauenbewegung an den Hochschulen seit den 70er Jahren ist verstärkt die Situation von Studentinnen in den Blickpunkt gerückt worden. Studentinnen haben autonome Frauengruppen gegründet bzw. eigenständige AStA (Allgemeiner Studenten-Ausschuß)-Frauenreferate. Bundesweite Zusammenschlüsse hat der Projektbereich Frauen der VDS (Vereinigte Deutsche Studentenschaften) forciert, u. a. mit eigenen Frauenkonferenzen. Wissenschaftlerinnen haben Forschungen mit und über Studentinnen durchgeführt. Aktuell beschäftigen sich verschiedene Frauengruppen mit dem Modell einer Frauenhochschule als Alternative zu den seit Jahren kritisierten etablierten Hochschulen, die sich trotz des Anspruchs der Gleichbehandlung der Geschlechter und der Frauenförderung nur langsam und schwer zugunsten der berechtigten Interessen von Frauen in der Wissenschaft bewegen lassen.

Lit.: Bargel u. a., Studienerfahrungen und studentische Orientierungen in den 80er Jahren, Bonn 1989; Ulla Bock u. a., Frauen an den Universitäten, Frankfurt a. M. 1983; Bundesminister für Bildung und Wissenschaft (Hrsg.), Grund- und Strukturdaten 1991/92, Bonn 1991; Datenhandbuch zur deutschen Bildungsgeschichte, Bd. I, 1: Hartmut Titze, Das Hochschulstudium in Preußen und Deutschland 1820–1944, Göttingen 1987; Gertrud Grote, Studentinnen. Roman, Dresden 1927; Florence Hervé, Studentinnen in der BRD – eine soziologische Untersuchung, Köln 1973; Anne Schlüter (Hrsg.), Pionierinnen, Feministinnen, Karrierefrauen? Zur Geschichte des Frauenstudiums in Deutschland, Pfaffenweiler 1992; Bärbel Schön u. a., Gratwanderungen. Eine Studie über Studentinnen mit Kindern, Weinheim 1990.

Anne Schlüter

Sucht und Abhängigkeit von psychotropen Substanzen; Sucht und Abhängigkeit sind Begriffe, die in der Alltagssprache fast synonym gebraucht werden und die sich auf fast alles beziehen lassen, was Menschen tun oder unterlassen. Man hat es also mit sehr unscharfen Begriffen zu tun, die sich mehr oder weniger beliebig mit Inhalten füllen lassen. Beispiele dafür sind die Fernsehsucht, die Putzsucht, die Arbeitssucht usw. Zur Vermeidung solcher Beliebigkeiten beschränke ich mich hier auf den Konsum von psychotropen (bzw. psychoaktiven) Substanzen und auf Sucht nach bzw. Abhängigkeit von ihnen. Darunter fallen alle Substanzen und Stoffmischungen, die unmittelbar oder mittelbar Einfluß nehmen auf die Sinnesempfindungen, auf die Stimmungslage und auf den Bewußtseinszustand oder auf das Verhalten von Menschen (Vogt und Scheerer 1989). Die wichtigsten Substanzgruppen, um die es hier geht, sind alkoholische Getränke, Medikamente (insbesondere Schmerz-, Beruhigungs- und Schlafmittel), Zigaretten sowie Drogen, deren Erwerb in der Bundesrepublik Deutschland verboten ist, wie Heroin, Kokain, Haschisch usw.

Der Konsum dieser sogenannten Suchtmittel führt nicht automatisch zur Sucht, zu einer Abhängigkeit oder zu „Störungen durch psychotrope Substanzen". Allerdings stellen sich je nach den individuellen Voraussetzungen, der Situation, der Substanz und der konsumierten Menge Veränderungen ein, die höchst unterschiedlich ausfallen können: Was manche Konsumentinnen kaum berührt, läßt andere aus der Rolle fallen. Und was der einen angenehm ist, ja Glücksgefühle auslöst, beschert der anderen heulendes Elend und Horrortrips. Je nachdem, wie die Konsumentinnen die Wirkungen der psychotropen Substanzen erleben, verstärkt sich der Wunsch nach einer Wiederholung. Sucht und Abhängigkeit entwickeln sich verhältnismäßig langsam. Es bedarf in der Regel vieler Wiederholungen, bevor sie sich einstellen.

Traditionellerweise wertet man Sucht als Fluchtmechanismus für „psychisch defekte“ Personen, die als „inadäquat, minderwertig, frustriert oder psychopathisch“ (Lindesmith 1968, 17) beschrieben werden. Als hervorstechendstes Merkmal gilt ein intensives Verlangen nach einem (oder mehreren) Suchtmitteln, das als bewußtes Motiv alle Handlungen durchzieht. Das eben macht Sucht bzw. Abhängigkeit von psychotropen Substanzen aus, die darüber hinaus durch folgende Prozesse charakterisiert sind: Toleranz, körperliche Abhängigkeit und Gewöhnung (psychische Abhängigkeit).

Etwas vereinfacht läßt sich Toleranz umschreiben als ein Prozeß, durch den die subjektiv erlebte Wirkung einer psychotropen Substanz bei wiederholter Anwendung der gleichen Dosis abnimmt, was zur Folge hat, daß die Konsumentin die Dosierung erhöhen muß, um den ursprünglich erzielten Effekt auch weiterhin zu erreichen. Körperliche Abhängigkeit bezieht sich auf einen veränderten physiologischen Zustand, der durch die wiederholte Einnahme hervorgerufen wird – und die Konsumentin zur Fortsetzung des Konsums nötigt, um Abstinenzsymptome zu vermeiden. Gewöhnung (oder psychische Abhängigkeit) dagegen ist die emotionale oder psychische Fixierung an psychotrope Substanzen. Gewöhnung wird in enger Verbindung gesehen mit den angenehmen und euphorischen Effekten der psychotropen Substanzen. Die Tendenz zur Dosissteigerung bezieht sich auf das pharmakologische Kriterium der Toleranzbildung, aber die vieldeutigen Aussagen zur körperlichen und/oder psychischen Abhängigkeit verweisen auf Unklarheiten über die psychischen und somatischen Anteile an der Sucht.

In der feministischen Diskussion ist der Begriff Abhängigkeit jedoch noch weiter mit Inhalt aufgefüllt worden. So schreibt Soltau (1984, 13 ff.): „Abhängigkeit und Sucht sind Phänomene, die . . . ein generelleres und alltäglicheres Problem darstellen, als wir es üblicherweise sehen. . . Die Lebensalltäglichkeit von Frauen trägt die Abhängigkeit schon in sich selbst. Suchtmittel zu konsumieren ist nur sichtbarer Ausdruck davon. . . Die Befreiung von den Suchtmitteln ist ein Emanzipationsprozeß, der von der spezifischen Abhängigkeit von Frauen und ihren ganz konkreten Belangen auszugehen hat und in dem es um die Gewinnung von Unabhängigkeit geht.“ In der Quintessenz heißt das, daß Emanzipation und (Suchtmittel)Abhängigkeit einander ausschließen. Abhängigkeit steht also für weit mehr als die psychosomatischen Prozesse, die im Zusammenhang mit der Entwicklung einer Sucht nach psychotropen Stoffen beschrieben worden sind. Der Begriff Abhängigkeit zielt zugleich auf die geschlechtsspezifische Diskriminierung, mit der sich Frauen in einer von Männern dominierten Welt auseinandersetzen müssen. Es handelt sich dabei um den Vorgang, der allgemein mit dem Konstrukt der strukturellen Gewalt umschrieben wird.

So wichtig es ist, auf den Zusammenhang von geschlechtsspezifischer Diskriminierung und Sucht hinzuweisen, so verwirrend ist es zugleich, wenn man sich dabei der Begriffe bedient, die bereits mit anderen Inhalten besetzt, in diesem Fall sogar überfrachtet sind (Vogt 1990). Zum besseren Verständnis beschränke ich mich bei der Verwendung der Begriffe Sucht und Abhängigkeit daher auf die oben beschriebenen psychosomatischen Prozesse der Toleranzbildung, der Entwicklung einer körperlichen Abhängigkeit und der Gewöhnung oder psychischen Abhängigkeit.

Die Entstehungsbedingungen von Sucht und Abhängigkeit von psychotropen Substanzen sind sehr vielfäl-

„Die Lebensalltäglichkeit von Frauen trägt die Abhängigkeit schon in sich selbst. Suchtmittel zu konsumieren ist nur sichtbarer Ausdruck davon . . . Die Befreiung von den Suchtmitteln ist ein Emanzipationsprozeß, der von der spezifischen Abhängigkeit von Frauen und ihren ganz konkreten Belangen auszugehen hat und in dem es um die Gewinnung von Unabhängigkeit geht.“

R. Soltau

Ganz pauschal kann man sagen, daß die alkoholischen Getränke die liebsten Drogen von Männern sind und psychotrope Medikamente wie Schmerz-, Beruhigungs- und Schlafmittel die bevorzugten Drogen von Frauen.

tig und komplex. Sie lassen sich nicht auf ein einfaches Schema reduzieren. Zu den verursachenden Faktoren gehören u. a. Störungen in der frühen Kindheit ebenso wie Anpassungsstörungen in der Pubertät und Rollenkonflikte im frühen Erwachsenenalter. Dazu kommen bei Frauen sowohl strukturelle wie personale bzw. akute Gewalterfahrungen, insbesondere sexueller Mißbrauch in der Kindheit und Jugendzeit. Psychotrope Substanzen eignen sich sehr gut dazu, sich gegen vorhergegangene oder gegenwärtige Verletzungen abzuschotten und abzustumpfen. Auf diesem Wege werden aktive Auseinandersetzungen mit eigenen Erfahrungen vermieden und passive Tendenzen verstärkt. In gewissem Umfang ist dieses Ergebnis gesellschaftlich erwünscht. Lediglich bei den Frauen, die unter dem Einfluß psychotroper Substanzen wiederholt und massiv aus der Rolle fallen oder sich offensichtlich in Außenseiterrollen begeben, setzen Sanktionen ein, die dann besonders heftig ausfallen.

Im folgenden sollen einige Daten über den Konsum und die Abhängigkeit von alkoholischen Getränken, psychotropen Medikamenten, Zigaretten und illegalen Drogen aufgeführt werden. Die Statistiken beschränken sich auf Verbrauchsdaten aus der alten Bundesrepublik Deutschland. Nicht berücksichtigt sind Angaben zur Angebotsseite, d. h. zum Wirtschaftssektor Alkohol und Drogen im weitesten Sinn. Wie wichtig diese Seite des Problems ist, wird sofort deutlich, wenn man sich vor Augen führt, daß Frauen diejenige Käufergruppe darstellen, die seit mindestens 20 Jahren vornehmlich umworben wird. Da der Markt, soweit es Männer betrifft, gesättigt ist, lassen sich Absatzsteigerungen nur noch über die Frauen erreichen, eine Strategie, die von allen Produzenten noch immer mit Erfolg eingesetzt wird.

Ganz pauschal kann man sagen, daß die alkoholischen Getränke die liebsten Drogen von Männern sind und psychotrope Medikamente wie Schmerz-, Beruhigungs- und Schlafmittel die bevorzugten Drogen von Frauen.

Wie alle Umfrageergebnisse belegen, trinken Frauen ab 20 Jahren im Durchschnitt sowohl seltener alkoholische Getränke als auch weniger davon als Männer. Der Anteil der Frauen unter den Abstinenten und Quasiabstinenten liegt weit über dem der Männer. Auch bei denjenigen Frauen, die schon mal häufiger alkoholische Getränke konsumieren, findet man viel weniger regelmäßige Konsumentinnen als bei den Männern. Dazu kommen Unterschiede bei den bevorzugten Getränken: Männer mögen mehr Bier, Frauen ziehen den Wein vor, wenn sie ihn sich finanziell leisten können wie z. B. viele erwerbstätige Frauen. Selbst bei den stark Trinkenden, zu denen man wenigstens 15% aller Alkoholkonsumenten rechnen muß, findet man lediglich 3% Frauen. Dazu paßt der Befund, daß von den rund 2 Millionen Alkoholabhängigen 3/4 Männer und 1/4 Frauen sind. Frauen mit schlechter Schul- und Berufsbildung und mit niedrigem Einkommen sind mehr gefährdet, als alkoholabhängig diagnostiziert zu werden, als Frauen aus der Mittel- und Oberschicht. Diese können ihre Alkoholprobleme offenbar besser maskieren, zumal sie sich oft schon dann um Hilfe bemühen, wenn sie erst am Anfang einer Abhängigkeitskarriere stehen.

Von einer Angleichung der Trinkgewohnheiten der Geschlechter oder gar des Alkoholabusus kann nur in sehr begrenztem Umfang die Rede sein. Lediglich bei Jugendlichen zwischen 10 und 20 Jahren ähneln sich die Konsumgewohnheiten von Mädchen und Jungen stark. Insbesondere beim Einstieg haben sich die Mädchen die Gewohnheiten der Jungen tendenziell angeeignet; auch sie probieren in dieser Zeit alle Sorten Alkoholika und den Rausch aus (Helfferich 1989). Dabei bleibt es dann aber nicht, vielmehr differenzieren sich die aufgezeigten geschlechtsspezifischen Konsummuster heraus. Wenn man bedenkt, daß Alkoholkonsum und vor allem Alkoholabusus neben anderem auch ein Symbol individueller wie gesellschaftlicher Macht sind, dann wundert man sich über diese Entwicklung nicht. Die symbolische Vorführung von Macht ist noch immer den Männern vorbehalten. Frauen, die es sich herausnehmen, in ähnlicher Weise in der Öffentlichkeit zu trinken und sich zu betrinken wie die Männer, müssen mit Zurückweisung und Abwertung rechnen. Studien über die Einschätzung von Alkoholikerinnen bestätigen, daß die Urteile systematisch mit dem Geschlecht variieren: Was man den Männern noch halbwegs nachsieht, reicht bei Frauen zur moralischen Verurteilung aus. Frauen tun also gut daran, sich beim Alkoholkonsum zurückzuhalten, und die große Mehrzahl von ihnen hält sich an diese informellen Regeln.

Ganz anders steht es, wenn es um den Gebrauch von psychotropen Medikamenten wie z. B. den der Schmerz-, Beruhigungs- und Schlafmittel geht.

Anders als die alkoholischen Getränke, die in der Bundesrepublik Deutschland in jedem Supermarkt angeboten werden, kann man psychotrope Medikamente nur in Apotheken kaufen. Sieht man von den Schmerzmitteln ab, dann ist das freiverkäufliche Angebot im Vergleich mit dem rezeptpflichtigen recht beschränkt: Man muß den Arzt bzw. die Ärztin bemühen, um Verordnungen für starke Schmerzmittel und die meisten Beruhigungs- und Schlafmittel zu erhalten. Insbesondere Allgemeinärzte (von denen rund 85% männlich sind, weshalb im folgenden lediglich von den Ärzten die Rede sein wird) haben eine wichtige Vermittler- und Verteilerrolle inne: Sie bestimmen, wer welche Verordnungen erhält (Ernst und Füller 1988). Bei den rezeptpflichtigen psychotropen Medikamenten verändern sich die Konsummuster je nach den Verschreibungsgewohnheiten der Ärzte. Die Wünsche oder die Bedürfnisse der Gebraucherinnen spielen im Vergleich dazu eine untergeordnete Rolle.

Wir unterstellen in der Regel, daß die Verordnungen von psychotropen Medikamenten in kausalem Zusammenhang stehen mit Krankheitsvorbeugung oder Krankheitsbehandlung. Angesichts der Verordnung von 1,31 Milliarden von Einzeldosen nur für Beruhigungsmittel im Jahr 1990 wird man allerdings skeptisch. Es stellt sich der Verdacht ein, daß hier nicht alles mit rechten Dingen zugeht. Soviel Bedarf nach Beruhigung und Ruhigstellung zur Behandlung von Krankheiten kann es eigentlich gar nicht geben, zumal es sich hier ja ganz überwiegend um den Bereich der ambulanten Versorgung handelt. Wenn es aber nicht nur um die Therapie von Krankheiten geht, wer soll dann warum ruhiggestellt werden?

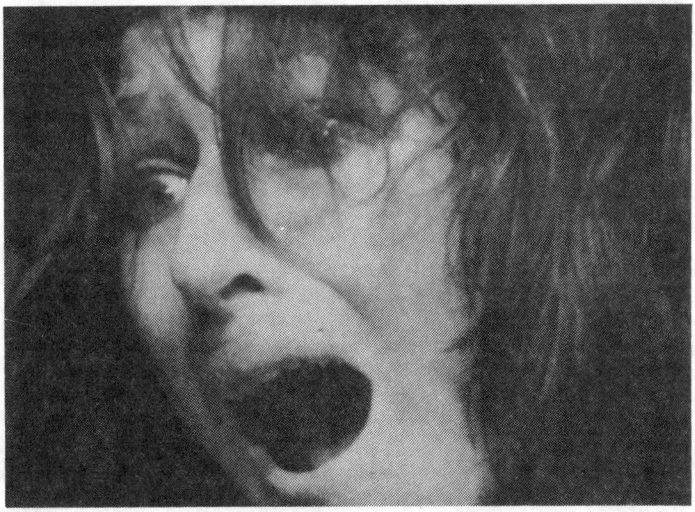

Aus dem Film „Schrei aus der Stille" von Anne Claire Poirier, Kanada 1978/79.

$^2/_3$ aller Verordnungen für psychotrope Medikamente gehen an Frauen zwischen 20 und 60 Jahren (Glaeske 1991). Es sind also in erster Linie Frauen, die mit Hilfe chemischer Mittel von Schmerzen befreit und von Unruhe erlöst werden sollen. Nach Schätzungen sind von den etwa 750 000 Medikamentenabhängigen $^2/_3$ Frauen.

So leicht es ist, die Frage zu beantworten, wer ruhig gestellt werden soll, so schwierig ist es, eine Antwort darauf zu finden, warum Frauen so viele Verordnungen für Schmerz-, Beruhigungs- und Schlafmittel von den Allgemeinärzten erhalten. Von erheblicher Bedeutung ist die Art und Weise, wie sich Frauen in der ärztlichen Sprechstunde präsentieren und wie sie über Schmerzen, Unruhe, Nervosität und Ängste klagen. Ärzte gehen darauf mit ihren Verschreibungen ein – und kommen zugleich einem gesellschaftlichen Bedürfnis entgegen:

Zwei Drittel aller Verordnungen für psychotrope Medikamente gehen an Frauen zwischen 20 und 60 Jahren (Glaseke 1991). Es sind also in erster Linie Frauen, die mit Hilfe chemischer Mittel von Schmerzen befreit und von Unruhe erlöst werden sollen. Nach Schätzungen sind von den etwa 750000 Medikamentenabhängigen zwei Drittel Frauen.

So leicht es ist, die Frage zu beantworten, wer ruhiggestellt werden soll, so schwierig ist es, eine Antwort darauf zu finden, warum Frauen so viele Verordnungen für Schmerz-, Beruhigungs- und Schlafmittel von den Allgemeinärzten erhalten . . . Die Spekulation drängt sich auf, daß die Beruhigungsmittel dazu beitragen sollen, die Erosionen in den gesellschaftlichen Verhältnissen aufzuhalten.

Haus- und Berufsfrauen, die mit Beruhigungsmitteln beschwichtigt und besänftigt sind, funktionieren zunächst einmal gut in ihren Rollen; sie verrichten ihre Arbeit, sie passen sich an die Forderungen an, die an sie gestellt werden, sie nehmen hin und halten aus. Die Frauen vergessen den Ärger und die Konflikte, und beides berührt sie nur noch wenig. Da bleibt weder Grund zu Ausbruchsversuchen noch Energie übrig. Beruhigungsmittel verstärken Passivität; so gesehen tragen sie bei zur Stabilisierung der Frauenrolle, die in der Risikogesellschaft immer mehr ins Wanken gerät, wie Beck (1986) gezeigt hat. Die Spekulation drängt sich auf, daß die Beruhigungsmittel dazu beitragen sollen, die Erosionen in den gesellschaftlichen Verhältnissen aufzuhalten.

Wie neuere Forschungen immer nachdrücklicher belegen, beruhigen die Beruhigungsmittel oft nur im Anfangsstadium des Gebrauchs. Je länger sich dieser hinzieht, um so häufiger kommt es zu paradoxen Reaktionen, d. h. die Sedierten werden unruhig, ärgerlich, schließlich aggressiv. Konflikte, so scheint es, lassen sich auf die Dauer nicht wegmedikalisieren und Veränderungswünsche nicht für alle Zeit aufhalten. Frauen experimentieren längst mit neuen Frauenrollen, und es ist an den Männern, dazu Stellung zu beziehen.

Rauchzeichen haben diese Rollenänderungen schon lange angekündigt. Seit den 60er Jahren nimmt die Zahl der Frauen ständig zu, die sich an das Zigarettenrauchen gewöhnen. Heute beginnen die Mädchen zwischen 10 und 15 Jahren mit Zigaretten zu experimentieren, und rund ein Drittel von ihnen gewöhnt sich etwa zwischen 13 und 17 Jahren an den täglichen Konsum. Allerdings rauchen Mädchen und junge Frauen oft nicht so intensiv wie Männer, d. h. sie rauchen im Durchschnitt ein paar Zigaretten weniger am Tag.

Konflikte, so scheint es, lassen sich auf die Dauer nicht wegmedikalisieren und Veränderungswünsche nicht für alle Zeit aufhalten.

Haben sie sich erst einmal an die Zigaretten gewöhnt, halten sie genau wie die Männer viele Jahre an diesen fest. Warnungen vor den Gesundheitsgefahren, die mit dem Zigarettenrauchen verbunden sind, machen auf Frauen vorerst wenig Eindruck. Die Prävention, wenn sie sich denn überhaupt an Frauen richtet, erreicht noch nicht einmal die Frauen mit guter Schul- und Berufsbildung. Bei den Männern ist es diese Gruppe, die sich am besten davon hat überzeugen lassen, daß Rauchen ihrer Gesundheit schadet. Karrierefrauen ebenso wie Hausfrauen reagieren auf solche Appelle zur Gesundheitsvorsorge bislang nicht. Sie verhalten sich vielmehr wie Unterprivilegierte, die ebenfalls nicht von der Zigarette lassen wollen. Angesichts der alltäglichen Benachteiligungen von Frauen in der BRD gibt es objektiv gesehen gute Gründe dafür, sie als Unterprivilegierte einzustufen. Es sieht so aus, als rauchten die Frauen dagegen an.

Zu den Konstanzen kommen also auch geschlechtsspezifische Veränderungen im Umgang mit psychotropen Substanzen. Frauen brechen sichtbar in Domänen von Männern ein, machen sich Drogen zu eigen und gehen damit in die Öffentlichkeit. So ist es auch bei der verhältnismäßig kleinen Gruppe von 20 000 bis 40 000 Frauen, die sich auf den regelmäßigen Konsum von illegalen Drogen wie Heroin einlassen. Dennoch scheint bei den von Heroin (und anderen Stoffen) abhängigen Frauen einiges anders zu sein als bei ihren männlichen Kollegen. Mehr Frauen als Männer suchen nämlich den Ausstieg aus der Abhängigkeit von illegalen Drogen ohne professionelle Hilfe, und viele haben damit offenbar auch Erfolg (Forschungsprojekt Selbstheiler 1990).

Diejenigen Frauen allerdings, die an den illegalen Drogen hängenbleiben, müssen mit noch mehr Abwertung und moralischer Verurteilung rechnen als die Alkoholikerinnen. Das ist bei den Männern, die sich auf das Leben in Randgruppen und Subkulturen eingelassen haben, ganz anders, denn Junkies und Fixer genießen sozusagen das höchste informelle Ansehen unter den Drogenabhängigen (Noller 1989). Noch einmal bestätigt sich hier, daß die Standards, an Hand derer wir Werturteile über Drogenkonsum und Drogenabhängigkeit fällen, geschlechterspezifisch sind. Ein Drogenkonsum, der den Männern Prestige einbringen mag, verfällt der moralischen Verwerfung, wenn Frauen ihn übernehmen. Und was bei Frauen geduldet wird, wertet Männer ab.

Lit.: U. Beck, Risikogesellschaft, Frankfurt 1986; A. Ernst und I. Füller, Schlucken und Schweigen. Wie Arzneimittel Frauen zerstören können, Köln 1988; Forschungsprojekt Selbstheiler, Zwischenbericht 1989, Fachhochschule Frankfurt/M., Fb. Sozialpädagogik 1990; G. Glaeske, Arzneimittelstatistik, S. 36–63, in: Jahrbuch Sucht 92 der Deutschen Hauptstelle gegen die Suchtgefahren (Hrsg.), Geesthacht 1991; C. Helfferich, Mädchen, Mädchen. Die „Entdeckung der Mädchen" und ihrer „besonderen Gefährdung" in der Gesundheitsforschung, in: Verhaltenstherapie & Psychosoziale Praxis 1989, 21, 19–38; A. R. Lindesmith, Addiction and Opiates, Chicago 1968; P. Noller, Junkie-Maschinen. Rebellion und Knechtschaft im Alltag von Heroinabhängigen, Wiesbaden 1989; R. Soltau, Die frauenspezifische Abhängigkeit von Suchtmitteln, in: C. Merfert-Diete und R. Soltau (Hrsg.), Frauen und Sucht, Reinbek 1984, S. 12–22; I. Vogt, Frauen, Sucht und Emanzipation: Selbstbilder und Fremdbilder, in: C. Appel u. a., Der Feministische Blick auf die Sucht, Frankfurter Frauenschule 1990, S. 65–82; I. Vogt und S. Scheerer, Drogen und Drogenpolitik, in: S. Scheerer und I. Vogt (Hrsg.), Drogen und Drogenpolitik. Ein Handbuch, Frankfurt 1989, S. 1–50.

Irmgard Vogt

Suffragetten; engl. suffragets, von suffrage = (Wahl) Stimme. Emmeline Pankhurst gründete in Großbritannien mit 45 Jahren 1903 die „Women's Social and Political Union", die zum radikalsten Flügel der bürgerlichen Frauenbewegung wurde und deren Anhängerinnen S. genannt wurden.

Die S. waren unerschrockene, temperamentvolle Kämpferinnen aus bürgerlichen Gesellschaftsschichten, die sich militant für Frauenrechte einsetzten und bei ihren Demonstrationen die Konfrontation mit der Polizei nicht scheuten (E. Pankhurst war allein acht Mal im Gefängnis).

Der Kampf um das → Wahlrecht war eine der Hauptforderungen der → Frauenbewegung und gab den S. den Namen. Es läßt sich denken, daß die S. nicht nur polizeilich verfolgt und mit Verboten belegt wurden, sondern auch – vor allem von der männlichen Bevölkerung – verhöhnt und als Mannweiber beschimpft wurden.

In der bürgerlichen Sprache, die uns so viel verrät, gilt das Wort S. bis heute als Herabsetzung und Verspottung.

T

Tabu; polynesisch tapu, das stark Gezeichnete, im Gegensatz zum Gewöhnlichen; auch geheiligt. Das T. bezeichnet kultisch geprägte Verbote, bestimmte Handlungen auszuführen, von den Gottheiten als Gebot gewertete Verhaltensweisen zu befolgen, vor allem aber, verbotene Dinge zu vermeiden, nicht zu berühren, nicht zu sich zu nehmen. Das T. hat eine nicht faßbare Macht. Seine (auch unbewußte) Verletzung zieht böse Folgen nach sich. T. können sein: Personen, Handlungen, Gegenstände, Tiere. T.s regeln bei Naturvölkern oft die Strukturen ihres sozialen Lebens (etwa die rechtliche Sicherung des Eigentums, die Umstände der Partnernahme).
T.s, die Frauen betreffen, hängen zumeist mit ihrem Geschlecht zusammen. Ursprünglich zum Schutz für die Frau vor männlichem Zugriff aufgerichtet, galten menstruierende Frauen, auch Wöchnerinnen, als unberührbar und tabu. Es wurde daraus aber auch die „Unreinheit der Frau“, ein T., das sich bis heute in Resten erhalten hat. So wird – auch von Frauen – der Unsinn weitergegeben, die menstruierende Frau dürfe keine Früchte sterilisieren, da ihre Ausdünstung giftig und dem einzukochenden Gut nicht zuträglich sei.

Tage; ist eine Bezeichnung für die Zeit der → Menstruation.

Tagebuch; (1) für Geschäftsvorgänge; (2) Logbuch für Schiffahrt und Luftfahrt; (3) Aufzeichnungen persönlicher Art, die aber auch Historisches, Beobachtungen der Umwelt (auch naturwissenschaftlicher Art), Betrachtungen, Gefühle, Erlebnisse zum Inhalt haben können. Tagebücher gelten als relativ unbeeinflußte Geschichtsquellen, da sie, ihrer Natur gemäß, nicht zur Veröffentlichung bestimmt, eine von Rücksichten freie Wiedergabe von Geschehnissen darstellen, wenn auch subjektiv gefärbt. Daher sind sie besonders in Zeiten von Zensur und Unterdrückung wertvoll. Erschütternde Beispiele sind das „Tagebuch der Anne Frank“ und Ruth-Andręas-Friedrich, „Schauplatz Berlin – Tagebuchaufzeichnungen 1938–1945“. Seit 1992 gibt es an der Goethe-Universität in Frankfurt/M. ein Projekt zu „Sozialisation und Alltag in Tagebüchern bürgerlicher Frauen“. Damit soll „Frauentagebüchern als einer wertvollen Quelle für die Wissenschaft zu ihrer Anerkennung“ verholfen werden.
Auch in der Literatur gibt es als Kunstform das T., auch Mischformen (Nähe zum Briefroman). In der Zeit der Aufklärung und des Pietismus spielt das T. eine große Rolle. Besonders die aufkommende Empfindsamkeit schlägt sich in dieser Form der zwanglosen literarischen Betätigung breit nieder (Blüte im 18. und 19. Jh.).
Vor allem für Frauen war das T. oft die einzige Vertraute, der sie ihre Leiden und ihre (oft verbotenen) Freuden anvertrauen konnten.

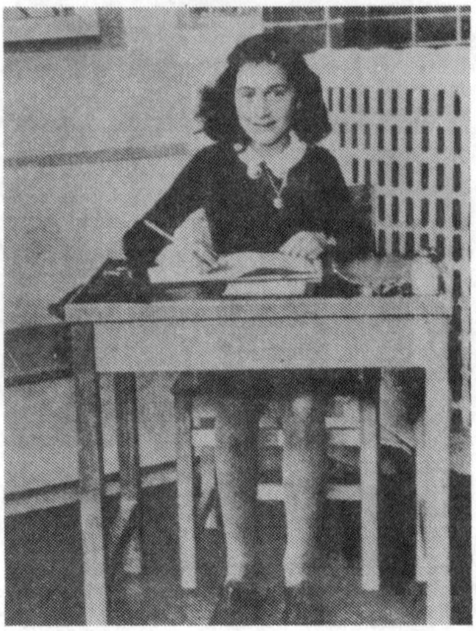

Das Tagebuch der Anne Frank

Ich muß arbeiten, um nicht dumm zu bleiben, um vorwärts zu kommen, um Journalistin zu werden, das will ich! Ich weiß, daß ich schreiben kann, ein paar Geschichten sind gut, meine Beschreibungen aus dem Hinterhaus humoristisch, aus meinem Tagebuch spricht sehr viel, aber . . . ob ich wirklich Talent habe, muß sich noch zeigen. Ich will weiterkommen. Ich kann mir nicht vorstellen, so leben zu müssen wie Mutter, Frau v. Daan und alle die anderen Frauen, die wohl ihre Arbeit tun, aber später vergessen sind. Ich muß neben Mann und Kindern noch etwas haben, dem ich mich ganz weihen kann!
Mit dem Schreiben löst sich alles, mein Kummer schwindet, der Mut lebt wieder auf. Aber, und das ist die große Frage, werde ich jemals etwas Bedeutendes schreiben, werde ich Journalistin oder Schriftstellerin werden können? Ich hoffe es, ich hoffe es von ganzem Herzen! Im Schreiben kann ich alles klären, meine Gedanken, meine Ideale, meine Phantasien (. . .)

Tanz; „Der Tanz ist unsere Mutterkunst" – also die ursprünglichste aller Künste und wahrscheinlich die älteste Äußerung menschlicher Kultur. Bei nahezu allen Völkern bildeten anfänglich Leben, Religion und Tanz eine unauflösliche Einheit. Im ekstatischen Tanz wird Bewegung als höchste Steigerung des Lebens empfunden, ereignet sich Schöpfung und wird vorgefundene Wirklichkeit magisch beeinflußt. Alles wurde ertanzt: Geburt, Mädchen- oder Knabenweihe, die Fruchtbarkeit von Mensch und Natur, Gnade und Schutz von Göttinnen, Göttern und Dämonen, Krieg und Sieg, Beschwörung und Austreibung von Geistern bei Kranken oder sterbenden Menschen.

Die Tanzkunst gehört zu den Lebensäußerungen, aus denen die Frau am wenigsten verdrängt werden konnte. Wenn es auch richtig ist, daß viele kultische Tänze nur von Männer ausgeführt werden durften (wie die Tänze der Häuptlinge, Medizinmänner, Derwische, Priester, Krieger; Waffen- oder Schwerttänze, Jagdtänze und die meisten Maskentänze), so waren Frauen doch keineswegs generell aus dieser Kunst ausgeschlossen. Vielmehr gab es Tänze, die nur von Frauen getanzt, dem Inhalt nach allein von ihnen verstanden wurden und zu denen Männer keinen Zutritt hatten (z. B. Ritualtänze von Eskimofrauen). Sehr frühe Bilddokumente bezeugen den wesentlichen Anteil der Frau am Tanz. Auf einer altsteinzeitlichen Felsmalerei (Cogul, Spanien) umtanzen neun bekleidete Frauen einen nackten Mann in der uralten Form des Reigens. Aus der Frühgeschichte sind die tanzenden Frauen der jungsteinzeitlichen Zeichnung in den Hoggarbergen der Sahara bekannt oder die Terrakottafiguren tanzender Frauen von den Kykladen wie solche der altägyptischen Negadakultur (3300 v. u. Z.). Die matriarchale Kultur Kretas (1400–1200 v. u. Z.) pflegte kultische Frauentänze (z. B. ritueller Tanz der Schlangenpriesterin), von denen noch die griechische Dichterin und Musikerin Sappho begeistert sang, sowie offene Paartänze (von Frauen mit Männern), die durchaus gleichberechtigten Charakter hatten. Den Frauen gehörten vor allem viele Lunartänze, Fruchtbarkeitstänze oder Tänze zur Mädchen- und Schamaninnenweihe, Kopfjägertänze, die Tänze der Totenklage und die Labyrinthtänze mit ihrem Bezug zur Unterwelt, zum Reich des Todes einerseits wie zur Wiedergeburt, zum neuen Leben andererseits. – Wo sich Hochkulturen, bezeichnenderweise auch Herrenkulturen genannt, herausgebildet haben mit der typischen Klassenteilung der Gesellschaft in Herrschende und Dienende, kam es zur Ausbildung eines eigenen, auch weltlichen, Tänzerinnen- bzw. Tänzerstandes (hier liegen bereits die Wurzeln des heutigen Balletts wie des Gesellschaftstanzes) und des Schautanzes vor einem Publikum, das selbst nicht tanzte, sondern für sich tanzen ließ. In diesen Bereich gehören schon die berufsmäßigen, wenn auch religiös gebundenen Darbietungen der Tempeltänzerinnen. Diese galten in doppeltem Sinn fruchtbarkeitssteigernd: einmal wegen der Jungfräulichkeit der Tänzerinnen, dann durch den Geschlechtsakt mit dem Gott bzw. seinem Stellvertreter, dem Priester.

In Indien, dem klassischen Land des Tanzes, dessen höchster Gott Shiva die Welt im Tanz erschaffen hat und

Sitzende Tänzerin, Picasso 1920.

Rhythmisch-figurale Zeichnung der Jungsteinzeit von den Hoggar-Bergen in der Sahara

Australische Felsmalerei: Tanzende Frauen

Ägyptische Nackttänzerinnen.

dessen Gattin Parvati die Erfinderin des weiblichen Laisjatanzes ist, werden die Devadasis (Gottessklavinnen), auch Bajaderen genannt, schon als Kinder dem Tempel anvertraut, wo sie den strengen Kodex der Gebärdensprache erlernen (aufgezeichnet in dem berühmten Lehrbuch der Dramaturgie „Nâtyashâstra“ des Weisen Bharata, um 200 n. u. Z.). Von hohem Ausdruckswert sind die Handhaltungen (mudras). Auf den Säulenreliefs des Hindutempels von Chidambaram finden sich alle 108 Positionen des klassischen indischen Tanzes dargestellt. Nach Abschluß der Ausbildung entjungfert ein steinerner Phallus des Gottes Shiva die Tänzerin, welche dann zur geweihten Prostituierten wird. Den irdischen Devadasis entsprechen die Apsaras, die tanzenden Nymphen des indischen Götterhimmels.

Tänzerin Lola Montez.

Auf unterster sozialer Ebene, weil aus der niedersten Kaste stammend, stehen die schon im Rigveda erwähnten „natis“, Berufstänzerinnen bei weltlichen Anlässen.

Von großer Bedeutung ist der Tanz in der Shintoreligion Japans. Kagura, der ekstatische Tempeltanz vor dem Spiegelschrein der Sonnengöttin Amaterasu, bildet den kultischen Mittelpunkt. Den tiefen Sinn dieses Ritualtanzes überliefert der Mythos: Die mächtige Amaterasu – höchste Gottheit des Shintoismus, als Mutter des japanischen Kaisergeschlechts geltend – wird vom übermütigen Tanz der Göttin Uzume aus der Höhle ins Freie gelockt, wo sie ihrer Schönheit in Spiegeln gewahr wird. Dieser Tanz galt als lebensspendender Sonnenzauber.

Isadora Duncan, amerikanische Tänzerin, 1878–1927.

Aus dem Judentum sind die Jungferntänze wie der erotische Schautanz der Salome bekannt, welcher sich, abgesehen von dem berühmten Mosaik in der Markuskirche von Venedig, auch in der mittelalterlichen Miniaturmalerei und auf Säulenkapitellen dargestellt findet.

In China gelangte die ausdruckssteigernde Kunst der Ärmelsprache im weiblichen Tanz (auch von Männern ausgeübt) zu großer Vollendung in der Tang-Dynastie (618–906).

In Mexiko tanzten beim Fest der Salzgewinnung zehn Tage lang Frauen mit Frauen.

Eine Reihe interessanter Aspekte bietet der altägyptische Tanz. Die für den Tempelkult ausgebildeten Mädchen tanzten nackt oder nur wenig bekleidet um Bildnisse von Gottheiten oder heiligen Tieren und vor allem bei Begräbnissen. Hier wurde von ihnen der primär männlich definierte, weitbewegte (im Gegensatz zum engbewegten, etwa dem Bauchtanz) Tanz ausgeführt mit akrobatischen Figuren wie Handstand, Brücke, Spagat oder hochaufgeworfenen Beinen – eine symbolische, gegen den Tod gerichtete Bewegung.

In der vielfältigen Tanzkultur Griechenlands gehörte der Tanz zur Bildung, war also, was Frauen anbetraf, nur Hetären zugänglich. Zahlreiche attische Vasenabbildungen zeigen die heilig-ekstatischen Tanzbewegungen der Mänaden bzw. Bacchantinnen oder Tänze zu Ehren Demeters und Persephones. Von den verhältnismäßig frei lebenden Spartanerinnen wurden die Karyatidentänze zum Kult der Artemis ausgeführt. Bei dem altgriechischen, akrobatischen Hüpftanz warfen spartanische Mädchen, ebenso wie die Knaben, das Bein von rückwärts gegen das Gesäß. Sehr viel gemessener ging es bei dem feierlichen, gottesdienstlichen Reigentanz, der Emméleia, zu, welcher vorwiegend den Frauen gehörte. Der Tanz galt in Griechenland auch als eine körperertüchtigende Vorbereitung auf die Kriegführung. Selbst hier, z. B. bei dem berühmten griechischen Waffentanz, der Pyrriche, nahmen gelegentlich Mädchen teil.

Weitaus mehr beteiligt am Tanz waren die Frauen im mutterrechtlichen Etrurien mit Reihen- und Paartänzen (Abbildungen in der Tomba del triclino und in der Tomba delle leonesse, Tarquinia) – ganz im Gegensatz zu den wenig tanzfreudigen Römern, die sich aus Cadiz gern die berühmten Kastagnettentänzerinnen, die Gitanas, kommen ließen. Als beliebte Tanzunterhaltung galten die Wasserballette der Bikinis tragenden Mädchen.

Die Trennung von Tanz und Religion durch das Christentum, welches besonders die weibliche Tanzlust geißelte, führte zu zahlreichen Tanzverboten. Diese waren auch gezielt gegen die international verbreiteten Hexentänze gerichtet, die von Augustinus und anderen Kirchenvätern als antisozial beschrieben wurden: die Kreistänze seien nach links ausgerichtet gewesen, also gegen den Sonnenlauf, welcher die kosmische Harmonie symbolisierte. Aber die Versuche, den Tanz zu verteufeln, blieben vielfach unwirksam. Sowohl aus den europäischen Volkstänzen wie aus den im 11. Jh. entstandenen Gesellschaftstänzen ist die (mit)tanzende Frau nicht hinwegzudenken.
Mit dem, was unter Tanz verstanden wird, ist häufig das Ballett gemeint. Seine streng ausgebildeten Formen lassen nur mehr entfernt die kosmisch-rituellen Wurzeln des frühen Tanzes ahnen. Daß die heute so vertraute Tänzerin mit Spitzenschuhen und Tütü-Rock als gefeierter Star die Bühnenbretter einnehmen konnte, ist erst seit der Romantik möglich (das französische Kunstballett duldete bis 1660 nur männliche Tänzer). Freilich tanzten auch eine Fanni Elssler, Carlotta Grisi und Maria Taglioni nach männlicher Pfeife bzw. Choreographie. Unvergessen bleiben jedoch die künstlerischen Leistungen so berühmter Solistinnen wie Tamara Karsawina, Anna Pawlowa, Galina Ulanowa, Margot Fonteyn, Gret Palucca u. v. a.
Aus erstarrenden Ballettformen befreiten so eigenwillige Persönlichkeiten wie Isadora Duncan, Martha Graham, Mary Wigman oder Ruth St. Denis. Im 20. Jh. haben Frauen außer dem Beruf der Tänzerin auch andere Aufgaben im Bereich der Tanzkunst ergriffen, die vorwiegend von Männern besetzt waren – und sind. Als Bühnenbildnerinnen wirkten die russischen Malerinnen Natalia Gontscharova mit ihren vielen folkloristisch-farbigen Szenenbildern, Skizzen und Vorhängen sowie Sophia Fedorowitsch, die Französinnen Marie Laurencin, welche zahlreiche Ballettdekorationen entwarf, und Valentine Hugo oder Leonor

Reinhild Hoffmanns Choreographie zu Henry Purcells Oper „Dido und Aeneas“ in Bremen.

Fini mit surrealistisch anmutenden Arbeiten. Als Komponistin war Germaine Tailleferre an der Musik des berühmten Balletts „Les Mariés de la Tour Eiffel“ beteiligt. Außer ihr haben sehr viele moderne Komponistinnen Ballettmusik geschrieben. Die größte Ballettpädagogin dieses Jahrhunderts war Agrippina Jakowiewna Waganowa, deren „Grundlagen des klassischen Tanzes“ (1948) zum Standardwerk des Ballettunterrichts in aller Welt wurde. Als Choreographinnen wirkten Ida Rubinstein, Janine Charrat („Le massacre des amazones“ erinnert an die Frauenbewegung) und Tatjana Gsovsky. Heute wirken Reinhild Hoffmann in Bremen (in ihre „Todestrilogie“ 1983 hat sie Tänze gegen den Krieg einbezogen), Susanne Linke in Essen, die Ungarin Krisztina Horvath in Osnabrück, Lotte Goslar mit ihrem humorvollen, antiballetteusen „Pantomime Circus“, die neue Körperschaft der Dana Reitz, welche mit Elementen der chinesischen Bewegungsphilosophie T'ai Chi arbeitet und insbesondere Pina Bausch mit ihrem genialen Tanztheater in Wuppertal. Von ihr wurde geschrieben: „Die Phantasie dieser Frau erweitert den Vorstellungsraum um eine ganze Dimension.“ Die neuen Dimensionen sind noch lange nicht ausgeschritten bzw. ausgetanzt.

Friederike Carolina Neuber, 1697–1760

Eleonora Duse, ital. Schauspielerin, 1859–1924.

Weiblicher Tanz mit weiblich-menschlichen Inhalten, Empfindungen, Vorstellungen und choreographischer Selbstbestimmung befindet sich in den Anfängen – allerdings in vielversprechenden.

Lit.: Wendy Buonaventura, Bauchtanz. Die Schlange und die Sphinx, München 1984; Mary Clark/Clement Crisp, Ballerina. Frauen im klassischen Ballett, Köln 1988; Martha Graham, Der Tanz – Mein Leben. Eine Autobiographie, München 1992; Gabriele Klein, FrauenKörperTanz. Eine Zivilisationsgeschichte des Tanzes, Weinheim 1991; Maurice Lever, Primavera – Tanz und Leben der Isadora Duncan, München/Hamburg 1988; Hedwig Müller, Mary Wigman, Weinheim/Berlin 1986; Hartmut Regitz (Hrsg.), Jahrbuch Ballett. Männlich – weiblich, 1987; Curt Sachs, Weltgeschichte des Tanzes, Berlin 1933; Susanne Schlicher, Tanz Theater. Traditionen und Freiheiten, Reinbek 1987.

Brigitte Regler-Bellinger

Technik; → Naturwissenschaft und Technik

Teenager, Teenie; von engl. teen = zehn. Junge Menschen im Alter von 13 bis 19 Jahren. Dieser Ausdruck hat uns erst in den 50er Jahren erreicht. Früher gab es für 13–17jährige Jungen und Jungmänner keinen, für junge Mädchen und Jungfrauen den Ausdruck Backfisch.

Theater; In einem mittelalterlichen, geistlichen Spiel findet sich die Szenenanweisung: „Der Knabe Maria sagt zu seinen Eltern: . . .“ Bis weit in das ausklingende europäische Mittelalter galt es als selbstverständlich, daß Männer, vielfach Kleriker, und Knaben alle weiblichen Rollen übernahmen – also auch die der Maria. Der Ausschluß der Frauen von der seriösen Theaterbühne in feudal-patriarchalischen Gesellschaften betraf nicht allein das kirchliche Spiel; er war weltweit und läßt sich durch Jahrhunderte verfolgen.

Überall ist das Theater aus dem kultischen → Tanz entstanden. Das indische Sanskrit gebraucht sogar für beide Kunstformen, Tanz und Theater, nur ein Wort: nâtya. Die älteste Tradition des Tanzdramas ist in der südindischen Bhârata-Nâtyam-Schule durch die Tempeltänzerinnen, die Devadasis, überliefert worden. Das südindische, getanzte Musikdrama Kathakali, das seine Stoffe den beiden Volksepen Ramayana und Mahabharata und den Puranas entnimmt, wird fast ausschließlich von Männern vorgeführt; Frauen sind nur die Rollen von Hexen und Zauberinnen zugestanden. Anders verhält es sich mit dem viel jüngeren Tanzdrama Manipuri (18. Jh.) in Assam, welches die Funktion hat, das menschliche Individuum in Einheit mit dem Kosmos zu versetzen. Es wird von Frauen im weichen, fließenden Lasja-Stil getanzt, gesungen und pantomimisch dargestellt. Wo das Drama sich vorwiegend auf das Wort stützt, läßt sich eine sexistische Unterscheidung an der Verwendung von zwei Sprachformen erkennen. Die klassische Hochsprache Sanskrit blieb den vornehmen männlichen Rollen vorbehalten, während das Prakrit (d. h. gewöhnlich) die Frauenrollen und Volkscharaktere verdeutlichte.

In China sind Frauen nur kurzfristig als Schauspielerinnen aufgetreten. In der vom kunstfreudigen Kaiser Ming Huang gegründeten Schule „Garten des immerwährenden Frühlings“ (714 n. u. Z.) wurden Mädchen – parallel zur berühmten „Schule des Birngartens“ für Knaben – in der Tanz- und Schauspielkunst unterwiesen. Auch während der Mongolenzeit waren Schauspielerinnen ebenbürtige Bühnenpartnerinnen. Kublai Khan verwies sie 1263 wieder in den untersten, fünften Stand auf das Niveau von Kurtisaninnen.

In Japan, wo die männliche Schauspielkunst in weiblichen Rollen besonders hoch kultiviert wurde, geht eine heute noch gepflegte, volkstümliche Theaterform auf die Tanzspiele der ehemaligen Laienpriesterin und Tänzerin des Shintoschreins, Izumo no Okuni, zurück: das Kabuki-Theater (1607), das als Onna-Kabuki, d. h. Frauen-Kabuki, jedoch schon 1627 wieder verboten wurde.

In den europäischen Hochkulturen kamen vor allem die großen antiken Tragödien und Komödien Griechenlands ohne Darstellerinnen aus. Die Spieler trugen weibliche Masken. Selbst als Zuschauerinnen hatten Frauen sich mit ausgesonderten Rängen zu begnügen. Bei den Satyrspielen waren sie wegen der lasziven Szenen als Publikum nur selten zugelassen. Voller Negativbestimmungen ist das Frauenbild der alten Komödie: Frauen sind dort häufig als mannstoll, klatsch- und trunksüchtig, keifend oder als Kupplerinnen dem Gelächter ausgeliefert. Ein anderes Frauenbild enthalten die Dramen des Euripides, der seiner Medea erstaunlich bittere Worte in den Mund legt:

„Von allen Wesen, die vernunftbegabt
auf Erden leben, fiel das schlimmste Los
dem Weibe zu. Mit schwerem Gelde müssen
wir uns den Gatten kaufen und leibeigen
ihm werden; dieses auch. Das drückt noch schwerer.
Man sagt, die Männer müßten in den Krieg,
wir säßen im sichern Schutz des Hauses.
Die Rechnung trügt. Ich möchte lieber dreimal
zu Felde ziehn als einmal Mutter werden!“

Daß es Ansätze von Frauenemanzipation gegeben hat, bezeugen die derb-satirischen, karikierenden Stücke des selbst durchaus nicht pro-weiblich eingestellten Komödiendichters Aristophanes: „Die Ekklesiazusen“ (die Frauenvolksversammlung), 391 v. u. Z., „Lysistrata“, 411 v. u. Z. und „Die Thesmophoriazusen“ (Die Frauen beim Thesmophorienfest), 411 v. u. Z. Nur auf den untersten Ebenen des Theaterspiels, wie im antiken Mimus, war es Frauen schon immer möglich, als Schauspielerinnen aufzutreten, wobei vielfach besondere Entkleidungskünste von ihnen verlangt wurden, oder als Gauklerinnen, Akrobatinnen und Jongleurinnen. Auf zahlreichen attischen Vasenbildern sind diese Darbietungen abgebildet. Die soziale Verachtung der Miminnen setzte sich im römischen und byzantinischen Reich fort. Die Lex Papia Poppaea verbot den Senatoren und ihren Nachkommen, eine den Dirnen gleichgestellte Akteurin zu heiraten, selbst dann nicht, wenn nur deren Eltern den Schauspielberuf ausübten. Offene Frauenverachtung spricht aus den Komödien des Plautus. Doch kam es auch zu einem gewissen Starkult. Die byzantinische Kaiserin Theodora war Mimin gewesen vor ihrer Ehe mit Justinian.

Das Theater des Mittelalters kannte die Frau als Schauspielerin nur in weltlichen Spielen. Das „Spilwîp“ war Partnerin fahrender Vaganten und Joculatores. Als „Theaterautorin“ ist die Benediktinerin Hrotsvith von Gandersheim mit ihren Lesedramen nach dem Vorbild von Terenz bekannt. Die Inhalte der geistlichen Spiele waren zumeist gegründet auf das dualistische Denken mit seinen Gegensätzen: Gott-Teufel, Schuld-Sühne/Erlösung, wobei die Frau entweder als Heilige bzw. Gereinigte oder als Hure und Verführerin auftrat (vgl. Dietrich Schernbergs „Spiel von Frau Jutten“, 1484).

Wenn die Shakespeare-Dramen der elisabethanischen Zeit auch nur von Männern gespielt wurden, so setzten sich mit dem Beginn des 16. Jhs. in Europa doch allmählich Frauen als Darstellerinnen durch. Die erste Bresche in die Riege der „Mädchenspieler“ schlug das realistische Theater der italienischen Commedia dell'arte. Einen Anfang bedeutete auch das sogenannte „Amazo-

Sarah Bernhardt, franz. Schauspielerin, 1844–1923.

Tilla Durieux, österreich. Schauspielerin, 1880–1971; der Titel ihrer Erinnerungen: „Meine ersten 90 Jahre“ (1971).

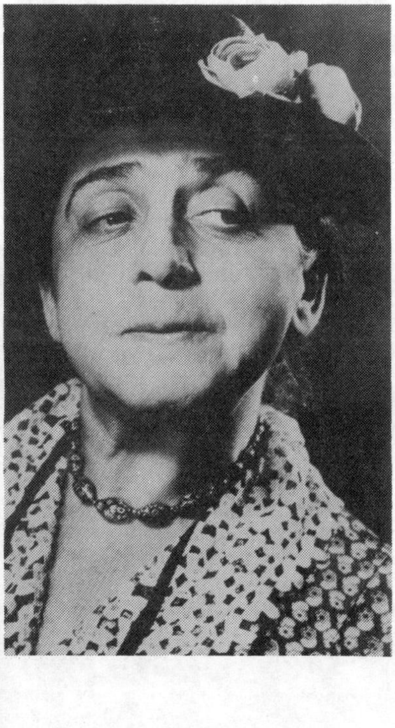

Therese Giehse, 1898–1975; 1950 als Balbina in „Der starke Stamm“ von Marieluise Fleisser (1901–1974), „Ich hab' nichts zum Sagen“ – unter diesem Titel hat Monika Sperr (†) ihr Leben und ihre Erinnerungen aufgezeichnet.

Die Schauspielerin Eve Lavalliere, 1910.

Helene Weigel 1900–1971

nentheater“, das von Tiroler Nonnenklöstern bezeugt ist und in dem nur weibliche Kräfte auftraten. Einzelne Schauspielerinnen wie Marie Ferré in Frankreich, die berühmte Isabella Adreini aus Italien oder Miß Coleman und Nell Gwynn in England, wo die ersten französischen Gastschauspielerinnen noch mit faulen Eiern und Äpfeln beworfen wurden, leiteten die Ära der großen Darstellerinnen ein – wenngleich noch lange Zeit die typisierten Rollen der komischen Alten, Kupplerinnen oder Dienerinnen von Männern verkörpert wurden und der Beruf der Schauspielerin noch geraume Zeit als anrüchiges Gewerbe galt. Bedeutende Persönlichkeiten waren die Akteurin und Theaterreformerin Friederike Caroline Neuber, kurz „die Neuberin“ genannt, Sophie Schröder, später die genialen Darstellerinnen Sarah Bernhardt, Eleonora Duse, Tilla Durieux, Elisabeth Bergner, Therese Giehse u. a. Es ist hier nicht möglich, alle großen Interpretinnen zu nennen, doch ist es ihrem hohen Können zu verdanken, daß die Leistungen von Schauspielerinnen nun ebenso gewürdigt werden wie die ihrer männlichen Kollegen.

Als bedeutende Dramatikerinnen sind vor allem Marieluise Fleisser und Ilse Langner für die Bühne wiederentdeckt worden.

Auf dem Gebiet der Regieleitung dominieren weiterhin Männer, aber auch hier konnten sich Frauen durchsetzen wie Helene Weigel in Berlin, die geniale Asja Lacis in der UdSSR, Ida Ehre und Gerda Gmelin in Hamburg oder Ariane Mnouchkine, die 1964 in Paris das „Théâtre du Soleil“ als Kollektivgruppe gründete. In der New Yorker Off-Off-Broadway-Szene ist Ellen Stewart seit 20 Jahren mit ihrem heute berühmten Theater „La Mama“ tätig.

Was bis in den Beginn der 70er Jahre fehlte, ja bis dahin kaum diskutiert wurde, war der Begriff des Feministischen Theaters, der 1983 erstmals in einem Theaterlexikon ein eigenes Stichwort erhielt. Ein Silberstreif am Theaterhorizont? Es handelt sich hier um eine ganz neue Art, Theater zu verstehen und aufzuführen. Erstmals wird hier nach anderen, bisher verschütteten kreativen weiblichen Ausdrucksmöglichkeiten auf der Bühne gesucht, werden frauenbezogene Themen (Schwangerschaft, Vergewaltigung, Prostitution, Haushalt, Benachteiligung am Arbeitsplatz, Frauen in Geschichte und Mythologie u. a.) angegangen, werden Frauenrollen geschaffen, die nicht von männlichen Dramenautoren entworfen wurden. Vor allem englische und amerikanische Dramatikerinnen sind es, die beachtlichen Erfolg hatten und Einfluß auf den bürgerlichen Theaterbetrieb gewinnen konnten: Nell Dunn z. B. mit ihrer Frauenkomödie „Steaming!“ oder Gretchen Cryer und Nancy Ford mit einem Off-Broadway-Musical „I'm Getting My Act Together and Taking it on the Road“. Marsha Norman erhielt für ihr Stück „Night Mother“ 1983 den Pulitzerpreis. Caryl Churchill, die zur Zeit wohl erfolgreichste englische Autorin, hat sich in ihren vielen Theaterstücken mehr und mehr feministischen Themen zugewandt (u. a. Owners, 1972; Objections to Sex and Violence, 1974; Vinegar Tom, 1976; Trapps, 1977; Cloud 9, 1979; Top Girls, 1982; Fen, 1983). In Frankreich kamen Stücke von Hélène Cixous (Le portrait de Dora, 1976), Simone Benmussa (La vie singulière d'Albert Mobbs, 1977) oder auch das Ein-Frau-Stück „La Table“ (1977) von Michèle Foucher zur Aufführung, in Italien das auch in anderen Ländern viel gespielte Theaterstück „Kinder, Küche, Kirche“ von Franca Rame und Dario Fo oder Annabella Cerlianis „Gleichheit und Freiheit“. In Deutschland machten Gerlind Reinshagen (Doppelkopf, 1967; Leben und Tod der Marilyn Monroe, 1971; Himmel und Erde, 1974; Sonntagskinder, 1976; Elsas Nachtbuch. Annäherungen, 1980 u. a.), Ursula Krechel (Erika, 1974; Spielverderber, 1984) und Friederike Roth (Ritt auf die Wartburg, 1981) auf sich aufmerksam.

Die meisten Frauentheatergruppen sind in Amerika entstanden (ca. 90), wie z. B. Spider Woman, Medusa's Revenge, The Radical Les-

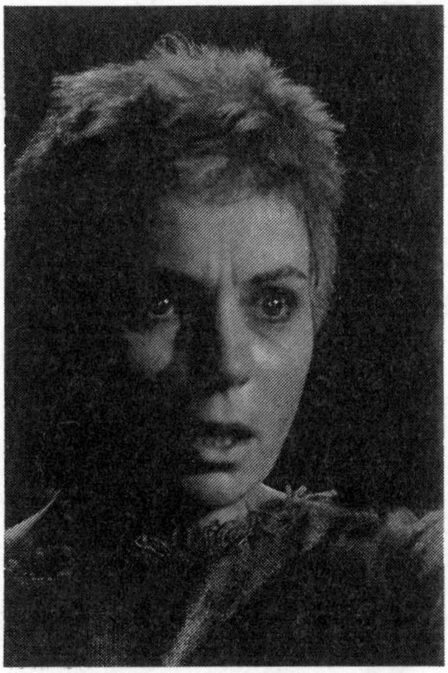

Ella Büchi als Gretchen in der Faust-Inszenierung von Gustaf Gründgens, fotografiert von der Porträt- und Theaterfotografin Rosemarie Clausen, 1960.

bian Feminist Terrorist Theater Group oder die Split Britches in New York, Lilith (San Francisco), On the Foot of the Mountain (Minneapolis). Von den englischen Gruppen arbeiten vor allem in London The Monstrous Regiment, The Cunning Stunts, Sadista Sisters, Mrs. Worthington's Daughter. In Italien wirkt das im Rahmen eines feministischen Kulturzentrums 1973 gegründete Kellertheater „La Maddalena", das sich als Kollektiv versteht und dessen Mitbegründerin Dacia Maraini selbst u. a. eine Reihe von Theaterstücken geschrieben hat. Mit gallischem Witz trat in Paris das Frauenkabarett „Les trois Jeanne" auf. Auch in der Bundesrepublik ist die feministische Kabarettkunst vertreten: vor allem durch das Aachener Frauenkabarett und das Berliner → Kabarett „Die Witwen". Andere Frauentheatergruppen sind das Berliner Mäusetheater, die Berliner Gruppen „Spätzünder" und „Annakonda", Abraxa und die Theatergruppe Emschersplit (beide Dortmund), der Schlicksupp Theatertrupp (Frankfurt), die Frankfurter Spielfrauen, die Gruppe Sirenen (Hamburg), das Wuppertaler Lesbentheater, das Frauentheater Regensburg. In Lübeck gibt es einen Theaterworkshop und Seminare für Theaterfachfrauen. Zu einem vielbeachteten Ereignis wurde das Internationale Frauentheater-Festival in Köln (1980). Mit der Gründung des Arbeitskreises „Frauen im Theater" (FiT) 1983 unternahmen es Dramaturginnen wie Renate Klett, welche schon die Organisation des Kölner Frauentheater-Festivals übernommen hatte, Ulrike Hass, Ursula Ahrens u. a., die Situation von Frauen am Theater zu untersuchen, möglichst auch zu verbessern, dramatisch begabte Schriftstellerinnen zum Schreiben von Stücken zu ermutigen und die Frage nach einer spezifisch weiblichen Theaterästhetik zu erheben. Ähnliche Ziele verfolgt die bereits 1980 entstandene Organisation „Women's Playhouse Trust". Mitte 1984 gelang es durch die Bemühungen des Theaters der Stadt in Heidelberg, „Weibs-Stücke" vorzustellen, darunter Stücke, deren frauenbezogener Aspekt schon in den Titeln deutlich wird: „Wenn du geredet hättest, Desdemona" (nach Christine Brückner), „Minna oder wie man dazu gemacht wird" (Ortrud Beginen), „Ungehaltene Reden ungehaltener Frauen" (Gruppe an den Städtischen Bühnen Heidelberg). Die vom Frauentheater ausgehenden Impulse könnten der Bühne, die für gesellschaftspolitische Probleme besonders sensibel ist, neue Perspektiven eröffnen. Dabei dürften konventionelle Frauenrollen ausgespielt haben.

Lit.: M. von Alth, Frauen am Theater. Freche Buhlerinnen? Freiburg 1979; Margot Berthold, Weltgeschichte des Theaters, Stuttgart 1967; Christian Fuchs (Hrsg.), Theater für Frauen. Österreich, Frankfurt/M. 1991; Dinah Luise Levitt, Feminist Theater Groups, Jefferson N. C. 1980; Inge Meysel, Frei heraus – Mein Leben, Weinheim/Berlin 1991; Asta Nielsen, Die schweigende Muse. Lebenserinnerungen, Berlin 1992; Patrick O'Connor: Marlene Dietrich, Der blaue Engel. Eine Biographie, München 1992; Dagmar Papula/Norbert Kentrup, Frauen-Theater, Offenbach 1982; Mary Anne Schofield/Cecilia Macheski: Curtain calls. British and American Women and the theatre, 1660–1820, Ohio 1991; Gisela Schwanbeck, Sozialprobleme der Schauspielerin im Ablauf dreier Jahrhunderte, Berlin 1957; Stokes/Booth/Bassmett: Sarah Bernhardt, Ellen Terry, Eleonora Duse – Ein Leben für das Theater, Weinheim/Berlin 1991; TheaterZeitSchrift. Hefte für Theatertheorie und -praxis, Berlin, Heft 9, Herbst 1984, und Heft 10, Winter 1984/85 (Schwerpunkthefte mit dem Thema „Frauen am Theater").

Brigitte Regler-Bellinger

Berta Drews als Hexe in der Inszenierung der Münchner Kammerspiele, 1930.

Tochter; Bezeichnung für das weibliche Kind. In vielen Gesellschaften unwillkommen, da dem männlichen

Kind als Träger des Namens oder – in bäuerlichen Familien – als Hoferbe, Ernährer im Alter und als dem herrschenden Geschlecht eine größere Bedeutung zugemessen wird.
Der heute noch übliche, vor allem männliche Wunsch nach Söhnen und die verbreitete Enttäuschung bei Geburt einer T. haben den Stellenwert von Prestigedenken, das immer mit der Geburt von Nachkommen verbunden war.
Töchter hatten von Geburt an weniger Rechte als der Sohn. Schon von Geburt an wurde so die T. mit dem Odium der Minderwertigkeit belegt, das sie ihr ganzes Leben begleitete. Dies zeigt sich noch heute im Erbfolgerecht in vielen bäuerlichen Landstrichen, das dem ältesten Sohn den Hof zuspricht.

Tradition; von lat. tradere = überliefern (trans = über und dare = geben). T. bezeichnet die Überlieferung, das Althergebrachte, das mit Sitten, Verhaltensweisen, Gebräuchen, Glauben, Kultur von Generationen weitergereicht und auf uns überkommen ist. T. zu wahren, also geschichtlich zu denken, Erfahrungen und Erkenntnisse zu sammeln und weiterzugeben, gehört zu den Fähigkeiten, die den Menschen ausmachen.
Eine wichtige zusätzliche Befähigung in diesem Zusammenhang wäre allerdings die zur kritischen Untersuchung dieser T.en, da Menschen in den Betracht ihrer eigenen Unzulänglichkeiten auch die ihrer Vorfahren einbeziehen müssen, deren potentielle Verirrungen sie nicht als T. kultivieren sollten. Leider neigen die sich vor allem den T.en verpflichtet fühlenden Konservativen zu blinder Konservierung.
Frauen haben allen Grund, T.en besonders kritisch unter die Lupe zu nehmen, so in der Rechtst. wie in der Geschichtst., in Religions- und Glaubenst., Musik-, Kunst-, Literatur- und Familient.en. Wo überhaupt gibt es eine T., die Frauen gleichberechtigt gelten läßt?
In der Frauenbewegung werden T.en auf ihre Tauglichkeit für den weiblichen Teil der Menschheit untersucht.

Tugend; mhdt. tugent, ahdt. tugund, eigentlich Tauglichkeit, Kraft, Tüchtigkeit. Das Wort nahm in der Neuzeit die Bedeutung von sittlicher Haltung an. Es wurde Inbegriff der sittlichen Charaktereigenschaften, etwa Tapferkeit, Gerechtigkeit, Ehrlichkeit . . .
Für Frauen gibt es natürlich wieder Spezifisches, was ein Spruch in Auszügen wiedergibt, den unsere Großmütter mit anderen einschlägigen dieser Art mit Kreuzstichen auf Wandbehänge stickten: „Die Tugend einer Frau zu erraten, schau in ihr Stübchen, koste den Braten."
Die T.en, die von Frauen gefordert werden, beschränken sich auf die alt- und mittelhochdeutsche Bedeutung der Tauglichkeit – wozu? – zu dienen, zuzustimmen, zu schweigen. Vielleicht zur Liebe, soweit sie erwünscht und domestiziert war, zur Keuschheit, d. h. zur vorehelichen Abstinenz, zu Bescheidenheit in den Ansprüchen an den Ehemann und natürlich zu Fleiß und Arbeitsamkeit, um alle Pflichten zu erledigen.
Nicht der Gebrauchswert für andere kann das Kriterium für den Wert einer T. sein, sondern ihre sittlich-charakterbildenden Eigenschaften (siehe oben), die Frauen wie Männer unter anderem über Ehrlichkeit, Tapferkeit, Gerechtigkeit definieren sollen. Wobei Gerechtigkeit als T. des (noch!) Stärkeren gleichzeitig unsere Forderung an diesen ist.

Magda Taroni: Selbstporträt mit Tochter.

Umstände, andere; es handelt sich um die schamhafte Umschreibung des Schwangerschaftszustands und stammt aus der Zeit, in der sich Schwangere ungern in der Öffentlichkeit zeigten, weil alles, was mit ihrem Zustand zusammenhing, mit → Tabus belegt wurde und sie daher → Scham über ihn empfanden.

Umwelt; nach dänisch „omverden" = umgebendes Land; im Sinne des franz. „milieu" wird das Wort U. seit 1800 in Deutschland gebräuchlich und zu Beginn des 20. Jh. als biologischer Begriff für die psychische U. (Jakob v. Uexküll) eingeführt. U. umfaßt die biologische, physiologische, kulturelle, technische und soziale Umgebung der Menschen, die Wechselwirkungen und Verschränkungen. Im engeren Sinn wird unter U. die Gesamtheit der die Menschen umgebenden Medien (= vermittelnde Elemente) Boden, Luft, Wasser und der darin lebenden Organismen (Pflanzen, Tiere) verstanden. Da die Menschen nur mit der Natur (über-)leben können, und um ihre zentrale Bedeutung als Lebensgrundlage zu betonen, wird auch von „Mitwelt" gesprochen.
U.schäden, Raubbau und Zerstörung, Konflikte und Kriege um Ressourcen (Land, Wasser, Bodenschätze, Rohstoffe) hat es auch in der Vergangenheit gegeben. Aber erst im 20. Jh. wirken die Beeinträchtigungen natürlicher U.systeme zunehmend zerstörerisch. Die Verschmutzung von Luft, Boden und Wasser, Klimaveränderung, die Übernutzung von Böden und Gewässern, die Verknappung nicht erneuerbarer Rohstoffe und Energien (Ressourcen), Landschaftsverbrauch und Reduzierung der Artenvielfalt beeinträchtigen und gefährden das Leben der Menschen heute. Die Überlebensmöglichkeiten zukünftiger Generationen sind durch gesundheitliche Schäden, genetische Veränderungen, (Nahrungs-)Mangel, Konflikte um die Verteilung knapper Produktions- und Lebensmittel und die Zerstörung natürlicher Lebensgrundlagen bedroht.
Grundlegende *U.probleme:*
(1) Industrialisierung, Orientierung an quantitativem Wirtschaftswachstum und Konsum nach westlichem Muster. Damit ist ein enormer Energie- und Ressourcen-Verbrauch, sind Schadstoffemissionen verbunden, die, auf die Weltbevölkerung ausgedehnt, in kürzester Zeit zum „Öko-Kollaps" führten (Das Umweltlexikon, 1993). Die Menschen in den reichen Industrienationen verbrauchen derzeit 85% des Holzes, 75% der Metalle, 70% der Energie und 60% der Nahrungsmittel. Der tägliche Süßwasserverbrauch der privaten Haushalte reicht pro Kopf von 140 Litern täglich in der Bundesrepublik Deutschland bis zu 500 Litern in den USA. Zum Vergleich: In Madagaskar beträgt er durchschnittlich 5,4 Liter. 80% des Kohlendioxyds und über 90% des FCKW (u. a. in Spraydosen, Wärmepumpen, Kühlschränken) stammen aus den Industrieländern. Der Treibhauseffekt und die damit verbundene größte Umweltgefahr: Veränderung des Weltklimas, sind zu 50% auf den Energieverbrauch, zu 20% auf FCKW und zu je 15% auf die Landwirtschaft und die Zerstörung des Regenwaldes zurückzuführen. Die Folgen sind Wüsten, Steigen des Meeresspiegels, Orkane, Überschwemmungen, Dürrekatastrophen. Ein weiterer Effekt ist der Abbau der Ozonschicht (u. a. Zunahme von Hautkrebs).
(2) Die *Bevölkerungszunahme* v. a. in Ländern der 3. Welt, in denen nach Schätzungen im Jahr 2000 ca. 80% der Weltbevölkerung leben wird. Die wachsende Bevölkerung verbraucht immer größere Mengen an natürlichen Ressourcen. Umweltschutz bleibt in Armutsländern wirtschaftlichen Interessen und dem Überleben untergeordnet. Die Folgen, eng verknüpft mit unsozialen Landbesitzverhältnissen, Übergang zu Monokulturen, unkoordinierter Teilindustrialisierung und Rationalisierung (u. a. durch internationale Wirtschaftskonzerne), sind: Überweidung, Abholzung (insbes. des Regenwaldes mit Klimaveränderung), Bodenerosion, Absinken des Grundwasserspiegels, Zunahme von Wüsten mit den Folgen des Nahrungsmangels, der Unterernährung, des Hungertodes, der Zerstörung

Kurzer Prozeß

Die Anwälte
der Chemischen Werke XY
konnten überzeugend
darlegen, daß angebliche
Gesundheitsschädigungen
der Bevölkerung
mit absoluter Sicherheit
aus der Luft gegriffen sind.
Eine bedauerliche Tatsache
aber sei, daß durch
verantwortungslose
Berichterstattung
die Atmosphäre gegenseitigen
Vertrauens vergiftet wird.

Liselotte Rauner

vieler Pflanzen- und Tierarten und damit auch genetischer Reserven. Die ökologischen Verhältnisse in den südlichen armen und ärmsten Ländern werden durch Giftmüllimporte noch verschärft. Nach Schätzungen von Greenpeace exportierten die westlichen Industrieländer von 1986 bis 1991 10 Mio. Tonnen hochgiftigen Müll und versuchten vergeblich, weitere 160 Mio. Tonnen loszuwerden. Die afrikanischen Staaten haben sich zu wehren begonnen; Ausweichmöglichkeiten bieten die östlichen, devisenbedürftigen Länder. Der illegale Müllhandel und die Profite gleichen dem Waffen- und Drogenhandel.

Staatlicher *U.schutz* und regierungsamtliche *U.politik* setzten in der Bundesrepublik seit 1970 ein. Die Maßnahmen und Programme konzentrierten sich zunächst auf die Minderung und Vermeidung von Schäden für Menschen und U. durch Schadstoffausstoß und die Luftverschmutzung; später kamen in geringerem Umfang Energiesparmaßnahmen hinzu. Entscheidende Durchbrüche wurden trotz Teilerfolgen (etwa beim Gewässerschutz) nicht erzielt, da sich die Anstrengungen v.a. auf die Folgeschäden richteten und Erfolge beim Emissionsschutz von Kraftwerken durch die enorme Zunahme des Individualkraftverkehrs aufgehoben wurden. In einer nächsten, jetzt aktuellen Phase richten sich Maßnahmen gegen den Konsum, insbes. die enormen Müllberge, und auf Recycling, aber auch auf internationale Abkommen (EG, Umweltgipfel 1992 in Rio) zum Klimaschutz.

In der sich seit den 70er Jahren entwickelnden U.schutz- und Ökologiebewegung wurden sehr viel stärker die Probleme der friedlichen und militärischen Nutzung von Kernenergie, die grundlegende Gefährdung der Ökosysteme, insbes. die Grenzen der Regenerierung im Prinzip erneuerbarer Ressourcen (Wasser, Boden, Luft/Klima) und die globalen Probleme der Unterentwicklung einerseits und des quantitativen westlichen Wirtschaftswachstums und Konsums andererseits hervorgehoben. Frauen haben sich aus unterschiedlichen Motiven besonders in der U.schutzbewegung engagiert: aus der allgemeinen Verantwortung aller heraus; ausgehend von ihrer Zuständigkeit für die Reproduktion im Alltag und der Zuständigkeit für Kinder (Gesundheitsschäden, genetische Schäden, Ernährung, Müll) und über die Friedensbewegung (Vergeudung von Rohstoffen, Zerstörung der U. durch Militär und Krieg, Atomwaffentests, militärische Nutzung der Kernenergie etc.). Anders als bei vielen Regierungen hatten die Studien und Berichte des Club of Rome (Die Grenzen des Wachstums, 1972; Menschheit am Wendepunkt, 1974; Die globale Revolution, 1991; Die neuen Grenzen des Wachstums, 1992) und „Global 2000. Der Bericht an den Präsidenten" (der USA) in weiten Teilen der Bevölkerung aufrüttelnde Wirkung. Aber weder diese noch die bislang größten, bekanntgewordenen Kernkraftstörfälle (Harrisburg/USA 1979 und v. a. Tschernobyl/UdSSR 1986) mit verheerenden gesundheitlichen Schäden und Toten (Tschernobyl), nicht absehbaren Langzeitschäden für die U., von Mißgeburten und genetischen Veränderungen, haben dazu geführt, daß die Wende zur Lösung der globalen U.probleme vollzogen wurde. Als größte Bedrohung gelten die sich abzeichnende Klimakatastrophe und die Gefährdung von Luft, Wasser und Boden. Da diese Ressourcen nicht ersetzbar sind, steht als dringlichstes globales U.problem ihre Sicherung an. Die Ansatzpunkte sind grob: Förderung einer umweltschonenden Entwicklung in den armen und ärmsten Ländern auf der südlichen Erdhalbkugel, keine Übernahme des westlich-industriellen, privatwirtschaftlichen Wachstums- und Konsummodells *und* Verabschiedung von diesem Modell in den westlichen und nördlichen Industrieländern. Neben einer weltweiten Kampagne zum Energiesparen, einem Crash-Programm zur Umstellung auf regenerative Energien (Sonne, Wind etc.), drastischer Reduzierung des Individualverkehrs, Recycling, Vermeidung von Rohstoff- und Ressourcenvergeudung wird in den westlichen Industrieländern eine „neue Kultur der Genügsamkeit" und Verzicht auf

KEIN GRUND ZUR SORGE

Die Probleme werden beseitigt
Die Giftlawine wird
unter den Rasenteppich gekehrt
Die Gasfontänen werden
deponiert auf der Wolkenbank
Die Lieferanten werden entsorgt
Die Meere empfangen
die letzte Ölung
Der Erde wird das Leben sauer
Die Probleme werden beseitigt
Die Nachlaßverwalter
werden die Wälder retten
für die holzverarbeitende Industrie
Kein Grund zur Sorge
Die Endlösung steht
kurz vor dem Abschluß
Die Geigerzähler melden
Dauererfolg

Liselotte Rauner

wirtschaftliches Wachstum für grundlegend erforderlich erachtet. Notwendig ist die „ökologische Revolution" (vergleichbar der industriellen Revolution).

Lit.: Das Umweltlexikon, hrsg. von KATALYSE e.V., Inst. f. angewandte Umweltforschung, Köln 1993; Stephan Libiszewski, Umweltkonflikte, in: Wissenschaft und Frieden, H. 2/1993, Bonn 1993; Bruno Streit / Elke Kentner, Umweltlexikon, Freiburg, Basel, Wien 1992.

Renate Wurms

Unberührtheit; ist eine gesteigerte → Unbescholtenheit, betrifft nur das sexuelle Gebiet und gilt ausnahmslos für Frauen. Sie meint absolute sexuelle Enthaltsamkeit. (→ Keuschheit, → Jungfrau)

Unbescholtenheit; als „unbescholten" gelten Leute, über die man nicht schilt, die einen „guten Ruf" haben. Der Ausdruck wird insbesondere im geschlechtlichen Bereich angewandt und meint vor allem Frauen. Wann hätte schon Männern in der öffentlichen Meinung ein munteres Geschlechtsleben geschadet? Ihre „Unbescholtenheit" galt eher als Gegenanzeige.

Undine; undene, von lat. unda, „Welle"; eine Wassergeistin mit menschlicher Gestalt, von großer Schönheit und Verlockung, aber ohne Seele, was von den männlichen Wassergeistern umgekehrt nicht berichtet wird.
Eine Seele erhält U. erst, wenn sie sich mit einem Menschenmann einläßt. Welche von dessen Fähigkeiten hier die seelenbildende Rolle spielt, wird leider nicht deutlich. (Wie immer, wenn es spannend wird . . .) Immerhin wurde U. auf dem Verleihungswege zuteil, was einige Philosophen (und niedere Ränge) den Menschenweibern schlicht absprachen. Selbst die Christenlehre (für Seelen vorzugsweise zuständig) verordnete im Mittelalter dem männlichen Fötus nach 40, dem weiblichen nach 80 Tagen eine Seele.
U. kann diese Folge ihrer Menschenkontakte nicht entscheidend beeindruckt haben. Jedenfalls empfahl sie sich nach einer Weile und ging (wieder) ins Wasser. Offenbar gefiel es ihr dort mit oder ohne besser. Tja . . .

Unfruchtbarkeit; gilt vor allem in Primitivgesellschaften als Makel der Frau, der meist ihr Schicksal entscheidend beeinflußt. Unfruchtbare Frauen werden auch heute noch in vielen stark patriarchalisch geprägten Kulturen als minderwertig eingestuft. Oft nehmen sie jahrelange Qualen auf sich, um doch noch ein Kind bekommen zu können (→ Reproduktionstechnologien). Erst neuere Forschungen und entsprechende statistische Erhebungen weisen die Väter als mindestens ebenso häufig „Schuldige" aus.

Ungeschützte Arbeitsverhältnisse; auch abweichend, atypisch, prekär, instabil, geringfügig genannte, v. a. Arbeitsplätze für Frauen und Ausländer mit großen Nachteilen gegenüber der Normalarbeit: i. d. R. mit sehr niedrigen Stundenlöhnen, ohne Kranken-, Arbeitslosen- und Rentenversicherung, ohne Lohnsteuerkarte, oft ohne Urlaubsanspruch, keine Lohnfortzahlung bei Krankheit, kaum Weiterbildungs- und Aufstiegsmöglichkeiten und so gut wie kein Kündigungsschutz, keine Sonderleistungen wie Weihnachtsgeld oder Mutterschaftsleistungen – neuerdings oft ohne jeglichen ArbeitnehmerInnenstatus, so z. B. als Franchise-PartnerInnen im Handel. Ungeachtet der in den vergangenen Jahren gefällten Gerichtsurteile zum Verbot der mittelbaren Diskriminierung (→ Recht) nehmen solche Arbeitsverhältnisse zu. Und doch lohnt es sich, in bestimmten Fällen gegen Unternehmer mit solchen Praktiken – mit Hilfe der Gewerkschaften – auf Abbau der Diskriminierng zu klagen. So haben auch geringfügig Beschäftigte inzwischen einen vor Gericht erkämpften Anspruch auf Lohnfortzahlung im Krankheitsfall (Rs 171/88). (→ Flexibilisierung)

Unke; von eutze = Kröte und unc = Schlange; (1) Krötenart; (2) eine verbal engagierte Pessimistin und Schwarzseherin.

Unkraut; gibt es nicht. Jede Pflanze hat im ökologischen Zusammenhang ihre Funktion.

unrein; (1) unsauber, schmutzig. (2) Im übertragenen Sinne ein → Tabu-Begriff sexueller Prägung, der in der Regel Frauen betrifft. U. waren Vorgänge, die mit dem weiblichen Geschlecht zusammenhingen. So die → Menstruation, auch Vorgänge bei der Geburt, Krankheiten des Unterleibs . . .
Für die „heilige Kirche" waren Frauen an sich unrein und daher nicht würdig, kirchliche Ämter zu bekleiden. Vermutlich hätte man diesen Gedanken in den christlichen → Kirchen stärker ausgebaut und die Frauen vollends verbannt wie im Islam, wenn man nicht mit leeren Kirchenbänken hätte rechnen müssen; denn Frauen waren leider die eifrigsten Kirchgängerinnen, die ihrer eigenen Diskriminierung ungerührt und gläubig beiwohnten.

Unterhalt; hat leider mit Unterhaltung nicht viel zu tun, es sei denn, sie wird als absolut beendet erwähnt.
U. ist das, was einer Frau von ihrer „Rolle", die sie übernommen hat, bleibt, wenn die Ehe schiefgeht und sie ohne Beruf dasteht oder auf Grund von Kinderbetreuung nicht selbst für ihren U. sorgen kann. U. ist zwar ein berechtigter Anspruch aus einem vorangegangenen unbezahlten Dienstbarkeitsverhältnis, das die meisten Berufsperspektiven der Frauen abgewürgt hat, hat jedoch teilweise Almosencharakter und kann bei Verletzung des Wohlverhaltens entzogen werden. (→ Recht)
Kinder aus geschiedenen Ehen haben einen U.-Anspruch, der heutzutage in der Regel nach der „Düsseldorfer Tabelle" errechnet wird.

Unterleib, der; ist trotzdem ein weiblicher. Es gibt keinen männlichen, wenn schon de facto, so doch nicht von Bedeutung. Unser Unterleib hat die Überhand, spielt die Hauptrolle, und der Mann ist mit dem seinigen in die Statisterie verwiesen, da er – zwar im Besitze eines Leibes – doch ohne einen nennenswerten U. dasteht.

Unwohlsein; eine der vielen oft schamhaften Umschreibungen für die → Menstruation, die noch dazu einen krankhaften Zustand signalisiert. Eine Suggestion, der die natürlichen weiblichen Funktionen oft unterworfen werden.

Utopie; aus griech. „ou" = nicht und „tópos" = Ort bildete der englische Humanist und Politiker Thomas More (um 1478–1535) das Kunstwort „Utopia"; „Nirgendwo", „Nirgendland" heißt die von ihm geschilderte Insel mit einer vorbildlichen Staats- und Gesellschaftsordnung. Mores Schrift „Vom besten Zustand des Staates oder von der neuen Insel Utopia" erschien 1516 und lieferte den Begriff U. für literarische, sozialreformerische Entwürfe einer zukünftigen, besseren, menschenwürdigen Gesellschaft. Zu kritisierten zeitgenössischen Zuständen wird eine Gegenwelt entworfen, werden Aufbau und Funktionieren idealen gesellschaftlichen Lebens, vorbildlicher Staatsverfassungen dargestellt. U.n. sind Ausdruck gesellschaftlicher Sehnsüchte und Hoffnungen, des Willens zur Veränderung, und enthalten eine ausgestaltete Zielvorstellung.
Von der (meist) ohne Realitäts- und Handlungsbezug entworfenen abstrakten U. wird in den Gesellschaftswissenschaften die *konkrete* U. unterschieden. Auch darin wird Zukünftiges vorgestellt, aber nicht als fertiges Modell, dem die Wirklichkeit sich zu fügen hat. Konkret utopisches Denken sieht die vorfindliche Welt unabgeschlossen, veränderbar; in ihr sind Möglichkeiten enthalten zur Entwicklung einer neuen, besseren (gerechter, freier, glücklicher machenden) Gesellschaft. Kritische Analyse der Zustände, die Erkenntnis gesellschaftlicher Strukturen, Entwicklungstendenzen und Möglichkeiten sowie eine verändernde Praxis sind die Elemente konkreter U., ermöglichen das Aufheben der alten Gesellschaft in der neuen im doppelten Sinn: Strukturen und Möglichkeiten werden übernommen (und durch neue Bedingungen verändert), andere werden überwunden, abgeschafft. Mit Verweis auf das Wirken geschichtlich-gesellschaftlicher Gesetze und ihre Erkennbar-

keit wird im historisch-materialistischen Ansatz die Entwicklung von der abstrakten zur konkreten U. als Entwicklung von der U. zur Wissenschaft gefaßt (Friedrich Engels, MEW, Bd. 19, Berlin 1972).
Um das Zukünftige, Unabgeschlossene begrifflich zu fassen, wird auch von prozeßhaft-konkreter U. gesprochen (Ernst Bloch).
Über die Sozialu.n hinaus wird im weiteren Sinn unter U. die literarische Gattung des Zukunftsromans verstanden: phantastische Reisebeschreibungen, in denen seit dem 17./18. Jh. immer stärker technisch-naturwissenschaftlich geträumt wird (→ Science Fiction); Robinsonaden, in denen Soziales nur am Rande vorkommt; seit dem 20. Jh. vor allem auch Gegen-U.n., in denen die Herrschaft durch Technik und Wissenschaft, ein totaler Staat, die Zerstörung der Welt durch (Atom-)Waffen entweder als Schicksal oder als Warnung (und Aufforderung zur Gegensteuerung) geschildert werden.
Im Alltagssprachgebrauch werden mit U. und utopisch auch nicht zu verwirklichende Projekte, unerfüllbare Wünsche, Phantastisches bezeichnet. Lange vor dem Namensgeber wurde gesellschaftlich geträumt, in Märchen und Sagen vom Schlaraffenland, vom Sieg der Schwachen über die Starken, der Gerechtigkeit über die Ungleichheit, von vergangenen Feenreichen und zukünftigen Paradiesen. Ein Beispiel für die Verbindung von (keltischer) Überlieferung, realhöfischen Zuständen ihrer Zeit und utopischem Denken sind einige der Lais (kurze Erzählungen) der Marie de France, die in der zweiten Hälfte des 12. Jhs. am englischen Königshof lebte. In ihren Lais führte der Weg zum Feenreich meist über einen Entrückungszauber; so wird der Ritter Guingamor für drei Tage ins Reich der Liebe und des Glücks versetzt und findet sich, zurückgekehrt, in seiner Welt nicht mehr zurecht, denn es sind 300 Jahre vergangen. Dies gehört zu dem wenigen Utopischen, das von Frauen überliefert worden ist. Es mag noch einiges zu entdecken geben, aber in den Blütezeiten utopischer Entwürfe (Antike, Spätmittelalter, Übergang zur Neuzeit) waren Frauen von höherer Bildung, den öffentlichen, politischen Geschäften ausgeschlossen; so dürften sich Zukunftsträume von Frauen eher in mündlicher Überlieferung gehalten, denn in ausgearbeiteten Systemen niedergeschlagen haben.
Die immer wiederkehrenden sozialen Zukunftsvorstellungen – sie finden sich in den griechisch-antiken, den religiös-endzeitlichen des Mittelalters (12./13. Jh.), den humanistischen, aufklärerischen und den utopisch-sozialistischen der Neuzeit – sind auch solche von Frauen, was erst für die Frühsozialistinnen (→ Emanzipation) durch Schriften zu belegen ist: Gemeineigentum und gleichmäßige Verteilung der Güter, Arbeitspflicht und Verkürzung der täglichen Arbeitszeit auf 6, 4, gar 2 Stunden, gemeinschaftliche Kindererziehung, Zugang zu Bildung und Wissenschaft für alle, Zusammenleben in Gruppen.
In den Aussagen zum Geschlechterverhältnis, zur gesellschaftlichen Stellung der Frau gibt es in den großen Sozialu.n kühne Grenzüberschreitungen und Gebundenheit in den patriarchalischen Verhältnissen der Zeit. In Thomas Mores „Utopia" bestehen einschließlich des Kriegsdienstes gleiche Rechte und Pflichten für beide Geschlechter, aber die Politik ist Männersache. Ähnlich ist es im klassenlosen, aber streng hierarchisch aufgebauten „Sonnenstaat" (1602) des italienischen Dominikaners Tommaso Campanella (1568–1639). „Neu-Atlantis" (1626), die dritte berühmte klassisch-neuzeitliche U., ist ein hochtechnisierter Inselstaat, entworfen von dem englischen Politiker, Schriftsteller und Philosophen Francis Bacon (1561–1626). Sozial und politisch (dieser Teil blieb ein Fragment) ist es ein Männerstaat; gäbe es nicht eine Passage zu Ehe und Fortpflanzung, könnte man meinen, „Neu-Atlantis" existiere ohne Frauen. Der Staat „Potu" in dem satirisch-moralischen Reiseroman des dänischen Dichters und Historikers Ludwig Holberg (1684–1754) „Nicolai Klims unterirdische Reise" (1741) ist eines der wenigen Beispiele poli-

Utopia heißt das gerne geträumte glückselige Land, über das Thomas Morus seinen lateinischen Roman schrieb. Das Buch kam 1518 in Basel heraus.

Marie de France, 12. Jh.

Titelblatt der „Utopia“, 3. Ausg. 1518.

Titelblatt „Der Sonnenstaat“ (1623).

tischer Gleichberechtigung; Frauen können so gut wie Männer die höchsten Ämter im Staat erreichen. „Ala Lama oder Der König unter den Schäfern“ (1790/95) des deutschen Theologen Karl Friedrich Bahrdt ist dagegen in mancher Hinsicht ein Bild deutscher Verspätung in der Entwicklung einer bürgerlichen Gesellschaft; →Demokratie ist nur als männlich-ständische denkbar: „. . . die freigeborenen Untertanen männlichen Geschlechts“ wählen „geheim ihre Vertreter“.

Die vorgestellten →Bildungs- und →Erziehungssysteme reichen von ständisch und geschlechtsspezifisch gestuften bis zur →Koedukation und allgemein dem Gleichheitsprinzip verpflichteten. So werden mit „Liliput“ und dem „Volk der gelehrten Pferde“ in dem satirisch-utopischen Roman „Gullivers sämtliche Reisen“ (1726) des Engländers Jonathan Swift (1667–1745) verschiedene Modelle skizziert. Der französische Schriftsteller und Pädagoge Gaspard-Guillard de Beaurieu (1728–1795) war stark von Rousseaus Erziehungstheorien geprägt, forderte aber in seiner Robinsonade „Zögling der Natur“ (1764) gegen Rousseau und die sich durchsetzende Anschauung von den Geschlechtscharakteren („die Natur der Frau“/„die Natur des Mannes“) die Koedukation, die Förderung der „Natur des Menschen“.

Wo Gemeineigentum besteht, Arbeit, Kindererziehung, Zusammenleben gemeinschaftlich organisiert sind, entfallen ökonomische Zwänge, herrschaftliche Gründe für die Ehe. Diese Institution sowie absurd anmutende Regelungen sexueller Beziehungen werden in U.n des 16.-18. Jhs. mit der sozialen Ordnung, „natürlicher Sittlichkeit“ (Argument des aufstrebenden Bürgertums gegen Sittenverfall und Lotterleben des Adels) und, am häufigsten, bevölkerungspolitisch begründet; unverkennbar sind die wirtschaftspolitischen Vorstellungen der Zeit (Merkantilismus), daß staatliche Bevölkerungspolitik und Bevölkerungswachstum Voraussetzungen volkswirtschaftlichen Reichtums seien. So wird die Häufigkeit des Beischlafs nach Alter, Dauer der Ehe usw. festgelegt (Denis Veiras, Geschichte der Savaramben, 1678); im „Sonnenstaat“ werden die Paare ausgesucht und zusammengeführt; in „Utopia“ gilt gleichgeschlechtliche Liebe als „unbekannt“, in anderen U.n als verpönt. →Prostitution ist in den idealen Gesellschaften abgeschafft, aber mancher patriarchalische Traum von Vielweiberei (so im Savarambenroman) schafft Abhilfe; auch der Alptraum von der Umkehrung der Verhältnisse in Vielmännerei unter Frauenherrschaft findet sich in französischen U.n der Zeit sowie die Verheißung freier Liebe und natürlicher Lust für beide Geschlechter (so bei Morelly, Schiffbruch der fliegenden Inseln, 1753).

Nicht im Entwurf einer fernen idealen Gesellschaft, sondern als öffentliche Kritik der zeitgenössischen Verhältnisse verurteilten die utopischen Sozialisten (Robert Owen, Henri de Saint-Simon, Charles Fourier) zu Beginn des 19. Jhs. die Institution Ehe bzw. ihre patriarchalische Organisation, kritisierten sie scharf die soziale Situation der Frau. Diese Entwicklung zum Konkreten ist zu sehen vor dem Hintergrund der politischen, wirtschaftlichen, gesellschaftlichen Umwälzungen in Europa seit 1750, den Kämpfen von Frauen um Bildung, politische und soziale Rechte und eine selbständige Existenz → Geschichte, → Emanzipation, → Feminismus, → Demokratie). Bei Fourier sind das Elend der Arbeiter/innen, die besondere wirtschaftliche Ausbeutung der Frau in der „kapitalistischen Zivilisation“ (der „industriellen Anarchie“) sowie die sexuelle Unterdrückung der Frau, ihre moralisch-gesellschaftliche Disziplinierung durch patriarchalische Doppelmoral in Ehe, Gesetzen, Sitten die zentralen Ausgangspunkte für den Entwurf einer freien, friedlichen Gesellschaft bäuerlich-handwerklicher Produktions- und Lebensgemeinschaften („familistères“, Kommunen), zusammengefaßt zu locker miteinander verbundenen Genossenschaftsgebieten („phalanstères“). Wie in Saint-Simons ganz anderer „Industriegesellschaft“ (hochentwickelte Industrie, Wirtschaftsplanung, sozial durchorganisiertes Zusammenleben) sollten Übereinstimmung („Harmonie") und Anziehung („Attraktion") das Leben bestimmen. In beiden U.n blieb der Weg nur allgemein bestimmt durch Erziehung zur Vernunft und Liebe, die Kraft der Überzeugung und eine religiös-moralische Erneuerung. Popularisierung der Ideen und Umsetzungsversuche wurden von Schülern und Nachfolgern in den frühsozialistischen Bewegungen Frankreichs, in England und den USA (vor allem durch Robert Owen) gemacht (seit etwa 1830).

Im Rahmen dieser Bewegungen, in den Revolutionskämpfen 1848 entwickelten auch Frauen unter der Leitidee „materielle, moralische und geistige Freiheit für die Frau" in Schriften, Diskussionen, Auseinandersetzungen, Vereinigungen, gewerkschaftlichen Zusammenschlüssen ihre Zukunftsvorstellungen. Trotz vieler Veränderungen seit dieser Zeit ist das Spannungsfeld in seinen Grundzügen gleichgeblieben, Ausdruck der widerständigen gesellschaftlichen Verhältnisse, bestimmend für alle utopischen Leitideen von Frauen bis heute: Es sind die widerstreitenden Wünsche, der Wunsch, sie in Einklang zu bringen und die Diskrepanz zwischen Träumen und Realität. Die Sicherung der materiellen Existenz aller Menschen, politische Freiheit und Gleichheit galten als selbstverständliche Grundlagen; die Überwindung von Ausbeutung wurde überwiegend idealistisch als freiwilliger Verzicht der Unternehmer/des Kapitals gedacht, die Trennungen zwischen Frauen (noch nicht als Klassenunterschiede benannt, aber erkannt) galten als überwindbar aufgrund der gemeinsamen Interessen der Frauen an der Aufhebung der Geschlechtssklaverei (in der Ehe, in der Prostitution). Die vertretenen Frauenideale zukünftiger Gesellschaften schwankten zwischen Weiblichkeit, Männlichkeit und neuer Menschlichkeit; von der Frau als „Erlöserin", „Hohepriesterin der Liebe", „natürlicher" und „sozial wirkender Erzieherin des Menschengeschlechts" wurde ebenso geträumt wie von der „freien Frau", die „allein Tochter ihrer Werke" ist, von der sozialen Mutterschaft befreit durch Arbeitsteilung/gemeinschaftliche Verantwortung für die Versorgung und Erziehung der Kinder. Dazu kam der Traum, dies alles miteinander zu verbinden: die Ausbildung von Individualität und sozialer Verantwortung, Freiheit und Mutterschaft, freie Beziehungen und doch für beide Geschlechter gleich verbindlich.

Zu den wichtigsten feministischen U.n gehören:

(1) *Die U. „weiblicher Freiheit"*, die hier und jetzt entwickelt und gelebt werden kann und soll. Frauen vertrauen sich anderen, erfahreneren an, geben so der Ungleichheit und ihrem Geschlecht einen positiven Wert und beziehen sich in der → Arbeit, im Beruf, in Bildung, Wissenschaft, Kultur und Alltag auf Frauen. Auf diese Weise gewinnen sie ihre eigene, weibliche Identität, ihre Sprache, ihr Recht, ihr eigenes Maß und ihre eigene weibliche Ordnung, in der Konsequenz eine zweite Gesellschaft neben der männlichen. „Orte weiblicher Freiheit" werden so in Frauenprojekten und im Frauenalltag über eine Kommunikation und Kultur entwickelt, die nicht auf Teilhabe an männlicher Macht, Politik und Wirtschaft ausgerichtet ist. Der Geschlechterdifferenz, die neben der biologischen und gesellschaftlichen auch eine ontologische (im Sein, in der Natur wurzelnde) Grundlage habe, wird in dieser U. zentrale Bedeutung beigemessen. So ist → Autonomie statt → Gleichheit konstitutiv für weibliche Freiheit. Da „der Mensch zwei ist", wird dem „Modell männlicher Freiheit", für das die Trennung von Öffentlichkeit und Privatheit konstitutiv ist und das in erster Linie politische Freiheit meine, nur begrenzte Geltung zugestanden. Die U. weiblicher Freiheit, die keine U. sein will, wird konsequenterweise wegen ihres unabgeschlossenen Prozeßcharakters von ihren italienischen Vertreterinnen kaum konkretisiert (Wie weibliche Freiheit entsteht, 1988; Der Mensch ist zwei, 1989).

(2) *Öko-feministische U.n* wurden in erster Linie auf der Basis der Differenzposition entwickelt. So sind

Freiheit für die Frauen, Freiheit für das Volk – durch eine Neuorganisierung des Haushaltes und der Industrie.

(Motto der „Freien Frauen" und ihrer Zeitung, um 1832 – Frankreich)

für Veronika Bennholdt-Thomsen (Differenz und Gleichheit, 1990) Geschlechterdifferenz und das Modell weiblicher Freiheit zentral für ihre „Frauenwelt", die sie als „Vision" statt U. skizziert. Die wichtigsten Elemente sind eine enge Verbindung von Produktion und Reproduktion des alltäglichen Lebens, von Arbeit, Genuß und Glück; eine auf Subsistenz statt Wachstum ausgerichtete ökologische Gebrauchswert-Ökonomie; Unabhängigkeit durch eigene Kontrolle der Arbeit und der Produkte; Akzeptieren des weiblichen Körpers und weiblicher Selbstbestimmung als „Quelle der Kraft, der Kenntnisse und des (Über-)Lebens". Damit ist die Handlungsperspektive einer „eigenen Politik von unten" verbunden, deren Orientierungen und Ziele sind: Entinstitutionalisierung statt Institutionalisierung; aus dem Alltag entstehende „organische" statt organisierte Politik; Autonomie und Verantwortung aller statt Delegation und Stellvertreter-Prinzip; Einheit von Öffentlichkeit und Privatheit statt Trennung; Austausch mit und Erhaltung der Natur statt Ausplünderung und Beherrschung. Die gesellschaftsverändernde Perspektive liegt im lebendigen *Gegenmodell* und im bewußten Verzicht, sich „oben" einzumischen. Es wird nicht um Teilhabe, um Positionen und Macht in einem System gekämpft, das auf Frauen- und Naturverachtung gebaut ist. (Frauen, die letzte Kolonie, 1988; Differenz und Gleichheit, 1990.)

(3) *Die U. des Matriarchats.* Seit Johann Jakob Bachofens grundlegender Arbeit „Das Mutterrecht" (1861) wurden immer wieder Elemente oder Zuschreibungen matriarchalischer Gesellschaften in wechselseitig sich ausschließende Entwürfe aufgenommen. Vor allem in den 20er und frühen 30er Jahren des 20. Jhs. wird das → Matriarchat als Inkarnation von Weiblichkeit und Mütterlichkeit, Natur und Gefühl gegen Aufklärung und Rationalität, Technik, Verstand und Emanzipation der Frau gepriesen und verklärt. So beschwor u. a. Bertha Eckstein-Diener (Mütter und Amazonen, 1932) das „Ur-Mütterliche", den „magischen Blut- und Erdgeist", vertrat ein Bild der zeitlos-mütterlichen Frau und setzte sich für den Vorrang des „weiblichen Naturprinzips" ein. Dieses Konzept konnte umstandslos von den Nazis genutzt werden. Auf der anderen Seite sind es egalitäre Strukturen früher, matriarchal geprägter Gesellschaften wie Gemeinbesitz, Einklang mit der Natur, klassenlose und herrschaftsfreie Zustände, eine freie und einflußreiche Stellung der Frau – Macht ohne Herrschaft. Diese Elemente wurden u. a. von August Bebel und Friedrich Engels als wesentliche Grundzüge einer sozialistischen Gesellschaft schon Ende des 19. Jhs. aufgenommen und 1934 u. a. von Erich Fromm und Walter Benjamin gegen die nationalsozialistische Indienstnahme von Matriarchatskonzepten angeführt.

In der *feministischen U. des Matriarchats,* wie sie u. a. von Heide Göttner-Abendroth (Die tanzende Göttin, 1984) als Weg, Prozeß und Ziel gedacht, entwickelt und in Ansätzen gelebt wird, ist die tragende Idee, alle Fähigkeiten des Menschen, die intellektuellen und körperlichen, die gefühlsmäßigen und spirituellen (geistig-energetischen) *gleichrangig* zu entwickeln. Zentral ist die Entwicklung einer „matriarchalen Spiritualität" als „ganzheitliche Interpretation der Welt", die um die Verbindung und wechselseitige Abhängigkeit alles Lebendigen weiß. Ganzheitliches Denken, Handeln und Leben – das ist der Ausgangspunkt – gilt als kennzeichnend für archaische matriarchale Gesellschaften und soll auf einer neuen Stufe gesellschaftlicher Entwicklung und Reflexion „das mechanistische, vereinseitigende, hierarchische Denken und Handeln" in patriarchalischen Gesellschaften überwinden. Die U. des Matriarchats bzw. einer „matriarchalen Spiritualität" ist eine U. der Integration, der Wiederherstellung eines Ganzen aus dem Zustand der Zerrissenheit, der Spaltung und des Denkens in Entgegensetzungen (Dualismen). Die miteinander verbundenen Prozesse und Ebenen sind: „Integration und Heilung des Menschen in sich selbst, (. . .) die Integration und Gerechtigkeit in der

Gemälde von Dorothy Iannone, geb. 1933

menschlichen Gesellschaft und (. . .) die Integration, die Wiederherstellung des ökologischen Gleichgewichts in unserer Biosphäre" (Heide Göttner-Abendroth, 1984). In dieser U. sind Weg und Ziel gleich wichtig. Elemente sind: ein in Gruppen und einzeln entwickeltes Bewußtsein; gelebte U.n der Ganzheit von Geist, Seele und Körper; Selbstbewußtsein und Gleichheit in den Kommunikations- und Lebensformen; Gewaltlosigkeit, die aus der Anschauung kommt, daß das Göttliche / „die Göttin" im Diesseits, in allem Lebendigen ist. An die Stelle einer „Eroberungsrevolution" tritt die „Konsensrevolution" einer „flexiblen" U., d. h. eines nicht fertigen Modells einer zukünftigen Gesellschaft. Die gelebten Alternativen sind der Protest, bedeuten Einmischung in die herrschenden Verhältnisse, überzeugen durch Anschauen und Handeln und setzen sich in Form eines immer breiter werdenden Netzwerkes in einem langen Entwicklungsprozeß durch.
Trotz Nähe gibt es wesentliche Unterschiede zur U. „weiblicher Freiheit". In der U. „matriarchaler Spiritualität" wird nicht versucht, „Weiblichkeit" gegen alle patriarchalischen Zuschreibungen und Zumutungen (tiefenpsychologisch) zu erschließen oder „die Natur der Frau" zu fassen. Die Geschlechterdifferenz tritt gegenüber der Gesellschaftsdifferenz zurück. Die U. des Matriarchats ist eine Gesellschaft für beide Geschlechter. Basis ist die Analyse ökonomischer, ökologischer, politischer, gesellschaftlicher, religiös-spiritueller Strukturen und Formen matriarchaler Gesellschaften, die keineswegs „erdschollenhockende Müttervereine" (Heide Göttner-Abendroth) waren. Es geht um den Rückgriff auf die historische, gelebte und rekonstruierbare Alternative zu patriarchalischen Gesellschaftsformen. Dabei, so die Vertreterinnen, kann es nicht um ein Zurück in ein archaisches Leben gehen, sondern um die Aneignung und Internalisierung einer „Gesamtansicht der Dinge". Bei aller Sorgfalt und Reflexion läuft auch dieser utopische Ansatz Gefahr, die Vergangenheit zu verklären. Und wo ist die Grenzziehung zur „Natur" der Frau, wenn die frühen Gesellschaften als „Schöpfung der Frau" charakterisiert und gewertet werden?
(4) *Die U. der Androgynie* ist das alte Ideal des ganzheitlichen Menschen. In der → Frauenbewegung wird diese U. als Ausdruck des Wunsches nach Überwindung der geschlechtsspezifischen Einschränkungen, Grenzen, Einseitigkeiten und Verkrüppelungen in verschiedenen Varianten entwickelt. Gegen die Differenzposition wird insbesondere darauf verwiesen, daß auf die „Tatsache der Geschlechterdifferenz" in den meisten Kulturen über Jahrtausende hin ein Herrschaftsverhältnis gegründet wurde. Die Perspektive in den U.n der Androgynie ist die *Überwindung* dieser historisch gewordenen und befestigten Differenz und der darauf errichteten Herrschaft durch u. a. eine andere Arbeitsteilung, entsprechende Sozialisation, andere Formen der Politik, Aufhebung der Trennung von Privatheit und Öffentlichkeit.
Kritische feministische Einwände gegen die Vorstellung vom androgynen Menschen und die U. der Androgynie sind u. a.: die Auffassung, daß Ganzheit nur erreicht werden könne, wenn Weibliches und Männliches zusammenkomme; es werde eine neue Norm für den Menschen gesetzt, der nun männlich *und* weiblich zu sein habe; auch diese U. komme über die Differenz, die sie doch überwinden will, so nicht hinweg, da ihr die Annahme zugrundeliege, als seien historisch-gesellschaftlich-kulturell gewachsene, verordnete, erzwungene und in der Sozialisation vermittelte und erworbene „weibliche" und „männliche" Eigenschaften essentiell weiblich bzw. männlich. Diese kritischen Einwände berücksichtigend und ausgehend von der Gegenwart, ist die U. der Androgynie heute in erster Linie U. einer Gesellschaft, in der die Geschlechtszugehörigkeit wie die Haut-, Haar- oder Augenfarbe eines Menschen *keine* Bedeutung für ihr oder sein soziales Schicksal hat.
(5) *Die U. der Kommunalisierung von Öffentlichkeit und Privatheit.* Ausgangspunkte sind die für die bürgerliche Gesellschaft konstitutive

Trennung von Privatheit und Öffentlichkeit, deren geschlechtsspezifische Zuordnung und Arbeitsteilung *und* die Strategien feministischer Praxis, diese Trennungen zu überwinden. Was u. a. nach Barbara Holland-Cunz (Differenz und Gleichheit, 1990; Utopien der Neuen Frauenbewegung, 1988) die feministische Bewegung von anderen sozialen Bewegungen unterscheidet, ist die „Mischung von Strategien". Einerseits bezieht sich → Feminismus auf den privaten Bereich, auf Personen und → Autonomie und andererseits auf den öffentlichen Sektor, auf Institutionen und Gleichheit von Frauen, von Frauen und Männern. Die jeweils aus der einen oder anderen Strategie entwickelten feministischen U.n miteinander zu verknüpfen, das „gelungene Mischungsverhältnis feministischer Strategien als Gesellschaftsstruktur" zu denken, wird mit der U. der Kommunalisierung versucht. Kritisch einbezogen werden Elemente der sozialistischen U. und Erfahrungen in realsozialistischen Gesellschaften. Entsprechend der Marxschen Unterscheidung von (begrenzter) politischer → Emanzipation und allgemein menschlicher, geht es auch hier um das große Ziel. Die wichtigsten Elemente und Rahmenbedingungen sind Basisdemokratie und eine ökologische Ökonomie der Subsistenzproduktion, die durch Strukturveränderungen, durch Kommunalisierung und damit Annäherung der beiden Bereiche → Privatheit und → Öffentlichkeit erst zu schaffen sind. Auch hier die Übereinstimmung von Weg und Ziel. Dieses feministisch-utopische Modell sieht eine Vergesellschaftung der Reproduktion in Form von freigewählten, verbindlichen großfamilienähnlichen Gruppen als kleinste gesellschaftliche und kommunale Einheit vor. Diese ermöglichen Rückzug, übernehmen aber auch politische, soziale und reproduktive Aufgaben wie Hausarbeit, Kinderbetreuung und -erziehung. Ziel ist, die Isolation in der Kleinfamilie zu überwinden *und* einen (privaten) überschaubaren Rahmen zu erhalten.

Für eine zukünftige Öffentlichkeit sind dagegen kommunale Überschaubarkeit, rätedemokratische Politikformen, Verbindlichkeit, Verantwortung aller, Konflikt- und Konsensfähigkeit entscheidend. Die Grenzen zwischen öffentlich und privat sind fließend, aber kein Bereich soll in dem anderen aufgehen. Was heute jeweils für den einen *oder* anderen Sektor gilt und an den „weiblichen" oder „männlichen" Sozialcharakter gebunden gedacht und entsprechend zugeschrieben wird, wird mit unterschiedlicher Gewichtung für beide Bereiche wichtig: die „Bindungsfähigkeit und -willigkeit" aus dem privaten und die gemeinschaftliche, gesellschaftliche Verantwortung aus dem öffentlichen.

Gemeinsam ist allen feministischen U.n die Unabgeschlossenheit, die Bedeutung von Natur und Umwelt, Gewaltfreiheit, radikaldemokratische Formen, Macht ohne Herrschaft, Evolution bzw. Konsensrevolution und die Überwindung des → Geschlechterverhältnisses als Herrschaftsverhältnis (→ Demokratie, → Emanzipation, → Feminismus, → Umwelt).

Lit.: Claudia von Aleman, Dominique Jallamion, Bettina Schäfer, Das nächste Jahrhundert wird uns gehören. Frauen und Utopie 1830–1840, Frankfurt/M. 1981; Ernst Bloch, Freiheit und Ordnung. Abriß der Sozialutopien, Reinbek b. Hamburg 1969; Ute Gerhard u. a. (Hrsg.), Differenz und Gleichheit, Frankfurt/M. 1990; Heide Göttner-Abendroth, Die tanzende Göttin, München ²1984; Barbara Holland-Cunz, Utopien der Neuen Frauenbewegung. Gesellschaftsentwürfe im Kontext feministischer Theorie und Praxis, Meitingen 1988; Werner Krauss (Hrsg.), Reise nach Utopia. Französische Utopien aus drei Jahrhunderten, Berlin 1964; Jürgen Kuczynski, Asche für Phönix, Köln 1992; Libreria delle donne, Wie weibliche Freiheit entsteht, Berlin 1988; Anja Meulenbelt, Wie Schalen einer Zwiebel, München 1985; Maria Mies / Veronika Bennholdt-Thomsen (Hrsg.), Frauen, die letzte Kolonie, Reinbek b. Hamburg ²1988.

Renate Wurms

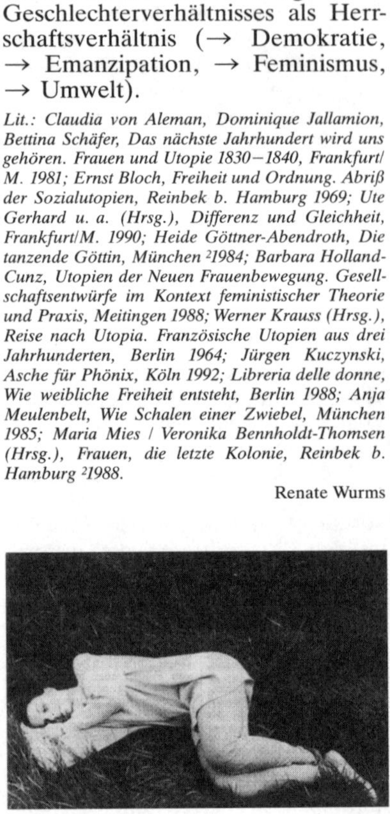

Vagina; Scheide, Geburtsweg und Geschlechtsorgan der Frau. Von Freud zu dem einzigen von ihm akzeptierten Lustorgan erklärt, ohne daß er die → Klitoris berücksichtigt, deren Beteiligung am → Orgasmus er schlicht leugnet oder als entartet definiert. (→ Sexualität)

Verbände; → Organisationen.

Vereine; → Organisationen.

Vergewaltigung; allgemein: Gewaltausübung gegen den erklärten Willen derer, an denen sie ausgeübt wird. Meistens gebraucht für die sexuelle Gewaltausübung von Männern an Frauen gegen deren Widerstand. (→ Notzucht, → Gewalt)

Vergewaltigung einer Kebse und eines fahrenden Weibes galt offenbar als zulässig (13. Jh.).

Verhütung; ahdt. vom 7. bis 11. Jh. hoota = Vorsorge, Obhut, Behüten; mhdt. verhueten, von hut = auf der Hut sein: Behüten, Bewahren, Aufpassen, Auflauern. Unter Empfängnisverhütung oder Schwangerschaftsregelung sind die Maßnahmen zur Verhinderung der Befruchtung, der Einnistung einer befruchteten Eizelle und der Entwicklung einer befruchtungsfähigen Eizelle zu verstehen.
Die Pille – und was gibt's noch: Wir sprechen von empfängnis- und schwangerschaftsregelnden Methoden, da durch sie eine Schwangerschaft nicht ein für allemal verhindert werden soll, sondern nur dann, wenn Frauen (und Männer) es wünschen.
Fragen, die du dir vor *der Wahl einer Verhütungsmethode beantworten solltest:* Wie ist die allgemeine Verträglichkeit des Mittels? – Nebenwirkungen? – Verläßlichkeit? (PEARL-INDEX oder sog. „Versagerquote", d. h. Anzahl der Schwangerschaften bei 100 Frauen, die die Methode ein Jahr verwendeten – eine absolut sichere Methode gibt es leider nicht!) – Kosten? – Inwieweit ist dein Partner in die „Verhütung" miteinzubeziehen? – Traust du dich, ein sichtbares Verhütungsmittel anzuwenden? – Paßt die Methode in deinen Tagesablauf? – Wie ist deine gefühlsmäßige Haltung dem jeweiligen Mittel/der Methode gegenüber?
Empfängnis – der Vorgang, der „verhütet" werden soll: Beim Geschlechtsverkehr dringen mit der Samenflüssigkeit Samenzellen in die Scheide. Sofern nicht „verhütet" wird, wandern diese durch den Gebärmutterhals in die Gebärmutter und von dort aus in die Eileiter. Treffen sie dort auf eine befruchtungsfähige Eizelle, kann eine Befruchtung bzw. Empfängnis stattfinden. Nach 4 bis 5 Tagen nistet sich die befruchtete Eizelle in die Gebärmutterschleimhaut ein.
Der Menstruationszyklus: Dauer eines Zyklus: 1. Tag der Regelblutung (1. Zyklustag) bis zum Tag vor der nächsten Blutung (ca. 25 bis 32 Tage). Obwohl die Blutung ein eindrucksvolles Zeichen ist, ist der Eisprung – 10 bis 12 Tage vor der nächsten Blutung – das biologisch Bedeutsamere.
Hormonelle Steuerung des Zyklus: Körpereigene Stoffe (Hormone) werden in den Eierstöcken gebildet, und zwar in der ersten Zyklushälfte vermehrt Östrogene, in der zweiten Hälfte vermehrt Gestagene. In ihrem Zusammenspiel sorgen sie für die Reifung der Eizellen, den Eisprung und den Aufbau der Gebärmutterschleimhaut für die Einnistung der befruchteten Eizelle.
Empfängnis- und schwangerschaftsregelnde Methoden: Folgende Methoden/Mittel können wirksam werden durch:
1. Verhinderung des Zusammentreffens von Ei- und Samenzelle (Befruchtung).
Zeitwahlmethode: Hiermit kannst du die „fruchtbaren Tage" (2 Tage vor und 3 Tage nach dem Eisprung) und die „unfruchtbaren Tage" (strenggenommen 10 Tage vor der

nächsten Blutung) im Zyklus feststellen. *Vorsicht!* Es gibt auch Eisprünge „außer der Reihe“. Wie du den Zeitpunkt des Eisprungs feststellen kannst: a) Messung der Körpertemperatur (nach mindestens 6 Stunden Schlaf morgens vor dem Aufstehen, stets zur gleichen Zeit, im Mund/Darm gemessen): In der ersten Zyklushälfte bleibt die Körpertemperatur in der Regel konstant und fällt zum Zeitpunkt des Eisprungs leicht ab. 1 bis 3 Tage nach dem Eisprung steigt sie um 0,3 bis 0,8 Grad Celsius an und bleibt bis zum Beginn der Blutungen auf dieser Höhe; dann fällt sie auf den niedrigen Wert ab. b) Kontrolle des Scheiden- und Gebärmutterhalsschleims (Billings-Methode): Dabei werden „trockene“ und „feuchte“ Tage täglich mehrmals (!) festgestellt. Während des Zyklus befindet sich im Gebärmutterhals ein Pfropf aus zähem, undurchdringlichem Schleim. Die Scheide ist nur leicht feucht. Ca. 3 bis 4 Tage vor dem Eisprung wird in der Scheide vermehrt ein dünnflüssiger Schleim abgesondert, der zum Zeitpunkt immer klarer und – wie Eiweiß – „spinnbarer“ wird. Während des Eisprungs wird auch der Pfropf im Gebärmutterhals dünnflüssiger, so daß Samenzellen in die Gebärmutter können (= feuchte Tage). Bei einem sehr regelmäßigen und sehr gesunden Leben kann an den „trokkenen Tagen“ voraussichtlich keine Befruchtung möglich sein.

Die sehr sorgfältige Selbstbeobachtung des körpereigenen Rhythmus' kann im Zusammenhang mit Petting, sexueller Enthaltsamkeit oder anderen Verhütungsmitteln als empfängnisregelnde Maßnahme eingesetzt werden.

Diaphragma plus Creme: Wirkweise: Als elastischer Spiralring mit einer dünnen Gummihaut deckt es den hinteren Teil der Scheide und den Gebärmutterhals ab; die Verbindung zwischen Gebärmutter und Scheide wird so unterbrochen, daß Samenzellen vor dem Diaphragma bleiben. Anwendung: Bevor das Glied die Scheide berührt, wird das Diaphragma mit samenabtötender Creme bestrichen und in die Scheide eingeführt (bis zu 2 Stunden vorher). Es muß kontrolliert werden, ob der Gebärmutterhals durch das Gummi spürbar ist. 6 bis 8 Stunden nach dem Geschlechtsverkehr bleibt es in der Scheide. Das Diaphragma muß von der Ärztin angepaßt werden.

Gummihütchen/Kondom: Wirkweise: Fängt als dünner Gummischutz die Samenzellen auf. Anwendung: Bevor das Glied die Scheide berührt, muß das Kondom darüber gezogen werden. Bevor nach dem Samenerguß die Versteifung nachläßt, muß es aus der Scheide gezogen werden. Da die Zuverlässigkeit der hier angeführten Mittel/Methoden von der genauen Anwendung durch Frau/Mann abhängt, haben wir hier auf die Angabe des PEARL-INDEX verzichtet.

Schaum- und Scheidenzäpfchen: Wirkweise: Entwickeln in der Scheide einen Schaum oder Film, der die Samen bewegungsunfähig macht. Anwendung: Mindestens 10 Min. bis 2 Stunden vor jedem Geschlechtsverkehr wird jeweils ein Zäpfchen tief in die Scheide eingeführt (die Sicherheit ist gering, zusätzlich Kondom usw. anwenden).

Minipille: Wirkweise: Enthält geringe Mengen Gestagene, die bewirken, daß der Schleimpropf im Gebärmutterhals so zäh bleibt, daß Samenzellen nicht durchkommen. Auch wird die Gebärmutterschleimhaut so unzureichend aufgebaut, daß sich keine Eizelle einnisten kann. Ein Eisprung soll nicht verhindert werden. Anwendung: Vom 1. bis zum letzten (!) Zyklustag wird täglich zur gleichen Zeit eine Pille (ohne Pause) eingenommen. Menstruationsähnliche Blutungen finden statt. Beim Vergessen einer Pille muß bis Mitte des folgenden Zyklus' ein zusätzliches Mittel (Methode) gewählt werden.

2. *Verhinderung der Einnistung einer befruchteten Eizelle.*

Kupfer- und Hormonspirale („T", „7", „multiload"): Wirkweise: Verhindert als Fremdkörper in der Gebärmutter die Einnistung der Eizelle; die Wirkung des Kupfers ist umstritten; Hormone verringern den Aufbau der Gebärmutterschleimhaut. Anwendung: Am 3. bis 4. Tag der Blutung wird sie von der Ärztin so eingesetzt, daß ein kurzes Fädchen aus dem Gebärmutterhals in die Scheide hineinhängt. Wichtig ist, daß du regelmäßig nach dem Fädchen tastest, um festzustellen, ob die Spirale noch in der Gebärmutter liegt. Wirkdauer: mit Kupfer 2 bis 3 Jahre, mit Hormonen 1 Jahr.

Pille „danach": Sie ist kein Verhütungsmittel! – und nur für „Notfälle" gedacht! Wirkweise: Aufgrund des hohen Gestagengehalts verhindert sie die Einnistung einer eventuell befruchteten Eizelle. Anwendung: Spätestens 48 Stunden nach einem „ungeschützten" Geschlechtsverkehr wird sie auf Anweisung des Arztes eingenommen.

3. *Verhinderung der Entwicklung einer befruchtungsfähigen Eizelle.*

Die Pille: Beschaffenheit: Enthält künstliche Gestagene und Östrogene. Unterschieden werden a) Einphasenpräparate – sie enthalten in jeder Pille die gleiche Kombination von Östrogenen und Gestagenen – und b) Zweiphasenpräparate, bei denen eine Monatspackung zwei unterschiedliche Kombinationen der Hormone beinhaltet: 1. Phase ausschließlich oder überwiegend

Östrogene und geringe Mengen Gestagene; 2. Phase mit der üblichen Kombination beider Hormone. Wirkweise: Verhindert den Eisprung, sorgt für einen zähen Pfropf im Gebärmutterhals und bewirkt einen ungenügenden Aufbau der Gebärmutterschleimhaut.

Nicht jede Frau verträgt die Pille und die langjährige Einnahme ist auf Grund nicht kalkulierbarer Risiken (z. B. Blutgefäßveränderungen) nicht unumstritten.

Unerwähnt bleiben müssen: Dreimonatsspritze, Sterilisation, diverse Schäume und Sprays, Entwicklungs-

stand der Pille für den Mann: diese ist bis heute noch nicht auf dem Markt.

Lit.: Sylvia Schneider, Wie verhüte ich richtig? Weinheim/Berlin 1991.

Verlobung; von mhdt. „loben" = für lieb halten, lieb nennen, gutheißen. Die Verlobung ist ein Heiratsversprechen, das den sogenannten Brautstand begründet, aus dem aber kein Rechtsmittel bei Nichteinhaltung geltend gemacht werden kann. Bei Rücktritt eines Partners können die in Erwartung der Ehe gemachten Aufwendungen oder Verbindlichkeiten sowie Einbußen bei Berufs- oder Vermögensdispositionen, die im Hinblick auf die Ehe vorgenommen worden sind, als Schadensersatzanspruch geltend gemacht werden.
Interessant ist die Geschichte. Nach altem Recht wurden die Erb- und Vermögensverhältnisse zwischen den Eltern der Paare schriftlich geregelt. Bei den Germanen wurde mit der V. die Übertragung der Vormundschaftsrechte des Vaters über die Braut – die gar nicht so stolze Germanin – auf den Bräutigam – den Germanen, eingeleitet. Als V.spfand an die Braut galten Geldstücke, Handschuhe und Taschentücher (bei der Rechtslage vonnöten).

Den Ring aus Gold oder Silber gab es schon im Altertum. In unserem Raum wahrscheinlich seit dem 11. Jahrhundert.

Vielmännerei; Polyandrie = die andauernde Verbindung einer Frau mit mehreren Männern. Die V. ist oft verbunden mit dem Mutterrecht. Sie ist nicht sehr verbreitet (wen wundert das?). In Tibet sind die Brüder einer Familie mit einer Frau verbunden. Für Interessierte: V. gibt es bei Stämmen auf Ceylon, bei Stämmen Ostafrikas (Wahima u. Wafipa), in Südasien (Nair), bei nordamerikanischen Indianerstämmen, auf Madagaskar, bei einigen Eskimostämmen. Sie soll auch bei der vorkeltischen Bevölkerung Irlands, bei den Kanaren und bei arabisch-semitischen Stämmen üblich gewesen sein.

Vielweiberei; Polygynie, ist die Verbindung eines Mannes mit mehreren Frauen. Es gibt zwei Haupttypen: Gleichstellung der verschiedenen Frauen, meist bei gesellschaftlich wenig hierarchisch gegliederten Stämmen, und die Einteilung in Haupt- und Nebenfrauen in Stämmen mit stark gegliederten Ordnungen; besonders ausgeprägt bei patriarchal verfaßten Nomadenstämmen.
Die Frauen besitzen oft jede eine Hütte oder zumindest eine eigene Feuerstelle; sie ziehen die Kinder groß und erfreuen sich einer gewissen Selbständigkeit. Anders in arabisch-islamischen Vielehen, in denen die Einsperrung, Isolierung und Unselbständigkeit für Frauen üblich ist.
Interessant ist, daß bei der Vielmännerei solche Unterscheidungen fehlen. Was darauf schließen läßt, daß es dabei keine Herrschaftsverhältnisse gibt.

Virginität; von lat. „virgo" = → Jungfrau, die Jungfräulichkeit.

W

Wahlrecht; Frauen erhielten in Deutschland nach langem Kampf erst mit der Novemberrevolution 1918 das volle Wahlrecht. Gleichzeitig wurde das bis dahin für Männer geltende Dreiklassenwahlrecht abgeschafft. Der Kampf ums Frauenwahlrecht hatte eine große Bedeutung für die → Emanzipation der Frau und war gleichzeitig ein Teilsieg im Kampf für ihre Würde. An der Verweigerung des Wahlrechts entzündete sich immer wieder die Empörung der Frauen. So entstanden schon in den letzten Jahrzehnten des vorigen Jahrhunderts Kampfgemeinschaften, die auch gegen andere Ungerechtigkeiten auftraten. (→ Frauenbewegung, → Internationaler Frauentag, → Demokratie, → Suffragetten)

Walküre; Valkyrie; W.n sind mythische weibliche Figuren aus der germanischen Göttersage, die auf Geheiß Odins die Schlacht entscheiden. Eine der berühmtesten Walküren war Brunhilde, die wegen Ungehorsams von Odin zur Sterblichen gemacht wurde, woraus sich die bekannten Verwicklungen für die Nibelungen ergaben. Die W.n geleiten nach der Schlacht die Gefallenen, die sie aussuchen, nach Walhall, wo ein fröhliches Zechen und Lieben die Streithengste nach blutigem Geschäft belohnt.

Walpurgisnacht; W. ist die Nacht vor dem 1. Mai, in der die Hexen regieren und eine bedrohliche Kraft entwickeln. Gegen sie helfen weder Kreuze noch Maibüsche noch Glokkenläuten. Sie allein beherrschen Wetter, Liebe und Tod.
Die W. hat ihren Namen von der Heiligen Walburga oder Walpurgis (um 710–779), die seit 761 Äbtissin des benediktinischen Doppelklosters in Heidenheim war. Die Heilige wird dargestellt als Äbtissin mit Stab, Regelbuch und Ölfläschchen, aber auch mit Ähren als Beschützerin der Felder und der Früchte. Daß die Nacht vom 30. April auf den 1. Mai nach ihr benannt wurde, dürfte mit der Umformung alter vorchristlicher Bräuche für die Zwecke des Christentums zusammenhängen. „Diese Zeit altheidnischer Opferfeiern und Freudenfeste wurde im Volksaberglauben zur Nacht, in der alle guten, aber auch die bösen Dämonen am Werk sind. Besonders die Hexen halten am Blocksberg ihre Versammlungen ab . . .; darum sind Liebeszauber und -tränke dann am wirksamsten, und an den Häusern aufgemalte Kreuze und aufgesteckte Maibüsche sollen die bösen Mächte fernhalten. Auch der folgende Tag, der 1. Mai, war als Walpurgistag seit uralter Zeit Thing- (Versammlungs- und Gerichts-) Termin, Tag des Viehaustriebs, der Jahreshoffnung auf Erntesegen. Alle Naturkräfte, alle Elementargeister der Zeugung und Fruchtempfängnis sind an diesem Tage wirksam; ihnen und den Dämonen der Erdmutter galten Bittopfer und feierliche Bräuche.“ (Lexikon der Frau, 2 Bde, Zürich 1953/54) Heute ist die W. in der Frauenbewegung die Nacht des Protestes gegen sexuelle, gegen Alltagsgewalt und alltägliche, allnächtliche Anmache: „Wir erobern uns die Nacht zurück!“

Die zwei kleinen Frauenfiguren (3,5 cm hoch) stellen Walküren in vornehmer Kleidung dar. Sie halten Trinkgefäße in der Hand, um den gefallenen Helden in Walhall den Willkommenstrunk zu bieten.

Walpurgisnacht

Fegt mit dem Besen dem am meisten
mißachteten Werkzeug der Menschheit
hinweg die Spinnennetze der Zaghaftigkeit
zerschlagt das Gerümpel vergeblicher Versuche
verbrennt die grauen Lumpen der Enttäuschung

Entfliegt den Umarmungen fressender Liebe
und nehmt die schlagenden Wetter der Freiheit an

Wir treffen uns dann bei der schwarzen Messe
zerschneiden mit dem Opferstahl
das mürbe Tuch von Tisch und Bett
und kehren nie zurück

Margret Gottlieb

Wechseljahre; medizinischer Fachausdruck: Klimakterium. In der Zeit zwischen dem 45. und dem 60. Lebensjahr erlöschen allmählich die Eierstockfunktionen. Bereits einige

„Geheimnis Unterleib – Der Schlüssel zu Glück, Schönheit und Gesundheit jeder Frau."

Werbetext des Springer-Blattes „Bild der Frau"

Jahre vor dem Ausbleiben der Monatsblutungen (→ Menstruation) treten körperliche Störungen auf, die in erster Linie Folge einer verminderten Hormonproduktion der Eierstöcke sind. Insbesondere das Fehlen der Östrogene macht sich unangenehm bemerkbar: es kommt zu Hitzewallungen, Schweißausbrüchen (besonders nachts), Herzklopfen, Reizblase, Schmerzen beim Geschlechtsverkehr infolge zunehmender Trockenheit der Scheide. Diese Erscheinungen treten, unterschiedlich stark ausgeprägt, bei jeder Frau auf; ihr erstmaliges Auftreten ist von Frau zu Frau sehr verschieden, in einer Familie jedoch häufig recht konstant.

Indirekte Folge des Östrogenmangels ist nicht selten eine Labilität des vegetativen, nicht dem Willen unterliegenden Nervensystems, die zu Schlafstörungen, Unruhe, Reizbarkeit, Kopfschmerzen, psychischen Verstimmungen bis hin zu Depressionen führt. Diese Störungen werden von den Frauen besonders negativ erlebt, für die das Klimakterium verbunden ist mit dem Verlust der Hausfrauen- und → Mutterrolle und die keine Möglichkeit zum Aufbau eines eigenen sozialen Umfeldes, beispielsweise durch Aufnahme einer Berufstätigkeit, haben. Negatives Erleben der Wechseljahre ist zudem deutlich durch belastendes Erleben von → Menstruation und → Geburten bedingt.

Vielfach treten in dieser Zeit auch sexuelle Probleme auf. Nach den Untersuchungen von Kinsey nimmt die sexuelle (→ Sexualität) Potenz eines Mannes etwa ab dem 30. Lebensjahr stetig ab, während die Frau ihr maximales sexuelles Verlangen erst um das 30. Lebensjahr herum erreicht und oft bis annähernd zum 60. Lebensjahr behält. Partnerprobleme sind nicht selten die Folge, wenn die Frau das abnehmende sexuelle Interesse ihres Partner als Reaktion auf die bei ihr auftretenden Alterserscheinungen mißversteht, während sie selbst oft eher eine Zunahme des sexuellen Verlangens verspürt (dies jedoch häufig als „unschicklich" vor sich selbst zurückweist).

Auffällig ist in diesem Zusammenhang, daß in einer Befragung mehr als die Hälfte der Frauen, die nur einen Hauptschulabschluß hatten, ihr Wissen über die W. als „gut" bzw. „ausreichend" bezeichneten; fragte man genauer nach, bestand dieses Wissen lediglich aus Vorurteilen, Fehleinstellungen und Fehlinformationen aus der Umwelt. Von den Frauen mit Fachhochschul- bzw. Hochschulabschluß war nur jede fünfte mit ihrem Wissen über die W. zufrieden (vgl. Zander).

Die unangenehmen körperlichen Erscheinungen der W. infolge des Ausfalls der körpereigenen Hormone können durch eine medikamentöse Behandlung mit östrogenen Hormonen gebessert werden (was nicht ganz unproblematisch ist, da der Verdacht, eine derartige Hormonbehandlung könne krebsfördernd sein, zwar nie bewiesen, aber auch nicht vollständig ausgeräumt werden konnte.) Das Selbstvertrauen und die Kraft, an die Aufgaben eines neuen Lebensabschnitts mit Zuversicht und Selbstbewußtsein heranzugehen, kann jedoch niemals durch irgendein Medikament geschaffen oder ersetzt werden (→ Alter). Frau sollte daher das offene Gespräch mit ihrem Arzt/ihrer Ärztin suchen, ihm/ihr klarmachen, daß nicht Hitzewallungen und Schweißausbrüche, sondern das Problem des Alt-Werdens sie seelisch bedrückt. Sie sollte den Kontakt zu einer → Selbsthilfegruppe suchen, um mit anderen betroffenen Frauen gemeinsam diese Fragen zu diskutieren und nach Lösungen zu suchen.

Lit.: Cadura-Saf, Das unsichtbare Geschlecht, Berlin 1983; Oehler, Des Lebens bessere Hälfte, Freiburg 1979; Reitz, Wechseljahre, Hamburg 1983; van Keep/Jaszmann, Die Wechseljahre der Frau, Düsseldorf 1984; Pro Familia-Magazin 2/84: Sexualität und Lebensalter; W. Eicher, Die sexuelle Erlebnisfähigkeit und die Sexualstörungen der Frau, Stuttgart 1975; H. Giese u. Mitarb., Die Sexualität der Frau, Hamburg 1968; A. C. Kinsey u. Mitarb., Das sexuelle Verhalten der Frau, Frankfurt 1963; H. J. Prill, Psychosomatische Gynäkologie, München 1964; M. Wenderlein, Psychosomatik in der Gynäkologie und Geburtshilfe, Stuttgart 1981; G. Zander/R. Goebel, Psychologie und Sozialmedizin in der Frauenheilkunde, Berlin 1977.

Hannelore Hauß

Wehrpflicht; → Militarismus/Militarisierung

Weib; ahdt. „wib". Die Wortherkunft ist ungeklärt; es gibt verschiedene Versionen. (1) W. geht zurück auf drehen, umwinden, umhüllen; auch sich drehend, schwingend bewegen. (2) W. bezeichnet die „umhüllte Braut". Aus der im Mittelalter üblichen Bezeichnung für → Frau wurde im 15./16. Jh. ein Schimpfwort und ist es noch: Weibsstück, schlechtes Weib, Marktweib, Drecksweib, Weibsmensch, Weibsteufel oder auch – sexuell anerkennend – Teufelsweib, auch stolzes W., rassiges, tolles Weib . . . Kurzum: das W. hat es in sich.
Als W. bezeichnete man die nichtangepaßte, beherzte, die sexuell freizügige und potente Frau, die in der Verkleinerung (Weibchen) und in der Ableitung weiblich eigentlich genießbar gemacht wird. Das W. war offenbar den Männern eine Nummer zu groß, weshalb sie ihm die bürgerliche Ehrerbietung entzogen.
Den rebellischen Frauen von heute gilt W. als Ehrenname: Weiberzeitung, Weiberfest, Weiberrat, Weibsbilder . . .
Das W. ist im Kommen.

Weiberfastnacht; von mhdt. „Vastnacht" = Vorabend; seit etwa 1200 ist Fastnacht, als Vorabend der Fastenzeit, der Tag vor Aschermittwoch. Fastnacht hat eine alte vorchristliche Tradition in Vorfrühlings- und Fruchtbarkeitsfesten, worauf viele traditionelle Bräuche in fast allen deutschen Landschaften hinweisen. Erst im 12. Jh. wurde die Fastnacht durch die → Kirche auf die Zeit vor dem Fasten begrenzt. Es ist zu vermuten, daß in der W. noch etwas von der matriarchalen Tradition erhalten blieb. Nach dem vor allem in Süddeutschland vorkommenden alten Brauch kamen zur W. die Frauen im Rathaus zu Sitzung und Festmahl zusammen. Jedem Mann, der ihnen begegnete, konnten sie die Mütze pfänden; er mußte das Pfand mit Wein einlösen. Die W. findet am letzten Donnerstag vor Fastnacht statt. Dann haben die Weiber das Heft in der Hand, schneiden Männern die – Schlipse ab und besetzen die Rathäuser.

Weiblichkeit; in der Ableitung von weiblich – oder von → Weib? Die Ableitung liegt auf der Hand. Das → Weib lag der Weiblichkeit fern. Es handelt sich hier um die „schwache", die „holde" W.: anschmiegsam und verführerisch, sanft, liebevoll und mütterlich; mit einem Schuß Pikanterie – träge gegenüber der Erwerbsproblematik und zur Verwöhnung neigend.
Dieses Bild der W. geistert noch unverändert in konservativen Männerköpfen, ist aber im Schwinden begriffen, da die Sozialisation von Frauen sich ändert. Weibliche Anschmiegsamkeit wird problematisch, da sie nur von Frauen Anpassung voraussetzt, die nun von beiden Geschlechtern verlangt wird. Auch mit dem Abonnement auf Mütterlichkeit haben viele Frauen Schwierigkeiten, soweit es Opferwilligkeit und Selbstaufgabe impliziert. Verwöhnt sind sie ohnehin nicht mehr; vielmehr ist die Berufstätigkeit für junge Frauen grundsätzlich selbstverständlich, wenn auch zunehmend schwer zu realisieren.
Das → Weib dominiert die W. mit Kraft und Sinnlichkeit, Zärtlichkeit und Behutsamkeit, Intuition und Humor, allerdings nicht ohne Selbstbewußtsein und Wachsamkeit, die es verhindern, daß Frauen wegen eben dieser Eigenschafen ausgebeutet und funktionalisiert werden.

Diana, graviert nach Bologna (1529–1608). Im sogenannten „Canon episcopi", einer Anweisung an Bischöfe, steht geschrieben: „Es darf außerdem nicht übergangen werden, daß gewisse verbrecherische Weiber, Schülerinnen Satans, verführt durch die Vorspiegelungen und Einflüsterungen der Dämonen, glauben und bekennen, daß sie des nachts mit der heidnischen Göttin Diana (oder mit Herodias) und einer unzählbaren Schar anderer Frauen auf gewissen Tieren durch die Luft reiten, über vieler Herren Länder heimlich und in der Totenstille der Nacht hinwegeilen, wobei sie Diana als ihrer Herrin gehorchen und in bestimmten Nächten zu ihrem Dienst sich aufbieten lassen."

Weiblichkeitsideologie; die Idee von der → Weiblichkeit spukte stets vornehmlich in Männerköpfen. Philosophen, Literaten und die unvermeidlichen Philologen haben sie zu ihrer Schande verkündet; manche Frauen haben sie verinnerlicht und weitergetragen. Viele sprachen den Frauen Seele, Hirn und → Sexualität ab, je nachdem, was ihnen jeweils am wirkungsvollsten erschien, um sie zu diffamieren. Sie hatten ihre Wirkung, sind aber heute nicht mehr allzu schädlich, da ihre Anwürfe so sehr von Ignoranz und Haß beherrscht sind, so daß niemand sie mehr ernst nehmen kann.
Gefährlicher sind die, die die Massagegriffe beherrschen, um die Weiblichkeitskuh zu melken. Die die Frauen in eine bestimmte Richtung gelobt, sie auf ein Podest gestellt und zum Denkmal erhoben haben. Die so die weibliche Dienstbarkeits- und Opferrolle fixierten, um sie als billige Arbeitskräfte, unbezahlte Erzieherinnen und Repräsentationsfiguren gesellschaftlich gezielt zu verwenden. Die keinen Zweifel an der Minderwertigkeit von Frauen ließen, die dem Hausfrau- und Mütterideal nicht entsprachen und gar nicht entsprechen wollten.
Vergangenheit? Schnee von gestern? Irrtum, wie haben sie mitten über uns, die konservativen Politiker, die uns von ihren Idealmüttern künden. Wenn Frau ihnen entgegenhält, wie ausbeutbar und abhängig Mütter in dieser Gesellschaft sind und wenn sie die Frage stellt, warum denn Mütter vorrangig für die Kinderaufzucht und -erziehung verpflichtet werden, obwohl Kinder auch Väter haben, schlägt ihnen Entrüstung entgegen, vornehmlich christlich-männliche: Mütter, sagen sie im Chor, Mütter sind eben Mütter. (Allerdings gibt es CDU-Variationen zum Thema: → Elternurlaub → Erziehungsgeld).
W. ist eine männliche Erfindung vom Wesen, den Fähigkeiten, den „Tugenden" von Weibern, zum Zweck der Bedürfnisbefriedigung aller Art. W. ist etwas raffiniert Ausgeklügeltes, womit Männer Weiber schön handlich und verwendbar halten wollen.

Weise Frau; es gab sie überall, die Frauen, die Hilfe und Rat in allen Lebenslagen wußten: für alles ein Kräutchen, eine Salbe, ein Mittelchen, für alles einen Trost, einen Rat, einen Aberglauben. Frauen, die die Kinder holten, den Gebärenden beistanden, Wunden heilten, die mehr vom Menschen als biologisch-seelische Einheit wußten als die „Studierten", die mit „Besprechungen" und Magie die Vorläuferinnen der Psychotherapeuten waren. Im Mittelalter als → Hexen verbrannt, wurden sie fast ausgerottet und mit ihnen ihr Wissen. Die Reste ihrer Heilkunst wurden später als Scharlatanerie abgetan. In der Gegenwart dämmert langsam die Erkenntnis, welcher Wissensschatz da unterdrückt und vergessen wurde. (→ Hebamme)

Weiße Frau; (1) die in alten Schlössern und Gemäuern herumspukende Ahnfrau, die es aus unerfindlichen Gründen jeweils in weißen, wallenden Gewändern umtreibt. (2) Eine Frau weißer Rasse, die zwar innerhalb ihrer Rasse unterdrückt, aber im Vergleich zu roten, gelben, braunen und schwarzen Frauen privilegiert ist.

Werbung; eine Methode, mit allen zur Verfügung stehenden Mitteln – mit psychologischen Tricks, der Aktivierung des Unbewußten, der Täuschung und Vorgaukelung, vor allem aber mit Hilfe der weiblichen Sexualausstrahlung und des weiblichen Körpers – Produkte aller Art, von Möbeln, Waschmitteln bis zu Videoartikeln, Büchern und Mode an den Mann und an die Frau zu bringen, wobei sämtliche Medien bezahlte Hilfestellung leisten. (→ Fotografie → Pornographie)

Widerstand, antifaschistischer; Opposition, Bewegung der Völker gegen → Faschismus; politischer, militärischer und ideologischer Kampf gegen die faschistische Herrschaft; organisierte, legale, halblegale oder illegale Tätigeit mit der Absicht der Gewinnung anderer, mit dem Ziel des Sturzes der Diktatur und der Errichtung einer → Demokratie; im weiteren Sinne: alle Zuwi-

»Wir fühlten alle, wie tief und furchtbar die äußeren Mächte in den Menschen hineingreifen können, bis in sein Innerstes, aber wir fühlten auch, daß es im Innersten etwas gab, das unangreifbar war und unverletzbar.«

Anna Seghers
„Das siebte Kreuz"

Lilo Hermann 1909–1938

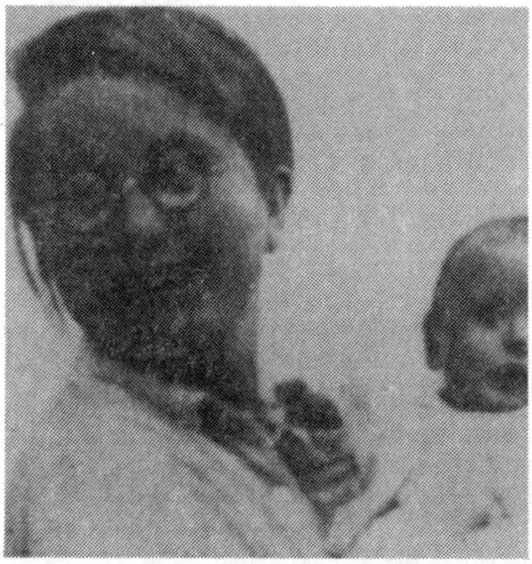

derhandlungen gegen praktische Maßnahmen, Verordnungen, Gesetze und die Ideologie des Faschismus. Die Aktionsformen sind dabei äußerst unterschiedlich und vielfältig; genannt seien hier Abhören der Auslandssender, Herstellen, Verteilen und Verschicken von illegalen Flugblättern und Schriften, Abhalten illegaler Versammlungen, Aufnehmen und Verstecken von Verfolgten, Kurierdienste, Sammeln von Geld für in Not geratene Familien, Sabotage in Betrieben, Arbeitsverweigerungen...

Der W. gegen den deutschen → Faschismus setzte nicht erst 1933 ein. Bereits in der Weimarer Republik wehrten sich Frauen gegen die Überfälle der SA, das Verbot ihrer Aktivitäten und gegen den anwachsenden, sich etablierenden Nationalsozialismus: So schlossen sich z. B. viele Frauen der proletarischen → Frauenbewegung dem „Kampfbund gegen den Faschismus" an, arbeiteten in der „Internationalen Arbeiterhilfe" und in der „Roten Hilfe" oder in politischen Parteien und in → Organisationen der Arbeiterbewegung.

Frauen leisteten W. aus den verschiedensten Motiven heraus: aus religiösen, weltanschaulichen oder politischen Gründen; oft nahmen sie den Platz verschwundener, verhafteter oder getöteter Angehöriger und Freunde ein.

Zunächst waren es politisch organisierte Frauen, Frauen aus der Arbeiterbewegung, die sich gegen das faschistische Regime wehrten; Christinnen gehörten dazu und Frauen, die aus ihrer humanistischen Überzeugung heraus die Herrschaft der Unmenschlichkeit bekämpften. Mit der Ausweitung von Terror, Verfolgung und Mord erfaßte der W. weitere Teile der Bevölkerung.

Frauen beteiligten sich an allen Aktionen des W.s: an dem W. der Organisationen der Arbeiterbewegung (KPD, SPD, SAP und Gewerkschaften), an dem christlichen W. (Bekennende Kirche); sie waren aktiv in den W.sgruppen Schulze-Boysen/Harnack („Rote Kapelle", z. B. Erika von Brockdorff und Mildred Harnack 1938/39), Baum in Berlin (1941/42 um die Kommunistische Jugend), „Weiße Rose" in München (um die Geschwister Scholl; Solidaritätsaktionen für Kriegsgefangene und ihre Familien), Saefkow/Jacob/Bästlein (KPD, größte W.sgruppe während des Zweiten Weltkrieges, ab 1943, z. B. Judith Auer, Elli Voigt, Charlotte Gross, Änne Saefkow, Katharina Jacob), Bästlein / Jacob / Abshagen (im norddeutschen Raum). Frauen leisteten W. in der Emigration (z. B. antifaschistisches Bündnis sozialistischer und bürgerlich-demokratischer Schriftsteller; Frauen wie Hannah Arendt, Anna Seghers, Johanna Kirchner, Gerta Taro) und in den Konzentrationslagern. Bereits 1933 entstand das erste Frauenkonzentrationslager in Moringen, das 1938 wegen Massenverhaftungen überfüllt war; Frauen wurden dann in das „Reichsfrauenlager Lichtenburg" verlegt; als dieses Lager zu klein wurde, richteten die Nationalsozialisten das Frauen-KZ Ravensbrück ein, in das ab 1939 aus politischen, religiösen oder rassischen Gründen verfolgte Frauen eingewiesen wurden. Von 1939 bis 1945 waren 133 000 Frauen in Ravensbrück: 90 000 wurden ermordet. Selbst in Konzentrationslagern

Helene Kafka, Schwester Restituta 1894–1943.

Martha Schwarz 1892–1939

Sophie Scholl 1921–1943

Hanna Melzer 1904–1960. „Eiserne Johanna" wurde die kommunistische Widerstandskämpferin genannt, da sie trotz entsetzlicher Folterungen niemanden verriet.

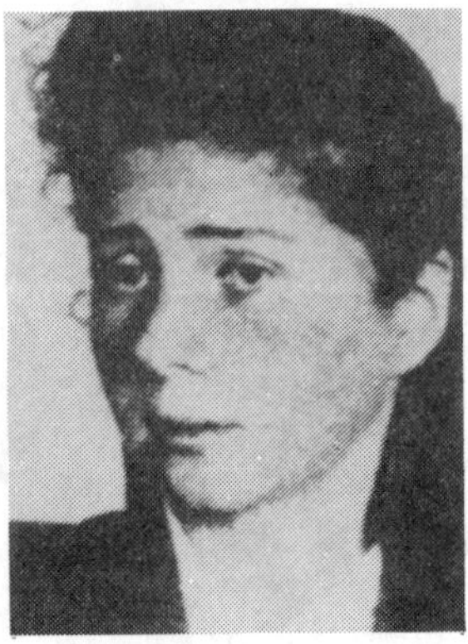

Liane Berkowitz 1923–1943

wehrten sich Frauen, indem sie sich unterstützten, Informationen sammelten, Medikamente, Lebensmittel, Kleidung organisierten. Wie sie durchhielten? „Die Überlebenschance war, die Moral hochzuhalten . . . Ja, es gibt zwei Dinge, die einen aufrecht halten: Die Gruppe und das Bewußtsein, daß man die richtige Überzeugung hat" (Doris Maase). Verfolgt und ermordet wurden: Jüdinnen und Frauen, die der „Rassenschande" bezichtigt wurden; Zigeunerinnen; lesbische Frauen; Russinnen, Polinnen, an denen medizinische Versuche gemacht wurden; Bibelforscherinnen wegen ihrer strikten pazifistischen Haltung; Frauen aus 23 Nationen, die in den Betrieben rücksichtslos ausgebeutet wurden.

Im Unterschied zu anderen Ländern gab es in Deutschland keinen organisierten Frauenw., keine antifaschistische Frauenorganisation, wie z. B. in Frankreich oder in Bulgarien. Der Internationale Frauenkongress gegen Krieg und Faschismus in Paris 1934, an dem 1500 Frauen, darunter deutsche, teilnahmen, gab Anstoß zu einer breiten, internationalen antifaschistischen Frauenbewegung. Der Weltkongress war auch die Geburtsstunde des Weltkomitees der Frauen gegen → Krieg und →Faschismus. Zusätzlich zur Beteiligung der Frauen an allen Widerstandsaktionen ist von frauenspezifischen Formen des Widerstands zu sprechen. Die Zusammenarbeit nahm konkrete Formen an: Unterstützung des Kampfes der deutschen und spanischen Antifaschistinnen, Organisierung einer Frauendemonstration in Verdun am 11. 11. 1938 aus Anlaß des 20. Jahrestages der Beendigung des Ersten Weltkrieges. In einigen Ländern entstanden antifaschistische Frauenorganisationen.

Von antifaschistischen Frauentätigkeiten in Deutschland ist u. a. bekannt: 1939 richtete eine Frauengruppe in einem Berliner Rüstungsbetrieb einen Aufruf an die Arbeiterinnen gegen Arbeitshetze, schlechte Ernährung, gegen den Krieg und seine Profiteure, getarnt unter dem Titel „Ratschläge für die arbeitende Frau". Bei Osram in Berlin wehrten sich Frauen gegen zunehmende Fließbandhetze; sie ließen jedes sechste Arbeitsstück fallen und erreichten, daß das Tempo des Fließbandes herabgesetzt wurde. Frauen versteckten Verfolgte und verhalfen ihnen zur Flucht ins Ausland. Kochbücher, Romanheftchen, Tütchen für Haarwaschpulver dienten zur Tarnung antifaschistischer Schriften.

Der Anteil der Frauen am W. ist nicht in Zahlen zu fassen. Nach einem Bericht der Gestapo waren am 10. April 1939 etwa 302 000 Frauen und Männer wegen „politischer Vergehen" in Haft – etwa eine Million Deutsche wurden bis zum Kriegsbeginn aus politischen Gründen für kurze oder längere Zeit festgenommen. Schätzungsweise befanden sich darunter 15 bis 20 Prozent Frauen (Elling). Hinter jedem Widerstandskämpfer standen meist mehrere Frauen. Stellvertretend für die vielen Frauen, die sich im Widerstand engagierten, seien Lilo Hermann genannt, die im Alter von 29 Jahren 1938 als erste Frau und Mutter mit dem Beil hingerichtet wurde (die kommunistische Studentin hatte u. a. mit anderen nachgewiesen, daß trotz Geheimhaltung eine moderne Rüstungsindustrie aufgebaut wurde; die Gestapo ließ bei den Verhören ihr Kind im Nebenraum nach ihr rufen und sicherte ihr Begnadigung zu, wenn sie ihre Mitverschworenen verraten würde), und die Studentin Sophie Scholl, die aus christlicher Verantwortung mit Studenten der „Weißen Rose“ an der Universität München mit Flugblättern zum Kampf gegen Hitler aufgerufen hatte und 1943 im Alter von 22 Jahren enthauptet wurde. Mit folgendem Satz gedachte die Schriftstellerin Anna Seghers der am antifaschistischen Kampf beteiligten Frauen: „Sie sind unser aller Mütter und Schwestern. Ihr könntet heute weder frei lernen noch spielen, ja, ihr wäret vielleicht gar nicht geboren, wenn solche Frauen nicht ihren zarten schmächtigen Körper wie stählerne Schutzschilde durch die ganze Zeit des faschistischen Terrors vor Euch und Eure Zukunft gestellt hätten.“

Lit.: Ruth Andreas-Friedrich, Der Schattenmann, Tagebuchaufzeichnungen 1938–1945, Berlin 1947; Barbara Beuys, Vergeßt uns nicht – Menschen im Widerstand 1933–1945, Hamburg 1987; Das Tagebuch der Anne Frank, Frankfurt; Hanna Elling, Frauen im deutschen Widerstand 1933–1945, Frankfurt 1978; Lisa Fittko, Mein Weg über die Pyrenäen, München/Wien 1985; dies., Solidarität unerwünscht, Erinnerungen 1933–1940, München 1992; Fania Fénelon, Das Mädchenorchester in Auschwitz, Frankfurt 1980; Frauen – Verfolgung und Widerstand, Dachau Heft 3/1987; Florence Hervé/Renate Wisbar, (hrsg. von der Demokratischen Fraueninitiative), Leben, frei und in Frieden. Frauen gegen Faschismus und Krieg, Frankfurt 1981; Lina Haag. Eine Handvoll Staub, Frankfurt 1977; Sigrid Jacobeit/Liselotte Thoms-Heinrich, Kreuzweg Ravensbrück, Lebensbilder antifaschistischer Widerstandskämpferinnen, Köln 1987; Marie-Therèse Kerschbaumer, Der weibliche Name des Widerstands. Sieben Berichte, Olten und Freiburg 1980; Helmut Kopetzky, Die andere Front. Europäische Frauen in Krieg und Widerstand 1939–1945, Köln 1983; Gabriele Kreis, Frauen im Exil. Dichtung und Wirklichkeit, Düsseldorf 1984; Greta Kuckhoff, Vom Rosenkranz zur Roten Kapelle, Frankfurt 1974; Dorothee von Meding, Mit Mut des Herzens, Die Frauen des 20. Juli, München 1992; Gertrud Meyer/Gerda Zorn, Frauen gegen Hitler. Berichte aus dem Widerstand 1933–45, Frankfurt 1974; Gertrud Meyer, Die Frau mit den grünen Haaren, Hamburg 1978; Sybil Oldfield, Frauen gegen den Krieg, Alternativen zum Militarismus 1900–1990, Frankfurt 1992; Luise Rinser, Gefängnistagebuch, Frankfurt; Inge Scholl, Die weiße Rose, Frankfurt 1974; Ruth Seydewitz, Alle Menschen haben Träume. Meine Zeit, Mein Leben, Berlin 1978; Helga Schwarz, Internationalistinnen, Sechs Lebensbilder, Berlin 1989; Ingrid Strobl, Sag' nie, du gehst den letzten Weg, Frauen im bewaffneten Widerstand gegen Faschismus und deutsche Besatzung, Frankfurt 1989; Lucie Suhling, Der unbekannte Widerstand, Frankfurt 1980; Gerda Szepansky, Frauen leisten Widerstand, Frankfurt 1983; Renate Wall, Verbrannt, verboten, vergessen. Kleines Lexikon deutschsprachiger Schriftstellerinnen 1933 bis 1945, Köln 1989; Grete Weil, Meine Schwester Antigone, Frankfurt 1982; Ruth Werner, Olga Benario, Dortmund 1977; Lore Wolf, Ein Leben ist viel zu wenig, Frankfurt 1979; dies., Ich habe das Leben lieb. Tagebuchblätter aus dem Zuchthaus Ziegenhain, Dortmund 1983; Gerda Zorn, Rote Großmütter gestern und heute, Köln 1989.

Florence Hervé

Nach 40 Jahren – Überlebende des Frauen-KZ Ravensbrück.

Wilde Ehe; unter dem Wilden in der Wilden Ehe ist wohl nicht so sehr die ungebärdige Leidenschaft zu verstehen, die ja, wenn grundsätzlich vorhanden, auch der nicht als wild geltenden Ehe beschieden sein kann. Das Wilde scheint vielmehr hier eher vergleichbar dem Wildwuchs, den es zu entfernen, dem wild wachsenden Unkraut, das es auszureißen gilt. Denn die W. E. ist eine Ehe ohne ordentlichen Bezugschein. Sie wird nirgends eingetragen, hat niemandes Segen eingeholt. Sie ist frei vereinbart zwischen zwei Menschen, und Freiheit hat halt immer was Wildes für die, die law and order wollen.

Vorsicht für Frauen! In W. E.n sollten sie erst recht nie ihren Beruf aufgeben und wilde Familie spielen. Beim Auseinandergehen (auch oftmals nicht unwild) sind sie dann die

Dummen: die beruflichen Existenzaussichten düster, keine Verpflichtung des Partners, Übergänge zu ermöglichen, keine Rentenansprüche für die wilde Zeit.
Die Erinnerung ist nicht alles.

Windsbraut; Braut des Windes oder Wind als Braut oder ist hier der Wind seine eigene Braut, → androgyn sozusagen? Denn beide sind identisch: nichts weit und breit außer Wind.

Wissenschaft; Gesamtheit der Erkenntnisse und Theorien, die Menschen zusammengetragen haben, um sowohl gesellschaftliche Ereignisse und Entwicklungen als auch die Natur bzw. den Kosmos und seine Veränderungen zu beschreiben, zu definieren und zu erklären. Wissen schaffen bedeutet Zusammenhänge entdecken, klassifizieren, spekulieren, experimentieren und schließlich tradieren. Die Art der Wissensproduktion hat sich in Abhängigkeit von der jeweiligen historischen Zeit stark geändert. Die Wissenschaften sind heute so komplex, daß ein einzelnes Individuum sie in ihrer Ganzheit nicht mehr verstehen kann. Die bedeutendsten Veränderungen und Zuwächse sind seit dem 19. Jh. durch die Industrialisierung, die Differenzierung und die Dynamisierung der Naturwissenschaften und Technologien zu verzeichnen.
Die Wissenschaftsgeschichte hat allerdings die Leistungen von Frauen in der und für die Wissensproduktion weitgehend unterschlagen, so daß sich Wissenschaft als männliche Tätigkeit vermittelt. Die → Frauenforschung hat es sich u. a. zur Aufgabe gemacht, die Geschichte der Frauen in den Wissenschaften dem Vergessen zu entreißen und die soziale Konstruktion von Weiblichkeit durch die „Männerbünde“ zu historisieren. Dabei knüpft sie u. a. an den Ehrennamen der Universität an: Alma Mater, die nahrungsspendende Mutter. Die Verdrängung von Frauen aus der Wissenschaft und der Kampf von Frauen um Akzeptanz in den Universitäten sind ein Prozeß, der heute noch andauert. Am Anfang standen viele Heilkundige, weise Frauen, Hebammen, Ärztinnen und Lehrerinnen, die ihr mündlich überliefertes Wissen weitergegeben haben. Die Frauenklöster im 8. und 9. Jh. waren die Orte, in denen Frauenbildung überhaupt möglich war. Das Frauenkloster Gandersheim im 10. Jh. konnte mit den besten Schulen konkurrieren. Roswitha von Gandersheim (um 935 – um 975) gilt als erste deutsche Dramatikerin. Der Äbtissin Herrad von Landsberg (1125–1195) ist das erste europäische Konversationslexikon zu verdanken. Hildegard von Bingen (1098–1179) hat als Äbtissin zweier Frauenklöster ein reiches philosophisches, naturwissenschaftliches und musisches Werk hinterlassen. Trotula, die italienische Ärztin an der Universität Salerno (ca. 1100), verfaßte als erste Frau ein Lehrbuch über Geburtshilfe, sie schrieb über die Zusammensetzung

Carl Otto Czeschka: „Wissenschaft“ (1898)

von Arzneimitteln und über die medizinische Praxis.
Etwa seit dem 12. Jh. haben weltliche Lehrfrauen und → Beginen Mädchen in „Winkelschulen“, d. h. allgemeinbildenden weltlichen Schulen unterrichtet. In der italienischen Renaissance waren Frauen als Gelehrte an den Universitäten zugelassen. Doch in den Ländern Mittel- und Nordeuropas hatten Frauen nicht die Möglichkeiten, die sie im Süden genossen. Christine de Pisan (1365–1432), die in Paris für die wissenschaftliche Bildung von Frauen eintrat und als erste kämpferische Feministin der anbrechenden Neuzeit gilt, hat mit ihrer Schriftstellerei auch ihre Kinder ernährt. Anna Maria von Schürmann (1607–1678) war ein Multitalent. Sie sprach etwa zehn Sprachen, beherrschte Mathematik, Astronomie, Anatomie, Philosophie, Musik und Malerei. Die aus Hannover stammende Astronomin Karoline Herschel (1750–1848) arbeitete vorwiegend für ihren Bruder, entdeckte allein aber neun Kometen. Maria Sybilla Merian (1647–1717) erforschte die Insektenwelt. Viele weitere Frauen, die hier nicht alle aufgezählt werden können, haben als Wissenschaftlerinnen gearbeitet (ausführlicher: Alic 1987), auch wenn sie nicht den Universitäten angehörten. Nur einzelne „Wunderkinder“ glaubte man nicht ausschließen zu dürfen: So durfte Dorothea Leporin-Erxleben (1715–1762) als erste Frau in Deutschland an der Universität Halle 1744 zum Dr. med. promovieren. Den ersten Doktorgrad in Philosophie konnte Dorothea Schlözer (1770–1825), die Tochter des Professors Schlözer, in Göttingen erwerben.
Einzelne Ausnahmefrauen haben aber nicht die generelle Integration von Frauen als Studierende und Lehrende zur Folge gehabt. Vielmehr formierte sich gegen Ende des 18. Jhs. eine „Männerbewegung“ mit dem Ziel, den Einfluß des „Damenunwesens“ auf Staat und Gesellschaft einzudämmen (Honegger 1991). „Die Ordnung der Natur“ bzw. „die Unterlegenheit der weiblichen Geistes- und Seelenkräfte“ wurde von Pädagogen, Philosophen, Anthropologen, Theologen und vor allem von Anatomen und Gynäkologen behauptet und in vielen Variationen verbreitet. Institutionalisiert und vervielfältigt wurden diese Weiblichkeits-Bilder auch durch solche Einrichtungen wie Mädchen- bzw. Höhere Töchterschulen, die den Mädchen keinerlei Studien- oder Berufsberechtigungen verliehen, sondern auf die Ausbildung sog. weiblicher Fähigkeiten abzielten, nämlich auf das Gattin-, Hausfrauen- und Muttersein bzw. auf die gesellschaftliche Funktion der feinen Dame mit Unterhaltungswert.
Gegen diese gesellschaftlich verankerten Weiblichkeits-Muster hatten die bürgerlichen Frauenbewegungen zu kämpfen, als sie im 19. Jh. die Zulassung von Frauen zu Universitäten forderten (Harzbach 1981). Gleichzeitig mußten sie dafür sorgen, daß den Frauen der Zugang zum weiterführenden Schulwesen geöffnet wurde (ausführlicher: Glaser 1992). Im Gegensatz zu anderen Ländern (Schweiz, Frankreich usw.) hat man den Frauen in Deutschland am längsten den Zugang zu den Wissenschaften vorenthalten, u. a. wegen der starken berufsständischen Interessen der Mediziner, Juristen und Lehrer (Costas 1992).
Während man in Preußen meinte, die Zulassung zu allen Fakultäten sei verfrüht, übernahm Baden 1900 die Vorreiterfunktion für die damaligen deutschen Länder. Andere folgten. Preußen gab erst 1908 die Erlaubnis zur Immatrikulation, Meck-

„Das Frauenzimmer gehört ohne Zweifel nicht in die Hörsäle und Studierzimmer der Gelehrten, wenn es sich bilden will zu seiner Bestimmung, damit es seine Seele verschönere und das Vergnügen des männlichen Geschlechts sei . . .“

Johann Gottfried von Herder

„Kein Weib hat wirkliches Interesse für die Wissenschaft, sie mag es sich selbst und noch so vielen braven Männern, aber schlechten Psychologen, vorlügen. Man kann sicher sein, daß wo immer eine Frau irgend etwas nicht ganz Unerhebliches in wissenschaftlichen Dingen selbständig geleistet hat . . . dahinter stets ein Mann sich verbirgt, dem sie auf diese Weise näherzukommen trachtete . . .“

Otto Weininger

Kathleen Lonsdale, englische Chemikerin, um 1950 in ihrem Labor.

Die Sprache des Prosateils

des

Stuttgarter Cod. theol. et philos. 4°. Nr. 190

Eine Heimatbestimmung
auf dialektgeographischer Grundlage

Habilitationsschrift

einer

Hohen Philosophischen Fakultät der Universität Marburg

zur

Erlangung der venia legendi

eingereicht von

Dr. Luise Berthold

Marburg 1926
Fritz Klopp Verlag G. m. b. H. Bonn a. Rh.

lenburg war 1909 das Schlußlicht. Die Studentinnenzahlen stiegen rasch, obgleich die anschließenden Berufsmöglichkeiten noch eingeschränkt waren. Obwohl Frauen 1918 das Wahlrecht, 1920 das Habilitationsrecht und 1922 den Zugang zu den juristischen Berufen sowie allen qualifizierten Beamten-Berufen erhielten, gab es immer noch Einschränkungen: z. B. durch die bis 1953 geltende „Zölibatsklausel". Danach mußten Frauen bei Heirat aus dem öffentlichen Dienst ausscheiden. Als die Botanikerin Margarethe von Wrangell, eine der zwei Frauen, die in der Weimarer Zeit ein Ordinariat erhielten, mit über 50 Jahren heiratete, mußte sie um eine Sondergenehmigung nachsuchen, um weiterhin ihren Forschungen nachgehen zu können. Die zweite ordentliche Professur in den zwanziger Jahren erhielt die Pädagogin und Soziologin Mathilde Vaerting. Diese beiden blieben zunächst die einzigen Frauen mit einer ordentlichen Professur. Dabei gab es durchaus genügend wissenschaftlich ambitionierte Frauen in dieser Zeit: Von 1908 bis 1933 hatten insgesamt 10 595 Frauen promoviert. Von ihnen waren aber nur 54 zur Dozentin ernannt worden, davon trugen wiederum nur 24 einen Professorentitel (Boedecker 1974). Frauen haben eigene Forschungsrichtungen erarbeitet (Schlüter 1983), und sie

Ringvorlesung Frau und Wissenschaft, Marburg 1979/80 (Titelblatt der Broschüre).

sind auch Nobelpreisträgerinnen geworden (Kerner 1990). Aber dies sind Ausnahmen geblieben.

Waren Studium und wissenschaftliche Betätigung für Frauen vor 1933 nicht selbstverständlich, so waren sie doch immerhin möglich. Vor allem dann, wenn die Studentinnen aus sozial interessierten und gesicherten Elternhäusern kamen und sie selbst nach einem wissenschaftlich erfüllten Leben gegen gesellschaftliche Konventionen strebten. Im Wissenschaftssystem abgesichert waren sie selten.

Nach 1933 wurden Studium und wissenschaftlicher Beruf für Frauen noch einmal grundsätzlich in Frage gestellt. Es hieß: „Die Hochschule gehört den Männern!" Ein geschlechtsspezifischer Numerus Clausus sorgte 1934 kurzfristig für ein Absinken der Studentinnenzahlen: Nicht mehr als 10 Prozent sollte ihr Anteil betragen. Viele Wissenschaftlerinnen der ersten Generation kamen aus jüdischen Elternhäusern. Nicht alle konnten emigrieren. Etliche sind verhaftet und umgebracht worden. Während der Kriegszeiten durften Frauen Studien- und Arbeitsplätze „ersatzweise" für Männer einnehmen. Nach 1945 wurden heimkehrende Männer vorgezogen.

In den 50er und 60er Jahren wurde Wissenschaft als Beruf für Frauen als unangemessen betrachtet. In den 70er Jahren kritisierten Dozentinnen und Studentinnen vor dem Hintergrund der Frauenbewegung an den Hochschulen das Wissenschaftssystem als patriarchalisch und androzentrisch. Ihre Forderungen waren: Einrichtung von Frauenstudien und Frauenforschung, Verbesserung der Situation der Mütter in der Wissenschaft sowie eine Absicherung von mehr Wissenschaftlerinnen auf Lebenszeitstellen (Gebhardt-Benischke/Stahr 1991).

Die Zahl der habilitierten Frauen ist in den letzten Jahren gestiegen und damit die Hoffnung, daß auch mehr Frauen auf Professuren gelangen: Seit 1980 hat sich der Anteil der Frauen an der Gesamtzahl der Habilitationen von 4,5% auf 9,2% verdoppelt. Mit einer Quote von fast 17% liegt der Frauenanteil bei den Habilitationen im Jura- und Wirt-

schaftswissenschaftsbereich besonders hoch.
Auch wenn einige Erfolge im Hinblick auf Frauenförderung, Frauenforschung, Frauenstudien, Frauenforschungsprofessuren und Frauenbeauftragte zu verzeichnen sind, sind Frauen in technischen und naturwissenschaftlichen Studiengängen, Forschungsstellen und Professuren noch immer kaum vertreten und auch in den meisten anderen unterrepräsentiert. Nach mehr als 70 Jahren Habilitationsrecht von Frauen sind noch immer 95% der Professuren mit Männern besetzt, d. h. nach wie vor definieren Männer, was und wie geforscht und wer zur Wissenschaftlerin gemacht wird.

Nach mehr als 70 Jahren Habilitationsrecht von Frauen sind noch immer 95% der Professuren mit Männern besetzt.

Lit.: Margaret Alic, Hypathias Töchter. Der verleugnete Anteil der Frauen an der Naturwissenschaft, Zürich 1987; Elisabeth Boedecker/Maria Meyer-Plath, 50 Jahre Habilitation von Frauen in Deutschland. Eine Dokumentation über den Zeitraum 1920–1970, Göttingen 1974; Bärbel Clemens u. a. (Hrsg.), Töchter der Alma Mater. Frauen in der Berufs- und Hochschulforschung, Frankfurt a. M. 1986; Ilse Costas, Der Kampf um das Frauenstudium im internationalen Vergleich. In: Schlüter 1992, S. 115 ff.; Margot Gebhardt-Benischke/Ingeborg Stahr (Hrsg.), Frauenpolitik im Wissenschaftsbetrieb, Alsbach/Bergstr. 1991; Edith Glaser, Der Einbruch der Frauenzimmer in das gelobte Land der Wissenschaft. In: Schlüter 1992, S. 63 ff.; Claudia Honegger, Die Ordnung der Geschlechter. Die Wissenschaften vom Menschen und das Weib 1750–1850, Frankfurt/New York 1991; Charlotte Kerner (Hrsg.), Nicht nur Madame Curie. . . Frauen, die den Nobelpreis bekamen, Weinheim/Basel 1990; Anne Schlüter, Wissenschaft für die Frauen? – Frauen für die Wissenschaft! Zur Geschichte der ersten Generationen von Frauen in der Wissenschaft. In: Ilse Brehmer u. a. (Hrsg.): Frauen in der Geschichte IV, Düsseldorf 1983, S. 244 ff.; Anne Schlüter (Hrsg.), Pionierinnen – Feministinnen – Karrierefrauen. Zur Geschichte des Frauenstudiums, Pfaffenweiler 1992; Ingrid Schmidt-Harzbach, Frauen, Bildung und Universität. In: Hans-Werner Prahl/Ingrid Schmidt-Harzbach: Die Universität. Eine Kultur- und Sozialgeschichte, München/Luzern 1981, S. 175 ff.

Anne Schlüter

Witwe; mhdt. witewe, ahdt. wituwa, eigentlich die (ihres Mannes) Beraubte. Vielleicht auch die (von ihrem Manne) Befreite? Eine Sache der individuellen Einschätzung.
Allerdings waren W.n relativ schutzlos. In streng patriarchal gegliederten Gesellschaften folgten sie dem Mann in den Tod. W.nverbrennungen bezeichnet der Große Brockhaus als indische „Sitte“. Eine entlarvende Wortwahl. Bei vaterrechtlichen Völkern wird die W. von den Brüdern des Verstorbenen „übernommen“.
Die Wiederverheiratung der W. ist bei uns heute nicht mehr tabuisiert (im Islam teilweise unmöglich). Im Einflußgebiet des Christentums stand der Vorstellung einer Wiederverheiratung entgegen, daß die zweimal verheiratete Frau (nicht so sehr der Mann) im Paradies in Verlegenheit gerät, welchem Ehemann sie den Vorzug geben soll (vorausgesetzt, alle drei finden sich in demselben wieder). Auch spielten wohl Hemmungen eine Rolle, Bigamie vor den Augen des Herrn und der himmlischen Heerscharen zu begehen.
Aber hier handelt es sich um vermutete persönliche Befürchtungen. Verboten wurde die zweite Eheschließung von den Kirchen nicht, die diese posthumen paradiesischen Familienschwierigkeiten nie ganz aufgeklärt haben, zumal sie wohl davon ausgingen, daß im Paradies die ihnen stets als bedrohlich, da unbeherrschbar erscheinende → Sexualität endlich ein Ende habe.

Witz; von ahdt. „wizzi“, mhdt. „witze“ = Wissen; (1) eine schlagfertige, geistreiche und humorvolle Art, sich auszudrücken; (2) W. als pointierter, anekdotenartiger Kurztext.
Für W.e, die Frauen betreffen, gibt es eine Haupttendenz: → Diskriminierung. Sie haben fast ausnahmslos Schärfe. Selbst wenn sie zugegebene Schwächen von Frauen aufs Korn nehmen, ist die enthaltene Kritik vernichtend.
Vielleicht liegt diese Einschätzung von Frauen zum Teil an der unterlegenen Stellung der Frau, die ihre Schwächen nicht von einer gesicherten Position aus zu belächeln erlaubt. Über sich selbst lachen können, setzt eine geachtete Persönlichkeit voraus, die „von sich absehen“ und einen überlegenen Standpunkt einnehmen kann. Da gibt es die W.e, die um Kleidung, Haushaltsgeld, Nudelholz kreisen (welch letzteres auf den fröhlich heimkommenden glücklichen Trunkenbold herniedersausen soll), um Kaffeekränzchen, Autofahren, Eitelkeit, Fettleibigkeit . . . Alles W.e, die die soziale Position der Frau widerspiegeln.
Auch die Sorte von W.en, die Un-

bedarftheit und Dummheit von Frauen aufs Korn nehmen, sind schlecht zu ertragen in einer Gesellschaft, die ohnehin Mühe hat, die geistige Verfassung von Frauen als der von Männern ebenbürtig zu erkennen.
Soweit wäre aber schließlich über den Vorwurf, keinen Spaß zu verstehen, noch zu reden. Auch könnte Frau ja Spaß verstehen, wenn er nicht zu weit getrieben würde, so daß im Spiegel des W.es Frauen die armen Männer schlagen, die sich mal die Nasen begießen, während es in der Realität auch ohne Nasenbegießen umgekehrt verläuft. (Verläufe, die sich allerdings nicht für Späße eignen).
Nicht zu akzeptieren und empörend ist die Kategorie der Pornowitze. Sie spiegeln die sexistische Orientierung der männlichen → Sexualität in erschreckender Weise. Die Bezeichnung „Thema eins" ist dabei eine unzulässige Verharmlosung dieser Frauendiskriminierung, die einen solchen Stellenwert in der Männergesellschaft hat, daß sie oft auch von Männern, die hier nicht aktiv werden, augenzwinkernd oder schweigend geduldet wird.

„Wie Gott die erste Frau erschuf", Bartolo di Fredi, San Gimignano, Dom.

Altägyptische Wochenstube in einem kleinen, von Augustus gebauten Geburtstempel in der Hauptkultstätte der Göttin Hathor, Dendera (Tentyra). Die im innersten Raum befindlichen Reliefdarstellungen aus dem Mutter-Kind-Bereich befassen sich vornehmlich mit der Niederkunft der Göttin Isis und der Geburt und Pflege des göttlichen Horusknaben. Auf diesem Bild übergibt die Oberhebamme das Kind (Horus) seiner Mutter (Isis).

Wochenbett; der Begriff ist seit dem 16. Jahrhundert bekannt und bezeichnete auch damals die Zeitspanne von 6 (−8) Wochen nach der → Geburt, in der sich die Rückbildung der Gebärmutter vollzieht und die Milchdrüsen sich voll ausbilden. Wöchnerin, seit dem 17. Jh. gebräuchlich, ist eine Kürzung des älteren Wortes „Sechswöchnerin". Ca. vier Wochen dauert der Wochenfluß, eine Zeit erhöhter Infektionsgefahr, in der der vaginale Geschlechtsverkehr unterbleiben muß. Hygiene ist wichtig, da sonst die Gefahr des Wochenbettfiebers besteht, das durch eine früher oft tödliche, heute mit Antibiotika eindämmbare Infektion oder durch das Zurückbleiben von Teilen der Nachgeburt entsteht.
Wöchnerinnen hüteten früher ca. 8−14 Tage das Bett; sie dürfen heute nach wenigen Tagen aufstehen, sind jedoch noch schonungsbedürftig.

X

Xanthippe; von griech. „xanthos“ = gelb, blond und „hippos“ = Pferd heißt X. gelbes Pferd. Die Gattin des griechischen Philosophen Sokrates steht umgangssprachlich seit der Schilderung im „Gastmahl“ des Griechen Xenophon für alle zänkischen Ehefrauen, obwohl sie’s gar nicht gewesen ist. Wie vieles, was gegen „die Weiber“ geht, hat sich auch die Figur der keifenden X. – verballhornisierend auch Zanktippe genannt – leicht eingebürgert und über Jahrhunderte erhalten. Inzwischen läßt man(n) der X. mehr Gerechtigkeit widerfahren, heißt es doch im Großen Brockhaus von 1981, sie sei „zu Unrecht Inbegriff des zänkischen, launenhaften Eheweibes“. Das Vorurteil allerdings ist damit nicht verschwunden.

X–Chromosom; von griech. „chroma“ = Farbe und „soma“ = Körper heißt (X-)C. wörtlich farbiges Körperteilchen und ist eine naturwissenschaftliche Bezeichnung für eines der beiden geschlechtsbestimmenden C.en (→ Y-Chromosom). C.en sind winzig kleine, im Zellkern enthaltene rutenförmige Teilchen (Partikel), die Träger von Erbfaktoren (Genen) sind. 1952 entdeckt, erhielten sie den Namen „Farbkörper“, weil sie in Präparaten durch Färbung leicht sichtbar gemacht werden können. „Jede Körperzelle besitzt eine arttypische Anzahl von C.en (beim Menschen 46), die sich nach Größe und Form paarweise zuordnen lassen (beim Menschen also 23 C.enpaare). Ein C.enpaar, die Geschlechtsc.en (Heterosomen), findet sich bei vielen Arten, u. a. bei allen Säugetieren, nur bei weiblichen Individuen; man bezeichnet es mit den Buchstaben XX.“ (Handbuch, 1977) Wurde bisher angenommen, daß der Embryo in den ersten sechs Entwicklungswochen beidgeschlechtlich ist, so ist nach neuesten wissenschaftlichen Untersuchungen des amerikanischen Vererbungsforschers Alfred Jost die Entwicklung des Menschenkeims zunächst auf den weiblichen Menschen angelegt. Von wegen(!): Eva aus einer – vielleicht auch noch überflüssigen – Rippe Adams im Nachgang erschaffen!

Lit.: Theo Herrmann/Peter R. Hofstätter/Helmut P. Huber/Franz E. Weinert (Hg.), Handbuch psychologischer Grundbegriffe, München 1977.

Y

Y-Chromosom; Y-C. ist das das männliche Geschlecht wesentlich bestimmende C. Mit Ausnahme von etwa 5 auf 100 000 haben Männer nur eins der großen → X-Chromosomen und ein zweites viel kleineres, mit Y bezeichnetes C. Nur ein winziges Stück des Y-C.s ist bestimmend für das Reifen der männlichen Keimdrüsen. Nach Untersuchungen (Wolfgang Engel, Univ. Göttingen, 1984) kommen wahrscheinlich weitere Gene, die auf dem X-C. sitzen, zur männlichen Geschlechtsdifferenzierung hinzu. Das Y-C. enthält außer dem Geschlecht kaum genetische Informationen. Hauptträger für Erbfaktoren und entsprechende Merkmalsausprägungen ist das X-C.

Yin und Yang; chin. = dunkel und hell. Y. u. Y. sind Prinzipien einer spekulativen chinesischen Naturphilosophie aus der Zeit um 500 v. u. Z. Dem Yin entspricht das Passive, Weiche, Weibliche, die Erde, die Nachgiebigkeit. Dem Yang entspricht das Männliche, der Himmel, das Aktive, Harte, die Stärke. In der symbolischen Darstellung des „großen Uranfangs“ (Taiti) aus der Zeit der chinesischen Sung-Dynastie (11. Jh.) sind beide als einander bedingende und ergänzende Prinzipien gefaßt.

Yoni, die; ind. Mutterschoß. Y., verkörpert in der Göttin Durga, ist bei den Hindus Symbol der gebärenden Naturkraft.

Z

Das Urteil des Paris. Niklaus Manuel Deutsch, 1484–1530.

Aphrodite mit Granatapfel, um 580 (?) v. u. Z.

Zange; ahdt. „zanga“, was ursprünglich Beißerin bedeutete; daraus wurde die Kneifende, die Zusammendrückende und im 17. Jh. die Beiß- und Kneifzange. Heute zuweilen auch als Schimpfwort „diese alte Zange“ gebraucht.

Zangengeburt; auch Saugglockengeburt; Z. ist ein Eingriff beim Stocken der normalen, spontanen → Geburt in der letzten Phase. Das Kind wird vom Arzt, von der Ärztin herausgezogen statt von der Mutter hinausgeschoben. Mit Hilfe einer sogenannten Geburtszange – sie besteht aus zwei „Löffeln“, die gebogen sind –, die vorsichtig um den Kopf des noch ungeborenen Kindes geschoben wird und diesen schonend umfaßt, wird es unter Nachahmung des natürlichen Geburtsvorgangs mit sanftem Zug nach außen geleitet. Auf diese Weise kann das Kind auch mit einer Saugglocke – eine kleine Schale saugt sich durch Unterdruck am Kopf fest – geholt werden. Übliche Gründe für die Anwendung der Z. sind: wenn das Kind in Gefahr ist und die Geburt schnell beendet werden muß; bei manchen ungewöhnlichen Lagen; wenn die Nabelschnur fest um den Hals des Kindes liegt; wenn die Mutter (aufgrund von Betäubung) keinen Preßdrang verspürt.

Lit.: Unser Körper – unser Leben. Ein Handbuch von Frauen für Frauen, Bd. 2, Reinbek 1988.

Zankapfel; auch Erisapfel, Liebesapfel. Das Wort Zank gibt es seit Ende des 15. Jhs.; seine Herkunft ist ungeklärt. Der Z. wurde im 16. Jh. übernommen aus dem lateinischen „pomum Eridos“ – der Apfel der Eris. Nach der griechischen Mythologie fühlte Eris, die Göttin der Zwietracht, aber auch des friedlichen Wettbewerbs, sich beleidigt, weil sie nicht zur Hochzeit der Thetis und des Peleus geladen war. Voll Zorn warf sie unter die Gäste einen Apfel mit der Aufschrift „der Schönsten“. Paris entschied den Streit zugunsten Aphrodites. Die Rache der Eris sollte furchtbare Folgen haben und den Trojanischen Krieg auslösen.
Außer dieser bekannten patriarchalischen Version gibt es die alte matriarchalische, von der Heide Göttner-Abendroth berichtet: Danach wählte nicht Paris sie, sondern Aphrodite war es, die ihm, „ihrem Heiligen König, den purpurnen Liebesapfel“ überreichte, „der ihm eine Jahreszeit später zum Todesapfel wird“. Der Z. ist so ursprünglich der Liebesapfel, ein sehr altes matriarchales Symbol für den Kreislauf von Jugend, Erotik, Wachstum, Tod und Wiederkehr. (→ Matriarchat)

Lit.: Heide Göttner-Abendroth, Die Göttin und ihr Heros, München 1984.

Zeit; da wäre zunächst der Zahn der Zeit, der zwar an allen nagt, dessen Wirkung aber für die Frauen am folgenreichsten ist: wenn das Fleisch welkt und die Liebe trocknet. (Obwohl auch beim Manne Wesentliches schrumpft.)
Frauen werden die Anzeichen vergehender Zeit in der Regel schuldhaft angerechnet, vor allem in Hinblick auf die zunehmend mühsamere Aufrichtung des Zauberstabes, den es zum Zwecke sporadischer Wiederbelebung nach jungem Fleische gelüstet.
Frau sollte ihre Zeit nutzen, um nicht mit dem Zauberstab unterzugehen, vielmehr die sichtbar gewordene Zeit als Möglichkeit zur Freiheit erkennen. Ist nicht der alte Wein köstlicher als der junge?
Die Zeit, die wir haben, die Zeit, die wir uns nehmen, die Zeit, die sich dehnt, die Zeit, die rast.
Wichtig die Zeit, die Frauen haben für die Arbeit, die Liebe, für ihre Kinder. Ist sie ausgewogen verteilt, ist das ein glücklicher Rhythmus und tragfähig für ihr Leben.
Wichtig die Zeit, die Frauen sich nehmen für ihre Selbstbesinnung, die die Entwicklung zu dem, was den Menschen ausmacht, bedingt: Verständnis für andere, Toleranz, Bildung und Pflege von Freundschaft und Liebe und das ganze Spektrum zwischenmenschlicher Bindungen, die das Leben farbig und lebenswert machen.
Wichtig die Zeit für das Streben nach Bildung und gleichberechtigter Wertschätzung im Beruf und öffentlichen Wirkungsbereich. Hier haben

Frauen so viel nachzuholen, und das heißt leider auch: zu erstreiten.
Aber bei allem gilt: Bekomen sie die Zeit nicht in den Griff, verselbständigt sie sich in sogenannten Sachzwängen, die sie als Prioritäten setzen, dann rast sie ihnen davon, zerstört Körper und Seele, läßt menschliche Kontakte verkümmern, hetzt sie zuschanden.
Die Zeit, die sich dehnt, die verschwendete Zeit, ist nicht weniger gefährdend und verödend für die Persönlichkeit. Sie könnte bezeichnend beschrieben werden im Pflichtenkatalog gewisser Frauenzeitschriften, der Frauen ein 24-Stundenprogramm mit Modediktat, Körper- und Gesichtskosmetik, Schönheitsschlaf mit einschlägigen Begleitumständen empfiehlt, bei dem die Zärtlichkeiten an eingefetteter Haut kleben bleiben und vor Schönheitsmasken zurückschrecken.
Die verlorene Zeit. Sie hatte für Frauen vor allem früher eine besondere Bedeutung. „Ich habe Dir meine Jugend geopfert. . .", „Die Jahre mit Dir sind für mich verloren. . ." – Abschiedsklagen, die die vergehende Jugend beweinten, Zeit, die, wenn eine Bindung nicht zur Ehe führte, verloren war, denn die Jugend war knapp bemessen: Mit 20 begann die Jungfrau zu ranzen, mit 25 war sie mitleidigen Blikken ausgesetzt, um sich danach wegen beginnender Vergreisung aus dem Wettbewerb zu verabschieden.
Hoffentlich Vergangenheit, diese einseitigen Liebeszusammenhänge, die, von den Frauen aus gesehen, den Hauptzweck hatten, sich zu versorgen und vor einer feindlichen Welt in eine Ehe zu fliehen. Liebesverhältnisse voller Unsicherheit, Ängste, Passivität, ohne jene unbeschwerten Anteile von Genuß, die unbefangenes Glück vermittelt, das alle Zeit der Welt rechtfertigt, solange es dauert. Liebesverhältnisse, die Frauen nicht beenden konnten, wenn ihre Zeit abgelaufen war, weil es um ihre physische Existenz ging.
So arbeitete in der Vergangenheit die Zeit ständig gegen die Frauen. Sie zernagte sie mit dem bewußten Zahn, sie zog ihnen einen Zahn nach dem anderen, was ihre Illusionen betraf. Zeigen nun wir ihr die Zähne! Streichen wir sie aus unserem Selbstverständnis! Aber behalten wir sie im Auge mit einem schrägen, eisigen Nie-wieder-Blick.
Das Rüstzeug für die Emanzipation von diesen Zeiten ist die ökonomische Unabhängigkeit. Mit ihr im Gepäck arbeitet die Zeit für uns – endlich!
Helfen wir ihr auf die Sprünge – Zeitsprünge, die uns unserem Verlangen näherbringen, diese Welt zu beeinflussen, zu sänftigen, zur Vernunft zu bringen.
Denn da ist noch das, was man den „Geist der Zeiten" nennt, das, was Menschen unserer Zeit aus unserer Zeit machen – wobei dieser Zeitgeist männlich zu definieren ist. Und der bestreicht ein weithin frauenfeindliches, menschenfeindliches, kreaturfeindliches Feld.

Margret Gottlieb

Zeitschrift; das zusammengesetzte Wort Z. geht zurück auf Zeit, Tages- und Jahreszeit, auch Lebensalter (ahdt., mhdt. „zit" kommt von teilen; zerreißen; zerschneiden) und ist seit dem 18. Jh. in Deutschland gebräuchlich für eine periodisch erscheinende Schrift (mindestens viermal jährlich); mit unterschiedlichem Inhalt, vom Haushalt bis zur Politik,. von der Mode bis zur Kunst.
Im 17. Jahrhundert ging es den Frauen zunächst darum, sich das Lesen von Zeitungen zu erobern, denn die Lektüre der ersten Druckblätter war Männern vorbehalten. Im 18. und 19. Jahrhundert gab es für Frauen kaum Möglichkeiten, in der Öffentlichkeit ihre Interessen zu vertreten; die Zeitungen wurden von Männern herausgegeben, einzelne Artikel von Frauen konnten nur unter männlichem Pseudonym erscheinen. Ausnahmen in dieser Zeit: Die wohl erste Journalistin in Deutschland, Euphrosyna Lampartes; die erste Verlegerin, die Witwe Serlin, Herausgeberin des „Frankfurter Journal" (1678). Dazu kamen im folgenden Jahrhundert als bedeutende Journalistinnen: Johanna Schopenhauer (Mutter des Philosophen), Ottilie von Goethe (Schwiegertochter des Dichters), Sophie Brentano und Caroline Schlegel.

Zeit Februar 1941

Zeit, sich vom Bernstein
zu trennen.
Zeit, die Dinge neu
zu benennen:
Laß die Laterne
nicht brennen
Über der Tür. . .

Marina Zwetajewa

Die Witwe Maria Elisabeth Kranzbühler (1726–1790) verlegte das „Reichsstadtwormsische Intelligenzblatt“ und erhielt dafür das Privileg persönlich von Kaiser Josef II. Journalistische Arbeit von Frauen begann im 18. Jahrhundert. Die behandelten Themen waren Haushalt, Erziehung, Mode, Kunst, Theater. Der „frauenzimmerliche Stil“ wurde in Redaktionen mit Skepsis beurteilt.

Louise Adelgunde Viktoria Gottsched, genannt die „Gottschedin“, war Mitarbeiterin der ersten Frauenzeitschrift „Die vernünftigen Tadlerinnen“ (Leipzig 1724–1725), die nach dem Konzept moralischer Schriften zur Erziehung der Frauen beitragen sollte: „Ein Frauenzimmer liest, um besser und weiser zu werden, nicht um gelehrt zu scheinen.“ (die „Gottschedin“ 1756) 1779 erschienen die „Hamburger Töchter“, herausgegeben von Ernestine Hofmann, die einen männlichen Herausgeber vorschützen mußte. Es folgen „Pomona für Teutschlands Töchter“ (1783, nach der römischen Gartengöttin genannt), herausgegeben von Sophie von la Roche, „Amaliens Erholungsstunden“ (Tübingen 1790), mit moralisierendem und belehrendem Erziehungskonzept, herausgegeben von Marianne Ehrmann und „Kalathiskos“ (Berlin 1802, griechisches Wort für das Handarbeitskörbchen der Frau, Symbol der weiblichen Sphäre und Name eines Tanzes), die von Sophie Mereau herausgegeben wurde und eher einem Almanach entsprach.

Frauen beteiligten sich dann stärker am Journalismus der Männer. Der Aufbruch der Frauenbewegung Mitte des 19. Jahrhunderts bedeutete einen neuen Schritt im Journalismus von Frauen für Frauen und war verbunden mit der Herausgabe von politischen Frauenzeitschriften und von Z.en der Frauen-Bildungsvereine.

Mit dem Erstarken der Reaktion nach den mißglückten politischen Umbruchversuchen 1848/49 wurde die Politik gegen Frauen, gegen ihre Bewegung und ihre Zeitschriften wieder restriktiv. Das sächsische „Pressegesetz“ (1850) verbot den Frauen, eigene Blätter zu redigieren oder herauszugeben: „Die verantwortliche Redaktion einer Zeitschrift dürfen nur . . . männliche Personen übernehmen oder fortführen.“

Die erste deutsche „Frauen-Zeitung“ von Mathilde Franziska Anneke (Köln 1848) konnte nur zweimal erscheinen, die dritte Nummer wurde noch kurz vor der Auslieferung beschlagnahmt.

Die „Frauen-Zeitung“ (1849 Leipzig, dann Gera), Motto: „Dem Reich der Freiheit werb’ ich Bürgerinnen“) von Louise Otto (-Peters) wurde aufgrund ihres „gefährlichen“ Einflusses auf die Frauen 1852 verboten. Jahre später, 1866, gab Louise Otto-Peters zusammen mit Auguste Schmidt „Neue Bahnen“, die Z. des „Allgemeinen

Deutschen Frauenvereins" in Leipzig heraus. „Neue Bahnen" und „Die Frau, Monatsschrift für das gesamte Frauenleben unserer Zeit" (Berlin 1893 begründet und bis 1915/16 von Helene Lange herausgegeben) waren die Publikationsorgane der Gemäßigten. Ziel von „Die Frau" war: „Das Neue, Unpopuläre zu sagen, vielfach unverstandene Ziele zu setzen" (Gertrud Bäumer, spätere Herausgeberin). Der von der „staatsgefährdenden Person" Louise Aston herausgegebene „Freischärler – Für Kunst und soziales Leben" (Berlin 1848) wandte sich wie Louise Dittmars' „Soziale Reform" (Darmstadt 1849) sowohl an Frauen als auch Männer, kam allerdings nur einen Monat heraus, bis zum Belagerungszustand. Von 1870 bis 1881 erschien unter Leitung von Jenny Hirsch „Der Frauenanwalt" in Berlin. Zentralblatt des Bundes Deutscher Frauenvereine war ab 1898 „Die Frauenfrage", die zunächst von Marie Stritt in Dresden/Berlin herausgegeben wurde. Es gab auch eine Fülle von Hausfrauenzeitungen wie: „Dies Blatt gehört der Hausfrau, Illustrierte Zeitschrift für die Angelegenheiten des Haushaltes sowie für Mode, Kindergarderobe, Wäsche und Handarbeiten" (Berlin 1885), die „Deutsche Hausfrauenzeitung" (1874), deren Redaktion dreißig Jahre lang Lina Morgenstern hatte oder die erste „Frauenkorrespondenz" von Dr. Gerber.

Die Frauen des radikalen Flügels der bürgerlichen Frauenbewegung gaben folgende Zeitschriften heraus: die „Losen Blätter im Interesse der Frauenfrage", „Die Frauenfrage" (1893, Herausgeberin: Marie Stritt), „Frauenwohl" (1893/94, Herausgeberin: Minna Cauer). Zusammen mit Anita Augspurg gab Minna Cauer „Die Frauenbewegung" von 1895 bis 1919 in Berlin heraus, die das Frauenstimmrecht propagierte und während des Ersten Weltkriegs mit der Zensur öfter konfrontiert wurde. Minna Cauer oblag von 1912 bis 1918 ebenfalls die Redaktion der „Zeitschrift für Frauenstimmrecht" in München, an der Anita Augspurg mitarbeitete. Von 1919 bis 1933 (Verbot) gaben Lida Gustava Heymann und Anita Augspurg, Vertreterinnen der Internationalen Frauenliga für Frieden und Freiheit, „Die Frau im Staat" in München heraus, mit dem Ziel, „die Zusammenhänge von Frauenpolitik, Völkerverständigung und dauerndem Frieden" deutlich zu machen.

Ebenfalls vom radikalen Flügel der bürgerlichen Frauenbewegung gab der von Helene Stöcker gegründete „Bund für Mutterschutz und Sexualreform" die Z. „Mutterschutz – zur Reform der sexuellen Ethik" heraus (1905 bis 1907); diese Z. erschien in Berlin ab 1908 unter dem

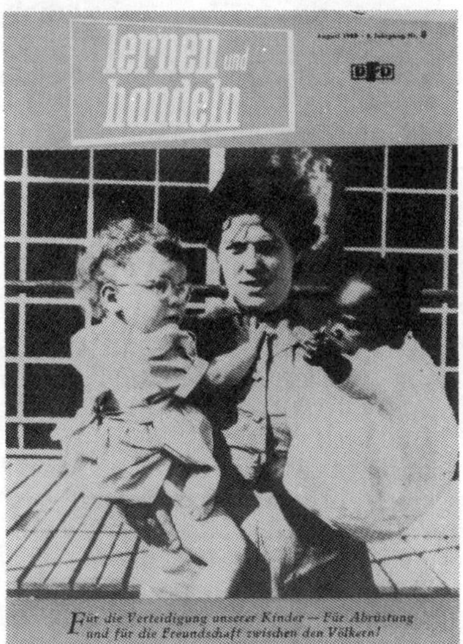

neuen Titel „Die neue Generation" mit Beiträgen zu folgenden Themen: neue Geschlechterbeziehungen, Aufklärung über Verhütung, Initiativen zur Abschaffung des § 218 und Gleichstellung außerehelicher Mutterschaft.

Die erste Z. der proletarischen Frauenbewegung, „Die Staatsbürgerin", wurde von Gertrud Guillaume-Schack 1884 herausgegeben, ein halbes Jahr später verboten wegen „Aufreizung zum Klassenhaß". Sie war, wie die von Emma Ihrer herausgegebene „Die Arbeiterin" (1890–91), eine Vorläuferin der „Gleichheit" (Stuttgart/Berlin 1891–1923). „Die Gleicheit", bis 1917 von Clara Zetkin unter Mitarbeit von Käte Duncker, Luise Zietz und Rosa Luxemburg herausgegeben, wurde zum wichtigen Mitteilungsblatt der proletarischen Frauenbewegung und der internationalen Solidarität (1914: Auflagenhöhe von 125 000). U. a. wegen ihrer antimilitaristischen Haltung wurde Clara Zetkin 1917 vom Parteivorstand der SPD aus der Zeitschrift entlassen, die dann einen großen Teil ihrer Leserschaft verlor. Ab 1924 erschien die „Frauenwelt" (1926: Auflagenhöhe von 100 000, Herausgeberin: Toni Sender, Berlin), in der von Politik so gut wie nicht mehr die Rede war.

Auch von der SPD unterstützt wurde 1915 die „Gewerkschaftliche Frauenzeitung", von Gertrud Hanna herausgegeben, die versuchte, die Leserschaft der antimilitaristischen „Gleichheit" für die parteitreue Zeitung zu gewinnen.

Ab 1926 erschien monatlich die proletarische Z. des „Roten Frauen- und Mädchenbundes", „Die Frauenwacht"; von 1918 bis 1925 „Die Kommunistin" in Berlin, später als Beilage der KPD-Zeitschrift „Die Rote Fahne". Dem Ziel, proletarische und Mittelschicht-Frauen zu politisieren, diente u. a. „Der Weg der Frau" (Auflage: 150 000, Berlin 1931 bis 1933). Neben allgemeinen politischen und wirtschaftlichen Fragen wurden die Probleme der Frauen im Beruf, in Politik, Partnerschaft und Familie behandelt. Die Z. wurde 1933 von den Nationalsozialisten verboten.

Um die Jahrhundertwende läßt sich eine Vielfalt der Frauenpublizistik feststellen. 1894 zählte der Brockhaus insgesamt fünfzig von Frauen redigierte oder für Frauen geschriebe Zeitungen und Z.en (von Z.en der Frauenbewegung bis zu Hausfrauenzeitungen). Im Verzeichnis der Frauenzeitschriften, zusammengestellt von Lida Gustava Heymann, wurde 1917 festgestellt, daß es 45 Z.en der Frauenbewegung und 80 Fach- bzw. Berufsblätter für Frauen gibt.

Währen des Nationalsozialismus wurden die meisten bisherigen Frauenz.en verboten, mit Ausnahme der von Gertrud Bäumer herausgegebenen „Die Frau". Die nationalsozialistischen Frauenorganisationen „NS-Frauenschaft" und „Deutsches Frauenwerk" gaben folgende Frauenzeitschriften heraus: die parteiamtliche „NS-Frauenwarte" (Auflagenhöhe 1938: eine Million), „Frauenkultur im Deutschen Frauenwerk" und „Deutsche Hauswirtschaft" (Auflagenhöhe: 140 000). Weiter wurden „Mitteilungen aus der Frauenarbeit" als Informationsdienst der Reichsfrauenführung mit einer Auflagenhöhe von 120 000 herausgegeben. Der Frauenpublizistik – es gab sogar eine Nachwuchsstelle für Schriftstellerinnen – wurde von der faschistischen Politik be-

sondere Aufmerksamkeit geschenkt, ging es doch um die ideologische Beeinflussung von Millionen Frauen im Sinne des Nationalsozialismus.
Nach Beendigung des Zweiten Weltkrieges, in den fünfziger Jahren, gab es einen neuen Aufbruch der Frauenpresse, wobei zu unterscheiden ist zwischen den kommerziellen Frauenz.en, den Z.en der traditionellen Frauenvereine und der Frauenbewegung.
Die kommerziellen Frauenzeitschriften, die von privatwirtschaftlich-geschäftlichen Unternehmungen herausgegeben werden und vorrangig Werbeträger sind, behandeln vor allem Themen, die sich auf private Angelegenheiten beziehen, und diese in personalisierender und psychologisierender Weise; sie geben praktische Ratschläge zur Lebensbewältigung und orientieren in ihrer Mehrheit Frauen auf Konsum, Haushalt und Familie. „Brigitte“ erreichte 1992 eine Auflagenhöhe von über einer Million (1 109 000), „Freundin“ 715 000, „Für Sie“ 786 000, „Cosmopolitan“ 376 000. Das vom Springer-Verlag seit 1982 herausgegebene „Bild der Frau“ hat heute eine Auflage von über zwei Millionen, die „Frau im Spiegel“ 759 000. Rund 44 Frauen-Z. erreichen eine Auflage von über 100 000.
Bereits in den fünfziger Jahren gaben die traditionellen Frauenvereine (Berufs- und konfessionelle Vereine) Z.en heraus. Seit 1951 erschienen in Bonn die „Informationen für die Frau“, der Informationsdienst des Deutschen Frauenrates, Bundesvereinigung deutscher Frauenvereine und Frauengruppen gemischter Verbände e. V. Die Abteilung Frauen im DGB-Bundesvorstand gibt seit 1958 das Mitteilungsblatt „frauen und arbeit“ (Düsseldorf) heraus. Zeitschriften der Frauenbewegung gab es auch bereits in den fünfziger Jahren. 1950 erschien die erste Nummer des Mitteilungsblattes des Demokratischen Frauenbundes „lernen und handeln“ sowie „Die Frau von heute“, eine Zeitschrift für die werktätigen Frauen (Düsseldorf), die 1957 mit dem Demokratischen Frauenbund verboten wurde. 1952 gab die Westdeutsche Frauenfriedensbewegung die Z. „Frau und Frieden“ bis 1973 heraus, in der zu wichtigen politischen Ereignissen Stellung bezogen wurde.
Mit dem Aufschwung der Frauenbewegung in den siebziger Jahren entstanden in vielen Städten regionale nichtkommerzielle Frauenzeitungen. Als überregionale autonome Frauenzeitung erschien 1976 bis 1984 „Courage“ in West-Berlin, in der Frauen aus der Bewegung schrieben, und erscheint „Emma“ (Köln, seit Januar 1977, Auflage 1992: 41 000), herausgegeben von Alice Schwarzer unter Mitarbeit von professionellen Journalistinnen. Sie beschäftigten bzw. beschäftigen sich mit der Unterdrückung der Frau auf privater und gesellschaftlicher Ebene. Frauen-Kulturjournale wie „Frauenoffensive“ und „Mamas Pfirsiche“ entstanden ebenfalls in den siebziger Jahren. Zunächst als Rundbrief (1976), erscheint seit 1982 die Z. der Demokratischen Fraueninitiative (seit 1991 eines Redaktionskreises) „Wir Frauen“ (Düsseldorf) mit dem Ziel, Frauendiskriminierung öffentlich zu machen, Gegenstrategien und Positionen der verschiedenen Strömungen

der Frauenbewegung zu erörtern und auf Aktivitäten zu orientieren. Wie die Frauen-Verlage, -Informationsdienste und -Presseagenturen hat sich in den letzten Jahren eine vielfältige autonome Frauenpresse entwickelt, die von „Schlangenbrut – Streitschrift für feministisch und religiös interessierte Frauen" bis zur Lesben-Z. „Ihrsinn" reicht, über die „Feministischen Studien" und die rd. 50 regionalen Z. Die autonome Frauenbewegung „macht Druck" und schafft mit ihren eigenen Publikations- und Kommunikationsmitteln Gegenöffentlichkeit.
In der DDR erschien bis 1990 die Z. „Für Dich" mit einer Auflage von über zwei Millionen. 1991/92 gab es in den neuen Bundesländern eine autonome Z. „Ypsilon", die unregelmäßig erschien.
International: Pionierinnen des weiblichen Journalismus waren – neben den deutschen Frauen – die Französinnen Ende des 18. Jahrhunderts („Nouvelles" um Mme. Doublet de Persan von 1738 bis 1771), die Holländerinnen (in Haag erschienen ab 1740 die „Amusements du Beau Sexe" in französischer Sprache) und die Italienerinnen (das erste Wochenblatt Turins 1645 verdankt seine Entstehung der Herzogin Christine von Savoyen). Frauenzeitungen haben sich heute in den meisten Ländern der Welt durchgesetzt.
Es gibt auch Z.en von internationalen Frauenorganisationen, die in mehreren Sprachen erscheinen, wie „Frauen der ganzen Welt", herausgegeben von der Internationalen Demokratischen Frauenföderation seit 1945 in Berlin/DDR, seit 1991 eingestellt, „Pax et Libertas", die Zeitschrift der Internationalen Frauenliga für Frieden und Freiheit in Genf, die „International Women's News" von der Internationalen Frauenallianz in den USA, das „Bulletin" des Internationalen Frauenrats, „Femmes au travail", Bulletin des Internationalen Arbeiterbüros in Genf.

Lit.: Aral-Taschenbuch der Frauenpresse, Remagen 1992; Ruth-Esther Geiger/Sigrid Weigel, Sind das noch Damen? Vom gelehrten Frauenzimmer-Journal zum feministischen Journalismus, München 1981; Femina Publica, Frauen-Öffentlichkeit. Feminismus, hrsg. v. Gruppe Feministische Öffentlickeit, Köln 1992; Ute Gerhard/Elisabeth Hannover-Druck/Romina Schnitter, „Dem Reich der Freiheit werb' ich Bürgerinnen" – Die Frauen-Zeitung von Louise Otto, Frankfurt 1980; Martin Henkel/Rolf Taubert, Das Weib im Conflict mit den socialen Verhältnissen. Mathilde Franziska Anneke und die erste deutsche Frauenzeitung, Bochum 1976; Ingrid Langer-El-Sayed, Frau und Illustrierte im Kapitalismus, Köln 1971; Verzeichnis der in Deutschland erscheinenden Frauenzeitschriften und der außerhalb des Bundes deutscher Frauenvereine organisierten Frauenvereine, hrsg. vom Propagandaausschuß des Deutschen Frauenstimmrechtsbundes, München 1917.

Florence Hervé

zeugen; mhdt. „ziugen", „geziugen" = ursprünglich anschaffen, besorgen; dann herstellen und erzeugen. Heute wird z. nur noch in der Bedeutung Kinder z., sich fortpflanzen gebraucht. Z. ist als aktives Moment dem Mann zugeordnet, die Frau dagegen empfängt. Daß sie aber für → Verhütung zuständig ist, drückt sich auch in der → Sprache aus: Empfängnisverhütung. Nicht erst seit Kenntnis von der Bedeutung des → X-Chromosomens wehren sich Frauen dagegen, allein Passive, Empfangende zu sein. Z. braucht den männlichen *und* den weiblichen Menschen.

Zuhälter; von spätmhdt. (15. Jh.) „zuohalten" = es (buhlerisch) mit einem halten. Z. war nach dieser Bedeutung der außereheliche Sexualpartner, die Z.in die Partnerin.
Z., auch → Lude, wurde davon abgeleitet und zunächst wohl in der Polizeisprache (vor 1850) zur Bezeichnung eines Mannes gebraucht, der Frauen sexuell ausbeutet, teilweise oder ganz von dem Geld lebt, das Prostituierte verdienen.
Zuhälterei ist nach § 181a StGB strafbar; kann mit Freiheitsstrafe von 6 Monaten bis zu 5 Jahren geahndet werden. Eingeschlossen in den Straftatbestand der Z. ist die gegenüber der Ehefrau ausgeübte. Nachgewiesen werden müssen dem Zuhälter: Ausbeutung, Vermögensvorteil, Überwachung und Bestimmung der Arbeit der Prostituierten und daß er „regelmäßig sexuelle Beziehungen im Hinblick darauf" (!) mit ihr hatte. Es liegt auf der Hand, wie schwer das nachzuweisen ist.

Zunft; von ahdt. „zumft" = was sich fügt, paßt oder sich schickt entwikkelte sich die Bedeutung: Ordnung, nach der eine Gesellschaft lebt; auch Verband und Gruppe besonders von Handwerkern. Die Z. war seit etwa 1100 eine Organisationsform des städtischen Handwerks zum Schutz vor der ländlichen und ungelernten Konkurrenz. Festgelegt wurden Rohstoffverwendung, Qualität der Waren, Preise, Arbeitszeiten, Ausbildung usw. Die Aufnahme in eine Z. war u. a. an überprüfte Kenntnisse, guten Ruf und freien Stand gebunden. Zugleich war die Z. eine ständische Vereinigung mit vielfältigem geselligem und religiösem Leben, auch sozialen Aufgaben wie Unterstützung von Armen, Kranken, Angehörigen verstorbener Z.mitglieder.

Ohne selbst Handwerkerin zu sein, konnte die Frau, Tochter, Witwe eines Meisters Mitglied der Z. sein, der Mann der Meisterin ihrer Z. angehören. Gesellinnen und Meisterinnen gab es in einer Reihe zünftischer Gewerbe; der Schwerpunkt lag auf der traditionell weiblichen und in der Arbeitsteilung weit fortgeschrittenen Textilproduktion. Da Angaben in Quellen oft ungenau sind – z. B. wird in vielen Z.ordnungen und Z.listen nicht unterschieden nach selbständiger Meisterin und Witwe, die den Betrieb des Mannes fortführte –, streiten Historiker und Historikerinnen um die Frage, in welchem Ausmaß Frauen Zugang zum zünftischen Handwerk hatten. (→ Beruf) Der Streit ist, wie in vielen anderen Fragen auch, nicht frei von der Tendenz zu parteilich-männlicher Unter- und parteilich-weiblicher Übertreibung. Sicher ist, daß von einer auch nur annähernd gleich starken Beteiligung der Frauen und ihrer gleichberechtigten Stellung in der Z. nicht die Rede sein kann. Daß Frauen im 12./13. Jh. relativ stark am Z.wesen beteiligt waren, muß angesichts der Quellenlage eine (begründete) Vermutung bleiben. U. a. weist die Verschlechterung der Frauenposition mit der Schließung der Zünfte im 15./16. Jh. darauf hin. (→ Quelle)

Nachweislich gab es in Frankreich, in Zürich und Köln reine Frauenzünfte; in Köln die der Garnmacherinnen, der Goldspinnerinnen, der Seidmacherinnen und (ihres Hilfsgewerbes) der Seidenspinnerinnen. Darunter war besonders wichtig die der Seidmacherinnen, spielte doch das Kölner Seidenhandwerk über Jahrhunderte hin eine bedeutsame Rolle, und selbst der Handel weist für diese Sparte einen relativ hohen Frauenanteil aus. Obwohl über männliche Ratsvertreter (Frauen hatten kein politisches Vertretungsrecht für ihre Z.) relativ abgesichert, wurden auch im Kölner Seidenhandwerk die Frauen im Verlauf des 17. Jhs. aus der Z. wie aus dem Beruf überhaupt verdrängt.

Verdrängungen sind u. a. durch Verordnungen und Verbote (durch die Räte der Städte, Z.- und Gesellenordnungen) wie dieser belegt: Nürnberger Nadelordnung von 1535: „Zum Fünfzehnten soll kein Meister eine Magd in dem Handwerk anstatt eines Gesellen oder Lehrjungen halten, lernen oder arbeiten lassen, bei Strafe von einem neuen Pfund pro Tag. Ihre Kinder dürfen sie aber durchaus lehren."

Mit der Entstehung neuer Gewerbe, der Erschließung weiterer Märkte entwickelte sich stärkere → Konkurrenz, vor der sich die Z.mitglieder (regional unterschiedlich, aber im allgemeinen im 14. Jh.) auch durch Abschließung zu schützen suchten. Alte Rechte der Zünfte wurden zu privatrechtlichen Privilegien der Z.meister und der Z.zwang zum Mittel, Frauen auszuschließen, Gesellen in ihrem Status zu halten und Unzünftige überhaupt aus dem Gewerbe zu vertreiben. Diese Entwicklung widersprach den

„Zum Fünfzehnten soll kein Meister eine Magd in dem Handwerk anstatt eines Gesellen oder Lehrjungen halten, lernen oder arbeiten lassen, bei Strafe von einem neuen Pfund pro Tag. Ihre Kinder dürfen sie aber durchaus lehren."

Nürnberger Nadelordnung von 1535

Interessen des auf Konkurrenz angelegten, sich entwickelnden Kapitals wie denen des absolutistischen Staates. Das Reichsz.gesetz von 1731 richtete sich gegen die Gesellenbewegung und gegen die Monopolstellung der Zünfte; verfügt wurden u. a. die Aufhebung von begrenzten Meister- und Gesellenzahlen, das Verbot von Preisabsprachen. Im 19. Jh. wurden die Zünfte per Gesetz aufgelöst und hatten eine begrenzte Fortführung in den Handwerkerinnungen. (→ Berufsverbot/3, → Geschichte)

Lit.: Peter Ketsch, Frauen im Mittelalter, Bd. 2, hrsg. von Annette Kuhn, Düsseldorf 1983; Jürgen Kuczynski, Studien zur Lage der Arbeiterin in Deutschland von 1700 bis zur Gegenwart, Berlin/DDR 1963; Anke Wolf-Graaf, Die verborgene Geschichte der Frauenarbeit. Eine Bildchronik. Weinheim/Basel 1983.

Zyklus; von griech. „Kyklos“ = Kreis, Kreislauf, Ring, Rad . . . wurde Z. im 18. Jh. als Fremdwort für Kreislauf und regelmäßig wiederkehrende Dinge oder Ereignisse übernommen. (1) Z. für eine Folge literarischer, musikalischer, bildnerischer Werke, auch für eine Vortragsreihe; (2) Z. in der Volkswirtschaft: Der Kreislauf des Kapitals; zyklische Krisen – hierbei wird im dtv-Lexikon von 1970 auf Konjunktur verwiesen; (3) zusammengesetzt in Menstruationsz. (→ Menstruation) Was manche für Aberglauben halten, stimmt: der weibliche Monatsz. ist dem des Mondes ähnlich.

Von Abenteurerin bis Zyklus schließt sich der Kreis.

Autorinnenverzeichnis

Rosi Almanasreh: Asyl
Karin Bergdoll: Gewalt
Eva Böller: Schwangerschaftsabbruch
Sylvia Brecht-Hanbi: Alleinerziehende, Science Fiction
Wiebke Buchholz-Will: Gewerkschaftliche Frauenarbeit heute
Ursula Bücker: Recht
Jürgen Dörr: Männerbewegung
Annegret Ergenzinger: Fundamentalismus, Islam
Anne Evers: Frauenhandel und Sextourismus
Renate Fest: Adoption
Uschi Flacke: Kabarett
Heike Fleßner: Familie
Alexa Franke: Eßstörungen
Ulla Funke: Gesundheit, Gesundheitswesen
Ute Gerhard: Gleichberechtigung
Eva Gnaudschun: Angst
Margret Gottlieb: Harem, Hebamme, Hermaphrodit, Hetären, Heterosexualität, Homosexualität, Hort, Hygiene, Hymen, Hysterie, Klitoris, Klitorisbeschneidung, Lesbe, Lesbierin, Liebe, Lude, Lust, lüstern, Machismo, Männlichkeitswahn, Mätresse, Mann, Masturbation, Mensch, Misandrie, Misogynie, Misopädie, Name, Narzißmus, Nixe, Nonne, Norm, Nornen, Notzucht, Nymphe, Nymphomanie, Pflege, Säugling, Salon, Scham, Schlange, Selbsterfahrung, Selbstverteidigung, Sensibilität, Sexismus, Sexualität, Sklavin, Spirale, Stillen, Suffragetten, Tabu, Tagebuch, Teenager, Teenie, Tochter, Tradition, Tugend, Umstände - andere; Unberührtheit, Unbescholtenheit, Undine, Unfruchtbarkeit, Unke, Unkraut, unrein, Unterhalt, Unterleib, Unwohlsein, Vagina, Vergewaltigung, Verlobung, Vielmännerei, Vielweiberei, Walküre, Walpurgisnacht, Weib, Weiblichkeit, Weiblichkeitsideologie, Weise Frau, Weiße Frau, Werbung, Wilde Ehe, Windsbraut, Witwe, Witz, Wochenbett, Zeit
Karin Gruß: Kinderliteratur
Hannelore Hauß: Geburt, Gynäkologie, Menstruation, RU 486, Wechseljahre
Florence Hervé: Apartheid, Chauvinismus, Deklaration, Dritte Welt, Ehe, Europa, Faschismus, Frauenbewegung, Gleichheit, Gleichstellungsstelle, Gynäkeion, Jugend, Junggeselle, Junggesellin, Kalender, keusch, Keuschheitsgürtel, Kind, Kleidung, Klimakterium, Kolonialismus, Leitbild, Lohn, Menschenrechte, Moral, Mutter, Mutterbindung, Mutter Erde, Mutterkult, Mutterland, Muttterrecht, Muttersprache, Muttertag, Nobelpreisträgerin, Öffentlichkeit, Onanie, Organisation(en), Ovulation, Pascha, Penis, Periode, Phallus, Phallus impudicus, Phalluskult, Pharmaka, Pille, Politik, privat, Proletarierin, Pubertät, Puff, Ratsfrau, Rechtsextremismus, Reife, Revolution, Schwangerschaft, Solidarität, Widerstand - antifaschistischer, Zeitschrift
Lieselotte M. Hilbig: Alter
Mechtild Jansen: Militarismus, Militarisierung
Lissi Klaus: Journalistin
Marianne Kolter: Rassismus
Emmi Kuhlmey: Rente
Annette Kuhn: Geschichte
Gudrun Lukasz-Aden: Film
Christiane Möcker: Militarismus, Militarisierung
Ingeborg Nödinger: Babyjahr, Bäuerin, Flexibilisierung, Kindergeld, Mutterschutz, ungeschützte Arbeitsverhältnisse
Antje Olivier: Kirche - evangelische, Mystik
Birgit Palzkill: Sport
Annette Püntmann: Sozialarbeit
Uta Ranke-Heinemann: Kirche - katholische
Brigitte Regler-Bellinger: Bildende Kunst, Kultur, Literatur, Musik, Tanz, Theater
Sigrid Reihs-Kirsch: Kirche - evangelische
Rosemarie Rübsamen: Naturwissenschaft und Technik
Heidi Schellhowe: Informationstechnologie
Ingrid Schick-Sollmann: Psychiatrie, psychische Störungen, Psychotherapie
Monika Schierenberg: Sport
Anne Schlüter: Forschung, Studentin, Wissenschaft
Susanne Schunter-Kleemann: Geschlechterverhältnis
Gesine Spieß: Sprache
Brigitta Steinmann: Bildung, Erziehung
Elly Steinmann: Abenteuerin, Abenteurerin, Abgeordnete, Abtreibung, Akademikerin, Akne, Akt, Alimente, Altweibersommer, Amazonen, Amme, Anachronismus, Androgynie, Andromanie, Baby, Beamtin, Befreiung, Begabung, Berufsverbot, Besen, Beziehung, Beziehungsfalle, Bikini, Blaustrumpf, Bordell, bumsen, Busen, Cartoon, Chance, Chanson, Charta, cherchez la femme, Chronik, Courage, dämlich, Dame, Debütantin, Defloration, demonstrieren, Dirne, Dirnensteuer, Doppelverdienst, Embryo, Engel, Engelmacherin, Exkommunikation, Fotografie, Frau, Frauenzimmer, Friede, Frieden, Friedensbewegung, Friedensbewegung der Frauen, frigide, Geschlecht, Geschlechtskrankheiten, Geschlechtsverkehr, Ich, Ideal, Idee, Image, Imponderabilien, Indikation, Interruption, Inzest, Jiu Jitsu, Jungfrau, Kräuter, Kräuterfrau, Kräuterweib, Kunst, Kuppelei, Mutterwitz, Quelle, Rabenvater, radikal, Rädelsführerin, Wahlrecht, Weiberfastnacht, Xanthippe, X-Chromosom, Y-Chromosom, Ying und Yang, Yoni, zeugen, Zuhälter
Christel Strobel: Film
Victoria Theuer: Frauenhäuser
Margarete Tjaden-Steinhauer: Armut der Frau
Irmgard Vogt: Sucht und Abhängigkeit
Melitta Walter: AIDS, Beratungsstellen
Petra Wassner: Frauenförderplan, Karriere, sexuelle Belästigung am Arbeitsplatz
Isabella Wilden: Ernährung
Ute Winkler: Embryonenschutz, Gentechnologie, Leihmutterschaft, Reproduktionstechnologien
Renate Wurms: Angestellte, Angst, Antifeminismus, Arbeit, Arbeiterin, Arbeitskampf/Streik, Arbeitsschutz, Arbeitssicherstellungsgesetz, Ausbildung, Automation, autonom/Autonomie, Begine, Beruf, Beziehungsarbeit, Bisexualität/bisexuell, Chancengleichheit, Demokratie, Dienstjahr, Dienstmädchen, Dienstmädchenbewegung, Diskriminierung, Eifersucht, Elternurlaub, Emanzipation, Erotik, Erwerbslosigkeit, Erwerbstätigkeit, Erziehungsgeld, Feminismus, Fotografie, Gewerkschaft, Hausarbeit, Hexe, Internationaler Frauentag, Koedukation, Koitus, Koitus interruptus, Körper, Konkurrenz, Kosmetik, Kosmetikindustrie, Krieg, Kriminalität, Matriarchat, Migrantinnen, Patriarchat, Pornographie, Prostitution, Qualifikation, Quote, Rente, Rolle, sexuelle Gewalt, Umwelt, Utopie, Zange, Zangengeburt, Zankapfel, Zunft, Zyklus

Quellenverzeichnis

I – Abbildungen

Ala-Verlag, Zürich: S. 172, 2. Abb. von oben;
Renate Alf (Karikaturen): S. 122, S. 123 oben, S. 279, S. 280, S. 347, S. 357, S. 520;
Anonymer Holzschnitt (16.Jh.): S. 244 unten links;
Antiquariatskatalog: S. 275 unten links;
Arbeiterfotografie (Zeitschrift): „Ein Arbeiter fotografiert seine Frau"(1975) S. 32 oben, S. 60 oben; S. 31 unten, S. 33 oben, S. 34 oben, S. 129 unten, S. 406 unten;
Archiv „elan": S. 20 unten (Ausschnitt), S. 42, S. 47, S. 52, S. 106 unten, S. 195 unten rechts, S. 227 unten, S. 245 unten, S. 316 oben links, S. 335 oben rechts, S. 393, S. 400 (Filmfoto / Residenzfilm);
Archiv „Frauen in Naturwissenschaft und Technik": S. 81 unten;
Archiv „Frau und Frieden", Fritz Küster–Verlag: S. 149 unten, S. 150 oben, S. 192 unten links, S. 193 (2), S. 194 (3), S. 195 oben rechts, S. 312, S. 390 oben Mitte, S. 391 oben Mitte, S. 460 oben, S. 517 oben links;
Archiv „Für Dich", Berlin: S. 51 unten, S. 71 unten, S. 152, S. 188 oben rechts, S. 210 oben Mitte, S. 210 unten links, S. 244 oben, S. 265 unten links, S. 388 unten links, S. 437 oben, S. 479 unten rechts, S. 484 oben links, S. 507 unten, S. 508;
Archiv Hofmann: S. 203 oben;
Archiv „rote blätter", Bonn: S. 472 unten;
Archiv Ernst Schmidt, Essen: S. 28 oben Mitte;
Archiv „Tucholsky": S. 79 oben rechts;
Archiv Wir Frauen, Düsseldorf: S. 292 unten, S. 356 unten (Flugblatt Memmingen)
Archives Photographiques Paris: S. 114 unten, S. 392 oben links;
Theodosius Petrus v. Baaren, Selbst die Götter tanzen, Gütersloh 1964: S. 479 (2. Abb. v. oben);
Ruth Marion Baruch: S. 375 unten;
Basis–Film–Verleih GmbH, Berlin: S. 160 oben links;
Markus Beck: S. 365 oben;
Dieter Becker, Joker–edition, Berlin: S. 99 unten;
Jan Bengtsson, Schweden: S. 251 unten;
Karin Bergdoll, Berlin: S. 379 unten;
Bibliothèque de l'ancienne faculté de Médecine de Paris (1822): S. 246 unten;
Bibliothèque des Arts décoratifs, Paris (Le monde illustre, 1867): S. 259 oben;
Bibliothèque Nationale de Paris: S. 151 unten links (Plakat), S. 209 unten (Gravure anonyme, 1789);
„Bild der Frau", Mai 1985 (Anzeige): S. 367 unten;
Bilderatlas zur Schul- und Erziehungsgeschichte, 2 Bde., Verlag Volk und Wissen, Berlin/DDR, 1965; S. 30 unten, S. 79 unten rechts, S. 92 oben, S. 123 unten, S. 124 unten, S. 141 oben, S. 202 oben links, S. 256 unten links, S. 333 oben rechts, S. 353 oben und unten rechts, S. 415 oben, S. 472 oben, S. 492 oben und Mitte;
Bilderbuch, Leipzig 1908: S. 249 oben links;
Wolfgang Borrs: S. 439 oben;
Thomas Brenner: S. 110;
British Museum, London: S. 221 unten links;
Gitta Büsch, Köln: Gestaltung nach historischen Vorlagen S. 156 (2) und S. 157 (2), S. 407 unten;
Commissariat général à la famille, Documentation française: S. 366 unten;
Jerry Cooke, England (aus: The family of man, New York 1955): S. 382;
Ralph Crane, USA (1955): S. 447 unten (Ausschnitt);
Cyankali, eine Dokumentation, hrsgg. v. Emmi Wolf und Klaus Hammer, Aufbau-Verlag, Berlin und Weimar 1978: S. 158 oben, S. 437 oben, S. 485 unten links;
Gertrude Degenhardt, edition GD / Mainz: „Herbstzeitlose" / S. 70 unten, Lithographien „Die Fratze spielt auf – oder Sparta zum 3." / S. 308 unten und S. 424 oben;
Deutsche Dichterinnen vom 16. Jh. bis zur Gegenwart, hrsg. v. Gisela Brinker–Gabler, Frankfurt a. M. 1978: S. 334 oben rechts, S. 335 oben links;
Die Berlinerin, 1980: S. 463 unten;
Die Frau im Korsett. Wiener Frauenalltag zwischen Klischee und Wirklichkeit, 1848–1920, Histor. Museum der Stadt Wien (Ausstellungskatalog 1984/85): S. 28 oben links, S. 28 Mitte links und unten rechts;
Die musizierenden Frauen. Serie, vermutl. v. T. Stimmer, 16. Jh. (DVZ/die tat – Archiv): S. 359 unten;
Die Schauspielerin Helene Weigel, Henschelverlag, Berlin 1959. Foto: Gerda Goedhart, S. 484 unten links;
DFI (Archiv): S. 109 unten, S. 118 oben links, S. 460 links Mitte (Foto: Gerd Schumann);
DGB: S. 138 (Flugblatt zu Europa), S. 232 unten, S. 451, S. 452;
DGB Düsseldorf (Hrsg.), Mitt. f. Frauen, 1984: S. 236 unten;
Luise Dornemann, Alle Tage ihres Lebens, Dietz Verlag, Berlin/DDR, 1981: S. 176 oben links und Mitte, S. 178 oben, S. 506 Mitte links;
dies., Clara Zetkin, Dietz Verlag, Berlin/DDR 1973: S. 173, S. 388 Mitte links;
Uschi Dresing: S. 113 oben Mitte, S. 117 unten, S. 133, S. 170 oben, S. 263 unten, S. 299 unten rechts;
Editions d'Art Jos le Doare, Châteaulin (franz. Postkarte): S. 16 oben;
Editions du Centre National de la Recherche scientifique, Paris: S. 37 oben;
elefanten press Verlag, Berlin: S. 30 oben, S. 55 unten, S. 86 oben, S. 100 oben, S. 229; S. 274 oben links (FrauenBilderLeseBuch, 1980); S. 449 unten, S. 494 unten (Körper – Liebe – Sprache, 1982); S. 55 oben, S. 221 unten rechts, S. 307 unten (Mystik und Minne, 1984); S. 360 oben (Venus Weltklang); S. 92 unten, S. 458 unten Mitte (Rassismus und Sexismus); S. 38 oben und Mitte links (Das andere Amerika, 1983), S. 137;
Elles la Résistance: S. 506 oben;
Entwicklungspol. Korrespondenz, H. 3 / 1990: S. 45;
Max Ernst, „Madonna schlägt das Kind": S. 146;
Forum Wissenschaft (Zeitschrift), Jg. 1993: S. 206;
Fotoausstellung, Sonderdruck „Der Gewerkschafter", o.J. (1981): S. 28 unten links, S. 34 unten, S. 35, S. 43, S. 121 oben;
Frau. Ein Handbuch . . ., Weismann-Verlag / Frauenbuchverlag GmbH, München 1979: S. 462;
1. Frauenfilmbuch der DFI, München 1981/82: S. 159 oben rechts, S. 475;
Frauen-Selbsthilfe-Laden „Im 13. Mond", Berlin (Ausstellung): S. 256 unten rechts;
Frauen-Wahlrecht, London (Postkartenserie): S. 49 oben, S. 477 unten;
Anna-Elisabeth Freier / Annette Kuhn (Hrsg.), Frauen in der Geschichte, Bd. 5, Päd. Verlag Schwann, Düsseldorf 1984: S. 119 unten, S. 193 rechts Mitte, S. 213 rechts Mitte (Foto: Margaret Bourke-White);
Gisèle Freund, Mémoires de lóeil, Editions du Seuil, Paris 1977: S. 164 unten, S. 333 unten rechts;
Geburt. Kulturgeschichte in Bildern von F. von Zylincki, Westermann-Verlag: S. 470 (2);
German. Nationalmuseum Nürnberg: S. 207 unten rechts;
Geschichte der Kunst, Akademie-Verlag, Berlin/DDR 1965: S. 514 (2);

Geschichte der Literatur der DDR, Verlag Volk und Wissen, Berlin 1980: S. 334 oben links, S. 335 oben Mitte;
Geschichtswerkstatt Dortmund (Hrsg.), Dortmunder Lesebuch, Verlag Helmut Lierhaus, Dortmund 1984: S. 230 oben;
Globus-Kartendienst, Hamburg: S. 428 (2);
Grafikwerkstatt (Postkarte): S. 181 oben;
Graswurzelrevolution, Sonderheft Frauen und Militär, 1980 (Titel): S. 354 unten;
Große Kulturepochen, Max-Hueber-Verlag München: S. 100 unten, S. 275 / 2. Abb. von oben (Martin Schongauer);
Gustaf Gründgens – Faust in Bildern, nach einem Film der Divina Produktion im Verleih der Gloria, Georg-Westermann-Verlag, Braunschweig 1960 / Fotografin: Rosemarie Clausen: S. 485 oben links;
2. Günther / H. Schäfer, Vom Schamanentanz zum Rumba, Stuttgart 1959: S. 479 / 3. Abb. von oben;
Herbert Gutsch, Berlin (Postkarte): S. 24;
HBV-Arbeitsschutz-Broschüre 1983/84: S. 40;
Hebammenlehrbücher 16./17.Jh.: S. 202 unten;
Elke Heinrich: S. 193 oben rechts;
Irmin Henkel (aus: l'enfant et son père, Hazan – Paris 1965): S. 101;
Heraklion-Museum, Knossos: S. 345 oben rechts;
Hess. Min. f. Jugend, Familie und Gesundheit (1992): S. 453, S. 454;
Heures claires, franz. Frauenzeitschrift: S. 84 oben, S. 465 oben links, S. 466 unten links;
Historia Photo, Bad Sachsa: S. 398;
Barbara Hömberg, Hamburg (Karikaturen und Skizzen): S. 12, S. 13, S. 17, S. 18, S. 23, S. 25, S. 54, S. 57, S. 58, S. 61, S. 65, S. 67, S. 70, S. 77, S. 102, S. 126, S. 127, S. 139, S. 143 (2), S. 162 (2), S. 242, S. 246, S. 247, S. 248, S. 257, S. 258, S. 259, S. 260, S. 262, S. 289, S. 290, S. 291, S. 298, S. 306, S. 318, S. 324, S. 325, S. 328, S. 330, S. 350, S. 361, S. 364 (2), S. 415, S. 422, S. 430, S. 431, S. 464, S. 465 (2), S. 469, S. 497, S. 498, S. 499, S. 500, S. 519;
Claudia Honegger, Die Hexen der Neuzeit, Suhrkamp-Verlag, Frankfurt am Main: S. 404, S. 434;
IFFF Genf: S. 191 unten rechts, S. 378 unten
IFFF Stuttgart (1930): S. 192 unten Mitte;
Institut für Zeitungsforschung der Stadt Dortmund: S. 17 oben, S. 37 unten ("Die Kämpferin"), S. 59 oben, S 62 (Berliner Ill. Zeitung), S. 71 oben, S. 83 oben, S. 87 oben, S. 89 oben, S. 90 unten, S. 136, S. 151 unten, S. 173 oben links und oben Mitte, S. 174 oben und unten, S. 176 unten, S. 186 unten, S. 188 unten links, S. 191 rechts Mitte, S. 211 rechts oben und unten, S. 212 unten links, S. 231, S. 238 oben (Die Gleichheit), S. 260 oben, S. 265 (Frauentagsplakate 1928, 1929, 1930 – Soz.dem. Partei Österreichs), S. 266 unten (Plakat von Stadler), S. 278 oben, S. 303, S. 304, S. 313 unten, S. 336 (A–I–Z), S. 337 unten (A–I–Z), S. 352 oben und unten, S. 369 oben rechts (Berliner Ill. Zeitung), S. 377 oben links (Die Gleichheit), S. 389 (3 – Berliner Ill. Zeitung), S. 390 links oben, links Mitte, unten (3 – Berliner Ill. Zeitung), S. 390 (Wahlplakat), S. 391 unten (2), S. 416 unten links, S. 420 unten (Berliner Ill. Zeitung, 1913), S. 436 unten (A–I–Z), S. 437 unten (Der Arbeiterfotograf), S. 440 oben, S. 471 oben rechts, S. 480 oben, S. 481 oben, S. 516;
Lotte Jacobi, Folkwang-Museum Essen 1973 (Ausstellungskatalog): S. 78 unten Mitte, S. 79 oben links, S. 164 oben;
Annette Jedwabski, Dortmund: S. 108 oben;
Barbara Jedwabski, Dortmund: S. 264 unten;
3. Johannes, Götter – Pharaonen, Essen 1977 (Ausstellungskatalog): S. 144;
Brigitte Jurcyk / Termina Hamburg: S. 332 unten;
Frida Kahlo und Tina Modotti, Hamburger Kunstverein 1982 (Ausstellungskatalog): S. 69 unten, S. 166 oben, S. 319 unten;
Marie Thérèse Kerschbaumer, Der weibliche Name des Widerstands: S. 505 (4), S. 506 unten;
Peter Ketsch, Frauen im Mittelalter, 2 Bde. (Quellen), Päd. Verlag Schwann, Düsseldorf 1983: S. 27 unten, S. 208 oben, S. 221 oben, S. 399 unten, S. 521;
Peter Kluscarits / Friedrich G. Kürbisch (Hrsg.), Arbeiterinnen kämpfen um ihr Recht, Peter-Hammer-Verlag, Wuppertal: S. 171 oben und Mitte;
Ruth Kirsch, Käte Duncker, Dietz Verlag, Berlin/DDR 1982: S. 175 Mitte und unten;
Lissi Klaus, Medienfrauen der ersten Stunde, efef Verlag Dortmund – Zürich 1993: S. 272 unten;
Kleinhempel, Hamburg: S. 447 oben;
Beate Knappe, Düsseldorf: S. 6, S. 14, S. 148, S. 155 unten, S. 168 unten, S. 180 unten, S. 184, S. 198 unten, S. 233, S. 241, S. 249 unten, S. 314 unten, S. 329 unten, S. 331 unten rechts, S. 367 oben rechts, S. 371–373 (Ausschnitte), S. 401, S. 409 unten, S. 421, S. 427, S. 450, S. 471 unten, S. 503;
Jochen Köhler, Stuttgart: S. 394;
Herlinde Koelbl (aus: Hierzulande, GreNo, Nördlingen 1987): S. 201, S. 368 unten;
Marie E. P. König (Sammlung und Zeichnungen): S. 19 oben, S. 342, S. 343 unten;
konkret, Mai 1985: S. 326 unten links;
Robert Konze, Gelsenkirchen: S. 93 unten;
Brigitte Krämer: S. 522;
Krimmer (aus: Volland's komischer Fotokalender 1992): S. 283;
Wolfgang Krolow (aus: Seiltänze, Berlin): S.282;
Künstlerinnen international 1877 – 1977, zus.gest. u. hrsgg. v. der Arbeitsgruppe Frauen in der Kunst, Berlin 1977 (Ausstellungskatalog): S. 68 (2), S. 69, S. 165 (2), S. 168 oben Mitte, S. 337 oben, S. 376;
Kupferstichkabinett Berlin: S. 361 Mitte;
Kunst und Gesellschaft, Henschelverlag, Berlin 1974: S. 21;

Landesbildstelle Berlin: S. 338 oben;
Annemarie Lange, Berlin zur Zeit Bebels und Bismarcks, Dietz Verlag, Berlin/DDR 1984: S. 118 unten;
Dorothea Lange (aus: The family of man, New York 1955): S. 363 unten;
Martin Langer: S. 145, S. 205, S. 396 unten, S. 495 unten;
Leeds postcards: S. 417 (Foto: Peter Magubane);
Le Charivari, 8.2.1848: S. 419 oben;
Lexikon der Frau, 2 Bde, Encyclios-Verlag, Zürich 1954: S. 73 oben links, S. 79 / 2. Abb. von oben, S. 171 unten, S. 172 / 1., 3. u. 4. Abb. von oben, S. 192 / 1. u. 2. Abb. von oben, S. 285 / 1. u. 2. Abb. von oben, S. 320 unten, S. 333 / 2. Abb. von oben und unten links, S. 334 oben / 2. Abb. von links, S. 344 unten, S. 358 unten, S. 362 oben, S. 466 oben, S. 480 Mitte unten, S. 482 (2), S. 483 / 1. Abb. von oben, S. 491 unten, S. 509 unten;
Louvre, Paris: S. 321 unten links;
Midge Mackenzie, Shoulder to Shoulder, USA 1975: S. 29 unten, S. 48, S. 271 oben Mitte;
Nicky Marais, „Sister of Namibia": S. 320 oben;
Louise Martini (aus: Viewfinders. New York 1986): S. 85 oben;
Tina Modotti, Kulturzentrum Udine, Italien (Ausstellungskatalog): S. 166 unten;
Ralph Morse, England (aus: The family of man, New York 1955, Ausstellungskatalog): S. 448 oben;
Horst Müller, Düsseldorf: S. 467 unten rechts;
Katharina Müller (Skizzen): S. 293 oben, S. 418 unten;

Musée de l'homme, Paris: S. 479 / 1. Abb. von oben;
Museum Boymans, Rotterdam: S. 293 unten;
Museum Civio, Luigi Bailo, Treviso – Plakat von Leopoldo Metlicowitz 1913/14: S. 80;
Museum Lyon: S. 208 unten;
Museum Malta: S. 344 oben;
Museum of Modern Art, New York (Anna Riwkin-Bricks): S. 415 unten;
Naturwiss. Museum Wien: S. 343 oben;
Nichts fällt vom Himmel. Frauen streiken (1970–1976), Frauenbuchverlag, München 1977: S. 38 oben rechts;
Holger Oehmichen: S. 51 oben links, S. 362 unten links (Ausschnitt);
4. Off (zeitgenössische Lithographie): S. 332 Mitte;
Ruth Orkin (1951): S. 219 oben;
Emil Orlik, Archiv für Kunst und Geschichte, Berlin: S. 277 (2);
Hans Ostwald, Das Zillebuch. Unter Mitarbeit von Heinrich Zille, Berlin 1929: S. 90 oben, S. 130 oben, S. 411 unten;
Raissa Page (Greenham Common): S. 196 unten;
Gertrud Pfister (Hrsg.), Frau und Sport. Fischer Taschenbuch-Verlag, Frankfurt am Main 1980: S. 464 unten;
PDI/Konkret, München (Postkartenserie / Klaus Staeck): S. 63, S. 425 oben;
Picasso-Motiv: S. 460 unten;
S. Pierson's Verlag, Dresden 1903: S. 190 unten links;
Plon Paris: S. 253 oben;
Fritz Poppenberg, Basis-Film-Verleih GmbH, Berlin: S. 158 unten;
Hacky Porzner (elefanten press, Berlin): S. 339 (2), S. 445;
Postkarten: S. 215 oben, S. 216 oben, S. 217 unten, S. 271 oben rechts, S. 273 unten, S. 327 unten, S. 329 oben links;
Postkartenserie o.J., o.O. (Gewerkschaft): S. 118 oben;
Postkartenserie „Klara Zetkin", Berlin/DDR: S. 73 unten, S. 175 / 1. Abb. von oben, S. 191 oben links, S. 389 unten links;
Pressestelle der Stadt Siegen: S. 33;
Privatarchiv: S. 22, S. 41, S. 51 oben, S. 57 oben, S. 88, S. 95 oben und unten, S. 97 oben, S. 99 oben, S. 112 unten links, S 128 unten, S. 149 oben, S. 155 oben und Mitte, S. 160 (2), S. 177 unten, S. 179 (2), S. 183, S. 185 unten, S. 194 oben, S. 196 oben, S. 197 oben, S. 198 oben, S. 203 unten, S. 209 oben, S. 223 unten, S. 226 oben links, S. 243 unten, S. 250 (3), S. 265 unten, S. 266 oben (Buchtitel), S. 269 oben, S. 275 / 1. Abb. von oben, S. 286 oben links, S. 287 unten, S. 288 unten, S. 290 oben links, S. 294 unten links und rechts, S. 295 oben rechts, S. 300 (2), S. 329 oben rechts, S. 335 unten (Lit.-Werbung), S. 338 unten links, S. 346 oben links (Plakatschrift / DFI), S. 369 unten, S. 370 (2), S. 380 unten, S. 395 oben, S. 402 oben, S. 410 oben, S. 432 unten, S. 442 links Mitte, S. 457 oben, S. 460 unten,;
Privatbesitz: S. 297 oben, S. 391 oben rechts (Aufn. von 1953), S. 391 oben links;
Produktion Virgin 1976 (Plattencover): S. 226 unten;
Programm der Berliner Filmfestspiele: S. 159 oben links und rechts Mite;
Programm des Gesundheitstages Bremen 1985: S. 222 (2);
Programme der Hamburger Frauenwochen, Frauen lernen e.V., Hamburg: S. 103, S. 104 unten, S. 373 unten;
Projektgruppe Arbeiterkultur Hamburg (Hrsg.), Vorwärts und nicht vergessen. Arbeiterkultur in Hamburg um 1930, Hamburg 1982 (Ausstellungskatalog): S. 214 unten links;
Erich Puls: S. 150 unten;
Radio Times Hilton Picture Library, England: S. 142 unten;
Uta Ranke-Heinemann, Widerworte, Torso-Verlag, Essen 1985: S. 195 rechts Mitte (Foto vom Titel);
Ludwig Richter, Das goldene Hausbuch: S. 374;
Klaus Rose: S. 197 unten links;
Sammlung Graf, Phaidon-Verlag, Wien: S. 306 unten;
Sammlung Pachinger: S. 281 / 1. Abb. von oben;
Sammlung Marina Picasso (Ausstellungskatalog): S. 385 unten rechts, S. 412, S. 479 unten Mitte;
Sammlung Stavenhagen, Mexiko: S. 345 unten;
Manfred Scholz: S. 105, S. 117 oben, S. 234 (2), S. 235 oben rechts, S. 339 oben, S. 489 oben;
G. Schramm, Der Bilderschmuck der Frühdrucke, Graz 1937ff. (Albrecht Dürer): S. 224 oben, S. 435 oben;
Alexander Schulz, Die Geschichte des Keuschheitsgürtels (Prospekt): S. 281 unten rechts;
Ilse Seibert, Die Frau im alten Orient, Leipzig 1973: S. 319 rechts Mitte, S. 414 unten links, S. 446 (2);
Lothar Spinn-Conradt, Düsseldorf: S. 267;
Staatliche Kunstsammlungen Dresden: S. 321 unten rechts;
Staatliche Museen, Berlin: S. 247 oben rechts;
Staatsbibliothek Berlin: S. 256 oben links;
Carla Stackmann: S. 200;
Stadt Frankfurt am Main, Dezernat für Kultur und Freizeit (Hrsg.), Frauenalltag und Frauenbewegung in Frankfurt am Main 1890–1980, Frankfurt am Main 1981 (Ausstellungskatalog: S. 11, S. 113 oben, S. 144, Sonette, Oberhausen 1980: 44 unten, S. 151 oben, S. 211 oben Mitte, S. 245 oben, S. 294 oben, S. 323 oben Mitte, S. 423 unten;
Städt. Reiss-Museum, Mannheim (Mathilde Franziska Anneke): S. 7;
Karl-Heinz Stana, Berlin: S. 268, S. 270;
Hildegard Steinmetz: S. 483 unten Mitte;
Christel Strobel (Archiv): S. 159 unten, S. 284 (2);
Magda Taroni: S. 16 unten, S. 39, S. 66, S. 147 unten, S. 169 unten, S. 181 unten, S. 204 oben, S. 218, S. 240 unten links. (Ausschnitt), S. 302 unten, S. 319 oben, S. 360 unten links, S. 384, S. 486 unten, S. 496 unten;
TAZ, 1985: S. 448 unten links;
Theaterprospekt: S. 135;
The Imperial War Museum, London: S. 311 unten;
The London Museum: S. 82 unten, S. 187 unten, S. 213 oben, S. 225;
Erika Thiel, Geschichte des Kostüms, Henschel-Verlag Kunst und Gesellschaft, Berlin 1980: S. 321 / 1. und 2. Abb. von oben, S. 322 unten, S. 463 oben, S. 501;
Touristenkataloge: S. 76 oben (Venedig), S. 140 unten, S. 327 oben (Uffizien Florenz), S. 512 oben;
Trachtenbuch (1577): S. 27 oben;
Toni Tripp, Düsseldorf: S. 38 unten, S. 189 unten rechts;
TV – Hören und Sehen, Nr. 19/1983: S. 417 unten Mitte;
Ullstein-Bilderdienst, Berlin: S. 173 unten rechts Mitte, S. 212 oben links (Ausschnitt), S. 416 oben links Mitte, S. 481 unten (Gret Palucca);
UNO-Information: S. 96;
Verein für sozialwiss. Forschung und Praxis für Frauen e.V.: S. 127 oben;
Verlag Fröhlich und Kaufmann, Berlin: S. 253 rechts Mitte, S. 254 oben, S. 255 oben, S. 257 oben, S. 258 oben;
Verlag für die Frau, Leipzig: S. 29 oben, S. 91 oben, S. 377 unten (Frauen-Zeitung), S. 459 unten;
Verlag Hirth: S. 273 oben;
Verlag Rogner und Bernard, München (Nachdruck / Titel): S. 248 oben links;

VHS Berlin-Steglitz, Titel der „Steglitzer Gespräche“ (1993): S. 309 unten;
Vi människor (Zeitschrift d. schwed. Frauenverbandes): S. 134;
Roger Violett, Librairie académique Perrin, Paris: S. 50, S. 154 unten links;
Elga-Marina Voß: S. 84 unten;
Fritz Weindler, Geburts- und Wochenbettdarstellungen auf altägyptischen Tempelreliefs, München 1915: S. 512 unten;
Werbung der Pharmaindustrie: S. 387 oben, S. 405 unten;
Edward Weston / Center for Creative Photography, University of Arizona, USA: S. 167 unten;
Wir Frauen '81 (Kalender): S. 478 (Bild und Text);
Wir Frauen '84 (Kalender): S. 449 oben links;
Wir Frauen (Zeitschrift): S. 340 unten (Titel 1984 unter Verwendung von Bildmotiven von Cranach und Botticelli), S. 438 unten (Nr. 2/1984), S. 413/14 (Nr. 4/1980), S. 429 (1993);
Barbara Wozniak: S. 351 oben rechts;
Christoph Wurms, Dortmund: S. 39 unten; S. 86 unten, S. 286 unten links;
Matthias Wurms, Dortmund: S. 109 oben;
Agnes von Zahn-Harnack, Die Frauenbewegung, Berlin 1928: S. 73 oben rechts, S. 174 Mitte;
Zecheneisenbahnen (Postkarte / Aktionstag 1. 9. 1990): S. 408 unten;
Zeitschrift Kunst und Unterricht, August 1983: S. 468 unten (Saul Steinberg, 1957);

II – Gedichte

Ingeborg Drewitz, Berufsverbot. Ein bundesdeutsches Lesebuch, Fischerhude: S. 64;
Margret Gottlieb, Die Hälfte – Nicht weniger. Gedichte und Aphorismen, Köln 1989: S. 261, S. 501;
Ulla Hahn, aus: Kalender Wir Frauen '79, Köln 1978: S. 440;
Mascha Kaléko, In meinen Träumen läutet es Sturm. Gedichte und Epigramme aus dem Nachlaß, hrsgg. und eingel. v. Gisela Zoch-Westphal, München 1977: S. 45, S. 323, S. 334 unten (Foto);
Peggy Parnass, überarb. Text von 1972: S. 381;
Liselotte Rauner, Schleifspuren. Gedichte, Epigramme, Sonette, Oberhausen 1980: S. 116;
dies., Kein Grund zur Sorge. Gedichte, Epigramme, Songs, Oberhausen 1985: S. 487, S. 488;
Margot Schroeder, aus: Kalender Wir Frauen '80, Köln 1979: S. 53;
dies., Haltlose Tage – Gedichte, Düsseldorf 1993: S. 349.

Einer der schönsten Frauenkalender!

Taschenkalender mit flexiblem Einband, Lesebändchen, 11x15 cm
Red.: Florence Hervé, Elly Steinmann, Renate Wurms. 272 S., DM 14,80
3-89438-088-8

Pressestimmen zum Kalender:

"Nichts für Playboy-Voyeure. Greift bewußt und in mitunter provozierender Weise heikle und längst überfällige Probleme aus Bereichen auf, wo die grundgesetzlich verankerte Gleichstellung noch zu wünschen übrig läßt"
Buchhändler heute

"In Lila, politisch-feministisch, literarisch und fotografisch aufgewertet, pfiffig und praktisch"
Heilbronner Stimme

"Liebevoll illustriert mit zahlreichen Informationen zur praktischen Lebenshilfe"
Kölner Stadtanzeiger

Florence Hervé (Hg.): **Geschichte der deutschen Frauenbewegung** - Beiträge von Florence Hervé, Renate Wurms, Ingeborg Nödinger, Marianne Hochgeschurz, Wiebke Buchholz-Will, Herta Kuhrig
Neuausgabe '95 unter Berücksichtigung der DDR-Geschichte
279 S., DM 29,80
3-89438-084-5

150 Jahre Frauengeschichte und -bewegung im Überblick!

Über jede Buchhandlung oder zuzügl. Versandkosten direkt:

PapyRossa Verlag

Petersbergstr. 4, 50939 Köln, Tel. 0221/448545, FAX 444305
Gesamtverzeichnis anfordern!